7., vollständig überarbeitete Auflage

A. & M. Markand, Martin H. Petrich,
Volker Klinkmüller

unter Mitarbeit von
Nipaporn Yanklang

MYANMAR

STEFAN LOOSE
TRAVEL HANDBÜCHER

Reiseziele und Routen

Travelinfos von A bis Z

Land und Leute

Yangon

Ayeyarwady-Delta

Nördlich von Yangon

Bagan und Umgebung

Mandalay

Die Umgebung von Mandalay

Der Nordosten

Der Norden

Der Westen

Der Süden

Anhang

Inhalt

Routenplaner 6

Highlights 6
Reiseziele und Routen 21
Klima und Reisezeit 28
Reisekosten 30

Travelinfos von A bis Z 32

Anreise 33
Botschaften und Konsulate 35
Einkaufen 36
Essen und Trinken 42
Fair reisen 49
Feste und Feiertage 50
Fotografieren und Filmen 54
Frauen unterwegs 54
Geld 55
Gepäck und Ausrüstung 56
Gesundheit 58
Hilfsorganisationen 60
Informationen 61
Internet und E-Mail 62
Kinder 62
Maße und Elektrizität 63
Medien 64
Post 64
Reisende mit Behinderungen 65
Schwule und Lesben 65
Sicherheit 65
Sport und Aktivitäten 67
Telefon 70
Transport 70
Übernachtung 79
Unterhaltung 81
Verhaltenstipps 81
Versicherungen 83
Visa 84
Zeit und Kalender 85
Zoll 87

Land und Leute 88

Land und Geografie 89
Flora und Fauna 90
Umwelt und Naturschutz 93
Bevölkerung 97
Geschichte 102
Politik und Verwaltung 119
Wirtschaft 120
Religion 122
Kunst und Kultur 129

Yangon 138

Die Shwedagon-Pagode 140
Im Zentrum der Altstadt 147
Rund ums Zentrum 157
Rund um Shwedagon-Pagode
 und Kandawgyi-See 158
Spaziergang durch Yangons
 Geschichte 159
Rund um den Inya-See 162
Sehenswürdigkeiten im
 Großraum Yangon 162

Ayeyarwady-Delta 186

Thanlyin (Syriam) 189
Kyauktan 190
Dala 191
Twante (Twantay) 191
Pyapon 192
Meinmahla Kyun Wildlife
 Sanctuary 194
Pathein 195
Mawdin Sun und Thamihla Kyun .. 200
Chaungtha Beach 201
Ngwe Saung Beach 204
Gaw Yan Gyi 209

Nördlich von Yangon 210

Bago 213
Toungoo 221
Bago Yoma 225
Nay Pyi Taw 225
Pyay 228
Sri Ksetra (Thayekhittaya) 233

Bagan und Umgebung ... 238

Bagan 242
Geschichte 242
Architektur 244
Besichtigung 246
Nyaung U 246
Zwischen Nyaung U und Alt-Bagan 249
Monumente in Alt-Bagan 252
Zwischen Alt-Bagan und Minnanthu 259
Myinkaba 261
Tempel in Neu-Bagan 264
Die Tempel von Minnanthu 267
Mit dem Fahrrad durch Bagan 278
Über Sale zum Berg Popa 281
Sale (Salay) 281
Kyaukpadaung 285
Mount Popa 286
Nördlich von Bagan 289
Pakokku und Umgebung 289
Wanderungen bei Mindat 292
Handwerksdörfer bei Myitche 294
Pakhan-gyi 294
Pakhan-nge 294
Östlich von Bagan 295
Meiktila 295
Thazi 297
Über Yenangyaung nach Magwe 298
Yenangyaung 298
Westseite des Ayeyarwady 300
Salin 300
Legaing 300
Sagu 300
Minbu 301
Shwesettaw 302
Magwe (Magway) 303
Beikthano 305

Mandalay 306

Königspalast 315
Mandalay Hill 318
Pagoden, Klöster und Kirchen 320
Kunsthandwerk mit Verkauf 326
Traditionelle Shows 327
Reizvolle Radtouren um Mandalay 342

Die Umgebung von Mandalay 354

Amarapura 358
Inwa (Ava) 362
Sagaing 365
Mingun 370
Pyin U Lwin (Maymyo) 373
Die Umgebung von Pyin U Lwin 382
Monywa 383
Die Umgebung von Monywa 388

Der Nordosten 392

Südlicher Shan-Staat 396
Kalaw 396
Die Umgebung von Kalaw 405
Zu Fuß von Kalaw zum Inle-See 407
Aungban 409
Pindaya 409
Heho 412
Shwenyaung 413
Nyaungshwe 413
Inle-See 424
Samkar und Umgebung 430
Aye Tha Yar (Aythaya) 430
Taunggyi 431
Kakku 434
Kayah-Staat 435
Loikaw und Umgebung 436
Nördlicher Shan-Staat 439
Kyaukme 439
Hsipaw 441
Die Umgebung von Hsipaw 447
Namshan 448
Lashio 449
Muse 453

Östlicher Shan-Staat	454
Kengtung (Kyaing Tong)	454
Die Umgebung von Kengtung	459
Tachileik	461

Der Norden — 464

Kachin-Staat	468
Myitkyina	468
Myitson	472
Indawgyi-See	473
Bhamo	474
Katha	476
Sagaing Division	479
Auf dem Chindwin nach Norden	479
Ausflug in den nördlichen Chin-Staat	480
Der hohe Norden	483
Putao	483
Der Hkakabo Razi	485

Der Westen — 486

Rakhine-Staat	490
Gwa	490
Kanthaya	492
Thandwe	493
Ngapali	494
Taunggok	504
Die Ramree-Inseln	505
Sittwe	506
Mrauk U	512
Die Umgebung von Mrauk U	522
Chin-Staat	523
Von Mrauk U ins Chin-Dorf	523
Südlicher Chin-Staat: von Bagan zum Mt. Victoria	525
Nördlicher Chin-Staat: von Kalaymyo aus in die Berge	525

Der Süden — 526

Mon-Staat	529
Kyaikhto	530
Kinpun	531
Kyaikhtiyo-Pagode (Goldener Felsen)	533
Von Kyaikhto nach Thaton	537
Kayin-Staat	539
Hpa-an	539
Die Umgebung von Hpa-an	544
Mawlamyaing (Mawlamyine, Moulmein)	548
Die Umgebung von Mawlamyaing	558
Kyaikkami (Amherst)	559
Set Se Beach	560
Thanbyuzayat	560
Tanintharyi (Tenasserim)	561
Ye	562
Umgebung von Ye	564
Von Ye nach Dawei	564
Dawei (Tavoy)	565
Die Umgebung von Dawei	570
Südlich von Dawei	572
Von Dawei nach Myeik	575
Myeik (Mergui)	575
Umgebung von Myeik	582
Der Myeik-Archipel	582
Kawthoung (Kawthaung, Victoria Point)	586
Umgebung von Kawthoung	588

Anhang — 590

Sprachführer	590
Glossar	597
Reisemedizin zum Nachschlagen	600
Bücher	605
Index	609
Danksagung	630
Mitarbeiterin dieser Auflage	631
Bildnachweis	632
Impressum	633
Kartenverzeichnis	634

Reiseatlas — 635

Themen

Monsun	28
Die birmanische 8-Tage-Woche	86
Myanmar, Birma oder Burma?	90
Palmen für alle Fälle	91
Fisherman's Friend – bald für immer abgetaucht?	94
Volk ohne Rechte – die Rohingya	98
Lernen im Kloster	101
Divide et impera	109
Dobama Asiayone	111
Panglong-Abkommen	113
Aung San Suu Kyi	116
Kampf ums Überleben	121
Nat Pwe	123
Die Vier Edlen Wahrheiten	124
Die Frau im Buddhismus	125
Tipitaka – der Palikanon	127
Stupa, Zedi oder Pagode?	132
Die vielen Leben Buddhas	133
Das Spiel mit den Fäden	135
Zeitgenössische Kunst	136
Rock Rangoon	137
Die Legende der Shwedagon-Pagode	141
Schirme mit Charme	197
Wandmalereien	244
Mahagiri-Nats	257
Affäre Dr. Thomann	258
Niem – die Apotheke Birmas	262
Salay U Ponnya (1812–67)	284
Byat-ta und Mae Wanna	286
Der Trinker-Nat	295
Die Fußstapfen Buddhas	302
Der schöne Schein – vom Zwang zur Stadtverschönerung	317
Wie Mandalay entstand	319
Wie viel Gold mag es sein?	323
Schläge im Schummerlicht – hammerharte Arbeit, federleichtes Gold	325
Ein Symbol auf dem Rückzug	344
Das Nat-Festival von Taungbyone	358
Auf der Rolltreppe zum Heiligtum	365
Monument des Größenwahns	371
Das Geheimnis von Pyin U Lwin	376
Buddhastatuen als Superlative	389
Das Edelstein-Paradies – Mogok	390
Elefanten ganz nah	405
Von Spinnen und Prinzessinnen	410
Im Schatten der Großreiche	456
Wie der Fels auf den Gipfel kam	536
Die Tribute von Hpa-an	542
Der größte liegende Buddha der Welt	559
Seafood als Exportschlager	577
Ein Paradies wird geplündert	582

MYANMAR
Die Highlights

Die goldene Shwedagon in Yangon, Pagoden bis zum Horizont in Bagan, der idyllische Inle-See im Shan-Staat und zeitvergessene Städte wie Mawlamyaing und Myeik – Myanmar ist voller kultureller und landschaftlicher Höhepunkte.

1

1 YANGON Die Shwedagon-Pagode und das quirlige Leben in der Altstadt machen einen Besuch in Yangon unvergesslich. An buddhistischen Feiertagen lohnt der Besuch der Tempel besonders, denn dann bringen die Birmanen hier Opfergaben. Sehenswert sind auch die vielen Altbauten, die das Stadtbild prägen. S. 138

2 **AYEYARWADY-DELTA**
Birmas grünblauer Irrgarten lässt sich am schönsten per Boot erkunden, etwa auf dem von Mangroven gesäumten U Do Chaung in der Nähe des Chaungtha Beach. S. 186

3 **NGWE SAUNG BEACH**
Der Senkrechtstarter unter den Stränden: 14 km Sand und komfortable Resorts laden zum Sonnetanken ein. S. 204

4 **BAGO** Gleich drei liegende Riesenbuddhas hat Bago zu bieten – und eine heilige Schlange. S. 213

5 **BAGAN** Die Pagodenlandschaft am Ayeyarwady (Abb. nächste Doppelseite) mit über 3400 Monumenten zählt zu den bezauberndsten Orten Asiens. S. 242

6 MANDALAY Nirgendwo ist das traditionelle religiöse Kunsthandwerk so lebendig wie in der zweitgrößten Stadt Myanmars, die zugleich als spirituelles Herz des Landes gilt. S. 306

7 PYIN U LWIN Filmreife Hotels aus der Kolonialzeit prägen den legendären Bergort, den die Briten Ende des 19. Jahrhunderts unter dem Namen Maymyo in einer Höhe von fast 1100 m gründeten. S. 373

8 MONYWA Mehr als eine halbe Million Buddhas schmücken die bizarre, zwischen 1939 und 1951 errichtete Thanboddhay-Pagode, die zu den landesweit eindrucksvollsten Heiligtümern zählt. S. 383

9 DIE SHAN-BERGE UM KALAW
Rund um das einladende Städtchen im Shan-Staat gibt es viele Wanderrouten – vom Tagesausflug zu einem Aussichtspunkt bis zum mehrtägigen Treck an den Inle-See. S. 405

10 INLE-SEE
Die Welt der Intha: Geschickt manövrieren die Einbeinruderer ihre Boote durch die schwimmenden Gärten – eine Hand bleibt frei zum Fischen. S. 424

11 LOIKAW
Erst seit einigen Jahren dürfen Touristen die Hauptstadt des Kayah-Staates besuchen und Ausflüge in einige Dörfer in der Umgebung unternehmen. S. 436

12 **HSIPAW** Die Umgebung von Hsipaw lädt abseits ausgetretener Pfade zu ausgedehnten Entdeckungstouren ein. S. 441

13 **NGAPALI** Perfekt entspannte Tage am Ngapali Beach, der als schönster Strand des Landes gilt. Mit dem Fahrrad kann man tolle Touren in die Gegend unternehmen. S. 494

14 **MRAUK U** In die untergegangene Hauptstadt des letzten Rakhine-Reichs verschlägt es nur wenige Touristen. Entdecker kommen hier auf ihre Kosten. S. 512

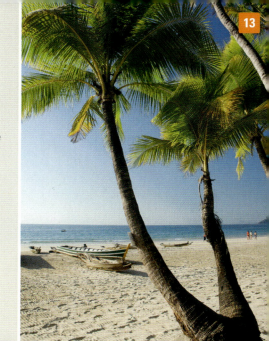

15

15 KYAIKHTIYO-PAGODE
Auf 1000 m Höhe leuchtet das Heiligtum des Goldenen Felsens – der Legende nach im Gleichgewicht gehalten von einem einzigen Haar Buddhas. S. 533

16 DIE UMGEBUNG VON HPA-AN
Die urtümliche Karstlandschaft rund um Hpa-an birgt bizarre Kalksteinfelsen mit spannenden Höhlenheiligtümern und Quellen, in deren glasklarem Wasser herrliches Badevergnügen lockt. S. 544

17 MAWLAMYAING
Im landschaftlich malerisch eingebetteten, ehemaligen Moulmein hinterließen die Briten und Inder ein ansehnliches architektonisches Erbe sowie eine unverwechselbare Atmosphäre. S. 548

MYEIK Mit ihren Kolonialbauten, der langen Hafenmeile und einer faszinierenden Bootswerft ist die Küstenstadt eines der wichtigsten neuen Reiseziele im tiefen Süden Myanmars. Myeik ist das Tor zum gleichnamigen Archipel – einem Meeresparadies aus über 4000 unbewohnten Inseln, die mit herrlichen Sandstränden, dschungelbedeckten Hügeln oder bizarren Felsen und weitläufigen Korallengärten aus dem Meer ragen. S. 575

Reiseziele und Routen

Reiseziele

Wenn in **Bagan** (S. 242) die aufgehende Sonne das riesige Pagodenfeld in sanfte Rottöne taucht oder auf dem **Inle-See** (S. 424) die Einbeinruderer im Morgendunst auf Fischfang gehen, wenn an der **Shwedagon-Pagode** (S. 140) in Yangon und in den Tempeln von **Mandalay** (S. 306) die Menschen ihren buddhistischen Glauben praktizieren – dann hinterlässt dies bleibende Eindrücke. Kein Wunder, dass sich Myanmar zu einem Liebling der Asien-Reisenden entwickelt hat. Doch abseits der Hauptsehenswürdigkeiten hat das Land noch viel mehr zu bieten.

Städte mit Charme

Urige Teestuben, ehrwürdige Kolonialbauten, lauschige Klöster, knallbunte Hindutempel – manche Orte haben sich ihren Charme bis heute bewahrt. Wo Kinder herumtoben, Mädchen ein Schwätzchen am Dorfbrunnen halten und Jungs sich beim Chinlon-Spiel messen, da braucht es keine großen Sehenswürdigkeiten. Man muss nur durch die Gassen streifen und schon ist man mitten im Leben. Besonders viel Flair haben **Dawei** (S. 565), **Kalaw** (S. 396), **Kengtung** (S. 454), **Mawlamyaing** (S. 548), **Mrauk U** (S. 512), **Pyin U Lwin** (S. 373) und **Sagaing** (S. 365).

Betagte Schönheiten aus Holz

Manche stehen unscheinbar hinter Bäumen, andere sind schon stark verfallen: Die altertümlichen **Holzklöster** *(kyaung)* zeugen vom einstigen Reichtum der Stifter. Die Klöster mit teilweise hervorragenden Schnitzereien sind wahre Kunstwerke. Hier eine kleine Auswahl:

- **Bagan**: Nat Htaung Kyaung (S. 259)
- **Sale**: Youk-soun Kyaung (S. 283)

Reisen auf Birmanisch

Bei der Reiseplanung sollte unbedingt die buddhistische und von jedem Birmanen verinnerlichte Regel beachtet werden: Alles ist der Veränderung unterworfen. Fahrpläne, Reisebestimmungen und Preise können sich über Nacht ändern. Pannen gehören auf vielen Strecken dazu, und nicht jede auf der Landkarte eingezeichnete Straße hat den Namen verdient. Es ist beeindruckend, wie lange manche Fahrzeuge und Züge für ein paar Kilometer benötigen. Wer den Zeitrahmen seiner Reise zu eng steckt, wird in Schwierigkeiten geraten. Also am besten lieber gleich etwas lockerer planen! Der Versuch, so billig wie möglich durchs Land zu fahren, kann dazu führen, dass Reisende sich während ihres Myanmar-Aufenthalts nur noch mit Organisations-, Unterkunfts- und Transportfragen beschäftigen und dann am Ende entsprechend genervt sind. Wer finanziell nicht völlig eingeschränkt ist, mag an einer „gesunden" Mischung der Reisemittel und Unterkünfte mehr Freude haben: mal billig und spartanisch, mal teurer, aber dafür bequemer. Dann kann man den Besuch in einem Land, das zu den spannendsten und exotischsten in Asien gehört, wirklich genießen.
Bei Kontrollen entlang wenig befahrener Straßen oder beim Besuch abgelegener Orte werden Ausländer unter Umständen nach dem Reisepass gefragt. Daher sollte man ihn immer bei sich führen – und zur Sicherheit einige Fotokopien im Gepäck haben.

? Fragen und Antworten

Als die **Markands** 1996 von ihrer ersten Myanmar-Reise zurückkehrten, war klar: Dieses Land würden sie wieder besuchen! Als das dann 2002 mit dem Auftrag für ihren ersten Loose-Reiseführer in der Tasche geschah, veränderte sich ihr Leben für immer: Mit viel Begeisterung schreiben die beiden seitdem hauptberuflich Loose-Titel (und andere Reiseführer) und betreuen die orangefarbene Webseite.

■ Wann ist die beste Reisezeit?
Klar, in der Hauptsaison im Dezember und Januar ist das Wetter fast überall in Myanmar am schönsten – aber dann ist es auch recht voll und teuer. Daher sind die Monate vor und nach der Hauptsaison eigentlich die empfehlenswerteren. Von Juni bis Oktober regnet es allerdings in Yangon und an der Küste viel. Auch in den Bergen kann es dann ungemütlich werden. Wer die Hitze nicht verträgt, macht in den Wintermonaten bis in den April hinein am besten einen Bogen um Bagan und Mandalay (denn dann ist es dort extrem heiß) und legt sich lieber mal an den Strand.

■ Muss man gefährliche Tropenkrankheiten fürchten?
Leider gibt einige davon, am bekanntesten sind Malaria und Denguefieber. Bitte macht euch im Kapitel Krankheiten am Ende des Buches schlau, lasst euch vom Arzt beraten und frischt auf jeden Fall alle Impfungen auf. Wer gut informiert ist und entsprechende Vorsichtsmaßnahmen trifft, minimiert das Risiko zu erkranken.

■ Wann die Shwedagon-Pagode besuchen?
Direkt zu Beginn der Reise beeindruckt die Shwedagon-Pagode am meisten. Denn wer sich diesen Höhepunkt bis zum Ende aufspart, ist oft nicht mehr richtig begeisterungsfähig. Eine Mitreisende brachte es auf den Punkt, als sie sagte: „Ich bin komplett überpagodet". Wir raten: Weniger ist mehr!

- **Pakhan-gyi**: Pakhan-gyi Kyaung (S. 294)
- **Salin**: Myaw Hle Sin Kyaung (S. 300)
- **Sagu**: Maha Withurama Kyaung (S. 300)
- **Mandalay**: Shwenandaw Kyaung (S. 322), Shwe In Bin Kyaung (S. 324)
- **Inwa**: Bagaya Kyaung (S. 362)
- **Nyaungshwe**: Shwe Yan Pyay Kyaung (S. 416)

Strände zum Entspannen

Badestrände gibt es derzeit vorwiegend entlang der Westküste. **Ngapali** (S. 494) ist Myanmars beliebtester, wenn auch hinsichtlich der Unterkünfte ziemlich teurer Strand. Westlich von Pathein liegen nur wenige Kilometer voneinander entfernt zwei weitere Strände am Golf von Bengalen. **Chaungtha** (S. 201) hat lange vor allem Einheimische angezogen, wird aber nun auch bei Travellern immer beliebter. **Ngwe Saung** (S. 204) lockt mit seinen schicken (und entsprechend teuren) Resorts die Erholungssuchenden. Einige neue, noch kaum erschlossene Strand-Destinationen gibt es in der Umgebung von **Dawei** (S. 565) und auf den Inseln des **Myeik-Archipels** (S. 582) zu entdecken.

Myanmar für Aktive

Trekking
Wanderfreunde können Touren unterschiedlicher Schwierigkeitsgrade um **Kalaw** (S. 396), **Pindaya** (S. 409), **Kyaing Tong** (S. 454) oder vom **Inle-See** nach **Kakku** (S. 434) unternehmen. Immer mehr Reisende verzichten sogar ganz auf

■ Kann man günstig wohnen?
Unterkünfte sind teuer und nicht selten ziemlich hässlich (im schlimmsten Fall verwohnt). Wer schöner wohnen will, sollte – vor allem in der Hauptsaison – vorbuchen. Dann gibt es noch passable Preise für recht gute Zimmer. Checkt unsere **eXTras**, dort zeigen unsere Fotos ungeschönt, wie es vor Ort aussieht; sofern man vorbuchen kann, ist es dort vermerkt. In der Nebensaison werden die Unterkünfte etwas günstiger.

■ Ist das Land sicher zu bereisen?
In den Touristenorten wie Yangon, Bagan, Mandalay, dem Inle-See und auch am Ngapali Beach ist es sicher. Doch je mehr man sich an die Grenzen vorwagt, desto unsicherer wird die Lage. Wir bereisen für das Buch einige dieser Gebiete und halten es folgendermaßen: nicht zu viel Angst haben, aber immer Obacht geben. Rumfragen und Warnhinweise der Einheimischen ernst nehmen. Immer. Zur Not einfach umdrehen und woandershin reisen.

■ Sind Kreditkarten üblich?
Eine Kreditkarte ist nützlich, denn damit bekommt man jederzeit Bargeld an einem der vielen Automaten. Bezahlen kann man mit Plastikgeld jedoch sehr selten.

■ Kann ich mein Smartphone zu Hause lassen?
Um mal richtig auszusteigen, wäre das sicher eine gute Idee. Wer sich aber nicht trennen mag vom Telefon, der kann sich vor Ort eine SIM-Karte besorgen (in Deutschland checken, ob fremde Karten eingelegt werden können). Es geht auch ohne Karte, denn WLAN wird immer öfter angeboten (nicht gut, aber immerhin vorhanden), und so kann man mit den Lieben zu Hause meist whatsappen oder auf anderen Web-App-Kanälen kommunizieren.

Noch Fragen? 🖳 www.stefan-loose.de/globetrotter-forum

Bus und Bahn und legen mehrtägige Strecken zu Fuß zurück. Beliebt sind Wanderungen von **Kalaw** zum **Inle-See** (S. 407). Für Treks rund um den **Mount Victoria** im Natmataung-Nationalpark (S. 392) empfiehlt sich eine Buchung vorab.

Zwar gibt es in Myanmar auch einige interessante Bergsteigergebiete, doch sind sie schwer zugänglich. Himalaya-Expeditionen im nördlichen Kachin-Staat bedürfen einer besonderen Erlaubnis. Ausgangspunkt ist **Putao** (S. 483). Ohne Spezialveranstalter läuft hier allerdings nichts (bzw. niemand).

Radfahren
Mit reizvoller Landschaft bietet sich der südliche Shan-Staat für Radtouren an, etwa zwischen **Aungban** oder **Kalaw** und **Pindaya**. Wer hier in die Berge fahren will, sollte sich jedoch ein eigenes gutes Mountainbike mitbringen (S. 77) oder sich an Spezialisten wenden. Schön sind auch Fahrradtouren rund um **Mandalay** (S. 342) oder durch das Pagodenfeld von **Bagan** (S. 240/241). In Bagan machen E-Bikes (eine Art Elektro-Roller) das Fahren zu einer sehr bequemen Methode der Fortbewegung angesichts des heißen Klimas.

Wassersport
Wassersportler sitzen in Myanmar weitgehend auf dem Trockenen. Auf dem **Indawgyi-** und dem **Inle-See** wurden allerdings erste Kajaks gesichtet. Zu den spannendsten Tauchrevieren Südostasiens zählt der **Myeik-Archipel** (S. 582), der aber hauptsächlich von Thailand aus betaucht wird. Unter Wasser gehen kann man auch vor dem Strand von **Ngapali** (S. 494).

Reiserouten

Myanmar ist eines der landschaftlich vielfältigsten Länder Südostasiens. Theoretisch könnten Touristen mit ihrem vierwöchigen Touristenvisum nicht nur unzählige Tempel und Pagoden erkunden, sondern auch tauchen, durch ursprünglichen Dschungel wandern, unter Palmen am Meer faulenzen oder Vier- bis Fünftausender besteigen. Tatsächlich jedoch ist das Reisen wegen der fehlenden touristischen Infrastruktur in vielen Landesteilen nur bedingt möglich, und manche Gebiete sind für Ausländer aus Sicherheitsgründen nach wie vor gesperrt *(off limits)*, darunter weite Teile des Kayah- und Kayin-Staates, Gebiete des östlichen Shan-Staates und des Kachin-Staates sowie abgelegene Regionen der Sagaing Division. Auch einige Gegenden des Mon-Staates und der Tanintharyi Division sind Touristen nicht zugänglich.

Die meisten Touristen reisen über den Flughafen in Yangon ein und aus. Auch Mandalay wird inzwischen von internationalen Fluggesellschaften angeflogen. Es besteht außerdem die Möglichkeit, die Grenze zu Thailand bei Tachileik im östlichen Shan-Staat, Myawaddy im Kayin-Staat oder Kawthoung im tiefen Süden für die Ein- oder Ausreise zu nutzen.

Die folgenden Routenvorschläge richten sich an Reisende, die so viel wie möglich sehen möchten. Nichts spricht jedoch dagegen, sich nur an einem Ort aufzuhalten. Allein in Bagan oder Mrauk U kann man problemlos mehr als eine Woche verbringen, ohne dass Langeweile aufkommt, und nicht selten findet irgendwo ein Fest statt, das zum Verweilen einlädt.

Myanmar kompakt

■ eine Woche

Wer nur eine Woche Zeit hat, kann entweder viel hineinpacken oder sich gleich Zeit lassen mit dem Wissen, nur einen kleinen Ausschnitt des Landes, das immerhin doppelt so groß wie Deutschland ist, sehen zu können. Hier zwei Vorschläge:

Die Highlights

Startpunkt ist **Mandalay** (S. 306), wo in drei Tagen Stadt und Umgebung entspannt erkundet werden können. Sehenswert sind die einstigen Königsstädte Amarapura, Inwa (Ava) und Sagaing, die britische Sommerfrische Pyin U Lwin und Mingun. Alternativ zum halbstündigen Flug nach **Bagan** (S. 242) kann man mit dem Schiff in die berühmte Tempelstadt fahren oder mit dem Mietwagen, der unterwegs einen Besuch am **Mount Popa** (S. 286) möglich macht. Nach zwei Tagen in Bagan fährt man per Flieger oder Nachtbus nach **Yangon** (S. 138), für dessen Besichtigung zwei Tage ausreichen, bevor es wieder nach Hause geht.

Gemächlich

Als eine Art Einstiegsreise bietet es sich an, den Besuch auf **Yangon** (S. 138) und Umgebung zu beschränken. Nach zwei Tagen Aufenthalt in der Metropole, einschließlich eines Abstechers nach **Twante** (S. 191) oder **Thanlyin** (S. 189), geht es nach **Bago** (S. 213), der alten Hauptstadt der Mon. Wer will, kann dort übernachten oder nach der Besichtigung direkt zum **Goldenen Felsen** (S. 533) von Kyaikhtiyo weiterreisen. Die Tour ist bis nach **Mawlamyaing** (S. 548) verländerbar – mit einem Aufenthalt in **Hpa-an** (S. 539), das sich in besonders schöner Variante mit einer Bootspassage auf dem Thanlwin in den Reiseverlauf einbauen lässt.

Myanmar klassisch

■ zwei Wochen

Von **Yangon** aus geht es zunächst nach **Bagan** und dann (evtl. per Flussschiff) nach **Mandalay** mit Ausflug in die alte britische Sommerfrische **Pyin U Lwin** (S. 373). Auf der anschließenden Fahrt von der letzten Königstadt zum **Inle-See** (S. 424) bietet es sich an, den ehemaligen kolonialen Alterssitz der Briten, **Kalaw** (S. 396), und die Höhlen von **Pindaya** (S. 409) zu besuchen. Auch lohnt es sich, vom Inle-See einen Tagesausflug zum Pagodenwald von **Kakku** (S. 434) oder **Indein** (S. 427) zu unternehmen oder die südlich gelegene Seenlandschaft **Samkar** (S. 430) zu erkunden.

Wer mehr von Zentral-Myanmar sehen möchte, fährt von Yangon zunächst nach **Pyay** (S. 228) und dann weiter nach **Magwe** (S. 303). Von dort geht es über die Ayeyarwady-Brücke nach **Minbu** (S. 301), dann entlang der attraktiveren Westseite, bei **Chauk** wieder auf die Ostseite des Flusses und dann schließlich nach Bagan.

Sperrgebiete und Travel Permits

Noch immer gibt es Landesteile, die gar nicht oder nur im Rahmen organisierter Touren zu bereisen sind bzw. in denen es an (touristischer) Infrastruktur mangelt. Zudem kämpfen in vielen Grenzregionen diverse Schmugglerbanden, Befreiungs- und Drogenarmeen gegen die Regierung. Deshalb ist es wichtig, sich rechtzeitig vor Reiseantritt über die aktuelle Sicherheitslage zu informieren (S. 65). Für Gebiete, die nur mit einer Sondererlaubnis (Travel Permit) oder im Rahmen von Pauschaltouren bereist werden dürfen, wendet man sich ans Büro von MTT oder (besser und bequemer) an eine darauf spezialisierte Reiseagentur. Anfang 2017 wurden allerdings erstmalig gar keine Travel Permits mehr erteilt.

Myanmar intensiv

■ ab drei Wochen

Wer drei und mehr Wochen Zeit hat, kann auch abgelegene Regionen erkunden. Die folgenden Tipps sind beliebig mit den Hauptreisezielen zu kombinieren.

Am Golf von Bengalen

Für all jene, die von Pagoden nicht genug bekommen können, ist **Mrauk U** (S. 512), die alte Hauptstadt von Rakhine, mit ihren 70 Heiligtümern genau das Richtige. Bislang werden die Ruinen erstaunlich wenig besucht – zu Unrecht! Von Mrauk U aus können auch Tagesausflüge in die Umgebung unternommen werden, etwa per Boot zu Dörfern der Chin oder per Jeep zum ursprünglichen Sitz des heute in Mandalay verehrten Mahamuni-Buddha.

Am schnellsten ist der geschichtsträchtige Flecken mit dem Flugzeug über **Sittwe** (S. 506) zu erreichen. Von dieser sympathischen Hafenstadt fahren Boote über den Kaladan nach Mrauk U. Falls Zeit keine Rolle spielt, besteht die Möglichkeit, mit dem Bus von Pyay über den Rakhine Yoma zunächst zum **Ngapali Beach** (S. 494), dann nach **Taunggok** (S. 504) zu fahren und von dort ein Boot nach Sittwe zu nehmen oder von Bagan aus über **Magwe** (S. 303) nach Mrauk U zu reisen.

Im Kayah-Staat

Seit der Öffnung von **Loikaw** (S. 436) für den Tourismus sind erste Schnuppertouren möglich. Die Anreise geschieht vom Inle-See her oder – einfacher – per Flieger ab Yangon.

Im östlichen Shan-Staat

Von **Kengtung** (S.454) aus lassen sich wunderbare Ausflüge in die Berge der Umgebung unternehmen. Allerdings kommt man hier aus den anderen Landesteilen Myanmars nur per Flugzeug hin. Denkbar ist es allerdings, einen Besuch hier an den Schluss der Reise zu legen und via **Tachileik** (S. 461) nach Thailand auszureisen.

Im nördlichen Shan-Staat

Dem Shan-Staat mit seiner ganz eigenen Atmosphäre lässt sich in dessen Nordteil nachspüren. Von **Mandalay** (S. 306) aus geht es per Bus, Pick-up oder Taxi nach **Pyin U Lwin** (S. 373), der legendären Sommerfrische der britischen Kolonialherren. Noch heute herrscht dort koloniales Ambiente. Empfehlenswert ist die Weiterfahrt mit dem Zug über den berühmten **Gokteik-Viadukt** (S. 440) in die alte Fürstenstadt **Hsipaw** (S. 441). Bereits chinesisch-geschäftig und eher gesichtslos mutet **Lashio** (S. 449) an, die größte Stadt im nördlichen Shan-Staat.

Im Chin-Staat und in der Sagaing Division

Wer sich in **Monywa** (S. 383) auf die Fähre (oder in einen Bus) setzt und nach Norden aufbricht, lässt alle touristischen Bequemlichkeiten hinter sich. Intensive Erlebnisse sind garantiert, sei es bei einem Abstecher in den nördlichen Chin-Staat, z. B. nach **Tedim** (S. 481) oder einem Besuch im Nagaland von **Hkamti** (S. 479) aus.

Auf Myanmars Wasserstraßen

Auf über 8000 km sind die Flüsse Myanmars schiffbar und für den Transport von Waren und Menschen von großer Bedeutung. Was liegt da näher, als auf einem Boot das Flussleben kennenzulernen? Dazu eignen sich folgende Routen.

Ayeyarwady

Der Abschnitt zwischen Mandalay und Bagan gehört mittlerweile zu den „Rennstrecken" – auch wenn die Landschaft eher eintönig ist. Viel schöner, aber auch abenteuerlicher ist die Fahrt zwischen Bhamo und Mandalay auf einer der Fähren der Inland Water Transportation (IWT). Hier geht es durch schroffe Schluchten, vorbei an Bambuswäldern und lauschigen Orten. Literaturfans können die Fahrt in Katha unterbrechen und in Orwells Fußstapfen treten, der sich dort zu seinem kolonialkritischen Buch Tage in Burma inspirieren ließ. Je nach Wasserstand brauchen die Boote mindestens drei Tage (S. 348).

Ayeyarwady-Delta

Dank besserer Straßen stellen immer mehr Fähren ihren Dienst ein. Noch regelmäßig verkehren Linienschiffe von Yangon nach Bogale (S. 194). Interessant sind organisierte Bootstouren nach Meinmahla Kyun (S. 194) und durch die Kanäle rund um Pyapon (S. 192) und Pathein (S. 195).

Chindwin

Zu den spannendsten Flussreisen zählt die Fahrt auf dem Chindwin von Monywa flussaufwärts nach Homalin und Hkamti. Hier sind Touristen noch rar und man erlebt ursprüngliches Flussleben mit einem Hauch Abenteuer (S. 388).

Kaladan

Mit Privatbooten geht es von Sittwe nach Mrauk U. Die Holzkähne sind bis zur alten Arakan-Metropole mindestens 5 Std. unterwegs. Als Alternative bieten sich die öffentlichen Fähren an (S. 512).

Thanlwin

Die Strecke zwischen Mawlamyaing und Hpa-an ist landschaftlich sehr schön. Boote können vor Ort gechartert werden (S. 544).

Bitte beachten!

Etwa ab Februar bis zum Einsetzen der Regenzeit können der niedrige Wasserstand und Sandbänke die Fahrzeiten erheblich verlängern.

Im hohen Norden

Myitkyina (S. 468), die Hauptstadt des Kachin-Staates, ist nur mit dem Zug und dem Flugzeug erreichbar. Die Stadt bietet abgesehen vom jährlichen Manao-Fest nur wenige Sehenswürdigkeiten. Unweit entfernt liegt **Myitson** (S. 472), der Ursprung des Ayeyarwady (der aus dem Zusammenfluss der Flüsse Mekha und Malikha besteht). Zum größten Binnengewässer des Landes, dem idyllisch gelegenen **Indawgyi-See** (S. 473), führt ein Abstecher von der Bahnlinie Mandalay–Myitkyina. Aufgrund des blutigen Konfliktes zwischen der dort aktiven Kachin Independence Army (KIA) und der Zentralregierung sollten die Reisemöglichkeiten in dieser Region unbedingt aktuell überprüft werden. Noch weiter im Norden liegt das (wenn überhaupt) nur auf dem Luftweg erreichbare **Putao** (S. 483), dessen umgebendes Hochland ein Paradies für Naturfreunde ist. Das einstige Fort Hertz ist auch Ausgangsbasis für Trekkingtouren rund um Südostasiens höchsten Berg **Hkakabo Razi** (S. 485). Diese sind allerdings nur mit Genehmigung möglich und bedürfen längerer Vorbereitung.

Im Süden

Einzigartige Eindrücke vom Süden Myanmars kann eine Schlaufe bescheren, die **Bago** (S. 213) und den legendären **Goldenen Felsen** von Kyaikhtiyo (S. 533) verbindet mit **Hpa-an** (S. 539) und seiner reizvollen Umgebung aus Reisfeldern, Felsen- und Höhlenheiligtümern sowie mit **Mawlamyaing** (S. 548). Von dieser charmanten Hafenstadt am Thanwlin empfiehlt sich eine Tagestour zum größten liegenden Buddha der Welt in **Mudon** (S. 558) inkl. Visite am **Setse Beach** und in **Thanbyuzayat** (S. 560) – Endpunkt der berüchtigten „Todes-Eisenbahn". Die Rückreise kann über **Thaton** (S. 538) nach Yangon erfolgen oder man reist über den Grenzübergang **Myawaddy/Mae Sot** nach Thailand aus.

Im tiefen Süden

Der schmale Küstenstreifen in Myanmars tiefem Süden dürfte vor allem Reisende anlocken, die auf Ursprünglichkeit und Abenteuer aus sind. Die seit 2013 auch für Ausländer nutzbaren Grenzübergänge von/nach Thailand haben das Bereisen dieser Region ebenso erleichtert wie die Öffnung weitläufiger Sperrgebiete bzw. die Freigabe der Landrouten für Ausländer (S. 530). Als Zwischenstation von Mawlamyaing auf dem Weg zu den beiden wenig besuchten Küstenstädten **Dawei** (S. 565) und **Myeik** (S. 575) empfiehlt sich das noch völlig untouristische **Ye** (S. 564). Myeik eignet sich als Ausgangspunkt für Tauch- und Schnorcheltouren in den **Myeik-Archipel** (S. 582), der als größte und unbekannteste Inselgruppe Südostasiens immer noch meist vom thailändischen Phuket bzw. dem Grenzübergang **Ranong/Kawthoung** (Victoria Point) im südlichsten Zipfel Myanmars erkundet wird.

Klima und Reisezeit

Myanmar liegt in der **tropischen Klimazone** und unterliegt dem Einflussbereich der **Monsunwinde**. Es werden daher drei Jahreszeiten unterschieden. Eine Reise ist jederzeit möglich, doch der Radius der Tour wird in der Regenzeit durch schlammige Straßen und unpassierbare Wege eingeschränkt. Die richtige Reisezeit ist somit von den geplanten Reisezielen abhängig.

Reisezeit

Die beste Reisezeit ist der **birmanische Winter**, also die trockenen, kühlen Monate von **November bis Februar**. Die Durchschnittstemperaturen liegen bei 20–30 °C, die Luftfeuchtigkeit ist gemäßigt und es fällt nur gelegentlich Regen. In den Bergregionen, etwa im Shan-Staat, kann es nachts empfindlich kalt werden und sogar zu Frost kommen. Aber selbst in Bagan und Mandalay ist es dann morgens und abends ziemlich frisch. Im nördlichen Kachin-Staat gibt es zuweilen weiße Weihnachten. Auch Ausflüge nach Mrauk U sind in dieser Zeit nur mit warmem Pullover anzuraten.

Mit Tagestemperaturen von 30–40 °C kann das Reisen während der **heißen Jahreszeit** von **März bis Mai** recht beschwerlich werden. In Ober-Myanmar, etwa in Bagan und Mandalay, klettert die Quecksilbersäule in der zweiten Aprilhälfte häufig auf 45 °C. Dafür weht in den Bergen ein angenehmes kühles Lüftchen. Für ausgiebige Bergwanderungen im Shan-Staat oder Bootsfahrten am Golf von Bengalen bietet sich daher die heiße Jahreszeit an.

In der **Regenzeit** zwischen Ende **Mai und Oktober** ist es bei 25–35 °C und hoher Luftfeuchtigkeit oft schwül-warm. Abends kühlt es meist auf etwa 20 °C, in Nord- und Zentral-Myanmar auch schon mal auf 10 °C ab. Der Südwestmonsun bringt heftige Regenfälle mit sich und betrifft vor allem die Küstenregionen. Dort beträgt die jährliche Niederschlagsmenge etwa 5000 mm. Badeurlauber sollten die Regenzeit daher meiden. In Ober-Myanmar fällt weitaus weniger Regen, da sich die Wolken schon am Rakhine Yoma abregnen; morgens und mittags lacht meist die Sonne. Viel Regen fällt im Juli und August. Im Oktober lockt dann das frische Grün vor allem Naturliebhaber ins Land.

Monsun

Der Name leitet sich von dem arabischen Wort mausim ab und bedeutet „Saison" oder genauer: „wiederkehrende Festzeiten". Damit bezeichneten die arabischen Seefahrer jene in Asien halbjährlich wechselnden Winde, die zwischen Mai und Oktober von Südwest nach Nordost und November bis März in umgekehrte Richtung wehen. Ursache ist ein zwischen März und Mai über Süd- und Zentralasien dominierendes umfangreiches Hitzetief, das dem Indischen Ozean feuchte Luftmassen entnimmt und zu ergiebigen Regenfällen führt. Es wird ab November von einem kräftigen Kältehoch mit trockenen Luftmassen über Sibirien abgelöst, die sich erwärmen und Richtung Südwesten wandern.

Als ab dem frühen 16. Jh. die Portugiesen die Weltmeere beherrschten, verwandelten sie den arabischen Terminus in *monção*. In seiner 1596 publizierten Reisebeschreibung *Itinerario* verwendet der holländische Seefahrer Jan Huyghen van Linschoten die Begriffe *monssoyn* und *monssoen*. Über diesen Weg fand vermutlich der „Monsun" Eingang in den allgemeinen Sprachgebrauch.

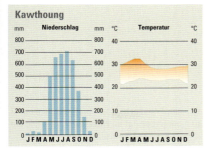
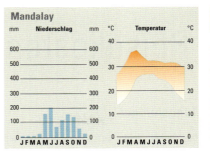
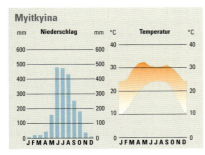
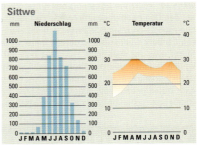
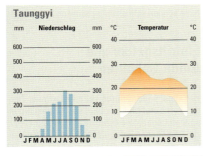

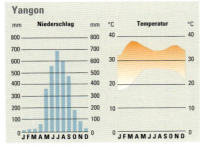

KLIMA UND REISEZEIT

www.stefan-loose.de/myanmar

KLIMA

Reisekosten

Tagesbudget

Das Budget richtet sich natürlich stark nach der Anzahl der Reisenden. Wer allein unterwegs ist, spürt die höheren Kosten vor allem bei den Übernachtungen. Aufgrund des Tourismus-Booms ist Myanmar verglichen mit anderen Ländern Südostasiens derzeit um einiges teurer, was vor allem eine Folge der teils völlig überzogenen Unterkunftspreise ist. Aber da ist mittelfristig Entspannung in Sicht. Zum einen wird kräftig gebaut, zum anderen gewähren die Hotels und Gästehäuser in der Nebensaison erhebliche Preisnachlässe. Sparfüchse sollten also nicht unbedingt im November und Ende Dezember das Land bereisen.

Wer mit einfachsten Unterkünften zufrieden ist, dem Essen am Straßenstand standhält sowie einheimische Lokale und öffentliche Verkehrsmittel vorzieht, kommt am Tag locker mit 25–35 € aus, hauptsächlich in Landeswährung. Reisende, die zeitweilig einen Fremdenführer buchen, in besseren Hotels schlafen und die eine oder andere Strecke mit dem Taxi oder Flugzeug zurücklegen, benötigen durchschnittlich 50–80 € am Tag, den größten Teil davon in US-Dollar.

Darüber hinaus kann man in Myanmar natürlich auch sehr luxuriös reisen und wohnen. Mehrtägige Schiffsreisen, Übernachtungen im Edelresort oder Expeditionen in entlegene Gebiete können schnell einige tausend Euro kosten.

Was kostet wie viel?

Achtung: Bedingt durch die hohe **Inflationsrate** sind die in diesem Buch angegebenen Preise möglicherweise nicht mehr aktuell.

Trinkwasser	ab 300 Kyat
Softdrink (importiert)	1000–1500 Kyat
Großes Bier	ab 2000 Kyat
Kaffee (lokal)	ab 300 Kyat
Kaffee (aus Maschine)	ab 1500 Kyat
Mohinga-Frühstück	ab 500 Kyat
Currygericht	ab 2000 Kyat
Essen (westl. Standard)	ab 3000 Kyat
Hotelzimmer	
einfach	bis US$35
Mittelklasse	US$35–80
1 Liter Benzin	ab 850 Kyat
Taxifahrt (3 km)	2000 Kyat
Mietwagen mit Chauffeur	je nach Entfernung US$80–180 pro Tag
Eintrittsgebühren	US$2–20

Eintrittsgelder und Guide-Gebühren

Für viele Sehenswürdigkeiten, darunter Tempel, Parks und Museen, wird von Ausländern eine Eintrittsgebühr verlangt. So kostet der Eintritt zur Shwedagon saftige 8000 Kyat. Die Archäologische Zone von Bagan wird pauschal mit 20 000 Kyat berechnet, für Bago, den Inle-See und Mandalay sind jeweils 10 000 Kyat zu berappen. Sagaing und Mingun kosten zusammen 3000 Kyat, der Goldene Felsen 6000 Kyat. Hinzu kommen in vielen Pagoden und Tempeln Gebühren fürs Fotografieren und Filmen.

Fremdenführer verlangen die Bezahlung in US-Dollar. Ein Deutsch sprechender Führer kostet am Tag etwa US$35, ein englischsprachiger US$20–30. Trekking-Guides in den Bergen nehmen im touristisch erschlossenen Raum Kalaw/Inle-See etwa US$15–20 am Tag, in abgelegene-

Viele Airlines setzen im Inland auf die bewährten ATR-72 Turboprop-Maschinen.

ren Regionen wie Loikaw oder Kengtung auch US$35–40, ganz weit draußen in den Chin-Bergen oder der Sagaing Division bis zu US$80.

Übernachtung

Die einfachsten Unterkünfte sind je nach Ort für US$10–20 pro Doppelzimmer zu haben und verfügen über Ventilator und Gemeinschaftsbad. Das meist aus ein paar Toastscheiben, Eiern, Saft und Kaffee bestehende Frühstück ist nicht immer inklusive. Ein Zimmer in einem einfachen Hotel mit Dusche und WC, Ventilator oder Klimaanlage kostet bis zu US$35 pro Doppelzimmer mit Frühstück. Für ein Zimmer der Mittelklasse ist mit US$35–80 zu rechnen. Gehobenen Ansprüchen werden Zimmer ab etwa US$80 gerecht. Luxus kann jenseits der US$150-Marke erwartet werden. Im Gegensatz zu allen Gästehäusern addieren die meisten Hotels zur Rechnung 10 % Mehrwertsteuer (VAT) und 10 % Service Charge. Auch in Myanmar gilt: Konkurrenz drückt die Preise. In Orten mit wenigen Unterkünften muss man daher für den gleichen Standard mehr bezahlen als etwa in Bagan oder Mandalay.

Transport

Lokale Busse und Pick-ups sind sehr billig. Fast alle Langstrecken kosten weniger als 20 €, Pick-ups für kurze bis mittlere Strecken oft wenige hundert Kyat. Auf den Hauptrouten zahlen Touristen mehr als Einheimische. Bahnfahrten sind relativ günstig und in Kyat zu bezahlen, Flüge hingegen recht teuer und in US$ zu begleichen. Je nach Entfernung belasten Letztere die Reisekasse mit bis zu US$190 pro Strecke.

In den großen Städten bieten Taxis ihre Dienste an. Im Schnitt kostet ein Wagen mit Fahrer zwischen US$80 und US$180 am Tag, abhängig von Wagenqualität, Strecke, Reiseverlauf und aktuellem Spritpreis.

Rabatte

Studenten und Rentner können kaum mit Vergünstigungen rechnen. Kinder bis zwölf Jahre zahlen in der Regel keinen Eintritt. Für ältere Kinder gibt es vereinzelt vergünstigte Eintrittspreise, etwa im Botanischen Garten in Pyin U Lwin.

Travelinfos von A bis Z

Wer nach Myanmar fährt, braucht einen Reisepass mit Visum, ein paar Kleidungsstücke für warme und kalte Tage und Nächte, eine gute Krankenversicherung und jede Menge Neugier. In Myanmar ticken die Uhren anders, nicht nur, weil sie 4 1/2 Stunden vorgehen. Es lohnt sich, die folgenden Seiten in Ruhe zu lesen, um gut vorbereitet eine spannende Zeit zu erleben.

PICK-UP, YANGON; © MARK MARKAND

Inhalt

Anreise	33
Botschaften und Konsulate	35
Einkaufen	36
Essen und Trinken	42
Fair reisen	49
Feste und Feiertage	50
Fotografieren und Filmen	54
Frauen unterwegs	54
Geld	55
Gepäck und Ausrüstung	56
Gesundheit	58
Hilfsorganisationen	60
Informationen	61
Internet und E-Mail	62
Kinder	62
Maße und Elektrizität	63
Medien	64
Post	64
Reisende mit Behinderungen	65
Schwule und Lesben	65
Sicherheit	65
Sport und Aktivitäten	67
Telefon	70
Transport	70
Übernachtung	79
Unterhaltung	81
Verhaltenstipps	81
Versicherungen	83
Visa	84
Zeit und Kalender	85
Zoll	87

Kurz und knapp

Flugdauer Etwa 12 1/2 Std. über Bangkok

Einreise Per Luft oder über Land mit dem 4-wöchigen Visum

Geld Gezahlt wird in Kyat, selten kommen noch US$ zum Einsatz.

WLAN Immer mehr Unterkünfte bieten WLAN (vor Ort: „WiFi") an, doch die Datenraten sind meist gering.

Zeitverschiebung In der Sommerzeit 4 1/2 Std. der deutschen Zeit voraus, im Winter 5 1/2 Std.

Anreise

Die meisten Besucher reisen auf dem Luftweg nach Myanmar, selten allerdings mit einem Direktflug, sondern meist mit einem Zwischenstopp in Bangkok. Von dort aus ist die Einreise auch über Land an mehreren Grenzübergängen möglich.

Mit dem Flugzeug

Yangon, Nay Pyi Taw und Mandalay besitzen internationale Flughäfen. Die meisten Gesellschaften fliegen nach Yangon. Mandalay wird von Bangkok und Chiang Mai (Thailand) aus angeflogen.

Anreise aus den Nachbarländern

Ein großer Teil der Besucher reist über Thailand ein. Wer in Thailand einen Zwischenstopp einlegen möchte, bekommt am Flughafen Bangkok eine (kostenlose) 30-Tage-Aufenthaltserlaubnis. Der Flug Bangkok–Yangon dauert etwa eine Stunde.

Folgende Gesellschaften verbinden Myanmar mit dem Rest der Welt:

Air Bagan, www.airbagan.com, bedient die Strecke Yangon–Chiang Mai.
Bangkok Airways, www.bangkokair.com, fliegt die Strecken Bangkok–Yangon, Yangon–Mandalay und Bangkok–Nay Pyi Taw. Gabelflüge sind eine gute Option: Einreise über Yangon und Abflug von Mandalay oder andersherum.
Jetstar Airways, www.jetstar.com, fliegt von Yangon via Singapur nach Australien sowie zu diversen asiatischen Zielen.
Malaysia Airlines, www.malaysiaairlines.com, fliegt von Kuala Lumpur nach Yangon. Kann auch als Gabelflug ab Frankfurt oder Amsterdam gebucht werden.
Myanmar Airways International, www.maiair.com, verkehrt täglich von Yangon nach Bangkok; zudem ab Yangon nach Kuala Lumpur, Singapur, Guangzhou in China und in den buddhistischen Pilgerort Gaya in Indien. Nach Gaya geht es je nach Saison auch von Mandalay aus, zudem von Mandalay nach Incheon in Südkorea.
Nok Air, www.nokair.com, fliegt zweimal täglich von Bangkok (Don Mueang) nach Yangon.
Qatar Airways, www.qatarairways.com, fliegt mehrmals wöchentlich von Frankfurt, München, Berlin, Wien und Zürich über Doha nach Yangon.
Singapore Airlines, www.singaporeair.com, und deren Ableger Silk Air, www.silkair.com, fliegen mehrmals täglich zwischen Singapur und Yangon, Silk Air auch zweimal wöchentlich nach Mandalay.
Thai Air Asia, www.airasia.com, bietet täglich Flüge aus Bangkok und Kuala Lumpur nach Yangon sowie aus Bangkok nach Mandalay. In Bangkok wird der alte Don Mueang-Flughafen genutzt, nicht der neue Suvarnabhumi-Airport, von dem die meisten internationalen Flüge gehen. Für den Transport zwischen den Airports ist eine gute Stunde einzuplanen.
Thai Airways International, www.thaiair.com, fliegt bis zu dreimal täglich zwischen Yangon und Bangkok (Suvarnabhumi). Mehrmals wöchentlich wird außerdem Mandalay angesteuert.
Vietnam Airlines, www.vietnamairlines.com, verbindet Yangon mit Ha Noi und Ho-Chi-Minh-Stadt (Sai Gon).

Weitere internationale Airlines siehe **eXTra [8524]**.

Flugtickets

Flüge können über ein Reisebüro, über Internet-Fluganbieter oder direkt bei den Fluggesellschaften gebucht werden; Buchungen bei den Fluggesellschaften sind meist teurer als jene über Reisebüros. In jedem Fall sollten Flüge frühzeitig gebucht werden. Aber auch wer erst in Bangkok ein Reisebüro aufsucht, bekommt oft noch Tickets für einen Start am nächsten Tag. Meist stellen Fluggesellschaften sogenannte E-Tickets aus. Dabei ist, wenn überhaupt, nur ein Ausdruck nötig. Oft reicht es schon, am Check-in-Schalter lediglich den Reisepass vorzulegen.

Flughafentransfer

Yangons Flughafen liegt gut 20 km nördlich des Zentrums im Stadtteil Mingaladon. Vor dem Flughafen warten Taxifahrer. Je nach Strecke kostet eine Fahrt ins Zentrum US$8–10 und dauert abhängig vom Verkehrsaufkommen 40 bis über 60 Minuten. Vermittler mit besseren Englischkenntnissen als die Fahrer helfen bei der Taxiwahl. Sie versuchen Neuankömmlingen manchmal eine Rundreise anzudrehen – meist recht teuer.

Manche Hotels und einige Gästehäuser bieten kostenlosen Flughafentransfer, sofern der Gast erwartet wird. Es ist auch vom Flughafen aus möglich, Unterkünfte zu kontaktieren und nach einer Abholung zu fragen (so erfährt man auch gleich, ob noch Zimmer frei sind). Nicht immer ist dieser Service umsonst: Manche Hotels verlangen dafür bis zu US$16.

Der Flughafen **Mandalay** liegt rund 35 km südlich der Stadt. Taxis brauchen eine Stunde ins Zentrum und kosten je nach Fahrzeugstandard 12 000–22 000 Kyat und 4000 Kyat p. P. bei einem Sammeltransport. AirAsia bietet seinen Passagieren einen Gratis-Shuttle.

In den Flughäfen von Yangon und Mandalay gibt es im Arrival-Bereich Bankautomaten, an denen man sich mit der Landeswährung versorgen kann.

Auf dem Landweg

Die Einreiseoption über Land hat sich deutlich verbessert. Über mehrere Grenzübergänge zwischen Myanmar und **Thailand** ist sie ohne Sondergenehmigung möglich. Ein Permit braucht man noch bei der Einreise aus **China** oder **Indien** – Grenzübergänge, die je nach politischer Lage auch oft ganz geschlossen sind (so z. B. Anfang 2017). Der Grenzübertritt aus Bangladesch ist nicht möglich. Mit Öffnung der Freundschaftsbrücke über den Mekong zwischen Kyaing Lap (Kenglap) im Tachileik-Distrikt und Xieng Kok in **Laos** im Mai 2015 steigt die Hoffnung, dass eines Tages die Einreise aus der Provinz Luang Namtha in den östlichen Shan-Staat möglich sein wird.

Bei den Grenzübergängen ist die beiderseitige Zeitdifferenz zu berücksichtigen, s. S. 85.

Thailand
Mae Sai/Tachileik

Ein Visum für 14 Tage ist an der Grenze erhältlich und kostet US$18. Es erlaubt jedoch nur den Besuch von Tachileik und Kengtung. Auch Tagesausflüge, die US$10 Gebühr für den Visastempel kosten, sind möglich. Wer von Kengtung weiterreisen und ins Landesinnere Myanmars vorstoßen möchte, muss sich vorab in einer

---

Weniger fliegen – länger bleiben! Reisen und Klimawandel

Der Klimawandel ist vielleicht das dringlichste Thema, mit dem wir uns in Zukunft befassen müssen. Wer reist, erzeugt auch CO_2: Der Flugverkehr trägt mit einem Anteil von bis zu 10 % zur globalen Erwärmung bei. Wir sehen das Reisen dennoch als Bereicherung: Es verbindet Menschen und Kulturen und kann einen wichtigen Beitrag für die wirtschaftliche Entwicklung eines Landes leisten. Reisen bringt aber auch eine Verantwortung mit sich. Dazu gehört darüber nachzudenken, wie oft wir fliegen und was wir tun können, um die Umweltschäden auszugleichen, die wir mit unseren Reisen verursachen. Wir können insgesamt weniger reisen – oder weniger fliegen, länger bleiben und Nachtflüge meiden (da sie mehr Schaden verursachen). Und wir können einen Beitrag an ein Ausgleichsprogramm wie **www.atmosfair.de** leisten.

Dabei ermittelt ein Emissionsrechner, wie viel CO_2 der Flug produziert und was es kostet, eine vergleichbare Menge Klimagase einzusparen. Mit dem Betrag werden Projekte in Entwicklungsländern unterstützt, die den Ausstoß von Klimagasen verringern helfen.

Botschaft ein reguläres 28-Tage-Visum besorgen. Eine Weiterreise von Kengtung ins Landesinnere muss in jedem Fall auf dem Luftweg erfolgen (S. 461, Tachileik).

Mae Sot/Myawaddy

Die Überquerung der Grenze erfolgt über die Thailand-Myanmar-Freundschaftsbrücke (143 km südöstlich von Hpa-an, S. 539). Das Visum für Myanmar muss allerdings vorab besorgt sein. Achtung: Dieser Übergang wird gern verwechselt mit dem legendären, für Ausländer bisher noch geschlossenen Drei-Pagoden-Pass, der von Kanchanaburi nach Payathonzu führt (S. 267). Für beide Übergänge gilt: Gegen US$10 (nur schöne Scheine, sonst 500 Baht) sowie die Hinterlegung des Reisepasses kann man auf der thailändischen Seite einen *Border Pass (Entry Permit)* beantragen, mit dem man sich als Tagesbesucher im grenznahen Bereich der Myanmar-Seite umschauen kann.

Phunaron (Phu Nam Ron)/Htee Khee

Der Grenzübergang 150 km östlich von Dawei ist der wohl entlegenste der landesweit vier Übergänge von/nach Thailand. Er wurde als Bestandteil des Tiefseehafenprojekts in Dawei eingerichtet. Zwischen den beiden Grenzkontrollstellen liegen 4 km Niemandsland (S. 567). Das Visum für Myanmar muss vorab besorgt werden. Für Reisende, die Myanmar hier verlassen wollen, gilt das Gleiche wie an den anderen Übergängen: Bei der Einreise nach Thailand wird eine kostenlose, 30 Tage gültige Aufenthaltsgenehmigung erteilt.

Ranong/Kawthoung

Die Einreise über diesen Grenzübergang ist nur auf dem Wasserweg möglich (S. 587). Nachdem der Ausreisestempel von Thailand im Reisepass ist, geht es vom **Sapan Pla-Pier** per Longtail-Boot inkl. kurzen Zwischenstopps an zwei Checkpoints in Stelzenbauten in 20–30 Min. zum birmanischen Grenzposten am **Myoma-Jetty** in Kawthoung. Wer sich zuvor ein Myanmar-Visum besorgt hat, darf ganz normal einreisen und per Fähre (Betrieb nur an wenigen Wochentagen), mit dem Flugzeug oder dem Bus (in der Saison beides tgl.) in Richtung Norden weiterreisen.

China

Die Grenze bei Ruili in China und Muse in Myanmar war Anfang 2017 für Touristen in beide Richtungen geschlossen. Auch, wenn sie wieder geöffnet werden sollte, ist von Myanmar kommend sicherlich zuvor eine Sondererlaubnis einzuholen, um die Strecke von Lashio an die Grenze nach Muse fahren zu dürfen. In der Vergangenheit brauchte das staatliche Fremdenverkehrsbüro in Mandalay für die Erteilung der Genehmigung mindestens zehn Tage und verlangte dafür US$50. Weitere US$300 sind für den Guide und das Fahrzeug zu zahlen. Auch wer von China aus einreisen will, kommt ggf. um ein *special permit* nicht herum. Für beide Staaten ist ein Visum erforderlich.

Indien

In der Sagaing Division konnten Ausländer eine kurze Zeit lang mit Sondergenehmigung und gültigem Visa über den Grenzübergang Tamu/Moreh aus dem indischen Bundesstaat Manipur ein- bzw. ausreisen. Dann wurde die Grenze wieder geschlossen. Das kann sich wieder ändern; das für den Grenzübertritt notwendige Prozedere ist aber auch dann noch ziemlich aufwendig. Mehr dazu s. **eXTra [9898]**.

Botschaften und Konsulate

Vertretungen Myanmars im Ausland

Deutschland
Embassy of the Union of Myanmar,
Thielallee 19, 14195 Berlin-Dahlem
+49 (0)30-206 1570
www.meberlin.com
Mo–Fr 9.30–16.30 Uhr
An gesetzlichen deutschen und einigen birmanischen Feiertagen geschlossen.

Österreich
Zuständig ist die Botschaft in Deutschland.

Schweiz
47 Av. Blanc, 1202 Genf
✆ ++41 (0)22-906 9870
🖥 www.myanmargeneva.org

Eine Liste der Vertretungen Myanmars in den umliegenden Ländern in Asien siehe **eXTra [10527]**.

Ausländische Vertretungen in Myanmar

Die Deutsche Botschaft ist sowohl für Bundesbürger als auch für Niederländer, Luxemburger und Österreicher zuständig. Wer seinen Pass verliert, kann hier einen neuen beantragen. Sinnvoll ist es, vor Reiseantritt vom Pass (und Visum) eine Kopie zu machen, da dies die Ausstellung eines Ersatzpasses erleichtert. Auch ein Foto des Visastempels nach Einreise ist sinnvoll. Die Ausstellung eines Ersatzausweises dauert einige Tage.

Die Botschaft hilft bei Problemen, die Reisende allein nicht lösen können. Sie ist jedoch nicht für Beschwerden über Reiseveranstalter oder andere Organisationen zuständig. Von abgelegenen Orten aus ist die deutsche Vertretung schlecht zu erreichen und ihre Einflussmöglichkeit ist aufgrund der Entfernung stark eingeschränkt.

Deutsche Botschaft
9 Aung San Museum Road,
Bahan Township, 11201 Yangon
✆ 01-548 951, App. -52, -53
in dringenden Notfällen mobil außerhalb der Sprechstunden: ✆ 09-502 3209
🖥 www.rangun.diplo.de
🕐 Konsularabteilung Mo–Fr 8–11, Mi bis 10.30 Uhr; Visa Mo–Fr nach Vereinbarung; geschl. an myanmarischen Feiertagen

Schweizerische Botschaft
11 Kabaung Lane, 5 1/2 Mile, Pyay Rd.,
Hlaing Township, Yangon
✆ 01-534 754, 512 873, 507 089
🖥 www.eda.admin.ch/eda/de/home/reps/asia/vmmr/embmya.html
🕐 Mo–Fr 9–11 Uhr

Eine Liste aller ausländischen Botschaften in Myanmar findet sich unter 🖥 www.meberlin.com/index.php/foreign-missions-in-myanmar.

Einkaufen

Wer gern in exotischer Umgebung auf Einkaufstour geht, wird in Myanmar sicher fündig. Unzählige verschiedene Mitbringsel, vom Kunsthandwerk bis zur seltenen tropischen Frucht, werden auf zahlreichen Märkten im Land angeboten. Immer mehr kleine Geschäfte eröffnen auch außerhalb der Marktgelände, und in Yangon nimmt die Zahl der Einkaufszentren unaufhörlich zu.

Mal drängt man sich durch enge, mal duftende, mal stinkende Gassen eines überdachten Marktes. Oder man schlendert zwischen Hunderten Ochsen herum, die auf neue Arbeitgeber warten. Dazwischen blinken die Auslagen der Edelsteinhändler in luftig angelegten Hallen. Manchmal kommen sogar Erinnerungen an den Westen auf, wenn sich Markengeschäfte in kleinen, mehrgeschossigen Einkaufszentren präsentieren. Abends, zwischen den indischen Händlern in Yangon, wähnt man sich inmitten eines riesigen Basars. Oder man steht vor Tischen oder ausgebreiteten Decken voller Kleinkram: Opiumgewichte und Natfiguren, Antiquitäten und Edelsteine, Münzen, alles durcheinander. Alt oder neu, echt oder unecht – das lässt sich nicht immer unterscheiden und ist vielleicht auch gar nicht so wichtig.

Das ein oder andere Mitbringsel findet sich auch während der Besichtigungstouren. In den Pagodenaufgängen bieten kleine Geschäfte **Devotionalien und Kunsthandwerk** aus der Region an: Buddha- oder Natfiguren, duftende Holzschnitzereien oder goldene Schälchen. Es lohnt sich auch, verschiedene Werkstätten zu besuchen. Fast immer findet sich hier eine Auswahl an schönen Souvenirs. Mal sind es kleine Schirmchen, die tatsächlich gut vor der Sonne schützen, oder Cheroots als qualmende Erinnerung. Oder ein Longyi, der sehr angenehm zu tragen ist. Es gibt kleine und größere Lackkunst, Marionetten, Webereien und Stoffe, Gold-, Bronze- oder Silberschmuck – die Auswahl ist grenzenlos.

Der Zentralmarkt einer Stadt wird *zei-gyo* genannt. Manche **Märkte** heißen nach ihrem Distrikt oder Stadtteil, andere haben berühmte Namen wie Bogyoke Aung San. Letzterer befindet sich in Yangon und ist der größte und am besten bestückte überdachte Markt seiner Art in Myanmar. Hier bieten u. a. zahlreiche lizenzierte Edelsteinhändler ihre funkelnde Ware an. Kleine Geschäfte verkaufen Kleidung, es gibt Kunsthandwerk wie Holzschnitzereien, Malereien und Schmuck. Auf den örtlichen Märkten finden sich vornehmlich Waren des alltäglichen Bedarfs wie Longyis, Blusen und Hemden, Messer und Medizin, Obst, Gemüse und allerhand Essbares vom Tier. Im Shan- und Kayah-Staat ziehen ganze Märkte in einem festen Rhythmus durch die Umgebung. Diese Regionen leben hauptsächlich von der Landwirtschaft, und das frische Gemüse will verteilt sein. Alle fünf Tage kommen die Händler in einen anderen Ort. Die Anwohner, Gästehausbetreiber und Hoteliers vor Ort wissen genau, wann Markttag ist und geben gern Auskunft.

Die **Preise** sind meist realistisch. In staatlichen Läden, Boutiquen und Einkaufszentren ist Handeln nicht üblich. Auf Märkten kann man sich dagegen im Spiel des Handelns üben. Insgesamt wird in Myanmar weniger gehandelt als in anderen asiatischen Ländern. Wer mit dem Handeln beginnt, äußert eine Kaufabsicht. Wer nach dem *last price* fragt und diesen gesagt bekommt, kann nicht tiefer gehen. Einige birmanische Händler äußern sich inzwischen genervt über verbissen um Cent-Beträge feilschende Touristen. Aus Frust werden dann tatsächlich Fantasiepreise genannt.

Auch **Tauschgeschäfte** sind Händleralltag. Die Birmanen bevorzugen Artikel aus dem Westen. Dazu zählen ein guter Stift, ob für die Lippen oder das Papier, ein neues Marken-T-Shirt und all die anderen Qualitätsprodukte.

Teurer sind die Waren in Souvenirläden, die sich rein an Ausländer oder die birmanische Oberschicht wenden. Hier gibt es außergewöhnlich schöne Stoffe und Lackarbeiten.

In Myanmar ist es üblich, kurze oder lange **Pilgerfahrten** zu verschiedenen Heiligtümern zu unternehmen. Birmanen mit Geld nutzen dies gerne für einen Urlaubs- oder Wochenendausflug. Dass anlässlich der Pagodenfeste auch große Märkte stattfinden, gehört zum birmanischen Weg des Pilgerns, wie ihn Ma Thanegi in ihrer Erzählung *Pilgerreise in Myanmar* sehr lesenswert beschreibt (S. 607).

Antiquitäten

Der Export von Antiquitäten ist verboten. Es gibt jedoch Geschäfte, deren Besitzer Exportgenehmigungen für Antiquitäten besorgen können. Allerdings ist kaum anzunehmen, dass viele wirklich alte Stücke im Umlauf sind. Wer den Souvenirverkäufern in Nyaungshwe am Inle-See beim Transport ihrer mit Figuren voll beladenen Tische zuschaut, ahnt, dass beschädigte oder staubige Stücke nicht unbedingt antik sein müssen.

Teile von **Wandmalereien** aus Bagan oder Mrauk U werden noch immer unter der Hand angeboten. Dieser Offerte sollte man widerstehen. Das gilt auch für die kleinen, manchmal noch in Ruinenstätten herumliegenden Figuren. Nach dem Glauben der Einheimischen bringt es

Hände weg von Antiquitäten!

Für viele Gegenstände, die auf den Märkten oder der Straße angeboten werden, gibt es keine Exporterlaubnis. Besondere Umsicht ist bei echten Antiquitäten geboten, d. h. bei Kunstwerken, Münzen, Bronze- und Messinggewichten, buddhistischen Faltbüchern sowie Ton- und Bronzepfeifen. Auch antike Bronzeskulpturen und alle religiösen Bildnisse dürfen offiziell nicht ausgeführt werden. Ohne Zertifikat erworbene Edelsteine kann der Zoll konfiszieren. Verboten ist der Export nationaler Kulturschätze: Gold und Silber mit Inschriften, prähistorische Funde, historische Dokumente, Fresken und nationale Insignien und Embleme.

Buntes Markttreiben wie hier in Mawlamyaing gehört in Myanmar zum Reiseerlebnis.

sehr viel Unglück, diese Heiligtümer einfach mitzunehmen. Aber auch wer sich vor der Rache der Götter nicht fürchtet, sollte aus Respekt vor dem Nationaleigentum die Sachen einfach an ihrem angestammten Ort belassen.

Ein beliebtes Souvenir aus dem Reich der Antiquitäten sind **Opiumgewichte** und **-waagen**. Bis heute findet die Waage auf einigen Märkten der Edelsteinschürfer und Opiumbauern ihre ursprüngliche Verwendung. Auf den touristisch zugänglichen Märkten sind es fast ausschließlich Ausländer, die Geld in die kleinen Waagschalen investieren: In einer schlichten, handgeschnitzten Holzkiste liegt eine filigrane Handwaage mit kleinen glänzenden Wiegeschälchen. Setzkastengroße Tierfiguren dienen als Gewichte. Beliebte Motive sind *Sar Mayee*, der langhaarige Ochse, *Hintha*, die beliebte mythische Gans, und der Karaweik, wie der ebenfalls in der Mythologie verehrte Kurzflügelkuckuck genannt wird. Insgesamt sind sechs der einst neun verwendeten Figuren übriggeblieben. Bis 1885 wurden die Gewichte aus Bronze gegossen. Dann verboten die Briten diese Tradition und standardisierten das Maßsystem. Heute bestehen die Gewichte aus Messing und werden primär für den Touristenmarkt hergestellt. Trotzdem dürfen sie offiziell nicht ausgeführt werden. Das Interesse der Zöllner an dieser Art Mitbringsel ist jedoch gering.

Buddhafiguren

Statuen des Erleuchteten dürfen offiziell nicht aus Myanmar ausgeführt werden. Sofern es sich jedoch um Neuware handelt und eine Kaufbestätigung mit entsprechendem Hinweis und der Größenangabe der Figur vorgezeigt werden kann, steht einer Ausfuhr meist nichts im Weg. Kleinere Figuren fallen wenig auf. Wer die Figuren respektvoll behandelt, wird keine Probleme bekommen.

Mandalay als religiöse Hochburg ist Sitz zahlreicher Handwerksbetriebe. In kleinen und größeren Fabriken werden Buddhafiguren gegossen. Figuren aus Bronze werden seit dem 10. Jh. im Viertel Tampawaddy hergestellt: Staub, Dung, Mehl, Reisschrot und Wasser werden zu einer Masse geknetet, aus der das Grundmodell der Buddhafigur entsteht. Dann wird Wachs auf die Grobform modelliert. Auf diese Wachsschicht kommt eine Lehmschicht. Das Modell wird auf dem Feuer erhitzt, bis das Wachs, wieder verflüssigt, aus einer freigelassenen Öffnung fließt. Nun ist die Tonform fertig! Vier Teile Zinn und sechs Teile Kupfer, z. T. auch etwas Blei, werden unter Hitze zu Bronze verschmolzen. Die flüssige Bronze wird durch die kleine Öffnung gegossen und nimmt den vom Wachs hinterlassenen Zwischenraum ein. Zwei Tage muss die Bronze abkühlen, dann wird der Lehm abgeschlagen. In künstlerischer Feinarbeit werden Unebenheiten und Fehler bearbeitet.

Bücher

In Yangon gibt es interessante Buchläden und Straßenhändler, die neben englischer Trivialliteratur und fast vergessenen Publikationen manchmal auch Reise- und Sprachführer anbieten. In den größeren Geschäften und am Flughafen werden die neusten Bildbände über Myanmar verkauft. Daneben gibt es Infohefte in englischer Sprache über abgelegene Regionen (z. B. Mrauk U). Adressen in Yangon auf S. 177. Auch in Mandalay, Bagan, Hsipaw oder Pyin U Lwin findet sich mittlerweile eine Auswahl englischer Literatur (auch über Myanmar).

Edelsteine und Schmuck

Wer über das nötige Kleingeld verfügt, kann einen bunten Urlaubsschatz mitbringen. Auf den Märkten gibt es Rubine, Saphire, Topase, Aquamarine und Spinelle, außerdem Smaragde, Amethyste, Lapislazuli, Jade und wertvolle Perlen. Händler aus aller Welt treffen sich zweimal jährlich im *Gems and Pearl Emporium* in Yangon.

Die meisten Steine sind geschliffen und viele in hochwertigem Gold- und Silberschmuck verarbeitet. In Abbaugebieten ist die Verkaufsatmosphäre besonders reizvoll, allerdings ist es Touristen bedauerlicherweise untersagt, in diese Orte zu fahren.

Beim Kauf ist Vorsicht geboten, denn immer wieder kommt es zu Betrügereien. Häufig werden unwissenden westlichen Besuchern große Gewinnspannen vorgegaukelt. Laien erstehen nicht selten nur bunte Plastikperlen und künstlich angefertigte Steine (etwa Rubine und Saphire, die mit Hilfe eines Schmelzprozesses aus Ammoniakalaun mit Chromalaun und etwas Chromoxid hergestellt werden). Viel zu teure Anfangspreise gehören beim Edelsteinhandel zum Spiel. Wer Spaß hat zu feilschen und etwas von Edelsteinen versteht, kann gute und für beide Seiten befriedigende Geschäfte machen.

Der Export von Edelsteinen ist offiziell nur gestattet, wenn die Edelsteine von staatlich lizenzierten Händlern gekauft wurden. Diese führen 10 % des Kaufpreises an den Staat ab und stellen eine Bescheinigung für den Zoll aus. Wer bei einer illegalen Edelsteinausfuhr erwischt wird, muss mit einer Haftstrafe von bis zu zehn Jahren rechnen.

Faltbücher und Palmblattbücher

Kammawa, **Pesa** und **Parabaik** werden vor allem im Shan-Staat zum Verkauf angeboten. Ein Blick auf die alten buddhistischen Faltbücher, die besipielsweise am Inle-See oder in Pindaya von vielen Händlern feilgeboten werden, lohnt. Früher einmal wurde den jungen Mönchen ein solches Buch zur Ordination mit ins Kloster gegeben. In einigen Büchern finden sich kunstfertige Zeichnungen, die Buddhas Leben und Wirken zeigen. Andere sind eng mit Versen seiner Lehre beschrieben.

Die Seiten der Pesa bestehen entweder aus Palmblättern oder schmalen Stäben. Diese einzelnen Seiten werden zu einem Stapel geschnürt. Parabaik sind ähnlich einer Landkarte gefaltet. Ein verzierter Buchdeckel gibt die nötige Stabilität. Kammawa sind vergoldete Bücher mit schwarzer Lackschrift, die aus 16 Blättern bestehen. Um einen Ausverkauf von Kulturgütern zu verhindern, sollte man keine alten Exemplare kaufen, sondern nur moderne Nachbildungen.

Es gibt kleine Faltbücher, in denen bunte **Tätowiermotive** aufgemalt sind. Diese Bücher sind in den seltensten Fällen alt.

Gold, Silber und andere Metalle

Myanmar wird oft das Goldene Land genannt. Die Flüsse des Landes sind reich an Gold, das an vielen Stellen nach alter Tradition mit flachen Schüsseln herausgewaschen wird. In Form von vergoldeten Pagoden oder glänzenden Buddhafiguren wird dieser Reichtum zur Schau gestellt. Gläubige kleben Blattgold an Buddhafiguren, und Gold dient auch als Schmuck und Geldanlage.

Goldene Ohrringe mit glitzernden Steinen schmücken selbst ärmlich gekleidete Frauen. In fast jeder Stadt finden sich Goldhändler, die ein großes Sortiment an Schmuck verkaufen. Sind diese mit Rubinen oder anderen Edelsteinen versehen, dürfen Ausländer sie allerdings nur ausführen, wenn sie eine offizielle Lizenz vorweisen.

Auch die Silberschmiedekunst kann auf eine lange Tradition zurückblicken. Vor allem die königlichen Herrscher umgaben sich mit Alltagsgegenständen aus Silber: Schalen, Vasen, Betelnusskästchen, Dolche und Schwertgriffe waren oft wertvoll verziert. Heute werden die schönsten Silberschmiedeerzeugnisse in Ywataung bei Sagaing hergestellt.

Mandalay ist neben der Herstellung von Goldblatt auch für seine Kupfer- und Messingschmiedekunst bekannt. Aus diesen Materialien werden Buddhafiguren, Gongs und Glocken hergestellt.

Holzschnitzereien

An den Aufgängen von Pagoden finden sich zahlreiche Schnitzarbeiten. Im Aufgang zum liegenden Buddha in Bago duftet es nach verarbeitetem Sandelholz und Thanaka. Mini-Bücher aus Holz, geschnitzte Blumen und Schachspiele gehören zum Sortiment der kleinen Geschäfte. Auf dem Weg zur Shwedagon-Pagode gibt es viele bemalte Holzfiguren, deren Verzierungen oft aus Buntglas sind. Diese funkeln meist ebenso bunt wie die für teure Stücke verwendeten Edelsteine.

Kleidung und Stoffe

Longyi-Stoffe werden auf allen Märkten des Landes angeboten. Es gibt verschiedene Grundgrößen – je nach Umfang der Person, die den Rock tragen will – und je nach Region unterschiedliche Farb- und Musterkombinationen. Longyi-Stoffe aus dem Rakhine-Staat gelten als besonders wertvoll. Dank einer besonderen Webtechnik erinnern sie an Brokatstoffe. Auch die Seiden-Longyis der Intha vom Inle-See sind

Birmanische Schönheitstipps

Sauberkeit ist den Birmanen so wichtig, dass sich die meisten zweimal am Tag waschen. Doch dies nur mit **kaltem Wasser**, denn warmes gilt als schädlich für die Haut und sollte nicht zur Körperreinigung benutzt werden. In der kalten Jahreszeit in den Bergen kostet es Touristen allerdings keine geringe Überwindung, diesem Tipp zu folgen.

Das birmanische Make-up ist die **Thanaka-Paste**. Egal ob Jung oder Alt, Frau oder Mann, alle schätzen die Paste aus einer fein geriebenen Baumrinde. Thanaka verschönt nicht nur das Gesicht, sondern schützt auch vor der Sonne und wirkt angenehm kühlend. Die Paste gibt es fertig gemahlen, doch die Birmanen kaufen lieber die kleinen Holzstücke, deren Rinde sie auf einem dafür vorgesehenen Reibestein mit Wasser anrühren.

Auf den Märkten und in einigen Läden gibt es zudem eine **Seife**, die aus dem Niem-Baum (S. 262) hergestellt wird. Auch im Westen wird sie von immer mehr Hautärzten geschätzt.

Das traditionelle **Shampoo** der Birmanen wird aus der Rinde des Tayaw-Baumes gewonnen und mit zahlreichen Blättern und Samen vermischt. Es kühlt nicht nur den Kopf, sondern macht auch das Haar geschmeidig.

für ihre Schönheit berühmt. Männern sind die Karo-, Rauten- und Streifenmuster vorbehalten. Frauen-Longyis haben oft Blumenmotive, verschlungene Muster oder sind einfarbig. Meist sind Longyis unvernähte Stoffbahnen in einer Größe von 2 x 1 yard (182 x 91 cm), die sich auch als Tischtuch, Sonnenschutz, Bettunterlage usw. eignen. Praktischer zum Anziehen sind fertig vernähte Longyis. Birmanen tragen dazu normalerweise Blusen oder Hemden.

Auch andere Kleidung findet sich auf den Märkten, z. B. weiße oder bunte Hemden und z. T. auch Secondhandware aus Thailand, China oder dem Westen (Jeans und T-Shirts). Schwieriger ist der Kauf von westlicher Badekleidung. Bikinis, Badeanzüge und Badehosen sind in Myanmar unüblich. Birmaninnen gehen fast nie schwimmen und wenn, dann nur in ihrem Longyi. Auch die Männer tragen beim Baden einen Longyi. Auf einigen Märkten finden sich Stoffe auf Ballen, die je nach Wunsch geschnitten werden. Diese Stoffe sind sehr preisgünstig und eignen sich gut, um Kleidung schneidern zu lassen.

Wer reine Seide sucht, muss aufpassen, keinen mit Kunstfaser vermischten Stoff zu kaufen. Mittels einer Feuerprobe kann man diese Kunstfasern erkennen: Anders als die Seide schmelzen sie. Gezündelt werden sollte selbstverständlich nur an einer Ecke des Stoffes und nur mit Zustimmung des Händlers.

Lackarbeiten

Myanmar ist vor allem für seine kunstfertigen Lackarbeiten bekannt. Dieses ursprünglich vermutlich aus China stammende Handwerk hat in jedem Landesteil eine spezifische Ausprägung. Besonders die Schüsseln, Schalen und Gefäße aus Bagan sind beliebte Mitbringsel. Die Lackarbeiten der Shan, die ihre Gefäße mit Perlen, Edelsteinen oder bunten Spiegelscherben verzieren, sind z. T. richtige kleine Kunstwerke.

Der Anfang dieses Handwerks wird auf die Mitte des 16. Jhs. datiert, als König Bayin-naung im Jahr 1558 Künstler aus Chiang Mai gefangen nahm. Manche Forscher sehen den Ursprung bereits im 11. Jh. und vermuten, dass diese Kunst in Myanmar auf chinesischen Einfluss zurückgeht. Da auch in Sri Ksetra Lackarbeiten gefunden wurden, die bereits im 5. Jh. hergestellt worden sind, ist davon auszugehen, dass die heutige Technik einer Verschmelzung verschiedener Kulturen zu verdanken ist.

Die verwendete Ritz- und Polychromtechnik ist sehr aufwendig, und so können große und wertvolle Lackarbeiten eine Herstellungszeit von bis zu einem Jahr haben. Je farbenprächtiger die Arbeiten sind, desto hochwertiger sind sie, denn für jede Farbe wird ein neuer Schleifgang notwendig.

Der Lack stammt von dem in ganz Asien beheimateten Thitsi-Baum, der in Myanmar vor allem in den Shan-Bergen wächst. Die aus dem Baum gewonnene Flüssigkeit ist zäh, härtet in Verbindung mit Luft aus und verfärbt sich tiefschwarz. Der strenge Geruch des Lacks hält sich einige Jahre. Bei der Herstellung wird zuerst ein Geflecht aus Bambus angefertigt, das die Grundform vorgibt. Bei größeren Gegenständen, z. B. Tischen, wird Holz verwendet. Auf die Grundform wird in mehreren Schichten der Lack aufgetragen und anschließend ein Muster eingeritzt. Dies wird in mehreren Arbeitsgängen mit verschiedenen Farben (Rot, Grün, Gelb, Gold) bemalt und jeweils abgeschliffen. Es werden auch Lackarbeiten mit eingelegtem Blattgold hergestellt. Dafür wird das Gold in das geritzte Muster gedrückt und das überlappende Gold mit Wasser und einem Schwamm entfernt.

Gute Arbeiten werden meist aus einem Bambusgeflecht hergestellt. Das Bambusgeflecht hat den Vorteil, dass sich die Gegenstände unter Druck verformen, um dann wieder in ihre Ursprungsform zurückzuspringen. Minderwertige Kleinware ist aus Pappe oder einem massiven Bambus- oder Holzstück hergestellt. Diese Gegenstände zerbrechen schnell, da sie keinerlei Druck aushalten. Pappe ist zwar verformbar, springt aber nur langsam und nicht vollständig in die Ursprungsform zurück. Hochwertige Produkte sind teuer. Doch je höher die Nachfrage nach Qualitätsware, desto mehr wird das traditionelle Kunsthandwerk unterstützt. Die Daheimgebliebenen werden über Tassen staunen, deren Ränder sich zusammendrücken lassen.

Lack wird auch als Grundierung für die Vergoldung von Stupas und Buddhafiguren verwendet. Vor allem im Shan-Staat gibt es zahlreiche Buddhafiguren, deren Körper aus Bambusgeflecht hergestellt und anschließend mit Lack überzogen wurden.

Marionetten

Mandalay ist für sein traditionelles Marionettentheater berühmt. Bis in die Region Inle-See werden Puppen zum Verkauf angeboten. In der Provinz sind diese manchmal alt, schon fast Antiquitäten. Neue Figuren in glänzenden Gewändern haben unversehrte Gesichter; ihr Kauf fördert den Erhalt der Kunst der Marionettenherstellung (S. 135).

Schirme

Die bunten kleinen und größeren Schirme werden an fast allen touristischen Orten angeboten. Sie sind mit Stoff oder Papier bespannt und bemalt, meist mit Blumenmustern oder leuchtend einfarbig. Schirme des täglichen Gebrauchs haben Holzgriffe, solche für Zeremonien Silbergriffe. Robuster, größer und sogar wasserdicht sind dunkelrot oder schwarz gefärbte Schirme.

Traditionelle Bambusschirme *(Pathein hti)* kommen aus der Hafenstadt Pathein (S. 195). Pathein-Schirme kaufen auch birmanische Touristen als Andenken oder Mitbringsel. Die in Mandalay, am Inle-See oder in Pindaya feilgebotenen werden meist vor Ort hergestellt und sind im Wesentlichen für westliche Besucher bestimmt.

Umhängetaschen

Shan-Umhängetaschen eignen sich hervorragend als außergewöhnliches und alltagstaugliches Geschenk. Reisende loben die praktischen Umhängetaschen, da sie sich gut als Daypack verwenden lassen. Die Qualität der Taschen ist sehr unterschiedlich. Die besten Arbeiten finden sich bei den Produzenten, d. h. bei den Bergbewohnern oder den Weberinnen am Inle-See. Wichtig ist eine Kontrolle der Nähte, damit die Tasche nicht sofort auseinanderfällt, wenn sie bepackt ist. Ansonsten unterscheiden sich die Taschen hauptsächlich durch Farbe, Muster und Größe.

Wandbehänge, Perlen- und Paillettenstickereien

Ein Elefant, der auf seinem Rücken eine Horde junger Prinzen befördert, deren Kronen glänzen und funkeln – dies ist ein Bild aus einer Reihe schöner Motive der birmanischen Wandbehänge, die aus bunten Pailletten auf Stoffen in gedeckten Farben hergestellt werden. Die Figuren sind in Relieffrom gearbeitet, mit Silber- und Goldfäden durchwirkt und mit Glasperlen und Pailletten bestickt. Die Wandbehänge werden *kalaga* genannt und zeigen Motive der birmanischen Mythologie. Eine gute Arbeit zeichnet sich durch dichtes, festes Gewebe und viele Pailletten aus. Diese sollten überlappend aufgenäht sein und die Stickereien deutlich hervortreten. Verwendete Metallteile glänzen selbst bei alten Qualitätsstücken. Als Motive dienen neben mythologischen Darstellungen auch Blumen und Tiere. In Mandalay gibt es viele Geschäfte mit diesen Wandbehängen. Es hat sich ein Schleppersystem entwickelt, das die *kalaga* für den Touristen etwas verteuert. Trishaw- und Taxifahrer verdienen mit. Eine kleine Auswahl gibt es auch auf dem Bogyoke Aung San-Markt in Yangon.

Essen und Trinken

Myanmars Küche ist abwechslungsreich, denn die hier lebenden Völker haben ihre ganz eigenen Lieblingsgerichte. Freunde von Süßigkeiten, von indischer und chinesischer Küche, milden Currys, Baum- und Meeresfrüchten kommen ebenso auf ihre Kosten wie Spezialitätensucher. Die fruchtbare Natur beschert dem Land eine Fülle an Obst und Gemüse. Fisch gibt es in

> **Food Poison**
>
> Die traditionelle Überlieferung in Myanmar kennt einige Nahrungsmittel, die, wenn man sie gleichzeitig isst, giftig oder zumindest unverträglich sind: Milch und Limonen etwa, aber auch Mangosteen (Passionsfrucht) mit Zucker oder Wassermelone mit Ei. Kokosnuss mit Honig ist ebenso *food poison* wie Speiseeis mit Gurke, Schwein mit Toddy-Wein, Frösche oder Krabben mit Pilzen, Tauben mit Ingwer, Papageien mit Auberginen ... An den kleinen Poster-Ständen auf Märkten oder in den Straßen von Yangon gibt es entsprechende Bilder zu kaufen, auf denen noch eine ganze Reihe weiterer unverträglicher Kombinationen aufgelistet ist.

großer Auswahl und regionaler Vielfalt, Fleisch steht weniger im Mittelpunkt der Mahlzeit.

Gegessen wird im Kreis der Familie, im Restaurant oder am Straßenstand: An Letzterem locken die lokalen Köstlichkeiten verführerisch, doch sind sie mit Vorsicht und nur bei robustem Magen zu genießen.

In den lokalen Restaurants speist man sehr günstig: Ein traditionelles Curry mit einem ganzen Tisch voller Beilagen kostet im Schnitt 1500–3000 Kyat. In Restaurants, die vornehmlich auf Ausländer ausgerichtet sind, liegen die Preise höher.

Birmanen essen in der Regel früh zu Abend: Einheimische Restaurants schließen zwischen 19 und 20 Uhr. An touristischen Orten ist aber auch später noch etwas zu essen zu bekommen. Ab 21.30 Uhr wird es allerdings schwierig.

Tischsitten

Im Familienkreis wird meist auf dem Boden sitzend gegessen, im Restaurant gibt es Tische und Stühle. Alle Speisen werden zur gleichen Zeit aufgetischt. Jeder bestellt ein eigenes Hauptgericht; die Beilagen, von denen es meist viele gibt, werden geteilt. Traditionell wird mit den Fingern gegessen, im Restaurant gibt es Gabel *(khayìn)* und Löffel *(zun)*. Dabei wird die Gabel mit der linken Hand benutzt, um das Essen auf den Löffel zu schieben. Nudelsuppen werden mit Löffel und Ess-Stäbchen (für den festen Inhalt) gereicht.

Wer bei Birmanen zu Hause speist und ohne Besteck auskommen muss: Es ist Sitte, sich die Finger vor und nach dem Essen im Waschbecken in der Ecke des Esszimmers zu waschen. Diese Becken gibt es auch in vielen Gaststätten.

Fisch, Meeresfrüchte und Fleisch

Die meisten **Fische** stammen aus den Regionen am Inle-See (dort werden Karpfen gezüchtet) und aus dem Meer an der Rakhine-Küste oder dem lang gestreckten Küstenstreifen im Süden des Landes. Besonders reichhaltig ist die Auswahl in den Fischrestaurants von Yangon. Meeresfisch ist natürlich in den Hafenstädten besonders frisch zu haben. Eine Reise nach Ngapali Beach oder in den Süden lohnt daher schon wegen des köstlichen, frisch gegrillten Fisches und anderer Meerestiere, wie Garnelen, Hummer und Tintenfisch.

Auch **Schweine-** und seltener **Rindfleisch** kommt auf den Tisch. Wie frisch das Fleisch ist, lässt sich aber nicht immer sagen. Viele Restaurants verfügen nur über unzureichende Möglichkeiten der Kühlung. Viele Buddhisten verzichten auf das Fleisch vierbeiniger Tiere und wollen diese erst recht nicht töten (was dazu führt, dass die Metzger des Landes Chinesen oder Muslime sind). Hindus lehnen den Verzehr von Rindfleisch ab. Einige Natgeister (so die Taungbyone-Brüder als Söhne eines Muslims) missbilligen den Genuss von Schweinefleisch. Eher frisch, da schneller verbraucht, ist **Geflügel**, doch auch hier gibt es keine Unbedenklichkeitsgarantie.

Obst und Gemüse

Myanmar bietet viele frische **Früchte**: Erdbeeren im Gebiet zwischen Mandalay und Taunggyi, Avocados am Inle-See; außerdem gibt es Orangen und Limetten, Bananen, Ananas, Mango (über hundert Sorten allein in Toungoo), Papaya, Rambutan, Pomelo, Wassermelonen, Brotfrüchte, Jackfruit, Durian und Kokosnuss. Auch Mangosteen versüßen das Leben. Ihre Schale wird zum Färben von Stoff, z. B. Mönchsroben, benutzt. Und je nach Jahreszeit und Gegend finden sich viele Früchte auf den Märkten, für die es gar keine Bezeichnung in einer europäischen Sprache gibt – einfach probieren! Immer beliebter werden neuerdings Äpfel, die aus China importiert werden.

Die **Gemüse**-Auswahl ist ähnlich groß: Tomaten, Bohnen, Erbsen, Kohl, Blumenkohl, Mais, Kartoffeln, Möhren, Auberginen, Paprika, Gurken, Pilze, Kopfsalat, Tomaten, Zucchini, Rettich, Zwiebeln und Sojabohnen. Je nach Jahreszeit und Gegend gibt es auf den Märkten noch viel mehr zu entdecken.

Gewürze

Es gibt Chili, Pfeffer, Ingwer, Zimt, Kurkuma, Koriander, Kardamom, Kassia-Rinde, Anis, Kreuzkümmel, Gewürznelken, Zitronengras, Tamarinde, Sesam, Rosensirup, Knoblauch und zahlreiche Curry-Mischungen. Eine Besonderheit ist die beliebte *ngapi*: Eine streng riechende salzige Paste aus Fisch und Garnelen, die in großen Fässern eingelegt wird und gärt, anschließend in der Sonne getrocknet und zerdrückt wird. Als Tischgewürze finden sich *ngapi jaw*, gebratene Garnelenpaste mit Chili und Knoblauch, *balachaung* aus Chili, Tamarinde und getrockneten Garnelen und *ngapi ye*, eine salzige dünne Soße aus Fisch und Garnelen.

Getrocknete Gewürze, die in einer wahren Farben- und Geruchspracht auf den Märkten angeboten werden, eignen sich toll als Souvenir und duften daheim noch lange nach Asien.

Brot und Gebäck

In großen Städten gibt es zahlreiche Bäckereien. Im Angebot sind Weißbrot (oft schmeckt es etwas nach Kokos), eine Art süßer Zwieback und zahlreiche Gebäckvariationen. Myanmar ist ein wahres Keksparadies – ein Überbleibsel aus der

Vegetarier und Veganer

Wer fleischlos essen will, kann *the'tha'lu'* („frei von Leben töten") bestellen. Es kann jedoch vorkommen, dass die Grundsubstanz etwa einer Suppe aus einer Hühner- oder Fleischbrühe besteht und sich ein paar Fleischstücke (oder zumindest deren Geschmack) auch bei *the'tha'lu'*-Gerichten finden. Strikte Veganer haben es etwas schwerer in Myanmar und decken sich gerne auf den Märkten mit viel Obst ein. In den Restaurants können einfache Reis- und Nudelgerichte mit Gemüse bestellt werden.

britischen Kolonialzeit. Einige Plätzchen schmecken wie Spritzgebäck, andere wie Heidesand. Manche sind bunt und haben außergewöhnliche Formen, andere werden in großen Tüten als Bruchgebäck verkauft. Generell gilt, dass industriell gefertigte Waren, besonders die aus Thailand importierten, teurer sind als Frischgebackenes. Besonders beeindruckend sind die bunten Torten in den größeren Bäckereien, die zu großen Festen wie Hochzeiten gekauft werden.

Birmanische Küche

Grundnahrungsmittel ist Reis *(htamin)*, den es zu jeder Mahlzeit gibt. Dazu isst man in Myanmar traditionell milde **Currys** *(tha-hin)*. Sie bestehen aus Gemüse, Gewürzen und Garnelen *(bazun)*, Huhn *(tschet)*, Fisch *(nga)*, Schwein *(we-tha)*, Rind *(ameh-dha)* oder manchmal auch Hammel. Chilis gehören nicht in birmanische Currys, weshalb diese längst nicht so scharf sind wie etwa in Thailand. Gewürzt wird mit einer Mischung aus Gelbwurz, Ingwer, Knoblauch, Kümmel, Koriander, Salz und Zwiebeln, ähnlich wie in der indischen Küche.

Die Currys werden gewöhnlich morgens zubereitet und dann bis abends verkauft. Durch das lange Kochen setzt sich auf dem Curry eine dicke Ölschicht ab, die das Gericht den Tag über wirkungsvoll vor Verunreinigungen schützt. Es empfiehlt sich, die Currys vormittags zu probieren, da sie im Laufe des Tages immer wieder abkühlen und neu erhitzt werden, was nicht jedem europäischen Magen gefällt. Zu jedem Curry gibt es außer Reis eine Schale mit Gemüse und eine Suppe (klare oder Linsensuppe), oft auch noch frischen Salat mit Zwiebeln und Chilis. Dazu steht kostenloser grüner Tee auf jedem Tisch, der immer wieder neu aufgegossen wird und daher meist sehr dünn ist. Softdrinks und Bier müssen bestellt werden. In westlich orientierten Hotelrestaurants gibt es weniger Beilagen und die Speisen sind weniger stark gewürzt.

Auch das ursprünglich indische **dhal** gehört zur Küche Myanmars. Zur breiigen Masse aus Linsen, *peh-hin-ye* genannt, werden gern noch Rüben, Okra oder Kartoffeln hinzugefügt. Dazu gibt es häufig *hin-jo*, eine milde **Suppe**.

Birmanische **Salate** (*let-thouk*, „von Hand zubereitet") sind lecker und würzig. Rohes Gemüse oder Obst (z. B. Pomelo oder Mango) werden mit Limettensaft, Erdnüssen, Zwiebeln und Chili abgeschmeckt. Köstlichkeiten dieser Art sind: *shauk-thi thouk* mit Pomelo, *maji-yweg thouk* mit jungen Tamarindenblättern und *htamin let-thouk* mit gekochtem Reis. Eine Shan-Spezialität ist *htamin chin*, ein mit Gelbwurz eingefärbter Reissalat.

Zum **Frühstück** essen Birmanen am liebsten *mohinga*, eine Suppe mit Reisnudeln und Fisch. Touristen werden oft mit Toast und Marmelade abgespeist, dazu gibt es ein Spiegel- oder (meist sehr weich) gekochtes Ei. Wer ein hartes Ei will, sollte die gewünschte Minutenzahl bei der Bestellung mit angeben. Die Zeit ruhig großzügig bemessen! In vielen Unterkünften kann am Vorabend ein traditionelles – und je nach Region unterschiedliches – Frühstück angefragt werden.

Regionale Küchen

Überall im Land gibt es regionale Spezialitäten zu entdecken, und wer offen für Neues ist, kann in Myanmar auf eine spannende kulinarische Entdeckungsreise gehen.

Die **Shan-Küche** ist rund um den Inle-See, in den Shan-Bergen und bis Mandalay verbreitet. Sie ähnelt der Küche in Nord-Thailand. Am beliebtesten ist *shan kauk sweh*, eine Suppe mit Nudeln und mariniertem Fleisch. Als *shan kauk sweh thouk* enthält das Gericht keine Brühe und ist eher ein Salat. In Mandalay kann man das populäre Gericht *mi-shee* probieren, Reisnudeln mit Schweinegehacktem. Shrimpspaste wird (mangels Shrimps) im Shan-Staat traditionell weniger verwendet, dafür gibt es Bohnenpaste in allerlei Variationen.

Die **Kachin-Küche** im Norden des Landes ist fettarm und scharf; *kachin style chicken* ist eine gute Einführung.

Traditionelle **Kayah-Küche**, wie man sie in der Region um Loikaw (S. 436) probieren kann, zeichnet sich u. a. durch die Verwendung von Szechuan-Pfeffer (birm. *makatih*) aus.

Die **Mon-Küche** (um Bago und im Süden des Landes) ist der birmanischen Küche ähnlich – allerdings enthalten die Currys mehr Chili und sind entsprechend schärfer.

Die **Rakhine-Küche** an der Küste im Westen ist verwandt mit der indischen und bengalischen Küche und daher ebenfalls deutlich schärfer als die birmanische. Scharfe Currys mit Bohnen und Linsen und sehr gute Meeresfrüchte bereichern den Speisezettel: Hier kommen Feinschmecker auf ihre Kosten. Fisch wird gegart oder gegrillt. Dazu werden Gemüse und Reis gereicht. Bana-

Le-pet thouk: Salat aus Teeblättern

Wer mutig und experimentierfreudig ist, probiert *le-pet thouk*: Das ist ein Salat aus fermentierten grünen Teeblättern, der im Shan-Staat hergestellt wird und im ganzen Land sehr beliebt ist. Es gibt verschiedene Arten der Herstellung. Traditionell werden die verwendeten Teeblätter kurz aufgekocht, anschließend in Bambusstäbe gestopft und ein halbes Jahr im Boden vergraben. Wieder ausgegraben, ist das *le-pet* verzehrfertig. Weniger stark fermentierte Sorten werden über Wasserdampf aufgeweicht, mit den Händen verknetet und anschließend gepresst. Die fermentierten Blätter werden mit Zutaten wie getrockneten Garnelen, Knoblauch, Ingwer und Öl abgeschmeckt. Die Konsistenz ähnelt der von Spinat. Mal ist der Salat fertig gemixt, mal stehen Gewürze und Nüsse zum Selbstmischen bereit.

nen-Pfannkuchen mit einer extra Portion Zucker gibt es zum Frühstück. Scharf ist die klare Frühstückssuppe mit Reisnudeln und Kräutern.

Weitere Küchen

Chinesische Küche

Vor allem in den touristischen Orten haben sich chinesische Restaurants in der Gunst westlicher Besucher durchgesetzt. Chinesische Küche steht für Nudelsuppen, gebratenen Reis, gebratenes Gemüse sowie Nudelgerichte. Zudem bieten diese Restaurants meist Pommes und Frittiertes.

Obwohl beinahe auf jeder Karte Ente verzeichnet ist, haben die wenigsten Restaurants diese vorrätig. Nachfragen lohnt sich dennoch. Obwohl der kostenlose Tee *Chinese Tea* genannt wird, stammt er meist aus den Shan-Bergen. Chinesische Teestuben haben i. d. R. süßes oder mit Fleisch gefülltes Gebäck (chinesisch *baozi*, birmanisch *pau si*) auf dem Speiseplan.

Indische Küche

Viele indische Restaurants befinden sich in Yangon. Sie bieten eine breite Auswahl guter Gerichte. Oft funktionieren sie nach dem Prinzip „Iss, so viel du willst!". Indische Küche ist in Yangon im indischen Viertel entlang der Anawratha Road sehr günstig, in touristischen Orten, in denen traditionell keine Inder leben, deutlich teurer. Indische Snacks, z. B. die dreieckigen gefüllten Samosas, gibt es in vielen Teestuben in ganz Myanmar.

Muslimische Küche

Mit der Ziffer 786 gekennzeichnet sind Restaurants, die meist von indischen Muslimen betrieben werden und gute *Biryani*-Gerichte (Curry-Reis mit Huhn) im Angebot haben. Die Zahl 786 steht für „Im Namen Allahs des Wohltätigsten und Gütigsten" und zeigt an, dass es hier kein Schweinefleisch gibt.

Thailändische Küche

In Yangon haben sich einige Restaurants etabliert, die mit Thai-Küche werben, doch es gibt nur wenige mit wirklich originaler Zubereitung. Die Preise sind etwas höher als in Thailand. Sofern in chinesischen Restaurants Thai-Gerichte angepriesen werden, sind diese meist nach chinesischer Zubereitung einfach nur etwas schärfer gewürzt.

Westliche Küche

Auch europäische Küche (französische, italienische und deutsche) ist in Yangon vertreten, außerhalb der ehemaligen Hauptstadt jedoch seltener anzutreffen. Bratwurst mit Sauerkraut lockt am Ngapali Beach. Die Preise sind ähnlich hoch wie in guten Restaurants Europas. Große Hotels bieten oft eine ausgezeichnete europäische Küche und führen auch Brot, Salami und Käse im Angebot. **Pizza**, **Pasta** und **Pfannkuchen** sind in einigen Restaurants in Yangon zu bekommen. Besonders leckere Pancakes und hausgemachte Pasta gibt es am Inle-See.

Schnellrestaurants und mit ihnen der **Hamburger** haben auch Myanmar erobert – zumindest die großen Städte. Immer mehr kleine Burger-Läden bieten Variationen der amerikanischen Vorbilder. Da gläubige Buddhisten meist auf Rind- und Schweinefleisch verzichten, steht der Chickenburger ganz oben auf der Beliebtheitsskala. Bei Erscheinen dieses Buches wird in Yangon wahrscheinlich schon der erste KFC eröffnet haben.

Snacks

In den zahlreichen **Teestuben** und an **Straßenständen** gibt es immer eine große Auswahl an kleinen Snacks. Die chinesischen Teestuben bieten Dampfbrötchen, frittiertes Stangengebäck und süße Leckereien. Indische Teestuben locken z. B. mit Samosas, Frühlingsrollen, Fladenbrot mit Kartoffelstücken und Teigtaschen mit Gemüsefüllung. Auch birmanische und ethnische Snack-Spezialitäten finden sich, ebenso wie mit süßem Klebreis und Früchten oder Samen gefüllte Bananenblätter, Reiskuchen, frittierte Teigstangen und die Rakhine-Bananen-Pfannkuchen.

Die Teestuben (s. auch S. 335) sind Myanmars soziale Treffpunkte. Die meisten öffnen bereits um 5 Uhr morgens und schließen nachmittags.

Dann öffnen die abendlichen Teestuben, die ab 17 Uhr bis in die späte Nacht Gäste bewirten.

Birmanen lieben kleine Zwischenmahlzeiten, und so gibt es auf den Märkten, an jeder Pagode und abends auf den Straßen Köche, die mit ihrem Wok auf einem Kohleherd Kleinigkeiten frittieren, und Händler, die allerlei Essbares verkaufen. Lecker sind Fladen aus gewürzten Linsen, getrockneten Bohnen, Shrimps oder Fleischbällchen. Frisch geröstete Erdnüsse, Bohnen oder gefüllte Pfannkuchen stehen neben allerlei Süßem und Buntem aus Gelee und eingelegten Früchten bereit. Eine Spezialität in Bagan sind Tamarindenblättchen.

Alkoholfreie Getränke

Wasser und Softdrinks

Trinkwasser wird in verschweißten Plastikflaschen verkauft. Vermehrt bieten gute Anlagen Trinkwasser aus Kanistern zum Nachfüllen (wenn nicht, lohnt es sich nachzufragen, dann gibt es sie eines Tages bestimmt). Aus gesundheitlichen Gründen ist es unbedingt notwendig, dieses Wasser und nicht etwa Leitungswasser zu trinken. Selbst zum Zähneputzen empfiehlt sich Trinkwasser. Beim Trekken: Trinkwasser nicht vergessen! Ein Notfallset mit Entkeimungstabletten ist bei längeren Touren empfehlenswert. So können auch westliche Besucher von den überall aufgestellten Wasservorräten trinken, wenn es nötig ist.

Bei Eiswürfeln ist Vorsicht geboten, denn diese sind oft stark mit Bakterien belastet. In den großen und teureren Hotels wird meist sauberes Wasser zur Eisherstellung benutzt.

2012 kehrte die Coca-Cola Company nach Myanmar zurück und übernahm im Laufe der letzten Jahre die einheimische Marke Max. Die anderen lokalen Marken Star, Fruito, Crusher, Fantasy und Lemon Sparkling werden vermutlich auch entweder übernommen oder einfach verdrängt. Die kleinen Softdrinkflaschen kosten 100–200 Kyat (in manchen Touristengegenden allerdings bis zu 1000 Kyat). Star Cola und Orange Crusher sind wirklich gut, und auch der Tamarinden-Sprudel von Star ist sehr lecker. Das farblose Crusher schmeckt wie Soda und wird meist mit Whisky getrunken. Lemon Sparkling oder Star Lemon runden das Angebot ab. Sogar eine Lychee-Limo ist im Angebot.

Auf der Straße isst man oft an sehr niedrigen Tischen und sitzt auf Hockern.

Fruchtsäfte, Eiscreme und Milchshakes

Erfrischend ist Zuckerrohrsaft, der an kleinen Ständen frisch gepresst wird. Auch Fruchtsäfte finden sich immer häufiger auf den Speisekarten einzelner Bars und Restaurants in den touristischen Städten. Shakes gibt es dagegen noch sehr selten. Milch wird vornehmlich in Form von gezuckerter Kondensmilch getrunken. Diese Milch wird auch für die meisten Milchshakes verwendet, sodass diese in jedem Fall sehr süß sind. In immer mehr (Hotel-)Restaurants Yangons, am Inle-See und Ngapali Beach findet sich frische Kuhmilch für den stilechten Milchkaffee.

Wassereis von Straßenhändlern sollte unbedingt gemieden werden. Wer auf Eiscreme nicht verzichten will, kommt in den Eisdielen im indischen Viertel in Yangon auf seine Kosten. Hier herrscht viel Betrieb, und das Eis wird täglich frisch zubereitet.

Tee und Kaffee

Da **Tee** ein sehr guter Durstlöscher ist, sollte man bei den kostenlosen grünen Tees in den Restaurants zugreifen (die Tassen werden allerdings selten gespült und sollten daher mit Papier gut abgewischt werden). Teestuben finden sich in Myanmar überall, auch in der kleinsten Stadt. Dort gibt es starken schwarzen Tee mit viel süßer Milch oder einen ebensolchen Kaffee.

Myanmar produziert sowohl Tee als auch Kaffee für den heimischen Markt. Große Teeanbaugebiete befinden sich z. B. im nördlichen Shan-Staat. Bei einem Trek kommt man gewöhnlich an einigen Plantagen vorbei. Shan und Palaung sind im ganzen Land wegen ihrer sachkundigen Teekultur hoch angesehen. Hauptsächlich wird grüner Tee produziert, der das ganze Jahr über geerntet wird. Die Erntezeit ist nicht nur maßgeblich für den Namen des Tees, sondern auch für seine Farbe: von Hellgelb bis Dunkelbraun. Besonders gern getrunken wird der in der Trockenzeit geerntete *shwephi-ointnamt*. Der schwarze Tee wird in der Regenzeit produziert und mit einem Schuss Zitronensaft getrunken. Außer grünem Tee trinken die Birmanen Tee nicht pur. Er wird stets mit einer großen Menge gesüßter Kondensmilch und Zucker vermischt.

Auch der **Kaffee** wird mit süßer Milch und Zucker genossen. Ähnlich wie beim Tee gibt es eine Variante mit schwarzem Kaffee und Limone. Die heimische Kaffeeproduktion ist gering: nur etwa 1000 t im Jahr. Anbaugebiete befinden sich z. B. in der Umgebung von Pyin U Lwin, in den Vorbergen des Shan-Plateaus und im Shan-Staat. Im Chin-Staat baut mancher seinen eigenen Kaffee im Garten an.

Neben frischem Kaffee erfreut sich der *Coffeemix* großer Beliebtheit. Diese fertige Mischung aus Pulverkaffee, Trockenmilch und Zucker wird oft mit noch mehr süßer Milch versetzt. Wer dies meiden will, sollte *Plain Coffeemix* bestellen. Oft stehen verschiedene Sorten zur Auswahl.

Alkoholische Getränke

Angeblich trinken Birmanen wenig Alkohol, da sie als Buddhisten auf den Genuss von Rauschmitteln verzichten sollten. Vor allem auf Festen sieht man dennoch sturzbetrunkene Männer, die sich viel vom selbst gebrannten und meist hochprozentigen Reisschnaps gönnen. Whisky, Rum und Gin gibt es aus einheimischer Produktion. Ähnlich wie Bier stellen diese Alkoholika für die meisten Einheimischen ein teures Luxusgut dar.

Das populärste **Bier** ist das *Myanmar*-Bier. *Mandalay* ist das älteste einheimische Produkt, doch kommt es für viele geschmacklich nicht an das neue *Myanmar* heran. *Dagon* ist günstig und nicht schlecht. Auch ausländische Biere sind im Angebot: Immer mehr Marken drängen auf den sich öffnenden Markt. Chinesische Biere, z. B. *Dali*, gibt es oft als preiswerte Schmuggelware im Shan-Staat. Bierbars schenken frisch gezapf-

---

Knutschen in der Teestube

In Teestuben ist es üblich, den Kellner mit einer Art Knutschgeräusch auf sich aufmerksam zu machen. Dieses Verhalten sollte jedoch auf keinen Fall in besseren Restaurants an den Tag gelegt werden, da es dort einer Beleidigung gleichkommt.

tes Bier im Krug oder im Glas aus (meist billiger als Flaschenbier).

Palmwein *(htan ye gà)* ist ein Wein der besonderen Art und auch für Leute mit sehr kleinem Geldbeutel erschwinglich. Daher wird es vor allem von der ländlichen Bevölkerung getrunken. Dieses Getränk, auch Palmbier oder Toddy genannt, wird aus dem männlichen Blütenstand der Palmyrapalme hergestellt. Es wird morgens aus der Spitze der Palme gewonnen und in Flaschen gefüllt. Da es schnell gärt, ist das Getränk schon wenige Stunden später trinkfertig. Bereits am Abend des Herstellungstages ist Palmwein nicht mehr genießbar. Der Geschmack ist süßlich mit einem Hauch Kokosnuss. Toddybars finden sich überall auf dem Land. In den kleinen strohgedeckten Hütten werden zudem Nüsse oder Erbsen zum Knabbern und manchmal auch Softdrinks und Wasser angeboten. Manche Toddybars führen auch Arrak: destillierten Palmwein, einen klaren Schnaps.

In den Bergen des Shan-Staates, zwischen Kalaw und Taunggyi, wird der orangefarbene **Likör** *shwe leinmaw* gebrannt, der einem Weinbrand ähnelt. Noch schneller betrunken macht der *ayeq hpyu*, was übersetzt so viel wie „weißer Schnaps" bedeutet. Der Alkoholgehalt ist sehr hoch, noch höher sogar beim sogenannten Dschungelschnaps, dem *taw ayeq*. Auch Erdbeer- und Pflaumenwein sowie Kräuterschnäpse mit eingelegten Wurzeln wecken die Entdeckerlust von Besuchern, die gern Alkoholisches ausprobieren. Einige preiswerte Fruchtweine erinnern allerdings geschmacklich eher an Rasierwasser – vermutlich handelt es sich um verdünnten reinen Alkohol mit Farb- und Aromastoffen.

Mandalay-**Rum** oder andere Rumerzeugnisse gehören ebenso wie in Myanmar produzierter **Whisky** zum weiteren Sortiment birmanischer Alkoholika. Auch gibt es einige lokale **Gin**-Sorten.

Lokale, Restaurants und Hotelbars führen oft ausländische **Weine**, vorwiegend aus Australien, immer öfter auch aus Frankreich. Diese sind meist sehr teuer. Wer z. B. am Ngapali Beach bei einem Glas Wein oder einem Longdrink den Sonnenuntergang bestaunen will, darf nicht knauserig sein. Einheimische Weine, die seit der Jahrtausendwende im südlichen Shan-Staat angebaut werden (S. 423), sind in größeren touristischen Orten erhältlich.

Fair reisen

Reisen wirkt sich auf die Umwelt und die besuchten Menschen aus. Das fängt beim Flug an und hört bei der Nutzung lokaler Ressourcen auf. Touristen verbrauchen durchschnittlich mehr Strom und produzieren mehr CO_2 und Müll als die Einheimischen. Viele Lebensmittel, die wir zu Hause verzehren, müssen aufwendig und umweltschädlich importiert werden. Auch werden Beschäftigte im Tourismus oft schlecht bezahlt, arbeiten meist als acht Stunden täglich und erhalten meist keine Sozialleistungen. Natürlich hat der Tourismus auch gute Seiten. Er hat vielen Menschen einen Weg aus der Armut gezeigt, ihnen ermöglicht, einen Beruf zu ergreifen, sich weiterzubilden. Er stimuliert lokale Investitionen, verbindet Kulturen und trägt zur Gleichberechtigung der Geschlechter bei. Außerdem werden vielerorts Naturräume geschützt, die ohne Touristen dem Kommerz zum Opfer gefallen wären. Mehr dazu auf unserer Website 🖵 www.stefan-loose.de/fair-gruen

Wer wissen möchte, wie er umweltfreundlich und sozial verantwortlich reisen kann, findet neben den Tipps hier im Buch unter folgenden Adressen zahlreiche Anregungen:

Forum anders reisen, Wippertstr. 2, 79100 Freiburg, ✆ 0761-4012 6990, 🖵 www.forum andersreisen.de. Im Forum anders reisen haben sich über 100 kleine und mittlere Reiseveranstalter zusammengeschlossen.

Studienkreis für Tourismus und Entwicklung e. V., Bahnhofstr. 8, 82229 Seefeld-Hechendorf, ✆ 08152-999 010, 🖵 www.studienkreis.org. Der Verein beschäftigt sich mit entwicklungsbezogener Informations- und Bildungsarbeit im Tourismus.

Tourism Watch, 🖵 www.tourism-watch.de. Auf der Website sind Hintergrundberichte zu den Themen Tourismuspolitik, Umwelt, Menschenrechte und Wirtschaft in Englisch und Deutsch verfügbar.

Tipps für umweltbewusstes und sozial verträgliches Reisen

Beim Umweltschutz ist jeder Einzelne gefordert, mit gutem Beispiel voranzugehen und die goldene Regel anzuwenden: alle Plätze so zu verlassen, wie man sie selbst gerne vorfinden würde.

Umweltbewusst reisen
- Den durch die **An- und Abreise** verursachten CO_2-Ausstoß mit Hilfe des Kompensationsprogramms einer nachweislich korrekt agierenden Klimaagentur (z. B. 🖥 www.atmosfair.org oder 🖥 www.myclimate.ch) neutralisieren.
- Inlandflüge vermeiden und stattdessen andere **Verkehrsmittel** wie Bus und Zug nutzen.
- **Klimaanlagen** vermeiden und in jedem Fall Licht und AC ausstellen, wenn man das Zimmer verlässt.
- **Pfandflaschen** kaufen und auf Dosen verzichten. Softdrinks nicht in kleine Plastiktüten umfüllen lassen!
- Statt mit **Batterien** mit aufladbaren Akkus reisen, und wenn Batterien sich nicht vermeiden lassen, diese mit nach Hause nehmen – in Myanmar werden sie garantiert nicht vernünftig entsorgt.
- Beim Einkauf die Ware nicht in **Tüten** packen lassen.

Fair und grün – gewusst wo

🌳 Einrichtungen, die sich durch besonders umweltfreundliches oder sozial verträgliches Verhalten auszeichnen, sind in diesem Buch mit einem Baum gekennzeichnet. Sie verwenden zum Beispiel Solarenergie, nutzen Trockentoiletten, um Kompost herzustellen, zahlen faire Löhne, investieren ihre Gewinne in soziale Projekte, propagieren einen nachhaltigen Tourismus oder stellen Besuchern Informationen für umweltverträgliches Verhalten bereit. Weitere Informationen zum Thema auch auf unserer Website: 🖥 www.stefan-loose.de/fair-gruen.

- In vielen Gebieten Birmas ist **Wasser** ein knappes Gut. Daher bitte sparsam damit umgehen.

Sozial verantwortlich reisen
- Auf **respektvollen Umgang** mit der Bevölkerung und den Angestellten der Tourismusbetriebe achten und ggf. auch Mitreisende oder den Touristenführer darauf hinweisen.
- Den persönlichen Wohlstand nicht zur Schau stellen. **Bettelnden Kindern** kein Geld geben. Wirksamer ist es, einer lokalen Kinderorganisation Geld zu spenden.
- Kleinen lokalen Hotels, Restaurants, Reiseveranstaltern, Guides etc. gegenüber großen nationalen und internationalen Ketten den Vorzug geben – das erhöht die Chance, zu **lokalen Einkommen** beizutragen.
- **Kunsthandwerk** soweit möglich direkt beim Produzenten bzw. Kleinunternehmer (wie dem Strandverkäufer) kaufen und große Zwischenhändler umgehen.
- **Einheimischen Produkten** aus der Umgebung den Vorzug vor importierten Waren geben.

Trekking
- Plastikmüll vermeiden, organischen **Müll** vergraben, nicht organischen Müll mit in die nächste Stadt nehmen sowie Flora und Fauna ungestört lassen. Ehrgeizige Reisende sammeln den herumliegenden Müll auf einer Trekkingroute auf.
- Beim Buchen eines Treks in ländlichen Gebieten nachfragen, ob die **lokale Bevölkerung** von dem Besuch profitiert. Darauf achten, dass für getane Arbeit ein gerechter Lohn bezahlt wird.

Feste und Feiertage

Der Vollmond ist für alle Völker Myanmars Anlass zu ausgiebigen Feierlichkeiten. Deren Datum ändert sich – dem Rhythmus des Vollmonds entsprechend – jedes Jahr (S. 85, Mondkalender). Manche Vollmonde sind besonders wichtig, dann finden an allen wichtigen Pagoden des Landes *pwes* statt. Diese Feste können bis zu zwei Wochen dauern. Pilger und Händler (oft in einer Person) finden sich ein, zahlreiche Essensstände und Verkaufsbuden öffnen und es herrscht Jahrmarktstimmung. Feste werden meist am Ende des Monats gefeiert, wenn der Vollmond sich rundet.

Viele in Myanmar vertretene Ethnien und Religionen haben ihre eigenen Feierlichkeiten: Muslime feiern Id al-Fitr (Ende des Ramadan), Maulid al-Nabi (Geburtstag des Propheten Mohammed) und Id al-Adha (Ende der jährlichen Hadsch-Pilgerfahrt nach Mekka) gemäß dem islamischen Mondkalender. Auch das chinesische Neujahrs- und Herbstfest wird begangen. Volksgruppen in den Bergen haben ihre eigenen traditionellen Feste, deren Datum ebenfalls vom Mondkalender bestimmt wird.

März/April (Tagu)

Tagu ist der erste Monat des birmanischen Kalenderjahres. Wenn die Sonne aus dem Sternzeichen des Fisches in jenes des Widders übertritt – was immer Mitte April geschieht –, wird das Neujahrsfest **Thingyan** begangen. Da es gleichzeitig Höhepunkt der heißen Jahreszeit ist, wird viel Wasser verspritzt. Mit dem kühlenden Nass soll der Schmutz des alten Jahres abgewaschen werden. Gefeiert wird das Erscheinen von Thagyamin, dem König der Nat. Dieser bringt Segen für das neue Jahr und verteilt Lob und Tadel für gute oder schlechte Taten. Blumen werden zu Ehren des Nat-Königs vor die Häuser gelegt, um ihn willkommen zu heißen. Auf den Straßen geht es feucht und fröhlich zu. In großen Städten werden Tribünen für die Wasserschlachten aufgebaut; Karawanen von jugendlichen Tänzern und Pick-ups mit aufgedrehter Anlage ziehen durch die Straßen. Jeder muss mit einer kalten Dusche rechnen – Ausländer bilden keine Ausnahme. Die Vorbereitungen für dieses Fest beginnen meist mehrere Wochen vorher, denn es gilt Tänze und Gesänge einzustudieren. Die Feierlichkeiten dauern oft eine ganze Woche und viele Händler lassen ihre Geschäfte geschlossen.

April/Mai (Kason)

Am Vollmondtag des Monats **Kason** wird der weltweit höchste buddhistische Feiertag, das Vesakh-Fest, begangen. Dieser „dreifach gesegnete Tag" erinnert an Buddhas Geburt, seine Erleuchtung und sein vollkommenes Erlöschen (Parinirvana). Zum Gedenken werden in allen Pagoden und Klöstern Bodhi-Bäume – unter solch einem Baum fand Buddha die Erleuchtung – mit Wasser übergossen. Vielerorts finden Tempelfeste statt.

Mai/Juni (Nayon)

Im Mai feiern die Kayah zu Ehren der Regengötter das **Kuhtobo**-Fest. Die Freude gilt dem kommenden Regen, der bis in den Oktober hinein das Leben der Landbevölkerung bestimmen wird. Die Kayah verehren Indra, einen Hindu-Gott. Sie glauben, dass Indra zur Stärkung den Unsterblichkeitstrunk Soma trinkt, um anschließend die Monsunwolken mit seinem diamantenen Donnerkeil zu zerteilen, was den erhofften Regen bringt.

Zweimal im Jahr wird der **Mt. Popa** (S. 286), der auch „Blumenberg" genannt wird, Schauplatz eines großen Festes. An den Vollmondtagen im Mai/Juni und November/Dezember feiern die Birmanen Feste zu Ehren der Mahagiri-Nats, die hier verehrt werden. Der Berg Popa, dessen Gipfel 1518 m hoch ist, liegt wenige Stunden von Bagan entfernt und lockt zu diesem Anlass zahlreiche Pilger an. Auch im Tagu (März/April) und im Wagaung (Juli/August) finden hier zwei kleinere Nat-Feste statt.

Am Vollmondfest **Nayon** werden die Mönche über ihre Kenntnisse in der buddhistischen Lehre befragt. Sie geben Gläubigen buddhistische Unterweisungen und öffnen ihre Klosterschulen für die Öffentlichkeit.

Juni/Juli (Waso)

Der Vollmond im Juni/Juli markiert den Beginn der dreimonatigen buddhistischen Fastenzeit, die sich über die Monate Waso, Wagaung und Tawthalin erstreckt, und erinnert an die erste Predigt Buddhas im indischen Sarnath bei Varanasi. Diese Periode bedeutet nicht wie im muslimischen Ramadan oder in der christlichen Fastenzeit den Verzicht auf Nahrung, sondern Besinnung auf Mäßigung und Rückzug. Hochzeiten und andere Feierlichkeiten sind während dieser Zeit untersagt. Die Mönche ziehen sich in ihre Klöster zurück und widmen sich der Lehre und Meditation.

Der 19. Juli ist der **Märtyrertag**, an dem der Ermordung des Nationalhelden Bogyoke Aung San (Vater der Friedensnobelpreisträgerin Aung San Suu Kyi) und seiner Mitstreiter gedacht wird (S. 161). Es findet eine Kranzniederlegung im Mausoleum von Yangon statt, das nur anlässlich dieses Tages geöffnet ist.

Juli/August (Wagaung)

Am Vollmond des Juli/August, Wagaung, bewirten Familien einen durch Losziehung ermittelten Mönch. Tausende Birmanen zieht es in das Dorf Taungbyone (S. 358), etwa 30 km nördlich von Mandalay, um während eines einwöchigen Festes die beiden Nats Min Gyi und Min Lai zu ehren. Auch an ihrem Geburtsort auf dem Mt. Popa finden Feierlichkeiten statt.

August/September (Tawthalin)

In diesem heißen Monat ziehen sich die Menschen am liebsten in oder unter ihre Häuser zurück. Es findet ein von der Regierung veranstaltetes **Traditional Regatta Festival** auf dem Kandawgyi-See in Yangon statt, das an die glorreichen Regatten der alten Könige von Myanmar erinnern soll, die damals mit goldenen Barken durchs Land fuhren.

September/Oktober (Thadingyut)

Wenn die Regenzeit im Oktober ihren letzten Höhepunkt erreicht, finden landesweit Bootsrennen und Wasserprozessionen statt, z. B. während des **Phaung Daw U-Festes** auf dem Inle-See (Kasten S. 425). In einem prächtig geschmückten Boot in Form des Karaweik-Vogels werden die hochverehrten Buddhafiguren aus der Phaung Daw U-Pagode in den drei Wochen vor dem Thadingyut-Vollmond täglich zu einem anderen Ort am See gebracht. Das Ende der Regenzeit und der Beginn der Trockenzeit werden begleitet von zahlreichen privaten und öffentlichen Feiern.

An Thadingyut findet das **erste Lichterfest** statt. Es erinnert an die Rückkehr Buddhas aus dem Tavatimsa-Himmel. Dort predigte er eine Fastenperiode lang den Göttern und seiner Mutter Maya, die in diesem Himmel wiedergeboren worden war. Seinen Weg zurück begleiteten Himmelswesen mit strahlenden Lichtern, was die Gläubigen heute mit brennenden Kerzen symbolisieren. Jüngere erweisen an diesem Fest den Älteren besonderen Respekt. Häuser und Pagoden werden mit Lichtern geschmückt, es finden Umzüge, Tanz und Gesang, Märkte, gemeinsame Essens- und Trinkfeste statt. In den folgenden Wochen werden überall Zeremonien abgehalten. Im Vorfeld errichten Gläubige sogenannte *padetha*, Holzgerüste, an denen sie teilweise sehr kunstvoll Mönchsroben, Geld und andere Requisiten anbringen. Diese werden anschließend an einem individuell festgelegten Tag den Mönchen überreicht.

Oktober/November (Tazaungmon)

Am Novembervollmond erreichen die Tazaungmon-Feierlichkeiten ihren Höhepunkt. An diesem Vollmond findet das **zweite Lichterfest** statt. Es wird die lange Nacht der Kerzen zelebriert. Dieses Fest ist den Buddhisten sehr wichtig. Gläubige bringen den Mönchen neue Gewänder, Devotionalien und lebensnotwendige Dinge. In der Nacht zum Vollmond finden sich an vielen Pagoden Frauengruppen ein, um an den dafür eigens errichteten Webstühlen nach alter Sitte im Wettbewerb neue Mönchsroben zu weben und zu nähen. Die Siegerinnen werden prämiert und dürfen die fertige Robe anschließend einer Buddhafigur anlegen. Nach diesem Vollmond können Paare endlich wieder heiraten und die Saison der Novizen- und Mönchsweihen beginnt.

Im Shan-Staat findet an diesem Vollmond in Taunggyi ein berühmtes **Heißluftballonfestival** statt, das sich über fünf Tage erstreckt. Dorfgemeinschaften aus dem ganzen Shan-Staat konstruieren Heißluftballons, die an verschiedenen Wettbewerben teilnehmen. Dafür reisen sie aus einem weiten Umkreis an. Schon Wochen vorher sind alle Busse und die Hotels in Taunggyi und Umgebung ausgebucht.

Auch in **Kalaw** geht es laut zu, wenn junge Männer in einer wilden Prozession Raketen durch die Stadt tragen und auf dem Berg ein spektakuläres Feuerwerk veranstalten, zu dem man besser einen gewissen Sicherheitsabstand einhält.

Im Oktober/November erinnert das hinduistische Lichterfest **Divali** an den Sieg Ramas über Ravana und die Rückkehr des Prinzen in seine Geburtsstadt Ayodhya.

November/Dezember (Nadaw)

Auch im neunten Mondmonat, der den Beginn der kühlen Jahreszeit markiert, werden landesweit **pwes** zu Ehren der Nat gefeiert. Der birmanische Nationalfeiertag, der in die zweite Novemberhälfte oder auf Anfang Dezember fällt, ist der einzige variable staatliche Feiertag. Gedacht wird des Studentenstreiks von 1920, der als Meilenstein auf dem Weg zur Befreiung von der britischen Kolonialherrschaft gilt (S. 111).

Der 25. Dezember ist nicht nur für die Christen im Land erster **Weihnachtsfeiertag**, sondern auch gesetzlicher Feiertag. Das Weihnachtsfest wird von Gläubigen in den verschiedenen Kirchen mit viel Gesang gefeiert. Besonders die Karen sind für ihren Chorgesang bekannt. Zudem werden üblicherweise kleine Geschenke verteilt. Die meisten Christen in Myanmar sind Angehörige ethnischer Minderheiten.

Das Neujahrsfest der westlichen Welt wird nicht gefeiert.

Dezember/Januar (Pyatho)

Die **Kayin** begehen ihren Neujahrstag im Dezember/Januar mit einem mehrtägigen Fest. Gefeiert wird es im Kayin-Staat und im Ayeyarwady-Delta, denn hier leben die meisten Kayin. In Hpa-an und Insein werden anlässlich dieses Festes Tänze aufgeführt. Dazu tragen die Kayin ihre traditionelle Kleidung. Dieser Tag ist ein nationaler Feiertag und fällt auf den ersten Tag des zunehmenden Mondes des Pyatho.

Am Anfang des Monats wird im Ananda-Tempel in **Bagan** ein großes Tempelfest gefeiert, zu dem zahlreiche Pilger und Händler anreisen. **Kyaukme** ehrt an diesem Vollmond die Geister der Shan.

Am 4. Januar wird landesweit der **Unabhängigkeitstag** gefeiert. Vor allem in Zentralmyanmar werden zahlreiche Jahrmärkte und Paraden veranstaltet. In Yangon und Mandalay finden spektakuläre Bootsrennen statt.

Die **Jinghpaw** im Kachin-Staat feiern zu Ehren ihres höchsten Schutzgeistes Lamu Madai aufwendige Feiern, genannt **Manao**. Der Tag der Manao-Feste wird von den Stammesältesten, den *duwa*, festgelegt. Das einzige Manao, das zu einem festen Zeitpunkt stattfindet, ist der Kachin-Nationalfeiertag am 10. Januar. Berühmt ist das Manao-Fest von Myitkyina (S. 468). Am 15. Januar begehen die **Naga** ihren Nationalfeiertag in Layshi (Leyshe).

Januar/Februar (Tabodwe)

Das **Hta-mane-Fest** wird am Vollmond Tabodwe gefeiert. Hta-mane ist ein Gericht aus glutiniertem Reis, Erdnüssen, Kokosraspeln, Sesamöl, Ingwer und Knoblauch. Ob im Privathaushalt oder im Klostergarten, überall wird in großen Töpfen eine zähe Masse gekocht, die später in Bananenblätter gewickelt nach Nachbarn und Novizen verteilt wird. Vielfach werden Wettbewerbe zwischen Dörfern oder Stadtbezirken ausgetragen. In der prallen Mittagshitze kochen dann die Männer in riesigen Töpfen den Reis, während schick gekleidete Damen ihn anschließend verkosten und den Sieger küren – ein großes Spektakel für die ganze Familie.

Am 20. Februar feiern die **Chin** ihren Nationalfeiertag in Mindat (Mintut) in der Nähe des Mt. Victoria. Auch das **chinesische Neujahrsfest** wird im Januar/Februar begangen.

Februar/März (Tabaung)

Am Vollmondtag wird die **Shwedagon-Pagode** Schauplatz eines großen Festes. An diesem Tag besuchen Bewohner aus allen Gebieten des Landes das Nationalheiligtum in Yangon. Es ist das größte und wichtigste Tempelfest der Shwedagon.

Am 12. Februar erinnert der **Unionstag** an die Unterzeichnung des Panglong-Abkommens im Jahr 1947, das die Grundlage für den Zusammenschluss der verschiedenen Volksgruppen in der Union of Burma bildete (S. 114). Symbolträchtig wird die Nationalflagge zwei Wochen vorher durchs Land gefahren, bevor sie zum Feiertag in Yangon eintrifft. Überall an den Zwischenstationen, vor allem in den Provinzhauptstädten, werden Feiern abgehalten. Am Unionstag selbst führen Tanzgruppen der ethnischen Minderheiten in Yangon ihre traditionellen Tänze auf. Auf der Zufahrtsstraße zum Flughafen findet am Nachmittag eine große Parade statt.

Der 2. März, der **Tag der Bauern**, ist ein gesetzlicher Feiertag, ebenso der 27. März, der den **Streitkräften** gewidmet ist und mit Paraden an den Tag im Jahr 1945 erinnert, an dem General Aung San die Kriegsfronten wechselte und mit seiner birmanischen Armee den Kampf gegen die japanischen Besatzer aufnahm.

Fotografieren und Filmen

Myanmars Bewohner scheuen sich selten vor einer Foto- oder Videokamera. Doch je größer das Objektiv ist und je weniger die Menschen bisher mit Ausländern (und deren Kameras) in Berührung gekommen sind, desto unsicherer sind sie. Selbstverständlich sollte man vor dem Fotografieren oder Filmen durch Gesten die Zustimmung desjenigen einholen, den man fotografieren möchte. Das gilt besonders bei Wanderungen in abgelegenen Bergregionen. Wird die Bitte abgeschlagen, sollte das unbedingt respektiert werden.

Seit zahlreiche Birmanen ein Smartphone besitzen, sind sie zu wahren Meistern von Selfies geworden. Auch wir Westler sind beliebte Motive. Wer in Regionen abseits der Hauptrouten unterwegs ist, wird oft um ein Foto gebeten – entweder mit dem Besitzer der Kamera zusammen, oder man/frau ist ganz alleine die Attraktion.

Videofilmer, die ihr Material vorführen, werden eine Horde Zuschauer um sich scharen. Auch wer nur den kleinen Bildschirm ausklappt und den Gefilmten zuwendet, wird schon bei der Aufnahme seinen Spaß haben. Vor allem Kinder sind begeistert, wenn sie sich selbst auf dem Bildschirm sehen.

Digitalkameras besitzen ebenfalls Unterhaltungswert. Das gilt für kleine Filmchen ebenso wie für Fotos, die sofort vom Fotografierten bestaunt werden können. Besonders beliebt macht sich, wer Bilder ausdrucken lässt und den Fotografierten ein Andenken präsentiert.

Zu **Kameradrohnen** gibt es noch keine eindeutige Gesetzeslage; wer mit größeren Fluggeräten anreist, sollte sich aber ggf. auf Probleme mit der Polizei vorbereiten.

In Pagoden und Tempeln oder an Aussichtspunkten wird nicht selten eine geringe **Fotogebühr** verlangt.

Frauen unterwegs

Alleinreisende Frauen sind begeistert von Myanmar. Viele haben sich selten so sicher gefühlt. Sie können unbehelligt von Anmache reisen und immer wird Hilfe angeboten. Das gilt auch für Alleinreisende mit Kind.

Birmanische Frauen kommen selten auf den Gedanken, allein zu reisen, und wenn sie es doch tun, bleiben sie nicht lange einsam. Auch allein reisende Europäerinnen werden schnell mit einer Aufsichtsperson betraut, die ihren Weg begleitet und sie danach in die Obhut eines anderen gibt. Das gilt z. B. auf Zugfahrten und im Bus.

In abgelegenen und seltener besuchten Hotels kann es vorkommen, dass ein Bediensteter vor dem Zimmer der Frau schläft, um sie vor Einbrechern zu schützen. Alleinreisende Frauen finden schnell Anschluss und viel Unterstützung, vor allem von anderen Frauen. Wer Einsamkeit sucht, ist daher in Myanmar nicht am richtigen Ort.

Belästigungen auf der Straße sind äußerst selten; die meisten Versuche einer Kontaktaufnahme sind freundlicher und helfender Natur. Wichtig ist allerdings, die Kleidung den örtlichen Gegebenheiten anzupassen und sich den Landessitten gemäß zu verhalten. Eine Frau, die ohne BH und im Trägertop durch die Städte oder Dörfer marschiert, muss mit (hormon-)verwirrten Männern rechnen.

Geld

Währung

Seit 1952 ist der **Kyat** (gesprochen „tschat") die Landeswährung von Myanmar. Für US$1 bekommt man zurzeit 1365 Kyat. Ein Kyat hat 100 Pyas. Die Münzen sind aber kaum mehr im Umlauf. Zum Teil finden sie sich noch in Telefonämtern, um die alten Münzfernsprecher in Funktion zu halten, oder als Sammlerstücke. Kyat-Scheine gibt es in den Stückelungen 1, 5, 10, 20, 50, 100, 200, 500, 1000, 5000 und 10 000 Kyat. Es passiert kaum noch, dass wertlose alte 25-, 35-, 75- oder 90-Kyat-Scheine den Touristen erreichen, es sei denn, er kauft sie von fliegenden Händlern als Sammlerstück.

Geldwechsel

An vielen **Geldinstituten** in ganz Myanmar sind Bankautomaten angebracht, an denen ausländische Touristen sich mit der einheimischen Währung Kyat versorgen können (Höchstgrenze 300 000 Kyat pro Tag; ungefähr 200 €); und zwar sowohl mit Master-/Visa-Card, American-Express-Karten als auch mit Maestro-/Cirrus-Karten. In letzterem Fall sollte man sich allerdings unbedingt bei der Hausbank rückversichern, dass die Karte in Myanmar funktioniert, denn nicht alle Karten sind für dieses Land freigeschaltet. An den Bankautomaten werden pro Transaktion 5000 Kyat einbehalten, dazu kommen die Gebühren im Heimatland.

Wer Bares mitbringt, muss aufpassen: In Myanmar sind **nur neue, unbeschriebene und ungeknickte Dollarscheine** gefragt. Je besser der Schein aussieht, desto höher ist die Wahrscheinlichkeit, dass er akzeptiert wird. Für 100-Dollar-Noten gibt es den besten Umtauschkurs, kleine Scheine sind weniger gefragt. Und je höher die Tauschsumme, desto vorteilhafter der Kurs. Bei Euro sind Stückelung und Aussehen des Scheins weniger wichtig: Hier bekommt man auch für kleine Noten einen guten Kurs.

Reisekasse

Reiseschecks in US-Dollar können in einigen großen Hotels wie dem Sedona oder dem Inya Lake Resort in Yangon eingetauscht werden (etwa 15 % Gebühr). **Kreditkarten** werden als Zahlungsmittel vereinzelt von großen Hotels akzeptiert.

Bis in die jüngere Vergangenheit blieb Reisenden nichts anderes übrig, als so viel Bargeld wie möglich mitzunehmen. Heute erleichtern Bankautomaten das Leben. Es ist sinnvoll, eine Bargeld-Mischung aus US-Dollar (für Flugtickets und teurere Hotels) und Euro (für den

Wechselkurse		
1 €	=	1550 Kyat
1000 Kyat	=	0,64 €
1 US$	=	1365 Kyat
1000 Kyat	=	0,73 US$
1 Baht	=	40 Kyat
1000 Kyat	=	25 Baht
1 sFr	=	1415 Kyat
1000 Kyat	=	0,70 sFr

Mancherorts wird der US-Dollar mit dem glatten Gegenwert von 1 US$ = 1000 Kyat verrechnet.

Tausch in Kyat) mitzunehmen, falls die Kreditkarte verloren geht. Kyat können nur in Myanmar selbst eingetauscht werden und sind nicht über Banken im Ausland zu erwerben. Ausländische Devisen dürfen in unbegrenzter Höhe ein- und ausgeführt werden; Beträge, die den Gegenwert von US$10 000 übersteigen, müssen jedoch bei der Einreise deklariert werden.

Gepäck und Ausrüstung

Für den Tag ist leichte und dezente Kleidung anzuraten. Da Myanmar sehr konservativ ist, sollte die Kleidung Knie und Schultern bedecken. Kurze Hosen sind nie gern gesehen, auch nicht bei Männern. Die Auswahl der Kleidung sollte eine Kombination aus lässig-bequem und „ordentlich" sein. Menschen werden in Myanmar stark nach ihrem Äußeren bewertet; ein schmuddeliges Outfit führt schnell zu Ablehnung. Schmutzwäsche wird in vielen Hotels und Gästehäusern in 24 Stunden gewaschen.

Im Tiefland Myanmars ist es selten kalt, doch in der kühlen Jahreszeit empfiehlt es sich, abends einen warmen Pullover zur Hand zu haben. Das gilt auch für Bagan und Mandalay. Im Hochland, z. B. am Inle-See oder in Kalaw, ist warme Kleidung unerlässlich. Dort wird es auch in der heißen Zeit abends recht kühl. Im Winter ist es nachts sogar empfindlich kalt. Wer längere Trecks in die Berge plant, sollte einen Schlafsack mitbringen. Bewährt haben sich dünne Jugendherbergs-Schlafsäcke, um die in billigen Zimmern manchmal schmutzigen Decken zu ersetzen. Auch ein Handtuch eignet sich, und in einen Longyi kann man sich prima einwickeln.

Das **Schuhwerk** ist abhängig von den geplanten Aktivitäten. Für Trekkingtouren sind feste Schuhe nötig, aus einem Material, das möglichst schnell trocknet. Sonst reichen robuste Sandalen. Schnürschuhe haben den Nachteil, dass sie bei Tempelbesuchen immer wieder langwierig an- und ausgezogen werden müssen. Hier ist man mit Slippern deutlich besser dran.

Wichtig ist auch ein **Sonnenhut** oder ein Tuch, da der Kopf vor der oft stechenden Sonne besonders geschützt werden sollte. Ein ausreichender **Moskitoschutz** ist ebenfalls wichtig.

Aus Sicherheitsgründen ist es sinnvoll, ein **Vorhängeschloss** mitzunehmen. Vor allem auf dem Land können die meisten Unterkünfte nur damit verschlossen werden. Eine **Taschenlampe** ist nützlich bei Stromausfall, auch ein **Taschenmesser** ist immer praktisch.

Ein PDF mit einem Gepäck-Check zum Ausdrucken gibt es unter **eXTra [10531]**.

Ausrüstung auf Trekkingtouren

Bei einfachen Wanderungen in der Trockenzeit reichen Turnschuhe meist aus. Gute **Wanderschuhe** machen sich jedoch immer bezahlt. Trekking in der Regenzeit ist nicht ratsam. Es ist dann kaum möglich, nass gewordene Kleidung und Schuhe zu trocknen.

Auf mehrtägige Trekkingtouren in der kühlen Jahreszeit sollte ein warmer **Schlafsack** mitgenommen werden. Daunen sind ungeeignet, da sie bei der hohen Luftfeuchtigkeit nicht trocknen und schnell schimmeln. Zelt und wetterfester Schlafsack sind nur nötig, wenn entsprechende Abenteuer geplant sind. Für laue Tropennächte reicht ein Bettbezug, ein Betttuch oder ein Jugendherbergs-Schlafsack. Sinnvoll ist auch die Mitnahme von **Wasserflaschen**, die am Körper befestigt werden können, ohne herumzubaumeln, und natürlich ein Rucksack, der gut sitzt und leicht zu tragen ist.

Rucksäcke, Koffer und Taschen

Traveller, die mit öffentlichen Verkehrsmitteln unterwegs sind und auch schon mal längere Strecken zu Fuß gehen, nehmen einen **Rucksack** (ob dieser passt, lässt sich beim Kauf feststellen, wenn er mit etwa 15 kg bepackt ist und sich damit gut tragen lässt). **Kofferrucksäcke** sind ein Kompromiss für jene, die mal mit dem Taxi und mal mit dem Bus fahren. Diese Kombination aus Koffer und Rucksack wird von der Vorderseite aus bepackt und hinten vom Trage-

✗ Gepäck-Check

Kleidung
- **Feste Schuhe** (für Trekkingtouren in der Trockenzeit reichen Turnschuhe aus)
- **Sandalen** (in die man leicht hinein- und herausschlüpfen kann)
- **Gummi-** oder **Trekkingsandalen** (unter Duschen Pilzgefahr!)
- **Hosen** bzw. **Röcke** aus Baumwolle, die nicht zu eng sitzen sollten
- **Kurze Hosen** (bei Männern bis zum halben Oberschenkel, bei Frauen bis zum Knie, Shorts nur am Strand)
- **Hemden** oder **Blusen**
- **T-Shirts / Polo-Shirt mit Ärmel**
- **Jacke** (für die An- und Abreise, kühle Nächte in den Bergen und AC-Busse)
- **Pullover**
- **Sonnenschutz:** Hut/Brille (in unzerbrechlicher Box)/Sonnencreme
- **Socken** (für den Abend dichte, nicht allzu kurze Socken als Moskitoschutz)
- **Unterwäsche** (aus Baumwolle), für Frauen einen BH
- **Badekleidung,** für Frauen einteiliger Badeanzug

Hygiene und Pflege
- **Zahnbürste, Zahnpasta** in stabiler Tube, **Shampoo/Haarpflegemittel, Nagelschere, Nagelfeile, Kosmetika** und **Hautpflegemittel**
- **Nassrasierer** mit Ersatzklingen
- **Papiertaschentücher, Feuchties** (zur Hygiene unterwegs und wo es kein Wasser gibt)
- **Tampons**
- **Notfall-Toilettenpapier** (für einfache Hotels und öffentlichen Toiletten)
- **Plastiktüten** (für schmutzige Wäsche und als Nässeschutz)
- **Nähzeug** (Zwirn/Nähseide/Nadeln/Sicherheitsnadeln)

Sonstiges
- **Adapter** (manchmal nicht kompatibles Steckersystem)
- **Reisewecker** (oder Armbanduhr mit Weckfunktion)
- **Taschenlampe**
- **Taschenmesser** (im Rucksack verstauen, sonst wird es am Flughafen abgenommen)
- **Kompass**
- **Reiseapotheke** (S. 58)
- **Notizbuch** und **Stifte**
- **Flugtickets, Geld** (Bargeld/Kreditkarte)
- **Kopien der Dokumente**
- **Reiseführer, Landkarten, Reiselektüre**
- **Reisepass** (evtl. Internationaler Studentenausweis und Personalausweis)
- **Impfpass** (oder zumindest eine Kopie davon für den Notfall)
- **Kleine Geschenke**

Wer in einfachen Unterkünften wohnen wird, braucht zudem
- **Seife** oder **Waschlotion** im bruchsicheren Behälter
- dünne **Handtücher**, die schnell trocknen (in den Hotels vorhanden)
- **Waschmittel** in der Tube (für alle, die selbst Wäsche waschen), Gallseife
- **Plastikbürste** (zum Reinigen von Wäsche)
- **Schnur** (als Wäscheleine oder zum Aufspannen des Moskitonetzes)
- **Klebeband** (um zu packen und Löcher im Moskitonetz zu verschließen)
- **kleine Nägel** oder **Reißzwecken** (zum Befestigen des Moskitonetzes)
- **Vorhängeschloss** (und kleine Schlösser fürs Gepäck)
- **Moskitonetz**
- **Schlafsack** (Leinenschlafsack, Bettbezug oder dünne Tücher)

gestell geschützt. Die Kleidung bleibt relativ ordentlich und knitterfrei.

Ein **Tagesrucksack** oder eine Falttasche für Tagesausflüge und Kurztrips ist sinnvoll. Er bietet zudem zusätzlichen Stauraum auf dem Heimflug.

Kameras sollten in einer **Fototasche** verstaut werden, die aus festem Material besteht und gut verschließbar ist. Wertsachen (Geld, Pässe, Schecks, Tickets) sollten nah am Körper, z. B. in einem **Hüftgurt,** aufbewahrt werden. Diese Ta-

Auch ein Schirm im Gepäck kann praktisch sein – nicht nur bei Regen.

schen können auf Reisen unauffällig unter den Kleidern getragen werden. Papiere, auch Geld und Flugtickets, am besten in einer Plastikhülle vor Schweiß und Nässe schützen.

Gesundheit

Das gesundheitliche Risiko ist bei einer Reise auf touristischen Pfaden gering. Die meisten Krankheiten lassen sich durch eine sorgfältige Vorbereitung und umsichtiges Verhalten vermeiden. Mehr dazu auf S. 600.

Vor der Reise

Unbedingt zur Reiseplanung gehört ein Blick in den Impfpass. Ein Basis-Impfschutz reicht für Myanmar, muss aber vor weniger als zehn Jahren erfolgt sein: Tetanus (Wundstarrkrampf), Polio und Diphtherie. Zu empfehlen ist zudem eine Immunisierung gegen Hepatitis A. Reisende, die länger als drei Monate unterwegs sind, sollten auch über eine Hepatitis-B-Immunisierung nachdenken. Impfungen gegen Tuberkulose und Typhus sind ebenfalls sinnvoll. Manche Ärzte raten zum Impfschutz gegen Tollwut und Japanische Encephalitis. Wer aus Westafrika, Zentralafrika oder Südamerika einreist, muss bei der Einreise eine Impfung gegen Gelbfieber vorweisen.

In Myanmar gibt es Malaria-Erreger, und damit stellt sich die Frage, ob eine Prophylaxe eingenommen werden sollte.

Am besten ist eine aktuelle **Impfberatung** beim Haus- oder Tropenarzt. Jeder Hausarzt kann diese Beratung durchführen. Meist muss er sich zuvor kundig machen. Erst danach ist er legitimiert, Medikamente wie etwa eine Malaria-Prophylaxe zu verschreiben.

Bei Impfungen ist zu bedenken, dass manche bis zu acht Wochen vor der Reise stattfinden müssen. Auch eine Malaria-Prophylaxe beginnt vor der Einreise. Einen Internationalen Impfausweis will heute kein Zöllner mehr sehen, ihn mitzunehmen ist dennoch sinnvoll: Im Krankheitsfall spricht er eine sichere und international verstandene Sprache.

In die **Reiseapotheke** gehören auf jeden Fall Medikamente gegen Magenverstimmungen und Darminfektionen. Frauen sollten Mittel gegen Pilzinfektionen dabeihaben. Da die Wundheilung wegen der hohen Luftfeuchtigkeit oft langsamer erfolgt, sind Desinfektionsmittel und Wundsalben hilfreich. Auch regelmäßig benötigte Medikamente gehören ausreichend ins Gepäck. Nicht empfehlenswert ist die Mitnahme von wärmeempfindlichen Medikamenten, z. B. Zäpfchen. Als Moskitoschutz empfiehlt sich Autan und besonders das in Yangon erhältliche Odomos, eine Creme, die in Indien entwickelt und hergestellt wird und auch für Kinder geeignet ist.

In Myanmars Apotheken (oder beim Zwischenstopp in Thailand) gibt es viele Präparate billiger als in Deutschland und auch ohne Rezept. Einige sind jedoch weitaus weniger oder gar nicht wirksam, da es sich um Kopien handelt.

Wichtig ist beim Kauf ein Blick auf das Haltbarkeitsdatum.

Gesundheitstipps für die Reise

Reisen macht durstig, doch in den Tropen verlässt viele westliche Reisende das gesunde Durstgefühl. Reisen macht hungrig, dennoch leiden viele nach langen Fahrten an Appetitlosigkeit. Dann muss besonders auf eine ausgewogene Ernährung und die Einnahme von viel Flüssigkeit geachtet werden.

Die meisten Myanmar-Reisenden erkranken, wenn überhaupt, an **Durchfall**. Meist reicht es, zur Vorsorge auf ungeschältes Obst und Eis sowie auf rohe Nahrungsmittel zu verzichten. Wichtig ist die persönliche Hygiene, denn viele Krankheitserreger trägt man mit den eigenen Fingern zum Mund. Außerdem sollte man „auf seinen Bauch hören": Gabel und Löffel zur Seite legen, wenn das Essen nicht schmeckt oder der Appetit plötzlich weg ist. Und selbst wer einen robusten Magen hat, sollte beim Essen am Straßenrand zweimal hinschauen. Sinnvoll ist es auch, sich an die birmanischen Tipps zu halten. So geht man hier davon aus, dass manche Lebensmittel in Kombination gegessen krank machen (S. 43). Wer unter Durchfall leidet, muss sich erst einmal Ruhe gönnen und den Flüssigkeits- und Salzverlust mit angereichertem Wasser ausgleichen. Zudem sollten Erkrankte auf Gemüse und Obst verzichten und fettige Speisen meiden. Mit viel Reis (gesalzen) und ein wenig Medizin sind die meisten Durchfälle in den Griff zu kriegen.

Spätestens nach drei bis fünf Tagen ohne Besserung sollte jedoch ein Arzt aufgesucht werden. Vorsicht: Extrem dünner, weißlicher Stuhlgang (wie Reiswasser) deutet auf eine Cholera-Infektion hin.

Wichtig ist immer, genügend **Flüssigkeit** zu sich zu nehmen. Erwachsene sollten 3–4 l Wasser am Tag trinken. Bier, Kaffee und Tee (auch grüner) entziehen dem Körper Wasser und zählen daher nicht zum Trinkpensum dazu. Sichtbarstes Zeichen und Warnsignal für mangelnde

Tropenmedizinische Institute

Deutschland
Berlin, Institut für Tropenmedizin und Internationale Gesundheit, an der Charité, Charitéplatz 1, 10117, ✆ 030-301 166, 🖥 www.charite.de
Hamburg, Reisemedizinisches Zentrum am Bernhard-Nocht-Institut, Bernhard-Nocht-Str. 74, 20359, ✆ 040-428 180, ✆ 0900 123 4999 (1,98 €/Min. aus dem deutschen Festnetz), 🖥 www.gesundes-reisen.de
München, Tropeninstitut der LMU, Leopoldstr. 5, 80802, ✆ 089-218 013 500, 🖥 www.klinikum.uni-muenchen.de/Abteilung-fuer-Infektions-und-Tropenmedizin/de/index.html

Schweiz
Basel, Schweizerisches Tropen- und Public Health-Institut, Socinstr. 57, 4051, ✆ 061-284 8111, 🖥 www.swisstph.ch. Auskünfte 8.30–11.30 und 14–17 Uhr unter ✆ 0900 57 51 31 (2,69 sFr/ Min.)

Österreich
Wien, Zentrum für Reisemedizin, Alsergasse 84/2, 1090, ✆ 01-403 8343, 🖥 www.reisemed.at

Reisemedizin im Internet

🖳 **www.crm.de**
Centrum für Reisemedizin
🖳 **www.die-reisemedizin.de**
In Verbindung mit dem betriebsärztlichen Dienst der LTU
🖳 **www.dtg.org**
Deutsche Gesellschaft für Tropenmedizin
🖳 **www.fit-for-travel.de**
Neben Gesundheitstipps auch Länderinfos, Botschaftsadressen etc.
🖳 **www.bnitm.de**
Bernhard-Nocht-Institut Hamburg

Flüssigkeitsaufnahme ist eine geringe, dunkelgelbe Urinmenge bis hin zum Ausbleiben des Harndrangs. Ein erstes Anzeichen kann ein metallischer Geschmack im Mund sein. Dann heißt es dringend nachtanken.

Das **Leitungswasser** in Myanmar ist nicht zum Trinken vorgesehen. Auch die Zähne sollten sich Reisende zur Sicherheit mit Trinkwasser putzen. Die überall angebotenen Trinkwasser-Flaschen sind versiegelt. Wichtig ist ein eigener Wasservorrat vor allem bei Ausflügen.

Vorsicht bei den immer beliebter werdenden **Energiedrinks**: Die Inhaltsstoffe sind auf Chinesisch oder Thai angegeben. Was genau drin ist, werden die meisten Touristen also nicht entziffern können. Erwiesen ist, dass größere Mengen zumindest zu Kreislaufproblemen führen können.

Wegen der klimatischen Bedingungen kommt es oft zu **Erkältungen**. Wenn es nach Sonnenuntergang schnell kühl wird, hilft ein dünner Pullover – in den Bergen ein dicker. Wichtig ist, nachts die Klimaanlage oder den Ventilator auszustellen. Selbst eine leichte Unterkühlung kann zu einem ausgewachsenen Schnupfen oder gar einer Lungenentzündung führen.

Und niemals die Sonne unterschätzen! Ein Tuch, ein Hut, ein Sonnenschirm haben schon manchen Reisenden vor einem **Sonnenstich** bewahrt. Zum Schutz der Augen ist eine Sonnenbrille (mit echtem UV-Schutz) unerlässlich.

Ein Vorschlag fürt eine **Reiseapotheke** findet sich unter **eXTra [10532]**.

Medizinische Versorgung

Eine Behandlung im Krankenhaus oder der Privatklinik kann ohne Versicherung sehr teuer werden. Im Voraus zu zahlen sind in jedem Fall sowohl die Behandlung als auch die Medikamente – und zwar jede einzelne Spritze, jeder Verband und jede Handlung eines Arztes. In den Krankenhäusern ist es üblich, dass sich die Patienten selbst verpflegen. Das kann sowohl ein Reisepartner übernehmen als auch eine bezahlte Krankenschwester.

Die medizinische Versorgung in Myanmar ist nicht mit dem europäischen Gesundheitssystem vergleichbar. Das gilt sowohl für die technische Ausrüstung als auch für den hygienischen Standard. Außerhalb Yangons und Mandalays kann es zudem schwierig werden, Englisch sprechende Ärzte zu finden. In Yangon gibt es einige Kliniken mit gutem Ruf, die bei Notfällen helfen und Flüge nach Bangkok oder Europa organisieren.

Bluttransfusionen sind bedenklich und sollten wenn möglich vermieden werden. Die Kontrollen der Blutkonserven auf Aids-Viren sind zweifelhaft. Selbst wenn moderne medizinische Geräte zur Verfügung stehen, muss man damit rechnen, dass sie nicht oft zum Einsatz kommen oder nicht sachgerecht bedient bzw. gewartet werden.

Wer schwer krank ist, sollte sich auf jeden Fall nach Bangkok ausfliegen lassen. Das **Bangkok International Hospital** verfügt über einen Flugrettungs-Notdienst, der auch in den angrenzenden Ländern hilft: Notruf ✆ 0066-2-310 3456.

Hilfsorganisationen

Reisenden wird die große Armut in Myanmar sicher nicht verborgen bleiben. Viele Menschen leben am Existenzminimum. Aufgrund der politischen Isolation war der Staat lange Zeit von notwendiger Entwicklungshilfe abgeschnitten. Eine Reihe von Hilfsorganisationen und privaten Initiativen versucht, den Menschen zu helfen. Manch Reisender hat sich so in das Land verliebt, dass sich langanhaltende Freundschaften entwickelt haben, die oft auch materielle Unterstützung beinhalten. Wer etwas spenden möchte, kann u.a. mit folgenden Organisationen Kontakt aufnehmen:

Burma-Hilfe Leipzig e. V., Bornaische Str. 49, 04277 Leipzig, 0341-3069 0769, www.burmahilfe-leipzig.de. Als der Zyklon Nargis 2008 verheerende Zerstörungen anrichtete, gründeten Guntram Fischer und Jens Eßbach den Verein und unterstützen seitdem Schulen im Delta-Gebiet, u. a. das Chaung Wa-Kloster in Ah Lant Chaung bei Yangon, siehe **eXTra [5678]**.
Förderverein Myanmar e. V., Dr. Konrad Krajewski (Präsident), Europa-Allee 22, 66113 Saarbrücken, www.help-myanmar.net. Der Verein fördert die schulische Bildung und Berufsausbildung. Er hat u. a. Schulgebäude und eine Schulklinik in Mandalay errichtet. Eine Besichtigung der Schule mit den Projekten des Vereins ist lohnend. Mehr Infos siehe **eXTra [5581]**.
Myanmar Kinderhilfe, Laibinstegstr. 7, 72622 Nürtingen, 07022/925 930, www.myanmar-kinderhilfe.org. Die Stiftung betreut sechs Waisenhäuser und unterstützt hier mehr als 1500 Jungen und Mädchen.
terre des hommes, Ruppenkampstr. 11a, 49084 Osnabrück, 0541/7101–0, www.tdh.de. Das Kinderhilfswerk engagiert sich zusammen mit der Partnerorganisation WEAVE vor allem in den Flüchtlingslagern an der Grenze zu Thailand. Finanziert werden Schulbildung, aber auch Fortbildungen für Lehrerinnen und Lehrer zu Themen wie Kinderrechte und Trauma. Rund 5000 Kinder haben so bislang professionelle Hilfe erhalten.
Zukunft für Kinder der Welt e.V., Schilcherstr. 8a, 86911 Dießen, 08-807 4592, www.kinder-der-welt.org. Unterstützt u. a. ein Kinderheim in Kalaw.

Informationen

Seit 1995 die Privatisierung der Tourismusindustrie eingeleitet wurde, bieten zahlreiche **private Hotels** und **Reiseagenturen** in Myanmar Informationen – viele auf einer eigenen Homepage. Vor Ort erweisen sich die Mit- und Zuarbeiter der Gästehäuser in der Regel als zuverlässige Informanten, die die aktuellsten Reisetipps geben können.

Die staatliche Agentur **MTT (Myanmar Tours & Travel)** gehört zum Ministry of Hotels & Tourism (MHT), bietet Informationen zum Land, besorgt Reisegenehmigungen (Travel Permits) und kennt die aktuellen Bestimmungen darüber, welche Gebiete bereist werden dürfen. Im Yangoner Hauptbüro (S. 182) gibt es Stadtpläne von Mandalay, Bagan und Yangon.

Informationen im Internet

Nachrichtendienste und Zeitungen
The Irrawaddy, www.irrawaddy.com, recht aktuell, eigene Autoren.
Mizzima, www.mizzima.com, Nachrichten, Hintergründe und Multimedia-Beiträge.
Myanmar Times, www.mmtimes.com, Online-Ausgabe der *Myanmar Times*.
The Global New Light of Myanmar, www.moi.gov.mm/npe/nlm/, Online-Ausgabe des staatlichen Nachrichtenblattes *New Light of Myanmar*.

Nachrichtenorgane ethnischer Gruppen
Chinland Guardian, www.chinlandguardian.com, Aktuelle Nachrichten aus dem Chin-Staat.
Kachin News, www.kachinnews.com, Nachrichtenorgan aus Myanmars nördlichstem Staat.
Karen News, www.karennews.org, Berichte aus dem Kayin-Staat und zu Gesamt-Myanmar.
Narinjara, www.narinjara.com/main, Nachrichten aus dem Rakhine-Staat.
Shan Herald, www.english.panglong.org, Neuigkeiten aus dem Shan-Staat.

Sonstiges
Online Burma/Myanmar Library, www.burmalibrary.org, umfassendes Archiv mit über 30 000 Texten zu vielen Themen.

Myanmar Guide, 🖵 www.myanmar-guide.de, interessante Seite eines deutschen Myanmar-Freundes mit belebtem Forum.
Auf 🖵 **www.nibbana.com** gibt es Informationen zum Theravada-Buddhismus in Myanmar.

Internet und E-Mail

In Yangon und größeren Orten mit touristischer Infrastruktur wie Bagan oder Nyaungshwe am Inle-See bieten fast alle Hotels kostenloses **WLAN** an. Bisher ist die Datenrate aber so niedrig, dass man nur selten wirklich komfortabel im Internet surfen kann. Auch Restaurants erfreuen ihre Kunden immer häufiger mit „Free WiFi", wie der kostenlose WLAN-Zugang hier heißt. Allerdings muss auch in Restaurants mit langsamen bis sehr langsamen Verbindungen gerechnet werden. Wer Wert auf Bandbreite legt, sollte am besten morgens vor 10 Uhr ins Netz gehen.

Es gibt nur wenige Internetshops, in denen man **E-Mails** versenden und im Netz surfen kann. Vermehrt greifen Einheimische wie auch Touristen auf ihre Smartphones zurück und surfen auf diese Weise mal über WLAN, mal über ihre Karte. Am besten besorgt man sich eine lokale **SIM-Karte** der staatlichen MPT oder der beiden privaten Anbieter Ooredoo und Telenor. Mit Surfstick (Dongle) ist die SIM-Karte auch für das Notebook nutzbar.

Kinder

Myanmar ist ein sehr kinderfreundliches Land. Überall wird den Kleinen Aufmerksamkeit zuteil und es finden sich schnell Spielgefährten. Doch eine Myanmar-Reise mit Kindern erfordert eine besonders gute Vorbereitung. Dazu gehören neben einer gründlichen ärztlichen Untersuchung alle notwendigen Impfungen – auch gegen Kinderkrankheiten. Wer sich entschieden hat, sein Kind nicht impfen zu lassen, sollte auf keinen Fall nach Myanmar fahren. Zudem muss eine **Krankenversicherung** abgeschlossen werden. Wenn das Kind nicht sowieso bei einem Elternteil kostenlos mitversichert ist, kann man nach günstigen Familienangeboten Ausschau halten. Wegen der Tropenkrankheiten, die durch Moskitos übertragen werden, sollten Kinder möglichst immer unter einem Moskitonetz schlafen und penibel geschützt werden. Zum Thema Malariaprophylaxe sollte ein Arzt zurate gezogen werden. Von einer Reise während der heißen Jahreszeit, in der die Temperaturen bis auf 45 °C steigen können, ist mit Kindern abzuraten. Selbst für Erwachsene ist die Hitze dann oft unerträglich.

Sehr wichtig ist die Überlegung, wie gereist werden soll. Flüge machen vieles einfacher. Darüber hinaus ist je nach Alter und Belastbarkeit des Kindes ein guter Mietwagen (mit Fahrer) den öffentlichen **Verkehrsmitteln** vorzuziehen. Auch bei der Wahl des Hotelzimmers ist die Belastbarkeit des Kindes zu bedenken. Allerdings sollte man keine übertriebene Angst vor Schmutz und Krankheiten haben. Kinder verfügen normalerweise über erstaunlich gute Abwehrkräfte. Wichtig ist, dass sie kein Wasser aus der Leitung trinken, sich oft die Hände waschen und kein ungeschältes Obst und Gemüse essen. Das Reisen mit Säuglingen ist meist unproblematisch, sofern sie noch gestillt werden.

Die **Zeitverschiebung** kann mit ein wenig Gelassenheit leicht überwunden werden. Es ist beispielsweise empfehlenswert, nach der Ankunft in Yangon ein Domizil in Parknähe zu nehmen und die ersten Tage ruhig angehen zu lassen. Der Klima- und Kulturschock ist so einfacher zu meistern.

Sehr praktisch für Reisen mit Kleinkindern ist eine solide **Rückentrage** mit Hüftgurt. Diese eignet sich für Trekkingtouren und Stadtrundgänge. In Yangon ist auch ein einfacher und leichter Kinderwagen angenehm, da die Kleinen darin erfahrungsgemäß gern einmal ein Nickerchen machen. In der quirligen Innenstadt ist solch ein Wagen jedoch kaum zu gebrauchen. Wer plant, ein Auto zu mieten, kann mit einem mitgebrachten **Kindersitz** für die nötige Sicherheit sorgen. Sinnvoll ist das aufblasbare Modell Luftikid, da man diesen auch im Flieger nutzen kann. Das sollte mit der Airline abgesprochen sein, da nicht alle Gesellschaften einen solchen Sitz zulassen. Wer sicher fliegen will, sollte jedoch darauf bestehen, da die Sicherheitsgurte nicht für Kinder gemacht sind und ihnen im Notfall keinen Schutz bieten.

Für Kinder gibt es einige **Ermäßigungen**, so können sie in Hotels meist bis zum Alter von zwölf Jahren kostenlos bei den Eltern im Bett schlafen. Für ein paar Dollar mehr gibt es oft ein Extra-Bett. Je nach Alter des Kindes muss das Frühstück zusätzlich bezahlt werden. Einige Unterkünfte haben Familienzimmer mit mehreren Betten. Zug- und Bustickets müssen erst für ältere Kinder gezahlt werden. Jedoch ist zu beachten, dass kleinere Kinder dafür keinen Anspruch auf einen eigenen Sitzplatz haben. Wer viel oder lange unterwegs ist, sollte daher lieber ein paar Dollar mehr ausgeben und seinem Kind einen Sitzplatz buchen. Für Inlandsflüge zahlen Kinder bis zwölf Jahre einen verringerten Flugpreis. Eintrittsgebühren entfallen meist, vor allem Tempel und Pagoden sind für Kinder kostenfrei.

Essen ist nicht an allen Orten unproblematisch. Während es in den touristischen Orten Pommes *(fried potatoes)*, Pizza, Spaghetti und Pancakes gibt, finden sich in weniger erschlossenen Gegenden meist nur Reis- und Nudelgerichte. Diese werden auf Wunsch jedoch so mild zubereitet, dass sie auch Kindern schmecken. Samosa finden viele Kinder lecker (Vorsicht: Samosa und anderes sehr fettiges Gebackenes sollte direkt gegessen und nicht als Reiseproviant eingepackt werden). In den Bäckereien des Landes werden Kekse und Gebäck verkauft, die auf längeren Strecken den Hunger stillen. Nach ein paar Tagen Eingewöhnungszeit können Kinder auch geschältes Obst essen. Zur Aufbewahrung der Lebensmittel ist es sinnvoll, verschließbare Plastik- oder Metalldosen zu verwenden. So haben Ameisen und andere Krabbeltiere keine Chance. **Wegwerfwindeln** gibt es in allen etwas größeren Orten zu kaufen. Feuchttücher haben wir nur in Yangon gefunden.

Kindereinträge im **Reisepass** eines Elternteils sind nicht mehr gültig. Jedes Kind braucht einen eigenen Pass (Reisepass/Kinderreisepass mit Lichtbild) und ein eigenes Visum.

Maße und Elektrizität

Maßeinheiten

Myanmar ist neben den USA und Liberia das dritte Land der Welt, das nicht mit dem metrischen System misst. **Gewichte** heißen *viss* und *tical*, als **Längenmaße** werden *miles*, *yards*, *feet* und *inches* benutzt. Nur manchmal findet auch das metrische System Verwendung.

Früchte werden nach Stückzahl bezahlt. Gemüse, Rosinen und andere getrocknete Früchte hingegen nach Gewicht, z. B. 50 *tical* (848 g) oder 1 *viss* (1,696 kg). Fleisch, Fisch und Shrimps werden in Einheiten zu 10 *tical* berechnet und Kaffee oder Tee pro *pound* (450 g).

Kleinhändler verkaufen ihre Waren meist nicht nach Gewicht, sondern benutzen die etwa 250 ml fassende Milchkonservendose, die *bu* genannt wird. In diesen Dosen werden z. B. Reis und kleine Früchte abgemessen. Ein *pyi* besteht aus acht *bu* und entspricht einem kleinen Reiskorb. Flüssigkeiten und Benzin werden pro Gallone (4,55 l) verkauft. Eine Ausnahme bildet Milch, die in *viss* gemessen wird. In Supermärkten, in denen frisches Obst abgewogen wird, ist

Maße und Gewichte		
Längenmaße		
1 lemma	1 inch	**2,54 cm**
1 mai	0,125 yard	**11,37 cm**
1 htwa	0,25 yard	**22,75 cm**
1 foot	1/3 yard	**30,48 cm**
1 taung	0,5 yard	**45,7 cm**
1 gai	1 yard	**0,91 m**
1 ta		**3,20 m**
1 furlong		**201,17 m**
1 Meile		**1,61 km**
Gewichte		
1 viss (beiqtha)	100 tical	**1,696 kg**
1 tical (kyat tha)		**16,96 g**
1 pound		**0,45 kg**

aber mittlerweile auch schon das Kilo als Maßeinheit angekommen.

Stoffe und Gegenstände von geringer Länge werden in *yard* (birmanisch *gai*, 91,4 cm) abgemessen. Ein halber *yard* wird als *taung* bezeichnet. Ein *taung* ist wiederum in zwei *htwa* geteilt.

Elektrizität

Die **Stromversorgung** Myanmars ist immer noch recht schlecht, denn das nationale Elektrizitätsnetz erreicht nur die Regionen im Zentrum und im Osten des Landes. Städte und Dörfer abseits der nationalen Stromversorgung müssen sich selbst helfen und beziehen ihren Strom aus mit Dieselmotoren betriebenen Generatoren oder kleinen hydroelektrischen Kraftwerken. In Kleinstädten und abgelegenen Dörfern gibt es daher meist nur zwischen 18 und 23 Uhr Strom. In vielen Dörfern dienen noch heute Kerzen als Beleuchtung.

Auch in den großen Städten kommt es immer mal wieder zu Stromausfällen. Selbst in Yangon gibt es keine gesicherte Elektrizitätsversorgung. Viele Hotels und Restaurants besitzen jedoch einen eigenen Generator, sodass es schnell wieder hell wird. Oft reicht diese Notstromversorgung jedoch nicht zum Betreiben der Klimaanlage aus. Einzig in der Hauptstadt Nay Pyi Taw kann man ziemlich sicher sein, rund um die Uhr mit Strom versorgt zu werden.

Standard sind 230 V und 50 Hz. Viele **Steckdosen** sind nach britischem Muster für drei flache Stifte konzipiert, in die meisten passen aber auch ohne Adapter die runden Stifte deutscher Elektroartikel.

Medien

Zeitungen und Magazine

Für Westler gibt es trotz einer Vielzahl von Zeitungen und Zeitschriften wenige Printmedien zur Information oder Unterhaltung. Die meisten sind auf Birmanisch. Druckerzeugnisse aus dem Ausland bieten lediglich die großen Hotels, aber die wenigsten sind aktuell. Einige Buchläden und Straßenstände führen ältere Ausgaben von *Times* und *Newsweek*.

Das staatliche Regierungsblatt **New Light of Myanmar**, 🖥 www.myanmar.com/nlm, offeriert in englischer Sprache das offizielle Weltbild der Regierung. Trotz der Regierungsnähe lesenswert sind die Berichte der **The Myanmar Times**, 🖥 www.mmtimes.com. Dort finden sich Artikel aus Gesellschaft, Wirtschaft, Natur und Tourismus sowie Adressen und aktuelle Flugpläne. Viermal jährlich erscheint **Enchanting Myanmar** mit ebenfalls lesenswerten Berichten zur Natur und Kultur des Landes.

Radio und Fernsehen

Radio lässt sich mit einem Weltempfänger empfangen, wie man ihn in Yangon in der Mahabandoola Road günstig erstehen kann. Viele Birmanen hören BBC World News oder Voice of America. Die **Deutsche Welle** sendet über Kurzwelle auf verschiedenen Frequenzen, 🖥 www.dw-world.de.

Fernseher stehen in fast allen Hotelzimmern, doch nur in etwa der Hälfte sind auch englische Sender zu empfangen. Über eine Satellitenschüssel hat man dort auch Zugang zu internationalen Programmen. Oft können Nachrichten von BBC, CNBC oder DW-TV empfangen werden. Die Bildqualität ist sehr unterschiedlich.

Lokale Programme zeigen neben Nationalkonventsitzungen und Seifenopern auch Aufklärungs- und Informationsfilme zu medizinischen und landeskundlichen Themen.

Post

Die birmanische Post ist einigermaßen zuverlässig. Briefe und Postkarten erreichen Europa meist nach etwa zwei Wochen, wenn sie in Yangon oder Mandalay eingeworfen werden. Nach etwa drei Wochen sind auch Postsendungen aus der Provinz in Europa angekommen. Das **Porto** für eine Postkarte beträgt 500 Kyat, für ei-

Öffnungszeiten

Staatliche Einrichtungen haben Mo–Fr von 9.30–16.30 Uhr geöffnet, einige wenige Ämter auch Sa von 9–12 Uhr. Der Feierabend beginnt meist schon um 15.30 Uhr, und da auch die Mittagspausen unterschiedlich liegen, ist es ratsam, Behördengänge morgens zu erledigen.
Banken sind i. d. R. Mo–Fr von 10–14 Uhr geöffnet. Manche Banken machen Mittagspause, andere haben etwas länger geöffnet.
Die Öffnungszeiten der **Geschäfte** sind sehr unterschiedlich, die meisten öffnen zwischen 8 und 9 Uhr und schließen gegen 18 Uhr, an touristischen Orten haben einige aber auch weitaus länger geöffnet.
Viele **Märkte** sind sonntags geschlossen, einige auch montags.

---

nen Luftpostbrief zwischen 500 Kyat (bis 20 g) und 21 000 Kyat (1000–2000 g).

Die Postämter sind am Wochenende oft geschlossen, offiziell ⊙ Mo–Fr 9.30–16.30 Uhr. Je kleiner die Stadt, desto unregelmäßiger und kürzer sind die Öffnungszeiten. Vormittags von 10–12 Uhr ist fast immer geöffnet. Im zweiten Stock der Yangoner Hauptpost wird ein Postlager-Service angeboten *(Poste restante)*.

Reisende mit Behinderungen

Für Menschen mit einer Behinderung ist eine Reise durch Myanmar oft schwierig und nur jenen anzuraten, die bereits über viel Reiseerfahrung und eine gute Kondition verfügen. Die meisten Hotels sind nicht auf Behinderte eingestellt, doch die freundlichen Menschen helfen sehr geschickt weiter. Einige Hotels haben bereits behindertengerechte Einrichtungen, doch dies ist selten und meist sehr teuer zu bezahlen. Das Traders Hotel in Yangon bietet z. B. eine behindertengerechte Rampe. Einige Sehenswürdigkeiten sind mit einem Aufzug versehen, der jedoch nicht immer ebenerdig zu betreten ist. Gut zu besuchen ist die Shwedagon-Pagode. Das Schuhverbot in Pagoden gilt auch für Behinderte!

Mit öffentlichen Verkehrsmitteln ist die Reise nur schwer möglich. Lediglich im Zug könnte ein Rollstuhlfahrer ggf. unterkommen. Besser ist es, ein Taxi zu mieten oder einige Wege mit dem Flugzeug zurückzulegen.

Für die Reisevorbereitung kann die **Nationale Koordinationsstelle Tourismus für Alle** (NatKo), Kirchfeldstr. 149, 40215 Düsseldorf, ✆ 0211-336 8001, 🖥 www.natko.de, hilfreich sein.

Schwule und Lesben

Homosexualität ist in Myanmar nicht strafbar. Händchenhaltende junge Männer (oder Frauen) drücken ihre Freundschaft aus. Dieses Verhalten ist nicht Ausdruck ihrer sexuellen Neigung. Mit Ausnahme der christlichen und muslimischen Minderheiten akzeptieren die Kulturen Myanmars Homosexualität. Bei Reisen in den Rakhine-Staat (Muslime) sowie den Chin- und Kachin-Staat (Christen) sollten Homosexuelle sich besonders bedeckt halten.

Sicherheit

Diebstahl und Betrug

Kriminalität in Myanmar ist für Touristen kein allzu großes Problem, sodass einfache Sicherheitsvorkehrungen zum Schutz vor **Raub** ausreichen. Natürlich sollte niemand sein Geld allzu öffentlich zur Schau stellen. Kyat-Noten können nach birmanischer Art in kleinen Bündeln in der Hemd- oder Hosentasche zur steten Verfügbarkeit gehalten werden.

Wer viel mit lokalen Transportmitteln reist, kann sein Gepäck nicht permanent beaufsichtigen: Da landet schon mal ein Rucksack auf dem Dach des Pick-ups oder Busses, während man selbst drinnen sitzt. Alle Wertsachen sollten deshalb unterwegs am Körper getragen bzw. im Daypack aufbewahrt werden.

Vor Raubüberfällen muss sich nur fürchten, wer in Sperrgebiete reist. Hier sind bewaffnete Schmuggel- und Schlepperbanden aktiv.

Kleinere **Betrügereien** können öfter einmal vorkommen, doch handelt es sich hierbei eher um Preistreiberei, z. B. beim Kauf von überteuerten echten oder gar falschen Edelsteinen.

In größeren Hotels und einigen Gästehäusern stehen **Safes** an der Lobby bereit. Wer sie in Anspruch nimmt, sollte sich den eingelagerten Geldbetrag und eine genaue Auflistung der Gegenstände quittieren lassen. Vor allem die Safes der einfacheren Unterkünfte haben nicht immer den besten Ruf. Manchmal gibt es Metallschränke, die man mit einem eigenen Schloss verschließen kann.

Zur Sicherheit sollten eine Kopie des Reisepasses mit abgestempeltem Visum, Ersatz-Passfotos, Rechnungsbelege der Reiseschecks und Reserve-Dollars separat eingepackt werden – wasserdicht und knick-geschützt.

Gewalt

Myanmar ist im Allgemeinen ein sicheres Reiseland, zumindest, wenn man sich an die Regeln hält und sich nur in den für Touristen zugänglichen Zonen aufhält. Wer sich jedoch in Sperrgebiete vorwagt, muss mit Repressalien durch die lokalen Behörden rechnen, die es nicht gern sehen, wenn Ausländer sich über die Bestimmungen hinwegsetzen. Auch bei der Bevölkerung nicht willkommen sind Reisende in den Opiumanbaugebieten. An **politischen Brennpunkten** kann selbst der gesetzestreue Reisende ins Visier geraten. Dies gilt z. B. bei Demonstrationen und Kundgebungen. Auch bei Unruhen zwischen Buddhisten und Muslimen, wie sie 2012/2013 an mehreren Orten im Land aufflackerten, sollte man tunlichst vermeiden, zwischen die Fronten zu geraten. Bei Aufenthalten in den Randgebieten eigentlich „erlaubter" Zonen, z. B. am Indawgyi-See im Kachin-Staat, sollte man sich im Zweifelsfall immer an die Empfehlungen der Einheimischen halten.

Trotz zahlreicher Waffenstillstandsabkommen zwischen Militär und Gruppen der Minderheiten sind einige Gebiete noch nicht vollständig befriedet. Die deutsche Botschaft rät ausdrücklich von Reisen in **gesperrte Gebiete** ab, weil es dort immer noch zu Kampfhandlungen kommt. Dies betrifft vor allem einige Grenzregionen.

Vor der Reise empfiehlt es sich, die Sicherheitshinweise der Auswärtigen Ämter zu lesen: 🖥 www.auswaertiges-amt.de, 🖥 www.bmaa.gv.at, 🖥 www.eda.admin.ch.

Strafbare Handlungen

Ausdrücklich verboten ist das **Fotografieren und Filmen von militärischen Anlagen** und Polizeidienststellen. Das gilt selbst dann, wenn nicht extra auf einem Schild darauf hingewiesen wird. Auch bei politisch motivierten Demonstrationen sollte man sich zurückhalten. Wer dennoch seinen Fotoapparat zückt, muss damit rechnen, dass Kamera oder Material beschlagnahmt werden. Außerdem können lange Verhöre und die Ausweisung drohen. Grundsätzlich gilt Vorsicht bei großen und schönen Privathäusern. Sie gehören meist Ministern und Generälen, die es nicht gern sehen, wenn ihr Reichtum abgelichtet wird.

Strafbar ist auch, **Buddha-Darstellungen** aller Art zu verunglimpfen (S. 81), sich darauf zu setzen oder in allzu freizügiger Kleidung (oder gar ohne) mit ihnen fotografieren zu lassen. Auch wer ein **Buddha-Tattoo** hat, sollte dies verhüllen: Das gilt als Missachtung der Religion. Im November 2016 wurde ein italienischer Traveller deswegen ausgewiesen. Ein Neuseeländer, der ein Bild von Buddha mit Kopfhörern für seine Bar benutzt hatte, wurde 2015 sogar zu zehn Jahren Zwangsarbeit verurteilt!

Auf eine **Einreise ohne gültiges Visum** folgt zumindest der Landesverweis. Der **Export von Edelsteinen**, für die keine offizielle Bescheinigung vorgewiesen werden kann, gilt als strafbar. Bei Entdeckung werden im günstigsten Fall die Steine konfisziert. Es ist aber auch eine Haftstrafe von bis zu zehn Jahren möglich.

Wer **Drogen** kaufen oder konsumieren will, geht ein hohes Risiko ein, da Myanmar sowohl den Besitz als auch den Handel mit Drogen mit drakonischen Gefängnisstrafen belegt. Es heißt, Ertappte konnten sich für einige 1000 Dollar freikaufen, doch das Risiko, in Eisenketten im Knast zu landen und dort einige Jahre seines Lebens zu verbringen, ist sehr hoch.

Prostitution ist generell verboten. Sexueller Verkehr mit Personen unter 14 Jahren gilt als Vergewaltigung und zieht langjährige Haftstrafen nach sich.

Festgenommen zu werden ist problematisch, da Myanmar **keine unabhängige Rechtsprechung** kennt. So besteht kein Recht auf einen Rechtsbeistand. Nur die konsularischen Vertreter dürfen informiert und eingeschaltet werden. Und selbst dies ist außerhalb der großen Städte sehr schwierig. Ein Abkommen zur Auslieferung von Gefangenen in ihre Heimatländer gibt es nicht.

Sport und Aktivitäten

Ballonfahrten

Ein ganz besonderes Erlebnis ist eine Ballonfahrt. Neben der seit 1999 beliebten Tour mit Balloons over Bagan (Fahrten über Bagan und dem Inle-See) bietet in Bagan auch Golden Eagle Ballonfahrten an. Seit 2015 offeriert zudem Oriental Ballooning Fahrten über Bagan, dem Inle-See, Pindaya, Ngapali und Mandalay. Die Fahrten dauern je nach Thermik 45–60 Minuten und bieten tolle Fotografiermöglichkeiten aus der Luft. Gestartet wird bei Sonnenauf- und -untergang zwischen Oktober und März.

Balloons Over Bagan, 806/807 FMI Centre, 8. Stock, Nr. 380, Bogyoke Aung San Rd., ✆ 01-371 280, 🖳 www.balloonsoverbagan.com
Golden Eagle, 97B Wadan St., Yangon, ✆ 01-225 569, in Bagan im Umbra Hotel, ✆ 092-520 84232, 🖳 www.goldeneagleballooning.com
Oriental Ballooning, 10 Inya Yeiktha St., Yangon, ✆ 01-665 126 🖳 www.orientalballooning.com

Chinlon

Wenn die Sonne sich zum Horizont neigt und das Tagewerk vollbracht ist, sieht man überall in Myanmar Ballsportler beim **Chinlon**. Ein im Durchmesser etwa 12 cm großer geflochtener Rattanball wird mit den Füßen über ein Netz gespielt. Sechs Stellen an Füßen und Beinen sind beim Spiel zugelassen, insgesamt kommen 30 verschiedene Techniken zum Einsatz. Meist verzichten die Mitspieler auf das Zählen von Punkten, sodass der Spaß im Vordergrund steht. So sind es auch oft mehr als die offiziell zugelassenen sechs Spieler, die sich den Ball zukicken. Ausländer dürfen gern mitspielen. Auch das Zuschauen verspricht eine unterhaltsame Zeit, denn Könner des Spiels beeindrucken mit akrobatischen Sprüngen.

Fahrrad fahren

Wer möchte, kann die gesamte Reise im Land per Fahrrad zurücklegen oder aber nur Tagestouren unternehmen. Vor allem eine Fahrradtour inmitten der Tempelanlagen von Bagan ist beliebt. Hier sind zunehmend E-Bikes im Einsatz. Schöne Erlebnisse versprechen auch Radtouren zwischen Sagaing und Mingun (S. 369), um Mandalay (S. 342) oder am Inle-See (S. 421). Allgemeine Informationen zum Radfahren in Myanmar S. 77.

Kampfsport

Sowohl in Yangon als auch in Mandalay wird **birmanisches Kickboxen** gelehrt, das *let-hwei*. Der älteste schriftliche Hinweis auf diesen Kampfsport findet sich in Chroniken, die vom Krieg mit Thailand im 15./16. Jh. berichten. Die Forschung geht davon aus, dass die Boxtradition auf die Bagan-Epoche zurückgeht. Dem thailändischen Boxen *muay thai* ähnlich, ist der Sport hart und wegen der hohen Verletzungsgefahr nichts für Anfänger.

Die Kämpfer werden nicht nach Gewichtsklassen, sondern nach ihrer Gewandtheit eingeteilt. Welche Regeln genau für den Kampf gelten, wird vom Ringrichter und den beiden Teilnehmern besprochen. Dazu gehört auch die Absprache, wann ein Kampf als gewonnen gilt: nach dem ersten geflossenen Blut, nach K. o. etc. Kämpfe auf dem Land sind ohne Zeitlimit. Oft gilt die Regel: Wer sich dreimal Blut vom

Gesicht oder Körper wischt, hat verloren. Organisierte Boxkämpfe finden im Ring statt und dauern fünf bis zwölf Runden für jeweils drei Minuten. Zwei Ring- und drei Punktrichter bewerten Ausdauer, Technik und Gewandtheit.

Vor den Kämpfen findet regelmäßig ein Ritual statt, das den Geistern Respekt zollt. Mit musikalischer Begleitung huldigen beide Kämpfer den Nats; am Ende des Kampfes steht dies nur noch dem Gewinner zu. Das Orchester besteht aus Trommeln, einer *hneh* (Oboe, bestehend aus einer Röhre und einem lose herabhängenden Tubus), Bambusklappern und Becken. Die besten Kämpfer sind in der Ayeyarwady Division, in der Mandalay Division, dem Kayin- und dem Mon-Staat und auf der Ogre-Insel vor Maylamyaing heimisch.

Noch gibt es keine Fernsehübertragungen der Kämpfe, wie sie etwa in Thailand populär sind. Der birmanische Boxsport „kämpft" noch um die Zuschauergunst, zumindest im großen Stil. Bis es so weit ist, verdienen die Profiboxer sehr wenig Geld, sodass sich viele Profis für eine Karriere in Thailand entscheiden.

Es ist nicht einfach, Informationen über Kämpfe zu bekommen, da diese noch nicht in großen Stadien, sondern z. B. auf Festen in aufgestellten Ringen stattfinden. Näheres weiß man im Institute of Myanmar Traditional Advanced Boxing, dessen Schüler und Lehrer samstags ab 16 Uhr auf dem Campus der Yangon-Universität trainieren.

Eine weitere örtliche Kampfkunst ist das **Ringen**. Es wird hauptsächlich im Rakhine-Staat praktiziert, z. B. beim Neujahrsfest in Mrauk U. Auch einige Bergvölker haben eigene Kampfkünste entwickelt.

Meditationsstudium

In Myanmar gibt es Tausende Klöster. Einige von ihnen unterrichten **Vipassana-Meditation**. Auch westliche Schüler werden aufgenommen und können in zehntägigen Kursen Meditation lernen und praktizieren. Längere Aufenthalte sind möglich. Die Kurse werden meist in englischer Sprache von birmanischen Meistern angeboten; täglich gibt es zudem eine einstündige Vorlesung vom „Tonband", das zumindest in Yangon und Mandalay auch auf Deutsch verfügbar ist. Wer sich für einen Meditationskurs entscheidet, muss Ausdauer mitbringen und sich verpflichten, den ganzen Kurs mitzumachen. Auch wenn Körper und Geist angestrengt sind und man am liebsten seine Sachen packen würde, heißt es durchhalten.

Die **strengen Regeln des Klosterlebens** gelten für alle. Dazu gehört, dass es nur morgens ein Frühstück und um 11 Uhr schon die letzte Mahlzeit des Tages gibt; selbstverständlich alles fleischlos. Auf Musik, Handys, Parfüm und Schmuck muss verzichtet werden; geschlafen wird auf harten Pritschen. Männer und Frauen werden getrennt, sie sehen sich nur bei der Meditation. Besonders wichtig ist das Schweigen: neun Tage kein einziges Wort zu den Mit-Meditierenden, nicht mal ein Augenkontakt ist gestattet. Geredet wird nur mit dem Meister – und dies auch nur bei wichtigen Fragen und Problemen.

Der Tag im Meditationszentrum beginnt in aller Frühe um 4 Uhr und endet um 21.30 Uhr. Ziel der Kurse ist die Konzentration auf das Unterbewusste, das zu erkennen und zu beherrschen gilt. Die Tradition der Vipassana-Meditation wäre in ihrem Ursprungsland Indien fast verloren gegangen. Doch da sie in Birma praktiziert wurde, hat sie von hier aus ihren Weg zurück nach Indien und in die Welt gefunden.

Wer länger als zehn Tage oder die 28 Tage, die das Visum zulässt, in einem Kloster leben möchte, kann sich mit einer Einladung des Klosters seiner Wahl ein *special entry visa* besorgen, das bis zu zwölf Wochen gilt und dessen Bearbeitung etwa acht bis zehn Wochen dauert. Solche langen Kurse sind allerdings nur etwas für Fortgeschrittene.

Die meisten Klöster bieten ihre Kurse kostenlos an. Es wird jedoch am Ende des Kurses eine angemessene hohe Spende erwartet, die die weitere Ausbildung neuer Schüler finanziert. Keines der Klöster hat viel Geld, weshalb es selbstverständlich ist, so viel Geld wie möglich zurückzulassen.

Ein **Verzeichnis** aller Kurse und Vipassana-Zentren auf der ganzen Welt findet sich unter 🖳 www.dhamma.org. Informationen gibt es außerdem unter 🖳 www.retreat-infos.de mit einem „Retreatführer Asien" zum Downloaden. Das Dokument (Stand 2010, englische Fassung 2014) listet und beschreibt ausführlich 16 verschiedene Meditationszentren, die für Ausländer in Frage kommen.

Trekking und Wandern

Nahezu alle Bergregionen Myanmars laden zu Trekkingtouren ein. Viele Gebiete sind noch wenig erforscht, da die langanhaltenden Rebellenaktivitäten bisher eine touristische Infrastruktur verhinderten. Dank der zahlreichen Waffenstillstandsabkommen werden die bergigen Gebiete jedoch immer mehr auch für Ausländer geöffnet, die in ein- bis mehrtägigen Touren die Natur und die dort lebenden Bergvölker besuchen können. Eine Trekkingtour gehört für viele Myanmar-Reisende zum Programm und fast jeder schwärmt anschließend davon. Traveller, die die Wälder von früher kennen, sind weniger begeistert, denn viel Primärwald ist bereits zerstört.

Touren können im Shan-Staat zwischen Kalaw und Inle-See, bei Kyaukme und Hsipaw sowie rund um Kengtung unternommen werden. Kleine Wanderungen, z. B. in der Umgebung von Kalaw oder zum Goldenen Felsen bei Kyaiktiyo, kann man ohne Führer unternehmen. Für die meisten Touren müssen jedoch ortskundige Guides engagiert werden. Etwas Besonderes ist eine zwei- bis dreitägige Wanderung, bei der man nicht an seinen Ausgangspunkt zurückkehrt, z. B. die Strecke von Kalaw nach Nyaungshwe (Inle-See, S. 407).

Wassersport

Während der Regenzeit ist der Ngapali Beach besonders bei **Surfern** beliebt, die auf den dann teils meterhohen Wellen im aufpeitschenden Regen ihren Spaß haben. Gäste des Bayview Resorts können sich auch einen Katamaran ausleihen. **Schnorchler** können sich hier ebenfalls vergnügen, wenngleich die Unterwasserwelt am Ngapali Beach und am Ngwe Saung nicht zu den Highlights Birmas gehört. Schnorchel, Brillen und Flossen (auf Anfrage) stellen die Bootsverleiher, die Interessierte zu den vorgelagerten Inseln fahren, wo es ein paar Fische und nicht mehr besonders belebte Riffe zu sehen gibt.

Der Myeik-Archipel im tiefen Süden zählt zu den geheimnisvollsten Tauchrevieren Asiens.

Tauchen ist theoretisch ebenfalls am Strand von Ngapali möglich (warum man hier aber eher noch nicht tauchen gehen sollte, s. S. 501). Tauchtouren in den Myeik-Archipel starten meist von Süd-Thailand aus. Auf der thailändischen Insel Phuket haben sich mehrere Tauchveranstalter auf *Live-aboard Cruises* zu den Burma Banks und in die Inselwelt von Myeik spezialisiert. Von Phuket oder meist von der thailändisch-birmanischen Grenze bei Ranong/Kawthoung (Victoria Point) aus starten Tauchboote zu fünf- bis zwölftägigen Touren in die bisher noch weitgehend unberührte Meeresregion. Das Angebot zielt aber nicht nur auf passionierte Taucher und Schnorchler, sondern zunehmend auch auf Paddelfans, wobei die entsprechende Ausrüstung von den Veranstaltern gestellt wird. Näheres dazu auf S. 584 (Myeik-Archipel).

Eine Fahrt mit **Paddelbooten** kann man auf dem Inle-See und den angrenzenden Kanälen unternehmen. Während die Boote auf dem See mit lärmenden Motoren angetrieben werden, verspricht eine Fahrt auf den Kanälen beschauliche Ruhe. Ansonsten werden aber offiziell noch keine Paddel- oder Kajaktouren angeboten, obwohl die vielen Flüsse in Birma sauber und die Landschaften ringsum faszinierend schön sind. Auch am Ngapali Beach gibt es ein paar wenige Paddelboote zu mieten, mit denen man am Ufer entlangfahren kann.

Telefon

SIM-Karten für das mitgebrachte Handy oder Smartphone (ohne Netlock) bekommt man heutzutage in jedem größeren Ort. Neben der staatlichen **MPT**, www.mpt.com.mm, haben seit 2014 die privaten Anbieter **Ooredoo**, www.ooredoo.com.mm, und **Telenor** www.telenor.com.mm, Mobilfunklizenzen. Ihr Netz befindet sich im Aufbau und reicht noch nicht so weit wie das von MPT. Das MPT-Netz ist zwar nahezu flächendeckend ausgebaut, doch ganz weit im Westen, Norden oder Süden kommt man auch hier per Handy kaum ins Internet. Die SIM-Karten sind schon für 1500 Kyat zzgl. Guthaben *(top up)* und Internet-Package zu haben. Gespräche nach Europa kosten ca. US$0,80/Min., SMS ins Ausland funktionieren meist nicht.

Nahezu jedes **Hotel** hat Telefon. Die meisten bieten den Service einer IDD-Anlage, die mit guter Verbindung und ohne Wartezeit Gespräche nach Europa möglich macht. Eine Minute kostet ab US$5, je nach Preiskategorie des Hotels mehr.

Transport

Das Reisen kann in Myanmar komfortabel, aber auch mit argen Strapazen verbunden sein, je nach Reisebudget und gewünschtem Reise-Erlebnis. Myanmar bietet alles, vom Ochsenkarren über antiquierte Uraltbusse und moderne Touristenbusse bis zum Luxusliner.

Bei einem kurzen Aufenthalt und um Reisestress zu vermeiden, bietet sich das Flugzeug als Transportmittel an. Ein Mietwagen mit Fahrer ermöglicht eine individuelle Reiseplanung und hat gegenüber dem Flugzeug den Vorteil, dass der Kontakt zu den Menschen auf der Reise intensiver ist. Vom Fahrer kann man viel über Land und Leute lernen.

Die Straßen in Myanmar sind abseits des Highways zwischen Yangon und Mandalay meist in recht schlechtem Zustand, wenngleich sie sich stetig verbessern. Selbst die Fahrt in einem klimatisierten Bus kann anstrengend werden, ist jedoch purer Luxus im Vergleich zu staatlichen Bussen oder gar Pick-ups. Mehr Ruhe für die Reize der Landschaft bieten Schiffs- und Zugfahrten. Beide sind beschaulich.

Für alle Transportmittel gilt, dass die Reise flexibel geplant werden muss. Bei Straßenstre-

Internationale Vorwahlen	
Bei internationalen Gesprächen entfällt die Null der jeweiligen Ortsvorwahl.	
Myanmar	☏ 0095
Deutschland	☏ 0049
Österreich	☏ 0043
Schweiz	☏ 0041

cken müssen für 100 km etwa zwei bis fünf Stunden einkalkuliert werden. Auch Flugzeuge können sich verspäten oder ganz ausfallen, und Züge haben meist Verspätung.

Flüge

Myanmar hat etwa 20 kleine Flughäfen, deren Landebahnen meist so kurz sind, dass dort nur kleine Maschinen landen können. Die Flughäfen Yangon, Nay Pyi Taw und Mandalay bieten internationalen Standard, die meisten anderen Pisten

Fluggesellschaften für Inlandsflüge

Air Bagan,	www.airbagan.com
Air KBZ,	www.airkbz.com
Air Mandalay,	www.airmandalay.com
Apex Airlines,	www.apexairline.com
Asian Wings Airways,	www.asianwingsair.com
Golden Myanmar Airlines,	www.gmairlines.com
Mann Yadanarpon Airlines,	www.airmyp.com
Myanmar National Airlines,	myanmaairways.aero
Yangon Airways,	www.yangonair.com

Flugrouten

des Landes sind nicht sehr modern. Die Flieger ruckeln über die Landebahn und fast nirgendwo ist ein Landeleitstrahlsystem installiert. Das kann bei schlechtem Wetter gefährlich werden.

Bei Inlandflügen wird keine extra Flughafengebühr berechnet. Die Flugzeiten sind eher eine Orientierungshilfe – es kann auch früher oder später losgehen. Wichtig ist, nicht erst kurz vor Abflug einzuchecken, denn dann ist der Flieger vielleicht schon weg. Es kann auch vorkommen, dass ein Flug gestrichen wird. Man sollte sich daher unbedingt am Tag vor dem Abflug noch einmal im örtlichen Airline-Büro erkundigen.

Flugstrecken

Die staatliche Myanmar National Airlines war lange die einzige Airline, die fast jeden Flughafen anflog – oder es zumindest anbot. Seit einigen Jahren übernehmen private Gesellschaften immer mehr dieser Flüge. Die privaten Anbieter fliegen alle Haupt-Touristenziele an, d. h. alle Orte, die ausreichend Auslastung versprechen.

Reservierungen und Preise

In der Hauptsaison (Nov–März) erhöhen sich die Flugpreise. Die meisten Reisebüros bieten Flüge billiger an als die Airlines selbst, ein Preisvergleich lohnt sich. Wer mit Kreditkarte zahlen will, kann dies direkt bei der Gesellschaft erfragen. Nur Agenturen in Mandalay und Yangon sind entsprechend ausgestattet. Alle Flüge müssen in US-Dollar gezahlt werden. Die Preise liegen je nach Strecke zwischen etwa US$70 und US$180. Wer ein Flugticket einige Tage im Voraus kauft, sollte es vor dem Abflug rückbestätigen, ansonsten besteht die Gefahr, auf dem Rollfeld zurückbleiben zu müssen.

Viele Airlines verzichten mittlerweile darauf, ein Ticket auszustellen. Der Pass reicht dann aus, um einzuchecken.

Eisenbahn

Die erste Eisenbahn Myanmars absolvierte ihre Jungfernfahrt am 1. Mai 1877 auf der Strecke Yangon–Pyay. Das Eisenbahnnetz hat insgesamt eine Länge von fast 5000 km und bedient 550 Bahnhöfe. In den letzten Jahren wurden zahlreiche weitere Strecken erschlossen. Touristen dürfen alle Routen befahren, die nicht in oder durch verbotenes Gebiet führen.

Bahnfahrten versprechen die Entdeckung der Langsamkeit. Wird der Zug dann doch etwas schneller, rumpelt und schaukelt es gewaltig. Leider werden die Gleise und die staatlichen Züge schlecht gewartet. Immer wieder kommt es daher zu Aus- und Unfällen. Verspätungen von bis zu 15 Stunden können durchaus vorkommen.

Zugstrecken

Die **Hauptlinien** führen von Yangon über Mandalay bis nach Myitkyina und von Yangon über Mawlamyaing nach Dawei. Thazi, ein winziger Ort im Nirgendwo, ist ein wichtiger Knotenpunkt. Hier kreuzen sich die Hauptstrecke Yangon–Mandalay und die Nebenlinie Myingyan–Shwenyaung im Shan-Staat. Expresszüge haben einen gelben Anstrich. Alle Nahverkehrszüge sind in Blau gehalten. Expressverbindungen befahren die Strecke Yangon–Bago–Nay Pyi Taw–Thazi–Mandalay und Bagan (Nyaung U)–Mandalay.

Von Mandalay gehen zwei Strecken ab. Eine führt in den Norden nach Myitkyina (Kachin-Staat), eine andere in den Nordosten über Pyin U Lwin nach Lashio (Shan-Staat). Eine weitere führt über Monywa nach Ye U.

Eisenbahnnetz

Von Yangon fahren Züge in den Nordwesten nach Pyay. Auf halber Strecke zweigt eine Nebenstrecke nach Pathein ab. Weitere Nebenstrecken führen von Nay Pyi Taw (Pyinmana) nach Kyaukpadaung (etwa 50 km südlich von Bagan) und von Thazi nach Shwenyaung (11 km vom Inle-See). Von Bago führt die Strecke in den Südosten nach Kyaikhto und weiter bis nach Dawei.

Züge und Tickets

Bei den Zügen geben die Zugbezeichnungen Auskunft über die Richtung des Zuges. Alle Züge mit der Bezeichnung *up* fahren nach Norden, jene mit *down* nach Süden. Die empfehlenswerten Expresszüge bieten neuere Ausstattung und haben breite Sitze in Dreierreihen, sind jedoch oft mehrere Tage vor Abfahrt ausgebucht. In Nachtzügen gibt es Schlafwagenabteile *(sleeper)*.

Am einfachsten ist es, **Tickets** über ein Reisebüro zu organisieren, da einige Züge schnell ausgebucht sind. Es ist sinnvoll, diese Tickets möglichst frühzeitig zu besorgen. Es gibt vier Klassen: *upper sleeper, upper, first class* und *ordinary*. An Touristen werden je nach Strecke Tickets der beiden oberen Preisklassen verkauft, wenn nicht anders möglich werden auch die anderen Plätze vergeben. Die Sitze in der First Class sind auf längeren Fahrten weniger bequem und die Holzbänke in der Ordinary Class erst recht. Dafür ist man dort „mitten im Leben" zwischen einfachen Bauern und Händlern, was für viele eine bereichernde Erfahrung ist.

Zugtickets für Kurzstrecken, etwa von Pyin U Lwin nach Hsipaw, sind manchmal einen Tag vorher am Bahnhof der entsprechenden Orte zu organisieren. An vielen Bahnhöfen gibt es die Tickets jedoch erst am Abfahrtstag etwa eine halbe Stunde vor Abfahrt. Schlafwagen oder Upper-Class-Tickets sind von kleinen Orten aus kaum zu bekommen.

Die **Ticketpreise** sind sehr günstig: Je nach Wagenklasse kostet z. B. die 16 Stunden lange Fahrt zwischen Yangon und Mandalay umgerechnet zwischen US$5 und US$12, die zweistündige Fahrt von Yangon nach Bago in der einfachsten Klasse etwa 50 Cent.

Schiffe und Boote

Auf Myanmars Flüssen war einst die weltweit größte private Flotte unterwegs: die 1865 von schottischen Reedern gegründete **Irrawaddy Flotilla Company** (IFC). Ende der 1920er-Jahre besaß die in Glasgow registrierte Gesellschaft über 600 Schiffe mit bis zu 9 Mio. Fahrgästen pro Jahr. Zu den größten Dampfschiffen zählte die *Mindoon* mit 100 m Länge. Doch mit dem Zweiten Weltkrieg endete das lukrative Transportgeschäft abrupt. Um die wendigen Raddampfer mit dem geringen Tiefgang nicht an die heranrückende japanische Armee zu verlieren, wurde am 28. April 1942 die Versenkung der gesamten Flotte angeordnet. Heute noch liegen Wrackteile in der Nähe von Bhamo auf dem Grund des Flusses.

Aus der IFC ging 1948 die **Inland Water Transport** (IWT) hervor. Heute hat die staatliche Schifffahrtsgesellschaft nahezu 500 Schiffe unter ihrer Flagge. Viele von ihnen sind jedoch altersschwach und heruntergekommen. Dass sie noch nicht gesunken sind, verdanken sie den erfahrenen Lotsen und Kapitänen. Jährlich werden über 25 Mio. Passagiere befördert. Allein 100 Boote sind im Ayeyarwady-Delta unterwegs.

Als Birma besiedelt wurde, entstanden die ersten Dörfer am Ayeyarwady und so ist die Fortbewegung auf dem Fluss die älteste in Myanmar – und die beschaulichste. Fahrten auf dem Wasser dauern normalerweise drei- bis viermal länger als auf der Straße. Die vorbeiziehende Landschaft mit ihren unzähligen weiß getünchten Stupas ist atemberaubend. 8000 km sind schiffbar, davon sind die 423 Flusskilometer auf der Strecke Yangon–Pyay–Mandalay besonders belebt. An insgesamt 28 Anlegestellen verladen die Händler ihre Waren. Lange Zeit war der Fluss nur in der Regenzeit bis Myitkyina befahrbar. In der Trockenzeit endete die Reise in Bhamo. Heute verbindet die Städte ein Schnellboot bei jedem Wasserstand. Über den Twante-Kanal ist der Ayeyarwady mit Yangon verbunden, und bei Bagan mündet der Chindwin in den Ayeyarwady. Auch der Thanlwin (bei Mawlamyaing) ist etwa 200 km landeinwärts befahrbar. Zudem gibt es Transporte auf dem Saitin und dem Kaladan.

Noch sind längst nicht alle Flussabschnitte für Ausländer zugänglich, doch werden auch hier immer mehr Gebiete geöffnet. Die derzeit beliebteste Route für Urlauber ist die Strecke Mandalay–Bagan auf dem Ayeyarwady.

Auf dem Wasser unterwegs

Fast alle Boote auf den weniger touristischen Strecken werden vom Staat betrieben. Die Fähren sind langsam, unbequem und haben schon so manchem Traveller seine Grenzen aufgezeigt. Tickets sind in den örtlichen IWT-Büros zu kaufen, meist direkt vor der Abfahrt oder einen Tag im Voraus. Da Ausländer Devisenbringer sind, wird ihnen selten ein Ticket verweigert. Der Kauf ist jedoch mit einer längeren Prozedur verbunden, denn viele Angestellte wollen den Pass kontrollieren oder darin herumblättern. Es gibt bei der IWT Tickets für das Deck und Kabinenplätze. Letztere sind teuer und selten kurzfristig zu bekommen. Auf dem Deck müssen Reisende damit rechnen, auf dem Boden zu schlafen. Mit etwas Glück können für einen geringen Aufpreis kleine Liegestühle gemietet werden. Verpflegung bringt man sich am besten selber mit.

Die Strecke **Sittwe–Mrauk U** ist am schönsten mit einem privat gecharterten kleinen Boot zu genießen. Die staatlichen oder privaten Fähren sind zwar günstiger, haben aber oft Verspätung und man muss viel Zeit einplanen. Die ruhige bedächtige Anfahrt durch die Kanäle zu der Ruinenstadt ist ein besonderes Erlebnis.

Die beiden im Kayin-Staat liegenden Städte **Hpa-an** und **Mawlamyaing** lassen sich wunderbar per Linien- oder Charterboot verbinden, was je nach Fahrtrichtung und Anzahl der Zwischenstopps 2 1/2–5 Stunden dauern kann. Auch die Strecke **Twante–Yangon** auf dem Twante-Kanal ist befahrbar. Die Strecke **Mandalay–Mingun** wird sogar meistens auf dem Wasserweg, dem Ayeyarwady, zurückgelegt.

Weitere Flussfahrten, sowohl mit Kreuzfahrtschiffen als auch mit den Linienbooten der IWT, sind möglich zwischen **Monywa** und **Hkamti**. Die Fahrt auf dem Chindwin führt über **Kalewa** und **Homalin**.

Flussfahrten mit allem Komfort

Wer das passende Kleingeld hat (mehrere hundert oder auch mehrere tausend Dollar), kann den Ayeyarwady mit sehr komfortablen Schiffen befahren. Die meisten Gesellschaften bedienen während der Hauptsaison die Strecke Bagan–Mandalay inklusive ein bis zwei Übernachtungen. In der Regenzeit bieten sie zu festen Terminen bis zu dreiwöchige Expeditionen an, sei es von Mandalay nach Bhamo oder auf dem Chindwin. Dabei stehen zahlreiche Besichtigungsprogramme zur Auswahl. Tickets und Infos gibt es bei den Gesellschaften oder über Reisebüros und Veranstalter. Eine Auswahl von Anbietern s. **eXTra [10534]**.

Reisen auf dem Wasserweg entfalten in Myanmar einen ganz eigenen Reiz.

Busse

Eine Busfahrt ist nach dem Fliegen und der Taxifahrt die schnellste Reisevariante. Auf dem neuen Highway von Yangon nach Mandalay fahren bequeme neue Busse zu sehr günstigen Preisen. Auch die Straße zwischen Yangon und Pyay ist in einem recht guten Zustand und wird von guten Bussen befahren. Die ersten Verschleißerscheinungen zeigen sich, aber noch sind die Busse eine sehr gute Option. Auf vielen Fahrten abseits der Hauptrouten muss der Reisende jedoch mit unerwarteten Stopps rechnen, die mal zum Ausschütteln der Beine willkommen sind, mal in eisiger Nacht zähneklappernd hinzunehmen sind. Die Straßenverhältnisse sind meist schlecht und die Reifen der alten Busse nicht selten schon zu oft geflickt, um den Steinen Paroli zu bieten. Doch da das Personal im Reifenwechsel geübt ist, geht die Fahrt meist schnell weiter. In fast allen Bussen werden neben Passagieren auch Waren transportiert: Vor allem auf den hinteren Sitzen kann es voll werden. Aber auch auf den Gängen stapeln sich oft Reissäcke oder weniger neutral riechendes Gut. Etwas verwirrend ist die Tatsache, dass trotz Rechtsfahrordnung viele Fahrzeuge rechtsgesteuert sind. Das bedeutet, dass man bei Bussen immer auf der Straßenseite ein- und aussteigen muss. Beunruhigend ist auch, dass die Fahrer beim Überholen keinerlei Sicht auf den Gegenverkehr haben. Birmanen sind an diesen Umstand gewöhnt, Ausländer müssen beim Ein- und Aussteigen aufpassen!

Wirkliches Unglück kann nach birmanischem Glauben der heraufbeschwören, der fragt, wie lange es noch dauert, bis der Bus kommt oder der Zielort erreicht ist. In einigen Bussen weisen sogar kleine Hinweisschilder (auf Birmanisch) darauf hin, dass diese Frage zu unterlassen ist. Um die Geister zu besänftigen und sich ihres Schutzes sicher zu sein, opfern manche Busfahrer unterwegs Obst oder Räucherstäbchen an den Schreinen, die die Straßen säumen.

Alle großen Städte werden täglich von staatlichen und privaten Bussen bedient. Die staatlichen sind klapprig, voll bepackt und sehr langsam, während die privaten weniger überladen und meist neueren Datums sind. In den vergangenen Jahren haben immer mehr private Gesellschaften das Angebot an Expressbussen erweitert. **Expressbusse** sind mit Klimaanlagen ausgestattet, die allerdings nicht immer funktionieren oder gleich so eingestellt sind, dass man sich wie in einem fahrenden Kühlschrank fühlt. In vielen Bussen soll ein Fernseher die Zeit verkürzen und den Schlaf versüßen – mit Karaoke, birmanischer Stand-up-Comedy, indischen Schmachtfetzen oder lauten Action-Filmen.

Private Expressbusse verkehren auf folgenden Strecken:

- Yangon–Meiktila–Pyay–Taunggok–Thandwe–Ngapali
- Yangon–Bago–Toungoo–Mandalay
- Yangon–Mawlamyaing
- Yangon–Nay Pyi Taw
- Yangon–Pathein
- Yangon–Pyay–Thandwe
- Mandalay–Kalaw–Shwenyaung–Taunggyi
- Bagan–Taunggyi
- Lashio–Taunggyi
- Lashio–Mandalay

Die neuesten Informationen über **Reisemöglichkeiten ab Yangon** gibt es in den Büros der Gesellschaften am Bogyoke Aung San-Stadion. Auch die Hotel- und Gästehausbesitzer sowie die Reisebüros sind über die jüngsten Veränderungen informiert. Die Reisebüros gegenüber dem Hauptbahnhof am Stadion verkaufen die Tickets privater Anbieter. Alle Busse sollten hier mindestens einen Tag im Voraus gebucht (in der Hochsaison sind sie oft mehrere Tage im Voraus ausgebucht) und bezahlt werden. Auf den Tickets ist die Busgesellschaft auch in Birmanisch für den Taxifahrer verständlich ausgeschrieben. Die Busse starten von den **Highway-Busbahnhöfen** außerhalb des Zentrums, wo man prinzipiell ebenfalls Tickets erwerben kann, doch ist dies ein eher schwieriges Unterfangen, denn hier spricht selten jemand Englisch und im Wirrwarr der Gesellschaften findet man sich als Unkundiger nur mit viel Glück zurecht.

Die Fahrt in privaten Bussen kostet zwischen 12 000 und 40 000 Kyat. Beim Kauf eines Tickets bekommt man einen Sitzplatz mit Nummer zugewiesen.

Langstreckenbusse starten am Nachmittag und erreichen den Zielort oft erst mitten in der Nacht bzw. am nächsten Morgen. Zwischendurch werden Pausen eingelegt. Tagesbusse verkehren auf den kürzeren Strecken. Auch sie machen Pausen, und meist reicht die Zeit für ein Mittagessen.

Pick-ups

Diese Wagen stellen die Nahverkehrsverbindungen zwischen den Dörfern und Städten sicher. In ihnen fahren die Händler zu den Märkten und die Schulkinder in die Schule. Pick-ups warten gewöhnlich an den zentralen Stellen eines Ortes auf Mitfahrer und eignen sich für kurze Strecken. Die größeren Pick-up-Trucks sind günstig für Überlandfahrten zu abgelegenen Zielorten. Bequem sind die Plätze vorne beim Fahrer, für die man einen Aufpreis von etwa 50 % des normalen Ticketpreises zahlt. Hinten im Wagen und auf dem Dach drängen sich die Mitfahrer. Frauen dürfen nicht auf dem Dach sitzen.

Die meisten Pick-ups fahren erst los, wenn auch der letzte Platz besetzt ist; in einen kleinen Wagen passen oft 20 Personen oder mehr. Geregelte Abfahrtszeiten gibt es nicht. Die Fahrpreise sind günstig, doch es bedarf einer wahren Traveller-Seele, in diesen Gefährten lange Strecken frohgemut zu überstehen.

Mietwagen (mit Fahrer)

Etwa 24 000 Straßenkilometer erwarten den Touristen in Myanmar. Nicht jeder Kilometer hat den Namen Straße verdient; nur etwa die Hälfte ist asphaltiert, der Rest sind Kieswege und unbefestigte Staub- und Schlaglochpisten. Im ganzen Land wird jedoch mit Hochdruck – wenngleich hauptsächlich in Handarbeit – an der Verbesserung des Straßennetzes gearbeitet. Ob als Einzelreisender im Mietauto oder in einer Gruppe im Kleinbus, bei einer Fahrt mit dem Mietwagen lassen sich auch anstrengende Reisetage gut organisieren. Die Pausen können selbst bestimmt und der Zielort den Bedingungen angepasst werden.

Eine Fahrt auf der Landstraße bietet Gelegenheit, Menschen kennenzulernen. Ein Fotostopp bei der Reisernte oder ein Tee in der Teestube eines winzigen Dorfes irgendwo unterwegs ermöglichen den Kontakt zur Landbevölkerung.

Die Straße Yangon–Mandalay ist in einem guten Zustand. Die Straße von Pyin U Lwin nach Hsipaw und Lashio in Richtung chinesische Grenze ist zweispurig ausgebaut und gut in Schuss. Auch der Weg nach Kalaw und weiter zum Inle-See ist ausgebaut und gut befahrbar. Überall auf den Straßen Myanmars sind Bautrupps unterwegs (in denen viele Frauen arbeiten), die mit Hammer und Muskelkraft große Steine zu Kies zerkleinern und die Straßen in mühevoller Handarbeit ausbauen und reparieren. Brücken führen mittlerweile über viele Flüsse, sodass Fährfahrten selten geworden sind.

Seit 1970 herrscht in Myanmar **Rechtsverkehr**. Es heißt, ein Wahrsager habe dem damaligen Machthaber Ne Win ein besseres Karma versprochen, wenn er das Land von links nach rechts bewege. Andere behaupten, ihm sei geweissagt worden, er würde auf der linken Straßenseite ums Leben kommen. Sicher ist, dass die Autos von einem Tag auf den nächsten auf der anderen Straßenseite fahren mussten.

In Myanmar gibt es **keine Autovermietung für Selbstfahrer**. Hier sind nur Mietwagen mit Fahrer erhältlich. Selbst fahren dürfen nur Ausländer mit einem Business-Visum, einer Aufenthaltserlaubnis und internationalem Führerschein. Bei der Vermittlung eines Mietwagens helfen Reisebüros, Hotels und Gästehäuser weiter. Die **Preise** bewegen sich zwischen US$80 und US$100 pro Tag, je nachdem wo und wie lange das Auto gemietet wird und wohin es fahren soll. Wichtig ist der aktuelle Benzinpreis, der einen Großteil der Kosten ausmacht. Nach Ver-

Entfernungen

Wie auch in England und Amerika üblich, werden die Straßenentfernungen in Meilen (1,61 km) angegeben. Kürzere Strecken werden in Achtelmeilen (201,17 m) berechnet und *furlong* genannt.

Am Pansodan-Anleger an der Strand Road in Yangon warten Trishaws auf Fahrgäste.

tragsunterzeichnung muss oft eine Anzahlung geleistet werden. Viele Anbieter verlangen den vollen Preis, aber darauf sollte man sich nicht einlassen. Die Fahrer kommen meist kostenlos im Gästehaus oder Hotel unter. Vor der Unterschrift unter den Vertrag sollte der Wagen inspiziert werden. Wie sehen die Reifen aus, gibt es einen Ersatzreifen und Sicherheitsgurte? Wichtig ist es auch, den Fahrer, mit dem man tage- oder wochenlang unterwegs sein wird, vorher etwas kennenzulernen.

Als Mietwagen stehen verschiedene **Wagentypen** zur Auswahl, meist sind es einfache Pkw. Mit Vierradantrieb ausgestattete Wagen sind für abgelegene Wegstrecken unabdingbar. In einigen Gegenden gibt es noch Jeeps aus dem Zweiten Weltkrieg. Längst sind die Scheiben zersprungen, die Sitze zerschlissen und die Karosserien verbeult – aber sie fahren!

Wichtig zu wissen ist, dass die **Fahrer** meist nur sehr wenig Geld für ihre Dienste ausgezahlt bekommen. Die Wageneigentümer gehen davon aus, dass sich ihr Chauffeur ein **Trinkgeld** verdient. Daher sollte man nach Abschluss der Fahrt nicht knauserig sein; 10–15 % des Gesamtpreises sind ein Richtwert.

Fahrrad

Die Geografie Myanmars erfreut das Herz ambitionierter Fahrradfahrer. Denn es locken unter anderem in Serpentinen angelegte Straßen über die Shan-Berge und ein weiter Blick auf die Täler. Ohne hoch und runter indes geht es auf geraden Straßen durch die Ebene Zentralmyanmars. Radelnde Reisende werden immer zahlreicher. Unbeschreibliche Erinnerungen haben alle, die einmal die Berge bis nach Kalaw mit eigener Kraft gemeistert haben. Anerkennende Zurufe der Einheimischen mobilisieren auch auf längeren und anstrengenden Touren ungeahnte Energiereserven. Bei der Planung sollte aber die **Jahreszeit** bedacht werden. Am besten eignen sich die kühlen Monate von Dezember bis Februar. Davor regnet es viel, und danach wird es sehr heiß. Überhaupt sollte, wer eine Fahrradreise plant, genug Flexibilität mitbringen, die ganze Route den Gegebenheiten anzupassen. Es ist wichtig zu wissen, dass es in kleinen Dörfern und Städten auf dem Land keine lizenzierten Unterkünfte gibt. Zwar ist es bei dringendem Bedarf immer möglich, irgendwo unterzukommen, doch sollte man nicht unbedingt darauf bauen.

Die meisten Fahrradfahrer bringen ihr **eigenes Mountainbike** ins Land. Wer bei den Fluggesellschaften nachfragt, darf sein Rad oft umsonst mitnehmen. Probleme am Zoll gibt es keine. Es muss lediglich der Wert des Fahrrads deklariert werden. Auch im Land nehmen Fluggesellschaften und Busse Fahrräder meist kostenlos mit, bei Zügen muss ein geringer Aufpreis bezahlt werden. Das Fahrrad muss man beim Gepäckschalter abgeben; es wird meist im hintersten Wagen transportiert.

Es ist sinnvoll, Ersatzteile und ein Reparaturset mitzubringen. Auch reflektierende Kleidung, ein Helm und eine Unfallversicherung gehören ins **Gepäck**.

Eine schöne **Strecke** führt von Thazi nach Osten durch die gebirgigen Gebiete von Kalaw und Pindaya zum Inle-See. Die Strecke Yangon–Pyay–Bagan–Mandalay führt durch die flache Ebene des Ayeyarwady.

Für Tagestouren kann man in vielen Städten **Fahrräder leihen**. Dies geht sowohl tage- als auch wochenweise. Schön für Tagesausflüge sind beispielsweise die Gegenden Bagan, Inle-See, Bago sowie die Umgebung von Mandalay. In Bagan gibt es bereits vornehmlich E-Bikes mit einem unterstützenden Motor. Ein Rad kostet am Tag je nach Art und Zustand 1000–15 000 Kyat.

Tipps für Zweiradfahrer

Bei einer Reifenpanne helfen die Reparaturwerkstätten mit *lei* (Luft) und Flickwerkzeug. Kennzeichen der kleinen Betriebe, die meist auch Benzin verkaufen, ist ein aufgehängter Schlauch oder dünner Reifen.

Besonders wichtig für Reisende mit eigenem Verkehrsmittel ist, dass sie auf keinen Fall in für Ausländer geschlossene Gebiete fahren dürfen. Das kann zur sofortigen Festnahme und Ausweisung führen, also unbedingt vorher erkundigen. Meist wird man an den Grenzen zu heiklen Gebieten früh genug an einer Straßensperre zurückgeschickt, aber nicht jeder Feldweg wird bewacht.

Motorrad

Touristen können in Myanmar bisher nur an wenigen Orten ein Moped leihen. Obwohl auch in Myanmar die Zahl der Mopeds täglich steigt, werden sie nicht gerne an Touristen ausgegeben. Immerhin werden an einigen Reisezielen wie Hsipaw und Ngapali Beach sporadisch Mopeds an Touristen vermietet – zumindest, bis sie oder die Vermieter von der Polizei daran gehindert werden.

Die holprigen und meist schlechten Straßen Myanmars sind nur routinierten Fahrern zu empfehlen. Unbedingt notwendig ist ein internationaler Führerschein. Trotz der hohen Temperaturen sollte ausreichende Schutzkleidung ins Reisegepäck gepackt werden. Dazu gehören Helm, Gesichtsschutz, lange Hosen und Jacke, Handschuhe und feste Schuhe. Es ist derzeit nicht möglich, mit dem Motorrad über Land einzureisen.

Nahverkehr

In Groß- und Kleinstädten, in Dörfern und in den Bergen sind die unterschiedlichsten Nahverkehrsmittel anzutreffen. In den Städten Yangon, Mandalay, Pathein, Mawlamyaing und Taunggyi verkehren **Stadtbusse**. Diese öffentlichen Busse sind manchmal noch Relikte aus der Vorkriegszeit: Die Gangschaltung ist meist nur noch ein Holzknüppel, der Boden besteht aus einfachen Holzplanken. Zudem gibt es Pkw und japanische Pick-ups, die als **Taxis** fungieren.

In einigen kleinen Städten hat sich die **Pferdekutsche** als Nahverkehrsmittel gehalten (z. B. in Pyin U Lwin, Pindaya, Thazi). Auch in Bagan können entspannte Touren durch die Tempelanlagen mit einer Kutsche unternommen werden. In den Ruinen von Sri Ksetra bei Pyay oder in den versunkenen Königsstädten von Mandalay verspricht eine Fahrt auf dem **Ochsenkarren** besondere Erlebnisse.

Einige Männer stellen ihre Körperkraft in den Dienst des Transportwesens: In dreirädrigen **Fahrradtrishaws** bedienen sie kurze Strecken. Umgangssprachlich werden die Trishaws *hsai'ka* genannt, nach dem englischen Vorbild *side-car*. Hier finden höchstens zwei Passagiere Platz; einer blickt nach vorne, der andere nach hinten.

Außer für Busse gibt es keine festen **Preise**; die Taxis haben keine Taxameter. Daher müssen alle Preise vor der Fahrt ausgehandelt werden. Wer ein Taxi für den ganzen Tag mietet, zahlt innerhalb Yangons ab US$50, für einen Tagesausflug außerhalb der Stadt etwa US$80. In Mandalay verlangen die Taxifahrer meist etwas mehr, lassen sich aber herunterhandeln. Kürzere Strecken kosten 2000–4000 Kyat.

Übernachtung

Der Touristenandrang ist seit der schrittweisen Öffnung Myanmars so groß, dass sich Engpässe bei den Unterkünften ergeben; besonders in der Zeit von November bis Februar. Doch bisher hat noch niemand auf der Straße schlafen müssen: Zur Not findet sich immer ein Schlafplatz – und sei es beim Dorfvorsteher oder in einem Kloster.

Private Hotels und **Gästehäuser** müssen, wenn sie Ausländer beherbergen, eine Lizenz besitzen und 10 % ihrer Einnahmen an den Staat abgeben. Staatlich eingefordert wird die Garantie, dass die Zimmer sauberer und komfortabler sind als die Unterkünfte für Einheimische. Das bedeutet konkret, dass Touristen ein Zimmer mit eigenem Bad beziehen müssen, sofern eines frei ist. Sind diese Zimmer ausgebucht, werden auch Zimmer ohne Bad angeboten. Das ist nicht durchweg so, wird aber oft praktiziert.

Es gibt die Unterteilung „Guesthouse" und „Inn", beides sind meist Häuser mit weniger als 20 Zimmern. Ab dieser Zimmerzahl darf sich ein Haus Hotel nennen. Für die Betreiber hat dies den Vorteil, dass sie im Falle eines Gäste-Unfalls besser abgesichert sind. Für den Gast bedeutet es in der Regel einen etwas höheren Zimmerpreis.

Viele der großen Hotels gehören ausländischen Investoren, meist aus China, Taiwan oder Singapur. Entweder übernahmen und renovierten sie staatliche Hotels oder sie bauten neu. Der Standard der Zimmer ist in der Regel besser als in den verbliebenen **staatlichen Hotels** –

Tipps für einen Aufenthalt im Hostel

Vor allem junge Traveller wählen bei der Suche nach einer Unterkunft häufig das Schlafsaalbett, was vor allem für Alleinreisende mit wenig Budget Sinn ergibt. Ist man zu zweit unterwegs, lohnt sich dies – rein finanziell gesehen – oft nicht mehr. Dann sind einfache Doppelzimmer nicht selten günstiger.

Das Hostel bietet jedoch Gesellschaft, denn hier finden sich immer Gleichgesinnte. Für viele ist es daher die beste Option. Man trifft sich, trennt sich, trifft sich in einem anderen Hostel wieder, tauscht Reiseerfahrungen und Tipps aus, feiert abends zusammen auf den Gemeinschaftsbalkonen oder guckt gemeinsam fern. So entstehen Freundschaften, für kurz oder lang …

Wer in ein Hostel zieht, sollte ein paar Dinge beachten:
- **Vorhängeschloss** dabeihaben (klein, da man große selten nutzen kann), um das Schließfach mit einem eigenen Schloss zu sichern.
- Ein **Handtuch** nutzt im Hostel nicht nur zum Abtrocknen. Man kann sich damit zur Not zudecken und sich, falls nötig, etwas Privatsphäre schaffen.
- **Ohrstöpsel** und **Augenklappe** helfen, in den Schlaf zu finden, auch wenn andere noch das Licht brennen lassen, sich unterhalten oder anfangen, laut zu schnarchen.
- Immer das **Essen beschriften**: Wer die Küche nutzt und sein Essen nicht namentlich markiert, sucht es später vergebens.
- Wer auf eine **gute Internetverbindung** Wert legt, sollte vor dem Bezug des Bettes den Empfang checken. Dieser ist nämlich oft von Bett zu Bett unterschiedlich gut.

obwohl Letztere nicht billiger sind. Zur Zeit der Recherche hatte eine Vielzahl der staatlichen Hotels geschlossen, wann und ob sie wieder aufmachen, war nicht immer klar.

Die schönsten Erlebnisse haben Reisende meistens in Unterkünften, die mit nur wenigen Zimmern aufwarten und von einer Familie betrieben werden. Hier herrscht oft eine herzliche Atmosphäre.

Birmanen, die es sich leisten können, ziehen in ein Hotelzimmer mit westlichem Standard. Wichtig ist Asiaten im Allgemeinen: Es sollte ein Steinhaus sein, AC und TV bieten und sich in Gänze von der Einfachheit der Vergangenheit absetzen. Zudem mag man nicht Treppen steigen, weshalb die eher muffigen Zimmer im Erdgeschoss beliebter sind als jene mit tollem Blick in die Umgebung aus den oberen Etagen (es sei denn, es gibt einen Aufzug). Reisende Birmanen ohne viel Geld schlafen meist bei Angehörigen oder Freunden. Wenn dort kein Bett frei ist, wohnen sie entweder im Kloster oder beziehen einfache Hotelzimmer. Auch westliche Reisende können in **Klöstern** unterkommen. Bei der Abreise ist zum Dank eine angemessene Spende zu übergeben.

Jeder Ausländer muss beim **Check-in** seinen Pass vorzeigen, Visa- und Passnummer werden notiert. Die Hoteliers müssen penibel Buch über ihre Gäste führen.

In fast allen Unterkünften ist ein einfaches **Frühstück** im Preis enthalten. In der Regel besteht es aus Ei mit Toast, auf Wunsch wird jedoch auch *mohinga* oder etwas anderes Ortstypisches serviert. In einigen besseren Hotels gibt es auch ein Buffet.

Mietwagenfahrer und einheimische Reiseführer bekommen meist ein Bett kostenlos zur Verfügung gestellt. In manchen Fällen muss man für sie einen geringen Preis in Kyat für die Unterkunft bezahlen.

Preise und Kategorien

Gemessen an anderen asiatischen Ländern ist das Preis-Leistungs-Verhältnis der Unterkünfte nicht gerade berauschend. Das mag sich ändern, wenn mehr Zimmer dazukommen.

Preiskategorien

Die Hotels und Gästehäuser werden in diesem Buch in die unten aufgeführten Kategorien eingeteilt. Die Preise beziehen sich auf ein Doppelzimmer in der Hauptsaison.

❶ bis US$15	❺ bis US$80
❷ bis US$25	❻ bis US$150
❸ bis US$35	❼ bis US$300
❹ bis US$50	❽ über US$300

Hotelzimmer werden oft nach der Anzahl der Personen berechnet. So kommen Einzelreisende günstiger davon, auch wenn sie in einem Doppelzimmer schlafen. Als Einzelzimmer ausgewiesene Räume sind eher klein und wenig attraktiv und selten günstiger als einzeln belegte Doppelzimmer. In fast allen Unterkünften gibt es Dreibett- oder Familienzimmer. Die einfachsten Zimmer ❶ sind in der Regel nur mit einem Bett möbliert. Sie haben häufig kein Fenster und nur selten eigene Badezimmer. Auch Standard-Zimmer anderer Preisklassen sind oft fensterlos. Ab ❷ haben die Zimmer meist noch einen Nachttisch, TV und ein eigenes Badezimmer. Ab ❸ sind auch AC, Kühlschrank und TV (nicht immer mit englischsprachigen Sendern) vorhanden. Ab ❹ ist der Kühlschrank als Minibar ausgestattet und bietet ein paar Getränke. Leider sagt der Preis nicht sehr viel über die Sauberkeit und die Qualität eines Zimmers aus. Das gilt vor allem für Hotels der Kategorien ❸–❺.

Ab ❺ sind die Zimmer wirklich nach westlichem Maßstab eingerichtet. In der Regel werden sie von Unternehmen aus Singapur, Hongkong oder Taiwan geführt, die die Wünsche von Geschäftsreisenden und anspruchsvollen Reisenden aus westlichen Ländern kennen. In derartigen Hotels gibt es meist auch ein Businesscenter mit Telefon, Faxanlage und Internet.

In den oberen Preisklassen ab US$100 kann meist mit höherem Standard gerechnet werden, der allerdings nicht immer Weltklasse ist. Erst die wirklich teuren Unterkünfte werden allen Ansprüchen gerecht.

Alle teureren Hotels berechnen zusätzlich 10 % Steuern und 10 % Servicegebühr. In den teuersten Unterkünften ist oft auch das Frühstück extra zu zahlen.

Meist können die Zimmer in Kyat und US$ bezahlt werden, manchmal werden nur US$ akzeptiert. Birmanen zahlen mit Kyat und viel weniger für ein Zimmer als Ausländer.

Unterhaltung

Myanmar ist kein geeignetes Reiseland für Leute, die Partys feiern wollen, bei denen westliche Musik dröhnt und reichlich Alkohol fließt. Der Arbeitstag der Birmanen beginnt und endet früh. Die Birmanen stillen ihren Unterhaltungsdrang vor allem auf buddhistischen Festen. Zu jedem Vollmond gibt es irgendein Fest in einem der zahlreichen Tempel und an den Pagoden. Manche Vollmonde werden überall gefeiert, manche nur an bestimmten Orten. Die Birmanen pilgern für viele **Tempelfeste** durch das ganze Land und bieten auf den dort stattfindenden Märkten ihre Waren an. Einige Feste werden in einzelnen Regionen auf besondere Art gefeiert und lohnen auf jeden Fall einen Besuch, z. B. das Ballonfest in Taunggyi (S. 431).

Birmanen haben eine besondere Vorliebe für **Tanzvorstellungen**, die *pwe* genannt werden. Tanzgruppen unterhalten die Zuschauer auf Festen und bei Feierlichkeiten. Meist versammeln sich die Zuschauer in großen Zelten auf Matten sitzend. Die Tänze beginnen am späten Abend und dauern oft bis in die frühen Morgenstunden. Das Publikum genießt die Show bei Essen und Trinken. Es wird viel gelacht und geredet. Auch Geschichtenerzähler unterhalten das Publikum.

Selber das Tanzbein zu schwingen, ist weniger üblich. Es gibt daher kaum **Diskotheken**; die vorhandenen befinden sich meist in den größeren Hotels.

Wer in Yangon ist, wenn Konzerte von angesagten lokalen Bands stattfinden, sollte sich ein **Konzert** nicht entgehen lassen.

Mandalay ist für seine **Marionetten-Aufführungen** bekannt. Die Shows beginnen am frühen Abend und dauern ein bis zwei Stunden. Die **Moustache Brothers** laden in der alten Königsstadt zu einer musikalisch-politischen Theaterveranstaltung.

Im **Kino** werden internationale und lokale Filmproduktionen gezeigt. Die Darsteller agieren mit Gesang und Tanz und sprühen vor Pathos. Meist sind es Liebesfilme, deren Themen rund um Familie, Moral und Ethik kreisen.

In vielen Provinzstädten sind **Billard-Salons** ein Treffpunkt für die Jugend – und Mitspieler willkommen.

Verhaltenstipps

In Myanmar ist das Verhalten der Menschen von Zurückhaltung und Mäßigung bestimmt. Viele im Westen praktizierte Verhaltensweisen führen hier nicht zum gewünschten Ergebnis oder provozieren sogar ablehnendes Verhalten. Wer sich Mühe gibt, den folgenden Gepflogenheiten gerecht zu werden, wird Dank und Anerkennung ernten und vielleicht etwas buddhistische Weisheit erfahren.

Besuche im Tempel

Besonderer Respekt gilt älteren Menschen und Mönchen. Die Begrüßung der **Mönche** wird beim Besuch im Kloster nach der Begrüßung Buddhas vollzogen, wobei die Gläubigen niederknien und sich dreimal verbeugen. Dabei werden die zusammengelegten Hände bis über den Kopf gehoben. Danach folgt die Begrüßung des Mönchs, wobei die Begrüßungszeremonie ebenfalls dreimal wiederholt wird. Wichtig im Kloster ist zudem, dass Besucher nie höher als

Dos & Don'ts

Eine bunt illustrierte Broschüre zum Thema „Dos & Don'ts" hat das **Ministry of Hotels and Tourism** zusammen mit der **Myanmar Tourist Federation, Tourism Transparency** und der **Hanns-Seidel-Stiftung** herausgegeben. Sie kann als PDF im Internet heruntergeladen werden: 💻 www.dosanddontsfortourists.com.

ein Mönch stehen oder sitzen sollten. Wer in Pagoden und Tempeln zum Essen eingeladen ist, darf erst essen, wenn die Mönche ihre Mahlzeit beendet haben. Da die Mönche nur morgens essen, stellt dies selten eine Beeinträchtigung des Besuchers dar. Wichtig im Umgang mit Mönchen ist, dass Frauen sie nicht berühren dürfen. Auch Männer sollten Berührungen meiden, ganz besonders die von Nonnen. Das mönchische Leben im Kloster (und außerhalb) erfordert das Zölibat, und so wenden sich Mönche oft nur den männlichen Besuchern zu. Frauen buddhistischen Glaubens gegenüber sind sie offener.

Da im Buddhismus der Kopf als heilig gilt und die Füße als schmutzig, dürfen Letztere niemals auf Menschen und auf keinen Fall auf Mönche oder eine Buddhafigur zeigen. Niemandem, auch nicht Kindern, sollte „liebevoll" über den Kopf gestrichen werden. Vor dem Betreten von Privathäusern, **Pagoden** und **Tempeln** werden die Schuhe ausgezogen, in Heiligtümern auch Socken und (Nylon-) Strümpfe.

Meditierende oder Betende sollten nicht gestört werden – auch nicht mit Kamerablitzen.

Bei Tempelbesuchen müssen Beine und Oberarme bedeckt sein. Kurze Hosen und Spaghettiträger sind tabu!

Geschenke

Einige Mitbringsel aus dem Westen eignen sich gut als **Geschenk** oder **Tauschware** für Kunsthandwerk und Souvenirs: Kleidung, Kugelschreiber, Kosmetikartikel (Lippenstift, Make-up), Spielzeug oder Kalender. Kleidung und Schreibwaren werden an manchen Orten dringend gebraucht: Schulbildung ist zwar kostenlos, aber der Kauf von Heften und Stiften überfordert viele Eltern finanziell. Jede Dorfschule ist dankbar für eine Sachspende (Hefte und Stifte kann man auch günstig in Myanmar kaufen).

An touristischen Orten hat das Verteilen von Geld und vor allem Stiften bereits dazu geführt, dass viele Kinder ständig danach fragen. Auf keinen Fall sollte man daher wahllos Geschenke austeilen, um nicht das Betteln zu fördern. Kinder kann man besser damit erfreuen, dass man mit ihnen Zeit verbringt und einfache Spiele spielt.

Generell wird oft empfohlen: Besser eine Gemeinschaft oder eine Hilfsorganisation unterstützen als eine einzelne Person.

Kleiderordnung

Saubere und ordentliche Kleidung ist Birmanen sehr wichtig. Es ist eine Frage des Anstands, nicht in zerfetzten und dreckigen Klamotten oder unrasiert und ungewaschen herumzulaufen. Kurze Röcke oder Hosen und Trägertops sind unüblich und in Tempeln generell untersagt. Ohne BH oder im Minirock sollte keine Frau auf die Straße gehen! Obwohl Birmaninnen selten lange Hosen tragen, ist dies bei westlichen Frauen okay. Der Hitze angepasst sind die luftigen Longyis, die auch jeder Westler tragen kann. Am Strand ist das Tragen von Bikinis normal, frau sollte jedoch so wenig bekleidet nicht am Strand entlangmarschieren.

Kommunikation

Gespräche werden leise geführt, auf provozierende oder ärgerliche Kommentare wird verzichtet. Ein schroffes „Nein" gibt es nicht, denn **Freundlichkeit** ist oberstes Gebot. Birmanen streiten niemals laut, denn das hieße, das Gesicht zu verlieren. Das bedeutet andererseits, dass nicht jedes Lächeln Zustimmung oder Sympathie ausdrückt. Wobei die Menschen in Myanmar i. d. R. aufrichtig freundlich lächeln.

Trinkgelder

Für die Bedienung in einfachen Lokalen oder bei Kurzfahrten mit dem Taxi sind Trinkgelder unüblich. Wer einen Taxifahrer länger als abgesprochen warten lässt, sollte jedoch nicht zu geizig sein. Bei Rechnungen eines Restaurants, die in einer Mappe oder auf einem Tablett präsentiert werden, wird Trinkgeld erwartet, sofern es nicht bereits als Service Charge eingepreist wurde. Für das Engagement lokaler Guides und Wanderführer sind je nach Gruppengröße US$3–5 pro Tag angebracht.

Toiletten

In Myanmar gibt es sowohl asiatische Hocktoiletten als auch westliche Sitzklos. Die meisten **Hotels** bieten Sitztoiletten nach westlichem Standard. Auch wenn Hocktoiletten aus Hygienegründen zu bevorzugen wären, nutzen Touristen meist lieber die Sitzklos. In den Großstadthotels mit westlichem Standard ist das kein Problem, in der Provinz dagegen sind diese Toiletten meist schnell verdreckt.
Einfache einheimische **Restaurants** haben meist Hocktoiletten, die manchmal nur mäßig sauber sind. Auch in einigen Bierbars, die außen funkelnd mit Luxus protzen, sind die Toiletten total verdreckt. In anderen wachen Angestellte über den Zustand der Sanitäranlagen.
Auf dem Land, z. B. beim Tankstopp, gibt es meist kleine **Holzverschläge**, in denen es schlimm riecht und manchmal noch schlimmer aussieht. Die Toilette ist ein Loch mit einer darüber gelegten Holzplanke. Hier gilt: Nase zu (aber Augen auf!) und durch.
In den Hotelzimmern gibt es **Toilettenpapier**, in Restaurants meist nicht. Für alle Varianten – außer in Hotels mit westlichem Standard – gilt, dass das Toilettenpapier in einen eigens aufgestellten Behälter geworfen werden muss, da sonst die Abwasseranlage verstopft.
Für die Benutzung der wenigen **öffentlichen Toiletten**, die bei Pagoden, anderen Ausflugszielen oder Busbahnhöfen stehen, ist eine geringe Gebühr zu entrichten. Auf Überlandfahrten halten die Busse meist mehrmals während der Fahrt an einem Restaurant oder auf offener Strecke. Dort kann dann jeder austreten, den Longyi lüften und sich z. B. hinter einem Busch oder auf freiem Feld erleichtern.

Beim Einkaufen und bei anderen Gelegenheiten ist zu bedenken, dass Geld oder Gegenstände immer mit der rechten Hand gereicht werden, wobei die Linke am Ellenbogen unterstützend hilft. Größere Mengen Geld oder wertvolle Gegenstände werden mit beiden Händen überreicht.

Bei der **Begrüßung** haben sich die Birmanen, vor allem die jungen Männer, im Umgang mit Westlern bereits an das Händeschütteln gewöhnt. Untereinander begrüßen sie sich oft formlos. Traditionell und besonders Höhergestellten gegenüber wird der Gruß mit auf Brusthöhe zusammengelegten Händen vollzogen. Je höher stehend die begrüßte Person ist, desto höher werden die Hände erhoben.

Rauchen und Sonstiges

Zigaretten **rauchen** nur Männer. Ältere Frauen rauchen, wenn überhaupt, Cheroots. In Yangon erregen Zigarette rauchende Frauen seltener Aufmerksamkeit, in der Provinz hingegen werden sie kritisch betrachtet.

Paare sollten sich in der Öffentlichkeit diskret verhalten. Küssen in der Öffentlichkeit ist nicht üblich. Junge birmanische Liebespaare nehmen sich allerdings immer mehr die Freiheit, ihre Zuneigung – vorsichtig – auch auf der Straße zu zeigen.

Jeder Reisende, auch wenn er mit einer Reisegruppe reist, muss sich bewusst sein, dass es in Myanmar immer anders kommen kann als geplant: Mal fliegt ein Flugzeug nicht, mal ist ein Hotel trotz Reservierung ausgebucht. Gegen **Ärger** hilft – ganz asiatisch: „Keep smiling".

Versicherungen

Eine optimale Absicherung bietet der Abschluss einer separaten Kranken-, Unfall- und Gepäckversicherung. Da sich die Versicherungsbeiträge jedoch auf eine stattliche Summe addieren, sollte das Risiko genau abgewogen werden. Auf jeden Fall ist eine **Reisekrankenversicherung** notwendig, da die heimischen Kassen die Behandlung im Ausland nicht bezahlen. Eine Erkrankung kann jedoch leicht Tausende Euro kosten, wenn z. B. ein schneller Transport nach Thailand oder gar nach Europa nötig wird. Wer etwa in Lashio einen Unfall hat und nach Yangon geflogen werden muss, muss mit einer Rechnung von US$20 000 rechnen. Da kaum jemand diese hohen Summen bei sich trägt, kann in solchen Fällen die deutsche Botschaft um Hilfe gebeten werden. Sie kann Geld vorstrecken – jedoch nur, sofern die Kosten nachweislich von einer Krankenversicherung übernommen werden.

Nur wenige private Krankenkassen bieten weltweiten Schutz. Um das Risiko einer Erkrankung abzusichern, muss jeder für eine Reise nach Südostasien eine Auslandskrankenversicherung abschließen. Die meisten Reisebüros haben entsprechende Angebote vorliegen. Im Krankheitsfall muss Geld vom Kranken vorgestreckt werden, denn die Kosten werden von den Versicherungen erst später erstattet. Vor Ort wird dann meist Bargeld benötigt.

Folgende Angaben müssen auf der Rechnung stehen, die nach der Reise bei der Versicherung einzureichen ist:

- Name, Vorname, Geburtsdatum
- Behandlungsort und -datum
- Diagnose
- erbrachte Leistungen in detaillierter Aufstellung (Beratung, Untersuchungen, Behandlungen, Medikamente, Injektionen, Laborkosten, Krankenhausaufenthalt)
- Unterschrift des behandelnden Arztes, Stempel

Zudem sind einige Einschränkungen zu beachten: Bei Zahnbehandlungen werden nur Notfallbehandlungen von der Versicherung bezahlt. Chronische Krankheiten oder solche, die bereits vor Abreise auftraten, sind nicht von der Versicherung abgedeckt.

Erkrankte werden dann nach Hause geflogen, wenn am Urlaubsort keine ausreichende Versorgung gewährleistet ist. Dafür kommen Linienmaschinen oder eigens geschickte Ambulanzflugzeuge zum Einsatz. Die meisten Versicherungen haben eine Eigenbeteiligung.

Visa

Alle Besucher benötigen für die Einreise nach Myanmar ein Visum. Der Reisepass muss bei Antritt der Reise noch mindestens ein halbes Jahr lang gültig sein. Kinder brauchen einen eigenen Reisepass. Wer im Antragsformular für sein Visum eine Berufsbezeichnung wie Journalist, Fotograf, Schriftsteller usw. angibt, muss mit Rückfragen oder schlimmstenfalls einer Verweigerung des Visums rechnen.

Im Laufe der vergangenen Jahre sind die lange praktizierten **Passkontrollen** auf den Reisewegen seltener geworden. Immer mehr Rebellen haben mit der Regierung „Frieden" geschlossen, daher werden Touristen immer seltener mit den Kontrollmechanismen der Militärs konfrontiert. In jedem Fall wird jedoch im Hotel die Nummer des Visums zusammen mit einigen weiteren Angaben notiert, und Gerüchte besagen, dass sie nach Yangon weitergeleitet werden, um die Kontrolle der Reisewege sicherzustellen. Individualreisende sind manchmal sehr erstaunt, wie gut die Grenzbeamten über ihre Reise informiert sind. Für Reisen in den Rakhine-Staat mit Bussen benötigt man immer noch ein paar Kopien von Pass und Visa. In anderen Gegenden fertigt der zuständige Beamte die benötigten Kopien mal eben mit der Kamera seines Smartphones an.

E-Visa

Visa lassen sich auch online zu beantragen. Unter 🖥 www.myanmarevisa.gov.mm wird der Antrag ausgefüllt und ein Foto hochgeladen. Nach der Geldüberweisung (US$50) wird das E-Visum spätestens sieben Tage nach Beantragung als E-Mail gesendet. Der Reisende muss das E-Visum nun nur noch ausdrucken und an der Immigration vorzeigen und bekommt dann einen Einreisestempel und einen roten Stempel mit dem Vermerk E-Visum. Wichtig: 90 Tage nach Ausstellung des Visums muss man eingereist sein.

Visa bei der Botschaft

Wer sein Visum bei der Botschaft in **Deutschland** beantragt (S. 35), sollte die Formulare spätestens vier Wochen vor der Reise abschicken. **Visaformulare** gibt es auf der Website der Botschaft

Visumsverlängerung

Derzeit sind keine Visaverlängerungen für Touristen möglich. Stattdessen wird bei der Ausreise eine Überziehungsgebühr *(payment for overstay)* berechnet. Die ersten 30 Tage sind dies US$3 pro Tag, danach werden US$5 pro Tag verlangt. Es ist ratsam, sich bei einer geplanten längeren Überziehung beim MTT (S. 61) nach der aktuellen Vorgehensweise zu erkundigen. Reiseagenturen empfehlen, nicht mehr als 14 Tage zu überziehen. Zudem berichten Traveller, dass sie in vielen Guesthäusern und Hostels mit abgelaufenen Visa nicht aufgenommen wurden.

---

von Myanmar, 🖳 www.botschaft-myanmar.de, oder nach telefonischer Anfrage per Fax, bei schriftlicher Anfrage und frankiertem Rückumschlag auch per Post. Das Antragsformular muss in zweifacher Ausführung ausgefüllt und mit je einem Passbild versehen werden. Zudem sind dem Antrag der Reisepass, 25 € (in bar oder als Scheck) sowie ein frankierter, adressierter Rückumschlag beizulegen. **Schweizer Staatsbürger** wenden sich an die Botschaft in Genf, 🖳 www.myanmargeneva.org; hier beträgt die Visumsgebühr sFr 30. **Österreicher** wenden sich an die Botschaft in Berlin.

Auch in den Nachbarländern Myanmars können Visa beantragt werden. Wer dies in **Bangkok** tun möchte, muss Folgendes bedenken: Jeden Tag werden nur eine begrenzte Zahl von Anträgen entgegengenommen. Wer erst um 9 Uhr bei der Öffnung der Botschaft kommt, ist oft schon zu spät. Die Ausstellung dauert vier bis fünf Tage und die Kosten belaufen sich auf rund 850 Baht. Wer das Ganze bei einer Agentur oder einem Reisebüro in Bangkok in Auftrag gibt, muss meist fünf bis sechs Tage einkalkulieren und zahlt um die 1500 Baht. Für „Express Visa", die mitunter innerhalb eines einzigen Tages besorgt werden können, schlagen die Agenturen bis zu 1000 Baht oder mehr auf.

Die Botschaften Myanmars in **Singapur** und **Phnom Penh** stellen in der Regel innerhalb von 48 Stunden Visa aus. Die Bezahlung erfolgt in der jeweiligen Landeswährung oder in US-Dollar. In **Vietnam** besorgt man ein Visum am besten über eine Agentur; das dauert drei bis fünf Tage.

Nach der Ausstellung des Visums muss die Myanmar-Reise innerhalb von drei Monaten angetreten werden.

Besondere Visa

Reisende, die einen längeren **Meditationskurs** absolvieren wollen, erhalten mit Hilfe eines Empfehlungsschreibens des Klosters eine Aufenthaltserlaubnis von vier bis zwölf Wochen (die Ausstellung des Visums kann ebenso lange dauern).

Für ein **Business-Visum** werden das Bestätigungsschreiben des Arbeitgebers und das Einladungsschreiben einer in Myanmar ansässigen Firma benötigt.

Zeit und Kalender

Zeitverschiebung

Die Zeit ist in Myanmar um 5 1/2 Stunden, in der mitteleuropäischen Sommerzeit um 4 1/2 Stunden weiter als in Deutschland. Über Thailand Einreisende müssen ihre Uhren um eine halbe Stunde zurückstellen. Wer aus China kommt, muss seine Uhr um 1 1/2 Stunden zurückstellen. Wer aus Indien kommt, muss seine Uhr um eine Stunde vorstellen.

Mondkalender

In Myanmar gilt traditionell vornehmlich der **Mondkalender** mit zwölf Monaten zu je 29 oder 30 Tagen pro Jahr. Um die zunehmende zeitliche Differenz zum Sonnenkalender anzupassen, wird alle drei Jahre ein zweiter Waso-Monat (Juni/Juli) eingeschaltet. Folglich sind die Monatswechsel bei Mondkalender und **gregorianischem Sonnenkalender** nicht identisch. Die meisten Birmanen kennen aber den Sonnenkalender: Hotelreservierungen, Zugtickets,

Flugscheine und Busverbindungen werden auf Daten nach dem gregorianischen Kalender ausgestellt.

In ländlichen Gebieten leben viele Menschen, die die westliche Monatszählung nicht kennen. Sie nutzen die Zeitangaben des Mondkalenders. Eine Tagesangabe lautet beispielsweise: Heute ist *Nadaw* und wir haben den 15. Tag des zunehmenden Mondes.

Der Mondkalender bestimmt das Leben der Birmanen, denn er ist eng verknüpft mit den religiösen Abläufen des buddhistischen Lebens und allen traditionellen Festen. Ein genaues Datum im westlichen Sinne besitzen die meisten Feierlichkeiten daher nicht (S. 50). Aktueller Mondkalender bis 2017 siehe **eXTra [4904]**.

Jeder Mondmonat teilt sich in zwei Hälften: die ersten beiden Wochen des zunehmenden Mondes *(lázou')* und die beiden Wochen des abnehmenden Mondes *(lágwae)*. Jede dieser Mondphasen hat zwei wichtige Tage: Der 8. Tag Uposatha (Tag der religiösen Besinnung), an dem die meisten Märkte geschlossen sind, und der 15. Tag (Vollmond) gelten als besonders heilig. Viele Gläubige besuchen dann Klöster und Pagoden.

Die heute gebräuchliche **birmanische Zeitrechnung** *thekkayit* wird auch *kawza* genannt und beginnt 638 Jahre nach Christus, eingeführt durch den Bagan-König Popa Saw Rahan. Die Abkürzung lautet M.E. („Myanmar Era"). Das neue Jahr beginnt Mitte April. Die ersten zwei Aprilwochen 2016 fallen daher noch ins Thekkayit-Jahr 1377; nach dem Thingyan-Fest beginnt das Jahr 1378. Daten aus dieser Zeitrechnung finden sich oft an Pagoden.

Auch die **buddhistische Zeitrechnung**, die mit der traditionell ins Jahr 543 v. Chr. datierten Geburt Buddhas beginnt, ist in Gebrauch (das Jahr 2016 entspricht danach dem buddhistischen Jahr 2560, das Neujahr liegt Mitte April).

Auf internationalen Dokumenten und in den meisten Kalendern des Landes werden alle drei Systeme aufgeführt: die gregorianische, die birmanische sowie auch die buddhistische Zeitrechnung.

Die birmanische 8-Tage-Woche

Die birmanische Woche kennt acht Tage und leitet sich aus der birmanischen Astrologie ab. Der Mittwoch gilt als zwei Tage, einer vormittags, der andere von 12 Uhr bis Mitternacht. Arbeitselefanten haben am Mittwoch frei, denn dies ist ihr Tag. Wie in allen Pagoden zu sehen, werden verschiedenen Tieren bestimmte Planeten und Tage zugeordnet.

Der **Tiger** ist dem Montag zugeordnet, Dienstag ist der Tag des **Löwen**, der Mittwoch-Vormittag wird von einem **Elefanten** mit Stoßzähnen, der Nachmittag von einem ohne Stoßzähne symbolisiert, die **Ratte** ist das Tier am Donnerstag, am Freitag ist es das **Meerschweinchen**, der Samstag gehört der Drachenschlange **Naga** und der Sonntag dem mythischen Vogel **Garuda**. Jedes Tier bzw. der ihm zugeordnete Planet steht für positive wie negative Eigenschaften, die dem an diesem Tag Geborenen zugeordnet werden. So steht z. B. Garuda für Kraft, aber auch für Geiz; Naga bedeutet Streitsucht, aber auch Frieden und Wohlstand. Im Überblick: Montag: Eifersucht, Dienstag: Ehrlichkeit, Mittwoch: Jähzorn, Donnerstag: Güte, Freitag: Redseligkeit, Samstag: Streitsucht, Sonntag: Geiz.

Für den Namen, den ein Neugeborenes bekommt, ist der Wochentag der Geburt entscheidend. Nur für Sonntagskinder ist jeder Vokal als Anfangsbuchstabe geeignet; dabei ist *Aung* wegen seiner Bedeutung „siegen" besonders beliebt.

Die Schreine der Tiere, die sich in den meisten Tempelanlagen finden, sind in einer genau vorgegebenen Himmelsrichtung platziert. Im Norden steht das Meerschweinchen, im Nordosten Galon (Garuda), im Osten der Tiger, im Südosten der Löwe, im Süden der Elefant mit Stoßzähnen, im Südwesten Naga, im Westen die Ratte und im Nordwesten der Elefant ohne Stoßzähne.

Zoll

Zollfrei können pro Person 200 Zigaretten (50 Zigarren oder 250 g Tabak), etwas mehr als 1 l Alkohol (ein Quart = 1,136 l) und 500 ml Parfüm sowie ausländische Devisen bis US$2000 ohne Deklaration eingeführt werden. Die Einfuhr von Kyat ist untersagt. An Schaltern vor der Zollkontrolle kümmern sich Beamte um die Ein- und Ausfuhr von Tieren und Pflanzen.

Es kann vorkommen, dass bei der **Einfuhr** besonderer, hochwertiger Geräte, die nicht zur touristischen Standardausstattung gehören, z. B. professionellem Video-Equipment, ein Zollformular in zweifacher Ausführung ausgefüllt werden muss. Neben der Gerätebeschreibung ist hier auch der Wert des Gegenstands zu beziffern. Eines dieser Papiere wird einbehalten, das andere muss bei der Ausreise vorgezeigt werden. Wird das Gerät nicht wieder ausgeführt, erhebt der Zoll eine dem Preis entsprechend hohe Zollgebühr. Meist wird jedoch auf ein solches Zollformular verzichtet.

Bei der **Ausreise** passiert man nach der Passkontrolle den Zoll und die Durchleuchtungsanlage. Offiziell nicht ausgeführt werden dürfen: die einheimische Währung Kyat, Schmuck, religiöse Gegenstände, Bücher, Videos, Video-CDs, Waffen, Drogen und Pornografie. Vorsicht ist bei echten Antiquitäten, alten Buddhastatuen und archäologischen Objekten geboten: Sie dürfen nur mit Sondergenehmigung des zuständigen Ministeriums ausgeführt werden. Auch die Ausfuhr von Edelsteinen darf nur mit Lizenz erfolgen (S. 39).

Es versteht sich von selbst, dass der Export von Produkten geschützter Tierarten wie Muscheln, Korallen, Tierknochen und anderen Artefakten aus dem Tierreich nicht unterstützt werden sollte; zudem ist die Einfuhr solcher Produkte in Deutschland untersagt.

Land und Leute

Myanmar zählt zu den landschaftlich vielfältigsten Ländern Südostasiens. Zwischen den Gipfeln des Himalaya im hohen Norden und der Inselwelt des Myeik-Archipels im tiefen Süden entfaltet sich ein immenser Reichtum an Flora und Fauna. Auch ethnisch ist das Land mit offiziell 135 Volkgruppen ungemein vielseitig. Im „Land der Pagoden" prägt der Buddhismus Kunst und Kultur.

BAGO; © A. MARKAND

Inhalt

Land und Geografie	89
Flora und Fauna	90
Umwelt und Naturschutz	93
Bevölkerung	97
Geschichte	102
Politik und Verwaltung	119
Wirtschaft	120
Religion	122
Kunst und Kultur	129

Steckbrief Myanmar

Offizieller Name Pyidaungsu Thamada Myanma Nainngandaw (Republic of Union of Myanmar)

Staatsform Parlamentarisches Regierungssystem (seit 2010)

Hauptstadt Nay Pyi Taw

Staatsoberhaupt Präsident Htin Kyaw (seit März 2016)

Regierungschef Präsident Htin Kyaw (seit März 2016)

Fläche 676 577 km²

Einwohnerzahl 51,5 Mio.

Anteil der Stadtbevölkerung 30 %

Sprache Myanmar, verschiedene lokale Sprachen und Dialekte

Religionen Buddhisten (88 %), Christen (6,2 %), Muslime (4,3 %), Hindus (0,5 %), Andere (1 %)

Internetzugang 6,2 % der Bevölkerung

Glücksindex Platz 119 von 157

Pro-Kopf-Einkommen US$1439

Straßennetz Etwa 34 000 km

Touristen pro Jahr 2,9 Mio. (2016)

Land und Geografie

Fläche: 676 577 km² (Deutschland: 357 021 km²)
Nord-Süd-Ausdehnung: 2050 km
Ost-West-Ausdehnung: 935 km
Größte Städte: Yangon (ca. 5,2 Mio. Ew.), Mandalay (ca. 1,2 Mio. Ew.)
Längste Flüsse: Thanlwin (2816 km), Ayeyarwady (2170 km), Chindwin (960 km)
Höchster Berg: Hkakabo Razi (5881 m)

Mit 676 577 km² beinahe doppelt so groß wie Deutschland, erstreckt sich Myanmar über 2050 km von den Ausläufern des Himalaya bis zur Malaiischen Halbinsel (28. bis 10. nördlicher Breitengrad). Die Ost-West-Ausdehnung beträgt 935 km und reicht vom Golf von Bengalen bis zum Mekong (92. bis 101. östlicher Längengrad).

Mit seinen sechs Nachbarstaaten teilt das Land eine gemeinsame Grenze von insgesamt 6129 km Länge, davon im Norden und Nordosten 2192 km mit Tibet und China, im Osten 2096 km mit Thailand und 235 km mit Laos, im Nordwesten 272 km mit Bangladesch und 1332 km mit Indien.

Die Küstenlinie beträgt 2228 km und führt von der Mündung des Naaf-Flusses bei Bangladesch zum südlichsten Zipfel Kawthoung.

Hohe Berge, weite Ebenen

Der nach Indonesien zweitgrößte Staat Südostasiens kann in drei geografische Zonen eingeteilt werden: die westlichen Bergregionen, die breite Zentralebene und die östlichen Bergketten. Die Höhenzüge an den Grenzen des Landes wirken wie eine natürliche Barriere. Im hohen Norden befinden sich die Ausläufer des Himalaya mit dem höchsten Berg Südostasiens an der Grenze zu Tibet, dem 5881 m hohen **Hkakabo Razi**. Die Gebirge ziehen sich in Richtung Süden und gehen in den Westlichen Yoma über, der aus den Naga- und Chin-Bergen und dem Rakhine Yoma besteht.

Der Lauf des Ayeyarwady und seiner Nebenflüsse prägt die weite Ebene Zentral-Myanmars. Bei Bago zieht sich der an Teakbäumen reiche **Bago Yoma** 435 km in Richtung Norden. Während Zentral-Myanmar zwischen Pyay und Mandalay aufgrund der geringen Niederschlagsmenge äußerst trocken ist, bestimmt das üppige Grün des fruchtbaren **Ayeyarwady-Deltas** den Süden.

Der Osten Myanmars wird von dem etwa 1000 m hohen **Shan-Plateau** geprägt, das von bis zu 2600 m hohen Bergketten unterbrochen wird. Entlang der thai-birmanischen Grenze erstreckt sich mit dem **Tanintharyi Yoma** ein weiterer, breiter Höhenzug in Richtung Süden.

Flüsse

Auf über 8000 km sind Myanmars Flüsse befahrbar. Daher sind sie für den Transport von Waren und Menschen nicht wegzudenken. Der berühmteste und geschichtsträchtigste Fluss ist zweifelsohne der 2170 km lange **Ayeyarwady**. Er entsteht etwa 40 km nördlich von Myitkyina im Kachin-Staat durch den Zusammenfluss von May Hka und Mali Hka. Auf etwa 1500 km ist die *Road to Mandalay*, wie Rudyard Kipling den mächtigen Strom besang, schiffbar. Allerdings schränken in der Trockenzeit unzählige Sandbänke die Navigation ein und lassen die Schiffe nur langsam vorwärts kommen. Daher hatten und haben die Dampfer der berühmten Irrawaddy Flottilla Company nur einen geringen Tiefgang. Vor Hinthada teilt sich der Fluss in zwei Arme und breitet sich zu einem über 35 000 km² großen Deltagebiet aus.

Der Fluss ist eng mit der Geschichte des Landes verwoben, denn an ihm entlang wanderten die Bamar nach Süden. An seinen Ufern stehen die alten Metropolen Sri Ksetra, Bagan und Inwa. Schließlich fuhr die britische Flotte auf dem Ayeyarwady nach Mandalay, um auch noch das letzte Stück Myanmar zu erobern.

Nördlich von Pakokku mündet nach 960 km der **Chindwin** in den Ayeyarwady. Er spielt für die Erschließung und den Handel mit dem nordwestlichen Landesteil eine wichtige Rolle.

Der wenig bekannte **Thanlwin** (Salween) ist mit 2816 km Myanmars längster Fluss. Seine Quelle liegt in Ost-Tibet, wo auch Asiens mächtigste Ströme entstehen, der Mekong und der Yangzi (Jangtse). Er durchschneidet die Berge des östlichen Shan-Staates und mündet bei Mawlamyaing in den Golf von Mottama. Trotz seiner Länge ist er mit größeren Schiffen nur auf etwa 160 km von der Mündung aus befahrbar, denn in den teilweise engen Schluchten unterliegt der Wasserstand großen Schwankungen. Der Thanlwin spielte eine wichtige Rolle in der Frühgeschichte der Tai (Shan), die ab der zweiten Hälfte des 1. Jahrtausends entlang seiner Ufer von ihrem Stammland im Yunnan nach Süden zogen und sich im heutigen Shan-Staat ausbreiteten.

Eingebettet in eine breite Ebene östlich des Bago Yoma, mündet der 560 km lange **Sittaung** unweit von Kyaikhto in den Golf von Mottama. Als Transportweg ist er allenfalls für das Flößen von Holz und Bambus geeignet, dafür aber für die Bewässerung der Felder östlich von Bago unabkömmlich.

Der auf 160 km schiffbare **Kaladan** gilt als der wichtigste Strom des nördlichen Rakhine. Er entsteht in den Bergen des südlichen Chin-Staates, breitet sich zu einem weiten Delta mit Mangrovenwäldern aus und mündet schließlich bei Sittwe in den Golf von Bengalen. Seinem mäandernden Flusssystem verdankt die alte Königsstadt Mrauk U ihren Aufstieg.

Flora und Fauna

Pflanzenwelt

Die unterschiedlichen Klimazonen und die landschaftliche Vielfalt haben einen enormen Pflanzenreichtum zur Folge, wie er nur selten in Südostasien anzutreffen ist. Auf 11 800 wird die Zahl der Pflanzenarten geschätzt, darunter etwa 2000 Baumspezies.

An den vielen Flussmündungen in Rakhine, Tanintharyi und dem Ayeyarwady-Delta bestimmen noch **Mangrovenwälder** das Landschaftsbild, doch schwindet ihr Bestand wegen der Abholzung immer mehr. Immergrüne **tropische Regenwälder** wachsen in den Küstenregionen und auf den Inseln des Myeik-Archipels im tiefen Süden. Ansonsten dominieren **Monsunregenwälder** die Landschaft. **Montane Nebelwälder** sind in den Bergen ab etwa 1500 m Höhe verbreitet.

Typisch für die Monsunregenwälder sind Bäume, die in der Trockenzeit ihr Laub abwerfen und mit dem Einsetzen der Regenzeit ab Mai/Juni wieder ergrünen. Dazu zählt der **Teakbaum** *(Tectona grandis)*, dessen hoher gerader Stamm, große, feste Blätter und hartes, aber gut zu verarbeitendes Holz ihn zum profitabelsten Nutzbaum Myanmars machen.

Myanmar, Birma oder Burma?

Der offizielle Landesname lautet *Pyidaunzu Thanmada Myama Nainngandaw*, Republik der Union von Myanmar. Seit die Regierung das Land am 27. Mai 1989 in *Myama Nain Ngan* („myanmarisches Land") umbenannte, herrscht ein Namenschaos, denn nun werden im Deutschen Birma, Burma und Myanmar verwendet. Der Name ist immer noch ein Politikum. Da er von der Militärregierung eingeführt wurde, verwenden oppositionelle Gruppen weiterhin Burma. Das Militär wiederum argumentiert, dass die alte Bezeichnung aus der britischen Kolonialzeit stamme und sich nur auf die Volksgruppe der Birmanen, die *bamar*, beziehe. Tatsächlich leiteten die Briten von diesem Begriff den Landesnamen Burma ab. Das erste gedruckte birmanische Wörterbuch von 1776 hieß *Alphabetum Barmanum seu Bomanum Regni Avae*, das „barmanische oder bomanische Alphabet des Königreichs Ava". Von *bama* ist in vielen Schriften der Konbaung-Zeit die Rede. Der Name *myanma* ist ein Adjektiv und Historikern zufolge erstmals in der berühmten Rajakumar-Inschrift in Bagan aus dem Jahr 1113 nachgewiesen. In chinesischen Chroniken wird das Land mi'en ti'en genannt. Die 1868 gegründete erste Zeitung in birmanischer Sprache nannte sich Myanma Thandawzin, übersetzt wurde sie von den Briten allerdings mit Burma Herald. In diesem Buch verwenden wir sowohl Myanmar als auch die verbreitete deutsche Bezeichnung Birma, denn die deutsche Aussprache von Burma ist sprachlich vollkommen falsch.

Blick über den Fluss Ye, der mit der gleichnamigen Stadt als touristisches Neuland lockt.

In vielen Waldregionen dominieren Baumarten, die zu einer der 15 Gattungen der **Flügelfruchtgewächse** *(Dipterocarpaceae)* gehören, weshalb man auch von *Dipterocarpus*-Wäldern spricht. Unter ihnen kommt dem **Yangbaum** *(Dipterocarpus alatus)* eine besondere Bedeutung zu, weil dessen Harz als Binde- und Abdichtungsmittel für Boote oder Ähnliches verwendet werden kann. Darüber hinaus sind weitere Nutzbäume verbreitet, darunter das harte **Birmanische Eisenholz** *(Xylia dolabriformis)*, auf Birmanisch Pyinkado genannt, und der Padauk *(Pterocarpus macrocarpus)*, wegen seiner Rotfärbung auch als **Birmanisches Rosenholz** bekannt. In den höheren Lagen der nördlichen Regionen sind diverse Pinienarten beheimatet, darunter die Bergpinie *(Pinus khesiya)*. Weitverbreitet ist auch **Bambus**, der mit 100 Arten häufiger vorkommt als in irgendeinem anderen Land außerhalb Chinas.

In der Savannenlandschaft Zentral-Myanmars können aufgrund des geringen Niederschlags von jährlich unter 1000 mm nur anspruchslose Bäume wachsen. Die Trockenlaubwälder, *indaing* genannt, werden von *Dipterocarpus*-Arten dominiert. Wegen ihres hohen Nutzwertes sind **Niem-** *(Antelaea azadirachta)* und **Tamarindenbäume** *(Tamarindus indica)* weitverbreitet. Der Schatten spendende **Regenbaum** *(Samanea saman)* findet sich häufig in menschlichen Ansiedelungen und an Straßenrändern. **Akazienbäume** *(Acacia leucophloea)*, in Myanmar *htanaung*

Palmen für alle Fälle

Palmengewächse begleiten die Birmanen durchs Leben und sind aus Küche und Haushalt nicht wegzudenken. Die **Arecapalme** bringt die Betelnuss hervor; aus dem Saft der **Palmyrapalme** wird Palmzucker, Palmwein oder -schnaps produziert und ihre Früchte werden gegessen; die **Kokospalme** kann gleich mehrfach verwendet werden: als Bau- und Brennmaterial, zum Trinken und Essen. Die festen Blätter der **Talipotpalme** dienen als Grundmaterial für die Palmblattmanuskripte, jene der **Latania** für Dächer. Aus der **Rotangpalme** (Rattan) werden Möbel hergestellt; die langen Blätter der **Nipapalme** eignen sich als Überdachung, und die **Salakpalme** liefert die beliebte Schlangenfrucht.

Namensänderungen

1989 birmanisierte die Militärregierung nicht nur den Landesnamen, sondern auch zahlreiche Stadt-, Fluss- und Provinznamen. Die wichtigsten Änderungen sind:

Neu	Alt	Neu	Alt
Ayeyarwady	Irrawaddy	**Pathein**	Bassein
Bagan	Pagan	**Pyay**	Prome
Bago	Pegu	**Pyin U Lwin**	Maymyo
Dawei	Tavoy	**Rakhine (Rakhaing)**	Arakan
Inwa	Ava	**Sittaung**	Sittang
Kyaikkami	Amherst	**Sittwe**	Akyab
Mawlamyine (Mawlamyaing)	Moulmein	**Tanintharyi**	Tenasserim
		Thandwe	Sandoway
Mottama	Martaban	**Thanlwin**	Salween
Mrauk U	Myohaung (Mrohaung)	**Thanlyin**	Syriam
Myeik	Mergui	**Yangon**	Rangoon

genannt, wachsen ebenfalls dort. Bekannt ist die Region auch für den **Thanakabaum** *(Hesperethusa crenulata)*, aus dessen Rinde die berühmte Thanaka-Paste gewonnen wird, mit der sich die Frauen schminken. Die Kayin mischen sie mit anderen Naturprodukten und stellen daraus ein Mückenschutzmittel her.

Auf den kargen Böden, die vorwiegend aus weichem Sandstein und Lehm bestehen, werden Sorghum (eine Hirseart), Bohnen, Sesam und Erdnüsse angepflanzt. Ein großer Teil der endemischen Pflanzenarten kommt in den Höhenlagen im Norden und Westen vor. Viele von ihnen sind noch unerforscht. Im artenreichen Natmataung National Park (Mount Victoria) findet man z. B. auf über 2000 m Höhe die einheimischen Rhododendronarten *R. cuffeamum* und *R. Burmanicum*. Dort ist auch der äußerst seltene Viersportnbaum *(Tetracentron sinense)* verbreitet, der wegen seiner sehr schönen Blüten auch gezüchtet wird.

Tierwelt

Für gewöhnlich kommen Myanmar-Reisende nur wenig mit der Tierwelt in Kontakt, da sich ein Großteil in den schwer zugänglichen Bergen und Wäldern aufhält. Allgegenwärtig sind natürlich die landwirtschaftlichen Nutztiere wie das **Zeburind** und der genügsame **Wasserbüffel**.

Die landschaftliche und klimatische Vielfalt bringt eine bunte Fauna mit sich. Verglichen mit dem benachbarten Thailand sind die Bestände noch recht hoch. Aber exakte Zahlen sind nur schwer zu ermitteln, denn viele Landstriche waren lange Zeit umkämpft und daher für Wissenschaftler unzugänglich. Dies hat sich seit den 1990er-Jahren erheblich verbessert. So konnten Forscher der US-amerikanischen Wildlife Conservation Society, 🖥 www.wcs.org, bei einer Expedition ins tibetisch-birmanische Grenzgebiet im Jahr 1999 eine bisher unbekannte **Rotwildart** identifizieren: den nach dem Fundort benannten *Muntiacus putaoensis*.

In Myanmar sind auch eine nicht bestimmbare Anzahl asiatischer **Großkatzen** beheimatet, darunter Panther, Leoparden (u. a. der fast ausgestorbene Nebelparder) und Tiger. Von Letzteren gibt es zwei Arten: den Bengalischen Tiger, der westlich des Ayeyarwady vorkommt, und den Indochinesischen Tiger, der östlich des Flusses verbreitet ist. Den Erkenntnissen des World Wildlife Fund (WWF), 🖥 www.worldwildlife.org, zufolge hat sich ihre Zahl in den letzten Jahrzehnten rapide auf nur noch 50 Exemplare reduziert.

Etwas besser sieht es mit der Verbreitung des *Elephas maximus* aus. Je nach Quelle sollen zwischen 2000 und 5000 **Wildelefanten** durch die Wälder streifen, hinzu kommen 4700 domestizierte Elefanten. Allein in den Bergen Rakhines lebt etwa ein Viertel von ihnen. Unter den **Bären** sind der Malaiische Sonnenbär und der Asiatische Schwarzbär *(Selenarctos thibetanus)* verbreitet. Man kann nur hoffen, dass der seltene Kleine Panda *(Ailurus fulgens)* noch existiert, denn das letzte Exemplar wurde Anfang der 1960er-Jahre gesichtet. Das zur Gattung der Katzenbären gezählte Tier wird wegen seiner rotbraunen Fellfärbung auch Roter Panda genannt und bewohnt die Wälder und Bambusdickichte an den südlichen Ausläufern des Himalaya.

Es ist schwer festzustellen, welche und wie viele auf der **Roten Liste** stehende Tierarten noch vorkommen. So gibt es nur noch wenige Exemplare des einhörnigen Java-Rhinozeros, des zweihörnigen Sumatra-Rhinozeros, des Malaiischen Tapir *(Tapirus indicus)* oder des Gaur *(Bos gaurus)*. Auch der im Norden lebende Thamin *(Cervus thamin)*, eine Hochwildart, ist fast ausgestorben.

Tipps für Vogelfreunde

Mit 1113 gelisteten Arten, darunter sechs endemischen, zählt Myanmar zu einer spannenden Destination für Vogelfreunde. Gute Möglichkeiten zur Beobachtung bieten der Hlawga Wildlife Park und das Moeyingyi Wetland Bird Sanctuary nördlich von Yangon, die Mangroven bei Kyeintali (80 km südlich von Ngapali), der Mount Popa und der Natmataung National Park (Mount Victoria). In Bagan sind vier endemische Arten zu finden: die Birmanische Buschlerche *(Mirafra microptera)*, der Jerdon-Mennigvogel *(Pericrocotus albifrons)*, die Kapuzenbaumelster *(Crypsirina cucullata)* und der Weißkehldrossling *(Turdoides gularis)*. Am besten vertraut man sich mit einem Spezialveranstalter an, etwa SST Tourism, 💻 www.sstmyanmar.com, oder kontaktiert die **Myanmar Bird & Nature Society**, 💻 www.myanmarbirdnaturesociety.com.

Ob die Bevölkerung über die zahlreichen **Schlangenarten** so glücklich ist, sei dahingestellt. Die Wahrscheinlichkeit, auf eine zu stoßen, ist in der kargen Trockenzone relativ groß. Dort sind gleich mehrere Vipernarten aktiv, darunter die hochgiftige Russel's Viper, die Malaiische Viper und die Grüne Viper. Auch der Birmanische Python *(Python molurus bivittatus)* und die Königskobra fühlen sich dort heimisch.

Umwelt und Naturschutz

Verglichen mit anderen Ländern der Region verfügt Myanmar noch über weite Gebiete mit einer zumindest teilweise intakten Umwelt. Es gibt bisher nur in bescheidenem Maße Industrie, die giftige Abfälle produzieren könnte. Zudem wird das Land nicht von Überbevölkerung geplagt wie etwa Vietnam oder Bangladesch. Aber auch hier herrschen keine paradiesischen Zustände mehr. Lange sind die Zeiten vorbei, als wilde Tiger um die Shwedagon-Pagode streiften, wie 1903 letztmalig geschehen. Die Biodiversität schwindet immer mehr, was eine Reihe von Ursachen hat.

Unter den Bergvölkern wird der **Wanderfeldbau** *(taungya)* ungebrochen praktiziert. Zur Schaffung neuer Anbauflächen werden Berghänge brandgerodet, damit dort für ein bis zwei Jahre Bergreis, Maniok, Mais oder andere Nahrungsmittel angebaut werden können. Hatte der Wald früher mehr als eine Dekade Zeit, sich zu regenerieren, so wird die Fläche heute aufgrund des Bevölkerungswachstums bereits nach wenigen Jahren wieder abgebrannt und landwirtschaftlich genutzt. Als Folge laugen die Böden schneller aus. Die ohnehin sehr dünne Humusschicht wird vom Regen weggespült.

Myanmars Reichtum sind die Wälder. Forstwirtschaftliche Produkte machen etwa ein Zehntel des Außenhandels aus. Bevölkerungszunahme und wachsender Wohlstand lassen den Eigenbedarf an Holz rapide anwachsen. Folge davon ist die großflächige **Abholzung** wert-

Fisherman's Friend – bald für immer abgetaucht?

Eigentlich müsste der Irrawaddy-Delphin nach dem heutigen Flussnamen eher Ayeyarwady-Delphin heißen, aber er wird auch Mekong-Delphin, Snubfin Dolphin oder *Orcaella brevirostris* genannt. Das könnten dann schon bald mehr Bezeichnungen sein, als es von dieser Spezies noch an Vertretern gibt. Denn die graublauen, bis zu 2,75 m langen Säugetiere, die den alten Namen des mächtigsten Flusses Myanmars in alle Welt getragen haben, stehen vor dem Aussterben: Auf dem 550 km langen Flussabschnitt zwischen Mandalay und Bhamo (davon 370 km seit 2005 als Schutzzone) wurden von der New Yorker Wildlife Conservation Society (WCS) 2017 weniger als 70 Delphine gezählt (2012 waren es noch 86). Früher hatten sie den Ayeyarwady gleich an mehreren Stellen bevölkert – und das zu Tausenden. Zum ersten Mal erwähnt wurden die Tiere in chinesischen Schriften aus dem 1. Jahrtausend v. Chr., und zwar als „Fluss-Schweine".

Spärlicher Nachwuchs

Die meisten Wissenschaftler zählen den putzigen Fluss-Flipper zur Familie der Delphine, einige aber auch zu den Gründelwalen (Monodontidae), da sie große Ähnlichkeit mit Beluga- und indischen Schweinswalen haben. Der Irrawaddy-Delphin besitzt einen stumpf abgerundeten, melonenförmigen Kopf und im Gegensatz zu seinen bekannteren Artgenossen aus dem Meer keine lange Schnauze. Erst im Alter zwischen sieben und neun Jahren werden die Tiere geschlechtsreif und können, nach 10–14 Monaten Tragzeit, auch nur alle zwei bis drei Jahre gebären. Mit vier bis sechs Jahren gelten sie als ausgewachsen und können zwischen 90 und 150 kg wiegen, während ihre Lebenserwartung auf 30 Jahre geschätzt wird.

Es gibt Irrawaddy-Delphine, die in den (sub)tropischen, flachen Küstengewässern des Indischen und Pazifischen Ozeans leben, vor Südostasien, Indonesien, Nord-Australien oder Papua-Neuguinea. Einige Populationen jedoch, wie die in Myanmar, verbringen ihr ganzes Leben bis zu 1300 km von der Küste entfernt im Süßwasser und sind dadurch genetisch isoliert.

vollen Baumbestands. Zwischen 1990 und 2015 verringerte sich laut einem Bericht der Welternährungsorganisation (FAO) von 2015 die Waldfläche um jährlich 4070 km². Heute sind nur noch 10 % der Landesfläche mit Primärwald bedeckt. Zwar gibt es seitens der Regierung einige Bemühungen, diesen Trend umzukehren. So verordnete sie 2016 ein komplettes Verbot des Holzeinschlags. Zudem wurden die ausgewiesenen Flächen für Forstplantagen nach Regierungsangaben auf über 9000 km² ausgeweitet. Aber es dauert normalerweise drei Jahrzehnte, bis die Bäume eine entsprechende Größe erreicht haben. Mangelnde Kontrollmechanismen, Korruption und Habgier machen viele Bemühungen zunichte. Illegale Einschläge im großen Stil sind an der Tagesordnung. Daran beteiligt sind auch die devisenhungrigen Armeen der Minderheiten, die vor allem im Shan- und Kayin-Staat den Wald rapide schwinden lassen. Ein Großteil der Hölzer wird nach China geschmuggelt. Die massive Abholzung hat irreversible Schäden für die Böden zur Folge, denn durch das Fehlen der Bäume mindert sich ihre Fähigkeit zur Aufnahme der heftigen Regenfälle während des Monsuns. Die Gefahr von **Erosion** und **Überschwemmungen** nimmt zu.

Der hohe Profit durch den Verkauf seltener Tiere bietet angesichts der Armut in der Landbevölkerung eine lukrative Einkommensquelle. Für Bärentatzen, Rhinozeroshorn, Tigerkrallen oder Elefantenpenisse werden insbesondere in Ostasien Unsummen bezahlt. Eine international gut organisierte Mafia kontrolliert den Handel. Angesichts fehlenden Unrechtsbewusstseins, mangelnder Kontrollen und Bestechlichkeit lässt sich die **Wilderei** kaum unterbinden. Immerhin hat das Land 1997 die internationale UN-Konvention über den Handel bedrohter Tier- und Pflanzenarten, CITES *(Convention on International Trade in Endangered Species of Wild Flora and Fauna)*, unterzeichnet.

Verlust des Lebensraums

Außer im Ayeyarwady und in dessen Delta finden sich die Delphine im laotisch-kambodschanischen Grenzgebiet des Mekong, wo sie allerdings schon fast ausgerottet sind. Die Bestände verringern sich auch zunehmend in Myanmar aufgrund von Zerstörung und Verschmutzung ihrer Lebensräume. Im Ayeyarwady wird den Tieren vor allem durch illegale Elektrofischerei sowie zu große und zu dick verknotete Fischernetze oder das von Goldsuchern verwendete Quecksilber zugesetzt.

Mit bis zu 40 km/h sind die Irrawaddy-Delphine relativ langsame Schwimmer. Sie tauchen flach und können bis zu zwölf Minuten unter Wasser bleiben. Meist sind sie in Gruppen bis zu sechs, gelegentlich auch bis zu 15 Tieren unterwegs. Nur selten zeigen sie sich an der Oberfläche, strecken aber manchmal ihren Kopf heraus, als wenn sie sich draußen umsehen wollten. Dabei können die Fluss-Säuger gezielt Wasser nach vorn spritzen, indem sie ihre Lippen spitzen. Süßwasser-Delphine ernähren sich von Krebstieren und Fischen, die sie sogar schwarmweise in Flachwasserzonen treiben, um sie besser fangen zu können.

Heilige Helfer

Die Fluss-Säuger gelten als scheu, sensibel und intelligent. Da nur zwei Halswirbel verwachsen sind, verfügen sie über eine ungewöhnliche Beweglichkeit des Kopfes. Zudem gelten die „Großfische" in mehreren Ländern Südostasiens als heilig: Versehentlich in Netzen gefangene Exemplare werden möglichst schnell befreit, tote Tiere manchmal sogar mit religiösen Zeremonien eingeäschert. Einige der Fluss-Delphine im Ayeyarwady helfen Fischern sogar dabei, die Beute einzukreisen und sie ins Netz zu treiben. Dabei scheint „Fisherman's Friend" sogar zu versuchen, durch schlagende Flossen mit den Menschen zu kommunizieren. Das ist kein Fischermannsgarn, denn dieses Phänomen ist von Biologen schon mehrfach mit der Kamera festgehalten worden.

Volker Klinkmüller

Schließlich macht auch die wirtschaftliche Entwicklung vor Myanmar nicht Halt. Die Straßen werden voller und die Abwässer schmutziger. Angesichts fehlender Entsorgungssysteme, Recyclinganlagen und mangelndem Umweltbewusstsein häufen sich die Müllberge. Plastik wird einfach weggeschmissen und liegt überall verstreut. Auch der **Tourismus** fordert seinen Tribut. Gerade im wasserarmen Bagan oder im ökologisch sensiblen Inle-See wird er ohne Regulierung zu schwerwiegenden Schäden führen.

Schutzgebiete

Derzeit gibt es 43 Nationalparks und Landschaftsschutzgebiete, die 7 % der Landesfläche einnehmen. Bis 2030 sollen sie auf 10 % erweitert werden (in Thailand sind es 13 %).

Zwischen den Patkai- und den Kuomon-Bergen im Nordwesten des Kachin-Staates erstreckt sich das Hukaung-Tal, wo 2010 durch eine Erweiterung das weltgrößte Tigerreservat der Welt geschaffen wurde. Mit 21 803 km² ist das **Hukaung Valley Tiger Reserve** etwa so groß wie Hessen. Das **Meinmhla Kyun Wildlife Sanctuary** im Ayeyarwady-Delta ist eines der letzten Rückzugsgebiete für das fast verschwundene Leistenkrokodil *(Crocodylus porosus)*.

Für die Nationalparks ist das **Ministry of Environmental Conservation and Forestry** (MOECAF) zuständig. Viele Angestellte setzen sich trotz miserabler Bezahlung und schwieriger Arbeitsbedingungen sehr engagiert für den Schutz der Parks ein. Doch fehlendes Knowhow und mangelnde Geldmittel stellen neben der Korruption auch in diesem Bereich ein riesiges Problem dar. Daher ist das Department auf finanzielle und technische Unterstützung aus dem Ausland angewiesen, die infolge der politischen Öffnung erheblich ausgeweitet wird. Als

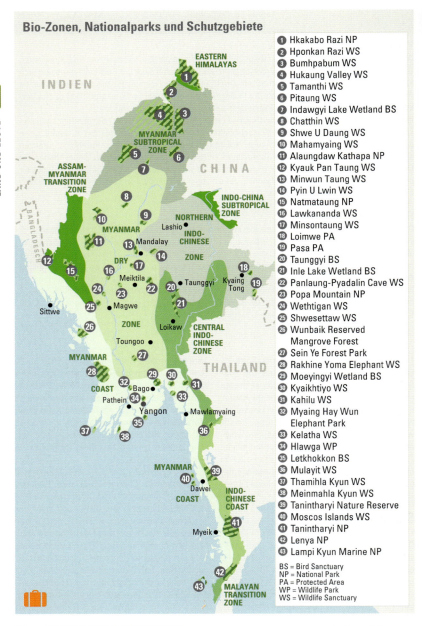

Pionier gilt die New Yorker Wildlife Conservation Society, die sich seit 1993 in Myanmar engagiert.

Bevölkerung

Einwohner: ca. 51,5 Mio. (1901: 11 Mio.; 1983: 35,3 Mio.)
Bevölkerungswachstum: 0,8 %
Lebenserwartung: 66,8 Jahre (69,9 bei Frauen, 63,9 bei Männern)
Säuglings-/Kindersterblichkeit: 40/62 pro Tausend
Alphabetisierungsrate: 89,5 (86,9 % bei Frauen, 92,6 % bei Männern)
Stadtbevölkerung: 30 %

Vielvölkerstaat

Mit offiziell 135 anerkannten Volksgruppen ist Myanmar eines der ethnisch vielfältigsten Länder Südostasiens. Sie werden entsprechend ihrer Herkunft in acht **Hauptgruppen** unterteilt: Kachin (12 Volksgruppen), Shan (34), Kayah (9), Kayin (12), Mon (1), Bamar (9), Rakhine (7) und Chin (51). Allerdings ist eine derartige Klassifizierung äußerst fraglich, da sie wenig über die kulturelle Identität der Gruppen aussagt. Moderne Linguisten ordnen sie anhand ihrer Sprachen drei der insgesamt sieben asiatischen Hauptsprachfamilien zu: dem zur sino-tibetischen Familie gehörenden **Tibeto-Birmanisch**, dem zur austroasiatischen Gruppe zählenden **Mon-Khmer** und dem **Tai-Kadai**, das zur Austro-Tai-Gruppe gerechnet wird. Da die Sprachen der Kayin und Kayah nicht schlüssig einzustufen sind, werden sie manchmal getrennt aufgeführt. Zur tibeto-birmanischen Sprachgruppe gehören u. a. Bamar, Rakhine, Kachin und Chin, zu den Mon-Khmer die Mon, Wa und Palaung und zur Tai-Kadai-Gruppe die Shan. Im Laufe der Geschichte haben sich die Völker in unterschiedlichem Grade vermischt. Manche, wie die Mon oder Rakhine, haben sich kulturell derartig dem birmanischen Lebensstil angepasst, dass Unterschiede äußerlich kaum mehr wahrnehmbar sind.

Dagegen gibt es Ethnien, die sehr isoliert leben und kaum Gemeinsamkeiten mit anderen aufweisen. Viele von ihnen bevölkern die Berge des Chin- und Kachin-Staates. So haben die in den Ausläufern des Himalaya siedelnden Tarong (T'rung), ein nur wenige hundert Mitglieder zählender Zwergstamm, erst seit wenigen Jahren vermehrt Kontakt mit der Außenwelt. Andere, etwa die Shan oder Pa-O, legen einerseits großen Wert auf ihre eigenständige Kultur und Sprache, besitzen andererseits aber viele Gemeinsamkeiten mit den Bamar, z. B. in der Ausübung ihrer buddhistischen Religion. Etwa zwei Drittel der Gesamtbevölkerung sind Bamar. Ihnen folgen als zweitgrößte Gruppe die Shan (9 %), die Kayin (7–8 %), die Rakhine (4,5 %) und die Mon (2,4 %).

Bamar

Seit dem Aufstieg Bagans im 11. Jh. dominieren die heute 35 Mio. Bamar das Land. Ihre Expansion ging auf Kosten anderer Völker, allen voran der Mon und Rakhine. Wahrscheinlich vom Tibetplateau stammend, haben die Bamar von den Pyu und möglicherweise auch den Mon Religion und Kultur übernommen. Heute dominieren sie Wirtschaft, Kultur und Politik, was das Zusammenleben im Vielvölkerstaat nicht gerade erleichtert. Auch die Erinnerungen an die vergangenen Kriege und die teilweise brutale Unterdrückung der Minderheiten sowie die Ohnmacht gegenüber den zahlenmäßig haushoch überlegenen Bamar erschweren oder verhindern gar die Verständigung mit den anderen Volksgruppen.

Chin

Das Spektrum der Untergruppen reicht von den Asho bis zu den Zomi, deren Dialekte zwar zur tibeto-birmanischen Sprachgruppe zählen, sich aber erheblich voneinander unterscheiden. Auch ihre kulturellen Gepflogenheiten sind sehr vielfältig, was auf ihr isoliertes Leben in den Bergen zurückzuführen ist. Von ihrem Ursprungsgebiet im Nordwesten Chinas wanderten diverse Chin-Gruppen gen Süden und ließen sich im Chin-Staat und in der Sagaing Division, den indischen Bundesstaaten Mizoram, Manipur und in Bangladesch nieder. Dort sind sie auch unter den Namen Kuki und Mizo bekannt. Der „Chin Hills Regulation Act" von 1896 gestand den Chin eine gewisse Eigenständigkeit zu. Infolge der US-amerikanischen Missionierung gehören heute rund 80 % diversen christlichen Kirchen an, was eine eigene Chin-Identität beförderte und 1988 in der Gründung der militanten Chin National Front (CNF) mündete. Sie schloss 2012 einen Waffenstillstand mit der Regierung.

Kachin

Auch „Kachin" ist eine eher diffuse Sammelbezeichnung, unter der verschiedene, der tibeto-birmanischen Sprachfamilie zugerechnete Untergruppen zusammengefasst sind. Offiziell werden zwölf Gruppen genannt, im engeren Sinne sind es sechs: die Jinghpaw, Lisu, Maru, Lashi, Atsi und Rawang. Sie alle migrierten im größeren Stil während des 19. Jh. aus dem damals bürgerkriegszerrissenen Südwestchina in den Norden Myanmars. Viele Kachin konvertierten infolge der Missionierung durch US-amerikanische Baptisten zum christlichen Glauben, was wie bei den Chin zu einer eigenen Kachin-Identität führte. Die 1961 gegründete Kachin Independent Organisation (KIO) kämpft nach einem brüchigen Waffenstillstand zwischen 1994 und 2011 bis heute um mehr autonome Rechte.

Kayin und Kayah

Unter dem Begriff Kayin (engl. Karen), mit über 4 Mio. die drittgrößte Bevölkerungsgruppe Myanmars, werden etwa 20 Untergruppen zusammengefasst. Die beiden dominierenden sind

Volk ohne Rechte – die Rohingya

Die Nähe zu Südasien und der damit verbundene Handelskontakt hatten einen verstärkten Zuzug muslimischer Händler aus Südindien und Bengalen nach Rakhine zur Folge. Bereits vor Jahrhunderten ließen sie sich in den Städten des schmalen Küstenstreifens nieder und vermischten sich mit den Einheimischen. Nicht wenige standen als angesehene Persönlichkeiten in Diensten der buddhistischen Könige von Mrauk U. Während der Kolonialzeit verstärkte sich der Zuzug bengalischer Muslime. Nach 1948 kamen Tausende illegal über die Grenze.

Die Einwanderer entwickelten im Laufe der Zeit ihre eigene birmanisch-muslimische Identität und nannten sich Rohingya. Heute stellen sie mit über 1 Mio. Angehörigen ein Drittel der Gesamtbevölkerung von Rakhine (ca. 3,2 Mio.) und sprechen ein Gemisch aus Bengali, Rakhine und Urdu. Doch noch immer werden sie nicht als eine der 135 Volksgruppen akzeptiert, sondern wie illegale Einwanderer behandelt – was sich auch in der abschätzigen Bezeichnung „Bengali" widerspiegelt. Somit befindet sie sich in einem rechtsfreien Raum. Immer wieder kam es in den vergangenen Jahrzehnten zu Vertreibungen. Als 1977 unter Ne Win alle Einwohner registriert und mit Ausweisen versehen werden sollten, wurden die Rohingya ausgenommen. Die folgenden Repressalien führten mehrfach zu größeren Fluchtwellen: 1978, 1992 und zuletzt 2012, als nach pogromartigen Übergriffen Zigtausende vertrieben wurden und seitdem in Flüchtlingslagern, vor allem westlich von Sittwe und im Küstendistrikt Maungdaw, ein menschenunwürdiges Dasein fristen. Nach einem Überfall auf Grenzposten durch militante Rohingyas im Oktober 2016 führten großangelegte Militäroperationen zu weiteren brutalen Übergriffen. Menschenrechtsorganisationen werfen dem Militär Gruppenvergewaltigungen, Zerstörung ganzer Dörfer und Vertreibung der Zivilbevölkerung vor. Zehntausende flohen nach Bangladesch.

Was eine Lösung des Konfliktes erheblich erschwert, ist die desolate Wirtschaftslage. Mit einer Armutsrate von 43 % zählt der Küstenstaat zu den unterentwickeltsten Regionen des Landes. Fast ein Fünftel der Frauen können nicht lesen und schreiben, mehr als ein Drittel der Kinder gilt als untergewichtig. Hinzu kommt, dass auch die 2 Mio. buddhistischen Rakhine sich von der Bamar-dominierten Regierung im Stich gelassen fühlen. Ein Ende des Konflikts ist nicht abzusehen.

die Pwo und die Sgaw. Ihre Herkunft ist schwer zu bestimmen, da auch ihre Sprache nicht leicht einzuordnen ist. Der mündlichen Überlieferung nach lebten die Vorfahren ursprünglich in der chinesischen Wüste Gobi, dem „Land des strömenden Sandes" *(Htee Hset Met Ywa)* und sollen bereits im 1. Jahrtausend v. Chr. nach Myanmar eingewandert sein.

Vermutlich gehören die **Pwo** zu den ersten Kayin-Siedlern auf birmanischem Boden. Sie ließen sich im Stammland der Mon zwischen Thaton und Kyaikkami nieder, sind aber heute vor allem im Ayeyarwady-Delta zu finden. Eine Untergruppe der Pwo, die Pa-O, fand ab dem 11. Jh. in den umliegenden Bergen des Inle-Sees eine neue Heimat und ersetzte ihre animistisch geprägte Weltanschauung durch eine neue Religion, den Buddhismus. Heute leben dort etwa 200 000 Pa-O.

Die **Sgaw** ließen sich anfänglich zwischen den Flüssen Sittaung und Thanlwin nieder, wurden aber später von den Bamar und Mon verdrängt, sodass sie mittlerweile an unterschiedlichen Orten leben. Eine Sgaw-Untergruppe, die Pa-Ku (Weiße Karen), lebt an der thai-birmanischen Grenze im heutigen Kayin-Staat.

Viele Kayin machten während der Kolonialzeit im Militär Karriere. Als Zeichen des Respekts ernannte U Nu nach der Unabhängigkeit Generalleutnant Smith-Dun, einen Kayin, zum ersten Oberbefehlshaber. Doch bereits 1947 formierte sich die **Karen National Union (KNU)**, um für einen eigenen Staat namens Kawthoolei zu kämpfen. Nach jahrzehntelangem Bürgerkrieg schloss sie 2012 ein Waffenstillstandsabkommen mit der Regierung.

Die Kayah oder Karenni (Rote Karen) gelten als weitere Gruppe der Kayin, obgleich sie offiziell eigenständig behandelt werden. Sie wiederum gliedern sich in neun Untergruppen, darunter diverse Zweige der Kayan, deren bekannteste Vertreter die Kayan Lahwi (Shan: Padaung) sind. Letztere gelangten wegen ihrer „Langhalsfrauen" zu Bekanntheit.

Mon

Zu den ältesten Bewohnern Myanmars zählen die ca. 1,2 Mio. Mon, welche mit den Khmer eine eigene Sprachfamilie bilden. Vermutlich be-

reits um die Zeitenwende waren sie entlang der Küste zwischen Yangon und Mawlamyaing beheimatet. Auch der Mündungsbereich des thailändischen Chao-Phraya-Flusses zählt zu ihrem anfänglichen Siedlungsgebiet.

Schon sehr früh über die Häfen mit indischem Gedankengut in Kontakt gekommen, übernahmen sie vom Subkontinent Schrift, Kultur und Religion. Ihrer strategischen Lage wegen gerieten sie mit den Bamar immer wieder in Konflikt. Mit der Eroberung Bagos am 6. Mai 1757 fiel ihr letztes eigenständiges Königreich in die Hände der Bamar.

Buntes Treiben auf den Straßen von Yangon

Rakhine

Zu kolonialer Zeit „Arakanesen" genannt, werden die ca. 2,3 Mio. Rakhine der tibeto-birmanischen Sprachfamilie zugeordnet und siedelten bereits in vorchristlicher Zeit entlang der Westküste am Golf von Bengalen. Ihr politisches Zentrum lag zwischen den Flüssen Kaladan und Leymyo nördlich von Sittwe. Aufstieg und Niedergang der Rakhine verliefen fast parallel zu denen der Mon. Auch sie gerieten über die Handelsverbindungen sehr früh in Kontakt mit indischem Gedankengut, übernahmen Schrift, Kultur und vor allem den Buddhismus. Ihre Eigenständigkeit endete mit der Einnahme von Mrauk U durch Truppen des Konbaung-Königs Bodawpaya 1784/85.

Shan

Ethnisch mit den Laoten und Thais verwandt, gehören die etwa 4 Mio. Shan der Tai-Kadai-Sprachgruppe an und waren wie ihre östlichen Nachbarn ursprünglich im chinesischen Yunnan beheimatet. Vermutlich wanderten sie ab dem 1. Jahrtausend in den heutigen Shan-Staat ein, übernahmen den Buddhismus und ließen sich vorwiegend in den fruchtbaren Flusstälern nieder. Dort gründeten sie im Laufe der Zeit Fürstentümer, die von sogenannten **Sao Pha** („Himmelsfürsten") regiert wurden und lose miteinander verbündet waren. 1888 vereinten die Briten im *„Shan States Act"* insgesamt fünf nördliche und 43 südliche Fürstentümer, ließen aber die Shan-Fürsten in ihren Ämtern. Bald nach der Unabhängigkeit wurde der Shan-Staat zum Tummelplatz diverser Rebellenarmeen, kommunistischer Kämpfer, chinesischer Nationalisten und Drogenbarone. Auch viele Shan begannen für die Unabhängigkeit zu kämpfen. Als die Sao Pha 1962 von Ne Win ins Gefängnis geworfen wurden (wo einige starben), gerieten weite Teile des Shan-Staates unter Direktkontrolle des Militärs. Seit den Wahlen 2010 können sich die Shan wieder politisch organisieren.

Inder und Chinesen

Obwohl sie einen signifikanten Anteil in der Bevölkerung ausmachen, werden die Bewohner chinesischer und indischer Abstammung in den Statistiken nicht extra aufgeführt. Die **Inder** (birm. *kala*) gelangten während der Kolonialzeit nach Myanmar und begannen sehr bald Wirtschaft, Verwaltung und Militär zu dominieren. Auf besondere Weise profitierten die vorwiegend aus Südindien stammenden Geldverleiher, die *chettiyar*, von der Kolonialwirtschaft. Im Zuge der Erschließung des Ayeyarwady-Deltas gelangte immer mehr Land in ihren Besitz; in den 1920er- und 1930er-Jahren besaßen sie über die Hälfte aller Reisfelder im Deltagebiet. Damals bestand auch etwa die Hälfte der Einwohnerschaft Rangoons aus Südasiaten. Bereits während der japanischen Besatzungszeit kam es zu massiven Übergriffen durch die Birmanen. Viele Inder verließen daraufhin das Land. Die Abwanderungswelle verstärkte sich nach der Unabhängigkeit. Die heutigen, etwa 1 Mio. zählenden Nachkommen sprechen vorwiegend Birmanisch und unterscheiden sich in erster Linie hinsichtlich ihrer Religion. Die meisten Inder sind Hindus oder Muslime.

Die Zahl der **Chinesen** (birm. *tayok*) lässt sich nur schwer schätzen, denn mit der wirtschaftlichen Öffnung des Landes seit Anfang der 1990er-Jahre setzte eine wahre Migrationswelle ein. Die grenznahen Städte wie Lashio im Shan-Staat, aber auch die nordbirmanische Metropole Mandalay werden heute schon wirtschaftlich von den Chinesen dominiert. In den Städten leben hauptsächlich Einwanderer aus den Küstenprovinzen Südchinas. Im östlichen Shan-Staat überwiegen Chinesen aus dem Yunnan. Dort siedeln zudem chinesischstämmige Volksgruppen wie die Kokang und Shan-Chinesen, Shan Tayok genannt. Schließlich gibt es noch die Panthay, muslimische Chinesen, die seit Jahrhunderten die Handelsrouten zwischen China und Myanmar bzw. Thailand kontrollieren und sich in einigen Städten Ober-Myanmars und des Shan-Staates niedergelassen haben.

Bildung – gestern und heute

Verglichen mit den Nachbarn Indien (62,8), Bangladesch (58,8 %) und Laos (72,7 %) ist die **Alphabetisierungsrate** bei den Erwachsenen recht hoch. Sie beträgt gegenwärtig laut UN-Angaben 89,5 %. Das sind faktisch jedoch immer noch fast 3 Mio. Analphabeten, die älter als 15 Jahre sind. Nur jeder fünfte Birmane hat eine Mittelschule besucht. Es zeigen sich zudem gravierende Unterschiede zwischen Stadt und Land sowie zwischen Frauen und Männern. So ist fast jede zehnte Frau weder des Lesens noch des Schreibens mächtig, bei Männern sind es 5,5 %.

Myanmars **Schulsystem** besteht aus drei Stufen: Basic Education Primary School (BEPS, Vorschule plus 1.–4. Klasse, Grade 1–5), Basic Education Middle School (BEMS, 5.–8. Klasse, Grade 6–9) und Basic Education High School (BEHS, 9.–10. Klasse, Grade 10–11).

Das heutige Bildungssystem geht auf die Kolonialzeit zurück, als das traditionelle Lernen im Kloster immer mehr verdrängt wurde. Ab den 1870er-Jahren entstanden vielerorts Schulen, die meist unter der Obhut christlicher Missionsgesellschaften standen. 1920 öffnete als erste höhere Bildungseinrichtung die University of Rangoon ihre Pforten. Sie sollte bald zum Sammelbecken für die Unabhängigkeitsbewegung werden. Unter der Ne-Win-Diktatur erfolgte ein steter Niedergang im Bildungsbereich. Die völlige Isolation des Landes und die Verstaatlichung aller Schulen 1965 hatten auch für das Ausbildungssystem fatale Folgen. Die besten Köpfe

Lernen im Kloster

Michael Symes, ein britischer Abgesandter am Hof von Inwa, schrieb in einem Bericht um 1800, dass unter den Handwerkern, Bauern und Fährmännern keiner sei, der nicht lesen und schreiben könne. Dies war eine Folge davon, dass seit der Bagan-Ära jedes buddhistische Kloster *(kyaung)* gleichzeitig ein Ort des Lernens war. Neben den Novizen *(koyin)* übten sich dort auch die Dorfkinder in Lesen, Schreiben und etwas Rechnen. Begabte Schüler (Novizen wie Laien) durften später eines der regionalen Ausbildungsklöster besuchen, um das Studium der buddhistischen Texte zu vertiefen. Wer das höchste Examen erfolgreich abschloss, den belohnte der König auf großzügige Weise. Auch heute noch spielen Klosterschulen eine wichtige Rolle, vor allem in buddhistisch geprägten ländlichen Gebieten. In ganz Myanmar existieren gut 1600 buddhistische Bildungseinrichtungen mit über 260 000 Schülern, Tendenz steigend.

verließen das Land, denn Karriere konnten nur diejenigen machen, die eine militärische Laufbahn einschlugen.

Auch die jetzige Regierung zeigt nur mäßiges Interesse an der Bildung. Sie gibt bei Weitem mehr Geld für Waffen als für Schulen aus. Die Ausbildung und Bezahlung der Lehrer (etwa 100 € monatlich) ist dermaßen miserabel, dass qualifizierte Lehrkräfte in andere Berufe abwandern. Schulen bleiben auf dem Land oft über längere Zeit vakant.

Aus Angst vor Protesten schloss die Regierung zwischen 1991 und 2000 acht Mal die Universitäten und hinterließ dadurch eine verlorene Generation. Auch wenn sich die Zahl der **Universitäten und Colleges** auf landesweit 156 erhöht hat, fehlt es ihnen an finanziellen Ressourcen und Qualität. Zahlungskräftige Eltern lassen ihre Kinder im Ausland studieren – viele kehren danach nicht mehr zurück. Um ihre Berufschancen zu verbessern, nehmen viele junge Birmanen privaten Englischunterricht oder belegen Computerkurse. Ein halbes Jahrhundert Militärdiktatur hat auch in der Bildung seine Spuren hinterlassen. Myanmar hinkt hinter anderen asiatischen Staaten weit hinterher – und das in einer Zeit, in der Bildung für die Entwicklung eines Landes von immenser Bedeutung ist.

Geschichte

Wie ein roter Faden ziehen sich zwei Aspekte durch die birmanische Geschichte: der **Buddhismus** und die **ethnische Vielfalt**. Es gab kaum einen Herrscher, der sich nicht der Nachwelt durch den Bau einer buddhistischen Pagode in guter Erinnerung behalten lassen wollte. Die berühmte *Glaspalastchronik* – sie wurde 1829 von König Bagyidaw in Auftrag gegeben – leitet die Herkunft der Birmanen sogar vom Stamm Buddhas, den Sakya, ab. Ein Zweig dieses Stammes sei vor der Zeitenwende aus Indien eingewandert und habe am Oberlauf des Ayeyarwady bei Tagaung das erste Königreich auf birmanischem Boden gegründet. Vor allem prägte aber die ethnische Vielfalt das Auf und Ab der Geschichte. Ein mächtiges birmanisches Reich hatte die Unterwerfung anderer Volksgruppen zur Folge. Zerfiel es, so erstarkten wiederum die unterdrückten Völker. Diese Wechselspiele von Macht und Zerfall lassen sich in der Geschichte der Mon und Rakhine sehr gut studieren.

Frühe Staaten (bis 11. Jh.)

Über die prähistorische Besiedlung Myanmars ist nahezu nichts bekannt. Vermutlich waren hier wie auch in anderen Teilen Südostasiens ab dem 2. Jahrtausend v. Chr. Protomalaien und Negritos verbreitet. Sie wurden in den ersten vorchristlichen Jahrhunderten von Völkern verdrängt, die aus Südwestchina und dem tibetischen Hochland entlang der Flüsse nach Süden zogen. Zu den bedeutendsten zählen die Pyu, denen die ersten eigenständigen Staatsgebilde auf birmanischem Territorium zu verdanken sind. Bei diesen „Staaten" handelte es sich indes eher um lose Stadtverbände.

ZEITLEISTE

um 10 000 v. Chr.	1500–500 v. Chr.
Werkzeugfunde belegen neusteinzeitliche Siedlungen im Shan-Staat.	Aus der Bronzezeit stammen zahlreiche Waffenfunde in Ober-Myanmar.

Mit den **Mon** werden die alten Siedlungen an den Flussmündungen des Thanlwin und Sittaung am Golf von Mottama in Verbindung gebracht. So wurden in Winka, 28 km nordwestlich von Thaton, ins 6. Jh. datierte Votivtafeln mit Mon-Schriftzeichen gefunden. Es ist jedoch unklar, welche Volksgruppe dort tatsächlich ansässig war. Ins Reich der Legenden gehört wohl die Überlieferung, dass in Thaton die beiden indischen Mönche Soma und Uttara landeten, um den Buddhismus zu predigen. Die srilankische Mahavamsa-Chronik berichtet nur, die beiden seien Mitte des 3. Jhs. v. Chr. im Anschluss an die Dritte Buddhistische Synode nach *Suvanna-bhumi* („Goldenes Land") gesandt worden, ohne den Ort näher zu lokalisieren. Spätestens im 5. Jh. war der **Theravada-Buddhismus** fest etabliert, wie Funde von Votivtafeln und Fundamentreste von Stupas beweisen.

Die zur tibeto-birmanischen Sprachgruppe zählenden **Pyu** siedelten bevorzugt in der Ayeyarwady-Ebene zwischen Pyay und Shwebo. Ihre bedeutendsten Metropolen waren Sri Ksetra, Beikthano und Halin. Auch sie kamen sehr früh mit dem Buddhismus in Kontakt, wobei neben dem Theravada offensichtlich auch der Mahayana vertreten war. Am Königshof wurden zudem hinduistische Kulte praktiziert. Als Blütezeit der Pyu gelten das 7./8. Jh., als sie mit der chinesischen Tang-Dynastie (618–907) in regem Kontakt standen. Sowohl Mon als auch Pyu gebrauchten ihre eigene, aus dem Alphabet des südindischen Pallava-Reiches (3.–9. Jh.) entwickelte Schrift.

Am Golf von Bengalen im heutigen **Rakhine** etablierte sich spätestens ab dem 4. Jh. ein weiteres indisiertes Reich mit Hauptstadt in Vesali, etwa 10 km nördlich von Mrauk U.

Im 8./9. Jh. veränderte sich die politische Landkarte Myanmars zusehends. Vom Tibet-Plateau wanderten verstärkt **Bamar** in Richtung Süden und gründeten ihre ersten Siedlungen entlang dem Ayeyarwady. Das zur tibeto-birmanischen Sprachgruppe gehörende Volk nahm 849 die Stadt Pyu Gama (Bagan) ein und assimilierte die Pyu. Von dort aus breiteten sich die Bamar immer weiter in Ober-Myanmar aus. Aus dem Nordosten drängte entlang dem Thanlwin ein weiteres Volk in Richtung Süden: die aus dem Yunnan stammenden **Tai** (birm. Shan). Von den Han-Chinesen verdrängt, verließen sie ihr Stammland im dortigen Nan Chao-Reich und ließen sich im Shan-Staat nieder. Auch die Tai machten den Pyu das Leben schwer, 832 überfielen sie deren Metropole Halin.

Das Bagan-Reich (11.–13. Jh.)

Mit dem Aufstieg Bagans entstand das erste Großreich auf birmanischem Boden. Die Grundlagen dazu schuf **Anawrahta** (reg. 1044–77), der 1044 den Thron bestieg und seinen Einflussbereich kontinuierlich ausbaute. Nachdem der König die Küstenregion unter seine Kontrolle bringen konnte, bekam er auch Zugang zum lukrativen Seehandel. Spätere Chroniken schmücken dies fantasiereich mit der Einnahme der Mon-Metropole Thaton im Jahr 1057 aus und berichten von der Verschleppung von 30 000 Einwohnern inklusive König und Anhang. Was Fakt und Fantasie ist, lässt sich heute jedoch

---

Ab 2. Jh. v. Chr.

Es entstehen erste urbane Zentren der Pyu wie Sri Ksetra (s. Foto), der Mon und Rakhine. Der Buddhismus beginnt sich auszubreiten, auch Hindu-Kulte werden praktiziert.

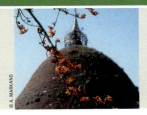

9. Jh.

Tai-Gruppen erobern 832 die Pyu-Metropole Halin, Bamar nehmen 849 die Stadt Pyu Gama (Bagan) ein. Dies führt nach fast tausend Jahren zum Ende einer eigenständigen Pyu-Kultur.

nicht mehr sagen. Sicher ist, dass der Theravada-Buddhismus zur reichseinigenden Religion wurde.

Anawrahta und auch sein zweiter Nachfolger **Kyanzittha** (reg. 1084–1112) ließen sich in ihren Bauten künstlerisch vom nordindischen Pala-Reich (8.–12. Jh.) beeinflussen. Auch enge Kontakte zum Rajarata-Reich auf Sri Lanka sind erwiesen. Eine Zeit der kulturellen Blüte und politischen Stabilität erlebte Bagan auch noch während der langen Regentschaft von **Alaungsithu** (reg. 1112–67). Kaum ein Bagan-Herrscher war bau- und reisefreudiger als der Enkel Kyanzitthas, der mit dem Thatbyinnyu-Tempel auch architektonisch neue Akzente setzte. Spätestens unter ihm setzte sich eine eigenständige **birmanische Schrift** durch. Der regionale Handel blühte und die durch ein hoch entwickeltes Kanalsystem bewässerten Reisfelder bei Kyaukse und Salin stellten die Ernährung der wachsenden Bevölkerung sicher.

Niedergang des Bagan-Reiches

Im 13. Jh. begann der Stern Bagans zu sinken. Dafür gab es verschiedene Gründe. Schwache Könige schafften es nicht, das Land zusammenzuhalten. Großzügige Landschenkungen an die unzähligen buddhistischen Klöster hatten steigende Steuerausfälle zur Folge, da die Klöster von den üblichen Abgaben befreit waren. Zudem hatte sich die geopolitische Situation Südostasiens gravierend verändert. Ursache waren die **Eroberungszüge der Mongolen** unter Kublai Khan, die 1253 das Stammland der Tai in Nan Zhao (heute Yunnan) unterwarfen, woraufhin die Tai (birm. Shan) sich verstärkt im Nordosten Myanmars ausbreiteten. Bereits 1281 eroberte ein Shan namens **Wareru** die strategisch wichtige Hafenstadt Mottama.

Neben dem Cham- und Dai-Viet-Reich im Osten und Java im Süden wollte der 1260 gekrönte Kublai Khan (reg. 1260–94) auch Bagan unterwerfen. Zweimal drangen seine Truppen ins Reich ein, 1283/84 und 1287, doch okkupierten sie wahrscheinlich nie die Königsstadt. Als letzter großer Monarch gilt **Narathihapate** (reg. 1254–87), der eine Gesandtschaft des Khan hinrichten ließ und später auf der Flucht von seinem machthungrigen Sohn in Pyay getötet wurde.

Ab 1299 begannen **drei Brüder** und ehemalige Minister von Sagaing, Pinya und Myinsaing aus die Kontrolle im zerrissenen Reich zu übernehmen, woran auch eine dritte Invasion mongolischer Truppen 1301 nichts mehr ändern konnte. Bagan spielte als Hauptstadt keine Rolle mehr.

Unabhängige Königreiche – Europäer in Myanmar

Nach dem Untergang Bagans entstand ein politisches Vakuum, in dessen Folge die Region in mehrere Machtzentren zerfiel. Dies sollte über 250 Jahre hinweg so bleiben. Ende des 14. Jhs. wurde **Bago** zur Hauptstadt eines Mon-Reiches, das unter der **Königin Shin Sawbu** (reg. 1453–72) und ihrem Nachfolger **Dhammazedi**

1044–1287

Unter König Anawrahta und seinen zehn Nachfolgern erlebt das Land eine kulturelle Blütezeit. Bagan (s. Foto) ist neben Angkor eine der führenden Metropolen Südostasiens.

Ab 1283

Drei Invasionen der Mongolen (1283/84, 1287, 1301) beschleunigen den Zerfall des Bagan-Reiches.

(reg. 1472–92) eine Blütezeit erlebte und ganz Nieder-Myanmar umfasste. Unterdessen einte der Gouverneur von Tagaung das zerrissene Ober-Myanmar und erhob 1364 als **König Thadominbya** (reg. 1364–68) Inwa zu seiner Residenzstadt.

Bengalen (heute Bangladesch) geriet im frühen 13. Jh. unter den Einfluss des sich in Süd- und Südostasien ausbreitenden **Islam**, doch Rakhine konnte sich der muslimischen Einflussnahme erwehren. Nach Jahrzehnten des Machtkampfes gründete **König Narameikhla** (reg. 1404–34) mit **Mrauk U** 1433 eine Stadt, von der aus die Rakhine über 350 Jahre lang den Seehandel entlang der bengalischen Küste dominieren konnten. Die vielen Tempelruinen geben heute noch Zeugnis vom Reichtum und Glanz dieser Stadt. Mit den benachbarten muslimischen Herrschern verstanden es die Könige von Mrauk U zumindest zeitweilig, ein freundschaftliches Verhältnis zu pflegen. Weltweit wohl einmalig, trugen sie als überzeugte Buddhisten ab dem späten 15. Jh. auch islamische Titel. Muslimische Händler nahmen einen wichtigen Platz in der Gesellschaft von Rakhine ein.

Das 15. Jh. brachte einen nachhaltigen Faktor in das asiatische Machtgefüge: die **Europäer**. In der Mon-Hauptstadt Bago hielt sich 1435 der venezianische Kaufmann Nicolo di Conti vier Monate auf, doch gravierender war die erfolgreiche Suche der portugiesischen Seefahrer nach neuen Handelswegen. Am denkwürdigen 20. Mai 1498 landete Vasco da Gama in der südindischen Hafenstadt Calicut und eröffnete damit den Seeweg nach Asien. Wenige Jahre später eroberte **Don Alfonso de Albuquerque** Goa und das malaiische Melaka, schloss 1511 mit den Mon ein Handelsabkommen und schuf auf diese Weise wichtige Stützpunkte zur Verteidigung des Monopols im lukrativen Gewürzhandel.

Der Kaufmann **Antonio Correa** erhielt 1519 durch einen Vertrag mit dem in Mottama residierenden Vizekönig der Mon die Erlaubnis, den Handelsweg nach Siam über die zeitsparendere Landroute zu nutzen. Zu den Herrschern von Rakhine hatten die Portugiesen den intensivsten Kontakt. Nachdem sie ab 1517 die bengalische Küste als Piraten unsicher machten, traten sie später in den Dienst der Könige von Mrauk U, versorgten sie mit Waffen und unterstützten sie in technischen und militärischen Belangen. Im Gegenzug durften sie die Handelswege im Golf von Bengalen kontrollieren und Küstenbewohner als Sklaven nach Goa verschleppen.

Den Höhepunkt seiner Macht erlangte Rakhine im 17. Jh., als seine Flotte als unbesiegbar und die Befestigungsanlagen von Mrauk U als uneinnehmbar galten. Ein Zeugnis davon geben die Berichte des portugiesischen Missionars **Sebastião Manrique** (ca. 1590–1669), der eine Zeit lang am Hofe des wohl mächtigsten Rakhine-Königs **Thirithudhamma** (reg. 1622–38) lebte.

Das Zweite Birmanische Reich (16.–17. Jh.)

Ein unscheinbarer Ort am Oberlauf des Sittaung wurde zur Keimzelle des nach Bagan zweiten birmanischen Großreiches: **Toungoo**. Dort re-

1315	1364	1433
Sagaing avanciert neben Pinya und Myinsaing unter den drei Brüdern Athinkaya, Thihathu und Yazathingyan zu einem weiteren Machtzentrum.	Dem Gouverneur von Tagaung gelingt es, das zerrissene Ober-Myanmar zu einen. Als König Thadominbya erhebt er Inwa zu seiner Residenzstadt.	Mit Mrauk U entsteht eine mächtige Königsstadt der Rakhine, die für 350 Jahre das dominierende Handelszentrum am Golf von Bengalen bleibt.

gierte der Begründer der Toungoo-Dynastie, **Minkyinyo** (reg. 1486–1531), über ein kleines Fürstentum. Sein Sohn **Tabinshwehti** (reg. 1531–51) weitete sein Reich auf Kosten der Shan und Mon aus. Aus strategischen Gründen verlagerte er seinen Sitz 1539 in die alte Mon-Metropole Bago und beherrschte bald ein Gebiet, das von Dawei an der Küste von Tanintharyi bis Pyay reichte.

Was Tabinshwehti nicht gelang, vermochte sein Schwager und Nachfolger **Bayinnaung** (reg. 1551–81) zu vollenden: Der „Eroberer der zehn Richtungen", wie er sich selbst nannte, nahm 1556/57 mehrere Fürstentümer im Shan-Staat ein und unterwarf die siamesischen Königreiche Lan Na und Ayutthaya. Unter seiner Herrschaft erreichte Myanmar die größte Ausdehnung.

Doch die meisten eroberten Gebiete gingen unter seinem Nachfolger **Nandabayin** (reg. 1581–99) bereits wieder verloren. Ayutthaya sagte sich los und unternahm eine erfolgreiche Gegeninvasion. Bevor jedoch die Siamesen Bago einnehmen konnten, wurde 1599 die Hauptstadt der Toungoo-Dynastie überraschend durch den König von Mrauk U, Razagyi (reg. 1593–1612), zerstört. Bayinnaungs Enkel **Anaukpetlun** (reg. 1605–28) gelang es noch einmal, das Reich bis in den Norden Thailands auszuweiten. Doch es existierte nur kurz: 1635 verlegte **König Tharlun** (reg. 1629–48) seine Residenz nach Inwa, der Niedergang der Toungoo-Dynastie war eingeläutet. Damals lebten etwa 2 Mio. Menschen im Reich, welches unter seinem Sohn Pindale (reg. 1648–61) immer mehr zerfiel.

Die Konbaung-Dynastie (1752–1885)

Ein letztes Mal wurde Bago Zentrum eines unabhängigen Mon-Reiches, als sich 1740 dessen Statthalter von Inwa lossagte. Von einem weiteren unbedeutenden Ort gelang es dem birmanischen General Aung Zeya, die Vorherrschaft der Mon zu brechen und weite Teile Zentral-Myanmars unter Kontrolle zu bringen. **Shwebo** („Goldener General"), wie er seine Heimatstadt von nun an nannte, wurde zur Keimzelle eines dritten birmanischen Großreiches. Der General gab sich den Namen **Alaungpaya**, „Großer Herr und zukünftiger Buddha", und wurde zum Begründer des letzten birmanischen Herrscherhauses, der Konbaung-Dynastie.

Mit der Zerstörung Bagos am 6. Mai 1757 brach Alaungpaya endgültig den Widerstand der Mon. Viele flohen nach Siam, wo noch heute ihre Nachfahren leben. Wieder war das benachbarte siamesische Königreich Ziel birmanischer Expansionsgelüste. Der dritte Konbaung-König, **Hsinbyushin** (reg. 1763–76), machte Ayutthaya nach kurzer Belagerung 1767 dem Erdboden gleich. Wie einst Anawrahta verschleppte er die gesamte Elite nach **Inwa**, das er zwei Jahre zuvor zu seiner Königsstadt erkoren hatte. Das kulturelle Leben in Myanmar profitierte davon erheblich.

Der vierte Sohn Alaungpayas, **Bodawpaya** (reg. 1782–1819), ließ sich nach einer Intrige 1782 zum König krönen und verlegte seinen Palast in das neu geschaffene **Amarapura**, südlich von Mandalay. Er setzte die Expansionsbestre-

15. Jh.	1752	1782
Bago wird zum Zentrum eines Mon-Reiches und erlebt unter Königin Shin Sawbu (reg. 1453–72) und Dhammazedi (reg. 1472–92) eine Blütezeit.	Alaungpaya begründet die Konbaung-Dynastie und erobert 1757 das Mon-Königreich Bago. Sein zweiter Nachfolger Hsinbyushin zerstört 1767 das thailändische Ayutthaya.	König Bodawpaya gründet Amarapura und unterwirft 1784/85 den einst mächtigen Küstenstaat Rakhine.

bungen seiner Vorgänger fort und annektierte 1784/5 das innenpolitisch geschwächte Rakhine. Knapp 30 Jahre nach dem Untergang des Mon-Reiches hörte auch Rakhine auf, ein unabhängiger Staat zu sein. Zehntausende seiner Bewohner wurden verschleppt und zu Zwangsarbeit und Kriegsdienst verpflichtet.

Niedergang der Konbaung

Nach der Eroberung Rakhines hatten Myanmar und die unter britischem Protektorat stehenden indischen Randgebiete eine gemeinsame Grenze. Dies führte zu regelmäßigen Zwischenfällen, denn infolge der birmanischen Unterdrückung flohen viele Rakhine ins bengalische Chittagong. Von dort unternahmen sie Überfälle auf die Besatzer, was wiederum zu Einfällen birmanischer Truppen in Bengalen führte. Der Konflikt spitzte sich zu, als **König Bagyidaw** (reg. 1819–37) nach seiner Thronbesteigung im Jahre 1819 die an der Nordwestgrenze Myanmars gelegenen Fürstentümer Assam und Manipur einnehmen ließ. Der stolze Enkel Bodawpayas war gekränkt, weil bei seiner Krönungsfeier der Fürst von Manipur gefehlt hatte. Neben Manipur unterwarf sein ambitionierter **General Maha Bandoola** mit seinem 20 000 Mann starken Heer das politisch zerrissene Assam.

Im Streit um den politischen Einfluss in diesem strategisch wichtigen Gebiet musste es früher oder später zur offenen militärischen Auseinandersetzung zwischen dem britischen Empire und Myanmar kommen. Am 5. März 1824 begann der **Erste Anglo-Birmanische Krieg**. Zwar wurde schnell die Überlegenheit der Briten deutlich, doch in den zwei Jahren verlor die aufstrebende koloniale Weltmacht 15 000 Soldaten. Sie hatte die Zähigkeit der unterlegenen Birmanen unterschätzt. Mit dem **Vertrag von Yandabo** am 24. Februar 1826 endete der Krieg. Bagyidaw war gezwungen, Rakhine und den Küstenstreifen Tanintharyi abzutreten und die besetzten Gebiete von Manipur und Assam zu verlassen.

Mit Bagyidaws Tod 1839 begann der Stern der Konbaung-Dynastie zu sinken. Hauptschuld waren interne Machtkämpfe, was in einer Zeit massiver europäischer Kolonialinteressen fatal war. Ein fehlendes System der Thronfolge hatte nach dem Tod des Königs häufig Massaker an Familien möglicher Konkurrenten und politischer Gegner zur Folge. So wurden nicht weniger als 6000 potenzielle Widersacher niedergemetzelt, als 1846 **Pagan** (reg. 1846–53) seinen Vater Tharawaddy ablöste. Unter ihm verschlechterte sich das ohnehin angespannte Verhältnis mit den Briten zusehends. Als im Dezember 1851 zwei britische Schiffskapitäne wegen Zollverstößen von einem birmanischen Gericht zu empfindlichen Geldstrafen verurteilt wurden, war dies für das Empire Anlass genug, im Zuge des **Zweiten Anglo-Birmanischen Krieges** ganz Nieder-Myanmar zu besetzen.

Goldenes Mandalay

Diese Erniedrigung konnte **Mindon** (reg. 1853–78), ein Halbbruder Pagans, nicht hinnehmen. Er setzte den Despoten ab und bestieg den Thron. Der neue König bemühte sich um politische Ent-

1824–26	24. Februar 1826	1852
Ein Grenzkonflikt mit der britischen Kolonialmacht in Indien eskaliert zum Ersten Anglo-Birmanischen Krieg.	Im Vertrag von Yandabo zwingen die Briten König Bagyidaw, Rakhine und den Küstenstreifen Tanintharyi abzutreten und 1 Mio. britische Pfund Entschädigung zu bezahlen.	Der Zweite Anglo-Birmanische Krieg führt zur Kontrolle des Empires über ganz Nieder-Myanmar. Die Hafenstadt Rangoon wird zur kolonialen Boomtown.

spannung, auch wenn er das Ergebnis dieser weiteren Expansion nicht akzeptieren wollte. Er sah ein, dass sein klein gewordenes Reich politisch und wirtschaftlich mit den Briten nicht mithalten konnte. Daher reformierte er die Verwaltung und liberalisierte die Wirtschaft, auch wenn er wichtige königliche Monopole nicht aufgab. Zur Modernisierung des Bildungswesens gestattete er christlichen Missionaren die Etablierung von Schulen und entsandte junge Untertanen zum Studium nach Europa.

Kulturell und religiös erlebte Myanmar mit dem neu gegründeten **Mandalay** eine letzte Blütezeit, die mit der Fünften Buddhistischen Synode vom 15. April bis 18. September 1871 einen Höhepunkt erlebte, doch mit dem Tod Mindons am 1. Oktober 1878 ein jähes Ende fand. Wieder kam es zu Machtkämpfen. Zwar hatte Mindon bereits zu Lebzeiten seinen Vertrauten und Bruder Kanaung zum Nachfolger bestimmt, doch der war 1866 von Mindons Sohn Myingun getötet worden. Ein weiteres Attentat befürchtend, unterließ es der König daraufhin, einen seiner 48 thronberechtigten Söhne zum Nachfolger zu bestimmen. Er lag noch im Sterben, da hatte seine erste Königin Hsinbyumashin bereits die Kontrolle über den Palast gewonnen und Sohn Nummer 41, **Thibaw**, zum Nachfolger bestimmt. Der erst 19-Jährige war mit ihrer Tochter, also seiner Halbschwester Supayalat, verheiratet. Wieder kam es zum Massaker: 80 Prinzen und Prinzessinnen – darunter 31 leibliche Söhne und neun Töchter Mindons – wurden im Februar 1879 als potenzielle Rivalen getötet. „Ein großer Graben wurde ausgehoben, um sie alle aufzunehmen", schrieben die Chronisten.

Britische Kolonie

Der weltfremde **Thibaw** (reg. 1878–85) zog sich immer mehr hinter die Palastmauern zurück und überließ die Amtsgeschäfte seinen Ministern und seiner herrischen Frau Supayalat. Das Land versank im Chaos, die Macht des Monarchen reichte kaum über die Grenzen Mandalays hinaus.

Auch das Verhältnis zu den Briten verschlechterte sich rapide, als Thibaw 1885 Großbritanniens Erzrivalen Frankreich Handelskonzessionen gewährte. Frankreich, das im Begriff war, Vietnam und Kambodscha zu kolonialisieren, wollte seinen Einfluss auch in Myanmar geltend machen. Es galt, im Wettstreit mit den Briten die vermuteten lukrativen Handelswege von Südostasien nach China zu erschließen.

Wieder war es ein eher unbedeutender Konflikt, der schließlich zum Untergang der birmanischen Monarchie führte. Die Bombay Burmah Trading Corporation fühlte sich vom Königshof in Mandalay bei einem Streit um Holzkonzessionen ungerecht behandelt. Das war den Briten Grund genug, den **Dritten Anglo-Birmanischen Krieg** zu erklären. Nach einem Ultimatum marschierten sie mit ihren Truppen in Ober-Myanmar ein und erreichten ohne große Gegenwehr am 28. November 1885 Mandalay. Thibaw und Supayalat mussten abdanken und wenig später den Palast verlassen. Sein Dasein fristete das Herrscherpaar von nun an im südindischen Ratnagiri. Dort verstarb der letzte birmanische König am 15. Dezember 1916.

Mit Beginn des Jahres 1886 verlor Myanmar seine Souveränität und wurde am 1. März offi-

1853–78	1878–85	November 1885
Unter König Mindon erlebt die Monarchie ihre letzte Blütezeit. Mandalay wird 1857 zur neuen Residenzstadt erhoben.	Unter dem weltfremden König Thibaw und seiner Frau Supayalat verschlechtert sich das Verhältnis zum Empire rapide.	Der dritte Krieg mit dem Empire mündet in der Annexion ganz Myanmars. König Thibaw muss mit seiner Familie ins indische Exil nach Ratnagiri gehen.

ziell zu einer Provinz der **Kolonie Britisch-Indien** degradiert. Das einstige stolze Königreich blieb 51 Jahre lang von der politischen Landkarte verschwunden. In den ersten Jahren konnten die neuen Herren das Land nur sehr mühsam unter Kontrolle bringen. Mehr als 40 000 Soldaten und Sicherheitskräfte mussten sie mobilisieren, um die unzähligen Aufstände zu unterdrücken. Dabei kam es zu Massenhinrichtungen und brutalen Übergriffen auf die Zivilbevölkerung.

Erst Anfang der 1890er-Jahre hatte sich die Lage so weit beruhigt, dass die Briten ihre koloniale Administration ausbauen konnten. Dabei verstanden sie es, die ethnische Vielfalt des Landes für sich zu nutzen. Während sie im Zentralland, *Burma Proper* genannt, die traditionellen Herrschaftsstrukturen der Birmanen vollkommen abschafften und durch eine Kolonialverwaltung ersetzten, beließen sie in den Randgebieten, den *Frontier Areas*, die Anführer der verschiedenen Volksgruppen in Amt und Würde. In nicht unerheblichem Maße profitierten die Minderheiten von den neuen Machthabern. So wurde etwa den **Shan-Fürsten** *(Sao Pha)* im *„Shan States Act"* von 1888 die beschränkte Herrschaft über ihre Fürstentümer zugesprochen. Im Gegenzug konnten die Briten in deren Territorien Rohstoffe wie Silber, Edelstein oder Holz ausbeuten. Die Menschen kamen in den Genuss westlicher Bildung und Gesundheitsversorgung, da zahlreiche Missionare Schulen und Krankenhäuser gründeten. Nicht wenige konvertierten zum Christentum, wie etwa die Chin, Kachin und Kayin. In den schwer kontrollierbaren Bergregionen war die britische Armee auf die lokale Bevölkerung angewiesen, daher rekrutierte sie Angehörige der Minderheiten.

Um die Kolonie wirtschaftlich effektiv ausbeuten zu können, bedurfte es einer brauchbaren **Infrastruktur**. Dazu boten sich die auf über 8000 km navigierbaren Flüsse an. Bereits 1865 gründeten Schotten die Irrawaddy Flotilla Company, die sehr bald zur größten privaten Binnenflotte der Welt avancierte. Am 1. Mai 1877 fuhr der erste Zug von Yangon nach Pyay, bis 1941 wurden 3300 km Schienen verlegt. Auch das Straßennetz baute man unter Einsatz von

Divide et impera

Mit der außenpolitischen Maxime der alten Römer „trenne (die Gegner) und beherrsche (sie dadurch)", gelang es den Briten, die ethnische und religiöse Vielfalt ihrer unterworfenen Kolonien für sich zu nutzen. Dies war auch in Myanmar der Fall, das sie in zwei administrativ unterschiedliche Zonen aufteilten. In Zentral-Myanmar, dem *Burma Proper*, zerschlugen sie die traditionellen Herrschaftsstrukturen und ersetzten sie durch eine koloniale Administration. Führende Positionen hatten Briten oder Inder inne. In den wirtschaftlich weniger profitablen und teilweise schwer zugänglichen Bergregionen, den *Frontier Areas*, beschränkten sie sich auf eine indirekte Machtausübung. Dort hatten die Stammesfürsten weiterhin das Sagen und genossen vorher nicht gekannte Privilegien.

1. Januar 1886	1890er-Jahre	Frühes 20. Jh.
Myanmar „verschwindet" von der politischen Landkarte und wird Teil Britisch-Indiens. Die zahlreichen Aufstände werden brutal niedergeschlagen.	Die „Teile-und-Herrsche"-Politik der Briten führt zur kolonialen Direktverwaltung in „Burma Proper", während in den „Frontier Areas" die alten Machtstrukturen erhalten bleiben.	Migrationswelle aus Südasien; im multikulturellen Rangoon ist Hindi die Verkehrssprache. Diverse Aufstände scheitern an der Übermacht des Empires.

Zwangsarbeitern kontinuierlich aus. Einige wenige britische Firmen wie die Burma Corporation oder die Bombay Burmah Trading Corporation übernahmen die ehemals dem königlichen Monopol unterlegenen Edelsteinminen und Holzkonzessionen.

Die wohl gravierendsten Veränderungen erfuhr das ursprünglich nur dünn besiedelte Ayeyarwady-Delta, das die Briten ab 1852 urbar machten. Immer mehr Menschen siedelten sich an, um am lukrativen **Reisanbau** teilzuhaben. Darunter waren neben Kayin und Bamar viele indische Migranten, die den ärmlichen Verhältnissen in ihrer Heimat entfliehen wollten. Innerhalb von 50 Jahren nahm die dortige Bevölkerung um mehr als 400 % zu, zwischen 1885 und 1906 verachtfachte sich die Anbaufläche. Myanmar avancierte zur Reisexportnation Nummer eins. In den 1930er-Jahren machte Reis einen Anteil von drei Viertel des gesamten Exportvolumens aus.

Doch der wirtschaftliche Erfolg hatte seine Schattenseiten. Schwankende Preise auf dem Weltmarkt und notwendige Investitionen führten zur Verschuldung der mit Geld unerfahrenen Reisbauern. Immer mehr Menschen verloren ihre Felder an indische Geldverleiher (chettiyar), weil sie ihre Kredite plus Wucherzinsen nicht mehr zurückzahlen konnten. Der Anteil der Großgrundbesitzer stieg bis 1930 auf über 30 %. Die Bauern mussten sich als Tagelöhner in den Städten verdingen und mit den **indischen Migranten** konkurrieren. Die südasiatischen Nachbarn wanderten in immer größerer Zahl nach Myanmar ein, da sie als billige und willige Arbeitskräfte sehr gefragt waren. Zu Beginn des Zweiten Weltkriegs stellten sie über die Hälfte der Bevölkerung Yangons. In den Behörden und Geschäften wurde Hindi und Tamil gesprochen.

Kampf um die Unabhängigkeit

Die Kolonialisierung führte zu einer tiefen nationalen Identitätskrise. Der Buddhismus verlor mit der Abdankung des Königs seinen traditionellen Patron. Dies rief militante religiöse Anführer auf den Plan, die auf dem Land eine enorme Gefolgschaft um sich sammeln konnten. Einer von ihnen war der ehemalige Mönch **Saya San**, dessen Tharrawaddy-Rebellion die Armee auch nach Saya Sans Hinrichtung 1931 nur sehr mühsam unterdrücken konnte.

In den Städten versuchten einige Intellektuelle den Buddhismus zu modernisieren und gründeten 1906 die **Young Men's Buddhist Association (YMBA)** als Diskussionszirkel für religiöse und kulturelle Fragen. Als Antwort auf die christlichen Schulen wurden buddhistische Bildungseinrichtungen etabliert. Doch griff die YMBA zunehmend auch politische Themen auf. Sie kritisierte die Arroganz der Kolonialherren und forderte sie auf, die kulturellen Eigenheiten Myanmars zu respektieren. Ein immer wieder aufbrechender Konflikt resultierte aus der Weigerung der Briten, beim Besuch von Pagoden die Schuhe auszuziehen.

Der erste größere Protest flammte auf, als die Briten nach dem Ersten Weltkrieg dem indi-

5. Dezember 1920	19. September 1929	1930er-Jahre
Studenten treten erstmalig in einen Streik gegen den „University of Rangoon Act", der u. a. Englisch als Unterrichtssprache festlegt.	Der Mönchsaktivist U Wisara stirbt im Gefängnis nach 166 Tagen Hungerstreik aus Protest gegen die Kolonialmacht.	Die nationalistische Organisation Dobama Asiayone wird zum Sammelbecken antikolonialer Kräfte.

> **Dobama Asiayone**
>
> Die 1930 gegründete *Dobama Asiayone*, „Wir sind das birmanische Volk", war eine Vereinigung nationalistisch gesinnter Studenten, die sich *thakin*, „Herren", nannten. Dies ist ein birmanischer Titel, der den Kolonialherren vorbehalten war. Zu den Anführern gehörten **Thakin Aung San** und **Thakin Nu**, die später die Zukunft Birmas bestimmen sollten. Im Jahre 1936 legten sie durch einen Vorlesungsstreik den Lehrbetrieb an der Yangoner Universität lahm, um gegen das koloniale Erziehungs- und Unterrichtssystem zu protestieren. Zu ihren Hauptforderungen zählte die Verwendung birmanischer Literatur und Sprache im Unterricht.

schen Teil ihrer Kolonie, nicht aber dem birmanischen, eine beschränkte Partizipation an der Verwaltung gestatteten. Nach einer Welle von Streiks und Demonstrationen wurde sie schließlich 1921 auch Myanmar zuerkannt. Eine organisierte **Unabhängigkeitsbewegung** entstand an der neu gegründeten University of Rangoon. Dort kam es am 5. Dezember 1920 zum ersten großen Streik, mit dem sich Studenten gegen die Einführung einer diskriminierenden Universitätsverordnung auflehnten. Regelmäßige Proteste und Streiks bestimmten auch die folgende Dekade.

1937 riefen Mitglieder der **Dobama Asiayone** (s. Kasten) zum Boykott der ersten Wahlen zum neu gegründeten Abgeordneten- und Oberhaus auf. Die Wahlen waren anberaumt worden, nachdem Myanmar infolge des 1935 in London beschlossenen **Government of Burma Act** zur eigenständigen Kolonie erklärt worden war. Doch die Studenten forderten die Unabhängigkeit ihres Landes und nicht nur beschränkte Autonomie. Ein Veteran der Nationalbewegung, **Dr. Ba Maw**, wurde schließlich zum Premier einer birmanischen Administration gewählt, hatte allerdings kaum Befugnisse.

Die Dobama-Asiayone-Gruppe radikalisierte sich immer mehr und ging schließlich in den Untergrund. Dort nahm sie Kontakt mit der japanischen Militärregierung auf, die im Zuge ihrer aggressiven Expansionspolitik im Juli 1937 China überfallen hatte und weite Teile des Landes besetzt hielt. In **Japan** sahen sie einen ebenbürtigen asiatischen Gegenspieler zu den westlichen Kolonialmächten. Myanmar spielte wiederum für die Japaner eine strategisch wichtige Rolle, denn über die 1938 fertiggestellte Burma Road von Mandalay über Lashio und Bhamo nach Yunnan organisierten die gegen sie kämpfenden nationalchinesischen Truppen, die Kuomintang (KMT), ihren Nachschub. Während Thakin Nu 1939 wegen antibritischer Aktivitäten ins Gefängnis kam, konnte sich **Aung San** seiner drohenden Verhaftung entziehen. Mit einigen Mitstreitern entfloh er ins chinesische Xiamen (Amoy) und von dort weiter nach Japan. Um der nationalen Unabhängigkeit willen war er bereit, mit den japanischen Faschisten zu kollaborieren. Auf der Insel Hainan ließ er sich mit ausgewählten Mitstreitern militärisch ausbilden. Sie gingen als die „Dreißig Kameraden" in die birmanische Geschichte ein.

1. April 1937

Mit dem 1935 beschlossenen „Government of Burma Act" wird das Land zur eigenständigen Kolonie erklärt.

1942

Mit dem Einmarsch japanischer Truppen beginnt die dreijährige Besatzungszeit. Aung San (s. Foto) und die „Thirty Comrades" kämpfen zunächst an der Seite der kaiserlichen Armee.

Der Zweite Weltkrieg

Mit dem Überfall auf Pearl Harbour in der Nacht vom 7. auf den 8. Dezember 1941 begann ein rasanter Feldzug der japanischen Armee in Südostasien. Von Thailand aus landeten in der dritten Januarwoche 1942 die ersten Soldaten in Nieder-Myanmar. Am 8. März eroberten sie Yangon, am 1. Mai Mandalay. Auf ihrer Seite kämpfte Bogyoke (General) Aung San mit seiner neu formierten **Burma Independence Army (BIA)**. Die Armeen Großbritanniens und der Alliierten konnten sich nur unter großen Verlusten nach Assam und Manipur in Nordostindien zurückziehen. Zehntausende von Soldaten und Zivilisten kamen ums Leben, die meisten starben an Krankheit und Erschöpfung.

Zuerst als Befreier empfunden, entpuppten sich die Japaner jedoch sehr bald als brutale und arrogante Besatzer, deren Slogan „Asien den Asiaten" nichts mehr als eine Leerformel war. Sie verlangten von den Birmanen die Huldigung des japanischen Kaisers Hirohito und missachteten ihre kulturellen Gepflogenheiten. Am 1. August 1943 erklärten die Japaner den **State of Burma** für unabhängig und setzten eine Marionettenregierung unter Ba Maw ein.

Der Januar 1944 brachte schließlich einen Wendepunkt, als alliierte Truppen im Zuge der **Burma Campaign** an der Küste von Rakhine landeten. Der wichtigste Kriegsschauplatz lag im Nordwesten, wo japanische Armeeeinheiten im März einer Offensive der Alliierten zuvorkommen wollten. Nach Wochen der Belagerung von Imphal im indischen Bundesstaat Manipur mussten sie sich jedoch unter erheblichen Verlusten zurückziehen. Von strategischer Bedeutung sollte sich die 1000 km lange **Ledo Road** erweisen, die der US-amerikanische Generalleutnant Joseph Warren Stilwell ab 1943 von Manipur quer durch den Kachin-Staat anlegen ließ, um die Versorgung der Truppen sicherzustellen.

Die japanischen Besatzer wurden immer weiter zurückgedrängt. General Aung San nahm Ende 1944 Kontakt mit den Alliierten auf und kämpfte ab dem **27. März 1945** auf ihrer Seite gegen Japan. An dieses Datum erinnert bis heute der „Tag der Armee". Zur Mobilisierung der Bevölkerung gründete der damals erst 30-jährige die **People's Volunteer Organisation (PVO)** und mit Thakin Nu sowie anderen Mitstreitern die **Anti Fascist Peoples Freedom League (AFPFL)**. Anfang Mai 1945 war ganz Myanmar von den Alliierten zurückerobert. Als Japan am 28. August die Kapitulationsurkunde unterzeichnete, hatte das ostasiatische Land in diesem bitteren Krieg allein in Myanmar 190 000 Soldaten, drei Fünftel seiner Armee, verloren.

Weg in die Unabhängigkeit

Noch während der letzten Kriegsmonate legte die britische Regierung in einem *White Paper* die politische Zukunft Myanmars dar. Es sah vor, das zerstörte Land so lange unter die Direktherrschaft eines Gouverneurs zu stellen, bis es sich wirtschaftlich erholt und die Rahmenbedingungen für die Unabhängigkeit geschaffen hatte. Bis dahin sollte wieder der Government of Burma Act von 1935 gelten. Am 16. Oktober 1945 übernahm **Sir Reginald Dorman-Smith** das

1943	23. März 1945	1947
Der von den Japanern für unabhängig erklärte „State of Burma" existiert nur auf dem Papier. Die Bevölkerung leidet weiterhin unter den brutalen Übergriffen der Besatzer.	Aung San und seine Armee wechseln die Fronten und kämpfen nun an der Seite der Alliierten.	Im Aung San-Attlee-Abkommen wird am 27.1. mit Großbritannien die Unabhängigkeit vereinbart und im Panglong-Abkommen am 12.2. unter den Volksgruppen die Union Myanmars.

Panglong-Abkommen

Anfang Februar 1947 traf sich Aung San mit Vertretern der Shan, Kachin und Chin in Panglong, östlich von Taunggyi, um über die Rahmenbedingungen eines föderalen Birmas zu diskutieren. Nach zähen Verhandlungen unterzeichneten sie am 12. Februar das Panglong-Abkommen. Es regelte in neun Punkten die Kooperation zwischen den unterzeichnenden Volksgruppen. Unter anderem gestand es allen Minderheiten fundamentale demokratische Grundrechte zu. Zudem wurde beschlossen, die Schaffung eines autonomen Kachin-Staates innerhalb eines vereinten Birmas durch die Verfassung zu regeln. Dem Bund der Shan-Staaten versprach es weitgehende finanzielle Autonomie und den Minderheiten die finanzielle Unterstützung durch die Union. Im nationalen Exekutivrat sollten die Minderheiten durch ein Mitglied vertreten sein. Das Panglong-Abkommen ist ein Meilenstein in der Geschichte Birmas, denn zum ersten Mal bestimmten Bamar und die Minderheiten gemeinsam und gleichberechtigt ihre politische Zukunft. Daher wird der 12. Februar alljährlich als Unionstag gefeiert.

Amt des Gouverneurs. Doch Aung San und seine Anti Fascist Peoples Freedom League wollten die Unabhängigkeit so schnell wie möglich. Die AFPFL – in ihr waren zehn verschiedene politische Gruppierungen, darunter die Kommunisten und Vertreter einiger Minderheiten zusammengeschlossen – wurde von der Bevölkerungsmehrheit unterstützt. Kurz nachdem Dorman-Smith im August 1946 von Sir Hubert Rance abgelöst worden war, legte die AFPFL das ganze Land mit einem **Generalstreik** lahm. Der unabkömmlich gewordene Aung San wurde daraufhin Mitglied im Exekutivrat.

Zu Beginn des Jahres 1947 reiste Aung San nach London, um mit dem britischen Premier Clement Attlee die Zukunft seines Landes zu regeln. Am 27. Januar unterzeichneten die beiden das **Aung San-Attlee-Abkommen**, welches betonte, dass das birmanische Volk gemeinsam mit den Bewohnern der Randgebiete die Zukunft des Landes bestimmen solle. Da jedoch kein Vertreter der Minderheiten in London anwesend war, musste diese Frage in einem eigenen Abkommen geregelt werden. Zu diesem Zweck traf sich Aung San sofort nach seiner Rückkehr mit Vertretern der Chin, Kachin und Shan in Panglong (birm. Pinlone), 100 km östlich von Taunggyi. Im **Panglong-Abkommen** vom 12. Februar stimmten sie überein, dass die Unabhängigkeit schneller zu erreichen sei, wenn Vertreter der Randgebiete mit der birmanischen Interimsregierung kooperierten.

Doch sehr schnell wurde deutlich, wie zerrissen das Land eigentlich war. Zwar errang die AFPFL mit Aung San an der Spitze bei den Wahlen im April 1947 erwartungsgemäß die absolute Mehrheit, doch war die Einheit innerhalb der AFPFL äußerst fragil. Die neu gegründete Karen National Union (KNU) verlangte nach einem eigenen Kayin-Staat und boykottierte die Wah-

19. Juli 1947	ab 1948	4. Januar 1948
Aung San und acht Mitstreiter fallen im Yangoner Secretariat Building einem Attentat zum Opfer.	Die Union beginnt zu erodieren. Kommunistische Milizen, ethnische Unabhängigkeitsarmeen und Truppen der nationalchinesischen Kuomintang beginnen den bewaffneten Kampf gegen die Regierung.	Unabhängigkeit der Union of Burma. U Nu wird erster Premierminister, der Shan-Fürst Sao Shwe Thaike Präsident.

len. Auch die Burma Communist Party (BCP) verfolgte immer deutlicher ihre eigenen politischen Interessen. Dass Aung San viele Feinde hatte, zeigte sich spätestens am **19. Juli 1947**. In den Morgenstunden überfiel eine Gruppe bewaffneter Männer die Sitzung des Verfassungskomitees im Yangoner Secretariat Building und erschoss den 32-Jährigen sowie acht weitere Komiteemitglieder. Als Anstifter des Überfalls wurde später U Saw, Premier der letzten Vorkriegsregierung, hingerichtet. Noch am gleichen Tag übernahm Aung Sans alter Mitstreiter, Thakin Nu, die Führung der AFPFL. Am 24. September wurde die Verfassung verabschiedet. Sie sah für die **Union of Burma** zwei Kammern vor: das Abgeordnetenhaus und die Nationalitätenkammer. Den Minderheiten gestand sie in Kapitel 10 das Recht zu, die Union nach zehn Jahren zu verlassen.

Junge Demokratie

Von Astrologen genau berechnet, wurde die Union of Burma am Sonntag, dem **4. Januar 1948**, um 4.20 Uhr zu einem souveränen Staat erklärt. Die Abgeordneten wählten den 40-jährigen **Thakin Nu** zum ersten Premierminister und den Shan-Fürsten von Nyaungshwe, **Sao Shwe Thaike**, zum ersten Präsidenten. Zum ersten Armeechef wurde der Kayin **General Smith Dun** bestimmt. Euphorisch beschwor der Präsident in seiner Rede die Eintracht zwischen den Volksgruppen. Doch die Realität sah anders aus. Im Mai verließ die Kommunistische Partei das Parlament und trat in den **bewaffneten Widerstand**, gefolgt von frustrierten Teilen der People's Volunteer Organisation. Auch die gut gerüstete Karen National Defence Organisation (KNDO), der militärische Flügel der KNU, begann, um einen eigenen Staat zu kämpfen, legte durch Sabotageakte die Infrastruktur lahm und brachte 1949 sogar einige Außenbezirke der Hauptstadt unter ihre Kontrolle. Ein weiterer Unruheherd lag im nördlichen Shan-Staat. Dorthin flüchteten ab 1950 Tausende Soldaten der Kuomintang, nachdem sie in China von Mao Tse Tungs Volksarmee vernichtend geschlagen worden waren. Von birmanischem Boden aus planten sie ihre erfolglosen Gegenangriffe, von der CIA unterstützt und durch den Anbau und Handel von Opium finanziert.

Ökonomisch versuchte U Nu, wie sich Thakin Nu ab 1950 nannte, mit seinem **Pyidawtha-Programm** („Königlich glückliches Land"), einen buddhistischen Wohlfahrtsstaat zu schaffen. Dazu ließ er ab 1953 Ländereien von Großgrundbesitzern an landlose Bauern verteilen und Betriebe verstaatlichen. Doch die Folgen waren Misswirtschaft und Korruption. Der tief gläubige Mensch versand sich als Patron des Buddhismus und ließ zahlreiche Pagoden errichten oder renovieren. Zum 2500. Geburtstag des Erleuchteten lud U Nu zur **Sechsten Buddhistischen Synode** nach Yangon ein, die zwischen Mai 1954 und 1956 mehrere tausend Repräsentanten aus über 30 Ländern auf dem Gelände der Kaba-Aye-Pagode zusammenbrachte. Internationale Anerkennung schuf ihm sein Engagement in der Vereinigung der **Blockfreien Staaten**. Doch die innenpolitischen Probleme wurden ständig größer. Zwar konnte die AFPFL bei den

1950er-Jahre	1958	1960er-Jahre
U Nu organisiert von 1954–56 das Sechste Buddhistische Konzil in Yangon und ist 1955 maßgeblich an der Gründung der Blockfreien Staaten beteiligt.	Nach einer Regierungskrise übergibt U Nu seinem Verteidigungsminister, General Ne Win, für zwei Jahre die Amtsgeschäfte. Kriege gegen die Minderheiten verhindern den Zerfall der Union.	Ne Wins Verstaatlichungspolitik führt zum Exodus der Wirtschaftselite. Die ganze Macht ist im Militär gebündelt.

Wahlen 1951/2 und 1956 wieder die Mehrheit erringen, trotzdem nahmen die Parteiquerelen weiter zu, während die Autorität von U Nu stetig schwand.

Als es im Oktober 1958 zum großen Bruch innerhalb der AFPFL kam, ließ der Premier das Parlament auflösen. Er bat seinen Verteidigungsminister **General Ne Win**, bis zu Neuwahlen eine Interimsregierung anzuführen. Ne Win hatte den Auftrag, die zahlreichen Aufstände im Land – mittlerweile gab es über 20 Rebellenarmeen – niederzuschlagen und die angespannte politische Lage zu beruhigen. Tatsächlich vermochte er in seiner 18-monatigen Regierungszeit die Rebellenarmeen zu schwächen.

Die für den 6. Februar 1960 anberaumten Wahlen gewannen U Nu und seine neu gegründete **Union League (Parin Pyidaungzu)** haushoch. Doch mit seinem Plan, den Buddhismus zur Staatsreligion zu erheben, brachte er viele Nicht-Buddhisten gegen sich auf. Als er auch sein Wahlversprechen nicht einlöste, den Rakhine und Mon eigene Staaten zuzugestehen, mehrten sich wieder die Aufstände. Innerhalb kurzer Zeit brachten Rebellenarmeen ein Zehntel des Landes unter ihre Kontrolle. Die Union drohte zu zerbrechen.

Diktatur unter Ne Win

In den frühen Morgenstunden des **2. März 1962** übernahm General Ne Win durch einen **Militärputsch** überraschend die Macht. Die führenden Politiker warf er ins Gefängnis. Dort starb wenige Monate später Sao Shwe Thaike, der erste Präsident Myanmars, unter ungeklärten Umständen. Hunderte von Studenten wurden nach Protestaktionen inhaftiert. Der General setzte hohe Militärs als Revolutionsrat ein und verkündete am 30. April den „Birmanischen Weg zum Sozialismus". Ausländische Firmen wurden des Landes verwiesen und alle Betriebe verstaatlicht. Auch viele einheimische Geschäftsleute verließen nach der Enteignung ihrer Unternehmen das Land. Alle politischen Parteien wurden verboten mit Ausnahme der von Ne Win gegründeten **Burma Socialist Program Party (BSPP)**. Außenpolitisch führte der General den Staat in die absolute Isolation.

Mit der Verabschiedung einer neuen Verfassung 1974 nannte er das Land offiziell „Sozialistische Republik der Union von Birma" und teilte es in sieben Staaten *(states)* und sieben Provinzen *(divisions)* ein. Zwar kam es immer wieder zu Protesten, etwa anlässlich der Beisetzung des früheren Uno-Generalsekretärs U Thant im Dezember 1974, doch wurden sie brutal unterdrückt. Auch ein Putschversuch junger Offiziere im Juli 1976 scheiterte. Im Rahmen einer Generalamnestie ließ Ne Win 1980 viele politische Gefangene frei und erlaubte U Nu, der nach einer mehrjährigen Gefängnisstrafe 1966 ins Exil gegangen war, heimzukehren.

1988 – Jahr der Krise

Das Land schlitterte immer weiter ins Desaster. 1987 hatte die wirtschaftliche Lage aufgrund des massiven Preisverfalls im Holz- und Reisexport einen solchen Tiefpunkt erreicht, dass Myanmar

2. März 1962	Dezember 1974	Mai 1980
Nach zwei Jahren Regierungschaos putscht sich General Ne Win zurück an die Macht. Wirtschaftlich leitet er den „Birmanischen Weg zum Sozialismus" ein.	Anlässlich der Beisetzung des früheren Uno-Generalsekretärs von 1961 bis 1971, U Thant, kommt es zu Demonstrationen.	Ne Win reformiert den zersplitterten Sangha und etabliert eine zentrale Mönchshierarchie.

Aung San Suu Kyi

Sie gilt als die Ikone der Demokratie. Zahlreiche internationale Ehrungen wurden ihr zuteil, darunter 1991 der Friedensnobelpreis. Dabei führte sie jahrzehntelang ein eher unscheinbares Leben. Es waren außergewöhnliche Umstände, die Aung San Suu Kyi an die Spitze der Demokratiebewegung führten.

Am 19. Juni 1945 in Yangon geboren, war die Tochter von Aung San und Khin Kyi erst zwei Jahre alt, als ihr berühmter Vater und Unabhängigkeitskämpfer einem Attentat zum Opfer fiel. Während des Studiums am St. Hugh's College in Oxford von 1964–67 lernte Suu Kyi den britischen Tibetforscher Michael Aris kennen. Nach ihrer Heirat 1972 lebten die beiden für ein Jahr in Bhutan, wo Aris als Privatlehrer arbeitete. Darauf folgten ruhige Jahre in Oxford. Aris dozierte am St. John's College, während Suu Kyi sich vorwiegend der Erziehung ihrer Söhne Alexander (geb. 1973) und Kim (geb. 1977) widmete.

„Es war ein ruhiger Abend in Oxford, wie viele andere, am letzten Tag im März 1988 (…). Unsere Söhne waren im Bett und wir lasen, als das Telefon rang. Suu nahm den Hörer ab, um zu erfahren, dass ihre Mutter einen schweren Herzinfarkt erlitten hatte. Sie legte auf und begann zu packen. Ich ahnte, dass sich unser Leben für immer ändern würde", erinnerte sich Aris im Vorwort zum Buch *Freedom From Fear*, einer 1991 von ihm herausgegebenen Sammlung von Aung San Suu Kyis Reden (London 2010). Er hatte recht. Während Suu Kyi in Yangon ihre sterbende Mutter pflegte, formierte sich zeitgleich eine Protestbewegung gegen das Militärregime. Sehr bald avancierte Aung San Suu Kyi zur Symbolfigur des Widerstands und gründete im September 1988 mit Freunden die National League for Democracy (NLD).

Ab 1989 stand sie unter Hausarrest, und so sollte es mit wenigen Unterbrechungen 21 Jahre lang bis zum 13. November 2010 bleiben. Nachdem sie 1996 kurz freigelassen worden war, zogen die wöchentlichen Ansprachen vor ihrem Haus in der University Avenue 54 Tausende von Sympathisanten an. Ihrem Mann, der an Krebs erkrankte und seine Frau noch einmal sehen wollte, wurde die Einreise nach Myanmar verweigert. Michael Aris starb 53-jährig am 27. März 1999 in Oxford.

Da Suu Kyi trotz des haushohen Wahlsiegs ihrer Partei aufgrund der Verfassung nicht Präsidentin werden darf, lenkt sie seit April 2016 als „State Counsellor" die Geschicke des Landes. Dabei wird deutlich, dass es ein langer Weg bis zu einer funktionierenden Demokratie ist.

---

bei der Uno den Status eines *Least Developed Country* (LDC) beantragte, um an günstige Kredite und Schuldenerlasse heranzukommen. Als Ne Win am 5. September 1987 über Nacht alle 25-, 35- und 75-Kyat-Banknoten – vier Fünftel des im Umlauf befindlichen Geldes – für ungültig erklärte und dafür 45- und 90-Kyat-Noten einführte, verloren viele Menschen ihr Erspartes. Es

---

1988

Die katastrophale wirtschaftliche Situation führt zu Massenprotesten, die vom Militär brutal niedergeschlagen werden. Aung San Suu Kyi betritt die politische Bühne.

27. September 1988

Nach dem Rücktritt von Ne Win übernimmt der „Staatsrat zur Wiederherstellung von Recht und Ordnung" (SLORC) die Macht und benennt das Land in „Union of Myanmar" um.

1990er-Jahre

Jeglicher politischer Protest wird im Keim erstickt. Die Wirtschaft liegt in den Händen militäreigener Konglomerate und einiger Oligarchen.

kam zu ersten Unruhen, die sich im März 1988 zu **Massendemonstrationen** ausweiteten. Das ganze Land wurde durch Streiks lahmgelegt, woraufhin Ne Win am 27. Juli den Vorsitz der BSPP an **U Sein Lwin** abgab. Der wegen seiner Brutalität auch als „der Schlächter" bekannte U Sein Lwin zögerte nicht, bei einer Großdemonstration am **8. August** auf Demonstranten schießen zu lassen. Hunderte oder gar Tausende kamen dabei ums Leben. Seitdem gilt der 8.8.88 als der schwärzeste Tag der jüngeren Geschichte. Auch in den folgenden Tagen waren zahlreiche Opfer zu beklagen, viele Menschen kamen ins Gefängnis. Die Lage beruhigte sich erst, als der verhasste Militärführer am 19. August von dem Zivilisten **Dr. Maung Maung** abgelöst wurde. Er versprach, ein Referendum zur Einführung des Mehrparteiensystems durchführen zu lassen. Wenige Tage zuvor war an der Shwedagon-Pagode mit einer Rede vor Hunderttausenden von Menschen eine Frau bekannt geworden, die zur Leitfigur der sich formierenden Demokratiebewegung werden sollte: **Aung San Suu Kyi**.

Die neuen Diktatoren

Am 18. September kam es zu einem Machtwechsel innerhalb der Tatmadaw, wie das Militär offiziell heißt. Der **State Law and Order Restoration Council (SLORC)** unter Führung von **General Saw Maung** übernahm die Herrschaft und löste alle bisherigen Regierungseinrichtungen auf. Aung San Suu Kyi gründete zusammen mit Gleichgesinnten die **National League for Democracy (NLD)** und begann im ganzen Land für demokratische Reformen zu werben. Doch starben weiterhin Demonstranten im Kugelhagel der Soldaten, Tausende von Studenten flüchteten über die Grenzen in die Nachbarländer. Am 19. November formierte sich an der thai-birmanischen Grenze die **Democratic Alliance of Burma (DAB)**, ein Zusammenschluss von zehn ethnischen Widerstandsorganisationen mit Studentengruppen.

Als eine der ersten Amtshandlungen führte das SLORC die **Marktwirtschaft** ein. Am 27. Mai 1989 deklarierte es einen neuen offiziellen Namen des Landes: **Union von Myanmar**. Angesichts der eingefrorenen Entwicklungshilfe aus dem Ausland kündigten die Militärs demokratische Wahlen an, doch wurden gleichzeitig die prominentesten Oppositionellen wie Aung San Suu Kyi und U Nu unter Hausarrest gestellt oder ins Gefängnis geworfen. Immerhin kam es am 27. Mai 1990 zu den ersten **Parlamentswahlen** seit 30 Jahren. Trotz Repressalien gewann die NLD 392 von 485 Sitzen, während die aus Ne Wins BSPP hervorgegangene National Unity Party (NUP) gerade mal zehn Sitze errang. Aber das Wahlergebnis wurde von der Militärjunta nicht anerkannt. Zuerst solle eine neue Verfassung erarbeitet und von einer Nationalversammlung verabschiedet werden, hieß die Begründung. Tatsächlich konstituierte sich eine verfassungsgebende Versammlung. Die Delegierten der unterschiedlichen gesellschaftlichen Gruppen (Parteien, Vertreter von Minderheiten und Religionen, etc.) waren vom SLORC jedoch sorgfältig ausgewählt. 1993 trat die Versammlung zum ersten Mal zusammen, doch wurde sehr schnell deutlich, dass das Regime keinerlei Interesse an Reformen hatte.

2005/2006	September 2007	1. Mai 2008
Die Hauptstadt wird in die auf dem Reißbrett geplante Stadt Nay Pyi Taw im Landesinneren verlegt.	Preisexplosionen führen zu Mönchsprotesten, die brutal niedergeschlagen werden.	Zyklon Nargis richtet im Ayeyarwady-Delta verheerende Schäden an und fordert 138 000 Tote.

Bleierne Jahre

Am eindrucksvollen Wirtschaftsboom in Südostasien wollte auch Myanmar teilhaben. Um das Land für ausländische Investoren attraktiv zu machen, bedurfte es einerseits einer vernünftigen Infrastruktur und andererseits politischer Stabilität. Daher bemühten sich die Militärs, das desolate Verkehrsnetz zu erneuern bzw. auszubauen, und bedienten sich angesichts fehlenden Geldes eines Mittels, das bereits die Könige und Kolonialherren zu schätzen wussten: der **Zwangsarbeit**. Hunderttausende Menschen wurden gezwungen, sich an den Bauprojekten zu beteiligen. Nicht wenige flohen deshalb ins Ausland.

Politische Stabilität versuchte das SLORC dadurch zu erreichen, dass es jegliche Opposition im Keim erstickte und gegen politische Gegner hart vorging. Dazu diente ein ausgefeiltes Spitzelsystem mit einem Heer an Spionen und Informanten. Die Annäherung mit der VR China hatte eine massive militärische **Aufrüstung** zur Folge, woraufhin die zahlreichen Armeen der Minderheiten und Splittergruppen in die Defensive gerieten. Mehr als 20 Unabhängigkeitsorganisationen und Rebellenarmeen schlossen mit dem SLORC ein Waffenstillstandsabkommen, was zur Befriedung weiter Teile Myanmars führte. Doch dort, wo gekämpft wurde, kam es nach wie vor zu brutalsten Übergriffen auf die Minderheiten. Erzwungene Trägerdienste, systematische Vergewaltigungen und Vertreibungen gehörten zu den Mitteln der Gewalt und führten zu regelmäßigen **Flüchtlingswellen**, vor allem nach Thailand.

Seit 1997 ist Myanmar Mitglied der Association of Southeast Asian Nations (ASEAN), im gleichen Jahr benannte sich die Regierung in das freundlicher klingende State Peace and Development Council (SPDC) um. Außer dem Namen änderte sich jedoch nichts, zu groß war die Angst des Militärs vor Veränderungen – und vor sich selbst: Den mächtigen Chef des Geheimdienstes, Premier **Khin Nyunt**, ließ der oberste General, Than Shwe, 2004 mitsamt seinem Spitzelapparat inhaftieren. Doch der von Khin Nyunt erarbeitete „Wegweiser zu einer gelenkten Demokratie" wurde weiter verfolgt. In sieben Schritten sollte eine Verfassung erarbeitet werden, die, von einem Referendum verabschiedet, zu „freien und fairen" Parlamentswahlen führen würde.

Überraschend gründeten die Militärs am 27. März 2006 im Herzen des Landes offiziell die neue Hauptstadt **Nay Pyi Taw**. Vom „Sitz der Könige", so die Bedeutung, ordneten sie ein Jahr später die brutale Niederschlagung demonstrierender Mönche an, die gegen die Willkür der Junta auf die Straße gegangen waren. Als am 1. Mai 2008 der **Zyklon Nargis** mit bis zu 215 km/h über das Ayeyarwady-Delta und Yangon hinwegfegte und nicht nur verheerende Zerstörungen anrichtete, sondern mindestens 138 000 Menschenleben forderte, verhinderte das Militär die Unterstützung ausländischer Hilfsorganisationen. Trotz der Katastrophe ließen die Generäle in einem Referendum kurze Zeit später über die umstrittene Verfassung abstimmen. Dass angeblich fast 94 % der Wähler dafür stimmten, bestätigte die allgemeine Befürchtung, dass die geplanten Wahlen weder frei noch fair ablaufen würden.

10. November 2010	2015	2017
Bei den umstrittenen Wahlen siegt die militärnahe Union Solidarity and Development Party (USDP). Präsident Thein Sein leitet überraschend tiefgreifende Reformen ein.	Bei den Wahlen gewinnt die NLD 58 % der Sitze in der Abgeordnetenkammer und 60,3 % der Sitze der Nationalitätenkammer. Präsident wird Htin Kyaw, Aung San Suu Kyi „State Counsellor".	Der Reformprozess verläuft zäh. Die NLD-Regierung kämpft gegen alte Seilschaften, Korruption und Konflikte mit diversen ethnischen Gruppen.

Birmanischer Frühling

Boykottiert von Suu Kyis NLD, fanden die umstrittenen **Wahlen** von Vertretern der beiden Kammern sowie über 14 Regionalparlamenten schließlich am 10. November 2010 statt. Insgesamt 37 politische Parteien traten an, darunter mit der National Democratic Force (NDF) eine Splitterpartei der NLD und die von den Militärs geführte Union Solidarity and Development Party (USDP). Erwartungsgemäß siegte die USDP haushoch: 76,79 % der Stimmen für die Nationalitätenkammer und 78,49 % der Stimmen für das Parlament. Zum ersten „zivilen" Präsidenten seit 50 Jahren wurde ein alter Bekannter gewählt: der einstige General und Premier **Thein Sein**.

Anfänglich mit großer Skepsis betrachtet, läutete der neue Präsident bald einen bunten Reigen radikaler **Reformen** ein. Hunderte politische Gefangene wurden freigelassen, die Zensur gelockert, das Versammlungsverbot abgeschafft und ein umstrittenes Staudammprojekt im Kachin-Staat gestoppt. Der Westen belohnte die Reformbemühungen mit einer schrittweisen Abschaffung der Sanktionen. Dies führte zu verstärkten auslandischen Investitionen und einem Boom im Immobilienmarkt.

Bei den ersten wirklich freien Wahlen am 8. November 2015 gewann die NLD 58 % der Sitze in der Abgeordnetenkammer und 60,3 % der Sitze der Nationalitätenkammer. Das Präsidentenamt übernahm im folgenden März Htin Kyaw, ein alter Weggefährte von Aung San Suu Kyi, die als „State Counsellor" faktisch die Regierungsgeschäfte bestimmt. Doch der Reformprozess verläuft zäh: Überforderte NLD-Minister, alte Seilschaften des Militärs und ethnische Konflikte an vielen Fronten machen deutlich, wie lang und steinig der Weg zu einer funktionierenden Demokratie ist. Einen herben Rückschlag erfuhr die Regierung durch das brutale Attentat auf den prominenten muslimischen NLD-Rechtsanwalt U Ko Ni am 29. Januar 2017. Auch nach der zweiten „21st Century Panglong Peace Conference" im Mai 2017 ist wahrer Friede im Land noch fern. Aber trotz aller Enttäuschungen und Widrigkeiten genießen die Menschen die neu gewonnenen Freiheiten.

Politik und Verwaltung

Staaten und Provinzen: 14
Hauptstadt: Nay Pyi Taw
Präsident: Htin Kyaw

Die Republik der Union von Myanmar ist in sieben **Staaten** *(pyinae)* und sieben **Provinzen** *(tain)* gegliedert. Zu den Provinzen (in Klammern ist die jeweilige Kapitale aufgeführt) gehören: Ayeyarwady (Pathein), Bago (Bago), Mandalay (Mandalay), Magwe (Magwe), Sagaing (Sagaing), Tanintharyi (Myeik) und Yangon (Yangon). Zu den Staaten zählen: Chin-Staat (Hakha), Kachin-Staat (Myitkyina), Kayah-Staat (Loikaw), Kayin-Staat (Hpa-an), Mon-Staat (Mawlamyaing), Rakhine (Sittwe) und Shan-Staat (Taunggyi). Sie sind wiederum in Distrikte *(khayain)*, Kreise *(myó-nae)*, Bezirke *(kyej.jwa ou'sú)* sowie Gemeinden *(kjèj.jwa)* unterteilt.

Gemäß Artikel 12 der Verfassung von 2008 besteht die politische Vertretung in der Union aus 14 Regionalparlamenten und dem Unionsparlament, **Pyidaungsu Hluttaw**, mit zwei Kammern: einer **Nationalitätenkammer** *(amyotha hluttaw)* mit bis zu 224 Sitzen und einer **Abgeordnetenkammer** *(pyithu hluttaw)* mit bis zu 440 Sitzen. Die Legislaturperiode beträgt fünf Jahre.

An der Spitze des Staates steht der **Präsident**. Er muss mindestens 45 Jahre alt sein und darf keine Familienangehörige mit ausländischem Pass haben. Das Militär *(tatmadaw)* genießt eine Sonderrolle: Ein Viertel aller Sitze in den Parlamenten wird durch das **Tatmadaw** ernannt. Artikel 40 (d) erlaubt dem Oberkommandeur, im Falle eines Notstands die Macht zu übernehmen. Damit ist der Militärputsch faktisch in der Verfassung verankert.

Einzelnen Minoritäten gestattet die Verfassung **Zonen der Selbstverwaltung**: den Danu, Kokang, Palaung, Pa-O und Wa im Shan-Staat und den Naga entlang der indischen Grenze in der Sagaing Division. Diese Zonen erwuchsen aus den vom Militär definierten „Special Regions" infolge ausgehandelter Waffenstillstandsabkommen mit den sechs Gruppen. In der Nationalitätenkammer stehen jedem Staat bzw. jeder Provinz zwölf Abgeordnete zu, was auch den ethnischen Minderheiten zugutekommt. In beiden Kammern sind mehrere Parteien nationaler Minderheiten vertreten, in den Regionalparlamenten haben Vertreter ethnischer Gruppen auch Ministerposten inne. Doch alles in allem ist ihre politische Einflussnahme in diesem militärisch-demokratischen Parlamentshybrid äußerst gering. Das Misstrauen ist nach den vielen Jahren Bürgerkrieg noch immens groß. So liegt die von Bogyoke Aung San verfolgte Vision einer multiethnischen „Einheit in Vielfalt" noch immer in weiter Ferne.

Staaten und autonome Regionen

Autonome Regionen:
- A Naga
- B Palaung
- C Kokang
- D Wa
- E Danu
- F Pa-O

Wirtschaft

Wachstum: 8,5 %*
Inflation: 8,5 %*
BIP pro Kopf: US$1439
Agrarsektor: 30 %
Industriesektor: 35 %
Dienstleistungen: 35 %
Export: US$12,65 Mrd.
Import: US$24,48 Mrd.

* Schätzungen der Asiatischen Entwicklungsbank (ADB)

Das ressourcenreiche Myanmar ist heute eines der ärmsten Länder des Kontinents und rangiert laut Entwicklungsbericht der Vereinten Nationen an 148. Stelle von 188 gelisteten Staaten. Dies hat mehrere Ursachen.

Weg in den Ruin

Myanmar litt mehr als die anderen südostasiatischen Staaten unter den **Folgen des Zweiten Weltkriegs**. Bei den militärischen Auseinandersetzungen waren die meisten Fabrikanlagen vernichtet, ein Großteil der Flotte versenkt und 70 % der Infrastruktur zerstört worden.

Die erste unabhängige Regierung unter U Nu versuchte, wie andere blockfreie Staaten auch, einen dritten Weg zwischen Kommunismus und Kapitalismus. U Nu hatte die Vision eines buddhistisch inspirierten Wohlfahrtsstaates vor Augen und formulierte 1952 den sogenannten **Pyidawtha-Plan** („Glückliches erhabenes Land"). Die Verbraucherpreise wurden vom Staat vorgegeben, in dessen Eigentum auch die wichtigsten Industriebetriebe lagen. Doch die Konflikte mit den ethnischen Minderheiten sowie Ineffizienz und bürokratischer Filz ließen die Umsetzung nur schleppend vorankommen.

Am fatalsten wirkte sich jedoch der **„Birmanische Weg des Sozialismus"** unter Ne Win aus. Der General ließ ab 1964 fast alle klein- und mittelständischen Unternehmen verstaatlichen. Innerhalb weniger Jahre war das isolierte Land durch Inkompetenz, Korruption und die maßlose Selbstbereicherung des Militärs heruntergewirtschaftet. Zweimal, 1964 und 1987, erklärte Ne Win bestimmte Banknoten für ungültig, woraufhin Millionen von Menschen ihre Ersparnisse verloren.

Wirtschaft zwischen Markt und Willkür

Das SLORC, die neue Militärjunta, führte 1989 die Marktwirtschaft ein und vereinte wichtige Staatsunternehmen in der militäreigenen Union of Myanmar Economic Holdings Ltd. (UMEHL) und der Myanmar Economic Corporation (MEC). Es folgte in den 1990er-Jahren ein solides Wirtschaftswachstum von jährlich 7–8 %. Aufgrund der Sanktionen westlicher Staaten flossen dringend benötigte Investitionen vor allem aus dem asiatischen Ausland ins Land. Doch die **willkürliche Handels- und Finanzpolitik** blieb ein Hemmschuh für eine schnelle Entwicklung. Ignorierte Abmachungen, das faktische Monopol der Militärkonzerne, Vetternwirtschaft, die überall grassierende Korruption und ein blühender Schwarzmarkt ließen ausländische Unternehmen lieber in anderen asiatischen Staaten investieren. Davon profitierten wiederum militärnahe Geschäftsleute (sog. *cronies*), die zu immensem Reichtum gelangten und mit ihren undurchschaubaren Konglomeraten bis heute die Wirtschaft dominieren. Zu den größten zählen die Unternehmen Asia World, Htoo, Max Myanmar und Shwe Taung.

Seit der politischen Öffnung weht aber auch im wirtschaftlichen Bereich ein neuer Wind. Schon gilt Myanmar als das „Goldene Land für Investoren". Nach **Aufhebung der Sanktionen** geben sich ausländische Unternehmen die Klinke in die Hand, 2013 wurde ein neues Gesetz für ausländische Direktinvestitionen verabschiedet. Zur Liberalisierung des Marktes wurden der Bankensektor reformiert und staatliche Einrichtungen privatisiert. Vor allem das Baugewerbe erlebt einen beispiellosen Boom. Auch der **Tourismus** wächst stark und führt zu einem hohen Grad an Beschäftigung. Im Jahr 2016 reisten offiziell 2,9 Mio. Besucher nach Myanmar ein, davon jedoch zwei Drittel meist als Händler über die Landesgrenzen. 52 418 Touristen kamen aus den deutschsprachigen Ländern. Doch auch hier machen militärnahe Einrichtungen und Unternehmen die großen Geschäfte. Bei der Bevölkerung auf dem Land sind die Fortschritte kaum angekommen. Noch immer lebt mehr als ein Viertel der Menschen unter der Armutsgrenze.

Kampf ums Überleben

Bei ständig steigenden Lebenshaltungskosten kommt der Durchschnittsbürger nur mit Mühe über die Runden. An eine Einkommensverbesserung ist gar nicht zu denken. Der Monatslohn für die 370 000 Lehrer beginnt bei 155 000 Kyat, ein höherer Angestellter erhält das Doppelte. Dabei kostet bereits 1 kg Reis mittlerer Qualität über 800 Kyat. Folglich kann er mit seinem Beruf die durchschnittlich 4- bis 5-köpfige Familie kaum ernähren, denn sie verzehrt etwa 2 kg Reis pro Tag. Daher muss auch seine Frau arbeiten gehen, eventuell sogar seine Kinder. Er selbst braucht einen Nebenjob, der ihm oft mehr einbringt als sein eigentlicher Beruf. So ist es nicht verwunderlich, dass er seine Hauptarbeit vernachlässigt und käuflich wird.

Korruption durchzieht alle Lebensbereiche: Der Polizist kassiert schwarz, der Arzt im staatlichen Krankenhaus bittet die Patienten, abends zu ihm nach Hause zu kommen, damit sie sich dort gegen Aufpreis privat behandeln lassen, Lehrer erscheinen nicht zum Unterricht und fordern die Schüler auf, bei ihnen Privatstunden zu nehmen. Es ist ein Teufelskreis, der die Entwicklung des Landes lähmt und vor allem für die Ausbildung und medizinische Versorgung fatale Folgen hat. Niemand hat

Außenhandel

Myanmars wichtigste Handelsgüter sind: Bodenschätze (fast 70 %), allen voran Edelsteine mit 46,6 % und Erdgas mit 20,2 %; Agrarerzeugnisse (8,3 %), vorwiegend Reis, Bohnen und Hülsenfrüchte; Textilien (6,2 %) und forstwirtschaftliche Produkte (6,1 %). Die profitabelsten Bereiche des Außenhandels wie Gas, Holz, Mineralien und Edelsteine unterliegen nach wie vor der Regierungskontrolle. Meist sind daran staatliche oder halbstaatliche Unternehmen beteiligt, die zwangsläufig mit dem Militär eng verflochten sind und völlig intransparent agieren.

Über zwei Drittel der Exporte gehen in die asiatische Region, allen voran in die VR China (37,6 %), nach Thailand (22,6 %) und Indien (7,7 %). Beim Import führen die VR China (42,2 %), Thailand (18,5 %) und Singapur (11 %) die Liste an. Es werden vor allem Konsumgüter und Produktionsteile eingeführt. Deutschland spielt als Handelspartner eine untergeordnete Rolle. Es importierte 2015 Bekleidung und forst- bzw. landwirtschaftliche Güter im Wert von 197,3 Mio. €. Myanmar führte deutsche Industriegüter im Wert von 147,9 Mio. € ein.

Alle Wirtschaftsdaten sind jedoch mit Vorsicht zu genießen, denn die meisten Güter gelangen auf illegalem Weg ins In- und Ausland.

Unbestreitbar hat Myanmar ein enormes Wirtschaftspotenzial. Doch muss das Land noch viele Hausaufgaben machen. Der Ausbau der Infrastruktur, die Sicherung der Energieversorgung und Ausbildung qualifizierter Fachkräfte sind nur einige der Herausforderungen. Es wird noch lange dauern, bis dieses arme reiche Land den wirtschaftlichen Stand anderer asiatischer Nationen erreicht.

Religion

Buddhisten: 88 %
Christen: 6,2 %
Muslime: 4,3 %
Hindus: 0,5 %
Andere: 1 %

Myanmar wird als „Land der Pagoden" besungen und zweifellos dominiert der Buddhismus die Kultur des Landes. Bamar sein heißt zugleich Buddhist sein. Christen und Muslime sind eine Minderheit. Fast unüberschaubar ist die Zahl der Naturreligionen. Vorwiegend unter den verschiedenen Minderheiten verbreitet, zeigen sie sich in einer Vielfalt von Erscheinungsformen. Dabei spielen Ahnenkult, Geisterglaube und schamanische Riten eine große Rolle.

Nat-Kult

Der Geisterglaube bestimmt nach wie vor den Alltag der Menschen Südostasiens, Myanmar bildet dabei keine Ausnahme. Zu den Geistern haben die Menschen ein ambivalentes Verhältnis, denn diese können sowohl beschützen als auch bestrafen. In Myanmar handelt es sich bei den Nats vorwiegend um personalisierte Territorial- und Naturgeister. Ein Nat – vom Sanskritwort *natha* („Herr" oder „Beschützer") abgeleitet – kann eine verstorbene historische Persönlichkeit, eine legendäre Figur, ein Naturgeist oder sogar eine Hindu-Gottheit sein. Nats fungieren u. a. als Körperwächter (Kosaung Nat), Hauswächter (Einsaung Nat) oder Dorfwächter (Ywasaung Nat). Zu den Territorialgeistern zählt etwa **Bo Bo Gyi**, („Ehrenwerter Großvater"), der mit Wanderstab in der Hand als Wächter zuweilen am Wegesrand zu finden ist. Als Hauswächter dient **Maung Tinde** (S. 257), dem zu Ehren ein Korb mit einer Kokosnuss auf einen kleinen Altar gelegt und mit einem rotweißen Stoffstreifen geschmückt wird.

Zu den Schutzgeistern zählen aber auch diverse legendäre Gestalten, wie die auf dem Berg Popa verehrte **Popa Maedaw** oder ihre beiden Söhne **Min Gyi** und **Min Lay**. Naturgeister werden nach den Naturphänomenen benannt. So heißt der Schutzgeist eines Waldes **Tawsaung Nat** (*taw saung* = Waldwächter) oder eines herausragenden Baumes **Yokkazoe Nat** (*yokkazoe* = Baumwächter). Aus dem Pantheon der Hindu-Gottheiten wurde Saraswati übernommen, unter ihrem birmanischen Namen **Thuratthadi** als Patronin der Literaten und Musiker gilt und vor allem in Bildungsbelangen konsultiert wird.

Zum Nat kann eigentlich jeder Mensch werden, vorausgesetzt, er stirbt eines unnatürlichen Todes, sei es durch Unfall, Krankheit oder gar Mord. So wurde der Trunkenbold **Ko Gyi**

Nat Pwe

Zu wichtigen Anlässen ist ein Nat Pwe unerlässlich. Das kann zum Jahresfest eines bestimmten Nats sein, viel häufiger sind es jedoch private Angelegenheiten, sei es, wenn ein Unglück oder Todesfall das Leben einer Familie überschattet, oder wenn wichtige Entscheidungen anstehen. Dazu wird ein Musikensemble eingeladen und als wichtigste Person eine Nat gadaw (Nat-Gattin), um als Medium den Kontakt mit dem Nat aufzunehmen. Oft sind es Frauen oder Transvestiten, die aufgrund ihres ambivalenten Geschlechts sowohl mit männlichen als auch weiblichen Nats kommunizieren können. Ein Nat Pwe kann über Stunden oder gar mehrere Tage gehen und erreicht tänzerisch und musikalisch immer wieder einen neuen Höhepunkt. Dem Nat gadaw wird Geld zugesteckt und Alkohol gereicht, um den Nat anzulocken. Nicht selten gerät einer der beteiligten Zuschauer in Trance und wird von einem Nat „besessen". Dauert dieser Zustand länger an, so bedarf es wiederum einer besonderen Person, oft eines buddhistischen Mönches, um die Person von dem Nat zu befreien.

Die berühmtesten Nat-Feste sind: im Dezember/Januar zu Ehren der Mahagiri-Nats auf dem Berg Popa; im Februar/März zu Ehren des Ko Gyi Kyaw im Dorf Kuni (nördlich von Pakokku); im August das Shwe Kyun Pin-Fest in Mingun und das über fünf Tage gehende berühmteste Nat-Fest zu Ehren der Brüder Min Gyi und Min Lay in Taungbyone; im August oder September findet schließlich das Yadanagu-Fest in Amarapura statt.

Kyaw vom Baum erschlagen (S. 295), und der nach Bago verschleppte König von Chiang Mai, **Mekuti** (reg. 1551–64), starb an Diarrhöe. Die schwangere **Ma Aung Phyu** wurde gar lebendig begraben und ist heute Patronin junger Frauen.

Spätestens seit der Zeit des Bagan-Königs Anawrahta (reg. 1044–77) existiert der offizielle Kult um die 37 Nats. Anfänglich unterdrückte der vehemente Förderer des Buddhismus die Nat-Verehrung und ließ ihre Schreine zerstören. Feste und Tieropfer zu ihren Ehren waren verboten – doch ohne Erfolg. Schließlich entschloss er sich zu einem Kompromiss: Er ließ eine Liste mit 36 Nats erstellen und stellte ihnen als Oberhaupt voran: **Thagya Min**. Dieser verkörpert den auf dem Berg Meru herrschenden Hindu-Gott Indra, der gleichzeitig unter dem Namen Sakka (birm. tagya) als Schutzherr des Buddhismus verehrt wird. Somit war gesichert, dass die Nats unter der Lehre Buddhas standen. Daher ist es kein Widerspruch, wenn auf dem Gelände einer buddhistischen Pagode auch ein Nat-Schrein steht.

Im Laufe der Jahrhunderte sah die Namensliste der 37 Nats immer wieder Veränderungen. Neue Nats kamen auf, andere gerieten in Vergessenheit, denn ihre Bedeutung hängt stark von ihrer „Effizienz" ab. Taugen sie nichts, so werden sie einfach ignoriert. Die heutige Liste stammt aus der Ära des Königs Bodawpaya (reg. 1782–1819) und wurde von dessen Minister Myawaddi erstellt. Sie führt vorwiegend royale Nats an, darunter König Tabinshweti (reg. 1531–51), der von Mon-Rebellen enthauptet wurde, oder Alaungsithu (reg. 1112–67), der durch die Hand seines Sohnes und Nachfolgers Narathu (reg. 1167–70) getötete Bagan-König. Doch sind heute andere Nats populärer, darunter einige mit regionaler Bedeutung wie die in Bago beliebte **Bago Maedaw** (S. 217) oder **Shwenankyin** am Goldenen Felsen.

Buddhismus

Wie kaum ein anderes Volk Südostasiens identifizieren sich die Birmanen mit dem Buddhismus. Sie verstehen sich als das „Lieblingsvolk Buddhas" und leiten sogar ihre Herkunft von einem Zweig seiner Sippe, den Shakya, ab. Dieser Zweig soll Chroniken zufolge bereits in vorchristlicher Zeit ins heutige Myanmar eingewandert sein. Auch in vielen Legenden wird ein direkter Bezug zu Buddha hergestellt, man denke nur an die Entstehungsgeschichte der heute in Mandalay verehrten Mahamuni-Statue (S. 322) oder an die Gründungslegende der Shwedagon, in welcher von den beiden aus Okkala stammenden Kaufleuten **Tapussa** und **Bhallika** erzählt wird.

Sie reisten nach Indien, trafen dort auf den Erleuchteten und wurden zu seinen ersten Laienanhängern. Als Geschenk brachten sie acht Haarreliquien Buddhas zurück in ihre Heimat.

Tapussa und Bhallika werden bereits im *Mahavagga*, einer Schrift aus dem Palikanon, erwähnt. Es ist eher unwahrscheinlich, dass das dort ebenfalls erwähnte Okkala wirklich im heutigen Myanmar lag. Für glaubhafter halten Historiker den Bericht aus dem *Mahavamsa*, einer aus Sri Lanka stammenden Chronik über die Geschichte des Buddhismus aus dem 6. Jh. Dort wird berichtet, dass nach Beendigung der von König Ashoka (reg. ca. 268–239 v. Chr.) im indischen Pataliputra einberufenen Dritten Buddhistischen Synode um 250 v. Chr. der Mönch Moggaliputta Tissa die gelehrtesten Mönche zur Verbreitung des Buddhismus in die Nachbarländer geschickt habe: „Der Thera (Älteste) Moggaliputta … entsandte Thera Majjhima in das Land im Himalaya und zusammen mit Thera Uttara reiste Thera Sona mit wundersamer Macht nach Suvannabhumi."

Das Land **Suvannabhumi** („Goldenes Land") wird in Chroniken der Mon und Birmanen mit dem Mon-Reich in Verbindung gebracht, allerdings gibt es für diese Annahme keinen Beweis. Aber man kann davon ausgehen, dass bereits vor 2000 Jahren die in den Küstenregionen und an den Flussläufen Myanmars siedelnden Mon und Pyu in Kontakt mit dem Buddhismus kamen, denn der Seehandel mit dem indischen Subkontinent und mit China war zu jener Zeit bereits sehr ausgeprägt. Vielleicht aufgrund der engen Beziehungen mit Südindien und Sri Lanka setzte sich vor allem der **Theravada-Buddhismus** immer mehr durch. Denn anders ist es nicht zu erklären, warum in der Bagan-Zeit ausgerechnet dieser Zweig des Buddhismus zur dominierenden Religion des Landes wurde. Allerdings lassen sich in Bagan und bei den Pyu auch Spuren des Mahayana-Buddhismus finden.

Ursprung und Lehre

Die „Lehre *(vada)* der Älteren *(thera)*" stützt sich weitestgehend auf die überlieferte Lehre **Gautama Siddhartas**. Der spätere Buddha wurde in das Adelsgeschlecht der Shakya hineingeboren, weshalb ihm auch der Titel Shakyamuni, „der Weise (aus dem Stamm) der Shakya", verliehen wurde. Am Hof seines Vaters, des Königs von Kapilavashtu, führte der Prinz ein bequemes Leben. Alles deutete darauf hin, dass Gautama in die Fußstapfen seines Vaters treten würde, doch im Alter von 29 Jahren verließ er seine Frau Yashodhara und ihren gemeinsamen Sohn Rahula. Da er erkannt hatte, dass alles Leben mit Leiden behaftet ist, wollte er das Dasein eines Hauslosen führen und zog als Wanderasket in der Region umher, besuchte berühmte Gurus (Lehrmeister), um von ihrer Weisheit zu lernen, doch immer wieder enttäuscht und unbefriedigt suchte er weiter. Eine Zeit lang übte er mit fünf Gleichgesinnten extreme Hungeraskese, doch dem Tode nah, verwarf er diesen für ihn falschen Weg.

Endlich, nach Jahren harter Übung, wurde der mittlerweile 35-Jährige unter einem *Ficus religiosa* im heutigen Bodhgaya zum Erwachten, zum **Buddha** (von *bodhi* = erwachen). Er hatte

---

Die Vier Edlen Wahrheiten

In seiner ersten Predigt im Ishipatanapark (Gazellenhain) von Sarnath legte Buddha die Lehre von den „Vier Edlen Wahrheiten" dar. Mit ihnen zeigt er einen klar strukturierten „therapeutischen" Weg aus dem Leiden auf. Er erläutert, was Leiden ist, was dessen Ursachen sind, welches Ziel anzustreben ist und wie der Weg dorthin aussieht:

1. Alles Dasein ist leidvoll.
2. Ursache allen Leidens ist Begierde *(tanha)* und Anhaftung *(upadana)*.
3. Nur durch das Vernichten von Gier *(lobha)* und Hass *(dosa)* kann Leiden überwunden werden.
4. Der Weg dorthin ist der Edle Achtfache Pfad, der sich wiederum in drei Bereiche untergliedert: sittliches Verhalten *(sila)*, wissende Einsichtigkeit *(panna)* und Konzentration *(samadhi)*. Ihnen sind folgende acht Teile zugeordnet: *panna*: 1. rechte Ansicht; 2. rechte Gesinnung; *sila*: 3. rechte Rede; 4. rechtes Tun; 5. rechte Lebensführung; *samadhi*: 6. rechte Anstrengung; 7. rechte Achtsamkeit; 8. rechte Meditation.

Die Frau im Buddhismus

Die Frau spielt im heutigen birmanischen Buddhismus eine untergeordnete Rolle, obwohl Buddha auch einen Nonnenorden *(bhikkhuni sangha)* gründete. Im *Theri Gata*, einem Buch des Palikanons, wird das Leben herausragender älterer Nonnen *(theri)* gepriesen. Dieser Nonnenorden hat in Birma nie existiert. In Sri Lanka, dem einzigen theravada-buddhistischen Land, in welchem es ihn gab, ist er bereits im 11. Jh. verschwunden und erst Ende der 1990er-Jahre wiederbelebt worden. Trotzdem gibt es bereits seit Jahrhunderten Frauen, die den für Ordinierte vorgeschriebenen neun bzw. zehn Sittenregeln *(sikkhapada)* folgen. Sie werden daher Thilashin, „Herr(inn)en *(shin)* der Regeln *(thila)*", genannt. Die Thilashin scheren sich die Haare und kleiden sich in weißrosa Gewänder. Ältere, oft kinderlose Frauen leben auf dem Gelände eines Mönchsklosters von den Almosen der Gläubigen und verrichten einfache Dienste für die Mönche. Eine wachsende Zahl von Frauen lebt in einer der 2700 offiziell anerkannten Klostergemeinschaften. Im Gegensatz zu den Mönchen gehen sie nicht auf den allmorgendlichen Almosengang, sondern sammeln zweimal wöchentlich die Spenden ein. Ansonsten gehen sie buddhistischen Studien nach oder kümmern sich um soziale Belange.

Seit geraumer Zeit ist eine Aufwertung der Thilashin zu beobachten. In Sagaing und Yangon studieren junge Thilashin an den buddhistischen Universitäten, manche erlangten mit dem Titel Dharmachariya die Lehrbefugnis.

---

die Ursachen allen Leidens und den Weg zu deren Überwindung erkannt. Seine neue Lehre von den **„Vier Edlen Wahrheiten"** und dem **„Achtfachen Pfad"** legte er erstmalig in Sarnath bei Varanasi (Benares) seinen damaligen fünf Mitstreitern dar. Immer mehr Anhänger schlossen sich ihm an, sodass er einen Mönchs- *(bhikkhu sangha)* und später auch einen Orden für Frauen *(bhikkhuni sangha)* gründete. Seine Lehre *(dharma)* verbreitete sich sehr schnell und gewann auch unter Königen und Fürsten Anhänger, die seine Asketenbewegung – seinerzeit eine unter vielen – unterstützten und Buddha immer wieder in ihr Herrschaftsgebiet einluden. Über 40 Jahre lang zog er mit seinen Mönchen von Ort zu Ort, um den *dharma* darzulegen.

Im hohen Alter von 80 Jahren starb er in **Kushinara** im heutigen nordindischen Bundesstaat Uttar Pradesh an einer Lebensmittelvergiftung. Sein Todesjahr ist umstritten. Die buddhistische Zeitrechnung beginnt mit dem Jahr 544 oder 543 v. Chr., andere Traditionen datieren seinen Tod um 484/483 v. Chr. Anhand nordindischer Quellen gehen neuere Forschungen davon aus, dass er erst um etwa 370 v. Chr. gestorben sein muss.

Einer der Grundpfeiler der buddhistischen Lehre ist die Vorstellung, dass alle Erscheinungen dem ständigen Prozess des Werdens und Vergehens unterworfen und daher **unbeständig** *(anicca)* sind. Sie existieren nicht isoliert, sondern entstehen und bestehen in **bedingter Abhängigkeit** *(paticca samuppada)* zueinander. Damit verwirft Buddha die hinduistische Auffassung, dass der Welt ein ewiges göttliches Sein *(brahman)* und den Lebewesen ein unveränderbares Selbst *(atman)* zugrunde liegt. Für ihn ist dies nur ein Versuch des Menschen, sich und

Buddhismus und Meditation im Netz

Siehe auch S. 68, Meditationsstudium.

www.dhamma.org
Die zentrale Seite über Vipassana-Meditation mit Infos und Adressen.

www.palikanon.com
Umfangreiche Seite mit Teilen des *Tipitaka* auf Deutsch.

www.buddhanetz.org
Umfangreiche Informationen über den „engagierten Buddhismus".

www.buddhanet.net
Portal mit vielen Infos und Texten über den Buddhismus, auch zu Myanmar.

www.retreat-infos.de
Viele Infos und Adressen zur Meditationspraxis mit „Retreatführer" zum Herunterladen.

der Welt Dauerhaftigkeit zu verleihen. Doch dies ist eine Illusion *(avijja)*, aus welcher heraus **Leiden** *(dukkha)* entsteht. Dukkha kann auch als permanente Frustration verstanden werden, die aufgrund der Anhaftung des Menschen an diesem Wunschbild entsteht.

Das empirische Ich ist ein sich unentwegt wandelndes Zusammenspiel von **fünf Daseinsgruppen** *(khandhas):* Körper, Sinnesempfindungen, Sinneswahrnehmung, Geistesregung und Bewusstsein.

Die Reinkarnation im Sinne von Wiederfleischwerdung des Selbst, also eine Art Seelenwanderung, wie es vielfach die einfachen Buddhisten annehmen, gibt es nicht. Was wiedergeboren wird, ist die im Laufe eines Lebens angesammelte **karmische Energie**. Sie entsteht, wenn Denken und Tun *(karma)* von Gier, Hass und Verblendung motiviert sind. Erst wenn der Mensch vollkommen frei davon ist, kann der **Wiedergeburtenkreislauf** *(samsara)* beendet werden. Dieser schwer zu definierende Zustand der vollendeten Freiheit wird **Nirvana** (Pali: *nibbana)* genannt. In einem Text aus dem Palikanon, dem *Sutta Nipata*, wird Nirvana folgendermaßen beschrieben: „Wie die Flamme, die von der Kraft des Windes ausgelöscht wird, an ihr Ende kommt und erlangt, was keiner beschreiben kann – so gelangt der schweigende Weise, befreit von Name und Form, ans Ziel und erreicht einen Zustand, den keiner beschreiben kann (…). Sind alle Bedingungen beseitigt, dann sind auch alle Wege der Sprache beseitigt."

Mit dem Tod nach der letzten Wiedergeburt, in der man zur höchsten Stufe der Vollkommenheit gelangt ist, wird Parinirvana, das komplette Verlöschen, erreicht.

Buddhistisches Verhalten

Ein zentraler Gedanke des Buddhismus ist der **Mittlere Weg** *(majjhima patipada)*, demzufolge der Mensch Extreme vermeiden soll. Sowohl radikale Askese als auch ausschweifender Lebenswandel schaden ihm und verhindern seine spirituelle Entwicklung. Es ist der Pfad der goldenen Mitte, der „sehend macht, Wissen erzeugt, zu Beruhigung der Leidenschaften, zu höherer Erkenntnis, Erleuchtung und Verlöschen führt" (so steht es im *Samyutta Nikaya*).

Das Verhalten des Menschen wird von **Sittenregeln** *(sikkhapada)* bestimmt. Folgende fünf gelten für alle Buddhisten: nicht töten, nicht

Bei der Shin Pyu-Zeremonie werden birmanische Jungen feierlich ins Kloster gebracht.

Tipitaka – der Palikanon

Bald nach Buddhas Tod hielten seine Schüler in Rajagaha die Erste Buddhistische Synode ab, um seine Lehre verbindlich festzulegen. Die damalige regionale Verkehrssprache war Pali, weshalb man die als ursprüngliche Lehre anerkannten Texte auch Palikanon nennt. Nach mehreren Jahrhunderten der mündlichen Überlieferung schrieben im 1. Jh. v. Chr. Mönche des singhalesischen Höhlenklosters Aluvihara den Palikanon erstmalig auf Blättern der Talipotpalme nieder. Er wird in drei Textgruppen eingeteilt: die Ordensregeln (Vinaya-Pitaka), die Lehrreden Buddhas (Sutta-Pitaka) und die erst später hinzugefügte systematisierte Lehre (Abhidhamma-Pitaka). Da die Palmblattmanuskripte in drei Körben aufbewahrt wurden, nennt man den Palikanon auch auf Pali „Tipitaka" („Drei Körbe", Sanskrit: Tripitaka). In gedruckter Form haben die Texte etwa einen Umfang von 38 Büchern mit jeweils 400 Seiten.

stehlen, keine sexuellen Verfehlungen begehen, nicht lügen und keine berauschenden Mittel zu sich nehmen. Mönche, Nonnen und Novizen dürfen überhaupt keinen sexuellen Verkehr haben. Darüber hinaus gelten für Mönche weitere fünf, für Nonnen vier Sittenregeln: Sie dürfen nach 12 Uhr keine Nahrung mehr aufnehmen, müssen sich von Vergnügungen fernhalten, jede Art von Schmuck und Pomp vermeiden, dürfen nicht in bequemen Betten schlafen und – das gilt nicht für Nonnen – kein Gold und Silber annehmen.

Die Spendenfreudigkeit der birmanischen Buddhisten ist kaum zu übersehen. Unsummen werden für Pagoden und Klöster gespendet. Kein Wunder, denn die **Freigiebigkeit** *(dana)* bringt den Gläubigen laut buddhistischer Lehre gleich „fünffachen Segen" ein: Sie macht sie beliebt, bringt sie mit guten Menschen zusammen, führt zu einem guten Ruf und stärkt das Selbstbewusstsein. Vor allem garantiert *dana* eine himmlische Wiedergeburt, vorausgesetzt, das Geben geschieht aus Uneigennutz. Die Buddhisten sollen sich allen Wesen liebevoll zuwenden *(metta)*, ihnen sowohl Mitgefühl *(karuna)* als auch Mitfreude *(mudita)* erweisen und dabei gleichzeitig gelassen *(upeksha)* bleiben, um sich nicht in positive oder negative Gefühle zu verstricken.

Leben als Mönch

Höhepunkt im Leben eines birmanischen Jungen ist die **Shin Pyu-Zeremonie**. Mit ihr tritt er in die Fußstapfen Buddhas, auch wenn es nur für kurze Zeit ist. Seine Familienangehörigen und Freunde begleiten den prachtvoll gekleideten Jungen mit Musik und Tanz zum Kloster. Auf den Schultern getragen oder auf einem geschmückten Pferd sitzend sieht er in seinen edlen Gewändern wie ein Prinz aus. Die Gewandung soll an die königliche Herkunft des Gautama Siddharta und späteren Buddha erinnern. Dessen Weg in die Heimatlosigkeit wird in dieser Zeremonie nachgeahmt. Am Kloster angekommen, schneidet ihm ein Mönch die Haare. Die stolzen Eltern halten unter seinen Kopf ein Tuch, um die Haare aufzusammeln. Er kniet vor dem Abt *(sayadaw)* und bittet um die Aufnahme ins Kloster. Nun legt man ihm die Mönchsrobe an und hängt die Almosenschale über seine Schulter. Die folgenden Tage oder Wochen lebt er als Novize *(koyin)* im Kloster. Dann kehrt er wieder ins „normale" Leben zurück.

Auch in späteren Jahren, meist im Alter von 20 Jahren oder vor besonderen Lebensabschnitten, tritt ein Birmane nochmals in ein Kloster ein, um eine Zeit lang als Mönch zu leben. Er möchte für sich und seine Familie Verdienste erwerben. Wer aus einer kinderreichen armen Familie kommt, wird von seinen Eltern oftmals ins Kloster geschickt, weil er auf diese Weise eine bessere Schulbildung erhalten kann. Über Jahrhunderte hinweg war das Kloster zugleich auch **Schule**, in ländlichen Regionen ist dies bis heute der Fall. Ältere Mönche bringen den Kindern das Lesen und Schreiben bei. Auch Mädchen können mit Einwilligung der Eltern und Mönche den Unterricht besuchen. Der Begriff für Kloster, *kyaung,* wird auch synonym für Schule verwendet.

Die landesweit mehr als 170 000 Mönche *(pongyi)* genießen traditionell ein hohes Ansehen und stehen sogar über den obersten politischen Machthabern. Selbst jungen Novizen wird höchster Respekt *(kadaw)* entgegengebracht. Manche Mönche sind als Meditationslehrer bekannt und ziehen zahlreiche Schüler aus dem In- und Ausland an. Ganz wenige gelehrte Mönche haben es in ihrer langjährigen Ausbildung sogar so weit gebracht, den gesamten Palikanon (s. Kasten S. 127) auswendig zu kennen. Vor allem einfache Leute fühlen sich von Mönchen angezogen, die angeblich über magische Kräfte verfügen. Ihre Fotos werden als Amulett verwendet und hängen in Häusern und Fahrzeugen, um Schaden abzuwenden.

Christentum und Islam

Mit den Kolonialherren kamen auch **christliche Missionare** nach Myanmar in der Hoffnung, das Land der christlichen Zivilisation zuzuführen. Als Pionier gilt der amerikanische Baptist Adoniram Judson, der 1813 erstmalig birmanischen Boden betrat und 1820 die erste Einheimische taufte. Allerdings waren die Missionierungsversuche nur beschränkt erfolgreich. Während sich die Buddhisten ihnen hartnäckig widersetzten, zeigten sich einige der ethnischen Minderheiten offen für die neue Religion, vor allem die Chin, Kachin und Kayin. Es war weniger die Lehre, die sie zur Konversion bewegte, sondern die damit verbundene Möglichkeit, eine bessere Gesundheitsversorgung und Bildung zu genießen. So etablierte sich unter den ethnischen Minderheiten eine signifikante christliche Gemeinde mit überdurchschnittlichem Bildungsniveau. Sie spielte später in den Befreiungsbewegungen, die sich in den ersten Jahren der Unabhängigkeit formierten, eine Schlüsselrolle. Gute Beispiele dafür sind die Karen National Union (KNU) und die Kachin Independent Organization (KIO), die bis heute von christlichen Anführern dominiert werden.

Nach der Unabhängigkeit wurden ausländische Missionare mit wenigen Ausnahmen des Landes verwiesen. Im Zuge seiner Verstaatlichungspolitik verbot General Ne Win in den 1960er-Jahren christliche Einrichtungen wie Krankenhäuser und Bildungsstätten. Daran hat sich bis heute nichts geändert, auch wenn die Christen ihre Religion uneingeschränkt ausüben können. Immerhin ist es ihnen gestattet, in begrenztem Rahmen soziale Programme durchzuführen. Mittlerweile spielen sie eine äußerst wichtige Rolle in Bereichen der Armutsbekämpfung und Aids-Prävention. Ein Großteil der Christen gehört den **protestantischen Kirchen** an, wobei Baptisten und Anglikaner die Mehrheit bilden. Sie sind im Myanmar Council of Churches (MCC) zusammengeschlossen, der seinen Vorläufer im 1913 gegründeten Missionsrat hat.

Auch wenn die Katholiken auf eine längere Missionsgeschichte zurückblicken können – die erste permanente katholische Mission wurde 1720 mit Stationen in Bago und Inwa gegründet –, bilden sie heute nur eine kleine Minderheit von etwa 600 000 Mitgliedern. Ihre Gemeinden sind im ganzen Land verstreut und in zwölf Diözesen zusammengefasst.

Im größeren Stil fasste der **Islam** erst im Zuge der Kolonialisierung in Myanmar Fuß. Zu seinen Anhängern gehören heute vorwiegend Abkömmlinge von Einwanderern aus Südasien. Darüber hinaus gibt es noch Panthay, chinesische Muslime, die seit Jahrhunderten den Handel auf den Landrouten zwischen China und Südostasien dominieren und sich in Mandalay oder anderen nördlich gelegenen Städten niedergelassen haben. Im Gegensatz zu den Christen sehen sich die Muslime immer wieder brutalen Übergriffen ausgesetzt. Bereits während der japanischen Besatzungszeit flüchteten Hunderttausende von südasiatischen Migranten vor der Verfolgung durch die Birmanen zurück in ihre alte Heimat. Der Flüchtlingsstrom hielt auch noch nach der Unabhängigkeit an. Bis in die Gegenwart gibt es Angriffe auf muslimische Einrichtungen, oft auch unter führender Beteiligung buddhistischer Mönche. 2012/13 kam es in mehreren Städten zu brutalsten Übergriffen mit zahlreichen Toten, zerstörten Moscheen und niedergebrannten Häusern. Völlig desolat ist die Lage der in Rakhine siedelnden muslimischen Rohingyas, die als Volksgruppe nicht anerkannt und daher staatenlos sind (s. Kasten S. 98).

Kunst und Kultur

Aufgrund der Jahrzehnte währenden Isolation Myanmars sind die traditionellen Handwerkskünste noch nicht so stark dem Kommerz verfallen wie dies in anderen asiatischen Ländern der Fall ist. Allerdings hat der aufkommende Tourismus schon heute zu einem enormen Qualitätsverlust geführt, etwa bei Lackwaren und Stickereien. Andererseits stellt er für die Handwerker eine gute Einkommensquelle dar und sichert den Weiterbestand der Künste. Die Birmanen unterscheiden zehn unterschiedliche Kunstrichtungen und nennen sie *pan hsae myo*, die „zehn Blumen":

1. Schmiedekunst *(pabae)*
2. Gold- und Silberschmiedekunst *(padein)*
3. Metallguss *(padin)*
4. Stukkatur *(pandawt)*
5. Modellierkunst *(pabut)*
6. Drechselkunst *(pabu)*
7. Bildhauerei *(pantamawt)*
8. Steinmetzkunst *(payan)*
9. Malerei *(pachi)*
10. Lackkunst *(panyun)*

Holzschnitzkunst

Beim Besuch eines Holzklosters lässt sich erkennen, wie hochstehend die Holzschnitzkunst Myanmars ist. Viele Beispiele stammen noch aus dem 19. Jh., ältere Beispiele sind den zahlreichen Kriegen und der tropischen Witterung zum Opfer gefallen. Die Holzplastiken, vorwiegend Buddha- und Nat-Figuren, werden meist mit Lack grundiert und anschließend bemalt, manchmal auch mit Buntglas oder Edelsteinen verziert. Die älteste bekannte Holzfigur ist die Statue des Thagyamin im Schrein der 37 Nats auf dem Gelände der Shwezigon-Pagode in Bagan. Als Material wird vorwiegend Teakholz *(Tectona grandis)* verwendet, zuweilen auch das rötliche Padauk. Kleinere Figuren können auch aus Sandelholz sein, das allerdings importiert werden muss und daher teuer ist.

Buddhistische Ikonografie

In den ersten Jahrhunderten nach Buddhas Tod vermied man seine bildhafte Darstellung, denn er war kein Gott, sondern ein realer Mensch. Deshalb wies man nur durch Symbole auf ihn hin, etwa durch einen Stupa, ein Rad, einen Fußabdruck oder einen Bodhi-Baum. Zu Beginn des 2. Jhs. n. Chr. entstanden in Mathura (südlich von Delhi) und Gandhara (heute Pakistan und Afghanistan), den beiden Zentren des Kushan-Reiches, die ersten Bildnisse. Schon damals übertrugen die Künstler die „32 Kennzeichen eines Großen Wesens" *(Mahapurusha lakshana)* auf die Gestalt Buddhas. Viele von ihnen beziehen sich auf das Aussehen eines wohlproportionierten Körpers: gerade Gliedmaßen, lange Finger und bis über die Knie reichende Arme, Beine einer Antilope, Kinn und Oberkörper eines Löwen, dunkelblaue Augen mit den Wimpern einer Kuh, 40 gleichmäßige, strahlend weiße Zähne usw. Einige von ihnen sind zum Charakteristikum einer jeden Buddha-Darstellung geworden, dazu gehören ein Schädelauswuchs *(ushnisha)*, kurz gelockte Haare, eine als Punkt angedeutete Haarlocke zwischen den Augenbrauen *(urna)*, drei Halsfalten, lange Ohren und eine Radabbildung an den Fußsohlen.

Mudras und Asanas

Handhaltung *(mudra)* und Körperposition *(asana)* einer Buddha-Abbildung sind in der buddhistischen Ikonografie genau festgelegt und lassen dem Künstler kaum Spielraum. Sie erinnern an Lebensereignisse des Erleuchteten oder Aspekte seiner Lehre. Eine **liegende** Buddhafigur erinnert an seinen Tod und Eingang ins Parinirvana. Eine **stehende** oder (in Myanmar nur auf Malereien dargestellte) **schreitende** Figur bezieht sich auf seine Rückkehr aus dem „Himmel der 33 Götter" (Tavatimsa), wo er eine Regenzeit lang seiner Mutter Maya die Lehre darlegte. Am häufigsten ist die Darstellung Buddhas im **Meditationssitz**, wobei seine beiden Beine gekreuzt sein können oder nur ein Bein auf dem anderen ruht. Seltener finden sich Darstellungen im „**europäischen Sitz**" mit nach unten ausgestreckten Beinen.

Die sechs klassischen Handhaltungen sind:

Abhaya-mudra
In dieser Geste der Furchtlosigkeit und Ermutigung sind ein oder zwei Hände erhoben. Die Handflächen weisen nach außen, die Finger nach oben. Dieses *mudra* kommt meist bei stehenden Figuren vor.

Bhumisparsha-mudra (Erdberührung)
Diese am häufigsten vorkommende Handhaltung erinnert an die Versuchung Buddhas durch Mara kurz vor seiner Erleuchtung. Mara (wörtlich „Tod" oder „Mörder") ist die Verkörperung der Leidenschaften und des Begehrens. Als Zeugin seiner Standhaftigkeit berührt Buddha mit seiner rechten Hand die Erde. Auf Malereien oder Reliefs wird die daraufhin erscheinende Erdgöttin (birmanisch: Wathoundaye) dargestellt. Sie wringt ihr langes Haar aus und schwemmt mit dem herausfließenden Wasser die Armee des Mara weg. Das Wasser ist Symbol für die vielen guten Taten der früheren Inkarnationen Buddhas.

Dharmachakra-(pravartana)-mudra
Daumen und Zeigefinger beider Hände bilden auf Höhe der Brust, einen Kreis, wobei die Fingerspitzen sich berühren. Die übrigen Finger sind ausgestreckt. Diese Geste des Andrehens des Rades *(chakra)* der Lehre *(dharma)* erinnert an die erste Predigt von Sarnath, in der Buddha die Vier Edlen Wahrheiten darlegt.

Dhyana-mudra
Die Arme ruhen im Schoß, wo beide Hände flach ineinander liegen. Dies ist die Haltung der Meditation *(dhyana)*.

Mudras

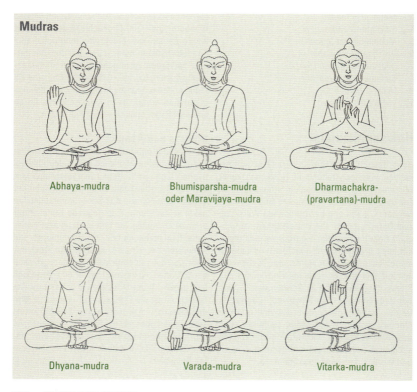

Abhaya-mudra | Bhumisparsha-mudra oder Maravijaya-mudra | Dharmachakra-(pravartana)-mudra

Dhyana-mudra | Varada-mudra | Vitarka-mudra

Varada-mudra
Die Finger der nach außen hin geöffneten Hand weisen in Richtung Erde. Damit erinnert man an Buddhas Güte und Großherzigkeit.

Vitarka-mudra
Ähnlich wie beim Dharmachakra-mudra, allerdings nur mit einer erhobenen Hand, formen Daumen und Zeigefinger einen Kreis. Die restlichen Finger sind wieder gespreizt. Diese Handhaltung erinnert an die argumentative Kraft des lehrenden Buddha.

Neben diesen klassischen Handhaltungen gibt es noch einige weitere, z. B. das **Vajrapradama-mudra**, bei welchem der stehende Buddha seine beiden Hände auf Brusthöhe ineinander gelegt hat, was auf sein wie ein Diamant *(vajra)* unzerstörbares Selbstbewusstsein *(pradama)* hinweist.

Buddha wird meist mit seiner Mönchsrobe dargestellt, doch gibt es auch häufig Bildnisse, die ihn mit Krone und königlichem Gewand zeigen. Hier wird Buddha mit der urindischen Vorstellung des gerechten Weltenherrschers *(chakkavatti)* gleichgesetzt. Im *Mahaparinibbana-Sutta*, dem Bericht über den Tod Buddhas, wird ihm der Titel „König der Könige" verliehen. Wo mahayana-buddhistische Einflüsse vorhanden sind, kann es sich auch um eine Darstellung des zukünftigen Buddhas Maitreya handeln.

Buddhistische Architektur

Zweifelsohne fällt dem Besucher zuerst Myanmars religiöse Architektur ins Auge. Dies hat auch damit zu tun, dass bis zur Kolonialzeit feste Baumaterialien (meist Ziegelstein) ausschließlich Sakralbauten vorbehalten waren, während weltliche Gebäude (einschließlich des Königspalastes) aus Holz oder anderen vergänglichen Baustoffen errichtet wurden und entsprechend dem Zahn der Zeit zum Opfer fielen. Dass in Myanmar so viele buddhistische Heiligtümer entstanden sind, hat verschiedene Gründe. Zum einen liegt es daran, dass neue Herrscher, vor allem während der nur 133 Jahre währenden Ära der Konbaung-Dynastie, häufig ihren Königssitz verlegten. Folge dieser Praxis war, dass neben einem neuen Palast auch zahlreiche neue Tempel und Klöster gebaut wurden. Darin zeigt sich die bis heute ungebrochene Tradition, aus religiösen Gründen einen neuen Zedi oder zumindest einen kleinen Schrein zu stiften. Die Gläubigen wollen mit dieser Schenkung Verdienste für die kommende Wiedergeburt ansammeln. Zudem gewinnen sie dadurch einen höheren Status in der Gesellschaft; sie hinterlassen ein Denkmal für die Nachwelt und sichern den Fortbestand der buddhistischen Religion.

Der Stupa
Nach dem Tod Buddhas wurden seine Reliquien in acht Teile geteilt, damit die damals acht darum buhlenden Staaten sie gleichermaßen verehren konnten. Zur Aufbewahrung wurden sie in Grabhügel (Stupas) eingeschlossen, wie sie Königen vorbehalten waren. Daraus entwickelte sich im 3. Jh. v. Chr. unter Ashoka ein **Stupa-Kult**, der sich in den buddhistisch werdenden Ländern ausbreitete und eine große Formenvielfalt entwickelte. Mit diesem Kult ist eine reichhaltige buddhistische Symbolik verbunden. Der Stupa erinnert an den steilen Weg, der aus dem Wiedergeburtenkreislauf zum Nirvana führt und symbolisiert somit Buddha und seine Lehre. Daher sind in einer kleinen Kammer im Innern des Stupa Reliquien, kleine Buddhastatuen und Texte aufbewahrt. Schließlich symbolisiert er auch den Berg Meru, welcher der hindu-buddhistischen Mythologie zufolge der Mittelpunkt der Welt ist.

Auch wenn die Gestalt eines Stupas eine enorme Vielfalt aufweist, gibt es eine Reihe von Gemeinsamkeiten. Die Basis ist quadratisch, manchmal auch achteckig, und besitzt mehrere, sich verjüngende Terrassen, deren Anzahl (traditionell sind es drei) immer ungerade sein muss. Auf ihnen ruht der ursprünglich halbrunde, in Myanmar meist glockenförmige *anda* (Halbkugel).

Einen quadratischen Aufsatz *(harmika)*, wie er in Sri Lanka üblich ist, gibt es fast nur in Bagan. In Myanmar geht der *anda* meist in eine kegelförmige Spitze über, die aus sich verjüngenden Ringen *(chattra)* bestehen kann. Sie wird entweder von Lotosknospen oder Bananenblütenknospen unterbrochen oder abgeschlossen.

An der Spitze eines Zedis befindet sich ein vergoldeter Schirm *(hti)* aus Metall. Dieser wiederum besitzt an seinem Ende eine kleine Wetterfahne mit einer Kugel zum Abschluss, welche die Erleuchtung symbolisiert.

Kyaung – das buddhistische Kloster

Zedis können vereinzelt stehen oder in ein Kloster *(kyaung)* eingebunden sein. Das *kyaung* ist aus einem größeren Dorf nicht wegzudenken und stellt dessen religiöses und soziales Zentrum dar. Es ist nicht allein ein Ort der religiösen Praxis, sondern auch Schule, Spielplatz, Treffpunkt der Alten und Unterkunft für Reisende. Die Gebäude auf dem Gelände eines *kyaung* sind traditionell aus Holz gebaut, allerdings finden sich in neuerer Zeit auch Steinbauten, die teilweise noch von attraktiver Kolonialarchitektur geprägt sind (z. B. in Sagaing). In den größeren der landesweit über 52 000 Klöster gibt es eine eigene Ordinationshalle *(thein)* für Mönche.

Treffpunkt für die Gläubigen und Mönche ist der *tazaung*, eine geräumige Halle, in der religiöse Zeremonien und Mönchsspeisungen abgehalten werden. Oft befindet sich über der bedeutendsten Buddhastatue im *tazaung* ein steiles mehrstöckiges Dach, *pyat that* genannt.

Weitere wichtige Gebäude sind die Wohnräume für die Mönche, ein Glockenturm sowie eine Bibliothek *(pitaka taik)*. Wenn Klöster häufig besucht werden, besitzen sie meistens einen *zayat*, das ist eine überdachte offene Halle, in der die Pilger sich ausruhen oder auch übernachten können. Auf dem Gelände gibt es kleinere Schreine *(gyo daing)* zur Verehrung von Buddhafiguren, Nats oder auch Statuen wichtiger Persönlichkeiten. Eine Mauer schließt das Klostergelände ein, um Tiere fernzuhalten. Gleichzeitig stellt sie die Trennlinie zwischen profanem und säkularem Bereich dar. Daher ist es üblich, dass Gläubige – nicht Mönche! – bereits beim Betreten des Klostergeländes ihre Schuhe ausziehen.

Buddhistische Baustile

Ethnische Eigenarten und kulturelle Einflüsse haben ihre Spuren in der buddhistischen Architektur hinterlassen. Im Großen und Ganzen werden folgende regional und zeitlich abgegrenzten Baustile unterschieden:

Pyu

Die frühesten buddhistischen Kultbauten auf birmanischem Boden befinden sich in den alten Zentren der Pyu: in Beikthano, Thayekhittaya (Sri Ksetra) bei Pyay und im unweit von Shwebo gelegenen Halin. In der ältesten Pyu-Siedlung Beikthano lassen die Fundamentreste der zwischen dem 1. und 5. Jh. errichteten Ziegelsteinbauten deutlich indische Vorbilder erkennen. So weist die Basis eines Stupas Ähnlichkeiten mit den Stupas von Amaravati und die Reste eines Klosterbaus Parallelen zu Anlagen aus Nagajunakonda auf. Die beiden südindischen Orte waren bereits während der Zeit des indischen Königs Ashoka (3. Jh. v. Chr.) bedeutende Zentren, von denen wichtige kulturelle Impulse in den südostasiatischen Raum ausgingen.

Zwischen dem 5. und 10. Jh. datierte Pyu-Stupas zeigen eigenständige, recht eigenwillige Bauformen, die unter der Bezeichnung **Pyu-Stil** zusammengefasst werden. Dazu gehören der zylindrische Baw Baw Gyi in Thayekhit-

> ### Stupa, Zedi oder Pagode?
>
> Für ein buddhistisches Heiligtum gibt es eine verwirrende Vielzahl von Namen. Einen Stupa nennt man in Birma *zedi*. Der Name leitet sich von dem Pali-Wort *cetiya*, „heilige Stätte", ab. Ursprünglich wurden damit klösterliche Versammlungshallen bezeichnet. Stupa ist ein Wort aus dem indischen Sanskrit und steht für „Erdhügel". Sein Wortstamm *stup* (Pali: *thupa*) bedeutet „Haarknoten", aber auch „aufrichten", „erhöhen". Der Name Pagode bezeichnet einen einzelnen Stupa, wird aber auch auf den gesamten Komplex eines buddhistischen Heiligtums bezogen. Er hat sich aus dem in Sri Lanka gebräuchlichen Wort *dagoba* entwickelt und leitet sich von dem Pali-Wort *dhatugarbha*, „Reliquienkammer", ab. Schließlich verwenden die Birmanen auch noch den Begriff *paya* (von dem Sanskritwort *brah*, „heilig") und meinen damit heilige Stätten aller Art. Mit *pahto* werden begehbare Schreine oder Tempelgebäude, wie etwa der Ananda-Tempel in Bagan, bezeichnet.

Die vielen Leben Buddhas

Hauptthema der Tempeldarstellungen ist die Illustration der zahlreichen Verkörperungen Buddhas. Einerseits sind dies seine früheren Existenzen als Bodhisattva (Erleuchtungswesen), die in den **Jataka** (Geburtsgeschichten) gesammelt sind, andererseits seine letzte Inkarnation als Gautama Buddha. Sie haben die Funktion, den gläubigen Buddhisten an die Taten des Erleuchteten zu erinnern und ihn zur Nachfolge zu bewegen. Die Lebensbeschreibung Buddhas ist mit zahlreichen Wundertaten ausgeschmückt. Ihre schriftliche Überlieferung basiert auf den Schriften des Palikanons, etwa der erst spät in den Kanon aufgenommenen Buddha-Vita *Buddhavamsa* (Genealogie der Erleuchteten). In dieser Schrift aus dem 3. Jh. n. Chr. werden insgesamt 25 Buddhas beschrieben, darunter die vier bereits erschienenen Buddhas des jetzigen Weltzeitalters *(bhadrakalpa):* 1. Kakusandha, 2. Konagamana, 3. Kassapa und 4. Gautama Buddha. Der fünfte Buddha, Metteyya (Sanskrit: Maitreya), wird noch erwartet. An nahezu jedem Zedi werden diese vier letzten Buddhas dargestellt, wobei sie sich in der Ikonografie nicht voneinander unterscheiden. Meist ist ihnen eine Himmelsrichtung zugeordnet.

In vielen Tempeln Bagans findet sich die Darstellung von 28 Buddha-Existenzen, weil der buddhistischen Kosmologie zufolge neben den 25 in einem noch früheren Zeitalter drei weitere Buddhas, nämlich Tanhankara, Medhankara und Saranankara, gelebt haben. Gelegentlich wird auch der allererste Buddha Dipankara („Anzünder der Leuchte") gezeigt, dem sich der Eremit Sumedha als menschliche Brücke zu Füßen legt. Diesem Einsiedler sagt Dipankara voraus, dass er als Gautama Buddha wiedergeboren werde würde.

Die äußerst populären 547 *Jataka* erzählen von der Selbstlosigkeit und Weisheit Buddhas in seinen früheren Inkarnationen. Viele Geschichten, darunter auch Fabeln, gehören der indischen Volksliteratur an und fanden später Eingang in den Palikanon.

taya, der gurkenförmige Bupaya und der einem Ei ähnelnde Ngakywenadaung in Bagan. Neben Stupas wurden in den Pyu-Städten innen hohle, begehbare Tempel, *pahto* genannt, errichtet. Sie dienten später als Vorbild für die *pahto* in Bagan.

Mon

Von den Mon sind kaum architektonische Zeugnisse aus der Frühphase erhalten geblieben. Dies mag daran liegen, dass ihre alten Städte wie Thaton oder Bago nie vollständig verlassen wurden, sondern permanent besiedelt waren und ihre Sakralbauten daher immer wieder nach dem jeweiligen Geschmack der Zeit erneuert wurden. Als Markenzeichen für Stupas im Mon-Stil gilt ihre achtseitige Form, die sich von der Basis bis an die Spitze durchzieht. Allerdings sind nur wenige frühe Beispiele erhalten, darunter in Winka, 28 km nordwestlich von Thaton, aus dem 6. Jh. Diese Form ist aber auch in Rakhine zu finden. Es fällt auf, dass kaum Gemeinsamkeiten mit der thailändischen **Dvaravati-Kultur** (6.–11. Jh.) bestehen. Aus jener Zivilisation, die mit dortigen Mon-Gruppen in Verbindung gebracht wird, stammen große Räder aus Sandstein als Symbol für Buddhas Lehre und Statuen des Erleuchteten im europäischen Sitz. Dergleichen wurde in Myanmar nicht gefunden.

Bagan

Ab dem 12. Jh. entwickelte sich im Bagan-Reich erstmals ein eigenständiger birmanischer Stil, der zum Vorbild für spätere Bauten wurde. Eine ausführliche Beschreibung findet sich auf S. 244.

Rakhine

Im schmalen Küstenstaat Rakhine hat sich aufgrund seiner Lage bis zur Eroberung des Reiches durch König Bodawpaya 1784 eine eigenständige religiöse Architektur erhalten können. Typisch ist sowohl die Verwendung von gebranntem Ziegelstein als auch von Naturstein. Viele Tempel der alten Königsstadt Mrauk U, wie etwa der Shitthaung- oder der Htukkant Thein-Tempel, wirken mit ihren massiven Mauern und engen Korridoren im Inneren wie eine Festung.

Shan
Im Shan-Staat findet sich ebenfalls eine Reihe von Eigenheiten in der Pagodenarchitektur. Wie in den unweit des Inle-Sees gelegenen Orten Kakku oder Indein erkennbar wird, sind die Stupas äußerst schlank. Der sonst typische glockenförmige *anda* ist elegant in die Gesamtarchitektur integriert, sodass die Stupas wie Baumstämme in die Landschaft ragen. Meist sind sie in Gruppen anzutreffen, Größe wird durch Masse ersetzt. Manche Stupas weisen ein flammenartiges Dekor an den Seiten auf.

Inwa und Amarapura
Obwohl das südlich von Mandalay gelegene Inwa (Ava) die meiste Zeit zwischen dem 14. und 18. Jh. kulturelles und politisches Zentrum eines mehr oder weniger großen birmanischen Reiches war, sind fast keine architektonischen Zeugnisse erhalten geblieben. Über die Architekturform dieser Ära ist daher wenig bekannt. Mit dem Aufstieg der Konbaung-Dynastie ab Mitte des 18. Jhs. lässt sich eine Tendenz erkennen, die an mehreren Tempelbauten in Inwa und Amarapura zu sehen ist: der Trend zur darstellenden Architektur. Ein gutes Beispiel ist der einer Nagaschlange nachempfundene Nagayon-Tempel in Amarapura oder die 1816 fertiggestellte Hsinbyume-Pagode in Mingun, welche den mythologischen Berg Meru nicht nur symbolisiert, sondern ihn nachzubilden versucht. Ein weiteres Merkmal dieser Architektur ist die üppige Verwendung von Stuckverzierungen, was beim Maha Aung Mye Bonzan Kyaung in Inwa gut zu sehen ist.

Mandalay
Der Trend zur Darstellung wird unter König Mindon in Mandalay fortgesetzt und sogar gesteigert. Die individuell sehr unterschiedlich gestalteten Bauten des vorletzten Konbaung-Herrschers neigen zur Monumentalität, etwa das massige Atumashi Kyaung oder die Kuthodaw-Pagode mit ihren 729 Marmortafeln. Bei Letzterer wird zudem an die Architektur Bagans angeknüpft. So ist der zentrale Stupa der Shwezigon-Pagode nachempfunden.

Zeitgenössische Pagodenarchitektur
Religiöse Bauten des 20. Jhs. zeichnen sich durch ihre individuelle Vielfalt aus. Häufig werden bekannte Vorbilder nachgeahmt, allen voran die Shwedagon-Pagode in Yangon oder Tempel aus Bagan. Zudem sind die Bauherren neue Wege gegangen. So gibt es eine Reihe von Stupas, die innen hohl und daher begehbar sind, z. B. die Botataung- und Kaba Aye-Pagode in Yangon.

Darstellende Künste

Findet irgendwo in Myanmar ein Fest statt, dann darf ein *pwe* (Darbietung) nicht fehlen. Bei einem Pagodenfest findet fast immer ein *zat pwe* statt. Im Zentrum steht dabei eine von Musik und Tanz eingerahmte Geschichte *(zat)*, wie etwa das *yama zat*, die birmanische Version des **Ramayana**. Das vor über 2000 Jahren in Indien niedergeschriebene Epos wurde in der zweiten Hälfte des 18. Jhs. populär, als zahlreiche siamesische Künstler aus dem zerstörten Ayutthaya verschleppt wurden. Kern der Geschichte ist der Kampf zwischen Gut und Böse: Der Hindugott Vishnu kommt als Rama (birmanisch: Yama) zur Erde und heiratet die wunderschöne Sita (Thida). Auf sie hat auch der zehnköpfige Dämonenkönig Ravana (Dasagiri) ein Auge geworfen. Es gelingt dem Dämon, die Prinzessin in seine Stadt auf der Insel Lanka zu entführen. Nach langen dramatischen Kämpfen schafft es Rama unter Beihilfe des Affengenerals Hanuman und dessen Armee, Ravana zu besiegen und Sita zu befreien.

Nicht weniger beliebt ist das *wai than daya zat* (Vessantara), die letzte der insgesamt 547 **Jataka**. Auch hier geht es um den Sieg des Guten. Das *zat* erzählt von der extremen Freigiebigkeit des als Königssohn wiedergeborenen Bodhisattva. Weil er den weißen Elefanten verschenkt hat, muss er nach Protesten des Volkes den Königshof verlassen und zieht mit seiner Familie in den Wald. Dort bietet er einem Asketen seine Zwillingssöhne als Hilfe an. Nachdem er einem

Das Spiel mit den Fäden

Das birmanische Marionettentheater ist zwar über die Landesgrenzen hinaus bekannt, doch sind es fast ausschließlich Touristen, die den Puppenspielern ihr Auskommen sichern. Einheimische haben im modernen Medienzeitalter kaum noch Interesse an Birmas bekanntester Theaterform. Eigenständige Bühnen gibt es nur in Yangon und Mandalay. Die meisten Besucher erleben eine (mehr oder weniger gute) Aufführung eher zum Dinner in einem Restaurant.

Ein Spiegel der Kultur

Das Spielen der Puppen ist eine komplizierte Angelegenheit. Bis zu 60 Fäden konnte eine Marionette früher haben, heute sind es unter 20, die den bis zu 30 cm großen, farbenprächtigen Figuren Leben einhauchen. Vermutlich hat sich das aus Indien übernommene Marionettentheater im 15. Jh. in Birma etabliert. In der heutigen Gestalt geht es auf das Jahr 1776 zurück, als der unter König Singu (reg. 1776–82) wirkende Minister für Unterhaltung, U Thaw Win, das *yokthe pwe* als offizielle Kunstform anerkannte. Das Spielen mit Puppen hatte in der prüden und konservativen Gesellschaft der Konbaung-Zeit den Vorteil, romantische und religiöse Szenen zu zeigen, ohne Anstoß zu erregen. Aufgeführt wurden Episoden und Legenden aus dem Leben Buddhas oder Dramen und Ruhmestaten aus der nationalen Geschichte.

König, Clown und Zauberer

Seit über 200 Jahren ist die Abfolge der Szenen festgelegt. Den Auftakt bildet der Tanz einer weiblichen Figur zur Verehrung der Nats. Es folgen Fabelwesen: zuerst ein Pferd, das an die Entstehung des Universums erinnert, denn laut indischer Astrologie erschien zuerst das Sternbild des Pferdes und beendete das kosmische Chaos. Danach treten Vögel, ein Elefant, ein Tiger und Affen auf, die von einem Naga und Dämonen abgelöst werden. Schließlich fliegt Zawgyi, der rotgekleidete Zauberer, durch die Lüfte. Dann geht es höfisch zu: Ein wohlgenährter Page mit zwei Zöpfen erscheint, gefolgt vom Minister und dem Königspaar. Weder darf der romantische Tanz *(hna par thwar)* von Prinz und Prinzessin fehlen noch der Auftritt des Clowns *(U Shwe Yoe)* mit zwinkernden Augen und Schirm. Einige Foto-Impressionen s. **eXTra [5799]**.

Ungewöhnliches Klangspiel

Der Minister U Thaw Win begrenzte die Zahl der Marionetten auf 28 und legte sogar das zu verwendende Material für die Puppen fest. Menschliche Figuren mussten fehlerfrei aus dem hellen Yamane- bzw. Gumari-Holz *(Gmelina arborea)* geschnitzt sein, Könige und Minister aus dem Holz des blütenreichen Indischen Korkbaums *(Millingtonia hortensis)* und die restlichen Figuren aus dem Holz des Kadamba-Baums *(Anthocephalus cadamba)* oder der Albizie *(Albizia stipulata)*. Heute wird fast ausschließlich das billigere Teakholz verwendet.

Auch wenn das zum Marionettentheater gehörige Klangspiel mit traditionellen Instrumenten so manches Ausländer-Ohr quälen mag, sollte niemand auf den faszinierenden Genuss einer Aufführung verzichten.

weiteren Asketen auch seine Frau zur Verfügung stellt, offenbart sich dieser als der Gott Indra und vereint die getrennte Familie wieder.

Ein *zat pwe* geht normalerweise die ganze Nacht hindurch. Die Zuschauer sitzen auf ihren mitgebrachten Matten und vertreiben sich die Zeit mit Essen, Trinken, Schlafen, Unterhaltungen und gebanntem Zuschauen.

Einer Komödie vergleichbar ist das abwechslungsreiche *anyeint pwe*, bei dem Komödianten, Tänzer und Schauspieler auftreten. Beim *yein pwe* wird getanzt und gesungen. Die bei Touris-

Zeitgenössische Kunst

Kunstinteressierte können sich in den zahlreicher werdenden Galerien des Landes einen Eindruck moderner und zeitgenössischer Werke verschaffen. Was 1971 mit der Eröffnung der ersten staatlich unabhängigen Lokanat Art Gallery in Yangon begann und als Meilenstein in der freien Kunstszene Myanmars gefeiert wurde, setzt sich seit Anfang der 1990er-Jahre mit der Etablierung weiterer privat geführter Ausstellungsorte fort. In Yangon versuchen Galerien wie die River Gallery oder die Inya Art Gallery einheimischen Künstlern eine Plattform für progressive Ausdrucksformen zu bieten und ein Forum für Austausch und Ausbildung zu sein, während die staatlichen Kunstschulen immer noch stark an den traditionellen Stilen und Techniken festhalten, wie sie schon zur Kolonialzeit gelehrt wurden.

Zeitgenössische Maler bauen auf den Arbeiten der Pioniere U Khin Maung (Bank), Bagyi Aung Soe und Paw Oo Thet auf, die in den 1940er-Jahren erstmals individuelle künstlerische Wege beschritten, indem sie alte birmanische Darstellungsformen mit Einflüssen aus Europa mischten.

Die lange Isolierung Myanmars brachte den künstlerischen Diskurs mit anderen Teilen der Welt für drei Jahrzehnte nahezu zum Erliegen. Lediglich ausländische Einrichtungen wie die Alliance Française und das American Center boten Interessierten einen Raum zum Studieren neuer Strömungen und Ausstellen freier Arbeiten an. In staatlichen Galerien unterlagen Kunstwerke der Zensur und ihre Schöpfer den engen Vorgaben, wie angemessene Kunst auszusehen habe.

Erst mit der Öffnung Myanmars nach 1988 wurde der internationale Austausch wieder möglich, und spätestens seit dem Einzug des Internets sind dem Informationsfluss kaum Grenzen gesetzt. So bedienen sich die Kunstschaffenden heute aller gängigen Gestaltungsformen wie Malerei, Bildhauerei, Performance-, Installations- und Videokunst, auch wenn die staatliche Zensur nach wie vor in abgeschwächter Form existiert. Ihre Werke erregen zunehmend Interesse im Ausland und werden regelmäßig mit Preisen ausgezeichnet. So erhielten Maler wie Aung Myint und Min Zaw den renommierten ASEAN Art Award.

Jessica Ehlebracht und Yasmin Rams

---

ten bekannteste Theaterform ist ein *yokthe pwe*, das **Marionettentheater** (S. 135). Schließlich gibt es noch das *nat pwe* zur Verehrung eines Nat (S. 123). Das eher förmliche **Tanztheater** wird *zat gyi* genannt und ist mit dem Untergang der Monarchie fast ausgestorben. Es geht in seiner heutigen Form auf das 18. Jh. zurück und ist stark vom thailändischen Maskentanz Khon beeinflusst. Auch hier hinterließen die nach der Zerstörung Ayutthayas 1767 nach Myanmar verschleppten Künstler und Theatergruppen ihre Spuren. Auch manche Tänze gehen auf diese Zeit zurück. Sie werden daher auch *yodaya zat* genannt. Oft werden Szenen aus dem in Thailand so populären Ramayana-Epos dargestellt.

Unter König Mindon (reg. 1853–78) erlangten Tanz und Theater ihre Blütezeit. Heute sind sie vom Stil der großen Künstler Aung Ba La (1882–1913), Sein Ga Done (1875–1929) und U Po Sein (1881–1952) geprägt, die ein halbes Jahrhundert lang die Bühnen dominierten. Nach Jahrzehnten der Stagnation gibt es gegenwärtig zahlreiche Versuche, an diese große Zeit anzuknüpfen. An den staatlichen Akademien für Musik und Theater in Yangon und Mandalay werden die Künstler über mehrere Jahre hinweg ausgebildet. Allerdings interessieren sich die jungen Leute – wie überall in Asien – mehr für moderne Popmusik, Videofilme und das sich epidemisch ausbreitende Karaoke. Derzeit stehen vor allem südkoreanische Musikgruppen hoch im Kurs.

Birmanische Musik

Viel mehr noch als die Musik Indiens oder Thailands klingt die traditionelle Musik Myanmars für westliche Ohren äußerst schrill und disharmonisch. Wie die indische und thailändische ist auch die birmanische Musik polyphon aufgebaut.

Sie basiert auf einer wiederkehrenden Folge von sieben Tönen, *athan* genannt, aus der heraus die Improvisationen entwickelt werden. Orientierungspunkt ist der von Trommeln und Gongs vorgegebene Rhythmus. Sie bestimmen auch das Tempo. Im Prinzip spielen die führenden Instrumente zwei voneinander nahezu unabhängige Melodien und wechseln dabei immer wieder von der Melodie zur Begleitung und wieder zurück.

Es gibt mehrere Arten von Musikensembles, darunter das *sain-wain*, eine Gruppe von sieben bis zehn Musikern. Hinsichtlich der Instrumente ist es dem javanischen Gamelan ähnlich und wird wie dort von Schlaginstrumenten dominiert. Dazu zählen ein Trommel- und Gongring (*sain-wain* und *kyay-wain*), eine einzelne große Trommel (*patt ma*), Zimbeln *(lingwin)*, Bambusklappern *(wah let khok)*, eine Art Oboe *(hnàe)*, eine Bambusflöte *(palwe)* und ein Bambus-Xylophon *(pattala)*. Seit der Kolonialzeit ist auch ein Piano Bestandteil des Instrumentariums. Unter den Soloinstrumenten ragt die Bogenharfe, das *saun-gau'*, heraus. Sie ist wie ein Schiffskörper geschwungen und mit der Haut des Thamins (einer Rotwildart) überzogen. Die 13 Saiten aus Seide spannen sich vom Klangkörper bis zum oberen Teil des geschwungenen Halses. Häufig wird das *saun-gau'* von Frauen gespielt und als Begleitinstrument für Sologesänge eingesetzt.

Nach wie vor sind die Gesänge und Instrumentalstücke aus dem *Maha Gita* (Sanskrit: „Großes Lied") äußerst populär. Sie wurden ursprünglich als königliche Hofmusik komponiert und fehlen bei fast keiner Aufführung eines Tanz- oder Marionettentheaters.

Rock Rangoon

Die Generäle mögen im Gleichschritt marschieren, ihre Kinder tanzen lieber zu Hardrock und Hip-Hop – zum Neujahrsfest Thingyan am liebsten auf Jeeps und Pick-ups. Man könnte meinen, die Loveparade wäre in Myanmar erfunden worden. Im Land der Pagoden sind Rock und Rap in, kaum eine Teestube, in der nicht die Boxen scheppern.

Selbst schüchterne Mädchen beginnen zu wippen, wenn die Rapper **Anegga**, **Barbu** oder **Myo Kyawt Myaing** loslegen, und bei **Sai Sai Kham Hlaing** drohen sie in Ohnmacht zu fallen. Wie das Publikum ist Hip-Hop in Myanmar noch jung.

Verglichen damit hat der Rock in Myanmar schon einige Jahre auf dem Buckel. Bereits seit 1983 heizen die Musiker von **Emperor** mit ihrem Frontmann Zaw Win Htut kräftig ein, indem sie westliche Songs als birmanische Coverversionen spielen. Der von seinen Fans auch Nyi Htut genannte Leadsänger gilt dabei als Vorreiter und meint dazu: „Rock 'n' Roll hat keine Tradition in Myanmar, weshalb wir Rockmusik den birmanischen Fans zunächst durch Übersetzungen englischer Titel nahebringen mussten." Heute spielen sie jedoch auch immer mehr eigene Titel.

Derzeitige Nummer eins unter den Rockern ist **Iron Cross**, die seit 1990 im Geschäft sind und deren martialisches Emblem überall zu finden ist. Auch **Lazy Club** liegt bei Fans schriller Töne in der Beliebtheitsskala weit oben.

MAHABANDOLA RD. ECKE PANSODAN ST.; © NIPAPORN YANKLANG

1 Yangon

Breite Boulevards, schmale Gassen, goldene Pagoden, ehrwürdige Kolonialhäuser, ein geschäftiger Hafen, quirlige Marktviertel und noch viel mehr: Das ist Yangon, die größte Metropole Myanmars. Wer Glück hat, erspäht schon aus dem Flugzeug den goldenen Stupa der Shwedagon-Pagode, des Nationalheiligtums. Die Stadt ist im Wandel: Sie modernisiert sich, überall hängen Plakate und ein Bauboom hat eingesetzt.

Stefan Loose Traveltipps

Shwedagon-Pagode Das bedeutendste Heiligtum des Landes und Pilgerstätte für Buddhisten aus aller Welt. S. 140

Downtown Yangon Ein Streifzug durch die multireligiöse und architektonisch beeindruckende Metropole. S. 147 und S. 159

Parks und Seen Am Kandawgyi-See mit den Einheimischen spazieren gehen, picknicken oder ein Konzert besuchen. S. 163

Essen gehen Ob birmanisch, indisch, chinesisch, thai, japanisch oder „Fusion": Die Stadt bietet aufregende kulinarische Reize. S. 170

IM SRI SHIVA KRISHNA-TEMPEL, © A. MARKAND

BIRMANISCHES CURRY, © MARK MARKAND

Wann fahren? Die besten Reisemonate sind Januar und Februar. Im März ist es bereits sehr warm.

Wie lange? Den meisten Reisenden reichen 1–2 Tage in Yangon. Wer richtig in das Leben hier eintauchen will, muss aber mindestens 3 Tage bleiben.

Unbedingt ansehen Das Must-see in Yangon ist natürlich die Shwedagon-Pagode. Aber auch das Treiben im indischen Viertel sollte man erlebt haben.

*Da tauchte ein goldenes Mysterium am Horizont auf, ein funkelndes, großartiges Wunder, das in der Sonne glänzte ...
„Das ist die alte Shwedagon-Pagode", sagte mein Gefährte. Und die goldene Kuppel sagte zu mir: „Das hier ist Birma, ein Land, das anders ist als alle anderen, die du kennst."*

Rudyard Kipling,
Briefe aus dem Orient, 1898

Die kleine Stadt Dagon, die Chroniken zufolge vor mehr als 2000 Jahren von den Mon gegründet wurde, wuchs im Laufe der vergangenen drei Jahrhunderte zu einer Metropole heran, die heute etwas über 5 Mio. Einwohner zählt. 1755 besetzte König Alaungpaya die Stadt und stürzte die Mon-Herrscher. Fortan hieß die Stadt Yangon („Ende des Zwistes"). Zur Hauptstadt wurde Yangon 1885 während der britischen Kolonialzeit. Die Briten nannten die Stadt Rangoon. Bis die Regierung 2006 in die neu erschaffene Hauptstadt Nay Pyi Taw umzog, war Yangon Regierungssitz.

Noch sind zahlreiche Kolonialgebäude aus der britischen Epoche erhalten. Allerdings werden immer mehr abgerissen und durch Neubauten ersetzt. Aber auch Renovierungsarbeiten werden vorangetrieben, sodass einige der alten Häuser in neuem Glanz erstrahlen. Für eine aufwendige und gute Sanierung fehlt jedoch vielfach das Geld. So konkurrieren alte Fassaden mit verspiegelten Fensterfronten und prachtvolle Holzvillen am Kandawgyi-See mit altersschwachen Häusern, die nach und nach verfallen. Ein kleiner Rundgang vorbei an einigen prachtvollen Fassaden, die noch aus der Kolonialzeit stammen, ist auf S. 159/160 beschrieben.

Den Engländern ist es zu verdanken, dass die Orientierung in Yangons Innenstadt so einfach ist. Leutnant Alexander Fraser ließ von der Sule-Pagode ausgehend die Straßen des Stadtkerns quadratisch anlegen. Wie ein Schachbrett, entweder durchnummeriert oder mit in Birmanisch und Englisch geschriebenen Straßenschildern versehen, breitet sich die Innenstadt entlang dem Yangon-Fluss bis zur Höhe des Bahnhofs aus.

Wie der alte Name *Dagon* („Goldene Pagode", „Platz der Verehrung") belegt, war die Shwedagon-Pagode seit jeher Mittelpunkt und Herz der Stadt. Und auch heute noch beeindruckt sie jeden Besucher nachhaltig.

Die Shwedagon-Pagode

Ein Besuch der Shwedagon-Pagode ist für viele einer der Höhepunkte ihrer Myanmar-Reise. Ihre Bedeutung und ihr Wert – als Symbol des Landes und als Pilgerstätte für Buddhisten aus aller Welt – sind unschätzbar: Goldglänzend und erhaben grüßt sie Pilger und Reisende. Uralt soll sie sein, mit Tonnen von Gold und Tausenden Edelsteinen geschmückt, ein erhabener Ort der Ruhe, Besinnung und Meditation.

Die **Ursprünge** der Pagode liegen im Dunkeln. Manche sagen, sie sei bereits 2500 Jahre alt und noch vor dem Tod des historischen Buddha Siddharta Gautama erbaut worden (s. Kasten S. 141). Andere datieren die Gründung auf das 6. bis 10. Jh. Gesichert scheint, dass der Stupa anfänglich nur etwa 10 m hoch war. Im Laufe der Jahrhunderte wuchs er stetig – viele Mon- und später birmanische Könige trugen gemäß der Tradition das Ihrige dazu bei. 1372 renovierte der Mon-König Binnya U das Heiligtum. 50 Jahre später erweiterte König Binnya Kyan den Stupa auf eine Höhe von 90 m. Seine Nachfolgerin, Königin Shinsawbu (reg. 1453–72), stiftete ihr Körpergewicht in Gold, um die Pagode erstmalig mit dem edlen Metall zu verkleiden – eine Tat, die von vielen Herrschern nachgeahmt wurde. Noch heute ist es für birmanische Pilger selbstverständlich, im Rahmen ihrer Möglichkeiten Blattgold für die Verschönerung der Pagode zu stiften. Ihre jetzige Höhe von 100 m erreichte die Shwedagon unter König Hsinbyushin aus Inwa im Jahre 1774. Im 20. Jh. forderten Naturgewalten ihren Tribut: Ein Erdbeben 1919 und ein Feuer 1931 zerstörten viele Teile. Zuletzt bebte die Erde 1970. Mitte der 1990er-Jahre kam es zu einer weitreichenden Renovierung: Die Aufgänge wurden neu gestaltet, und die Plattform bekam einen neuen Boden. Auch der Stupa wurde erneuert und die etwa 13 000 Kupferplatten neu vergoldet. Ihr Gesamtgewicht beträgt nun 149 t, davon sind 9,75 t Gold.

Die Legende der Shwedagon-Pagode

Legende und – nach westlichem Verständnis – belegte Geschichte sind bei der Shwedagon eine unauflösliche Verbindung eingegangen. Vor mehr als 2500 Jahren, als Buddha noch auf Erden weilte, lebten in Okkalapa, in der Gegend des heutigen Yangon, die beiden Händler Tapussa und Bhallika. Eines Tages machten sie sich mit ihrem Schiff nach Indien auf. Unterwegs trafen die jungen Männer einen Nat, der sie zu Buddha führte. Sie fielen vor dem Erleuchteten nieder und übergaben ihm Reiskuchen und Honig. Nachdem sie zu seinen Anhängern geworden waren, schenkte Buddha ihnen zum Abschied acht seiner Haare, die sie in ihrer Heimat auf dem Singuttara-Hügel aufbewahren sollten, wo schon die Reliquien der drei vorherigen Buddhas verehrt wurden.

Als die Händler auf ihrer Rückreise den König von Ajjhatta trafen, schenkten sie ihm zwei der kostbaren Haare. Zwei weitere Haare mussten sie dem Naga-König Jayasena abgeben, der vor der Südwestküste Birmas herrschte. Schließlich übergaben die Brüder König Okkalapa das Kästchen mit den verbliebenen vier Haaren. Wie durch ein Wunder waren bei der Öffnung jedoch alle acht wieder vorhanden. Sie schwebten in der Luft und leuchteten in allen Farben. Edelsteine regneten vom Himmel, Gehörlose konnten plötzlich hören, Stumme sprechen und Gelähmte laufen. Der König ließ die Haare auf dem Singuttara-Hügel in einem Stupa einmauern. So entstand die Shwedagon-Pagode, das Nationalheiligtum Myanmars.

Für die birmanische **Freiheitsbewegung** ist die Shwedagon ebenfalls ein wichtiger Ort. 1920 planten auf der Plattform einige Studenten den ersten anti-britischen Streik. Die Tochter des einstigen Anführers Bogyoke Aung San, die Oppositionsführerin und Friedensnobelpreisträgerin Aung San Suu Kyi, hielt hier 1988 ihre erste öffentliche Rede.

Am Fuße des Hügels liegen viele ältere und neuere Klöster. Vier überdachte Aufgänge führen auf die fast 60 000 m² große, mit weißem Marmor gepflasterte **Plattform**. Hier stehen reich geschmückte Schreine, mit fantastischen Holzschnitzereien verzierte *tazaung* (Gebetshallen) und *zayat* (offene Pavillons), in denen Buddhafiguren aus Marmor und Messing verehrt werden. 64 kleinere und vier größere Stupas umgeben den Hauptstupa, der sich fast 100 m über die Plattform erhebt – ein weithin sichtbares Symbol des Strebens nach Vollkommenheit.

Den ganzen Tag über herrscht an der Pagode Betrieb: Überall sitzen Gläubige in Meditation und Gebet versunken. Buddhafiguren und anderen verehrten Statuen werden Blumen und Schirmchen als Gaben dargebracht. Einige fegen die Plattform, was als gute Tat gilt, andere sitzen herum und schauen zu. Ganze Familien lagern mitsamt Picknickkorb in den Hallen (besonders in der Nordwestecke), und in der Mittagshitze hält mancher ein erholsames Schläfchen. Dazwischen sieht man staunende Touristen, denen einheimische Führer die Wunder der Pagode erklären.

Die elegante **Architektur** des Hauptstupas entsteht durch verschiedene ineinander übergehende Teile. Auf die achteckige Basis mit 433 m Umfang folgen drei *piccaya* (Terrassen). Auf der untersten stehen 64 kleinere und vier größere Pagoden. Nach der zweiten und dritten Terrasse beginnt der Bereich des *khaung laung pone* (Glocke, 22 m hoch), dann folgen *thabeik* (umgekehrte Almosenschale), die mit 16 Lotosblütenblättern verziert ist, *baung yit* (gewickelter Turban), *kyalan* (Lotosblüte, 9,50 m hoch), der Bereich der 16 m hohen *hngat pyaw bou* in Form einer Bananenblüte, der siebenfache *hti* (Schirm, 10 m hoch), der mit über 1000 Diamanten und noch mehr Rubinen und Saphiren verziert ist, und, an der langen Spitze, eine Wetterfahne und die *seinbu* (Diamantenknospe). Letztere ist eine Kugel von 25 cm Durchmesser, besetzt mit 4351 Diamanten, Rubinen, Saphiren und Topasen. Die oberste Krönung bildet ein 76-karätiger Diamant. Die Kugel dient als „Rastplatz der Vögel".

Der *hti* wurde 1999 erneuert, sein Vorgänger stammt noch von Birmas vorletztem königlichem

> **Öffnungszeiten und Eintritt**
>
> ⏱ 4–22 Uhr, Eintritt 10 000 Kyat. Im Eintrittsgeld ist die Fahrt mit dem Aufzug auf die Plattform enthalten. Das Ticket ist nur für einen Besuch gültig.

Herrscher, König Mindon, der ihn 1871 aus seinem Palast in Mandalay nach Yangon schickte. Eine Prozession von mehreren hunderttausend Birmanen begleitete die Gabe – sehr zum Verdruss der Briten, die damals schon in Yangon Fuß gefasst hatten und diesen Beweis für die Macht des oberbirmanischen Königs gar nicht gerne sahen. Auf der Plattform gibt es Bücher über den *hti* – ein Blick auf die Nahaufnahmen zeigt die filigrane Arbeit. Der reiche Schmuck und die kleinen Figuren, die von unten nicht zu sehen sind, lassen sich so zumindest erahnen. Ebenfalls zu sehen sind die Bilder in einer Fotoausstellung.

Die Plattform beherbergt zwei große **Bronzeglocken**. Die Maha Tissada Gandha in der nordöstlichen Ecke wurde 1841 von König Tharawaddy gestiftet. Sie ist 2,60 m hoch und wiegt 42 t. Die Maha Gandha, 1778 von König Singu Min gespendet, ist 2,10 m hoch und wiegt 23 t. Eine dritte Glocke, die Awinga Zauk, wurde von König Dhammazedi (reg. 1472–92) gestiftet – sie wog 29 t und versank im Fluss, als der Portugiese Philip de Brito sie 1608 stahl, um sie für neue Kanonen einzuschmelzen. Auch die Maha Gandha-Glocke ist bereits einmal im Fluss versunken: 1825, als die Briten sie nach dem gewonnenen Ersten Anglo-Birmanischen Krieg als Beute nach Kalkutta bringen wollten. Alle Bergungsversuche der Briten scheiterten. So gaben sie die Glocke offiziell an die Birmanen zurück, und denen gelang dann das scheinbar Unmögliche: Taucher befestigten ungezählte Bambusrohre an der Glocke, bis der Auftrieb sie zurück an die Oberfläche hob. Im Triumphzug wurde sie an ihre heutige Stelle zurückgebracht. Das Ereignis gab auch dem birmanischen Nationalstolz einigen Auftrieb.

Alle drei Jahre wird das Gold der Pagode abgenommen und der gesamte Hauptstupa neu vergoldet.

Ein Rundgang über die Plattform

Vier überdachte Aufgänge führen auf die Plattform. Zahlreiche Führer bieten in der Pagode ihre Dienste an, sie erwarten eine kleine Spende. Auch Mönche sind diesen Gaben nicht abgeneigt und fordern sie z. T. sogar ein.

Der **Südaufgang** **1** kann als Haupteingang bezeichnet werden. Er ist die Verlängerung der aus der Innenstadt herausführenden Shwedagon Pagoda Road. Zwei etwa 9 m hohe *chinthes* (mythische Löwen) bewachen seit 1870 den Eingang. Sie sind ein Symbol, das eng mit dem Buddhismus verknüpft ist – Buddhas Lehre wird gerne mit dem Brüllen eines Löwen verglichen. Eine Legende erzählt, dass ein Prinz von Löwen verschleppt und aufgezogen wurde. Später findet der Prinz seinen Vater wieder und tötet auf dessen Befehl den Löwen, bereut dann die Tat und setzt den Löwen vor allen Tempeln ein Denkmal. Hinter den *chinthes* stehen zwei menschenfressende *bilu* (Dämonenfiguren). Sie sollen die Pagode schützen und wachen außerdem darüber, dass auch alle Touristen ihre Schuhe ausziehen. Am Südaufgang gibt es seit 1957 einen Aufzug, mit dem man auf die Plattform fahren kann. Reizvoller ist es, die 104 Stufen zu Fuß zu nehmen. Dabei geht es vorbei an vielen Händlern, die Devotionalien und Souvenirs anbieten.

Oben angekommen, befindet sich direkt gegenüber dem Südaufgang der **Konagamana Tazaung** **2**. Die Andachtshalle ist dem zweiten der vier letzten Buddhas auf Erden gewidmet. Sie wurde in den 1950er-Jahren erbaut. In der Halle steht eine große Anzahl von Buddhastatuen, die zu den ältesten der Pagode gehören. Sie unterscheiden sich im Stil deutlich von den heute hergestellten.

Links davon steht der **Schrein des Merkur** **3**. Er wird von allen am Mittwochvormittag Geborenen besucht; das dazugehörige Symbol-Tier ist der Elefant mit Stoßzähnen. Weiter links, an der südwestlichen Ecke des Stupa, wird der **Schrein des Saturn** **4** von den am Samstag Geborenen verehrt. Naga, die mythische Drachenschlange, ist diesem Tag zugeordnet. Die Gläubigen übergießen hier und an den anderen Kardinalpunkten Buddhastatuen aus Alabaster mit Wasser – eine heilige Handlung, während der Gebete gesprochen werden.

Der Ostaufgang der Shwedagon-Pagode

Shwedagon-Pagode

1. Südaufgang
2. Konagamana Tazaung
3. Schrein des Merkur
4. Schrein des Saturn
5. Jadebuddha
6. Gedenksäule (studentische Aufstände)
7. Nat-Figuren
8. Rakhine Tazaung
9. Andachtshalle (liegender Buddha)
10. Tazaung der chin. Händler
11. Westaufgang
12. Two Pice Tazaung
13. Tazaung des Kassapa Buddha
14. Schrein des Jupiter
15. Statue von König Okkalapa
16. Rahu-Schrein
17. Acht-Wochentage-Pagode
18. Maha Gandha-Glocke
19. Andachtshalle
20. Wunscherfüllungsstelle
21. wunderwirk. Abbild von Buddha
22. Bodhi-Bäume
23. Nordaufgang
24. Tazaung mit Buddhas Fußabdruck
25. Bibliothek der Zediyangana-Gesellschaft
26. Sandawdwin Tazaung
27. Gautama-Andachtshalle
28. Schrein der Venus
29. Nachbildung der indischen Mahabodi-Pagode
30. Planetenzeichen für die Sonne
31. Kannaza Tazaung
32. Pavillon mit Bild von Mönch Shin Itzagone
33. Naungdawgyi-Pagode
34. Maha Tissada Gandha-Glocke
35. Replik des Schirms
36. Nachbildung der Spitze
37. Ostaufgang
38. Dhammazedi-Inschriften
39. Kakusandha-Andachtshalle
40. Bildnis des Tawa Gu Buddha
41. Schrein des Mondes
42. U Nyo Tazaung
43. Schrein des Mars
44. Gebetssäule
45. Bodhi-Baum
46. Museum

Gegenüber dem Saturn-Zeichen steht ein 179 kg schwerer **Jadebuddha** 5, der von der chinesischen Gemeinde gestiftet wurde.

An der Südwestecke der Plattform erinnert eine **Gedenksäule** 6 an die studentischen Unruhen von 1920 gegen die britische Kolonialmacht. Inschriften in birmanischer, englischer, russischer und französischer Sprache ehren die elf Studentenführer, die am 5. Dezember 1920 zum ersten Universitätsstreik aufriefen.

Geht man an dem Stupa weiter im Uhrzeigersinn Richtung Norden, sieht man in einem Glaskasten zwei **Nat-Figuren** 7. Der Herr rechts ist der Schutzgeist der Shwedagon: Bo Bo Gyi; links neben ihm steht Thagyamin, der König der Nats.

Der **Rakhine Tazaung** 8 ist eine Stiftung zweier Händler aus dem westlichen Küstenstaat. Vergoldete Holzschnitzereien zeigen *jataka* (Geschichten aus Buddhas Leben) und eine Szene mit Königin Shinsawbu und König Dhammazedi.

Ein paar Meter weiter befindet sich in einer **Andachtshalle** 9 ein liegender Buddha, der 8,50 m misst und von seinen engsten Schülern Ananda, Mogallana und Sariputtra flankiert wird. Dreidimensionale, bunte Schnitzereien unter dem Dach erzählen die Legende vom goldenen Felsen in Kyaikhtyio. Im daneben befindlichen **Tazaung der chinesischen Händler** 10 sind viele Buddhastatuen in unterschiedlichsten Positionen untergebracht.

Der **Westaufgang** 11 am Ende der U Wisara Road ist mit 166 Stufen der längste Aufgang. Während der britischen Herrschaft war er für 80 Jahre geschlossen. Beim Großfeuer von 1931 brannte er fast vollständig ab, wurde aber schnell wieder aufgebaut. Die Andachtshalle am oberen Ende des Westaufgangs heißt **Two Pice Tazaung** 12, denn hier spendeten Händler des Surati-Marktes täglich zwei Pice-Münzen.

Gegenüber liegt der **Tazaung des Kassapa Buddha** 13, eine Andachtshalle, die dem dritten Buddha unserer Weltzeit gewidmet ist. Bis hierhin fraß sich die Feuersbrunst von 1931, sodass es sich heute um eine Replik der ursprünglich 1841 gebauten Andachtshalle handelt.

Links davon befindet sich der **Schrein des Jupiter** 14, dem die Ratte und der Donnerstag zugeordnet sind. Ein paar Schritte weiter nördlich entlang des Stupa, an der Nordwestecke, steht eine Statue des Gründers der, **König Okkalapa** 15 unter einem weißen Schirm.

An der Nordwestecke des Stupas steht außerdem der **Rahu-Schrein** 16. Dem mythischen Planeten sind der Mittwochnachmittag und der Elefant ohne Stoßzähne zugeordnet.

Auf dem Platz nordwestlich davon erblickt man die **Acht-Wochentage-Pagode** 17. In den acht Nischen sitzen Buddhas, und auf den Rundbögen der Nischen repräsentieren Tierplastiken die dazugehörigen Planeten und Himmelsrichtungen.

Hinter der Pagode befindet sich die berühmte **Maha Gandha-Glocke** 18 aus Bronze, die 1779 unter König Singu gegossen wurde. In der birmanischen Inschrift äußert König Singu die Hoffnung, dank der Glocken-Spende als Buddha wiedergeboren zu werden.

In der großen **Andachtshalle** 19 daneben steht eine 9 m hohe Buddhastatue. Aus allen Teilen des Landes kommen Mönche, um Vorträge über den Buddhismus zu halten. Wer hier spricht, gehört zu den wichtigsten Lehrern im Land. Die lehrenden Mönche sitzen auf dem goldenen Thron gegenüber der Statue. Vor der Statue liegen einige wunscherfüllende Steine: Fühlt sich der angehobene Stein leicht an, geht der Wunsch in Erfüllung.

An der sternförmigen **Wunscherfüllungsstelle** 20 neben der Halle knien meist viele Gläubige, dem großen Stupa zugewandt, und beten um Erfüllung ihrer Wünsche.

Der nordwestliche Teil der Plattform bietet Raum für eine ganze Anzahl kleiner Stupas. In einem steht ein **wunderwirkendes Abbild von Buddha** 21, meist mit Blumen geschmückt und von vielen Gläubigen umgeben. An der äußeren Nordwestecke wächst ein **Bodhi-Baum** 22. Er soll Ableger des Bodhi-Baums im indischen Bodhgaya sein, unter dem Buddha die Erleuchtung fand. U Nu, der erste Premierminister Birmas, pflanzte einen kleineren in den 1950er-Jahren, der von Stupas umgeben ist; der größere Baum wurde 1903 gepflanzt.

Der **Nordaufgang** 23 hat 128 Stufen und wurde 1460 von Königin Shinsawbu gebaut. Von diesem kommend, liegt rechts der **Tazaung mit**

Buddhas Fußabdruck 24. Am Eingang stehen zwei lebensgroße indische Wächterfiguren. Innen findet sich ein *chidawya*, ein symbolischer Fußabdruck Buddhas, bewacht von einer Nagaschlange. Buddha soll diesen Fußabdruck selbst nach einer Vorlage erstellt haben, die sich in der Shwesettaw-Pagode in Ober-Myanmar (S. 302) befindet. Der in 108 Sektionen aufgeteilte Abdruck zeigt wichtige buddhistische Symbole.

Südlich neben diesem *tazaung* liegt die **Bibliothek der Zediyangana-Gesellschaft** 25. Sie enthält rund 6000, z. T. sehr seltene Bücher und Schriften zur Religion und Kultur Myanmars. Die Zediyangana-Gesellschaft ist eine von sieben Vereinigungen, die sich um den Erhalt der Shwedagon kümmern.

Weiter Richtung Zentralstupa folgt der **Sandawdwin Tazaung** 26. Der Legende nach wurde er über einem (nun unter der Halle verborgenen) heiligen Brunnen errichtet, in dem König Okkalapa die acht Haare Buddhas wusch, bevor sie in die Reliquienkammer gelegt wurden.

Ein Blick auf die Nordseite des großen Stupa zeigt die **Gautama-Andachtshalle** 27, die dem historischen Buddha Gautama gewidmet ist. Daneben liegt der **Schrein der Venus** 28, dem der Freitag und das Meerschweinchen zugeordnet sind.

Gegenüber steht eine Nachbildung der indischen **Mahabodi-Pagode** 29; auffällig, da sie als Einzige auf der Plattform nicht im Mon- oder birmanischen Stil erbaut ist. Sie ist mit bunten Fresken geschmückt, die Szenen aus dem Leben Buddhas zeigen.

An der nordöstlichen Ecke des großen Stupa steht das **Planetenzeichen für die Sonne** 30, natürlich dem Sonntag zugeordnet und assoziiert mit dem mythischen Vogel *galon* (*garuda* in anderen Teilen Südostasiens).

Nördlich gegenüber steht der **Kannaza Tazaung** 31. Der Überlieferung nach gelobte König Okkalapa an dieser Stelle den Bau der Pagode, wenn Reliquien Buddhas aus Indien kämen. Daher heißt die Buddhafigur im Gebäude *Hsu-daunbyáy* („Buddha erhört das Gebet des Königs"). Vor der Figur liegen Wunscherfüllungssteine.

Nördlich davon, in einem kunstvoll verzierten **Pavillon** 32, sitzt eine seltsam blickende Figur mit unterschiedlich großen Augen. Sie zeigt den Mönch Shin Itzagone, einen Alchemisten aus der frühen Bagan-Zeit. Er war auf der Suche nach dem Stein der Weisen, um Blei in Gold zu verwandeln. Seine Misserfolge stürzten das Land in Armut. So stach er sich die Augen aus, um sie dem König als Opfer zu bringen. Kurz darauf waren seine Experimente erfolgreich, und mithilfe des magischen Steins erlangte der Mönch sein Augenlicht zurück, indem er sich ein Ziegen- und ein Rinderauge einsetzte.

Gleich dahinter liegt die große **Naungdaw-gyi-Pagode** 33, deren Stupa wie eine kleinere Version der Shwedagon aussieht. Sie wurde von König Okkalapa angelegt und beherbergte die Haare Buddhas, bis die große Pagode fertiggestellt war. Unweit davon hängt die **Maha Tissada Gandha-Glocke** 34, die 1841 von König Tharrawaddy gestiftet wurde. Mit einem Gewicht von 42 t und 2,30 m Durchmesser ist sie die größte Glocke der Shwedagon. Weiter südlich ist eine **Replik des Schirms** 35 zu sehen, den König Hsinbyushin 1774 spendete, und eine **Nachbildung der Spitze** 36, die König Mindon 1871 stiftete.

Wer die Shwedagon vom **Ostaufgang** 37 her besucht, erlebt einen stimmungsvollen Übergang aus dem turbulenten Bahan-Viertel über eine Straße, die von Klöstern und Marktständen gesäumt ist. 118 Stufen führen an einem breiten Angebot an Devotionalien vorbei: Buddhafiguren aus Alabaster oder Bronze, Papierschirme, Blumen, Gebetsschnüre und Puppen aus Pappmaschee.

Im Eingang befanden sich früher die **Dhammazedi-Inschriften** 38, die jetzt in der Nordostecke der Plattform zu finden sind. Die Sandsteinstelen wurden 1485 von König Dhammazedi aufgestellt: Sie sind die ältesten Inschriften über die Entstehung der Shwedagon in Birmanisch, Pali und Mon.

Am oberen Ende des Aufgangs, an der Ostseite des großen Stupa, erhebt sich die **Kakusandha-Andachtshalle** 39. Auch sie wurde beim Brand von 1931 zerstört und 1939 wieder aufgebaut. Innen befinden sich Buddhafiguren mit dem sogenannten *Varada*- oder *Dana-mudra*: Die Rechte ruht, mit der Handfläche nach außen geöffnet, auf dem Bein. Dies ist die Geste des Gebens.

Hinter der Andachtshalle, nur tief gläubigen buddhistischen Männern mit einer Sondergenehmigung zugänglich, steht auf der ersten Plattform in einer Nische ein **Bildnis des Tawa Gu Buddha** 40, auch Buddha mit dem Rubinauge genannt. Hier bohrten britische Ingenieure auf der Suche nach Schätzen einst einen 30 m tiefen Tunnel in den Zentralstupa. Die Buddhafigur steht vor dem weiter verschlossenen Loch, doch ihr Bild wird mit einer Webcam auf einen Bildschirm übertragen. Sie soll Wunder wirken können.

Neben der Kakusandha-Halle befindet sich der **Schrein des Mondes** 41, der (ebenso wie die Sonne) in der birmanischen Astrologie zu den acht Planeten zählt. Er ist Ziel für die am Montag Geborenen und mit dem Tiger verbunden.

Gegenüber liegt der **U Nyo Tazaung** 42, 1938 erbaut, dessen Holzschnitzarbeiten Ereignisse aus Buddha Gautamas Leben erzählen. An der Südostecke des großen Stupa befindet sich der **Schrein des Mars** 43, dem Löwen und dem Dienstag zugeordnet.

Gegenüber steht eine **Gebetssäule** 44. Solche Säulen sollen dem Stifter Gesundheit, Wohlstand und Erfolg garantieren. Auf der Spitze sitzt ein *hintha*, die mythologische Gans. An der südöstlichen Ecke der Plattform wächst ein weiterer **Bodhi-Baum** 45, der wie die beiden im Nordwesten ein Ableger des Baumes sein soll, unter dem Buddha Erleuchtung erlangte.

An der Westseite der Plattform befindet sich ein kleines **Museum** 46, das eine Sammlung buddhistischer Statuen und Kunstobjekte enthält.

Der Genuss des Wassers aus den hier und da herumstehenden **Wasserspendern** scheint übrigens unbedenklich.

Im Zentrum der Altstadt

Beeindruckend sind die kolonialen Altbauten im Zentrum von Yangon (s. Karte A, S. 150/151). Viele von ihnen sind in einem sehr schlechten Zustand – die Frage „Renovieren oder abreißen?" wird in Myanmar heiß diskutiert.

Abgesehen von den im Historischen Rundgang (S. 159/160) genannten Gebäuden gibt es noch mehr zu entdecken, z. B. die **Holy Trinity-Kathedrale** in der Bogyoke Aung San Road. In der anglikanischen Kathedrale wurde 1894 die erste Messe gefeiert.

Sule-Pagode

Im Zentrum von Yangons Altstadt steht mitten im Kreisverkehr die Sule-Pagode. In der Mittagspause und in den Abendstunden zieht sie zahlreiche Gläubige an, die ihren religiösen Pflichten nachkommen. Die Sule-Pagode ist ein Alltagstempel, der weniger pompös ist als die Shwedagon. Auch die Gebete und Bitten, die hier gesprochen werden, beziehen sich auf Probleme des Alltags. Rechts neben dem Haupteingang steht eine Hintha-Barke mit Seilzugsystem zu einem Schrein am Stupa. Für 1000 Kyat kann jeder ein Goldblättchen kaufen, welches hinaufgezogen und später zur Renovierung des Tempels genutzt wird. Wenige Schritte dahinter befindet sich in einem *tazaung* der Nat der Pagode. In einem weiteren Schrein im Nordwesten werden Bo Bo Gyi und Bo Min Gaung verehrt.

Ausländer zahlen 3000 Kyat Eintritt, plus „Donation" von 200–500 Kyat für die Schuhabgabe. An allen Eingängen werden Devotionalien verkauft. Im Außenbereich haben sich einige Handleser niedergelassen, die teils passabel Englisch sprechen. Wer sich etwas aus seinem Leben erzählen lassen möchte, zahlt dafür 5000 Kyat.

Moscheen

Neben der Sule-Pagode steht eine der vielen Moscheen Yangons, die viel Zulauf haben. Abends strömen Hunderte Muslime nach dem Abendgebet aus der **Bengali Sunni Jamae-Zentralmoschee**. Wenige Blöcke entfernt liegt in der 30th Street die von Iranern erbaute **Mogul Shiah Jaamay Assid**. Sie steht unter Denkmalschutz.

Mahabandoola Garden

Inmitten der Stadt, hinter der Sule-Pagode Richtung Fluss, befindet sich der kleine **Mahabandoola Garden**, an dessen Nordseite das **Unabhängigkeitsdenkmal** an die Unabhängigkeit und die Union Myanmars erinnert. Der große Obelisk symbolisiert den Zentralstaat Birma, die kleinen die Staaten, die als erste der Union beitraten.

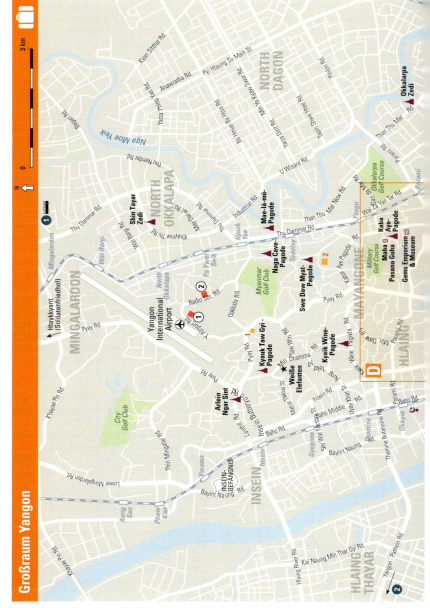

A Yangon Zentrum

■ ÜBERNACHTUNG
3. Central Hotel
4. Sule Shangri-La Hotel
5. Beautyland Hotel II
6. Panorama Hotel
7. Clover Hotel City Center
8. east hotel, dining, art & craft
9. Cherry Guesthouse
10. Chan Myaye Gh.
11. Mingalarbar Hostel
12. 30th Corner Boutique Hostel
13. Pyin Oo Lwin 2 Gh.
14. Hotel K
15. City Star Hotel & Restaurant
16. May Shan Hotel
17. Mahabandoola Gh.
18. Okinawa 2 Gh.
19. Garden Gh.
20. White House Hotel
21. Okinawa Gh.
22. Tokyo Gh.
23. Little Yangon Hostel
24. Good Time Hotel
25. Strand Hotel

■ SONSTIGES
3. Kinos
4. Ruby Mart
5. Pansodan Gallery
6. Nay Py Daw
7. Bookstore
8. AYÉ Apotheke
9. Lion World
10. AA Pharmacy
11. Bücherstände
12. Bücherstände
13. Bagan Book House
14. Bücherstände
15. May Pharmacy
16. Myanmar Masters
17. Myanmar Book Center
18. Sarpay Beikmann Bookcenter
19. Yangon Heritage Trust

■ ESSEN
2. Genius Café
3. Thiripyitsaya Sky Bistro
4. the Phayre's
5. APK Kitchen Thaifood
6. J's Donuts
7. Suzuki Café Thai Food
8. New Delhi Restaurant
9. Yuzana Biryani
10. Nilar Biryani & Cold Drink
11. 999 Shan Noodle Shop
12. LinkAge Restaurant
13. J's Donuts
14. Singapur Food Connection and Beer Bar
15. Café KSS
16. Hario Bakery
17. Power Food and Drink
18. Y2T
19. Rangoon Tea House
20. Gekko

■ TRANSPORT
3. Zugtickets ("Advanced Booking Office")
4. Fähre nach Dala

Spaziergang durch Yangons Vergangenheit
— Route (s. S. 159/160)
Ⓐ => Ⓣ

150   YANGON | Cityplan

YANGON | Cityplan 151

B Yangon Rund ums Zentrum

■ ÜBERNACHTUNG
- ㉖ Alfa Hotel
- ㉗ Parkroyal
- ㉘ The Loft Hotel
- ㉙ Panda Hotel
- ㉚ Hotel Esta
- ㉛ Aung San Si Gh.
- ㉜ Hotel 51
- ㉝ Queens Park Hotel
- ㉞ Orchid Hotel
- ㉟ Motherland Inn 2
- ㊱ Ocean Pearl Inn
- ㊲ Agga Youth Hotel
- ㊳ Family Treasure Inn
- ㊴ Agga Gh.
- ㊵ Hostel 9
- ㊶ Royal 74 Hotel
- ㊷ New Yangon Hotel
- ㊸ Hotel Grand United 21st Downtown
- ㊹ Vintage Luxury Yacht Hotel

■ ESSEN
- ㉑ Feel Myanmar Food
- ㉒ Padonmar Restaurant
- ㉓ Sprouts
- ㉔ Golden Pho
- ㉕ Thu Kha Yeik Food Centre
- ㉖ Aung Mingalar Shan Noodle Shop
- ㉗ Craft
- ㉘ PaPa Pizza
- ㉙ Lucky 7 Tea Shop
- ㉚ Thai 47
- ㉛ Green Gallery
- ㉜ Ko San
- ㉝ Amazing Thai Food
- ㉞ Café Pansuriya
- ㉟ 50th Street Bar & Grill
- ㊱ Suzuki Café Thai Food
- ㊲ Monsoon Restaurant
- ㊳ UNION Bar & Grill

152 YANGON | Cityplan   www.stefan-loose.de/myanmar

C Yangon — Rund um die Shwedagon-Pagode und den Kandawgyi-See

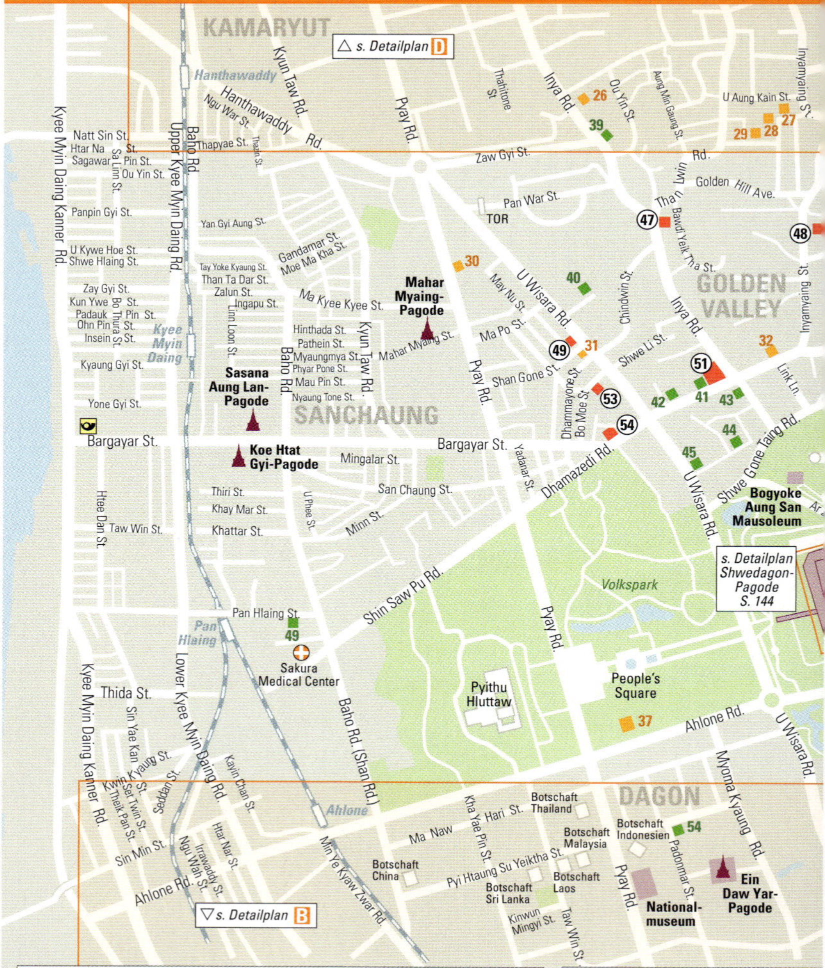

■ **ÜBERNACHTUNG**
- 45 Hotel Alamanda
- 46 Mya Yeik Nyo Royal Hotel
- 47 Winner Inn
- 48 Mingalar Garden Hotel Yangon
- 49 Humble Footprints Hotel and Hostel
- 50 Kaung Lay Inn
- 51 Savoy Hotel
- 52 Sky View Hotel
- 53 Pickled Tea Hostel
- 54 My Hotel
- 55 Golden City Hotel
- 56 Merchant Art Boutique Hotel
- 57 Clover Hotel
- 58 Beauty Land Hotel 1
- 59 Fame Hotel
- 60 Chatrium Hotel
- 61 Kandawgyi Palace Hotel

■ **ESSEN**
- 39 Inya Training Café
- 40 House of Memories
- 41 Sharky's
- 42 Coffee Circle / The Vue
- 43 Thai Kitchen
- 44 Hla Myanmar und Mya Myint Mo Restaurant
- 45 Mai Thai Restaurant

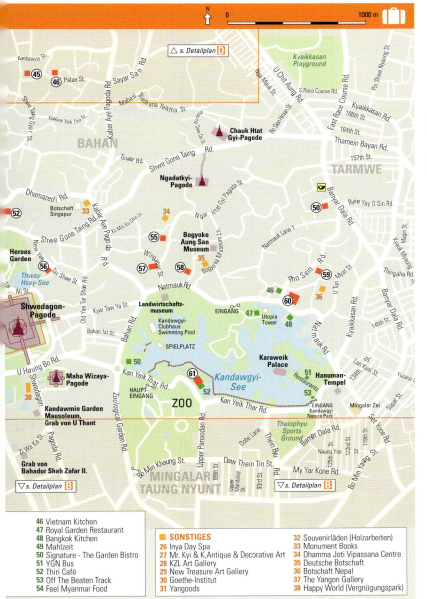

46 Vietnam Kitchen
47 Royal Garden Restaurant
48 Bangkok Kitchen
49 Mahlzeit
50 Signature - The Garden Bistro
51 YGN Bus
52 Thiri Café
53 Off The Beaten Track
54 Feel Myanmar Food

■ **SONSTIGES**
26 Inya Day Spa
27 Mr. Kyi & K, Antique & Decorative Art
28 KZL Art Gallery
29 New Treasure Art Gallery
30 Goethe-Institut
31 Yangoods

32 Souvenirläden (Holzarbeiten)
33 Monument Books
34 Dhamma Joti Vipassana Centre
35 Deutsche Botschaft
36 Botschaft Nepal
37 The Yangon Gallery
38 Happy World (Vergnügungspark)

www.stefan-loose.de/myanmar YANGON | Cityplan 155

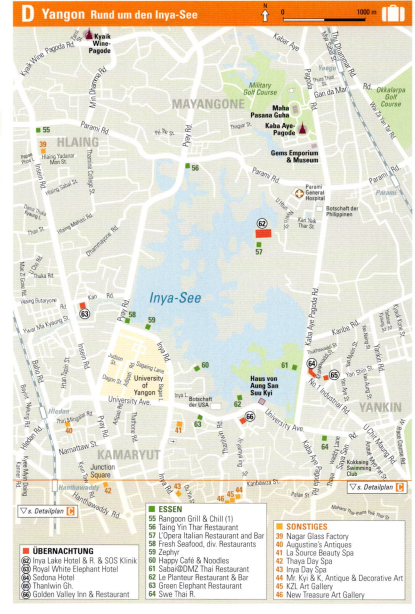

Bewacht wird das Denkmal von *chinthes*, löwenähnlichen Fabelwesen. Morgens treffen sich hier Chinesen zum Tai Chi, abends lassen Familien und junge Paare im Park den Tag ausklingen. Richtung Fluss befindet sich ein kleiner Spielplatz für Kinder bis etwa drei Jahre – daneben Fitnessgeräte für die Größeren.

Rund ums Zentrum

St. Mary's-Kathedrale
Die St. Mary's-Kathedrale an der Bo Aung Kyaw Street, Ecke Bogyoke Aung San Road, ist eine beeindruckend große katholische Kirche und die größte Kathedrale des Landes. Es finden zahlreiche Gottesdienste statt. Von der mächtigen geschnitzten Kanzel im Kirchenschiff wird nur in Ausnahmefällen gepredigt. Direkt im Eingangsbereich der 1911 aus Backstein errichteten Kirche befindet sich eine Gedenktafel für den holländischen Priester, Erbauer und Architekten Hendrick Janzen. Vor dem Altarbereich stehen inbrünstig verehrte Bildnisse der Jungfrau Maria. Am Seitenaltar links kämpft der heilige Georg gegen den Drachen.

Prime Minister's Office (Sekretariat)
Der einstige Sitz der britischen Kolonialverwaltung ist die wohl spektakulärste Hinterlassenschaft der ehemaligen Herren aus Europa. Der große Komplex aus mehreren Gebäuden, die z. T. üppig mit Säulen, Rundbogen, Türmchen und Kuppeln geschmückt sind, kann leider nur aus der Ferne durch einen Zaun bestaunt werden. Seit der Erbauung 1889–1905 wurde aus dem Minister's Office in der 300 Theinbyu Road die gesamte Kolonie verwaltet. Traurige Berühmtheit erlangte es am 19. Juli 1947, als General Aung San, der charismatische Führer des Landes und Vater der heutigen Freiheits-Ikone Aung San Su Kyi, hier einem tödlichen Attentat zum Opfer fiel. Nach der Unabhängigkeit wurde das Haus weiter als Regierungssitz genutzt. Seit die Regierung 2005 nach Nay Pyi Taw umzog, war das Gebäude sich selbst überlassen. Der Taifun Nargis zerstörte 2008 große Teile der Dächer. Nach Jahren des weiteren Verfalls wurde dann endlich mit Restaurierungsarbeiten begonnen, und Anfang 2017 waren im Rahmen einer vom Goethe-Institut organisierten Ausstellung des deutschen Künstlers Wolfgang Laib einige Gebäudeteile zugänglich.

Botataung-Pagode
Diese Pagode liegt am Fluss östlich des Zentrums. Vor ihren Toren steht ein Kassenhaus, wo US$5 (6000 Kyat) Eintritt verlangt werden (Fotografieren US$1, Filmen US$2). Auch die Schuhe müssen hier abgegeben werden.

Der Stupa der Botataung-Pagode ist von innen begehbar. Ein vergoldeter Gang mit einigen Figuren und Pagodenmodellen hinter Glas umgibt das innerste Heiligtum. Hier steht ein Schrein, der eine Haarreliquie Buddhas enthalten soll. Die Gläubigen versuchen Geldscheine in eine Schale zu werfen.

An der linken Außenseite des Tempels gibt es ein Wasserbecken, in dem einige Schildkröten leben. Im nahen *tazaung* befinden sich Darstellungen einiger Nats und Weizzars (Magier), darunter Bo Bo Gyi, Bo Min Gaung und Bo Bo Aung.

Hindutempel
An der Ecke Mahabandoola und Pansodan Street befindet sich der Hindutempel **Sri Shiva Krishna**, in dem wöchentlich Zeremonien abgehalten werden. Bei diesen Gelegenheiten findet sich meist ein kleines Tempelorchester mit Trommeln, Zimbeln und einem Harmonium ein. Verehrt wird neben zahlreichen Göttern, darunter Ganesh, Vishnu, Shiva und Kali, vor allem der Guru Sai Gayatri (Sai Ba Ba), dem ein eigener Altar gewidmet ist. Auch ein Foto seiner Füße wird verehrt, ⏲ 7–20 Uhr.

Chinatown und Little India

Zwei Stadtviertel westlich der Sule Pagoda Road sind unbedingt einen Besuch wert: Entlang der Anawrahta Road erstreckt sich das sehr belebte **Little India** mit vielen indischen Restaurants.

Chinatown erstreckt sich entlang der Mahabandoola Road und ist ein Paradies für Freunde kulinarischer Entdeckungstouren. Tipp: die 19. Straße (S. 174).

Im **Sri Devi-Tempel** an der Anawrahta Road, Ecke 51st Street, kann man die farbenfrohe Götter-Darstellungen bewundern. Linker Hand in der Vorhalle steht ein Altar, der dem Gründer des Tempels gewidmet ist. ⊙ unregelmäßig.

Interessant ist auch der **Sri Kali-Tempel** an der Anawrahta Road auf Höhe der 26th St. ⊙ 5–11, 15–21 Uhr.

Chinesischer Tempel

An der Strand Road, Ecke Sintodan Street, liegt der ehrwürdige chinesische Tempel **Kheng Hock Keung**. Er ist der chinesischen Göttin Mazu gewidmet, der Schutzherrin der Seefahrer und Fischer. Ihre Statue steht auf dem Hauptaltar. Rechts von ihr sieht man Bao Sheng Da Di, den Gott der Medizin, und links wacht der aufrechte Feldherr Guan Gong. Der Tempel wurde zwischen 1861 und 1863 aus Holz erbaut und diente den Hokkien-Chinesen als Gemeindehaus. 1903 wurde er als Ziegelsteinbau erneuert. Die letzte Renovierung fand 2011 zum 150-jährigen Jubiläum statt. Heute empfängt das heilige Haus den Besucher am Eingang mit aufwendigen Steinmetzarbeiten. Morgens zwischen 6 und 8 Uhr finden manchmal besondere Zeremonien statt.

Nationalmuseum

Das Nationalmuseum in der Pyay Road, nordwestlich des Zentrums, lohnt einen Besuch, für den historisch Interessierte durchaus mehr als zwei Stunden einplanen sollten. Hauptattraktion ist ist der berühmte Löwenthron aus dem Königspalast von Mandalay, der nun in der angemessen prunkvollen zentralen Halle im **Erdgeschoss** des Museums steht. Vor dem aus Holz geschnitzten, mit Lack und Gold verzierten 8 m hohen Thron, der eher einem hohen Tor ähnelt, saß einst der König zu Gericht. Seit 1886 befand sich das Symbol der Macht in Kalkutta und wurde erst 1948 an Myanmar zurückgegeben. Modelle von weiteren Thronen für andere Anlässe umgeben das beeindruckende Kunstwerk. Im Erdgeschoss kann zudem die Entwicklung der Schriften von einer Steininschrift der Pyu aus dem 5. Jh. v. Chr. bis heute nachvollzogen werden. Historische Fotos, einige gerettete Möbel und schwere Roben von König Thibaw und der Königin lassen etwas vom Prunk am letzten Königshof erahnen.

Ein weiteres Highlight sind die königlichen Insignien, der königliche Goldschmuck, goldene Schrifttafeln und wertvolle Betelbehälter in der Schatzkammer hinter hohen Gittern im **1. Stock**. Nebenan haben auch Fossilien und prähistorische Faustkeile sowie Fotos und Karten von archäologischen Ausgrabungsstätten einen Platz gefunden. Der historische Saal ist nicht sehr üppig bestückt, enthält aber einige interessante Ausstellungsstücke wie die etwa 2000 Jahre alten Statuen von Tänzern und Musikern.

Der **2. Stock** vermittelt einen Eindruck von der Vielfalt des einheimischen Kunsthandwerks, von feinsten Lackdöschen bis zu kunstvoll verzierten Ochsenkarren, und den traditionellen Musikinstrumenten.

Die Kunstgalerie im **3. Stock** hätte ein besseres Umfeld verdient, ebenso wie der alte Goldschmuck hinter Gittern nebenan. Wer noch nicht zu müde ist, kann im **4. Stock** einen guten Eindruck von der ethnischen Vielfalt des Landes erhalten. Hier sind nach Staaten gegliedert nicht nur die Nationaltrachten, sondern auch interessantes Kunsthandwerk der Naga, Shan, Rakhine, Mon, Chin und Kayin zu bewundern, das allerdings manchmal nicht eindeutig zugeordnet ist. Im angrenzenden Nation Building Showroom stellt sich die derzeitige Regierung dar.

⊙ 9.30–16.30 Uhr, Einlass bis 16 Uhr, Mo und Feiertage geschlossen, Eintritt 5000 Kyat. Fotografieren und Filmen verboten. Wer mit einem Handy filmt oder fotografiert, wird bisher nicht auf das Verbot hingewiesen – eine digitale Grauzone.

Rund um Shwedagon-Pagode und Kandawgyi-See

Chauk Htat Gyi-Pagode

In dieser Pagode nahe der Shwedagon-Pagode liegt in einer offenen Halle eine der größten Buddhafiguren Myanmars. Wer es nicht bis nach Bago schafft, sollte diesen 72 m langen liegenden Buddha besuchen. Er wurde 1907 erschaffen und von 1966 bis 1973 restauriert. Un-

Spaziergang durch Yangons Geschichte

- **Länge:** 2 km
- **Dauer:** ca. 1 Std.

Ein kurzer Spaziergang durch Yangons Altstadt führt an vielen historischen Gebäuden vorbei, die mehr als eine Geschichte zu erzählen haben. Der Weg beginnt am **Bogyoke Aung San-Markt** A (auch: Scott's Market), der 1926 erbaut und ursprünglich nach James George Scott benannt wurde, einem schottischen Journalisten, der für die Kolonialverwaltung arbeitete und das Fußballspiel in Birma populär machte. Sein wichtigstes Werk, *The Burman – His Life and Notions* von 1882, verfasste er unter dem Pseudonym Shway Yoe. Es ist bis heute in Yangon als Nachdruck erhältlich.
Wendet man sich nach Osten und geht ein paar Schritte die Bogyoke Aung San Road hinunter, passiert man linker Hand die ehemalige **Burma Railways Company** B. Das u-förmige Gebäude aus rotem Backstein stammt von 1877 und ist eines der ältesten Verwaltungsgebäude in Yangon. Es ist von einem hohen Zaun umgeben – ein Investor hat das Gebäude gekauft und wird es, da es unter Denkmalschutz steht, nun renovieren müssen. Betreten streng verboten: Das Wachpersonal hat Argusaugen und versteht keinen Spaß.
Der Weg führt nach Süden Richtung Sule-Pagode, vorbei an der **Central Fire Station** C mit ihrem Glockenturm, wo bis heute die Feuerwehrautos einsatzbereit parken, zur hellblau gestrichenen **City Hall** D, in der noch immer die Verwaltung von Yangon residiert (Eintritt nur für Einheimische). An dem mächtigen Gebäude wurde von 1925 bis 1940 gearbeitet. Als Zierrat wurden viele birmanische Elemente eingebaut – etwa die dreistöckigen *pyatthat*-Dächer oder die Naga-Schlangen an den Eingängen. Zwei weitere schöne Kolonialgebäude liegen ganz in der Nähe: Das ehemalige **Immigration Department** E, erbaut 1908–10, das in seiner Geschichte auch schon ein Kaufhaus war und heute, frisch reno-

viert, eine Bank beherbergt, sowie das ehemalige **Ministry of Hotels & Tourism** F, das noch auf eine neue Funktion wartet.
Quer durch den Mahabandoola Garden mit seinem hoch aufragenden Unabhängigkeitsdenkmal geht es weiter zum **Gerichtshof** G, einem besonders augenfälligen Beispiel britischer Kolonialarchitektur. Erbaut 1905–11, fehlen hier weder Glockenturm noch Löwenstatuen, um dem Prachtbau ein imposantes Flair zu verleihen. Zeit seines Bestehens war das Gebäude der höchste Gerichtsstand im Land. Erst seit das oberste Gericht in der neuen Hauptstadt Nay Pyi Taw tagt, hat das alte Gericht an Bedeutung verloren, und einige Teile des Gebäudes stehen nun leer.
Vorbei an historischen Banken in der Merchant Road, darunter die 2011 renovierte **Innwa Bank** H, ab 1885 von Oppenheimer & Co. genutzt, erreicht

Die City Hall im Herzen Yangons

man die Pansodan Street, in der eine ganze Reihe großer Bauwerke mit sehenswerten Fassaden stehen: das **Rander House** ❶ von 1930 mit seinen Art-déco-Verzierungen, das an indische Händler aus Rander (einer Hafenstadt in Indien) erinnert und heute Verwaltungszwecken dient, die **Myanmar Economic Bank 1** ❿, 1923 von Lloyds als Bankhaus errichtet, und die **Myanmar Economic Bank 2** ⓚ, ebenfalls seit dem Bau 1939–41 eine Bank (damals: Chartered Bank of India). Vor diesen Banken und dem Rander House haben sich auf dem Bürgersteig ein paar Teeverkäufer niedergelassen.

Auf der anderen Straßenseite befindet sich das pastellgelbe **Lokanat Gallery Building** ⓛ, ungefähr 1906 erbaut, eines der wenigen Häuser, in die man hineingehen kann. Die namensgebende Galerie befindet sich im ersten Stock, ⏲ 9–17 Uhr, Eintritt frei. In diesem Haus hatte seinerzeit auch der deutsche Fotograf Peter Klier sein kleines Souvenir- und Postkartenlädchen – seine Bilder sind heute noch als Postkarten und in historischen Bildbänden zu finden.

Direkt daneben liegt das Gebäude des **Inland Waterways Department** ⓜ von 1933, zuvor von der britischen Irrawaddy Flotilla Company genutzt. Mit seinen Säulen und Arkaden wirkt es sehr würdevoll. An der benachbarten **Myanmar Agricultural Development Bank** ⓝ (erbaut um 1930 von der britischen Grindlays Bank) fällt besonders das goldene Eingangstor mit seiner halbrunden Überdachung auf. Gleich nebenan, in der Pansodan 22-24, hat der in Sachen Rettung der Kolonialbauten sehr engagierte Yangon Heritage Trust sein Büro und informiert mit einer sehenswerten Ausstellung über die Stadtgeschichte (S. 176).

Gegenüber an der Ecke zur Strand Road liegt der **Yangon Division Court** ⓞ, gebaut um 1900. Seine achteckigen Ecktürme sind von einem Kuppeldach gekrönt. Einige Gebäudeteile wurden im Zweiten Weltkrieg bombardiert und sind bis heute nicht vollständig instandgesetzt. Ein paar Schritte weiter an der Strand Road steht das 1912–16 aus Backsteinen erbaute **Zollamt** ⓟ mit seinem weithin sichtbaren weißen Turm. Noch etwas weiter westlich schließt sich der **Yangon Division Office Complex** ⓠ (1927–31) mit seiner wuchtigen Säulenfassade an. Die ganze Konstruktion wurde um ein Stahlgerüst herum gebaut.

Mit der **Britischen Botschaft** ⓡ von 1900 und dem **Central Post Office** ⓢ (erbaut 1908) liegen zwei weitere Perlen des Kolonialbaus etwas östlich an der Strand Road. Doch vielleicht ist es nun Zeit, bei einer Tasse Tee das Gesehene zu verdauen. Am besten begibt man sich dafür in die stilvolle Bar des 1901 erbauten **Strand Hotels** ⓣ – 1993 wiedereröffnet und 2017 frisch renoviert erstrahlt es in neuem Glanz.

weit von hier steht die **Ngadatkyi-Pagode**, die einen 10 m hohen sitzenden Buddha beherbergt. Ein Leser rät zum Besuch des Klosters. Hier leben etwa 500 Mönche, die Gästen das Kloster zeigen und sie gegen eine Spende in die Meditation einführen. ⊕ 6–20 Uhr.

Maha Wizaya-Pagode

Die Pagode liegt am Fuße des Südaufgangs der Shwedagon. Der Stupa ist von innen begehbar. Der **Innenraum** ist als Wald gestaltet; stilisierte Bäume ragen an den Wänden empor bis zur Kuppel, auf der Sternbilder dargestellt sind. Zu den Motiven zählen ein Elefant, ein Pferd und eine Muschel. Manchmal wird der Innenraum verdunkelt und Lämpchen erhellen den Sternenhimmel. Im Zentrum steht ein Schrein mit acht Buddhafiguren.

Ein **Wandelgang** führt um das Zentralheiligtum herum. Entlang dem Gang erblickt man hinter Glas Miniaturdarstellungen von Pagoden aus allen Teilen des Landes. Holzschnitzarbeiten zeigen Buddha, wie er als junger Siddhartha Gautama die Übel des Lebens erkennt. General Ne Win hatte maßgeblichen Einfluss auf den Bau der Pagode. Daher ist sie auch als Ne Win-Pagode bekannt.

Zu Fuß lassen sich von hier **drei berühmte Grabstätten** erreichen. An die Zeiten, als Myanmar noch ein Königreich war, erinnert das Grab von Königin Supayalat, die als Frau ihre Halbbruders Thibaw bis 1885 in Mandalay herrschte. Die Familie wurde nach Indien verbannt, und erst nachdem Thibaw im indischen Exil verstorben war, konnte Supayalat 1919 nach Myanmar zurückkehren. Sie wohnte in Yangon (die Rückkehr nach Mandalay war ihr verboten), wo sie 1925 verstarb. Ihre sterblichen Überreste ruhen im Kandawmin Garden Mausoleum an der Shwedagon Pagoda Road. Unweit davon befindet sich das Grab von U Thant, dem 1971 verstorbenen 3. Generalsekretär der Vereinten Nationen. Die Ruhestätte von Indiens letztem Mogul, Bahadur Shah Zafar II., befindet sich eine Straße weiter in der 6 Zi Wa Kar Street. Er wurde 1857 nach einem Aufstand von den Briten nach Yangon verbannt und starb dort 1868. Sein Grab war lange verschollen und wurde erst 1991 wiederentdeckt.

Parks und Seen

Der **Volkspark**, zwischen Pyay Road und U Wisara Road, ist selten überlaufen. Vor allem Ausländer schrecken häufig vor dem hohen Eintritt zurück (Erwachsene US$5). Ein wichtig aussehendes Schild mahnt alle Besucher, die Tickets aufzubewahren und auf Verlangen vorzuzeigen. Die Anlage bietet inmitten der Stadt Entspannung unter schattigen Bäumen. Reisebusse halten oft in der Pyay Road gegenüber dem Gebäude der Nationalversammlung am großen Zaun, hinter dem sich in einiger Entfernung die Torwächter der Shwedagon-Pagode als beliebtes Fotomotiv anbieten. Von hier aus sieht man auch den bekannten Brunnen des Volksparks, der von steinernen Elefanten gesäumt ist.

Hinter dem Nordaufgang der Shwedagon-Pagode liegt der **Thway Hsay-See**, in dem laut Inschriftentafel die Helden Myanmars nach dem Ersten und Zweiten Anglo-Birmanischen Krieg (1824–26 und 1852–64) das Blut von ihren Schwertern wuschen. Wenige Schritte weiter liegt auf einer Anhöhe der **Heroes Garden**. Ausländer zahlen ein Eintrittsgeld von 3000 Kyat und eine ebenso hohe Fotogebühr.

Links unterhalb des Gartens befindet sich das **Bogyoke Aung San-Mausoleum**, dessen Tore das ganze Jahr über verschlossen sind. Nur am Todestag Aung Sans am 19. Juli ist das sozialistisch anmutende Bauwerk für die jährliche Kranzniederlegung geöffnet.

Der Haupteingang zum **Zoo** befindet sich an der Südseite des Kandawgyi-Sees. Im Zoo sind neben Elefanten und Tigern auch seltene asiatische Tiere zu sehen. Die Haltung ist nicht einwandfrei. ⊕ 8–18 Uhr, Tickets bis 16.30 Uhr, Eintritt 3000 Kyat, Kinder 2000 Kyat.

Museen

Das **Bogyoke Aung San-Museum**, 25 Bogyoke Museum Ln., ☏ 01-345 651, ist in jenem englischen Wohnhaus untergebracht, in dem der gleichnamige charismatische Führer bis zu seinem frühen Tod 1947 mit seiner Familie lebte. Seine Tochter Aung San Suu Kyi wurde in dem Haus geboren und wohnte hier bis 1953 – das Jahr, in dem ihr älterer Bruder im Gartenteich ertrank. Heute ist alles so eingerichtet, wie es einmal ausgesehen haben mag: Zu sehen sind die Bücher des Freiheitskämpfers und Fotografien seiner Familie. ⏱ tgl. außer Mo 9–16 Uhr, Eintritt 3000 Kyat.

Im **Landwirtschaftsmuseum** am Kandawgyi-See werden der Anbau und die Weiterverarbeitung von einheimischen Agrargütern anschaulich dargestellt. ⏱ tgl. außer Mo 9–16 Uhr, Eintritt frei.

Rund um den Inya-See

Maha Pasana Guha

Ursprünglich für die Sechste Buddhistische Synode errichtet, kann diese künstliche Höhle bis zu 10 000 Menschen aufnehmen. Das Welttreffen fand zwischen Mai 1954 und 1956 anlässlich des 2500. Jahrestages von Buddhas Erleuchtung statt. Mehrere tausend Repräsentanten aus über 30 Ländern folgten der Einladung des ersten Premiers Birmas, U Nu, um den endgültigen Text des buddhistischen Kanons festzulegen. Die Grotte ist fast 140 m lang und über 110 m breit und wird von zahlreichen Bodhi-Bäumen umgeben. Heute werden hier Mönchsprüfungen der auf dem gleichen Gelände befindlichen buddhistischen Universität abgehalten.

Kaba Aye-Pagode

Die Pagode, deren wörtliche Übersetzung „Pagode des Weltfriedens" lautet, steht unweit der Höhle und wurde von U Nu 1952 ebenfalls anlässlich der Synode erbaut. Im Inneren des hohlen Stupas werden Reliquien der beiden engsten Buddha-Schüler Mogallana und Sariputra aufbewahrt. Außen blicken Buddhabildnisse in die verschiedenen Richtungen.

Edelsteinmuseum

Im **Gems Emporium & Museum**, 66 Kaba Aye Pagoda Rd., das eher als ein großes Edelsteinkaufhaus auf drei Etagen zu bezeichnen ist, finden Liebhaber funkelnder Steine wahre Schätze. Viele der interessantesten Stücke sind allerdings in das neuere Gems Museum in Nay Pyi Taw gebracht worden. ⏱ 10–17 Uhr, der Eintritt ist frei.

Sehenswürdigkeiten im Großraum Yangon

Dala

Wem es in Yangon Downtown zu eng, zu voll und zu laut wird, der kann ganz einfach einen kleinen Ausflug in die Provinz unternehmen – die nur ein paar Bootsminuten entfernt auf der anderen Seite des Yangon-Flusses liegt. Dem kleinen Flecken Dala (S. 191) stehen allerdings große Veränderungen bevor, wenn dort wie geplant neue Siedlungs- und Industriegebiete erschlossen werden. Anfahrt mit der ganztags verkehrenden Flussfähre ab der Pansodan Jetty etwa alle 20 Min. für 2000 Kyat. Auf der anderen Seite bemühen sich Rikschafahrer um die Gunst der Ankommenden.

Mae-lá-mú-Pagode

Die Pagode liegt nördlich, etwas außerhalb des Stadtzentrums am Nga Moe Yeik-Fluss, nahe der Stadtbahnstation Tadalay. Auf dem weitläufigen Gelände befindet sich eine Vielzahl großer Buddhafiguren im Freien und in mehreren *tazaung*. Buddha ist als Prediger zu sehen und auch auf seinem Weg zur Erleuchtung.

Im hinteren Bereich des Tempelgeländes liegt ein großes steinernes Krokodil. Es trägt eine Frucht auf dem Rücken, die von innen mit Spiegeln ausgestaltet ist und einen Buddha beherbergt. Auch das Krokodil ist von innen begehbar. Viele Studenten und Schüler verbringen hier die Mittagszeit und lernen oder ruhen im Maul des Krokodils oder an anderen schattigen Plätzen. Um das Gelände herum führt ein überdachter Gang mit zahlreichen Ständen, die neben Essen Devotionalien, Spielzeug und Poster zum Verkauf anbieten. Astrologen und Handleser haben sich in kleinen Häuschen niedergelassen. Über den Fluss sind mit einem kleinen Boot neu errichtete Schreine zu erreichen.

Swe Daw Myat-Pagode

Diese recht neue Pagode liegt auf einem kleinen Hügel im Norden und strahlt weiß und golden. *Chinthes* bewachen die Eingänge zu dem Heiligtum, in dem das Duplikat eines Zahns von Buddha als Reliquie verehrt wird. Der große Stupa ist begehbar und seine Wände sind mit einer golde-

Ein Tag am Kandawgyi-See

Am Kandawgyi-See kann man herrlich entspannen. Nahe der Shwedagon-Pagode befindet sich der Teil des Parks, der vor allem Ruhesuchende und Liebespaare anzieht. Anfang 2017 waren die Kassenhäuschen unbesetzt, es kann aber sein, dass für Ausländer wieder Eintritt erhoben wird. Unter anderem lockt der Utopia Tower, ein gemauerter Aussichtsturm, der von außen wie ein Berg aussieht. Wer die zahlreichen Stufen hinaufsteigt bzw. sich in den alten Aufzug wagt, den belohnt eine schöne Aussicht auf den See und die Shwedagon (oben zahlt man ggf. 200 Kyat). Es gibt Spielplätze mit Baumhäusern, Klettergerüsten, Schaukeln und Rutschen (auf denen sich neben Kindern auch Jugendliche treffen), einen Fitnessparcours, ein Schwimmbad und einen schönen hölzernen Steg auf dem Wasser (2017 an vielen Stellen renoviert). Der südöstliche Teil, der auch Kandawgyi Nature Park bzw. Karaweik Garden genannt wird, lockt sowohl mit einem Spiel- als auch mit einem Konzertplatz und vielen Restaurants. Hier ist vor allem abends viel los; Eintritt offiziell 300 Kyat. Auch eine Foto- und Videogebühr kann erhoben werden (500/1000 Kyat).

nen Tapete mit Buddhamotiven bis hinauf in die Kuppel ausgestaltet. Angestrahlte Buddhas und Wächterfiguren (dekorativ mit Lampen im Mund) bewachen die aus China stammende Reliquie. Diese ist in einem Miniaturschrein zentral im Stupa platziert und darf nicht fotografiert werden. Angegliedert ist die 1998 eingeweihte International Theravada Buddhist Missionary University, an der in verschiedenen Studiengängen Buddhismus gelehrt wird (Studiendauer 1–4 Jahre).

Kyauk Taw Gyi-Pagode

Nahe dem Flughafen wurde Anfang des 21. Jhs. eine neue Pagode errichtet. Ein großer Marmorbuddha sitzt hinter Glas, vor Verschmutzungen sicher geschützt. Unweit davon auf der anderen Straßenseite fristen drei weiße Elefanten ihr Dasein auf blankem Beton – als Statussymbole der Regierung. Diese seltenen Tiere, die als heilig gelten und seit jeher die birmanischen Machthaber in ihrer Stellung bestätigen, erfüllen die Machthaber mit besonderem Stolz. Das Zuhause der verehrten Dickhäuter ist jedoch so trist, dass sie eher ein Symbol für den Umgang der Herrscher mit ihren Ressourcen sind.

National Race Village

Das National Race Village wurde Ende 2002 eröffnet. Nachbauten traditioneller Häuser und lokaler Sehenswürdigkeiten stehen in diesem groß angelegten Park beisammen und geben einen Überblick über Birmas Völker, Bauweisen und Heiligtümer. Es werden regionale Tänze aufgeführt und Handwerkskünste vorgestellt. Das Angebot richtet sich auch an Yangons Stadtbewohner, die die kulturelle Vielfalt ihres Landes kennenlernen sollen. Das Dorf liegt östlich außerhalb Yangons. Der Eintritt beträgt US$3 für Ausländer. Der Bus Nr. 32 fährt von der Sule-Pagode in etwa 30 Min. zum Village.

Soldatenfriedhof des Zweiten Weltkriegs

In Htaukkyant, etwa 30 km nördlich von Yangon, gabelt sich die Straße: Rechts geht es weiter nach Bago, Toungoo, Nay Pyi Taw und Mandalay, links nach Pyay. In der Nähe des Abzweigs nach Mandalay liegt der Soldatenfriedhof von Htaukkyant (Taukkyan). Er ist als Park angelegt und wird sorgsam gepflegt. 27 000 alliierte Soldaten, die im Zweiten Weltkrieg in Birma ihr Leben verloren, sind hier begraben – hauptsächlich indische Soldaten und nepalesische Gurkhas, die für die britische Armee Dienst taten.

Nach Ansicht der Birmanen sollte der Besuch eines Friedhofs keinesfalls am Anfang einer Reise liegen: Das bringt großes Unglück über den Reisenden.

Von der Innenstadt benötigt man mit dem Taxi etwa 45 Min., ab dem Flughafen sind es nur etwa 25 Min.

ÜBERNACHTUNG

Yangon bietet eine Vielzahl an Unterkünften. Die Preise sind in den letzten Jahren sprunghaft gestiegen, der Standard hingegen nicht. Zimmer, die vor wenigen Jahren noch US$15 kosteten, werden jetzt schon mal für bis zu US$40 feilgeboten. Solange die Nachfrage da ist, wird das so bleiben, doch der Trend scheint wieder in Richtung Entspannung zu gehen. Einige günstige Plätze gibt es in der Innenstadt, viele davon im quirligen indischen Viertel. Hier machen auch immer mehr Hostels auf. Wer ruhiger wohnen möchte, kann sich am Kandawgyi-See oder nahe der Shwedagon einquartieren. Am Inya-See sind vor allem große teure Hotels angesiedelt. Die meisten Zimmerpreise beinhalten ein Frühstück, nur in den ganz billigen Unterkünften ist es nicht inklusive. Dort wird manchmal die tägliche Begleichung des Zimmerpreises verlangt. WLAN ist mehr und mehr verbreitet, oft allerdings nur in der Nähe der Rezeption.

Zentrum

Karte A, S. 150/151
Untere Preisklasse
Beautyland Hotel II ⑤, 188-192 in der 33rd St., ℡ 01-243 952, 🖥 www.beautylandhotel.com, [5300]. Einfache Zimmer mit Ventilator und ohne eigenes Bad sind mit US$18 für ein DZ eine gute Option (vor allem die Zimmer „Pearl", „Ruby" und „Diamond" an der Dachterrasse). Die AC-Zimmer mit TV sind, sofern sie ein Fenster haben, ebenfalls eine gute Wahl. Inkl. Frühstück. Recht zentral und einfach beliebt. ❷–❹

Chan Myaye Gh. ⑩, 256/276 Mahabandoola Park St., ℡ 01-382 022, 255 860, ✉ chanmaye.gh@gmail.com, [8495]. Saubere und gepflegte Unterkunft mit familiärer Atmosphäre und hilfsbereitem Personal. Einige Zimmer sind mit neuer, andere mit alter AC ausgestattet. Das macht sowohl preislich als auch in Lautstärke und Effizienz einen Unterschied. Ventilator, Warmwasser, Kühlschrank. Ganz oben ein Pärchen-Dorm mit mehreren Doppelbetten (US$18/Bett, US$15, wer das Bett als Einzelperson nimmt). Nicht alle Zimmer haben ein Fenster und einige sind sehr klein. Es gibt aber auch ein besonders großes Zimmer für bis zu 5 Personen. Einige kleine Balkone mit Sitzgelegenheit sind allen zugänglich. Die 30 Zimmer sind oft ausgebucht; Reservierung empfohlen. Wer hier Geburtstag feiert, zahlt in der Nacht nichts für sein Zimmer. ❷

Cherry Guesthouse ⑨, 278/300 Mahabandoola Park St., ℡ 01-255 946, 095-340 623, ✉ cherry.guesthouse@gmail.com, [8496]. Einfaches, in die Jahre gekommenes Guesthouse in den 4. und 5. Etage (Aufzug). Die AC-Zimmer sind klein, gefliest und mit Fernseher ausgestattet. Wer ein Zimmer ohne Bad zu nehmen bereit ist, kann in Zimmer 601 mit großem Fenster und recht viel Platz wohnen. Sonst oft fensterlos. ❷

Garden Gh. ⑲, 441-445 Mahabandoola Rd., ✆ 01-253 779, 09-7304 6837, [8498]. Aus dem großen Panoramafenster der Lobby bietet sich ein toller Blick auf die Sule-Pagode. Die recht großen AC-Zimmer haben dagegen keine Fenster; das einzige Zimmer mit Fenster ist winzig. Toast-mit-Marmelade-Frühstück inkl. Nimmt keine Reservierungen entgegen. ❷

€ **Little Yangon Hostel** ㉓, 102, 39 St., ✆ 097-9167 7731, 🖥 www.littleyangonhostel.com, [10522]. Modernes Hostel mit einladenden Gemeinschaftsräumen und großzügigen Dorms (Betten mit Vorhang). ❷

Mahabandoola Gh. ⑰, Nr. 93 in der 32nd St., Ecke 453 Mahabandoola Rd., 2. Etage, ✆ 01-248 104, 095-411 368, [8512]. Günstig, aber total heruntergekommen: Die Zimmer sind Bretterverschläge, die Matratzen z. T. verwanzt, Ratten huschen über die Feuerleiter. Immerhin bekommt man hier als Einzelreisender ein Bett für US$6 – darunter geht es in Yangon nicht. Wer hier wohnt, erlebt in jedem Fall eine besondere Nacht, die er niemals vergessen wird. ❶

€ **Mingalarbar Hostel** ⑪, 256 Pansodan St., Zimmer 209, 9. Stock, ✆ 01-122 1459, [9888]. Ein großer Schlafsaal mit über 20 Schlafkojen, die sich in zwei Etagen an einer Wand aufreihen. Hell und gepflegt; ein guter Ort, um Leute kennenzulernen. ❶

Okinawa Gh. ㉑, Nr. 64 in der 32nd St., ✆ 01-274 318, [8500]. Kleines, mit viel Holz gestaltetes Haus mit einfachen Zimmern. Eines mit AC, die anderen mit Ventilator, alle mit Moskitonetzen. Die DZ sind teils groß genug für 3 Pers., und da die Matratzen in den meisten Zimmern auf dem Boden liegen, können entweder eine, zwei oder drei Matratzen Platz finden. Es gibt ein Zimmer mit 4 Betten und eines mit Dormbetten (US$10 p. P.) im Obergeschoss. Nicht alle Zimmer haben ein Fenster, was aber weniger stört als in anderen Hotels. Die meisten Zimmer ohne eigenes Bad. Nicht alle Zimmer sind gut in Schuss. Zudem ist die Bauweise recht hellhörig. Uns und viele Reisende überzeugt das Haus dennoch. ❷–❸

Okinawa 2 Gh. ⑱, 89, 32nd St., ✆ 01-385 728, [9784]. In der gleichen Straße wie der ältere Bruder und in ähnlicher Bauweise errichtet. Viel japanischer Stil dank Schiebetüren, Matratzen auf dem Boden und sehr spartanisch, dennoch mit Charme. Teils mit eigenem Bad und AC, meist jedoch ohne Bad. Alle mit Moskitonetz. ❷–❸

Pyin Oo Lwin 2 ⑬, 184 Mahabandoola Park St., ✆ 01-243 284, [8501]. Über eine steile, aber breite Treppe führt der Weg in den 4. Stock. In der Lobby erwartet den Besucher eine heimelige Atmosphäre. Die 10 Zimmer sind klein, aber sauber, alle mit Bad und (uralter) AC. Kein Generator bei Stromausfällen. ❷

Tokyo Gh. ㉒, 200 Bo Aung Kyaw St., ✆ 01-386 828, ✉ tokyoguesthouse.yangon@gmail.com, [8504]. Die 6 einfachen AC-Zimmer von Herrn Myint Soe werden oft und gerne von japanischen Budget-Travellern bewohnt. Sehr klein, sehr einfach, aber sauber – auch die Gemeinschaftsbäder. Gäste loben das Frühstück und die Freundlichkeit des Personals. ❷

White House Hotel ⑳, 69/71 Kon Zay Dan St., ✆ 01-240 780, 240 781, 🖥 whitehousehotelyangon.blogspot.com, [8505]. Dieses Hotel gibt es bereits seit 1982 und es ist seither beliebt. Die Zimmer sind zwar einfach und nur für Leute ohne Ansprüche, aber es wurde stetig renoviert und alles ist gut in Schuss. Das Haus ist vor allem eine Option für Budgetreisende, die auch mit Ventilator glücklich werden und kein Fenster brauchen. Die Zimmer mit AC und eigenem Bad sind für das Gebotene zu teuer. Das Beste an diesem Hotel ist das Frühstück auf der Dachterrasse: Früchte, Saft, Toast, Nudeln, Reis und frische Avocadocreme – auch für Nicht-Gäste (von 8–10 Uhr für US$10). ❷–❸

Mittlere Preisklasse

🧳 **30th Corner Boutique Hostel** ⑫, 241/251, Anawrahta Rd. nahe der 30th St., ✆ 01-251 818, 🖥 www.30thcorner.com, [9785]. Der erste bezahlbare Platz im Boutique-Schick für Hostelfreunde. Mitten im Trubel erwartet den Gast hinter der Tür eine Oase der Ruhe und Sauberkeit. Hier trifft man auf freundliche Leute (Angestellte wie Gäste) und eine gute Atmosphäre. Es gibt sowohl Doppelzimmer als auch Betten im Schlafsaal (US$22 p. P.). Das Haus befindet sich mitten im Trubel der Downtown. ❹–❺

City Star Hotel ⑮, 169/171 Mahabandoola Park St., ✆ 01-370 920, 🖥 www.citystarhotelmm.com, [8509]. Nahe der City Hall und der Sule-Pagode, auf die von manchen Zimmern ein Blick zu erhaschen ist. Zimmer mit AC, TV, Warmwasser und Minibar; einige mit schönem Ausblick, vor allem in den oberen Stockwerken. Die Standardzimmer sind zwar groß, aber ohne Fenster, zudem mit recht niedriger Decke. Frühstücksbuffet. Das Hotelrestaurant im 2. Stock bietet neben Thai-Küche auch Snacks und Burger. ❺

Clover Hotel City Center ⑦, Nr. 217 in der 32nd St., hinter dem Traders, ✆ 01-377 720, 🖥 www.clovercitycenter.asia, [8510]. 84 strahlend weiße, aber ziemlich kleine Zimmer, viele ohne Fenster. Wasserkocher, Safe. ❺

Good Time Hotel ㉔, 114/116 Bo Aung Kyaw St., ✆ 01-256 620, ✉ GoodTimeHotel116@gmail.com, [9786]. Saubere, recht kleine Zimmer und saubere Bäder. Das Doppelbett kostet etwas mehr als zwei Einzelbetten. Die Suiten haben ein Doppel- und ein Einzelbett und können von 3 Pers. bewohnt werden. Kühlschrank, TV, Aufzug. Asiatisches Frühstücksbuffet. ❹

May Shan Hotel ⑯, 115/117 Sule Pagoda Rd., ✆ 01-252 986-7, 🖥 www.mayshan.com, [8518]. Die 26 Zimmer sind relativ klein und z. T. verwohnt. Manche bieten einen tollen Blick auf die Sule-Pagode, sofern sie ein Fenster haben. Viele sind leider ohne Ausblick. Alle mit AC, TV, Minibar und Warmwasser, einige mit Badewanne. Alteingesessen, sehr beliebt. Wer vorbucht, kann nicht stornieren. ❸–❹

Obere Preisklasse

Central Hotel ③, 335-337 Bogyoke Aung San Rd., ✆ 01-241 001, 🖥 www.centralhotelyangon.com, [8508]. Gutes Businesshotel. Die Zimmer sind recht klein, aber sauber, alle mit AC, TV und Minibar. ❺–❻

east hotel, dining, art & craft ⑧, 234-240 Sule Pagoda Rd., ✆ 09-7313 5311, 🖥 www.east.com.mm, [8511]. Schick – eine „Boutique"-Oase, betrieben und gestaltet vom Künstler Kyaw Nhi Kin. Die Aufteilung der Zimmer mit den halb offenen sanitären Einrichtungen ist speziell, aber insgesamt macht das Haus einen guten Eindruck. Zimmer im Anbau sind weniger experimentell. ❺–❻

Hotel K ⑭, 190-194 Pansodan St., ✆ 01-373 904, 🖥 www.hotelk.asia, [9802]. Ende 2014 eröffnetes Haus mit ansprechenden Zimmern. Alle mit Fenster, einige mit Balkon (Zugang z. T. durchs Badezimmer), Safe, TV, Minibar, Fön, Wasserkocher und Tisch mit zwei Stühlen. Geräumig. Aufzug. ❺–❻

Panorama Hotel ⑥, 294-300 Pansodan St., ✆ 01-253 077, 🖥 www.panoramagn.com, [5304]. Eine schöne Holzfassade empfängt die überwiegend asiatischen Gäste. Die Zimmer sind groß und mit AC, TV, Minibar und breiten Betten ausgestattet; die mit Badewanne kosten etwas mehr. Etwas abgewohnt. Reichhaltiges Frühstücksbuffet. ❻

Strand Hotel ㉕, 92 Strand Rd., ✆ 01-243 377, 🖥 www.hotelthestrand.com, [9787]. Die bekannteste Adresse Yangons: Schon 1911 schwärmte die damalige Reise-Bibel *Handbook for Travellers in India, Burma and Ceylon* aus dem Hause John Murray vom Strand als dem feinsten Hotel. Seinerzeit war das Haus gerade einmal 10 Jahre alt; heute ist es das älteste Kolonialhotel des Landes. Es wurde von den Sarkie Brothers, die auch das berühmte Raffles in Singapore schufen, erbaut und bietet noch heute Luxus pur. Das Ambiente ist außergewöhnlich schön und die hauseigenen Cafés, Bars und Speisesäle locken auch auswärtige Gäste auf einen Drink. Happy Hour Fr 17–23 Uhr. ❽

Sule Shangri-La Hotel ④, 223 Sule Pagoda Rd., Ecke Bogyoke Aung San Rd., ✆ 01-242 828, 🖥 www.shangri-la.com, [5302]. Ausgezeichneter Ruf. Service und Ambiente stimmen, haben jedoch ihren Preis. Fitnesscenter, Pool und Businesscenter. Hervorragendes Frühstücksbuffet. ❼–❽

Rund ums Zentrum

Karte B, S. 152/153

Untere Preisklasse

Agga Gh. ㊴, 88, 13th St., ✆ 01-224 654, 095-122 4654, 🖥 www.aggaguesthouse.com, [9788]. Beliebtes kleines Gästehaus mit zwei Schlafsälen (pro Bett US$11). Außerdem Doppelzimmer und auch kleine fensterlose Einzelzimmer (US$17). Im Preis ist ein kleines Frühstück enthalten. ❸

Agga Youth Hotel ㊲, 86, 12th St., ✆ 01-225 480, 🖥 www.aggayouthhotel.com, [9789]. Recht neues, sauberes Haus mit überwiegend sehr kleinen Einzelzimmern ohne Fenster. Die Doppelzimmer, in denen nach vorne zur Straße 3 Pers. unterkommen, sind wesentlich empfehlenswerter. Alle Zimmer sind recht hellhörig. TV, AC, Minibar. Inkl. Frühstück im Dachrestaurant. Aufzug. ❷–❸

Aung San Si Gh. ㉛, 100 Bogyoke Aung San Rd., ✆ 01-299 874, 🖥 www.oceanpearlinn.com, [9790]. Einfache Zimmer im 1. Stock eines heruntergekommenen Gebäudes. Okay, aber nicht gerade erste Wahl. Wer im Mutterhaus Ocean Pearl Inn nichts findet, kommt vielleicht hier unter. ❷

€ **Motherland Inn 2** ㉟, 433 Lower Pazundaung Rd., ✆ 01-291 343, 290 348, 🖥 www.myanmarmotherlandinn.com, [6708]. Bewährtes Haus. Die Zimmer sind klein, aber sauber. Aufmerksames Personal. Reichliches Frühstück und gutes hauseigenes Restaurant. Vor dem Hotel Möglichkeit zum Draußensitzen. Internetzugänge. Gäste werden 2x tgl. vom Flughafen abgeholt (6.30 und 15 Uhr). ❷–❸

Ocean Pearl Inn ㊱, 215 Botataung Pagoda Rd., ✆ 01-296 637, 🖥 www.myanmarhotel-budget.com, [9792]. 15 Min. Fußweg zum Zentrum, sauber, 14 kleine Zimmer mit TV und AC, z. T. ohne Fenster. Oft ausgebucht. ❸

Hostel 9 ㊵, 34, 9th St., ✆ 01-226 827, 226 828, ✉ sleepinyangon@gmail.com, [9884]. Günstig wohnen in Chinatown – in Stockbetten-Dorms für 6–8 Pers. Einfaches Frühstück inkl. Dormbett 7000 Kyat, DZ ❷

Mittlere Preisklasse

Family Treasure Inn ㊳, 93, 13th St., ✆ 01-224 533, 🖥 www.familytreasure-inn.com, [9793]. Neues Hotel mit sauberen, meist großen Zimmern. Mit zwei Einzelbetten etwas teurer als mit Doppelbett. Standardzimmer mit und ohne Fenster (kein Preisunterschied). Inkl. Frühstück. Kein Aufzug. Auch Familienzimmer mit einem großen und zwei kleinen Betten (ab US$75). ❹

New Yangon Hotel ㊷, 830 Mahabandoola Rd., Ecke 9th St., ✆ 01-210 157, 🖥 www.newyangonhotel.com, [9794]. In Chinatown gelegenes Hotel mit zwar etwas abgewohnten, aber dennoch ansprechenden Zimmern. Alle mit Safe, einige mit Blick auf den Fluss durch eine große Fensterfront. Freundlicher Service, inkl. Frühstück. Schöner kann der Morgen in dieser Stadt kaum anfangen, denn vom verglasten Frühstücksraum in der obersten Etage bietet sich ein wunderschöner Blick auf den Fluss und in der Ferne auf die Shwedagon-Pagode. Aufzug. Oft gute Promotion. ❹–❺

Orchid Hotel ㉞, 91 Anawrahta Rd., ✆ 01-399 930, 🖥 www.orchidhotelsmyanmar.com, [8514]. Angenehmes Hotel mit komfortablen, gut in Schuss gehaltenen Zimmern. Besonderheit: Im ganzen Haus sind Alkohol und Zigaretten verboten. ❺

Queens Park Hotel ㉝, 132 Anawrahta Rd., Ecke Bo Myat Htun St., ✆ 01-200 656, 296 447, 🖥 www.qpyangon.com, [8878]. 55 saubere Zimmer mit AC und TV, die billigen ohne Fenster und spartanisch eingerichtet, teurer mit Fenster. Aus einigen Zimmern toller Blick auf die Stadt. ❹–❺

Royal 74 Hotel ㊶, 74 Shwe Taung Tan St., ✆ 01-222 540, 🖥 www.royal74hotel.com, [9795]. 36 Zimmer in zentraler Lage. Die Ausstattung ist einfach. Die Zimmer sind sehr klein und viele haben kein Fenster (auch einige Superior-Zimmer nicht). Wer vorbucht, sollte auf jeden Fall ein Zimmer mit Fenster reservieren. Dennoch nicht die schlechteste Wahl in dieser Lage. Fahrstuhl. ❸–❹

Obere Preisklasse

Alfa Hotel ㉖, 41 Na Wa Day St., ✆ 01-377 960, 🖥 www.alfahotelyangon.com, [9798]. Großes Hotel mit 90 Zimmern in 6 Kategorien auf 11 Etagen. Die Räume haben eine ziemlich niedrige Deckenhöhe und Teppichboden. Aus einigen Zimmern und von der Dachterrasse hat man Aussicht auf die Shwedagon-Pagode. ❻

🧳 **Hotel 51** ㉜, 154/156 51st St., ✆ 01-293 022, 🖥 www.hotel51myanmar.com, [9799]. Ansprechendes, zentral gelegenes Hotel mit modern ausgestatteten Zimmern, alle relativ groß und mit Fenster, Safe und Wasserkocher. Freundliches Personal. Aufzug. Inkl. Frühstück, mal à la carte in der Nebensaison, mal Buffet, wenn viele Gäste da sind. ❻

Hotel Esta ㉚, 19/20, Bogyoke Aung San Rd., ✆ 01-223 701, 🖥 www.hotelesta.com, [9800]. Sehr schönes Haus mit großen, ordentlichen, ansprechend möblierten Zimmern. Alle mit Fenster, Safe, Schreibtisch und TV. Teils mit Badewanne und Blick auf die großen Bäume an der Straße. Eine gute Wahl für alle, die nicht direkt in Downtown wohnen und doch alles noch gut zu Fuß erreichen wollen. ❺–❻

Hotel Grand United 21st Downtown ㊸, 66-70, 21 St., ✆ 01-378 200, 🖥 www.hotelgrandunited.com, [9801]. Ende 2014 eröffnetes großes Hotel in zentraler Lage mit ansprechenden Zimmern. Alle verfügen über Safe, Wasserkocher, AC und Minibar und fast alle haben ein Fenster. Besonders einladend sind die oberen Zimmer, denn sie bieten einen tollen Ausblick. Das gilt auch für die Dachterrasse, auf der das Frühstück serviert wird. ❺–❻

Panda Hotel ㉙, 205 Wadan Rd., Ecke Min Ye Kyaw Swa Rd., ✆ 01-212 850, 🖥 www.myanmarpandahotel.com, [8513]. Das große Hotel mit 117 Zimmern auf 12 Etagen ist von außen keine Schönheit, von innen jedoch sehr gepflegt. Alle Zimmer haben AC, TV, Minibar und große Panoramafenster; von einigen eröffnet sich ein toller Blick auf die Shwedagon-Pagode. Sehr hellhörig. Frühstück inkl. ❻

Parkroyal ㉗, 33 Alan Pya Pagoda St., ✆ 01-250 388, 🖥 www.yangon.parkroyalhotels.com, [9803]. Großes, luxuriöses Hotel mit Bäckerei, Frisör, Restaurants und Kunstgalerie. Für Sportler gibt es Sauna, Schwimmbad und Tennisplatz. ❼–❽

The Loft Hotel ㉘, 33 Yaw Min Gyi St., ✆ 01-372 299, 🖥 www.theloftyangon.com, [9804]. Sehr schönes modernes Hotel im Boutique-Schick, eine Oase der Ruhe. Bilder an den Wänden, große Fenster, eine dezente Beleuchtung und zahlreiche kleine Extras mehr lassen den Gast mit Geld des turbulente Treiben draußen vergessen. Freundliches Personal. ❼

Vintage Luxury Yacht Hotel ㊹, 6 Botataung Jetty, ✆ 01-901 0555, 951 8155, 🖥 www.vintageluxuryhotel.com, [9885]. Mal was anderes: Eine Luxusjacht wurde nahe der Botataung-Pagode am Ufer des Yangon-Flusses festgemacht und in ein schwimmendes Hotel verwandelt – im Stil der 1920er-Jahre. Vom Lichtschalter im Zimmer bis zum Laserdrucker im Businesscenter, über allem liegt die (künstliche) Patina der „guten alten Zeit". Das kann man durchaus kitschig finden – oder einfach nur den Komfort genießen. Die Whirlpools des Spa-Bereichs auf dem Vordeck mit Blick auf das Ufer sind einmalig, und es ist sogar ein eigenes Bordkino vorhanden. Auf Sonderangebote online achten, sonst ❻–❼.

Rund um die Shwedagon-Pagode und den Kandawgyi-See
Karte C, S. 154/155

Untere und mittlere Preisklasse

Beautyland Hotel 1 ㊺, 9 Bo Cho Rd., ✆ 01-540 092, 🖥 www.beautylandhotel.com, [8022]. Einfache Zimmer mit gefliesten Böden. Schön sind die beiden Zimmer an der Dachterrasse mit Blick auf die Shwedagon-Pagode. Frühstück wird bei gutem Wetter draußen serviert. ❸–❹

Fame Hotel ㊻, 28A Pho Sein Rd., ✆ 01-541 235, ✉ famehotel.posein@gmail.com, [9805]. Unspektakulär eingerichtete Zimmer, oft recht klein, aber sauber. Einige punkten mit großen Fenstern. Das größte Zimmer für US$45 ist sein Geld wert. Wer US$35 zahlt, wohnt hingegen recht eng. ❸–❹

Golden City Hotel ㊾, 13 Ngar Htat Gyi Pagoda St., ✆ 01-540 640, ✉ goldencityhotel@gmail.com, [8026]. Recht saubere, wenn auch nicht mehr neue Zimmer mit Bad und Kühlschrank. Alle punkten mit Holzfußboden. Zum Teil ohne Fenster. Frühstück auch auf dem kleinen Vorplatz im Freien. Freundliche Leute. ❹

Humble Footprints Hotel and Hostel ㊼, 4 Thukha St., ✆ 01-122 2587, 🖥 www.humblefootprints.com, [9806]. Anfang 2014 eröffnetes, weiß getünchtes Haus mit Doppel- und Dreibettzimmern und zahlreichen kleinen Dorms (4–8 Betten à US$16, kein reiner Frauenschlafsaal). Sauber gehalten, trotzdem leider teils schon Schimmel an der Wand. Die Dorms überzeugen im Preis-Leistungs-Verhältnis mehr als die Doppelzimmer (diese haben ein eigenes Bad). In der Lobby einige Computer und Gemeinschaftsecke. Gute Atmosphäre. Alle mit AC und Warmwasser. Das Haus liegt in der Nähe von ein paar kleinen, ansprechenden Restaurants. ❹–❺

Kaung Lay Inn ㊿, 75 B Moe Ma Kha St., ✆ 01-548 167, ✉ kaunglayinn@myanmar.com.mm, [8101]. Sauberes Haus mit schön eingerichteten, individuellen Zimmern (je weiter oben, desto ruhiger) inmitten eines Wohnviertels und doch recht nah am See. Der Holzfußboden schmeichelt den Füßen, die Holzverkleidung den Augen. Frühstück auf der überdachten Dachterrasse. Freundliches, hilfsbereites Personal. Alle Zimmer haben TV, AC und Kühlschrank, manche eine Badewanne. Gutes Preis-Leistungs-Verhältnis. ❹

Mingalar Garden Hotel Yangon ㊽, 30 Inyamyaing St., ✆ 01-525 493, ✉ mingalar@mptmail.net.mm, [8098]. Ruhige Lage zwischen alten Kolonialvillen. Wirkt von außen wie ein Hochsicherheitsgefängnis mit hohen Mauern und Nato-Draht, innen jedoch einladend. Zimmer mit Blick in den Garten, sehr hohe Decken. Balkon, Badewanne. Die Suite ist etwas verwohnt. ❺

Pickeld Tea Hostel ㊼, 11 Myaynigone Zay St., ✆ 092-5090 3363, 🖥 www.pickledteahostel.com, [10450]. Gemütliches, beliebtes Hostel nördlich der Shwedagon-Pagode. Es gibt 4er- und 6er-Dorms (pro Bett US$13) und auch Doppelzimmer – Letztere sogar mit Balkon. Inkl. Frühstück. Alle, die kleine Snacks an der Straße morgens lieber mögen, werden direkt vor dem Hostel an einem kleinen Straßenmarkt fündig. ❹

Sky View Hotel ㊷, 139 Dhamazedi Rd., ✆ 01-539 192, ✉ skyviewhotelenquiry@gmail.com, [10524]. Modern ausgestattete, komfortable und z. T. auch recht große Zimmer in einem ruhig gelegenen Haus. Bis zu den nächsten Restaurants ist es nicht weit, zur Shwedagon-Pagode sind es knapp 15 Min. zu Fuß, bis in die Innenstadt ebenso lange mit dem Taxi. Frühstück inkl. ❹–❺

Obere Preisklasse

Hotel Alamanda ㊺, 60B Shwetaung Gyar Rd., ✆ 01-534 513, 🖥 www.hotel-alamanda.com. Zwei französische Damen vermieten in ihrem Wohnhaus 10 geschmackvoll eingerichtete Zimmer; alle exquisit und individuell eingerichtet. Wer sich was gönnen will, nimmt das mit Terrasse. Mit Moskitonetzen. Im Restaurant im Garten des Hauses gibt es französische Küche, gute Fischgerichte und Nordafrikanisches (Tajine und Couscous); Baguette und Crêpes dürfen natürlich nicht fehlen, dazu Kaffee und Wein vom Feinsten. ❻

Chatrium Hotel ㊳, 40 Natmauk Rd., ✆ 01-544 500, 🖥 www.chatrium.com, [8103]. Der große, mehrgeschossige Hotelkomplex bietet ansprechende Zimmer. Zudem einen Pool, das empfehlenswerte Lilawadee Spa, Shops, Bars und verschiedene Restaurants. ❼–❽

Clover Hotel ㊵, 7A Wingabar Rd., ✆ 09-7317 7781, 🖥 www.cloverhotel.asia, [8068]. Modernes Hotel nahe am Kandawgyi-See. Saubere, gefliese Zimmer, leider etwas spartanisch eingerichtet. Europäisches und chinesisches Frühstücksbuffet. ❻

Kandawgyi Palace Hotel ㊶, Kann Yeik Thar Rd., ✆ 01-249 255, 🖥 www.kandawgyipalacehotel.com, [9808]. Das Hotel liegt direkt am See und zählt zu den schönsten der Stadt. Die architektonisch gelungene Anlage mit viel Teakholz hat 200 Zimmer und verwöhnt ihre Gäste mit vielen guten Restaurants, die sowohl asiatische als auch westliche Küche anbieten. Es gibt ein Businesscenter, ein Fitnesscenter und eine schöne Badelandschaft mit Blick auf den See. ❼–❽

Merchant Art Boutique Hotel ㊸, 67/71 New Yae Tar Shae St., ✆ 01-544 426, 🖥 www.merchantyangon.com, [10523]. Recht neues Hotel in toller Lage nahe der Shwedagon-Pagode. Modern ausgestattete Zimmer mit Kunst an den Wänden – jede Etage hat ein anderes Motiv. Achtung: Etwa die Hälfte hat keine Fenster. Beim Buchen drauf achten! Unschlagbar ist der Blick auf die Pagode vom Dachgarten aus. ❻–❼

My Hotel ㊴, 275 Bargayar St., ✆ 01-230 4447, 🖥 www.myhotelmyanmar.com, [8099]. Elegante kleine Lobby mit viel Marmor. Die Standardzimmer mit den dunklen Holzböden und Möbeln schaffen ein angenehmes Ambiente, ebenso wie die Bäder mit Badewanne und Granitarbeiten. Die Deluxe-Zimmer und Suiten in den oberen Stockwerken bieten einen tollen Blick. ❺–❻

Mya Yeik Nyo Royal Hotel ㊻, 20 Palae St., ✆ 01-548 310, 🖥 www.myayeiknyoroyalhotel.com, [8102]. 52 großzügige Zimmer inkl. Balkon mit Ausblick aus manchen Zimmern auf die Shwedagon-Pagode. Auf dem weitläufigen Gelände befinden sich die Street-Bar mit Dachterrasse und die Sports-Bar mit großer LED-Leinwand für Sportübertragungen. Drei Schwimmbäder und ein Fitnesscenter runden das Angebot ab. ❻–❽

Savoy Hotel Yangon (51), 129 Dhamazedi Rd., ✆ 01-526 289, 💻 www.savoy-myanmar.com, [8104]. Ansprechendes und gediegenes Hotel unter deutschem Management. Das Haus versprüht kolonialen Charme; die dezent luxuriöse Zimmereinrichtung und die dunklen Holzböden lassen keine Wünsche offen. Babysitter-Service für entspanntes Speisen, Bibliothek, Pool, Spa-Anwendungen. Eine Bar und ein Restaurant, auch mit westl. Küche, runden das Angebot ab. Von der Terrasse bietet sich ein toller Blick auf die Shwedagon-Pagode. Poolbenutzung für Nicht-Gäste US$10. WLAN. ❼–❽

Winner Inn (47), 42 Than Lwin Rd., ✆ 01-535 205, 💻 www.winnerinnmyanmar.com, [8060]. Etwas weiter außerhalb der Stadt in Richtung Inya-See mit ordentlich eingerichteten und sauberen Zimmern. Alle haben einen Safe. Restaurant mit birmanischer Küche. ❺–❻

Umgebung Inya-See und Flughafen

Karte D, S. 156

Golden Valley Inn & Restaurant (66), 17A Inyamyaing St., ✆ 01-524 173, ✉ goldenvalleyinn.ygn@gmail.com, [8020]. Das 2-stöckige Haus vermietet etwas überteuerte Zimmer. Bäder meist mit Badewanne. Die Zimmer im Erdgeschoss sind günstiger. Im Innenhof gibt es ein überdachtes Restaurant. ❸–❹

Inya Lake Hotel (62), 37 Kabar Aye Pagoda Rd., ✆ 01-662 857, 💻 www.inyalakehotel.com, [8021]. Das Hotel sieht von außen klotzig sozialistisch aus, innen empfängt einen jedoch eine große ansprechende Halle. Ein 15 ha großer Park und der am See gelegene Pool laden zur Entspannung ein, ebenso die Terrasse der Lake View Bar. Das Frühstück ist außergewöhnlich reichhaltig und lecker. Sehr gutes Fitnesscenter inkl. Sauna und auch Tennisplätze. 2x tgl. kostenloser Shuttlebus in die Innenstadt. ❼

Myanmar Life Hotel (2), 41 Radio Station Rd., ✆ 094-2500 8150, 💻 http://myanmarlifehotel.com, [10449]. Nahe dem Flughafen gelegenes Mittelklassehotel mit ansprechenden Zimmern. Wer ein Zimmer im alten Haus bezieht, wohnt nicht ganz so schön. Super sind die Zimmer am Pool im Neubau. Kostenloser Shuttle vom und zum Airport. ❹–❺

Royal White Elephant Hotel (63), 11 Kan St., ✆ 01-503 986, [9809]. Relativ günstig, dafür ziemlich verwohnt. Mitreisende Kinder (bis 18 Jahre) zahlen nichts; ein Extrabett kostet US$10. Die Zimmer verfügen über TV, Minibar und AC (oft alt und wenig effektiv). Die Standardzimmer haben keine Fenster. Asiatisches Frühstücksbuffet. ❹–❺

Seasons (1), 1 International Airport Mingaladon, ✆ 01-666 699, ✉ saesons@mptmail.net.mm, [9810]. Karte S. 148/149. Das Flughafenhotel gegenüber den Terminals hat nicht nur große, gut ausgestattete Zimmer, sondern auch einen Pool und Fitnessraum. Leider ist wohl Berichten zufolge nicht immer 100 % geputzt. ❻

Sedona Hotel (64), 1 Kaba Aye Pagoda Rd., ✆ 01-666 900, 💻 www.sedonahotels.com.sg/yangon/, [9886]. Das Hotel bietet im renovierten Hauptgebäude mit 366 Zimmern Luxusklasse vom Pool bis zum Fitnessraum. 3 Restaurants mit verschiedenen Küchen; in der Ice Bar abends Livemusik. Im Jahr 2016 wurde der neue, hoch aufragende Flügel Inya Wing mit 430 zusätzlichen Zimmern eröffnet. ❼–❽

Thanlwin Gh. (65), Y-25, Pyinnayawaddy Estate, Than Lwin Rd., ✆ 01-542 677, 💻 www.thanlwinguesthouse.com, [9887]. Sieht fast aus wie ein Privathaus und bietet unterschiedliche, recht große Zimmer mit bis zu 6 Betten; teils mit Gemeinschaftsbad, sowie einen Frauenschlafsaal. Gute Atmosphäre. Sitzgelegenheit im Garten. Dorm-Bett ❷, private Zimmer ❹–❺

ESSEN

In Yangon gibt es eine große Auswahl verschiedener Küchen, wobei die birmanische Küche sich durch zahlreiche Überschneidungen mit den Küchen der Nachbarländer auszeichnet.

Zentrum
Karte A, S. 150/151
Asiatisch
999 Shan Noodle Shop, 130/B, 34th St., ☏ 01-389 363. Sehr kleines Lokal mit guter, authentischer Küche. Empfehlenswert sind die verschiedenen Shan-Nudeln, jeweils als Suppe oder Salat serviert. Daneben gibt es eine kleine Auswahl an Reisgerichten. Hierher kommen nahezu nur noch Touristen, das Essen ist weiterhin okay, aber nicht mehr ganz so gut wie früher. ⊕ 7–18 Uhr.

APK Kitchen Thaifood, 397 Shwebontha St., ☏ 09-4320 7659. Thailändische Gerichte in verschiedenen Variationen stehen zur Auswahl. Mittleres Preisniveau, ab etwa 3500 Kyat. Recht großer, nicht sehr heimeliger Speisesaal. Aufmerksamer Service, authentische Thai-Küche. Als Nachtisch lockt gute Eiscreme. Preise zzgl. Service-Charge. ⊕ 9.30–21 Uhr.

New Delhi Restaurant, 274 Anawrahta Rd., ☏ 09-7320 1518. Ausgezeichnete Currys mit vielen Beilagen, die stetig nachgereicht werden, zu günstigen Preisen. Die Auswahl an Gerichten ist sehr groß und verlockt dazu, Unbekanntes zu probieren. ⊕ 6–22 Uhr.

Nilar Biryani & Cold Drink, zwischen der 31st und 32nd St. an der Anawrahta Rd. Bekannt für gute Biryani-Küche. Ein ähnliches Angebot bietet **Yuzana Biryani**, das mehrere Filialen im Stadtgebiet hat. ⊕ 5–23 Uhr.

Power Food and Drink, 217-219 Bo Aung Kyaw St. Birmanisch-chinesische Speisen und preiswertes Bier vom Fass: Ein typisches Foodcenter-Restaurant, in dem auf westlichen Geschmack keine Rücksicht genommen wird – was für einige gerade reizvoll ist.

Rangoon Tea House, 77-79 Pansodan St., 2. Stock, ☏ 01-122 4534. Hier wird die birmanische Küche der Zukunft kreiert: Spannende Rezepte verbinden Traditionelles mit frischen Ideen. Auch Kaffee und Kuchen sind ein Tipp. Tolles Ambiente. ⊕ 8–22 Uhr.

Suzuki Café Thai Food, 182 Sule Pagoda Rd., ☏ 09-7313 9180, und 149 Bokalayzay St., ☏ 01-380 826 (Karte B, S. 152/153). Die zwei ansprechenden kleinen, ordentlichen Restaurants laden an gemütlichen Holztischen zu schmackhafter, recht preisgünstiger Thai-Küche. Abends werden im Restaurant nahe der Sule-Pagode Tische auf die Straße gestellt. Aufmerksamer Service.

Y2T, 38th St. Bei Einheimischen beliebtes birmanisch-chinesisches Restaurant mit einer umfangreichen Speisekarte, auf der sich einige empfehlenswerte Spezialitäten finden: Hervorragend sind z. B. die Gerichte aus dem Kachin-Staat (vor allem das scharfe Huhn). Abends, wenn es voll wird, ist es ziemlich laut. *Myanmar Beer* vom Fass. ⊕ bis kurz nach 22 Uhr.

Aus aller Welt

Café KSS, 470-472 Mahabandoola Rd., ☏ 09-7318 1611. Umfangreiche Speisekarte mit westlichen (Pommes und Hamburger) und asiatischen Gerichten (Reis- und Nudelgerichte) in sauberer, klimatisierter Bistro-Atmosphäre. Zudem Kaffee, Eis und Fruchtsäfte. ⊕ 9–21 Uhr.

Gekko, 535 Merchant Rd., ☏ 01-386 986, 🖥 www.gekkoyangon.com. Zentral gelegenes, stilvolles Restaurant in einem schön renovierten alten Kolonialhaus. Serviert wird auf zwei Ebenen. Es gibt „set menus", und wer mag, kann sich sein Essen auch liefern lassen. Etwas teurer als anderswo, aber das Ambiente zahlt man mit. Fr oft Livemusik.

Genius Café, 220, 31 St., ☏ 01-373 375, 🖥 www.geniuscoffee.info. Hier gibt es in netter Atmosphäre im angenehm temperierten

---

Restaurant Zum Guten Zweck

Lecker essen und dabei eine gute Sache unterstützen: Das bunt eingerichtete **LinkAge Restaurant**, 141 Seikkan Thar St., 1. Stock, ☏ 094-5193 3034, arbeitet mit Straßenkindern und benachteiligten Jugendlichen. Birmanische Küche. ⊕ 11–14 und 18–22 Uhr. Im **Yangon Bake House** bekommen Frauen aller Altergruppen eine Perspektive: nach dem Motto „Strong women make a strong community". Niederlassung in **Inya Training Café** (Karte C, S. 154), 30 Inya Rd., ☏ 092-5401-6679, 🖥 www.yangonbakehouse.com, ⊕ 7–19 Uhr.

AC-Café fair gehandelten, biologisch angebauten Kaffee aus den Shan-Bergen nahe Pindaya. Neben gutem Cappuccino und Caffè Latte auch leckere Eiskaffee-Kreationen und ein paar Snacks. Freundliche Leute. ⏲ 10–19 Uhr.

Hario Bakery, Mahabandoola Rd., Ecke Seikkan Thar St. Neben Backwaren eine kleine Auswahl an Snacks, u. a. Thunfisch-Sandwich und Hamburger. Shakes und Eiscreme. Die Kette hat weitere Filialen im Stadtgebiet.

J's Donuts, Pansodan St. Bei den Einheimischen sind die bunten Teigkringel heiß begehrt. Weitere Filialen überall in der Stadt.

the Phayre's, 292 Pansodan St., ✆ 01-246 968. Modernes Café mit einer Auswahl kleiner Speisen am Tag und abends ansprechende Cocktailbar.

Thiripyitsaya Sky Bistro, Sakura Tower, ✆ 01-255 277. Toplage mit Panoramablick über das Zentrum bis zur Shwedagon-Pagode. Internationale und asiatische Gerichte, Menüs um 10 000 Kyat. Wer auf der Suche nach Pizza und Pasta ist, wird hier fündig. Cocktails ab 5000 Kyat. ⏲ tgl. 9–22.30 Uhr.

Rund ums Zentrum
Karte B, S. 152/153
Asiatisch

Amazing Thai Food, 66 Phone Gyee St., ✆ 094-2009 0008. Kleines AC-Restaurant mit guter Thai-Küche. Die Speisekarte gibt es in Englisch und mit vielen Bildern. Wer mag, kann hier richtig scharf essen. ⏲ 10–22 Uhr.

Aung Mingalar Shan Noodle Shop, Bo Yar Nyunt St., Ecke Na Wa Day St. Großes, offenes Restaurant mit Shan-Gerichten (englische Speisekarte). Es gibt u. a. Shan-Nudeln, Tofu-Salat und frische Säfte. Beliebt bei Einheimischen wie Touristen. Wer hier keinen Platz mehr findet, kann morgens gegenüber im **Thu Kha Yeik Food Centre** traditionelles Curry ordern. ⏲ 7–21 Uhr.

Golden Pho, 62 Yaw Min Gyi St., ✆ 01-254 957. Kleines Restaurant mit 8 Tischen hinter dem Bogyoke Markt. Die Pho schmeckt wie in Vietnam, und auch der Kaffee wird wie dort aufgebrüht. Frühlingsrollen ab 3000 Kyat, eine Suppe kostet 5000 Kyat. Lohnend für alle Fans der vietnamesischen Küche. ⏲ 11–22 Uhr.

Green Gallery, 58 Mahabandoola, Ecke 52nd St., ✆ 093-131 5131, 🖥 auf Facebook. Kleines feines Restaurant mit einer minimalistischen Speisekarte: super Salate und Suppen, keine Nudelgerichte. Alles sehr sehr lecker, denn Köchin Bo hat lange in Thailand gelebt. ⏲ 12–15 und 18–21 Uhr.

Lucky 7 Teashop, Mahabandoola, Ecke 49th St. (und weitere Niederlassungen). Fast schon legendär: Einer der beliebtesten Teashops in der Stadt. Immer gut für einen kleinen Snack, z. B. eine leckere Mohinga. ⏲ 6–17 Uhr, So Nachm. geschl.

Monsoon, 85-87 Thein Byu Rd., ✆ 01-295 224, 🖥 www.monsoonmyanmar.com. In sehr gepflegtem Ambiente gibt es im restaurierten Kolonialbau schmackhafte Gerichte aus Thailand, Laos, Kambodscha und Vietnam zu etwas gehobenen Preisen. Zur Hauptsaison oft ausgebucht, daher sollte man vorher reservieren. Nach Absprache werden Kochkurse veranstaltet. ⏲ 10–22.30 Uhr.

Thai 47, 153 Anawrahta Rd., Ecke 47th St., ✆ 01-861 0556. Große Speisekarte und recht authentische Thai-Küche zu leicht gehobenen Preisen im angenehm kühlen AC-Raum. Gekocht wird ohne MSG. Wer mag, kann sich das Essen auch ins Hotel bringen lassen. ⏲ 10.30–22.30 Uhr.

Aus aller Welt

50th Street Bar & Grill, 9/13 50th St., ✆ 01-397 060, 🖥 www.50thstreetyangon.com. Ein Hotspot in Yangons Bar- und Restaurantszene; schön gestalteter Tresen, gute westliche Gerichte, Billardtisch. Treffpunkt vieler ortsansässiger Ausländer. WLAN. Donnerstags wird gepokert, freitags spielt Livemusik, samstags Brunch und sonntags Happy Hour den ganzen Tag. ⏲ Mo–Fr 11–14.30 und 17 Uhr bis spät, Sa und So 10.30 Uhr bis spät.

Craft, 33 Nawaday, Ecke Bo Yar Nyunt St., ✆ 09-9606 0833, 🖥 auf Facebook. Stylisches Café-Restaurant auf 2 Etagen: Brownie, Kaffee und Frühstück. Später Mittag- und Abendessen aus der Fusion-Küche. Dazu den ganze Tag WLAN. Sollte es mal regnen, kann man sich hier prima zurückziehen: Wer statt alleine am Handy lieber gemeinschaftlich spielt, für den stehen

Essensstände in Yangon sind Treffpunkte für Einheimische und Experimentierfeld für Entdecker.

Gesellschaftsspiele wie Mastermind zur Vertreibung von Langeweile bereit. ⏲ 7–23 Uhr.

Ko San, 19th St. In der Straße der Grillrestaurants bietet dieses kleine Lokal eine Alternative mit deftigen Hamburgern, sündhaft leckeren French Toasts mit viel Vanille-Eis und anderen Gerichten aus aller Welt. Dazu gibt es preiswerte Cocktails. ⏲ 10 Uhr bis spät.

Padonmar Restaurant, 105/107 Kha Yae Pin Rd., ✆ 09-4315 5749, 🖥 www.myanmar-restaurant padonmar.com. Stimmungsvoll ist ein Essen in den aufwendig gestalteten Räumen der kolonialen Villa in jedem Fall. Alternativ sitzt man bei gutem Wetter im Garten. Thai- und birmanische Küche: recht teuer, aber von entsprechend guter Qualität. Gut geschultes Personal. ⏲ 13–1 Uhr.

PaPa Pizza, 9B Nawaday St., ✆ 01-376 907. In einer Seitengasse bietet die kleine Pizzeria eine große Auswahl an leckerer Pizza. Ab 7500 Kyat (Margherita) bis zu 14 000 Kyat (Capricciosa). Lieferservice. ⏲ 10–21 Uhr.

Sprouts, 68/A Yaw Min Gyi St., ✆ 094-5479 1496, 🖥 www.sproutsmyanmar.com. Diese kleine Oase der Gesundheit hat sich in den letzten Jahren einen Namen gemacht und bietet nun vier Anlaufstellen (weitere Adressen siehe Webseite). Frischer Salat, den man à la carte bestellen oder nach eigenen Wünschen zusammenstellen lassen kann. Auf der Karte stehen auch Schafskäse und andere Leckereien. Wer mag, kann auch online ordern und sich das Essen bringen lassen. ⏲ 8–20 Uhr.

UNION Bar & Grill, 42 Strand Rd., Ecke 42nd St., Myanmar Red Cross Bldg., ✆ 094-2018 0214, 🖥 www.unionyangon.com. Modernes Ambiente und westliche Küche, daneben ausgewählte asiatische Gerichte. Sa und So Frühstück. Gehobene Preise. ⏲ 10 Uhr bis spät.

Rund um die Shwedagon und den Kandawgyi-See
Karte C, S. 154/155

Asiatisch
Bangkok Kitchen, gegenüber dem Hotel Chatrium, am See. Großes Restaurant mit guter Thai-Küche. ⏲ 10.30–22.30 Uhr.

Feel Myanmar Food, 124 Pyi Htaung Su Yeiktha St., ✆ 09-7304 8783, 🖥 www.feelrestaurant.com. Für viele das beste Restaurant mit traditioneller Myanmar-Küche, das vor allem zum Frühstück und Mittagessen besucht wird. Der einstöckige, etwas stickige Innenbereich ist längst zu klein geworden. Deshalb stehen auch Tische unter Zeltdächern nebenan und vor dem Restaurant. Die Speisekarte auf Birmanisch mit Bildern, aber ohne Preisangaben, ist wenig hilfreich. Besser ist es, sich am umfangreichen Buffet etwas auszusuchen. Dabei kann man sich auf die Hilfe von Englisch sprechenden Mitarbeitern verlassen. Das ausgewählte Essen wird dann zusammen mit dem üblichen birmanischen Salatteller und Dip, einer Suppe und Reis an den Tisch gebracht. Die meisten Gerichte kosten um 2000 Kyat. Kostenlos mit der Rechnung gibt es ein Dessert. Wem das nicht ausreicht, der kann sich an einer Kuchentheke und am Eiscremestand sowie an anderen Snackständen vor dem Restaurant mit weiteren Leckereien versorgen.

Green Elephant Restaurant, 37 University Ave., 01-536 498, www.greenelephant-restaurants.com. Gekonnte Verbindung von Verkauf und Restaurant. Im schattigen Innenhof kann man zum einen die angebotenen Möbelstücke und Souvenirs bewundern und zum anderen kreative, auf den europäischen Gaumen zugeschnittene birmanische Küche genießen. 10–19 Uhr.

Hla Myanmar, 27 West Shwe Gone Taing (5th) Rd. Bei Einheimischen beliebtes Restaurant zur Mittagszeit. Aus einer Vielzahl von Töpfen kann das Tagesangebot an Fisch, Garnelen, Rind, Schwein oder Huhn ausgesucht werden, dazu ein Teller Gemüse nach Wahl. Hinzu kommen eine Suppe und viel Grünzeug. Preis für ein Mittagsgericht um 3500 Kyat. Unweit entfernt in der gleichen Straße liegt das **Mya Myint Mo Restaurant** mit weiteren Tagesangeboten birmanischer Hausmannskost. Einfach auf die Töpfe zeigen und ausprobieren.

Mahlzeit, 84 Pan Hlaing St., 097-8415 1250, www.mahlzeit-myanmar.com. Lust auf deutsche Küche? Na dann Prost, äh, Mahlzeit! Gulaschsuppe, Maultaschen, Dampfnudeln und Kaiserschmarrn – muss nicht sein, kann aber. Feines Ambiente und entsprechend nicht ganz billig. 11.30–22.30 Uhr.

Mai Thai Restaurant, 197/1-3 West Shwe Gone Taing (5th) St., 01-383 662. Stilvolles Thai-Restaurant mit Veranda. Kokos-Curry in der Nuss kredenzt, viel Seafood, teils aus Frischwasserbecken, zubereitet vom Thai-Küchenchef. 10–22 Uhr.

Off The Beaten Track, im Kandawgyi Nature Park (nahe Eingang 2, Eintritt 300 Kyat), 09-510 2657, www.otbt-myanmar.squarespace.com. Schöner Platz im Park mit einer großen Auswahl an Getränken und einigen leckeren Gerichten aus West und Ost. Hier haben wir den ersten Bananenshake Yangons entdeckt und für lecker befunden. Abends werden hier eher Cocktails und Bier getrunken. Ein schöner Platz, an dem zwischen 18 und 23 Uhr in der Saison oft ein Infoschalter für Backpacker geöffnet ist. 11–23 Uhr.

Royal Garden Restaurant, Nat Mauk Rd., 01-546 923. Großes chinesisches Restaurant direkt am Kandawgyi-See. Morgens werden frische Dim Sum serviert. Gute Küche und gehobene Preise. 7–14.30 und 18–22 Uhr.

Thai Kitchen, 126 A Dhamazedi Rd., in der Seitenstraße 5th St., 09-861 3400, http://thaikitchenmyanmar.com. Nennt sich „Noodle & Fast Food" und hat neben guter Thai-Küche (Tom Yam, Currys, viele Fischgerichte) auch Shan-Nudeln und eine große Auswahl an Nudelsuppen im Angebot. Mittlere Preislage, Gerichte ab 3500 Kyat. 10.30–22.30 Uhr.

Vietnam Kitchen, 1 A Pho Sein Rd., 01-524 709, www.vietnamkitchen.info. Das gemütliche Gartenlokal, in dem man sich morgens vietnamesische Pho schmecken lassen kann, liegt etwas zurückversetzt. Viele weitere Gerichte auf der Karte. Etwas gehobene Preise.

Essen mit Erlebniswert

Die **Grillrestaurants in der 19. Straße** (zwischen Anawrahta und Mahabandoola) sollten auf jeden Fall abends einmal ausprobiert werden! Man sucht sich an einem der Restaurants ein paar Spießchen aus, die dann zubereitet und an den Tisch gebracht werden. Das einzelne Spießchen kostet je nach Aufgestecktem zwischen 300 und 800 Kyat, ein ganzer Fisch 3000 Kyat. Dazu frisches *Myanmar Beer* vom Fass – und dann den Trubel genießen.

Der Kaffee hat uns nicht überzeugt; original vietnamesisch schmeckt er besser. Aber wer Abwechslung sucht, ist hier richtig. ⏲ 9–22 Uhr.

Aus aller Welt
Coffee Circle, 107(A) Dhamazedi Rd. Stylisches Café mit viel Glas, das auch in eine europäische Großstadt passen würde. Junge Birmanen, Geschäftsleute und viele Gäste des Guest Care Hotels surfen hier alle auf ihren Laptops. Die Speisekarte bietet alles zwischen Asien und Europa. Absolut gelungen sind die Nudel-Fusion-Kreationen. Kuchentheke, leckerer Kaffee, exzellente Weinkarte. Nicht ganz billig. ⏲ 6–24 Uhr. Auf der 1. Etage öffnet zusätzlich ab 17 Uhr das ebenso durchgestylte **The Vue** mit Aussicht auf die stark befahrene Dhamazedi Rd.
House of Memories, Nath Villa, 290 U Wisara Rd., ✆ 01-525 195, 💻 www.houseofmemoriesmyanmar.com. Stilvoll speisen im renovierten Kolonialgebäude. Birmanische und internationale Küche, dazu Klaviermusik. Dem Flair entsprechend hohe Preise. Es finden immer mal wieder Events statt, etwa Partys zu Halloween. Ankündigungen auf der Webseite. ⏲ 11–23 Uhr.
Signature – The Garden Bistro, Bahan Rd., Ecke Kan Yeik Thar Rd., ✆ 01-546 488. Stilvolles Ambiente direkt am Kandawgyi-See. Im Haupthaus gediegene Atmosphäre und eingedeckte Tische. Das halb überdachte Bistro mit gemütlichen Sesseln bietet Seeblick. Beide haben die gleiche Speisekarte: überwiegend italienisch, daneben europäische Klassiker und etwas Asiatisches. Frische Fruchtshakes, Kaffeespezialitäten und Cocktails.
Sharky's, 117 Dhamazedi Rd., ✆ 01-524 677. Im Erdgeschoss gibt es Tapas und eingelegte Oliven sowie diverse, im Shan-Staat hergestellte Käse und Schinken zu kaufen, dazu ökologisch angebautes Gemüse. Gutes angeschlossenes Restaurant auf der 1. Etage: stylish mit Wechselausstellungen lokaler Künstler (die Bilder sind auch käuflich zu erwerben) und sehr hochpreisig. Ganz bewusst kein WLAN, denn die Gäste sollen miteinander sprechen. ⏲ 9–22 Uhr.
YGN Bus, Kandawgyi Nature Park, ✆ 097-7262 5086. Leckerer Kaffee und eine Auswahl süßer Kuchen nahe dem See in einem zum Café umgebauten Bus. Lecker und bei Yangons Jugend angesagt. ⏲ 10–22 Uhr.

Umgebung Inya-See
Karte D, S. 156
Asiatisch
Fresh Seafood, am Inya-See. Eines der Restaurants direkt am See. Überwiegend Meeresfrüchte auf der Speisekarte. Beliebt bei Einheimischen.
Rangoon Grill & Chill, 18A Insein Rd., ✆ 092-5265 3011. Lesertipp: Authentisches BBQ-Restaurant mit tollen Grillangeboten und leckerem Hot-Pot. Günstig, super Service und: touristenfreie Zone (bis jetzt). Hat einen Ableger in der 22/5 Lay Daung Kan Rd. (Karte Großraum Yangon, S. 148/149).
Sabai@DMZ Thai Restaurant, Mya Khun Tha Park, gegenüber vom Sedona Hotel, ✆ 092-5205 1784. Große Auswahl an guten thailändischen Currys und Salaten in gepflegtem Ambiente. ⏲ 12–23 Uhr.
Swe Thai Restaurant, 34 New University Avenue Rd., ✆ 01-704 067, 💻 www.swethairestaurant.com. AC-Restaurant, einige Stühle auf der kleinen Veranda. Sehr große Auswahl an Thai-Gerichten, auch mit Erklärungen versehen. Dazu einige chinesische Gerichte aus der Hainan-Küche. ⏲ 10–22.30 Uhr.
Taing Yin Thar Restaurant, 5A Parami Rd., Ecke Pyay Rd., ✆ 01-660 792, 💻 www.taingyinthar.com.mm. Untergebracht in einem 2-stöckigen Holzhaus. Authentische Küche in hübschem Ambiente. Es werden ausschließlich natürliche, frische Zutaten verwendet und mit wenig Erdnussöl verarbeitet. Die große Auswahl an Gerichten deckt die kulinarische Bandbreite der Shan-, Mon- und Rakhine-Küche ab. Umfangreiche Menüs, die prima Gelegenheit bieten, mit den landestypischen Speisen vertraut zu werden. Mittleres Preisniveau. Freundlicher Service. Hat noch einen Ableger im Ortsteil Yankin, 2A Kanbae Rd. ⏲ 10–22 Uhr.

Aus aller Welt
Happy Café & Noodles, 104B Inya Rd., ✆ 097-9098 4865. Am Weg zum See gelegenes Restaurant. Kaffee in allen Varianten im

AC-Raum oder auf der Terrasse. Dazu gibt es eine große Auswahl verschiedener Gerichte. ⏱ 7–23 Uhr.

Le Planteur Restaurant & Bar, 80 University Ave., ☎ 01-514 230, 🖥 www.leplanteur.net. Top-Restaurant mit stilvoller Atmosphäre. Hervorragende französische und indochinesische Küche, die allerdings ihren Preis hat. ⏱ 12–14 und 18–23 Uhr.

L'Opera Italian Restaurant and Bar, 62 U Tun Nyein, ☎ 01-665 516, 🖥 www.operayangon.com. Liebhaber der italienischen Kochkunst finden hier eine teure, aber gute Küche. Eine Pizza kostet ab US$10. ⏱ 11–14.30 und 18–21.30 Uhr.

Zephyr, 28 Inya Rd., am Seeufer im kleinen Seinn Lann So Pyay-Park gelegen, ☎ 092-5798 0424. Kaffee und Snacks direkt am Wasser. ⏱ 9–22 Uhr.

UNTERHALTUNG

Ausstellungen und Events

Sehenswert für alle an Yangons Stadtgeschichte Interessierte ist die vom Y**angon Heritage Trust** präsentierte Foto-Ausstellung „Global City: Yangon's Past, Present and Future", im **YHT-Büro**, (Karte A, S. 150/151), 22-24 Pansodan St., ⏱ Mo–Fr 9–17 Uhr. Bieten auch Stadtführungen an, s. S. 181.
Interessante Events organisiert hin und wieder auch das **Goethe-Institut** (Karte C, S. 154/155), 340 Pyay Rd., ☎ 01-230 6142 (Umzug geplant in die „Goethe-Villa": 8 Ko Min Ko Chin Rd., nördl. des Kandawgyi-Sees). Anno 2014 hat das Institut sogar die Toten Hosen nach Yangon geholt. Es lohnt also immer mal wieder ein Blick auf die Webseite 🖥 www.goethe.de/myanmar.

Bierbars und Karaoke

In Yangon gibt es zahlreiche Bierbars, die neben Flaschenbier auch Gezapftes im Krug oder Glas anbieten. Zudem kann man bis spät abends (meist chinesisch) essen.
Unterhaltung und Essen bieten auch zahlreiche Karaokebars, in denen nicht die Gäste singen, sondern junge Sängerinnen von 19 Uhr bis Mitternacht birmanische Schlager zum Besten geben. Tagsüber gibt es kühles Bier und Essen.

Singapur Food Connection and Beer Bar (Karte A, S. 150/151), Shwedagon Pagoda Rd., Ecke Mahabandoola Rd., 1. Etage über dem Theingyi Zei-Markt. Hier gibt's *Myanmar Beer*, chinesische Speisen und abends oft Gegrilltes zu lautem Gesang. 100 m weiter nördlich an der Ecke zur Anawrahta Rd. ein ähnliches Programm im **Lion World**. Dort gibt es zum Bier einfaches chinesisch-birmanisches Essen.

Kinos

Zahlreiche Kinos werben für indische, birmanische und westliche Filme.
In der Sule Pagoda Rd. steht das **Nay Py Daw Cinema** (Karte A, S. 150/151), das einige Blockbuster zeigt, z. T. bereits in 3D.
An der Bogyoke Aung San Rd. (Karte A, S. 150/151) finden sich gleich mehrere Lichtspielhäuser, die vor allem asiatische Produktionen bringen.
Blockbuster sind im modernen **Mingalar Cineplex**, Anawrahta Rd., Ecke Phone Gyee St., zu sehen (Karte B, S. 152/153).

Konzerte

Hinweise zu Konzerten finden sich auf Werbeplakaten überall in der Stadt. Meist kann man zwar das Datum und die Uhrzeit lesen, aber nicht den Ort. In dem Fall können ein Digitalfoto und die Übersetzung im Hotel weiterhelfen. Auch die Angestellten in den diversen CD-Läden wissen, wann wo welche Konzerte stattfinden. Ob Rock, Pop oder Hip-Hop: Ein Konzertbesuch lohnt fast immer. Wenn am Kandawgyi-See Konzerte gegeben werden, künden riesige Plakatwände am Eingang zum Kandawgyi Nature Park das Ereignis an.

Kulturshows

Veranstaltungen, bei denen traditioneller Tanz, u. a. eine Szene aus dem Ramayana, Volkstänze, eine Chinlon-Performance und Puppentheater aufgeführt werden, bietet das **Karaweik Palace** (Karte C, S. 154/155) auf dem Kandawgyi-See, ☎ 01-290 546. Die Show wird tgl. inkl. Dinner für US$35 angeboten. Das Buffet wird um 18.30 Uhr eröffnet, die Vorstellung beginnt um 19.30 Uhr und dauert ca. 1 Std. In der Hauptsaison besser reservieren!

Partys
Coole Boat-Partys (internationale DJs; House, Hip-Hop) zum Sonnenuntergang auf dem Yangon River starten unregelmäßig am Botataung-Pier. Infos auf Facebook; „Yangon Party".

Puppentheater
Traditionelles **Puppentheater** zeigt die sehr renommierte Truppe **Htwee Oo Myanmar**, die als eine der besten des Landes gilt. Direktor U Khin Maung Htwe und seine Familie haben den Unterhalt des Ensembles zu ihrem Lebensziel gemacht und viele erfahrene Puppenspieler um sich versammelt. Die insgesamt 150 Puppen gelten als besonders hochwertig. Shows um 17 und 18 Uhr (bei mind. 2 Zuschauern); Infos zu genauem Ort unter ✆ 01-211 942 und 🖥 www.htweeoomyanmar.com.

Theater
Yangon verfügt über ein **Nationaltheater** (Karte B, S. 152/153); der Spielplan ist unregelmäßig, Aufführungen sind selten. Manchmal kommen Ausschnitte der birmanischen Version des Ramayana zur Aufführung, manchmal finden Konzerte statt.

Vergnügungsparks
Am Südaufgang der Shwedagon befindet sich der Vergnügungspark **Happy World** (Karte C, S. 154/155). Im Indoor-Rummelplatz gibt es Karussells und Geschicklichkeitsspiele. Diverse 5-D-Kinos mit mäßiger Qualität, doch hohem Spaßfaktor. An einem kleinen See mit Park stehen Tretboote (2000 Kyat/20 Min.) zur Ausleihe. Viele Birmanen bringen ihr eigenes Picknick mit und lassen sich im Gras oder auf dem kleinen überdachten Platz inmitten des Sees nieder. Feiner speist man im chinesischen Golden Duck Restaurant. ⏱ 9–21 Uhr, Eintritt Indoor 350 Kyat, der Park ist frei. Die Indoor-Attraktionen kosten dann jeweils noch etwa 1000 Kyat.

EINKAUFEN

Bücher
Bagan Book House (Karte A, S. 150/151), Nr. 100 in der 37th St., ✆ 01-377 227, 09-511 7470. Neben Secondhand-Romanen, einigen

Yangon mit Kindern

Man muss es ganz klar sagen: Yangon ist kein Kinderparadies. Laut, voller Menschen und Autos, oft heiß und manchmal stickig – das stresst nicht nur die Kleinen, sondern auch manchen Erwachsenen. Selbst der Besuch in einem Vergnügungspark wie **Happy World** (s. links) kann zur Tortur werden; vor allem am Wochenende, wenn sich Jung und Alt in Scharen über das Gelände drängen. Besser unter der Woche kommen! Etwas Entspannung bietet der **Kandawgyi-See** (S. 163), wo die Kids auch mal ein paar Schritte rennen können. Pagodenbesuche finden Kinder meist langweilig, aber ein Bummel über den **Bogyoke-Markt** (S. 180) könnte Spaß machen – vor allem, wenn die Kinder sich etwas aussuchen dürfen und ihr Schul-Englisch beim Handeln erproben können.

Klassikern wie *Der Glaspalast* (gedruckt und gebunden in Myanmar) und neuer birmanischer Literatur (z. T. ins Englische übersetzt) gibt es hier Reise- und Sprachführer. Zudem eine Auswahl ansprechender Kochbücher. Das Interessanteste im Sortiment sind jedoch die vielen handgebundenen Kopien alter Bücher aus der Kolonialzeit. Herumstöbern lohnt sich! Nach einem Schlaganfall im Jahre 2004 hat der Begründer des Ladens U Ba Kyi das Geschäft in die Hände seines Sohnes U Htay Aung gegeben, der es im Sinne seines inzwischen verstorbenen Vaters weiterführt. Die Preise sind fest und angemessen.

Bookstore (Karte A, S. 150/151), 246 Pansodan St., ✆ 01-243 216. Unter der kleinen Anzahl englischsprachiger Titel lässt sich hin und wieder eine Entdeckung machen.

Monument Books (Karte C, S. 154/155), 150 Dhamazedi Rd., ✆ 01-536 306. Gut sortierte, klimatisierte Buchhandlung mit vielen guten Büchern über Myanmar und Asien. Oben westliche hochpreisige Spielwaren. ⏱ 10–18 Uhr.

Myanmar Book Center (Karte A, S. 150/151), 561-567 Merchant Rd., ✆ 001-384 508. Hat eine recht große Auswahl an auf Englisch erschienenen aktuellen Titeln über Myanmar. Zudem viele Wörterbücher.

Sarpay Beikmann Bookcenter (Karte A, S. 150/151), Merchant Rd., Ecke 37th St. Führt Post- und Landkarten, teils englische Literatur.

In jedem Fall lohnt beim Schlendern durch die Stadt ein Blick auf die **Bücherstände**, die am Wochenende zwischen November und April vor dem Ministers Office in der „Book Street" (Thein Phyu Rd.) aufgestellt sind. Immer wieder finden sich hier auch in Englisch publizierte Bücher aus oder über Myanmar. Ein paar Hinweise, wonach es sich lohnt Ausschau zu halten, haben wir im Anhang aufgelistet (S. 606).

Kunst

Gallery Sixty Five (Karte B, S. 152/153), 65 Yaw Min Gyi St., ℡ 01-246 317, 🖥 www.gallerysixtyfive.com. Aktuelle Termine auf Facebook. Wechselnde Ausstellungen zeitgenössischer Kunst, die sich zu Recht großer Beliebtheit erfreuen. In dem alten Holzhaus stimmt das Ambiente und die Ausstellungen sind gut gemacht.

KZL Art Studio & Gallery (Karte C, S. 154/155), 184/A Than Lwin Rd., Golden Hill Ave., ℡ 09-533 3518, 🖥 http://kzlartgallerymyanmar.com. Sehenswerte birmanische Gegenwartskunst verschiedener Künstler. Moderner, aber auch relativ klassischer Stil, durchaus inspirierend, da sehr unterschiedliche Künstler hier präsentiert werden.

New Treasure Art Gallery (Karte C, S. 154/155), 84/A Than Lwin Rd., Golden Hill Ave., ℡ 01-526 776, ✉ newtreasureart@gmail.com. Hier lebt und wirkt U Min Wae Aung, der mit seinen Bildern von gehenden Mönchen vor goldgelbem Hintergrund der wohl berühmteste birmanische Gegenwartskünstler ist.

Pansodan Gallery (Karte A, S. 150/151), 1. Stock, 286 Pansodan St., ℡ 09-513 0846, 🖥 auf Facebook. Die kleine, angesagte Galerie im Zentrum lockt mit einer Auswahl aktueller Werke von z. T. noch unbekannten Künstlern, sowohl Birmanen als auch Westler (Touristen wie Expats). Jeden Di ab 20 Uhr treffen sich diese Kunstfreunde auf ein Bier, um über Kunst zu reden und sich auszutauschen. Zur Galerie gehört das **Café Pansuriya**, 102 Bogalayzay St., ℡ 097-7894 9170, 🖥 https://pansuriya.wordpress.com, in dem man stilvoll kleine Speisen verzehren und Kaffee trinken kann. Galerie ⏲ 10–18 Uhr, Café ⏲ 7–22 Uhr.

Auf den Märkten gibt es meist Reproduktionen für kleines Geld zu kaufen.

Wo traditionelles Handwerk auf westliches Design trifft

Der westliche und der birmanische Geschmack, sei es in Farbe oder Form, könnten oft unterschiedlicher nicht sein. Hier setzt ein gelungenes Konzept von Paula Camba an, das sich mittlerweile in ganz Myanmar verbreitet hat. Die Idee: traditionelles Kunsthandwerk in westlichem Design. Die Kreationen sind lustig und ausgefallen, ein Blick lohnt auf alle Fälle. Eine tolle Idee für alle, die etwas Ausgefallenes mitbringen wollen und damit auch noch Gutes tun können. Denn 50 % des Preises gehen direkt an die jeweiligen Betriebe. Zu kaufen sind geschmackvolle und ausgefallene Taschen, Schmuck, Kleidung, Alltagsgegenstände, Schirme u. v. m. Das Geschäft ist eine Oase der Kreativität. Und die Preise sind angemessen. Die Idee hinter diesem Geschäft, „design for change", geht auf. Die von kleinen Handwerkskooperativen gestalteten Mitbringsel sind eine gelungene Kombination aus birmanischer Tradition und westlichem Designgeschmack. In Lohn und Brot kommen so Menschen, die an Aids erkrankt sind, oder Behinderte. Es gibt Kooperationen mit kreativen Familienbetrieben oder auch mit Studenten aus ärmeren Schichten, die sich so ihr Studium mitfinanzieren. Innerhalb der Kooperativen kam es zu Unstimmigkeiten und so gibt es nun zwei Läden. Einmal das von der myanmarischen Seite weiter geführte **Pomelo** (Karte B, S. 152/153), 89 Thein Pyu Rd. (neben Monsoon Restaurant), 2. Stock. 10–21 Uhr, in der Hauptsaison oft bis 22 Uhr, und zum anderen die neuen Verkaufsräume der westlichen Gründer **Hla Day**, 81 Pansodan St., 1. Stock links, 094-5052 1184, www.hladaymyanmar.org. 9.30–21.30 Uhr.

River Gallery (Karte A, S. 150/151), nahe dem Strand Hotel, 33/35 37th, Ecke 38th St., 09-5137 8617, www.rivergallerymyanmar.com. Die ausgesuchte Kunst lohnt einen Besuch, auch wenn man nicht die Absicht hat, ein Bild zu kaufen. Die ausgestellten Künstler machen sich derzeit weltweit einen Namen und stellen u. a. auch in Deutschland und Amerika aus. 10–18 Uhr.

The Yangon Gallery (Karte C, S. 154/155), im Volkspark, Ahlone Rd., 09-7382 7777, www.theyangongallery.com. Wechselnde Ausstellungen mit z. T. recht modernen Künstlern. Ein kleines Café ist angeschlossen. 10–17 Uhr.

Kunsthandwerk

Augustine's Antiques (Karte D, S. 156), 23A Thiri Mingalar St., nahe der Pyay Rd., 01-525 359, www.augustinesouvenir.com. In dem kleinen Geschäft, das bis oben hin mit ausgewählten Antiquitäten vollgestellt ist, lässt es sich herrlich stöbern. Es gibt Buddhafiguren, Marionetten, Lackwaren, Schränke etc. 11.30–19.30 Uhr. Ein ähnlich ansprechendes Angebot hat **Mr. Kyi & K, Antique & Decorative Art** (Karte C, S. 154/155), 84 Than Lwin Rd., 01-534 927. 10–18 Uhr.

Myanmar Masters, (Karte A, S. 150/151), Merchant Rd. 557/567, Zi. 904 (MAC Tower), 097-314 5585, 043-164 860, nach Vereinbarung, sowie Bogyoke Aung San-Markt, oberes Stockwerk, nördlicher Flügel, Raum 5, 10–17 Uhr. Faszinierende Sammlung von Kunstgegenständen aus dem ganzen Land. Besonders lohnenswert ist ein Besuch in der „Zentrale" im MAC-Tower: Sie gleicht einem kleinen Museum.

Nagar Glass Factory (Karte D, S. 156), etwas versteckt in der 152 Yawgi Kyaung St., nahe der Insein Rd., 01-526 053. Über Generationen widmete sich hier eine Familie der Kunst der Glasbläserei. Seit Jahren ist die Produktion eingestellt und das ganze Grundstück gleicht im wahrsten Sinne des Wortes einem Scherbenhaufen – in dem aber noch manche Schätze zu finden sind. Die angebotenen Stücke sind ein außergewöhnliches Mitbringsel (sollten jedoch wegen des schwierigen Transports erst am Ende der Reise gekauft werden).

Yangoods, (Karte C, S. 154/155), 62 Shan Gone St., 092-610 6370, www.yangoods.com. Showroom und Workshop 11–20 Uhr. Hübsche Souvenirs und Deko-Artikel; uns gefällt besonders die knallbunte „Myanmar

Pop"-Serie. Hat neben dem Workshop noch mehrere Verkaufsstellen, u. a. im Aung San-Markt – Infos dazu auf der Webseite.
In der **Dhamazedi Rd.** befinden sich einige kleine Läden (Karte C, S. 154/155), die antike Holzarbeiten, Alltagsgegenstände und Kunsthandwerk anbieten. Hier findet man oft eine große Auswahl an geschmackvollen Holzschnitzereien, Lackwaren, Schmuck, Taschen, Rubinen, Pailettenkunst, Möbeln und Malerei.

Märkte

Der **Bogyoke Aung San-Markt** (Karte A, S. 150/151) wird vor allem von Touristen und wohlhabenden Birmanen besucht. Im Hauptgebäude führt ein zentraler Weg vorbei an zahlreichen lizenzierten Schmuck- und Edelsteinhändlern. Wer ohne einheimischen Fremdenführer kommt, zahlt mindestens 30 % weniger, denn die Händler geben die Provision, die sie einem Führer zahlen müssen, an den Kunden weiter. Hier gibt es Gemälde (vorwiegend Aquarelle), Holzschnitzereien, Stoffe und Haushaltswaren. Zudem ein Essensmarkt und im 1. Stock zahlreiche Schneider. ⏱ tgl. außer Mo und feiertags 10–17 Uhr.

Im **Theingyi Zei-Markt** (Karte A, S. 150/151), der sich über drei Gebäudekomplexe erstreckt, findet man im westlichen Bereich – auch Plaza genannt – vor allem Kleidung und Elektroartikel, im mittleren Gebäude Stoffe und Kleidung, die meist im Fünferpack verkauft wird, sowie Moskitonetze. Im östlichen Abschnitt werden Pigmente (zum Färben von Stoffen und Nahrungsmitteln), Gewürze und Lebensmittel angeboten.

Der **Mingalar Ze**i (Karte C, S. 154/155) liegt südöstlich vom Kandawgyi-See und hat Stoffe, Lebensmittel und Kleidung im Angebot, die meist aus Thailand, Singapore oder China importiert sind.

Supermärkte

City Mart (Karte B, S. 152/153), Anawrahta Rd., Ecke 47th St. Hier fühlen sich Besucher aus dem Westen wie zu Hause. Es gibt Schokolade, Nutella, Wein und Eis, Sonnenmilch, Rasierklingen, Tampons und das wirksame Mückenmittel Odomos. Kleine Musikabteilung und Apotheke, ⏱ Mo–Sa 9–21 Uhr. Eine Zweigstelle befindet sich am Bogyoke Aung San-Stadion, zwei weitere nahe dem Queen's Park Hotel und im Junction Center. ⏱ 9–21 Uhr.

Ocean Supercenter (Karte Großraum Yangon, S. 148/149), nahe dem Flughafen an der Pyay Rd. Der größte Supermarkt Yangons verkauft im Obergeschoss Kleidung (gute Auswahl hochwertiger Longyis, Jeans etc.) und Kinderartikel. Unten ist die Essensabteilung. ⏱ 9–21 Uhr.

Ruby Mart (Karte A, S. 150/151), Bogyoke Aung San Rd., Ecke Pansodan St., ✆ 01-398 246. Im Erdgeschoss Supermarkt und Cafeteria, darüber zwei Stockwerke mit modernen Textilien, Schuhen und Handtaschen. Im 3. und 4. Stock Elektro-, Haushaltsgeräte, Computer und Handys. Im obersten Stock locken ein Kinderparadies und Restaurant. ⏱ 9–21 Uhr.

AKTIVITÄTEN

Marathon

Jeweils am 3. oder 4. Sonntag im Januar findet in Yangon der Internationale YOMA-Yangon-Marathon statt. Neben der klassischen Marathon-Strecke (42,2 km) gibt es auch einen Halbmarathon und einen 5-km-Lauf. Aktuelle Informationen hierzu unter 🖥 www.yoma yangonmarathon.com.

Massagen und Spas

Auch in Yangon nehmen die Angebote an traditioneller Massage, Fußreflexzonenmassage und sonstigen Wellnessangeboten zu.

Inya Day Spa (Karte D, S. 156), 16/2 Inya Rd., ✆ 01-537 907, 🖥 www.inyaspa.com. Massagen und Sauna in entspannender Umgebung. In der angeschlossenen Boost Bar gibt's gesunde Fruchtsäfte. Beliebt ist auch **Thaya Day Spa** (Karte D, S. 156), im Junction Square, Inya Rd., Reservierungen unter ✆ 09-7317 3979, 🖥 www.thayaspa.com. Beide ⏱ 10–20 Uhr.

La Source Beauty Spa (Karte D, S. 156), 80 Inya Rd., ✆ 01-512 380, 🖥 www.lasource beautyspa.com. Stilvolles Spa in restaurierter Villa in ruhigem Garten. Geboten wird ein Wohlfühlprogramm – auch mit Haarpflege. Nur mit Voranmeldung. ⏱ 9–19 Uhr.

Meditation

Zehntägige Meditationskurse (Vipassana) organisiert das **Dhamma Joti Vipassana Centre** (Karte C, S. 154/155) auf dem Grundstück des Wingabar Yele Klosters nördlich des Kandawgyi-Sees. Nördl. Nga Htat Gyi Pagoda Rd., ✆ 01-549 290, 🖥 www.joti.dhamma.org. Siehe auch Meditation S. 68.

Schwimmen

Einige Hotels lassen Gäste anderer Unterkünfte in ihrem **Pool** schwimmen oder im Fitnesscenter trainieren. Dazu zählen das Sule Shangri-La Hotel und das Parkroyal. Meist kostet der Spaß um die US$10 und ist oft nur in der Woche möglich. Jederzeit Abkühlung bietet der **National Swimming Pool** (Karte B, S. 152/153) in der U Wisara Rd., Kinder- und Erwachsenenbecken. Einfach, aber sauber. ⏱ 9–12, 13–16 und 18–20 Uhr, Eintritt 3000 Kyat. **Kandawgyi Clubhaus Swimming Pool** (Karte C, S. 154/155), Eingang Bahan Rd. Hat einen Pool, in dem man sportlich seine Bahnen ziehen kann. Clubmitglieder zahlen US$20 im Monat; einmaliger Besuch 4000 Kyat. ⏱ 15–20 Uhr.

Stadttouren
Mit dem Zug rund um Yangon

€ Mit der Eisenbahn einmal rund um Yangon: Eine schöne Rundfahrt um die Stadt herum verspricht die **Circle Line**, eine Bahnstrecke, die in ca. 3 Std. vom Hauptbahnhof bis weit nördlich des Flughafens und auf der anderen Seite der Stadt wieder zurück zum Bahnhof führt. Eine tolle Möglichkeit, in den Alltag Yangons einzutauchen. Nicht alle Züge fahren die ganze Runde: Manche halten in Höhe des Flughafens und fahren dann wieder zurück. Tickets (1000 Kyat) gibt es am Hauptbahnhof auf Bahnsteig Nr. 7 (Zugang über die Brücke Pansodan St.; von Downtown kommend gleich die erste Treppe, die zu den Gleisen hinunterführt); Fahrten zwischen 6 und 17 Uhr.

Yangon zu Fuß

Ganz nah dran: Per pedes wird Yangon mit **Yangon Heritage Trust** (YHT) erkundet. Das Büro befindet sich in der 22-24 Pansodan St. (Karte A, S. 150/151), ✆ 01-240 544, 🖥 www.yangonheritagetrust.org. Touren bucht man am besten online. Dem Trust geht es vornehmlich um den Erhalt der alten kolonialen Bausubstanz und die sachgerechte Renovierung. Die Touren sind fachkundig und empfehlenswert. Es gibt drei verschiedene Touren, die US$30 kosten. Der Gewinn kommt dem Trust und seiner Arbeit zugute.

Mit dem Fahrrad oder der Rikscha aufs Land

So nah und doch so fern: Nur einmal kurz über den Fluss und schon ist man auf dem Land. Der Österreicher Jochen Meisner hat seine Passion für Myanmar mit seiner Begeisterung für das Fahrradfahren verbunden und bietet Radtouren durchs Land, aber auch direkt in Yangon. Für alle, die sich nicht sportlich betätigen wollen, hat er ebenfalls ein Angebot: Mit der Riksha kann sich der Faulenzer bequem herumfahren lassen. Los geht es um 7.30 Uhr (Rikschatour 8 Uhr), Rückkehr gegen 12.30 Uhr. Wunderbar entspannend. Tagestouren mit dem Rad führen nach Twante. Infos bei **Uncharted Horizons**, 109, 49th St., ✆ 099-7117 6085, 🖥 www.uncharted-horizons-myanmar.com; viele Fotos auf Facebook.

SONSTIGES

Apotheken

AA Pharmacy (Karte A, S. 150/151), nahe der Sule-Pagode. Neben den wichtigsten Medikamenten führt die Apotheke auch Mückenschutzmittel (Sketolene) und Naturheilmittel *(myanmar traditional medicine)*. ⏱ tgl. 24 Std. Wer diagnostischer Hilfe bedarf, findet sie in der **AYÉ-Apotheke** (Karte A, S. 150/151), Shwebontha St. Die Apotheke hat tagsüber geöffnet, ist günstig und führt auch Schnelldiagnosen durch. Dementsprechend voll ist es hier mit Birmanen, die die in den Hinterzimmern wartenden Ärzte unterschiedlicher Spezialgebiete aufsuchen.

Geld

Zahlreiche private Banken bieten neben Schalterservice auch 24 Std. zugängliche Automaten (ATM). Alle Banken schließen zwischen 12 und 13 Uhr.

Informationen

An der Sule-Pagode bietet das **Myanmar Travel & Tour Office** (Karte A, S. 150/151), MTT genannt, 118 Maha Bandoola Garden St., ✆ 01-374 281, aktuelle Infos über Reisebestimmungen. Das Personal ist sehr freundlich. Wer in abgelegenere Gebiete reisen will, sollte sich hier erkundigen, ob vielleicht Reiseverbote erlassen wurden. ⏱ tgl. 8.30–17.30 Uhr.

Medizinische Hilfe

Parami General Hospital, (Karte D, S. 156), Parami Rd., ✆ 01-657 226-8, 🖥 www.paramihospitalygn.com. Großes Krankenhaus mit hilfreichem Personal für die weniger schlimmen Krankheitsfälle. Wesentlich günstiger als die SOS Clinic oder eine internationale Klinik.

SOS Clinic (Karte D, S. 156), beim Inya Lake Hotel, 37 Kaba Aye Pagoda Rd., ✆ 01-657 922 und 094-2011 4536. Wer bei einem Verkehrsunfall verletzt, von giftigen Tieren oder solchen mit Tollwut gebissen wird oder den Verdacht hegt, an Malaria oder Denguefieber erkrankt zu sein, kann sich an die SOS Clinic wenden. Hier werden Voruntersuchungen und Impfungen durchgeführt und medizinische Rettungsflüge organisiert. Die Klinik hat gut ausgebildete Ärzte in 24-Std.-Bereitschaft. ⏱ Mo–Fr 8–20, Sa 8.30–17.30 Uhr.

Ein (teures) privates Krankenhaus ist das **Pun Hlaing Siloam Hospital** (Karte Großraum Yangon, S. 148/149), Pun Hlaing Golf Estate Ave., ✆ 01-684 323, 🖥 http://punhlaingsiloamhospitals.com/hlaing-thar-yar/. Es befindet sich etwas abseits auf einem Golf-Gelände im Stadtteil Thar Yar.

Eine weitere Privatklinik ist das **Sakura Medical Center** (Karte C, S. 154/155), 23 Shin Saw Pu Rd., ✆ 01-512 668, http://sakurahospital.com.mm.

SOS Air Rescue ist eine international operierende Luftrettungsgesellschaft, die im Notfall mit Jets und Hubschraubern evakuiert. Nächstgelegene Filiale in Bangkok, ✆ 0066-2-205 7777, 🖥 www.internationalsos.com.

Bangkok International Hospital (Karte B, S. 152/153) unterhält ein kleines Office in Yangon, 181 Bo Myat Htun St., ✆ 01-202 120,

Wichtige Telefonnummern

Polizei:	199
Polizei Yangon:	01-29602
Feuerwehr:	191
Notruf Ambulanz:	192
Notrufwagen:	1830
Ambulanz Rotes Kreuz:	01-295 133
Immigration:	01-286 434
Zoll Yangon:	01-284 533
Flughafen Yangon:	01-662 811

Notfallnummer (rund um die Uhr) 09-510 6666, 🖥 www.bangkokhospitalmyanmar.com. ⏱ tgl. 9–17 Uhr. Es organisiert im Ernstfall eine Überstellung nach Bangkok.

Post

Das **General Post Office** (Karte A, S. 150/151) liegt in der 39 Bo Aung Kyaw St., Ecke Strand Rd. Der Haupteingang befindet sich in der Strand Rd., wenige Meter hinter dem Strand Hotel. Schon im Eingangsbereich verkaufen Händler Briefmarken, und an einem kleinen Schalter sitzt eine Dame von der Post mit dem gleichen Angebot. Sollte die Klebefläche nicht ausreichend präpariert sein, schaffen die fliegenden Händler mit Klebstoff Abhilfe. Die Karten erreichen Europa nach etwa 2–3 Wochen. Im 2. Stock wird ein Poste-restante-Service angeboten. ⏱ Mo–Fr 9.30–13.30, Sa und So 10–12 Uhr, aber dann nur zum Briefmarken kaufen, kein Poste-restante.

NAHVERKEHR

Stadtbusse

In Yangon fahren Stadtbusse, die pro Strecke 200–300 Kyat kosten (zu zahlen in kleinen Scheinen). Sie sind oft sehr voll und halten meist nach Heranwinken (mit den Fingern nach unten). Wer außerhalb wohnt und in die Stadt will, braucht nur an einer Haltestelle zu warten. Die Kartenverkäufer rufen die Endstation und weisen Touristen auf das Ziel hin. Auch an der Sule-Pagode bekommt man

Hilfe bei der Wahl des Busses. Bus Nr. 43 fährt von der Sule-Pagode nahe dem Ostaufgang der Shwedagon vorbei weiter zum **Inya-See** und zum **Aung Mingalar Highway Busterminal**. Direkt zur **Shwedagon-Pagode** fährt Nr. 203 von der Sule Pagoda Rd. nahe dem Kino und vom Strand Hotel.

Taxis

Neben den Stadtbussen übernehmen Taxis den Nahverkehr. Sie sollten nicht mehr als etwa 2000–4000 Kyat für kurze Strecken innerhalb des Zentrums kosten (Anhaltspunkt: Sule–Shwedagon 2000 Kyat). Eine Fahrt zum Aung Mingalar-Busbahnhof kostet etwa 8000 Kyat, zum Flughafen 7000–9000 Kyat. Reizvoll und erholsam ist das Tempel-Hopping mit dem Taxi. Auch Ausflüge in die Umgebung sind mit dem Taxi bequem. Ein Auto mit Fahrer kostet am Tag etwa 100 000 Kyat.

TRANSPORT

Busse

In den vergangenen Jahren haben die meisten Gesellschaften relativ neue Busse angeschafft, die das Reisen deutlich bequemer machen. Tickets für die Hauptstrecken bekommt man am Busbahnhof, in vielen Gästehäusern oder an den Schaltern am **Bogyoke Aung San-Stadion** (Karte B, S. 152/153). Es ist sinnvoll, sich an den Verkaufsstellen zu erkundigen, ob und wie lange im Voraus die Busse reserviert werden müssen. Das variiert je nach Nachfrage; einen Tag vorher sollte man rechnen. Fast alle Busse haben AC (die voll ausgefahren wird – Extra-Pulli und Kopfbedeckung mitnehmen!).
Die Fahrt zu den außerhalb gelegenen Busbahnhöfen kostet mit dem Taxi etwa 8000 Kyat.
Die im Folgenden angegebenen Abfahrtszeiten und Preise sind als Orientierungshilfe zu verstehen und beziehen sich auf Busgesellschaften, deren Tickets einfach in Gästehäusern oder am Stadion verkauft werden.
An den Busbahnhöfen selbst fahren noch viele weitere Gesellschaften auch zu anderen Zeiten ab.

Aung Mingalar-Busbahnhof (Karte Großraum Yangon, S. 148/149)
Die Fahrt zum Busbahnhof im Stadtteil Nord-Okkalapa dauert vom Zentrum mind. 40 Min. Dort startet die Mehrzahl der Busse.
BAGAN, um 8, 19 und 20 Uhr für 13 000– 20 000 Kyat in 10 Std.
BAGO, stdl. zwischen 5 und 22 Uhr für 4000 Kyat in 2–3 Std.
KALAW, um 20 Uhr für 11 000 Kyat in 10 Std.
KYAIKTYIO, zwischen 8 und 17 Uhr, etwa alle 1–2 Std., für 8000 Kyat in 4–5 Std.
MANDALAY, um 9 und 21 Uhr für 12 000– 17000 Kyat, im luxuriösen Special Bus bis 44 000 Kyat, in 8–10 Std.
MAWLAMYINE, um 9, 12, 15 und 21.30 Uhr für 5000–8000 Kyat in 6 Std.
MYAWADDY, um 18 Uhr für 12 000 Kyat in ca. 14 Std.
PYAY, etwa stdl. zwischen 7 und 23.30 Uhr für 6000 Kyat in 6 Std.
SHWENYAUNG (für INLE-SEE), um 18 und 19 Uhr für 17 500–24 000 Kyat in 12 Std.
THANDWE (für NGAPALI), um 7 und 21 Uhr für 20 000 Kyat in 14 Std.
TOUNGOO, um 7, 8, 9 und 19 Uhr für 5000 Kyat in 5 Std.

Dagon Ayar-Busbahnhof (Karte Großraum Yangon, S. 148/149)
Der Busbahnhof liegt im Stadtteil Hlaing Thayar weit außerhalb im Westen Yangons, ca. 45 Autominuten vom Zentrum – wenn kein Stau ist. Man sollte sich ggf. auf das Wort des Taxifahrers verlassen und früher starten. Ab 5 Uhr morgens fahren Busse den ganzen Vormittag über ins Delta, z. B.:
CHAUNGTHA, um 6 Uhr für 11 000 Kyat in 7 Std.
NGWE SAUNG, um 6.30 und 7 Uhr für 11 000 Kyat in 7 Std.
PATHEIN, um 7 Uhr für 8000 Kyat in 5 Std.

Eisenbahn

Zugfahren in Myanmar ist ein Erlebnis für sich – aber definitiv nicht die schnellste Methode, um von A nach B zu kommen, und nichts für Sauberkeits-Fanatiker. Dafür sind die Tickets recht günstig und man bekommt gut Kontakt zur lokalen Bevölkerung. Fahrkarten am besten ein bis zwei Tage vorher kaufen: im „Advanced

Zugfahrplan (Auswahl)

Yangon – Nay Pyi Taw – Mandalay

Zugnr.	Yangon	Bago	Toungoo	Nay Pyi Taw	Thazi	Mandalay
3up	17.00	18.45	23.25	1.57	5:58	7.45
5up	15.00	16.44	20.59	23.32	2.11	5.00
7up	20.30	22.13	2.23	5.00	–	–
11up	6.00	7.48	12.31	15.22	18.15	21.00
31up	8.00	9.43	14.10	17.00	–	–

Yangon – Bago – Kyaikhto – Mawlamyaing

Zugnr.	Yangon	Bago	Kyaikhto	Mawlamyaing	Ye	Dawei Hafen
35up	21.00	22.50	1.30	6.00		
89up	7.15	9.04	11.57	16.50		
175up	18.25	20.19	11.57	4.30	10.25	19.00

Yangon – Bagan

Zugnr.	Yangon	Bagan
61up	16.00	9.40

Booking Office" nahe dem Bahnhof (gegenüber des Sakura-Towers, s. Karte A, S. 151, ⏱ 7–15 Uhr); oder über ein Reisebüro besorgen lassen.
Einige Preise *(ordinary/upper/sleeper)* in Kyat und ungefähre Fahrzeiten:
BAGO 600/1150/ – ; 2 Std.
KYAIKHTO 1200/2400/ – ; 4 Std.
MANDALAY 4650/9300/12 750; 16 Std.
MAWLAMYAING 2150/4250/ – ; 11 Std.
NAY PYI TAW 2800/5600/7000 sowie 10 000 für „special sleeper"; 10 Std.
PYAY mit 3up, 11up und 31up (s. Tabelle), 1950/3900/ – ; 5 Std.
THAZI 3700/7350/10 100; 12 Std.
TOUNGOO 2000/4000/ – ; 6 Std.

Boote

Nach DALA am anderen Ufer des Yangon-Flusses pendeln von frühmorgens bis spätnachmittags Personenfähren für 2000 Kyat pro Strecke. Abfahrt ist am **Pansodan Jetty** schräg gegenüber dem Strand Hotel.
Vom **Lanthit Jetty** (Karte B, S. 152/153) starten die meisten Boote ins Deltagebiet. Nach TWANTE (3 Std.) tgl. um 6.30 Uhr, 4000 Kyat. Nach MA-UBIN, WAKEMA und MYAUNG MYA 3–4x wöchentl. zwischen 14 und 17 Uhr. Deck: 8000 Kyat auf dem Boden bzw. 10 000 Kyat für einen der wenigen Liegestühle, Kabine: US$12 bzw. US$30 p. P. je nach Standard. Wer keine Kabine bucht, sollte eine warme Jacke und eine Decke einpacken. Ankunft in Myaung Mya nach ca. 21 Std.; der letzte Bus von Myaung Mya nach PATHEIN fährt um 15 Uhr vom Busbahnhof etwas außerhalb.
Verschiedene **Ausflugsboote** starten am Bootsanleger nahe der Botataung-Pagode. Tickets der verschiedenen Gesellschaften können direkt vor Ort erstanden werden, z. B. von **Royal Green River**, ✆ 01-536 232, 🖥 www.royalgreenriver.com; Fr, Sa, So 17–19 Uhr Dinner Cruise (US$30) sowie Di und Mi 17–19 Uhr Sunset Cruise (US$20).

Flüge

Der **Flughafen** liegt einige Kilometer nördlich des Zentrums und ist in etwa einer halben Stunde erreicht – falls kein Stau ist, was immer seltener wird! Sicherheitshalber sollte man eine Stunde einplanen, in der Rushhour eventuell auch mehr. Ein Taxi vom Flughafen in die Innenstadt kostet je nach Anzahl der Mitfahrer um 7000–10 000. Am 12. Februar, dem Union Day, finden Paraden statt; die Straße zum Flughafen wird dann ab Mittag gesperrt.

Die meisten internationalen Fluggesellschaften haben ihre Büros im Sakura Tower (Karte A, S. 150/151). Gesellschaften und Ziele s. S. 33 (Travelinfos von A bis Z, Anreise).

Die nationalen Fluggesellschaften fliegen die wichtigsten touristischen Ziele Myanmars mehrmals tgl. an, die meisten für etwa US$70–200. Die genauen Flugdaten und Preise erfährt man im Reisebüro oder direkt bei den Gesellschaften. Diese wissen auch, ob der Flieger tatsächlich abhebt, denn gerade bei abgelegenen Zielen kann es zu Stornierungen oder Zeitverschiebungen kommen. Die Routenpläne bitte aktuell immer auf den jeweiligen Webseiten der Anbieter einsehen.

Air Bagan, 01-504 275, Flughafen 01-653 343, www.airbagan.com. Fliegt nach MANDALAY, MYITKYINA, NYAUNG U (Bagan), HEHO, TACHILEIK, THANDWE, SITTWE, KYAUK PYU und PUTAO, sofern genug Passagiere gebucht haben.

Air KBZ, 01-372 977, www.airkbz.com. Fliegt nach DAWEI, HEHO, KAWTHAUNG, KENGTUNG, LASHIO, MANDALAY, MYEIK, MYITKYINA, NAY PYI TAW, NYAUNG U, SITTWE, TACHILEIK und THANDWE.

Air Mandalay, 01-501 520, Flughafen 01-652 754, www.airmandalay.com. Fliegt nach DAWEI, HEHO, KAWTHOUNG, KENGTUNG, MANDALAY, NAY PYI TAW, NYAUNG U, SITTWE, TACHILEIK und THANDWE.

Asian Wings, 01-533 145, Flughafen 01-515 261, www.asianwingsairways.com. Bedient die Strecke NYUANG U–MANDALAY–HEHO–YANGON und MANDALAY–MYTKYINA–BHAMO (teils PUTAO), und NAY PYI TAW.

Golden Myanmar Airlines, 01-860 4035, Flughafen 01-533 272, www.gmairlines.com. Fliegt alle großen und viele kleine Flughäfen im Land an.

Mann Yadanarpon, 01-656 969, www.airmyp.com. Flüge zwischen MANDALAY und Yangon, zudem nach u. a. HEHO und BAGAN. Es sind weitere Flugverbindungen geplant.

Myanmar National Airlines, http://flymna.com. Die staatseigene Airline (ehem. „Myanmar Airways") fliegt 26 inländische Flughäfen an.

Yangon Airways, 01-383 100 bis 383 106, yangonair.com. Fliegt nach DAWEI, HEHO, KAWTHAUNG, KENGTUNG, LASHIO, MANDALAY, MYEIK, MYITKYINA, NAY PYI TAW, NYAUNG U, SITTWE, TACHILEIK, THANDWE.

„Hurry up, hurry up" … der Busbegleiter kümmert sich um den zügigen Einstieg der Fahrgäste.

SCHIRME IN PATHEIN; © MARTIN H. PETRICH

2 Ayeyarwady-Delta

Im Südwesten des Landes zeigt sich Myanmar von seiner fruchtbarsten Seite: üppiges Grün, wohin man blickt. Das Leben der Menschen findet vorwiegend entlang der unzähligen Flussarme und Kanäle statt, entsprechend prägt Wasser ihren Alltag. Für Touristen ist das Ayeyarwady-Delta noch kaum erschlossen.

Stefan Loose Traveltipps

Pathein Stadt mit Schirm und Charme. Per Fahrradriksha geht es durch geschäftige Straßen zu beschaulichen Pagoden. S. 195

3 Ngwe Saung Beach Kilometerlange Palmenstrände – genau der richtige Ort, um die Seele baumeln zu lassen. S. 204

Gaw Yan Gyi Unverfälschtes Strandleben auf einer von Palmen gesäumten Halbinsel, die bislang vorwiegend einheimische Touristen anlockt. S. 209

AYEYARWADY; © VOLKER KLINKMÜLLER

CHAUNGTHA BEACH; © MARTIN H. PETRICH

Wann fahren? Zwischen November und April

Wie lange? 1–4 Tage

Bekannt für die schönen Strände und endlosen Kanäle

Beste Feste Das Ramayana-Festival in Pyapon

Outdoor-Tipp Bootstour nach Meinmahla Kyun

Unbedingt probieren Halawa in Pathein

Highlight Der Strand von Ngwe Saung

Ayeyarwady-Delta

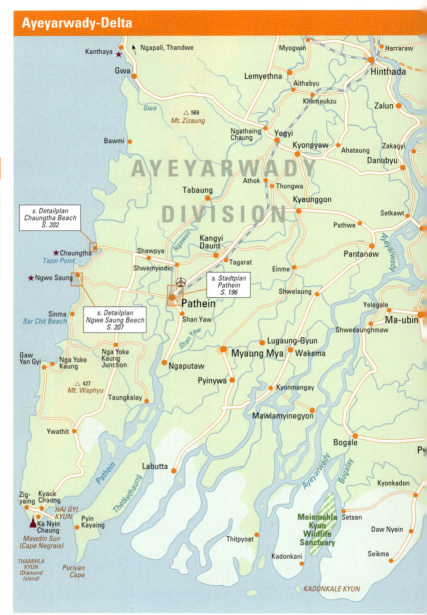

Seit die Briten das 35 000 km² große Ayeyarwady-Delta ab Mitte des 19. Jhs. urbar machten, gilt es als die Reiskammer Myanmars. Das Delta vergrößert sich ständig, denn jedes Jahr transportieren die Arme des 2170 km langen Ayeyarwady schätzungsweise 300 Mio. t fruchtbares Schwemmmaterial mit sich, das sich im Meer ablagert. Hinsichtlich der Höhe des Sedimentgehaltes liegt der Strom weltweit an fünfter Stelle hinter dem Gelben Fluss, dem Ganges, dem Amazonas und dem Mississippi.

Das Deltagebiet ist ökologisch von enormer Bedeutung, denn seine Mangrovenwälder wirken wie ein natürlicher Salzwasserfilter. Sie sind Heimat vieler bedrohter Tierarten, darunter das Leistenkrokodil und die Batagur-Flussschildkröte. Doch das ökologische Gleichgewicht ist angesichts der intensiven landwirtschaftlichen Nutzung bedroht. Allein im 20. Jh. hat sich die Fläche der Mangrovenwälder um mehr als 80 % verringert. Dies ist angesichts steigender Meeresspiegel infolge der globalen Erderwärmung fatal. Experten sind überzeugt, dass der verheerende Zyklon Nargis im Mai 2008 vor allem aufgrund fehlender schützender Mangrovengürtel so viele Opfer forderte.

Die fruchtbaren Böden haben das ehemals kaum bewohnte Deltagebiet inzwischen mit fast 200 Bewohnern pro km² zur am dichtesten besiedelten Region Myanmars werden lassen. Ein Großteil der über 6 Mio. Einwohner, überwiegend Birmanen und Kayin, lebt vom Reisanbau. Ist genügend Wasser vorhanden, kann der Reis bis zu dreimal im Jahr angepflanzt werden. Natürlich spielt auch der Fischfang eine große Rolle. Wegen des Exportprofits wurde die Garnelenzucht erheblich ausgeweitet.

Thanlyin (Syriam)

Thanlyin liegt 25 km südöstlich von Yangon und ist von der Metropole über eine chronisch verstopfte Brücke über den Bago-Fluss erreichbar. Für die Besichtigung reicht ein halber Tag. Nur wenig erinnert heute daran, dass die Stadt über Jahrhunderte hinweg Myanmars Tor zur Welt darstellte. Der Aufstieg des Hafens ging Hand in Hand mit der Zunahme des internationalen Han-

Das Delta erleben

Die meisten Reisenden durchqueren das Delta, um möglichst schnell zu den Stränden **Chaungtha** oder **Ngwe Saung** am Golf von Bengalen zu gelangen. Dabei bekommen sie jedoch nur einen kleinen Ausschnitt der üppigen Flusslandschaft zu sehen. Wer mehr vom Delta erleben möchte, sollte **Pathein** ansteuern. Um einen kleinen Eindruck von der Landschaft zu erhalten, genügt von Yangon aus ein Tagesausflug nach **Twante** oder **Pyapon**. Für Naturfreunde interessant ist eine mehrtägige Fahrt ins **Schutzgebiet Meinmahla Kyun** (S. 194) südlich von **Bogale**.

---

dels mit Europa. Zu traurigem Ruhm gelangte das einstige **Syriam** im frühen 17. Jh., als der portugiesische Abenteurer Philip de Brito y Nicote von hier aus seinen kleinen Tyrannenstaat lenkte. 1647 eröffnete die britische East India Company eine Fabrik, ab dem frühen 18. Jh. unterhielt sie eine eigene Werft. Mit seinen Kirchen und Handelshäusern hatte Thanlyin ein europäisches Gesicht. Rebellierende Mon brannten die Stadt jedoch 1743 nieder, und im Juli 1756 machte der Begründer der Konbaung-Dynastie, Alaungpaya (reg. 1752–60), sie in seinem Krieg gegen die Mon dem Erdboden gleich. Unter den Briten avancierte Thanlyin zu einem wichtigen Umschlagplatz für Reis. Heute gewinnt die Heimat von fast 270 000 Menschen als Industriestandort wieder an Bedeutung, vor allem wegen des Industriehafens **Thilawa** und der dazu gehörenden „Special Economic Zone". Mit der **Star City** existiert am Bago-Fluss eine moderne Trabantenstadt mit Hochhäusern und Einkaufszentren.

Mit Thanlyin sind auch die Anfänge der katholischen Mission in Myanmar verbunden, woran allerdings nur noch die Ruine einer 1750 geweihten Kirche erinnert. Etwa 4 km südlich der Stadt liegt auf einem Hügel die bedeutende **Kyaik Khauk-Pagode**, deren 40 m hoher goldener Stupa noch von Yangon aus zu sehen ist. Bereits der Name *kyaik* (= *zedi* in der Mon-Sprache) deutet darauf hin, dass hier ein buddhistisches Heiligtum der Mon stand. Der Legende nach kam Buddha selbst hierher und hinterließ zur Erinnerung sechs Haare. Von historischem Interesse sind am Nordeingang die Gräber zweier Poeten: Natshinnaung, Prinz von Toungoo, und Padethayaza (1684–1751), der als Minister am Königshof lebte und das erste Theaterstück des Landes schrieb. Den wegen seiner Liebeslyrik bis heute verehrten Natshinnaung ließ König Anaukpetlun 1613 zusammen mit de Brito wegen Hochverrats hinrichten.

ESSEN

Einige Restaurants liegen an oder in der Nähe der Kyaik Khauk Pagoda Rd., die zur gleichnamigen Pagode führt. Im **Bonsai Garden Hotel**, 2 Kyaik Khauk Pagoda Rd., kann man in einem netten Innenhof speisen, während das **Pwint Restaurant**, 28 Kyaik Khauk Pagoda Rd., für seine birmanischen Gerichte bekannt ist.

TRANSPORT

Wer bequem und schnell nach Thanlyin fahren möchte, nimmt für die Halbtagstour ein **Taxi** (US$40). Die Fahrt dauert von YANGON aus je nach Verkehr 1–1 1/2 Std. **Minibusse** starten von der Sule-Pagode (ca. 2 Std.).

Kyauktan

Etwa 20 km südlich von Thanlyin liegt auf einer kleinen Insel im Padawa (Pilakhat) Creek, einem Seitenarm des Yangon-Flusses, die **Kyauktan-Pagode** (Eintritt 2000 Kyat). Im Volksmund wird sie aufgrund ihrer Lage auch **Yele Paya** („Pagode in der Mitte des Flusses") genannt. Ein eigens für Ausländer reserviertes Boot bringt Besucher für schlappe 5000 Kyat auf die Insel. Entlang der Straße zwischen Bushaltestelle und Fluss reihen sich zahlreiche Souvenirläden. An der Anlegestelle wird Fischfutter für die wohlgenährten Welse verkauft, die sich in Massen im Fluss tummeln. Mit ihrer Fütterung wollen die Gläubigen Verdienste für ihre nächste Inkarnation erwerben. Die Pagode besteht aus einer Vielzahl von *tazaung* und Stupas. Am quirligsten ist es dort zum zweiwöchigen Pagodenfest am Vollmond Tabaung (Feb/März).

Dala

Jenseits des Yangon-Flusses liegt Dala, das immer noch kleinstädtische Beschaulichkeit ausstrahlt, obwohl hier 170 000 Menschen leben. Doch mit der Gemütlichkeit wird es wohl bald vorbei sein, denn Spekulanten ließen die Bodenpreise in die Höhe schießen und vielerorts werden neue Siedlungs- und Industriegebiete erschlossen. Auch eine Brücke nach Yangon ist geplant.

Möglicherweise spielte Dala als Hafenstadt bereits im 1. Jt. eine wichtige Rolle. Und auch in der Bagan-Zeit war die Stadt offensichtlich so bedeutsam, dass König Narathihapate (reg. 1254–87) sie von einem seiner Söhne regieren ließ. Während der Kolonialzeit unterhielt die Irrawaddy Flottila Company verschiedene Werften, die teilweise heute noch bestehen.

An Sehenswürdigkeiten hat Dala nichts Spektakuläres zu bieten. Es ist eher etwas für jene, die dem Yangoner Großstadttrubel entfliehen und das Flussleben genießen oder ins südliche Delta weiterreisen möchten. Am besten dreht man eine Runde mit einer der Fahrradrikschas, die an der Anlegestelle am Yangon-Fluss warten (unbedingt vorab Preis aushandeln!).

Schon die Anfahrt mit den **Personenfähren** hat ihren Reiz; sie pendeln in kurzen Abständen von frühmorgens bis abends zwischen dem Pansodan Jetty in Yangon (schräg gegenüber dem Strand Hotel) und Dala (2000 Kyat). Unweit des Anlegers in Dala starten auch Busse und Sammeltaxis nach Twante, Pyapon und Bogale. **Achtung**: Auf der Fähre oder am Pier wird man häufig von selbst ernannten Guides angesprochen, um eine Tour mit ihnen zu machen. Unbedingt die Finger davon lassen, darunter sind viele Abzocker!

Twante (Twantay)

Ein interessanter Ausflug führt von Yangon via Dala ins 25 km entfernte Twante (sprich: Twunte). Der sympathische Ort (220 000 Einw.) ist heute vor allem wegen seiner Töpferwaren und als Namensgeber für den Mitte des 19. Jhs. gegrabenen, 34 km langen **Twante-Kanal** bekannt. Seit der Kolonialzeit stellt er eine wichtige Verbindung zwischen dem Ayeyarwady-Delta und der Hauptstadt dar.

Twante war eine Siedlung der Mon und ähnlich wie Dala während der Bagan-Ära von stra-

---

Ausflug ins südliche Delta

Je nach Zeit lässt sich das südliche Delta in ein bis drei Tagen erkunden. Im Rahmen einer **Tagestour** kann man Pyapon besuchen, wofür man mit der Fähre zunächst von Yangon nach Dala übersetzt und dann den Bus in die 95 km entfernte Deltastadt nimmt. In **drei Tagen** lässt sich die Tour nach Bogale und Meinmahla Kyun verlängern. Dabei fährt man zunächst nach Pyapon, besichtigt die Stadt, unternimmt eine Bootstour und fährt dann weiter ins 35 km entfernte Bogale. Nach einer Übernachtung im einfachen Gästehaus startet man am 2. Tag zu einer ganztägigen Bootstour nach Meinmahla Kyun. Am besten verbringt man auch die Nacht dort, um abends zu einer Beobachtungsfahrt aufbrechen zu können. Am 3. Tag kann man per Boot noch nach Kadonkani fahren und dort den Fischmarkt besuchen, bevor es zurück nach Bogale und per Bus nach Dala geht.

Dieser südliche Teil des Deltas ist touristisches Neuland, kaum jemand spricht Englisch. Zudem sind die Bootstouren allein nicht leicht zu organisieren. Wir empfehlen daher, von Yangon aus einen Guide mitzunehmen, etwa über S. S. T. Tourism in Yangon, ✆ 01-393 094, 🖥 www.sstmyanmar.com, das u. a. eine interessante zweitägige Dorftour nach Twante und Umgebung anbietet.

Schon viele Loose-Leser schätzten die Dienste der beiden erfahrenen Reiseleiterinnen Thiri Than Than Aye, ✆ 09-507 9614, ✉ thiritouristguide@gmail.com, und Ei Thu Htut, ✆ 09-513 9961, ✉ eithuhtut@gmail.com. Letztere spricht Deutsch. Soe Moe Aung aus Pathein, ✆ 09-250 322 368, 09-960 768 868, ✉ info.pathein1988@gmail.com, ist der richtige Mann für einen organisierten Besuch in Meinmahla Kyun.

> **Deltaleben per Rad**
>
> Zu festen Terminen organisiert Uncharted Horizons Radtouren in die Umgebung von Dala und Twante: die Halbtagstour „Islands and Rivers" (28 km) für 44 000 Kyat/Pers. und die ganztägige Tour „Twantay Explorer" (70 km) für 68 000 Kyat. Infos und Buchung: **Uncharted Horizons**, 109 49th St. (Middle Block), Yangon, 09-450 062 960, 09-971 176 085, www.uncharted-horizons-myanmar.com.

tegischer Bedeutung. Darauf lassen Ziegelsteine mit dem Signum König Anawrahtas (reg. 1044–77) schließen, die in der näheren Umgebung gefunden wurden. Heute präsentiert sich Twante als lebendiges Städtchen, das gemütlich per Trishaw, Fahrrad oder zu Fuß zu erkunden ist. Ein Spaziergang führt vorbei am **Markt** und der katholischen Kirche **St. Marien** (s. **eXTra [5711]**). Die **Töpferwerkstätten** liegen im **Oh Bo-Viertel** südwestlich des Zentrums und sind mit der Trishaw, aber auch zu Fuß gut zu erreichen: Vom Markt aus folgt man der Hauptstraße ca. 1,4 km gen Südwesten, wo eine Staubpiste links abgeht. Hier liegen beidseitig die Wohnungen und Werkstätten der Töpfer (einfach nachfragen!).

Shwesandaw-Pagode

Die etwa 1 km südlich des Kanals auf einer Anhöhe gelegene Shwesandaw-Pagode ist mit 75 m die vierthöchste des Landes (Eintritt 2000 Kyat). Vermutlich entstand die Pagode der „goldenen *(shwe)* Haarreliquie *(sandaw)"* bereits im 1. Jt., allerdings weist nichts auf ihr Alter hin, da sie immer wieder verändert wurde.

Um den zentralen Stupa gruppieren sich viele *tazaung*. An einer Stelle wird an die Niederschlagung eines Aufstands der Mon durch König Bayinnaung (reg. 1551–81) im Jahr 1564 erinnert. Hier soll er mehrere tausend Rebellen in Bambuskäfigen gefangen gehalten haben, um sie verbrennen zu lassen. Doch infolge einer Intervention von Mönchen ließ der in Bago residierende Eroberkönig alle außer 70 Anführern frei. Daher wird der Ort von Gläubigen heute als Wunscherfüllungsstelle aufgesucht.

Am letzten Tag des birmanischen Neujahrsfestes Mitte April werden auf der Plattform unzählige **Sandstupas** errichtet.

TRANSPORT

Mit dem **Mietwagen** (ca. US$60) kann man von YANGON über den Hlaing Thayar Highway direkt nach Twante fahren (50 km, ca. 1 1/2 Std.). Schneller und wesentlich günstiger ist es, zunächst mit der Fähre nach DALA überzusetzen (S. 191). Von der dortigen Anlegestelle starten bei genügend Passagieren **Pick-ups** nach Twante (1000 Kyat für Ausländer). Ein paar Schritte entfernt warten auch **Busse**, die jedoch meist überfüllt sind. Die Fahrt dauert 30–40 Min.

Pyapon

In die 95 km südlich von Yangon an einem Flussknie gelegene Deltastadt verirren sich selten Touristen. Das mag sich langsam ändern, denn im Rahmen eines Tagesausflugs kann man hier erlebnisreiche **Boottouren** (2–3 Std., ca. 20 000 Kyat) durch die Kanäle unternehmen und einige sehenswerte Pagoden besuchen. Ausgangspunkt dafür ist der stets belebte **Markt** zwischen Natshinnaung Road und Pyapon-Fluss. Die Touren, die zunächst entlang dem Strom und dann durch diverse Kanäle zu Dörfern der Bamar und Kayin führen, lassen sich nur mit Hilfe eines Guides arrangieren, denn vor Ort spricht kein Bootsfahrer Englisch. Zwei erfahrene Reiseleiterinnen sind Thiri Than Than Aye und Ei Thu Htut (s. Kasten S. 191). Bis zur Flussmündung sind es nur 20 km, weshalb die 190 000 Einwohner zählende Stadt ein wichtiger Umschlagplatz für Meeresfrüchte ist.

Entlang der Hauptstraße, der 2nd Street, die Pyapon parallel zum Fluss von Nord nach Süd durchquert, liegen einige interessante Heiligtümer, darunter im Norden das „Königliche Kloster", **Min Kyaung**. 1846 von dem nach Pyapon geflohenen königlichen Bootsführer U Shwe Baw gestiftet, birgt das Gebäude massive Teakholzsäulen und feinste Schnitzereien am Buddha-Altar.

Hauptaltar aufbewahrt. In der Halle sind zudem große Lack-Behälter ausgestellt, die beim allmorgendlichen Almosengang mitgeführt werden.

Der **Thazi Paya** im Süden der Stadt liegt direkt am Fluss und birgt einen riesigen sitzenden Buddha aus dem Jahr 1887, der stoisch in Richtung Meer blickt. Nach starken Schäden infolge des Zyklons Nargis wurde die Anlage in den letzten Jahren ziemlich aufgehübscht.

ÜBERNACHTUNG UND ESSEN

Aung Naing Thu, 3 Natshinnaung Rd., ✆ 045-40460. 5-stöckiger Kasten mit Dachlokal. Die AC-Zimmer sind spartanisch-funktional, aber für eine Nacht okay. ❷

Folgende Gästehäuser sind bescheiden, nur auf Birmanisch beschriftet und bieten kein Frühstück. Sie liegen entlang der 2nd St. in Spazierweite voneinander entfernt und vermieten einfache, mäßig saubere Zimmer mit und ohne Klimaanlage:

La Pyayt Gh., 34 2nd St., ✆ 045-41147, gegenüber dem STK Restaurant über einem Longyi-Shop; **Shwe Myaing Gh.**, 28 2nd St., ✆ 045-41272; **Shwe War Win Gh.**, 3 2nd St., ✆ 045-41519, neben einem grün gestrichenen Laden mit Elektrowaren und Solarzellen. Alle ❶–❷

Teashops und Lokale verteilen sich ebenfalls entlang der 2nd Street, z. B. das **STK Restaurant** mit ordentlichen Currys. Hier gibt es auch die für Pyapon bekannte *mohinga* mit Fischbrühe. **Brothers 2** im Norden und **Brothers 3** an der 2nd St. tischen zum Fassbier gute chin. Gerichte und Grillspießchen auf.

TRANSPORT

Auto
Für eine Tagestour nach Pyapon bezahlt man von YANGON aus etwa US$120 inkl. Fahrer.

Busse
DALA (S. 191), zwischen Dala und Pyapon verkehren fast stdl. Minibusse in beide Richtungen für 4000 Kyat in 2 1/2–3 Std. (95 km). In Dala warten unweit der Fähre auch Sammeltaxis (ca. 6000 Kyat p. P.). Busse fahren auch stdl. weiter nach BOGALE (35 km, 45 Min.).

Das von Teichen umgebene „Kloster der goldenen Schutzgeisthöhle", **Shwe Nat Gu Kyaung**, weiter südlich zählt zu den bedeutendsten Sakralbauten der Stadt. Es ist landesweit für das Ramayana-Epos (Yama Zat Daw) bekannt, das seit 1878 alljährlich über neun Nächte hinweg aufgeführt wird. Beginn ist derzeit am ersten Tag nach dem November-Vollmond Tazaungmon, nach Fertigstellung der neuen Halle soll es wieder auf den traditionellen Termin nach dem Oktober-Vollmond verlegt werden. Die Vorführung startet nach Sonnenuntergang und dauert die ganze Nacht. Das Jahr über werden die verwendeten Masken und Kopfbedeckungen neben dem

Meinmahla Kyun Wildlife Sanctuary

Auf der „Insel der schönen Mädchen", so die Bedeutung von **Meinmahla Kyun**, sucht man birmanische Schönheiten vergebens. Dafür findet man im 140 km^2 großen Schutzgebiet eine faszinierende Flora und Fauna, die sich von den Zerstörungen durch Zyklon Nargis 2008 wieder einigermaßen erholt hat. Ein Besuch lohnt sich aber nur für Naturfreunde mit Interesse an einem der letzten Refugien des Leistenkrokodils *(Crocodylus porosus)*, an seltenen Wasservögeln und dichten Mangrovenwäldern.

Die knapp 26 km lange und fast 10 km breite Insel *(kyun)* liegt im unteren Mündungsgebiet der Flüsse Bogalay und Kadonkani, etwa 20 km südlich der Stadt Bogale. Bereits 1895 wurden die dortigen Mangrovenwälder unter Naturschutz gestellt. Seit 1994 besitzt die Insel auch den Status eines Schutzgebietes für Wildtiere, um das bedrohte Leistenkrokodil vor dem Aussterben zu bewahren. Von den ursprünglich Zehntausenden Krokodilen im Deltagebiet sind nur noch knapp hundert übrig. Die Insel wird von etlichen Kanälen durchzogen und ist fast vollständig von Mangrovenwäldern bedeckt, in denen auch 54 erfasste Vogelarten beheimatet sind, darunter verschiedene Storchenarten wie der Kleine und Große Adjutant *(Leptoptilos javanicus / L. dubius)* oder der Wollhalsstorch *(Ciconia episcopus)*.

Da es fast keine touristische Infrastruktur gibt, kann das Schutzgebiet nicht auf eigene Faust besucht werden, sondern nur in Begleitung von Mitarbeitern des Forstministeriums. Am besten organisiert man die Tour bereits in Yangon (s. Kasten S. 191).

Auf Meinmahla Kyun gibt es eine Zuchtstation für Krokodile zu besichtigen. Die nachtaktiven Krokodile sind vor allem nach Einbruch der Dunkelheit auf einer Bootstour durch die unzähligen Wasserarme der Insel zu erspähen. Die beste Zeit dafür sind die sieben bis zehn Tage vor und nach dem Vollmond in den Monaten November bis März. Auch wenn es noch so heiß sein mag, vom Sprung ins Wasser ist auf Meinmahla Kyun abzuraten … Mit Glück lassen sich außerdem Irrawaddy-Delphine entdecken.

Schließlich lohnt auch ein Abstecher zum Fischerdorf **Kadonkani** auf der westlichen Seite des gleichnamigen Flusses. Der Ort dient den Fischern als Sammelstelle für Krebse, Fische und Shrimps. Diese werden an Zwischenhändler aus Yangon weiterverkauft, die sie hauptsächlich ins asiatische Ausland exportieren. Sehenswert sind in der einfachen Siedlung urige Reismühlen und das engagierte, aber ziemlich unterfinanzierte Turtle Research Office. Es kann Bootstouren zur im Mündungsgebiet gelegenen Flussinsel **Kadonkale Kyun** organisiert werden, an deren Stränden und Sandbänken Meeresschildkröten ihre Eier ablegen. Die bevorzugten Zeiten sind November bis Januar.

ÜBERNACHTUNG

Bogale
Arkar Kyaw, 71 3rd St., ☏ 045-45063. Das einfache Gästehaus verfügt auf seinen beiden Etagen über nicht sehr saubere Zimmer mit Bad, teils mit AC. Kein Frühstück. ❷
Pan Tha Khin Gh., 38 Bogyoke Aung San Rd., ☏ 045-45071, 45072. AC-Zimmer mit Kaltwasser-Bad und einfachere mit Ventilator und Gemeinschaftsbad. Kein Frühstück. ❷
Shwe Linn Eain Gh., 9 Botayza St., ☏ 045-45648. 8 EZ und 12 DZ, teils mit Gemeinschaftsbad. Nicht sehr sauber, kein Frühstück. ❷

Kadonkani
Die Umweltorganisation FREDA besitzt ein **Gästehaus** gegenüber von Meinmahla Kyun in Kadonkani, ☏ 01-243 827, ✉ fredamyanmar@gmail.com. ❸

Auf der Insel
Die einzige Übernachtungsmöglichkeit ist das **Thaung Chaung Camp** des Forestry Departments für 15 000 Kyat p. P. plus 5000 Kyat pro Mahlzeit.

INFORMATIONEN

Nature and Wildlife Conservation Department, Forest Department, The Warden of Meinmahla Kyun Wildlife Sanctuary, Strand Rd., Bogale, ☏ 045-45578.

TRANSPORT

Busse
DALA, nahezu stdl. Minibusse von Shwe Ayar ab Bogale für 5000 Kyat in 3-4 Std. (130 km).
PATHEIN, gegen 12 Uhr startet ein Minibus für 10 000 Kyat in 6 Std. (250 km).

Boote
Das Expressboot von **Shwe Pyi Tan** legt tgl. um 6 Uhr vom Phone Gyi Lan Jetty in Yangon ab (an: ca. 12 Uhr). Abfahrt in Bogale tgl. 7 Uhr (an: 12 Uhr) 12 000 Kyat p. P.
Das Boot von Bogale nach Meinmahla Kyun wird vom Forest Department arrangiert (220 000 Kyat). Am Pier kann man aber auch nach Privatbooten fragen. Boote für die Fahrt nach Kadonkani (ca. 5-6 Std.) kosten 50 000-60 000 Kyat.

Pathein

Hauptstadt der Ayeyarwady Division ist mit fast 300 000 Einwohnern Pathein. Trotzdem wirkt die Stadt am Ostufer des gleichnamigen Flusses noch recht verschlafen. Entlang mancher Staubpiste verstecken sich Holzhäuser hinter Bambushecken; hier und da stehen einige sehenswerte Kolonialgebäude. Doch auch in Pathein stehen die Zeichen auf Aufbruch, wovon die Banken und Smartphone-Shops entlang der Hauptstraßen im Zentrum zeugen. Schon im 1. Jt. soll Pathein eine wichtige Hafenstadt gewesen sein. Die birmanische Bezeichnung *pusim*, woraus sich der heutige Ortsname ableitet, taucht zum ersten Mal 1266 in einer Bagan-Inschrift auf. Als das Mon-Reich während der Regentschaft König Dhammazedis (reg. 1472-92) seine größte Ausdehnung erreichte, erfuhr die Stadt eine enorme Aufwertung. Die Briten bauten Pathein ab 1852 zum wichtigsten Handelsplatz für Reis aus, was zahlreiche Einwanderer aus Südasien anzog. Dieser Ära verdankt **Bassein**, wie die neuen Herren die Stadt nannten, sein heutiges multikulturelles Gesicht.

Reisende lassen die freundliche Hafenstadt auf dem Weg zu den Stränden meist links liegen. Dabei lohnt es sich sehr wohl, hier zumindest ein paar Stunden zu verweilen, eine Schirmwerkstatt oder Pagode zu besuchen und eine Bootsfahrt durch die Kanäle zu unternehmen (s. auch [3971]).

Shwemokhtaw-Pagode
Patheins Wahrzeichen liegt nördlich des Marktes in der Shwezedi Road. Mit ihrem 47 m hohen Zedi prägt die „Edle *(shwe)* Pagode *(mok-htaw)*" das Stadtbild. Man kann das Tempelareal von vier Seiten betreten, wobei der südliche Aufgang wegen der vielen kleinen Geschäfte der interessanteste ist.

Der Tradition zufolge geht ihr Ursprung auf den Bagan-König Alaungsithu zurück, der 1115 auf dem Rückweg von Indien und Sri Lanka in Pathein Rast gemacht und an dieser Stelle einen 11 m hohen Zedi namens Htupayon errichtet haben soll. Der heutige Bau aus dem Jahr 1263 werden dem Mon-König Smodagossa und seiner Königin Ommadanti zugeschrieben.

Im Zentrum erhebt sich der vergoldete **Zedi**, dessen dreistufiger *hti* an der Spitze den Wert mancher birmanischer Bank in den Schatten stellt. Die oberste Stufe ist mit 7 kg Gold beschichtet, die mittlere mit Silber und die untere mit Bronze. Insgesamt enthält der *hti* 22 kg Gold und ist mit 829 Diamanten, 843 Rubinen und 1588 weiteren Edelsteinen bestückt.

Auf dem Gelände befinden sich rund um den Zedi einige größere *tazaung*. Gegenüber dem Südaufgang wird die bedeutendste Buddhafigur der Pagode verehrt, der **Htiloshin Pondaw-pyi**. Legenden zufolge gelangte er übers Meer von Sri Lanka nach Pathein. Neben ihm sollen drei weitere angeschwemmt worden sein, die heute in Kyaikhto, Dawei und Kyaikkami verehrt werden. Das Pagodenfest fällt mit dem höchsten buddhistischen Feiertag Kason an Vollmond im April/Mai zusammen.

Pagoden im Norden
Einem buddhistischen Themenpark gleicht die **Settawya-Pagode** im Nordosten der Stadt, denn sie besteht aus mehreren, auf kleinen Anhöhen verstreut liegenden Gebäuden, Zedis und Buddhas. Sie alle sind neueren Datums und daher von geringem historischen Interesse. Dafür zeugen sie von der fantasiereichen Religiosität der

Pathein

Bewohner. Im Zentrum der Verehrung steht ein Fußabdruck Buddhas, den der Erleuchtete der Legende zufolge höchstpersönlich bei seiner Durchreise hinterlassen haben soll.

Etwas stadteinwärts beherbergt die unter dem englischen Namen bekannte **Twenty-Eight-Pagode** ebenso viele stehende Buddhafiguren. Sie sind im Mandalay-Stil errichtet (typisch dafür sind übergroße *ushnisha* und ausgeprägt gefaltete Roben) und sollen an die 28 bisher in der Welt erschienenen Buddhas erinnern. Am Ende des länglichen Baus steht eine Statue des Thuratthadi-Nat. Das heutige Gebäude aus dem Jahr 1978 ersetzte den einem Sturm zum Opfer gefallenen Vorgängerbau aus der Mitte des 19. Jhs.

Über die nach ihr benannte Straße erreicht man die im Norden gelegene **Shwezigon-Pagode**. Die große sitzende Buddhafigur wird sicherlich nie einen Schönheitswettbewerb gewinnen. Dafür lohnt der Besuch des an der Nordwestseite gelegenen Nat-Schreins. Dort wird neben Thuratthadi, der birmanischen Version der Hindugöttin Saraswati, der Ko Myo Shin-Nat verehrt. Als Attribut hält der aus dem Shan-Staat stammende, schwarz gekleidete „König, der über neun Städte herrscht" zwei Schwerter in seinen Händen. Mit dem einen richtete er sich selbst.

Sehenswertes im Süden

Einige architektonisch bemerkenswerte Sakralbauten sind südlich des Stadtzentrums zu finden. Mit Fahrrad oder Trishaw kann man sie gut erreichen. Der **Mahabodhi Mingala Zedi** zeigt mit seiner achtseitigen Basis Mon-Einflüsse. Rechts des Eingangs erinnert eine Figurengruppe mit Buddha und seinen ersten fünf Schülern an die Predigt von Benares, in der er die Vier Edlen Wahrheiten (S. 124) darlegte. Auf der gegenüberliegenden Straßenseite umfasst das Kloster **Pwe Luang Kyaung** noch ein paar schöne Kolonialgebäude aus den 1920er- und 1930er-Jahren.

Als multikulturelle Stadt besitzt Pathein auch mehrere Moscheen, Hindutempel und Kirchen, etwa die 1872 begonnene und 1921 vollendete **St.-Peters-Kathedrale**. Zu ihr gehören auch einige restaurierte Kolonialgebäude in der Seitenstraße, die heute Schulen, Büros und die Residenz des katholischen Bischofs beherbergen.

Aus Bengalen eingewanderte Muslime errichteten von 1902–05 die **Zerbadi Sunni Jamae-Moschee** in der Mosque Road.

Ausflüge in die Umgebung

Der Reiz Patheins liegt vor allem in der Umgebung, wo die endlosen Reisfelder von zahlreichen Strömen und Kanälen durchzogen sind. Am besten lässt sich die Landschaft auf einer **Bootstour** erkunden, etwa entlang dem Shanywar-Fluss zu einigen Kayin-Dörfern. Startpunkt ist der Ort Shan Yaw, 6 km südöstlich von Pathein (halber Tag: ca. 30 000 Kyat/Pers., ganzer Tag: 40 000 Kyat/Pers.).

Mit dem **Moped** lohnt sich ein weiterer Tagesausflug nach **Ngaputaw** (170 000 Einw.), einem netten Städtchen am Pathein River, etwa 35 km südlich von Pathein. Die Fahrt führt durch urige Dörfer, vorbei an Reisfeldern und Kokospalmen (ca. 30 000 Kyat).

Infos zu und Arrangement der beiden Touren: Arrjun Singh, 09-422 549 591, wood scraper.1@hotmail.com; Soe Moe Aung 09-250 322 368, 09-960 768 868, www.travelto pathein.me.

Schirme mit Charme

Wer in Myanmar den Namen Pathein hört, denkt weniger an die Stadt als vielmehr an den *pathein hti*, den berühmten Bambusschirm. Seit Generationen wird er in Familienbetrieben hergestellt, nachdem der königliche Schirmmacher U Shwe Sar nach Abdankung des letzten Monarchen Thibaw 1885 seinen Job verlor und nach Pathein auswanderte. Vom Schirmüberzug bis zum Ständer ist alles ein Naturprodukt. Schirmstock und -stangen sind aus drei Jahre lang gelagertem Bambus, die Zwischenteile aus weichem Holz. Selbst die raffiniert eingebaute Feder zum Öffnen und Schließen besteht aus Bambus. Grundmaterial des Überzugs ist normalerweise ein Baumwollstoff, der entsprechend seiner Verwendung eingefärbt wird. Nach wie vor in Gebrauch sind die dunkelroten Schirme für die Mönche. Die rotbraune Farbe wird aus einer Frucht namens *deal* gewonnen. Um sie wasserdicht zu machen, werden sie mit einem stark riechenden Naturharz bestrichen. Die Schirme sind ein begehrtes Mitbringsel, aber Achtung: Wegen des intensiven Geruchs sollte man sie am Anfang längere Zeit auslüften lassen.

Die **Schirmwerkstätten** befinden sich etwas versteckt in Straßen westlich der Settawya-Pagode. Auf Ausländer eingestellt hat sich der Shwe Sar Umbrella Workshop in der Tawya Kyaung Street, wo man die verschiedenen Arbeitsschritte beobachten kann. Andere Werkstätten spezialisieren sich auf einzelne Arbeitsschritte und liegen in kleinen Seitenstraßen nordwestlich davon verstreut.

Folgende **Geschäfte** mit ähnlichem Angebot konzentrieren sich südlich der Omardandi Street entlang der Merchant Street: Htet Thu Myint Umbrella Shop, U Kyauk Lone Umbrella Shop und Bandoola Umbrella Shop. Originelle Designs bietet Mahar Pathein Umbrella gegenüber dem Flughafen.

ÜBERNACHTUNG

Das Übernachtungsangebot ist eher auf lokale Geschäftsleute abgestimmt, meist wird kein Frühstück angeboten. Zu den Unterkünften s. auch **eXTra [4030]**.

Golden Myanmar Hotel, 11 Mahabandoola Rd., 042-25574. Die 33 Zimmer unterschiedlicher Kategorien wirken steril und glanzlos, sind dafür aber recht sauber. Alles in allem empfehlenswert. ❷–❸

Htike Myat San Hotel, 8 Mahabandoola Rd., Ecke Jail Rd., 042-22742, htike myatsan@gmail.com. Familiengeführtes Gästehaus mit China-Touch und 20 kleinen funktionalen Zimmern mit braunen Fliesen, grüner Wand und Nasszelle. Leser loben den freundlichen Service. Frühstück gibt es im offenen Dachrestaurant im 4. Stock mit Rundblick. ❹

La Pyae Wun Hotel, 30 Mingyi Rd., 042-24669, 042-25151 [4031]. Der klotzige Bau ist nicht sehr einladend, doch die 40 Zimmer mit Du/WC und AC sind funktional, geräumig und sauber. Das Personal ist sehr hilfsbereit. ❷–❸

New Pammawaddy Inn, 14 A Mingyi Rd., 042-21165, newpammawaddy@gmail.com. Der 4-stöckige Kasten mit 28 sauberen Zimmern mit Du/WC und AC liegt in einer ruhigen Seitenstraße. Zwar mit nüchterner Atmosphäre und teilweise sehr klein, dafür mit Flachbildschirm und relativ sauber. ❷–❸

€ **Sein Pyae Hlyan Inn**, 32 Shwezedi Rd., 042-21654, [4032]. Das Gästehaus besteht aus einem alten Trakt und einem Neubau mit insgesamt 30 Zimmern in diversen Kategorien. Entsprechend groß ist die Preisspanne. Die günstigsten Zimmer sind bereits für US$8 zu haben. ❶–❸

Shwe Ba Gyi Gh., 99 Strand Rd. 042-24450. Das 4-stöckige Gästehaus liegt etwas nördlich des Zentrums und hat 35 saubere Zimmer mit Du/WC und AC. Im Erdgeschoss ist ein gutes indisches Restaurant untergebracht. ❶–❸

ESSEN

Die multikulturelle Stadt bietet eine gute Auswahl an chinesischer, indischer und birmanischer Küche. Sie ist auch bekannt für **Halawa** (Halva), eine braune Masse aus Sesam, karamellisiertem Zucker, Honig und Pflanzenöl. Die aus dem arabischen Raum stammende Süßspeise kann man an Ständen und in Shops kaufen, etwa im **Shwe Myin Bien** in der Merchant St.

Einfach, aber am stimmungsvollsten isst man ab 17 Uhr an den Garküchen auf der Promenade an der Strand Rd., nördlich der Kozu Rd. Lokales Frühstück und leckere Snacks gibt es in den einander gegenüberliegenden Teashops **Mann San Thu** und **Nyaung Yoe (1)** in der Shwezigon Rd., beide 7–21.30 Uhr.

Golden Land Restaurant, 7 Merchant St., gegenüber dem Sportplatz. Bietet solide chinesische Küche in einem Innenhof. 8–22 Uhr.

Shwe Ayer, Mingalar St. Eine bei Einheimischen beliebte Adresse für indisch-birmanische Küche von Biryani bis Curry. Kein Alkoholausschank. 8–21 Uhr.

Shwe Pyi Restaurant, Tayok Kyaung Rd. Zaubert gute birmanische Hausmannskost.

Shwe Zin Yaw Restaurant, 24/25 Shwezedi Rd. Hat sich auf birmanische Currys und indische Biryanis spezialisiert. 6.30–21 Uhr.

Super Cool, Merchant St., nördl. des Uhrturms, ist eine gute Adresse für chin. Gerichte, Grillspießchen und Bier. 14.30–22 Uhr.

Top Star Restaurant, Shwezedi Rd., Ecke Strand Rd. Hier gibt es günstiges Fassbier zu ordentlichen chinesischen Gerichten. 7.30–22 Uhr.

Ywathit tischt an ihrem Stand an der Shwezedi Rd., Ecke Merchant St., leckere *mohinga* auf.

Zune Pann, Myaenu St. Das einfache Lokal serviert gute birmanische Küche und ist bei Einheimischen bekannt für leckeren Limetten-Salat *(shauk thee thoke)*. Es liegt hinter dem Shwe Pyi Taw-Kino. 9–21 Uhr.

SONSTIGES

Arrjun Singh, 09-422 549 591, wood scraper.1@hotmail.com, und **Soe Moe Aung**, 09-250 322 368, 09-974 081 211, www.traveltopathein.wordpress.com, organisieren Boots- und Mopedtouren. Soe Moe vermittelt auch Mietwagen mit Fahrer.

TRANSPORT

Auto
Die Fahrzeit für die 180 km lange Strecke von YANGON nach Pathein beträgt je nach Straßenzustand 4–5 Std. (ab 100 000 Kyat).

Busse
Für die meisten Pathein–Yangon-Busse beginnt und endet die Fahrt am **Busbahnhof Yinsuntan**. Da er einige Kilometer außerhalb liegt, bieten die Busunternehmen einen kostenlosen Shuttle-Service von und zu ihren Verkaufsschaltern im Zentrum. Man sollte mindestens 30 Min. vor Abfahrt bei den Verkaufsschaltern sein.

Yangon
Mehrere private Busgesellschaften bedienen die Strecke YANGON–Pathein (180 km, 4–5 Std., 7000 Kyat), manche starten bereits in Chaungtha und Ngwe Saung. Komfortabel ist Shwe Mingalar, am günstigsten Ayer Shwe Zin (3600 Kyat), inkl. Abholung in Yangon vom Busbahnhof nach Downtown in die 13th St. Tickets für die Fahrt nach Yangon gibt es an den Schaltern der Busgesellschaften in der Shwezedi St., zwischen Merchant St. und Mingyi St. Die Busse starten vom Busbahnhof Yinsuntan zwischen 4 und 16 Uhr im Zweistundentakt.

Nach Westen
CHAUNGTHA, zwischen 8 und 16 Uhr alle 2 Std. ab Yadayagon St. für 3000 Kyat in 2 1/2–3 Std. (58 km); mit dem Mopedtaxi: 14 000 Kyat.
NGWE SAUNG, gute Busse von ACM Beach Express fahren um 8, 10, 14 und 16 Uhr von der Mingalar St. ab für 3000 Kyat in 1 1/2 Std. (46 km); mit dem Mopedtaxi: 12 000 Kyat. S. auch **eXTra [4037]**.

Nach Süden
MAWDIN SUN, tgl. um 12 Uhr ab Myawaddy Bank in der Strand Rd. für 7000 Kyat in 4 Std. (160 km).
NGA YOKE KAUNG (für Gaw Yan Gyi), tgl. um 8 Uhr für 5000 Kyat in 4 Std. (130 km).
Gegen 24 Uhr passieren Nachtbusse aus Yangon (Halt bei Myawaddy-Bank).

Nach Norden
KYAUNGGON ist Ziel eines Kleinbusses um 12 Uhr (Abfahrt Zye Chaung St., Nähe Paradise Hotel), 1 1/2 Std. (65 km). Dort wartet man am Toll Gate auf den Ye Aung Lan Express aus Yangon (Ankunft zwischen 17.30 und 18.30 Uhr) via GWA (120 km) nach NGAPALI (250 km, Ankunft ca. 6 Uhr).
MANDALAY, von Bus-Bhf. Yinsuntan um 15.30 Uhr ein AC-Bus des Unternehmens Kaung Myat Mann für 17 000 Kyat in 10 Std. (720 km).
PYAY, vom Bus-Bhf. Yinsuntan starten um 4.30, 8, 11 und 14 Uhr Minibusse in 4 1/2–5 Std. für 10 000 bzw. 15 000 Kyat (290 km), abends Weiterfahrtmöglichkeiten nach Ngapali oder Bagan.

Boote
KYAUK CHAUNG, von Nov–Juni verkehrt tgl. eine Fähre um 19.30 Uhr nach Kyauk Chaung, das 5 km von Mawdin Sun entfernt liegt, für 5000 Kyat in 9 Std. (100 km).

Mawdin Sun und Thamihla Kyun

Eine der wichtigsten Pilgerstätten des Deltagebietes, die **Mawdin-Pagode**, liegt am Südwestzipfel der Pathein-Flussmündung. Zum berühmten 15-tägigen Pagodenfest vor dem Vollmond von Tabaung (Feb/März) kommen Zigtausende Pilger, denn der Shwedagon-Legende nach war es hier, dass die beiden Händler Tapussa und Bhallika auf dem Weg von Indien zurück nach Dagon zwei Haare Buddhas an den im Meer herrschenden Naga-König Jayasena abgeben mussten. Die Mawdin-Pagode war das erste bedeutende Bauwerk, das der venezianische Edelsteinhändler Gasparo Balbi 1583 bei seiner Ankunft in Myanmar sah.

Der heute **Mawdin Sun** (Mawdin Point) genannte Ort war Seefahrern als wichtiger Navigationspunkt unter dem Namen **Cape Negrais** bekannt. Im 17. Jh. geriet das Kap ins Blickfeld der britischen East India Company. Sie konnte ihren Handelsstützpunkt aber erst 1753 errichten, nachdem sie dem ein Jahr zuvor an die Macht gekommenen König Alaungpaya (reg. 1752–60) in dessen langwierigem Krieg gegen die Mon Waffenlieferungen zugesagt hatte. Doch schon sechs Jahre später ließ der König die Niederlassung zerstören, weil Gerüchte kursierten, die Briten würden heimlich die Mon unterstützen.

Die beiden Pagoden, eine am unteren Weg und eine an der Klippe, stellen auch heute noch eine Art Willkommensgruß für Seefahrer dar. Man kann dort nicht nur beten, sondern auch am kilometerlangen Sandstrand baden. Dort liegen auch einige urige Fischerdörfer der Rakhine, darunter **Kyauk Chaung** und **Ka Nyin Chaung**.

Auf der im Mündungsgebiet des Pathein-Flusses gelegenen **Thamihla Kyun** („Insel der schönen Tochter") befindet sich eine Zuchtstation für Batagur-Flussschildkröten *(Batagur baska)*. Die auch als „Diamond Island" bekannte Insel wurde 1970 zum Schutzgebiet erklärt. Für den Besuch ist eine Genehmigung notwendig. Ein Boot von Mawdin Sun kostet ca. 75 000 Kyat.

ÜBERNACHTUNG UND ESSEN

Überraschenden Komfort bietet das **Silver Mountain Resort** in der Nähe des Fischerdorfes Zigyaing direkt am Strand mit großen Zimmern in Holzbungalows. ❹–❺

Günstiger ist das **Myat Shwe Ein Gh.**, auf der Flussinsel Hai Gyi Kyun, etwa 4 km vor Mawdin, ein 2-stöckiger Bau mit einfachen Zimmern mit Gemeinschaftsbad. Kontakt über Soe Moe Aung (S. 198).

TRANSPORT

Von Mawdin Sun fährt tgl. gegen 7 Uhr ein **Bus** nach PATHEIN (4 Std., 7000 Kyat, 160 km). In Kyauk Chaung, 5 km von Mawdin Sun entfernt, startet zwischen November und Juni tgl. um 19.30 Uhr ein **Boot** nach PATHEIN (100 km, 4000 Kyat, 9 Std.).

Chaungtha Beach

Der etwa 2,5 km lange, sichelförmige Chaungtha Beach liegt knapp 60 km nordwestlich von Pathein am Golf von Bengalen. Benannt ist der von Kasuarinen und Kokosnusspalmen gesäumte Strand nach dem Fischerdorf an der Mündung des U Do Chaung. Vor gut 100 Jahren gegründet, wurde die Siedlung „Schöner *(thayar)* Strom *(chaung)*" genannt, woraus Chaungtha wurde; s. auch **eXTra [5700]**.

Zwar ist der Sand nicht strahlend weiß und oft leider auch ziemlich vermüllt, trotzdem hat er seine Attraktionen. Da er sehr breit ist, eignet er sich hervorragend für Strandsportarten wie Beach-Volleyball. Man kann sich mit Fischerbooten in einer halben Stunde zur **White Sand Island** (Thae Phyu Kyun) hinausfahren lassen (Abfahrt südlich des Amazing Chaung Tha Resort, ca. 3000 Kyat).

Am Südende liegt, durch die Mündung des U Do Chaung vom Festland getrennt, die Insel **Hpokkala Kyun**, auch **Aung Mingalar Island** genannt (Boot: 1500 Kyat, ca. 5 Min.). Dort gibt es eine kleine Fischersiedlung und auf einer Klippe eine kleine Pagode. Sie ist ein beliebtes Fotomotiv bei Sonnenuntergang.

Einsamkeit liebenden Strandspaziergängern bietet sich ein Fußmarsch entlang des nördlich an Chaungtha anschließenden **White Sand Beach** in Richtung Magyi-Dorf an, wo bereits einige neue Hotels entstanden sind und zum Teil noch kräftig gebaut wird. Dank der guten Straße kann man dort auch gut per Fahrrad oder Moped hinfahren. Im Hauptort buhlen unzählige Restaurants um Kundschaft.

ÜBERNACHTUNG

In Chaungtha Beach wird fleißig gebaut, trotzdem gibt es wenig Auswahl im Budget-Bereich. Tagsüber haben die wenigsten Unterkünfte Strom. Es ist ratsam, bei der Wahl des Zimmers darauf zu achten, dass der Generator nicht direkt vor dem Fenster steht. Die Preise sind fast immer inkl. Frühstück. An der Chaungtha Road Richtung Aung Mingalar-Insel reiht sich eine Vielzahl günstiger, teilweise ganz netter Gästehäuser aneinander. Sie sind indessen vorwiegend auf Einheimische eingestellt. Falls nicht anders vermerkt, liegen die genannten Unterkünfte entlang dem 2,5 km langen Strandabschnitt direkt am Meer.

Untere Preisklasse

Diamond Hotel, ☎ 042-42194, 🖥 www.diamondhotelchaungthar.com. Freundliche Anlage mit 52 älteren Zimmern (Bad, Ventilator), darunter 11 bessere mit Meerblick, AC, TV, Minibar. ❷–❹

🏨 **Hill Garden Hotel**, auf einem Hügel nördlich des Strandes, ☎ 09-4957 6072, 09-422 459 966, ✉ hillgarden.ct@gmail.com. Die 14 Bambusbungalows inmitten eines Gartens mit Bananenbäumen und Ananaspflanzen samt urigem Restaurant zaubern ein Tropenfeeling. Zum ruhigen White Sand Beach sind es nur 5 Min. zu Fuß. Dieselben Besitzer wie das Shwe Hin Tha Hotel. ❷–❸

Shwe Hin Tha Hotel, ☎ 042-42118, 42322. Wer unter Travellern sein will, ist hier richtig. 48 Zimmer, viele mit Veranda und Meerblick, gute Küche. Engagiert, aber etwas unpersönlich gemanagt. Das Personal hilft mit Tipps für Ausflüge. In der Hochsaison oft ausgebucht, besser reservieren! ❷–❹

€ **Shwe Ya Minn**, Chaungtha Rd., ☎ 042-42126, 09-401 525 153, 09-265 227 608. Nettes Restaurant, das im hinteren Bereich 34 Zimmer mit Moskitonetzen, Bad, z. T. mit AC, bietet. Nicht am Strand, aber empfehlenswert. ❶–❷

Wutt Yee, Chaungtha Rd., gegenüber Amazing Chaung Tha Resort, ☎ 042-42305. Kachelcharme trifft auf Giftgrün. Über die Wohnlichkeit der AC-Zimmer mit Bad kann man streiten, aber Lage und Ausstattung des schmalen, 3-stöckigen Gästehauses sind für optisch Anspruchslose in Ordnung. ❷–❹

Mittlere und obere Preisklasse

Amazing Chaung Tha Resort, ☎ 09-777 123 700, 09-777 123 800, 🖥 www.amazingchaungtharesort.com. Das weitläufige Resort ist Chaungthas beste Unterkunft. 38 geschmackvolle Zimmer in Bungalows und 32 Standardzimmer in 2-stöckigem Gebäude. Mit Pool, Minigolf, Spa, Karaoke, und für 5000 Kyat/Std. dürfen auch Tagesgäste den Tennisplatz nutzen. ❺–❽

Belle Resort, ☎ 042-42320, 42321, 🖥 www.belleresorts.com. Das angenehme Resort mit 56 stilvollen Zimmern mit AC, Bad, TV, Minibar von Superior bis Deluxe ist das Richtige für Anspruchsvolle. Es gibt einen Pool, Massagen und ein offenes Restaurant. ❺–❼

Breeze Resort, ☎ 042-42338, 42123. Die freundliche Anlage bietet 40 Zimmer mit AC, Bad, TV, davon 2 Suite- und 14 Deluxe-Villas direkt am Strand. ❹–❻

Coral Chaungtha Beach Hotel, Kyauk Maung Hna Ma Beach, ca. 6 km nördl. von Chaungtha, ☎ 09-7315 9154, 09-7305 6730, 🖥 www.coralchaungthabeachhotel.com. Die hübsche, von Palmen gesäumte Bungalowanlage liegt 20 Fahrminuten nördlich von Chaungtha und ist daher perfekt für Ruhesuchende. Die Auswahl besteht aus 11 klimatisierten Bungalows mit Veranda und Bad und einem Schlafplatz im Gemeinschaftsraum (US$15/Pers.). ❹–❺

Golden Beach Resort Hotel, ☎ 042-42128, 42129, 🖥 www.goldenbeachchaungtha.com. Größere Anlage mit 56 Zimmern mit Du/WC, fast alle mit AC, einige mit Meerblick. Pool. Minigolf. Spa. ❺–❻

🏨 **Grand Hotel**, ☎ 042-42330, 42337, 42329, 🖥 grandhotelchaungtha.com. Sympathische, gut geführte Anlage mit Restaurant am Meer. 7 Bungalows mit viel Holz und Rattan sowie Meerblick, 6 zum Garten hin sowie 12 in einem 3-stöckigen Bau. ❺

The Akariz Resort, ☎ 042-42116, 09-4921 4481 🖥 www.theakarizhotel.com. Das Resort liegt am nördlichen Teil des Strandes und hat 59 Zimmer und Suiten, die sich in einem lang gezogenen Gebäude mit 3 Etagen oder in Gartenbungalows verteilen. Das Interieur ist modern mit viel Holzdekor, das Restaurant allerdings recht nüchtern. Schöner großer Pool. ❺–❻

Thiri Chaungtha Beach Resort Hotel, ☎ 042-42224, 42334, ✉ thirihotel074@gmail.com. Insgesamt 24 Zimmer, davon 6 Strandbungalows mit Bad, AC, Meerblick für US$80. 8 ordentliche Zimmer mit Bad und AC im Seitengebäude. Stilvolles Restaurant am Strand. Gute Leserkritiken. ❹–❺

ESSEN

Im Dorf Chaungtha konkurrieren jede Menge Restaurants mit preisgünstigen Meeresfrüchten. Empfehlenswert sind **May Kha Lar**, **For Moon** und **Golden Sea** in der Hauptstraße

und das gemütliche **Beach Paradise** an der Ecke zur Strand-Straße. Wer auf Meerblick Wert legt, hat nur die Wahl zwischen verschiedenen Hotelrestaurants, die etwas höhere Preise verlangen. Gut sind die des **Grand Hotels** und des **Thiri Chaungtha Beach Resort Hotels**. In den **Teestuben** unweit des Busbahnhofs werden die üblichen Snacks serviert, darunter Nan Roti im **Star & Moon**.
Shwe Ya Minn, direkt an der Hauptstraße (s. Übernachtung), tischt in nettem Ambiente durchaus gute Speisen auf, wobei die indischen extrem ölig sind.

UNTERHALTUNG

Außer den Hotelbars und der Strandbar des Shwe Hin Tha Hotels bietet Chaungtha wenig abendliches Entertainment.

SONSTIGES

Boots- und Schnorchelausflüge
Interessant ist die Fahrt mit dem Fischerboot nach **Ngwe Saung** (100 000 Kyat, ca. 45 Min.), die vom Shwe Hin Tha Hotel oder von Ko Chit Kaung (s. Informationen) arrangiert werden kann. Allerdings ist sie nur bei geringem Wellengang zu empfehlen, da sich entlang der Küste zahlreiche Klippen befinden und die Boote nicht gerade vertrauenserweckend sind.
Über die teuren Unterkünfte bietet Hotel Zone Schnorchelfahrten zur **White Sand Island** (6000 Kyat p. P.) oder zu einem **Fischerdorf** am U Do Chaung (12 000 Kyat p. P.) an.

Fahrrad- und Mopedverleih
Das beste Fortbewegungsmittel ist der Drahtesel, zu mieten entlang dem Strand (ab 1500 Kyat/Std.) oder im Hotel. Das Shwe Hin Tha Hotel verleiht auch Mopeds (18 000 Kyat/Tag).

Geld
Keine Bankautomaten und Wechselstuben.

Informationen
Der agile **Ko Chit Kaung**, ✆ 09-422 544 634, unterhält neben dem Shwe Ya Min Gh. einen Souvenirshop. Neben dem Busbahnhof betreibt Myanmar Travel & Tours eine Touristeninformation, die vor allem auf lokale Gäste eingestellt ist (es wird wenig Englisch gesprochen). Verlässliche Informationen gibt es an den meisten Hotelrezeptionen.

TRANSPORT

Mopedtaxis
Mit dem Moped kann man sich für 18 000 Kyat (plus Fährgebühren) entlang der Küste zum 15 km südlich gelegenen Strand von NGWE SAUNG fahren lassen. Abhängig von den Wartezeiten an den drei Flüssen U Do Chaung, Ye Do Chaung und Tazin Chaung, die mit kleinen Booten zu überqueren sind, beträgt die Fahrzeit 1 1/2–2 Std. Es empfiehlt sich, früh zu starten, da die Boote morgens häufiger verkehren. Sparsame können sich auch zum Fähranleger am U Do Chaung bringen lassen und auf der anderen Seite nach einem anderen Mopedtaxi Ausschau halten, s. auch **eXTRa [5702]**.

Busse und Taxis
PATHEIN, Abfahrt vom übersichtlichen Busbahnhof zwischen 8 und 16 Uhr im Zweistundentakt, 3000 Kyat in 2 1/2–3 Std. (58 km). Die Fahrt wäre recht reizvoll, wenn die Busse besser in Schuss wären und nicht so viel abgeholzt worden wäre, denn der Weg führt teilweise über die etwa 300 m hoch gelegenen Ausläufer des Rakhine Yoma.
YANGON, mehrere Unternehmen unterhalten Direktverbindungen nach Yangon. Die meisten Busse starten zwischen 5 und 9.30 Uhr für 10 000 Kyat in 6–7 Std. (240 km).

Ngwe Saung Beach

Neben Ngapali zählt der über 14 km lange „Silberne Strand" zu den schönsten Stränden Myanmars. Hinsichtlich seiner Lage und Qualität läuft er dem Chaungtha Beach den Rang ab, liegt aber bei den Übernachtungspreisen deutlich höher.

Einige vorgelagerte Inseln, allen voran die **Bird Island**, empfehlen sich zum Tauchen und Schnorcheln. Dort sollte man jedoch auf die Strömung achten; Leser beklagen den Leichtsinn und die Ignoranz mancher Bootsfahrer.

Am Nordende des Strandes liegt der Hauptort, Ngwe Saung Village genannt, in dem es mehrere Souvenirshops und Restaurants gibt. Eine KBZ-Bank befindet sich am Ortseingang. An Wochenenden und Feiertagen dominieren die Zahl der einheimischen Touristen, die gerne mit dem Moped den Strand entlangsausen. Die Sonne meidend, treffen sie sich morgens und abends bei der markanten **Zwillingspagode** (Kyauk Maung Hna Ma), zwei auf einen Felsblock gebauten Stupas. Schnorchler können vor der **Liebesinsel** am Südende des Strandes die Unterwasserwelt erkunden, allerdings verleihen die wenigsten Hotels eine Ausrüstung. Ebenfalls am Südende des Strandes kann man von einem **Hügel mit Stupa** den herrlichen Ausblick genießen. Ein Stück weiter erstreckt sich der weitläufige **Ngwe Saung Yacht Club & Marina**, der 2013 wegen der Vertreibung der lokalen Bevölkerung in Verruf geraten war.

ÜBERNACHTUNG

Die Preise verstehen sich inkl. Frühstück. Wegen eines fehlenden öffentlichen Stromnetzes bieten nur die teuren Resorts eine nahezu ganztägige Versorgung an, was die Übernachtungspreise in die Höhe treibt, da die Stromkosten 35–40 % der Gesamtkosten ausmachen. Alle anderen Unterkünfte lassen ihren Generator nur nachts laufen. Weihnachten/Neujahr und an Thingyan im April gibt es deftige Preisaufschläge.

Untere und mittlere Preisklasse

Dream House, an der Straße nach Pathein, etwas östl. der KBZ-Bank, ☏ 09-422 520 008, ✉ MichaelPhyo2015@gmail. Ein Traum ist dieses Gästehaus sicherlich nicht, aber von Eigner Michael und seinem Team gut geführt. Die 5 DZ mit Gemeinschaftsbad für US$15 und 5 Familienzimmer für bis zu 4 Pers. verteilen sich in einem länglichen Holz- und Bambusbau auf zwei Etagen. Chillen kann man auf dem Gemeinschaftsbalkon. Alles recht schlicht, aber mit Liebe zum Detail gestaltet. Rad- und Scooter-Verleih (10 000 Kyat/Tag). ❷

Forest Home, auf einer Anhöhe gegenüber dem Shwe Hin Tha Hotel, ☏ 09-793 938 192, ✉ paingsoethet217@gmail.com. Die 14 Holzbungalows mit markanter lila Fassade samt Moskitonetz, Veranda und Nasszelle reihen sich nebeneinander. Ziemlich schattenlos, einen Wald sucht man vergebens. Weit vom Dorf und Strand. Nebenan entsteht ein weiteres Resort. Einfaches Frühstück, Fahrrad- (2000 Kyat) und Scooterverleih (10 000 Kyat). ❷

Hill Top, auf einer Anhöhe südlich des Silver Coast Beach, ☏ 042-40293, ✉ hilltop.beachresort@gmail.com. Die Bungalowanlage verfügt über 9 einfache und 3 etwas bessere Holzhütten mit karger Ausstattung und Moskitonetzen plus kleiner Nasszelle. Essen wird in einem offenen Pavillon gereicht. Organisiert Bootstouren. ❷–❸

Soe Ko Ko Beach House, Myo Pat Rd., ☏ 09-513 2440, 🖥 www.soekoko beachhousengwesaung.com. Freundliches Budget-Resort mit 7 Bambusbungalows samt Veranda/Bad und 3 Economy-Zimmern mit Gemeinschaftsbad, ca. 300 m vom Strand entfernt. 24-Std.-Strom kommt aus der Solaranlage. Alles wirkt sehr persönlich und familienfreundlich. Gutes und günstiges Restaurant. ❷–❸

Shwe Hin Tha Hotel, ☏ 042-40340, 09-520 0618. Älteste und immer noch zu Recht populäre Traveller-Bleibe am schönsten Strandabschnitt. Alle 35 Bungalows (Veranda, Kaltwasserbad, Ventilator oder AC) aus Bambus oder Stein bieten Meerblick, sind aber in die Jahre gekommen. Das Personal hilft bei der Weiterreise und Ausflugsplanung. Fahrrad- (3000 Kyat) und Mopedverleih (10 000 Kyat). ❸–❺

Silver Coast Beach, ☏ 032-40324, 40325. In einem großen Palmenhain verteilen sich mehrere Bungalows mit 18 etwas in die Jahre gekommenen und nüchternen Zimmern (davon 4 ohne AC für US$30). Essen gibt es im **Beach Point** direkt am Meer, ⏱ 9–22 Uhr. Für den Preis akzeptabel. ❹–❺

Silver View Resort, ✆ 042-40317, 40318, 01-502 681, 🖥 www.myanmarbeachsilverview.com. Mit 37 geräumigen Zimmern mit AC, TV, Minibar und Dusche eine empfehlenswerte Anlage. Am besten sind die Seaview-Bungalows mit Flachbildschirmen und CD-Player. Netter Pool, Restaurant am Strand. ❹–❺

Obere Preisklasse

Bay of Bengal Resort, nördl. des Dorfes, ✆ 042-40346, 🖥 www.bayofbengalresort.com. Da hat Myanmars Stararchitekt Stephen Zaw Moe Shwe, 🖥 www.spinearchitects.com, ein Glanzstück moderner Hotelarchitektur geschaffen. Klare Strukturen und offene Räume bestimmen die großzügige Anlage mit 62 Zimmern von Superior bis Villa. Über 500 m Strand, großer Pool, etwas kleines Spa, Tennisanlage (US$20–40 für Tagesgäste), hauseigener Arzt, 2 Bars – was will man mehr? ❻–❼

E.F.R. Seconda Casa, ✆ 042-40398, 09-977 286 287, 🖥 www.efrsecondacasa.com. Die zentrale Lage im Dorf ist gut, die 15 AC-Zimmer in Chalets und Bungalows mit Naturmaterialien und Dachterrasse sind es trotz enger Bebauung ebenfalls. 2 Zimmer sind auf Familien ausgerichtet. Es gibt auch einen Platz mit festen Zelten. Im hinteren Bereich tischt das Restaurantteam gute Seafood-Gerichte auf. ❺

Eskala, ✆ 042-40341, 09-5200 613, 🖥 www.eskalahotels.com. Auf einem großen Grundstück verteilen sich 60 geräumige Zimmer in Bungalows mit Veranda und zwei 3-stöckigen Gebäuden, die recht eng beieinander liegen. Die Einrichtung ist großzügig und modern. Sehr einladend wirkt die großräumige Lobby mit schweren Rattansofas. Im vorderen Bereich befinden sich das halb offene Restaurant und der Pool. Tipp: The Village House, das Gartenlokal mit leckeren birmanischen Gerichten. ❻–❼

Myanmar Treasure Resort, ✆ 042-40225, 09-9500 3999, 🖥 www.myanmartreasurengwesaung.htoohospitality.com. Wunderschöne, 4 ha große Anlage mit 63 aparten Bungalows unter Palmen samt Pool und Spa. Angenehmes Restaurant, nette offene Bar. ❻–❼

Palm Beach Resort, ✆ 042-40233, 40234, ✉ palmbeachgwesaung@gmail.com, [5721].

Resort mit 31 liebevoll eingerichteten Chalets unter Palmen. Relaxen kann man am Pool oder im empfehlenswerten Spa. Tennisplatz (US$5 für Außenstehende), Schnorchel- und Surfausrüstung sind vorhanden. Tipp: Sunset Cocktail auf der Terrasse und der frisch gebrühte Kaffee. Gelobt werden die westlichen Gerichte im Restaurant. ❺–❻

The Emerald Sea, ✆ 042-40247, 40394, 🖥 www.emeraldsearesorts.com. Lauschige Bungalowanlage unter Palmen mit 23 netten Zimmern mit Bad, AC, TV, Kühlschrank (viel Holz und Rattan). Schöner Pool, stilvolles Spa und offenes Restaurant. Empfehlenswert für gehobene Ansprüche. ❻–❼

ESSEN

Entlang der Myoma Street, der Hauptstraße im Dorf, buhlen mehrere Restaurants um Kundschaft. Sowohl **Sea King**, **Golden Heart**, **Golden Myanmar** und **Phyant Thin** tischen solide Seafood-Gerichte auf. Das **Thidar San** bietet mittags birmanische Currys, eine gute Adresse für chinesische Gerichte ist nebenan das Ngwe Hlaing See.

Food Lover, Myoma St., hebt sich durch seine gemütliche Atmosphäre ab: Man kann in der Bambushalle speisen, unter Kokospalmen essen oder in Hängematten chillen. Auch hier ist das Seafood-Essen gut (ab 3500 Kyat).

Das **Palm Beach Resort** serviert westliches Essen zu annehmbaren Preisen. Dort gibt es sogar einen richtigen Kaffee oder Espresso zum Verdauen.

Royal Flower, Myoma St., am Dorfeingang, bietet nicht nur schmackhaftes Seafood, sondern auch regelmäßig Livemusik und gut gemixte Cocktails.

Myanmar Delight serviert zu Seafood vom Grill und als Curry (ab 4000 Kyat) leckere Fruchtsäfte (ab 1000 Kyat). Das etwas teurere **West Point** punktet mit Rakhine-Speisen und Meerblick. Beide liegen im nördlichen Teil der Myoma St.

Kaiserschmarrn in Ngwe Saung? Gibt es im **Sandalwood Café** schräg gegenüber dem Eskala Hotel. Da haben Tom Tom und seine Frau schnell von den Österreichern gelernt. Aber es

> **Tipps für Aktive**
>
> Auf der Höhe des Ngwe Saung Beach Hotel & Resort (Central) am Südende des Strandes führt ein kurzer Fußweg zu einem kleinen **Stausee**, an dem sich zu den Morgen- und Abendstunden Wasservögel tummeln. Ein lauschiger Ort für Natur- und Vogelfreunde.
> Wer zum 15 km entfernten Strand von **Chaungtha** wandern will, lässt sich mit dem Moped zur Fähre am Tazin Chaung (700 Kyat) fahren. Auf der anderen Flussseite führt der Weg durch einen Palmenhain, an Garnelenfarmen vorbei und am Strand entlang, bevor noch die Flüsse Ye Do Chaung (Fähre 700 Kyat) und U Do Chaung (800 Kyat) überquert werden. Insgesamt ist man 3–4 Std. unterwegs.
> Mit dem Moped bietet sich ein Halbtagsausflug zum stimmungsvollen **Fischerdorf Sinma** an, das 18 km südlich von Ngwe Saung liegt. Bei Ebbe verläuft die Fahrt teilweise direkt am Strand entlang, aber meist über einen sehr sandigen Weg (einfach 1 1/2 Std.). Zum Baden bietet sich dort der **Sar Chit Beach** an (10 000 Kyat plus Fährtickets; inkl. Seafood-Lunch 30 000 Kyat).

gibt auch gute Seafood-Gerichte [5729]. Wer Heißhunger auf Spaghetti hat, wird im **Soe Ko Ko Beach House** ab 3000 Kyat glücklich.

UNTERHALTUNG

Unter den großen Hotels ist die offene **Fisherman Bar** des Bay of Bengal mit Fassbier um US$2, Cocktails ab US$3 und Billard für US$5/Std. zu empfehlen (⏲ 10–22 Uhr). Auf einem kleinen Hügel zwischen den Resorts Silver Beach und Yamonnar Oo serviert das urige **Ume Café** birmanische und japanische Speisen, und abends gegen 19.30 Uhr läuft eine halbstündige „Fire Show", ⏲ 10–22 Uhr.

SONSTIGES

Informationen

Der hilfsbereite **Tom Tom (Tun Lin Htaik)** vom Sandalwood Café (schräg gegenüber dem Eskala Hotel), ☏ 09-422 462 904, 🖥 www.ngwesaungtrip.wordpress.com, hilft bei Reisefragen aller Art und kann Ausflüge, Mopeds, Fischerboote u. v. m. organisieren. Auch der zuverlässige **Michael Kyaw**, ☏ 09-250 118 008, ✉ kyawhlaingmyint07@gmail.com, arrangiert Moped- und Bootstouren.

Massagen

Das schöne Spa des **Emerald Sea Resorts** bietet solide birmanische Massagen ab US$15 für 1 1/2 Std. an (⏲ 8–20 Uhr). Im stilvollen „Nature Spa" des **Aureum Palace Resort & Spa** wird man für US$35/Std. durchgeknetet (⏲ 7–21 Uhr). Günstiger und bescheidener sind die Spa-Angebote des **Sunny Paradise** mit US$18/Std. für Thai- und die etwas heftigere Myanmar-Massage (⏲ 14–22 Uhr). Mit Blick aufs Meer kann man sich im **Palm Beach Resort** massieren lassen.

Medizinische Hilfe

Außer im schlichten Bezirkskrankenhaus gibt es im Bay of Bengal Resort einen Arzt (tgl. 9–11, 13–17 Uhr).

Schnorcheln und Tauchen

Myanmar Dive Centre, beim Ocean Paradise Hotel, ☏ 09-977 441 611, 09-790 924 420, ✉ myanmardivecenter@gmail.com, 🖥 www.facebook.com/MyanmarDiveCenter.
Myanmar Subsea Divers, 131 Myoma St., (gegenüber Luxer Deluxe Hotel), ☏ 09-445 317 635, 🖥 www.myanmarsubseadivers.com. Beide Tauchanbieter steuern im Rahmen einer Tagestour die beiden 11 km vor der Küste liegenden Inseln South Island (Taung Yar Shay) und North bzw. Bird Island an. Saison ist zwischen Anfang Okt und April. Schnorcheln ab US$40, zwei Tauchgänge US$100.

TRANSPORT

Busse und Taxis

PATHEIN, die 46 km lange Strecke zwischen Ngwe Saung und Pathein ist gut und führt über den abgeholzten Rakhine Yoma, vorbei an

Kayin-Dörfern und Kautschukplantagen.
Vom Platz vor der Schule starten gute **Busse** von ACM mit 14 Sitzen um 6.30, 7.30, 12.30, 13.30 und 15.30 Uhr (ca. 1 1/2 Std., 4000 Kyat).
YANGON, um 6.30 und 8 Uhr fährt der AC-Bus von Shwe Pyi Lwin, um 8 Uhr von Myint Express und um 10 Uhr von Kan Htoo Aung für 10 000 Kyat in 6 Std. (230 km).
Mit dem **Taxi** kostet die Fahrt nach PATHEIN 30 000 Kyat, nach YANGON 150 000 Kyat.

Mopedtaxis und Boote

Zum Strand von CHAUNGTHA fährt man am besten mit dem Mopedtaxi (18 000 Kyat plus Fährgebühren, 1 1/2–2 Std., 15 km) oder mit einem Fischerboot (100 000 Kyat, 45 Min.). Alternativ kann man sich mit dem Mopedtaxi nach PATHEIN fahren lassen (1 1/2 Std., 15 000 Kyat, 46 km). Am Strand unweit der Liebesinsel warten Bootsfahrer auf Kundschaft.

Gaw Yan Gyi

Vom Geheimtipp zum angesagten Strand hat sich die Halbinsel Gaw Yan Gyi entwickelt, seit dort 2016 einige Unterkünfte eröffneten. Noch ist alles ziemlich einfach und auf Einheimische ausgerichtet, doch die Zahl der passablen Lodges nimmt zu – auch wenn die Strände nicht strahlend weiß und leider auch nicht mehr sehr sauber sind. Zwei Wege führen nach Gaw Yan Gyi: per Moped über teils sehr sandige Wege vom Ngwe Saung Beach (50 km, 4 Std.) aus entlang der Küste oder per Bus oder Mietwagen von Pathein (130 km, 3–4 Std.) über den Rakhine Yoma. Wer aus Pathein kommt, überquert die Brücke, folgt die ersten 100 km der Straße nach Mawdin Sun und biegt dann bei der Nga Yoke Kaung Taung Junction gen Westen ab, wo eine schlechte Straße über den Rakhine Yoma bis nach **Nga Yoke Kaung** (29 km) verläuft. In Nga Yoke Kaung, das wegen seiner guten Arekanüsse bekannt ist, nimmt man die Fähre über den gleichnamigen Fluss und steuert einen der nahen Strände an, die sich auf der Nord- und Westseite der wie ein Amboss ins Meer ragenden Halbinsel verteilen. Ein schöner Blick eröffnet sich nach 426 Stufen von der auf einem Hügel liegenden "Pagode der smaragdfarbenen Pollen", **Myawaddy Paya**. Bootsfahrer bieten eine Tour auf die felsige Westseite der Halbinsel an, wo es eine kleine Bucht mit schönem Ausblick gibt. Noch recht ursprünglich ist das Kayin-Dorf **Nan Tha Pu** unweit des gleichnamigen Strandes.

ÜBERNACHTUNG

Die Unterkünfte verteilen sich am **Kyawe Chaung Beach** auf der Westseite und entlang der Strände auf der Nordseite. Meist wird nur abends der Generator angeschmissen. Die Zimmerpreise liegen bei 35 000–50 000 Kyat.
G 7 Plage, Chai Lay Beach, ✆ 09-453 235 252, 09-452 216 685, ✉ g7hotelplage@gmail.com. Am Rand eines Felsrückens schmiegen sich nur 100 m vom Strand 12 Holzbungalows mit Veranda und Matratzen auf dem Boden. Alles ist recht rustikal, aber geschmackvoll. Das Bad ist mit Findlingen ausgestattet. ❸
Goyangyi Lodge, Kyaway Chaung Beach, ✆ 09-262 710 060 (Res.), 09-262 710 040, ✉ goyangyilodge@gmail.com. In einem weitläufigen Palmhain reihen sich 9 klimatisierte Stein- und 12 einfachere Holzbungalows mit Bad. Das Essen wird in einem offenen Pavillon aufgetischt. Netter Strandabschnitt. ❸
Htee Hta Resort, Nan Tha Pu Beach, ✆ 09-261 818 017, 09-450 117 773. Die 7 Strandhütten mit Bad sind schlicht, aber sauber. ❸
Sea Angel Resort, Nan Tha Pu Beach, ✆ 09-445 454 494, 09-450 671 485. Neben dem Htee Hta Resort, aber etwas besser. 5 kleine Bungalows unter Palmen mit akzeptablen Bädern. Kein Frühstück. ❷–❸

TRANSPORT

Von Nga Yoke Kaung verkehrt tgl. um 8 Uhr ein **Bus** nach PATHEIN (4 Std., 5000 Kyat, 130 km), tgl. um 18 Uhr nach YANGON (9 Std., 10 000 Kyat, 310 km).
Entlang der Küste nach Ngwe Saung (4 Std., 50 km) verläuft eine weitgehend unbefestigte Piste. Der Weg ist teils sehr sandig und nur per **Moped** befahrbar (Tuch, Mütze, Sonnenbrille!), ca. 60 000 Kyat. Von Nga Yoke Kaung nach Gaw Yan Gyi kostet das Mopedtaxi 3000–4000 Kyat.

SHWEMAWDAW-PAGODE, BAGO; © A. MARKAND

Nördlich von Yangon

Die Region nördlich von Yangon ist auf zwei Korridoren zu bereisen. Die Mehrzahl der Reisenden fährt Richtung Mandalay und besucht auf diesem Weg die Tempel von Bago. Richtung Rakhine-Staat im Westen befindet sich das noch wenig erschlossene Pyay mit dem nahe gelegenen Weltkulturerbe Sri Ksetra. Von hier geht es dann weiter nach Bagan oder ans Meer.

Stefan Loose Traveltipps

4 **Bago** Die alte Hauptstadt der Mon beherbergt den bekanntesten liegenden Buddha des Landes. S. 213

Toungoo Der ehemalige Königssitz gewährt Einblicke in das Provinzleben. S. 221

Nay Pyi Taw In der neuen Hauptstadt von Myanmar können die gigantischen Visionen der ehemaligen Militärregierung bestaunt werden. S. 225

Sri Ksetra Mit der Trishaw zur antiken Stadt – wer mag, steigt dort auf den Ochsenkarren um und erkundet das Weltkulturerbe auf eine ganz besondere, archaische Art. S. 233

Wann fahren? Die beste Reisezeit für die Region sind die Monate Januar und Februar.

Wie lange? Für jede Stadt braucht man nur einen Tag. Wer alle besuchen will, muss großzügig kalkulieren, denn die Wege sind weit und nicht alle Städte liegen am Reiseweg.

Abseits ausgetretener Pfade Seit 2014 ist Sri Ksetra Weltkulturerbe – eine Entdeckungstour abseits der Touristenpfade.

Schöne Tagesausflüge Viele besuchen die Tempel von Bago auf einem Tagesausflug von Yangon aus oder stoppen hier für ein paar Stunden auf ihrem Weg ins Landesinnere.

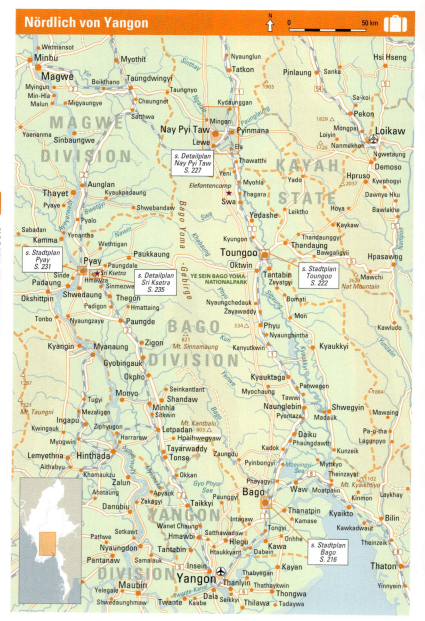

Bago

Bago, die alte Hauptstadt der Mon, liegt etwa 80 km nordöstlich von Yangon am Golf von Mottama. Die ersten europäischen Reisenden im 16. Jh. nannten sie Pegu und beschrieben sie als blühende Stadt. Heute ist Bago nur noch ein typischer Provinzort, doch die einstige Pracht lässt sich bei der Erkundung der zahlreichen Tempel zumindest erahnen. Zwei heftige Erdbeben 1919 und 1932 zerstörten viel Antikes, aber dank jahrelanger intensiver Restaurierungen, die bis heute andauern, und dem Neubau weiterer Heiligtümer gibt es eine Menge Pagoden und Buddhas zu sehen.

Die Legende berichtet, dass Bago einst eine winzige Insel war, auf der sich ein Wildgänsepärchen seinen Landeplatz suchte. Da die Insel so klein war, nahm das Weibchen auf dem Rücken des Männchens Platz. Zwei Mon-Fürsten, die das Schauspiel beobachteten, deuteten dies als günstiges Zeichen und gründeten im Jahr 573 eine Siedlung. Andere Chroniken erzählen, dass die Stadt 825 von den Brüdern Thamala und Wimala gegründet wurde. Bago war neben Thaton und Mottama das wichtigste Zentrum der Mon, bis es schließlich 1057 von Anawrahta, dem ersten großen Bagan-König (reg. 1044–77), erobert wurde. Viele Mon flohen im Laufe der Jahrhunderte aus Bago, und Birmanen siedelten sich an. Heute sind die Mon in ihrem alten Siedlungsgebiet in der Minderheit. Hinterlassen haben sie eine Vielzahl imposanter Tempel, die gut per Mietwagen, Rikscha oder Fahrrad erkundet werden können.

Wichtig für das heutige Erscheinungsbild der Stadt und die Anzahl der Wallfahrtsorte ist die Regierungszeit König Dhammazedis (reg. 1472–92), der Bago zum Zentrum des Theravada-Buddhismus machte. Der Legende nach war Dhammazedi ein Mönch, der von Prinzessin Shinsawbu, die keine eigenen Kinder hatte, zum Nachfolger erkoren wurde. Wer aus Yangon kommt, wird schon vor den Stadttoren von Dhammazedis berühmten vier sitzenden Buddhas begrüßt.

Die ursprünglichen Bauten, die aus verschiedenen Epochen stammen, sind vielfach durch neuere ersetzt worden – eine Folge von Erdbeben und Plünderungen. Dennoch lassen sich die unterschiedlichen Baustile noch immer erkennen.

Entspannen kann man sich nicht nur in einigen der abseits des Touristentrubels liegenden Pagoden, sondern auch in einem kleinen Pavillon bei einem Wasserbecken auf dem Weg zum Palast. Am Eingang kann man Brotreste kaufen und damit die riesigen Karpfen im Wasser füttern. Das soll Glück bringen.

Besichtigung (Hauptroute)

Die meisten Touristen fahren mit dem Auto und eigenem Fahrer nach Bago. Nach der Besichtigung der wichtigsten Tempel geht es für sie gewöhnlich weiter bis Toungoo – auf dem Weg nach Mandalay ein guter Übernachtungsstopp. Jene, die hier in Bago mit öffentlichen Verkehrsmitteln ankommen, können die Pagoden

Betrugsmasche mit Eintrittspreisen

Vermehrt versuchen Mopedfahrer, ihre Kunden über den Tisch zu ziehen: Vermeintlich in der Absicht, ein Ticket zu kaufen, kassieren sie das Eintrittsgeld (S. 214), stecken es in die eigene Tasche und fahren dann nur die Plätze an, an denen gar kein Eintritt erhoben wird. Manche behaupten, die Tempel seien geschlossen, andere versuchen, die Touristen über den Hintereingang in jene Tempel zu lotsen, die etwas kosten würden. Wer alle Tempel besuchen möchte, sollte sich sein Ticket also einfach selbst kaufen. Wird dieser Wunsch freundlich und bestimmt vorgetragen, schmollen die Mopedfahrer zwar kurz und bekunden mit ausschweifenden Gesten, dass sie das Geld viel dringender brauchen können als die Tempelwächter. Doch sie sind dann meist schnell wieder freundlich und fahren – als sei nichts passiert – alle Sehenswürdigkeiten an. Am Eingang zum Palastgelände müssen auch die Mopedfahrer einen kleinen Obolus (200 Kyat) zahlen, um auf das Gelände zu kommen. Wer mag, erstattet ihnen diese Kosten.

und Tempel wahlweise mit einem Tuk Tuk, dem Fahrrad, einer Rikscha oder einem Moped erkunden. Eine etwa fünfstündige Mopedtour, die am besten am frühen Morgen oder am frühen Nachmittag beginnt, kostet 10 000 Kyat. Fahrer finden sich überall, wobei die wenigsten Englisch sprechen. 15 000 Kyat kostet die Fahrt mit dem Tuk Tuk, z. B. mit Myo Min Han, ✆ 09-3120 1510, ✉ myominhan99@gmail.com. Der freundliche Mr. Myo spricht recht gutes Englisch und steht oft nahe dem Bahnhof bei der Teestube Khao Tae San.

Die Sehenswürdigkeiten haben wir in der Reihenfolge gelistet, in der sie meist angefahren werden.

Eintritt

An vier Sehenswürdigkeiten, den vier Buddhas von Kyaikpun, der Shwethalyaung-Pagode, der Shwemawdaw-Pagode und der Palastanlage, befinden sich **Ticketschalter**. Hier müssen pauschal 10 000 Kyat Eintritt gezahlt werden. Das Ticket gilt für alle vier Sehenswürdigkeiten, auch wenn man nur eine einzige besucht. Alle anderen Tempel und Pagoden können kostenlos besichtigt werden. Kontrolliert wird meist zwischen 9 und 16 Uhr, davor und danach ist der Eintritt frei.

Die vier Buddhas von Kyaikpun

Wer von Yangon nach Bago fährt, wird etwa 4 km vor dem Stadtkern auf der linken Seite vier sitzende Buddhas erblicken. Der 30 m hohe Turm, an dem Rücken an Rücken sitzende Buddhas in die vier Himmelsrichtungen blicken, wurde 1476 vom Mon-König Dhammazedi errichtet. Nach Norden blickt Gautama, der historische Buddha. Die drei anderen Buddhas sind seine Vorgänger. Konagamana schaut nach Süden, Kakusandha nach Osten und Kassapa nach Westen. Alle Buddhas wurden im Laufe der letzten Jahre restauriert. Weiße Haut, rote Lippen und in der Sonne glitzernde, mit Spiegeln versehene Fingernägel – so schön zurechtgemacht, blicken die vier ins Land und warten auf den kommenden Buddha. Eintritt s. Kasten, Fotogebühr 300 Kyat, Video 500 Kyat.

Shwethalyaung-Pagode

Der Shwethalyaung-Buddha gilt als der schönste liegende Buddha des Landes. Er ist über 50 m lang, 16 m hoch und zeigt Buddha im Augenblick seines Todes, dem Moment, in dem er ins Nirvana eintritt. Buddha ruht auf Kissen, auf denen Szenen aus seinem Leben dargestellt sind.

An der Rückseite des Buddhas erzählen Zeichnungen mit englischen und birmanischen Erklärungen die Geschichte der Pagode: Einst, in der wilden, vorbuddhistischen Zeit, schickte König Migadeikpa seinen Sohn in den Wald, um etwas zu jagen, was den Göttern geopfert werden könnte. Der Prinz verliebte sich unterwegs in eine junge Mon-Dame, die eine Anhängerin Buddhas war. Sie folgte ihm in den Palast, unter der Bedingung, ihre Religion weiterhin ausüben zu dürfen. Eine Intrige von Hofbeamten brachte den König dazu, die Prinzessin den heidnischen Göttern opfern zu wollen. Die Prinzessin konnte jedoch durch Gebete die Statue eines grausamen Gottes zerstören, was dem König eine „Heiden"-Angst einjagte: Er wurde selbst zum Anhänger Buddhas, ließ überall Buddhastatuen aufstellen und beendete 994 den Bau der Shwethalyaung-Pagode.

Im 15. Jh. ließ Dhammazedi die Statue restaurieren. Danach geriet sie etwas in Vergessenheit. 1881 wurde sie beim Bau der Eisenbahn wiederentdeckt und mit der schützenden Dachkonstruktion versehen.

Die Pagode gehört seit vielen Jahren zu den bei Touristen beliebtesten Sehenswürdigkeiten. Am Aufgang bieten Souvenirhändler Holzschnitzereien, Kästchen aus duftendem Sandelholz und andere kunsthandwerkliche Produkte zum Kauf. Oben in der Halle ist eine Foto-/Videogebühr von 300/500 Kyat zu zahlen sowie das Eintrittsticket vorzuweisen oder zu kaufen (s. Kasten oben). Mit Studentenausweis kann der Buddha umsonst besucht werden. Die Fotogebühr halbiert sich dann.

Mahazedi-Pagode

Die weiß getünchte Pagode befindet sich westlich der Shwethalyaung-Pagode. Ihr Name bedeutet „großer Stupa". Die erste Version der Pagode wurde 1560 von König Bayinnaung errichtet. Bereits vier Jahre später zerstörte ein Erdbeben das Heiligtum. Nur wenige Jahrzehnte danach muss ein Wiederaufbau erfolgt sein, denn es heißt, der Portugiese de Brito habe 1601 die Edelsteine des neuen *hti* gestohlen.

Ein weiteres Mal soll die Pagode 1757 bei der Eroberung Bagos durch Alaungpaya, den Begründer der Konbaung-Dynastie, zerstört worden sein. Bis zum letzten großen Erdbeben 1930 gelang keine wirkliche Rekonstruktion der Ruine. Erst in den 1980er-Jahren erfolgte der Bau der heutigen Pagode. 1982 wurde der neue *hti* aufgerichtet, dessen Spitze mittlerweile vergoldet ist. Der steile anstrengende Aufgang zum hohen Stupa ist nur Männern gestattet. Frauen können sich derweil den kleinen Tempel im hinteren Bereich ansehen – außen im Bagan-Stil aus Sandstein erbaut und innen wunderschön vergoldet. Zahlreiche Buddhafiguren wachen in kleinen Nischen. Hierher kommen vornehmlich weibliche Gläubige zum Gebet.

Shwegugale-Pagode

Ein Nachfolger Dhammazedis, König Byinna Ran (reg. 1492–1526), baute 1494 die Shwegugale-Pagode. Der Zentralstupa ist innen durch einen Wandelgang begehbar. In dem halbdunklen Gewölbe sitzen 64 Buddhafiguren. Ein Schrein auf dem Gelände beherbergt u. a. zwei Mönchsfiguren mit skurril wirkenden Brillen. Zwei Glockenträger-Figuren mit traditionellen Tattoos haben ein Handy im Longyi stecken. Im Garten befindet sich zudem ein Buddhagarten mit der Darstellung zahlreicher Mudras.

Mya Tharlyaung (Liegender Buddha) und Le Myana (Four Faces)

Der wunderschöne liegende Buddha Mya Tharlyaung wurde Ende 2006 fertiggestellt. Sanft lächelt er den Besucher an, und da er bisher noch kein Dach über dem Kopf hat, kommt seine Gestalt besonders gut zur Geltung.

Die riesige Statue ist etwa 90 m lang und 21 m hoch. Leider lässt sie sich nur schwer fotografisch in Szene setzen, da ihr Gesicht von der Sonne abgewendet ist. Schräg gegenüber dem liegenden Buddha stehen vier Buddhafiguren (Le Myana), die in alle vier Himmelsrichtungen blicken, um nach dem zukünftigen Buddha Ausschau zu halten. Auf dem Gelände befindet sich außerdem noch ein kleiner Buddhagarten.

Ruhig und gelassen warten die vier Buddhas von Kyaikpun auf den zukünftigen Buddha.

www.stefan-loose.de/myanmar   BAGO | Besichtigung (Hauptroute)   **215**

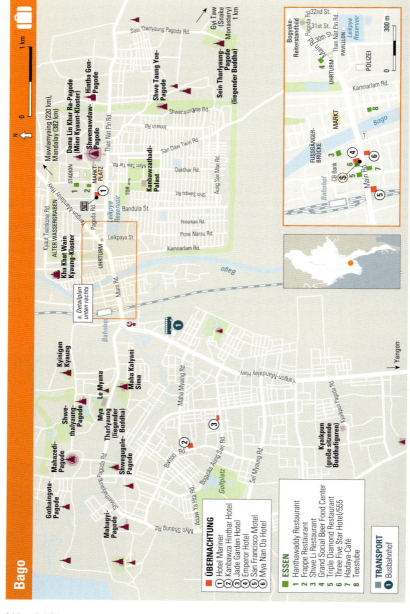

Maha Kalyani Sima

König Dhammazedi schuf diesen *thein* (Ordinationshalle) 1476, um den zersplitterten Mönchsorden *(sangha)* zu vereinen, oder vielleicht auch, um den Orden unter seine königliche Kontrolle zu bringen. Dies war die erste von 397 Hallen, die er zu diesem Zweck im ganzen Land erbauen ließ.

Am Eingang steht ein türkis verspiegelter Schrein mit einem großen Buddha. Die Ordinationshalle darf der Legende nach nicht durch jede Tür betreten werden. Wer hinein will, sollte den Westeingang benutzen. Der Innenraum ist mit Wandgemälden und Buddhafiguren geschmückt. Kühler Marmorboden erfreut die nackten Füße. Von außen ist das Gebäude mit Reliefs versehen, die Buddha mit seinen Jüngern zeigen.

Shwemawdaw-Pagode

Diese große Pagode liegt mitten im Stadtgebiet und ist eines der wichtigsten und belebtesten Heiligtümer Bagos. Der heutige Stupa ist von 1954 und mit 114 m der größte des Landes. Obwohl er viele Touristen und Pilger anzieht, gibt es an den Aufgängen keine Verkaufsstände. Devotionalien werden am Fuß des Ostaufgangs auf einem größeren Markt verkauft.

Der Westaufgang wird von zwei *chinthe* (mythischen Löwen) bewacht. Im Maul tragen sie eine Figur von Shin Upagote, dem Beschützer der Fischer und Seefahrer. Der Ostaufgang führt zum Hinthagon-Hügel, der von der gleichnamigen Pagode gekrönt ist.

Drei Erdbeben zerstörten die Pagode in den Jahren 1912, 1917 und 1930. Nach jedem Einsturz wurde sie ein bisschen prächtiger wieder aufgebaut. An der Ostecke des zentralen Stupas wurde ein Stück der alten Pagode in den neuen Bau integriert. 1990 wurde die Pagode das letzte Mal erneuert und frisch vergoldet.

Viele kleine *tazaung* befinden sich auf der Tempelterrasse, wo sich Mönche, Gläubige und Touristen tummeln. Eintritt s. Kasten S. 214, Fotogebühr 300 Kyat, Video 500 Kyat.

Kha Khat Wain Kyaung

Im Kha Khat Wain Kyaung leben über tausend Mönche. Die meisten erhalten hier eine mehrjährige Ausbildung. Viele Thais kommen zum Kloster, um während der Essensausgabe gegen 11 Uhr Mönchen Snacks und andere Präsente zu überreichen. Zu ihnen gesellen sich Busladungen von Touristen, die das Spektakel fotografieren. Vor dem Eingang stehen aufgrund der vielen spendenfreudigen Besucher zahlreiche Bettler und halten schlafende Kinder im Arm. Auf uns wirkten diese künstlich ruhiggestellt, sodass wir persönlich davon abraten, Spenden zu verteilen. Kinder fordern „shoe money" von allen, die hier ihre Schuhe abgestellt haben (unter 200 Kyat sind sie meist nicht zufrieden). Generell ist diese „Mönchspeisung" ein sehr seltsames Erlebnis und nicht jedermanns Sache. Wir raten eher davon ab, zu diesem Zeitpunkt hierher zu kommen.

Palastanlage

Auf dem Platz der ursprünglichen Mon-Stadt ließ König Bayinnaung 1566 eine Palastanlage bauen, die bereits 33 Jahre später wieder zerstört wurde und deren Grundmauern erst 1990 von Archäologen freigelegt wurden. Heute ist der **Kanbawzathadi-Palast** zum Teil wieder aufgebaut, um jenem König zu huldigen, unter dessen Herrschaft Birma die größte Ausdehnung in Südostasien verzeichnen konnte. Auf den alten

Der weibliche Büffelgeist

Ein Nat-Schrein auf dem Gelände der Shwemawdaw-Pagode zeigt den weiblichen Schutz-Nat von Bago; erkennbar an der schwarzen Kleidung und dem Wasserbüffelschädel. Der Legende nach war die Bago Maedaw eine Wasserbüffelkuh, die ein ausgesetztes Kind fand und es liebevoll großzog. Als sich das Kind als Prinz entpuppte und an den Hof zurückkehrte, suchte die Kuh ihr Junges. Auf ihrer verzweifelten Suche zerstörte sie zahlreiche Felder. Auf Befehl des Königs tötete der Prinz seine Ziehmutter. Er erkannte seinen Fehler zu spät, woraufhin er die tote Wasserbüffelkuh mit allen Ehren beerdigen ließ. Seither wird die Bago Maedaw als die Königsmutter von Bago verehrt.

Die Dama Lin Khar Ra-Pagode bietet als Kloster vielen Mönchen eine Heimat.

Grundmauern sind die Audienz- und die Thronhalle neu entstanden und glänzen golden. Der Moderne Rechnung tragend, wurde nicht nur Holz, sondern auch Beton und Glas zum Bau verwendet. Trotz der imposanten, rekonstruierten Bauten lässt sich die einstige Pracht nur erahnen; ursprünglich maß die Anlage 1,8 km an jeder Seite. Ein Besuch ist nur mäßig spannend. ⏲ 9–16 Uhr, Eintritt s. Kasten S. 214.

Gyi Taw (Snake Monastry)

In diesem Kloster wartet eine Attraktion der besonderen Art: Eine riesige, etwa 40 Jahre alte und knapp 6 m lange Python wird hier als Reinkarnation Buddhas verehrt. Mal liegt sie gelassen in einer Ecke ihres Raumes zusammengerollt, sodass Gläubige sie anfassen können (dies ist jedoch aufgrund der stetig steigenden Besucherzahlen nicht mehr erwünscht). Mal schlängelt sie sich etwas nervös ob der vielen Zuschauer an einem Wasserbecken entlang. Man kann über ein paar Stufen zu einer Pagode mit einer Buddhafigur und beschützender Schlange hochsteigen und hat von dort einen sehr schönen Blick auf die Umgebung mit einem Mon-Dorf.

Weitere Sehenswürdigkeiten

Die folgenden Pagoden liegen nicht auf der Hauptroute und werden selten angefahren. Wer sie besuchen will, sollte dies frühzeitig mit dem Fahrer klären. Leider stimmen einige Fahrer zwar zu, dorthin zu fahren, bedienen aber dann doch nur die Standardroute.

Dama Lin Khar Ra-Pagode (Minn Kyaunt-Kloster)

Ein paar Meter hinter der Shwemawdaw-Pagode befindet sich diese etwa 500 Jahre alte Pagode, die noch heute als Kloster dient. Am Tor erwarten zwei große Elefanten den Besucher. Die Halle des Klosters ist wunderschön gestaltet, Teakholzsäulen und Türen sind reich verziert und mit Gold und leuchtendem Rot bemalt. Zahlreiche kleine und große Buddhas befinden sich auf der rechten Seite der Halle, frontal zum Eingang sind weitere (aus Thailand stammende) Buddhas aufgereiht. In kleinen Seitenräumen auf der linken Seite stehen weibliche Gottheiten und Nats. Draußen, linker Hand der Halle, vorbei an alten Meditationskammern (eine beklemmende Vorstellung, dort länger zu verweilen), kann man auf einer Treppe nach oben steigen.

Dort erwartet Besucher neben verfallenen Räumen ein riesiger Buddhakopf und ein schöner Blick auf die nahe gelegene Shwemawdaw-Pagode. Rechts der Haupthalle befindet sich in einem Nebengebäude ein großer Buddha, der aus Thailand stammt und dem Kloster gestiftet wurde. Sollte die Tür zum Kloster verschlossen sein, findet sich immer jemand, der Interessierten öffnet. Es wird eine Spende erbeten.

Hintha Gon-Pagode
Die Pagode liegt auf einer Anhöhe und bietet von oben einen schönen Blick auf die Stadt. Am Aufgang werden Devotionalien verkauft. In der Halle sitzt Buddha in einem goldenen Schrein, um den herum viele weitere Buddhas gruppiert sind. Vor der zentralen Buddhafigur ist noch einmal die Legende dargestellt: die beiden Vögel, aufeinander rastend (S. 213). Auf diesem Hügel sollen sie einst gelandet sein. Dieselben Darstellungen finden sich auch auf den Stelen. Reisegruppen werden hier mit Gesang, Musik und Folklore bedacht. Fotogebühr 300 Kyat, Video 500 Kyat.

Gothaingota-Pagode
Nach einem kurzen Aufstieg über die Tempeltreppe wähnt sich der Besucher in einem Buddhagarten (unter diesem Namen ist der Platz auch einigen Hotelinhabern und Rikschafahrern bekannt). Pferde, Schildkröten, Nagas, Enten, Elefanten und Fabelwesen tragen goldene und weiße Stupas. Eine beeindruckende Skulptur, die von einem kleinen Teich umgeben ist, zeigt zwei mächtige Nagas, mythische Drachen-Schlangen, die sich drohend und schützend zugleich über Buddha aufrichten.

Mahagyi-Pagode
Über dem schattigen Pagodengelände liegt ein Hauch von Verfall. Der Hauptstupa ist terrassenförmig angelegt und mit kleineren Stupas geschmückt. Kinder schwärmen durch die wenig gepflegte und selten besuchte Anlage – neugierig und Englisch übend. An den Ecken und in der Mitte sitzen auf halber Höhe *hinthas,* die mythischen Gänse. Mönchsfiguren marschieren auf der rechten Seite des Stupas in einer Fünferreihe.

Sein Tharlyaung-Pagode (Liegender Buddha)
Ein weiterer großer liegender Buddha befindet sich östlich des Palastes. Auf dem Gelände gibt es einen alten verfallenen Stupa, eine schöne Darstellung Buddhas und einen kleinen Pavillon auf dem Wasser.

ÜBERNACHTUNG

Die Nächte in der Stadt sind relativ laut, da die Hotels an der Hauptstraße liegen und der Verkehr auch nachts nicht stillsteht. Da oft der Strom ausfällt, sollte man abends seine Taschenlampe nicht vergessen.
Emperor Hotel, Main Rd., ☏ 052-23024, [7934], und **Mya Nan Da Hotel**, 10 Main Rd., ☏ 052-22275, [5312]. Beide Hotels gehören zu den Longplayern der Stadt. Einfach, rustikal: für Traveller mit kleinem Budget und ohne Ansprüche. Im Emperor sind Einzelreisende besser aufgehoben, denn dort wird pro Person bezahlt (US$6–10, je nach Nachfrage) und die Zimmer sind schöner; im Mya Nan Da gleichen die EZ eher einer Gefängniszelle denn einem Zimmer; die DZ beider Häuser sind vergleichbar. Die Hotels liegen zentral und sind günstig. Weiterer Vorteil des Emperor: Check out any time, ohne Zuzahlung für Late Check-out. ❷
Hotel Mariner, 330 Shwe Maw Daw Pagoda Rd., ☏ 052-201 034, [9826]. Zentral an der Shwemawdaw-Pagode gelegenes Mittelklassehotel. Klassische Hotelausstattung. Teils spektakuläre Sicht aus dem Zimmer auf die nächtlich angestrahlte Pagode. ❹
Jade Garden Hotel, 364 Bogyoke Aung San Rd., ☏ 052-30570, [7935]. Ruhig gelegen, etwas abseits des Trubels. 28 Zimmer verschiedener Kategorien: alle mit AC, TV und Kühlschrank, wahlweise mit Kalt- oder Warmwasser. Die schöneren Zimmer liegen ruhiger im rückwärtig gelegenen Anbau. Restaurant. ❷–❸
Kanbawza Hinthar Hotel, A1 Bahtoo Rd., ☏ 052-223 0485, ✉ kbz.hinthar@gmail.com, [10457]. Ansprechendes Mittelklassehotel nahe dem Busbahnhof und der Tempel. Große Zimmer von etwa 24–50 m2, oft mit einem großen und einem kleinen Bett. Freundliches, hilfsbereites Personal. Hol- und Bringservice von und zu den Bahnhöfen (Bus und Zug). ❹

San Francisco Motel, 14 Main Rd., 052-22265, [5314]. Kurz vor der Betonbrücke Richtung Yangon. 6 einfache, saubere Zimmer, meist mit Ventilator, einige mit AC. 5 Zimmer bieten einen Balkon (nach vorne zur Straße recht laut, aber es gibt viel zu sehen). WLAN in der Lobby. Fahrradverleih für 2000 Kyat/Tag. Geführt von zwei sehr freundlichen Schwestern. ❷

ESSEN

Bago bietet eine kleine Auswahl an Lokalen, in denen die chinesische Küche dominiert. Zum Frühstück eignet sich die **Teestube** direkt am Fluss. Auf der großen Veranda lässt sich zu den süßen Leckereien nicht nur der schöne Blick aufs Wasser genießen: Wer in der Frühe zwischen 6 und 7 Uhr hier einkehrt, kann die Mönchsprozession auf der Brücke beobachten.

Frappe, Pagoda Rd., Ecke Hintha St. In dem großen Restaurant mit teils gemütlichen Korbstühlen, teils unbequemen Metallbänken treffen sich Tourist und Einheimischer. Es gibt zahlreiche Gerichte auf der Speisekarte. Fried Rice und Fried Noodles und all die anderen üblichen Verdächtigen.

Grand Social Beer Food Center, an der Hauptstraße hinter der Flussbrücke. Neben chinesischer Küche und gezapftem Bier zum Abendessen Karaoke auf einer großen Bühne.

Hadaya Café, neben dem Hotel Mya Nan Da. Der Tee in der beliebten Teestube ist sehr schmackhaft, und auch die süßen Snacks sind lecker. Morgens gute *mohinga*. 3–22 Uhr.

Hanthawaddy Restaurant, 192 Hintha St. 052-201 647, [7939]. „Fine Dining" à la Bago: In einem alten Holzhaus auf zwei Ebenen untergebrachtes Restaurant. Besonders schön sitzt man auf der großen Terrasse im 1. Stock mit Blick auf die Shwemawdaw-Pagode. Chinesisch-thailändisches Essen zu etwas gehobenen Preisen (ca. 2500–7000 Kyat).

Shwe Li Restaurant, 194 Strand St., am Fluss, 052-22213. Das chinesisch geprägte Restaurant wird seit jeher von Einheimischen empfohlen. Nichts Außergewöhnliches, aber z. B. schmackhaftes Chicken-Curry. 12–21 Uhr.

Three Five Star Hotel, 10 Main Rd., 052-102 2223. Obwohl der Name das Lokal als Hotel ausweist, ist es ein Restaurant (auch unter dem Namen **555** bekannt). Die Speisekarte bietet Abenteuerliches wie gebratene Ziegenhoden, aber auch Chinesisches in Reis- und Nudeltradition. Dazu gibt es Bier vom Fass. Oft gutes WLAN. Direkt daneben bietet das **Triple Diamond Restaurant** die üblichen Fried-Rice-, Nudel- und Süß-Sauer-Gerichte; große Portionen. tagsüber.

NAHVERKEHR

Trishaws und **Mopedtaxis** bieten Touristen ihre Dienste an. Daneben verkehren in Bago **Pickups**: Fahrpreis Innenstadt bis Busbahnhof 1000 Kyat. Wer mit **Fahrrad** auf Tour gehen will, fragt in seinem Gästehaus nach. Räder kosten etwa 3000 Kyat/Tag.

TRANSPORT

Bago liegt nur etwa 80 km von Yangon entfernt. Der Ort eignet sich als Tagesausflugsziel von Yangon aus oder auch als Zwischenstopp auf der Fahrt nach Mandalay, zum Goldenen Felsen von Kyaiktiyo und nach Mawlamyaing (Moulmein).

Auto und Taxi

Mit dem Taxi oder Mietwagen ist Bago besonders gut zu erreichen, die Fahrt von und nach YANGON dauert etwa 1 1/2 Std. Wagen mit Fahrer kosten ab Yangon etwa 50 000 Kyat, für den ganzen Tag inkl. Rundfahrt zu den Sehenswürdigkeiten (ca. 7–17 Uhr) um die 100 000 Kyat. Die Rückfahrt nach Yangon mit einem Taxi, das ansonsten leer zurückfahren würde, ist oft ab 30 000 Kyat zu haben (sofern man ein solches findet).

Ab Bago verlangt ein Taxi zum GOLDENEN FELSEN ab 70 000 Kyat (hin und zurück). Zweiradfreunde können für diese Strecke auch einen Mopedtaxi-Fahrer engagieren, sollten sich aber auf eine anstrengende Fahrt einstellen (20 000–25 000 Kyat).

Wer mit Wagen und Fahrer unterwegs ist und plant, in TOUNGOO zu übernachten, darf an den Tempeln nicht zu lange verweilen, da er sonst erst sehr spät abends an seinem Zielort eintrifft.

Pick-ups

Pick-ups von Bago fahren zwischen 4 und 21 Uhr, wenn sie voll sind, für 2000 Kyat nach YANGON, Haltepunkt vor der Eisenbahnbrücke am Triple Diamond Restaurant. Besonders an Sonn- und Feiertagen sind sowohl Pick-ups als auch Busse voll, da viele Birmanen einen Ausflug nach Bago unternehmen.

Pick-ups von Bago nach KYAIKTYO erreichen den Goldenen Felsen nach rund 5 Std. und verlangen etwa 3000 Kyat. Sie stehen ab 4–9 Uhr vor dem Hadaya Café.

Busse

Bustickets gibt es direkt am **Busbahnhof,** Yangon–Mandalay Hwy., und auch im Hadaya Café bzw. gegenüber am kleinen Ticketschalter neben dem 555 Restaurant bei der freundlichen Mrs. Mimi, alle inkl. Sitzplatzreservierung.

KINPUN (Basislager am Goldenen Felsen), stdl. zwischen 7 und 17 Uhr für 7000 Kyat (nur in der Hauptsaison) in ca. 3 1/2 Std.

KYAIKTHO, um 7 und 8 Uhr für 7000 Kyat in ca. 3 Std.

MANDALAY, um 18.30, 19.30 und 20.30 Uhr für 15 000 Kyat in ca. 10 Std.

MAWLAMYAING, um 7 und 8 Uhr für 10 000 Kyat in ca. 7 Std.

NAY PYI TAW, um 5, 7 und 11.30 Uhr für 9000 Kyat in ca. 5 Std.

PYAY, um 6 und 17 Uhr für 8000 Kyat in 8 Std.

PYIN U LWIN, um 18.30 Uhr für 17 000 Kyat in ca. 10 Std.

SHWENYAUNG (für INLE-SEE), um 6.30 Uhr für 15 000 Kyat in 12 Std. (Weiterfahrt zum See, S. 413).

TOUNGOO, etwa stdl. zwischen 6 und 21 Uhr für 4500–6000 Kyat in ca. 6 Std.

YANGON, im Dreiviertelstunden-Takt von 6–17.15 Uhr für 1000 Kyat in 1 1/2 Std. bis Pyay Rd., etwa Höhe Airport, weiter bis Sule-Pagode für insgesamt 1300 Kyat (keine Platzreservierung).

Alle **Tickets** sollten am Tag vor der Reise gebucht werden.

Eisenbahn

Bago ist ein Zwischenstopp auf den Strecken Yangon–Mandalay und Yangon–Mawlamyaing. Es ist schwierig, spontan Zugtickets zu bekommen, denn meist ist alles bereits ab Yangon ausgebucht. Tickets daher am besten einen Tag vorher um 16 Uhr am Bahnhof kaufen. Der Fahrplan für Ziele entlang dieser Strecken sowie Preise und Fahrtdauer S. 184 (Yangon Transport).

Nach YANGON u. a. um 15.23 Uhr (32dn), 15.36 Uhr (90dn) und 18.59 Uhr (12dn) für 600–1200 Kyat in knapp 2 Std.

Toungoo

Toungoo war einmal eine königliche Hauptstadt, wovon allerdings nicht mehr viel zu sehen ist. Die Stadt erlebte ihre Blütezeit im 15. und 16. Jh. Heute erstreckt sie sich einige Kilometer entlang der Straße Yangon–Mandalay. Reste der Stadtmauern stehen noch und sind neben einigen Pagoden die einzigen Zeugen der goldenen Zeit dieser Stadt.

Das Leben hier ist ruhig, die Menschen sind freundlich, und in einigen Gästehäusern lässt es sich ein paar Tage aushalten. Bei den Birmanen ist Toungoo vor allem wegen seiner Arecapalmen berühmt. Deren Frucht, die Betelnuss, wird im ganzen Land gekaut. Außerdem ist Toungoo ein wichtiger Umschlagplatz für Teakholz aus dem Bago Yoma und dem Kayin-Staat.

Sehenswürdigkeiten

Einige Reste der **Stadtmauer** sind noch zu erkennen. Sie soll ursprünglich etwa 6 m hoch und 2,50 m breit gewesen sein und wurde von mehreren Stadttoren durchbrochen. Der natürliche See **Kya In** (Lotus-See) wurde über die Jahre vergrößert. Er wird auch Lay Kyaung Kandawgyi, königlicher See, genannt. Auf dem See sind vier kleine Inseln entstanden, die Sabe (Jasmin), Nga pyaw (Banane), Oun (Kokosnuss) und Leinmaw (Orange) heißen. Auf ihnen stehen Pavillons, die früher einmal zum Palast gehörten. Dank einiger Stege sind die Inseln zu Fuß erreichbar.

Die beiden wichtigsten Pagoden der Stadt befinden sich im Zentrum. Die bedeutendste

Pilgerstätte ist die **Shwesandaw-Pagode**, in deren Vorgängerin der Legende nach einmal eine Haarreliquie Buddhas aufbewahrt wurde. Über den Resten der alten Pagode wurde im Jahr 1597 der heutige Stupa errichtet. Der 3,60 m große sitzende Buddha wurde von einem Mann gestiftet, der sein Gewicht in Bronze aufwiegen ließ. Als er drei Jahre später verstarb, wurde seine Asche hinter der Statue beigesetzt. In einem *tazaung* finden sich Statuen der sieben Könige von Toungoo, die bildlich auch in der nahe gelegenen **Myasigon-Pagode** anwesend sind. Die Myasigon-Pagode beherbergt zwei Bronzefiguren, die 1901 von einem Deutschen namens Jürgen hierher gebracht wurden. Jürgen heiratete eine birmanische Frau und stiftete die vermutlich aus China stammenden Figuren der Pagode.

Bei der **Kawmudaw-Pagode** markiert ein verspiegelter Pfeiler jene Stelle, von der die Könige einst auszogen, um ihre Feinde zu bekämpfen. Noch heute pilgern Gläubige hierher, die sich Erfolg für ein besonderes Projekt erhoffen. Diese älteste Pagode Toungoos ist über die Straße westlich des Sees zu erreichen.

Die **Daw Chaw-Pagode**, nahe den Gästehäusern Myanmar Beauty Land II, III und IV an der Hauptstraße rechts Richtung Mandalay, erstrahlt nachts wie ein kleines Märchenschloss. *Chinthes* bewachen den Eingang zu der fragil gebauten Pagode mit einem kleinen goldenen *hti*. Sie beherbergt auf geschnitzten Altären acht sitzende Buddhas.

Ein paar Meter weiter Richtung Downtown steht die **Dadena-Pagode**, eine Versammlungshalle, die nur bei Besuchen ranghoher Mönche zum Einsatz kommt. Ansonsten lebt und arbeitet hier niemand.

ÜBERNACHTUNG

Global Grace Hotel, 20 Mingalar Rd., Ecke Setchin Rd., ☏ 054-26167, 🖥 www.globalgracehoteltaungoo.com, [7950]. In einer ruhigen Seitenstraße gelegen. Große saubere Zimmer im 2-stöckigen Haus mit Säulengang. AC, TV, Kühlschrank. Das Bad braucht einen neuen Anstrich. Schöner sind die 4 Holzbungalows mit Terrasse. ❸–❹

Mothers House Hotel, 501-502 Yangon–Mandalay Highway, ☏ 054-24240, ✉ mhh@baganmail.net.mm, [7949]. Saubere große Zimmer, alle mit Doppelbett und Extra-Bett, TV, Kühlschrank und AC in Bungalows im von der Straße zurückversetzten Bereich. Große Bäder. Gutes Restaurant (s. Essen). ❹

Myanmar Beauty Gh. I, 7/134 Bo Hmu Pho Kun Rd., ☏ 097-840 4040, [7948]. Nahe dem Markt gelegenes Holzhaus mit einfachen, großen Zimmern. Economy mit Ventilator, Standard mit AC und TV, Superior in einem neueren Haus auf der anderen Straßenseite. Alle Zimmer mit Bad. Ohne Frühstück. Eher zweite Wahl, ratsam ist Walk-In, damit man die Zimmer checken kann. ❷–❸

Myanmar Beauty Gh. II–IV, 801 Pauk Hla Gyi Rd., ☏ 097-8404 0402, [5317]. Am südlichen Rand des Ortes liegen 3 schöne Holzhäuser direkt an den Reisfeldern: ein entspannter Ort im Nirgendwo. Ausgezeichnetes reichhaltiges Frühstück mit birmanischen Spezialitäten. Saubere Zimmer, viel Holz, alle mit eigenem Bad. Haus Nr. IV (Superior-AC-Zimmer) bietet den schönsten Blick auf die Reisfelder. Die einfachsten Zimmer (Economy) und die etwas teureren Standardzimmer (bessere Matratzen) sind aber auch eine gute Wahl. Fahrräder 1500 Kyat/Tag. WLAN im Restaurant. Hier auch den ganzen Tag bis abends gute Küche. ❷–❹

Royal Kaytumadi Hotel, Royal Kaytumadi St., ☏ 054-24761, 🖥 www.kmahotels.com, [5318]. Wer in der Stadt wohnen und sich etwas gönnen möchte, wird hier glücklich (ab US$85). Das ansprechende Hotel im Stil einer riesigen Palastanlage mit Pagode, vielen Häusern und Statuen nimmt die gesamte Westseite des Sees ein. Restaurant, Fitnessraum, Pool, Beautybereich und geschmackvoll gestaltete Zimmer. In jedem Fall nach „lake view" fragen, denn die Kategorie allein entscheidet hier nicht, ob man einen tollen Ausblick genießen kann. WLAN. ❺, Suiten ❽

Yoma Hotel, 666 Gamani St., ☏ 054-25078, [7951]. Zwei typische Häuser mit einfachen älteren Zimmern mit Holzfußboden. Die Räume sind relativ groß, bieten eine alte AC und ein Bad (muss dringend renoviert werden).

Im TV auch englische Sender. Familienzimmer mit einem großen und einem kleinen Bett. Trotz der genannten Mängel eine gute Budget-Option. Freundliche Leute. ❷

ESSEN

Wer im **Myanmar Beauty II–IV** wohnt, kann dort bestens essen. ⏰ 7–22 Uhr.
Auch die Gäste des **Mothers House** essen meist im gleichnamigen Restaurant am Highway. Die Speisekarte bietet eine recht große Auswahl an Nudeln und Reisgerichten. ⏰ 9–22 Uhr.
In der Stadt selbst gibt es weniger Optionen. Die **Sun Date Bakery**, Bo Hmu Po Kun Rd., verkauft neben deftigem Kuchen auch einige Reis- und Nudelgerichte. Keine Speisekarte, aber alle sind bemüht und die Verständigung klappt irgendwie. Besser Englisch spricht der Betreiber des **Stellar**, eines etwas abseits gelegenen Food & Drink-Restaurants. Die umfangreiche Speisekarte ist allerdings nur in birmanischer Schrift. ⏰ 9–23 Uhr.
Im **Golden Hand BBQ**, Market St., kann man mit Einheimischen ein Bier trinken und nebenbei etwas Gegrilltes essen.
In Toungoo gibt es zahlreiche **Teestuben**, die Kekse oder andere Leckereien anbieten. Es lohnt sich, gerade in wenig touristischen Orten wie hier, einmal in einem solchen kleinen Laden Platz zu nehmen.
Auf dem **Nachtmarkt** neben dem zentralen Markt werden Chapati und andere lokale Gerichte angeboten.

TRANSPORT

Auto

Die meisten Reisenden, die mit einem Mietwagen von YANGON aus nach Norden unterwegs sind, machen in Toungoo ihre erste Übernachtungspause. Man kann problemlos morgens in der alten Hauptstadt aufbrechen, ein paar Tempel in BAGO besichtigen und bis nach Toungoo weiterfahren, das man dann bei Dunkelheit erreicht.
Mit dem Jeep ist eine Tour durch den Urwald bis nach PYAY möglich (S. 225, Bago Yoma).

Busse

Einige lokale Busse nach Yangon, Mandalay und Meiktila fahren vom alten Busbahnhof ab. Die meisten Gesellschaften haben ihr Büro am Highway, wo auch die jeweiligen Busse halten. Die Betreiber der Gästehäuser können Auskunft über die aktuellen Preise und genauen Abfahrtszeiten geben und die Tickets besorgen.
BAGO, 4x tgl. zwischen 5.30 und 12 Uhr für 4500 Kyat in 5 Std. Der Bus um 8 Uhr gilt als die beste Wahl.
KALAW und NYAUNG SHWE, um 18.30 Uhr für je 17 000 Kyat in 8 bzw. 10 Std.
MANDALAY, AC-Busse zwischen 18.30 und 19 Uhr für 8000 Kyat in ca. 6 Std.
MEIKTILA, mit dem Mandalay-Bus, für 8000 Kyat in 5 1/2 Std. Ankunft nachts gegen 1 Uhr am Highway (4 km von der Stadt entfernt). Die bessere Option ist der Tagesbus (7 Std. Fahrt) für 4500 Kyat. Aktuelle Abfahrtszeiten im Guesthouse erfragen.
NAY PYI TAW, 9x tgl. zwischen 6 und 15 Uhr für 2000 Kyat in 4 Std.
YANGON, um 5, 7.30, 10, 11, 12, 17, 19, 21 und 23 Uhr für 5000 Kyat in 4 Std.

Eisenbahn

Der Bahnhof ist nicht besonders belebt. Wer nachts ankommt, sollte sich sicherheitshalber vorher um den Transport zum Hotel kümmern (abholen lassen). Hier spricht kaum jemand Englisch. Die Ticketverkäufer sind zwar bemüht und hilfsbereit, aber Auskunft zu erhalten, ist sehr schwierig. Karten bekommt man erst am Tag der Reise, etwa eine halbe Stunde vor Abfahrt. Platzreservierungen sind nicht möglich, ggf. landet man in der Holzklasse (die kostet dann aber auch sehr viel weniger).
MANDALAY, um 12.31 Uhr mit dem 11up, Ankunft um 21 Uhr, 20.59 Uhr mit dem 5up, Ankunft 5 Uhr morgens, oder um 23.25 Uhr mit dem 3up, Ankunft um 7.45 Uhr, für etwa 7000 Kyat.
THAZI, mit den Zügen nach Mandalay, am besten eignet sich der 11up um 12.31 Uhr, Ankunft in Thazi 18.15 Uhr, für 4000 Kyat.
YANGON, um 10.59 Uhr mit 32dn, Ankunft 17 Uhr, oder um 14.51 Uhr mit dem 12dn, Ankunft 21 Uhr, für 5000 Kyat.

Bago Yoma

Nahe Toungoo, etwa 200 km von Yangon entfernt, erstreckt sich im Bago Yoma-Gebirge der **Ye Sein Bago Yoma-Nationalpark**. Hier befinden sich zwei Elefantencamps, die besucht werden können. Während sich das eine Camp ausschließlich an Touristen wendet und die Elefanten nur noch „arbeiten", wenn Zuschauer da sind, ist das zweite Camp noch in Betrieb.

Oft wird Touristen der Besuch des Elefantencamps Pho Kyar Forest Resort angeboten. Hier gibt es Shows und Unterkunft. Unserer Ansicht nach sind solche Elefantencamps weit davon entfernt, den Tieren eine artgerechte Haltung zu bieten. Daher raten wir von einem Besuch ab. Ein authentischeres Erlebnis hingegen bot jahrelang das **Bago Yoma Elephant Camp**, in dem die Elefanten noch hart im Wald arbeiten mussten. Was aus diesem Camp im Zuge des Verbotes solcher Holzfällercamps wird, wird die Zukunft zeigen.

Abenteurer können Touren mit zwei Übernachtungen organisieren lassen und mit dem Jeep durch den Urwald bis nach Pyay fahren. Nur auf dieser Tour geht es noch durch richtigen Urwald, denn leider sind weite Bereiche des Bago Yoma bereits stark gerodet.

TRANSPORT

Besuche des **Pho Kyaw Forest Resort** werden über Agenturen in YANGON gebucht. Die Anfahrt erfolgt mit Bus oder Taxi; der Ausflug dauert einen ganzen Tag.
Von TOUNGOO aus können Touren über das Myanmar Beauty Gh. gebucht werden. Von hier ist die Anreise per Moped oder Auto möglich. Jeeptouren organisiert das Myanmar Beauty Gh. [5317]. Der Betreiber Dr. Chan Aye kann auch Auskunft über das Elefantencamp geben.

Nay Pyi Taw

In Anlehnung an die königliche Tradition, Hauptstädte zu verlegen, und vielleicht auch auf astrologischen Rat hin, setzten sich in den frühen Morgenstunden des 6. November 2005 in Yangon über 600 Militärlaster Richtung Pyinmana in Bewegung – der Beginn eines historischen Umzugs. Und seit August 2006 hat das kleine Dorf Kyet-Pyay, 15–20 km nordwestlich von Pyinmana, einen neuen Namen: Nay Pyi Taw. An der neuen Hauptstadt Myanmars wurde seit ungefähr dem Jahr 2000 heimlich gebaut, inklusive Flughafen und Golfplatz. Der Name wurde schon zu früheren Zeiten einmal verwendet und steht für die „königliche Stadt".

Nay Pyi Taw [5358] ist nicht wirklich ein Touristenziel. Es sei denn, man reist mit eigenem Auto und Fahrer an und empfindet Freude an achtspurigen, völlig freien Straßenzügen. An den wichtigsten Kreuzungen verzieren riesige Lotusblumen die Mitte. Die Ausdehnung der Stadt hat gigantische Züge – die ihr zugewiesene Fläche entspricht fast achtmal der Fläche Berlins!

Die Stadt ist in verschiedene **Zonen** unterteilt: eine Zone für Regierungsgebäude und eine für Wohnhäuser der Regierungsangestellten, Zonen für Einkäufe und Hotels. Rechts und links der gepflegten, aber verwaisten Straßen liegen deshalb vereinzelt Ansammlungen von Wohnblocks, Villen, ein Shoppingcenter oder eine Ladenzeile.

Vom Highway-Busbahnhof kommend, überragt die große **Uppatasanti-Pagode** die Stadt. Zwischen dem Parkplatz und dem Haupteingang säumen kleine Erfrischungs- und Verkaufsstände den Weg. Schuhe müssen für 100 Kyat rechts vor dem Eingang abgegeben werden. Ausländische Besucherinnen ohne lange Hosen oder Longyi bekommen letzteres Kleidungsstück ausgeliehen und angezogen. Die Besucher fahren dann mit dem Fahrstuhl hinauf auf die Plattform, in deren Mitte sich die goldene Kuppel erhebt. Die Uppatasanti-Pagode ist in Form und Größe der Shwedagon-Pagode in Yangon nachempfunden; sie ist nur 30 cm kleiner! Die riesige helle Plattform wirkt jedoch seltsam unbelebt. Von hier aus hat man einen guten Blick auf die Stadt – oder eher auf die riesigen Grünflächen. Eintritt frei. Am Fuße des nördlichen Pagoden-Aufgangs (rechter Hand) stehen unter zwei hübsch verzierten Dächern auf kleinem Raum gehaltene weiße Elefanten und ihr Nachwuchs.

Der **Water Fountain Garden** in der Stadtmitte ist eine schön angelegte Grün- und Wasserfläche, die nachts bunt illuminiert wird und viele Einwohner anzieht. Künstlich angelegte Wasserfälle und Pools, in denen auch geschwommen wird, eine Hängebrücke, Wasserrutschen und Kinderkarussells locken Familien. Zwei einfache Restaurants bieten Erfrischungen an. Abends treffen sich hier Jugendliche und lauschen englischer Rockmusik; dazu gibt es passende Wasserfontänen im großen Teich. ⊙ 9–21 Uhr, Eintritt für das Gelände 500 Kyat.

Im **Edelsteinmuseum** lassen sich Edelsteine und daraus gefertigte filigrane Figuren bewundern. Selbst wer nichts mit den Steinen anfangen kann, wird über den großen Saphir aus Mogok staunen, der immerhin 12 kg wiegt und auf über 60 000 Karat geschätzt wird. Lange galt er als der größte der Welt. Auch die größte natürliche Perle der Welt ist hier ausgestellt. Ein freundlicher Führer zeigt die besten Stücke des Museums. ⊙ tgl. außer Mo 10–16.30 Uhr, Eintritt 5000 Kyat. Ausländer müssen den Reisepass abgeben, bzw. es wird eine Kopie angefertigt.

ÜBERNACHTUNG

Zahlreiche weitläufige Hotelanlagen auf grünen Hügeln säumen die breiten Straßen und weitere sind im Bau. Es gibt luxuriöse Hotels im Bungalowstil und mehrstöckige Hotelbauten. Es lohnt sich, in den Buchungsmaschinen zu stöbern, denn immer mal wieder gibt es gute Promotions. Einfach geht das unter **eXTra [10459]**.

Apex Hotel Nay Pyi Taw, 34-35 Yaza Thingaha Rd., ☏ 067-810 6655. Recht große, etwas spartanisch und funktional ausgestattete Zimmer. TV und WLAN. Inkl. Frühstücksbuffet. ❸–❹

Royal Naypitaw Hotel, 5 Yaza Thingaha Rd., ☏ 067-414 960, 🖥 www.kmahotels.com, [7956]. Schöne Anlage. Die Häuser haben alle ein tempelähnliches Dach. Standardzimmer im 3-stöckigen Block im hinteren Teil der Anlage. Große, recht einfache Zimmer mit Teppichboden. Die besseren Zimmer mit Holzböden und großen Balkonen befinden sich näher an der Rezeption und am Pool. Spa, Fitnessraum. WLAN auf den Zimmern. ❺–❽

Sky Palace Hotel & Café Flight, 3 Yaza Thingaha Rd., ☏ 067-422 122, 🖥 www.sky palace.asia, [7958]. Ordentliche, große Zimmer im Haupthaus. Im rückwärtigen Teil Doppelbungalows mit Wohn- und Schlafbereich. Auf dem Gelände stehen zwei Flugzeug-Nachbildungen, die Platz für mehrere Personen bieten. Ein Original-Flugzeug wurde zum Café Flight umgebaut. ❹–❻

ESSEN

Die für Ausländer zugelassenen Hotels haben alle ein Restaurant.
Gegenüber dem Haupteingang zum Water Fountain Garden liegt der „Restaurant-Hügel":

€ **Maw Khan Nong Restaurant**, Tha Pyay Gone Restaurant Hill, ☏ 067-414 537. Bei Einheimischen beliebtes und günstiges Restaurant mit großer Außenterrasse. Hier kann man nicht nur von der englischen Speisekarte wählen, sondern auch in die Töpfe im Innenraum schauen. ⊙ 7.30–22 Uhr.

Santino Café, Bakery, Bar & Restaurant, Tha Pyay Gone Restaurant Hill, ☏ 067-414 551. Große Auswahl an chinesischen, thailändischen, japanischen, europäischen und birmanischen Gerichten. Cocktails gibt es an der kleinen, sehr hell erleuchteten Bar. ⊙ 7.30–22.30 Uhr.

Siam Lotus Thai Restaurant, Tha Pyay Gone Restaurant Hill, ☏ 067-432 337. Gehobenes Thai-Restaurant in klimatisiertem Raum mit schön gedeckten Tischen. Große Auswahl an authentischen Gerichten. ⊙ 12–21 Uhr, von 16–17 Uhr meist geschlossen.

Im **Food Court Center** auf dem Hügel neben dem Markt gibt es eine große Auswahl an weiteren Restaurants. Viele haben Tische draußen aufgestellt, darunter **YKKO**, das Nudeln in allen Varianten und Gegrilltes zubereitet, dazu frische Obstsäfte. Nicht ganz billig. ⊙ 10.30–22 Uhr.

Im **Junction Center** in der Hotelzone befindet sich ein Ableger der **Moon Bakery**-Kette mit koreanischen Reisgerichten, Nudelsuppen, Fruchtsäften und Süßigkeiten. Weitere Restaurants stehen im Untergeschoss des Einkaufsparadieses zur Verfügung: das **Bangkok Sky Thai Restaurant** oder das Nudel-Restaurant **Keystone**.

Nay Pyi Taw

Im **Capital Hypermarket** gibt es eine Bäckerei und einen weiteren Ableger der YKKO-Kette. Der **Myoma-Markt** beherbergt einige einheimische Restaurants (bis 19 Uhr), danach locken die Stände des großen **Nachtmarkts** vor dem Myoma-Markt mit günstigem Essen. Auch hier gibt es einen benachbarten Hügel mit einigen Restaurants, z. B. dem **Plan B** (dort sehr lecker: das scharfe Kachin-style Chicken).

NAHVERKEHR

Auch wenn die Straßenzüge wie ausgestorben wirken: **Motorradtaxis** lassen sich überall heranwinken (besser, man hat eine zweisprachige Karte dabei, kaum einer spricht Englisch). Vor den Restaurants oder dem Water Fountain Garden stehen Fahrer und warten auf Gäste (etwa 2000 Kyat bis zur Hotelzone). Wer lieber ein bequemeres **Taxi** möchte, kann sich an den Tipp einer Leserin halten und Herrn Naung anrufen, der ein wenig Englisch spricht, ✆ 09-4485 9542 oder 097-9824 9116 (US$40 für eine mehrstündige Tour).

TRANSPORT

Busse

Der 4-spurige Highway, der Yangon mit Mandalay verbindet, ist die beste Straße in ganz Myanmar. Dementsprechend zügig und bequem sind die meisten Busverbindungen. Nay Pyi Taw hat zwei Busbahnhöfe: Im Ort Pyinmana liegt der **Highway-Busstop** (etwa 30 Min. Fahrzeit von der Hotelzone, 4000 Kyat für ein Motorradtaxi). Lokale Direkt-Busse nach Toungoo fahren von hier. In die Busse nach Yangon, Mandalay und Taunggyi kann man am näher liegenden **Busbahnhof Myoma Market** zusteigen (2000 Kyat für ein Motorradtaxi von der Hotelzone). Empfehlenswert der Mandalar Minn Express mit Bildschirmdurchsagen in englischer Sprache sowie Shwe Mandalar und J.J.-Express mit Bordservice. Beide bedienen die Strecke Yangon–Mandalay.

Achtung: Die Busse von Nay Pyi Taw nach Yangon sind oft ausgebucht; vor allem freitags und samstags, wenn Hunderte von Regierungsangestellten nach Hause zu ihrer Familie fahren. Es kann dann zu längeren Wartezeiten kommen.

LOIKAW (schöne Strecke durch die Berge), um 7 und 15 Uhr für 10 000 Kyat in ca. 8 Std.
MANDALAY, mehrere Gesellschaften zwischen 7 und 21 Uhr für 6000 Kyat in 4–5 Std.
MEIKTILA und THAZI, um 10 Uhr für 4000 Kyat in 2 1/2 Std.
NYAUNG U (Bagan), um 19 Uhr für 6500 Kyat in 5 Std.
TAUNGGYI, um 6 Uhr für 6000 Kyat in 8 Std.
TOUNGOO, mehrmals zwischen 6 und 21 Uhr für 1800 Kyat in 3 1/2 Std.
YANGON, mehrere Gesellschaften etwa stdl. zwischen 7 und 22.30 Uhr für 6000 Kyat in 4–5 Std.

Eisenbahn

Am weit außerhalb gelegenen Bahnhof Pyinmana halten die meisten Züge der Strecke Yangon–Mandalay.
MANDALAY, am besten mit dem 11up um 15.22 Uhr, Ankunft um 21 Uhr, knapp 6000 Kyat.
THAZI, mit dem 11up Richtung Mandalay, Ankunft 18.12 Uhr, etwa 3000 Kyat.
YANGON, am besten mit dem 32dn um 8 Uhr, Ankunft 17 Uhr, oder mit dem 12dn um 11.54 Uhr, Ankunft in Yangon 21 Uhr, 6000 Kyat.

Flüge

Mehrere Fluggesellschaften verbinden die Hauptstadt tgl. mit YANGON und MANDALAY (ca. US$65–75). Auch BANGKOK ist von hier aus erreichbar.

Pyay

Pyay [7898], von den Engländern Prome genannt, ist eine kleine Provinzstadt, die als Zwischenstation auf dem Weg von Yangon nach Bagan besucht werden kann. Außerdem ist sie ein wichtiger Knotenpunkt auf dem Weg in den Rakhine-Staat an der Westküste. Besondere Bedeutung erhält sie durch ihre Nähe zu den Ruinen von **Sri Ksetra** (Thayekhittaya), einem Weltkulturerbe. Pyay selbst hat neben der **Shwesandaw-Pagode**, die auch Ziel einheimischer Pilger ist, ein **Reiterdenkmal** von General (Bogyoke) Aung San und einen kleinen Nachtmarkt zu bieten. Am Ufer des Flusses steht ein kleiner Schrein zu Ehren Ramas, des königlichen Helden aus dem indischen Ramayana-Epos. Einmal im Jahr, am Novembervollmond, versammeln sich hier zahlreiche Hindus, um im Fluss zu baden. Dann fühlt man sich rund um den **Sri Ram Janki-Tempel** fast wie in Indien.

Wer sich abends vom Ufer in Richtung Norden aufmacht, kann in den hohen Bäumen beobachten, wie sich die Vögel einen Schlafplatz suchen und die Flughunde zu ihren nächtlichen Beutezügen aufbrechen – ein lautes und imposantes Schauspiel.

Die Stadt war schon in der Bagan-Zeit ein Handelszentrum. Heute werden hier viele Geschäfte mit Kaufleuten aus dem Rakhine-Staat abgewickelt, von dem soziale und kulturelle Einflüsse zu spüren sind: Zahlreiche Bewohner Rakhines reisen durch Pyay nach Zentralbirma oder in die Hauptstadt, und für junge Mönche aus dem Küstenstaat bedeutet der Eintritt ins Kloster von Pyay einen Schritt in die große weite Welt.

Sehenswürdigkeiten

Die **Shwesandaw-Pagode** („Pagode der goldenen Haarreliquie") ist das bedeutendste Heiligtum der Stadt. Die Eingänge der Pagoden werden von großen *chinthes* bewacht. Für Lauffaule gibt es einen Aufzug, der vor allem in den frühen Abendstunden von Pilgern gern benutzt wird. Der Zentralstupa unterscheidet sich von anderen Stupas durch seine ungewöhnliche Form: Er verjüngt sich nicht konstant von unten nach oben. Auch die Goldplatten sind erstaunlich dick, was gut an der groben Vernietung zu erkennen ist.

Wer vom zentralen Treppenaufgang zur Pagode in Richtung Osten geht, findet ein kleines **Museum** mit alten Buddhafiguren und anderen Überresten aus der Pyu-Zeit. Noch weiter im Osten bietet sich ein guter Blick auf den **Sehtatgyi Buddha**, den großen zehnstöckigen Buddha. Vom langen Steg des Aufzugs lassen sich schöne Fotos der abends angestrahlten Pagode machen. Von hier eröffnet sich auch ein weiter Blick auf den Fluss und die Stadt.

Die **Shwe Nwe-Pagode** in der Lanmadaw Street wurde 1995 mit Spenden aus der Bevölkerung renoviert. Die umliegenden Händler erzählen gern, wer an welcher der neuen bunten Glocken beteiligt war. Die Pagode besitzt einen kleinen vergoldeten Stupa und einige Buddhafiguren. In einem Nebengebäude rechts sitzen zwei schlanke, goldene und hochverehrte Buddhafiguren. In einem Glaskasten rechts davon befinden sich kleine Statuetten und Bronzefiguren, die vermutlich aus der Sri-Ksetra-Zeit stammen.

Die **Payagyi** (Große Pagode) am Ostende der Stadt ist nach einem sehr langen Fußmarsch oder mit der Fahrradrikscha zu erreichen. Wer sich nicht die ganze alte Stadt Sri Ksetra ansehen möchte, kann hier einen Eindruck von der Architektur dieser Epoche gewinnen (mehr dazu auf S. 233).

Nur wenige Meter hinter der Payagyi-Pagode befindet sich die **Shwe Lei Ya-Pagode**. Umringt wird der goldglänzende Stupa von 49 Buddhafiguren. Jede stellt Buddha in einer anderen Pose dar. Mehr als die Hälfte der Bildnisse stammt aus Myanmar, z. B. der Harfe spielende und der magere Buddha. Ungefähr jede zweite Figur hat ihren Ursprung jedoch in anderen Ländern, u. a. Indien, Nepal, Kambodscha, Japan und auch Afghanistan und Pakistan.

Direkt am Fluss liegt ein kleines indisches Heiligtum, der **Sri Ram Janki-Tempel**, in dem Rama, sein Bruder Lakshmana, seine Frau Sita und der Affengeneral Hanuman verehrt werden. Es sind Figuren aus dem indischen Heldenepos Ramayana, die in ganz Asien bekannt sind. Sie erfreuen sich auch großer Beliebtheit als Helden in künstlerischen Darstellungen wie Tanz und Gesang.

Neben einem Ausflug in die alte Stadt Sri Ksetra (S. 233) ist auch eine Fahrt in die Kleinstadt Shwedaung, 15 km südlich von Pyay, eine Option. Ein großes Schild weist dort den Weg zur berühmten **Shwemyetman-Pagode**. Sie wird von vielen Pilgern besucht, denn der dort sitzende Buddha mit der goldenen Brille verspricht nach lokalem Glauben Hilfe bei Augenleiden. Seine erste Brille bekam der Buddha angeblich in der Konbaung-Zeit (18./19. Jh.). Sie wurde jedoch gestohlen. Die Brille, die Buddha jetzt trägt, stiftete in der Kolonialzeit ein englischer Offizier, dessen Frau an einem Augenleiden litt – sie wurde natürlich geheilt.

Die Brille wird alle 14 Tage geputzt: Dazu sind neun Mönche notwendig. Anreise mit dem Pickup zwischen Pyay und Shwedaung den ganzen Tag über ab dem Busbahnhof. Wie immer dünnt der lokale Nahverkehr nachmittags aus und spätestens gegen 17 Uhr sollte man sich auf den Rückweg machen. Mit dem Mopedtaxi dauert die Fahrt pro Strecke etwa 20 Min. und kostet 5000 Kyat.

ÜBERNACHTUNG

Lucky Dragon Hotel, 772 Strand Rd., ✆ 053-24222, 🖥 www.luckydragonhotel.com, [7900]. Hotelanlage im Bungalowstil am Fluss. 30 Zimmer mit 2 Betten, Doppelbett oder 3 Betten liegen rund um einen schön angelegten Garten mit kleinen Pavillons. Die Zimmer sind geschmackvoll eingerichtet. Moderne, große Bäder. Vor jedem Zimmer ist eine kleine Veranda mit Tisch und Stühlen und Blick in den Garten. Kleiner Pool mit Jacuzzi. Vermietet Fahrräder für 2000 Kyat/Tag. Die Angestellten sprechen wenig Englisch und wirkten nicht sehr motiviert. WLAN. ❹

Mingalar Garden Resort, Flying Tiger Garden, ✆ 053-28661, 🖥 www.mingalargardenresort.com, [7928]. Am Ostende der Stadt, nahe der Payagyi-Pagode. Elegante Anlage mit schönen Bungalows an einem See. Es gibt drei Zimmertypen, alle zum gleichen Preis. Am besten gefallen haben uns die alten Bungalows mit Blick aufs Wasser. Schön auch die Bungalows im japanischen Stil mit Matratzen auf dem Boden. Am wenigsten einladend sind die Zimmer in den „neuen" Bungalows. Das Frühstück wird bei gutem Wetter in kleinen Pavillons am See gereicht. Gutes Restaurant mit chinesischer und birmanischer Küche. ❺

Myat Lodging House, 222 Market St., ✆ 053-25695, [7901]. In diesem Gästehaus gibt es einfache, etwas überteuerte Zimmer (alle mit AC und Gemeinschaftsbad). Sie sind etwas verwohnt und der Putz bröckelt schon mal von der Wand. Es gibt Handtücher. Keine gute, aber günstige Option. ❷–❹

Nawaday Hotel, 866 Nawaday Rd., ✆ 053-26442, [9828]. Ansprechend große Zimmer, alle recht einfach, aber eine gute Wahl. Vor allem wenn man einen schönen Blick schätzt, denn je weiter oben man ein Zimmer wählt, desto günstiger wird es – dank den Birmanen, die, um sich das Treppensteigen zu sparen, für ein Zimmer im Erdgeschoss ohne Ausblick mehr zahlen als für schönere Räume im obersten Stockwerk. ❷–❹

Pann Gabar Aircon Lodging House, 342 Merchant St., ✆ 053-26543, 094-2365 6248, [9827]. In einem alten Holzhaus nahe dem Fluss gibt es 4 sehr einfache große Zimmer mit eigenem Bad (das einer dringenden Renovierung bedarf). Keine Handtücher. Die restlichen Zimmer im Haus sind Einheimischen vorbehalten. Der freundliche und hilfsbereite Win Naing managt das Haus seit vielen Jahren und hat eine Menge Loose-Freunde. Einzelreisende zahlen US$7, sonst US$6 p. P. Gutes lokales Frühstück. ❶

Pyay Strand Hotel, 6 Strand Rd., ✆ 053-25846, [7929]. Recht einfache Zimmer unterschiedlicher Kategorien. Die billigsten haben nur Kaltwasser und sind recht klein. Wer bereit ist, US$50 auszugeben, wohnt recht ordentlich. Nebenan im Lucky Dragon ist es aber für denselben Preis schöner. Überwiegend birmanische Gäste. Frühstück im Restaurant mit Blick in den kleinen Garten. ❸–❹

ESSEN

Auntie Mo's Meiy Wet War Restaurant, Kan St. Gute birmanische Küche. In einem großen hellen Speisesaal warten schmackhafte Currys in den Auslagen, die am besten per Fingerzeig bestellt werden.

Beer Garden, nahe dem Reiterdenkmal. Hier gibt es zum frisch gezapften *Myanmar*-Bier Fleischspieße oder Fisch frisch vom Grill. Der Eigentümer spricht Englisch und freut sich über jeden ausländischen Gast.

Café Grandma, Bogyoke Lan, am Nachtmarkt. Kleines Restaurant auf zwei Ebenen mit großen Fenstern zum Nachtmarkt. Koreanische Küche und ein paar europäische Gerichte wie Pasta und Sandwiches. Günstige Preise.

Golden Rose, am Reiterdenkmal. Einfache Reis- und Nudelgerichte, dazu Musik oder Nachrichten aus dem Fernseher. Ideal, um das bunte Treiben rund um die Reiterstatue zu beobachten. ⏲ ab dem frühen Abend.

Hline Ayar Restaurant, Strand Rd., ✆ 053-21863. Lockt mit schönem Blick auf den Fluss. Neben BBQ auch chinesische Küche. Die Preise sind relativ hoch, doch das Ambiente stimmt. Manchmal spielt ab 20 Uhr eine Liveband.

San Francisco Restaurant, zwischen Lucky Dragon und Pyay Strand Hotel an der Strand Rd. Alteingesessen und bekannt für schmackhafte

chinesische Küche in einem AC-Raum und im Freien.

UDV Dagon Beer Station, am Reiterdenkmal. Großes Restaurant mit birmanischen Gerichten (und entsprechender Speisekarte, für die sich immer ein Übersetzer findet) sowie frisch gezapftem Bier. Hier ist erst abends etwas los.

Yokohama Restaurant, 117 Kannar St., ☎ 094-2367 0546. Ein toller Lesertipp für Freunde der japanischen Küche: Über 30 japanische Gerichte und schmackhafte Spaghetti werden mit Parmesan und Tabasco gereicht. Gerichte von US$2–5. ⏲ 11.30–14 und 17–22 Uhr.

Ein **Nachtmarkt** findet ab dem frühen Abend zwischen dem Fluss und dem Reiterdenkmal statt. Es werden neben süßen Leckereien auch Curry-, Reis- und Nudelgerichte verkauft. Zahlreiche **Teestuben** bieten mal indische, mal chinesische Snacks an, und in der ein oder anderen wird am Abend auch schon mal mit Rockmusik unterhalten.

Der große zehnstöckige Sehtatgy Buddha in Pyay

SONSTIGES

Einkaufen
In Pyay findet täglich außer sonntags ein großer **Markt** nahe dem Fluss statt, auf dem Stoffe, Haushaltswaren und eine Vielzahl an Nahrungsmitteln angeboten werden. Von Nüssen über Chilis und getrockneten Fisch bis hin zu süßen Leckereien gibt es viel zu entdecken.
Devotionalien, z. B. Buddha-Plakate und geschnitzte Figuren, werden vor dem Aufzug und im Nordaufgang der Shwesandaw-Pagode verkauft. Viele Handwerker schnitzen die Figuren vor Ort. Sie verkaufen ihre Werke günstig und nehmen auch Auftragsarbeiten an.

Guides
Wer jemanden sucht, der Englisch spricht, freundlich ist und sich zudem recht gut auskennt, wendet sich am besten an **Scott**, 094-5233 5255, scottjogurt@gmail.com, auf Facebook: Scott Yoghurt. Der kleine drahtige Birmane hat sich lange als Joghurtverkäufer versucht, ist Englischlehrer und seit ein paar Jahren auch lizenzierter Tourguide.

Ausflüge zu den Ruinen kosten offiziell US$35, und wer nicht auf jeden Dollar gucken muss, sollte ihm dieses Einkommen auch zugestehen. Für Budgetreisende macht er aber auch günstigere Preise.

Internet
Wie überall in Myanmar sind auch die Betreiber der Unterkünfte in Pyay um WLAN bemüht. Einige bieten bereits diesen Service, der mehr oder weniger gut funktioniert. Restaurants können dagegen noch nicht damit dienen.

Medizinische Hilfe
Ein Büro des **Bangkok International Hospital**, A-1 Meeyahta Yeiktha Yangon Pyay Rd. nahe dem Reiterdenkmal, 053-24446, bietet Hilfe bei ernsten Problemen, z. B. wenn man ausgeflogen werden muss. Hier hilft Dr. Khin Maung Nyunt.

NAHVERKEHR

Als Nahverkehrsmittel werden hauptsächlich **Fahrradtrishaws** oder **Mopedtaxis** genutzt. Eine Fahrt zum Busbahnhof kostet 1500 Kyat, kürzere

Fahrten ab 500 Kyat. Eine Fahrt im **Pick-up** oder **Tuk Tuk** zum Busbahnhof kostet 2500 Kyat, **Taxis** sind je nach Verhandlungsgeschick unwesentlich teurer.

Für einen Ausflug mit der Trishaw zu den Ruinen zahlt man ungefähr 10 000 Kyat, etwa 12 000 Kyat kostet ein Mopedtaxi. Tuk Tuks zu den Ruinen verlangen etwa 15 000 Kyat (hin und zurück). Da Tuk Tuk-Fahrer am Busbahnhof auf ankommende Passagiere warten, kann ein Ausflug zu den Ruinen schon dort abgesprochen werden.

Auch mit dem **Zug** gelangt man theoretisch zu den Ruinen der alten Stadt bzw. in die Nähe des Museums. Die Züge verkehren derzeit jedoch zu so ungünstigen Zeiten, dass man mitten in der Nacht aufbrechen müsste. Wer Interesse hat, kann am Bahnhof in der Stadt nachfragen, ob sich an den Zeiten etwas geändert hat.

TRANSPORT

Auto und Taxi

Mit dem **Mietwagen** ist die Fahrt von YANGON nach Pyay besonders bequem und in etwa 5 Std. zu bewerkstelligen. Bei dieser Form der Anreise bietet sich schon auf der Hinfahrt ein Stopp bei der Shwemyetman-Pagode an, die etwa 15 km vor Pyay im Dorf Shwedaung liegt (S. 229).

Ein privates **Taxi** nach NGAPALI kostet US$250: Die Fahrer wissen, was sie ihren Autos auf dieser Strecke antun. Größere Gruppen, die schon leidgeprüft sind, können auch einen Pick-up für 6–8 Pers. mieten, er kostet etwa US$180–200.

Busse

Der **Busbahnhof** von Pyay liegt am östlichen Ende der Stadt.

BAGAN, tgl. um 17 Uhr, im Wechsel AC-Bus und Non-AC-Bus, für 12 000 bzw. 14 000 Kyat in mind. 11 Std.

MANDALAY, etwa 6x tgl. zwischen 15.30 und 19 Uhr für 10 000 Kyat in 10 Std.

NGAPALI BEACH, mit dem Minibus um 19 Uhr mit Yoma Yazar für 15 000 Kyat (zzgl. 300 Kyat Versicherung) in 12 Std. Am Besten einen Tag vorher buchen. Wer nur nach THANDWE will, kann ggf. in den großen Bus aus Yangon zusteigen, doch dieser wird Ausländern ungern angeboten; er ist oft total überfüllt, und da die Straßen sehr schlecht sind, ist von dieser Option abzuraten.

PATHEIN, mit dem Minibus um 5.30 Uhr für 10 000 Kyat in 7 Std.

YANGON, stdl. von 5.30–23 Uhr AC-Busse für 5000 Kyat in 6 Std. Auf der Hälfte der etwa 288 km langen Strecke legen die Busse eine Pause in LETPADAN ein, einem kleinen Dorf mit ein paar Restaurants.

Eisenbahn

BAGAN, Abfahrt ca. 22 Uhr, für 2600 Kyat *ordinary class,* 3400 Kyat *upper class*, 10 000 Kyat *sleeper*, in etwa 10 Std.

YANGON, mit dem 72dn um 4 Uhr morgens, für 2000 Kyat *ordinary class* und 10 000 *sleeper* (*upper class* gibt es nicht), in etwa 9 Std. Tickets für die einfache Klasse gibt es bis kurz vor Abfahrt. Wer bequemer unterwegs sein will, muss sich unbedingt frühzeitig um ein Ticket bemühen.

Sri Ksetra (Thayekhittaya)

Die unweit des heutigen Pyay gelegenen Ruinen der alten Stadt Sri Ksetra [24251] werden von den Einheimischen meist nur Ancient City genannt. Einst war es die größte Stadt der Pyu (und auch die letzte ihrer Art) und Hauptstadt ihres Königreiches. Es heißt, die Stadt sei 544 v. Chr. (bzw. etwa im 101. Jahr der buddhistischen Zeitrechnung) von König Duttabaung gegründet worden. Sie war über 600 Jahre lang das Machtzentrum der Region und wurde von 25 Königen regiert. Die wenigen Quellen vermuten den endgültigen Untergang des Reiches um 832 n. Chr. Die Pyu wurden verdrängt, über 3000 sollen als Gefangene nach Yunan verschleppt worden sein. Die verbliebenen Bewohner vermischten sich mit anderen Völkern des Landes und die Hauptstadt wurde im Laufe des 9. Jh. nach Bagan verlegt.

1882 begann sich der deutsche Epigraf Dr. E. Forchammer für Sri Ksetra zu interessieren.

Ihm folgten ab 1900 zahlreiche Forscher, die damit begannen, die Ruinen auszugraben und teils zu restaurieren. Diese Arbeiten hielten sich jedoch zum Glück in Grenzen, denn sonst wäre die Stadt sicher nicht so schnell als Weltkulturerbe der Unesco anerkannt worden. Bereits 1996 wurden die Ruinen vorgeschlagen; 2014 war es dann so weit und Sri Ksetra wurde Weltkulturerbe. Heute sind viele Ruinen teilweise restauriert, sodass man einen Eindruck von der Architektur der Pyu erhält, ohne dass die Bauten neu erschaffen wurden (wie es beispielsweise vielfach in Bagan geschah). Einiges, wie der Palast und viele Eingangstore, ist daher nicht mehr als eine kleine Ansammlung roter Backsteine. Andere Tempel sind hingegen so gut erhalten, dass sich ein Besuch durchaus lohnt. Man darf allerdings kein Weltwunder erwarten. Im Folgenden sind die Sehenswürdigkeiten in der Reihenfolge gelistet, in der man sie anfährt. Im Laufe der Jahre werden sicherlich weitere Ausgrabungen hinzukommen bzw. Wege besser ausgebaut sein, sodass dann auch andere Routen befahren werden könnten.

Payagyi-Pagode

Die aus rotem Backstein errichtete Payagyi-Pagode am Ostende von Pyay stammt vermutlich aus dem 6./7. Jh. und gehört laut einer Inschrift zu den ältesten Pagoden Myanmars. Sie gilt als Prototyp für die späteren Pagoden des Landes. Es heißt, die Pagode sei kurz vor der Baw Baw Gyi-Pagode (S. 236) gebaut worden. Mündliche und schriftliche Überlieferungen legen den Schluss nahe, dass die Payagyi-Pagode eine jener neun Pagoden ist, die unter König Duttabaung errichtet wurden. Der große Zehennagel von Buddhas rechtem Fuß soll hier neben anderen Reliquien eingemauert sein. Der *hti* (Schirm) stammt vermutlich von einem Mönch, der ihn nach der letzten Restaurierung um 1888 gespendet haben soll. Der Name der Pagode änderte sich mehrmals im Laufe ihrer Geschichte: Wegen der langen Bauzeit hieß sie zuerst Sai Sai-Pagode, was so viel wie „Langsam-Langsam-Pagode" bedeutet. Danach wurde sie aufgrund ihrer Größe Maha Zedi („großer Zedi") genannt. Später erhielt sie ihren heutigen Namen Payagyi („große Pagode"). Frauen dürfen nur bis zur zweiten Erhöhung steigen. Männern ist es erlaubt, auch die dritte Stufe zu erklimmen.

Stadtmauer

Etwa 4 km weiter stößt man an die Stadtmauer von Sri Ksetra. Sie weist eine ovale Form auf und ist aus rotem Backstein erbaut. Quellen berichten von zwölf Toren, bisher wurden aber erst neun freigelegt. Viele der Seitenwände befinden sich noch immer unterhalb des Erdreiches. Aus Pyay kommend passiert man zuerst das 1971 ausgegrabene **Nagatung-Tor**. Aufgrund seiner gewundenen Form wird es auch „sich windender Drache" *(wiggling dragon)* genannt. An der Stadtmauer entlang erreicht man das **Nat Pauk-Tor**, das 2010 ausgegraben wurde. Vorbei an der **Field School of Archeology** ist bald das Museum erreicht.

Museum

Vor dem Museum ist der Eintritt von 5000 Kyat zu zahlen, der zum Besuch Sri Ksetras befugt. Wer sich zudem das Museum ansehen will, zahlt weitere 5000 Kyat. In dem kleinen Haus befinden sich wenige, jedoch interessante Stücke aus der Pyu-Epoche. Neben Buddhabildnissen, Steinreliefs und Inschriften sind auch alte Münzen und große steinerne Urnen ausgestellt. Leider nur noch auf Fotos zu bestaunen sind kleine, aus Bronze gefertigte Figuren, die Musiker und Tänzer darstellen. Einst waren die nahe der Phayamar-Pagode gefundenen Figuren hier im Original zu bewundern – bis sie gestohlen wurden. Als sie viele Jahre später wieder auftauchten, entschloss man sich, sie nicht mehr der Öffentlichkeit zugänglich zu machen. In der Shwe Nwe-Pagode in Pyay werden Figuren aufbewahrt, die ebenfalls aus dieser Epoche stammen sollen. ⊙ Di–So 9.30–16.30 Uhr, feiertags geschlossen.

Palast

Ein paar Meter hinter dem Museum steht die erste Mauer, die zur Palastanlage gehört. Von dem dahinterliegenden Palast ist nicht mehr viel zu sehen, nur ein paar Steine sind im Boden zu entdecken. Einst maß der Palast 518 x 343 m. Mit den Ausgrabungen wurde bereits 1968/69 be-

Sri Ksetra

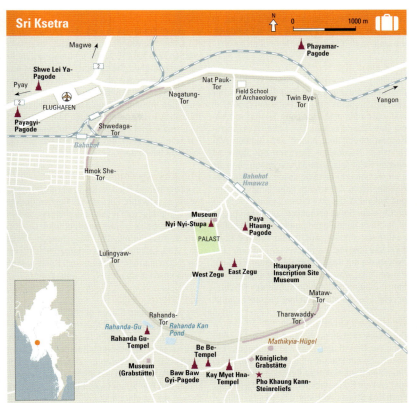

gonnen. Bis zum Jahr 2013 fanden insgesamt 14 Ausgrabungsprojekte statt. Es wird davon ausgegangen, dass der Palast während der Herrschaft der Pyu einige Male umgebaut wurde. Ein paar Meter weiter sind große Eisennägel zu sehen, die in der Mauer gefunden wurden. Es ist nichts darüber bekannt, wie die Pyu diese bearbeitet haben. Sie dienten wohl zur Verstärkung der Wände und sollten das Böse fernhalten.

Rahanda Gu

Durch das **Rahanda-Tor** hindurch gelangt man außerhalb der Stadtmauern zum kleinen **Rahanda Gu-Tempel**, dessen Erbauungszeit unbekannt ist. Er wurde für acht sitzende, in Sandstein gemeißelte Buddhafiguren errichtet, die im Inneren des höhlenartigen Baus untergebracht sind (der Tempel wird oft auch als Cave Pagoda bezeichnet). Der Eingang ist durch ein Gitter versperrt. Dahinter sind zwei von ursprünglich drei Buddhafiguren (die mittlere fehlt) zu sehen. Sie blicken in Richtung der alten Stadt. Gegenüber dem Tempel befindet sich der **Rahanda Kan Pond**, der als Stausee diente und einst dank eines hydraulischen Systems half, die Felder zu bewässern.

Museum (Grabstätte)

Erst 2011/12 wurden die hier zu sehenden Terrakotta-Töpfe ausgegraben. Nachdem man zuerst von einer Töpferwerkstatt ausging, wurde schnell klar, dass es sich um Urnen und somit um eine Bestattungsstätte handeln musste. In den Urnen fanden sich jeweils kleine Eisenkeile, die wohl auch hier das Böse fernhalten sollten.

Baw Baw Gyi-Pagode

Wenige Meter von der Grabstätte entfernt, befindet sich die große Baw Baw Gyi-Pagode. Der zylindrische Stupa hat eine Höhe von rund 47 m und wurde als einer der neun Tempel von König Duttabaung erbaut. Die Form ist recht außergewöhnlich und ähnelt den Tempeln Varanasis in Nordindien. Einst war der Stupa mit weißen Schindeln bedeckt, von denen noch ein paar wenige erhalten sein sollen. Chroniken berichten, König Anawrahta habe einst die heiligen Reliquien, die im Inneren aufbewahrt wurden, aus der Stupa entnommen und nach Bagan in die Shwezigon-Pagode gebracht. Damit nicht noch mehr geklaut wird, wacht nun Nat Myat Say (was übersetzt so viel wie „Grand Lady" bedeutet), die auf einer Schaukel rechter Hand der Pagode sitzt, über die möglicherweise verbliebenen Reliquien. Gläubige opfern der Wächterin Tücher und auch schon mal ein Paar Schuhe.

Be Be-Tempel

Der kleine Tempel, nur 4,90 x 5,20 m groß, steht nahe der Baw Baw Gyi. In seinem Inneren befindet sich ein Steinrelief, das Buddha mit zwei Mönchen zeigt. Buddhas Körper wurde restauriert und mit Beton nachmodelliert. Aufgrund der Form des Stupas wird der Bau des Tempels in die Zeit der Bagan-Ära datiert (11.–13. Jh.). Das Buddharelief ist jedoch vermutlich älter und stammt aus der späten Pyu-Ära des 7. Jhs.

Kay Myet Hna-Tempel

Dicke Eisenträger stützen den kleinen Tempel, der etwa 7 x 7 m im Quadrat misst und etwa 6 m hoch ist. Er wurde vermutlich in der späten Pyu-Zeit im 7.–9. Jh. erbaut. Der Kay Myet Hna ist der einzige Tempel der Region, der vier Eingänge aufweist. Die in Stein gemeißelten Buddhagesichter im Inneren gucken in alle vier Himmelsrichtungen. Ein Abbild ist sehr gut erhalten (bzw. wohl einmal neu gemacht), zwei andere sind mit Beton geflickt, und das letzte ist so stark verwittert, dass die Figur nur noch schemenhaft zu erkennen ist.

Königliche Grabstätte

An dieser Stelle soll in einer der großen Urnen die Königin Beikthano bestattet sein. Insgesamt wurden hier 1967/68 sechs große Sandsteinurnen ausgegraben. Sie bestehen aus jeweils drei in Stein gehauenen Ringen, die perfekt aufeinander passen. Die Bedeckungen wurden nicht gefunden. Man nimmt an, dass hier neben der Königin ihre nahen Angehörigen beigesetzt wurden. Heute sind die Urnen wieder recht tief in der Erde vergraben, nur auf Fotos kann man sie in Gänze bewundern.

Pho Khaung Kann-Steinreliefs

In einem kleinen Haus werden zwei große Steinreliefs aufbewahrt. Zur Zeit der Recherche war das kleine Museum jedoch geschlossen und es ist unklar, ob es wieder geöffnet wird. Die Reliefs wurden bereits 1907/08 gefunden. Beide sind etwa 1,80 m hoch und nahezu ebenso breit. Sie zeigen u. a. den meditierenden Buddha. Man nimmt an, dass sie im 5.–7. Jh. entstanden.

Mathikyia-Hügel

Der Sockel eines Stupas gehört zu den ersten Ausgrabungsstätten Sri Ksetras und wurde bereits 1927/28 von Charles Duroiselle gefunden. Archäologen datieren den Bau des Stupas auf das 3./4. Jh. Es wurden zudem Eisennägel, Bronzespiegel, Votivtafeln und Waffen ausgegraben. Diese sind hier heute nicht mehr im Original zu sehen (nur auf einer Infotafel).

East und West Zegu

Zurück Richtung Palast führt eine Straße, die nicht bei jedem Wetter befahrbar ist, vorbei am East und am West Zegu. Im East Zegu wurde eine Buddhastatue gefunden, die heute im Museum zu bestaunen ist. Der West Zegu, heute nur noch eine Ruine, befindet sich nahebei. Wer hier nicht vorbeifahren kann, nimmt die äußere Straße zurück, vorbei am Baw Baw Gyi-Tempel.

Paya Htaung-Pagode

Diese kleine Pagode befindet sich nahe dem Museum. Lange Zeit galten Erbauer und Zeitraum als unbekannt. Heute gehen Forscher davon aus, dass der Bau zwischen 900 und 1000 n. Chr. errichtet wurde. Die Legende berichtet, 1000 Offi-

Die Ruinen der alten Stadt Sri Ksetra sind weit über tausend Jahre alt.

ziere hätten ihn bezahlt. Im Stil ähnelt die Pagode jenen von Bagan. Einst sollen die vier Türen offen gewesen sein, heute sind sie zugemauert. Nahebei wurden Urnen gefunden, u. a. soll hier eine große Urne in einem Stupa eingemauert gewesen sein. Das Beweisfoto zum Fund ist aber äußerst fragwürdig und sieht eher aus wie die Photoshop-Arbeit eines Anfängers. Wo die Urne, die über 2 m Durchmesser aufweisen soll und mit Inschriften geschmückt ist, heute zu finden ist, konnten wir leider noch nicht herausfinden.

Phayamar-Pagode

Wieder außerhalb der Stadtmauer ist die Phayamar-Pagode die letzte Station der Besichtigungstour. Sie ähnelt der Payagyi-Pagode und wurde wohl auch zur selben Zeit erbaut. Auch Phayamar soll einmal Reliquien Buddhas beherbergt haben: einen Finger, einen Fußnagel und auch Knochenstückchen.

TRANSPORT

Für einen Ausflug benötigt man etwa 4 Std. Zeit. In der Stadt bieten **Mopedfahrer** ihre Dienste an. Für 10 000 Kyat kann man sich zu den Sehenswürdigkeiten bringen lassen. Die Feldwege innerhalb der alten Stadtmauern sind in einem annehmbaren Zustand und können mit einem Moped gut befahren werden. Auf einem **Fahrrad** in Eigenregie ist es etwas schwieriger, aber machbar. E-Bikes gab es zur Zeit der Recherche noch nicht. Nostalgiker mieten sich einen **Ochsenkarren** (US$5) und lassen sich von einem der Bauern gemächlich zu den Tempeln und Pagoden kutschieren. Welche Tempel genau besichtigt werden, muss mit den Bauern geklärt werden.

Wenn die Rikschafahrer Englisch sprechen oder ein Führer dabei ist, ist die Route schnell geklärt. Die Mopedfahrer fahren die Tempel meist in der Reihenfolge ab, wie oben gelistet. Zu Fuß ist der Ausflug beschwerlich, wenn auch für gute **Wanderer** machbar. Zum Schutz vor Schlangen sollte auf festes Schuhwerk geachtet werden. Und auf jeden Fall muss genug Wasser im Gepäck sein. Auf der Hin- und Rückfahrt in die Stadt bieten zwar einige Toddy-Bars leckeren Palmwein und andere Getränke zur Erfrischung an, und auch innerhalb der Stadt haben einige kleine Erfrischungsstände eröffnet, sie sind aber dünn gesät.

PER BALLON ÜBER BAGAN; © MARTIN H. PETRICH

Bagan und Umgebung

Wenn die ersten oder letzten Sonnenstrahlen die einmalige Kulturlandschaft in warmes Licht hüllen, wünscht man sich nichts mehr, als dass der Augenblick zur Ewigkeit wird. Sprachlos steht man vor einem der heute über 3400 aufgelisteten Monumente Bagans, die innerhalb von 250 Jahren errichtet wurden und zu den architektonischen Meisterleistungen Asiens zählen.

Stefan Loose Traveltipps

5 **Bagan** Oft beschrieben und doch unbeschreiblich: eine endlose Pagodenlandschaft in pastellfarbenen Tönen. S. 242

Sale Gemütlicher Flecken im Dornröschenschlaf mit Zeugnissen einer lebendigen Vergangenheit. S. 281

Mount Popa Wie eine Fata Morgana in endloser Weite. Ein Ort schicksalhafter Begegnungen und unruhiger Geister. S. 286

Pakokku Lebendige Stadt am Ayeyarwady mit geschichtsträchtigen Klöstern und interessanten Handwerksdörfern in der Umgebung. S. 289

Salin, Legaing und Sagu Stimmungsvolle Städtchen in Ober-Myanmar mit urigen Holzklöstern. S. 300

KUTSCHPARTIE AUF BIRMANISCH; © MARTIN H. PETRICH

KUNSTVOLLE HANDARBEIT: LACKWAREN AUS BAGAN; © MARK MARKAND

Wann fahren? Bagan und Umgebung sind das ganze Jahr über schön.

Wie lange? Besucher sollten mindestens 2 Tage einplanen, besser mehr.

Bekannt für die herrliche Pagodenlandschaft

Beste Feste Das Ananda-Festival im Januar

Unbedingt ausprobieren Die süßen Tamarindenblättchen

Highlight Eine Fahrt mit der Pferdekutsche durch Bagan ist ein besonderes Erlebnis. Ungleich teurer, aber ebenfalls ein absolutes Highlight: im Heißluftballon über das Pagodenmeer zu gleiten.

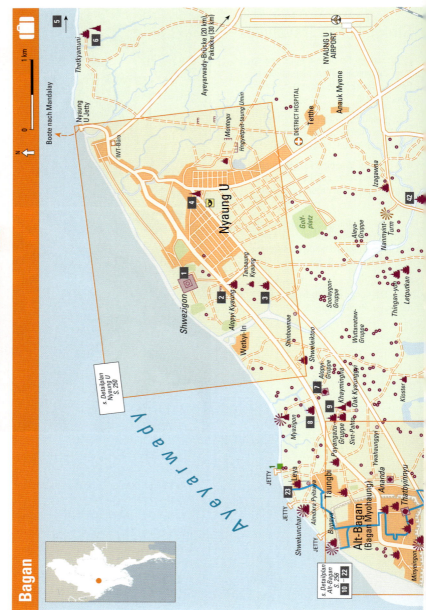

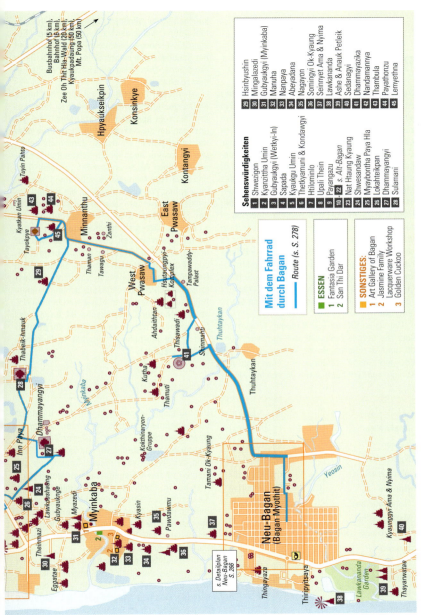

5 HIGHLIGHT

Bagan

Der Besuch Bagans [5343] gehört zweifellos zu den Höhepunkten einer Myanmar-Reise. Das 40 km² große Tempelareal liegt in einer Trockenzone mit einer jährlichen Niederschlagsmenge von durchschnittlich weniger als 1000 mm. Dafür verantwortlich sind die bis zu 3000 m hohen Gipfel des Rakhine Yoma im Westen Myanmars, da sie die schweren Regenwolken des Monsuns abhalten. Die Landschaft hat einen savannenähnlichen Charakter mit entsprechender Flora und Fauna. Bei den Bäumen dominieren Akazien, Niem und Tamarinde sowie Euphorbien und die Palmyrapalme. Unter den Tieren gibt es sogar zwei endemische Vogelarten, die Birmanische Buschlerche und den Weißkehldrossling, sowie überdurchschnittlich viele Schlangenspezies, die sich in den dunklen Ecken der Tempelbauten am wohlsten fühlen. Also etwas aufgepasst!

Die vielen Klöster und Pagoden zeugen davon, wie tief die birmanische Kultur vom Buddhismus durchdrungen ist. Wer einen Tempel oder ein Kloster stiftete – es waren nicht nur Könige, sondern auch deren Frauen und Nachkommen sowie Minister, Kaufleute und betuchte Bürger –, wollte der Nachwelt seine tiefe Religiosität demonstrieren. Vor allem aber verband der Spender damit seinen Wunsch, durch die so erworbenen Verdienste eine bessere Wiedergeburt zu erlangen.

An dieser Einstellung hat sich bis heute nichts geändert. Von der einfachen Reisbäuerin bis zum obersten General wird Geld gespendet, um die Sakralbauten renovieren oder gar neu errichten zu lassen, denn nicht selten war davon nur noch ein Ziegelsteinhaufen übrig. Auf diese Weise entstanden zwischen 1995 und 2008 1299 Monumente vollständig neu. Oft wird wenig Wert darauf gelegt, die Bauten originalgetreu wiederaufzubauen. *Hti* werden an der Spitze eines Stupas angebracht, obwohl zu Bagans Zeiten noch gar keine Metallschirme eingesetzt wurden, oder Böden mit Marmor belegt, was rein gar nichts mit der ursprünglichen Ausstattung zu tun hat. So präsentiert sich Bagan immer mehr als eine Mischung aus historischer Stätte und zeitgenössischem Glauben. Ausländische Besucher mögen darüber die Nase rümpfen, für Einheimische ist Bagan *das* Symbol der großen birmanischen Vergangenheit und ungebrochenen Vitalität des buddhistischen Glaubens.

Geschichte

Der Aufstieg Bagans geht Hand in Hand mit der zunehmenden Dominanz der Bamar in Ober-Myanmar. In immer größerer Zahl drangen sie aus dem Norden vor und ließen sich entlang des Ayeyarwady nieder. Schließlich gelangten sie in die Gegend des heutigen Bagan, wo eine Pyu-Siedlung namens **Pukam** existierte, die durch ein Städtebündnis mit Sri Ksetra und Beikthano verbunden war. Nach Chronikberichten nahmen die Bamar unter ihrem König Pyinbia im Jahre 849 Pukam ein und machten es zur Hauptstadt ihres Königreiches.

Die fruchtbaren Reisanbaugebiete bei Salin und Kyaukse, die durch das Graben von Kanälen stetig ausgeweitet wurden, sicherten die Versorgung. Doch es dauerte noch 200 Jahre, bis Bagan zum Zentrum eines Großreiches wurde.

Die Könige von Bagan

Anawrahta	reg. 1044–1077
Sawlu	reg. 1077–1084
Kyanzittha	reg. 1084–1112
Alaungsithu	reg. 1112–1167
Narathu	reg. 1167–1170
Naratheinkha	reg. 1170–1173
Narapatisithu	reg. 1173–1210
Nadaungmya („Htilominlo")	reg. 1210–1234
Kyazwa	reg. 1234–1250
Uzana	reg. 1250–1254
Narathihapate	reg. 1254–1287
Kyawzwa	reg. 1287–1298
Sawhnit	reg. 1298–1312

Namen

Der in Chroniken verwendete Name für Bagan, *Pukam*, wird erstmalig in einer um 1050 datierten Cham-Inschrift aus dem Po Nagar-Tempel im vietnamesischen Nha Trang erwähnt. Bagan leitet sich vermutlich von *Pyu gama*, „Siedlung der Pyu", ab. Die Briten führten die Schreibweise *Pagan* ein, erst seit 1989 wird lautgerecht *Bagan* geschrieben.

Dafür verantwortlich war ein ambitionierter König, der als **Anawrahta** den Thron bestieg. Sein Krönungsjahr 1044 gilt als der Beginn des Ersten birmanischen Reiches. Der Königsstadt gab er den Sanskritnamen **Arimaddanapura**, „Stadt, die den Feind vernichtet".

Glanz und Untergang einer Regionalmacht

Anawrahta gelang es innerhalb kurzer Zeit, sein Reich zu festigen. Doch um es wirklich zu einem Großreich werden zu lassen, brauchte er den Zugang zum Meer. Daher unterwarf der König die Küstenregion, wo mit Mottama (bei Mawlamyine), Dala (bei Yangon) und Pathein wichtige Häfen für den Seehandel im Golf von Mottama und Bengalen lagen. Ob Anawrahta wirklich 30 000 **Mon** samt ihrem König Manuha aus Thaton verschleppte, wie es die fantasiereiche *Glaspalastchronik* detailreich schreibt, bleibt angesichts fehlender Beweise fraglich.

Unter Anawrahta begann in Bagan ein atemberaubender religiöser Bauboom. Mit der Fertigstellung der Shwezigon und der Errichtung des Ananda setzte sein zweiter Nachfolger, **Kyanzittha** (reg. 1084–1112), neue architektonische Maßstäbe und ließ sich von diversen Kulturen inspirieren. Für seine Inschriften verwandte er neben dem altbirmanischen Alphabetensystem auch jenes der Mon und entwickelte in seinen Bauten die Architektur von Pyu-Tempeln weiter, während die Skulpturen wiederum nordindischen Vorbildern folgten. Der Niedergang des Ersten birmanischen Reiches begann im 13. Jh., wofür es eine Reihe von Gründen gibt. In der Provinz rebellierten manche Statthalter, auch ging die Küstenregion wieder verloren. Zu einem chronischen Problem wurden die sinkenden Steuereinnahmen infolge der vielen Landschenkungen an buddhistische Klöster. Vor allem unter dem baufreudigen Regenten **Narapatisithu** (reg. 1173–1210) und dessen Sohn **Nadaungmya** (reg. 1210–34) nahm der Anteil monastischer Ländereien enorm zu.

Es gibt Berechnungen, dass in der zweiten Hälfte des 13. Jhs. mehr als 60 % der in der weiteren Umgebung Bagans geschätzten 2308 km^2 Anbaufläche für Nassreis von Abgaben befreit waren. Versuche, die teilweise übermächtig gewordenen **Klöster** zu enteignen, konnten daran nicht viel ändern. Kostspielige Tempelbauten führten zur Konzentration der Arbeitskräfte, die an anderer Stelle fehlten, sodass Bagan den bevorstehenden geopolitischen Veränderungen in Südostasien nichts entgegenzusetzen hatte.

Als die rasanten Eroberungszüge des Mongolenführers Kublai Khan auch das birmanische Reich erreichten, war dies der Anfang vom Ende Bagans. Nach einer ersten Expedition in den Norden des Landes 1285 folgte ein gutes Jahr später eine zweite. Es ist jedoch unwahrscheinlich, dass die Mongolen jemals nach Bagan ka-

Bauphasen in Bagan

Frühe Phase: Die *pahto* aus der Anfangszeit wirken wegen ihres niedrig gehaltenen Hauptraums und der meist flach ansteigenden Dachkonstruktionen ziemlich gedrungen. Durch die gitterförmigen Fensteröffnungen dringt nur wenig Licht ins Innere. Die Kühle und Dunkelheit sowie zahlreiche Nischen verleihen ihnen einen „Höhlencharakter", weshalb die Tempel häufig als *gu*, „Höhle", bezeichnet werden.

Mittlere Phase: Typisch für diese Bauperiode im 12. Jh. sind die kubisch gestalteten, deutlich voneinander abgehobenen Stockwerke. Große Fenster- und Türöffnungen lassen viel Licht ins Innere.

Späte Phase: Während des 13. Jhs. finden sich verschiedene Stilrichtungen. Mal dienen ältere Bauten als Vorbild, mal wird der *pahto* vollkommen anders gestaltet, wie etwa der dreiteilige Payathonzu in Minnanthu.

men. Vom letzten großen König **Narathihapate** (reg. 1254–87) wird erzählt, er habe 1287 eine mongolische Gesandtschaft hinrichten lassen, sei nach Pyay geflohen und dort von seinem Sohn umgebracht worden. Allerdings wurde die Stadt mit seinerzeit etwa 400 000 Einwohnern vermutlich erst Mitte des 14. Jhs. verlassen, als etwa 180 km flussaufwärts in Sagaing (und später Inwa) ein neues Machtzentrum entstand.

Architektur

Die 3400 Bauwerke sind fast ausschließlich religiöser Natur und unterteilen sich in Tempel *(pahto)*, Stupas *(zedi)*, Klosteranlagen *(kyaung)* und andere Gebäude wie Schreine, Bibliotheken *(pitakataik)* und Ordinationshallen *(thein)*. Fast alle nicht-religiösen Gebäude wie Königspalast und Wohnhäuser existieren nicht mehr, da sie aus Holz oder Bambus errichtet wurden. Nur das Tharaba-Tor und Teile der Stadtmauer sind erhalten. Auch viele religiöse Gebäude wie die Wohnräume der Mönche, Ordinationshallen oder Bibliotheken bestanden aus Holz. Wie sie ausgesehen haben, lässt sich vage rekonstruieren, da noch einige Beispiele aus Stein existieren, darunter den Upali Thein und Pitaka Taik.

Bei den **Stupas** lassen sich vier Typen unterscheiden. Bei **Typ 1** handelt es sich um die ältesten Exemplare aus der Pyu-Ära wie den gurkenförmigen Bupaya und den eiförmigen Ngakywenadaung in Alt-Bagan. Als **Typ 2** gilt der birmanische Stil mit Terrassen und einem glockenförmigen Hauptkörper (anda). Terrassen und Glockenform des anda finden sich ebenfalls bei **Typ 3**, aber der Abschluss wird durch eine breite, diskusförmige Schale mit anschließendem zylindrischem und gerippten Aufsatz gebildet. Markenzeichen von **Typ 4** ist ein quadratischer Aufsatz über dem anda, wie er auch bei den Stupas in Sri Lanka zu finden ist.

Im Gegensatz zu den Stupas sind die teilweise recht großen Tempelbauten, Pahto genannt, innen begehbar und bergen Hallen und Korridore. Bei manchen pahto wie dem Ananda oder

Wandmalereien

In 347 Tempeln sind zumindest Reste von Wandmalereien erhalten. Als Experten der Unesco in den 1980er-Jahren mit Restaurierungsarbeiten begannen, kamen hervorragende Kunstwerke zum Vorschein. Oft kamen die Experten jedoch zu spät: Viele Malereien waren bereits durch Übertünchung für immer verloren. Doch folgende Tempel enthalten teilweise noch gut erhaltene Malereien: Abeyadana, Gubyaukgyi (Wetky-in), Gubyaukgyi (Myinkaba), Lokahteikpan, Nandamannya, Nagayon, Payangazu-Gruppe (mit Resten von Stoffmalereien), Payathonzu, Pathothamya, Hsinbyushin-Klosterkomplex.

Die Motive sind fast ausnahmslos religiöser Natur. Gleichwohl geben sie Aufschluss über die zeitgenössische Kleidung, Haartracht und Architektur der Bagan-Ära. Die Malereien im Ananda Ok-Kyaung und Upali Thein stammen aus dem 18. Jh. und zeichnen sich durch eine wunderbare Lebendigkeit aus.

Hauptthemen sind:
- die 28 bisher erschienenen Buddhas (jeder fand unter einem anderen Baum die Erleuchtung)
- 547 (gelegentlich auch 550) Jatakas
- Szenen aus dem Leben des Gautama Buddha, darunter sehr häufig folgende acht Hauptereignisse: Geburt; Erleuchtung; erste Predigt von Benares; Vermehrungswunder in Kosala (Buddha erscheint gleich mehrfach); Abstieg aus dem Tavatimsa-Himmel; Zähmung des Elefanten Nalagiri; Buddha im Wald Parileyaka, wo er von einem Affen und Elefanten verpflegt wird; Parinibbana (Tod Buddhas)
- Bodhisattvas und Himmelswesen in mahayana-buddhistisch beeinflussten Tempeln
- Hindu-Gottheiten

Thatbyinnu ist die Grundform quadratisch mit einem oder vier Eingängen. Zudem gibt es Tempel mit vorgelagerter Eingangshalle und nur einem Eingang.

Erdbeben und Plünderungen

Auch nachdem Bagan seine Funktion als Königsstadt verloren hatte, galt der Ort als symbolisches Zentrum Myanmars. Bedeutende Könige ließen es sich nicht nehmen, die wichtigsten Tempel zu restaurieren oder zu beschenken. So ließ König Bayinnaung (reg. 1551–81) im Jahr 1557 die Shwezigon neu vergolden und stiftete eine neue Glocke. Im 18. Jh. wurden mit dem Upali Thein und Ananda Ok-Kyaung sogar zwei neue Tempel errichtet. Doch konnte nicht verhindert werden, dass es regelmäßig zu Plünderungen kam, u. a. von den deutschen Hobby-Archäologen Dr. Thomann (S. 258) und Fritz Noetling.

Noetling, der als Geologe in den Ölfeldern von Yenangyaung arbeitete, entfernte am Mingalazedi und Dhammayazika zahlreiche Terrakottatafeln. 1893 schenkte er 101 Tafeln dem Berliner Museum für Indische Kunst, wo heute einige Exemplare ausgestellt sind. Einem anderen Deutschen, dem Archäologen Dr. Emil Forchhammer, Professor für Pali am Rangoon College, der im Auftrag der Kolonialregierung Bagan 1881 erstmalig erforschte, sind wiederum wichtige Tempelstudien zu verdanken.

Vor allem war es jedoch Gordon Hannington Luce (1889–1979), der ab 1912 Bagan systematisch untersuchte und die Geschichte anhand der mehr als 400 Inschriften zu erhellen versuchte. Von dem Briten stammen die wichtigsten Forschungsergebnisse, welche er u. a. zusammen mit Bo-Hmu Ba Shin in seinem Standardwerk *Old Burma; Early Pagan* veröffentlichte. Die politische Isolation ab 1962 verhinderte spätere Arbeiten. Das schwere Erdbeben vom 8. Juli 1975 bedeutete einen herben Rückschlag für den Erhalt der Tempel in Bagan.

Erst unter dem Franzosen Pierre Pichard kam es im Auftrag der École française d'Extrême-Orient (EFEO) ab 1992 zu einer umfassenden Bestandsaufnahme der Tempel. Fatal wirkten sich die dilettantischen Restaurierungsarbeiten nach dem Erdbeben vom 24. August 2016 aus, als über 400 Monumente vor allem an den restaurierten Teilen beschädigt worden waren. Mithilfe von Unesco-Experten soll Bagan jetzt fit für die Welterbeliste gemacht werden. Als Termin wird 2019 avisiert.

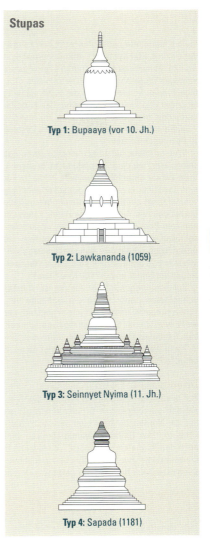

Stupas

Typ 1: Bupaaya (vor 10. Jh.)

Typ 2: Lawkananda (1059)

Typ 3: Seinnyet Nyima (11. Jh.)

Typ 4: Sapada (1181)

Besichtigung

Viele Unterkünfte und Läden verleihen **Fahrräder** ab rund 1500 Kyat und **E-Bikes** um 7000 Kyat am Tag. Schwierigkeiten bereiten allerdings die sandigen Wege abseits der Hauptstraßen. Dornige Zweige können zudem die Fahrt vorzeitig stoppen. Eine kleine Testfahrt bei der Ausleihe verhindert böse Überraschungen, da manche Zweiräder die Tempel in ihrem ruinösen Zustand zu überbieten scheinen.

Wer es bequemer haben möchte, kann das Tempelareal mit einer **Pferdekutsche** besuchen. Viele Fahrer sprechen passables Englisch. Für eine Tagestour erwarten die Kutscher abhängig von der Route ab 20 000 Kyat. An der Anlegestelle unweit der Aye Yar River View Hotels kann man auch ein **Boot** mieten, um z. B. den Höhlentempel Kyauk-gu Umin zu besuchen. Diese zwei- bis dreistündige Fahrt ist vor allem nachmittags sehr schön (ca. 20 000 Kyat). Für eine Sunset-Tour verlangen die Fahrer etwa 12 000 Kyat/Stunde.

Zur Besichtigung vieler Tempel ist eine **Taschenlampe** nötig. Sollte ein Gebäude verschlossen sein, findet sich immer jemand, der weiß, wo sich der **Schlüsselträger** gerade aufhält. Gegen ein kleines Trinkgeld öffnen sich viele Türen. Weitere Infos zu Bagan gibt es auch unter **eXTra [5343]**.

Orientierung

Zur leichteren Orientierung werden die Tempel den verschiedenen Ortschaften zugeordnet. Im Norden befindet sich das wirtschaftliche Zentrum Bagans, **Nyaung U**, nach dem auch der Flughafen benannt ist. Von Nyaung U führen parallel zwei breite Straßen in Richtung Südwesten. Nach etwa 5 km gelangt man zum ehemaligen politischen Zentrum, heute **Alt-Bagan (Bagan Myohaung)** genannt. Dort liegen die wichtigsten Tempelanlagen. Im Mai 1990 wurden die Bewohner in einer umstrittenen Aktion zwangsumgesiedelt. Heute leben sie im 4 km südlich gelegenen **Neu-Bagan (Bagan Myothit)**, das sich mit seinen zahlreichen Hotels und Gästehäusern inzwischen zu einer lebendigen Siedlung gemausert hat. Etwa 1 km südlich von Alt-Bagan liegt **Myinkaba** mit zahlreichen Lackwerkstätten. Weitere Orte sind **Thiripyitsaya** am Ayeyarwady, das mit Neu-Bagan zusammengewachsen ist, und **Minnanthu** im Osten Bagans.

Best of Bagan

- **Ananda** der prächtigste Kultbau, S. 252
- **Shwezigon** der glänzendste Stupa, S. 246
- **Dhammayangyi** die massivste Pyramide, S. 260
- **Manuha** die ungewöhnlichsten Buddhas, S. 263
- **Gubyaukgyi** (Myinkaba) die schönsten Malereien, S. 248
- **Nanpaya** die feinsten Sandsteinreliefs, S. 263
- **Payathonzu** die filigransten Wandbilder, S. 267
- **Kyaukgu Umin** Meditationshöhle mit der bezauberndsten Anfahrt, S. 249
- **Shwesandaw** der Stupa mit der schönsten Aussicht, S. 259
- **Thatbyinnyu** der höchste Tempelbau, S. 254

Eintritt

Für den Besuch der archäologischen Stätten wird ein einmaliger Eintritt von 25 000 Kyat verlangt. Wer mit dem Bus anreist, muss das Ticket bereits vor Ankunft an einem Schalter an der Einfallstraße bezahlen. Weitere Kassen befinden sich in Nyaung U unweit der Bootsanlegestelle und am Flughafen.

Nyaung U

Shwezigon [1]

- Datierung: 1059–90

Die vergoldete Shwezigon zählt zu den Meisterwerken der Tempelbauten Bagans. Erstmalig wurde mit ihr ein Zedi in einem eigenständigen birmanischen Stil errichtet. Der Baubeginn fällt in eine Phase, als der Stifter-König **Anawrahta** sein neu geschaffenes Großreich durch den Buddhismus als einigende Religion festigen wollte. Daher war ihm sehr daran gelegen, die wichtigsten Reliquien Buddhas nach Bagan zu bringen und für sie eine Pagode zu bauen. Aus der alten Pyu-Metropole Sri Ksetra brachte er ein Stirnbein Buddhas mit, und der befreundete König von Sri Lanka machte ihm ein Duplikat der berühmten Zahnreliquie (heute in Kandy) zum Geschenk. Der Legende nach ließ er den geeigneten Standort von einem weißen Elefanten ermitteln. Dort, wo das frei herumlaufende Tier mit den Reliquien auf dem Rücken anhielt, sollte sie erbaut werden. So geschah es. Die erwählte Stelle wurde *zeya bhumi*, „Land des Sieges", genannt, woraus sich der Name der Shwezigon ableitet. Nach mehrjähriger Unterbrechung vollendete **Kyanzittha** die Shwezigon nach sieben Monaten Bauzeit am Mai-Vollmond 1090. Schenkungen und Restaurierungen in den folgenden Jahrhunderten zeugen davon, dass auch später die Shwezigon von großer Bedeutung war. Bis heute ist sie ein Pilgerziel, vor allem zu ihrem Fest am November-Vollmond. Dann entsteht über mehrere Wochen hinweg rund um die Shwezigon ein bunter Jahrmarkt.

Da Höhe und Breite an der **Basis** mit knapp 49 m exakt gleich sind, wirken die Proportionen sehr massiv und kompakt. Die Basis bilden drei hohe, sich verjüngende quadratische Terrassen, die auf allen vier Seiten mit Treppenaufgängen verbunden sind und grün glasierte Terrakottatafeln bergen. Es folgt eine achtseitige Basis, auf welcher der glockenförmige *anda* ruht. Er wird durch immer kleiner werdende Kreise und am Ende durch nach oben bzw. unten gerichtete Lotosblätter abgeschlossen. Dies wurde zum Markenzeichen für Stupas im birmanischen Stil. Die Spitze hat die Form einer Bananenblüte und wird von einem schmalen *hti* gekrönt.

Rund um den Stupa gibt es weitere interessante Gebäude, etwa die vier *tazaung* an seinen Achsenpunkten mit stehenden Buddhafiguren aus Bronze, die vermutlich aus dem frühen 12. Jh. stammen. Doch nicht nur der Erleuchtete wird verehrt, sondern auch die Nats, denen im Südostteil der Anlage ein Schrein gewidmet ist. Es ist der erste **Nat-Schrein** auf dem Gelände eines buddhistischen Heiligtums. Nur die lackierte und vergoldete Holzplastik des Nat-Königs Thagyamin ist noch ein Original, alle anderen 36 Nat-Figuren sind jüngeren Datums, ebenso der heutige Bau. In einem unscheinbaren Gebäude auf der linken Seite des Westeingangs werden zwei weitere Nats, **Shwe Nyo Thin**, der Vater, und hinter ihm sein Sohn, **Shwe Saga**, verehrt.

Die Shwezigon begründete einen eigenständigen birmanischen Pagoden-Stil.

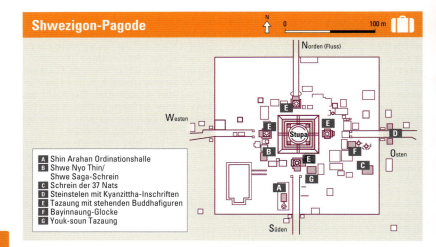

Shwezigon-Pagode

- A Shin Arahan Ordinationshalle
- B Shwe Nyo Thin/ Shwe Saga-Schrein
- C Schrein der 37 Nats
- D Steinstelen mit Kyanzittha-Inschriften
- E Tazaung mit stehenden Buddhafiguren
- F Bayinnaung-Glocke
- G Youk-soun Tazaung

Sehenswert ist wegen seiner schönen Holzschnitzereien auch der **Youk-soun Tazaung** unweit des Südaufgangs.

Kyanzittha Umin 2
■ Datierung: 11. Jh.

Irreführenderweise wird dieser Höhlentempel *(umin)* westlich von Nyaung U nach König Kyanzittha benannt, obwohl er stilistisch eher der Zeit Anawrahtas (reg. 1044–77) zuzuordnen ist. Der massive Ziegelsteinbau ist Teil einer Klosteranlage, von welcher jedoch nur noch die Außenmauern erhalten geblieben sind. Alle anderen Gebäude, wie etwa Mönchszellen und Refektorium sind verschwunden. Das Innere besteht aus Gängen und Kammern, die der Meditation dienten. An den Wänden sind noch Reste von Wandmalereien zu sehen, darunter die Darstellung mongolischer Krieger. Wann sie gemalt wurden, ist jedoch unklar.

Gubyaukgyi 3
■ Datierung: 13. Jh.

Südöstlich des Dorfes Wetkyi-in liegt der **Gubyaukgyi-Tempel**, ein einfacher *pahto* mit nach Norden ausgerichtetem Eingang. Vermutlich ist er im 13. Jh. entstanden. Sein abschließender *shikhara* erinnert mit den vier flachen Seiten an den Mahabodhi-Tempel im indischen Bodhgaya. Das Innere macht dem volkstümlichen Namen, „Großer *(gyi)* bemalter *(byauk)* Höhlentempel *(gu)*", alle Ehre. Fast 700 Jahre überstanden die Wandmalereien Verfall und Zerstörung. 1899 jedoch entfernten der deutsche Pseudoarchäologe Dr. Thomann und seine Kollegen große Teile davon mit einer Säge. Bis heute gelten sie als verschollen. Anfang der 1990er-Jahre säuberte ein Expertenteam unter der Führung der Unesco die übrig gebliebenen Malereien. Erst danach wurde deutlich, welche Schätze der Gubyaukgyi birgt und was verloren ging.

An den Seitenwänden des Hauptraumes ist auf den ursprünglich 544 kleinen quadratischen Flächen jeweils eine Jataka-Geschichte dargestellt. Über ihnen sind auf beiden Wandseiten je 14 Buddhas abgebildet und erinnern an die bisherigen 28 Buddha-Erscheinungen. Die überdimensionale Buddhafigur, deren halsloser breiter Kopf an einen verstorbenen bayerischen Ministerpräsidenten erinnert, verdeckt leider Teile der Wandmalereien in der Mitte, welche den Angriff der Armee Maras darstellen.

Sapada 4
■ Datierung: 12. Jh.

Wo die Anawrahta Road auf die Straße zum Bahnhof und Flughafen trifft, befindet sich der Sapada-Zedi. Benannt ist er nach dem Mönch

Sapada Sayadaw (auch: Chapada), der den Bau 1181 initiierte. Mit dem charakteristischen *harmika*, der quadratischen Reliquienkammer auf dem glockenförmigen *anda*, weist er singhalesische Einflüsse auf. Der Grund liegt auf der Hand: Der aus Pathein stammende Sapada gehörte zu jener Mönchsgruppe, die 1171 nach Sri Lanka aufgebrochen war, um dort den orthodoxen Buddhismus zu studieren. Neu ordiniert, kehrte er nach zehn Jahren zurück und erbaute den Stupa. Der strenggläubige Mönch weigerte sich jedoch, die in Myanmar ordinierten Mönche anzuerkennen und gründete daher den singhalesischen Orden, was zu Spaltungen im Sangha führte. Nach seinem Tod kam es zu weiteren Spaltungen, sodass am Ende der Bagan-Ära vier buddhistische Schulen existierten.

Kyaukgu Umin 5
■ Datierung: 11./12. Jh.

Nordöstlich von Nyaung U versteckt sich in einem Bergeinschnitt nahe dem Ayeyarwady das wohl schönste Beispiel einer Meditationshöhle, die Kyaukgu Umin. Der Archäologe Emil Forchhammer, der den „Steinernen Höhlentunnel" untersuchte, berichtet von der „unbeschreiblichen Einsamkeit", die einen hier überkomme.

Der massive Ziegelsteintempel wurde direkt an den Berghang gebaut. Der obere Bereich gliedert sich in drei Terrassen und wird von einem später hinzugefügten Stupa gekrönt. Türpfosten und Fensterrahmen weisen hervorragende, in den Sandstein gearbeitete Verzierungen auf. Das massive Dach wird im Innenraum von zwei mächtigen Pfeilern gestützt, die eine kolossale Buddhafigur aus Stein flankieren. In den Wänden befinden sich zahlreiche Nischen, die mit Sandsteinreliefs bestückt waren. Viele sind verschollen oder befinden sich im Archäologischen Museum.

Schöne Bootsfahrt

Den Besuch von Kyaukgu Umin kann man mit einer Bootsfahrt verbinden (um 20 000 Kyat). Nachmittags ist die Fahrt am schönsten. Aber auch mit Fahrrad und Pferdekutsche ist er gut zu erreichen.

Beidseitig der sitzenden Buddhafigur führen Höhlengänge mit angeschlossenen Meditationskammern in den Berg hinein. Eine Datierung des Klosters fällt schwer, da Inschriften fehlen. Stilistisch wird er dem ausgehenden 11. Jh. zugeordnet, während die oberen Terrassen wahrscheinlich erst unter Narapatisithu (reg. 1173-1210) entstanden.

Thetkyamuni und Kondawgyi 6
■ Datierung: 12. Jh.

Die Bootsfahrt zum Kyaukgu Umin kann etwa 1 km davor durch den Besuch von zwei kleinen, aber feinen *pahto* unterbrochen werden. Auf dem Gelände eines einfachen Klosters liegt der **Thetkyamuni-Tempel** (Sanskrit: Shakyamuni). Der quadratische Block mit einer im Westen anschließenden Vorhalle wirkt aufgrund der fein abgestuften Terrassen und eines abschließenden, geschwungenen *shikhara* formvollendet. Im Inneren birgt er Wandmalereien aus dem frühen 12. Jh., darunter 550 Jataka, die 28 bisher erschienenen Buddhas unter ihren entsprechenden „Erleuchtungsbäumen" sowie Darstellungen des Königs Ashoka und der Ausbreitung des Buddhismus in Sri Lanka.

Nicht weit entfernt liegt etwas südlich davon auf einer Anhöhe der zeitgleich entstandene **Kondawgyi-Tempel** („großer erhabener Erdhügel"). Anstelle eines maiskolbenförmigen *shikhara* schließt hier ein Stupa die obere Terrasse des Tempels ab. Im Osten ist der quadratische Block durch eine massig wirkende Vorhalle erweitert. Das Innere ist ebenfalls mit Malereien ausgeschmückt.

Zwischen Nyaung U und Alt-Bagan

Htilominlo 7
■ Datierung: 1211

Bagans letzter große pahto erhebt sich linker Hand an der Straße nach Alt-Bagan. Unschwer ist seine Ähnlichkeit mit dem Sulamani-Tempel zu erkennen, und in der Tat diente dieser drei Jahrzehnte zuvor fertiggestellte Bau König Nadaungmya (reg. 1210-34) als Vorbild für sein

neues Projekt. Der Name des 1211 vollendeten Tempels – Htilominlo, „Vom Schirm bevorzugt, vom König bevorzugt" – bezieht sich auf die volkstümliche Bezeichnung Nadaungmyas, der laut Überlieferung von seinem Vater dadurch erwählt wurde, dass jener seine fünf erbberechtigten Söhne sich um einen weißen Schirm setzen ließ. In wessen Richtung der Schirm fiel, der sollte die Nachfolge antreten. Der auf Ausgleich bedachte Nadaungmya ließ jedoch seine Brüder an der Macht teilhaben und bildete dafür einen obersten Rat.

Der 46 m hohe und an der quadratischen Basis 43 m breite Htilominlo ist in zwei deutlich voneinander abgehobene Blöcke getrennt, die durch drei zurücktretende Terrassen harmonisch miteinander verbunden sind. An deren Ecken sind noch die dekorativen Miniaturstupas erhalten geblieben. Die Krönung bildet ein eleganter *shikhara*.

Beide Ebenen enthalten auf allen vier Seiten Buddhafiguren, wobei die Figur im Osten durch ihre Größe hervorragt. Im unteren Eingangsbereich sind noch Reste von Wandmalereien und einige Horoskope zu sehen.

Upali Thein 8

■ Datierung: 1793/94

Gegenüber dem Htilominlo-Tempel liegt der unscheinbare Upali Thein. Die Ordinationshalle ist nach dem Mönch Shin Upali benannt, einem einstigen Friseur und späteren Schüler Buddhas. Das längliche Gebäude stammt aus der Konbaung-Ära. In der Mitte des Satteldaches befindet sich ein kleiner Stupa, zwei Reihen von Zinnen zieren die Dachseiten. Laut Inschrift stiftete ein betuchtes Ehepaar die Wandmalereien im Inneren für 1920 Kyat. Die Arbeiten begannen am 4. März 1793 und dauerten ein Jahr.

Das Gewölbe ist mit himmlischen Wesen und ornamentalen Verzierungen ausgeschmückt und an den Wänden werden die Biografien der 28 bisher erschienenen Buddhas illustriert. Deren Leben verlief nahezu identisch: die Erleuchtung der Buddhas unter verschiedenen Bäumen; ihr Auszug in die Hauslosigkeit, allerdings mit unterschiedlichen Reittieren und Gefährten; ihre erste Predigt vor verschiedenen Zuhörerschaften.

■ **ÜBERNACHTUNG**
1. Golden Myanmar Gh.
2. Inn Wa Gh.
3. Sabai Myaing (Jasmin Villa)
4. Pyinsa Rupa Gh.
5. May Kha Lar Gh.
6. Saw Nyein San
7. Grand Empire Hotel
8. Shwe Na Di Gh.
9. Wut Hmon Thit
10. Pann Cherry Gh.
11. Eden Motel II
12. Eden Motel I
13. Thante Hotel
14. New Life Gh.
15. Large Golden Pot Gh.
16. Motel Zein
17. Oasis Hotel
18. New Park Hotel
19. Yar Kinn Tha Hotel
20. Prince Gh.
21. Aung Mingalar Hotel
22. Winner Gh.
23. New Wave Hotel
24. Bagan Umbra

■ **ESSEN**
3. Shwe Myit Tar
4. Shwe Moe
5. San Kabar Pub & Restaurant
6. Moe Moe Win Yangon
7. Sanon
8. Sharky's Bagan
9. Novel
10. La Terrazza
11. Bibo
12. Hti Bar
13. Black Bamboo
14. Pyi Wa Restaurant
15. A little bit of Bagan Restaurant
16. Kan Thar Oo
17. Eden BBB
18. Nanda Restaurant
19. Pyi Sone
20. Golden Emperor
21. Harmony

■ **SONSTIGES**
4. Acacia Spa
5. Ever Sky Information
6. Balloons over Bagan
7. M Boutik
8. Oriental Ballooning
9. Golden Eagle Ballooning

■ **TRANSPORT**
1. Shwe Keinnery, Malikha
2. Yangon Airways
3. Air KBZ
4. Busse nach Pakokku und Magwe, OK Express

Vorschläge für Tagestouren

Erster Tag: die Highlights
Morgens: Shwezigon **1** ▸ Kyanzittha Umin **2** ▸ Gubyaukgyi (Wetkyi-In) **3** ▸ Ananda **10** ▸ Ananda Ok-Kyaung **11**
Nachmittags: Gubyaukgyi (Myinkaba) **31** ▸ Nanpaya **33** ▸ Manuha **32** ▸ Sulamani **28** ▸ Dhammayangyi **27** ▸ Shwesandaw **24**

Zweiter Tag
Morgens: Lawkananda **38** ▸ Dhammayazika **41** ▸ Payathonzu **44** ▸ Nandamannya **42**
Nachmittags: Upali Thein **8** ▸ Htilominlo **7** ▸ Payangazu **9** ▸ Shwegugyi **16** ▸ Nathlaung Kyaung **13** ▸ Thatbyinnyu **12** ▸ Bupaya (Sonnenuntergang) **22**

Dritter Tag
Morgens: Mingalazedi **32** ▸ Abeyadana **34** ▸ Nagayon **35** ▸ Somingyi Ok-Kyaung **36** ▸ Ashe und Anauk Petleik **39**
Nachmittags: Myaybontha Paya Hla **25** ▸ Lokahteikpan **26** ▸ Bootsfahrt nach Kyaukgu Umin (Sonnenuntergang auf dem Boot) **5**

Payangazu **9**
■ Datierung: 12. Jh.

Das einige hundert Meter südwestlich des Htilominlo gelegene Tempelensemble wird Payangazu, „Gruppe der fünf Tempel", genannt. Einer von ihnen, Tempel Nr. 1845, birgt in seinem Inneren eine Besonderheit: Der Hintergrund der zentralen Buddhafigur besteht aus einem bemalten Baumwolltuch. Die Tuchmalerei hat all die Jahrhunderte seit Errichtung des *pahto* im 12. Jh. überstanden. Leider entfernte auch hier Dr. Thomann einige der Wandmalereien.

Tipps für Vogelfreunde

Vom weiß getünchten Myazigon-Zedi am Ufer des Ayeyarwady lassen sich in den frühen Morgenstunden bis zu zehn Vogelarten beobachten, darunter die endemische Birmanische Buschlerche *(Mirafra microptera)*, die Perlhalstaube *(Streptopelia chinensis)* und der Smaragdspint *(Merops orientalis)*.

Monumente in Alt-Bagan

Ananda **10**
■ Datierung: 1090

Mit dem östlich der ehemaligen Stadtmauer gelegenen Ananda-Tempel setzte sein Stifter, König **Kyanzittha**, neue architektonische Maßstäbe. Bis in die jüngste Vergangenheit wurde er vielfach kopiert. Wahrscheinlich fand er um 1090 seine Vollendung. Seine Ursprungslegende wird in der *Glaspalastchronik* erzählt: Vor Kyanzitthas Palast erschienen acht indische Mönche und berichteten ihm, sie kämen von dem Berg Gandhamadana und lebten dort in der Nandamula-Grotte. Hindu-buddhistischen Mythologien zufolge ist der Gandhamadana („der Aromatische") der östliche der vier den Berg Meru umgebenden Gipfel. In seinen Wäldern wachsen zahlreiche Heilpflanzen. Kyanzittha wollte unbedingt mehr über das Aussehen der Grotte erfahren. Daher ließen die Mönche sie in einer Vision vor Kyanzitthas Augen erscheinen, woraufhin er beschloss, diese heilige Grotte nachzubauen.

In der Tat lässt der Ananda im dunklen Innern die Atmosphäre einer Grotte aufkommen. Zwei Korridore umlaufen den Kern des kubischen Baus. Sie werden auf allen vier Seiten durch Gänge unterbrochen, die von den Vorhallen ins Innere verlaufen. Durch diese Vorhallen erhält der **Grundriss** (s. rechts) des Ananda die Form eines griechischen Kreuzes mit einer Seitenlänge von 91 m. Hohe Räume mit jeweils einer etwa 10 m hohen stehenden Buddhafigur bilden den Abschluss der Eingänge. Die insgesamt vier **Figuren** stellen die Buddhas der gegenwärtigen Weltzeit dar: im Norden Kakusandha, im Osten Konagamana, im Süden Kassapa und im Westen Gautama. Alle Figuren sind aus Holz, mit Lack überzogen und vergoldet. Allerdings sind nur die nördliche und südliche Figur im Original erhalten geblieben. Die beiden anderen Figuren ersetzten wahrscheinlich Ende des 18., Anfang des 19. Jhs. die zerstörten Originale. Am Fuße

Ein Bilderbuch des Buddhismus – der Ananda

des Buddhas auf der Westseite knien beidseitig in Nischen anstelle der üblicherweise abgebildeten Buddhaschüler Moggallana und Shariputra der Mönch Shin Arahan (links) und König Kyanzittha (rechts). Freigelegte Wandmalereien an einigen Eingängen legen die Vermutung nahe, dass das Innere komplett ausgemalt war.

Man sollte unbedingt auch einen genaueren Blick auf das Äußere werfen, um die Massivität des Baus wahrzunehmen. Wie ein Band umgibt eine Vielzahl von grün glasierten **Terrakotta-**

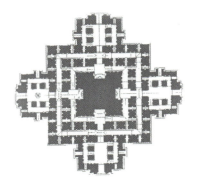

tafeln – das sind gebrannte und glasierte Tontafeln – die Basis des Tempelbaus. Bei genauerem Hinsehen fallen Fabeltiere und bewaffnete Menschen auf. Sie gehören zur „Armee" des Mara, die Leidenschaft und Begierde verkörpern. Ihre Vertreibung wird von *devas* bejubelt. An den nicht zugänglichen oberen, sich verjüngenden Terrassen befinden sich weitere Terrakottatafeln mit Szenen aus den Jatakas.

An der **Spitze** des 51 m hohen Tempels befindet sich ein vergoldeter *shikhara*, der an seinen Seiten in fünf übereinander liegenden Nischen Buddhafiguren enthält. Neben den üblichen vier Buddhas des jetzigen Zeitalters wird zusätzlich der zukünftige Buddha Metteya dargestellt. Zusammen mit den vier umgebenden kleineren *shikhara* symbolisieren die Spitzen die fünf Gipfel des Berges Meru.

Ananda Ok-Kyaung 11
■ Datierung: 1775–1786

In unmittelbarer Nachbarschaft des Nordeingangs zum Ananda-Tempel liegt das „Ziegelsteinkloster", Ananda Ok-Kyaung, mit wunderbaren Wandmalereien aus dem ausgehenden 18. Jh., als Bagan eine Art religiöses Revival er-

Die Buddha-Legende

Im äußeren Korridor des **Ananda-Tempels** illustrieren auf zwei Ebenen insgesamt 80 Sandsteinreliefs das Leben Gautama Buddhas von seiner Geburt bis zur Erleuchtung. Sie sind in Nischen der Außenseite eingefügt. Grundlage der Szenen ist die Buddha-Legende Nidanakatha aus dem 5./6. Jh. Die Erzählung beginnt auf der unteren Ebene rechts vom Westeingang und verläuft weiter im Uhrzeigersinn. Um alle Szenen zu erfassen, muss man den Korridor zweimal umlaufen. Auf der unteren Ebene wird die Geschichte von der Schwangerschaft seiner Mutter Maya bis zum Verlassen des Palastes geschildert, auf der oberen Ebene, wieder am Westeingang beginnend, von Buddhas Weltentsagung bis zur Erleuchtung.

---

lebte. 1775 begonnen und elf Jahre später vollendet, verbauten die Handwerker laut Inschrift 450 000 Ziegelsteine und 1500 *viss* (2544 kg) Kalk. Dafür musste die Stifterfamilie des Königlichen Archivars 3959 *tical* (67 kg) Silber berappen.

Das komplett aus Ziegeln errichtete Gebäude erhebt sich auf einer Plattform und besticht durch eine elegante gestaffelte Dachkonstruktion. Das Innere besteht aus einem Kernraum mit umlaufendem Korridor. Typisch für die Malkunst jener Zeit sind die farbenfrohe Detailverliebtheit sowie eine reichhaltige Ornamentik. Dies wird gerade bei den Jataka-Geschichten deutlich, welche auf zwei Ebenen den äußeren Korridor komplett ausschmücken und zudem Mode und Stil des 17. Jhs. widerspiegeln. Der Kernraum illustriert mit dem Berg Meru die Mitte des Universums.

Thatbyinnyu 12
■ Datierung: Mitte 12. Jh.

Mit 61 m ist der Thatbyinnyu an der Südostecke Alt-Bagans das höchste Bauwerk. Sein vollständiger Name *thatbyinnyutanyan* leitet sich vom Pali-Wort *sabbannutanana* ab und bedeutet „allwissend". Mit diesem Bau wurde die Mittlere Periode eingeläutet, deren wesentliches Merkmal zwei deutlich voneinander abgehobene Stockwerke sind. Als Stifter gilt König Alaungsithu, der ihn vermutlich Mitte des 12. Jhs. in Auftrag gab.

Markant heben sich die beiden kubischen Blöcke voneinander ab und werden jeweils von drei sich verjüngenden Terrassenstufen abgeschlossen. Dadurch wirkt der Bau trotz seiner Massigkeit leicht. Die Spitze bildet ein kurz gehaltener *shikhara*.

Beiden quadratischen Blöcken ist im Osten eine Eingangshalle vorgelagert, die im Inneren eine Buddhafigur birgt. Dank zweier übereinander liegender Fensterreihen wirkt das Innere luftig und hell. Wie viele Ziegelsteine für den Thatbyinnyu verwendet wurden, kann man bei einem gar nicht so kleinen, nahe liegenden Stupa erahnen. Für jeden zehntausendsten Ziegel wurde einer zur Seite gelegt und dieser *pahto* errichtet.

Nathlaung Kyaung 13
■ Datierung: ca. 10. Jh.

Das volkstümlich „Kloster *(kyaung)* der eingesperrten *(hlaung)* Nats" genannte Monument ist Bagans einziger reine Hindutempel. Aufgrund der Darstellungen könnte er dem Gott Vishnu geweiht worden sein. Die Inschrift eines aus dem südindischen Tamil Nadu stammenden Stifters könnte auf größere Umbauten im 13. Jh. hinweisen.

Im Zentrum der Haupthalle befindet sich ein massiver Stützpfeiler mit Vishnu-Darstellungen an seinen vier Seiten. Sie wurden Ende der 1990er-Jahre nur sehr mangelhaft rekonstruiert, wie etwa der auf der Weltenschlange Ananta ruhende Vishnu *(anantashayin)*, aus dessen Nabel drei Lotosblumen wachsen mit je einer Hindugottheit – darunter Brahma – darauf sitzend. In den Nischen der vier Außenseiten befanden sich Abbildungen der zehn Erscheinungsweisen *(avatar)* Vishnus, u. a. als Rama und Krishna. Einige der verschwundenen Figuren wurden von dem Deutschen Fritz Noetling Ende des 19. Jhs. entfernt und dem Berliner Museum für Indische Kunst vermacht.

Ngakywenadaung 14
■ Datierung: ca. 9. Jh.

Dieser zwiebelförmige Stupa gilt als einer der ältesten Bagans und könnte im 9. Jh. von Pyu errichtet worden sein. Ende der 1990er-Jahre wurde er leider unsachgemäß restauriert. Original erhalten geblieben sind noch mehrere grün glasierte Ziegelsteine.

Pahtothamya 15
■ Datierung: ca. 11. Jh.

Über den Ursprung des Pahtothamya herrscht Unklarheit. Wahrscheinlich wurde er im ausgehenden 11. Jh. unter König Sawlu (reg. 1077–84) oder Kyanzittha (reg. 1084–1112) erbaut. Auf die frühe Bauphase in Bagan deuten die gitterförmigen Fensteröffnungen hin, die nur wenig Licht in das Innere des Tempels gelangen lassen. Daher sind die schlecht erhaltenen Wandmalereien im umlaufenden Korridor – die frühesten Bagans – nicht gut sichtbar. Einige wurden restauriert und lassen eine hohe künstlerische Qualität sowie eine umfassende Kenntnis der theravada-buddhistischen Schriften erahnen.

Shwegugyi 16
■ Datierung: 1131

Der „Große *(gyi)* goldene *(shwe)* Höhle *(gu)*" genannte Tempel ist eine Stiftung des Königs Alaungsithu (reg. 1112–67). Dank der beiden Inschriften an der Innenseite der Nordwand ist die exakte Bauzeit bekannt. Der Tempel wurde am Sonntag, dem 17. Mai 1131, begonnen und nach sieben Monaten am Mittwoch, dem 16. Dezember, fertiggestellt – um einen „freundlichen, lieblichen Raum, eine wohlriechende Kammer für den allsehenden Gautama Buddha" zu schaffen, so die Inschrift.

Mit dem Shwegugyi ist das tragische Ende Alaungsithus verbunden. Sein zweitältester Sohn Narathu habe, so berichtet die *Glaspalastchronik*, den 81-jährigen sterbenskranken König 1167 in seinen Tempel gebracht und dort mit einer Decke erstickt. Mit dem Tod Alaungsithus endete eine 55 Jahre währende friedvolle Regentschaft und es folgte die kurze grausame Tyrannei Narathus (reg. 1167–70).

Er gilt als eines der schönsten Beispiele für die Übergangsphase zwischen der Frühen und Mittleren Periode. Während der Grundplan noch den älteren Vorbildern folgt, strebt der Bau im Gegensatz zu jenen in die Höhe. Diese Wirkung wird vor allem durch den schlanken *shikhara* an der Spitze erzielt. Er bildet den Abschluss von mehreren, sich nach oben hin verjüngenden Terrassen, an deren Ecken vier elegante Miniaturtürme stehen. Der ganze Tempelbau steht auf

Bagans höchstes Bauwerk – der 61 m hohe Thatbyinnyu

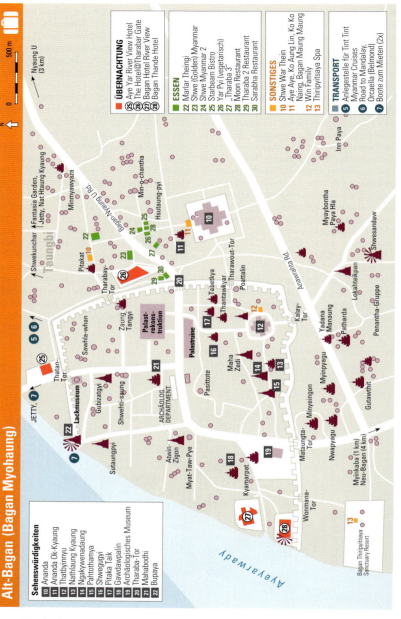

einer ca. 4 m hohen Plattform und überragt die Umgebung. Durch die hohen Fenster und Eingänge wirkt das Innere luftig und hell.

Pitaka Taik 17
■ Datierung: 1784

Nur wenige hundert Meter vom Shwegugyi entfernt liegt das „Gebäude *(taik)* des Tipitaka". Es soll unter König Anawrahta im 11. Jh. errichtet worden sein, um die aus der Mon-Metropole Thaton verschleppten 30 Sammlungen des Palikanon aufzubewahren. Der heutige, 15,50 x 15,50 m große Bau wurde jedoch 1784 unter König Bodawpaya erheblich verändert, um ein neues Set des Tipitaka unterzubringen.

Gawdawpalin 18
■ Datierung: frühes 13. Jh.

Der Gawdawpalin-Tempel gegenüber dem Archäologischen Museum wurde von König Narapatisithu (reg. 1173–1210) begonnen und von seinem Sohn und Nachfolger Nadaungmya (reg. 1210–34) vollendet. Als Vorbild für das rund 55 m hohe Bauprojekt diente sicherlich der Sulamani.

Wie der Thatbyinnyu besteht er aus zwei sich deutlich voneinander abhebenden quadratischen Blöcken mit Vorhalle auf der Ostseite. Im Gegensatz zu Ersterem wirkt er jedoch aufgrund seiner fein verzierten Terrassen und eines schlanken *shikhara* an der Spitze um vieles eleganter. Vom großen Erdbeben von 1975 wurde er erheblich in Mitleidenschaft gezogen. Heute sind alle Schäden beseitigt, allerdings ging ein Großteil des originalen Stuckwerks verloren.

Archäologisches Museum 19

Seit seiner Fertigstellung im Jahr 1998 überragt das gewaltige Gebäude des Archäologischen Museums die Pagodenlandschaft Bagans. Trotz seiner abschreckenden Größe ist die Zahl der sehenswerten Exponate überschaubar. In der riesigen Haupthalle im Erdgeschoss sind einige der herausragendsten Sandsteinreliefs versammelt.

Sehenswert ist in einem rechts abgehenden Raum die Stelen-Sammlung, welche als Informationsquelle für Historiker unabkömmlich ist. Sie geben Auskunft über die Stifter sowie Motiv und Umfang ihrer Schenkung. Teilweise wurden peinlich genau die Kosten für einen Tempelbau aufgeführt. Vielen Klöstern wurden zum Lebensunterhalt der Mönche ganze Dörfer zugewiesen. So vermerkt in der berühmten Rajakumar-Stele aus dem Jahr 1113 der Stifter, er habe zum Erhalt des Tempels die drei Dörfer Munalun, Yape (bei Yangon) und Hainbo (bei Kyaukse) bestimmt. Da sie die identischen Texte in Mon, Pali, Birmanisch und Pyu enthält, konnte Charles Otto Blagden 1911 die Pyu-Schrift entziffern. Zudem ist sie das älteste Zeugnis für eine eigenständige birmanische Schrift. Von dem dort genannten *mranma* leitet sich der heutige Landesname ab.

Mahagiri-Nats

Im Königreich Tagaung lebte einst ein Schmied, der so kräftig war, dass er in jeder Hand einen Hammer halten konnte. Seine Schläge brachten sogar die Erde zum Beben. Wegen seiner ansehnlichen Gestalt erhielt er den Spitznamen „Herr Stattlich". Die Beliebtheit und Stärke des jungen Mannes kam auch dem König zu Ohren, der ihn aus Furcht und Neid töten lassen wollte. Doch **Maung Tinde** wurde rechtzeitig gewarnt und floh. Daraufhin nahm der König dessen schöne Schwester zur Frau und lud ihn in den Palast ein. Kaum hatte Maung Tinde die Königsstadt betreten, wurde er festgenommen, an einen Sagabaum gebunden und verbrannt. Seine verzweifelte Schwester stürzte sich daraufhin zu ihrem Bruder ins Feuer, wo beide qualvoll starben. Nur das Gesicht der Frau blieb unversehrt, weshalb man sie später „Goldgesicht" nannte. Die Geister der Geschwister blieben im Sagabaum zurück und brachten allen, die in den Schatten des Baumes traten, Unglück.

Daraufhin ließ der König den Stamm fällen und in den Ayeyarwady werfen. Schneller als der Stamm weitertrieb, verbreitete sich die Geschichte wie ein Lauffeuer im Land, und als der Stamm Thiripyitsaya bei Bagan erreichte, ließ ihn der dortige König herausfischen und zwei Figuren daraus schnitzen. Die Statuen brachte er zum Berg Popa und ernannte die beiden zu den Herrschern des „Großen Berges", Mahagiri.

Affäre Dr. Thomann

Am 30. November 1899 schickte ein Sekretär der kolonialen Finanzverwaltung in Rangoon einen Brief an das Generalgouvernement in Kalkutta mit dem Betreff: „Zerstörung sakraler Kunstwerke in Pagan durch deutsche Archäologen". Darin teilte er mit, ein gewisser „Mr. Thomann" habe sich mit vier Kollegen für drei Monate in Bagan aufgehalten und dort zahlreiche archäologisch wertvolle und für Buddhisten heilige Objekte entwendet. Aus einem Tempel seien sogar Wandmalereien mit einer Säge entfernt worden. Nach der daraufhin angeordneten Ausweisung durch den Generalleutnant Sir Frederic Fryer hätten sie Rangoon am 16. November mit einem Dampfer verlassen.

Dr. Th. H. Thomann, wie der selbst ernannte Archäologe sich auf seinen Reisen vorstellte, war im Juni 1899 nach Bagan gekommen und residierte dort mit fünf Reisebegleitern in einem buddhistischen Kloster. Mit deutscher Gründlichkeit untersuchte er die zahlreichen Tempelruinen, dokumentierte sie und entfernte die interessantesten Objekte. Am schlimmsten betroffen waren die beiden kleineren Tempel Gubyaukgyi in der Nähe des Dorfes Wetkyi-in und der heute kaum besuchte Theinmazi, nördlich von Myinkaba. Dort fielen die schönsten Teile der Wandmalereien Thomanns Raffgier zum Opfer. Sie waren noch relativ komplett und gut erhalten, wie Fotoaufnahmen von Thomanns Team beweisen. Der Beutezug sollte sich für ihn lohnen. Dem Hamburger Völkerkundemuseum verkaufte er 1906 Teile der Theinmazi-Malereien und andere Objekte für die damals gewaltige Summe von 60 550 Reichsmark. Heute werden die Exponate nur selten aus dem Magazin geholt. Die gestohlenen Malereien des Gubyaukgyi-Tempels sind bis heute verschollen.

Dr. Thomann starb 1924 unter nicht ganz geklärten tragischen Umständen. Offensichtlich sollte sich bewahrheiten, was die Bagan-Königin Phwa Saw Plünderern in ihrer Inschrift zum Tempel Myauk Guni 1241 wünschte: „Mögen all jene, die meine verdienstvollen Großtaten zerstören oder rauben, von unzähligen Krankheiten und großen Unglücken heimgesucht werden ... Als Mensch sollen sie zu Geistern werden ... Sie sollen von ihren geliebten Frauen, Söhnen oder Ehemännern für immer getrennt werden. Möge der Blitz in ihr Haus einschlagen ... Und nachdem sie gestorben sind, sollen sie in der Avici-Hölle so oft schmoren, wie es Staubkörner zwischen Nyaung U und Thiripyitsaya gibt."

Exponate in einem links von der Haupthalle abgehenden Raum gewähren eher Einblicke in die Alltagskultur Bagans, etwa die Frisurengalerie. Im Obergeschoss birgt ein Raum eine umfassende Sammlung von Sandsteinreliefs und Buddhafiguren, darunter einige Raritäten aus Bronze. ⊙ Di–So 9.30–16.30 Uhr, Eintritt 5000 Kyat.

Tharaba-Tor [20]
■ Datierung: 9. Jh.

Als einziges von ursprünglich zwölf Toren ist das Tharaba-Tor erhalten geblieben. Die seitlich abgehenden Überreste der Stadtbefestigung einschließlich des Wassergrabens wurden Anfang der 1990er-Jahre restauriert. Das Tor stammt aus der Zeit des Königs Pyinbya im 9. Jh. und wurde wahrscheinlich deshalb nicht abgetragen, weil sich in zwei Nischen die verehrten Statuen der Schutzgeister Bagans befinden: Maung Tinde, „Herr Stattlich" (links), und dessen Schwester Shwe Myethna (rechts), „Frau Goldgesicht", auch Meinmahla („schöne Frau") genannt. Alles, was mit Feuer zu tun hat, gehört in ihren Verantwortungsbereich.

Wer ein neues Auto kauft, fährt zuerst zum Tharaba-Tor, um ihnen ein Opfer zu bringen. Im neuen Fahrzeug werden ein weißes und rotes Band angebracht. Mehr zur Geschichte der Mahagiri-Nats im Kasten.

Mahabodhi [21]
■ Datierung: 1211

Seiner eigenwilligen Architektur wegen kommt dem Mahabodhi in Bagan eine Sonderstellung zu. Bereits der Name deutet darauf hin, dass er in Verbindung mit dem gleichnamigen Tempel im nordindischen Bodhgaya steht. Jener wurde an der Stelle errichtet, an der Buddha unter einem Bodhi-Baum die Erleuchtung erlangt hatte.

Zu dieser Stätte pflegten die Könige Bagans ein besonderes enges Verhältnis. So schickten Kyanzittha und Alaungsithu Handwerker dorthin, um ihn zu renovieren. Im Jahr 1211 ließ Nadaungmya (reg. 1210–34) in Bagan eine Kopie des Mahabodhi erbauen. Über dem massiven quadratischen Schrein erhebt sich ein steil ansteigender pyramidenförmiger Tempelturm, umgeben von vier kleineren Türmen. Dies ist das Markenzeichen des Mahabodhi. An seinen vier Außenseiten befinden sich zahlreiche Nischen mit Buddhafiguren.

Bupaya 22
- Datierung: 9. Jh.

Am Ufer des Ayeyarwady steht die in leuchtendem Gold erstrahlende „Flaschenkürbis-Pagode" *(bupaya)*. Ihr Name stammt von der eigentümlichen Form. Der Stupa wird den Pyu zugeordnet und stand spätestens bei der Errichtung der Befestigungsanlagen im 9. Jh., wahrscheinlich schon früher. Unwahrscheinlich sind jene Legenden, die ihn ins 3. Jh. v. Chr. datieren. Das Erdbeben von 1975 hatte den Baukörper dermaßen zerstört, dass er vollkommen neu errichtet werden musste.

Nat Htaung Kyaung 23
- Datierung: 19. Jh.

Im Dorf Taungbi nordöstlich von Alt-Bagan ist unweit des Ayeyarwady das urige Holzkloster Nat Htaung Kyaung sehenswert. Dank der Spenden von Touristen wurde das „Kloster der aufgerichteten Schutzgeister" in den letzten Jahren etwas restauriert. Idyllisch in einen Hof mit Palmyrapalmen und Padauk-Bäumen eingebettet, blickt es mit seinen eleganten schlanken Dächern und Schnitzereien auf eine fast 200-jährige Geschichte zurück.

Zwischen Alt-Bagan und Minnanthu

Shwesandaw 24
- Datierung: 1057

Der 41 m hohe Stupa der „Goldenen *(shwe)* Haarreliquie *(sandaw)*" gehört zu den ersten Bauten Anawrahtas. Chroniken zufolge ließ der Herrscher ihn um 1057 nach seiner siegreichen Rückkehr aus der Mon-Hauptstadt Thaton zu Ehren einer Haarreliquie Buddhas errichten.

Die Pyramidenform des Stupa entsteht durch fünf sich stark voneinander abhebende quadratische Terrassen, zwei achtseitige Zwischenebenen und einen schlanken glockenförmigen *anda*. Ein Novum zu jener Zeit stellen die Treppen an den vier Achsenpunkten dar. Offensichtlich sollten Gläubige die in den Nischen befestigten Terrakottatafeln mit Jataka-Geschichten betrachten können. Sie waren an den Terrassenseiten angebracht, sind aber heute fast komplett verschwunden. Ebenso fehlen Darstellungen des hinduistischen Elefantengottes Ganesha (birm. „Mahapeine"), welche die Ecken der Terrassen zierten.

Auf der Südwestseite des Shwesandaw-Tempelbezirks befindet sich ein massiver länglicher Ziegelbau, der die gut 21 m lange liegende Buddhafigur **Shinbinthalyaung** enthält. Sie ist die größte liegende Figur in Bagan und stammt wahrscheinlich ebenfalls aus dem 11. Jh.

Myaybontha Paya Hla 25
- Datierung: 12. Jh.

Auf dem Weg von der Anawrahta Road in Richtung Shwesandaw liegt etwas abseits auf der linken Seite der wenig besuchte Myaybontha Paya Hla. Der „Schöne *(hla)* Tempel *(paya)*" wird in die Anfangsphase der Regentschaft Alaungsithus (reg. 1112–67) datiert und gilt als ein wichtiges Beispiel für die Übergangszeit zwischen der Frühen und Mittleren Phase. Teilweise in exzellentem Zustand sind noch die Stuckverzierungen mit schönen Darstellungen des körperlosen Dämonen Kala, auch *kirthimukha*, „Ruhmgesicht", genannt.

Im Innern sind auf den vier Seiten des massiven Innenpfeilers die vier zentralen Lebensstationen Buddhas dargestellt: Geburt (Nordseite), Erleuchtung (Ostseite), Erste Predigt (Südseite), Tod (Westseite). An der jeweiligen Altarbasis befinden sich teilweise noch Figuren des viergesichtigen Brahma. Seinen Namenszusatz *myaybontha* (Untergrund) erhielt der *pahto*, weil er bis zur Restaurierung teilweise zugeschüttet war.

Lokahteikpan 26
■ Datierung: 12. Jh.

Geht man von der Anawrahta Road kommend auf dem Sandweg in Richtung Shwesandaw, so führt bald ein rechts abzweigender Weg zu dem äußerlich unscheinbaren Lokahteikpan („Zierde der drei Welten"). Der kompakte Tempel wird dem baufreudigen Alaungsithu (reg. 1112–67) zugeschrieben und entstand wohl im frühen 12. Jh. Das Innere der Vor- und Haupthalle ist mit recht gut erhaltenen Wandmalereien ausgeschmückt. Neben Darstellungen der 28 bisher erschienenen Buddhas und der acht Hauptereignisse des Erleuchteten sind die zehn letzten Jataka illustriert.

Dhammayangyi 27
■ Datierung: 1167–70

Das monumentalste Bauwerk Bagans geht auf König Narathu (reg. 1167–70) zurück, den in der *Glaspalastchronik* als grausam beschriebenen Despoten und Mörder seines Vaters Alaungsithu. Der Dhammayangyi lehnt sich in seiner Architektur unverkennbar an den Ananda-Tempel an. Auch bei ihm gleicht der Grundriss einem griechischen Kreuz. Seinem Vorbild folgend besitzt der Dhammayangyi vier vorgelagerte Eingangshallen und nur ein Stockwerk. Die fünf Terrassen sind dermaßen geneigt, dass sie den Tempel einer Pyramide gleichen lassen. Die hervorragende Verarbeitung der Ziegelsteine ist im Detail erkennbar. Die Steine sind exakt aneinander angepasst und lassen kaum eine Lücke entstehen. Unklar ist, was als Bindemittel verwendet wurde, eventuell wurde Lack oder der Saft der Palmyrapalme beigemischt. Zur Stabilisierung setzten die Baumeister an den Ecken Sandsteine ein.

Der Bau birgt eines der größten Rätsel Bagans, denn der innere der beiden umlaufenden Korridore wurde zugemauert. Einzig an der Ostseite gibt der Eingang tief in das Gebäude hinein. Ob der innere Wandelgang während der Regentschaft Narathus verschlossen wurde oder danach, lässt sich nicht mehr sagen. Untersuchungen ergaben, dass er vollendet wurde. Eine Besonderheit sind auch die nebeneinander sitzenden Buddhafiguren im westlichen Zugang. Vielleicht ist hier der Erleuchtete zusammen mit dem zukünftigen Buddha Metteya dargestellt.

Sulamani 28
■ Datierung: 1183

Nordöstlich des Dhammayangyi erhebt sich mit dem Sulamani das beste Beispiel der Mittleren Periode. Laut Inschrift ließ ihn Narapatisithu 1183 einweihen, „damit die Menschen dem Pfad (Buddhas) folgen und *nibbana* erlangen". Der Name „Krönendes Juwel" bezieht sich auf den legendären Sulamani-Zedi, welchen der Gott Sakha im Tavatimsa-Himmel für die abgeschnittenen Haarlocken Buddhas errichtet hatte. Der Tempel besitzt einen quadratischen Grundriss mit einer Vorhalle im Osten. Die beiden gleich hohen Stockwerke sind durch drei sich verjüngende Terrassen harmonisch miteinander verbunden. Ein in den 1990er-Jahren wiederhergestellter *shikhara* stürzte beim Erdbeben 2016 nach unten und richtete schwere Schäden an. Im unteren Block verläuft ein Wandelgang mit noch teilweise gut erhaltenen Wandmalereien aus der Konbaung-Zeit. Er verbindet die Altarnischen auf den vier Seiten. Die Außenmauer und deren mächtigen Tore sind noch in sehr gutem Zustand. Ursprünglich befanden sich dort 100 Mönchszellen *(kutis)*.

Hsinbyushin 29
■ Datierung: 14. Jh.

Wer auf dem sandigen Weg vom Sulamani weiter in Richtung Minnanthu fährt, gelangt zum Klosterkomplex Hsinbyushin. Er ist deshalb von Bedeutung, weil er beweist, dass auch in den Jahrzehnten nach dem Untergang Bagans die Stadt vorerst ein wichtiges kulturelles Zentrum blieb. Als Stifter gilt der „Herr über den weißen Elefanten" (Hsinbyushin), **Thihathu** (reg. 1312–24). Er war der jüngste, aber ambitionierteste von drei Brüdern, die anfänglich im Dienste Narathihapates standen, nach dessen Tod 1287 das politische Vakuum ausnutzten und nach der erfolgreichen Vertreibung der mongolischen Besatzer im Jahr 1298 die Macht in Ober-Myanmar übernahmen.

Thihathu entmachtete den regulären Regenten Kyawzwa (reg. 1287–98), nahm dessen erste Königin zu seiner Frau und erkor 1312 als uneingeschränkter Herrscher Ober-Myanmars den Ort Pinya, südlich von Inwa, zu seiner neuen Residenz. Die buddhistische Chronik *Sasanavamsa*

Dämonenfratze im Klosterkomplex Hsinbyushin

preist den frommen König als Förderer des Buddhismus und Stifter zahlreicher Pagoden und Klöster. Mit dem Hsinbyushin ließ er eine der größten Universitäten erbauen.

Die Maße sind beeindruckend: Eine 244 x 216 m messende Umfassungsmauer schließt den Gesamtkomplex ein. Hier sind noch die Reste der kubischen Meditationszellen erkennbar. Die wichtigsten Gebäude befinden sich im inneren Bereich, der ebenfalls von einer Umfassungsmauer (114 x 100 m) eingeschlossen ist. Dort steht im Westen ein *pahto* mit teils gut erhaltenen Stuckresten. Ihm ist im östlichen Bereich eine offene Ordinationshalle vorgelagert. Insgesamt 28 Säulen stützen das rekonstruierte Dach. Nördlich davon steht ein begehbarer Stupa im singhalesischen Stil mit gut erhaltenen Wandmalereien.

Myinkaba

Im heute friedlichen Myinkaba entschied sich im Jahr 1044 der blutige Machtkampf zwischen Anawrahta und seinem Halbbruder Sokkate. Vom Speer getroffen, soll Sokkate in den Myinkaba Chaung gestürzt und gestorben sein. Der Tradition nach fristete hier ab 1057 der verschleppte Mon-König Manuha sein Dasein. Für heutige Besucher lohnt sich ein Spaziergang durch das Dorf, in dessen zahlreichen Werkstätten und Privathäusern die Nachkommen Manuhas Lackwaren produzieren.

Mingalazedi 30
■ Datierung: 1274

Auf halbem Wege zwischen Alt-Bagan und Myinkaba liegt die „Glücksbringende Pagode", Mingalazedi. Sie ist das letzte bedeutende Bauprojekt Bagans und sollte ihrem Namen keine Ehre machen, denn erst nach sechsjähriger Bauzeit wurde sie 1274 fertiggestellt. Weil sich der Bau ewig hinzog, machte das Gerücht die Runde, dass mit Vollendung des Stupas der Untergang des Reiches käme. Als dieses schlechte Omen König Narathihapate (reg. 1254–87) zu Ohren kam, veranlasste er die Einstellung des Baus. Erst als ihn der Mönch Panthagu auf die buddhistische Lehre der Unbeständigkeit *(anicca)* hinwies, ließ er die Bauarbeiten wieder aufnehmen. Die Prophezeiung bewahrheitete sich: Mit diesem König ging das Bagan-Reich unter.

Die Shwezigon-Pagode ist unschwer als Vorbild für den Mingalazedi auszumachen. Wie bei ihr bilden drei durch Treppen verbundene Terrassen die Basis, auf welcher sich der glockenförmige *anda* erhebt. An den Ecken der obersten Terrasse stehen vier kleinere Stupas, die bei den unteren Terrassen durch sogenannte *kalasa*, „Heilige Töpfe", ersetzt sind. Ein Großteil der Terrakottatafeln an den Terrassenseiten ist verschwunden. Über 100 von ihnen entfernte Fritz Noetling und vermachte sie 1893 dem Berliner Museum für Indische Kunst.

Gubyaukgyi 31
- Datierung: 1113

Mit diesem Tempel im Norden Myinkabas ist eine Liebesgeschichte verbunden: Auf der Flucht vor der Rache des Königs Anawrahta gelangte der damalige General Kyanzittha eines Tages zu einer Einsiedelei. Dort lebte ein Mönch mit seiner schönen Nichte Thambula. Wie an heiligen Stätten Myanmars nicht unüblich, verliebten sich die beiden ineinander. Thambula wurde schwanger, doch noch vor der Entbindung musste Kyanzittha an den Königshof zurückkehren. Als Erkennungszeichen schenkte er ihr einen Ring. Sieben Jahre später, als Kyanzittha bereits König war, übergab ihr Sohn **Rajakumar** dem Herrscher den Ring. Beide wurden daraufhin in den Königshof aufgenommen. In späteren Jahren sollte der „Königliche *(raja)* Prinz *(kumar)*" zu einem der größten Gelehrten und wichtigsten Berater des Königs werden. Kurz nach dem Ableben Kyanzitthas ließ Rajakumar im Jahr 1113 den Gubyaukgyi-Tempel errichten. Damit wollte er dem Vater gegenüber seine Loyalität beweisen, obwohl jener nicht ihn, sondern einen Enkel namens Alaungsithu zum Nachfolger bestimmt hatte.

Architektonisch zählt der Gubyaukgyi zu den frühen *pahto*: ein quadratisches Sanktuarium mit einem weiten Vorbau im Osten. Das steil ansteigende Dach endet in einem gerippten *shikhara*. Durch die gitterförmigen Fenster – mit teilweise exzellent erhaltenen Stuckverzierungen – dringt so spärlich Licht ins Innere, dass man sich fragt, wie die Künstler die dortigen Wände dermaßen detailgenau bemalen konnten.

Das **Sanktuarium** besteht innen aus einem nach Osten geöffneten Raum mit umlaufendem Korridor. Die Außenwände des Korridors sind auf mehreren Reihen komplett mit 550 Jata-

---

Niem – die Apotheke Birmas

Für erschöpfte Besucher Bagans hat der mächtige Niembaum vor allem einen Nutzen: Er spendet Schatten. Dabei ist ihnen kaum bewusst, dass dieser Baum zu den wichtigsten Nutzpflanzen der Erde gehört. Der Niembaum (birm. *tamar*), erkennbar an seinen fedrigen, spitz zulaufenden schmalen Blättern, ist in dieser trockenen Region häufig anzutreffen, weil er mit viel Wärme und wenig Wasser auskommt. Er wächst vor allem in den Savannenlandschaften Indiens und Myanmars und wird gerne für die Wiederaufforstung verödeter Gebiete verwendet, z. B. auf dem Berg Shwe Pon Taung bei Chauk. Heute wird „der Heiler der Gebrechen", *arishtha*, wie er in ayurvedischen Schriften genannt wird, in vielen Ländern Lateinamerikas und Afrikas kultiviert, weil sein Öl, seine Samen, Rinde und Blätter vielfältige Wirkstoffe besitzen. Die gemahlenen Samen werden mit Wasser vermischt als Pestizid verwendet und vertreiben Mücken, Läuse und anderes Ungeziefer. Das aus den Samen gepresste Öl kann zu Seife weiterverarbeitet werden, hilft bei Magen- und Darmerkrankungen und stärkt das Immunsystem. Die Blätter bilden die Basis für Zahnpasta, Kompressen und Mückenmittel. Die Rinde schließlich wirkt antiseptisch und lindert Rheuma und Fieber.
Seinen umfassenden Nutzen hatte auch der US-amerikanische Chemiegigant W. R. Grace & Co. erkannt. Er ließ in den 1990er-Jahren in den USA und in Europa einige Anwendungen patentieren, obwohl sie seit Jahrhunderten bekannt sind. Als es vor allem in Indien zu Massenprotesten gegen diese „Bio-Piraterie" kam, widerrief das zuständige Europäische Patentamt in München im Jahr 2000 das Patent. Der „freie Baum", so die Bedeutung des persischen Namens *azad darakht* (lat. *Azadirachta indica*), wurde daraufhin zum Symbol für den Kampf gegen die neue Form des Kolonialismus.

ka-Geschichten (drei mehr als gewöhnlich) ausgemalt. Jede Geschichte ist in einem der Quadrate mit der Hauptszene dargestellt und in der Mon-Schrift betitelt. Die Serie der Geburtsgeschichten beginnt auf der linken Seite der Ostwand, drittoberste Reihe. Die obersten beiden Reihen erzählen die Geschichte Gautama Buddhas sowie einen Schöpfungsmythos. Auf den gegenüberliegenden Innenwandseiten werden neben weiteren Szenen aus dem Leben Buddhas (z. B. an der westlichen Innenwand der erfolglose Angriff Maras sowie der Abstieg Buddhas aus dem Tavatimsa-Himmel), Legenden früherer Buddhas, die ersten drei Konzilien sowie das Leben des indischen Königs Ashoka dargestellt. Zehnarmige Bodhisattvas (eigentlich für den Mahayana-Buddhismus typisch) flankieren als Wächter den Eingang zum Heiligtum.

Auf dem Gelände des benachbarten Stupas **Myazedi** fand Emil Forchhammer 1886/87 eine der beiden Rajakumar-Stelen, mit deren Hilfe die Pyu-Schrift entziffert werden konnte. Die eine befindet sich heute im Archäologischen Museum, die andere auf dem Tempelgelände in einem kleinen Schrein.

Manuha 32
- Datierung: 12. Jh.

Im klobig wirkenden Manuha-Tempel sind drei riesige sitzende Buddhafiguren dermaßen hineingezwängt, dass füllige Personen sie nur mit großen Schwierigkeiten aufsuchen können. Auf der Hinterseite des Gebäudes ist eine liegende Buddhafigur im *parinibbana* untergebracht.

Die Tradition schreibt den Tempel dem namensgebenden Mon-Regenten Manuha zu, der damit seiner beengten Situation als Gefangener Ausdruck verliehen haben soll. Stilistisch wird der längliche Bau jedoch dem 12. Jh. zugeordnet. Auf dem Tempelgelände wurde linker Hand ein offener Schrein mit Statuen des Manuha und seiner Frau Ningaladevi errichtet.

Nanpaya 33
- Datierung: 11. Jh.

Auf der Südseite des Manuha befindet sich nur wenige Schritte entfernt der Nanpaya-Tempel. Narapatisithu (reg. 1173–1210) soll ihn an der Stelle der ehemaligen Residenz des Manuha errichtet haben, daher sein Name „Palasttempel". Stilistisch gehört er jedoch eindeutig der Frühzeit Bagans an: ein quadratischer, flacher Bau mit einem weit vorgezogenen, nach Osten ausgerichteten Vorbau. Eine Besonderheit ist die vollständige Auskleidung des Ziegelbaus mit weichem Sandstein. Zum Teil sind die feinen Verzierungen mit Darstellungen von „Ruhmesgesichtern" *(kirtimukha)* des körperlosen Dämonen Kala, aus dessen Mund Rankenwerk sprießt, krokodilartigen Ungeheuern *(makara)* sowie des von spiralförmiger floraler Ornamentik umgebenen Vogels *hintha* noch gut erhalten.

Das Innere besteht aus einem Raum mit vier massiven Pfeilern in der Mitte, die sich um einen heute verschwundenen stehenden Buddha gruppieren. An den beiden Innenflächen ist der vierköpfige Hindugott Brahma mit Lotosblumen in der Hand dargestellt – gleiches findet sich als Malerei an manchen Eingängen des Ananda. Vermutlich spielt das Motiv auf den Abstieg Buddhas aus dem Tavatimsa-Himmel an, bei welchem der Erleuchtete von Brahma und Indra begleitet wird.

Abeyadana 34
- Datierung: Ende 11.Jh.

Südlich von Myinkaba liegt auf der Westseite der Straße nach Neu-Bagan der Abeyadana. Benannt nach Kyanzitthas bengalischer Hauptfrau, soll der Tempel der Überlieferung nach an jener Stelle errichtet worden sein, an welcher Abeyadana auf ihren vor König Sawlu fliehenden Mann gewartet hat. Bauliche Parallelen zum Nagayon-Tempel lassen vermuten, dass die beiden *pahto* Ende des 11. Jhs. etwa zeitgleich errichtet wurden. Dem quadratischen Bau ist an der Nordseite eine lange Eingangshalle vorgelagert. Das abgeschrägte Dach wird von einem Stupa gekrönt, der von einer diskusförmigen Schale mit anschließendem zylindrischem und geripptem Aufsatz abgeschlossen wird.

Die Motive der Wandmalereien im Inneren geben Anlass zu fantasiereichen Spekulationen. Finden sich in der Eingangshalle klassische Themen des Theravada-Buddhismus, allen voran die Jataka, so tauchen an der Außenwand des um den Zentralblock laufenden Wandelgangs auf mehreren Ebenen typische mahayana-buddhistische Motive auf, etwa der Bodhisattva Avalokiteshvara. An der Korridor-Innenwand wiederum finden sich hinduistische Gottheiten wie Brahma, Vishnu und Indra. Dieser religiöse Pluralismus wurde mit der indischen Herkunft Abeyadanas in Verbindung gebracht. Vielleicht beweist er aber auch nur, dass die Bewohner Bagans – einschließlich der Könige – so orthodox theravada-buddhistisch nicht waren, sondern sich für andere religiöse Strömungen offen zeigten.

Nagayon 35
- Datierung: Ende 11.Jh.

Auf der Weiterfahrt nach Süden passiert man linker Hand mit dem Nagayon einen weiteren Tempel der Frühzeit. Auch dessen Standort steht in Verbindung mit der Flucht Kyanzitthas vor Sawlu. Hier soll er laut *Glaspalastchronik* im Schutz einer Naga-Schlange geschlafen haben – wie einst Buddha vom Naga-König Mucalinda geschützt wurde. So zumindest ist die gewöhnliche Deutung des Namens Nagayon, „von einem Naga beschützt".

Wie beim Abeyadana weist der Eingang in Richtung Norden. Im Gegensatz zu ihm werden die abgeschrägten Dachterrassen jedoch von einem *shikhara* abgeschlossen. Insgesamt wirkt die Architektur des Nagayon wohlproportioniert. Im Inneren umläuft ein Korridor den Zentralblock, der eine 5,50 m große, auf einem Naga stehende Buddhafigur birgt. Sie wird von zwei weiteren stehenden Buddhas flankiert, die stilistisch der Frühzeit zuzuordnen sind.

Die Wände des Korridors enthalten 60 Nischen für Sandsteinreliefs mit Darstellungen aus dem Leben Buddhas. Viele Originale befinden sich heute im Archäologischen Museum und wurden durch Kopien ersetzt. Sowohl in der Vorhalle als auch an den Wänden des Korridors sind noch Reste von Wandmalereien auszumachen.

Somingyi Ok-Kyaung 36
- Datierung: 1204

Etwa auf halbem Weg zwischen Myinkaba und Neu-Bagan befinden sich auf der westlichen Straßenseite die Ruinen des Somingyi Ok-Kyaung. Es ist eines der wenigen Klöster, die vollständig aus Ziegeln erbaut wurden. Einer aufgefundenen Inschrift zufolge wurde es 1204 von einer Frau namens Somin gestiftet. Der quadratische, von einer Mauer eingeschlossene Bau besteht aus kleinen Mönchszellen an den Seiten, einer Eingangshalle im Osten und einem zweistöckigen, turmartigen *pahto* für religiöse Feiern im Westen. Von den meisten Bauten sind jedoch nur noch Reste übrig. Im Gegensatz dazu ist der benachbarte Stupa noch gut erhalten.

Seinnyet Ama und Seinnyet Nyima 37
- Datierung: 12./13. Jh.

Kurz vor dem Ortseingang Neu-Bagans stehen auf der östlichen Straßenseite in geschwisterlicher Harmonie vereint der Seinnyet Ama-Tempel („Ältere Schwester") und die Seinnyet Nyima-Pagode („Jüngere Schwester"). Der Überlieferung nach sollen beide Monumente im 11. Jh. von der Königin Seinnyet errichtet worden sein. Allerdings sprechen die architektonischen Baustile eher für unterschiedliche Bauzeiten in der Mittel- bzw. Spätphase Bagans.

Der Seinnyet Ama ist ein quadratischer *pahto* mit vier Eingängen, wobei der Osteingang etwas vorgelagert ist. Die drei Terrassen lassen das Dach wie eine Pyramide erscheinen. Den Abschluss bildet ein gerippter *shikhara*.

Drei Terrassen bilden die Basis für den glockenförmigen *anda* des Stupas Seinnyet Nyima. Teilweise sind die Stuckverzierungen noch in gutem Zustand, darunter die Kala-Fratzen, deren Mäuler durch Girlanden verbunden sind. Auf vier Seiten befinden sich in Nischen kleine Buddhafiguren. Auffallend ist der diskusförmige Glockenaufsatz mit einer sich nach oben verjüngenden gerippten Spitze.

Tempel in Neu-Bagan

Der geschichtsträchtige Hafenort Thiripyitsaya ist mittlerweile mit dem nach 1990 entstandenen Neu-Bagan (Bagan Myothit) zusammengewachsen. Beide Orte liegen etwa 4 km südlich von Alt-Bagan. In Thiripyitsaya lag während der Bagan-Ära der Haupthafen. Entsprechend finden sich hier einige wichtige Monumente.

Am Ufer des Ayeyarwady – der 1059 erbaute Lawkananda

Tempel in Neu-Bagan siehe Karte S. 266 und S. 240/241.

Lawkananda 38
■ Datierung: 1059

Zu Ehren eines Duplikats der berühmten Zahnreliquie aus Sri Lanka ließ Anawrahta im Jahr 1059 im Süden Thiripyitsayas direkt am Ufer des Ayeyarwady einen Stupa errichten. Mit seinem zylindrisch geformten *anda* ist er noch den Pyu-Vorbildern verhaftet. Die Basis bilden drei achteckige Terrassen, von denen zwei über Treppen begehbar sind. Der Lawkananda – abgeleitet vom Pali-Wort *lokananda*, „Freude der Welten" – zählt zu den insgesamt fünf Pagoden, die von Anawrahta zum spirituellen Schutz Bagans errichtet wurden. In den 1990er-Jahren wurde er vergoldet.

Ashe und Anauk Petleik 39
■ Datierung: erste Hälfte 11. Jh.

Etwas südlich von Thiripyitsaya stehen die beiden Tempel Ashe (östlicher) Petleik und Anauk (westlicher) Petleik. Es gibt Vermutungen, dass sie noch vor Anawrahtas Regentschaft in der ersten Hälfte des 11. Jhs. errichtet wurden. Von außen wirken die beiden Stupas eher unspektakulär. An ihrer Basis befanden sich umlaufende überdachte Korridore, was eher ungewöhnlich für Stupas ist. Als zwischen 1907 und 1915 die Restaurierungsarbeiten durchgeführt wurden, versah man die eingestürzten Korridore mit einem Dach. Bei der Ausgrabung kam eine Vielzahl von unglasierten gebrannten Tontafeln zum Vorschein. Die dargestellten Jataka-Szenen beeindrucken in ihrer klaren Schlichtheit.

Sedanagyi 40
■ Datierung: 13. Jh.

Auf dem Weg von Neu-Bagan nach Chauk fällt linker Hand der monumentale Stupa des Sedanagyi (machmal auch Sitanar-Zedi genannt) auf. Die *Glaspalastchronik* schreibt ihn König Nadaungmya (reg. 1210–34) zu. Der dekorative quadratische Aufsatz auf dem Stupa, *harmika* genannt, deutet auch architektonisch auf die Spätphase hin. Da er sich jedoch nicht sehr harmonisch in die Gesamtarchitektur einfügt, könnte er auch bei einem Umbau hinzugefügt worden sein. An der Basis befinden sich Elefantenskulpturen, wie sie nur selten in Bagan anzutreffen sind.

Dhammayazika 41
■ Datierung: 1196

Auf den ersten Blick scheint der Dhammayazika („dem König des Gesetzes gehörend") mit seinen drei Terrassen und dem glockenförmigen *anda* sehr der Shwezigon zu ähneln. Doch zeigt sich beim näheren Hinsehen ein elementarer Unterschied: Die Terrassen des 1196 von Narapatisithu errichteten Stupas sind fünfseitig und nicht, wie üblich, quadratisch. Den Seiten ist jeweils ein *tazaung* vorgelagert, in welchem nicht nur einer der vier Buddhas des jetzigen Zeitalters verehrt wird, sondern auch der zukünftige Buddha Metteya.

Von den Terrakottatafeln auf den Terrassen sind leider viele verschwunden. Nachdem der zwischen Neu-Bagan und Minnanthu gelegene Dhammayazika lange Zeit verloren im Feld stand, erfuhr er in den 1990er-Jahren eine Art Revival. Im Auftrag des Militärs wurden der *anda* vergoldet, die Plattform um den Tempel verschönert und mehrere neue Holzpavillons errichtet.

Die Tempel von Minnanthu

An der östlichen Peripherie der Königsmetropole, rund um das heutige Dorf Minnanthu, entstanden im 13. Jh. viele Klosteranlagen. Ihre Umfassungsmauern sind teilweise noch recht gut erhalten. Architektonisch mag ihnen die Monumentalität früherer Bauten fehlen, dafür bergen sie in ihrem Inneren manche Überraschung. Wer mal etwas anderes als Tempel sehen möchte, kann auch einen Rundgang durch den netten Ort unternehmen. Alternativ bietet sich ein Spaziergang durch eine der beiden etwas weiter südlich gelegenen Ortschaften, **West-Pwasaw** und **Ost-Pwasaw**, an.

Nandamannya 42
■ Datierung: 1248

Von außen wirkt der Nandamannya-Tempel sehr unscheinbar: ein kleiner quadratischer *pahto* mit vier gleich gestalteten Seiten; oben wird er durch einen Stupa abgeschlossen, was sehr typisch für die Architektur der Spätzeit ist. König Kyazwa (reg. 1234–50) stiftete ihn 1248 und benannte ihn nach einem der Attribute Buddhas „Unendliche Weisheit" (Pali: *anantapañña*). Die Überraschung liegt im Inneren. Dort ist er fast vollständig ausgemalt. Selbstverständlich sind es wieder vorwiegend Szenen aus dem Leben des Erleuchteten, wie etwa seine wundersame Geburt aus der Seite seiner Mutter Maya, und die Darstellungen der 28 Buddhas. Zudem sind zahlreiche tierische Fabelwesen abgebildet, die zur Armee des Mara gehören. Raffiniert wurden sie in die Ornamentik der Wandpfeiler eingearbeitet.

Auf mehr Interesse mag jedoch die Prozession barbusiger Frauen stoßen, deren anscheinend vulgär erotische Darstellung dem prüden französischen Pali-Experten Charles Duroiselle bei seinen Forschungen 1915 noch die Röte ins Gesicht trieb. Sie ist in einer Nische an der Südwand unter einer Buddha-Darstellung zu sehen. Der Buddhalegende Nidanakatha zufolge wurden die Frauen unterschiedlichen Alters von den drei Töchtern Maras geschickt, um Buddha „auf jede Art und Weise" zu verführen. Die drei Töchter namens Tanha (Gier), Raga (Lust) und Arati (Unzufriedenheit) sind auf der gegenüberliegenden Seite nochmals mit ihrem Vater dargestellt. Da die Malereien jenen des Payathonzu ähneln, gibt es Vermutungen, dass hier dieselben Künstler am Werk waren.

Nur wenige Schritte entfernt stößt man auf den **Kyatkan Umin** (11. Jh.) mit noch heute genutzten unterirdischen Meditationszellen.

Thambula 43
■ Datierung: 1255

Thambula (auch Thonlula), die erste Frau des Königs Uzana (reg. 1250–54), ließ 1255 diesen nach ihr benannten *pahto* errichten. Er besteht aus einem quadratischen Unterbau mit vier Öffnungen und einer östlich anschließenden Vorhalle. Drei deutlich abgestufte Terrassen mit Miniaturstupas an den Ecken führen elegant zum abschließenden *shikhara* über. Das Innere war ursprünglich vollständig ausgemalt.

Payathonzu 44
■ Datierung: 13. Jh.

Ein Stück weiter südlich liegt der unvollendet gebliebene Payathonzu („drei Tempel"). Er besteht aus drei auf einer Ost-West-Achse liegenden quadratischen Kammern, die durch schmale Gänge miteinander verbunden sind. Oben werden sie von drei Terrassen und einem *shikhara* abgeschlossen. Zwar ist diese Dreiteilung äußerst ungewöhnlich für die Tempel Bagans, doch findet sie sich auch bei einigen Khmer-Tempeln in Kambodscha und Thailand (z. B. Lopburi).

Im Inneren dominieren drei Altäre mit restaurierten Buddhafiguren den Raum. Nur der östlich gelegene *pahto* ist vollständig mit Wandmalereien ausgeschmückt. In dessen Vorraum finden sich typische theravada-buddhistische Motive wie die 547 Jataka und einige Szenen aus dem Leben Buddhas, darunter seine Geburt und der Abstieg aus dem Tavatimsa-Himmel.

Im Hauptraum lassen sich an den Seitenwänden die unter Bäumen meditierenden 28 Buddhas erkennen. Zudem gibt es mahayana-buddhistische Darstellungen wie mehrarmige Bodhisattvas, nicht identifizierbare Figuren in inniger Umarmung mit weiblichen Gestalten sowie Fabelwesen und Ornamentik.

Lemyethna 45
■ Datierung: 1223
Der auffallend weiß getünchte Tempel, nördlich von Minnanthu, besticht durch seine Eleganz. Bewirkt wird sie durch den feinen Übergang zwischen dem quadratischen Unterbau und dem schlanken *shikhara*. Der „Tempel der vier Himmelsrichtungen" ist eine Stiftung von Ananthaturiya – einem Minister am Hofe Nadaungmyas – und seiner Frau aus dem Jahre 1223, um laut Inschrift „zu einem allwissenden Buddha zu werden, der alles weiß und alles sieht". In ihrer Inschrift erwähnen sie zudem „wunderschön gemalte Szenen aus den 550 Jataka". Doch leider wurden Teile der Originalmalerei von den Einheimischen übertüncht.

ÜBERNACHTUNG

Die günstigsten Übernachtungsmöglichkeiten bieten **Nyaung U** und **Neu-Bagan**. Beide Orte sind etwa 10 km voneinander entfernt. In **Alt-Bagan**, das etwa in der Mitte liegt, gibt es einige schöne, allerdings nicht gerade billige Hotels. Wer vorhat, mehrere Tage in Bagan zu bleiben, kann ein paar Tage im nördlichen Bereich verbringen, die anderen im südlichen. Leider sind auch in Bagan die Übernachtungspreise derzeit völlig überzogen, in der Hochsaison sollte man unbedingt reservieren.

Nyaung U
Karte S. 250

Als Verwaltungs- und Wirtschaftszentrum Bagans hat Nyaung U eine entsprechende Infrastruktur mit Krankenhaus, Banken, Schulen, Hotels, Restaurants etc. Auch der Flughafen ist nach dem Städtchen benannt. Ein Spaziergang durch den sympathischen Ort mit einem bunten **Markt** lohnt sich allemal. Dank einer genügenden Auswahl an guten Restaurants und günstigen Unterkünften wird Nyaung U von vielen Besuchern als Standort bevorzugt. Eine geschäftige Straße zwischen Anawrahta Road und altem Busbahnhof hat sich zur Traveller-Meile entwickelt. Dort kann man gut essen, Infos austauschen und E-Mails checken.

Lanmadaw (Main) Road
Golden Myanmar Gh. ①, ✆ 061-60901, ✉ gmyanmar58@gmail.com. Einfaches, recht nüchtern gehaltenes Gästehaus mit 15 Zimmern, die meisten mit AC und Bad. Im 1. Stock verströmen die 7 Räume mit ihrer dünnen Holzvertäfelung rustikale Hüttenatmosphäre. ❷

Grand Empire Hotel ⑦, ✆ 061-60206, ✉ grandempirehotel.nyu@gmail.com. Etwas pompöser Name für die 25 teilweise recht kleinen und fensterlosen Zimmer mit AC, TV und Warmwasser-Bad. Überall wurde viel Teppich verlegt. Essen gibt es nebenan im Tharawun Restaurant. ❸–❹

Inn Wa Gh. ②, ✆ 061-60902, 60849, ✉ innwa.gh@gmail.com. Gut geführtes 3-stöckiges Gästehaus mit 40 kleinen, aber netten AC-Zimmern mit Bad, einige größere mit TV und Kühlschrank. Frühstück auf der Dachterrasse. ❸–❹

May Kha Lar Gh. ⑤, ✆ 061-60304, 60907. Das betagte Gästehaus bietet für jeden Geldbeutel etwas: 6 AC-Zimmer mit Gemeinschaftsbad,

25 AC-Zimmer mit Bad, TV und Kühlschrank, 4 Dreibettzimmer. Fahrradverleih, hilfreiches Personal. ❷–❸

Pann Cherry Gh. ⑩, an der östlichen Zufahrt zur Shwezigon, ✆ 061-60075. Klassiker für Asketen: länglicher Bau mit 27 kargen Zimmern mit Ventilator und teilweise Gemeinschaftsbad. Es gibt aber auch große 3- bis 4-Bett-Zimmer mit AC für Familien. ❶–❷

€ **Pyinsa Rupa Gh.** ④, ✆ 061-60607, pyinsarupaguesthouse@gmail.com. Eine beliebte Traveller-Absteige mit 38 meist einfachen Zimmern mit Ventilator oder AC und wenig sauberen Bädern. Weitaus besser sind die Zimmer im hinteren Anbau. Es gibt auch einige Family Rooms mit 3–4 Betten. Hilfsbereite Angestellte. ❷–❸

€ **Sabai Myaing (Jasmin Villa)** ③, ✆ 061-60764, 09-204 2898. Lauschiger Kolonialbungalow, in welcher die freundliche Daw Swe Swe Oo das Regiment führt. Die 3 asketischen EZ kosten US$6, die 7 DZ mit Gemeinschaftsbad und Ventilator nur US$10. Etwas höheren Standard bieten die 4 AC-Zimmer mit Bad. Kein Frühstück. ❶–❷

Saw Nyein San Gh. ⑥, ✆ 061-60651, 09-7984 83811, ✉ kolwinmzee@gmail.com. Die gefliesten Böden und die hellgrüne Farbe in den 10 Zimmern verströmen den Charme einer Waschküche, aber der freundlich-hilfsbereite Service, Sauberkeit und die nette Dachterrasse fürs Frühstück und abendliche Chillen machen es zu einer guten Wahl. ❸–❹

Shwe Na Di Gh. ⑧, ✆ 061-60409, ✉ shwenadi.nyaungoo@gmail.com. Eine der günstigsten Optionen in der Straße. Nicht unbedingt heimelig, aber mit solider Grundausstattung: 39, teils holzvertäfelte Zimmer mit Bad, AC und TV plus 8 Zimmer mit Gemeinschaftsbad. Es gibt auch einen 5-Bett-Schlafsaal. Radverleih. ❶–❸

Wut Hmon Thit ⑨, w 061-60794, 09-204 2279, ✉ wuthmonthit@gmail.com. Der moderne 3-stöckige Bau mit überdachter Dachterrasse birgt 27 klimatisierte Zimmer in diversen Größen und warmen bräunlichen Farben. Durch die gefliesten Böden in den Gängen wirkt alles recht sauber. ❷–❸

Zwischen Shwezigon Road und Anawrahta Road

Aung Mingalar Hotel ㉑, Bagan-Nyaung U Rd., ✆ 061-61169, 60847, ✉ aungmingalarhotel@gmail.com. Toplage gegenüber der Shwezigon-Pagode, allein Service und Sauberkeit lassen zu wünschen übrig. Es gibt 33 auf mehrere Bungalows verteilte Zimmer mit Bad, AC, TV und Kühlschrank. Die besseren sind mit viel Holz ausgestattet und wirken dadurch recht geschmackvoll. ❹–❺

Motel Zein ⑯, Thiripyitsaya (1) Rd., Ecke Anawrahta Rd., ✆ 061-60204, 09-2597 52044, ✉ motelzein.myanmar@gmail.com. Das gut geführte Gästehaus unweit der Saraba-Pagode verfügt über 24 freundliche, mit viel Holz ausgestattete Zimmer (AC, Bad, kleine Veranda) in 2 Kategorien, die sich in einem 2-stöckigen Bau verteilen. Für den Preis eine gute Wahl. Tipp: die selbst produzierten Ingwer-Pflaumen-Bonbons *(gin zee pya)*. ❸–❹

New Life Gh. ⑭, Main Rd., neben dem Thante Hotel, ✆ 061-61035, 09-204 2131, ✉ newlifebagan@gmail.com. Die 22 Zimmer verteilen sich in 2 parallelen Gebäuden. Einige sind mit Balkon/Veranda, von denen man jedoch nur die andere Hauswand anschaut. Die Zimmer sind relativ freundlich, wenn auch dunkel und etwas klein, aber sauber. ❸–❹

New Park Hotel ⑱, Thiripyitsaya (4) Rd., ✆ 061-60322, 60484, 🖥 www.newparkmyanmar.com. Die Bungalowanlage mit 26 Zimmern liegt in einer Seitenstraße und hat 2 Standards: etwas kleinere Zimmer in einem länglichen Flachbau mit Veranda, AC, TV, WC und Kühlschrank; die anderen seitlich sind wesentlich größer. Frühstück gibt es in einem offenen Pavillon, Tourenarrangement und Fahrradverleih. ❷–❹

Oasis Hotel ⑰, Anawrahta Rd., ✆ 061-60923, 🖥 www.oasishotelbagan.com. Der Name passt, denn das lang gezogene Grundstück ist schön bepflanzt. In den länglichen Bauten verteilen sich 18 ansehnliche, weitgehend in Weiß gehaltene Zimmer mit nettem Interieur. Wohnliches Ambiente, der kleine Pool und das offene Restaurant machen das Hotel zu einer guten Wahl. ❺–❻

Prince Gh. ⑳, Anawrahta Rd., ✆ 061-60411. Inmitten eines schönen Gartens mit Bambus gelegen, finden sich 28 schlichte Standard-Zimmer und geräumige Deluxe-Zimmer mit Bad (Warmwasser) und Klimaanlage. Das Frühstück wird in einer offenen Halle serviert. ❷–❸

Yar Kinn Tha Hotel ⑲, Anawrahta Rd., ☏ 061-60051, 09-4300 9227, ✉ hotelyarkinntha@gmail.com. Etwas kühl wirkender Kasten, doch gutes Preis-Leistungs-Verhältnis. 43 etwas nüchterne AC-Zimmer mit WC, TV und Kühlschrank in 2 Kategorien sowie 12 schöne Bungalows samt Veranda im Innenhof. Der Pool wirkt vernachlässigt. ❹–❺

Weitere Unterkünfte

Eden Motel ⑫, südlich vom Markt, ☏ 061-60639. Wegen seiner Lage recht beliebt. 18 einfache, kleine Zimmer (AC, Bad) mit Bambus-Deko. Pluspunkt ist das Frühstück auf der Dachterrasse. Gegenüber liegt das bessere **Eden Motel II** ⑪, ☏ 061-60812, mit 7 großen, für Familien geeigneten Zimmern, für den gleichen Preis. Man sollte jedoch keinen Service erwarten. ❷

Large Golden Pot Gh. ⑮, Nähe Sapada-Pagode, ☏ 061-60074. Nicht ganz so fantasievoll wie der Name sind die 14 eher langweilig gestalteten AC-Zimmer mit Bad im Hauptbau. Im hinteren Bereich bieten 12 weitere Zimmer etwas mehr Komfort. Auf der Dachterrasse kann man sein Bier genießen. Fahrradverleih. ❷–❸

Thante Hotel ⑬, in Nyaung U unweit der großen Kreuzung, ☏ 061-60315, 🖥 www.thantenyu.com. Eine gute Wahl für jene, die zentral und etwas komfortabler wohnen wollen. Pluspunkt ist der Pool (Außenstehende US$6 pro Tag). Die 37 Zimmer (AC, Du/WC) in Bungalows sind sauber und ebenso wie das Restaurant etwas nüchtern eingerichtet. ❹–❺

Wetkyi-In

Karte S. 250, Nyaung U

Die Unterkünfte zwischen Nyaung U und Alt-Bagan haben den Vorteil, dass die Wege zu den wichtigsten Sehenswürdigkeiten nicht so weit sind. Zudem gibt es einige vorzügliche Restaurants und Snackbars.

Bagan Umbra ㉔, Bagan-Nyaung U Rd., ☏ 061-60034, 60381, 🖥 www.thehotelumbrabagan.com. Die 94 Zimmer in drei Kategorien variieren in Größe und Ausstattung. Die älteren Standard-Zimmer sind recht schlicht. Zwei Pools, Spa (⏱ 10–21.30 Uhr), Fahrrad- und E-Bike-Verleih. Auf Wunsch werden Touren arrangiert, etwa für US$30 zum Mt. Popa. ❹–❻

New Wave Hotel ㉓, ☏ 061-60731. Im vorderen Altbau verteilen sich 8 funktionale Zimmer mit AC und Bad, im hinteren, 2-stöckigen Gebäude 22 freundliche Zimmer mit allen Annehmlichkeiten. Allerdings wirken die dicht beieinander stehenden Gebäude etwas beengend. Solides Frühstück gibt's auf der Dachterrasse. ❸–❺

Winner Gh. ㉒, neben dem New Wave, ☏ 061-61069, 09-4025 01091. Hier wurde fleißig erweitert und aus der einstigen Budget-Bleibe ein solides Gästehaus mit 27 Zimmern gemacht, manche mit Gemeinschaftsbad, einige davon sehr gut für Kleinfamilien geeignet. Im 5-Betten-Dormitory kostet der Schlafplatz US$8. Selbst Schwergewichte liegen auf den stabilen Stahlbetten gut. Auch das Preis-Leistungs-Verhältnis stimmt. ❷–❸

Alt-Bagan (Bagan Myohaung)

Karte S. 256

Anstelle der 1990 vertriebenen einheimischen Bevölkerung logieren heute Touristen innerhalb der Tore Alt-Bagans. Wer hier wohnt, hat zwei Vorteile: komfortable Unterkünfte und Toplage. Zu Fuß oder mit dem Fahrrad sind die interessantesten Pagoden einfach zu erreichen. Auch der Ayeyarwady ist nicht weit. Einem Sundowner – etwa im Garten des Bagan Thande oder Aye Yar River View Hotels – steht also nichts im Wege.

Aye Yar River View Hotel ㉕, nördlich von Alt-Bagan, ☏ 061-60313, 60352, 🖥 www.ayeyarriverviewresort.com, [7089]. Das Hotel am Ayeyarwady hat sich zu einer Edelbleibe gewandelt. Von Superior bis Deluxe kann man in den 127 meist geräumigen Zimmern (AC, TV, Minibar, Du/WC) komfortabel logieren. Am schönsten wohnt es sich in den Bungalows mit Blick auf den Fluss und in den weitläufigen

Ayeyar-Suiten. Offenes Restaurant mit Pagode, Spa und Pool. Weitere 60 Zimmer sind in Planung. ❸–❼

Bagan Hotel River View ㉗, Nähe Gawdawpalin-Pagode, ✆ 061-60032, 60316, 🖥 www.kmahotels.com. Schöne Hotelanlage mit eigener Pagode am Ayeyarwady. Alle Bauten sind im Stil der Pagodenruinen errichtet worden. In den 107 Zimmern (AC, TV, Minibar) lässt es sich wunderbar logieren, für schlappe US$450 auch in der Presidential Riversuite. Zur Anlage gehören Konferenzraum, Businesscenter und Pool. Im herrlichen Garten werden Frühstück und Dinner serviert. ❻–❽

🏨 **Bagan Thande Hotel** ㉘, neben dem Archäologischen Museum, ✆ 061-60025, 60031, 🖥 www.baganthandehotel.net. Bagans älteste Unterkunft hat sich gemausert. Wo der Prince of Wales (und spätere Edward VIII.) 1922 residierte, bietet das Hotel heute 2 riesige Suiten und ein Restaurant. Einige der 44 Deluxe-Zimmer befinden sich direkt am Ayeyarwady-Ufer. Die Bungaloweinheiten mit 20 Superior-Zimmern, alle mit AC, TV, Minibar, Du/WC, liegen etwas zurückversetzt. Tipp: Auch wer nicht in diesem Hotel wohnt, kann sich unter den knorrigen Akazienbäumen mit herrlichem Flussblick einen Drink gönnen. Seitlich gibt es Pool und Massage. Fahrradverleih. ❻–❼

The Hotel @ Tharabar Gate ㉖, ✆ 061-60037, 60042, 🖥 www.tharabargate.com, [10366]. Wo einst die Dorfschule stand, erstreckt sich nur einen Steinwurf vom Tharaba-Tor entfernt das weitläufige Hotel mit 84 geräumigen Zimmern (AC, TV, Du/WC, Minibar). Beim Interieur wurden vorwiegend einheimische Materialien, allen voran Teakholz, verwendet. Zur Ausschmückung der Räume kopierten lokale Künstler Tempelmalereien. Restaurant, Gartenanlage und Pool sind der Umgebung harmonisch angepasst. Zum Angebot gehört auch ein Spa. ❻–❼

Neu-Bagan (Bagan Myothit)
Karte S. 266

Neu-Bagan wurde 1990 von den zwangsumgesiedelten Bewohnern Alt-Bagans gegründet. Heute ist es ein lebendiger Ort mit zahlreichen Hotels, Restaurants, Souvenirshops und Lackwerkstätten. Die günstigeren Unterkünfte haben sich vorwiegend entlang der Khayae Street, meist schlicht „Main Road" genannt, und einiger Seitenstraßen angesiedelt. Eine Reihe von Mittelklasse-Hotels liegt etwas abseits am östlichen Ortsrand und ist eher für Touristen mit eigenem Fahrzeug geeignet. Fast alle Zimmerpreise schließen Frühstück mit ein.

Untere Preisklasse

Bagan Central Hotel ㊳, 5/16 Khayae St., ✆ 061-65057, 65265, [10358]. Die Außenwände der 26 Zimmer wurden mit versteinerten Bäumen verkleidet. Auch innen sind die geräumigen Zimmer mit Holzboden, AC und Du/WC ansehnlich. Für Sparsame gibt es drei Dreibettzimmer für US$13 pro Schlafplatz und Gemeinschaftsbad. Netter Innenhof mit schattigen Niembäumen. ❶–❹

NK Betelnut Hotel ㊲, Khayae St., ✆ 061-65054, 65262, [10360]. Gut geführtes Gästehaus mit 24 sauberen Zimmern mit AC, Du/WC, TV und Minibar in einstöckigen Bungalows. Kleiner Garten. Behilflich beim Besorgen von Tickets. ❸

Ostello Bello Bagan ㊵, Khayae St., Nähe Shit Myathna-Pagode, ✆ 061-65069, 09-2570 39009, 🖥 www.ostellobello.com, [10364]. Populäres Hostel mit Durchschleußcharakter. Mit viel Holz geschmackvoll gestaltet und einer Bandbreite von Wohnoptionen: Je 3 x Vier- bis Achtbettzimmer, aber auch 14 DZ. Saisonabhängig sind indes knackige US$26 pro Bett zu bezahlen. Nette Garten-Bar und Terrasse. Nichts für Ruhesuchende. ❷–❻

€ **Ruby Gh.** ㊴, Khayae St., westlich der Shit Myathna-Pagode, ✆ 061-65124, 09-204 3976, [10365]. 9 einfache, funktionale Zimmer mit AC, Du/WC und grünen Teppichen sowie grün gestrichenen Wänden. Kein Frühstück. Zuverlässiger Wäscheservice. Arrangiert Touren. ❷

Mittlere Preisklasse

Arthawka Hotel ㉟, Khayae St., ✆ 061-65321, ✉ arthawka@gmail.com, [6640]. Sympathisches 2-stöckiges Hotel mit insgesamt 59 Zimmern (AC, Du/WC, TV, Minibar). Restaurant mit Tiefgaragen-Flair, aber man kann auch auf der Dachterrasse speisen. Den Pool im Innenhof wird man an heißen Tagen zu schätzen wissen. ❹–❺

Bagan Empress ㊸, 107 Yuzana St., Tel. 09-504 0436, ✉ baganempresshotel@gmail.com. Der rostbraune Klotz sticht aus der grünen Umgebung heraus. Auf drei Etagen verteilen sich 20 geräumige, funktionale Zimmer und eine Dachterrasse fürs Frühstück. Mit viel Holz ausgestattet, wirkt alles recht wohnlich. Hilfsbereites Personal. ❸–❹

Bagan Nova ㊷, 87 Yuzana St., w 061-65479, 09-501 8134, ✉ bagannova@gmail.com. Das 12-Zimmer-Gästehaus beweist, dass es architektonisch nicht viel Aufwand braucht, um angenehmen Wohnraum zu schaffen: offenes Treppenhaus, dezente Farben, modernes Mobiliar und funktionale Bäder. Die Zimmer samt Minibalkon sind indes etwas klein. Frühstück wird im Erdgeschoss aufgetischt. ❹

Kaday Aung Hotel ㉙, Hninn Pann St., ✆ 061-65070, 09-204 3212, 🖥 www.kadayaunghotel.com, [10357]. Ansprechendes Mittelklassehotel mit Pool und schönem Garten mit alten Bäumen. 45 wohnliche Zimmer in vier Kategorien mit AC, Bad und viel Rattan und Bambus. Gutes Preis-Leistungs-Verhältnis, sehr zu empfehlen. ❸–❺

Lawkanat Hotel ㉞, Khayae St., ✆ 061-65046, ✉ lawkanat.info@gmail.com. Heimelige Bungalowanlage mit 20 geräumigen und geschmackvoll eingerichteten Zimmern mit AC und betagten Bädern. Kleiner netter Garten mit alten Bäumen und mäßig sauberer Pool. ❹–❺

Manisanda Hotel ㉛, 7th St., Ecke Hninn Si St., ✆ 061-65438, 65438, 🖥 www.manisandahotel.com. Familiäres Mittelklassehotel am östlichen Ortsrand mit 21 recht dunklen, aber sauberen Zimmern in einem verwinkelten Gebäudekomplex. Toller Pagodenblick von der Dachterrasse. ❹–❺

Nan Eain Thu ㊱, Myat Lay Rd., ✆ 061-65118, 65214. Die 27 AC-Zimmer mit Du/WC und Minibar sind angenehm sauber und verbreiten eine entspannte Atmosphäre. ❸–❹

Thurizza ㉚, Sabae St., Ecke Thiri Marlar St., ✆ 061-65229, ✉ thirimarlarhotelbagan@gmail.com, [8317]. Ruhige Hotelanlage mit 17 Standard- und Superior-Zimmern (AC, TV, Du/WC, Minibar). Die Zimmer sind geschmackvoll eingerichtet, der Standard ist eher schlicht. Dachterrasse mit tollem Pagodenblick. Nette Sunset-Bar. ❹–❺

Obere Preisklasse

Areindmar ㉜, 2nd St., zwischen Nweni St. und Cherry St., ✆ 061-65049, 🖥 www.areindmarhotel.com. Auf überschaubarem Gelände umschließt ein 2-stöckiger Bau einen schönen Garten. Der kleine Pool liegt seitlich des halb offenen Restaurants. 50 geschmackvoll mit viel Holz und traditionellem Dekor ausgestattete Deluxe-Zimmer mit AC, TV, Du/WC. ❼

Bawga Theiddhi Hotel ㊺, Myat Lay St., ✆ 061-65425, 65426, 🖥 www.bawgatheiddhihotel.com. So unaussprechlich der Hotelname, so ansprechend die Anlage mit 74 Zimmern mit Bagan-Touch. Die Bäder in den Deluxe-Zimmern sind etwas klein, der Boden mit roten Teppichen oder Laminat verlegt. Pluspunkte sind der große Pool und der nette Garten. ❻

Blue Bird Hotel ㊹, Myat Lay St., ✆ 061-65440, 65449, 🖥 www.bluebirdbagan.com. 24 stilvolle Zimmer mit Betonböden, großen Betten und Wasserfall-Duschen im Bad. Alles mit einem Hauch Bagan-Chic verschönt, inklusive Schwarz-Weiß-Bildern der Tempelstadt in den Gängen. Der Pool ist eher was für Kleinkinder. ❺–❻

Raza Gyo Hotel ㉝, Myat Lay St., ✆ 061-65326, 65431, 🖥 baganrazagyohotel.com. Am östlichen Ortsausgang gelegenes Boutiquehotel mit 40 überwiegend kleinen Zimmern mit Du/WC und Teppich. Der kleine Garten und die geschwungenen Torbögen am Eingang verströmen eine einladende Atmosphäre. ❺–❻

Shwe Yee Pwint Hotel ㊶, 2nd St., südlich der Khayae St., ✆ 061-65421, 65418, 🖥 www.shweyeepwinthotel.com. Großzügige Anlage mit 35 stilsicheren, etwas kleinen Superior-Zimmern mit AC, TV und Bad im Hauptbau sowie größere Deluxe-Zimmer in Bungalows. Zur Einrichtung gehören Meditationsraum, Pool und Dachterrasse mit Pagodenblick. ❺–❻

Thazin Garden Hotel ㊻, Thazin Rd., ✆ 061-65035, 65044, 🖥 www.thazingarden.com, [10361]. Die wunderbare Anlage liegt weit im Süden des Ortes. Die 60 Zimmer mit AC, Du/WC,

TV und Minibar wurden bis ins Detail stilvoll (mit viel Holz) eingerichtet. Zum Komfort gehören ein gutes Restaurant, ein Pool und ein Spa, wo müde Muskeln wieder munter massiert werden. Der schattige Garten erscheint wie eine Oase. ❻–❼

ESSEN

Nyaung U
Karte S. 250, s. auch **eXTra [5344]**.
Entlang des „Traveller Walks", der Thiripyitsaya (4) Road zwischen altem Busbahnhof und Anawrahta Road, buhlen zahlreiche Lokale um Kundschaft. Leser loben das **Pyi Wa** (neben dem Pyi Wa-Tempel) und das familiengeführte **Bibo** in einer Seitenstraße westlich des Pyi Wa-Tempels. Das **Novel** tischt solide Thai-Gerichte auf. Mit Lampions und Kerzen wirbt **A little bit of Bagan** um Kundschaft. Im **Kan Thar Oo** gegenüber dem New Park Hotel wird solide China-Küche serviert.

Black Bamboo, in einer Nebenstraße. In dem schicken Gartenrestaurant können Gäste in noble Bambussessel versinken und gute chinesische und birmanische (30 Min. Wartezeit) Speisen verkosten oder das superleckere Eis genießen.

🧳 **Hti Bar**, Thiripyitsaya (4) Rd., in der Nähe der Pyi Wa-Tempels. Die Ballonfahrer-Stammkneipe. Mit Shisha unter Bambusdach schmecken die Cocktails (1500–3000 Kyat) besonders lecker, vor allem wenn man zwischen 17 und 19 Uhr zwei für den Preis von einem bekommt. Ein Tipp aus der Küche: Chili con carne. ⏱ 9–22.30 Uhr.

La Terrazza, Thiripyitsaya (4) Rd., Nähe des Pyi Wa-Tempels, Tel. 09-4026 30878. Bagans Bella Italia in Schweizer Hand mit hervorragenden Pastas und Pizzas (ab 7000 Kyat). Dazu schönes Bambusinterieur mit Galerie. ⏱ 11–22 Uhr.

🏠 **Sanon**, Pyu Saw Hti St., seitlich des Thante Hotels. Tel. 09-4519 51950.
⏱ 11–22 Uhr. Wer hier speist, unterstützt die Ausbildung sozial benachteiligter Jugendlicher. Leckere Gemüse-, Fleisch und Seafood-Speisen in Tapas-Größen um 4000–8000 Kyat, dazu superleckere Nachspeisen samt guter Kaffee- und Saftauswahl. Definitiv ein Besuch wert!

Shwe Myit Tar, im schmalen Seitenweg hinter dem Markt. Mit seinen vorzüglichen birmanischen Currys eine Institution. ⏱ 9–21 Uhr.

Sharky's Bagan, Bagan-Nyaung U-Rd. Das einstige Aung Mingalar-Kino gegenüber der Shwezigon ist heute ein großer Food-Komplex mit Pizzaofen, Eistheke, Weinsortiment, Feinkostabteilung und Lounge zum Kaffee- und Cocktailschlürfen. Gute, aber teure westliche Gerichte. ⏱ 8–22 Uhr.

Zwischen Markt und altem Busbahnhof bei der Shwezigon gibt es entlang der Lanmadaw Street ebenfalls einige einladende Lokale, darunter das **San Kabar Pub & Restaurant** mit guten Nudelgerichten und Pizza oder das in Zuschriften gelobte Lokal **Shwe Moe** mit günstigen und guten Currys. Das **Moe Moe Win Yangon** ist morgens eine beliebte Adresse für *mohinga*.

Wetkyi-In
Karte S. 250, Nyaung-U

Nanda, Bagan-Nyaung U-Rd., ✆ 061-60754. Bietet in einer schön dekorierten Halle allabendliche Marionettenvorführungen. Die birmanischen und chinesischen Speisen sind vorzüglich. Der Nachteil: Durch die vielen Reisegruppen herrscht viel Trubel.

Weitaus lauschiger und ziemlich schick ist das weiter nördlich gelegene **Eden BBB**, Bagan-Nyaung U-Rd., ✆ 061-60040, mit guten Fusion-Gerichten. ⏱ 10.30–14.30, 17.30–22.30 Uhr.

Nördlich des Bagan Umbra Hotels bereitet das sympathische **Pyi Sone** gute chinesische und (nach Vorbestellung) birmanische Küche zu. Sehr schön sitzt man auf der Dachterrasse. In der Nachbarschaft tischt das einfachere und günstigere **Golden Emperor** ebenfalls leckere Speisen aus Myanmar und China auf.

€ Für den kleinen abendlichen Hunger bietet sich das **Harmony**, neben dem Bagan Umbra Hotel, mit Grillspießchen und billigem Bier an.

Alt-Bagan und Myinkaba
Karte S. 256 und S. 240/241
Shwe Myanmar (auch: Golden Myanmar) und **Marlar Theingi** östlich des The Hotel @ Tharabar Gate sind eine gute Wahl für

Das Angebot auf dem Markt von Nyaung U ist vielfältig.

birmanische Currys. Leckere Speisen serviert auch ein weiteres Lokal namens **Shwe Myanmar 2** an der nördlichen Zufahrt zum Ananda-Tempel.

Im **Moon Restaurant** nebenan wirken nicht nur die rotkarierten Tischdecken stilvoll, dort wird auch ziemlich Leckeres aufgetischt. Neben Vegetariern kommen Suppenfreunde auf ihre Kosten. ⏱ 9–21 Uhr. Als kulinarisches Kleinod wird von Loose-Lesern besonders das gegenüberliegende **Yar Pyi** empfohlen. Zwar ist das Ambiente schlicht, aber „den Tieren zuliebe" zaubert die Familie vorzügliche vegetarische Gerichte, darunter „Special Obergine". Ein Hit sind dort die Lassis und Shakes, etwa mit Avocado (Okt–März) oder Mango (April–Juli). ⏱ 7–21 Uhr.

Alternativ bietet sich der Gang zu Tin Myint und seiner Frau im **Starbeam Bistro** an. Das Eigentümerpaar hat sich in der Hotelküche kennengelernt und kreiert nun in Eigenregie leckere Gerichte und verführerische Desserts, die einen Hauch Haute Cuisine in die Pagodenlandschaft bringen. Empfehlenswert sind der Avocado-Salat und frischer Fisch vom Fluss. ⏱ 9–22 Uhr.

Ordentliche chinesische und birmanische Gerichte servieren in schönem Ambiente die Touristenlokale **Sarabha** und **Tharaba 2** nahe dem Tharaba-Tor, ⏱ 9–22 Uhr.

Zum Chillen mit Flussblick eignet sich der versteckte **Fantasia Garden & Jetty**, ☎ 09-7789 15291, 🖥 www.bagan-boat-trips.com, in Taungbi mit Getränken und Snacks. Dazu fährt man den schmalen Weg hinter dem markanten weißen pahto 400 m gen Norden in Richtung Ayeyarwady, ⏱ 9–19 Uhr.

Wärmstens empfehlen viele Leser das sympathische **San Thi Dar** [5345] in Myinkaba, das sich auf birmanische Currys und vegetarische Gerichte schon ab 2000 Kyat spezialisiert hat. Es ist dank Khin Maung Oo und seiner Frau San San Win auch sehr familiär. ⏱ 10–21 Uhr.

Die altertümliche Tempelstadt ist im ganzen Land bekannt für ihre leckeren Currys – und derzeit kocht sie in Alt-Bagan niemand besser als Kyi Kyi Min vom **Tharaba 3**

[5672], wie Einheimische ihren Essensstand nennen: ein paar Tische unter einem Akazienbaum am Rand des großen Platzes gegenüber dem Hotel @ Tharaba Gate, die sich schnell mit zig Schälchen leckerer Speisen füllen. Man wählt ein, zwei Currys, der Rest kommt von selbst. ⏱ 10–15 Uhr.

Neu-Bagan
Karte S. 266

Aye Mya Thida, Khayae St., ☎ 061-65290. Von außen eher unscheinbar, bietet das „Food &Drink Centre" in einer offenen Bambushalle mit etwas kitschigen Bildern schmackhafte birmanische Currys. Auch die chinesischen Gerichte sind gut. Der Service ist etwas zurückhaltend. ⏱ 6–22 Uhr.

Black Rose, am Pagoden-Kreisel. Aufmerksamer Service, günstige Preise und ordentliche chinesische Gerichte haben das Lokal zum Liebling der Traveller werden lassen. Eine Filiale liegt an der Gangaw St. gegenüber dem Bagan Express. ⏱ 9–22 Uhr.

7 Sisters, 79 Nweni St., Ecke 3rd St., ☎ 061-65404. Massive Teaksäulen stützen das Dach der offenen Halle, in welcher die Gäste zwischen leckeren Currys und chinesischen Gerichten ab 4000 Kyat wählen können. Sehr schmackhaft ist der grüne Papayasalat. Für guten Service garantieren die sieben aus Neu-Bagan stammenden Schwestern. ⏱ 9–22 Uhr.

Kyaw Kitchen, 4th St., ☎ 09-5184 4428 (Mr. U Zaw). Hinter einem begrünten Innenhof wird in einer offenen Bambushalle sehr gutes Essen aufgetischt. Ein bisschen teurer als die Konkurrenz an der Hauptstraße, stimmt bei den birmanischen und chinesischen Speisen die Qualität. Auf Anfrage werden **Kochkurse** angeboten (min. 2 Pers. à US$25). ⏱ 11–15, 17–22 Uhr.

Marlar Theingi, gegenüber dem Markt. Hier kocht Daw Yim Yim Htay schmackhafte birmanische Currys. ⏱ 9–21 Uhr.

Taste of Bagan, Nweni St., Ecke 4th St., ☎ 09-4200 59757. Ein offener Bambusraum und ein paar Stühle bieten den schlichten Rahmen eines entspannten Lokals mit gut gewürzten Currys und vielerlei Reisgerichten ab 3000 Kyat. Aber auch Pizza und Pasta gelingen ganz gut. ⏱ 10–22 Uhr.

Mingalarbar Food Corner, Bagan-Chauk Rd. Keine große Küche, aber ein gemütlicher Ort mit Terrasse, um sich mit Bier den Bagan-Staub herunterzuspülen. ⏱ 11–22 Uhr.

Silver House, Khayae St. Das einfache Lokal zählt zu den ältesten des Ortes und kocht solide chinesische Gerichte. ⏱ 10–22 Uhr.

Sunset Garden, ☎ 061-65037. Weitläufiges Restaurant mit chinesischer und birmanischer Küche und tollem Flussblick. Bei Reisegruppen populär. ⏱ 11–15, 18–21 Uhr.

EINKAUFEN

Nyaung U

M Boutik, Anawrahta Rd., Ecke Thiripyitsaya (5) Rd., Tel. 061-60358, 🖥 www.sedn-mboutik.com. Breite Palette von Handarbeiten, welche im Social Economic Development Network (SEDN) organisierte Frauengruppen produzieren. Schöne Auswahl an Kleidern und Accessoires. ⏱ 9–18 Uhr.

Alt-Bagan

Die meisten Tempeleingänge quellen über mit Souvenirs. Darunter ist leider viel Ramsch. Ordentliche Qualität zu guten Preisen bieten die etablierten Verkaufsstände am Nordeingang des Ananda-Tempels, darunter für Lackarbeiten **Aye Aye**, **Ko Aung Lin** und **Ko Ko Naing**. Dort verkauft auch der Fotograf **Bagan Maung Maung** seine hervorragenden Bilder. Ältere Lackwaren und Schnitzarbeiten gibt es im Geschäft von **Shwe War Thein**, ☎ 061-67032, ⏱ 7–21 Uhr. Es liegt an einer Staubpiste hinter The Hotel @ Tharaba Gate, unweit des Dorfes Taungbi. Der Weg dorthin ist ausgeschildert.

Myinkaba

Die vom Maler Maung Aung Myin geführte **Art Gallery of Bagan** unweit des Gubyaukgyi-Tempels, ☎ 061-65047, 65287, bietet wohl Bagans beste Auswahl an hochwertigen Lackwaren. **Golden Cuckoo**, ☎ 061-65156, hat ebenfalls exzellente Qualitätsprodukte im Angebot. Die Werkstatt befindet sich in einem nördlich des Manuha-Tempels abgehenden

Bagan Chic

Myanmars schickste Handtaschen werden nicht in einer teuren Boutique in Yangon, sondern in einem unscheinbaren Laden seitlich des Thatbyinnyu-Tempels in Alt-Bagan verkauft. Was Aye Aye Win und ihre Familie anfertigen lässt, tragen modebewusste Birmaninnen ebenso wie Liebhaber von Naturmaterialien. Die Taschen sind aus Rattan, Bambus oder Wasserhyazinthe angefertigt. Aus dem gleichen Material gibt es zudem Hüte, Sandalen, Smartphone-Halter und vieles mehr. Im Süden Neu-Bagans unterhält sie in einer Nebenstraße der Bagan-Chauk Road eine Show-Werkstätte. Gerne arrangiert die Familie auch einen Besuch bei den produzierenden Bewohnern des Dorfes Tha Zin auf der anderen Flussseite, etwa 30 km südwestlich von Pakokku, S. 289.
Win Family, Nordostseite des Thatbyinnyu, 061-60880, s. auch **eXTra [5675]**.

Seitenweg, ein moderner Verkaufsraum auch an der Hauptstraße. Hinter dem Golden Cuckoo produziert auch der von Lesern empfohlene **Jasmine Family Lacquerware Workshop** gute Qualitätsware.

Neu-Bagan

In Neu-Bagan gibt es einige recht touristische Workshops, darunter **Tun Handicrafts**, Khayae St., Ecke Bagan-Chauk Rd., und **U Ba Nyein**, Khayae St., südlich der Shit Myathna-Pagode. Ihre Auswahl ist entsprechend groß.

SONSTIGES

Informationen

Ever Sky Information, Thiripyitsaya (5) Rd., neben Balloon over Bagan, Nyaung U, 061-60895, 09-4300 8170, everskynanda@gmail.com. Die agile Nanda liefert Infos aller Art, bucht Flug- und Bootstickets sowie Mietwagen und Kleinbusse. Hier kann man sich auch nach Mitfahrgelegenheiten erkundigen und Tipps für den Besuch des Natmataung-Nationalparks einholen. 7.45–21 Uhr.

In Neu-Bagan ist das Büro von **ICS**, B 146 Khayae St., 061-65130, 65131, komoe bagan@gmail.com, gegenüber dem Myanmar Treasure eine gute Anlaufstelle. Der Vorteil: Flüge und Hotelbuchungen können auch per Kreditkarte bezahlt werden.

Am nördlichen Ortseingang an der Bagan-Chauk Rd. liegt das **MTT-Büro**, 061-65040, dessen freundliches Personal Mietwagen und Bootstickets arrangiert sowie Hinweise für die Weiterfahrt geben kann. Für die Fahrt nach Mrauk U hilft Phyu Phyu Zan weiter, 09-568 0223. 9–16.30 Uhr.

Massagen

Fast alle Großhotels wie **Thazin Garden**, **Hotel@Tharabar Gate** und **Umbra** verfügen über sehr schöne, aber kostspielige Spas.

Das Nibbana Spa im **Amata Boutique House**, 25 Bagan-Chauk Rd., 061-65099, 09-4025 51103, www.amatabtqhouse.com, vor dem Ortseingang von Neu-Bagan, bietet eine Myanmar Traditional Massage für US$35/Std., 10–21 Uhr. Empfehlenswert ist auch das eher

Bagan mit Kindern

Das Tempelareal mag zwar erschlagend wirken, aber bei einer guten Mischung und Auswahl haben auch die Kinder ihren Spaß. Sehr stimmungsvoll ist sicherlich eine Runde im dunklen **Ananda** [10], wo ein steter Strom von Gläubigen zu spontanen Begegnungen führen kann. Im daneben liegenden **Ananda Ok-kyaung** [11] lassen sich mit der Taschenlampe an den fantasiereichen Wandmalereien tolle Details entdecken, während die Sprösslinge an den bemalten Wänden des kleinen **Lokahteikpan** [26] Buddhas Leben erforschen können. Richtig spannend wird es bei einer Bootsfahrt auf dem Ayeyarwady zum **Kyaukgu Umin** [5], der mit seinen Stollen und Meditationskammern schön geheimnisvoll wirkt. Highlight ist sicherlich eine Runde durch die Pagodenlandschaft mit der **Pferdekutsche**. Auch der Besuch in einer **Lackwerkstätte** darf nicht fehlen.

schlichte **Acacia Spa** neben der Hti Bar in Nyaung U, ✆ 09-7718 12625, wo die Massagen zwischen US$10 (Thai) und US$20 (Öl) kosten, ⏱ 10–22 Uhr.

Medizinische Hilfe
Das bescheiden eingerichtete staatliche **District Hospital Nyaung U** liegt an der Nyaung U-Kyaukpadaung Rd., ✆ 061-60508. Nicht weit entfernt bietet in derselben Straße die private **Royal Bagan Clinic**, ✆ 061-60060, 60061, soliden medizinischen Grundservice. In Neu-Bagan hat **Dr. San Nwe Yee** in der Shwedaw St., ✆ 061-65022, ihre Praxis

Post und Telefon
In **Nyaung U** liegt die Post in der Anawrahta Rd., einige hundert Meter südlich der Sapada-Pagode, ⏱ Mo–Fr 9.30–15 Uhr. Dort befindet sich auch das **Telecommunication Center**, ⏱ 9.30–17 Uhr.
Neu-Bagans Postamt findet sich in der Bagan-Chauk Rd., Ecke Gangaw St.

NAHVERKEHR
Busse und Pick-ups
Zwischen Nyaung U und Neu-Bagan verkehren in regelmäßigen Abständen Pick-ups und Busse; sie starten unweit des alten Busbahnhofs. Die meisten fahren weiter nach Chauk oder kommen von dort.

Boote
An den Jettys von Nyaung U und Alt-Bagan (dort beim Bupaya-Tempel und Aye Yar River View Hotel) warten Bootsfahrer auf Kundschaft. Für eine einstündige „Sunset-Tour" verlangen sie um 15 000 Kyat, für eine Bootsfahrt zum Kyaukgu Umin ab Alt-Bagan etwa 25 000 Kyat, für den Besuch des Taungyi Taung auf der anderen Flussseite ebenfalls 25 000 Kyat. Wer sich mit anderen zusammenschließen möchte, wendet sich an Fantasia Garden & Jetty in Taungbi, ✆ 09-7789 15291, 🖥 www.bagan-boat-trips.com, das tgl. um 16.45 Uhr eine Sunset-Tour anbietet (4000 Kyat/Pers.).

Fahrradverleih
Zahllose Unterkünfte und Verleihe vermieten Zweiräder. Die Preise variieren erheblich und starten bei 1500 Kyat/Tag für ganglose Räder und 2500 Kyat/Tag für Mountainbikes. Entsprechend groß sind allerdings auch die Qualitätsunterschiede. Man sollte daher am Anfang unbedingt eine Proberunde drehen. Erste Wahl sind jedoch **E-Bikes** (eher E-Mofas, da man nicht treten muss), die ebenfalls in großer Zahl zu haben sind (ab 5000 Kyat). Zahlreiche Verleihe gibt es in der Thiripyitsaya (4) Rd., Nyaung U. In Neu-Bagan wird man in der Khayae St. fündig. Gute günstige E-Bikes hat Htun Wai, ✆ 09-2590 00911, gegenüber dem Floral Breeze Hotel an der Bagan-Chauk Rd. im Angebot.

Grasshopper Adventures, Hninn Si, 3rd St., Neu-Bagan, ✆ 09-2575 46905, 🖥 www.grasshopperadventures.com, ⏱ Mo–Fr 7–15 Uhr, bietet zwei Tourvarianten an: vormittags „Bagan Morning Ride" für US$35 und nachmittags „Bagan Bike & Boat Sunset Tour" für US$60 inkl. Bootsfahrt.

Pferdekutschen
Pferdekutschen sind sicherlich das originellste Fortbewegungsmittel in Bagan – beruhigend für das ökologisch sensible Gewissen und außerdem relativ bequem. Sie bieten Platz für bis zu drei nicht gar so beliebte Personen. Zumindest tagsüber sind sie einfach aufzutreiben. Man kann sie für eine Strecke, einen Zeitraum oder einen ganzen Tag mieten. Handeln ist jedoch angesagt, denn die Preise sind sehr abhängig von der Saison und Tageszeit. Pferdekutscher verlangen für die Fahrt von Nyaung U nach Alt-Bagan oder zum Flughafen je nach Tageszeit 4000 Kyat. Gleich viel kostet eine Fahrt zwischen Alt- und Neu-Bagan. Für einen halben Tag sind 15 000 Kyat, für einen ganzen Tag – abhängig von der vereinbarten Route und Dauer – 25 000– 30 000 Kyat einzukalkulieren. Einige Kutscher sprechen passables Englisch und können neben Erklärungen auch beim Auftreiben von Schlüsseln für die Tempeleingänge etc. behilflich sein, s. **eXTra [5676]**.

Mit dem Fahrrad durch Bagan

- **Start**: Neu-Bagan
- **Ende**: Taungbi-Dorf
- **Länge**: 17 km
- **Dauer**: ca. 6 Std. inkl. Besichtigungen
- **Kosten**: Außer Eintritt (25 000 Kyat) und Miete für E-Bike oder Fahrrad entstehen keine weitere Kosten.
- **Hinweise**: Unbedingt an Sonnenschutz und genügend Wasser denken. Unterwegs gibt es vor den Pagoden immer wieder Erfrischungsstände und einfache Lokale.
- **Karte** s. S. 240/241

Diese anspruchsvolle Tagestour beginnt in **Neu-Bagan** und führt zunächst entlang der Teerstraße gen Osten, wo sich nach 2,5 km ein Halt beim **Dhammayazika** anbietet. Von dort kann man über eine Sandpiste Richtung **West Pwasaw** weiterfahren und nach einer Runde im Dorf der Teerstraße gen Norden nach **Minnanthu** folgen. Nach der Besichtigung der nördlich von Minnanthu gelegenen Tempel (etwa Payathonzu und Nandamannya) geht es zurück ins Dorfzentrum und anschließend eine Staubstraße entlang gen Westen. Dort bietet sich nach 500 m ein Abstecher zum Klosterkomplex **Hsinbyushin** an. Weitere 1,5 km sind es bis zum mächtigen **Sulamani**. Von dort ist schon in Sichtweite der nächste Zwischenstopp: der knapp 1 km entfernte **Dhammayangyi**. Nach einer Runde im kühleren Inneren kann man an einem der vielen Stände eine Erfrischungspause einlegen.

Weiter geht es gen Westen, vorbei am gut 1 km entfernten Stupa des **Shwesandaw**. Ein paar hundert Meter nördlich davon biegt man in die geteerte Anawrahta Road links hinein und verlässt sie nach 250 m rechts in Richtung **Thatbyinnyu**. Vorbei an den linker Hand liegenden Tempeln wie Nathlaung Kyaung und Pahtotamya führt eine schmale Piste ca. 450 m wieder gen Osten zum **Shwegugyi**.

Anschließend passiert man die Fundamentreste des einstigen Palastes und biegt links in die Teerstraße ein, dann gleich wieder rechts zum markanten **Mahabodhi** und hinter ihm links zum Flussufer mit dem vergoldeten **Bupaya**. Den gleichen Weg ein Stück zurück und dann vorbei am etwas nördlich liegenden Aye Yar River View Hotel folgt man der Straße durch das **Taungbi**-Dorf, wo linker Hand hinter einem weißen Tempel ein schmaler Weg 350 m bis zum Ayeyarwady verläuft. Dort lässt sich mit Blick auf den Fluss die Tour im Fantasia Garden & Jetty ausklingen.

TRANSPORT

Auto
Mietwagen oder Minibusse bieten sich an, wenn unterwegs weitere Sehenswürdigkeiten angesteuert werden sollen, die mit öffentlichen Verkehrsmitteln nicht oder nur umständlich besucht werden können. Allerdings sind die Mietpreise nicht gerade niedrig, außerdem kann es in der Hochsaison zu Engpässen kommen. Man sollte vor Fahrtantritt mit dem Fahrer genau die Route absprechen. One-Way-Fahrten sind immer teurer, da der Fahrer wieder zurückfahren muss. Bei mehrtägigen Fahrten reduziert sich der Preis. Preisvergleiche lohnen sich auf jeden Fall.
Ko Moe von ICS in Neu-Bagan, ✆ 09-204 2010 und 061-65130, ✉ komoebagan@gmail.com, kann Wagen und Van arrangieren. Gleiches gilt für **Nanda** von Ever Sky Information, Thiripyitsaya (5) Rd., Nyaung U, ✆ 09-4300 8170, **Chan Chan** von New Light Information Centre unweit des Treasure Hotels in Neu-Bagan, ✆ 09-9616 91588, und **Ko Maung Soe** vom Ruby Gh. in Neu-Bagan, ✆ 09-204 3976. Die Fahrpreise sind stark von den Preisschwankungen für Sprit abhängig, s. **eXTra [5674]**.

- Bagan-Sightseeing: 30 000–40 000 Kyat
- Mt. Popa oder Sale: 45 000 Kyat
- Mt. Popa und Sale: 60 000 Kyat
- Pakokku: 45 000 Kyat
- Yenangyaung (inkl. Hsale): 120 000 Kyat
- Magwe: 210 000 Kyat

Busse und Vans
Der **Bagan Shwe Pyi Highway Bus Terminal** liegt etwa 5 km südöstlich an der Straße nach Kyaukpadaung. Tickets können in Nyaung U an den Verkaufsstellen beim alten Busbahnhof an der Bagan-Nyaung U Rd. nahe der Shwezigon besorgt werden (am besten am Vortag). In Neu-Bagan ist SAN Ticketing, 4th St., ✆ 061-65191, 09-4440 04641, eine gute Adresse. Die meisten Busunternehmen holen ihre Passagiere von den Unterkünften ab. Eine Taxifahrt kostet zwischen 5000 Kyat (Nyaung U) und 8000 Kyat (Neu-Bagan).

Ballonfahren

Angesichts der traumhaften Pagodenlandschaft gehen in Bagan viele gern in die Luft. „Die Pagodenwelt frühmorgens von oben zu erleben, ist jeden Dollar wert", so der allgemeine Kommentar. Seit **Balloons Over Bagan** 1999 erstmals abhob, ist die Fahrt mit Heißluftballons zum Renner geworden. Mittlerweile sind über 20 Himmelsgefährte unterwegs. Dauer: je nach Thermik 45–60 Min. Wer abheben will, muss tief in die Tasche greifen. Mit Reservierung kostet der Rundflug ab US$330 p. P., bei Verfügbarkeit gibt es kurzfristig Stand-by-Tickets. Passagiere mit über 125 kg Körpergewicht zahlen das Doppelte.

Balloons over Bagan: Thiripyitsaya (5) Rd., nahe Zfreeti Hotel, Nyaung U ✆ 061-60713, 09-4480 45716, 🖥 www.balloonsoverbagan.com, ⏰ 9–20 Uhr; **Oriental Ballooning**: 76 A Lanmadaw Rd., Nyaung U, ✆ 09-2505 05383, 09-2591 00511, 🖥 www.orientalballooning.com, ⏰ 9–20 Uhr; **Golden Eagle Ballooning**: Bagan Umbra Hotel, Main Rd., Wetkyi-In, ✆ 09-2520 84232, 09-2520 84242, 🖥 www.goldeneagleballooning.com, ⏰ 9–19 Uhr.

Magwe, Pakokku-Monywa
Mit Non-AC-Bussen von **Aung Gabar**, ✆ 061-61129, um 8.30, 14 und 16.30 Uhr nach MAGWE (150 km, 4 Std., 7500 Kyat) und um 10, 14 und 16.30 Uhr via PAKOKKU (30 km, 1 Std., 2000 Kyat) nach MONYWA (140 km, 4 Std., 7500 Kyat). Ansonsten fährt man mit dem Pick-up vom Markt in Nyaung U nach KYAUKPADAUNG (55 km) und nimmt dort einen Bus oder Pick-up über Yenangyaung nach Magwe. Die Ticketbüros liegen gegenüber dem alten Busbahnhof nördlich der Shwezigon.

Mandalay und Pyin U Lwin
Die meisten Busse fahren via MYINGAN und den Express Way (170 km, 5 Std.) nach MANDALAY, darunter von folgenden Unternehmen: **Pyi Taw Aye**, ✆ 09-2590 32910, ab 5, 7, 9, 12, 14.30 und 17 Uhr, 9000 Kyat; Moe Htauk Htun, ✆ 09-7920 44445, ab 5.30, 9, 12, 14 und 17 Uhr, 9000 Kyat; **Shwe Man Thu**, ✆ 09-

2596 22246, ab 9 und 21.30 Uhr für 7000 bzw. 8500 Kyat.
Kleinbusse von **OK Express**, ✆ 09-2562 73331, starten beim Yatho Gabar Restaurant gegenüber dem alten Busbahnhof um 5, 8.30, 13, 16 und 18 Uhr für 9000 Kyat. Um 7 Uhr fährt ein Bus direkt nach PYIN U LWIN (220 km, 7 Std., 13 000 Kyat).

Mrauk U

Wer von Bagan nach MRAUK U (500 km) reisen möchte, fährt gegen 18.30 Uhr nach Kyaukpadaung (55 km, 1 1/2 Std.) und nimmt dort den gegen 21 Uhr aus Mandalay kommenden Bus von Modern Travelling Service (440 km, ca. 16 Std., 40 000 Kyat). Ankunft ist gegen 13.30 Uhr am nächsten Tag. Infos unter: ✆ 09-2560 39553. Alternativ fährt man nach Magwe (150 km, 4 Std.) und nimmt dort gegen 23 Uhr den aus Mandalay kommenden Nachtbus (350 km, 9–10 Std., 30 000 Kyat) von Nan Taw Win, ✆ 09-2588 09598. Achtung: Die Fahrt führt meist über schlechte Straßen durch die Rakhine-Berge und ist daher sehr strapaziös!

Nyaung Shwe-Taunggyi

Fast alle Busse nach TAUNGGYI (330 km, 8–9 Std.) halten auch in NYAUNG SHWE: 7.30 Uhr mit **Shwe Man Thu** (11 000 Kyat); 8.30 Uhr mit JJ Express (US$15); 20 Uhr mit Elite Express, Tel. 09-7977 82230 (11 000 Kyat); 20.30 Uhr mit Shwe Sin Satkyar (18 000 Kyat) (11 000 Kyat); 8, 19 und 20.30 Uhr mit Bagan Minn Thar Express (ab 11 000 Kyat). Ein Van von Shwe Myo That, ✆ 09-2631 47351, startet um 8 Uhr nach Nyaung Shwe (15 000 Kyat).

Yangon

Alle genannten Busse nach YANGON (680 km, 10 Std.) nutzen nach 160 km die Highway über NAY PYI TAW (275 km, 6 Std.). Abfahrt um 8 und 19 Uhr mit **ZYMG**, ✆ 09-3066 6631, für 13 000 Kyat; 8 und 19 Uhr, VIP-Busse um 20 und 21 Uhr mit **Bagan Minn Thar Express**, ✆ 09-7323 8057, ab 13 000 Kyat; um 20 und 21 Uhr mit dem sehr komfortablen **JJ Express**, ✆ 09-4211 52862, für US$19; 19.30 und 20 Uhr mit **Nyaung Oo Mann**, ✆ 09-7779 89203, für 15 500 Kyat.

Eisenbahn

Der Bahnhof liegt ungünstige 6 km südöstlich von Nyaung U an der Straße zum Mount Popa. Zug Nr. 119up nach MANDALAY startet tgl. um 7 Uhr (Ankunft: 15 Uhr). Zug Nr. 62dn nach YANGON schnauft tgl. um 17 Uhr (Ankunft: 11 Uhr) los. *Upper class sleeper*: 17 500 Kyat, *upper class*: 9000 Kyat, *first class*: 4500 Kyat. Infos unter ✆ 061-60944.
Wer per Eisenbahn in den Shan-Staat will, kann mit Bus oder Pick-up von Nyaung U nach THAZI fahren (Zwischenstopps in Kyaukpadaung und Meiktila) und dort die Züge nach SHWENYAUNG nehmen (S. 413). Taxifahrt zwischen Nyaung U und Bahnhof kostet offiziell 5000 Kyat/Wagen (nicht pro Person, wie die Fahrer gerne behaupten!).

Boote

Die Fahrt mit dem Boot zwischen MANDALAY und Bagan zählt zu den beliebtesten Anreise-Varianten. Nähere Hinweise und Fahrzeiten s. Kapitel Mandalay, S. 348. Die Adressen der Ticketbüros sind:
Malikha River Cruises, ✆ 09-2562 90388, 🖥 www.malikha-rivercruises.com.
Myanmar Golden River Group (MGRG), H 72 Khant Kaw St., Neu-Bagan, ✆ 09-4027 52010, 09-4922 3136, 🖥 www.mgrgexpress.com.
Shwe Keinnery, Nordeingang zum Markt in Nyaung U, ✆ 09-4027 00662.

Flüge

Der **Flughafen** liegt etwa 3 km südöstlich von Nyaung U. Manche Hotels bieten einen kostenlosen Transfer an. Vom Flughafen zahlt man nach festgelegten Tarifen mit dem Taxi nach Nyaung U 5000 Kyat, nach Alt-Bagan 7000 Kyat und nach Neu-Bagan 8000 Kyat (Preistafel vor dem Terminal beachten!).
Der Flughafen wird von allen Inlandsgesellschaften angeflogen. Saisonabhängig fliegen vorwiegend Propellermaschinen von **Air KBZ**, **Air Mandalay**, **Asian Wings**, FMI, **Mann Yadanarpon** und **Yangon Airways** mehrmals tgl. die 1 1/4-stündige Strecke zwischen YANGON und Nyaung U (ab US$102). Meist kombinieren die Airlines den Flug mit MANDALAY (ab US$62) und HEHO (ab US$87) – Umwege muss man

zuweilen in Kauf nehmen. Auch THANDWE (US$112) wird tgl. angesteuert. Die Flugfrequenz richtet sich nach der Touristensaison, aber auch der tägliche Flugplan ist variabel, daher vor Abflug immer nach der aktuellen Zeit fragen!

ICS in Neu-Bagan, B 146 Khayae St., 061-65130, 09-204 2010, akzeptiert beim Ticketkauf Visa und MasterCard.

Fluggesellschaften
Air KBZ, nahe Thante Hotel, Nyaung U, 061-61187, 61188.
Air Mandalay, Lanmadaw Rd., Nyaung U, 061-60774.
Asian Wings, Lanmadaw Rd., Nyaung U, 061-60391, 61185.
Mann Yadanarpon, Lanmadaw Rd., Nyaung U, 061-61063, 61236, 09-2503 43861.
Yangon Airways, Lanmadaw Rd., Nyaung U, 061-60475, 09-680 7105.

Über Sale zum Berg Popa

Von Bagan aus bietet sich ein Tagesausflug via **Sale** zum **Berg Popa an**. Dabei kann man nicht nur zwei interessante Orte kennenlernen, sondern auch eine markante Savannenlandschaft, in der sich idyllische Dörfer mit Palmenhainen und weiten Ebenen abwechseln. Wer beide Orte an einem Tag besuchen möchte, kann zuerst über eine schmale, aber akzeptable Straße entlang dem Ayeyarwady gen Süden fahren. Nach etwa 30 km passiert man die Ölfelder von **Chauk**, einem geschäftigen Industriestandort. Von dort sind es nur 8 km bis nach Sale. Weiter geht die Reise über Kyaukpadaung zum Berg Popa. Über eine direkte Straße kann man von diesem erloschenen Vulkan nach Nyaung U zurückkehren (insgesamt ca. 150 km).

Da bei Chauk eine Brücke den Ayeyarwady überspannt, lässt sich die Fahrt auch auf der anderen Flussseite in Richtung **Minbu** (S. 301) fortsetzen. Es bietet sich zudem eine Tour in Richtung Westen zum Natmataung National Park mit dem **Mount Victoria** (S. 525) in den Rakhine-Bergen an, das sich in den letzten Jahren zu einem beliebten Wandergebiet entwickelt hat.

Sale (Salay)

Knapp 40 km südlich von Bagan liegt Sale (auch Salay geschrieben), ein bedeutender Ort während der Spätzeit des Bagan-Reiches. Allein im Stadtkreis hat das Archäologische Department 52 Monumente aus jener Zeit erfasst. Die meisten stammen wohl aus dem 13. Jh., aber genauere Infos sind mangels fehlender Quellen spärlich.

Wenn Birmanen heute den Namen der Stadt hören, denken sie in erster Linie an Salay U Ponnya (1812–67), einen Literaten aus der Konbaung-Zeit. Seine bahnbrechenden Werke und sein tragisches Ende machten ihn zu einer berühmten Gestalt.

Heute präsentiert sich Sale als gemütlicher Flecken von knapp 10 000 Bewohnern mit einigen sehenswerten Klöstern, Tempeln und Kolonialgebäuden. Leider stört die mit japanischer Hilfe errichtete Düngefabrik im Norden der Stadt etwas die Optik.

Spaziergang durch Sale

Nach der Besichtigung des **Youk-soun Kyaung** kann man einen nördlich abzweigenden Weg entlang spazieren, nach 200 m einen Blick in den **Man Paya** werfen und von dort weiter gen Norden zwischen diversen Klöstern vorbeischlendern, u. a. am Backsteinbau des **Khinkyisa Ok-Kyaung**, einem steinernen Klostergebäude mit Resten von Stuckverzierungen. Von dort wendet man sich gen Westen, vor einem Stupa rechts vorbei, wo man eine **Sammelstelle für Cheroots** passiert. Von dort folgt man der etwas abschüssigen Toe Tat Yae-Straße Richtung Ayeyarwady, passiert den Stupa des **Mahazedigyi Paya** und biegt in die Strand Road ein. Wendet man sich nach rechts, geht es zum Jetty von Sale, geht man links weiter, vorbei an einigen hübschen Kolonialgebäuden, endet der Spaziergang nach knapp 1,5 km zur Einkehr im **Salay House** (vgl. Karte).

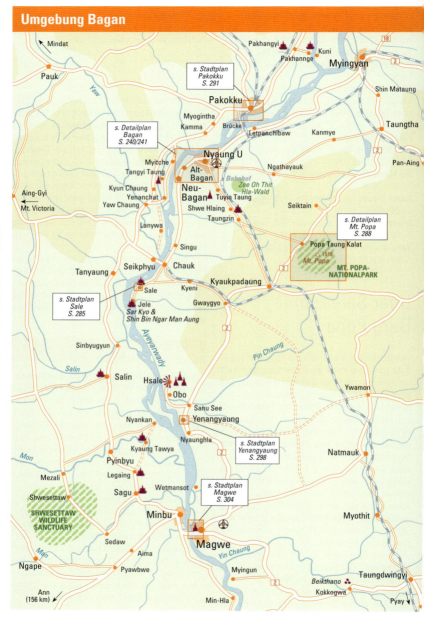

Youk-soun Kyaung

Hauptattraktion Sales ist fraglos das Youk-soun Kyaung, seit 1995 ein Museum für buddhistische Kunst. Das 1882 errichtete Holzkloster geht auf eine Stiftung des Händlers U Po Gyi und seiner Gattin Daw Shwe Thet zu Ehren eines Mönchs namens U Guna zurück. Nach Jahrzehnten des Verfalls wurde das 23 x 31 m große Gebäude 1992 umfassend restauriert. Einige der 154 Stützsäulen mussten ausgewechselt werden.

Interessant sind einerseits die Holzschnitzereien an der Verkleidung der äußeren Veranda. Dort sind buddhistische und folkloristische Szenen zu sehen, darunter die Erzählung vom Lotosprinzen und seiner bösen Gattin (Culla Paduma-Jataka Nr. 193). Zum anderen kann sich auch die Buddhafiguren-Sammlung, darunter einige Exemplare aus der Bagan- und Konbaung-Zeit, sehen lassen. Eine unscheinbare Steininschrift, ebenfalls aus der Zeit Bagans, gibt Aufschluss über die damalige Vererbungspraxis, derzufolge auch Frauen das Recht hatten, über ihr Eigentum zu verfügen und entsprechend zu vererben (in diesem Fall an die Kinder aus erster Ehe). ⏲ Di–So außer feiertags 9.30–16.30 Uhr, Eintritt 5000 Kyat.

Man Paya

Ein kleiner Weg führt vom Youk-soun Kyaung in Richtung Norden zum Man Paya. Während die Halle nichts Besonderes darstellt, ist die im Inneren aufbewahrte 3 m große Buddhafigur ein Unikum, denn sie ist ausschließlich aus einer Mischung von Lack und Sägemehl gearbeitet. Wer es nicht glaubt: An ihrem Rücken befindet sich eine Tür, durch die man ins Innere der Figur gelangt – eventuell muss man den Schlüssel von einem Bediensteten besorgen. Die vergoldete Figur soll um 1300 hergestellt worden sein und wurde 1888 bei einem Hochwasser in Sale an Land gespült.

Weitere Sehenswürdigkeiten

Vom Man Paya führt der Weg zu einem weiteren Holzkloster, dem **Thadana Yaunggyi Kyaung** (auch Withodarama Kyaung). In den 1870er-Jahren ließen die Stifter, wohlhabende Bauern, es zu Ehren ihres Cousins, des Mönchs U Khin Kyi Tha, erbauen. Heute ist es ein regional bekanntes Meditationskloster. Neben Holzschnitzereien ist im Innern eine wertvolle Truhe mit buddhistischen Schriften sehenswert.

Noch aus der Bagan-Zeit stammt der **Payathonzu** („drei Tempel"). Stilistischen Unterschieden nach zu schließen, scheinen die drei in einer Reihe stehenden *pahto* zu verschiedenen Zeiten entstanden zu sein. Das kann man etwa an den unterschiedlich gestalteten *shikhara* (Spitze) sehen. Im Inneren sind noch Reste von Malereien vorhanden.

Am Ortseingang stößt man auf einen Stupa im singhalesischen Stil – darauf deutet der quadratische Aufsatz hin –, den **Sein Gaung Sein Myashin**. Der dort verehrte Buddha ist nach Norden, gen Bagan ausgerichtet. Der Legende nach soll hier für einige Zeit der 1057 aus der Mon-Metropole Thaton verschleppte Tipitaka aufbewahrt worden sein.

Shin Bin Sar Kyo und Shin Bin Ngar Man Aung

Beim Dorf Jele, knapp 6 km südlich von Sale, erinnern unweit des Ayeyarwady einige weitere Monumente an die Bedeutung des Gebietes während der Bagan-Ära. Eingebettet in den über 1 ha großen Klosterkomplex **Shin Bin Ngar Man Aung** finden sich einige pahto und Stupa aus dem 13. Jh., darunter zwei mit wunderschönen Wandmalereien. Weitere Gebäude und Hal-

Salay U Ponnya (1812–67)

Über seine Lebensdaten bestehen Meinungsverschiedenheiten. Wahrscheinlich wurde er 1812 in Sale geboren. Sein Vater stand in Diensten des Kronprinzen und späteren Königs Tharawady (reg. 1837–46), der Vater seiner Mutter war Oberhaupt *(thugyi)* im nahe gelegenen Ort Sale-pakan. Den Namen U Ponnya hat er von seinem Mönchsnamen abgeleitet (Pali: *puñña*: Gutes, Rechtes, Tugend). Während seiner Ausbildung im Kloster prophezeiten ihm die Äbte seines lebhaften Geistes wegen Probleme im weltlichen Leben, die sein vorzeitiges Ende verursachen könnten, wenn er sich nicht ins Kloster zurückzöge. Tatsächlich war er die meiste Zeit Mönch, legte die Robe erst nach der Thronbesteigung von König Mindon (reg. 1853–78) ab und trat in die Dienste von dessen Bruder, Kronprinz Kanaung.

Obwohl er nicht sonderlich gut aussah und etwas behindert war – sein rechter Arm war vom Ellenbogen abwärts gelähmt –, machte ihn sein Geschick beim Handlesen und Sterndeuten besonders für die Frauen interessant, sollte ihm aber zum Verhängnis werden. Hochstehende Persönlichkeiten ließen sich gern von ihm den günstigsten Termin für Unternehmungen astrologisch bestimmen, so auch die Prinzen Myingun und Myingondain. Ihnen soll er den besten Zeitpunkt für ihre Rebellion gegen König Mindon vorhergesagt haben, ohne den König zu informieren – aus Angst um sein Leben. Nach dem Scheitern der Rebellion von 1866, bei der Prinz Kanaung ums Leben kam, wurde U Ponnya in den Ort Myotha im Shan-Staat verbannt. Der dortige Statthalter ließ ihn 1867 umbringen, angeblich, weil ihn die Beliebtheit des Wort- und Horoskopkünstlers bei den Damen seines Hauses verdross.

U Ponnya war versiert in allen literarischen Genres und außerordentlich produktiv. Berühmt ist er besonders wegen seiner Dramen, deren meist aus den Jataka entnommene Themen er hintergründig mit Kritik an Verhältnissen bei Hofe verband und die einen für jene Zeit ungewöhnlichen Realismus spüren lassen. Eine andere von ihm bevorzugte und weiterentwickelte Literaturform sind die *Myitta-sa*, übersetzbar mit „Freundschaftsbotschaft" (Pali *metta* = Freundschaft, Wohlwollen). Im Kontrast zum Titel hatten seine *Myitta-sa* oft satirischen Charakter. Herausragend sind auch seine „Raketenlieder": volkstümliche Gesänge mit personenbezogenem Spott- und Lobcharakter, die beim Abschießen von Raketen während bestimmter Festlichkeiten vorgetragen wurden. U Ponnya wird auch heute noch als einer der größten Dichter des Landes verehrt, seine Werke gehören zum Standardprogramm des Literatur-Unterrichts.

Dr. Uta Gärtner

Sale (Salay)

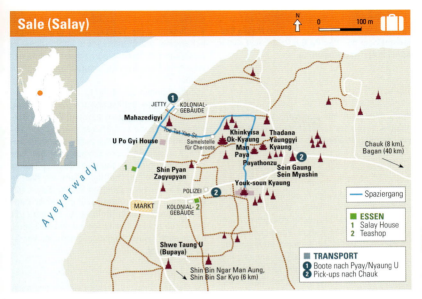

len stammen aus der Kolonialzeit, darunter der überdachte Zugangskorridor mit Stuckfiguren und Malereien. In der Haupthalle wird ein gekrönter Buddha aus der Bagan-Ära verehrt.

Ein überdachter Zugang mit Teakholzsäulen führt geht Westen zum 300 m entfernten **Shin Bin Sar Kyo**, einem Stupa, den 1191 König Narapatisithu errichtet haben soll. Ihm wurde westlich eine Halle vorgebaut, drum herum liegen einige Gräber verstorbener Mönche.

ESSEN

Auf dem Markt bieten **Essensstände** leckere Nudelgerichte an. Zudem gibt es eine Reihe von **Teestuben** entlang der Hauptstraße, u. a. bei einem alten Kolonialgebäude, 200 m östlich.

Salay House, 481 Strand Rd., ✆ 09-4577 29624, 🖥 www.salayhouseburma.com. Mit der Renovierung eines alten Kolonialgebäudes von 1906 haben sich die deutschsprachige Win Thida Khine und ihr Mann einen Traum verwirklicht. Tolle Souvenirs im Haus, schmackhafte Gerichte und Drinks im Garten mit Blick auf den Ayeyarwady.

TRANSPORT

In regelmäßigen Abständen fahren **Pick-ups** von Nyaung U/Neu-Bagan nach CHAUK (32 km, 2 Std.). Dort muss man einen weiteren Pick-up ins 8 km entfernte Sale nehmen. Allerdings ist dies sehr zeitaufwendig. Besser ist ein Mietwagen mit Fahrer. Für die Halbtagstour aus Bagan werden pro Fahrzeug 45 000 Kyat verlangt. Sinnvoll ist es, einen Besuch Sales mit dem Mt. Popa zu verbinden (ca. 65 000 Kyat).

Kyaukpadaung

Wer von Sale aus zum Berg Popa oder von Nyaung U nach Meiktila oder Magwe fährt, wird zwangsläufig nach 50 km durch den Ort Kyaukpadaung kommen. Der regionale Verkehrsknotenpunkt ist auf Durchreisende eingestellt. Zwar fehlen Sehenswürdigkeiten, dennoch besitzt der Ort einen ländlichen Charme. Der Berg Popa liegt etwa 18 km entfernt und ist über eine landschaftlich schön gelegene Straße zu erreichen.

Nur wenige Lokale sind auf ausländische Touristen eingestellt, etwa das **Thiri Nanda Restaurant** oder das **Pho Pa Gyi Restaurant**, 400 m nördlich der Hauptkreuzung.

Mount Popa

Wer von Bagan aus durch die von Palmyrapalmen gesäumte Landschaft fährt, wird den weit sichtbaren Berg Popa wie eine Fata Morgana erleben. Im Vergleich zur kargen Ebene erscheinen seine Wälder saftig grün. Glücklicherweise wurde der 1518 m hohe erloschene Vulkan zum Nationalpark erklärt, sodass der wertvolle Baumbestand weitgehend erhalten blieb.

Seit Urzeiten ist der Berg von Mythen umrankt. Zahllose geheimnisvolle Wesen haben sich in seinen Wäldern herumgetrieben, darunter Okkultisten und Alchimisten auf der Suche nach lebensverlängernden Wunderkräutern. Kurzum: ein Ort seltsamer Gestalten und schicksalhafter Begegnungen. Doch spielte er auch eine strategische Rolle, denn die Wälder boten Räubern und Rebellen Schutz. Seinerzeit versteckte sich hier Anawrahta mit seiner Truppe, um gegen seinen Halbbruder Sokkate um den Thron zu kämpfen. Einige Jahrzehnte später nutzte auch Kyanzittha die geografischen Vorzüge des Berges.

Byat-ta und Mae Wanna

In der Zeit des Königs Anawrahta hatte sich in den Wäldern des Berges Mae Wanna Thanegi, die schöne Schwester des gefangenen Mon-Königs Manuha, zurückgezogen, um zu meditieren. Damit ihr niemand etwas antun konnte, bat sie Buddha, sie Fremden gegenüber als Dämonin erscheinen zu lassen. Der Wunsch wurde ihr gewährt. Eines Tages kam Byat-ta, ein aus Indien stammender Moslem und Krieger, zum Berg. Er stand in Diensten Anawrahtas und musste jeden Morgen frische Blumen zum Palast bringen. Da er mit übermächtigen Kräften ausgestattet war, sah er das wirkliche Gesicht Mae Wannas und verliebte sich in sie. Auch sie war ihm zugeneigt, sodass er sich aufgrund des täglichen Tête-à-Tête immer häufiger verspätete.

Mae Wanna wurde schwanger und gebar die Zwillinge Min Gyi und Min Lay. Als Byat-ta wieder einmal zu spät nach Bagan zurückkam, ließ ihn der erzürnte Regent töten. Die beiden Söhne wurden daraufhin zum Palast gebracht. Mae Wanna konnte den Verlust nicht überwinden und starb aus Gram. Wie ihr Mann – und später ihre Söhne, die heute als die berühmten Taungbyone-Nats verehrt werden – wurde sie zu einem mächtigen Schutzgeist des Berges, zur Popa Maedaw. Viele Orte auf dem Berg erinnern an sie. Da Byat-ta Moslem war, wird bis zum heutigen Tag rund um den Berg Popa kein Schweinefleisch gegessen, und da die Popa Maedaw stets schwarz gekleidet war, sollte man diese Farbe beim Besuch des Berges meiden.

Besichtigung

Die meisten Besucher werden sich nicht auf die Spitze des Popa-Berges mühen, sondern „nur" den seitlich gelegenen 737 m hohen **Popa Taung Kalat** erklimmen. Dieser markante Vulkankegel ist einer der wichtigsten birmanischen Wallfahrtsorte für die Verehrung der 37 Nats. Ihnen wurde am Fuße des Berges ein eigener Schrein gebaut, wo häufig *nat pwe* abgehalten werden. Im Mittelpunkt des Kultes stehen die Mahagiri-Nats und die Popa Maedaw, deren Schicksal mit dem Berg verbunden ist (S. 257). Sie steht mit ihrem Göttergatten und den beiden Söhnen in der Mitte der insgesamt 37 lebensgroßen Nat-Figuren, die im Schrein in einer Reihe aufgestellt sind. Ihr Markenzeichen ist eine Dämonenmaske.

Andere Nats sind an Kleidung und Attributen erkennbar, darunter Ko Myo Shin, immer mit zwei Schwertern dargestellt, weil er mit dem einen kämpfte und mit dem anderen sich selber umbrachte; der mit Whiskeyflaschen behangene Ko Gyi Kyaw (oder U Min Kyaw), der seine Zeit mit Hahnenkämpfen und Trinken verbrachte; oder Yun Bayin, zu Lebzeiten König Mekuti (reg. 1551–64) von Chiang Mai (birmanisch: Zimme), der 1558 von König Bayinnaung nach Bago verschleppt wurde und – weil er den birmanischen

Der markante 737 m hohe Popa Taung Kalat

Curry nicht vertrug – an Diarrhöe starb. Dargestellt wird er auf einem Lotosthron sitzend und mit einem Schwert in der Hand.

Im **Pilgerdorf** reihen sich entlang der einzigen Straße einige einfache Lokale. Frauen versuchen Blumen und den berühmten Popa-Stein (ein Stein, der in hohles Lava eingeschlossen ist) zu verkaufen. 787 überdachte Treppen führen bis zur 120 m höher gelegenen Spitze des Taung Kalat.

Der halbstündige **Aufstieg** ist allerdings beschwerlich, da man den Großteil barfuß gehen muss und die Stufen teilweise sehr schmal und hoch sind. Aber am Rande gibt es Verkaufsstände und Sitzgelegenheiten, wo Getränkeverkäufer auf keuchende Kunden warten. Man sollte seine Taschen nicht gerade voller Süßigkeiten oder Bananen packen, denn entlang des Aufstiegs springen freche, gelegentlich auch aggressive Makaken umher. Am besten die wilden Affen einfach ignorieren, langsam weitergehen und auf die allgegenwärtige Makaken-Kacke achten.

Oben angelangt, eröffnet sich an klaren Tagen eine wunderschöne Aussicht über die weite Ebene und den Berg. An Sehenswürdigkeiten gibt es hingegen nichts Besonderes, denn die Stupas und *tazaung* sind allesamt neueren Datums und wurden auf Initiative des Mönchs U Pyi Sone († 1994) errichtet. Manche Stellen erinnern auch an den *weizzar* (Magier) **Bo Min Gaung**, der hier im frühen 20. Jh. lebte und dem übernatürliche Kräfte nachgesagt werden. Zu Lebzeiten praktizierte dieser birmanische Harry Potter, den indischen Sadhus nicht unähnlich, strenge Askese und extreme Meditationsformen, *thamahta* genannt, um durch Zauberei und

Blumen und Vögel

Der Name Popa leitet sich aus dem Sanskrit ab und bedeutet „Blume". Eine nahe liegende Bezeichnung, denn in seinen dichten Wäldern verbirgt sich eine vielfältige Flora mit zahlreichen Blumenarten, darunter mehreren Orchideenspezies. Vom Sagabaum *(Michelia champaca)*, einer Magnolienart, werden die gelben duftenden Blüten gesammelt, in Flaschen gepackt und als Souvenir verkauft. Mit 176 Vogelarten ist der Berg auch ein interessanter Ort für Ornithologen.

Wunder glänzen zu können. Er ist auch nicht gestorben, sondern hat sich 1952 einfach in Luft aufgelöst. Der etwas grimmig blickende Bo Min Gaung wird sitzend, das eine Bein über das andere Knie geschlagen, und mit gewöhnlicher Kleidung abgebildet.

Das wichtigste **Nat-Fest** wird zum Vollmond Nadaw (Nov/Dez) abgehalten, steht jedoch im Schatten des populären Festes zu Ehren von Bo Min Gaung im September.

ÜBERNACHTUNG UND ESSEN

Im Pilgerort gibt es im **Luck Kaung Pwint** an der Hauptstraße, ⏲ 5–21 Uhr, Tee, Softdrinks und einfache Reis- bzw. Nudelgerichte.

Popa Mountain Resort, Popa Mountain Park, ☎ 02-69168, 🖥 www.popamountain.htoo hospitality.com. Man mag erstaunt sein, eine so luxuriöse Anlage inmitten des Popa Mountain-Parks zu finden. Von ihr hat man einen grandiosen Blick auf den Popa Taung Kalat. Die 30 sehr geschmackvoll eingerichteten Zimmer im Chaletstil sind vom Feinsten. Günstiger und bescheidener wohnt es sich in den 20 Standard-Zimmern. Es gibt einen Pool, ein gutes Restaurant mit tollem Ausblick, ein Tagungszentrum und ein Spa. Vom Resort führen Wanderwege durch den Nationalpark. ❻–❼

Yangon Restaurant, Popa Rd., ☎ 061-50744. Offeriert gute chinesische und birmanische Gerichte. Das von Cho und ihrem Mann effizient geführte Lokal und Gästehaus liegt unweit der Auffahrt zum Popa Mountain Resort. ⏲ 9–21 Uhr.

TRANSPORT

Auto
Ein Mietwagen verlangt für die Rundtour von BAGAN aus 45 000 Kyat. Schließt man Sale mit ein, so kostet der Trip um 65 000 Kyat. Viele Gästehäuser organisieren oder vermitteln Halbtagsfahrten für 10 000 Kyat/Pers. Wer mit dem Mietwagen in Richtung Shan-Staat oder Mandalay unterwegs ist, kann am Mount Popa einen Zwischenstopp einlegen. Allerdings sollte man dafür früh aufbrechen.

Pick-ups
Nach NYAUNG U sind es etwa 45 km, nach KYAUKPADAUNG 18 km. Je nach Saison fahren vom Busbahnhof in Nyaung U Pick-ups direkt zum Mount Popa, um nach etwa 2 Std. wieder zurückzufahren. Alternativ nimmt man einen Pick-up nach Kyaukpadaung (2 Std.) und von dort einen weiteren zum Berg Popa. Dies ist allerdings umständlich und nimmt den ganzen Tag in Anspruch.

Nördlich von Bagan

Pakokku und Umgebung

Lange wurde Pakokku links liegen gelassen, doch heute legen dank der 2012 eröffneten Brücke immer mehr Touristen einen Stopp in dieser 140 000 Einwohner zählenden Stadt am Westufer des Ayeyarwady ein. Denn wer mit dem Bus oder dem eigenem Fahrzeug zwischen Monywa und dem nur eine halbe Stunde entfernten Bagan unterwegs ist, kann hier eine mehrstündige Besichtigungstour unternehmen und am gleichen Tag weiterfahren. Zudem ist die Stadt ein guter Ausgangspunkt für einen Abstecher in den Chin-Staat, wo von Mindat (150 km) aus vielerlei Trekkingmöglichkeiten existieren (s. Kasten S. 292).

Pakokku ist ein wichtiger Umschlagplatz für Handelswaren und ein Zentrum für den Anbau von Tabak, Baumwolle und Thanaka. Zwar ist die Stadt im ganzen Land für ihre großen Klöster bekannt, doch bietet sie für Touristen nur wenige Attraktionen.

Tihoshin
Das bekannteste und geschichtsträchtigste buddhistische Heiligtum ist der **Tihoshin-Tempel** im Süden Pakokkus, an der Straße zur Anlegestelle. Chroniken zufolge wurde der Zedi erstmalig 1117, also während der Regentschaft Alaungsithus (reg. 1112–67) errichtet und im Laufe der Jahrhunderte, zuletzt 1927, vergrößert. Das Zentrum der Verehrung bildet eine stehende Buddhafigur, die der König von Sri Lanka dem damaligen birmanischen Regenten Alaungsithu zum Geschenk gemacht haben soll. Sie besteht aus zehn verschiedenen Holzsorten und war bis 1996 über und über mit Blattgold beklebt. Da die Figur jedoch immer mehr aus der Form geriet und am Schluss eher einem Aussätzigen als einem Erleuchteten glich, wurde das gesamte Gold entfernt.

1178 stiftete ein Dorfvorsteher zwei weitere stehende Buddhafiguren, die nun die Hauptfigur flankieren. Bemerkenswert sind die filigranen Holzschnitzarbeiten an den Eingängen zum Hauptschrein. Beim Rundgang über das Tempelgelände kann man auch einen Blick ins linker Hand gelegene **Museum** (⏲ 6–17 Uhr) voller Buddhas werfen, wo in einem Schrein auch die grün gekleidete Figur des Mae Sein Nyo-Nat verehrt wird. Am Vollmond Nayon (Mai/Juni) findet über drei Wochen hinweg das berühmte Tihoshin-Tempelfest statt.

Weitere Sehenswürdigkeiten
Im Südwesten der Stadt liegt das **Mandalay Kyaung Taik**, in dem ein sehenswertes, 1907 gestiftetes Kolonialgebäude mit einer raffinierten Dachkonstruktion steht. Es dient größeren Versammlungen und Mönchsprüfungen.

Das berühmteste und mit durchschnittlich 700 Mönchen größte Kloster Pakokkus ist das **Mahawithutayama Kyaung**, auch „Mittleres Kloster" genannt. Es wurde 1903 von dem Mönchsgelehrten Gandhadhaya Sayadaw gegründet und galt lange Zeit als eine der besten Klosteruniversitäten. „Niemand kann vollkommen werden, ohne in diesem Kloster studiert zu haben", heißt es bis heute. Ein 1955 gestifteter „Big Ben" steht auf dem riesigen Gelände und macht mit dem Klang seinem Londoner Bruder Konkurrenz. Nebenan ist eine Bibliothek mit Palmblattmanuskripten sehenswert. Das Kloster war 2007 Schauplatz von gewalttätigen Mönchsdemonstrationen.

An der Bogyoke Street lohnt sich der Besuch der **Shwegugyi-Pagode** wegen einer wunderbaren filigranen Schnitzarbeit am Hauptaltar. Sie wurde 1908 von einem lokalen Holzschnitzer und seinem Sohn angefertigt und stellt im unteren Bereich eine Episode aus dem Leben Buddhas dar, in welcher ein Prinz namens Ajatasattu auf Anraten seines heimtückischen Freundes Devadatta seinen Vater Bimbisara auf grausame Weise verhungern und schließlich durch Abschneiden der Zehen töten lässt. Zu spät erkennt er die große Liebe seines Vaters. Bimbisara war König von Magadha und ein großer Förderer des Erleuchteten. Im oberen Teil des Kunstwerkes ist der Abstieg Buddhas aus dem Tavatimsa-Himmel dargestellt.

Ein weiteres bedeutendes Kloster, das nach dem indischen König Ashoka benannte **Athokayone Kyaung**, liegt im Norden der Stadt. Über 500 Mönche werden dort ausgebildet. Entsprechend groß ist die 1919 gegründete Anlage, die eher einer eigenen Siedlung gleicht. Der Bagan-König Narapatisithu (reg. 1173–1210) soll die benachbarte **Phaung Daw U-Pagode** gestiftet haben, die eine völlig mit Blattgold überklebte Buddhafigur birgt.

ÜBERNACHTUNG

Es sind überwiegend einheimische Geschäftsreisende, die hier unterkommen, weshalb nur wenig Englisch gesprochen wird.

Aung Tha Ra Phu Hotel, 10 Azarni St., ✆ 062-21947, 09-4722 7241. Inmitten eines sympathischen Wohnviertels mit vielen Holzhäusern bietet diese villenähnliche Unterkunft in Orange 34 funktionale Zimmer mit AC und Bad. Jene mit Fliesenboden und gekachelten Wänden wirken sehr steril. ❸–❹

Hotel Juno, 211 Myoma Rd., ✆ 062-23650, 09-7853 21457, ✉ hoteljuno.pku@gmail.com. Holzvertäfelung und -boden verströmen eine wohnliche Atmosphäre in den 45 sauberen Zimmern. Sie verteilen sich in einem Hauptbau und einigen Bungalows. Das Restaurant wirkt steril, hingegen wird man den Pool an heißen Tagen schätzen. ❹

€ **Mya Yatanar Inn**, 75 Lanmadaw St., ✆ 062-21457, 09-2208 1302. Nettes Kolonialhaus mit Flussblick (bes. von Zimmer B) und 12 asketischen Zimmern mit Gemeinschaftsbad. Geführt seit 1980 von der freundlichen Daw Mya Mya, welche gutes Englisch spricht und viele Tipps geben kann. ❶–❷

Royal Palace, 6th St., zw. Myaing- und Thin Tan St., ✆ 062-23205, 09-230 1467. Auf zwei recht globigen Gebäuden verteilen sich 21 funktionale Zimmer mit AC, TV und Dusche. Frühstück wird im obersten Stock des hinteren Baus gereicht. Es wird kaum Englisch gesprochen. ❷–❸

Thu Kha Hotel, 1 Myoma Rd., ✆ 062-23077, 23277, neben der Wesley Church. Von außen ein nüchterner Hotelkasten mit vier Etagen. Doch die Holzböden und -schränke in den 35 Zimmern mit AC und Bad sowie die Freundlichkeit der Angestellten lassen etwas Wohnlichkeit aufkommen. Frühstück wird im 4. Stock serviert. ❹

ESSEN

Die Lokale **Ho Pin**, 2nd St., ✆ 062-22979, und **Theik Than Yaw Buffet**, 6th St., zw. Shwe St. und Myaing St., ⏲ 8.30–21 Uhr, servieren schmackhafte birmanische Currys.

Moe Kaung Kin, 4 Dhammazaydi St., östl. der Yake Thar St. Der Teashop ist mit seinen massiven Holztischen ein beliebter Jugendtreff und bietet Snacks, Säfte und leichte Gerichte. Tipp: der starke Tee *ngapeiyei kyasin*. ⏲ 6–21 Uhr.

EINKAUFEN

Die „Stadt des Tabaks" besitzt natürlich auch einige Cherootfabriken, z. B. die Manufaktur von Aung Gya Nyunt in der Bogyoke St. Nur einen Steinwurf entfernt lässt sich bei Gyo Gyar

Ni (Flamingo) die Herstellung von Lederschlappen beobachten. Bekannt ist Pakokku auch für seine Baumwollwebereien, in denen die weitverbreiteten karierten Baumwolldecken hergestellt werden. Eine gute Auswahl bieten **Galon Min Nyi Naung** in der 6th St. und die hartnäckigen Verkäuferinnen am Jetty.

TRANSPORT

Busse
Der große **Busbahnhof** an der Main Road ist Startpunkt der Busse via Nyaung U nach YANGON (630 km, 11 Std., 13 000–15 000 Kyat) BAGAN, von Shwe Mandalar um 7.30, 18 und 19 Uhr, von Kyaing Mandalay um 10 bzw. 19 Uhr, und Ye Thu Aung um 18 Uhr. Shwe Man Thu fährt von hier um 7, 9 und 22 Uhr via Nyaung U nach MANDALAY (195 km, 5 Std., 6000 Kyat). TAUNGGYI (315 km, 9–10 Std., 8000 Kyat) ist das Ziel von Ye Thu Aung um 18 Uhr. Weitere Busse fahren nach MAGWE (170 km, 5 Std.) und NAYPYITAW (300 km, 8 Std.). Einfache Busse fahren auch nach MINDAT (150 km, 6 Std., 10 000 Kyat) um 6.30, 7 und 8 Uhr.
In der Yake Thar Street, die östlich des Städtischen Krankenhauses von der Main Road abzweigt, starten Vans und Kleinbusse diverser Anbieter in die nähere Umgebung, u. a. von Aung Gabar, ☎ 09-4720 7780, um 6, 9, 10.30, 11, 13.30, 15, 17.30 und 20 Uhr nach MONYWA (110 km, 3 Std., 2500 Kyat). Vans von Mahar San, ☎ 09-7966 56992, fahren um 4, 7, 10, 13 und 16 Uhr nach MANDALAY (5500 Kyat) ab. Weitere Ziele sind MAGWE und MYAING (40 km, 1 Std.).

Eisenbahn
Der **Bahnhof** liegt ca. 3 km nördlich des Zentrums. Zug Nr. 62dn nach YANGON startet tgl. um 15.20 Uhr (Ankunft: 10.30 Uhr), der Gegenzug Nr. 61up in Yangon um 16 Uhr (Ankunft: 11.10 Uhr).

Wanderungen bei Mindat

- **Anfahrt per Bus**: Pakokku–Mindat (150 km, 6 Std., 10 000 Kyat) ab 6.30, 7 und 8 Uhr. Morgens diverse Abfahrten von Mindat nach Pakokku
- **Kosten für Guide**: ab 40 000 Kyat/Tag (vorab buchen!)
- **Geführte Touren: Naing Trekking Service**, nähe Sanpya-Markt, ✆ 09-4401 10353, 09-9103 6265 ✉ naingtravelservices@gmail.com, 🖥 www.facebook.com/Chintravelexpert, Mindates führender Trekkinganbieter; **Uncharted Horizons**, 109 49th St. (Middle Block), Yangon, ✆ 09-4500 62960, 09-971 176 085, 🖥 www.uncharted-horizons-myanmar.com, Chin-Staat-Spezialist unter Leitung von Jochen Meißner mit festen Terminen für mehrtägige Trekkingtouren.

Ausgangspunkt der Tagestouren ist Mindat, das sich auf gut 1400 m NN entlang einem Bergkamm erstreckt und über einige Gästehäuser, Läden und den Sanpya-Markt verfügt. Für die meisten Besucher ist Mindat Übernachtungsstopp auf dem Weg zum Mount Victoria. Aber es lohnt sich auch, die Umgebung des sympathischen Ortes zu erkunden. In den umliegenden Dörfern kann man die Lebensweise der Chin kennenlernen. Wer mehr dazu erfahren möchte, sollte unbedingt einen Guide engagieren.

Tagestour nach Pan Awet und Am Laung
- **Länge:** 13 km

Mit dem Motorbike lässt man sich vom Ortszentrum entlang der Mindat-Matupi Road ca. 3 km gen Westen bis zur Abzweigung der Straße nach Pan Awet fahren. Dort beginnt auf 1470 m Höhe der ca. 3 km lange Weg (ca. 1 Std.) einen Bergrücken entlang bis zum Dorf Pan Awet (1250 m NN), wo es noch einige interessante Steingräber zu sehen gibt. Weiter geht es den Berghang entlang, bis nach ca. 300 m bei einigen Wohnhäusern eine Straße rechts abzweigt. Von dort geht es bis zum weitere 3 km entfernten Chin-Dorf Am Laung. Über den gleichen Weg geht es nachmittags zurück.

Tagestour nach Hleikawng
- **Länge:** 9 km

Ebenfalls im Westen von Mindat beginnt die Wanderung den nördlichen Berghang hinunter zum 4,5 km entfernten Hleikawng. Auch sie führt entlang einem panoramareichen Weg.

Moped-Trekking-Kombi nach Mein Taung
- **Trekking:** 12 km, **Mopedfahrt:** 47 km

Bei dieser anspruchsvollen Tagestour benötigt man einen Guide und einen Mopedfahrer. Sie kann auch mit der Weiterfahrt nach Kanpetlet oder zum Mount Victoria kombiniert werden. Zunächst fährt man mit dem Moped entlang der serpentinenreichen Mindat-Kanpetlet Road über die Chit-Chaung-Brücke ca. 15 km, wo gegenüber einigen Wohnhäusern, die sich entlang der Straße reihen, auf 1100 m NN der erste Teil der Trekkingtour beginnt. Der Weg verläuft einen leicht ansteigenden und teils bewaldeten Berghang ca. 1,5 km hinauf bis zum auf 1200 NN gelegenen Chin-Dorf Ein Hmyin. Dort eröffnet sich ein herrlicher Ausblick auf das vom Chit-Fluss durchschnittene Tal. Von Ein Hmyin geht es gen Süden über den Weiler Dee wieder zur Mindat-Kanpetlet Road, wo der Mopedfahrer wartet. Mit ihm fährt man ca. 4 km die kurvenreiche Straße entlang bis zum Dorf Aye Sakhan (1750 m NN), wo es ein Camp für die Trekkingtouristen zum Mount Victoria gibt. Etwas südlich des Ortes beginnt gegenüber der Kirche der zweite und längere Trekkingabschnitt. Er verläuft einen Bergrücken knapp 6 km hinauf zum Chin-Dorf Mein Taung (1830 m NN). Dort kann der Mopedfahrer warten oder man geht weitere 2 km entlang einem guten Weg bis zu dessen Einmün-

dung in die Mindat-Kanpetlet Road. Dabei überquert man jedoch einen bis zu 2200 m hohen Bergrücken. Von der Wegeinmündung sind es 35 km zurück bis nach Mindat. Alternativ kann man ins nähere, 26 km entfernte Kanpetlet fahren.

Praktische Hinweise
Reisezeit
Beste Reisezeit ist Ende November bis März. In den Nächten kann es von Dez–Feb empfindlich kalt werden. Wegen der baumarmen Umgebung sollte man unbedingt an Sonnenschutz denken.

Auf eigene Faust oder mit Guide?
Die Dörfer rund um Mindat kann man auf eigene Faust erwandern, ansonsten: Guide nehmen!

Übernachtung in Mindat
Se Nang Gh., Main Rd., ☎ 09-4420 02645, schlichte Zimmer mit Gemeinschaftsbad ab 15 000 Kyat/Pers.; **Tun Gh.**, Main Rd., ☎ 070-70166, 09-4717 0090, freundliche Zimmer mit Gemeinschaftsbad in Steinbungalow ab 15 000 Kyat; **Victoria Gh.**, Main Rd., gegenüber Markt, ☎ 01-707 0127, betagte Zimmer mit Gemeinschaftsbad und kaltem Wasser um 10 000 Kyat/Pers.

Geschäfte/Banken
Proviant gibt es in diversen Läden in Mindat. Bislang existieren keine Wechselstuben.

Sprachknigge
Naga naya („hallo") und *Napo ta ni* („danke")

Handwerksdörfer bei Myitche

Etwa 30 km südwestlich von Pakokku lohnt der Besuch von drei urigen Handwerksdörfern, die sich seit vielen Generationen auf unterschiedliche Produkte spezialisiert haben. Sie liegen jeweils nur wenige Kilometer von dem kleinen Städtchen **Myitche** entfernt, das sich in der Nähe des Ayeyarwady-Flusses erstreckt. In dem 800-Seelen-Ort **Tha Zin** produzieren mehrere Familien in ihren Häusern Taschen, Schlappen und diverse Accessoires aus Bambus, Rattan und Wasserhyazinthe. Der Tagesverdienst liegt je nach Aufwand und Schnelligkeit zwischen 2500 und 5000 Kyat. Unter mächtigen Tamarindenbäumen lässt es sich auch schön durch die sandigen Straßen schlendern, was schon sehr bald die Neugier der Kinder weckt.

Eye Shay ist wiederum für seine Webarbeiten bekannt, die in mehreren Werkstätten an altertümlichen Webstühlen hergestellt werden. Trotz Billigkonkurrenz aus China sind noch heute Hunderte von Frauen in dem Gewerbe aktiv. Schon ab 3000 Kyat lassen sich hier wunderschöne Baumwolldecken und Longyis erstehen – und ländliche Arbeitsplätze erhalten!

In **Htan Taw Chauk**, westlich von Myitche, widmen die Bewohner sich der Herstellung von Korbwaren aus den fasrigen Blättern der Palmyrapalme.

Die Dörfer können problemlos mit eigenem Wagen von Bagan aus besucht werden (60 km, ca. 1 1/2 Std.), vgl. **eXTra [8739]**.

Pakhan-gyi

Ähnlich wie Sale war auch das 20 km nördlich von Pakokku gelegene Pakhan-gyi während der Bagan-Ära eine bedeutende Stadt. Sicherlich spielte ihre strategische Lage unweit des Chindwin-Flusses eine wichtige Rolle. Wie Funde aus dem Neolithikum beweisen, war die Region offensichtlich schon sehr früh besiedelt. Es gibt einige interessante Sehenswürdigkeiten, die den Ort zu einem lohnenswerten Ausflugsziel oder Zwischenstopp auf der Fahrt von Monywa nach Pakokku bzw. umgekehrt machen.

Das von 255 Teakholzstämmen gestützte **Holzkloster** ist fraglos die Hauptattraktion des Ortes. Seine Entstehung ist einer Art „Steuerflucht" zu verdanken, denn um heftigen Abgaben zu entgehen, ließen der Kaufmann U Po Dok und seine Frau Daw Phe Teile ihres Vermögens in den Bau des Klosters fließen. Zwischen 1868 und 1870 wurde es errichtet. Sehenswert sind die innen die Schnitzereien mit Darstellungen von Szenen aus dem *Ramayana*. Auf der Westseite des Klosters stehen einige **Grabstupas** zu Ehren verendeter Arbeitselefanten.

Besuchenswert ist auch das Museum mit Exponaten aus dem Neolithikum (Ton, Steine, Scherben …) und insgesamt acht Steininschriften, die vorwiegend über Klosterstiftungen berichten. Die meisten stammen aus der Bagan-Ära. Eine Tour durch Pakhan-gyi lässt erahnen, dass der Ort so unbedeutend nicht gewesen sein kann, denn viele **Stupa-Ruinen** liegen im Umkreis verstreut. Reste der mächtigen **Stadtbefestigung** und eines **Tunnelsystems** im Westen der Stadt, das vermutlich zu Verteidigungszwecken angelegt worden war, erinnern an Pakhan-gyis militärische Bedeutung. Am westlichen Ortsrand werden in Privathäusern im alten Stil Tongefäße getöpfert. Für den Besuch der archäologischen Stätte einschließlich des Museums wird eine Eintrittsgebühr von US$3 verlangt. Meist muss man erst nach dem Museumswächter fragen, da die Türen normalerweise verschlossen sind.

Als Fortbewegungsmittel vor Ort kann man versuchen ein Fahrrad auszuleihen. Busse und Pick-ups von Pakokku nach Yesagyo oder Monywa passieren auch Pakhan-gyi.

Pakhan-nge

Eigentlich ist Pakhan-nge ein verschlafenes Nest am Chindwin, das nur über einen Damm vom 3 km entfernten Pakhan-gyi zu erreichen ist. Allerdings lässt das große verfallene **Kloster** darauf schließen, dass der Ort einst bessere Zeiten gesehen hat. Wie Zahnstocher ragen die 332 Stützstämme des *kyaung* aus dem Boden. Zwischen 1857 und 1864 errichtet, war es einst das größte Kloster der Umgebung. Sponsor war

U Yan Wei, ein ehemaliger Mönch und Lehrer König Mindons, der in seinen späten Jahren als *myosa*, Statthalter, von Pakhan-gyi fungierte.

In den beiden Wochen vor dem Vollmond Tabaung (Feb/März) herrscht in Pakhan-nge Ausnahmezustand. Tausende von Menschen aus der ganzen Region machen sich auf, um im Dorf **Kuni** auf der anderen Seite des Chindwin das Fest des berühmten Nats **Ko Gyi Kyaw** zu feiern. Zu Ehren dieses Rauf- und Trunkenboldes geht es dabei ziemlich feuchtfröhlich zu. Flaschen werden geleert und Hühner geopfert, vor seinem Schrein kommt es zu wilden Tänzen. Für die Marktleute aus der Region ist es nach dem Anandafest das lukrativste Fest (s. **eXTra [5677]**).

Östlich von Bagan

Meiktila

Die Provinzstadt Meiktila liegt an einem 9 km² großen See, der von einer großen Brücke überspannt wird und an dessen Rand sich eine nette Uferpromenade entlangzieht. Der See trägt

Der Trinker-Nat

Ko Gyi Kyaw – oder U Min Kyaw, wie er auch genannt wird – war der Sohn von Kuni Devi und einem *myosa*, *Statthalter*, von Pyay. Außerdem war er mit einem weiteren berühmten Nat, Ko Myo Shin, verschwägert und wie jener sehr jähzornig. Er vertrieb sich seine Tage mit Hahnenkämpfen, Trinkgelagen und Wettreiten. Daher wird er immer auf einem Pferd sitzend und mit Alkoholflaschen behangen dargestellt. Ko Gyi Kyaw war so grausam, dass er eines Tages bei einem Raubzug durch den Shan-Staat die beiden Shan-Prinzen Khun Chou und Khun Tha umbrachte. Beide wurden zu Nats und rächten sich, indem sie einen Baum auf ihn stürzen ließen. Der vom Baum erschlagene Trunkenbold wurde zu einem mächtigen Nat und wird vor allen Dingen in geschäftlichen Belangen konsultiert.

den Namen der 120 000-Einwohner-Stadt und verleiht ihr ein freundliches Gesicht. Bereits vor Jahrhunderten wurde er künstlich angelegt und ist bis heute als Wasserreservoir von Bedeutung. Touristen nutzen Meiktila am ehesten als Zwischenstopp auf der Fahrt von Bagan (160 km) zum Inle-See (175 km).

Sehenswürdigkeiten sind rar, denn die Stadt wurde immer wieder zerstört, zuletzt bei einem Großbrand 1991. Meiktila war auch Schauplatz einer entscheidenden Schlacht während des Zweiten Weltkriegs, als die Briten sie im Februar/März 1945 nach längerer Belagerung eroberten. Im März 2012 kam es zu brutalen Übergriffen auf die moslemische Minderheit, bei denen Dutzende Todesopfer zu beklagen waren. Seitdem hat sich die Lage in der Stadt wieder einigermaßen entspannt.

Auch in Meiktila zählen die Tempel und Klöster zur Hauptattraktion, besonders die kleine, goldglänzende **Antaka Yele-Pagode** auf dem See. Schon der Weg über Brücke mit einer Gebetshalle am Ufer entfaltet eine entspannte Atmosphäre. In der Nähe von Meiktila, an der Straße Richtung Mandalay, befindet sich eine Basis und Ausbildungsstätte der Luftwaffe. Am Eingang steht ein ausrangiertes Kampfflugzeug aus den 1950er-Jahren.

ÜBERNACHTUNG

Honey Hotel, Pan Chan St., ☏ 064-23588, 25755. Was für eine nette Seelage – und was für eine Unterkunft: Eierschachtelarchitektur mit 14 betagten Zimmer mit Bad/WC, welche auch nicht so häufig einen Putzlappen sehen. Großer Vorteil ist die relativ zentrale Lage. ❷–❸

Peace Path Palace Hotel, Kann Pat St., ☏ 064-24485, 09-3312 3882. Kein Palast, eher funktional, aber die 25 etwas kleinen AC-Zimmer mit Bad und großen Fenstern sind sauber. Die Ausstattung (Kühlschrank, TV, Tisch) wirkt recht zusammengewürfelt. ❶–❸

The Floral Breeze (Wunzin Hotel), Than Lwin Rd., am nördlichen Seeufer, ☏ 064-23848. Im u-förmigen Flachbau direkt am See verteilen sich 40 Zimmer in drei Kategorien, die Deluxe-Zimmer sind recht geräumig und durch das

Holzdekor recht wohnlich. Für Sportler gibt es einen Tennisplatz. ④–⑤

ESSEN

Das **Honey Restaurant** in der Pan Chan St., legt wenig Wert auf Optik, aber seine chinesische Küche genießt einen guten Ruf. Weiter südlich, direkt am See, kann man im beliebten **Mya Kan Thar Yar Restaurant** mit Blick aufs Wasser entspannt essen. Es gibt Reis- und Nudelgerichte, frische Obst- und Milchshakes. Tipp: Sundowner zum Sonnenuntergang.

Im **Shwe Ohn Pin Restaurant** an der Hauptstraße legen die meisten Expressbusse eine Essenspause ein. Angeboten werden chinesische und birmanische Gerichte. Wie so oft bestellt man birmanische Currys, die schon morgens zubereitet wurden, per Fingerzeig, während die auf Englisch gelisteten chinesischen Speisen frisch zubereitet werden. Wer es etwas schicker haben möchte, findet ein modernes Ambiente im **Lekker Corner**, ✆ 064-23725, ⏰ 8–21 Uhr, in einer Nebenstraße südlich der Hauptstraße. Es gibt gute Thai- und chinesische Gerichte. Im 2-stöckigen **Champion**

Café an der Hauptstraße gibt es mäßig gute Küche, aber leckeren Kaffee, Gebäck und diverse Säfte.

TRANSPORT

Busse und Vans
Vans in Richtung KYAUKPADAUNG (96 km), MANDALAY (154 km), MYINGYAN (93 km), NYAUNG U (153 km) und THAZI (22 km) starten am **Busbahnhof** östlich der Htee Thone Sint-Pagode oder an der Hauptstraße.
Lokale Busse (non-AC) fahren von 5–16 Uhr etwa halbstündl. nach MANDALAY (3 Std.) und vormittags um 5, 7 und 9 Uhr nach TAUNGGYI (186 km, 8 Std.).

Eisenbahn
Zugtickets gibt es im **Bahnhof** von Thazi. Pick-ups und Busse nach THAZI fahren bis zum frühen Nachmittag ab dem Busbahnhof (ca. 30 Min., 1000 Kyat).

Thazi

Dieser Verkehrsknotenpunkt verdankt seine Bedeutung allein seinem Bahnhof: In Thazi kreuzen sich die Bahnlinien Yangon–Mandalay und Myingyan–Shwenyaung. Das kleine Örtchen liegt am Rande der Tiefebene; am östlichen Horizont zeichnen sich bei guter Sicht die Shan-Berge ab. Häuser und Geschäfte reihen sich an der ausgebauten Hauptstraße und der Straße Richtung Bahnhof aneinander. Die Läden sind auf Weiterreisende eingestellt. Ansonsten hat der Ort nicht viel zu bieten.

ÜBERNACHTUNG UND ESSEN

Moon Light Rest House, an der Hauptstraße, etwa 1 km vom Bahnhof, 064-69056.
15 etwas abgewohnte Zimmer, einige mit AC und Bad. Ni Ni, die freundliche Besitzerin, hilft gerne mit Tipps für die Weiterreise, arrangiert Tickets und gestattet auch Kurzbesuchern, sich zu erfrischen. Im angeschlossenen Red Star Restaurant wird gute chinesische und birmanische Küche serviert. ❶–❷

Wonderful Guest House, an der Hauptstraße, unweit der Abzweigung zum Bahnhof, 064-69068, 09-7939 69068. Wer die Farbe Grün liebt, wird die teils schuhschachtelgroßen Zimmern mit Bad „wonderful" finden. Auch hier hilft das Personal bei Fragen zur Weiterfahrt. ❷

TRANSPORT

Pick-ups
Die halbstündige Fahrt nach MEIKTILA (22 km) kostet mit dem Pick-up 1000 Kyat, je nach Gepäckgröße manchmal noch zusätzlich 500 Kyat. Vormittags starten in unregelmäßigen Abständen einige Vans nach KALAW (93 km, ab 4 1/2 Std., 5000 Kyat); nur wenige fahren weiter nach SHWENYAUNG (145 km, 6 Std.) und TAUNGGYI (164 km, 7 Std., 7000 Kyat).

Busse
Die Busse von/nach MANDALAY, TAUNGGYI und NYAUNG U (Bagan) halten an der Hauptstraße gegenüber dem Moon Light Rest House. Wer weiter nach YANGON reisen möchte, muss zunächst nach Meiktila fahren.

Zugfahrplan für Thazi

Zug-Nr.	11up	5up	3up
Yangon	06.00	15.00	17.00
Thazi	18.12	02.08	04.55
Mandalay	21.00	05.00	07.45
Zug-Nr.	12dn	6dn	4dn
Mandalay	06.00	15.00	17.00
Thazi	08.51	17.46	19.46
Yangon	21.00	05.00	07.45
Zug-Nr.	143	141	
Thazi	05.00	07.00	
Kalaw	11.35	13.30	
Heho	13.40	15.30	
Shwenyaung*	14.50	17.00	

Preis Thazi–Shwenyaung: *upper class* 3000 Kyat
* Mit Pick-ups Anschluss nach Taunggyi und Nyaungshwe am Inle-See.

House hilft gern. Es gibt eine Wartehalle, in der Getränke und Snacks verkauft werden. Gegen eine Gebühr von US$1 dürfen dort auch Ausländer hinein und in einem der halbwegs bequemen Sessel Platz nehmen. Hier gibt es auch einigermaßen saubere Toiletten.

Über Yenangyaung nach Magwe

Die Fahrt von Bagan ins 150 km entfernte Magwe führt durch eine karge Savannenlandschaft. Nach gut 100 km passiert man die alte „Öl-Stadt" Yenangyaung, wo es einiges zu entdecken gibt und ein Hideaway zum längeren Aufenthalt lockt.

Yenangyaung

„Strom von Öl", heißt Yenangyaung übersetzt, und der Name der lebendigen 50 000-Einwohner-Stadt passt auch heute noch, denn im Umkreis säumen Bohrtürme die Landschaft. Öl wurde bereits im 18. Jh. gefördert, so zählte Captain Hiram Cox, ein Vertreter der East India Company, bei seinem Besuch 1796 in Yenangyaung 520 Ölquellen. Streng kontrolliert von 24 lokalen Familien, welche die Quellen per Hand ausbeuten ließen, dominierten ab 1886 die Briten das Geschäft. Während der japanischen Invasion kam es im April 1942 zu heftigen Kämpfen.

Die Stadt besticht durch eine entspannte Atmosphäre, einen lebendigen **Markt** und eine Reihe schmucker **Kolonialbauten**. Unweit des Ayeyarwady sind einige durch Erosion entstandene **Sandsteinformationen** interessant. Vom einstigen Reichtum künden auch die fünf an einem Berghang gelegenen, sehr schönen Hallen des **Kyauk Sar Yone Gyi** (auch Thipeitaka Sone Kyaung), in denen auf 451 Marmortafeln die Texte des Palikanons (Tipitaka) eingemeißelt wurden. Sie wurden 1914 von dem Ölhändler U Tin Maung und seiner Gatin Daw Khin Thin Swe gestiftet. Nebenan ist noch ein **Nat-Schrein** von Interesse.

Nach MANDALAY (3 Std.) passieren die Busse den Ort zwischen 11 und 12 Uhr, nach NYAUNG U (4 Std.) zwischen 10 und 11 Uhr.

Eisenbahn
Die Fahrkarten sollten einen Tag vorher besorgt werden. Die Betreiberin des Moon Light Rest

Hsale war zur Zeit Bagans im 13. Jh. ein bedeutender Ort.

Tempel von Hsale

Mit dem Moped kann man von Yenangyaung ins 12 km nördlich gelegenen **Ober-Hsale** fahren, einem urigen Dorf unweit des Ayeyarwady. Dort liegen auf mehreren Hügeln insgesamt 41 kleinere **Tempel** aus der Bagan-Ära. Von 15 sind jedoch nur noch Ziegelhaufen übrig geblieben. Aber mehr als die Hälfte birgt teilweise recht gut erhaltene Wandmalereien im Inneren. In einigen sind besonders mahayana-buddhistische Motive bemerkenswert, die sehr an jene von Minnanthu (S. 267) erinnern. Wer die Tempel gestiftet hat und wann sie genau errichtet wurden – vermutlich im 13. Jh. –, ist nicht klar. Doch allein die große Zahl der Monumente weist darauf hin, dass es sich während der Bagan-Zeit um eine bedeutende buddhistische Stätte gehandelt haben muss (s. **eXTra [5679]**). Von Yenangyaung fährt man parallel zum Fluss über eine Staubpiste gen Norden bis zum ca. 7 km entfernten Dorf Obo. Dort muss man das meist trockene Flussbett des Pin Chaung überqueren und fährt dann weitere 5 km bis Ober-Hsale. Tipp: das Lei Thar Gone Gh. arrangiert den Ausflug mit Moped und Fahrer für US$15/Person.

ÜBERNACHTUNG UND ESSEN

Hotel Country, 716 Yangon-Mandalay Rd., 060-21346, 09-7883 70667, hotelcountry.yng@gmail.com. Ein mehrstöckiger Hotelkasten mit 15 sauberen, hellen Zimmern mit Bad und z. T. kleinem Balkon. Es gibt nur Frühstück. ❸

Lei Thar Gone Gh., Thit Ta Bway Qr., 060-21620, 09-5053 342, www.leithargone-guesthouse.com. Tolles Hideaway auf einer Anhöhe, die den Ayeyarwady überblickt. 15 sehr geschmackvolle Zimmer (viel Naturstein und Holz) mit sauberen Bädern und Veranda. Kleiner Pool und offenes Restaurant. Arrangiert Moped- und Bootstouren. Der Besitzer ist Leiter der nahen „Love Private High School", die er unter anderem mit dem Geld aus der Unterkunft finanziert. www.kin-bir.de und www.hirtenkinder.ch. ❹

TRANSPORT

Busse zwischen NYAUNG U (100 km, 2 1/2 Std.) und MAGWE (45 km, 1 Std.) durchqueren auch Yenangyaung. Über die Unterkünfte kann man die aktuellen Zeiten erfragen oder einen Privattransport organisieren.

Westseite des Ayeyarwady

Eine weitere Tourvariante führt von Bagan über Chauk auf die Westseite des Ayeyarwady und über die Orte Salin, Sagu und Minbu nach Magwe (210 km). Mit öffentlichen Verkehrsmitteln ist letztere Variante allerdings nur sehr umständlich zu bewältigen.

Salin

Die Stadt liegt knapp 80 km südlich von Nyaung U bzw. 35 km von Chauk auf der Westseite des Ayeyarwady. Inschriften und Chroniken zufolge spielten die Reisfelder um Salin bereits zur Zeit Bagans eine wichtige Rolle. Dank des angrenzenden **Wethtigan-Sees** und des mit ihm verbundenen Kanalsystems ist eine Bewässerung auch während der langen Trockenzeit gewährleistet. Salin präsentiert sich als grüne Oase im Savannengebiet. Viele Pagoden – vor allem am nördlichen Ortseingang – und insgesamt fünf Klöster zeugen von ihrem einstigen Reichtum.

Im Zentrum biegt bei der Polizei eine Straße nach Westen ab zum See. An dessen Ostseite erhebt sich die **Shwe Maw Taw** wie eine Insel aus dem Wasser. Salins Hauptattraktion ist jedoch das **Myaw Hle Sin Kyaung** etwas südlich des Sees. Der von 245 Stämmen getragene Holzbau von 1868 wurde etwas restauriert und präsentiert im Inneren eine kleine Buddha-Sammlung. Die Holzschnitzereien an der Veranda sind von hervorragender Qualität. Etwas weiter südlich, auf dem Weg zu den Stupas von **Buddha Tataung**, kann man Stellmachern beim Anfertigen von Wagenrädern zuschauen (s. **eXTra [5680]**).

Da Salin auf der Strecke Chauk – Minbu liegt, halten dort auch alle Pick-ups. Entlang der Straße in Richtung See gibt es einige **Restaurants**, darunter das La Min Thaw Tar.

Legaing

Der unscheinbare Flecken auf halbem Wege zwischen Pyinbyu und Sagu war während der Konbaung-Zeit ebenfalls ein wichtiger Ort. Sehenswert ist das 1891 gestiftete **Youk-soun Kyaung**, dessen Holzbalustraden von den besten Künstlern aus Mandalay gefertigt wurden. Der Stifter U An Taw und seine Frau mussten für den Bau 17,5 Körbe Silber aufbringen. Immerhin stellte ein Verwandter ihnen Elefanten zur Verfügung, um die 214 Teakstämme zu schleppen. Leider wurden schon viele wertvolle Gegenstände gestohlen. Das Kloster ist über einen gen Westen abgehenden Fußweg zu erreichen.

Das an der Hauptstraße gelegene **Athuru Kyaung**, auch Bhawe Kyaung genannt, lohnt aufgrund der schönen Buddhastatuen und filigranen Holztafeln im Inneren ebenfalls einen Besuch. 1894 stiftete ihn die Tugaung Myo-Familie (s. **eXTra [5681]**).

Sagu

Knapp 50 km südlich von Salin und 16 km nördlich von Minbu liegt ein weiterer, dank der üppigen Reisfelder prosperierender Ort, Sagu. Er gehörte bereits in der Bagan-Ära zum ökonomischen Rückgrat des Reiches. Gespeist werden die Reisfelder vom Man-Fluss, der seinen Ursprung im Rakhine Yoma hat.

Im 19. und frühen 20. Jh. war Sagu ein bedeutendes Zentrum der buddhistischen Lehre. Dies ist heute noch beim **Maha Withurama Kyaung** der Fall, einer Anlage aus den 1920er-Jahren, die inmitten eines großen Geländes westlich der Hauptstraße liegt. Das Kloster ist eine bekannte Pali-Schule, was nicht zuletzt am Gemurmel der lernenden Novizen zu hören ist. Dank mehrerer Restaurierungen ist das Kloster relativ gut erhalten. An den Ecken der Veranda sind mythologische Schutzwesen hervorragend in das Holz gearbeitet, darunter Yakshas (Dämonenwesen), Nagas, Kinnaras, Garudas und andere gute und weniger gute Geister. Ein weiteres, nicht weit entfernt gelegenes Kloster, **Thet Daw Kyaung**, ist schlichter, birgt aber eine sehr schöne Sammlung von Buddhas (s. **eXTra [5682]**).

Minbu

Bei Minbu ist der Ayeyarwady kilometerbreit. Seit eine 2930 m lange Brücke den Fluss überspannt, profitiert die Stadt erheblich von der verbesserten Verkehrsanbindung. Zwar hat sie nicht viele Sehenswürdigkeiten zu bieten, mag aber als Übernachtungsstätte infrage kommen, oder als Ausgangspunkt für die Fahrt zur 53 km entfernten Shwesetaw-Pagode.

Am südlichen Ortsrand können **Schlammvulkane** besichtigt werden. Eigentlich sind es nur Erdlöcher, aus denen flüssiger heißer Schlamm blubbert. Die Einheimischen nennen sie Nagapwet Taung, „Drachenberg", und entsprechend ist der Ort so heilig, dass man sogar die Schuhe ausziehen muss. Der Nagapwet Taung gleicht einem „Drachen-Themenpark". Zwei Pythonschlangen werden gehalten und gerne gegen ein Entgelt zur Schau gestellt. Buddha wird unter dem Naga-König Mucalinda sitzend dargestellt. Schließlich verehren Gläubige in einem Nat-Schrein das Geschwisterpaar Amadaw („ältere Schwester") und Maungdaw („jüngerer Bruder"). Beide tragen einen Drachenkopf als Kopfbedeckung.

Eher der Aussicht wegen lohnt sich der Besuch der auf einem Hügel liegenden **Settkeindeh-Pagode**. Von ihr kann man weit über die Ayeyarwady-Ebene bis nach Magwe blicken. Einer Legende zufolge hat der Erleuchtete hier auf einer mit Smaragden verzierten Couch genächtigt, für welche später zwei Dämonen die Mya Tha Lun-Pagode in Magwe errichteten. Im Inneren des hohlen Stupas wird auf jeder der acht Seiten des Schreins ein anderer Planet verehrt. Ein weiterer, etwas erhöht liegender Schrein birgt einen Fußabdruck Buddhas. Mit viel Lärm und Klamauk verbunden ist der Versuch, eine vor Nagas „fliehende" Opferschale im Spendenraum zu treffen (s. **eXTra [5683]**).

ÜBERNACHTUNG

Joy Gh., 3 Minbu-Sagu Rd., ☏ 065-21098. 18 AC-Zimmer, teilweise mit Bad oder Gemeinschaftsbad, verströmen nur wenig Charme, sind jedoch für eine Nacht annehmbar. ❶–❷

Motel High Way, Minbu Rd., ☏ 09-2601 15522. Das Resort liegt an der Straße Richtung Ayeyarwady-Brücke und hat über 20 funktionale Bungalows mit viel Plastik und ein

Holzschnitzkunst am Maha Withurama Kyaung in Sagu

nüchternes Restaurant. Eher auf einheimische Geschäftsleute eingestellt. ❹

Shwe Mintha Gh. II, ☏ 065-21302. Das Gästehaus unweit des Busbahnhofs besitzt 4 kleine Dreibettzimmer mit AC und Du/WC. Achtung: Die großen getönten Fensterscheiben an der Vorderfront mögen manch ungebetenen Zuschauer anlocken! ❷

ESSEN

Da Minbu ein wichtiger lokaler Verkehrsknotenpunkt ist, haben sich Lokale und Teestuben entlang der Hauptstraße (Minbu-Sagu Rd.) etabliert.

Empfehlenswert ist das **Joy Restaurant** (nur birmanisch angeschrieben) unweit des Joy Guest House mit leckeren Curry-Gerichten.

Shwesettaw

Einer der wichtigsten Wallfahrtsorte Myanmars liegt weit abgeschieden in den östlichen Ausläufern des Rakhine Yoma, 53 km südwestlich von Minbu. Schon die Lage ist etwas Besonderes. Dort, wo der Man-Fluss sich durch die bewaldeten Berge windet und eine Schleife macht, werden zwei Fußabdrücke Buddhas verehrt. Viele glauben, dass der Erleuchtete selbst einst hier geweilt hat. Einer der Fußabdrücke liegt direkt am Fluss und wird als **Au Settawya** verehrt. Der zweite befindet sich über eine Treppe mit dem unteren verbunden am Berghang und wird **Ahte Settawya** genannt. Nachdem der heilige Ort über viele Jahrhunderte in Vergessenheit blieb, soll er im 10. Jh. wiederentdeckt worden sein, als ein Einsiedler von ihm träumte und die Fußabdrücke mit Hilfe eines Jägers und dessen schwarzem Hund aufspürte.

Im Schrein von Ahte Settawya wird zudem eine Kopie der Mahamuni-Statue verehrt. Eine Statue erinnert an den Einsiedlermönch U Khanti, der in vielen Teilen Myanmars, vor allem in Mandalay, Wallfahrtsorte wiederbelebt und Geld für die Renovierung von Pagoden gesammelt hatte – so auch hier.

Mit dem zunehmenden Pilgerfluss hat man die Anlagen in den letzten Jahren verschönert und erweitert. Die offizielle Pilgersaison beginnt am fünften Tag des zunehmenden Mondes im Mondmonat Tabodwe (Feb/März) und endet mit dem Neujahrsfest im April, Thingyan. In dieser Zeit werden entlang dem Fluss zahlreiche Bambushütten, in denen die Gläubigen übernachten können, errichtet.

Doch an Schlaf ist in den beengten Verhältnissen nicht zu denken, denn Birmanen wären nicht Birmanen, würden sie die Wallfahrt nicht mit einer ausgelassenen „Buddha Party" verbinden. So ist es auch kein Problem, dass nur wenige Meter von dem hochverehrten Fußabdruck Buddhas entfernt Unmengen an Alkohol fließen. Natürlich wird der Besuch von jungen Menschen mit Vorliebe zum Flirten genutzt. Wie viele Ehen sich hier schon anbahnten, weiß nur Buddha. Wer die Atmosphäre des Ortes wirklich erleben möchte, sollte also unbedingt dort nächtigen.

Der Wallfahrtsort liegt am südlichen Rand des 813 km² großen **Shwesettaw Wildlife Sanctuary**, das sich zwischen Mon- und Man-Fluss erstreckt. Allerdings hat dieser Status keine Konsequenzen für das Verhalten der Einheimischen, die nach wie vor ihren Müll hier zurück-

Die Fußstapfen Buddhas

Eines Tages bat ein Mönch namens Maha Punna den Erleuchteten, doch in das Land Sunaparanta Vaniccagama zu kommen, um seine Lehre auch den Menschen dort zu verkünden. Buddha willigte ein und reiste mit 500 Schülern an. Ein Sandelholzkloster wurde als Unterkunft während ihres Aufenthalts errichtet. Zum Schluss des Besuchs wünschten sich die beiden einheimischen Anhänger Sicca Vanda und Naga Nammada eine Erinnerung. Diese gewährend hinterließ Buddha zwei Fußabdrücke, einen direkt am Ufer des Man-Flusses und einen zweiten auf einer nahe gelegenen Anhöhe. Der Ort wurde Shwesettaw, „goldener Fußabdruck", genannt. Anstelle des Sandelholzklosters errichtete man die Kyaung Tawya-Pagode, welche unweit von Legaing am Mon-Fluss liegt und noch heute viele Pilger anzieht (S. 300).

lassen. Im Schutzgebiet gibt es eine Reihe von Chin-Dörfern, deren Bewohner ebenfalls gerne hierher pilgern.

ÜBERNACHTUNG

An Schlaf ist aus genannten Gründen kaum zu denken. Während der Saison hat man die Möglichkeit, eine der Hütten am Fluss zu mieten. Mit sehr viel Glück (VIPs und Mönche haben Vorrang!) können Besucher auch in einem Gebäude nahe der oberen Pagode übernachten. Doch viel komfortabler ist es nicht, denn als Bett dienen auf dem Boden liegende Matten.

TRANSPORT

Während der Pilgersaison fahren öffentliche **Pick-ups** von MINBU zur Shwesettaw – über die Abfahrtszeit erkundigt man sich am besten vor Ort. Ansonsten muss man ein eigenes Fahrzeug organisieren.

Zwei Routen führen zu den „Fußabdrücken": Die erste geht südlich von SALIN ab. Während der Hauptzeit zwischen Februar und April werden temporäre Bambusbrücken über den Mon-Fluss errichtet, den Rest des Jahres über ist der Weg unpassierbar. Die Fahrt dauert von Salin aus etwa 2 Std.

Die zweite Option beginnt in MINBU. Von dort fährt man die ersten 35 km in Richtung Südwesten entlang der Minbu-Ann Rd. und biegt dann in eine Piste ein, die über knapp 20 km direkt zur Shwesettaw führt. Fahrtdauer etwa 1 1/2 Std. Landschaftlich sind beide Varianten sehr schön.

Magwe (Magway)

Etwa 150 km südlich von Nyaung U liegt Magwe, die Hauptstadt der gleichnamigen, 44 820 km² großen Magwe-Division. An Sehenswürdigkeiten bietet sie wenig, spielt aber dank der 2002 eröffneten Ayeyarwady-Brücke für den Durchgangsverkehr eine Rolle. Zudem ist die Heimat von etwa 250 000 Menschen als Verwaltungs- und Bildungszentrum von Bedeutung. Für Touristen kommt sie am ehesten als Übernachtungsstopp infrage. Man kann die Zeit für einen Rundgang durch den **Myoma-Markt** nutzen oder für einen Spaziergang entlang der **Strand Road**. Im Süden der Stadt gibt es noch manch schöne Villa aus der Kolonialzeit.

Nicht versäumen sollte man den Besuch der **Mya Tha Lun-Pagode**, die nördlich der Stadt auf einer Anhöhe liegt. Von ihr kann man abends bei klarem Wetter einen schönen Sonnenuntergang über dem Ayeyarwady erleben. Der erste Stupa soll von Bagan-König Sawlu (reg. 1077–84) gestiftet worden sein, als dieser noch Kronprinz war, und wurde zwischen 1064 und 1092 errichtet. Nachdem er lange Zeit eine Ruine war, ließen ihn die Bewohner Magwes 1857 wieder aufbauen.

Wie vielerorts in Myanmar hat auch diese Pagode in den 1990er-Jahren eine Renovierung erfahren, sodass der goldene Stupa wieder glänzt. Einer Legende nach waren die beiden Dämonen Bawgyaw und Bawthaw Stifter des Stupa, um eine „Smaragd-Couch" – so die Übersetzung des Namens *mya tha lun* – aufzubewahren, auf welcher Buddha bei seinem Besuch auf der anderen Flussseite, im heutigen Minbu, gelegen haben soll. Daher sind an den Eingängen zur Pagode Dämonen zu sehen. Auch der liegende Buddha in einem der *tazaung* erinnert an die Legende.

Das Pagodenfest feiern die Bewohner in den Tagen um den Vollmond Thadingyut (Okt), mit dem die dreimonatige buddhistische Fastenzeit endet.

ÜBERNACHTUNG

Htein Htein Thar Hotel, 10 A Natmauk Rd., ✆ 063-25110, 25295. Freundliche Farben, netter Holzboden machen die 50 Zimmer mit Bad auch optisch zu einer guten Wahl. Weitere Pluspunkte der Bungalowanlage sind der nette Garten und Pool. ❹–❺

Nan Htike Thu Hotel, Strand Rd., ✆ 063-28597, 063-28596, ✉ info@nanhtikethu.com. Das 4-geschossige Businesshotel mit Blick auf den Ayeyarwady bietet 68 große Zimmer mit viel Holz, hässlichen Teppichen und Blumen-Plüsch sowie einen Swimming Pool und ein recht nüchternes Restaurant. ❹–❺

Magwe

ÜBERNACHTUNG
1. Phan Khar Myay Hotel
2. Thein Thein Thar Hotel
3. Sein San Hotel
4. Rolex Gh.
5. Nan Htike Thu Hotel

ESSEN
1. A1 Restaurant (2)
2. Sky Drink & Bakery House
3. Taralin
4. Monalizar 2
5. Teashops
6. A1 Restaurant
7. Teashops
8. Elysium Snack & Bar

TRANSPORT
1. Busbahnhof

Phan Khar Myay Hotel, Myo Pat Rd., ☏ 063-23497, 23604. Liegt recht abgelegen, aber die 20 in Bungalows verteilten AC-Zimmer in zwei Kategorien mit Bad und Veranda sind in Ordnung, auch wenn die zusammengewürfelte Einrichtung eher Einheimische erfreut. ❹
Rolex Gh., Natmauk Rd., nähe Kreisel, ☏ 063-23536, 09-9744 70618. Zentrale Lage, aber die meisten der 25 Zimmer sind schlecht. Nur die AC-Zimmer im Nebenhaus für 20 000 Kyat/Pers. mit Klimaanlage sind einigermaßen passabel. ❶–❷

Sein San Hotel, B 185 16th St., ☏ 063-23799, 09-4016 66606. Schlaftechnisch sind die 16 einfachen, mäßig sauberen Zimmer mit AC und Bad in dieser Preisklasse die beste Option. Kein Frühstück. ❷

ESSEN

Schmackhafte Snacks bieten einige **Teestuben** entlang der Hospital Rd. und am Myoma-Markt. **A 1**, Hospital Rd., offeriert Reisegerichte, gegrillte Spießchen zum Fassbier (800 Kyat pro

Glas) bei schlichtem Ambiente. Eine Filiale, A 1 (2), liegt an der Natmauk Rd. ⏲ 8–21 Uhr.
Elysium Snack & Bar, Strand Rd., ☏ 064-28204. Beliebtes Lokal mit Terrasse und Flussblick. Schwerpunkt liegt auf gut gewürzter chinesischer Küche zu günstigen Preisen. ⏲ 10–22 Uhr.
Monalizar 2, Strand Rd., zieht vor allem männliches Jungvolk an. Der Grund liegt weniger am schönen Blick auf die angestrahlte Brücke und am Fassbier, sondern vielmehr an den trällernden Sängerinnen. Gute günstige Gerichte. ⏲ 18–22 Uhr.
Sky Drink & Bakery, 151, 16th St., ☏ 063-25858. Gute Adresse für Nudelgerichte, Snacks und Tee. Sehr beliebt zum Frühstück. ⏲ 6–21 Uhr.
Taralin, Bogyoke Rd., schräg gegenüber der Magway Shopping Mall, ist bei Jugendlichen eine beliebte Adresse für Eis und Softdrinks. ⏲ 8–21.30 Uhr

TRANSPORT

Der **Busbahnhof** liegt 3 km östlich des Stadtzentrums. Die Strecke nach YANGON (533 km, 10 Std.) bedienen mehrere Unternehmen, darunter **Nan Htike Taw Win**, ☏ 063-26575, um 8, 9, 12.30 und 20.30 Uhr (9000–10 000 Kyat) und **Mandalar Minn Express**, ☏ 063-28359, um 19.30 und 20.30 Uhr (10 500 Kyat). Letzterer steuert um 8 und 20 Uhr auch MANDALAY (305 km, 6 Std., 7000 Kyat) an. **Aung Gabar**, ☏ 063-26901, 26902, unterhält Busverbindungen nach NYAUNG U (150 km, 4 Std., 3500 Kyat) um 6, 7, 9, 11 und 14 Uhr. Myat Maw Khon, ☏ 09-4533 07528, fährt um 5, 7, 8 und 12 Uhr nach PYAY (200 km, 5 Std.). Gegen 22.30 Uhr hält ein Nachtbus aus Mandalay von **Nan Taw Win**, ☏ 063-26900, 25977, via Ann nach MRAUK U (350 km, 9–10 Std., 30 000 Kyat). Zudem gibt es regelmäßig Pick-ups nach YENANGYAUNG und KYAUKPADAUNG.

Beikthano

Gut 65 km östlich von Magwe bzw. 20 km westlich des Marktstädtchens Taungdwingyi liegen unweit der Magwe–Pyay Road die Ruinen von Beikthano, der ältesten Pyu-Stadt. Nur wer sich für die Geschichte der Pyu interessiert, wird den Besuch der Unesco-Welterbe-Stätte aus dem 1. bis 5. Jh. lohnend finden, denn mehr als Fundamentreste ist nicht zu sehen. Von 1959–63 wurden 100 Ruinen identifiziert und 35 von ihnen ausgegraben und teilweise restauriert. Dabei kamen Reste eines Klosters sowie von Stupas ans Tageslicht. Da sie zeitlich und stilistisch mit den südindischen buddhistischen Stätten Amaravati und Nagarjunakonda korrespondieren, vermutet man kulturelle und politische Verbindungen. Vor dem Brennen der Ziegel wurden dem Lehm Reiskörner beigemischt, sodass er etwas porös erscheint.

Bei den Ausgrabungen kamen zudem über 700 zylindrische Urnen zutage, woraus Archäologen schließen, dass die Pyu ihre Toten verbrannten und die Urnen am Rande oder innerhalb ihrer Siedlungen aufbewahrten. Reste der oval angelegten Stadtbefestigung mit einem Umfang von knapp 9 km² sind noch erhalten geblieben.

Die archäologischen Ausgrabungen liegen nördlich des Dorfes Kokkogwa. Da das Gelände sehr weitläufig ist, sollte man sich im Ort nach einem Mopedtaxi (ca. 10 000 Kyat) umschauen. Entlang von Resten eines Erdwalls führt ein Weg gen Norden, wo sich unweit der Bahnlinie die Ruinen des **KKG 2** – ein länglicher Raum mit acht gleich großen Zellen – liegen. In dessen Nähe befindet sich das freigelegte Fundament eines Stupas, **KKG 3**, der wahrscheinlich dem berühmten Stupa des indischen Amaravati glich. Einige hundert Meter weiter kann man östlich des Ingyikan-Sees die Reste des **Palastes** erkennen.

MAHAMUNI-PAGODE; © VOLKER KLINKMÜLLER

6 Mandalay

Auf den ersten Blick erscheint Mandalay als quirlige Metropole, aus der die traditionellen Trishaws (Rikschas) weitgehend verschwunden sind. Dennoch macht sich der Wandel nicht so bemerkbar wie in Yangon: Nach Sonnenuntergang liegt die zweitgrößte Stadt des Landes nach wie vor großflächig im Dunkeln, und die maroden Straßen hüllen sich oft noch in Staubschwaden.

Stefan Loose Traveltipps

Königspalast Zwischen Holzsäulen, Spiegelwänden und Sänften unterwegs auf den Spuren des Romans *Der Glaspalast* von Amitav Ghosh. S. 315

Mandalay Hill Der schweißtreibende Aufstieg auf den 236 m hohen, legendenumrankten Berg wird mit einem faszinierenden Panoramablick belohnt. S. 318

Kuthodaw-Pagode Wer im größten Buch der Welt blättern will, braucht viel Kraft: Es besteht aus 729 schneeweißen Marmortafeln. S. 320

Mahamuni-Pagode Die mit Abstand meistverehrte Buddhastatue Myanmars wird jeden Tag von Gläubigen mit Blattgold belegt, sodass sich ihre Konturen immer mehr verformen. S. 322

Kunsthandwerk Neben den zahlreichen Klöstern ist es das religiöse Kunsthandwerk, das Mandalay zum spirituellen Herzen des Landes macht. S. 326

Theater Marionettenspiel, Musik und Tanz oder Kabarett sorgen für niveauvolle Unterhaltung in der zweitgrößten Stadt Myanmars. S. 327

MARIONETTEN-VERKAUF; © NIPAPORN YANKLANG

OLDTIMER-LASTWAGEN; © VOLKER KLINKMÜLLER

Wann fahren? Auch in der Monsunzeit, die Region gilt als besonders regenarm

Wie lange? Mindestens zwei Tage

Der beste Überblick Vom Mandalay Hill

Keinesfalls verpassen Morgenstimmung am Ufer des Ayeyarwady oder zum Sonnenuntergang mit Fassbier

Schlemmer-Spartipp Buffets in den Shan-Restaurants

Verlockende Mitbringsel Thanaka aus erfahrener Hand

Schönster Abstecher Mit Fähre und Fahrrad nach Mingun

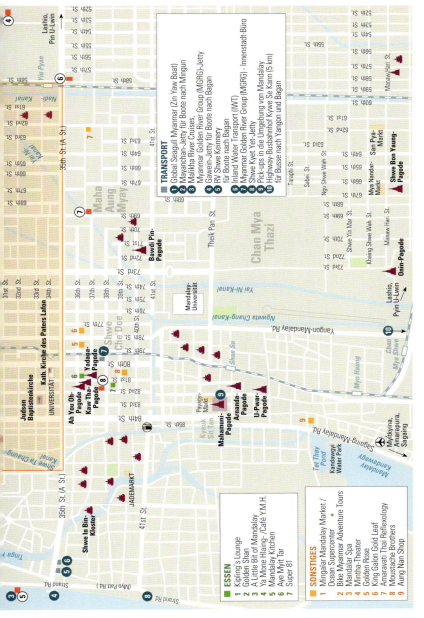

Mandalay Zentrum

ÜBERNACHTUNG
- (9) United Hotel
- (10) Golden Mandalay
- (11) Nylon
- (12) Ma Ma Gh.
- (13) Peacock Lodge
- (14) Royal Gh.
- (15) Mandalay View Inn Hotel
- (16) Mandalay City Hotel
- (17) Royal City Hotel
- (18) Ostello Bello Mandalay
- (19) Bagan King Hotel
- (20) Mya Mandalar Hotel
- (21) Yadanarpon Dynasty Hotel
- (22) Bonanza Hotel
- (23) Smart Hotel
- (24) Hotel Amazing Mandalay
- (25) Myat Nan Yone Hotel
- (26) Marvel
- (27) Pacific Hotel 1 & 2
- (28) Ace Star BnB Backpacker Hostel
- (29) Yadanarbon Hotel
- (30) Queen Hotel
- (31) Golden City Light Hotel

ESSEN
- 8 Golden Duck
- 9 Ko's Kitchen
- 10 Café City
- 11 Spice Garden
- 12 Nan Khan Man
- 13 Lant Mawl Sail
- 14 Rainbow
- 15 Lashio Lay
- 16 Nylon Icecream
- 17 Mann
- 18 Min Min
- 19 Pyi Taw Win
- 20 BBB (Barman Beer Bar)
- 21 Rainforest
- 22 Marie Min
- 23 Café jj 2
- 24 SP Bakery
- 25 Shwe Pyi Moe
- 26 Green Elephant
- 27 Koffee Korner
- 28 Central Park
- 29 Unique Myanmar
- 30 Too Too Restaurant
- 31 Thai Thani
- 32 Noble Cake Bakery
- 33 Fudo Cake & Ice-Cream
- 34 Kohn Htat
- 35 Pakokku Daw Lay May
- 36 Min Tiha Café
- 37 Bistro@82nd Road
- 38 Café jj 1
- 39 The Rock Gastro Bar

MANDALAY | Cityplan

www.stefan-loose.de/myanmar

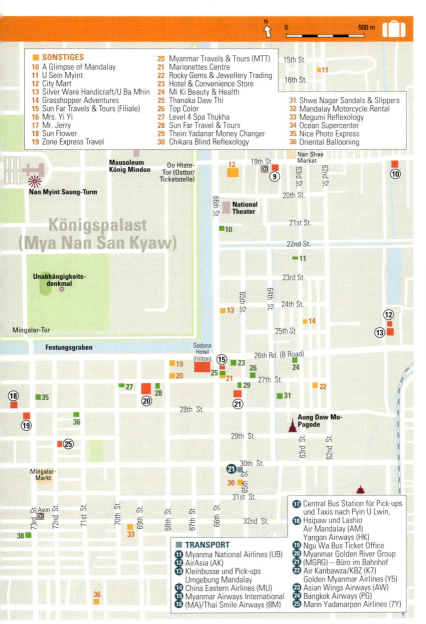

Bis vor wenigen Jahren erhoben sich die höchsten Bauten Mandalays mit maximal acht Etagen in den Himmel, heute wachsen besonders die Hotels höher hinaus – und frönen dem Trend zum Dachterrassen-Spot. Als größte Bausünde erscheint der 25-stöckige Turm des Zeigyo-Areals – mit großem Abstand höchstes und wohl auch hässlichstes Bauwerk der Stadt. Wesentlich ansehnlicher präsentiert sich der im Retro-Stil konzipierte Hauptbahnhof, in den nun das Luxushotel Marvel Einzug gehalten hat. Die gegenüber errichteten Neubauten schmücken sich ebenso mit modernen Fassaden wie die noch jungen Einkaufszentren entlang der 78th Street – oder erst recht der am Stadtrand der Metropole aus dem Boden gestampfte Mingalar Mandalar Market. Bis auf den Uhrturm gibt es keinerlei steinerne Zeitzeugen aus der britischen Kolonialzeit.

Der romantische, altertümliche Charme des von Firmen oder Restaurants gern zu „Mann" abgekürzten Mandalay erschließt sich vor allem am Ufer des Ayeyarwady (s. Kasten S. 314). Wer mehr über längst vergangene Zeiten erfahren möchte, sollte sich als ideale Reiselektüre den Roman *Der Glaspalast* von Amitav Ghosh zulegen. Schließlich kann es keine bessere Einstimmung auf Mandalay und seine Vergangenheit geben, als sie dieser 600 Seiten lange, packend geschriebene Wälzer ermöglicht. In den ersten Kapiteln z. B. ist die Architektur und Faszination des Königspalastes so anschaulich und stimmungsvoll beschrieben, dass sich die Leser bestens vorstellen können, welche Atmosphäre hier vor der Vernichtung im Zweiten Weltkrieg geherrscht haben muss. 25 Jahre lang war das 1857 am Ufer des Ayeyarwady gegründete Mandalay die Hauptstadt Birmas und Residenz des letzten Königs Thibaw.

Bis heute unversehrt geblieben ist die Mahamuni-Pagode – eines der bedeutendsten Heiligtümer des Landes. Die fast 4 m hohe Buddhastatue ist inzwischen so dick mit Blattgold überzogen, dass ihre Konturen teilweise gar nicht mehr zu erkennen sind. Zu den weiteren Superlativen, die Myanmars zweitgrößte Stadt zu bieten hat, zählen einzigartige Teakholz-Klöster und „das größte Buch der Welt": Rund um die Kuthodaw-Pagode findet sich auf 729 Marmortafeln der gesamte Tipitaka-Kanon (buddhistische Lehrtexte). Der beste Blick auf die Tempelanlage und über die ganze Stadt eröffnet sich vom 236 m hohen Mandalay Hill im Norden, der besonders gern zum Sonnenuntergang bestiegen wird.

Von hier aus kann man sogar die Hügel von Sagaing erspähen, die mit Pagoden übersät sind. Auch die beiden anderen Königsstädte Amarapura und Inwa (Ava) sowie das faszinierende Mingun liegen nur wenige Kilometer von Mandalay entfernt und lassen sich vortrefflich in mehrstündigen Exkursionen erkunden. Die große Dichte der Residenzen vergangener Epochen auf so kleinem Raum lässt sich historisch erklären: Die birmanischen Könige pflegten nach ihrer Krönung alle potenziellen Rivalen zu beseitigen und verwendeten ihre Energien und ihr Geld anschließend darauf, mit neuen Königsstädten neue Zeichen zu setzen. Heute präsentiert sich die Region als kultureller Mittelpunkt

Eintrittspreise

Die „Entrance Fees" zu den Sehenswürdigkeiten in Mandalay (und Umgebung) sind einheitlich geregelt. Mit einem 10 000 Kyat teuren, fünf Tage gültigen **Sammelticket** des Department of Archaeology Mandalay, das sich die meisten Besucher beim Eintritt zum Königsplast zulegen, lassen sich alle Heiligtümer und Ruinen von Mandalay, Amarapura (inkl. Museum) und Inwa (mit Paleik) besuchen. Für den Zugang zur Sutaung Pyei-Pagode auf dem Mandalay Hill werden gern 1000 Kyat extra verlangt. Der Besuch von Sagaing kostet 5000 Kyat, wobei das Ticket inkl. Mingun gültig ist, aber offiziell nur für einen einzigen Tag. Die Kontrolle wird unterschiedlich streng gehandhabt, manchmal entfällt sie auch einfach (aktive Checkpoints meist nur am Königspalast, der Kuthodaw-Pagode, den Klöstern Shwenandaw und Atumashi sowie in Inwa und Mingun). Der Eintritt zu den Sehenswürdigkeiten von Monywa wird mit 3000 Kyat für die Thanboddhay-Pagode berechnet sowie mit jeweils 2000 Kyat für die Höhlen von Hpo Win Daung und Shweba Daung.

des Landes. In den 2000 Klöstern, unter denen sich die wichtigsten des Landes befinden, sollen mehr als zwei Drittel aller Mönche Myanmars meditieren.

Nirgendwo sonst präsentiert sich das Kunsthandwerk so vielfältig und lebendig wie in Mandalay – besonders das religiöse, wie die Produktion von Buddhafiguren und Blattgold. Vielerorts werkeln traditionelle Kunsthandwerker-Gemeinschaften aus Holzschnitzern, Kunstschmieden, Bronzegießern, Steinschleifern und Seidenspinnern oder Teppichwebern. Der Tourismus hat weiteres Gewerbe aufblühen lassen: An fast jedem Tempeleingang bieten Kunstmaler mit Freiluftgalerien formen- und farbenfreudige Zeugnisse ihrer Fertigkeiten an.

Auch die Schriftsteller Somerset Maugham und George Orwell sind in Mandalay gewesen – nicht aber Kollege Rudyard Kipling, der sich allein schon durch den klangvollen Namen beflügelt fühlte, Mandalay in musikalischer Versform zu verarbeiten: *...Come you back to Mandalay, where the old flotilla lay: Can't you hear the paddles clunkin from Rangoon to Mandalay? On the road to Mandalay, where the flying fishes play, and the dawn comes up like thunder outer China crost the bay* – dichtete er 1890 über den Weg eines britischen Soldaten zu seiner birmanischen Geliebten. Man könnte sich daran erinnert fühlen, wenn auf dem Ayeyarwady wieder einmal das grazile Kreuzfahrtschiff *Road to Mandalay* vorbeigleitet, das hier natürlich auch seinen Heimathafen hat.

Geschichte

Obwohl es sich bei Mandalay um eine noch vergleichsweise junge Stadt handelt und die Ära als Residenz des letzten birmanischen Königreichs nur kurz anhielt, ist ihr klangvoller Name mit einem gewissen Mythos verbunden. Schließlich hatten die Regenten ihre Hauptstädte, von denen heute nur noch Ruinen erhalten sind, schon seit Jahrhunderten in der Umgebung angesiedelt.

Als vorletzter Herrscher der Konbaung-Dynastie legte am 13. Februar 1857, einem von den Astrologen vorbestimmten Tag, **König Mindon** den Grundstein für seine neu gewählte Hauptstadt. Zwei Jahre später erfolgte der Umzug aus dem 12 km entfernten **Amarapura**. Offenbar wollte der König mit der Verlegung einen Neuanfang machen, nachdem er in einem

Am Ufer des Ayeyarwady ist das Leben noch ursprünglich.

Wo Mandalay am schönsten ist

Keinesfalls versäumt werden sollte ein Besuch des mit einigen Sitzbänken und spärlichen Andeutungen eines kleinen Parks hergerichteten **Sunset Point** am Flussufer, wo Mandalay einen ganz besonderen Reiz entfaltet. Denn am Ende der 22nd Street lädt das erhöhte Ufer dazu ein, das rege Treiben am und auf dem Ayeyarwady zu beobachten – so, wie es sich schon vor Jahrhunderten abgespielt haben muss … Massenhaft Fässer und Säcke werden hier verladen, Baumaterialien, Bambus und Bast entladen, mit purer Muskelkraft und einem illustren Fuhrpark aus rustikalen Nutzfahrzeugen. Unterdessen legen ständig kleine Boote an oder ab, zuweilen auch wesentlich größere Schiffe, wie die nostalgischen Flusskreuzer der **Paukan-Flotte**.

Besonders lohnend ist der Besuch am Sunset Point natürlich zum Sonnenuntergang, aber auch bei nebelverhangener Morgenstimmung. Für den Weg von hier zur Ablegestelle der Boote nach Mingun sollte unbedingt die Strecke direkt am Ufer entlang gewählt werden. Die führt nämlich – vorbei an bis zu 10 m hohen Bergen mit Flusssand, die den Bauboom der Stadt speisen – mitten durch das bunte Treiben, falls sich dieses nicht bei hohem Wasserstand direkt auf die von reichlich Schatten spendenden Baumriesen flankierte Uferstraße verlagert, an der sich auch das bei Familien beliebte Freizeitgelände des **City Park** erstreckt.

Bisher noch als Geheimtipp gilt die Erkundung des Dorfs **Se Yaik**. Bestehend aus etwa 100 Pfahlbauten und 300 Bewohnern, liegt es denkbar romantisch auf einer Landzunge in Sichtweite des Sunset Point. Mit einem der hier dümpelnden, schaukeligen Holzboote (5000–6000 Kyat) lässt es sich auf beschauliche Weise erkunden oder in der Trockenzeit sogar auf dem erheblich weiter nördlich liegenden Landweg, was allerdings rund 1 1/2 Std. in Anspruch nimmt.

Zur stimmungsvollen Einkehr mit Blick auf den Ayeyarwady bzw. die ständig wachsende Armada der hier verkehrenden Passagierschiffe und erfrischendem Fassbier empfehlen sich die am Flussufer liegenden Restaurants **Ya Mone Hlaing** und Mandalay Kitchen oder das Dachterrassen-Restaurant des **Ayarwaddy River View Hotels** (S. 332), wo man sich am vermutlich teuersten Bier Myanmars laben kann.

Als illustre Alternative bietet sich das fotogene **Mandalay Karaweik Mobile Hotel** ⑤ (s. Übernachtung) an – eine schwimmende Unterkunft, die in prunkvoller Weise von traditioneller Handwerkskunst zeugt und sonnabends von 16–18 Uhr bzw. zum Sonnenuntergang für 15 000 Kyat p. P. inkl. internationalem Buffet zwischen Mingun und Sagaing über den Ayeyarwady gleitet, wie auch manch anderes neues, lokales Kreuzfahrtschiff (s. Kasten S. 348).

Sicherlich nichts für jeden ist die faszinierende Möglichkeit, Mandalay per Heißluftballon in Augenschein zu nehmen. Eine Stunde Ballonfahrt liegt bei US$280–320 – buchbar von Anfang Oktober bis Ende März bei **Oriental Ballooning**, Ecke (35/71), ✆ 02-62625, 🖥 www.orientalballooning.com.

Staatsstreich mit Unterstützung seines jüngeren Bruders Prinz Kanaung seinen Halbbruder Pagan Min abgesetzt hatte. Außerdem folgte er mit dem Ortswechsel einer Prophezeiung Buddhas (s. Kasten S. 319). Nach alter birmanischer Tradition wurde der neue Palast vorwiegend mit den abgetragenen Holzmaterialien des alten errichtet, während die weitere Stadtplanung in vielen Dingen buddhistischen Traditionen folgte. Mindon wollte seine neue Residenz Yadanabon („Juwelenhaufen") nennen, doch unter den rund 100 000 umgesiedelten Menschen setzte sich der Name Mandalay durch, der sich von dem Pali-Wort *mandala* („gute Ebene") ableitet.

Es wurden zahlreiche Reformen umgesetzt, wie die Einführung eines Münzsystems und die Stärkung des Ministerrats, der dem König fortan sogar widersprechen durfte. Doch bestimmte Mindon mit **Thibaw** einen unglückseligen Nachfolger, der die Stadt am 29. November 1885 in die Hände der Briten fallen ließ. Thibaw und seine berüchtigte Königin (und Halbschwester) **Supayalat** wurden ins Exil nach Indien verbannt und mussten mit ihren Kindern und den letzten Günstlingen noch am selben Tag auf Ochsenkarren schmachvoll zum Hafen ziehen. In Folge war das „Zentrum des Universums" oder die „Goldene Stadt" nur noch ein Außenposten des Britischen Empire. Bei den Kämpfen gegen die Japaner versank dieser 1945 überwiegend in Schutt und Asche.

15 Jahre nach der Unabhängigkeit fiel Mandalay unter der sozialistischen Regierung von General Ne Win in einen Dornröschenschlaf. Aber seit mehrere Rebellengruppen befriedet werden konnten, der Handel liberalisiert und die **Burma Road** (s. eXTra [9894]) durch Lashio nach China wieder eröffnet wurde, erlebt die Stadt als Tor nach Norden einen enormen wirtschaftlichen Aufschwung.

Das System der Nummern

Im Zentrum erleichtern in amerikanischem Stil durchnummerierte, rechtwinklig aufeinanderstoßende Straßen die Orientierung. Die von West nach Ost führenden Verkehrswege reichen bis in die 40er, während die von Norden nach Süden bei 60 beginnen und in den 80ern enden. Die wichtigste Durchgangsstraße in Ost-West-Richtung ist die **35th Street**, während die **80th Street** die wichtigste Nord-Süd-Achse ist. Hauptgeschäftsstraßen sind die **26th und 84th Street**. Eine Anschrift wie: 80th St. (39/40) bedeutet, dass der Ort in der 80. Straße zwischen den Einmündungen der 39. und der 40. Straße liegt.

Orientierung und Erkundung

Im Westen wird Mandalay vom Ayeyarwady, im Norden vom Mandalay Hill begrenzt. Der Berg gilt als natürlicher Orientierungspunkt und erinnert zusammen mit dem quadratischen Areal des ehemaligen Königspalastes an den ebenfalls durch Befestigungsanlagen und Wassergräben markierten Grundriss von Thailands zweitgrößter Stadt Chiang Mai.

Die weiten Entfernungen innerhalb von Mandalay lassen sich gut an den langen Festungsmauern des Königspalastes abschätzen. Besonders in der Trockenzeit können fußläufige Erkundungstouren durch das Stadtzentrum schnell zur Qual werden – aufgrund der meist hohen Tagestemperaturen, viel Staub (sogar mitten im Zentrum sind viele Straßenränder nach wie vor unbefestigt bzw. unglaublich dreckig) und der Abgase des seit 2015 enorm gewachsenen Verkehrs.

Überraschend für eine derart große Metropole ist, dass es hier – nach dem Verschwinden der einst üblichen Pferdefuhrwerke, orangegefarbenen Thounbeins (birmanische Variante des Tuk Tuk) und kleinen, himmelblauen Mazda-Pick-ups – noch immer keinerlei reguläres Taxiwesen gibt! Nicht zuletzt deshalb scheint es trendy geworden zu sein, Mandalay als Selbstfahrer mit Rad oder Moped zu erkunden, was – besonders nach Einbruch der Dunkelheit – erhebliche Unfallrisiken birgt. Wer jedoch z. B. eine geführte Fahrradtour bucht, wie sie sich besonders inkl. Erkundung von Amarapura, Mingun oder Sagaing anbietet (S. 342), radelt meist auf der sicheren Seite.

Königspalast

Der Saal war erfüllt von geschäftigem Lärm, einem emsigen Summen, das sich zusammensetzte aus Schneiden und Hämmern, aus Brechen von Holz und Zerschlagen von Glas. Überall waren Menschen eifrig an der Arbeit, Männer und Frauen, bewaffnet mit Beilen, und taten das: Sie zerhackten mit Juwelen besetzte Kästchen, brachen Edelsteine aus dem verzierten Marmorboden, kratzten mit Hilfe eines Angelhakens Elfenbeinintarsien aus Truhen.

Amitav Ghosh in seinem Roman Der Glaspalast über Plünderungen nach dem erzwungenen Auszug von König Thibaw 1885

Das 4 km² große Palastgelände von Mandalay präsentiert sich als Stadt in der Stadt. 1857 hatte König Mindon den Bau seiner stark befestigten Residenz in Auftrag gegeben: Die 8 m hohen, aus Erdwällen und Ziegeln bestehenden Mauern sind unten 3 m dick und laufen oben an der Zinnen-Krone mit einer Breite von 1,5 m aus. Alle vier Mauerseiten sind jeweils 2 km lang (obwohl sie zuweilen als Rechteck dargestellt oder empfunden werden) und werden von einem 52 m breiten, 3 m tiefen Wassergraben flankiert, über den fünf Brücken führen. Auf jeder Seite gibt es zwölf Wachtürme und drei Stadttore. Eines davon durfte nur für den König, ein anderes nur für das Heer geöffnet werden. Die alte Bezeichnung für das Westtor hat sich bis heute gehalten. Es heißt Arlawi, „Tor des Unheils", weil es nur für Todgeweihte und Trauerzüge bestimmt war.

Im Zentrum befand sich der mit hölzernen Palisaden befestigte Königspalast – heute auf Schildern ausgewiesen als **Mya Nan San Kyaw oder Mandalay Royal Palace**. Er bestand aus rund 130 Gebäuden, die auf einem Rechteck aus 650 x 680 m untergebracht und in einen äußeren, mittleren und inneren Bereich untergliedert waren. In der Mitte war der Thronsaal als Zentrum des Universums platziert – überragt von einem siebenstufigen, vollständig vergoldeten Pavillon (Pyat That). Auf seinem Löwenthron sitzend, der heute im Nationalmuseum von Yangon zu bewundern ist, nahm der König dreimal im Jahr die Loyalitäts-Bekundungen seiner Untertanen entgegen. Zu literarischer Berühmtheit gelangte der Glaspalast, dessen Name aus den bunt verglasten und verspiegelten Wanddekorationen resultierte, durch den gleichnamigen Roman von Amitav Ghosh. Allerdings handelte es sich eher um einen Arbeitssaal, denn hier traf sich der König zur Beratung mit seinen Ministern und Sekretären. Mehr über dieses Werk s. **eXTra [5796]**.

Nachdem die Königsstadt im Dezember 1885 an General Prendergast übergeben worden war, machten die Briten die Anlage zum Sitz ihrer Kolonialverwaltung und zum militärischen Hauptquartier. Ein Jahr später wurde sie zu Ehren des Besuchs von Lord Dufferin in Fort Dufferin umbenannt. Ehrwürdige Palastbauten wurden in Offizierscasinos und Billardzimmer verwandelt, der Mye-Nan-Pavillon in eine Kirche. Erst 1901 kam Lord Curzon auf die Idee, den Palast als architektonisches Erbe zu schützen. Doch am 20. März 1945 fing er bei erbitterten Gefechten zwischen britischen und indischen Truppen gegen die japanischen Streitkräfte, die Mandalay seit 1942 besetzt hielten und deren Hauptquartier dort vermutet wurde, Feuer und brannte bis auf die Grundmauern nieder. So erlitt die letzte und großartigste Anlage dieser Art das Schicksal vieler anderer Paläste, die nach birmanischer Tradition vollständig aus Holz gebaut waren. Nur außerhalb der Mauern hat ein Stück Palast überlebt: der **Pavillon**, in dem König Mindon starb und der – 1880 in das Kloster Shwenandaw verwandelt – an anderer Stelle wieder aufgebaut worden war.

Als nördliches Stabsquartier ist das Festungsgelände, das Mitte der 1990er-Jahre mithilfe von Zwangsarbeit herausgeputzt worden ist (s. Kasten S. 317), ein wichtiger Stützpunkt der birmanischen Armee – mit Tausenden Soldaten. Aber weite Teile des Geländes wirken eher wie ein Obst- und Gemüsegarten, mit dem ihre Familien den kargen Sold aufzubessern pflegen. In der Nordostecke des Geländes verbirgt sich das gut erhaltene, aber auch für Einheimische nicht zugängliche **Mausoleum von König Mindon**. Ursprünglich war es mit Gold und Glasmosaiken verziert, doch diese frühe Handwerkskunst fiel vor über 100 Jahren einer Restauration zum Opfer.

Früher waren die Bauten des Palastbereichs aus vergoldetem Schnitzwerk bzw. mit Glasmosaiken verziertem Teakholz oder auch aus Ziegeln gebaut. Für die **Rekonstruktion** jedoch, die unter Fachleuten umstritten und nicht mit allzu hohen Erwartungen zu verknüpfen ist, wurden vor allem Beton und Wellblech verwendet oder Goldbronze als Ersatz für Blattgold. Nicht zuletzt deshalb sind die 1989–96 entstandenen Nachbauten Geschmackssache, können aber durchaus die Fantasie beflügeln und in ihrer rot-goldenen Farbgebung zusammen mit dem grünen Rasen und blauen Himmel auch nette Fotomotive abgeben. Andererseits scheint manch Hotelier bestrebt, einstige Palastgemächer wiederauferstehen zu lassen – wie z. B. im Rupar Mandalay Resort (s. Übernachtung) im Shwe Pyi Thar Hotel (www.hotelshwepyithar.com), wo die „Royal Villa Suite" oder die „Royal King Villa Suite" für stattliche US$900–1500 pro Nacht wahrlich majestätische Gefühle wecken können.

Als wichtigster Anlaufpunkt fungiert der aus Holz errichtete und über eine spiralförmige

Der schöne Schein – vom Zwang zur Stadtverschönerung

Wie ästhetisch sich die Silhouette der Zinnen und Wachtürme in den breiten Wassergräben spiegelt, während an den Ufern des Ayeyarwady eine Idylle aus Schatten spendenden Bäumen, bunten Blumenrabatten und romantischen Sitzbänken zum Verweilen einlädt ... Touristen genießen die historischen Befestigungsanlagen von Mandalay – wie auch die Uferstraße unten am Fluss, die stets einen freien Blick auf kinoreife Kulissen ermöglicht. Das Herausputzen dieser Sehenswürdigkeiten jedoch war nur gegen einen hohen, (un)menschlichen Preis zu haben: viel Blut, Schweiß und Tränen durch Zwangsarbeit und Zwangsumsiedlungen, wie sie so in der westlichen Welt schon lange unbekannt sind!

Umzug für die neue Uferstraße
Die Menschen, die einst an den Uferbänken wohnten und arbeiteten, leben jetzt im Distrikt Yadanabon. Zur Jahrtausendwende mussten sie ihre seit Generationen angestammte Heimat verlassen, um einem effektiveren Hochwasserschutz und der neuen Uferstraße nach Sagaing Platz zu machen. Zwangsumsiedlungen gab es in Birma sogar schon bei der Gründung von Mandalay: Unter Androhung der Todesstrafe waren die rund 100 000 Einwohner von Amarapura einst gezwungen worden, König Mindon in die neue Residenz zu folgen.

Wühlen in den Wassergräben
Auch einige Bewohner im Bereich der Stadtbefestigungen mussten 1995 ihre Behausungen innerhalb von fünf Tagen eigenhändig abreißen und in eine neue, etwa 50 km entfernte Gegend übersiedeln, damit die Anlage ihren heutigen, parkartigen Charakter erhalten konnte. Rund 1000 Häuser fielen der Spitzhacke zum Opfer. Doch viele Bewohner Mandalays betrachten diese „Stadtverschönerung" aus anderen Gründen mit gemischten Gefühlen: Sie mussten – zusammen mit Gefangenen in Ketten – Zwangsarbeit leisten, um die Wassergräben vom Schlamm zu säubern und neu zu befestigen. Jede Familie wurde gezwungen, für einen Tag im Monat einen Angehörigen als Arbeitskraft zur Verfügung zu stellen oder sich durch die Bezahlung einer anderen Person freizukaufen. 20 000 Menschen sollen auf diese Weise zum Einsatz gekommen, auch einige Klosteranlagen so restauriert worden sein.

Unglückselige Tradition
Derartige Methoden haben in Birma eine lange, unglückselige Tradition. Allzeit war die Bevölkerung der Willkür ihrer Herrscher ausgesetzt, die ihre Untertanen zu Fron- und Kriegsdiensten zwangen, auch ansehnliche Pagoden mit dem Blut und Schweiß von rechtlosen Bauern erschaffen ließen (wobei es zuweilen auch als Ehre galt, ein „Pagoden-Sklave" zu sein). Welcher Myanmar-Urlauber mag erahnen, dass auch manches gern genutzte Projekt der Neuzeit auf diese Weise erschaffen worden ist – wie z. B. der Botanische Garten von Pyin U Lwin, die Landroute zwischen Mandalay und Yangon, die 180 km lange Eisenbahnstrecke zwischen Dawei und Ye oder der Flughafen von Kawthoung?

Außentreppe zu besteigende **Wachturm** (Nan Myint Saung). Der 33 m hohe Bau diente König Thibaw einst als einziges Fenster zur Außenwelt, denn wegen häufiger Intrigen wagte er nicht, seinen Palast zu verlassen. Von oben eröffnet sich ein hervorragender Blick über die acht Thronsäle, Privatgemächer des Königs und seiner Lieblingsfrauen, das Schatzamt und andere wichtige Regierungsgebäude. Die Pavillons der Frauen waren auch den ältesten Söhnen des Königs verboten. Ab einem gewissen Alter durften sie ihre Mütter nicht mehr besuchen. Die unterschiedliche Größe der Unterkünfte spiegelte den Rang der jeweiligen

Bewohnerin wider. Konkubinen lebten in einfachen Häusern, Hauptfrauen in prachtvolleren Gebäuden. Mindon war der einzige König, der seine Frauen – meist zwei am Tag – nach einem festen Terminplan zu besuchen pflegte. Insgesamt 49 Frauen, 53 Söhne und 60 Töchter soll das familiäre Gefolge des Herrschers umfasst haben.

Ausländern wird nur durch das **Osttor** (Oo Htate Gate) Einlass gewährt, wo der Reisepass hinterlegt werden muss (zuweilen reichen auch Kopien oder die Keycard aus dem Hotel). Per Moped-Taxi oder Miet-Fahrrad für 1000 Kyat gelangt man über die Hauptachse zum Mittelpunkt der Anlage, wobei Soldaten ebenso wenig fotografiert werden dürfen wie militärische Einrichtungen. Der Zugang wird von dicken Eisenkanonen auf Betonlafetten flankiert und führt zunächst zur Audienz-Halle und dann zur Halle des Sieges, wo die Besucher im Säulenwald z. B. auf lebensgroße Figuren der Könige Mindon und Thibaw stoßen. Das ganz hinten liegende **Museum** (⊙ tgl. außer Mo 9.30–16.30 Uhr) zeigt Überbleibsel aus königlichem Besitz: historische Gewänder, hölzerne Sänften, Kutschen und Truhen oder ein französisches Glasbett aus dem 19. Jh. Historische Fotos von Gebäuden und Personen vermitteln einen Eindruck, wie es hier einst zugegangen ist – und trösten vielleicht auch etwas über die allerorts spärlichen Erläuterungen hinweg.

Mandalay Hill

Vom 236 m hohen Gipfel des Berges von Mandalay (Mandalay Hill) eröffnet sich ein faszinierender Panoramablick in alle Richtungen. Im Norden verfängt er sich in einer weiten Ebene aus Reisfeldern und Bewässerungskanälen. Im Westen glitzert der Ayeyarwady vor der Kulisse der Hügel von Sagaing und Mingun, die mit Pagoden übersät sind. Im Osten reicht die Sicht sogar bis zur wolkenverhangenen Silhouette der Shan-Berge.

Meist richtet sich die Aufmerksamkeit jedoch zuerst auf das Areal des Königspalastes und die weißen Pagoden des „größten Buchs der Welt" am Fuß des heiligen Berges. Als Bauten der Neuzeit fallen vor allem das achtstöckige Mandalay Hill Resort Hotel und das markante Sedona Hotel ins Auge, aber auch ein großer,

Ein Visite auf dem Mandalay Hill verbindet sich stets mit einer besonderen Stimmung.

gelblicher Gefängniskomplex, der auf einem ehemaligen Friedhof errichtet wurde und vor wenigen Jahren noch etliche politische Gefangene beherbergte.

Zu genießen ist der Ausblick von der riesigen, sonnenerwärmten Terrasse der Sutaung Pyei-Pagode, an deren Peripherie sich etwas unterhalb die Mwegyi Nhnakaung-Pagode (Zwei-Schlangen-Pagode) befindet. Die großzügige Anlage wurde erst Anfang bis Mitte der 1990er-Jahre mit Spendengeldern errichtet. Ihre Säulen und Spiegelmosaiken, die 10 x 10 cm großen weißen, hellblauen, gelben, grünen und rosafarbenen Bodenfliesen sowie die goldenen Stupas lassen sie wie ein einziges, farbenfrohes Glitzerwerk erscheinen. Am späten Nachmittag geht es hier überaus gesellig und geschwätzig zu. Manchmal versuchen Mönche und Studenten der Mandalay University of Foreign Languages mit den Touristen, die zum Sonnenuntergang in Scharen hierher pilgern, ins Gespräch zu kommen und Englisch oder sogar Deutsch zu praktizieren.

Zwischen 16 und 17 Uhr ist eine gute Zeit, mit dem rund 30-minütigen Aufstieg auf den Mandalay-Berg zu beginnen (insofern man nicht den frühen Morgen bevorzugt, an dem weniger Betrieb herrscht und der Blick auf die Stadtkulisse meist klarer ist. Zwei riesige, weiße Löwenfiguren bewachen den beliebten Südwesteingang. Wer denselben Weg zurückgehen möchte, sollte seine Schuhe an einem der Verkaufsstände deponieren. Man kann sie natürlich auch in einer mitgeführten Tasche oder Tüte verschwinden lassen. Das Sammelticket muss meist nicht vorgezeigt werden.

Insgesamt führen drei überdachte, miteinander verzweigte **Treppenaufgänge** im Zickzack durch das Grün des Hügels nach oben. Sie sind von kleineren Tempelanlagen, Hallen und Plattformen mit Erfrischungsständen, Andenkenbuden und Holzschnitzereien unterbrochen. Wer sich die Mühe macht, die Stufen zu zählen, wird überrascht sein: Statt der meist genannten Zahl von 1729 sind es – gezählt am Hauptaufgang – nur 934 Stufen, die auf den Berg von Mandalay führen!

Fast überall laden flankierende, steinerne Sitzbänke zu Verschnaufpausen ein. Auf hal-

Wie Mandalay entstand

Der Weg zum Gipfel des heiligen Berges führt an zwei religiösen Skulpturen vorbei, die eng mit der mythischen Entstehungsgeschichte von Mandalay verknüpft sind. Mit ausgestreckter Hand deutet der **Shweyataw-Buddha** in Richtung des Königspalastes, der früher das Stadtzentrum bildete. Diese Geste geht auf eine Prophezeiung Buddhas zurück: Bei seinem Besuch in Begleitung des Mönchs Ananda (kniende Statue) hatte er vorausgesagt, dass 2400 Jahre später am Fuße dieses Hügels eine große Stadt entstehen würde. Nach westlichem Kalender wäre das 1857 gewesen und damit genau der Zeitpunkt, zu dem König Mindon den Umzug von Amarapura nach Mandalay angeordnet hatte. Kurz vor dem Gipfel gelangt man zu einer bunt bemalten **Frauenskulptur**, die Buddha ihre beiden Brüste überreicht, wobei sich – ein Flüchtigkeitsfehler des Künstlers? – unter ihrer Bluse aber dennoch einiges wölbt. Der Legende nach war die Dämonin Sanda Moke Kit von seiner Prophezeiung so angetan, dass sie sich – weil sie sonst nichts weiter besaß – ihre Brust abschnitt und dem Erleuchteten schenkte. Als Dank soll er ihr ihre Wiedergeburt als Gründer und König dieser Stadt versprochen haben.

ber Höhe liegt der erste größere **Schrein**, der an drei Knochen von Buddha erinnern soll. Sie lagern in einem Kloster am Fuß des Hügels und gehören zu den wenigen Überresten des Erleuchteten, denen eine hohe Authentizität zugeschrieben wird. 1908 waren sie bei Ausgrabungsarbeiten eines zerstörten, aus dem 11. Jh. stammenden Tempels im pakistanischen Peshawar gefunden worden. Nach rund zwei Dritteln des Aufstiegs ist der stehende **Shweyataw-Buddha** erreicht, der mit ausgestreckter Hand auf das Palastgelände zeigt. Das einst von König Mindon in Auftrag gegebene Original ist 1882 verbrannt und wurde von dem buddhistischen Einsiedler U Kanthi rekonstruiert. Wie auch die bunt bemalte **Frauenstatue** kurz unterhalb des Gipfels, steht diese Skulptur in engem Zusammenhang mit der Legende zur Stadtgründung (s. Kasten S. 318). Bis 1990 endete hier der Aufstieg, alle weiteren Anlagen wurden später ergänzt. In der Nähe erinnert ein marmornes **Mahnmal** mit der Inschrift „For all Japanese, Myanmars and English victims of the war, we pray for their souls to rest in peace here forever" daran, dass der Mandalay Hill 1945 erbittert umkämpft gewesen ist. Hier hatte sich die britische Artillerie verschanzt, um den Palast zu beschießen.

Seit 1993 führt auch eine asphaltierte, 2,5 km lange Straße zum Gipfel, auf der sich Ausländer in Sammeltaxis für 2000 Kyat nach oben bringen lassen können. An ihrem Ende warten ein Lift (zuweilen außer Betrieb) und eine imposante Rolltreppen-Anlage (tagsüber nur aufwärts, später dann abwärts), mit der die weitläufigen Aussichtsterrassen der Sutaung Pyei-Pagode für größere Menschenmassen, aber auch alte und behinderte Besucher zugänglich geworden ist. Wer die Zutrittsgebühr von 1000 Kyat sparen und es zum Sonnenuntergang gern etwas einsamer möchte, sollte sich in dem Mosaik-Torbogen der tiefer gelegenen Plattform platzieren.

Ein ausgefüllter Tag in Mandalay

Wer früh genug aus den Federn kommt, sollte sich zuerst auf den Weg zum **View Point** machen und dann in aller Ruhe das absolut sehenswerte **Shwenandaw-Kloster**, das **Atumashi-Kloster** und die nahe gelegene **Kuthodaw-Pagode** besuchen. Später könnten – je nach Interesse und Ausdauer – einige der **Kunsthandwerkstätten**, zumindest aber die für Gold und Marmor, auf dem Programm stehen. Zur heißen Mittagszeit sollte man sich in die **Mahamuni-Pagode** begeben, wo es sich auch nett einkaufen lässt, und dann nachmittags in den **Königspalast** weiterziehen. Von dort ist es nicht mehr weit zum Sonnenuntergang auf dem **Mandalay Hill**, von dem es dann direkt in ein **Shan-Buffet-Restaurant** oder **BBQ-Biergarten** gehen sollte. Ein fantastischer Rundblick eröffnet sich z. B. von der Sky Bar im 9. und 10. Stock des **Shwe Ingyinn Hotels** am Bahnhof.

Pagoden, Klöster und Kirchen

Kyauktawgyi-Pagode

Hier wird im Oktober Mandalays populärstes, eine Woche dauerndes Fest veranstaltet. Die Kyauktawgyi-Pagode, die als viertwichtigstes **Heiligtum** der Stadt zwischen 1853 und 1878 erbaut worden ist, erhebt sich in der Nähe des Südeingangs zum Mandalay Hill. Wäre nicht die Palastrevolte dazwischengekommen, wäre sie genauso aufwendig wie die gleichnamige Pagode in Amarapura gestaltet worden, die wiederum dem Ananda-Tempel von Bagan nachempfunden wurde. Aber immerhin enthält sie ebenfalls eine riesige, aus einem einzigen Marmorblock gemeißelte, sitzende Buddhastatue.

Der **Marmorblock** aus den Steinbrüchen des rund 60 km nördlich gelegenen Sagyin soll mit seinen 800 t gigantisch groß gewesen sein. Der Legende nach waren 10 000 Männer im Einsatz, um ihn vom Ufer des Ayeyarwady in rund zwei Wochen über einen eigens dafür gebauten Kanal und rollende Baumstämme 7 km weit zu seinem jetzigen Standort zu schaffen. Nach der Bearbeitung wiegt der 15 m hohe Steinblock, von dem 3 m unter der Erde liegen, immerhin noch 500 t. Zwischen den Augenbrauen glitzert ein rundes **Ornament**, das aus 54 einkarätigen Diamanten bestehen soll. Rings um den Schrein sind an allen vier Seiten (in Gruppen zu jeweils 20) Buddhas 80 Schüler *(arahat)* figürlich dargestellt. Eine weitere Attraktion besteht in dem einzigen erhalten gebliebenen Gemälde von König Mindon.

Der Zugang zu der von zwitschernden Vögeln umschwirrten Statue erfolgt über eine eindrucksvolle, verspiegelte **Säulenhalle**, die in Türkis und Hellblau kunstvoll ausgeschmückt worden ist. Unterwegs kann man sich von Souvenirverkäufern, Handlesern und Astrologen abfangen lassen.

Kuthodaw-Pagode

Einen guten Überblick über das Ausmaß der 1868 fertiggestellten „Pagode der Königlichen Verdienste" kann man sich anhand des großen, anschaulich gestalteten **Modells** im südlichen Pavillon machen. Sieben Jahre, sechs Monate und 22 Tage sollen 200 örtliche Kunsthandwerker gebraucht haben, um den gesamten *Tipitaka* als „größtes Buch der Welt" auf 729 Marmortafeln zu verewigen, die jeweils zu dritt von Mini-Pagoden geschützt werden. Dieses Werk, das auch als Palikanon bezeichnet wird und sich mit „Drei Körbe" übersetzen lässt, umfasst in drei Teilen die buddhistische Lehre. Bis zu diesem Zeitpunkt waren die Texte immer nur auf Palmblättern geschrieben worden. Anfangs waren die beidseitig beschriebenen Tafeln von Metallschirmen geschützt, erst später erhielt jede einzelne eine kleine Pagode. Ursprünglich war die Schrift – in birmanischer Schreibweise abgefasstes Pali – vergoldet, heute ist sie nur noch in schwarzer Farbe ausgemalt. Im Jahr 1900 erschien eine gedruckte Fassung des steinernen Originals, bestehend aus 38 Bänden mit jeweils 400 Seiten.

Wer hier jeden Tag rund acht Stunden liest, würde wahrscheinlich 450 Tage benötigen, um das gesamte Werk durchzuarbeiten. Anlass zur Erschaffung dieses Heiligtums war die Fünfte Buddhistische Synode von 1871, die König Mindon zum Gedenken an den 2400. Todestag Gautama Buddhas einberufen hatte. Während der sechsmonatigen Großveranstaltung rezitierten 2400 Mönche den gesamten Text des *Tipitaka* und einigten sich auf eine einheitliche Fassung.

Aus der Mitte der weitläufigen Anlage erhebt sich die vergoldete **Maha Lawka Marazein-Pagode**, die nach dem Modell der Shwezigon-Pagode von Bagan bereits 1857 errichtet wurde. Die traditionell dazugehörige Glocke hängt zwischen zwei Teakholzpfosten mit bunten Figuren des Göttervogels Garuda. Im Schatten des über 150 Jahre alten „Star Flower Tree", dessen imposante Ausläufer mit Holzsäulen abgestützt werden, bietet sich eine wunderbare Möglichkeit zu Rast und Einkehr.

Sandamani-Pagode

Diese Pagode südöstlich des Mandalay-Berges wird gelegentlich mit der weiter östlich stehenden Kuthodaw-Pagode verwechselt, weil sie ebenfalls aus einer riesigen Anzahl kleiner, weiß getünchter Pagoden mit Schrifttafeln besteht. Es sind zwar erheblich mehr, doch sind sie nicht so ansehnlich und stehen erheblich dichter aneinander. Hier erhob sich während des Baus des Königspalastes die provisorische Residenz von König Mindon.

Das imposante Shwenandaw-Kloster als größtes Überbleibsel aus dem einstigen Königspalast

Die Sandamani-Pagode wurde zur Erinnerung an Kronprinz Kanaung errichtet, der Mindons jüngerer Bruder und als dessen Nachfolger auserwählt war. Doch während einer Palastrevolte im August 1866 wurde er hier von zwei Söhnen König Mindons ermordet. Erst 1913 wurde die Pagode auf Initiative des populären, auf dem Mandalay-Berg lebenden Einsiedlermönchs U Khanti mit langen Reihen weiß getünchter Pagoden umgeben. Diese enthalten 1774 **Marmortafeln**, auf denen zwei berühmte Kommentare zum *Tipitaka* eingemeißelt sind. Außerdem findet sich hier eine eiserne, 1802 von König Bodawpaya gestiftete **Buddhastatue**.

Shwenandaw-Kloster

Der imposante Holzbau des „Goldenen Palastklosters" ist das einzige größere Überbleibsel vom einstigen Kern des Königspalastes. Er hat bereits zwei Umzüge überstanden – und findet sich seit 1996 auf der Tentativ-Liste für Weltkulturerbe der Unesco. Erstmalig 1782 errichtet, wurde es 1857 zerlegt und in Mandalay innerhalb von zwei Jahren wieder aufgebaut. Es gehörte zu den Privatgemächern König Mindons, der hier auch gestorben ist. Sein Sohn und Nachfolger Thibaw ließ die Anlage 1880 abermals abbauen und außerhalb der Palastmauern in der Nähe des Osttors wieder errichten, sodass sie dem verheerenden Feuersturm von 1945 entgehen konnte. Er benutzte den Pavillon noch eine Weile zur Meditation, bevor er ihn den Mönchen als Kloster stiftete. 1996 wurde das Bauwerk renoviert und der Öffentlichkeit als **Museum** zugänglich gemacht.

Anhand des Shwenandaw-Klosters lassen sich die Pracht und Atmosphäre des ehemaligen Königspalastes weitaus besser erahnen als am Nach- und Neubau der übrigen Palastteile innerhalb der Befestigungsanlagen. Es gibt kaum eine Fläche, die nicht mit kunstvoll geschnitzten Nat-Figuren oder Blumenornamenten ausgeschmückt ist. Schön erhalten sind die Jataka-Erzählungen (Szenen aus dem Leben Buddhas). Früher war dieses Bauwerk außen und innen vergoldet sowie vielerorts mit eingelegten Glasmosaiken verziert. Heute sind nur noch die eindrucksvolle Decke des Hauptraums vergoldet und einige Teile der 150 mächtigen, rot gestrichenen Teakholzsäulen, auf denen das Bauwerk ruht. Im Hauptraum findet sich eine Nachbildung des Königthrons. Hinein gelangt man barfuß über eine umlaufende, schmale Veranda, wo zuweilen Novizen darauf warten, für ein paar Kyat fotogen in den Öffnungen abgelichtet zu werden. Man beachte den Eingang mit der etwas höheren Stufe: Diese neckische Hürde hatte der König installieren lassen, um zu gewährleisten, dass nur seine Frauen den Raum betraten. Denn dabei mussten sie ihren Rock anheben, sodass die obligatorische Tätowierung am Fußknöchel zum Vorschein kam.

Atumashi-Kloster

Das von König Mindon 1857 westlich des Shwenandaw-Klosters als „Unvergleichliches Kloster" begonnene Bauwerk gehörte einst zu den großartigsten Anlagen seiner Art in Südostasien. 1890 war es bis auf die aus Stein erbauten und mit Stuck verzierten Balustraden und Treppenaufgänge niedergebrannt, wobei auch vier komplette *Tipitaka*-Ausgaben in Teakholzkisten vernichtet wurden. Die 1996 mithilfe von Zwangsarbeitern leider nur in Betonbauweise durchgeführte Rekonstruktion gilt als nicht besonders gelungen, zumal nach der typischen birmanischen Klosterbauweise eigentlich ein Sockel gemauert und dann das hölzerne Gebäude darübergestülpt wird. Einst gab es in dem Kloster eine Buddhastatue, die aus Seidenstoffen des Königs und Lack gefertigt war. Auf ihrer Stirn soll sie einen großen Diamanten getragen haben. Bei der britischen Eroberung der Stadt kam die Statue 1885 abhanden.

Mahamuni-Pagode

Im Süden der Stadt laufen aus allen vier Himmelsrichtungen überdachte Basar-Passagen auf die sitzende **Mahamuni-Statue** („Erhabener Weiser") zu, denn sie ist die mit Abstand meistverehrte Figur Myanmars und zählt mit der Shwedagon-Pagode und den Goldenen Felsen zu den Hauptpilgerzielen des Landes. Sie ist 3,80 m hoch und war ursprünglich eine Bronzefigur, die im Laufe der Zeit fast bis zur Unförmigkeit mit Blattgold bedeckt wurde. Das Gewicht des aufgeklebten Goldes wird mittlerweile schon auf mehrere Tonnen geschätzt! Am

Arm soll es 25 cm dick sein, an der Brust sogar 35 cm. Die Finger haben ihre Form bereits verloren. Sogar die umliegenden Pfeiler sind vergoldet. Auf der Stirn trägt die Mahamuni-Statue mehr Rubine, Saphire und Diamanten als jedes andere gekrönte Haupt der Welt.

Von den Einheimischen wird das Heiligtum gern **Payagyi** („Große Pagode") genannt, doch auch **Rakhine**- bzw. **Arakan-Pagode** sind geläufige Bezeichnungen. Herzstück des Schreins ist die Mahamuni-Statue, die 1784 von König Bodawpayas Truppen, als Kriegsbeute in drei Teile zerlegt, aus Rakhine hierher gebracht wurde. Der Legende nach hat König Chandrasurya sie einst in Rakhine als Abbild von Buddha anfertigen lassen, nachdem er von dem Erleuchteten über die Vier Edlen Wahrheiten belehrt worden war. Der Überlieferung nach handelt es sich dabei um eines von nur fünf Ebenbildern, die schon zu Buddhas Lebzeiten geschaffen worden sein sollen.

In der Regenzeit wird die Statue, die mit der rechten Hand den Boden berührt und somit die „Erdberührungsgeste" einnimmt, mit Mönchs-

Wie viel Gold mag es sein?

Es ist extrem schwierig zu schätzen, wie viel Blattgold die Gläubigen im Lauf der Jahrzehnte bereits auf den Mahamuni-Buddha gedrückt haben mögen. Offizielle Vermutungen schwanken zwischen 3,5 und mehr als 12 t. Konkrete Anhaltspunkte indes gibt es nur ganz wenige: Bei dem großen Brand von 1884 war das gesamte Gold von der Figur heruntergeschmolzen. Danach konnten 5450 Ticals (1 Tical = 16 g) geborgen werden. Ein Jahr später spendete König Thibaw weitere 6000 Ticals Gold. Das zusammen entspricht erst einer Menge von fast 200 kg. Seitdem haben jedoch jeden Tag Tausende Pilger weiteres Blattgold aufgebracht, sodass die dicksten Schichten an einigen Stellen bald eine Stärke von 50 cm erreichen dürften. Fakt ist immerhin, dass pro Jahr allein um die 8 kg heruntergefallenes oder -gewaschenes Blattgold eingesammelt und natürlich erneut zu hauchdünnen Blättchen verarbeitet werden.

roben bekleidet. Jeden Morgen um 4.30 Uhr waschen Mönche – einer indischen Tradition bei Hindugöttern folgend – das Gesicht der ursprünglich bronzenen Mahamuni-Statue, das dadurch ebenfalls schon einen goldenen Farbton angenommen hat, obwohl es bisher als einziger Körperteil vom Blattgold verschont wurde. Dabei werden der Statue sogar die Zähne geputzt, was jedoch nicht fotografiert werden darf. Jedes Jahr Anfang Februar wird das Tempelfest der Mahamuni-Pagode veranstaltet, das zu den wichtigsten religiösen Feierlichkeiten Myanmars gehört. Dann pilgern Tausende aus Mandalay und Umgebung zur Statue und übervölkern die Tempelanlage so sehr, dass sogar Videos und Monitore installiert werden müssen, damit auch wirklich alle Gläubigen an den Zeremonien teilhaben können.

Die andächtigen Blicke der sitzenden Besucher und das ständige Gemurmel ihrer Gebete spiegelt die Bedeutung dieses Schreins wider. Allerdings dürfen sich nur Männer der Mahamuni-Statue nähern und Blattgold anbringen, während Frauen das Betreten des innersten Bereichs verboten ist. Die Kleidung sollte natürlich nicht zu freizügig sein, bei männlichen Besuchern müssen die Knie bedeckt sein. Es ist immer wieder erstaunlich, dass Ausländern der Zugang zu diesem wichtigen Heiligtum in so großzügiger Form gewährt wird, erscheinen sie mit ihren Fotoapparaten und Videokameras (je 1000 Kyat Gebühr, hier kann ggf. meist auch ein Longyi geliehen werden) doch als erheblicher Störfaktor. ⏱ 4–21 Uhr, die Sammeltickets werden hier eher selten kontrolliert.

Die Tempelanlage, die nach einem Großbrand 1884 erneuert werden musste, war 1784 von König Bodawpaya erbaut worden und über eine 8 km lange, überdachte Ziegelstraße mit seinem Palast in Amarapura verbunden. Ein kleines Gebäude an der Nordseite des Hofes beherbergt sechs bronzene, rund 800 Jahre alte **Khmer-Figuren**, die zusammen mit dem Mahamuni-Buddha ebenfalls als Kriegsbeute von Mrauk U nach Mandalay gebracht wurden.

Einst waren es 30, doch König Thibaw ließ die meisten zu Kanonen umschmelzen. Übrig sind noch drei **Löwen** und zwei **Tempelwächter** *(Dvarapala)*, denen magische Kräfte zugeschrieben

> ### Tiere statt Tempel
>
> Ein Streifzug durch die **Yadanabon Zoological Gardens** nördlich des Festungsgrabens kann kontrastreiche Abwechslung zu den Heiligtümern bieten. In dem 55 ha großen, 1989 eröffneten Zoo sind Elefanten, Leoparden, Bären, Affen, Nilpferde und Krokodile und viele Vogelarten – für asiatische Verhältnisse relativ gepflegt – untergebracht. Fast alle Tiere können gefüttert werden, worauf sich diverse Verkaufsstände spezialisiert haben. Parallel laufen Zuchtprojekte für zwei vom Aussterben bedrohte Schildkrötenarten. ⏱ 7–17 Uhr, Eintritt 2000 Kyat.

werden. Denn nach birmanischem Volksglauben vertreibt das Reiben an den entsprechenden Körperstellen der Statuen eigene körperliche Beschwerden. Der blank gescheuerte Bauch zeigt, dass durchaus auch die Einheimischen von Magenproblemen geplagt werden. Am besten erhalten ist allerdings der rund 1,50 m hohe **Erawan** – ein dreiköpfiger Elefant als Reittier des hinduistischen Götterkönigs Indra. Einst wachten diese Figuren über Kambodschas Angkor Wat, doch 1431 brachten die Siamesen sie nach Ayutthaya. Als Kriegsbeute kamen sie 1564 dann mit König Bayinnaung nach Bago (Pegu), von wo sie König Razagyi 36 Jahre später nach Mrauk U brachte.

Nicht weit entfernt findet sich ein traditioneller birmanischer **Tempelgong**, der 5 t wiegen soll, aber erst 1960 mithilfe von Spendengeldern gegossen worden ist, sowie **Stelen** mit alten Inschriften, die König Bodawpaya in seiner Sammelleidenschaft zusammentrug.

Shwekyimyint-Pagode

Diese Pagode wurde 1167 während der Bagan-Epoche von Prinz Minshinzaw, einem verbannten Sohn von König Alaungsithu, gegründet und ist damit lange vor der Gründung Mandalays entstanden. Mitten im Stadtzentrum an der 24th Street (82/83) in der Nähe des Uhrturms gelegen, hat sie so manche Überraschung zu bieten. Die Buddhastatue im Inneren stammt aus dem 12. Jh., wie auch die aus dem Königspalast von Mandalay gerettete Sammlung von Buddhaskulpturen aus Gold, Silber und Kristall sowie wertvolle Geschenke der letzten birmanischen Könige. Diese Kleinodien wurden kurz nach der britischen Besetzung hierher gebracht, werden aber leider nur zu wichtigen religiösen Anlässen zugänglich gemacht.

Eindawya-Pagode

Der Schrein wurde 1847 von König Pagan Min an dem Ort errichtet, an dem er vor seiner Thronbesteigung gewohnt hatte. Die „Pagode am Platz des königlichen Hauses" findet sich etwas abseits in der 89th Street westlich des Zeigyo-Markts und bietet durch den stark vergoldeten Stupa ein schönes, in der Sonne schillerndes Fotomotiv. Die Eindawya-Pagode ist von mehreren kleinen Tempeln und Pagoden umgeben. Sie beherbergt eine seltene Buddhastatue aus Quarz und Opal, die 1839 aus Bodhgaya in Indien nach Myanmar gelangt sein soll.

Setkyathiha-Pagode

Diese in der 85th Street, nur wenig südwestlich des Zeigyo-Markts auf einem Mauersockel stehende Pagode enthält eine aus Bronze erschaffene, fast 5 m hohe, sitzende Buddhastatue. Sie wurde 1823 unter König Bagyidaw in Inwa gegossen, später nach Amarapura und dann nach Mandalay gebracht. Im Innenhof sind Abbildungen von liegenden Buddhas zu sehen. Den heiligen Bodhi-Baum auf dem Gelände hat der ehemalige Ministerpräsident U Nu gepflanzt.

Shwe In Bin-Kloster

Das südlich der 35th Street gelegene, anmutig wirkende Teakholzkloster wurde 1895 von zwei reichen chinesischen Jade-Kaufleuten gestiftet und lohnt einen Besuch wegen seiner wunderschönen Schnitzereien an den Balustraden und Dachgesimsen, aber auch wegen der besonders angenehmen, stillen Atmosphäre.

Kirchen

Ob der ständigen Begegnung mit buddhistischen Heiligtümern mutet es fast schon als Überraschung an, mal einen Kirchturm zu erspähen. In der 80th Street (34/35) findet sich z. B. die 1894 von den Franzosen im gotischen Stil erbau-

Schläge im Schummerlicht – hammerharte Arbeit, federleichtes Gold

Normalerweise würde jeder reflexartig in Deckung gehen, wenn aus der Höhe ein Hammer herunterschnellt und mit großer Wucht nur wenige Handbreit entfernt aufprallt. Doch die jungen Männer, die sich in dem engen, nur schummrig beleuchteten Holzschuppen direkt zwischen den schwitzenden Goldschlägern zu einer Pause niedergelassen haben, vertrauen ganz und gar auf die Fertigkeiten ihrer muskulösen Kollegen im Lendenschurz. Schließlich wurden diese ja auch sechs Monate lang ausgebildet, damit ihnen der 3 kg schwere Hammer niemals aus den Händen rutscht! Bereits mit 16 Jahren kann der Beruf des Goldschlägers erlernt werden, nach rund zehn Jahren stellen sich die berüchtigten, chronischen Rückenprobleme ein, und mit spätestens 45 Jahren sind die menschlichen Maschinen verschlissen. Dennoch ist der Beruf begehrt, denn er garantiert ein gutes Einkommen und unbezahlbare Verdienste für das nächste Leben.

Goldschläger in Rotation
„Gold beating", wie es bereits vor mehr als 5000 Jahren in Indien und vor 500 Jahren erstmals in Deutschland (vor allem im mittelfränkischen Schwabach, wo es Ende der 1920-er Jahre um die 130 Handwerksbetriebe gab und heute immerhin noch vier – allerdings natürlich mit einer entsprechenden Mechanisierung) praktiziert wurde, findet nur im Stadtteil Myat Par Yat statt. Vor allem in der 78th Street (35/36) führt das gleichmäßige Klopfen der Hämmer direkt zu den rund 50 Werkstätten der Goldschläger. Nur in den Familienbetrieben von Mandalay wird das hauchdünne Blattgold produziert, mit dem die Gläubigen Statuen und Stupas in ganz Myanmar überziehen. Eng geschichtet und verpackt in Hirschleder-Lappen, dampft das 24-karätige Gold – es stammt meist aus dem Ayeyarwady oder seinen Nebenflüssen – zwischen hauchdünnen Lagen Bambuspapier, das in ebenfalls aufwendiger Herstellung speziell für dieses Ritual vorbereitet wird. Im Rotationsbetrieb arbeiten die Goldschläger eine volle Stunde lang, bevor sie sich 15 Min. Pause gönnen. Um die Fläche des Goldes immer weiter zu vervielfältigen, wird 6 1/2 Std. (erst eine halbe, dann eine ganze und anschließend 5 Std.) lang darauf herumgehauen.

Dünner als ein Tintenstrich
Dabei wird die Zeit der einzelnen Arbeitsgänge mit einer traditionellen Wasseruhr gemessen; einer schwimmenden Kokosnussschale, die sich durch ein kleines Loch mit Wasser füllt und dann jeweils nach einigen Minuten versinkt. Am Ende hat sich die Fläche des Goldes so sehr erweitert, dass das Blattgold nur noch einen Tausendstel Millimeter misst – also dünner ist als ein Tintenstrich auf einem Blatt Papier. Haben Frauen sich beim Goldschlagen in respektvoller Entfernung zu halten, so sind sie paradoxerweise aus anderen Teilen des Produktionsprozesses nicht wegzudenken: In verglasten, windgeschützten Zimmern schneiden junge Mädchen das ausgetriebene, federleichte Gold an niedrigen Tischen zu quadratischen Goldplättchen, um es für die weitere Verarbeitung vorzubereiten oder schließlich zum Verkauf zu verpacken.

Verkauf auch zum Verzehr
Die Zehnerpäckchen werden mit Blättchen zu 2 x 2 cm, 4 x 4 cm und 5 x 5 cm verkauft. Die glitzernden Quadrate sind zwar weitgehend geschmacklos, werden aber – z. B. zusammen mit Schokolade – durchaus auch verzehrt, weil ihnen eine positive gesundheitliche Wirkung zugeschrieben wird. Zehn Arbeitskräfte produzieren pro Tag durchschnittlich zehn Packungen. Ausländische Zuschauer fragen sich mitunter, wie sich die Goldschläger von Mandalay bei ihrem stundenlangen, monotonen Gehämmer ablenken oder gar entspannen können. Doch derartige Gedanken scheinen abwegig: Jeder Hammerschlag erfordert höchste Konzentration, weil die Lederpäckchen jeweils zielgenau auf ihrer ganzen Fläche getroffen werden müssen.

Mithilfe von eifrigen Arbeitsgemeinschaften wird reichlich Blattgold produziert.

te **Katholische Kirche des Pater Lafon**, die 1919 restauriert wurde. Um einen kompletten Neubau handelt es sich dagegen bei der **Sacred Heart Cathedral** in der 82nd Street (25/26), die im Zweiten Weltkrieg den Bomben zum Opfer gefallen war. Es sind vorwiegend indische und chinesische Christen, die sich in diesen beiden Gotteshäusern zum Gottesdienst treffen. Nach einem amerikanischen, in Myanmar hoch verehrten Missionar benannt ist die **Judson-Baptistenkirche** in der 82nd Street (33/34).

Kunsthandwerk mit Verkauf

Viele Betriebe des zumeist religiösen Kunsthandwerks haben sich darauf eingestellt, neugierigen Besuchern nebenbei ihre Produkte zu verkaufen, sodass sich der Bummel durch die Werkstätten im Südwesten der Stadt durchaus als Einkaufstour gestalten lässt. Da die kleineren Handwerksbetriebe oft ziemlich versteckt liegen, kann es sinnvoll sein, mit einem ortskundigen Führer oder Taxifahrer auf die Suche zu gehen. Wer bei der Restauration oder Anfertigung eines *hti* zuschauen möchte, sollte die Werkstätten am Westeingang der Mahamuni-Pagode besuchen.

Blattgoldproduktion

Die meisten Betriebe finden sich in der 36th Street (77-79), wie **King Galon Gold Leaf** im Haus Nr. 143, 02-32135, als größtes Unternehmen mit 30 Mitarbeiter(inne)n, die nach Anzahl der produzierten Päckchen bezahlt werden. Durch das rhythmische Klopfen sind sie leicht zu finden (S. 325). Hier – oder auch beim nahe gelegenen Golden Rose – kann man zudem den langwierigen, komplizierten Prozess zur Herstellung von Bambuspapier erleben, das zur Blattgold-Produktion benötigt wird (s.dazu auch www.kultur-in-asien.de/Birma/seite115.htm).

Bronzegießereien

Glocken, Gongs und kleinere Statuen werden in mehreren Werkstätten am Myohaung-Bahnhof gefertigt. Hauptsächlich Buddhafiguren werden indes im Kyithunkha-Viertel gegossen, das kurz vor Amarapura liegt. Besonders gut ist der

Herstellungsprozess bei **Myanmar Bronze Moulder Casting**, 93 Panthidan, Tampawaddy-Viertel, ✆ 02-23182, zu beobachten.

Holzschnitzkunst

Vorwiegend im Tampawaddy-Viertel, aber auch im östlichen Aufgang der Mahamuni-Pagode oder an der 84th Street in Richtung Amarapura finden sich die emsigen Holzschnitzer. Sie fertigen vor allem Buddhafiguren, Hausaltäre und Klosterreliefs. Auftraggeber dafür sind meist Mönche und religiöse Stifter.

Jadeverarbeitung

In den beiden Dörfern Kyawzu und Minthazu, die mit Mandalays Süden verwachsen sind, wird Jade geschnitten, poliert und durch traditionelle Schnitzkunst zu Schmuck verarbeitet. Der ebenfalls hier beheimatete, faszinierende Jademarkt findet sich in einem Gebäude an der 87th Street (38/39) und kostet 2000 Kyat Eintritt, ⏲ 5–15 Uhr. Mit Hunderten Ateliers von Händlern und Schleifern gilt er als größter der Welt, aber Vorsicht beim Einkauf: Es gibt Fälschungen der roten, weißen oder grünen (smaragd- und mauvefarben ist das Jadeit am wertvollsten) Steinklumpen, bei denen nur außen eine dünne Jadeschicht aufgetragen ist, während sich im Inneren des Klumpens wertloses Gestein oder gar Zement verbirgt.

Silberschmiede

Wer sich für dieses Handwerk interessiert, kann vor allem in **Ywataung**, das an der Straße von Mandalay nach Monywa hinter Sagaing liegt, Silberschmieden über die Schulter schauen. Am besten zur Verarbeitung eignet sich eine Legierung aus 92,5 % Silber und 7,5 % Kupfer.

Steinmetzbetriebe

Herrliche Impressionen ergeben sich bei einem Bummel durch die Straße der Steinmetze, die **Kyauk Sit Tan** genannt wird. Sie liegt an der Mahamuni-Pagode, Ecke 84/85, und ist am besten über den Westausgang des Heiligtums zu erreichen. Hier werden Buddhastatuen aller Größen aus Stein und Marmor gemeißelt, gefräst oder gebohrt – stets ein interessantes Schauspiel. Zuerst wird der Körper herausgearbeitet, zuletzt das Gesicht. Einige Foto-Impressionen s. **eXTra [5798]**.

Teppichknüpfer

Handgefertigte Teppiche wie auch Kalaga-Wandbehänge werden vorwiegend zwischen der Bahnlinie und der 78th Street im Stadtteil **Shwe Che Doe** hergestellt. Letztere bestehen aus schwerem Stoff mit prächtigen Stickereien, die höfische oder religiöse Szenen zeigen.

Textilwebereien

Gewoben werden Baumwolle und Seide, die relativ fest ist und sich gut für Longyis eignet, vor allem gegenüber dem Osteingang des Königspalastes und an der Ecke 62/19.

Traditionelle Shows

Als kulturelles Herz des Landes ist Mandalay nicht nur die wichtigste Stadt des religiösen Kunsthandwerks, sondern auch der traditionellen, birmanischen Unterhaltungskunst. Die Ensembles, die als *pwe* bezeichnet werden und in der Trockenzeit über Land ziehen, um bei Tempelfesten, Ordinationen oder Hochzeiten mit Musik-, Tanz- und Marionettenvorführungen (S. 135) oder Improvisationstheater aufzutreten, sind vor allem im Bereich der 39th und 40th Street (80/81) beheimatet.

In der Saison gibt es allabendliche Musik-, Tanz- und Marionettenshows für Touristen, z. B. im Restaurant **Mandalay Kitchen**, im **Kinsana Garden Theater** des Mandalay Hill Resort Hotel oder auf den Dachterrassen der Hotels **Golden City Light**, **Smart**, **Yadanarbon** und **Ayarwaddy River View**.

Marionettes Centre

Dieses bereits 1990 gegründete **Marionettentheater**, 66th St. (26/27), ✆ 02-34446, 🖥 www.myanmarmarionettes.com, präsentiert sich trotz seiner Popularität als erstaunlich originär. Allabendlich ab 20.30 Uhr bietet es eine ideale Gelegenheit, für 10 000 Kyat in einer rund einstündigen Vorstellung einen Eindruck von der hohen

Kunst des birmanischen Puppenspiels zu erhalten. Mit seinem freundlichen Personal, den rund 60 Sitzplätzen, schummrig beleuchteten Bastwänden und einem traditionellen Orchester strahlt das 1990 gegründete Theater eine gemütliche Atmosphäre aus. Das von Mrs. Daw Ma Ma Naing geführte, 25-köpfige Ensemble ist sogar schon auf Tournee in Europa, Amerika, Asien und Afrika gewesen. Die als Dekoration aufgehängten Marionetten sind zumeist auch verkäuflich. ⏲ 7–23 Uhr.

Mintha-Theater
Gegründet 2006 von U Ohn Maung, der früher zum Marionettes Centre gehörte. Das Ensemble bietet nach seinem Umzug in Mandalays Osten, 58th St. (29/30), ✆ 09-680 3607, 🖥 www.mintha theater.com, ein täglich wechselndes Programm aus zwölf traditionellen **Tanzvorführungen**, die Namen wie „Zwagyi the Alchimist's Dance", „The Spirit Boozer U Mingyaw Dance" oder „Dance of the Mythical Bird Couple" tragen. Gespielt wird tgl. von 20.30–21.30 Uhr, der Eintritt kostet 14 000 Kyat.

Moustache Brothers
Da heute nicht mehr verboten bzw. vom Wandel überholt, haben ihre Kommentare zu aktuellen politischen oder wirtschaftlichen Themen enorm an Bedeutung und Brisanz verloren. Doch präsentieren sich die „Schnauzbart-Brüder" **U Lu Maw** und **U Lu Zaw** als lebende Legenden und mit einer einzigartigen Form der Unterhaltung, die früher unter extrem kritischer Beobachtung der Junta stand. Inzwischen verdienen sie ihr Geld sogar auch mit dem Verkauf von Souvenirs und Touren.

In einem kleinen, bereits 1992 gegründeten Theater, 39th St. (80/81), ✆ 09 402 579 799, das zugleich als Wohnstube dient und wo die meist nur wenigen Gäste (Mindest-Teilnehmerzahl: fünf) direkt an der Bühne sitzen, wird von 20.30–21.30 Uhr für 10 000 Kyat eine über weite Strecken improvisierte, vorwiegend englischsprachige Show geboten, wie sie ob mancher Langatmigkeit und Unverständlichkeit nicht unbedingt jedermanns Sache sein dürfte … Mit ihren Tänzerinnen, Musikern, Erzählern und Marionettenspielern bietet die Familie Gelegenheit, etwas über die traditionelle *pwe* zu erfahren.

Wegen politischer Kritik in Form von Satire waren der ältere Bruder **U Par Par Lay** (2013 verstorben) und sein Vetter U Lu Zaw mit einem Dutzend weiterer Schauspieler 1996 in Mandalay verhaftet und anschließend zu sieben Jahren Arbeitslager verurteilt worden. Kurz zuvor waren die Komödianten vor dem Haus von Aung Sun Suu Kyi in Yangon auf einer Veranstaltung zum Unabhängigkeitstag aufgetreten, die sich spontan zu einer Versammlung von rund 2000 Oppositionellen entwickelt hatte. Es war vor allem der Intervention von Amnesty International zu verdanken, dass die Moustache Brothers nach fast sechs Jahren entlassen wurden – und sogar (allerdings nur vor Ausländern) wieder auftreten durften. Während des Mönchsaufstands von 2007 wurde U Par Par Lay abermals verhaftet und für 36 Tage ins Gefängnis gesteckt.

National Theater
Der erst 2014 eingeweihte Theatersaal auf dem Gelände der School of Fine Arts, 66th St. (20/21), ✆ 02-61168, bietet 1200 Plätze für die Aufführungen traditioneller Musik- und Marionettenkunst. Sie dauern von 19–20.30 Uhr und kosten 10 000 Kyat, finden aber nur unregelmäßig statt.

Mit Kindern in Mandalay

Die dampfende Metropole präsentiert sich nicht gerade als Kinderparadies. Der Standard des wenig besuchten **City-Parks** (Eintritt 500 Kyat, jedes Fahrgeschäft 1000 Kyat) dürfte westlichen Ansprüchen allenfalls bedingt genügen (eindrucksvoll jedoch die Fahrt mit dem Riesenrad!), besonders aber die Hygiene des erst im März 2017 eröffneten **Kandawgyi Water Parks** (12 Attraktionen zu je 500–1000 Kyat plus Wellenbad für 3000 Kyat). Die beiden mondän-modernen **Ocean Supercenter** indes können immerhin mit klimatisierten, passablen Spielzonen aufwarten. Vielleicht mögen die Kleinen ja auch mal den Kunsthandwerkern über die Schulter schauen – und welcher Spross würde sich nicht von Mandalays Marionettenspiel faszinieren lassen?

ÜBERNACHTUNG

Neu ist die Möglichkeit, im Bahnhof oder auf einem Schiff zu residieren, zudem hat endlich auch in Mandalay der Trend zum Hostel Einzug gehalten (s. Kasten S. 330). Direkt in der Stadt ist die Auswahl immens: Gab es 2011 lediglich 76 Hotels mit rund 3350 Zimmern, waren es 2016 bereits 179 mit fast 7300 Zimmern – und etlichen geplanten Eröffnungen bis 2018. Wer Luftverschmutzung und Lärm im Zentrum entrinnen möchte, sollte eine Unterkunft in einer Nebenstraße oder an der Peripherie wählen – oder vielleicht sogar im schönen Sagaing.
Während das markante, bereits 1995 eröffnete und Ende 2016 für US$41 Mio. verkaufte Hotel Sedona mit seinen 250 Zimmern zu einem neuen Meilenstein des Hilton-Konzerns werden soll, kommt die jüngste Generation der Hotels gern mit Laminat-Böden, Flachbild-TV, zeitgemäßen Zimmersafes, Touchscreen-Liften oder Dachterrassen-Restaurants (als Rooftop- oder Skybars) daher. Fast überall darf mit gratis WLAN gerechnet werden – meist sogar auf dem Zimmer. Mit etwas Komfort wie AC liegt der Mindestpreis bei US$20–25. Die folgenden Preisangaben gelten für ein DZ, eine Ermäßigung in der Nebensaison oder für Einzelreisende ist aber durchaus üblich.
Eine Orientierungshilfe für die Adressen s. Kasten S. 315.

Im Zentrum
Karte S. 310/311
Untere Preisklasse
Erst seit Kurzem gibt es mehrere Unterkünfte mit Hostel-Preisen und Backpacker-Ambiente – die billigsten Zimmer in Hotels liegen bei US$20–25, nur vereinzelt noch mit Ventilator für US$15–18.
Bonanza ㉒, Ecke (82/28), ✆ 02-31032-4. Als lange etablierte, 5-stöckige Billigabsteige zentral an einer Kreuzung gelegen, aber viel Straßenlärm und wenige Fenster. Als Pluspunkte lassen sich der angenehme Frühstücksraum und der praktikable AC-Supermarkt im Untergeschoss werten. Zu den 28 teils etwas kleinen AC-Zimmern gelangt man über die Lobby im 2. Stock. ❶–❷

 Golden City Light ㉛, 50 77th Street (34/35), ✆ 02-60029, 🖥 auf Facebook. Modernes Wohlfühl-Hotel in guter Lage, mit bestem Preis-Leistungs-Verhältnis und geräumigen, makellosen Komfortzimmern. Freundliches, hilfsbereites Personal und günstige Fahrräder. Das oft gelobte Frühstücksbuffet gibt es im Rooftop-Restaurant, wie zuweilen auch Marionettenshows. ❷–❸

 Golden Mandalay ⑩, Ecke (19/60), ✆ 09-4025 18896, ✉ shwemdy1974@gmail.com. Originell gestaltet aus Ziegeln und Naturmaterialien, im Inneren teilweise mit faszinierenden Reliefs dekoriert. In ihrer für Mandalay einzigartigen, familiär geführten Bungalowanlage bieten Mr. Han Soe und seine Frau Thinzar 10 Wohlfühlzimmer mit AC zu US$35 (am schönsten ist Nr. 103). Im hinteren Teil des Gartens liegt eine lauschige Bambusterrasse – mit Blick auf den gleichen teichartigen Kanal, der mit seinem üppigen Lotosbewuchs auch das Grundstück der Peacock Lodge durchzieht. Für 2018 ist ein 5 x 10 m großer Pool geplant. ❸

 Nylon ⑪, Ecke (83/25), ✆ 02-33460, 02-69717 (Neubau), ✉ nylon33460@gmail.com. Oft gelobtes, 4-stöckiges Hotel mit Rooftop-Restaurant, 18 kleinen, bis unter die Decke gefliesten AC-Zimmern zu US$18. Seit 2016 mit 7-stöckigem Neubau-Flügel und zweitem Eingang von der 83rd St. bzw. eigener Rezeption und Lift: 32 saubere, schöne Zimmer mit (ebenso) Badewannen-Bädern zu US$25, davon 6 mit Balkon und die Eckzimmer mit 2 Fenstern (am besten sind Nr. 7001 und 7002 mit Dachterrasse). ❷
Royal Gh. ⑭, 25th St. (82/83), ✆ 02-65697. Wirkt etwas beengt, ist aber als günstige, saubere Traveller-Herberge beliebt und daher häufig ausgebucht. Steile Treppen und in heiteren Farben getünchte Flure führen zu 18 überwiegend kleinen Zimmern, davon 15 mit eigenen Bädern und AC sowie einige mit Balkon (Nr. 101, 102, 201 und 202). Die winzige, stets stark frequentierte Lobby fungiert als Brennpunkt, auf dem Dach überrascht eine lauschige Rooftop-Lounge. ❶–❷

Hostels als Herberge

Als geschickt-geschäftstüchtige Mischung aus Hostel und Hotel präsentiert sich – jenseits der beliebten Traveller-Stützpunkte **Yoe Yoe Lay Homestay** ⑥ und **Dreamland Guesthouse** ⑦ – das 2016 eröffnete **Ostello Bello Mandalay** ⑲, 54 28th St. (73/74), ✆ 02-64530, 67227, ✉ hotelramamandalay@gmail.com. Hier gibt es gemischt beziehbare AC-Dormitories für 18 (US$12 p. P.), 8 (US$15), 6 (US$18) und 4 (US$20) Personen. Die 10 DZ zu US$31 sind klein, aber fein und wohnlich – bieten Sofas, Safes und moderne Bäder. Der Rooftop-Spot im 6. Stock ist einladend, bietet aber keinerlei Service außer der hippen Lobby mit ihrer vergleichsweise teuren Gastronomie: Hier gibt es z. B. Spaghetti (5000–7000 Kyat), Sandwiches (5500 und 6500 Kyat) oder Pizzas (7500 und 8500 Kyat). Bier wird in Dosen (1500 Kyat) und Flaschen (2500 Baht) verkauft, für Cocktails (5000 und 6000 Kyat) gilt während der Happy Hour von 17.30–21 Uhr: 2 für 1. Im **Ace Star BnB Backpacker Hostel** ㉘, Pearl St. (31/32) / (77/78), ✆ 092-5841 1776, 🖥 www.acestarbnb.com, nur 5 Min. Fußweg vom Bahnhof oder dem Diamond Plaza, verteilen sich auf 2 Fluren 3 AC-Dormitories für bis zu 10 Pers. (US$10 und US$11) und 1 VIP-Raum mit 8 Schlafplätzen (US$12). Das Mitbringen von Alkoholika auf die Hot Spot-Terrasse im 4. Stock ist erlaubt. Ebenfalls neu ist das **Four Rivers B&B Mandalay** ⑧, 543 82nd St. (37/38), ✆ 09-7830 68335, das mit gemischten Dormitories bzw. in Dunkelblau gehaltenen Schlafkabinen für 6, 8 und 20 Gäste sowie einem Zimmer für 8 Frauen und auch einigen Privatzimmern aufwarten kann.

Mittlere Preisklasse

In dieser Kategorie handelt es sich häufig um chinesische Hotels der Preiskategorie US$40–50, das Frühstück ist in der Regel inbegriffen.

Ma Ma Gh. ⑫, 60th St. (25/26), ✆ 02-33411, 🖥 http://mama-guesthouse.com. Der Name ist Programm, denn das 3-stöckige Guesthouse wird von Seniorin Alice Kyaw, Gründerin der benachbarten Peacock Lodge, geführt, zusammen mit ihrer Tochter Su. 10 geräumige, zeitgemäß ausstaffierte Wohlfühlzimmer für US$50. Neuerdings gibt es auch Kochkurse (s. S. 343). ❹

Mandalay View Inn ⑮, 17 (B) 66th St. (26/27), ✆ 02-61119, 🖥 www.mandalayviewinn.com. Direkt am Sedona Hotel und im Besitz einer indischen Familie, der auch das überteuerte Red Canal Hotel gehört. Professionelles, freundliches Management und stilvolles Ambiente. Die 12 Zimmer sind kreativ gestaltet, geschmackvoll möbliert und vergleichsweise günstig (besonders schön sind Nr. 102 und 202 für lediglich US$30). Die 4 Superior-Zimmer sind größer, verfügen über Balkone und Badewannen. Seit 2016 gibt es sogar einen Dormitory mit 2 Doppelstock-Betten für US$12 p. P. – etwas klein, aber mit schönem Holzboden und pieksauber. Leider kein Frühstück. ❸–❹

Marvel ㉖, Ecke (78/30) bzw. im Bahnhof, ✆ 02-67466, 🖥 www.hotel-marvel.com. Neu seit 2016 – wahrlich als Amazing-Hotel bzw. unglaublicher Kontrast zu dem, was sich weiter unten in der Bahnhofshalle abspielt! Die großzügig wie stilvoll konzipierte Lobby im 4. Stock führt zu professionellem Management, einem schönen Restaurant mit großer Außenterrasse, einer verlockenden Wellnessoase und 90 Komfort-Zimmern. Aber Achtung: Einige der Balkons haben die Tauben in Beschlag genommen! ❹–❺

Mya Mandalar ⑳, Ecke (27/69), ✆ 02-30009, ✉ myamandalarhotel@gmail.com. Alteingesessenes, angenehmes Hotel mit gut gepflegter Patina. Der Hauptbau stammt aus den 1970er-Jahren und beherbergt 42 Holzboden-Zimmer. Zur Anlage gehören ein schöner Garten, der älteste Pool der Stadt sowie das gleich daneben liegende, aber extern gemanagte Central Restaurant (s. S. 337). ❹

Myat Nan Yone ㉕, 737 72nd St. (29/30), ✆ 02-69260-4, 🖥 www.myatnanyonehotelmandalay.com. Hoffentlich bleibt es hier so günstig. Seit Mitte 2016 in zentraler Lage als steiler Zahn – nicht nur architektonisch: schlanker, violettfarbener und üppig verglaster Hochbau mit 12 Etagen mit 73 Komfort-Zimmern in 3 Kategorien. Besonders schön sind die 10 Suiten mit Teppichboden und Halb-Erker bzw. entsprechendem Ausblick im 10. und 11. Stock (wie Nr. 111, 112, 116 oder 117!). Einziges Manko ist die Abflusskonstruktion der Badewanne. Dach-Restaurant mit gutem Frühstücksbuffet und aufmerksamem Personal. ❸–❹

Pacific 1 & 2 ㉗, Ecke (30/78), ✆ 02-32506-8, 💻 www.pacifichotelmandalay.com. Gegenüber dem Bahnhof als markanter Eckbau mit 7 Stockwerken und überraschend gutem Preis-Leistungs-Verhältnis. Rund 80 geräumige, großzügig verglaste Superior-Zimmer mit Teppichboden und passablen Badewannen-Bädern, 70 weitere Zimmer mit Fliesenboden als Deluxe-Kategorie im dahinter liegenden Neubauflügel mit Laubengang. ❹

🧳 **Peacock Lodge** ⑬, 60th St. (25/26), ✆ 09-204 2059 (Win Tun), 💻 www.peacocklodge.com. Oft gelobtes Wohngefühl an einem idyllischen Kanal. Seit 1995 und mittlerweile in 2. Generation von dem engagierten Ehepaar Nyein Win Tun (spricht perfekt Englisch) und Chit Su Kyi geführt, aber leider etwas teurer geworden. Das Haupthaus beherbergt 5 geräumige Komfortzimmer mit jeweils mehreren Fenstern (im Erdgeschoss etwas kühler, am besten sind Nr. 101 und 102 mit Holzboden und großen Bädern im Obergeschoss). Ebenfalls über wahlweise AC oder Ventilator verfügen die 4 Neubau-Zimmer, 2 davon (Nr. 108 und 109) sogar über Balkon mit Lotosteich-Blick. Der große Innenhof fungiert als lauschiges Restaurant, zum Frühstück gibt es u. a. frische Früchte und hausgemachte Erdbeermarmelade. Fundierte Infos und Kochkurse (s. S. 343), allerlei Transfers und Touren, Vermietung von Fahrrädern (3000 Kyat pro Tag) und Mopeds (15 000 und 18 000 Kyat). ❸–❺

🧳 **Queen** ㉚, 456 81st St. (32/33), ✆ 02-39805, 💻 www.hotelqueenmandalay.com. Zählt zu den jüngeren Hotels der Stadt – mit 67 gepflegten, wohnlichen Holzboden-Zimmern und Badewannen-Bädern. Von den 4 Preisklassen empfehlen sich vor allem die Superior-Kategorie und die Suiten. Im 7. Stock lockt die schöne Sky View Bar mit einem faszinierenden Ausblick und tgl. außer Mo ab 19 Uhr Livemusik. ⏲ 17–23 Uhr. ❹

Royal City ⑰, 130 27th St. (76/77), ✆ 02-31805, 💻 www.royalcityhotelmandalay.com. Gehört dem gleichen Besitzer wie das Royal Gh. und das Royal Green Hotel in Pyin U Lwin. Angenehme, freundliche Atmosphäre mit 20 liebevoll dekorierten, über 20 m² großen Zimmern zu US$35 und US$45, die über mehrere Fenster verfügen und sauber bis steril wirken. Der 6. Stock besteht aus einer schönen, teilweise überdachten Dachterrasse, wo es sich angenehm frühstücken und entspannen lässt. Neu und gut ist das kleine Buffet-Restaurant gleich nebenan. ❸–❹

Smart ㉓, 167 28th St. (76/77), ✆ 02-32682, 💻 www.smarthotelmandalay.com. Gutes Preis-Leistungs-Verhältnis mit 32 Teppichboden-Zimmern – als Superior (meist Eckzimmer mit Schreibtisch) US$50, in der empfehlenswerten Executive King-Kategorie zu US$60 sogar mit lauschigem Balkon (wie Nr. 603 und 604). Der 7. Stock fungiert als Sky Bar mit tollem Ausblick, in der Saison gibt es von 19–21.30 Uhr Marionettentheater. Gratis-Verleih von Fahrrädern. ❹–❺

United ⑨, 60 Ecke (19/64), ✆ 02-274 176, ✉ hotelunited.mdy@gmail.com. Kein besonders origineller Name für ein derart schönes, junges Hotel. In perfekter Lage mit 56 großzügig verglasten, wohnlichen Holzboden-Zimmern unterschiedlicher Größe, von denen sich besonders die der Family-und Triple-Kategorie empfehlen. Netter Ausblick vom Frühstücks-Restaurant im 7. Stock. ❸–❹

Obere Preisklasse

Reservierungen für diese Kategorie sind per Internetbuchung meist erheblich günstiger abzuwickeln. In der Nebensaison lassen sich die offiziellen Preise um bis zu 50 % herunterhandeln.

🧳 **Bagan King** ⑲, 44 Ecke (73/28), ✆ 02-67123-4, 💻 www.bagankinghotel.com. Hier sollte man zumindest mal im Foyer vorbeischauen oder auch im Rooftop-Restaurant Shwe Bagan, ⏲ 6–22.30 Uhr, bzw. in der

Nga Htway-Bar. Denn diese märchenhaft anmutende Unterkunft ist an traditioneller Architektur und authentischer Dekoration nicht zu überbieten. Es gibt jede Menge Backstein, Holzboden und Teakholzmobiliar sowie landestypische Relief- und Textilwebkunst. 29 Zimmer als Deluxe zu US$100 und Superior King zu US$120. ❺–❻

Hotel Amazing Mandalay ㉔, 78th St. (28/29), ☏ 09-513 3013, 🖥 www.hotelamazingmandalay.com. In einem schönen Altbau befindet sich diese kleine, feine Hotel-Oase mit Stil und Stimmung, 16 Deluxe-Zimmern, einem Restaurant mit Außenbereich und dem professionell geführten „Tukha"-Spa. ❺

Mandalay City ⑯, 26th St. (82/83), ☏ 02-61700-4, 🖥 www.mandalaycityhotel.com. 2004 auf dem Gelände des ehemaligen Busbahnhofs eröffnet, präsentiert sich das Hotel sogar im Boutique-Stil: 57 der 69 originell dekorierten Holzboden-Zimmer mit tollen Bädern zählen zur US$95 teuren Superior-Kategorie, die beiden verlockenden großen Suiten kosten US$160. Schöne Innenhof-Oase mit Stupa und einem 12-Meter-Becken als einzigem Pool im Zentrum. ❹–❻

Yadanarbon ㉙, 31st St. (76/77), ☏ 02-71058, 🖥 www.hotelyadanarbon.com. Zentral gelegen und professionell gemanagt, aber leider etwas teuer geworden. 58 wohnliche Zimmer mit Parkettböden, landestypischer Dekoration, Flachbild-TV und Bädern mit Badewanne, besonders schön sind die Zimmer der Deluxe-Kategorie. Die halb offene Sky Bar im 6. Stock bietet einen schönen Ausblick, eine originelle, entsprechend bepreiste Speisekarte und in der Hochsaison jeden Tag von 19.30–21 Uhr Marionettenshows. ❺–❻

Yadanarpon Dynasty ㉑, 413 65th St. (27/28), ☏ 02-21443, 🖥 www.yadanarpondynastyhotel.com. Noch jung und in praktikabler Lage. 58 empfehlenswerte Zimmer mit Holzböden, hohen Decken und stilvollem Mobiliar, davon 22 als Deluxe mit Balkonen und 16 als wunderbare Villen zu US$125 – mit Baldachinbetten, großen Terrassen inkl. schönem Korbmobiliar sowie originell geformten Waschbecken und Toilettenschüsseln. ❺–❻

Außerhalb des Zentrums
Karte S. 308/309

Ayarwaddy River View Hotel ③, Strand Rd. (22/23), ☏ 02-64945, 🖥 www.ayarwaddyriverviewhotel.net. Lebt von seiner Lage am Ufer des Ayeyarwady bzw. vom entsprechenden Ausblick: 65 angenehme Holzboden-Zimmer in 5 Kategorien und ein Pool. Die 5. Etage ist als AC- und Freiluft-Restaurant mit Bar (Bier leider nur in Flaschen zu 5200 Kyat) konzipiert, in der Hochsaison gibt es hier tgl. von 19–21 Uhr eine Marionettenshow. ❺–❻

Dreamland Guesthouse ⑦, Ecke (69/37), ☏ 2-32850, 09-4025 44997 (Sophia), 🖥 https://dreamland-guesthouse.com. Innovatives, angesagtes Guesthouse für Rucksack-Reisende. Einige Zimmer mit und ohne eigenes Bad sowie gemischte Dormitories für 6, 8 oder 10 Gäste sowie einer nur für Frauen – jeweils zu US$10 p. P. Ebenso beliebt ist der Ableger in Taunggyi. ❷

Mandalay Hill Resort Hotel ①, 9 10th St., ☏ 02-35638, 🖥 www.mandalayhillresorthotel.com. Am Fuß des Mandalay Hill als definitiv bestes, aber inzwischen leider auch teuerstes Hotel von Mandalay – mit 206 stilsicheren, bestens ausgestatteten Zimmern ab US$280 und Suiten bis zu US$1700. In der Lobby erklingt morgens ein Xylophon, in der Kiplings Lounge allabendlich mitreißende Livemusik (s. Unterhaltung). Das Frühstücksbuffet kann sich sehen lassen, die gediegenen Abendbuffets zu US$35 und US$45 sowieso. Die herrliche Gartenanlage des 8-stöckigen Gebäudes beherbergt u. a. ein weitläufiges Schwimmbad, das als romantisches Restaurant fungierende Kinsana Garden Theater, einen stimmungsvollen Meditations-Pavillon und das verlockende Mandalar Spa. Das Hotel verfügt über fast 400 gut geschulte Mitarbeiter sowie auch einen ASEAN Green Award für die Nutzung von Abwasser und Reduzierung von Chemikalien. 1995 als Novotel errichtet und dann gleich wegen der EU-Sanktionen abgestoßen, ist das Hotel Mitte 2017 als Mercure-Ableger wieder in den Schoß der französischen Accor-Gruppe zurückgekehrt. ❽

In den traditionellen Teestuben sitzt man auf Miniatur-Mobiliar zusammen.

Mandalay Karaweik Mobile Hotel ⑤, Strand Rd. (32/33), ☏ 02-63502, ✉ karaweik.reservation@gmail.com. Seit Ende 2014 als einzigartiges Schiffs-Hotel bzw. Sehenswürdigkeit: 39 überraschend bezahlbaren Zimmer ab US$50 mit reichlich Edelholz und Badewannen-Bädern – die der Deluxe-Kategorie für US$70 und die Suiten mit 31 m² doppelt so groß. Die herrlich umlaufende Außen-Reling ist mit Sitzmobiliar und Spanischen Wänden ausgestattet. Monumental-Gemälde in den Fluren, üppig verglastes Restaurant mit großen Rundtischen (für Touren s. S. 352, Boote). ❹–❺

Mandalay White House Hotel ②, 452 19th St., ☏ 02-58031, ✉ mandalaywhitehousehotel@gmail.com. Ziemlich abgelegen, aber neu seit 2015, vom gleichen Besitzer wie dem Smart Hotel und durchaus empfehlenswert. Laubengänge führen zu den 19 Zimmern, von denen erstaunlich wenige (wie Nr. 107, 205 und 303) über Kingsize-Betten verfügen. Es gibt viel Zierrat an der Fassade, einen Garten mit großem Rasen und sogar einen kleinen Pool. ❸–❹

Rupar Mandalar Resort ④, A-15 Ecke (53/30), rund 4 km östlich vom Zentrum, ☏ 02-61553-9, 🖥 www.ruparmandalar.com. Hier hat ein Magnat aus dem Edelsteingeschäft seinen Traum verwirklicht. Als eindrucksvoller Edelholzpalast präsentiert sich das stilvollste Hotel von Mandalay, dessen Zufahrt ein imposanter Baumstumpf ziert. 46 Zimmer in 6 Kategorien, die meisten als Suiten. Wände und Decken sind mit feinstem und nach allen Regeln der Kunst verarbeitetem Hartholz verkleidet, während die TV-Geräte sogar eine Art Pyjama tragen. Die günstigsten Preise beginnen zuweilen schon bei US$180, können aber auch bis zu US$550 erreichen. ❻–❽

Yoe Yoe Lay Homestay ⑥, 35th St. (57/58), ☏ 09-4440 41944, 092-402 106 🖥 auf Facebook. Etwas abgelegen, aber bewährt und beliebt als Backpacker-Unterkunft mit genialem Preis-Leistungs-Verhältnis. Mrs. Nan Bwe und ihr freundlich-hilfsbereites Team bieten mehrere Zimmer (Nr. 1 sogar mit kleinem Balkon) sowie einen Dormitory zu US$10 p. P. und Nacht. Oft gelobtes Frühstück, allerlei Serviceleistungen, auch Kochkurse und Vermietung von Fahrrädern und Mopeds. ❷

ESSEN

Die Gastronomie-Szene von Mandalay wächst nicht so schnell wie in Yangon, doch finden sich hier – ob schon lange etabliert oder noch jung – jede Menge verlockende Restaurants. Zur neuen Generation zählen etliche Dachterrassen-Spots (s. Hotels) oder auch die gut klimatisierten Bäckerei-Cafés. Als Alternative für Mutige bieten sich einfache **Essensstände** an, wie sie in belebten Straßenzügen oder auf dem Nachtmarkt am Zeigyo-Markt in der 84th St. (28/29) bis spät abends geöffnet haben. Tagsüber wird vielerorts frisch gepresster Zuckerrohrsaft mit Eis angeboten, laden etliche **Teestuben** mit belebenden Tee- und Kaffeemixturen zur preiswerten Rast ein (S. 335).

Im Zentrum
Karte S. 310/311
Birmanisch
Green Elephant, 3H 27th St. (64/65), 02-61237, www.greenelephant-restaurants.com. In einem betagten Kolonialbau als vermutlich teuerstes Restaurant von Mandalay – mit Hauptgerichten ab 10 000 Kyat. Die Gäste können auf einer schönen Holzterrasse speisen, an den 3 Tischen im AC-Bereich mit Erker oder lauschig in Salas unter Bäumen mit Lampions im Garten. Ebenso teuer wie touristisch sind die Ableger in Yangon und Bagan. 11–21.30 Uhr.

Pakokku Daw Lay May, 73rd St. (27/28), 02-35082. Einfach, aber sauber und schon lange etabliert. Die Gerichte stehen in Beispiel-Schälchen in einer Vitrine, zudem kommt automatisch eine enorme Menge an Beilagen auf den Tisch. 10–21 Uhr.

Rainbow, Ecke (23/84), 02-23266. Das Eckhaus-Restaurant entpuppt sich als populärer Treff der Einheimischen. Geboten werden reichlich BBQ-Kost für 800–1300 Kyat, knusperige Pommes und Mini-Frühlingsrollen, leckere Wasserkresse mit Pilzen oder ganze Fische für nur 2800 Kyat sowie eisgekühltes *Myanmar*-Fassbier (Glas zu 750 Kyat, Krug 2400 Kyat). 9–23 Uhr.

Too Too, 79 27th St. (74/75), 02-66451. Kann auf eine Tradition von über 30 Jahren zurückblicken und erstreckt sich über 3 Räume, einer davon mit AC. Die Gäste werden aus Töpfen in einer Glasvitrine bedient. Es munden besonders die auf Einheimische zugeschnittenen, aber nicht preiswerten Currys mit Lamm, Ziege oder Flusskrabben. 9–22 Uhr.

Unique Myanmar, Ecke (27/65), 02-23562, 09-9620 38134 (Mrs. Ohmar). Halb offenes luftiges, angenehmes und bei Ausländern beliebtes Restaurant, in dem sich die eloquente Mrs. Ohmar freundlich um ihre Gäste kümmert. In der Küche wird zumeist auf die Verwendung lokaler Bioprodukte gesetzt statt auf Glutamat. Hauptgerichte liegen bei 3000–6000 Kyat – ausgewiesen jeweils für kleine und große Portionen. Dazu munden einheimische Weißweine wie Red Mountain Estate oder Aythara für 5000 Kyat pro Glas bzw. 23 000 Kyat pro Flasche. 11–22 Uhr.

Chinesisch
Golden Duck, 192 Ecke (80/16), 02-36808. Erstreckt sich seit über 3 Etagen und ist eher auf Reisegruppen ausgerichtet, bietet aber gute chinesische Knusper-Ente sowie birmanische, thailändische und europäische Gerichte – serviert zu gehobenen Preisen. 10–21 Uhr.

Kohn Htat, 28th St. (80/81), gegenüber dem Myoma-Kino, 02-24100. Spartanisch, aber empfehlenswert aufgrund der köstlichen und erfreulich günstigen Hühnchengerichte. Zudem munden hier allerlei Eiscreme-Variationen. 7–19 Uhr.

Mann, 83rd St. (25/26), 02-66026. Bereits etabliert seit 1977, hat dieser Klassiker durch Renovierungen zwar an urtypischem Charme verloren, fungiert aber nach wie vor als beliebter Anziehungspunkt für Traveller, die sich hier gern unter die Einheimischen mischen. Gute Speisen zu 2500–3000 Kyat, großes *Mandalay Beer* nur 1500 Kyat. Vermietung von Fahrrädern (2000 Kyat) oder Mopeds (10 000 und 15 000 Kyat). 10–22 Uhr.

Min Min, 83rd St. (26/27), 09-9620 01704. Lang gestreckt und stuckverziert – mit einer fast vier Jahrzehnte währenden Tradition – wie der freundliche, gut Englisch sprechende Besitzer Mr. Caesar Mah und Vater von vier Töchtern stolz zu betonen pflegt. Gute,

Kein Tag ohne Teestube

Noch mehr traditionelle Teestuben als in Yangon soll es in Mandalay geben. Überdacht, unter freiem Himmel oder im Schatten von Bäumen laden sie mit einfachem, oft miniaturartig kleinem Mobiliar zu frisch zubereitetem Tee, Kaffee, Kakao, Milchshakes ab 500 Kyat und überaus günstigen Snacks ein, vor allem aber zum geselligen Beisammensein.

Sehnsüchte im Straßenleben
Bereits gegen 5 Uhr morgens öffnen die ersten Teestuben zum Frühstück, während sich andere auf das Mittags- oder Nachmittagsgeschäft spezialisiert haben. Zwischen 19 und 23 Uhr bilden sie den Mittelpunkt von Mandalays Nachtleben, das bisher noch ohne Discos oder Musikkneipen auskommt. Dann hocken nur noch männliche Besucher auf den Stühlen und Schemeln, hören Musik und versuchen, ihren Tee mit *Eye Candies* zu versüßen: Im vorbeiziehenden Straßenleben halten sie nach hübschen Mädchen Ausschau, um die Sehnsucht nach Romantik, Liebe und Eheglück schweifen zu lassen …

Tee mit Samosa und Salz
Da die meisten Teestuben eine indische Ausrichtung haben, gehören vielerorts dreieckige Samosa-Teigtaschen oder Palata-Fladenbrot zum Angebot, während es bei den eher chinesisch beeinflussten Tea Shops Frühlingsrollen, Dampfbrötchen oder frittiertes Stangengebäck sind. Wie Kaffee wird auch Tee – im Birmanischen *laphet ye* genannt – gern mit viel Milch und Zucker aufgebrüht, wie es in Indien üblich ist. Je nach Zubereitung ist zwischen *pon maen* (nicht süß, nicht bitter), *cho pot* (eher bitter), *pot kya* (sehr bitter), *faen cho* (süß und bitter) und *kyauk pa daung* (stark gesüßt) zu unterscheiden. Manchmal wird der Tee auch mit einer Prise Salz veredelt.

Modernisierung einer Institution
Die Qualität einer Teestube lässt sich am einfachsten an der Dichte der abgestellten Mopeds ablesen. Besonders populär sind das **Min Tiha Café** in der 72nd St., ⏰ 5–17 Uhr (unbedingt mal den Min Tiha Cake probieren), und das große, mit einer ansehnlich bebilderten Speisekarte aufwartende **Shwe Pyi Moe** in der 66th St. (26/27), ⏰ 6–18 Uhr, das besonders für seine Pastries und Pancakes gerühmt wird. Doch die Jugend zieht es heute immer mehr in die tief heruntergekühlten Bäckerei- und Eiscafés, von denen in Mandalay immer mehr eröffnen.

preiswerte Küche mit chinesischen, birmanischen und muslimischen Speisen. Besonders beliebt sind die geröstete Honig-Ente und Hühnchen für 3000 Kyat pro Teller, im ganzen Stück 9000–12 000 Kyat. ⏰ 11–21 Uhr.

Indisch

Marie Min, 27th St. (74/75), ☎ 02-36234. Viel gelobtes Vegetarier-Restaurant in ruhiger Lage, geleitet von Manager Eric als freundlichem Spross einer indisch-katholischen Familie. Angenehmes Ambiente mit 8 Tischen auf einer halb offenen Terrasse im Obergeschoss. Ob die populären Currys, Müsli, Bratkartoffeln oder Pfannkuchen: Fast alle Gerichte liegen bei 2000–3500 Kyat. Gute Joghurt-Drinks, Lassis und Milch-Shakes, aber kein Bier oder andere Alkoholika. Im Erdgeschoss wie auch gegenüber lockt der angegliederte Preziösenhandel von Sun Flower. ⏰ 10–21 Uhr.

Spice Garden, 417 Ecke (63/22), ☎ 02-61177. Die 25 Zimmer des Red Canal Hotel, 🖥 www.hotelredcanal.com, sind bekanntlich übertreuert, doch das dazugehörige Restaurant kann überzeugen. Denn hier ist nicht nur das Preisniveau gehoben, sondern auch das Ambiente – zumal es sich quasi um das einzige indische Fine-Dining-Restaurant Mandalays handelt. Gebrutzelt werden die exzellent mundenden

Gut und günstig: Shan-Buffets

In der nördlichen Innenstadt finden sich als ideale Option (besonders für Vegetarier) zum Mittags- oder Abendmahl einschlägige Restaurants mit authentischer Shan-Küche. Als Buffet bzw. verlockende Probiermeile arrangiert, können die Gäste per Fingerzeig zwischen rund zwei Dutzend täglich wechselnder Speisen wählen. Ein Teller mit Reis, ein bis zwei Fleisch- oder Fischgerichten sowie zweifach Gemüse liegt bei 2000–3000 Kyat. Mancherorts kann man sich den Bauch auch zur Flatrate von 4000–5000 Kyat vollschlagen bzw. eben von allem mal etwas kosten.

Golden Shan, 22nd St. (90/91), ✆ 09-4301 2909. Nach dem zweiten Umzug in ein halb offenes Eckhaus ziemlich abgelegen, doch der Weg lohnt: Mrs. Pyae Pyae und ihr Mann bieten Professionalität, Quantität und Qualität. Besonders lecker sind z. B. der Spinat, die gebratenen Pilze oder das süßliche Schwein (Portion ohne Reis 3000 Kyat). Flatrate 5000 Kyat, Flasche Myanmar-Bier 3000 Kyat. Im 3. Obergeschoss gibt es einen AC-Raum mit separatem Buffet. ⏱ 11–21 Uhr.

Lant Mawl Sail, 84th St. (22/23), ✆ 09-4037 02971. Üppig bestücktes Buffet mit günstiger Flatrate zum Schlemmen. ⏱ 6–21 Uhr.

Lashio Lay, 23rd St. (83/84), ✆ 02-22653. Bereits seit über 30 Jahren etabliert und beliebt. Unbedingt mal das *red pork curry* versuchen, auch wenn es keinerlei Curry enthält. Gespeist wird an großen Rundtischen. ⏱ 10–21 Uhr.

Nan Khan Man, 84th St. (22/23), ✆ 02-33024. Familiär geführt, macht aber bisher nicht einen ganz so gepflegten Eindruck wie die anderen Shan-Restaurants. ⏱ 10–21.30 Uhr.

Pyi Taw Win, 79th St. (26/27), ✆ 09-680 1787. Nicht weit vom Bahnhof und mit dem Charme einer Bahnhofshalle, aber empfehlenswert – z. B. ob des crispy pork (Portion ohne Reis 2500 Kyat), zusätzlicher BBQ-Möglichkeiten oder des eisgekühlten Fassbiers. In den oberen Stockwerken mehrere Räumlichkeiten mit AC. ⏱ 8–22 Uhr.

Speisen in einer Schauküche. Besonders schön sitzt es sich auf der Terrasse am künstlichen Wasserfall bzw. mit Blick auf den Pool. ⏱ 6–22.30 Uhr.

Thai

Ko's Kitchen, 282 Ecke (19/80), ✆ 02-69576. Langjährig geführt von einer Thailänderin. Angenehmes Ambiente, aber in der Saison auch viele Reisegruppen. Reichhaltige, bebilderte Speisekarte mit guten und auch einigen günstigen Gerichten. Im Untergeschoss sitzt es sich besser als oben – können die Gäste durch ein Panoramafenster in die Küche schauen. ⏱ 11.30–14.30 und 17.30–22 Uhr.

Rainforest, 27th St. (74/75), ✆ 02-36234, 09-4316 1551 (Mr. Tom). Beliebt und bestens geeignet, um hier luftig bei offenen Fenstern abzuhängen. Stil- und stimmungsvolles Ambiente mit üppiger Dekoration und oft gelobter, authentischer Thai-Küche in ansehnlichen Portionen. Die thailändische Köchin ist mit Besitzer Tom verheiratet, der im Erdgeschoss einen interessanten bestückten Souvenirladen (u. a. mit massenhaft spannenden, in Vitrinen-Tischen präsentierten Preziösen) betreibt wie auch im gegenüber liegenden Marie Min, das seiner Schwester gehört. ⏱ 8–22 Uhr.

Thai Thani, 27 64th St. (27/28), ✆ 09-2592 36878. Noch jung – mit authentischer Thai-Küche zu gehobenen Preisen, die in einem einladenden Innenbereich oder den beiden Außenbereichen genossen werden kann – umrahmt z. B. mit Heineken-Bier vom Fass. ⏱ 10–14 und 18–21 Uhr.

Westliche Küche, Snacks und Szenetreffs

Bistro@82nd Road, 82nd St. (30/31), ✆ 09-2501 21280, 🖥 www.bistro82nd mandalay.com. Noch jung und angesagt, aber mit gehobenem Preisniveau. Erstreckt sich über 3 Räumlichkeiten mit Holzboden und sparsamer, eigenwilliger Dekoration. Der Expat-Amerikaner Chad bietet exzellente, westliche Speisen wie Steaks, Salate und Desserts als kreativ

konzipierte Tellergerichte. Vorspeisen etwa 3000–6000 Kyat, Hauptspeisen ab 8000 Kyat. ⏲ 11–22 Uhr.
Café City, am östlichen Palastgraben, 66th St. (21/22), ☏ 02-24054. Populär nicht nur bei der einheimischen Jugend. Wirkt etwas dunkel, generiert aber mit Boden und Decke aus Holz, dem rötlichen Korbstuhlmobiliar, origineller Deko und Bildern an der Wand eine gewisse Wohlfühlatmosphäre. Geboten werden allerlei Kaffeespezialitäten und Eiscreme, aber z. B. auch leckere Pizza, Spaghetti und Seafood-Gerichte sowie natürlich auch WLAN. Der Besitzer betreibt auch das **BBB** (Barman Beer Bar), 292 76th St. (26/27), ☏ 02-73525, das einst und lange zu den ersten westlichen Restaurants der Stadt zählte. ⏲ 10–22.30 Uhr.
Café jj 2, 26th St. (26/65), ☏ 02-74349, 🖥 www.cafejj.com. Gepflegt, gediegen und gut heruntergekühlt bzw. angesagt als stilvolle (Internet- und Surf-)Oase mit behaglichem Korbstuhl-Mobiliar, ansprechender Dekoration, vielen roten Kissen und attraktiv bebilderter Speisekarte. *American breakfast* inkl. Pommes und Würstchen, kreativ gestaltete Tellergerichte und Pizza für 7000–13 000 Kyat sowie Kaffeespezialitäten, Milchshakes, Fruchtsäfte sowie mehrere Sorten Fassbier und Cocktails. Als kleinerer Ableger findet sich das **Café jj 1**, 73rd St. (32/33), ☏ 02-32471. ⏲ beide 9–22 Uhr.

Central Park, 27th St. (68/69), ☏ 09-9101 3500. Klein und angesagt bei Insidern. Originelle westliche Kreationen wie *The Work Burger* mit Spiegelei und Ananas oder mexikanische Speisen wie *tacos* und das leckere *chicken quesadillas*. Ein Glas *Myanmar*-Fassbier kostet 1200 Kyat, Cocktails liegen bei 3000–6500 Kyat und umfassen illustre Kreationen wie *Adio M(otherfucker)* oder *AK 47*. Während der Happy Hour von 18–19.30 Uhr gilt 2 für 1. Neu ist der Außenbereich mit Alu-Mobiliar, besonders beschaulich der Zweier-Tisch am großen Baum. Ebenso verlockend: Für 4000 Kyat kann man den Pool des benachbarten Mya Mandalar Hotels nutzen. ⏲ Mo–Fr 14–23, Sa, So schon ab 9 Uhr.
Fudo Cake & Ice-Cream, Ecke (81/28), ☏ 09-9771 82674, 🖥 http://fudocake.com. Neue Kette mit gehobenem Niveau und stadtweit 6 Filialen. Auf vielen Metern locken Kühltresen zum Auswählen von Kuchen und Pasteten. Eiscreme, frisch gepresste Fruchtsäfte, aber auch crispy chicken – und Gute-Laune-Sound. Angenehm, um sich etwas hinzuhocken und abzukühlen. ⏲ 7–22 Uhr.
Koffee Korner, Ecke (27/70), ☏ 02-68648. Gehört mit einem modernen Pavillon-Bau, faszinierendem Aquarium und Außenbereich mit Palmen sowie angemessenen Preisen zur Riege der neuen, angesagten Chill-Cafés. Kaffeespezialitäten ca. 2000 Kyat, Cocktails 3000 Kyat, 6 Variationen mit Lammfleisch sowie Pasta oder auch Pizzas für 9000–13 000 Kyat. ⏲ 9–23 Uhr.

€ **Noble Cake Bakery**, 250 A 28th St. (82/83), ☏ 02-69508. Gut sortierte, semi-klimatisierte Bäckerei mit allerlei Kuchen und Keksen zu verschwindend geringen Preisen. ⏲ 7–21 Uhr.

Nylon Icecream, 176 Ecke (25/83), ☏ 02-65754. Trotz erheblich gewachsener, moderner AC-Konkurrenz nach wie vor populäre Eisdiele mit originärem Charme und Alu-Mobiliar. Ob eine dicke Kugel *Rainbow*-Eis zu 800 Kyat, Erdbeer-Milchshakes, Joghurt oder Pudding – alles mundet gut und erfreulich magenfreundlich. ⏲ 9–21 Uhr.
SP Bakery, 26th St. (63/64), ☏ 02-23395. Hauptsitz einer neuen Kette aus 6 Bäckerei-Cafés – inkl. Filiale am Flughafen. In einer Phalanx aus Glasvitrinen locken u. a. massenhaft appetitliche Kuchen und absolut hygienisch verpackte Kekse. Italienische Eiscreme mit angeblich nur natürlichen Zutaten für 1300–1500 Kyat pro Kugel. ⏲ 8–22 Uhr.

Außerhalb des Zentrums
Karte S. 308/309
Birmanisch
A Little Bit of Mandalay, 1-A/3, 28 St. (52/53), ☏ 09-9731 26505, 🖥 www.littlemandalay.com. Etwas abgelegen, aber lange etabliert und beliebt bei Touristen(gruppen). In traditioneller Architektur bzw. U-Form errichtetes Veranda-Restaurant mit tropischer Begrünung (und 24-Zimmern zu US$40 inkl. Gratis-Fahrrädern). Das freundliche, ehemalige Reiseleiter-Ehepaar

Ma Theingi und U Min lockt mit einer (auf Wunsch glutamatfreien) Speisekarte, auf der sich viel versprechende Gerichte wie *Irrawady Wharf* oder *Irrawady Treats* finden sowie neuerdings auch Cocktails für 3500 Kyat wie Mandalay Twilight (inkl. Dschungel-Honig) oder der Mandalay Breeze. ⏰ 11–14.30 und 17–21 Uhr.

Aye Myit Tar, 81st St. (36/37), ☎ 02-31627. Auch nach dem Umzug schlicht, aber viel gelobt für das aufmerksame Personal und die authentische Küche – wie einheimische Currys oder das Tontopf-Gericht *meeshay*, serviert stets mit allerlei Gratis-Beilagen. ⏰ 8.30–21.30 Uhr.

Chinesisch

Mandalay Kitchen, Strand Rd. (26/35), ☎ 09-4026 00888, 💻 auf Facebook. Gehört zur Amazing-Hotelgruppe – als großes, gediegen-gepflegtes und halb offenes Restaurant in einladender Uferlage, um hier z. B. den Sonnenuntergang zu genießen. Burmesische und thailändische Küche mit Hauptgerichten für 6000–9000 Kyat, Myanmar-Fassbier für 800 Kyat (Krug 4000 Kyat) und Cocktails zu 6000–8000 Kyat. Von 12–14 Uhr traditionelles Marionettentheater. ⏰ 11.30–23 Uhr.

Super 81, No. 582 81 St. (38/39), ☎ 02-32232. Neu – vielleicht als Alternative zum lange etablierten Golden Duck. Einheimische speisen meist unten, Ausländer lieber im klimatisierten Obergeschoss oder auf der schönen Dachterrasse. Üppig bemessene Portionen – knusperig gebraten und herzhaft gewürzt, wie z. B. *grilled duck with honey*, *szechuan chicken* oder *fried chicken basil leaf*. Dazu können die Gäste eisgekühltes Fassbier strömen lassen. ⏰ 9–23 Uhr.

Ya Mone Hlaing, Strand Rd., ☎ 09-205 4977. Neben dem Mandalay Kitchen, aber erheblich spartanischer und erfreulich günstig. Nicht weit vom Mingun-Jetty eröffnet sich ein herrlicher Ausblick auf den Ayeyarwady, das bunte Treiben am Ufer und den Sonnenuntergang. Im Schatten großer Bäume gibt es frisch gezapftes, eisgekühltes *Dagon*-Fassbier zu 600 Kyat (Krug 3000 Kyat) und einheimische Speisen zu 3000–4000 Kyat, wie z. B. die 5 großen, leckeren Flussgarnelen mit Orangensauce. Aus dem angegliederten, klimatisierten Café Y.M.H. kann man sich Kaffeespezialitäten,

Besonders in der 78th Street präsentiert sich Mandalay mit einem modernen Gesicht.

© VOLKER KLINKMÜLLER

Shakes und Eisbecher, Mocktails wie Big Hip oder Sexy Boys und Cocktails wie Dream Lover oder Brave Bull kommen lassen sowie Pasta, Pizza oder Cordon Bleu. ⊕ 8–23 Uhr.

UNTERHALTUNG

Das **Nachtleben** von Mandalay hält sich in engen Grenzen. Es gibt einige schummrige Karaoke-Schuppen mit reichlich Flaschen- und Fassbier, lauter Musik oder auch Fashion-Shows, die aber fast nur einheimische Gäste in Stimmung bringen.

Kipling's Lounge im Foyer des Mandalay Hill Resort Hotel (s. S. 332). Wer sich hier einmal niedergelassen hat, wird so schnell nicht wieder aufstehen wollen. Herrlich entspannende Oase mit gediegenem, absolut stilsicherem Interieur und der stadtweit professionellsten Livemusik-Band (ab 20 Uhr) sowie einer exzellenten, letztendlich auch bezahlbaren Speise- und Getränkekarte. Kleine, verführerisch kreierte Rundstücke aus der Glasvitrine um US$2, knusperig frittierte Hühnerflügel US$5, Knoblauch-Garnelen US$8 und Cocktails bei US$6–9. ⊕ 14–23 Uhr, bei Bedarf länger.

The Rock Gastro Bar, Zawtika Rd. (32-33) / (77-78), ✆ 09-4440 02525. Illustrer Neuzugang: Seit 2017 als avantgardistische Bar – konzipiert und dekoriert im Stil eines amerikanischen Roadhouses. Entsprechend stark frequentiert von der aufkeimenden Biker-Szene (wie den „Burmese Phytons"). Kreativ dekoriertes Essen, Fassbier, Cocktails und zuweilen auch Livemusik. ⊕ 10–23 Uhr.

EINKAUFEN

Einkaufszentren

Der im Erdgeschoss des Bonanza Hotels Mitte 2014 als erster AC-Supermarkt seiner Art eröffnete, gut sortierte **Hotel & Convenience Store**, ✆ 02-31035, ⊕ 7–22 Uhr, erleichtert im Herzen der Stadt die Versorgung mit vielem, was das Touristenleben angenehm machen kann.

Die modernsten, größten und besten Einkaufszentren von Mandalay reihen sich

Thanaka aus erfahrener Hand

Wer in Myanmar unterwegs ist, wird schnell feststellen, dass es im Vergleich zu anderen asiatischen Ländern kaum einheimische Frauen gibt, die unter Hautproblemen im Gesicht leiden. Das Erfolgsrezept heißt Thanaka, das unter westlichen Besucherinnen zu einem immer beliebteren Souvenir avanciert. Die pastellfarbene Paste aus geriebenem Holz des Zitrusbaums *Limonia acidissima* (auf Deutsch: Indischer Holzapfel oder Elefanten-Apfel) und Wasser kann die Haut vor Sonne, Schmutz und Austrocknung schützen. Zum Erwerb eignet sich besonders das rund 60 Jahre alte, äußerlich unscheinbare Geschäft der betagten Schwestern **Daw Thi und Daw Yi**. In Haus Nr. 163 auf 80th St. (28/29), ✆ 02-65660, lässt sich Thanaka in allen Variationen erwerben, auch als originäre Holzstangen oder getrocknet als „cake". Kleine Plastikdosen kosten 500 Kyat, die großen (mit etwas viel Luft drin) 1000 Kyat. Empfehlenswert ist vor allem (am besten zum nächtlichen Auftragen) die unparfümierte, besonders effektive Variante in den schlichten, gelblichen Dosen. Neu im Sortiment sind Pasten aus Zirbenholz, die zwar etwas teurer sind, aber angenehm duften und eine reinigende Wirkung versprechen. ⊕ 8.30–21 Uhr.

entlang der 78th St. auf. Als landesweites Flaggschiff eröffnete Mitte 2011 das 6- bzw. 7-stöckige **Yadanarpon Diamond Plaza**, 78th St. (33/34), 🖳 www.yadanarpondiamondplaza.com, ⊕ 9–21.30 Uhr. In futuristischer Architektur konzipiert und von ansehnlichen Rotunden geziert, beherbergt der 181 000 m² große Komplex rund 2200 Ladeneinheiten, von denen aber nicht alle bestückt sind. Im obersten Stockwerk liegen ein Kino, ein Food Court und Kinderspielstätten. Im Untergeschoss erstreckt sich der bestens sortierte Supermarkt **Ocean Supercenter**, 🖳 www.oceansupercenter.com, ⊕ 7–22.30 Uhr.

Ein weiterer Meilenstein dieser landesweit führenden Unternehmenskette hat Ende 2015 an der 73rd St. bzw. ca. 6 km vom Zentrum entfernt

eröffnet, ⏲ 7–22.30 Uhr, und erstreckt sich über mehrere Etagen des **Mingalar Mandalay Market**: Ein Konglomerat aus monströsem Einkaufszentrum mit Kino, Boutiquen, Beauty-Salons, Restaurants und Cafés und weiteren modernen Bauten mit Fußgängerzone und Piazza zum Flanieren – nicht zuletzt für alle, die sich mal fix nach Thailand beamen möchten oder eben auch zurück in die Heimat.
In der Nähe des Osteingangs zum Königspalast ist mit dem **City Mart** ein weiteres Einkaufszentrum mit zeitgemäßen Geschäften und Restaurants entstanden, ⏲ 9–21 Uhr.

Fotoläden

Professionelle Fotogeschäfte, die für Papierabzüge von Digitalfotos um 100 Kyat verlangen und für das Brennen von CDs bis zu 1000 Kyat, finden sich vor allem in der Nähe des Bahnhofs, darunter:
Nice Photo Express, 305 35th St. (82/83), ✆ 02-63239. ⏲ 9–21 Uhr.
Top Color, 13 30th St. (77/78), ✆ 09-9102 1745. ⏲ 8–21 Uhr.

Kunst(handwerk) und Schmuck

Gibt es quasi überall zu kaufen, vor allem an den Zuwegen (wie dem Ostgang der Mahamuni-Pagode) zu den und meist sogar auch innerhalb der Tempelanlagen oder natürlich auch direkt in den Werkstätten. Wer mit Führern, Fahrern oder professionellen Schleppern auf Einkaufstour geht, sollte nicht vergessen, dass viele Geschäfte diesen hohe Provisionen zahlen, die sich natürlich über den Verkaufspreis finanzieren. Vielerorts günstig angeboten werden gute Ölgemälde und Aquarelle.

Aung Nan, in den Häusern 97-99 an der Sagaing-Mandalay Rd., kurz vor der Bon Kyaw-Brücke, ✆ 02-70145, 09-3330 4689, 🖳 www.aungnan.com. In dieser Schatzkammer sollte man sich auch umschauen, wenn man partout nichts kaufen möchte … Weitläufiges, uriges Stöbergeschäft mit *Tomb Raider*-Charme, wo sich zu vergleichsweise teuren Preisen das unterschiedlichste Kunsthandwerk findet und teilweise auch produziert wird. ⏲ 8–17 Uhr.

Rocky Gems & Jewellery Trading, 27th St. (62/63), ✆ 02-74106, 09-4571 17987. Senior-Chefin Mrs. Myint Myint und ihre 30-jährigen Zwillingstöchter Tina und Dina warten nicht unbedingt mit Schnäppchenpreisen auf, doch gibt es meist bis zu einem Drittel Rabatt, wenn man ohne Schlepper kommt. Das reichhaltige Sortiment an Edelsteinen (wie z. B. blauer Saphir oder schwarzer Turmalin), das durch regelmäßige Einkaufstrips nach Mogok aufgefrischt wird, kann sich genauso sehen lassen wie das Angebot von Schmuck, Kunst(handwerk) und Textilarbeiten. ⏲ 8–21 Uhr.

Sun Flower, in den Restaurants Marie Min und Rainforest. Vor oder nach dem Essen ist es spannend, den Blick durch das Sortiment dieses Souvenirhandels schweifen zu lassen, der mit seinen facettenreichen Pretiösen und Vitrinen eher einem Museum gleicht – und aus allen Nähten zu platzen scheint. ⏲ 8–22 Uhr.
U Sein Myint, 42 62nd St., ✆ 02-26553. Der betagte, freundliche Künstler, dessen Werke bis in das New Yorker UN-Hauptquartier gelangt sind, produziert schöne Wandbehänge, während seine Werkstatt eindrucksvoll mit Antiquitäten, Gemälden und Schnitzereien dekoriert ist. ⏲ 9–18 Uhr.

Märkte

Überragt von Mandalays erstem Wolkenkratzer, der nach vieljähriger Bauzeit als klotziger Profanbau mit 25 Etagen in den Himmel ragt, erstreckt sich in der 84th St. (26/27 und 27/28) als pulsierendes Herz der Stadt der **Zeigyo-Markt**, ⏲ 8–16.30 Uhr. Der Begriff Zeigyo, Zei-gyo, Zegyo, Zay Cho oder Zei-cho, der „Se-Dschou" gesprochen wird, bedeutet ganz einfach: Zentralmarkt. Einst bestand er aus weitläufigen, einstöckigen Markthallen, die 1903 von dem italienischen Grafen Caldari – damals Chefsekretär der Stadtverwaltung Mandalays – entworfen worden waren. 1990 wurde das Bauwerk gegen den Widerstand der Bevölkerung abgerissen und durch eine hässliche Betonkonstruktion mit Rolltreppen und Aufzügen ersetzt. Das chinesisch bis sozialistisch anmutende, in zwei

Gebäudeteile mit bis zu vier Geschossen zergliederte Marktlabyrinth wirkt auf westliche Touristen nicht gerade anziehend, zeichnet sich aber durch ein reichhaltiges Angebot mit Waren aus dem ganzen Land, China und Thailand aus. In vielen kleinen Ladeneinheiten werden Alltagswaren, Schmuck, Bücher, Kleidung und Stoffe oder auch Kunsthandwerk verkauft.

Auf dem sehenswerten **Kaing Dang-Markt** in der 27th St. (86/87), einige Straßenzüge westlich des Zeigyo-Markts, gibt es frisches Gemüse, Obst und Zuckerrohr. Der größte Umschlagplatz für frische Lebensmittel ist allerdings der **Nyaung Pin-Markt** in der 19th St. (84/86). Der **Mingalar-Markt** (2016 gab es ein Feuer) ist ein kleiner, aber lebendiger Markt an der Ecke (73/73). Auf religiöse Artikel spezialisiert ist der **Payagyi-Markt** in der Nähe der Mahamuni-Pagode, 83rd St. (44/45).

In der immer schneller wachsenden Chinatown hat sich der **chinesische Straßenmarkt** ausgebreitet, dessen Kern in der 34th St. (75/76) liegt. Viele Lebensmittel und Garküchen, dazu ein breites Angebot an Textilien und billigen Alltagswaren.

In der 84th St. (27/29) beginnt mit der Dämmerung ein **Nachtmarkt**, dessen Sortiment an Radios, Uhren, Werkzeug, CDs , T-Shirts, Jeans, Militärausrüstung und Postern nicht besonders vielfältig und attraktiv erscheint. Doch ein Bummel bietet stets interessante Eindrücke und führt an etlichen Garküchen vorbei. Gegen 22 Uhr packen die Händler ein.

Schuhe

Shwe Nagar Sandals & Slippers, 233 80th St. (31/32), ✆ 02-74333, 🖵 auf Facebook. Bietet eine üppige, qualitativ hochwertige Auswahl (auch Ausländer-Größen) an traditionellen, teilweise auch extravaganten Slippern, die auf Wunsch auch maßgefertigt werden. Die Preise allerdings liegen zwei- oder gar dreimal höher als andernorts – was darin wurzeln dürfte, dass für die Popularität bezahlt werden muss. Denn hier kaufen auch Models, Film- und Popstars oder sogar Thailands Prinzessin ein, wie es die an den Wänden hängenden Fotos stolz verkünden. ⏲ 8–21 Uhr.

Silberwaren

Silver Ware Handicraft, Ecke (66/24), ✆ 02-35635, 072-21304. Ko Min Naung und seine Frau Ma Kyu Kyu Win verkaufen schönen, teilweise recht günstigen Silberschmuck sowie auch größere Arbeiten. ⏲ 9–18 Uhr. Seine Eltern betreiben den Hauptsitz mit

Massagen

Es ist üblich, dass Frauen von Frauen und Männer von Männern massiert werden, der Preis für eine Stunde Fuß- oder Ganzkörper-Massage liegt bei 8000 Kyat. ⏲ meist 9–22 Uhr.

Amaravati Thai Reflexology, Ecke (62/37), ✆ 02-66869, 09-4440 32013. Etwas abgelegen, aber im Vergleich zu den meisten anderen Spots ansprechend dekoriert und nicht zuletzt deshalb recht beliebt.

Chikara Blind Reflexology, 65th St. (30/31), ✆ 09-681 0682, 09-4440 03095. Hier gehen 25 % des Obolus an die blinden Angestellten. Wer sich statt in den profanen, eisgekühlten 3-Bett-Zimmern im eigenen Hotelzimmer massieren lassen möchte, zahlt keinerlei Aufpreis – wie auch bei der etwas günstigeren **Megumi Reflexology**, 32nd St. (69/70), ✆ 02-68273, 09-2540 72029.

Level 4 Spa Thukha, im Hotel Marvel, ✆ 02-67466. Neu, schön, bis spät geöffnet und vergleichsweise günstig – mit 30-minütigen Massagen ab 5000 Kyat. ⏲ 12–2 Uhr.

Mandalar Spa, ✆ 02-35638, im Garten des Mandalay Hill Hotel Resort. Das faszinierend angelegte Spa bietet eine hervorragende Auswahl von Wellness- und Massage-Behandlungen durch qualifiziertes Personal, aber leider nur zu entsprechenden Preisen. 1 Std. ab ca. US$40.

Mi Ki Beauty & Health, im Untergeschoss des Venus Hotels, 28th St. (80/81), ✆ 09-4026 18566. 2000 eröffnet als stadtweit erster Massagesalon, der auch westliche Ausländer bedient hat, scheint aber mit dem düsteren Ambiente etwas in der Vergangenheit stehen geblieben zu sein.

Reizvolle Radtouren um Mandalay

- **Routen**: rund um den Mandalay Hill und durch Inwa (Ava), Amarapura und Sagaing
- **Länge**: 20 km und 22 km bzw. 26 km und 45 km
- **Dauer**: 4–5 Std. bzw. 10 Std.

Diese beiden erlebnisreichen, halbtägigen Fahrradtouren bieten die Chance, dem Trubel und Staub des Zentrums von Mandalay zu entkommen und mehr vom Charme der Region zu erfahren. Sie eröffnen faszinierende Einblicke in das Alltagsleben der Einheimischen und dürften neidische Blicke aus Touristenbussen garantieren.

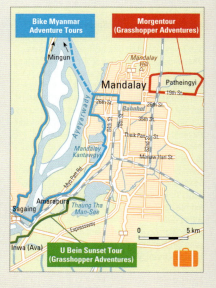

Routen

Die entspannenden Etappen verlaufen über abwechslungsreiche, wenig befahrene Straßen und Feldwege, vorbei an Pagoden und touristischen Highlights, aber auch durch ursprüngliche Dörfer, wo man durch die bunten Märkte der Einheimischen streifen oder traditionellen Handwerkern über die Schulter schauen kann. Der 22 km lange „Mandalay Morning Ride" führt ab 7.30 Uhr inkl. Teeshop-Lunch rings um den Mandalay Hill, die 20 km lange Halbtagstour „Ava und U Bein Bridge Sunset Tour" ab 13 Uhr durch Inwa (Ava) und Amarapura, um zum Sonnenuntergang mit einer längeren, romantischen Bootsfahrt über den Taungthaman-See an der U Bein-Brücke zu enden.

Anbieter

Das auch in Thailand, Laos, Kambodscha und Vietnam erfolgreiche Unternehmen **Grasshopper Adventures**, 4/3 Mya Sandar Rd. (24/25) und (62/63), ☏ 094-0265 9886, 🖥 grasshoppersadventures.com, steht in Myanmar unter Leitung des freundlichen Neuseeländers Steve Locke und bietet die Morgentour für US$35 p. P. an, die Nachmittagstour kostet US$60 – jeweils inkl. Equipment und Trinkwasser. Die Anzahl der Radler ist auf zehn begrenzt.

Individuelle Radtouren

Als passionierte Fahrrad-Guides für individuell arrangierte, spannende Touren in der Region Mandalay (oder gar bis Bagan und durch den Süden des Landes) empfehlen sich Aung Zaw und Nay Myo Ko von **Bike Myanmar Adventure Tours** (S. 344). Die exklusiv ausgetüftelte, 26 km weite Erkundungstour „Real Secrets of Mandalay" kostet US$60 p. P., ein Tag bzw. ca. 45 km mit Amarapura, Sagaing und Mingun US$80. Inbegriffen sind die Tagesmiete für ein importiertes Merida- oder Trek-Mountainbike mit 24 oder 27 Gängen, professionelle Fahrradhelme, Marschverpflegung und eine Teeshop-Einladung. Als weiterer Anbieter etabliert hat sich das von dem Belgier Ben Jespers mit dem Birmanen Thantzin gegründete Joint Venture **Mandalay Bike Tour**, ☏ 09-2590 85154, 🖥 www.mandalaybiketour.com.

betriebsamer Werkstatt an der Durchgangsstraße in Sagaing bzw. im dortigen Silberschmiede-Bezirk Ywataung (S. 327).

SONSTIGES

Fahrrad- und Mopedverleih

Dichter Verkehr, schmutzige Luft und tropische Hitze können die Fortbewegung per Zweirad zum zweifelhaften Vergnügen machen. Vermietungen finden sich vor allem im Stadtkern sowie natürlich auch in einigen Unterkünften. Einfache **Fahrräder** (mit 3 bis 6 Gängen) kosten 2000–3000 Kyat pro Tag, **Mountainbikes** bis zu 15 000 Kyat. **Mopeds** zu mieten ist für Touristen wegen der Unfallgefahr offiziell verboten, doch werden motorisierte Ausländer meist nicht aus dem Verkehr gezogen. Pro Tag sind je nach Modell und Zustand 10 000–15 000 Kyat zu berappen, z. B. bei dem schon lange etablierten, sehr freundlichen und exzellent Englisch sprechenden **Mr. Jerry**, gegenüber dem Restaurant Mann in der 83rd St. (25/26), ℡ 09-9615 90953, der über ein Dutzend Mopeds und doppelt so viele Fahrräder verfügt, oder im schräg gegenüber liegenden Geschäft seiner Frau **Mrs. Yi Yi**, ℡ 09-9789 03786, ⊕ beide ca. 8.30–19 Uhr. Vorlage eines Führerscheins erwünscht, Bring- und Holservice möglich. Gut gepflegte Enduros für längere, bei Bedarf auch professionell geführte Touren – wie 125-er (25 000 und 40 000 Kyat pro Tag) oder 250-er Maschinen (US$ 60) – gibt es beim Expat-Amerikaner **Zach Benoy** bzw. **Mandalay Motorcycle Rental**, 32nd St. (79/80), ℡ 09-4440 22182, 🖥 www.mandalaymotorbike.com.

Geld

Auf dem **Flughafen** gibt es Geldwechsel-Schalter und Geldautomaten, im Stadtgebiet eine ganze Menge davon – besonders am Zeigyo-Markt. Bargeld aller Währungen lässt sich unkompliziert tauschen, z. B. beim **Thein Yadanar Money Changer**, ℡ 02-31709, neben Sun Far Travel in der 30th St. (77/78) sowie bei 15 weiteren Filialen im Stadtgebiet, ⊕ meist 8–20 Uhr. Nicht zuletzt für Problemfälle wie unschöne Scheine empfiehlt sich **Zone Express Travel** (s. Reisebüros).

Informationen und Stadtpläne

Das Büro von **Myanmar Travels & Tours** (MTT), Ecke (27/68), ℡ 02-60356, ⊕ 9.30–16.30 Uhr, empfiehlt sich vor allem für seine Landeskarten mit großem Stadtplan von Mandalay, wie die nur auf explizite Nachfrage erhältliche *Walks & Tours Map*. Ebenfalls kostenlose, selbst produzierte Stadtpläne gibt es von den Hotels Bagan, Smart, White House oder Dreamland. Mit Abstand am besten ist die US$10 teure, in Thailand produzierte Stadtkarte des Mandalay Hill Resort Hotels, auf der alle wichtigen Sehenswürdigkeiten sogar auch abgebildet und beschrieben sind. Mit 🖥 www.mandalaycity.com gibt es eine erste professionelle Homepage für die Stadt.

Internet

Fast alle Hotels haben Internet und WLAN – meist sogar auf dem Zimmer. Beliebt ist das Surfen und Mailen in angesagten Restaurants wie **Café jj**, **Koffee Korner** oder **Café City** (s. S. 337).

Kochkurse

Gehören neuerdings zum Angebot der **Peacock Lodge** (2–3 Std. inkl. Einkaufstour für ca. US$25 p. P., bei 2 Pers. US$40), zu ähnlichen Konditionen auch nebenan im **Ma Ma Guesthouse**.

Beliebt sind die über das Yoe Yoe Lay Homestay buchbaren Kurse von **A Glimpse of Mandalay**, 🖥 auf Facebook, die mit Marktbesuch und Fahrradtouren kombiniert werden.

Medizinische Hilfe

Apotheken finden sich vor allem in der 30th St. (77/78) oder am Mandalay General Hospital. Die Eröffnung mehrerer Privatkliniken hat die medizinische Versorgung verbessert.
HNO-Klinik, 288 81st St. (24/25), ℡ 02-26841. Eine Privatklinik von Dr. Win Swin.
Linn (Augenklinik), 146 80th St. (14/15), ℡ 02-32115, ⊕ 12–14 Uhr. Filiale in der 27 24th St. (81/82), ℡ 02-33584, ⊕ 17–20 Uhr.
Nyein (Diagnostic Centre & Special Clinic), 333 82nd St. (29/30), ℡ 32050, 34795, 27718. Nähe Bonanza Hotel. ⊕ rund um die Uhr.

Palace Specialist Clinic, 71st St. (28/29), ✆ 02-361 128, 60445-9. Als 7-stöckiger Bau bzw. größte Privatklinik der Stadt, z. T. mit Geräten aus Deutschland.
Pesodent (Zahnklinik), 110 74th St. (27/28), ✆ 02-24622.
Than Myan Thu (Zahnklinik), 11 78th St. (33/34), ✆ 02-39848.

Reisebüros

Als professionell und zuverlässig erscheinen: **Sun Far Travels & Tours**, 7 SY Building, 30th St. (77/78), nicht weit vom Bahnhof, ✆ 02-284 4333, 09-7973 79120 (Mrs. Zar Zar – spricht gut Englisch), 🖥 www.sunfartravels.com. Hier wird alles, was mit Flugtickets zu tun hat, erfreulich professionell abgewickelt, ⏰ 9–17 Uhr. An der Ecke (25/81) findet sich eine kleinere Filiale, ⏰ 9–17, Sa und So nur bis 12 Uhr.
Zone Express Travel, 1 68th St. (26/27), ✆ 02-284 4651, 09-200 7337 (Jasmine), 🖥 www.zonemandalay.com. Geführt von der kompetenten, smarten Mrs. Sabai Oo (Jasmine). Professionelle Vermittlung von Flug- oder Schiffstickets (z. B. Schnellboote nach Bagan oder *Pandaw*-Flotte), Langstrecken-Taxis und Unterkünften (ca. 250 Hotels unter Vertrag). Neuerdings auch Buchung von Ballonfahrten sowie Organisation von Permits und Pauschaltouren zum geheimnisvollen Mogok (S. 390), aber nur mit ca. 1 Monat Vorlaufzeit. Unkomplizierter Devisenwechsel. ⏰ 8.30–18.30 Uhr.

Reiseführer

Es kann durchaus sinnvoll sein, sich für US$15–60 einem Taxifahrer mit Moped, Limousine oder Minivan anzuvertrauen (s. Kasten S. 347). Wer es gehaltvoller mag, sollte sich einen ortskundigen, lizenzierten Fremdenführer leisten. Für die Stadt oder Umgebung kosten diese US$30–40 am Tag, deutschsprachig sogar US$40–50. Bei Abstechern wie nach Monywa kommen noch Übernachtungskosten von ca. US$20 sowie rund US$5 für Verpflegung hinzu.
Unter dem Namen **Bike Myanmar Adventure Tours**, 9th St. (73/74), ✆ 09-4440 27603, 09-3331 2814, ✉ bikemyanmaradventuretours@gmail.com, haben sich auf durchorganisierte Fahrradtouren in der Region Mandalay oder anderen Landesteilen spezialisiert: der humorvolle, knuffige **Aung Zaw** (Zaw Zaw),

---

Ein Symbol auf dem Rückzug

Spätestens seit Fahrrad-Rikschas selbst in Berlin-Mitte Einzug gehalten haben, ist der Personentransport per Muskelkraft auch in mitteleuropäischen Breitengraden gesellschaftsfähig geworden, allerdings zu einer Zeit, da dieses Verkehrsmittel in den Metropolen Südostasiens längst zum Aussterben verurteilt scheint.

In Hongkong und Singapore gibt es Fahrrad-Rikschas nur noch als inszenierte Touristenattraktion oder Foto-Objekt, auch in Bangkok, Hanoi oder Saigon sind die **Samlors**, **Cyclos** oder **Trishaws** – einst traditionelles Symbol für brodelndes, asiatisches Leben – meist schon aus den größeren Städten verschwunden, weil die Behörden sie als „Verkehrshindernisse" und „Symbole der Armut" verboten haben. Zuerst verschwanden die Fahrrad-Rikschas aus Yangon, nun auch aus den Hauptverkehrsadern von Mandalay, wo immer mehr Autos, Motorräder und Mopeds das Straßenbild dominieren. Mancherorts gammeln die Gefährte als Schrott am Straßenrand – oder finden halbiert als Beiwagen für Mopeds eine letzte Verwendung.

Der Rückzug der **Rikschas** bedeutet nicht nur einen Verlust von Ursprünglichkeit und Authentizität, sondern auch an zwischenmenschlichen Begegnungen. Denn schon aus manchem Trishaw-Trip ist eine Freundschaft erwachsen. Schließlich verführt nicht zuletzt die Konstruktion der birmanischen Rikschas zu angeregten Plaudereien: Während die beliebten Gefährte in den Nachbarländern so konstruiert sind, dass die Fahrgäste, meist abgeschirmt durch einen Sonnen-Regen-Schutz, vor oder hinter dem Chauffeur Platz nehmen, so werden sie in Myanmar Rücken an Rücken neben dem Fahrer sitzend transportiert.

Die Strand Road am Ayeyarwady fungiert offensichtlich – als genialer Wäschetrockner ...

und der ebenfalls bestens Englisch sprechende, liebenswürdige **Nay Myo Ko** (Myo Myo), ✆ 09-4300 2903, ✉ konaymyo6@gmail.com. Das Tagessalär beginnt bei US$60 und richtet sich nach Teilnehmerzahl bzw. Entfernung (S. 342, Loose Aktiv), auf längeren Strecken fährt ein Begleitfahrzeug mit.

NAHVERKEHR

Busse und Pick-ups
Für exotische Abenteuer mit öffentlichen Verkehrsmitteln bzw. **Bussen** oder **Pick-ups** bieten sich z. B. die Routen zum Mandalay Hill und Mingun-Pier an, aber vor allem die Fahrt nach Amarapura, Inwa und Sagaing, die in rund 1 Std. zu bewältigen ist (meist nur bis ca. 18 Uhr). Wichtigste Startpunkte sind die Ecke (84/35), das Osttor der Mahamuni-Pagode oder der Zeigyo-Markt. Die Fahrt kostet 500–1000 Kyat, Details am besten in der Unterkunft erfragen.

Mopedtaxis
Kleinere und mittlere Strecken mit Mopedtaxis kosten 1500–3000 Kyat, eine längere wie nach Amarapura oder Sagaing bis zu 5000 Kyat, ein halber Tag je nach Verhandlungsgeschick 10 000–15 000 Kyat und ein ganzer Tag bis zu 20 000 Kyat (s. Kasten S. 347).

Taxis
Kleinere und mittlere Strecken kosten mit einer **Limousine** 3000–8000 Kyat – wobei diese bisher nur sporadisch an Hotels oder wenigen anderen touristischen Hotspots aufzutreiben sind. Die Charter für einen Tag innerhalb von Mandalay liegt bei US$25–30, ein ganzer Tag mit Ausflügen nach Amarapura, Inwa oder Sagaing kostet US$30–40, Minivans sind etwas teurer (s. S. 347). Für Flughafen-Transfers s. S. 353.

Trishaws
Landestypische Fahrrad-Rikschas, in denen die Fahrgäste Rücken an Rücken sitzen, sind ein stilechtes und beschauliches Verkehrsmittel zur Erkundung von Mandalay, finden sich aber mittlerweile fast nur noch entlang der 83rd im Bereich der Kreuzungen 25th, 27th, 28th oder 29th St. sowie im Bereich von Märkten oder Außenbezirken (S. 344). Die Fahrpreise beginnen bei 1000 Kyat – und sollten natürlich stets vorher ausgehandelt werden.

TRANSPORT

Die Anbindung von Mandalay hat sich durch den neuen Highway so sehr verbessert, dass man für die Strecke nach Yangon nicht unbedingt in einen Flieger steigen muss.

Taxis

Die hohen Preise bei längeren Strecken wurzeln darin, dass auch gleich für den Rückweg (insofern das eine Leerfahrt ist) mitbezahlt werden muss, jede unterwegs eingelegte Nacht wird in der Regel mit zusätzlichen US$30 berechnet. Langstrecken-Taxis sind privat (s. Kasten S. 347) oder auch über professionelle Agenturen wie **Zone Express Travel** (S. 344) buchbar.

Strecke	Kosten
Mandalay–Amarapura–Inwa–Sagaing	US$30–50
Mandalay–Shwebo (Tagestour)	US$70–80
Mandalay–Pyin U Lwin (Tagestour)	US$70–80
Mandalay–Monywa (Tagestour)	US$90–100
Mandalay–Bagan (inkl. Mount Popa)	US$140–150
Mandalay–Inle-See	US$170–180
Mandalay–Taunggyi	US$170–180
Mandalay–Pakkoku	US$140–150
Mandalay–Hsipaw	US$140–150
Mandalay–Lashio	US$200–250

Busse und Minivans

Die Tickets werden vor allem von den Büros der entsprechenden Busgesellschaften in der 31st St. (82/83) oder in der 32nd St. (82/83) verkauft, lassen sich aber auch bequem von den Unterkünften oder Service-Agenturen besorgen. Auf den Verkauf fast aller Strecken hat sich z. B. das neben Sun Far Travel & Tours liegende **Ngu Wa Bus Ticket Office**, 30th St. (77/78), ☏ 02-35110, 68353, ⏱ 7–21.30 Uhr, spezialisiert (persönliches Erscheinen erforderlich, das Personal spricht etwas Englisch). Die Verbindungen reichen inzwischen bis nach Pathein, zum Chaungtha-Beach oder sogar dem 24 Busstunden entfernten Sittwe/Ngapali, viele werden nun auch von den populär gewordenen AC-Minivans (bis zu 12 Pers.) bedient.

Der **Kywe Se Kann** oder auch **Main Bus Station** genannte, recht erbärmlich wirkende Highway-Busbahnhof liegt nahe dem alten Flughafen, rund 8 km südlich des Zentrums. Moped-Taxis kosten 4000–5000 Kyat, Taxis um 8000–10 000 Kyat. Von hier fahren die Busse über Meiktila und Bago nach Yangon sowie nach Bagan, Kalaw und Taunggyi. Die meisten anderen Ziele werden vorwiegend von Kleinbussen (25 Plätze) oder als Sammeltransporte mit Pick-ups angesteuert.

BAGAN (NYAUNG U), mehrmals tgl. für 7000–9000 Kyat in 5 Std. Die meisten Minivans starten gegen 8.30 oder 17 Uhr, sind etwas schneller am Ziel und kosten um 13 000 Kyat (ca.170 km).
BHAMO, 2x tgl. für 15 000 Kyat in mind. 14 Std. Die Strecke ist eine neue Alternative zum beliebten Wasserweg, führt ebenfalls durch eindrucksvolle Landschaften – ist aber nichts für schwache Nerven und Ausländern zuweilen sogar untersagt (ca. 430 km).
HSIPAW, um 6 und 14 Uhr für ca. 5000 Kyat in 5–6 Std. (ca. 210 km).
INLE-SEE (NYAUNGSHWE), meist um 19–20 Uhr für 12 000 Kyat in 8–9 Std. Populär sind die neuen Minivans mit ihrem Tür-zu-Tür-Service für 15 000 Kyat (ca. 360 km).
LASHIO, gegen 18 Uhr für 15 000 Kyat in 7–8 Std., Minivans meist um 8 Uhr zum ähnlichen Preis.
LOIKAW, um 18–19 Uhr für 10 500 Kyat in rund 14 Std. (ca. 360 km).
MAWLAMYAING und HPA-AN, die meisten der tgl. rund 10 Busse starten um 17–18 Uhr für ca. 15 000 Kyat in 12–13 Std. (750 km bzw. 740 km).
MONYWA und SHWEBO, von 7–17 Uhr quasi stdl. mit Kleinbussen für 2000–3000 Kyat in 3 1/2 Std., wobei Shwebo etwas weniger häufig bedient wird.
PATHEIN, 4x tgl. meist nachmittags für ca. 17 000 Kyat in 14 Std. (ca. 810 km).

Tolle Touren per Taxi

Mandalays Taxifahrer kennen sich meist nicht besonders gut aus in Geschichte, Kultur und Architektur, dafür umso besser mit den Provisionen der von ihnen empfohlenen Geschäfte – so zumindest ein gängiges Vorurteil. Doch manch ein Vertreter der Zunft entpuppt sich als hilfsbereiter, freundschaftlicher Begleiter, spricht passabel Englisch und versteht sich darauf, seinen Passagieren Mandalay und Umgebung möglichst authentisch zu präsentieren. Leser/innen empfehlen, die Bekanntschaft mit folgenden Persönlichkeiten zu machen (auch wenn sich deren Erreichbarkeiten schnell mal ändern können):

Mit Moped

- **Myint Shin**, 09-2591 25095, myintshin15@gmail.com, trägt den Spitznamen *Mr. Take-It-Easy,* ist stets gut motiviert und meist im Bereich der 27th St. (80/81) zu finden.
- **Kore Koore**, 09-7978 40833, koore6070@gmail.com, führt seine Gäste gern und engagiert auf dem Sozius seines Mopeds herum.

Zwei preiswerte, zielsichere Empfehlungen für Sagaing, Inwa und Amarapura s. S. 343. Normalerweise verlangen Moped-Taxifahrer für einen ganzen Tag US$10–20, doch kann die gewünschte Gage durchaus auch das Tagessalär eines professionellen Reiseführers erreichen (S. 344). Ganztägige Stadttouren mit einer Limousine kosten US$25–30 und mit Minivans US$35–40, wenn es in die Umgebung geht, um US$30–40 bzw. US$40–50.

Mit Limousine oder Minivan

- **Jo Jo**, 09-4541 00102, jojo00412@gmail.com, lauert mit seinem Nissan AD meist im Bereich des Restaurants Too Too. Für Stadtfahrten nimmt er je nach Distanz 5000–7000 Kyat.
- **Moe**, 09-201 8594, moemandalay1@gmail.com, verfügt zusammen mit seinem Bruder und Onkel über einen angenehmen Minivan, der sich nicht nur für Tagestouren eignet.
- **Nay Gyi**, 09-4025 68843, naygyi2544@gmail.com, chauffiert seine Gäste mit einem gut gepflegten Toyota Crown, kennt alle Zielpunkte bestens, ist wohltuend hilfsbereit und höflich.
- **Soe (Soe) Paing**, 09-4025 38362, soe.paing246@gmail.com, ist es offenbar gelungen, viele Kunden zu Freunden zu machen – egal ob sie mit ihm per Limousine oder Minivan unterwegs gewesen sind.
- **Win Nying**, 09-202 8137, winnying10908@gmail.com, zählt zweifellos zu den besten Optionen. Einer Trishawfahrer-Dynastie entstammend, steht er mit seinem komfortablen Toyota Minivan, in dem man sich zu zweit oder dritt schön lang machen kann, meist am Hauptaufgang zum Mandalay Hill. Er spricht bestens Englisch, ist kompetent und verlässlich – zu fairen Preisen, sodass es seinen Minivan oft schon zum Preis von Limousinen gibt. Tagestouren zu den alten Königsstädten kosten z. B. US$40–50, nach Monywa ab US$80 (besonders hier entpuppt sich der 45-jährige Chauffeur-Guide als ultimativer Insider), Rundtouren nach Bagan oder zum Inle-See inkl. einer Übernachtung ca. US$250.
- **Win San**, 09-7985 93307, win.san.tourguide@gmail.com, bietet alles, was Reisende erbauen kann: Er ist sympathisch, hilfsbereit, versiert und zuverlässig.

PYIN U LWIN, die häufig verkehrenden Pick-ups starten von der Ecke (84/35) für 1500 Kyat (Kabine 300 Kyat), in bis zu 2 1/2 Std. Shared Taxis von Shwe Mann May, 79th St. (27/28), 09-680 6556, kosten 5000 und 7000 Kyat.

Praktikabel sind die neuen Minivans für ca. 6000 Kyat (ca. 65 km).
SITTWE und NGAPALI, um 16 Uhr mit Non-AC-Bussen für 22 000 Kyat in ca. 24 Std. (ca. 800 bzw. 700 km).

Schnell und komfortabel nach Bagan

Der Ayeyarwady zwischen Mandalay und Nyaung U müsste eigentlich „Road to Bagan" heißen, denn die meisten Touristen starten von der nördlichen Metropole aus mit dem Boot zur alten Königsstadt. Die Touren präsentieren sich als verlockende Alternative zum halbstündigen Flug, doch sollten die Erwartungen an diese Flussfahrten nicht zu hoch gesteckt werden: In diesem Abschnitt zeigt sich die Landschaft eher eintönig – der Ayeyarwady ist breit und das Ufer flach.

Zudem erschweren niedrige Wasserstände am Ende der Trockenzeit (steigen erst wieder im März mit der Schneeschmelze im Himalaya) und zahlreiche Sandbänke die Navigation. Dadurch kommt es häufig zu erheblichen Verzögerungen, zuweilen laufen die **Fährboote** sogar auf Grund oder stellen ihren Betrieb ganz ein – wie zuweilen auch in der Nebensaison. Die schnellsten Boote benötigen rund 9–10 Std. (in Gegenrichtung 11–13 Std.), während uns luxuriöse **Flusskreuzer** bis zu drei Tagen Zeit lassen. Einen hilfreichen Überblick ermöglicht das Internetportal 🖳 www.myanmarrivercruises.com. Aber: Auch **Slow Boat-Törns** haben ihren Reiz! Sie dauern zwar mindestens fünf Stunden länger, garantieren aber mehr Kontakt mit Einheimischen und auch sonst intensivere Impressionen, da die Schiffe mehrmals zum Be- und Entladen anlegen.

Komfortable Expressboote

Malikha River Cruises, Pearl St., zwischen (77/78) und (32/33), ✆ 02-72279, 09-511 8357 (Manager Aung Naing Soe spricht gut Englisch), 🖳 www.malikha-rivercruises.com. Die schnittige *Malikha 2* kann die Passage mit bis zu 100 Passagieren und einer Geschwindigkeit von elf Knoten bewältigen. Zudem verfügt das 106 m lange und 17 m breite, zweistöckige Kabinenboot über einen klimatisierten Innenbereich und ein Sonnendeck mit Sitzgelegenheiten (am besten rechtzeitig belegen, da sehr beliebt). Abgelegt wird in Mandalay morgens um 7 Uhr (mind. 9 Std., aber mit US$49 leider etwas teurer geworden). In Gegenrichtung erfolgt die Abfahrt aus Bagan um 5.30 Uhr (mind. 11 Std., US$35). An Bord gibt es gratis Trinkwasser, Kaffee, Tee und kleine Snacks, gegen Bezahlung auch Cola und Bier sowie ein kleines Mittagsmahl. Als weiteres Kabinenboot wird die noch etwas längere und sogar 110 Passagiere fassende *Malikha 6* eingesetzt. Die *Malikha 3* und die für nur 40 Passagiere ausgelegte *Mayka 2* fungieren als beschauliche Holzdschunken, die vor allem für gemächliche Chartertouren eingesetzt werden.

Myanmar Golden River Group (MGRG), Innenstadt-Büro: 38, 38th St. (79/80), ✆ 02-66204, ⏰ 9–17 Uhr, und Service-Schalter am Fluss unter einem großen Banyan-Baum: Strand Rd. (26/35), ✆ 09-9100 6098 (Mrs. Ye Ye, spricht gut Englisch), 🖳 www.mgrgexpress.com, ⏰ 11–18 Uhr. Erst seit 2013 im

TAUNGGYI, mit großen AC-Bussen für 12 000 Kyat in 10 Std. (ca. 260 km).

YANGON, oft und besonders gegen 9 Uhr sowie 21–22 Uhr von rund 30 Firmen mit meist modernen chinesischen Bussen bzw. 45 Sitzplätzen für ca. 12 000 Kyat in 8–10 Std. (ca. 650 km).

Es empfiehlt sich ein **Special Bus**, wobei das je nach Anbieter *First Class*, *Special Class*, *Business Class, Gold Class* oder *VIP-Night-Bus* heißen kann. Die Busse haben meist nur 27 Sitzplätze (3 pro Reihe), entsprechend mehr Komfort und eine effektive AC. Die Tickets allerdings liegen bei 15 000–20 000 Kyat, können gar 44 000 Kyat erreichen.

Eisenbahn

An der Stelle des alten britischen Bahnhofs erhebt sich ein imposantes, modernes Bauwerk mit markanter Architektur. Das Ticket-Büro, ✆ 02-35140, liegt im Erdgeschoss. ⏰ tgl. 6–16 Uhr.

BAGAN (NYAUNG U), tgl. gegen 21 Uhr mit Zug Nr. 120 für 4500 Kyat *(first class)*, 9000 Kyat *(upper class)* oder 17 500 Kyat *(upper class sleeper)* in 7 1/2 Std., wobei es aber nicht üblich ist, diese Strecke per Eisenbahn zurückzulegen.

MONYWA, tgl. um 14.30 Uhr für 700 Kyat, aber nur in der *ordinary seat* möglich und wegen der

Geschäft – mit sechs Booten und in der Saison täglichen Verbindungen ab 7 Uhr (mind. 8–10 Std., US$42 inkl. Frühstück und Mittagsmahl an Bord), Rückfahrten um 5.30 Uhr (12–13 Std., US$35). Auch zwei- bis dreitägige Kreuzfahrten im Angebot.

RV Shwe Keinnery, am Westende der 35th St., ✆ 02-63983, 09-2588 88583 (Mr. Hlaing Myo Kyaw ist freundlich, eloquent und spricht gut Englisch, 🖥 auf Facebook, ⏱ 8.30–17.30 Uhr. Versteht sich als Marktführer – mit insgesamt 3 Schiffen für bis zu 130 Passagiere. Startet in der Saison tgl. und in der Nebensaison alle 2 Tage gegen 7 Uhr (9–10 Std., US$42 inkl. Frühstück und Mittagsmahl) und fährt vom Nyaung U-Pier in Bagan um 5.30 Uhr zurück (11–12 Std., US$32).

Nostalgische Flusskreuzer

Am luxuriösesten bewältigen lässt sich die Strecke mit stil- und stimmungsvollen Flusskreuzfahrten bzw. schwimmenden Boutiquehotels, bei denen ab US$280 mind. eine Übernachtung an Bord vorgesehen ist.

Amara River Cruises, 🖥 www.amara-myanmar.travel. Mit einer jeweils zwölfköpfigen Besatzung auf Kreuzfahrt gehen die beiden hölzernen Schiffe *Amara I* und *Amara II* bis hoch nach Bhamo. Ein Teil des Gewinns fließt in die Amara Foundation, 🖥 www.amara-foundation.com.

Ayravata Cruises, 🖥 www.ayravatacruises.com. Nostalgisch und nobel geht es auf der betagten, umfassend restaurierten *RV Paukan 1947* und ihren drei Nachbauten *RV Paukan 2007*, *RV Paukan 2012* und *RV Paukan 2014* zu.

Belmond, 🖥 www.belmond.com. Das ehemalige Rheinschiff *Road To Mandalay* kann mit Suiten für bis zu 82 Passagiere und einem bordeigenen Pool aufwarten – wie auch die 3-stöckige *Orcaella*, die in ihren Panoramafenster-Kabinen bis zu 50 Kreuzfahrer aufnehmen kann.

Tint Tint Myanmar Cruises, ✆ 09-9609 38100, 🖥 www.tinttintmyanmarcruise.com. Ist zwischen Mandalay und Bagan mit den gediegenen Flusskreuzern *Makara Queen*, *Irrawaddy Princess 2*, *Princess Royal* und *RV Yandabo* unterwegs.

Pandaw River Expeditions, ✆ 09-202 9933, 🖥 www.pandaw.com (s. Kasten S. 350). Die führende Reederei für Flusskreuzfahrten bedient die Strecke mit mehreren Schiffen bzw. zwei- bis dreitägigen Törns.

Sämtliche Fluss(kreuz)fahrten lassen sich in Mandalay z. B. über **Zone Express Travel** buchen (S. 344).

langen Fahrtdauer von 5–6 Std. nicht besonders akzeptabel.
MYITKYINA, um 14.10 Uhr (55 up) und 16.20 Uhr *(57 up)* als Express-Zug (s. Tabelle) für 4150 Kyat *(ordinary class)*, 5150 Kyat *(first class)* oder 8250 Kyat *(upper class)*, bei ausländischen Passagieren am beliebtesten. Die Strecke nach Myitkyina benötigt bis zu 20 Std. Der um 13 Uhr *(33 up)* startende Zug ist der einzige mit einer *sleeper class*.
Der privat betriebene Zug von Myit Sone – Mandalar Express Train *(37 up)* – fährt um 10.20 Uhr ab für 8300 Kyat *(ordinary)* bzw. 16 500 Kyat *(upper class)*. Der 41 up verkehrt als Postzug, der allerdings überall stoppt.
PYIN U LWIN, HSIPAW, LASHIA, tgl. um 4 Uhr bis nach Pyin U Lwin für 600–700 Kyat *(ordinary/first class)* in rund 3 1/2 Std., bis HSIPAW 1700–3200 Kyat in 9 Std. und nach LASHIO für 2400–3200 Kyat in rund 16 Std. Die Fahrt über den Gokteik-Viadukt zwischen Pyin U Lwin und Hsipaw zählt zu den schönsten Zugstrecken von Myanmar, die späteren Abschnitte sind landschaftlich aber weniger spannend.
YANGON, 3x tgl. als Expresszug um 15, 17 und 6 Uhr (s. Tabelle S. 350) für 4650 Kyat (*ordinary seat*, Ventilator), 9300 Kyat *(upper*

Zugfahrplan

Zug-Nr.	6 down	4 down	12 down	
Mandalay	15.00	17.00	06.00	
Yangon	05.30	07.45	21.00	
Zug-Nr.	55 up	57 up	41 up	37 up
Mandalay	16.00	09.00	17.45	11.30
Myitkyina	11.35*	05.40	21.30*	06.30*

* Ankunft am nächsten Tag

seat) und 12 750 Kyat *(sleeper)* in 15–16 Std. Der *slow train* startet um 19.15 Uhr und trifft am nächsten Tag um 17.35 Uhr in Yangon ein.

Boote

Der Begriff „Jetty" bezeichnet in Mandalay keine betonierten Piers, sondern lediglich die mit mobilen Holzbrett-Brücken bestückten Anlegestellen am lehmigen Ufer des Ayeyarwady. Die beiden wichtigsten sind der **Mayanchan-Jetty** (auch Mayangyan- oder Mingun-Jetty) für Boote nach Mingun) am Ende der 36th St. und der **Gawein-Jetty** (auch Gawwein-Jetty) für Schiffe nach Bagan am Ende der 35th St. Die luxuriösen Flusskreuzer *Road to Mandalay* und die Schiffe der *Pandaw*-Flotte starten vom Anleger **Shwe Kyet Yet** – rund 2 km vor der Brücke nach Sagaing. Tickets für den Wasserweg nach Bagan, Pyay und Bhamo gibt es im Hauptbüro der **Inland Water Transport (IWT)**, das sich nicht weit vom Gawein-Jetty bzw. am Westende der 35th St. befindet, ✆ 02-36035, ⊕ 9.30–16.30 Uhr. Hier hängen auch Fotos aller Schiffe aus. Am Flussufer gibt es ein „Floating Office", wo u. a. die Fahrkarten für Bhamo und um 5 Uhr morgens Last-Minute-Tickets verkauft werden, ⊕ 8–10 und 14–15 Uhr. Die Tickets sollten mind. 1 Tag vor Abreise gekauft – oder gegen US$2–3 Aufpreis bequem von der Unterkunft oder einer Reiseagentur besorgt werden.

Bagan

Die bei passionierten Travellern beliebten Slow Boats der staatlichen **IWT** kosten 18 000 Kyat (Tickets auch auf dem Boot) bzw. 36 000 Kyat für den Platz in einer Gemeinschaftskabine, legen am So und Mi gegen 5.30 Uhr ab und treffen gegen 18–20 Uhr in Bagan ein. Die von dort am Do und Mo gegen 5.30 Uhr nach Mandalay startenden Boote müssen stromaufwärts fahren, sodass sie inkl. der üblichen Übernachtungsstopps in Simikhone 25–30 oder gar bis zu 50 Std. benötigen. Natürlich lässt sich die Strecke auch schneller bzw. mit deutlich mehr Komfort bewältigen (s. Kasten S. 348/349).

Bhamo / Homalin

Schiffe der **IWT** bedienen die Strecke regelmäßig für 15 000 Kyat, wobei ein Platz in einer recht sauberen Doppelkabine bis zu

Expeditionen mit Nostalgie, Luxus und Legenden

Als Pionier für Flusskreuzfahrten und in besonderer Weise kompetent gilt das Unternehmen **Pandaw River Expeditions** (The Irrawaddy Flotillia Company), 🖥 www.pandaw.com, dessen Ursprung in Myanmar liegt bzw. bis in das Jahr 1865 zurückreicht und das in Südostasien mittlerweile insgesamt zwölf kolonial-nostalgische Luxusschiffe betreibt. Das verlockende Programm wird ständig ausgebaut und umfasst landesweit mittlerweile schon elf Touren, von denen etliche in Mandalay starten und auf dem Ayeyarwady z. B. bis nach Bhamo führen oder auf dem Chindwin über Monywa bis nach Kalewa oder sogar Homalin. Die erlebnisreichen Expeditionen können bis zu drei Wochen dauern.

Am Ufer des Ayeyarwady dümpelt stets eine ansehnliche Armada.

72 000 Kyat p. P. kosten kann. Abfahrt ist Mo, Do und Sa um 6 Uhr. Stromaufwärts brauchen die Boote 3 Tage und 2 Nächte, in Gegenrichtung (Mo, Mi und Fr ab 7 Uhr) meist nur 2 Tage und 1 Nacht. Luxus-Kreuzfahrten: Auf der **Road to Mandalay** gibt es 11-tägige, mit der **Pandaw-Flotte** bis zu 2 Wochen dauernde Törns nach Bhamo (s. Kasten S. 348/349). Praktikabel, aber nicht gerade preiswert sind die Charterboote des am Mayanchan-Jetty ansässigen Unternehmens **Global Seagull Myanmar** (**Zin Yaw Boat**), ✆ 02-63596, 09-7971 10064, 🖳 www.globalseagullmyanmar.com, ⏲ 8–18 Uhr. Mr. Naing Win Tun und seine Eltern besitzen 15 verschiedene Schiffe (für max. 40 Pers.), die vor allem für Flusskreuzfahrten nach Mingun und Bagan (2–5 Pers. US$550, 6–10 Pers. US$650) eingesetzt werden. Touren nach Bhamo (4 Tage rauf/3 Tage runter) kosten bei 1–4 Pers. etwa 1,2 Mio. Kyat (als Rundtour 1,5 Mio. Kyat), die Charter für eine 15-tägige Schiffstour inkl. Zwischenstopps nach Homalin im Chin-Staat (9 Tage rauf/7 Tage runter – wird meist nur als Rückfahrt gebucht, wobei die Anals Leerfahrt aber im Preis einkalkuliert ist) liegt für 1–5 Passagiere bei US$5000, für bis zu 10 Passagiere bei US$6000. Für die Übernachtung der Passagiere stehen einfache Kabinen mit Ventilator zur Verfügung, bei Vollpension an Bord werden 23 000 Kyat p. P. und Tag extra berechnet.

Mingun

Die Abfahrten erfolgen vom Mayanchan-Jetty. Wer die staatliche, um 9 Uhr ablegende Fähre benutzen will, sollte sich rechtzeitig im entsprechenden Büro (Manager Khin Maung Aye spricht fließend Englisch), ✆ 02-65396, ⏲ 8–10.30 Uhr, gemeldet haben. Das eigens für Ausländer eingerichtete Linienboot kostet 5000 Kyat p. P. (Fahrräder plus 1000 Kyat), benötigt 60 Min. und kehrt um 12.30 Uhr in 45-minütiger Fahrt wieder zurück nach Mandalay. Romantischer fährt man mit einem der 30 hier liegenden Charterboote nach Mingun, die für bis zu 5 Pers. 30 000 Kyat kosten und bis zu 10 Passagieren 38 000 Kyat (ggf. am Fährbüro warten, bis mehr Leute da sind). Sie sind bequem und ermöglichen flexible Besuchszeiten, sodass man ggf. auch schon vor 9 Uhr in Mingun sein kann bzw. bevor die Touristenmassen eintreffen (weitere Infos s. S. 369).

Kreuzfahrten rund um Mandalay

Noch jung ist die Möglichkeit zu Flusskreuzfahrten zwischen Mandalay, Mingun, Inwa und Sagaing, wie sie nicht nur das **Mandalay Karaweik Mobile Hotel** (s. S. 333) zu bieten hat:
Die schöne **The River Lounge**, w 09-7806 77406, 🖥 www.ancientcitiesflottila.com, kann von 2 bis 24 Personen für Halbtagestouren nach Mingun geentert werden (9.45–13.30 Uhr, inkl. Mittagessen an Bord US$28 p. P.). Empfehlenswert ist die mit nur vier Kabinen familiär bestückte **M.S. Hintha**, ☎ 09-4211 55836, 🖥 www.baganflotilla.com: Die „Ancient Cities"-Tour führt zu den umliegenden, ehemaligen Königsstädten, der ebenfalls drei Tage dauernde Törn zu den Delphin-Schutzprojekt-Dörfern Myitkangyi und Sithe sowie dem Naturschutzgebiet Tayawgyi, Mingun und Kyaukmyaung (inkl. Landgängen, Eintrittsgeldern und Vollpension mit Getränken, auch Bier und lokale Alkoholika, US$460 p. P. in der Doppelkabine). Zudem lässt sich das Schiff individuell chartern, wie z. B. auch die Boote von **Global Seagull Myanmar** (s. S. 351).

Die seit Ende 2016 unter der Regie von Sybille Kunz verkehrende **RV Mandalay**, ☎ 09-9722 25536 🖥 auf Facebook, ist als Sozialprojekt von Schweizern konzipiert, das der Crew u. a. Ganzjahresverträge, hohe Löhne, gute Unterbringung und Zertifikate beschert. Das pieksaubere Wohlfühlschiff bietet 8 Kabinen, jede Menge Teakholz und Korbmobiliar, aber keine AC (3 Tage für US$540 p. P. in der Doppelkabine).

Flüge

Der 2000 eröffnete **Mandalay International Airport**, 🖥 www.mandalayairport.com, liegt rund 35 km südlich der Stadt. Trotz der Anbindung durch neue, breite Straßen beträgt die Fahrtzeit fast 1 Std. Der für US$600 Mio. von einem thailändisch-italienischen Konsortium erbaute Flughafen wirkt teilweise etwas heruntergekommen und soll mithilfe japanischer Investoren modernisiert werden. Er kann mit seiner 4267 m langen Start- und Landebahn (gilt als längste Südostasiens) auch größere Maschinen abfertigen. Für 3 Mio. Passagiere im Jahr konzipiert, wurde er gern als „Geisterflughafen" tituliert, bevor ihm die neuen Direktflüge nach/von Thailand mehr Leben eingehaucht haben. Im Terminal finden sich mehrere Schalter für Geldwechsel und SIM-Cards. Transfers s. Kasten S. 353.

National

Die Inlands-Anbindung von Mandalay hat sich erheblich verdichtet, die wichtigsten Flugrouten sind:
BAGAN, bis zu 6x tgl. für US$55–65 in 30 Min., meist als Zwischenstopp nach Yangon.
BHAMO, 4x wöchentl. für ca. US$120, mit 2 Airlines, in 1 Std.
HEHO / INLE-SEE, 5x tgl. für US$50–60 in 30 Min.
KENGTUNG, fast tgl. für ca. US$140, mit 3 Airlines, in 85 Min.
MYITKYINA, tgl. für US$126, als Zwischenstopp nach Putao, mit 5 Airlines, in 1 Std.
PUTAO, 3x wöchentl. für US$138, mit 2 Airlines, in fast 2 Std.
YANGON, bis zu 10x tgl. für US$110–120, morgens, mittags und nachmittags – mit 7 Airlines, in 1 1/4 Std.
Auch HOMALIN, HKAMTI, LASHIO, KALAYMYO, NAY PYI TAW und TACHILEK werden bedient.

International

Von besonderer Bedeutung sind die Verbindungen nach Bangkok und Chiang Mai:
BANGKOK, tgl. um 12.45 Uhr mit AirAsia (US$110–120) in knapp 2 Std. (Achtung: nur zum Don Mueang Airport), tgl. um 14 Uhr mit Bangkok Airways (US$150–160) sowie 4x wöchentl. um 12 Uhr mit Thai Smile Airways (US$110) in 2 1/2 Std.
CHIANG MAI, 4x wöchentl. um 18 Uhr mit Bangkok Airways (US$130–160) in rund 1 1/2 Std.
KUNMING, 1x tgl. um 14 Uhr mit China Eastern Airlines (US$260) in ca. 3 Std.
SINGAPORE, 3 x wöchentl. um 14 Uhr mit Silk Air (US$145–200) in 2 Std.

Fluggesellschaften
Die Innenstadt-Büros der Airlines haben meist Mo–Fr 9–17 Uhr und Sa/So 9–12 Uhr geöffnet, doch lassen sich alle flugtechnischen Dinge auch bestens über Sun Far Travels & Tours abwickeln (s. Kasten).

AirAsia (AK), 26th St. (78/79), ✆ 02-61529, 09-4211 1711.
Air Kanbawza / KBZ (K7), Ecke (30/65), ✆ 02-24862-3, 02-27053-4 (Airport).
Air Mandalay (AM), 78th St. (29/30), ✆ 02-64554 und 27051 (Airport).
Asian Wings Airways (AW), 32nd St. (76/77), ✆ 02-74791-2 und 27065 (Airport).
Bangkok Airways (PG), 78th St. (33/34), ✆ 02-36323 und 02-27082 (Airport).
China Eastern Airlines (MU), 82nd St. (27/28), ✆ 02-60990-1.
Golden Myanmar Airlines (Y5), 83rd St. (31/32), ✆ 02-30720 und 02-27073 (Airport).
Mann Yadanarpon Airlines (7Y), 78th St. (33/34), ✆ 02-67099 und ✆ 02-67099 (Airport).
Myanmar National Airlines (UB), 81st. St. (25/26), ✆ 02-36221.

Myanmar Airways International (MA) / Thai Smile Airways (8M), A1 Ecke (78/27), ✆ 02-69551-2, 02-27077 und 02-20279 (Airport).
Silk Air (MI), ✆ 02-27096 (Airport).
Yangon Airways (HK), 78st St. (29/30), ✆ 02-34405-6 und 27050 (Airport).

Flughafen-Transfers

Es gibt keinen öffentlichen Busverkehr zwischen Mandalay und Flughafen. Professionelle Anbieter von Transfers sind z. B. **Sun Far Travels & Tours**, ✆ 02-72743, oder **Sein Myanmar Transport**, ✆ 02-21007 (Stadtbüro) oder 21006 (Flughafen), die auch eigene Schalter im Terminal betreiben. **Sammeltransporte** (meist inkl. Abholung von der Unterkunft) per Limousine oder Minibus kosten 4000 Kyat. Ein eigenes **Taxi** vom/zum Flughafen gibt es für 12 000–15 000 Kyat, ein Minivan liegt bei 18 000 Kyat. Privat arrangierte Transfers (Fahrer s. Kasten S. 347) bieten die Möglichkeit, unterwegs einen Abstecher zur Schlangen-Pagode **Mway Paya** (in Paleik bzw. auf halbem Weg, ca. 5 Min. Autofahrt von der Hauptstrecke) zu verbinden.

THANBODDHAY-PAGODE, MONYWA; © NIPAPORN YANKLANG

Die Umgebung von Mandalay

Pittoreske Hinterlassenschaften längst versunkener Königreiche, mit Pagoden und Klöstern übersäte Hügel, aber auch etliche Superlative und Kuriositäten locken zu ein- oder auch mehrtägigen Entdeckungstouren in die Umgebung von Mandalay, die sich aus der Metropole wunderbar – auch als Fluss-Kreuzfahrt auf dem Ayeyarwady – arrangieren lassen.

Stefan Loose Traveltipps

Amarapura Die „Stadt der Unsterblichkeit" lohnt allein schon wegen der U Bein-Brücke einen Besuch – zumal sie als längste Holzbrücke der Welt gilt. S. 358

Sagaing Nirgends in Myanmar findet sich eine so spektakuläre Dichte von Tempeln, Pagoden und Klöstern wie auf und zwischen den sanften Hügeln am Ufer des Ayeyarwady. S. 365

Mingun Die faszinierenden Überreste der imposanten Pahtodawgyi-Pagode zeugen noch heute davon, dass hier einst die größte Pagode der Welt errichtet werden sollte. S. 370

7 Pyin U Lwin Von den Briten angelegt, erfreut der Bergort mit kühlem Klima, filmreifen Kolonialhotels und urigen Westernkutschen. S. 373

8 Monywa Die Thanboddhay-Pagode wird von über 500 000 Buddhabildnissen geschmückt, während sich nicht weit entfernt die zweithöchste Buddhastatue der Welt erhebt. S. 383

REGIONALE SPEZIALITÄTEN, PYIN U LWIN, © VOLKER KLINKMÜLLER

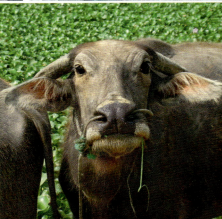

WASSERBÜFFEL, MONYWA, © VOLKER KLINKMÜLLER

Wie lange? Inklusive Edelstein-Enklave Mogok mindestens eine Woche

Unvergessliches Erlebnis Fluss-Flipper im Ayeyarwady sichten

Nicht verpassen Visite bei den drei Riesen-Buddhas von Monywa

Romantischer Reiz Sonnenuntergang mit Blick auf Sagaing

Leckere Mitbringsel Getrocknete Früchte aus Pyin U Lwin

Worauf nur wenige kommen Entschleunigung im Meditations-Kloster

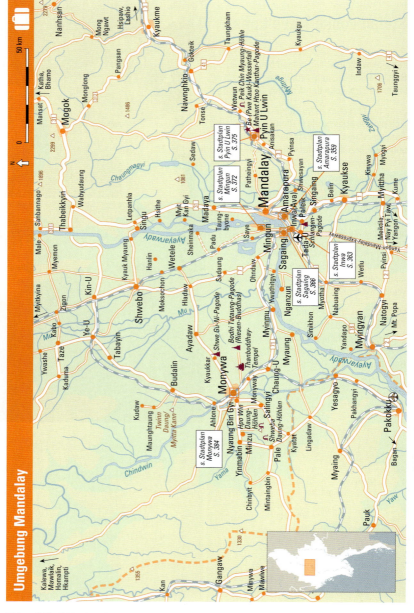

Auf engstem Raum finden sich um Mandalay mit Amarapura, Inwa (Ava), Sagaing und Shwebo vier ehemalige Königsstädte, die sich leicht mit Tagestouren erkunden lassen. Denn nach dem Niedergang von Bagan blieben Mandalay und Umgebung bis 1885, als der Dritte und letzte Anglo-Birmanische Krieg mit einer endgültigen Niederlage endete, das Zentrum der Königreiche. Um das jeweils mit der alten Residenz verbundene Unheil – etwa durch das Töten von Rivalen und ihrer Familien – abzuschütteln, verlegten die Herrscher der rund 130 Jahre währenden Konbaung-Dynastie ihre Hauptstadt insgesamt fünf Mal!

Immer wenn der Umzug in eine neue Hauptstadt anstand, wurden die weitgehend aus Edelhölzern errichteten Paläste und Klöster einfach ab- und an der neu erwählten Stätte wieder aufgebaut. Sobald die Herrscher mit ihrem Gefolge abgezogen waren, wurden ehemals mächtige Städte wieder zu einfachen Bauerndörfern, während die aus Mauerwerk und Ziegeln erbauten Heiligtümer Bestandteil der Landschaft blieben. Nach dem Sturz von Bagan erlangte im frühen 14. Jh. zunächst Sagaing Bedeutung, aber schon 1364 schwang sich Inwa zur Nachfolge auf – wurde Regierungssitz von 1764 bis 1783. Dann wurde die Hauptstadt nach Amarapura verlegt, doch 1823 war Inwa wieder an der Reihe, bis das verheerende Erdbeben von 1838 die gesamte Region verwüstete und die Staatsverwaltung zurück nach Amarapura verlegt werden musste. König Mindon zog 1857 schließlich nach Mandalay um, das bis zur britischen Eroberung für 25 Jahre Hauptstadt blieb.

Obwohl das nördlich am Ayeyarwady liegende Mingun niemals Königsstadt gewesen ist, kann es mit spannenden Sehenswürdigkeiten aufwarten, darunter die Überreste einer gigantischen Pagode und die größte funktionstüchtige Glocke der Welt. In Monywa locken mit der bunt-verspielten, von mehr als 500 000 Buddhastatuen geschmückten Thanboddhay-Pagode und drei Buddhas der Superlative beeindruckende Heiligtümer sowie stimmungsvolle Flussreisen auf dem Chindwin. Ein Ausflug nach Shwebo indes führt in eine abgelegene, beschaulich gebliebene Stadt, von der

Tipps zur Tourenplanung

Wer es eilig hat, kann die Erkundung von Amarapura, Inwa (Ava) und Sagaing an einem einzigen Tag schaffen, doch für Mingun sollte mindestens noch ein weiterer halber Tag eingeplant werden. Die Sehenswürdigkeiten von Mandalay aus per öffentlichem Personennahverkehr erreichen zu wollen, kann in eine zeitraubende Tortur ausarten – zumal die Ziele meist nicht direkt angefahren werden. Weitaus angenehmer gestaltet sich das Anheuern eines (Moped)Taxis (S. 347), eine erlebnisreiche Fahrradtour (S. 342 und S. 369) oder – für die Strecke nach Sagaing – vielleicht sogar der bis zu 2 1/2 Std. dauernde Wasserweg per Charterboot (S. 352).

Übernachten kann man allenfalls in Sagaing, das sich so auch authentischer erleben lässt. Vielerorts muss – abhängig von Saison und Tageszeit – mit aufdringlichem Souvenirverkauf und selbst ernannten Guides gerechnet werden. Zu den Eintrittskosten s. S. 365.

Für einen Besuch Pwin U Lwins sollten auf jeden Fall ein oder besser zwei Übernachtungen eingeplant werden, um die historische Stimmung der ehemaligen Bergstation besser erfassen zu können. Auch zum Abstecher nach Monywa gehört eigentlich mindestens eine Hotelnacht. Ein Trip zur Edelstein-Enklave Mogok indes mag zwar spannend erscheinen, ist aber ob der wieder angezogenen Permit-Bestimmungen weniger angesagt. Und nach Shwebo sollte sich allenfalls aufmachen, wer bereits alle anderen bedeutenden Sehenswürdigkeiten erkundet hat.

aus König Alaungpaya eins das Dritte birmanische Reich gründete.

Die für Ausländer lange gesperrte, geheimnisumwitterte und von hohen Bergen umrahmte Edelstein-Enklave Mogok darf seit Ende 2013 besucht werden, was aber nur mit Sondergenehmigung bzw. im Rahmen einer geführten Tour möglich ist. Denn hier werden die wertvollsten Rubine und Saphire des Landes aus der Erde gegraben.

Amarapura

Der Weg nach Amarapura, Inwa und Sagaing führt vorbei am 3,7 km langen und bis zu 1 km breiten **Kandawgyi-See** (historisch: Thet Thay). An ihm liegen etliche Restaurants, die abends mit bunter Beleuchtung auf sich aufmerksam machen. Als spektakulärstes lockt die **Pyi Gyi Mon Royal Barge**, die bis Ende der 1990er-Jahre auf dem Festungsgraben am Sedona-Hotel in Mandalay dümpelte und sich nun auf 215 Pfähle stützt. Wie auch das neue Karaweik Mobile Hotel (S. 333) am Ayeyarwady-Ufer in Mandalay, ist sie ein imposanter Nachbau der einstigen königlichen Schiffe – und erreicht eine stattliche Höhe von über 18 m.

Obwohl vom einstigen **Palast** nur wenig erhalten ist, lohnt sich schon wegen der 1,2 km langen, hölzernen **U Bein-Brücke** ein Besuch des 11 km südlich von Mandalay liegenden Amarapura. Die ehemalige Hauptstadt hat sich als Zentrum der Seiden- und Baumwollweberei etabliert. In vielen Gärten hängen eingefärbte Baumwollfäden zum Trocknen, während aus den Häusern das monotone Klappern der traditionellen Holzwebstühle zu vernehmen ist. Unter anderem werden hier die schönsten Festtags-Longyis des Landes gefertigt. Doch auch viele Handwerksbetriebe des Bronzegusses, der Holzschnitz- und Steinmetzkunst sind hier angesiedelt. Überhaupt erinnert noch so mancher Straßenzug daran, wie es einst in Mandalay ausgesehen haben muss.

Eine Woche nach Ende des Nat-Festes von Taungbyone (s. Kasten) strömen Gläubige in Scharen zum **Irinaku-Fest** (Yadanagu-Fest) von Amarapura. Es erinnert an die Mutter der Taungbyone-Brüder, die Popa Maedaw (S. 286). Für seine wilden Auswüchse bekannt, zählt es für die Anhänger des Nat-Kultes zu den Höhepunkten des Jahres.

Obwohl der aus dem Sanskrit stammende Name Amarapura „Stadt der Unsterblichkeit" bedeutet, währten die Zeiten als Hauptstadt nicht lange. Kurz nach seiner Thronbesteigung 1782 wählte König Bodawpaya Amarapura für einen Neubeginn. Schließlich hatte er zu Beginn seiner Herrschaft zahlreiche Rivalen und deren Familien umbringen lassen. Doch schon 40 Jahre später verlegte Bagyidaw den Regierungssitz zurück nach Inwa. 1841 wurde Amarapura nochmals Hauptstadt, bevor König Mindon 1857 nach Mandalay umzog, was insgesamt drei Jahre in Anspruch nahm.

Das Nat-Festival von Taungbyone

In dem 30 km nördlich von Mandalay am Ayeyarwady liegenden Taungbyone wird jeden Juli oder August eines der landesweit ausgelassensten Nat-Feste zelebriert. Es strömen massenhaft Menschen herbei, um sich bei ausgedehnten Mahlzeiten, feucht-fröhlichen Trinkrunden, allerlei Vorführungen und Glücksspielen zu vergnügen oder Astrologen und Wahrsager zu befragen. Im Mittelpunkt des Festes stehen die Nat-Brüder **Min Gyi** und **Min Lay**. Nach dem Tod ihrer Eltern (S. 286) wurden sie von **König Anawrahta** gezwungen, am Feldzug nach Yunnan teilzunehmen. Auf dem Rückweg befahl er seinen Weggefährten, am Ort des heutigen Taungbyone eine Pagode zu bauen. Als die beiden Brüder ihre Hilfe verweigerten, wurden sie kurzerhand hingerichtet. Später schien es den König zu reuen: Er ordnete den Bau eines Schreins an und zu Ehren der Brüder alljährlich ein Fest zu feiern. Dazu werden ihre bemalten Holzfiguren rituellen Waschungen unterzogen und durch die Menge getragen, wobei jeder versucht, sie mal zu berühren.

Palastruinen

Von dem einst quadratischen Palast Amarapuras sind nur steinerne Überreste des alten Wachturms, der Registratur, des Schatzhauses und der vier Pagoden erhalten, die einst die Ecken der von zwölf Toren unterbrochenen Stadtmauer markierten. König Mindon hatte den aus Teakholz erbauten Palast mit in seine neue Hauptstadt Mandalay genommen. Die Briten indes nutzten die Ziegel und Steine als Baumaterialien für Straßen und die Eisenbahnlinie. Innerhalb der Umfriedung liegen die Grabstätten der Könige Bagyidaw und Bodawpaya. Zudem wurde hier 2013 das Grab des 1767 gefangen genommenen Thai-Königs Uthumphon gefunden.

Amarapura

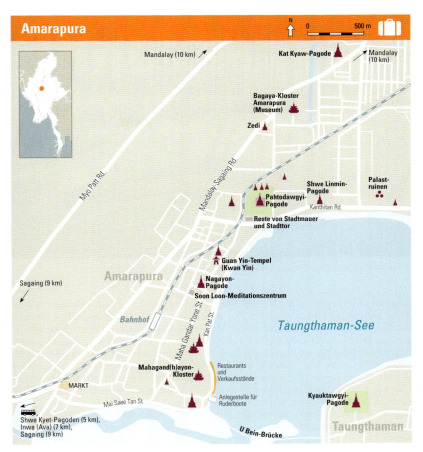

U Bein-Brücke

Seit der sich südlich der alten Königsstadt Amarapura erstreckende **Taungthaman-See** durch einen Damm aufgestaut wird, kann er das ganze Jahr über Wasser führen. Die beste Tageszeit, ihn über die **längste Teakholzbrücke der Welt** zu überqueren, ist kurz vor Sonnenuntergang oder (noch besser) morgens zwischen 7 und 9 Uhr. Denn dann sind die Touristenmassen noch nicht eingetroffen und die Einheimischen in Scharen unterwegs, während die Lichtverhältnisse für stimmungsvolle Impressionen sorgen können. Unter Einheimischen generiert der Mythos der Brücke natürlich ein gewisses Selfie-Syndrom. Die Tickets für den Zutritt werden nur selten überprüft.

Unaufhörlich strömen die Menschen über die Brücke, doch der Weg wird auch von vielen Bettlern und Invaliden gesäumt, sodass sich die Mitnahme kleiner Geldscheine empfiehlt. Die Sitzbänke und Schatten bietenden Pavillons sind heute zu Verkaufsständen umfunktioniert, während mancherorts ein eklatantes Vermüllungsproblem zu beklagen ist.

Um 1850 unter König Pagan – dem Bruder Mindons und einem der grausamsten Herr-

Der schönste Blick auf die Brücke eröffnet sich erst auf einer beschaulichen Bootstour.

scher der Konbaung-Dynastie – errichtet, trägt die 1,2 km lange, einst sogar vergoldete Brücke den Namen des Bürgermeisters, der damals für die Stadt Amarapura zuständig gewesen ist. Als Baumaterial diente das zurückgelassene Teakholz alter Residenzen aus Inwa und Sagaing. Von den 1086 Stämmen, die die zerbrechlich wirkende Brücke tragen, wurden schon einige durch Betonpfeiler ersetzt, was nicht unbedingt als Ideallösung erscheint – und manchen Besucher sogar etwas enttäuschen mag. Doch wurden bei den jüngsten Sanierungsarbeiten im Frühjahr 2016 35 hölzerne Stützen, die 2004 von einem Hochwasser davongespült worden waren, wieder eingesetzt.

In aller Ruhe lässt sich beobachten, wie Schwärme von Enten gemächlich ihre Bahnen ziehen, Fischer immer wieder schwungvoll Netze auswerfen oder mit ihren Angeln direkt im flachen See stehen. In der Trockenzeit wird der freigegebene, fruchtbare Seegrund intensiv zum Anpflanzen von Gemüse genutzt. Und immer wieder bietet sich ein wunderbarer Blick auf Pagoden, die sich auf der Wasseroberfläche spiegeln (einige Foto-Impressionen s. eXTra [5800]).

Es empfiehlt sich eine beschauliche Runde mit einem der **Ruderboote**, die am Ufer warten. Eine gut einstündige Tour (10 000 Kyat für bis zu 6 Pers.) verspricht ganz andere Perspektiven der Holzkonstruktion. Zudem besteht die Möglichkeit, der eindrucksvollen Massenspeisung von mehreren hundert Mönchen und Nonnen im nahen **Mahagandhayon-Kloster** beizuwohnen.

Kyauktawgyi-Pagode

Die U Bein-Brücke führt über den See zum Dorf **Taungthaman**, wo sich vor allem ein Besuch der Kyauktawgyi-Pagode lohnt. König Pagan ließ sie 1847 nach dem Vorbild des Ananda-Tempels von Bagan errichten. Durch das fünfstöckige Dach wirkt die Pagode auf den ersten Blick wie ein tibetischer oder nepalesischer Tempel. Im Inneren finden sich eine imposante Buddhafigur aus hellem Sagyin-Marmor, Figuren der 88 Schüler Buddhas und der halb menschlichen Manothiha-Fabelwesen. Die Eingangshallen sind mit Wandmalereien geschmückt, die Tierkreisbilder, Paläste und Pagoden oder Alltagsszenen zeigen, auf denen sogar einige Ausländer zu erkennen sind – als Hinweis darauf, wie bewusst den

Einheimischen die Präsenz der Engländer damals gewesen ist.

Mahagand(h)ayon-Kloster

Das 1914 am Ortsausgang gegründete und für strenge, religiöse Disziplin gerühmte Mahagandhayon-Kloster gehört zu den landesweit größten und auch bekanntesten Klöstern. Denn die hier täglich um 10.30 Uhr (bei großen Spendenübergaben bereits um 10.15 Uhr) beginnende **Mönchsspeisung** ist in erschreckendem Ausmaß als Touristenspektakel freigegeben. Während sich Hunderte von Mönchen in die Warteschlange einreihen, um geduldig und demütig auf das Füllen ihrer Almosenschalen zu warten, werden sie von ausländischen, teilweise unzureichend bekleideten Besuchern umzingelt. Selbst beim Essen scheinen die Mönche keinen wirklichen Frieden zu finden, denn durch die offenen Fenster und Türen des Speisesaals werden sie von den Touristen gnadenlos mit Fotoapparaten, Blitzlicht und Videokameras „abgeschossen".

Obwohl sich die Mönche vielleicht gar nicht so sehr an den Aufdringlichkeiten stören, sollte jeder Besucher dazu beitragen, die Würde des Ortes zu erhalten. Wer es authentischer mag, kann sich zum nahen **Soon Loon-Meditationszentrum** begeben. Dort kommen um 11.15 Uhr auch Nonnen zur Speisung und mit etwas Glück darf man sogar daran teilnehmen.

Pahtodawgyi-Pagode (Mahavizayaranthi-Pagode)

Dieses gut erhaltene Heiligtum wurde 1820 unter der Regentschaft von König Bagyidaw außerhalb der alten Stadtmauern errichtet. Der im indischen Stil gehaltene, glockenförmige Stupa erhebt sich über fünf Terrassen in eine Höhe von 55 m. Weiße Marmorplatten zeigen Szenen aus den Jataka-Geschichten, während sich von oben schöne Ausblicke auf die Umgebung bieten. Im Inneren kündet ein mit Inschriften versehener Stein von der Geschichte des Bauwerks. Die 2,30 m große Bronzeglocke wiegt über 24 t und zählt zu den größten Myanmars.

Nagayon-Pagode

Auffällig an der Architektur dieses zu Beginn des 19. Jhs. errichteten, strahlend weißen Heiligtums ist, dass der *pahto* von einer riesigen, drachenähnlichen Naga-Schlange geschützt wird, was in der buddhistischen Ikonografie sonst nur Buddhastatuen zuteil wird. Daher erklärt sich auch der Name der „von einem Naga bekrönten" Pagode.

Guan Yin-Tempel (Chinese Joss House)

Dieser mit seinen chinesischen Dächern und bunten Figuren sehenswerte Tempel von 1773 ist nach Guan Yin, dem Bodhisattva der Barmherzigkeit, benannt. Er gilt als einziges Heiligtum Amarapuras, das seit der Gründung ununterbrochen bewohnt ist. Denn beim Umzug von König Mindon nach Mandalay hatten die chinesischen Händler es vorgezogen, in Amarapura zu bleiben, da ihre Häuser im Gegensatz zu denen der Birmanen aus Stein gebaut waren. Die heute noch hier lebenden Chinesen arbeiten vor allem als Seidenweber. Nachdem er 1810 abgebrannt war, wurde der Guan Yin-Tempel 1847 wieder aufgebaut. Um Geistern den Zugang zu erschweren, führt der Eingang nicht geradewegs zum Heiligtum. Nach chinesischer Vorstellung wandern sie nämlich immer geradeaus und dicht am Boden entlang, was auch die erhöhte Türschwelle am Eingang erklärt.

Entspannung mit Köstlichkeiten

Wer die Brücke von Amarapura besucht, sollte sich im Schatten der gewaltigen, 1875 am Seeufer aufragenden Meh-Zeh-Bäume niederlassen. Denn in den dortigen **Freiluftrestaurants** kann man sich in aller Beschaulichkeit einen heißen Tee, ein eisgekühltes *Myanmar*-Bier und jede Menge leckere Snacks wie gebratene Kürbisstücke, Sojakuchen oder Linsenkugeln mit würziger Tamarindensauce gönnen. Und warum nicht mal von den knusprigen Krabben-Omelettes *Basonijo* oder den frittierten, klitzekleinen Fischen kosten? Der anschließende Verdauungs-Spaziergang sollte für 2–3 km am Nordwestufer des Sees entlangführen, wo sich zwischen Baumriesen, Holzhäusern und Pagoden allerlei idyllische Eindrücke sammeln lassen.

Bagaya-Kloster

Das am Ortsausgang von Amarapura liegende Bauwerk fungiert als **Museum** buddhistischer Kunst und **Bibliothek** mit Palmblattmanuskripten. Das ehemalige Kloster wurde von 1993 bis 1996 nach Plänen und Zeichnungen rekonstruiert. Als originär gelten lediglich die acht Backsteinstufen. Erstmals Anfang des 19. Jhs. anlässlich der Verlegung der Hauptstadt nach Amarapura unter König Bodawpaya errichtet, war das Kloster immer wieder zerstört worden – zuletzt im Zweiten Weltkrieg.

Shwe Kyet-Pagoden

Am Ayeyarwady liegen die aus dem 12. Jh. stammenden Shwe Kyet-Pagoden. Während **Shwe Kyet Kya** einen Hügel krönt, besticht **Shwe Kyet Yet** durch die faszinierende Lage am Flussufer (s. Kasten S. 365) bzw. mit einer Phalanx aus Zedis, die als „Lauf des goldenen Vogels" bezeichnet werden und einen schroff abfallenden Felsen säumen. Besonders eindrucksvoll ist der Anblick vom Wasser aus – vielleicht findet sich ja jemand, der mit seinem Boot mal etwas hinausfahren kann.

TRANSPORT

Der Preis für einen **Mietwagen** mit Chauffeur für eine Tagestour nach Amarapura (inklusive Inwa, Sagaing oder auch Mingun) liegt bei US$30–50. **Kleinbusse** und **Sammeltaxis** von/nach MANDALAY kosten um 500 / 1000 Kyat (Frontsitz). Nach der Ankunft kann man zu Fuß die Pahtodawgyi-Pagode erreichen. Für die Anfahrt per **Fahrrad** müssen rund 45 Min. einkalkuliert werden.

Inwa (Ava)

Innerhalb der Stadtmauern sind mehrere kleine Dörfer entstanden und heute bestellen Bauern den historischen Boden, auf dem sich einst die Palastanlage erstreckte. Keine andere Hauptstadt hat sich so lange behaupten können wie Inwa („Eingang zum See"), das mit seinem klassischen Pali-Namen Ratnapura („Stadt der Edelsteine") heißt, im Ausland aber eher unter dem Namen Ava bekannt wurde. Die Erkundung ist mit einer kurzen Fährfahrt verbunden, denn als zwischen den Flüssen Myitnge und Ayeyarwady der Kanal Myittha Chaung entstand, wurde Inwa zu einer künstlichen Insel. Nicht zuletzt der Transport mit einer der Pferdedroschken, bei denen ein Passagier vorn auf dem Kutschbock und zwei hinten im Wagen mitfahren können, lässt einen Besuch des rund 22 km südlich von Mandalay liegenden Orts zu einem idyllischen Ausflug geraten.

Mit dem Zusammenbruch des Bagan-Reichs Ende des 13. Jhs. verlagerte sich das Machtzentrum in die Umgebung von Inwa. Dort etablierten sich verschiedene Fürstentümer der Shan, u. a. in Pinya und Sagaing, die 1364 unter dem Shan-Fürst Thadominbya (1364–68) gewaltsam vereint wurden. Aufgrund der strategisch günstigen Lage erwählte der für seine Grausamkeit bekannte Herrscher Inwa zu seinem neuen Regierungssitz. Es sollte – mit mehreren kurzen Unterbrechungen – über 400 Jahre lang Hauptstadt eines birmanischen Königreichs bleiben, bis diese 1841 endgültig das nur wenige Kilometer nördliche Amarapura wurde. Letztlich aber war es das verheerende Erdbeben von 1838, das die glorreiche Epoche von Inwa endgültig beendete.

Obwohl von den Bauwerken der drei Herrschaftsperioden – Inwa-Periode (1364–1555), Toungoo-Dynastie (in Inwa ab 1635), Konbaung-Dynastie (1765–83 und 1823–38) – nicht mehr viel zu sehen ist, lädt Inwa mit seiner ländlich-friedlichen Atmosphäre zum längeren Verweilen ein. In der Regenzeit allerdings können die Wege ziemlich vermatscht sein.

Nanmyin-Wachturm

Als einziges Überbleibsel von Bagyidaws Palastanlage ist außer einem großen, gemauerten Wasserbecken nur der 1822 errichtete, einst 27 m hohe Nanmyin-Wachturm übriggeblieben. Der oberste Teil ist allerdings beim Erdbeben von 1838 eingestürzt. Da sich der Rumpf stark geneigt hat, ist oft vom „schiefen Turm von Inwa" die Rede. Im Inneren führt eine steile Holztreppe nach oben. Von oben bietet sich, besonders am späten Nachmittag, ein wunderschöner Blick auf den Ayeyarwady, die

Inwa (Ava)

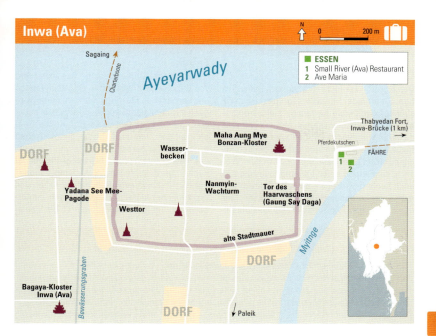

Inwa-Brücke und die mit religiösen Bauwerken übersäten Hügel von Sagaing. Leider kann der Turm seit einiger Zeit wegen Einsturzgefahr nicht mehr bestiegen werden.

Maha Aung Mye Bonzan-Kloster

Das ockerfarbene Bauwerk nordöstlich des Wachturms ist mit seinen stuckverzierten Außenwänden aus Stein errichtet, imitiert jedoch die traditionelle Holzarchitektur von Klosteranlagen. Es stammt aus dem Jahr 1818 und wurde im Auftrag von Bagyidaws oberster Königin Meh Nu für ihren Geliebten, den königlichen Abt U Po (Nyaunggan Sayadaw), errichtet. Im Inneren thront eine Buddhastatue auf einem mit Glasmosaiken verzierten Podest. Mit etwas Glück kann man in der Nähe den überwucherten Gedenkstein für Dr. Adoniram Judson finden: Dieser hatte 1849 das erste birmanisch-englische Wörterbuch verfasst und wurde von König Bagyidaw nach Ausbruch des Ersten Anglo-Birmanischen Krieges wegen Spionageverdachts für ein Jahr inhaftiert.

Bagaya-Kloster

Im Südwesten des ehemaligen Königspalastes bzw. heute inmitten von Reisfeldern liegt das Bagaya-Kloster. Bisher von Naturkatastrophen und Eingriffen der Restaurateure weitgehend verschont, zählt es ob seiner Authentizität zu den schönsten Klöstern Myanmars. Die 1834 von König Bagyidaw initiierte Anlage wurde fast komplett aus besonders dunklem Teakholz erbaut. Getragen wird die 57 m lange und 31 m breite Konstruktion von 267 mächtigen Stämmen, deren größter über 18 m hoch ist und einen Umfang von fast 3 m erreicht. Die Eingänge sind mit schönen Schnitzarbeiten verziert. Das Kloster dient noch heute als Pali-Schule für Mönche.

Yadana See Mee-Pagode

Die Überreste dieses Heiligtums finden sich im Bereich eines mächtigen, mehrere Jahrhunderte alten Seidenwollbaums (*Bombax ceiba*, birmanisch: *let pan bin*), der im birmanischen Sommer eine Vielzahl roter Blüten trägt. Von

Mauerresten, Stupa-Stümpfen und den Überbleibseln einer Säulenhalle umgeben, finden sich mehrere hübsche Buddhastatuen.

Gaung Say Daga

Das Nordtor der hier noch gut erhaltenen hohen Stadtmauer ist das „Tor des Haarwaschens", weil sich die Könige hier zeremoniell ihr Haupthaar waschen ließen. Während des Thingyan-Festes im April wird hier das rituelle Haarewaschen veranstaltet, um den König der Nats (Thagyamin) in gebührender Weise zu empfangen. Auch andernorts lassen sich noch Reste der riesigen, einst im Zickzack verlaufenden Stadtmauern und auch einige Teile des ehemaligen Wassergrabens finden. Im Süden führt ein historischer Fußweg aus Ziegeln vom einstigen Stadttor in Richtung Tada-U.

Paleik

Das gepflegte Dorf südöstlich von Inwa wird von über 300 überwucherten Stupas, Pagoden und verlassenen Klöstern umgeben, die vorwiegend aus der Zeit der Konbaung-Dynastie stammen. So wirkt es fast ein bisschen wie Bagan – mit dem Unterschied, dass die Landschaft grüner ist. Die bereits im 12. Jh. von Alaungsithu gegründete **Yadana Labamuni-Pagode** ist auch unter dem Namen „Schlangen-Pagode" bekannt. Denn an einer Buddhafigur haben sich erstaunlicherweise Pythonschlangen niedergelassen, die jeden Morgen um 11 Uhr gewa-

---

Auf der Rolltreppe zum Heiligtum

Vor wenigen Jahren noch hat man sich nicht vorstellen können, dass in den Heiligtümern massenhaft Selfies mit altehrwürdigen Buddastatuen geschossen werden, ganz ungeniert mit Smartphones telefoniert wird oder sich Mönche in einem Seitengelass gar im gemeinsamen Karaoke-Sound üben. Die große Wende von Myanmar hat es möglich gemacht, der Wandel aber hatte die Wallfahrtsstätten des Landes schon Ende der 1990er-Jahre erfasst – als Tribut an die vermeintlichen Erfordernisse der Neuzeit oder einfach nur den Zeitgeist.

Blinklichter als Heiligenschein

Vielerorts begannen Betonmischer zu rattern, andernorts ist viel ursprüngliches Flair der Chromstahl-Euphorie zum Opfer gefallen. Etliche Pagoden wurden mit Fahrstühlen und Rolltreppen zugänglich gemacht, bei anderen die Zugänge mit einem dichten Spalier aus Souvenirläden, Erfrischungsständen oder Teestuben umrahmt. Der Ausbau findet aber auch im Kleinen statt: Immer mehr religiöse Stätten werden in ein neues Licht gerückt – mit gleißenden Strahlern, blinkenden Heiligenscheinen, künstlichen Kerzen, bunten Lichterketten aller Größenordnungen, kitschig anmutenden Lämpchen in Lotosform oder gar Digital-Displays.

Buddhabildnis mit Kopfhörer

Die Birmanen finden das – schließlich hat Buddha ja auch stets die Veränderung und Vergänglichkeit von materiellen Dingen gelehrt – wohl als völlig unbedenklich. Als Ende 2014 ein Yangoner Nachtclub mit einem Bildnis warb, auf dem der Erleuchtete einen Kopfhörer trug, schritten die Behörden allerdings ein. Das von Human Rights Watch kritisierte Urteil: zwei Jahre Knast für die drei Betreiber – plus sechs Monate für Überschreitung der Öffnungszeiten.

Besser Schutz statt Schwund

Manch westlicher Besucher mag die schleichend schwindende Ursprünglichkeit, Würde und Spiritualität in Buddhas Zauberland bedauern bzw. sich nach mehr Denkmalschutz sehnen. Mit den Ruinen von Pyu wurde Mitte 2014 immerhin endlich ein erster Spot in das Welterbe der Unesco aufgenommen, 14 weitere stehen seit 1996 auf der „tentative list" – darunter auch Inwa, Amarapura, Sagaing und Mingun sowie das hölzerne Kloster Shwenandaw in Mandalay.

schen und gefüttert werden. Im Juni/Juli wird hier ein Fest mit Jahrmarkt und allerlei Vorführungen veranstaltet.

ESSEN

Herrlich einkehren lässt es sich – besonders während der heißen Mittagszeit – im **Small River (Ava) Restaurant:** Vor einem alten Haus kann man sich im luftigen Schatten ausladender Baumriesen mit allerlei Speisen (auch veganen) und Getränken stärken. Als Konkurrenz bzw. Alternative lockt das neue und nicht weit entfernte, aber erheblich günstigere **Ave Maria Restaurant** – u. a. mit Bambusliegen direkt am Flussufer. Beide ⊕ 9–17 Uhr.

TRANSPORT

Wer mit einem **Kleinbus** oder **Sammeltaxi** für 500 Kyat bzw. 1000 Kyat (Frontsitz) aus MANDALAY oder AMARAPURA kommt, muss an der Inwa-Brücke aussteigen. Ein staubiger, in der Regenzeit schlammiger Pfad führt hinab zur **Fähre** am Myitnge. Die Passage über diesen kleinen Zufluss des Ayeyarwady kostet 1000 Kyat. In der Regenzeit legt manchmal auch eine Fähre in der Nähe des Thabyedan Forts ab. Zur Erkundung von Inwa ist es üblich, eine **Pferdekutsche** zu mieten. Für den rund 8 km langen, 2–3 Std. dauernden Rundtrip, der recht stimmungsvoll geraten kann, werden für 2 Pers. mind. 10 000 Kyat verlangt. Manchmal kann man von Inwa aus mit kleinen Booten (500 Kyat, als Charter um 2000 Kyat) auch direkt nach Sagaing übersetzen!

Sagaing

Mehr als 700 Tempel, Stupas, Klöster und Meditationszentren prägen die Hügelketten von Sagaing am westlichen Ufer des Ayeyarwady, wo Touristen die Orientierung naturgemäß etwas schwerfällt. Die Tempel ziehen sich hin bis zum 18 km entfernten Mingun. Um die 6000 Mönche und Nonnen sollen sich hier in buddhistischer Einkehr, Enthalt- und Gelehrsamkeit üben.

Über diese Brücke musst du gehen

Die Frage, ob der Sonnenuntergang eher mit Blick von – oder auf – Sagaing genossen werden sollte, erscheint wahrlich knifflig. Keinesfalls versäumt werden sollte jedoch ein Fotostopp an der **Yadanabon-Brücke** (an der Ostseite gibt es kleine Parkbuchten) oder noch viel besser: diese einmal zu Fuß zu überqueren, wobei allerdings der Verkehrslärm möglichst gut auszublenden ist. Denn von hier eröffnet sich ein faszinierender Ausblick auf den Ayeyarwady, die Pagodenhügel und die imposanten Bögen der parallel verlaufenden, altehrwürdigen **Inwa-Brücke**. Mit etwas Glück lässt sich zwischen der Armada der Frachtschiffe vielleicht sogar der hier beheimatete Flusskreuzer *Road to Mandalay* oder ein Schiff der *Pandaw*-Flotte erspähen.

Als besonders fotogen präsentiert sich die am östlichen Flussufer liegende, golden schimmernde Stupa-Gruppe der **Shwe Kyet Yet-Pagode**, von der sich wiederum ein bestechender Blick auf die Brücke eröffnet – besonders zum Sonnenuntergang oder auch noch lange danach, wenn sie künstlich illuminiert wird. Eine ideale Möglichkeit, um eine Erkundungstour in die Umgebung von Mandalay stimmungsvoll ausklingen zu lassen.

Eine weitere präsentiert sich mit dem rustikal-romantischen, direkt am westlichen Flussufer liegenden Restaurant **River View Sagaing** (s. S. 369) – zumal nur einen Steinwurf entfernt ein neuer Treppenaufgang auf die Brücke führt. Aber warum nicht einfach all das miteinander kombinieren?

Schon bei der Anfahrt aus dem 20 km entfernten Mandalay eröffnet sich ein fantastischer Blick auf die im Sonnenlicht glitzernden Heiligtümer – umflossen von den trägen Wassermassen des Flusses. Das fünf Tage gültige, auch für Mingun geltende Besucher-Ticket kostet 3000 Kyat, wird aber vergleichsweise selten kontrolliert. Besucht werden sollten hier auf jeden Fall die **Umin Thounzeh-** und die **Sun U Ponnya Shin-Pagode** sowie die **Shin Pin Nan Khine-Pagode**, die ebenfalls einen wunderbaren Ausblick auf

die wichtigsten Hügel, den südlichen Teil des Ortes und den Ayeyarwady bietet. Dieses Heiligtum ist gut zu erkennen – an der im Freien sitzenden, etwa 6 m hohen Buddhastatue. Der Aufgang kann von Süden oder Osten erfolgen.

Nachdem der Untergang Bagans das Land ins Chaos gestürzt hatte, war Sagaing von 1315 bis 1364 zur Hauptstadt eines unabhängigen Shan-Fürstentums geworden. Danach wurde die Residenz, deren Name einst Jayapura („Siegesstadt") lautete, in das strategisch günstiger gelegene Ava (Inwa) verlegt. Zwischen 1760 und 1764 war Sagaing dann noch einmal für eine kurze, eher belanglose Zeit Königsstadt.

Im 18. Jh. ließ König Alaungpaya hier aus Manipur und Ayutthaya verschleppte Silberschmiede ansiedeln.

Es ist durchaus empfehlenswert, Sagaing nicht nur in einem Tagesausflug zu besuchen, sondern hier vielleicht sogar – statt im geschäftigen Mandalay – Quartier zu beziehen. Denn wenn spätestens gegen 17 Uhr die letzten Touristen den Ort verlassen haben, herrscht eine angenehme, spirituelle Atmosphäre. Zudem laden einige Geschäfte zum abendlichen Bummeln ein. Einige der hiesigen Klöster bieten sogar Meditations-Aufenthalte für Ausländer an (s. Kasten S. 368).

Thabyedan Fort

Kurz vor der Inwa-Brücke lassen sich am Ufer die Überreste der Festung Thabyedan ausmachen. Sie wurde 1885 von den Birmanen unter Anleitung italienischer und französischer Berater als letzte Verteidigungsanlage vor dem Dritten Anglo-Birmanischen Krieg gebaut, aber ohne jeglichen Kampf mühelos von den Angreifern eingenommen.

Inwa-Brücke (Ava-Brücke)

Die rund 750 m lange, 16 Bögen zählende Brücke wurde 1934 von den Briten gebaut und erschloss den Norden Myanmars für den Straßen- und Eisenbahnverkehr. Bis zur Einweihung der Brücke in Pyay 1998 führte die Inwa-Brücke als einziger Übergang über den Ayeyarwady. 1942 wurden zwei Bögen gesprengt, um den Vormarsch der japanischen Truppen aufzuhalten. Die Reparatur erfolgte erst 1954, heute wird die Brücke vor allem für den Eisenbahnverkehr genutzt.

Yadanabon-Brücke (Irrawaddy-Brücke)

Die 2008 eröffnete, vierspurige Brücke verläuft in 610 m Entfernung parallel zur alten Inwa-Brücke. Rund 1,7 km lang, zeichnet sie sich durch ihre Nostalgie-Architektur mit drei riesigen Bögen aus. Sie ist mautpflichtig, vor der Überquerung wird zuweilen die Gelegenheit genutzt, die Touristentickets zu kontrollieren bzw. zu verkaufen. Schon die Anfahrt aus Mandalay ist spannend, eröffnet sich doch immer wieder ein Blick auf den Fluss und seinen faszinierenden Schiffsverkehr (s. Kasten S. 352).

Hügel von Sagaing

Zu den eindrucksvollsten Heiligtümern gehört die **Umin Thounzeh-Pagode**. Sie enthält 45 größere Buddhastatuen – angeordnet in einer schönen, halbrunden Kolonnade. Die nicht weit entfernte **Sun U Ponnya Shin-Pagode** wurde um 1315 von dem Minister U Ponnya gestiftet. Sie ist 29,3 m hoch, während ihr Schirm 7,8 m misst. Vor dem Hauptaltar in der Gebetshalle dienen bronzene Hasen und Frösche, die an frühere Inkarnationen Buddhas erinnern, als Opferstock. Zu den aufbewahrten Reliquien gehören zwei Bettelschalen. Von der weitläufigen Terrasse bietet sich ein herrlicher Blick.

Im Höhlentempel **Tilawka Guru**, der um das Jahr 1597 entstand, finden sich – wie auch in der nur rund 500 m entfernt liegenden **Mee Pauk Gyi Pagode** – schöne Wandmalereien, die teilweise noch aus dem 17. Jh. stammen. Viele stellen wundersame Fabelwesen dar. Außerdem zu sehen sind aufwendig gemalte Fußabdrücke Buddhas und stilisierte Lotosblüten. Der Schlüssel zum Heiligtum kann (theoretisch kostenlos) beim **Buddha & Cultural Museum** erbeten werden, das aber indiskutabel übertreuerte 5000 Kyat Eintritt kostet und sich auch sonst nicht besonders lohnt. ⏲ 9.30–16.30 Uhr.

Htupayon-Pagode

Beim großen Erdbeben von 1838 verlor dieses Heiligtum seine Spitze, die auch bei den Restaurationsarbeiten von 1949 nicht ersetzt wurde. Erbaut worden war die Htupayon-Pagode 1444 von König Narapati aus Inwa, der das Bauwerk mit drei für Birma untypischen runden Stockwerken versehen ließ, die von bogenförmigen Nischen umgeben sind.

Aungmyelawka-Pagode (Eindawya-Pagode)

Wo sich zuvor sein Wohnpalast befunden hatte, erbaute König Bodawpaya 1783 am Flussufer die von zwei riesigen Löwenfiguren bewachte Aungmyelawka-Pagode. Sie wurde vollständig aus Sandstein errichtet und wirkt wie eine Imitation der Shwezigon-Pagode von Bagan.

Weitere Heiligtümer

Bei der **Datpaungzu-Pagode** handelt es sich um ein relativ junges Bauwerk, das aber viele Reliquien aus älteren Tempeln enthält, die dem Bau der Eisenbahntrasse durch Sagaing weichen mussten. Die **Ngahtatgyi-Pagode** im Westen von Sagaing wurde 1657 mit fünf Terrassen errichtet und besitzt eine schöne, sitzende Buddhastatue, die als die größte Oberbirmas gilt. Wegen etlicher Elefantenstatuen an den Eingängen gilt die **Hsinmyashin-Pagode** auch als „Pagode der vielen Elefanten". Nach singhalesischem Vorbild 1429 von König Monhyin errich-

> **Besinnliche Tage im Kloster**
>
> Es muss nicht bei einem flüchtigen Besuch der Heiligtümer und Mönche in den spirituellen Hügeln von Sagaing bleiben. Im **Kyazwa-Kloster** z. B., das nach rund 4 km entlang der Uferstraße nach Mingun erreicht ist, sind westliche Ausländer gern gesehene Gäste. Gegen eine Spende können sie für 45 Tage (jährlich vom 1. Jan bis 15. Feb) am religiösen Leben teilnehmen und etwas für ihr Seelenheil tun. Die bis zu 50 Teilnehmer werden während ihres Meditationsaufenthalts von einem westlichen Ausländer betreut und leben in eigenen, schlichten Kammern, die sich über einen Hang verteilen und teilweise sogar einen Panoramablick bieten. Infos und Anmeldung beim englischsprachigen Cu Than Tun, ✆ 09-3322 7237. Ebenfalls in der Umgebung von Mandalay bzw. am Berg Yaytagun liegt das 2004 gegründete **Dhamma Mandala Vipassana Meditation Centre**, ✆ 02-39694, 💻 www.mandala.dhamma.org, das bis zu 160 Gäste aufnehmen kann.

tet, um Reliquien aus Sri Lanka aufzunehmen, erlitt sie bei Erdbeben 1485 und 1955 schwere Beschädigungen.

Kaunghmudaw-Pagode (Rajamanisula-Pagode)

Der bekannteste Stupa von Sagaing erhebt sich als golden schimmernde, 46,5 m hohe, einen Umfang von 274 m messende Kuppel rund 10 km westlich der Stadt und erinnert eher an eine Radarstation oder gar weibliche Brust als an ein buddhistisches Heiligtum. Die gewaltige Konstruktion in Form einer Halbkugel, deren Name „Werk des großen Verdienstes" bedeutet, wurde nach dem Vorbild des Mahazedi (Großer Stupa) in Sri Lanka geschaffen. Die Ursprünge der im singhalesischen Stil errichteten Anlage reichen bis 1645 zurück. Ihre Reliquienkammer nahm einst die aus der Mahazedi-Pagode in Bago herbeigeführten Schätze auf.

Die auch unter dem Pali-Namen *Rajamanisula* bekannte Pagode ist von 812 Steinsäulen umgeben, die 1,50 m hoch und mit kleinen Öffnungen für Öllampen versehen sind. In 120 Nischen, die ebenfalls die Basis umlaufen, befinden sich Nat-Bildnisse. In einer Ecke des Tempelgeländes steht eine fast 3 m hohe Marmorplatte, deren birmanische Inschrift über die Geschichte des Heiligtums berichtet. Auf dem Pagodengelände werden Spatzen und Tauben verkauft, durch deren Freilassung Gläubige ihr Karma verbessern können – aber zuweilen leider auch junge Eulen, für die das Ausharren im gleißenden Sonnenlicht unsägliche Qualen bedeutet.

Silberhandwerk

Im Bezirk **Ywataung** (Ra Htaung) werden noch heute in alter Tradition Silberschmiede-Arbeiten gefertigt – meist reichhaltig verzierte Utensilien für religiöse Zwecke. Ein Großteil der Produktion wird über Thailand nach Indien oder Italien exportiert. Entsprechende Werk- und Verkaufsstätten finden sich entlang der Straße nach Shwebo/Monywa – wie z. B. das schon lange etablierte **Silverware Handicraft**, ✆ 072-21304, ⏱ 9–18 Uhr, des Ehepaars U Ba Mhin und Daw Khin Lay, dessen Mandalay-Ableger heute von Sohn und Schwiegertochter geführt wird (S. 341).

ÜBERNACHTUNG

Alle hier aufgeführten Unterkünfte sind erst in den letzten Jahren entstanden:

April Hotel, 58 Thudama St., ✆ 09-2563 91575. Seit 2014, nun erweitert und umbenannt. Die 31 Zimmer mit AC und Flatscreen-TV sind zwar nicht besonders groß und romantisch, aber sauber. ❷

New Happy Hotel, nicht weit vom Markt, ✆ 09-203 3440, 💻 www.happyhotel-sagaing.com. Als Neubau des ältesten und professionellsten Hotels am Ort – mit Fahrstuhl, sechs Etagen und Sky Bar. 52 gepflegte Komfortzimmer mit Fliesen oder Teppichboden, wovon sich besonders die Eckzimmer mit zwei Fenstern empfehlen (wie Nr. 101 und 202 als Superior oder Nr. 301, 401 und 501 als Deluxe). Im Restaurant, ⏱ 7–21 Uhr, finden sich wieder die großen Rundtische. ❸–❹

Nyein Thiri Hotel, nördlich der Busstation, ℡ 09-7978 40124. Nicht unbedingt romantisch, aber günstig und sauber. In verschiedenen Bauten mit 40 AC-Zimmern, einige mit Holzvertäfelung. ❷

Shwe Pyae Sone Hotel, 20 Aoe Tann Lay St., ℡ 072-22781, ✉ shwepyaesonehotel.sgg@gmail.com. 36 etwas abgewohnte, aber akzeptable Zimmer mit Boden- und Wandfliesen, in der Superior-Kategorie größer und mit eigenem Bad, TV und Minibar. Am besten sind die Eckzimmer mit 2 Fenstern, wie Nr. 201 und 301, Nr. 208 und 309 (Extra-Bett). Von der Dachterrasse eröffnet sich ein schöner Ausblick auf das Grün und Gold der Pagodenhügel. ❸

ESSEN

Auch die Gastronomie-Szene von Sagaing ist auf Wachstumskurs:

Lucky 7, ca. 1,5 km östl. vom Zentrum, ℡ 09-9743 71449. Halb offenes Restaurant mit Bar, gemütlichem Korbstuhl-Mobiliar und guter chinesischer Küche, BBQ sowie *Tuborg*-Fassbier für 800 Kyat pro Glas. Der Chef ist freundlich, aufmerksam und spricht gut Englisch. ⏰ 8–22.30 Uhr.

Myit Zu Yeit, am Flussufer, ℡ 09-4004 56283. Im Schatten eines über 400 Jahre alten Longifolia (Metukha)-Baums bzw. mit Blick auf den Ayeyarwady und die alte Inwa-Brücke mundet erfrischendes *Mandalay*-Fassbier für 700 Kyat pro Glas. Es ist zwar etwas schmuddelig und nicht immer alles vorrätig, aber die Speisen sind günstig und zuweilen auch ganz gut. ⏰ 8–21 Uhr.

River View Sagaing, direkt am Flussufer bzw. westlichen Ende der Yadanabon-Brücke, ℡ 09-7791 80350. Möge dieser Mitte 2016 eröffnete, szenische Spot möglichst viele Regenzeiten überstehen. Salas und Sitzgarnituren aus Bambus am Ayeyarwady mit Panoramablick auf beide Brücken, Fluss-Floß-Leben und die Shwe Kyet Yet-Pagode. Gute Gerichte mit Schwein, Flasche *Myanmar*-Bier 2000 Kyat, Cocktails wie *River View Water* oder *Lavender* 3000 Kyat. ⏰ 8–22 Uhr.

Sagaing Hill, Parami Quarter, ℡ 072-21874. Professionell geführtes, populäres Mittags-Restaurant mit 200 Plätzen in 4 Bereichen und gutem Hygiene-Standard, zur Stoßzeit natürlich entsprechend voll. Etwas abgelegen, aber mit schöner, luftiger Dachkonstruktion. Oft gelobte Qualität der Speisen – wie beim lecker mit Kräutern bestückten *Sagaing Hill Chicken Curry* für 4000–6000 Kyat oder dem beliebten *River Prawn Curry* für 7000 Kyat. ⏰ 11–15 Uhr.

TRANSPORT

Sagaing ist vom rund 20 km entfernten MANDALAY leicht, schnell und preisgünstig per **Bus** zu erreichen, eine Taxifahrt kostet etwa 15 000 Kyat. Innerhalb des Ortes kosten kurze Fahrten per **Mopedtaxi** 2000–3000 Kyat, ein halber Tag 10 000–12 000 Kyat. Transfers nach Mandalay oder MINGUN liegen bei

---

Faszinierende Fahrradtour

Wer mit einem eigenen Charterboot bereits vor 9 Uhr nach Mingun gelangt, kann den Charme der Sehenswürdigkeiten meist genießen, bevor die Touristenmassen eintreffen. Auch sonst sind die schönen, großen Boote sehr zu empfehlen, da sie meist über ein Sonnendeck mit gemütlichen Korbsesseln verfügen, aus denen sich die Überfahrt mit Panoramablick genießen lässt. Kaum jemand benutzt bislang allerdings den rund 50 km langen Landweg von Mandalay über Amarapura und Sagaing nach Mingun (oder umgekehrt), obwohl dieser überwiegend romantisch am Fluss entlangführt und besonders auf dem letzten/ersten, 25 km langen Abschnitt zwischen Sagaing und Mingun eine wunderbare Strecke für Fahrradtouren abgibt – auch wenn sie ob des ständigen, rund zweistündigen Auf und Ab ziemlich in die Beine geht. Die Drahtesel jedenfalls lassen sich bei einer Hinoder Rückfahrt auf dem Wasserweg meist bequem auf den Booten verstauen. (Weitere Tipps zu Fahrradtouren in der Region Mandalay auf S. 342.)

> **Senior-Guides im Doppelpack**
>
> Unter dem Banyan-Baum am Markt warten zwei erfahrene, freundlich-angenehme und passabel Englisch sprechende Senior-Mopedtaxi-Guides auf Kundschaft: Der 57 Jahre alte, ehemalige Trishaw-Fahrer **U Tay (Maunty)**, 09-2503 15699, maunghtay trishawman.sgg@gmail.com, und sein 50-jähriger Freund **Mucho**, 09-9737 95435, moekyawsagaing@gmail.com, nehmen für einen halben Tag Sagaing-Rundfahrt US$10, ganztägig US$15 und inkl. Besuch von Inwa oder Mingun US$20 (ggf. plus Abholung aus Mandalay).

10 000 Kyat, nach AMARAPURA oder INWA bei 8000 Kyat. Tuk Tuks sind ebenfalls verfügbar, aber natürlich etwas teurer.

Mingun

Nur einen halben Tag nimmt der empfehlenswerte Ausflug nach Mingun in Anspruch. Wer am Morgen startet, kann sich auf gutes Fotolicht freuen. Am späteren Nachmittag hingegen ist Mingun nicht mehr so sehr von Touristen überlaufen – zudem lockt auf der Rückfahrt das Flusspanorama mit einem farbenfrohen Sonnenuntergang. Leider wurde das Besteigen der Mingun-Pagode nach dem Erdbeben von 2012 aus Sicherheitsgründen verboten – von dort oben hat sich stets ein atemberaubender Rundblick eröffnet.

Mit dem Boot indes geht es (je nach Wasserstand) in 1–1 1/2 Std. von Mandalay 11 km den Ayeyarwady hinauf, bevor auf dem gegenüberliegenden Ufer die riesige Ruine der **Mingun-Pagode** in Sicht kommt. Die Fahrt bietet stimmungsvolle Eindrücke vom Leben am und auf dem Fluss. Mit viel Glück lassen sich vielleicht sogar **Irrawaddy-Delphine** erspähen (s. Kasten S. 95/95). Das touristische Angebot auf dem Weg zwischen den Sehenswürdigkeiten hat sich enorm vervielfältigt und erscheint mitunter überraschend preiswert. Zum Kontrast empfiehlt sich ein Besuch in dem 1915 gestifteten, landesweit bekannten **Buddhist Infirmary** (Altersheim) gegenüber der Mingun-Glocke, in dem ausländische Besucher gern gesehene Gäste sind. Hier freut man sich stets über Gastgeschenke, z. B. nicht mehr benötigte Medikamente aus der Reiseapotheke.

Mingun-Pagode (Pahtodawgyi-Pagode)

Einst sollte es die imposanteste Pagode aller Zeiten werden und einen Zahn Buddhas enthalten, heute jedoch ist es mit Seitenlängen von 72 m und einer Höhe von 50 m immerhin noch der größte Ziegelhaufen der Welt. Seit dem Baubeginn im Jahr 1790 hatte König Bodawpaya viele tausend Sklaven und Kriegsgefangene an der Errichtung des riesigen Stupa arbeiten lassen, der insgesamt eine Höhe von 152 m erreichen sollte (der heute höchste Stupa der Welt erhebt sich mit 127 m im thailändischen Nakhon Pathom). Da die Arbeiten nach dem Tod Bodawpayas 1819 eingestellt wurden, blieb nur die Ziegelbasis zurück, die aber immerhin schon ein Drittel der geplanten Höhe erreicht hatte. 20 Jahre später ereilte ein Erdbeben das gewaltige Monument und beschädigte es schwer. An allen vier Seiten sind aber noch die vierschichtigen Türstürze über den Portalen zu erkennen. Die Terrasse sollte rundum mit bräunlich und grün glasierten Ziegeln verkleidet werden.

An der Süd- und Rückseite der Ruine finden sich herrliche, leuchtend gelb blühende Bäume, die zusammen mit dem rötlichen Ziegelklotz und blauen Himmel wunderbare Fotomotive ergeben können. Am Fluss lässt sich ein einst 30 m hohes Paar von weiß getünchten *chinthe*-Figuren entdecken. Sie sind aus Ziegelsteinen gebaut und ebenfalls vom Verfall gezeichnet, da ihnen das Erdbeben von 1838 stark zugesetzt hat (einige Foto-Impressionen s. **eXTra [5801]**).

Pondaw-Pagode

Nur wenig weiter stromabwärts vermittelt im Schatten eines gewaltigen Mangobaums das 5 m hohe „Arbeitsmodell" der Mingun-Pagode einen anschaulichen Eindruck von Bodawpayas Plänen. Gleich dahinter erstrahlt die weiße **Settawya-Pagode**, die von König Bodawpaya 1811

Monument des Größenwahns

Sogar vom 20 km entfernten Amarapura aus sollte die neue Pagode von Mingun zu sehen sein: Das kolossale Bauvorhaben symbolisiert den Höhepunkt der Konbaung-Dynastie, denn in der Folgezeit fiel die Macht schrittweise an die Kolonialherrschaft der Briten. Als erstem birmanischem König war es **Bodawpaya** nach über 350 Jahren gelungen, Rakhine zu erobern und den magischen Mahamuni-Buddha in das Kernreich zu entführen.

Von Größenwahn gezeichnet, plante er die Eroberung Siams, Chinas oder sogar Indiens. Doch schon seine 1785 nach Phuket entsandte Streitmacht verwickelte sich in langjährige, schwierige Kämpfe, die gerade mal die Südprovinzen sichern konnte. Der Kaiser von China indes besänftigte ihn 1790 mit der Übersendung von drei Enkeltöchtern und einem Zahn Buddhas. So verlegte Bodawpaya seinen Aktivismus in den spirituellen Bereich und engagierte sich fortan beim Bau von Pagoden. Zur Aufbewahrung der Zahn-Reliquie beschloss er, das mit rund 150 m höchste Heiligtum der Welt zu bauen.

Letztendlich verbrachte der König 20 Jahre damit, sein Mammutprojekt voranzutreiben und verlegte dafür sogar seinen Wohnsitz für einige Zeit auf eine Flussinsel. Westliche Besucher wunderten sich schon damals, dass das Dach und die tragenden Säulen der Reliquienkammer aus Blei gefertigt wurden. So hatte sie dem großen Erdbeben von 1838 wohl nicht allzu viel Stabilität entgegenzusetzen und stürzte ein, wie sich noch heute am lang gezogenen Riss des Ziegelwerks erkennen lässt.

Indirekt trug der Kolossalbau auch zum Niedergang der Konbaung-Dynastie bei: Dass Bodawpaya ungeheure Scharen an Zwangsarbeitern aus Rakhine zum Pagodenbau nach Mingun verschleppt hatte, trieb die dortige Bevölkerung den Briten in die Arme, sodass der Erste Anglo-Birmanische Krieg nicht mehr lange auf sich warten ließ.

als erste Pagode in Mingun errichtet wurde. Im Inneren ist ein marmorner Fußabdruck von Buddha ausgestellt, der eigentlich in die gigantische Pahtodawgyi-Pagode eingemauert werden sollte.

Mingun-Glocke

Mit einer Höhe von 3,70 m, einem Umfang von 15 m und einem Durchmesser von 5 m (am untersten Rand) gilt dieser Bronzeguss als zweitgrößte funktionstüchtige Glocke der Welt. Über-

Hsinbyume-Pagode (Myatheindan-Pagode)

Sie wurde am nördlichen Ende Minguns von König Bagyidaw 1816 zu Ehren seiner verstorbenen Lieblingsfrau Prinzessin Hsinbyume errichtet. Vor allem bei blauem Himmel wirkt die Hsinbyume-Pagode überaus elegant, originell und strahlend, weshalb sie ein denkbar beliebtes Fotomotiv abgibt. Die ungewöhnliche Architektur symbolisiert die Sulamani-Pagode, die der buddhistischen Vorstellung vom Kosmos zufolge auf dem Gipfel des Berges Meru („Zentrum der Erde") steht: Sieben mit Wellen versehene Terrassen führen zum Stupa hinauf und sollen die sieben Meere der buddhistischen Kosmografie symbolisieren, die den Weltberg Meru umschließen. In Nischen auf jeder Ebene stehen zur Bewachung Nats, Dämonen (bilu) und Nagas. Auch diese Pagode hatte unter dem Erdbeben gelitten, wurde jedoch von König Mindon 1874 restauriert. Wer sie besteigt, kann im Hinterland zahlreiche kleinere Pagoden und Klosteranlagen ausmachen.

ESSEN

Zwecks Verschnaufpause lockt besonders das von dem Franzosen Rudy Marcq am Flussufer bzw. im Schatten großer Bäume eröffnete, gut ausgeschilderte **The Garden-Café**, ✆ 09-7730 77933. Hier lassen sich in perfekter Idylle u. a. guter Kaffee und leckere Croques genießen. ⊕ 9–17 Uhr.

TRANSPORT

Auto und Taxi
Bisher erst selten wird die schöne Möglichkeit genutzt, SAGAING von Mingun aus über die Straße oder sogar über den Wasserweg zu erreichen (oder auch umgekehrt)

Boote
Je nach Besucherandrang und Wasserstand kann der Abfahrtsort in Mingun leicht variieren. Die Linienboote für Touristen (S. 351, Mandalay) fahren um 12.30 Uhr nach MANDALAY zurück. Bei den gecharterten

troffen wird sie erst seit Ende 2000 – von der „Good Luck Bell" im chinesischen Pingdingshan (Provinz Henan), die es sogar auf 8 m, einen Durchmesser von 5,10 m und 116 t Gewicht bringt. Bodawpaya ließ die Riesenglocke 1808 für sein Mammutprojekt gießen. Der Glockengießer wurde nach Vollendung seiner Arbeit getötet, damit er nicht noch einmal ein derartiges Meisterwerk erschaffen konnte. Beim Erdbeben von 1838 stürzte die 90 t schwere Glocke nieder, nahm dabei jedoch keinerlei Schaden. Die Einheimischen klettern gern unter sie, um den dumpfen Ton zu hören, wenn außen jemand mit einem Holzknüppel dagegenschlägt.

Schutzprojekt für Fluss-Flipper

Vom Aussterben bedrohte Ayeyarwady-Delphine beobachten und gleichzeitig etwas für ihren Schutz tun – das ermöglicht ein Projekt des britischen **Harrison Institute** mit den Fischern der beiden nördlich von Mandalay am Ostufer des Ayeyarwady liegenden, über den Landweg oder auch mit einer beschaulichen Fluss-Kreuzfahrt auf der **H.S. Hintha** (S. 352) über den Wasserweg (und Mingun) zu erreichenden Dörfern **Myit Kan Gyi** (45 km bzw. 5 Std. per Boot) und **Hsithe** (60 km bzw. 8 Std.). Die engagierte deutsche Projekt-Managerin **Beatrix Lanzinger**, ✉ beatrixlanzinger@googlemail.com, bittet alle Besucher darum, sich vorher anzumelden bzw. das Aktivitäten-Paket der Einheimischen zu buchen, um das Projekt zu unterstützen und einen Zoo-Effekt zu verhindern. Mehr Infos auf 🖥 www.destination-ayeyarwady.com.

Ausflugsbooten lässt sich die Abfahrtszeit individuell bestimmen. Da die Boote auf dem Rückweg mit der Strömung fahren, gerät die Fährpassage kürzer.

 **HIGHLIGHT**

Pyin U Lwin (Maymyo)

Das östlich von Mandalay am Rande der Shan-Berge liegende Pyin U Lwin (oft auch Pyin Oo Lwin, wesentlich eingängiger ist natürlich der koloniale Name Maymo) wird nach anderthalb- bis zweistündiger Fahrtzeit erreicht, wobei die 65 km lange Strecke über weite Abschnitte einer Dauerbaustelle gleicht. Der legendäre Ort empfängt seine Besucher auf fast 1100 m Höhe mit einem angenehm milden Klima, sauberer Luft und viel Grün, was als wohltuender Kontrast zur heiß-trockenen, staubigen Zentralebene zu genießen ist. In der Regenzeit allerdings fällt viel Niederschlag, in den Winterwochen warten die Unterkünfte sogar mit Kaminfeuer, Wärmestrahlern oder manchmal sogar einer Heizfunktion ihrer Klimaanlagen auf.

Vom außergewöhnlichen Klima zeugen z. B. der **Botanische Garten** (National Kandawgyi Gardens), der in jedem Fall einmal durchstreift werden sollte, oder frische und getrocknete Früchte, Marmelade und Fruchtwein als beliebte, typische Mitbringsel. Einen Besuch lohnt der Ort jedoch vor allem seines historischen Erbes und Flairs, allerlei einladender Restaurants und der umliegenden Wasserfälle. Als jüngste Attraktion von Pyin U Lwin fungiert ein 2012 eingeführtes, populäres Heißluftballon-Festival (2016 waren 132 am Start), das parallel zu dem etwas größeren in Taunggyi bzw. zum Vollmond-Festival im November inszeniert wird.

Die Region von Pyin U Lwin gehört offiziell nicht zum Shan-Staat, sondern noch zur Mandalay-Division. Die Stadt liegt an der historischen, strategisch und wirtschaftlich wichtigen Burma Road, die von Mandalay über Hsipaw und Lashio bis nach China führt (S. 449). Früher unterhielten die Briten hier eine Garnison und eine Hill Station, in die sich während des heißen Sommers viele koloniale Verwaltungsbeamte zurückzogen. Noch heute leben im früheren Maymyo Tausende Inder und Gurkhas als Nachfahren britischer Armeeangehöriger. Nach wie vor fungiert der Ort in unübersehbarer Weise als Stützpunkt und Schulungszentrums des Militärs – wie nicht zuletzt die hier seit fast 50 Jahren ansässige **Defense Services Academy (DSA)** beweist, deren Einfahrt von drei fotogenen, golden schimmernden Heldenfiguren geziert wird.

Etwa 100 Jahre lang hieß die Stadt Maymyo („May-Stadt") – bei ihrer Gründung 1887 benannt nach dem englischen Colonel May, dem dieser Höhenort viel von seiner Bedeutung zu verdanken hat. Die rund 80 000 Einwohner zählende Bergetappe zieht sich jenseits des Zentrums weit auseinander und macht ob des üppig wuchernden, mit einer bunt blühenden Blumenpracht durchsetzten Grüns eher einen dörflichen Eindruck. Vielerorts wirkt sie wie ein Freilichtmuseum: Etliche Bauten im Kolonialstil erinnern an die Zeit, als die Briten in den Bergen Schutz vor der Hitze suchten – vor allem Hotels, deren Zukunft teilweise ungeklärt ist (s. Kasten S. 377). Gleichzeitig entstehen immer mehr Neubauten mit Nostalgiecharakter, denen es aber natürlich an authentischem Flair mangelt. Das **Governor's House** von 1903 z. B. wurde im Zweiten Weltkrieg zerstört und beherbergt – 2005 als Teil des Aureum Palace Hotels wiederauferstanden – ein kleines Museum.

Der 1936 errichtete **Purcell Tower** nahe dem Markt, wo 2015 die erste Ampelanlage installiert wurde, ist ein Geschenk von Königin Victoria und macht sich jede Stunde bemerkbar. Klangvorbild war Big Ben, sodass unweigerlich das Gefühl aufkommt, in England oder einer längst vergessenen Epoche der britischen Herrschaft gelandet zu sein. Die für Maymyo typischen, bunt lackierten **Pferdekutschen** verstärken das nostalgische Flair – auch wenn sie zunehmend nur noch als Dekoration Verwendung finden (s. Kasten S. 379). Doch immer mehr Boutiquen und trendige Restaurants unterstreichen die modernere Ausrichtung Pyin U Lwins als romantisches Ausflugs- und Urlaubsziel der Einheimischen. Nach wie vor großer Beliebtheit erfreut sich der von den Briten bereits vor 120 Jahren angelegte **Golfplatz**, der ursprünglich für Polo-Turniere gedacht war.

Als jüngste Attraktion von Pyin U Lwin fungiert das 2012 eingeführte, populäre Heißluftballon-Festival (2016 waren 132 am Start), das parallel zu dem etwas größeren in Taunggyi bzw. zum Vollmond-Festival im November inszeniert wird.

Religiöse Bauwerke

In Pyin U Lwin ist aufgrund der bunt gemischten Bevölkerung eine Vielzahl verschiedener Religionen vertreten. Es gibt fünf buddhistische Pagoden, sechs Moscheen, vier Hindu-Tempel, einen Gurdwara (Versammlungshalle der Sikh), einen chinesischen Tempel und elf Kirchen – darunter eine große für die Katholiken. Diese alte, aus Ziegelstein in kreuzförmigem Grundriss errichtete **Church of the Immaculate Conception** (Kirche der unbefleckten Empfängnis) liegt unter schattigen Bäumen. Sonntags von 7–16.30 Uhr erfreut sie sich regen Andrangs, aber auch unter der Woche findet sich meist jemand, der die Besucher einlässt. Das Schwesternheim liegt auf der linken Seite bzw. nur ein paar Schritte von der Kirche entfernt. Erbaut wurde das Gotteshaus vor dem Ersten Weltkrieg von einem italienischen Priester. In der **All Saints Anglican Church** von 1885 gedenkt man der gefallenen britischen Soldaten während der Schlacht um Mandalay im Zweiten Weltkrieg sowie der Befreiung von der japanischen Besatzung.

Die Pagoden von Pyin U Lwin erscheinen wenig spektakulär. In der **Shwezigon-Pagode** im Stadtkern stehen neben einem schneeweißen chinesischen Buddha goldene Figuren unterschiedlicher Stile. In einem Glaskasten meditiert ein alter Abt, genauer gesagt eine Statue von ihm, die jedoch überaus lebensecht wirkt. Die **Nyaung Gyi-Pagode** liegt auf einem Hügel und bietet einen schönen Blick über die Stadt. Auf dem Gelände des chinesischen Tempels **Tian Ran Kong** erhebt sich ein sechsstöckiger Turm. Im **Shri Krishna-Tempel** am Zentralmarkt und im kleinen **Shri Ganesh-Tempel** treffen sich die Hindus.

National Kandawgyi Gardens (Botanischer Garten)

Schöne Stunden verspricht der Botanische Garten, der oft als Kulisse für einheimische Werbe- und Filmaufnahmen genutzt, aber von einheimischen Besuchern zuweilen verblüffend lärmend durchstreift wird. Colonel May ließ ihn im Jahr 1917 von 4000 türkischen Kriegsgefangenen am Kandawgyi-See anlegen, unter Anleitung britischer Botaniker aus den Kew Gardens in London.

Wohltaten im Waisenhaus

Im rückwärtigen Bereich der **St. Matthews Kachin Baptist Church** betreiben die christlichen Kachin ein **Waisenhaus**. Die rund 70 Kinder und ihre Betreuer freuen sich, wenn Ausländer vorbeischauen (am besten nachmittags), um Geldspenden oder auch Geschenke (wie einfache Spiele, Taschenspiegel, Malbücher, Stifte …) zu bringen, sich etwas mit ihnen zu beschäftigen oder gar Englischunterricht zu geben. Manchmal nehmen sich **Direktor La San**, ✆ 09-4004 47761, oder **Pater Philip**, ✆ 09-4003 06081, auch Zeit für eine kurze Führung.

Pyin U Lwin (Maymyo)

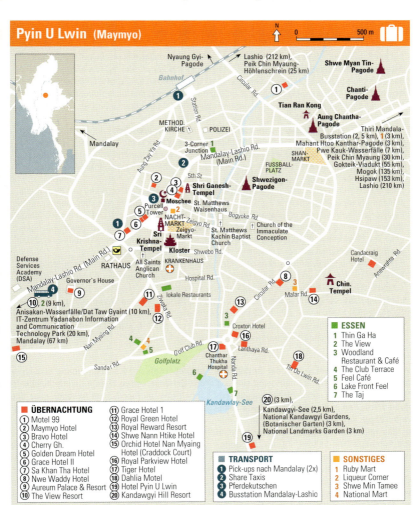

Hier gedeihen auf knapp 100 ha an die 600 Baum- und Pflanzenarten. Den besten Überblick bietet der etwas abseits liegende, über eine Außen-Wendeltreppe zu besteigende **Nan Myint-Turm** (alternativ führt ein Lift bis zum 10. Stock). Der zwölfte Stock des runden, braunen und von einem Pagodendach gekrönten Bauwerks ist als halb offene Aussichts-Plattform konzipiert. Der als Herz des Botanischen Gartens fungierende, künstlich angelegte See ist zum Biotop für viele seltene Tiere geworden. Hier dümpeln schwarze und weiße Schwäne neben roten Mandarin-Enten, während ein Marabu andächtig einen eleganten Riesenreiher beobachtet …

Je nach Jahreszeit verwandeln bunte Blumen den Garten in ein betörendes Farbenmeer.

Das Geheimnis von Pyin U Lwin

Auf der Strecke von Mandalay nach Pyin U Lwin deuten zahlreiche militärische Anlagen darauf hin, dass man in eine besondere Region gerät. Denn mit dem Ausbau von Nay Pyi Taw als Hauptstadt hat das ehemalige Maymyo noch mehr Bedeutung als Stützpunkt der Streitkräfte (Tadmadaw) gewonnen. Nach ca. 14 km erstrecken sich beidseits der Straße Steinbrüche mit großen Strafgefangenenlagern. Seit 1978 kamen in solchen Lagern mehr als 5000 Häftlinge um, im Oktober 2014 wurde ein Vorstoß des Parlaments abgelehnt, die Zwangsarbeit abzuschaffen.

Vor den Toren von Pyin U Lwin erstreckt sich seit Ende 2007 über unglaubliche 40 km^2 der **IT-Zentrum Yadanabon Information and Communication Technology Park** (auch Yadanabon Cyber City oder Yadanabon Teleport), der als Silicon Valley bzw. wesentlicher Bestandteil im Kommunikationsnetz des neuen Regierungssitzes fungiert. Zudem ist die Stadt Standort eines der größten **Eisen- und Stahlwerke** von Myanmar.

Bereits 2004 wurde damit begonnen, den im Osten der Stadt liegenden, noch von den Briten stammenden **Anisakan-Flughafen** für die Armee auszubauen. An etlichen Projekten besonders intensiv beteiligt ist die **Htoo Group of Companies (HGC)**, zu der z. B. auch Air Bagan und immer mehr Hotels gehören – wie die gediegenen Hotels Aureum Palace und Pyin Oo Lwin oder das spektakulär gelegene **The View Resort & Restaurant sowie** neuerdings auch das altehrwürdige Candacraig. Sogar der Botanische Garten soll der umtriebigen Unternehmensgruppe gehören.

Geführt wird sie von dem umstrittenen Geschäftsmann **Tay Za** (auch *Tayza* oder *Teza*) und dessen Familienclan, der ein denkbar enges Verhältnis zur Armeeführung unterhält und seit dem Mönchsaufstand von 2007 in Europa und den USA auf der schwarzen Liste stand. Der 53-jährige Magnat, dem ein gewisses Charisma nachgesagt wird, gilt als reichster Mann von Myanmar und machte sein Geld seit 1984 zunächst mit dem Export von Teakholz und Edelsteinen oder dem Import von russischen Waffen, bevor er sich Projekten der Infrastruktur und des Tourismus zuwendete. Auch in das Geschäft mit Benzin und Handynetzen ist er zwischenzeitlich involviert.

Wichtigste Anlaufpunkte sind der **Orchideengarten**, ein Wald mit 75 Bambusarten oder ein Sumpfgebiet, das auf einem Plankenweg durchquert werden kann, wie auch die riesige Voliere für Vögel. Keinesfalls versäumt werden sollte das faszinierende **Schmetterlingsmuseum mit** aufgespießten Faltern, Käfern und anderen Insekten aus Myanmar und aller Welt – präsentiert in einer unglaublichen, paradiesischen Vielfalt und Schönheit bzw. ausgesprochen kreativen Arrangements. Wer vermag sich da noch an das hier eigentlich geltende Fotoverbot zu halten? In einem **Fossilienmuseum** werden versteinerte Hölzer, Mammutstoßzähne und andere Funde aufbewahrt. Sogar die **Kompostierungsanlage** des Parks ist zu besichtigen.

Nahe dem Eingang von der Nandar Lan kann ein Schwimmbad genutzt werden. An Wochenenden und Feiertagen verwandelt sich der Park in einen großen **Picknickplatz**. Das einfach gehaltene **Kandawgyi-Café**, ⏲ 8–17 Uhr, bietet einfache Reis- und Nudelgerichte, Eisbecher und Getränke, die an großen Baumscheiben-Tischen bzw. mit herrlichem Ausblick über den See und die akkuraten Blumenrabatten genossen werden können. Im Pavillon treten manchmal Rockbands auf.

Die beiden **Eingänge** liegen an der Ostseite des Kandawgyi-Sees, ⏲ 8–18 Uhr, Orchideengarten, Museen und Turm aber nur bis 17 Uhr. Für Ausländer kostet der Eintritt US$5 oder 6000 Kyat und umfasst einen hilfreichen, englischsprachigen Plan, für einen gemächlichen Rundgang sollte man mindestens 2 Std. einplanen. Elektro-**Buggys** für bis zu acht Passagieren fahren Besucher für gesalzene 15 000 Kyat durch den Park. Ebenfalls verzichtbar scheint ein Besuch des gegenüber dem Haupteingang liegenden National Landmarks Garden – mit Miniatur-Nachbauten berühmter Sehenswürdigkeiten Myanmars, ⏲ 9–18 Uhr, Eintritt US$5 oder 6500 Kyat.

ÜBERNACHTUNG

Die Wahl der Unterkunft sollte sich danach richten, ob man eher im Zentrum (hier ist der Standard mit wenigen Ausnahmen vergleichsweise lausig) residieren möchte oder an der Peripherie (hier werden oft Fahrräder und Mopeds vermietet). Ein erstes Hotel bietet Dormitory-Schlafplätze an, Zimmer ohne die in Pyin U Lwin ohnehin verzichtbare AC gibt es bereits ab US$20. Wer Wert auf mehr Stil und Stimmung legt, muss mind. US$50–60 berappen.

Untere Preisklasse

Bravo Hotel, Mandalay-Lashio Rd. bzw. dicht am Uhrturm, ☎ 085-21816, ✉ bravohotel.pol@gmail.com. Akzeptabel, aber nicht berauschend. 14 Holzboden-Zimmer mit AC, Sat-TV und Minibar. Die kleine Lobby ist ansprechend, das Personal freundlich und hilfsbereit. ❷–❸

Cherry Gh., 19 Mandalay-Lashio Rd., ☎ 085-21306. In einem Geschäftshaus mit weiß gefliester Fassade. 18 große, einfache -Zimmer mit gefliesten Böden, Fenstern, weichen Schaumstoffmatratzen und Duschbädern, davon 6 mit AC. ❶–❷

Dahlia Motel, 105 Tin Oo Lwin Rd., ☎ 085-22255, 09-204 4153 (Mr. Reggie Hla Kyaw). Besteht seit 1996 als beste Budget-Option außerhalb des Zentrums und aus immer mehr Flügeln mit verschiedenfarbig gefliesten Fassaden, umlaufenden Balkons und Laubengängen mit einladendem Sitzmobiliar. Der 72-jährige, gut Englisch sprechende Mr. Reggie Hla Kyaw und seine Frau Khin Myo Aye bieten 60 zweckmäßig eingerichtete Zimmer, davon 16 mit AC und die renovierten besonders empfehlenswert. Umfangreiche Serviceleistungen und Miet-Mopeds für 15 000 Kyat. ❶–❷

Golden Dream Hotel, 42/43 Mandalay-Lashio Rd., ☎ 085-21302, ✉ goldendreamhotel@gmail.com. Mit 57 billigen Zimmern, davon 5 mit AC. Die an der Treppe zur Rezeption platzierte Werbung „Feel your dreams come true" sollte allerdings nicht wörtlich genommen werden angesichts des gebotenen Standards. ❶

Grace Hotel II, 46/48 Mandalay-Lashio Rd., ☎ 085-22081. 11 einfache und preiswerte, aber teilweise etwas abgewohnte Zimmer in einem 3-stöckigen Gebäude. Das zum gleichen Besitzer gehörende **Grace Hotel I**, 114 Nan Myaing Rd., ☎ 085-21230, liegt etwas außerhalb mit 11 einfachen, gefliesten Ventilator-Zimmern und Garten für das Frühstück. ❶–❷

Orchid Hotel Nan Myaing (Craddock Court), Nan Myaing Rd., ☎ 085-22118, 09-4025 65146 (Mrs. Aye Aye Myint), 🖥 www.orchidhotelsmyanmar.com. Ein 2013 privatisiertes, originäres und absolut relaxendes Juwel mit 3 Kolonialbauten aus der Zeit von 1914–22 in einem 15 ha großen Park mit 5 herrlichen, afrikanischen Tulpenbäumen, die im Okt/Nov blühen. Die freundliche, Englisch sprechende Managerin Mrs. Aye Aye Myint

Historische Herbergen

Die einst namhaften Kolonialherbergen der Briten waren über Jahrzehnte Hotels der Regierung und entsprechend schlicht möbliert oder heruntergekommen. Nach ihrer geheimnisumwitterten Versteigerung von Mitte 2013 könnten sie zu gediegenen Boutique-Resorts ausgebaut werden. Wie das 1903 eröffnete **Croxton** (zuletzt: Gandamar Myaing Hotel mit 5 Zimmern – davon eines mit Erker) oder das fotogen in einem Park liegende **Candacraig** (zuletzt: Thiri Myaing Hotel): Es war von der Bombay Burmah Trading Cooperation 1904 aus Backstein und Teakholz als Gästehaus im Herrenhaus-Stil erschaffen worden und faszinierend von Kriechpflanzen umrankt – bis diese 2016 unverständlicherweise gefrevelt wurden. Im Inneren führt eine feudale Treppe ins Obergeschoss bzw. zu 7 Zimmern mit hohen Decken, die teilweise über Erker, Balkons oder versiegelte Kamine verfügen. Das Juwel wurde durch den Roman *The Great Railway Bazaar* (dt. *Abenteuer Eisenbahn – auf Schienen um die halbe Welt*) von Paul Theroux berühmt – und sogar George Orwell hat hier residiert. Auch das **Craddock Court** (heute: Orchid Hotel Nan Myaung) harrt noch seiner Veredelung, ist aber immerhin noch in Betrieb und bietet sogar die ersten Dormitories von Pyin U Lwin.

bietet 28 teils große Holzboden-Zimmer mit Ventilator zu US$25, 35 und 45. Viele haben hohe Decken und einen (versiegelten) Kamin, aber leider keines antikes Mobiliar. Seit 2015 gibt es sogar 3 Dormitories mit je 3 Schlafplätzen zu US$13 p. P. und einen mit 3 Doppelstock-Betten, Gepäckfächern und Vorzimmer. Frühstück zuweilen etwas mangelhaft, aber es gibt u. a. kostenlose Fahrräder und Transfers zum Bahnhof. ❶–❹

€ **Sa Khan Tha Hotel**, 157A Mandalay-Lashio Rd., ☏ 085-23049. Als vielleicht beste Option der Billighotels im Zentrum. 10 Zimmer in einem 2-stöckigen Altbau sowie 12 Zimmer im angrenzenden Neubaublock, die über Badewannen-Bäder verfügen. Alle mit AC. ❶–❷

Mittlere Preisklasse

Maymyo Hotel, 12 Yadanar Rd., ☏ 085-28440, ✉ hotelmaymyo@gmail.com. Seit 2014 als gute Option mitten im Zentrum, aber dennoch ruhig, da im rückwärtigen Bereich der Hauptstraße. 40 große, gut gepflegte Zimmer mit schönen Bädern (z. B. Nr. 109) für US$35 oder US$45, wobei die Superior-Kategorie kaum besser ausgestattet ist. Die Rezeption erfreut mit Englisch. ❸–❹

🧳 **Motel 99**, 172/B Sagawa Rd., ☏ 085 28 471, 🖥 www.motel99pyinoolwin.com. Klein, aber fein – mit einem optimalen Preis-Leistungs-Verhältnis und engagierten Serviceleistungen des freundlichen Besitzers. Das ansehnliche, grün getünchte Haus bietet ein gutes Dutzend saubere, helle, gefliese Zimmer sowie ein einladendes Rooftop-Restaurant. ❸

Nwe Waddy Hotel, 97 Circular Rd., ☏ 085-23399, ✉ nwewaddyhotel.pol@gmail.com. Gepflegtes Hotel mit etwas kleinen Standardzimmern, aber schöner, großflächig verglaster Superior-Kategorie und geräumigen, wohnlichen Reihen-Bungalows. Alle Zimmer mit Holzboden. ❸ und ❺

🧳 **Royal Green Hotel**, 17 Ecke Ziwaka Rd./Pyitawthar 1st. Rd., ☏ 085-28411, 🖥 www.royalgreen-hotel.com. Neu und gut gelegen, mit eleganter Architektur und viel gelobt – für das Preis-Leistungs-Verhältnis und den erhöhten Wohlfühlcharakter. 18 saubere Zimmer mit allem nötigen Komfort und guten Matratzen, im Erdgeschoss teilweise leider mit

Auf rund 1100 Metern liegend, fasziniert Pyin U Lwin durch ein besonderes Flair.

© VOLKER KLINKMÜLLER

Touristenattraktion statt Transportmittel

Der Kutscher sitzt oben auf, die Fahrgäste nehmen in der kleinen Kabine Platz. Wenn es auf der Fahrt so richtig ruckelt und schaukelt, kann man einen realistischen Eindruck davon gewinnen, wie strapaziös langes Reisen einst gewesen sein muss ... Obwohl sie anachronistisch anmuten, waren die für Birma untypischen **Pferdekutschen** von Pyin U Lwin vor wenigen Jahren noch ein wichtiger Teil des öffentlichen Transports und Personennahverkehrs. Heute fungieren sie vorwiegend als Touristenattraktion, aber wie lange noch? Gab es um 2012 etwa 150 **Gharrys**, sind es gegenwärtig nur noch rund 100! Denn die Fahrer leben heute vorwiegend von Festivalzeiten, sind in der Nebensaison meist arbeitslos und müssen allein für das Futter der Ponys täglich um die 4000 Kyat aufbringen. Gebrauchte Kutschen können je nach Erhaltungszustand US$1500–2000 erzielen, um meist nur noch als Dekoration von Hotels, Restaurants oder Gärten Verwendung zu finden.

Früher warteten die pittoresk anmutenden Gefährte überall auf Kundschaft, heute finden sie sich konzentriert an zehn Stützpunkten. Ein Rundtrip zum Botanischen Garten kostet inkl. 1 1/2–2 Std. Wartezeit rund 15 000 Kyat pro Kutsche. Eine einstündige Stadtrundfahrt mit Fotostopps lässt sich bereits für 10 000 Kyat arrangieren. Rund ein Drittel der Kutscher spricht etwas Englisch, wie z. B. der 44 Jahre alte Myint Hlaing, ✆ 09-3302 1113.

---

gefängnisartig vergitterten Fenstern (Nr. 101 und 102 zählen mit US$35 zu den billigsten, sind aber angenehm und mit eigenem Zugang). Wenn es zu kalt wird, gibt es wirkungsvolle Heizsonden. Angenehm designtes Restaurant mit einem kleinen, aber feinen Frühstücks-Buffet inkl. Filter-Kaffee. Die Miet-Fahrräder kosten 1500 Kyat für einen halben und 3000 Kyat für einen ganzen Tag. ❸–❹

Royal Parkview Hotel, 107 Lanthaya Rd. ✆ 09-860 1351, 🖥 http://royalparkview.hotelspyinoolwin.com. Stilvolles Hotel mit 30 zumeist geräumigen, komfortabel ausgestatteten Holzboden-Zimmern in 3 Kategorien. Alle haben eine kleine Terrasse, einige gruppieren sich um einen begrünten Innenhof. ❸–❹

Royal Reward Resort, 36 Circular Rd., ✆ 085-28271-2. Attraktive Architektur in tropisch sprießender Gartenanlage. 29 gepflegte Zimmer, als Standard nur mit Teppichboden, im 2-stöckigen Haupthaus und die empfehlenswerte, US$80 teure Deluxe-Kategorie in rot getünchten Backstein-Villen mit Erker-Halbrund, Säulen und Holzboden. Neu ist das Spa für Massagen. ❹–❺

Shwe Nann Htike Hotel, 71 Forest Rd., ✆ 085-21654 🖥 www.hotelshwenannhtike.com. Erst Mitte 2016 eröffnet, zählt dieses Hotel mit 6 Etagen und rund 44 Teppichboden-Zimmern zu den neuesten und größten. Beginnend mit US$45 und US$55 – bietet es überraschend bezahlbaren Luxus. Im Dachgeschoss gibt eine Sky-Bar, im Foyer den Verleih von Fahrrädern und sogar Autos. ❹

Tiger Hotel, 13/243 Sandar Rd., w 085-21980, l www.tigerhotelpyinoolwin.com. Empfehlenswert mit 24 geräumigen und geschmackvoll möblierten Zimmern (wie S 101 bis S 104). Als Standard geräumig und behaglich zu günstigen US$30, die Suiten zu US$40, 50 und 60 (Executive-Kategorie) bieten teilweise sogar etwas Cinderella-Flair. ❸–❹

Obere Preisklasse

Aureum Palace & Resort, Mandalay-Lashio Highway Rd., ✆ 085-21901-2, 🖥 www.aureumpalacehotel.com. Das 2007 eröffnete und teuerste Hotel am Ort zeigt sich mit der Eleganz von einst, aber ohne Patina und oft verwaist. Die 40 großzügig konzipierten Deluxe-Zimmer scheinen mit US$98 bezahlbar, doch die Suiten haben es in sich – wie die Presidential Suite für US$250 oder das Governors House für exorbitante US$3000, jeweils mit eigenem Pool. ❺–❼

Hotel Pyin Oo Lwin, 9 Nandar Rd., ✆ 085-21226, 🖥 www.hotelpyinoolwin.com. Im Retro-Look erschaffen – als wohl schönstes und auch bestes Hotel am Ort. 36 geräumige, stil- und stimmungsvoll ausstaffierte Zimmer in

Doppelbungalows für US$150 und als Deluxe US$200 mit Mikrowelle, Wasserkocher und Safe. Marmorbäder mit Wanne und Tropendusche sowie Terrassen. Auch die herrliche Lounge, ein überdachter Pool und das professionelle Personal sorgen für Wohlbefinden. Gutes Frühstücksbuffet und Miet-Mountainbikes für US$6. ❻–❼

Kandawgyi Hill Resort, Nandar Rd., am Eingang zum Botanischen Garten, ✆ 09-3314 5100, 🖥 myanmartreasureresorts.com. Gediegenes und stilvolles, angemessen bepreistes Hotel. Im renovierten, rot getünchten Haupthaus von 1922 gibt es 3 Deluxe-Zimmer und 2 Junior-Suiten, in den 5 Garten-Bungalows 10 weitere, schöne Zimmer. ❺

The View Resort, in Anisakan, ca. 9 km südwestlich von Pyin U Lwin bzw. mit rund 20 Min. Autofahrt zu erreichen, ✆ 085-2050 262-3, 🖥 www.theviewpyinoolwin.com. Seit 2011 als exklusives Hideaway in atemberaubender Landschaft mit Panoramablick auf den Dat Taw Gyaint-Wasserfall. Die 9 denkbar geschmackvoll mit Edelhölzern gestalteten Boutique-Bungalows zeichnen sich jeweils durch eine Fläche von 100 m² aus und verfügen über Terrassen mit originellen Holzwannen-Jacuzzis und Wasserfall-Blick. Sie kosten ab US$250 pro Nacht, doch etwas Kaffee oder Kuchen im Restaurant sollte man sich als externer Gast unbedingt mal leisten (s. Kasten S. 376)! Organisation von Trekking- und Fahrradtouren oder Picknicks am Wasserfall. ❽

ESSEN

Im Zentrum finden sich etliche kleine Restaurants, von denen sich vortrefflich das Straßenleben beobachten lässt, während an der Peripherie immer mehr westliche Szene-Spots eröffnen. Statt des abendlichen Biers sollte man sich auch mal am örtlichen Fruchtwein versuchen.

An der Nordseite der **Zeigyo-Markthalle**, ⏰ 7–17 Uhr, erstreckt sich ein **Nachtmarkt** mit lokalen Snacks, ⏰ 16–22 Uhr, wie Nudelsuppen, Maxi-Frühlingsrollen, buntem BBQ-Grillgut oder Samosa: Die Zubereitung ist ein Schauspiel – brutzeln die Mini-Pfannkuchen (mit Vogeleiern oder Gemüse) doch in großen Eisenpfannen mit 100 kleinen Mulden über dem lodernden Feuer.

Feel Café, Golf Club Rd., ✆ 085-23170. Zweiter Ableger einer professionellen Gastronomiekette mit originellen Ideen und landesweit insgesamt 17 Filialen: In einer halb offenen Halle mit aufgehängten Trishaws werden an diversen Ständen lokale, chinesische und indische Snacks sowie andere leichte Gerichte zubereitet. Im angrenzenden Hauptgebäude, wo sich gerahmte Fotos von amerikanischen Filmstars finden, kann man in Separees höchst originell auf Toilettenschüsseln an verglasten, begrünten Badewannen hocken. ⏰ 6–20 Uhr.

Lake Front Feel, am Westufer des Kandawlay-Sees, ✆ 085-22083. Die 4 verlockend bebilderten Speise- und Getränkekarten mit asiatischer und westlicher Küche, Kaffee-Spezialitäten und Cocktails überraschen teilweise mit günstigen Preisen. Das schicke Restaurant eignet sich z. B. für Cocktails (ab 3200 Kyat) sowie ein Abendessen (4000–7000 Kyat) mit chinesischen, thailändischen oder japanischen Speisen. Die Flaschen mit dem guten Weiß- oder Rotwein von Red Mountain scheinen mit rund 15 000 Kyat gut bezahlbar. Von der Holzterrasse aus hat man einen schönen Ausblick über den See. ⏰ 10.30–21.30 Uhr.

The Club Terrace, 25 The Club Rd., ✆ 085-23311. Der gepflegte Kolonialbau lockt mit gediegenem, stilvollem Ambiente und einer romantischen, abends von Laternen beleuchteten Holzterrasse. Die Thai-Küche ist authentisch und ebenso angemessen bepreist wie die übrige Speisekarte mit indischen und chinesischen wie auch einigen europäischen Speisen oder die *Specials Today*. Cocktails wie *Gin & Sin* werden ab 3000 Kyat gemixt. ⏰ 8–21.30 Uhr.

The Taj, 26 Nanda Rd. Seit Ende 2015 als großzügig verglaster Pavillon mit Ambiente und AC direkt am See-Ufer. Die authentisch bebilderte, indische Speisekarte gibt es auch als Prospekt. Hauptgerichte liegen bei 4000–7000 Kyat, doch gibt es auch etliche günstige, verlockende Beilagen-Speisen und die Flasche

Rotwein schon ab sagenhaften 10 000 Kyat. ⏱ 10–22 Uhr.

Thin Ga Ha, Mandalay-Lashio Rd., ☎ 09-4712 8778. Fasziniert als originelles, riesiges Hallenrund aus Bambusgeflecht mit Ziegelboden und rustikalem Mobiliar – wie imposanten, langen und runden Holztischen oder einem dekorativen Innen-Pavillon. Zu angemessenen bis gehobenen Preisen gibt es ein BBQ- und ein Shan-Buffet sowie eine umfangreiche Speisekarte mit z. B. allerlei Fischgerichten und *Myanmar*-Bier vom Fass. ⏱ 9–23.30 Uhr.

Woodland Restaurant & Café, Circular Rd., ☎ 085-22713. Beliebtes Restaurant mit Innenbereich sowie Bar und Pavillons im Außenbereich. Reichhaltige, enorm appetitlich bebilderte Speisekarte mit chinesischer und Thai-Küche, Pizzas oder Burgern zu moderaten Preisen. Kreative *Rainbow*-Batterie mit 6 bunten Cocktails zu 7000 Kyat, aber auch als Einzelmischung mit verlockenden Namen wie *Fallen Angel* oder *Tower Death Shot*. ⏱ 11–23 Uhr, Livemusik von 19–21 Uhr.

EINKAUFEN

Gegenüber dem The Club Terrace hat der gut sortierte **National Mart** eröffnet, ⏱ 5–24 Uhr. Als erstes modernes Einkaufszentrum lockt der **Ruby Mart**, ca. 5 km nordöstlich des Zentrums an der Mandalay-Lashio Rd. ⏱ 9–21 Uhr. Im Herzen der Stadt pulsiert der **Zeigyo-Markt** (auch Central- bzw. Myo-Markt), wo es Alltagswaren und allerlei Souvenirs gibt, ⏱ 7–17 Uhr, sowie abends im Außenbereich allerlei Speisen (s. Essen). Im nördlichen Marktbereich verkauft **Liqueur Corner** Fruchtwein aus der Umgebung oder klassische Tropfen vom Aythaya Vineyard bei Taunggyi, ⏱ 8.30–18 Uhr.

Auf dem **Shan-Markt** herrscht – außer sonntags – bereits vor Sonnenaufgang emsiger Betrieb. Es gibt massenhaft frisches Gemüse von den umliegenden Feldern und Blumen aus zahlreichen Gärtnereien, als weitere regionale Erzeugnisse Kaffee, Baumwolle, Papaya, Ananas oder auch Erdbeeren (Haupternte im Feb/März). Ein regional typisches Geschäft ist **Shwe Min Tamee**, 100 Thar Yar Rd., ☎ 085-22391, mit seinem breiten Sortiment getrockneter Früchte (Beutel-Mix ab 500 Kyat). Zuweilen gelingt es sogar, einen Blick in die Produktion zu werfen, ⏱ 7–17 Uhr.

SONSTIGES

Golf

Eine besondere Attraktion stellt der **Pyin Oo Lwin Golf Course** (ehemals Maymyo Golf Club), Golf Club Rd., ☎ 085-22382, dar. Der im Süden der Stadt liegende 18-Loch-Platz zählt zu den landesweit besten, darf aber nur in angemessener Kleidung (z. B. keine Jeans) bespielt werden. Greenfee US$20, Pflicht-Caddie US$5. ⏱ 6–18 Uhr.

Informationen

Nützliche Infos über alles, was mit Pyin U Lwin zusammenhängt, vermittelt die üppig bestückte **Website** 🖥 www.pyinoolwin.info.

Visite am Dat Taw Gyaint-Wasserfall

Der wohl schönste Ausblick der Region eröffnet sich – auch wenn die Naturkulisse 2012 leider um einen Tempelbau „ergänzt" wurde – aus dem **The View Resort & Restaurant**: Es liegt südwestlich der Stadt bzw. exakt gegenüber dem Dat Taw Gyaint, der als größter der Anisakan-Wasserfälle rauscht. Wer hier z. B. nur zum Genuss von Kaffeespezialitäten (um 3000 Kyat), Cocktails (7000 Kyat) oder kreativ dekorierten Kuchen einkehrt, braucht bisher die 2000 Kyat Zutrittsgebühr nicht zu entrichten. Viel Holz und Antiquitäten sorgen für ein perfektes Interieur, als Weinlager – u. a. mit lokalen Tropfen für 15 000–30 000 Kyat – dient ein originales Shan-Haus. Von der Restaurant-Terrasse führt ein befestigter Weg zu den 8 Bungalows und der Crest Villa Mansion des Resorts bzw. ein schmaler Pfad in 30 Min. hinunter bis zum Wasserfall (Rückweg 60 Min.). In einem der drei Felsbecken war das Baden zeitweise verboten, nachdem darin 2014 ein Ausländer verschwunden und nie wieder aufgetaucht ist. ⏱ 9–18 Uhr (für externe Gäste).

TRANSPORT

Im rund 8 km von Pyin U Lwin entfernten Anisakan gibt es einen Flughafen, der bisher jedoch nicht für den Zivilverkehr zur Verfügung steht.

Pick-ups und Taxis

Von mehreren Stellen im Zentrum wie dem Bereich des Uhrturms starten Toyota-Pick-ups als **Sammeltaxis** mit bis zu 15 Passagieren nach MANDALAY. Sie kosten 1500 Kyat, in der Fahrerkabine 2000 Kyat. Bei vielen Zwischenstopps kann die Fahrt bis zu 3 Std. dauern. Wesentlich schneller und komfortabler geht es mit Limousinen als Share-Taxi, die mit max. 4 Passagieren bei 7000 Kyat p. P. liegen und nur 1 1/2–2 Std. benötigen.
Share-Taxis nach HSIPAW (gesprochen „Tibor") kosten ca. 10 000 Kyat p. P., bis nach LASHIO 15 000 p. P., für Charter-Taxis muss man mit bis zu US$80 bzw. US$130 rechnen. Nach ca. 3 Std. wird Hsipaw erreicht, nach rund 5–6 Std. Lashio. Denn die insgesamt rund 210 km lange Strecke birgt etliche, ggf. zeitraubende Maut- und Baustellen bzw. zuweilen auch Lkw, die mit Panne oder in den Serpentinen liegen geblieben sind. Eine alternative Route führt über KYAUKME nach MOGOK, für das Ausländer aber eine Sondergenehmigung benötigen (S. 357).

Busse und Minivans

Der reichlich unscheinbare **Busbahnhof Thiri Mandala**, ✆ 085-22633, liegt etwas versteckt hinter der Pyi Chit-Pagode.
BAGAN, mind. 2 x tgl. mit Bus oder Minivan für etwa 14 000 Kyat in ca. 5 Std.
LASHIO über HSIPAW, mehrmals tgl. für 14 000 Kyat in bis zu 8 Std. Mit den neuen Minivans etwas schneller und für lediglich 12 000 Kyat.
MANDALAY, meist mit den Bussen nach Yangon.
YANGON, mehrmals tgl. für 11 000 Kyat bzw. als VIP ca. 20 000 Baht, in etwa 10 Std.

Eisenbahn

Der rot geziegelte **Bahnhof** findet sich nördlich des Zentrums. Der Bummelzug nach MANDALAY startet gegen 18 Uhr für 600–700 Kyat und benötigt ca. 4–5 Std. In Gegenrichtung geht es um 8.22 Uhr über KYAUKME nach HSIPAW (6–7 Std.) und LASHIO (10–11 Std.). Wer sich in Fahrtrichtung links platziert, hat später (ca. 2–3 Std. nach Abfahrt) mehr von der Fahrt über den legendären Gokteik-Viadukt! Achtung: Das Ticket muss bereits am Nachmittag des Vortags besorgt werden!

Touren und Trekking

Einige Unterkünfte vermieten **Fahrräder** für rund 3000 Kyat pro Tag oder **Mopeds** für bis zu 15 000 Kyat. Mit einem **Moped-Taxi** liegen ganztägige Erkundungstouren bei 15 000 Kyat, für ein **Tuk Tuk** muss man mit 20 000 oder 30 000 Kyat rechnen. Der am Nachtmarkt platzierte Tuk Tuk-Fahrer **Ko Soe**, ✆ 09-4004 40227, 09-7893 89748, ist engagiert und spricht recht gut Englisch – auch wenn er selbst es meist erst im zweiten Anlauf versteht. Der 40-Jährige bietet sogar erlebnisreiche Tagestouren mit vierstündiger Trekkingeinlage an. Dabei kann man drei oder vier Shan-Dörfer besuchen, Spannendes über den Anbau von Erdbeeren, Wein, Ananas oder Kaffee lernen und mehrere Wasserfälle besuchen.
Die Touren dauern von 8.30 bis 18.30 Uhr und enden meist am View Point-Restaurant. Inklusive Wasser und Snacks beträgt der Preis für 2 Pers. US$50, bei 3 Teilnehmern sind es zum Beispiel US$60.

Die Umgebung von Pyin U Lwin

Die spektakulären **Anisakan-Wasserfälle** – darunter der über 210 m und mehrere Stufen hinabrauschende **Dat Taw Gyaint** – finden sich in Richtung Mandalay, etwa 8 km von Pyin U Lwin entfernt. Die Anfahrt mit einem Pick-up ist einfach, sportlicher jedoch eine Fahrradtour, auch wenn die Zuwegung ziemlich unwegsam und

Feuchtes Vergnügen

Wer den Einheimischen einmal bei ausgelassenem Freizeitvergnügen zusehen möchte, sollte den unterhalb der Mahant Htoo Kanthar-Pagode rauschenden **Pwe Kauk-Wasserfall** aufsuchen. Denn obwohl das in der britischen Kolonialzeit „Hampshire Falls" genannte Naturschauspiel nicht besonders spektakulär erscheint, ist es ein überaus beliebtes Ausflugsziel – wie sich leider auch oft an der unschönen Vermüllung ablesen lässt. Ein vom Wasser angetriebenes Kinderkarussell und in von der Natur geformtes Planschbecken sorgen ebenso für Kurzweil wie Autoreifen, auf denen Abenteuerlustige über die Fluten reiten können. Natürlich lauern hier auch etliche Verkaufsstände mit Essen und Getränken oder Souvenirläden. ⏲ 6–17.30 Uhr, Zutritt 1000 Kyat.

---

der Rückweg wesentlich anstrengender ausfallen. Ziel dieses mindestens halbtägigen Ausflugs ist das herrlich kühlende Nass von drei Wasserfällen, die zum Baden einladen – am besten nachmittags, wenn die Szenerie von der Sonne beschienen wird. Besonders eindrucksvoll ist der Scheitelpunkt des größten Wasserfalls. Der unterste Teil des Naturwunders indes ist mit einem rund 40-minütigen Marsch vom Parkplatz zu erreichen, der durch eine Schlucht führt (zuweilen bieten Jugendliche Führungen für 5000 Kyat an, ideale Zugangsmöglichkeit s. Kasten und S. 381). Vorsicht ist besonders bei Regen geboten, wenn es hier überaus schlüpfrig wird.

Auf der Strecke von Pyin U Lwin nach Hsipaw erhebt sich auf einem Hügel die Mahant Htoo Kanthar-Pagode (Aung Htu Kann Tha Paya), in der alle großen buddhistischen Feste zelebriert werden. Die weiße Marmor-Buddhastatue im Innenraum sollte eigentlich mit drei weiteren im April 1997 von Mandalay nach China gebracht werden, doch aus unerklärlichen Gründen fiel sie vom Transporter. Angeblich war es unmöglich, sie wieder zurück auf die Ladefläche zu bekommen. Vielleicht lag das ja auch am Fahrer, der in der Nacht zuvor geträumt haben will, dass eine der aufgeladenen Buddhastatuen

das Land nicht verlassen wolle … So sammelten die Menschen der Umgebung Geld und ließen die Pagode erbauen, in der die 17 t schwere Buddhafigur nun an ihrem „selbst erwählten" Platz verehrt wird. Besonders bei Sonnenuntergang ist der Bau eindrucksvoll: Die goldene Kuppel wird hell erleuchtet und bietet ein wunderbares Fotomotiv.

Der buddhistische Höhlenschrein **Peik Chin Myaung** liegt zwischen Pyin U Lwin und Hsipaw. Knapp 25 km hinter Pyin U Lwin führt ein schmaler, unbefestigter Abzweig dorthin. Das große Areal wurde auf Betreiben der Regierung 1990 ausgebaut und zieht viele Pilger an. Entlang einem Fluss windet sich ein 600 m langer, mit farbigen Neonröhren beleuchteter Weg in den Berg hinein, der von vielen Statuen und Miniaturmodellen, z. B. der Shwedagon-Pagode in Yangon oder des Goldfelsens von Kyaikhtiyo, gesäumt ist. Vor der Höhle baden die Gläubigen in heiligem Quellwasser, was Glück bringen soll. Am Fuß der Anlage gibt es Essensstände mit leckeren Shan-Nudeln. Der Besuch der Grotte bietet sich für Taxi-Reisende auf dem Weg nach Hsipaw an oder auch als Ausflug von dort. Statt Eintritt wird eine **Fotogebühr** von 500 Kyat erhoben, im Inneren der Höhle ist das Tragen von Schuhen und kurzen Hosen verboten. ⏲ 6.30–16.30 Uhr.

> **8 HIGHLIGHT**

Monywa

Eine Fahrt nach Monywa gehört zu den lohnendsten Abstechern, die man aus Mandalay unternehmen kann. Die 135 km lange Strecke lässt sich über Sagaing per Auto oder Bus in rund 3 Std. bewältigen. Sie ist breit, aber dennoch – besonders bei Dunkelheit – nicht schnell zu befahren. Umso mehr kann man das üppig flankierende Grün und die oft schöne Landschaft genießen – wie auch auf der 100 km langen Strecke, die von Shwebo nach Monywa führt.

Die letzten Kilometer werden über eine herrliche Allee aus **Baumriesen** zurückgelegt, wie

sie sich auch zahlreich im Stadtgebiet erheben. Am Ufer des Flusses Chindwin gelegen, hat sich die kleine Siedlung aus der Bagan-Zeit mit nun vielleicht schon 500 000 Einwohnern zur zweitgrößten Stadt des Nordens bzw. siebtgrößten Myanmars entwickelt. Erst seit 1888, als sie Verwaltungszentrum des unteren Chindwin-Distrikts wurde, trägt sie ihren heutigen Namen. Der Aufschwung hat sich aber vor allem durch die Lage am Fluss und die 1903 gebaute Eisenbahnlinie nach Mandalay ergeben. Im Zweiten Weltkrieg geriet Monywa zweimal zwischen die britisch-japanischen Fronten, wobei es entsprechend bombardiert wurde.

Heute führen zwei neue, große **Brücken** über den Chindwin – Hauptverkehrsader in den Nordwesten des Landes bzw. zur indischen Grenze. Die erste seit 1999 südlich von Monywa mit einer Länge von 1,5 km und Teil des Western Highway, der eines Tages Pathein (Bassein) im südwestlichen Delta mit Ye U im Nordwesten verbinden soll. Die zweite, fast ebenso lange Brücke wurde 2003 nördlich der Stadt eingeweiht. Die Bauwerke haben dazu beigetragen, dass die Stadt als Handelszentrum für Agrarprodukte wie Baumwolle, Hülsenfrüchte oder Palmzucker weiter wächst. Zudem werden in Monywa die groben, im ganzen Land beliebten Wolldecken hergestellt sowie Matten und Körbe aus Bambus oder Schilfrohr, Ochsenkarren und Agrarwerkzeuge wie Hacken oder Macheten. Davon zeugen natürlich auch die beiden großen **Märkte** der Stadt. Für Impulse der Moderne indes sorgt natürlich auch hier das neue, populäre **Ocean Supercenter**.

Das **Ledi-Kloster**, rund 1 km nördlich des Bahnhofs, wurde 1886 auf Anordnung des berühmten Pali-Gelehrten Leidi Sayadaw errichtet und beherbergt eine große Mönchs-Universität. Der Aufbau der Anlage erinnert an die Kuthodaw-Pagode von Mandalay, denn im Tempelbereich finden sich 806 Steinstelen mit buddhistischen Inschriften.

Obwohl es im April und Mai in Monywa – oft sogar mit um die 40 °C – so heiß werden kann wie sonst nirgends im Land, gerät die Handels- und Hafenstadt, die erst seit Beginn der 1990er-Jahre besucht werden darf, immer stärker in den Fokus westlicher Besucher. Denn hier lassen sich noch viel authentisches Leben beobachten oder auch – mit allerlei Schiffen im Vordergrund – herrliche Sonnenuntergänge am Flussufer, wenn es doch bloß nicht so verschmutzt wäre.

In der Umgebung von Monywa finden sich spannende, teilweise noch junge Attraktionen – wie die Riesen-Buddhas. Zudem dient die Stadt nicht nur als neue Etappe für **Flussreisen**, sondern auch als Startpunkt für Kreuzfahrt- und Linienschiffe in die nordwestlich liegenden Orte Kalewa, Mawlaik und Homalin oder sogar bis Hkampti bzw. in den neu zu entdeckenden Chin-Staat.

ÜBERNACHTUNG

Die Unterkünfte direkt im Zentrum sind zwar schon lange etabliert und billig, doch die Zimmer meist indiskutabel heruntergekommen. Etliche neue Hotelklötze bieten deutlich mehr Komfort, doch mangelt es nach wie vor an typischen Traveller-Herbergen.

Chindwin Hotel, Bogyoke Rd. ☏ 071-21650, 🖥 www.hotelchindwinmonywa.com. Als beste Option im Zentrum bzw. 6-stöckiger Neubau mit ansehnlicher Architektur, großem Foyer und 44 Zimmern. Die für Alleinreisende gedachte Standard-Kategorie wirkt wenig einladend, am besten sind die 4 großen, mit einem verglasten Halbrund zur Straße ausgerichteten Deluxe-Zimmer zu US$60. Bemerkenswert ist der Sky View-Bereich mit AC-Restaurant im 6. Stock, ⏱ 10–22 Uhr, Freiluftbereich im 7. Stock und einem Turm als 8. Stock. ❹–❺

Jade Royal Hotel, Bogyoke Rd., ☏ 071-28237, 🖥 www.jaderoyalhotelmonywa. Neu seit 2016 und mit reichlicher Verarbeitung von Steinscheiben 80 geräumige und pieksaubere, aber schmucklose Zimmer. Schöner, türkisfarbener Pool, Zutritt für externe Gäste: 10 000 Kyat. ❸–❹

King & Queen, Kyaut Kar Rd., ☏ 071-21434, 🖥 auf Facebook. Seit 2016 und von außen eindrucksvoll, innen aber nicht besonders heimelig. 67 Komfortzimmer – als Deluxe etwas größer, mit Safe und Badewannen-Bädern. Im 7. Stock lockt eine Skybar. Fahrräder 4000 Kyat pro Tag, Mopeds 10 000 Kyat. ❸

Monywa Hotel, Bogyoke Aung San Rd., ☏ 071-21581, ✉ monywahotel071@gmail.com. Verteilt sich als lange etablierte, angenehme Anlage mit 80 Komfortzimmern, die über schöne Terrassen bzw. viel Balkon verfügen, auf einem großen,

Touren und Törns

Ein halber Tag Erkundungstour kostet mit **Tuk Tuks** ca. 25 000 Kyat und mit **Taxis** 40 000 Kyat, wobei die Fahrer aber in der Regel kein Englisch sprechen. Professionell geführte und chauffierte Touren, die auch zu wenig bekannten Zielen in der Umgebung führen können, bieten sich z. B. an mit Insider **Win Nying** aus Mandalay (s. Kasten S. 347), dessen Frau aus Monywa stammt. Hilfreich und fundiert sind **Infos** an der Rezeption oder am Travel-Counter des Chindwin-Hotels, wo auch **Boote** für den zweistündigen Törn von Pakkoku nach Nyaung Oo gechartert werden können (2–15 Pers. für 48 000 Kyat). Im King & Queen-Hotel indes sind gute **Ortspläne** verfügbar.

hübsch begrünten Grundstück mit Holzgebäuden und zwei 2-stöckigen Neubauflügeln. ❸–❹

Nan Htike Yadanar Hotel, Jaw Ki Rd., (Happy Baby Rd.), ☎ 071-23156, 09-9611 78333, ✉ nanhtikeyadanarhotel@gmail.com. Hebt sich wohltuend ab von den Neueröffnungen – als kleine, einladende Bungalowanlage mit eigenem Stil. 33 Komfortzimmer entlang einer ansprechend begrünten Beton-Piazza – mit Namen wie „Diamond", „Pearl" oder „Emerald" und guten Betten. 4 Kategorien für 30 000–40 000 Kyat, doch die teuersten müssen nicht die besten sein, und die Zimmer mit Kingsize sind billiger als die mit Twin-Betten. Allerlei Serviceleistungen, Mountainbikes für 10 000 Kyat am Tag, Mopeds 3000 Kyat pro Std. ❷–❸

Win Unity Resort Hotel, Bogyoke Rd., am nördlichen Stadtrand, ☎ 071-22438, 🖥 www.winunityhotels.com. Errichtet auf einem zugeschütteten Teil des Kan T(h)ar Yar-See, umfasst diese weitläufige Anlage inzwischen sagenhafte 233 Zimmer in 10 Kategorien – darunter 109 in Bungalows und 91 in einem neuen, 6-stöckigen Hufeisen-Bau mit Lift. Ein gutes Preis-Leistungs-Verhältnis verspricht z. B. die Standardkategorie zu US$45. Für Entspannung sorgen ein einladender Pool mit Bar und Jacuzzi sowie ein Spa und Fitnesscenter. ❸–❻

ESSEN

Der beliebte **Nachtmarkt** erstreckt sich zwischen Uhrturm und Bogyoke (Aung San)-Statue beidseits der Straße – mit einer breiten Variation an preiswerten, einheimischen Leckereien. Darunter auch illustre Überraschungen wie große Walnüsse oder überdimensionale Frühlingsrollen, die lecker mit Mutton gefüllt sind. ⏱ 17–22.30 Uhr. Tagsüber kann man sich je nach Sichtprüfung durchaus auch mal an den preiswerten Hühnchenteilen der 5 Star Chicken-Grillstände versuchen. Nach größeren Fluss-Garnelen sucht man vergeblich, weil der Chindwin durch zu viele Goldminen belastet ist.

Chindwin River, Bogyoke Rd., ☎ 09-2547 64844. Eröffnet 2013 vom Besitzer des Small River (Ava)-Restaurants in Inwa. Halb offen und erdverbunden inmitten einer Gartenanlage – als eines der beiden besten Restaurants am Ort und mit entsprechenden Preisen für die chinesischen, burmesischen und thailändischen Speisen. Beliebt sind die Set-Menüs zu je 10 000 Kyat, *Myanmar Premium*-Fassbier kostet 2000 Kyat pro Glas. ⏱ 10.30–22.30 Uhr.

Eureka Café & Bakery, Yone Gyi Rd., ☎ 097-9640 8081, 🖥 auf Facebook. Gut gekühlt mit modernem Mobiliar in bester Innenstadtlage und somit ideal für eine Verschnaufpause. Extrem umfangreiche, appetitlich bebilderte Speisekarte mit Tellergerichten zu 3000–5000 Kyat. Pasta, Burger und Salate, aber auch asiatische Kost oder Hot Pot. Glasvitrine mit Backwaren, Pasteten und Pudding, gute Eisbecher, frisch gepresste Fruchtsäfte und Kaffeespezialitäten. ⏱ 7–22 Uhr. In der Kyaukka Rd. lockt ein kleiner Ableger. ⏱ 8–20 Uhr.

Pleasant Island (Golden Orange), gegenüber dem Win Unity Resort Hotel, ☎ 09-681 8162. In der Tat pleasant: Eine fotogene Holzbrücke führt zu diesem Restaurant auf einer Insel im Kan T(h)ar Yar-See, das als größtes, bestes und wohl auch teuerstes von Monywa gilt – und dem gleichen Besitzer gehört wie „The Beach" in Bagan. Mit gemauerten Turmbögen und stilsicherem Mobiliar sorgt der Bau ebenso für Boutique-Ambiente wie einige lauschige Pavillons am Ufer. Es gibt chinesische Küche, alle Hauptspeisen mit Huhn oder Schwein liegen bei 6000 Baht, mit Fisch bei 8000–10 000 Kyat, eine Glas Fassbier kostet 1500 Kyat, die Flasche 3500 Kyat. ⏱ 7–22 Uhr.

Shwe Taung Tarn, Station Rd., ☎ 071-21478. Gehört zum gleichnamigen, wenig attraktiven Hotel, hat aber mit seinem originären Charme die längste Tradition als Restaurant für Ausländer, die sich ausschließlich auf der hölzernen, zu zwei Dritteln offenen Dachterrasse tummeln. Die Speisekarte ist ohne Preisangaben, bietet jedoch bezahlbare und teils überraschend nett dekorierte Gerichte. Der *Pork- und Chicken Salat* für 6000 Kyat z. B. hat rein gar nichts mit Salat zu tun. Fassbier fließt für günstige 750 Kyat pro Glas. ⏱ 7–21.30 Uhr

Auf Abwegen – in Shwebo

Dieser Ort zieht bisher wenige Touristen an und sollte auch nur besucht werden, wenn alle bedeutsameren Reiseziele der Region schon absolviert sind. Die von Mandalay rund 110 km lange, gut 2 Std. dauernde Anfahrt über die Landstraße ist nicht ohne Reiz, und die ehemalige, entlegene Königsresidenz erfreut durch eine relativ idyllische Atmosphäre. Doch gibt es in Shwebo – zwischen 1760 und 1764 Hauptstadt von König Alaungpaya – im Endeffekt so wenig zu sehen, dass die Mehrheit der Stadt enttäuscht den Rücken kehren dürfte.

Einst hieß die Stadt Yangyiaung, Yadanatheinga, Konbaung („Damm") und Mokesoebo. Erst König Alaungpaya verlieh ihr den Namen Shwebo: „Goldener General". Hier geboren, machte er den Ort zum Ausgangspunkt seiner Feldzüge und baute ihn zur Residenz des wachsenden Reiches aus. So wurden von hier aus 1752 auch Inwa und Niederbirma zurückerobert und das Dritte Birmanische Reich gegründet. Nach dem Sieg über die Shan und Mon zerstörte Alaungpaya mehrere Handelsposten der Briten, um ihrem Vordringen zu begegnen.

Die **Grabstätte Alaungpayas** findet sich nicht weit von der Markthalle und dem Königspalast **Shwebon Yadanar Mingalar Nang-daw**. 1995 aus Zement und Stein rekonstruiert, umfasst dieser durchaus fotogene Holzbauwerke. ⏰ 7.30–17 Uhr, Eintritt 5000 Kyat. Der mit Wasser gefüllte, östliche Befestigungsgraben ist mehrere Kilometer lang und bis zu 10 m tief. Er gehört mit dem **Maha Nanda-See** zum auffälligsten Nachlass von Alaungpayas einstiger Stadtanlage.

Einen schönen Blick auf die Stadt hat man vom Turm der **Maw Daw Myin Tha-Pagode** auf dem Eindathaya-Hügel im Nordosten von Shwebo. 1755 von Alaungpaya gestiftet, soll sie eine smaragdene Almosenschale von Gautama Buddha beherbergen. Zu den anderen berühmten Gebäuden der Umgebung gehören der in typisch birmanischem Stil erschaffene **Myo Daung Zedi** sowie die nahe **Shwe Daza-Pagode** im Süden der Stadt. Den „Wünsche erfüllenden Ort" **Aung Mye Hsu Taung**, der kurz vor der Stadt bei der Anfahrt aus Mandalay passiert wird, soll König Alaungpaya vor dem Auszug zu seinen Schlachten aufgesucht haben.

Das rund 20 km südöstlich von Shwebo liegende **Hanlin** (Halingyi) ist nur mit Charter-Fahrzeugen erreichbar. Hier hat sich vom 3. bis 9. Jh. die nördliche Metropole der Pyu befunden, doch die Überreste beschränken sich auf bröselnde Stadtmauern, einige Tore und Säulen. Im örtlichen Kloster zeigt ein kleines Museum geborgene Töpfe und andere Gegenstände. Eine relativ gute Straße führt von Shwebo zu der 29 km östlich liegenden Kleinstadt **Kyauk Myaung**. Sie ist vor allem für ihre glasierten Töpferwaren bekannt, zu denen auch große Martaban-Krüge gehören.

Die meisten Unterkünfte in Shwebo sind einfach und/oder haben keine Lizenz für Ausländer. Als wichtigste Anlaufstelle fungieren das Pyi Shwe Thingaha, ☎ 075-22949, mit Zimmern um 50 000 Kyat sowie das seit 30 Jahren als ältestes Restaurant Ort etablierte **Eden Culinary Garden**, ☎ 075-21651, wo es eine englische Speisekarte und erfrischendes Fassbier gibt, ⏰ 6–21 Uhr.

TRANSPORT

Der Flughafen 12 km nördlich der Stadt wird allenfalls sporadisch bedient.

Taxis

Für die Strecke zwischen Monywa und MANDALAY werden meist um die 60 000 Kyat verlangt, nach SHWEBO geht es bereits für 40 000 Kyat (vermittelt z. B. die Rezeption des Chindwin Hotels).

Busse und Minivans

Der **Busbahnhof Aung Mingalar** liegt rund 1 km südlich vom Uhrturm und ist über die Hauptverkehrsachse der Bogyoke Rd. zu erreichen. Natürlich sind auch in Monywa die komfortablen Minivans auf dem Vormarsch. MANDALAY, von 5–9.30 Uhr fast stdl. für 3000 Kyat in 3–4 Std., etwas schneller sind die von 5–16 Uhr stdl. startenden Minivans für 2000 Kyat mit bequemem Tür- zu Tür-Service (wie z.B. von King Power) für 7500 Kyat.

NYAUNG OO, 3x tgl. mit Non-AC-Bussen für 2500 Kyat sowie 3x tgl. mit AC-Minivans für 4000 Kyat.
PAKOKKU, 4x tgl. mit Non-AC-Bussen für 1700 Kyat in 3–4 Std. sowie 3x tgl. mit AC-Minivans für 4000 Kyat. Von dort kann man per Boot weiter nach BAGAN reisen.
SHWEBO, mehrmals tgl. für 2000–3000 Kyat in 2–3 Std.
YANGON, Start vor allem nachmittags für 12 000–14 000 Kyat in ca. 12 Std.

Eisenbahn
Da die Zugreise nach MANDALAY mit den 2x tgl. verkehrenden Zügen 6–7 Std. dauert, bevorzugen sogar die Einheimischen meist die Fahrt per Bus oder Sammeltaxi.

Boote
Wer als Ausländer in Monywa den Chindwin überqueren will, um z. B. zu den Höhlen von HPO WIN DAUNHG zu gelangen, muss für 2500 Kyat ein eigenes Boot (bis zu 5 Pers.) chartern.
Die Express-Fähren stromaufwärts werden im Wechsel von den in der Kannar Rd. bzw. am Flussufer ansässigen Firmen **MGRG**, ✆ 09-4004 01551, **Shwe Nadi**, ✆ 071-23488, und **Ngwe Shwe Oo**, ✆ 071-23051, angeboten. Sie starten tgl. um 4 Uhr, halten kurz in KALEWA und erreichen nach 8–10 Std. MAWLEIK (21 000/ *upper class* 45 000 Kyat) und 2–3 Std. später in HOMALIN, wofür natürlich noch ein Aufschlag zu zahlen ist. Die IWT-Schiffe fahren lediglich 1x wöchentl. und brauchen undiskutabel länger. Komfortable Flusskreuzfahrten auf dem Chindwin indes erfreuen sich zunehmender Beliebtheit (s. Kasten S. 350).

Die Umgebung von Monywa

Im Umfeld Monywas erstreckt sich eine unwirtliche Mondlandschaft – entstanden durch weitläufige Kupferminen. Ende 2014 hatte z. B. die von Letpadaung internationale Schlagzeilen gemacht, weil die dortige Umweltverschmutzung die Existenz und Gesundheit Tausender Menschen bedroht bzw. es sogar zu Zwangsumsiedlungen gekommen war. Die Proteste der Einheimischen wurden von der Polizei mit extremer Gewalt niedergeschlagen und dabei sogar Phosphor eingesetzt.

Thanboddhay-Pagode (Sambuddha Kat Kyaw-Pagode)
Als unverzichtbare Sehenswürdigkeit gilt die rund 10 km südöstlich der Stadt liegende Thanboddhay-Pagode, die von 1939–51 auf Initiative des angesehenen Abtes Moe Nyin Sayadaw U Kyauk Lon mithilfe von Spendengeldern errichtet worden ist. Weil die ganze Menschheit vom Bau dieses Heiligtums profitieren sollte, wurden die Gründungsdaten in vielen Sprachen ausgewiesen, darunter auch auf Deutsch. Die Tempelanlage, die außen wie innen zu den landesweit eindrucksvollsten Heiligtümer zählt, gilt als faszinierende Meisterleistung.

Der Eingang wird von zwei riesigen, weißen Stein-Elefanten flankiert, während 471 Stupas die Terrassen zu einem regelrechten **Pagodenwald** machen. Innerhalb der quadratisch angelegten Mauer finden sich eine Vielzahl von Andachtsstellen – alle bunt bemalt und reich verziert, was manch westlicher Besucher als überladen empfinden mag. Im Inneren des *pahto* sind alle Wände, Nischen und Portale mit winzig kleinen oder auch meterhohen Buddhafiguren geschmückt. Insgesamt sollen es weit mehr als 500 000 **Bildnisse** sein, die hier vom religiösen Eifer der Stifter zeugen.

Der massive **Stupa** soll 7000 heilige Gegenstände enthalten. Die Nebengebäude erinnern an die Palastarchitektur der Konbaung-Dynastie und sind an den Außenseiten mit dreidimensionalen **Jataka-Reliefs** geschmückt. Zur Anlage gehört ein skurriler **Aussichtsturm**, der nur barfuß über eine Wendeltreppe (mit bei Sonnenschein glühend heißen Stufen) bestiegen werden darf. Das Tempelfest wird im Oktober/November gefeiert. ⏱ 6–17 Uhr, Eintritt 3000 Kyat.

Bodhi Tataung-Pagode (Riesen-Buddhas)
Rund 7 km hinter der Thanboddhay-Pagode gelangt man über die gleiche Straße zu einem riesigen **liegenden Buddha**, der an einem Berghang auf einer gemauerten Couch liegt und

Buddhastatuen als Superlative

Anordnung und Ausmaß dieses Heiligtums sind einzigartig, atemberaubend – und schon von Weitem sichtbar, wobei sich je nach Position ganz unterschiedliche Perspektiven ergeben.

Welchen Platz der je nach Quelle 89 bis 95 m lange, liegende Buddha von Bodhi Tataung in der Weltrangliste einnimmt, lässt sich nicht exakt ermitteln. Doch der unmittelbar benachbarte und 2008 eingeweihte **Lay Kyun Sat Kyar** präsentiert sich mit seinen 116 m als zweithöchster Buddha auf Erden. Wenn man den Sockel (hier empfiehlt sich ob des großflächig gleißenden Marmors eine Sonnenbrille) mit einberechnen würde, käme er sogar auf 130 m und wäre die höchste Buddhastatue der Welt – noch vor dem 128 m hohen „Spring Buddha" von Henan in China.

Mit dem Bau der 31-stöckigen, goldglitzernden Konstruktion wurde bereits Mitte der 1990er-Jahre begonnen, inzwischen ist sie im überraschend angenehm temperierten Inneren bis zur 24. Etage begehbar, ⏰ 7–17 Uhr. Mit der Ausgestaltung wurde ein immenser Aufwand betrieben, denn jedes Stockwerk ist in anderer Weise mit Gemälden, Ornamenten und Statuen geschmückt, die Böden mit Fliesen, Parkett oder auch mal Laminat belegt. Und jedes muss nach dem Bezwingen der entsprechenden Holztreppe über die ganze Länge durchquert werden – weiter oben sogar hindurch zwischen den mitsamt Muttern stets kreativ bemalten Stahlträgern.

Nachhaltig faszinierend sind die farbenfrohen, martialischen wie monumentalen Darstellungen im Bereich des Sockels, bei denen die Menschen ob ihrer Versündigung gekocht, aufgespießt oder zermalmt werden. Was die Einheimischen zuweilen aber leider nicht ausreichend davon abhält, das Heiligtum lachend, lärmend oder mit lauter Popmusik vom Smartphone zu erkunden.

Wen indes sollte es verwundern, dass bereits an einer dritten Statue der Superlative gewerkelt wird – dieses Mal ist es eine sitzende.

begehbar ist. Im höhlenartigen Inneren des 1991 geschaffenen Heiligtums stellen bemalte Zementfiguren anschaulich religiöse Szenarien dar. Nicht weit entfernt erhebt sich mit der Statue **Lay Kyun Sat Kyar** der zweithöchste stehende Buddha der Welt (s. Kasten).

Der Weg zu den Riesen-Statuen auf dem Po Khaung-Hügel führt durch ein Feld mit mehr als 1000 lebensgroßen Buddhafiguren, die alle mit Blick auf die beiden Statuen ausgerichtet sind und jeweils über einen eigenen, Schatten spendenden Schirm verfügen. Für jede Figur wurde ein Bodhi-Baum gepflanzt, was den Namen dieser religiösen Stätte erklärt. Ein Aussichtsturm ermöglicht einen Überblick über das imposante Ensemble, zu dem auch ein sitzender Buddha, mehrere kleine Pagoden und die große **Aung Setkya-Pagode** zählen. Eindrucksvolle Fotos lassen sich am besten nachmittags schießen (einige Impressionen s. **eXTra [5802]**).

Twinn Daung

Rund 30 km nördlich von Monywa, 12 km westlich von Budalin, erhebt sich der **Twinn Daung** („Berg der Quelle"), der eine Höhe von 200 m erreicht. Dort gibt es einen 50 m tiefen See namens **Myitta Kan** („See der Liebe"), dessen Wasserstand sich rätselhafterweise unproportional zum Steigen und Fallen des 3 km entfernten Chindwin verändern soll. Bisher konnte nicht genau nachgewiesen werden, ob dieser grünlich schimmernde See und die nicht weit entfernte Vertiefung bei Kani als Krater auf einen Vulkanausbruch oder aber auf einen Meteoriteneinschlag zurückzuführen sind. Zugänglich ist das Naturwunder kostenlos Mo–Sa 8–16.30 Uhr. Die etwa 1000 Bewohner des Dorfes am Ufer verarbeiten die im See gezüchteten Algen zu Heilmitteln.

Shwe Gu Ni-Pagode

Auf einer zweispurigen Straße gelangt man durch schöne Landschaften 20 km östlich der Stadt zu einer der wichtigsten Pilgerstätten im Norden Myanmars. Die auf das 14. Jh. zurückge-

---

Das Edelstein-Paradies – Mogok

Nach einer kurzen Liberalisierung wurden die Vorschriften 2016 leider wieder angezogen: Der Besuch des nordwestlich von Mandalay liegenden, nach 200 km bzw. fünf Autostunden erreichten Mogok ist Ausländern allenfalls im Rahmen einer teuren, meist dreitägigen Pauschaltour erlaubt, das dafür notwendige **Permit** rund einen Monat im Voraus zu beantragen.

Die schon seit Jahrhunderten von birmanischen Königsdynastien und auf der ganzen Welt begehrten, hochwertigen **Rubine** und **Saphire** aus Mogok haben den Ort zu einer Legende gemacht. Umgeben von bis zu 1200 m hohen, oft mystisch vernebelten und von religiösen Stätten übersäten Bergen schmiegt sich der Ort idyllisch um einen See. Ob der Höhenlage herrscht im „Rubinland" ein moderates Klima, das den Zeitraum Januar bis Mai zur Regenzeit macht.

Die ersten **Schürfrechte** wurden 1883 an die Franzosen vergeben und wenig später von den Briten annektiert, die hier die mit 304 und 400 Karat bisher größten Rubine fanden. Im Zweiten Weltkrieg machten sich die Japaner an die Ausbeutung, heute buddeln hier Hunderte Firmen unter Kontrolle der Regierung nach den keineswegs versiegenden Edelsteinvorkommen.

Mogoks Lebenselixier sind Rubine (Myanmar liefert rund 90 % des Welthandels!) und Saphire, aber auch meist in **Kalksteinschichten** verborgene Halbedelsteine wie Peridot, Lapislazuli, Mondstein, Granat und Chrysoberyll werden in mühevoller Handarbeit aus Stollen im Gebirge ausgegraben, ausgeschlagen oder ausgewaschen. Zudem leicht fündig werden kann man in **Erdlöchern** oder **Flussbetten**. Natürlich dürfen die Besucher Mogoks nicht direkt in die Minen, können aber u. a. beim Auswaschen, Säubern und Sichten von Lehm oder Geröll zuschauen.

Gehandelt werden die roten und blauen Steine auf Märkten wie dem **Peiq Shwe**, **Pan Chan** oder **Hta Pwe** (beste Zeit 10–13 Uhr), die meist nur wenige Stunden dauern. Die (Ver)Käufer lassen sich allerdings nicht besonders gern bei ihren Aktivitäten fotografieren. Wer sich mit aufregender, regionalbezogener **Reiselektüre** versorgen möchte, sollte sich *Cale Dixon and the Mogok Murders* von David C. Dagley zulegen: Der Kriminalroman beginnt in San Francisco, folgt der Spur der Rubine bis nach Mogok, wo er tief in die dortige Szenerie eintaucht.

Dreitägige Pauschaltouren nach Mogok arrangiert z. B. die in Mandalay ansässige Reiseagentur **Zone Express Travel** (S. 344). Als einzige Unterkünfte für Ausländer sind erlaubt: das von Mrs. Dollarwind geführte und nach umfassender Renovierung recht komfortable **Golden Butterfly Hotel**, ✆ 09-4025 34366, das ebenso etwas entlegene, 2015 als Terrassen-Reihen-Bau mit 20 Komfortzimmern und kleinem Pool eröffnete **King Bridge Hotel**, ✆ 09-2598 98883, und das nahe am Zentrum liegende, bereits 1992 von der Regierung als 3-stöckiger Betonklotz erbaute **Mogok Motel**, ✆ 09-697 9026, mit 42 einfachen Zimmern und der einst exklusiven Lizenz für Ausländer.

hende Shwe Gu Ni-Pagode, die bereits von König Ashoka gegründet worden sein soll, erreicht eine Höhe von 33 m. Diesem Heiligtum werden „wunscherfüllende" Kräfte zugeschrieben. Die Vorkammer der Schreinhalle enthält Jataka-Malereien aus dem frühen 20. Jh. und ist mit Mosaiken verziert.

Kyaukkar

Dieses Dorf 14 km nordöstlich von Monywa ist seit der Konbaung-Epoche ein Zentrum für die Herstellung von **Lackarbeiten**. Die hiesigen Produkte sind schmuckloser, aber stabiler und zweckmäßiger als die von Bagan. Meist sind sie einfarbig schwarz oder rotbraun, da hier keine mehrfarbigen Muster eingeritzt werden. Östlich des Dorfes erhebt sich die kleine **Paw Daw Mu-Pagode**, von deren Terrasse sich ein schöner Ausblick ergibt. Die Straße nach Kyaukkar wird von malerischen Tamarinden-Bäumen und Reisterrassen gesäumt.

Höhlen von Hpo Win Daung

Über die Brücke sind es 14 km Umweg, aber ausländische Touristen können in Monywa für 2500 Kyat per Charterboot über den Chindwin setzen, um die Anfahrt zu verkürzen. Vom Westufer des Flusses führt dann eine rund 24 km bzw. 45 Min. lange Fahrt, die meist für 20 000–25 000 Kyat (inkl. Wartezeit und Rückfahrt) mit einem betagten Willys-Jeep oder Pick-up zurückgelegt wird, zum eindrucksvollen, um die 1000 Jahre alten Sandsteinhöhlen-Labyrinth in den Hpo Win-Bergen. Wer der Jeep-Mafia trotzen will, kann mit einem Taxi oder Tuk Tuk direkt aus Monywa anreisen – und zahlt dafür als Rundtrip rund 40 000 Kyat. Die Fahrt führt über die Brücke und in rund 80 Min. durch mehrere Dörfer, vorbei an Betelnussfarmen, Kupferminen und der **Shwe Taung Oo-Pagode**, die sich mit ihrem tollen Ausblick besonders zum Genuss des Sonnenuntergangs empfiehlt.

Die Labyrinthe wurden nach dem einst hier lebenden, legendären Alchemisten **U Hpo Win** benannt. Die Einheimischen pilgern gern zu seiner Höhle, in der auch noch der Mahlstein zu sehen ist, auf dem der Wunderheiler einst seine Mittelchen zubereitet haben soll. Am Eingang werden traditionelle Arzneien verkauft. Diese unwirtlich anmutende, heiße Region soll bereits vor Urzeiten besiedelt gewesen sein. Im Südwesten erstreckt sich die Bergkette Pondaungpon-nya, wo Paläontologen fossile Überreste des **Pondaung-Menschen** gefunden haben, der hier bereits vor vielen Millionen Jahren gelebt haben soll. Heute befinden sich in den Höhlengängen zahlreiche Buddhafiguren aus Sandstein, die wie auch die Wandmalereien meist aus dem 17. oder 18. Jh. stammen sowie vereinzelt sogar aus dem 14. bis 16. Jh.

Insgesamt sollen die Sandsteinberge von etwa 900 Höhlen mit Tausenden Buddhastatuen durchzogen sein, die vermutlich von dem Pyu-König Bandawa, seiner Frau und seinen Ministern gestiftet wurden. Ausgangsort für die Erkundung ist das Dorf **Minzu**, wo eine Tafel mit Lageplan steht. Zur Haupthöhle führt ein überdachter Treppenaufgang. Drumherum finden sich massenhaft Höhlen, die entweder aus nach außen offenen, wabenförmig ins Gestein gehauenen Nischen mit Buddhastatuen bestehen oder aus begehbaren Labyrinthen mit großen sitzenden und liegenden Darstellungen sowie oft gut erhaltenen, bunten Wandmalereien. Einige Höhlen waren früher mit kunstvoll geschnitzten Teakholztüren verschlossen, die inzwischen jedoch leider verschwunden sind.

Ständige Begleiter sind erschreckend aufdringliche Affen, die unbedingt mit den vor Ort erhältlichen Erdnüssen oder Mini-Tomaten bei Laune gehalten werden wollen. Wer diese in der Hand hält, wird meist sofort bestürmt, sodass nicht wenige Besucher die „Übergabe" an die Affenhorde lieber den Verkäuferinnen überlassen. Der Zutritt zu den Höhlen kostet 2000 Kyat.

Höhlen von Shweba Daung

Erst vor rund 100 Jahren sind die in den Berg gehauenen, nicht weit von Hpo Win Daung entfernten Labyrinthe rund um die Shwebataung-Pagode entstanden. Noch heute stiften reiche Birmanen weitere Höhlen, zu denen Gläubige über eine tief in den Felsen geschlagene Treppe gelangen können. Kolonial anmutende Vorbauten und frisch bemalte Buddhafiguren erwecken einen eher modernen Eindruck. Eintritt 2000 Kyat.

MARKT IM SHAN-STAAT; © MARK MARKAND

Der Nordosten

Travellern zeigt sich im gebirgigen Shan-Staat ein Landesteil mit beeindruckenden Naturschönheiten. Die Freundlichkeit der Menschen, der Einblick in das alltägliche Leben in den Dörfern und die zahlreichen Feste lassen einen Besuch unvergesslich werden.

Stefan Loose Traveltipps

9 **Die Shan-Berge um Kalaw** Eine Trekkingtour durch die überwältigende Natur mit Übernachtung im Kloster oder in einem kleinen Bergdorf. S. 405

Pindaya Ein Ausflug zur Höhle der 8000 Buddhas. S. 409

Nyaungshwe Die kleine Stadt ist nicht nur Ausgangsort für Fahrten zum Inle-See, sondern auch selbst sehenswert. S. 413

10 **Inle-See** Ein Bootsausflug zu den schwimmenden Gärten und Einbeinruderern. S. 424

Taunggyi Bunte Tierballons und leuchtende Feuerwerkskörper: Das Heißluftballonfest ist ein echtes Spektakel. S. 431

11 **Loikaw** Touristisches Neuland und bis vor wenigen Jahren noch völlig unzugänglich. S. 436

Gokteik-Viadukt Zugfahrt im Schneckentempo auf atemberaubender Strecke. S. 440

12 **Hsipaw** Trekking bei den Shan und Palaung. S. 441

Kengtung Wandern im abgelegenen Osten des Landes. S. 454

IN DER PINDAYA-HÖHLE; © A. MARKAND

TRADITIONELLES GEWAND; © MARK MARKAND

Wann fahren? Am besten zwischen November und April

Wie lange? 2 bis 3 Tage, wenn man nur den Inle-See besuchen möchte, 2 bis 3 Wochen – oder mehr –, wenn man trekken oder tief ins Leben der Shan eintauchen will

Bekannt für kulturelle Vielfalt dank der unterschiedlichen Volksgruppen

Unbedingt probieren Shan-Nudeln, ob als Suppe oder als Salat

Nicht verpassen Wanderungen – eine wunderbare Gelegenheit, Mensch und Natur ganz nah zu kommen.

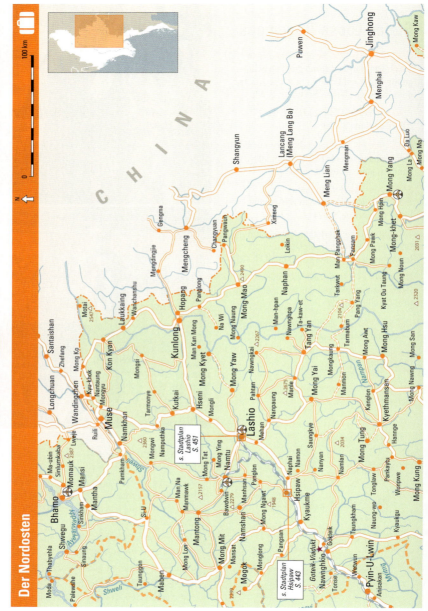

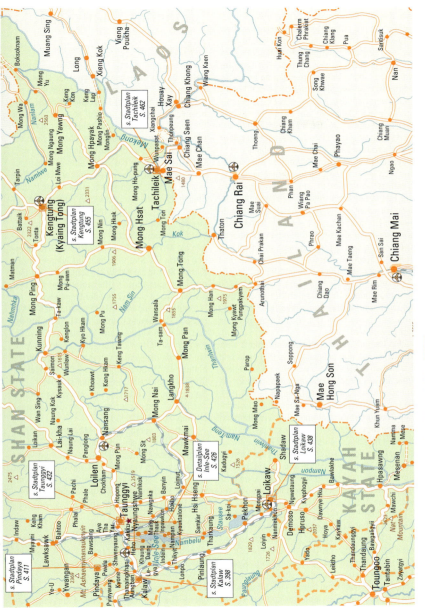

An die ebenen Gebiete Zentral-Myanmars schließen die gebirgigen Regionen des Shan-Staates an. Dort beginnt eine schmale Straße sich zwischen Bergen und Schluchten hindurchzuwinden. Es geht hinauf und hinunter, vorbei an langen Höhenzügen und tiefen Tälern. Mitten durch das Siedlungsgebiet der Shan – und einiger anderer Völker – fließt der mächtige Thanlwin (Salween), auf dessen westlicher Seite sich das Shan-Plateau erhebt. Östlich des Flusses erstrecken sich die Bergketten bis an die Grenzen zu Laos, China und Thailand.

Fast die Hälfte der Bewohner der Region hat sich am Ufer des Thanlwin und seiner Nebenflüsse angesiedelt. Die meisten gehören zur Ethnie der Shan. Andere Volksgruppen siedeln vornehmlich in den Bergen. Die Palaung leben im Nordwesten, die Kachin im Norden, die Kaw und Lahu siedeln im Osten und Nordosten. Die Kokang und Wa haben sich in den höheren Berglagen des Nordostens eingerichtet und die Padaung und Thaungthu im Südwesten. Die Pa-O leben nahe dem Inle-See. Trekkingtouren in dieser Region führen durch Dörfer und Berge, vorbei an Kaffee- und Teesträuchern, und erlauben einen Einblick in das einfache Leben der Bewohner.

Ein Besuch im Shan-Staat konfrontiert viele Besucher mit den politischen Spannungen und Problemen in Myanmar. Die Shan sind ein stolzes Volk. Ihre Fürsten haben jahrhundertelang, bis zur Machtergreifung durch General Ne Win 1962, ihr Land selbst regiert. Heute steht das Volk unter der Gewalt der Zentralregierung. Die Hoffnung friedliebender Shan ruht auf einem möglichen föderalen Myanmar, in dem sie ihre Eigenständigkeit wahren können. Der Konflikt um die Vorherrschaft im Shan-Staat wurde und wird jedoch mit der Waffe ausgetragen. Noch immer kommt es in einigen Gebieten – vor allem im Osten – zu bewaffneten Auseinandersetzungen.

Touristen können den Shan-Staat auf zwei Korridoren bereisen: Der eine führt von Mandalay bis Taunggyi (südlicher Shan-Staat), der andere von Mandalay bis Lashio (nördlicher Shan-Staat). Ins östlich gelegene Kengtung (Kyaing Tong) kann man nur mit dem Flugzeug oder von Thailand aus über Land reisen – die Straßenverbindung von Taunggyi ist für Ausländer gesperrt.

Südlicher Shan-Staat

Kalaw

Kalaw ist ein ehemaliger englischer Luftkurort am Westrand der Shan-Berge. Er liegt etwa auf halbem Weg zwischen Thazi und Taunggyi in einem verzweigten Hochtal auf etwa 1320 m. Für Reisende aus Zentral-Myanmar ist er das Eintrittstor in den südlichen Shan-Staat. Schon die Anreise ist nicht ohne Reiz: Im Flachland rumpeln Ochsenkarren über die Straße, und im Schlingerkurs geht es an Chili-Feldern vorbei. Hinter Thazi müht sich die Straße in die Berge hinauf. Entgegenkommende Lastwagen zwingen die anderen Fahrer auf die unbefestigten Ausweichstreifen. Weiter, immer weiter geht es hinauf, vorbei an kleinen Hütten am Straßenrand, in denen die Menschen unter einfachsten Bedingungen leben. Die Straße scheint ins Nirgendwo zu führen. Sobald sie Kalaw erreicht, ist dieser Eindruck jedoch schnell verflogen. Häuser im Kolonialstil zeugen von der Zeit der Engländer.

Heute wohnen etwa 186 000 Menschen in Kalaw und Umgebung (Zensus 2014): Shan, Birmanen, indische Muslime und Nepalesen (Gurkhas, die sich nach dem Dienst beim britischen Militär hier niedergelassen haben). Ausgedehnte Kiefernwälder und fruchtbare Täler mit kleinen Dörfern laden zu Spaziergängen ein. Die frische Bergluft ist kühl und klar, und im Winter wird es nachts bei Temperaturen um den Gefrierpunkt oft empfindlich kalt.

Die Dörfer verschiedener Minoritäten können von Kalaw aus in ein- oder mehrtägigen Wanderungen besucht werden. Beliebt sind Tageswanderungen zum Viewpoint und einem Stausee im Westen. Tagesausflüge zu den Höhlen von Pindaya im Nordosten sind am ehesten mit Taxi oder Bus zu realisieren (S. 409).

Im Zentrum

Auf dem **Marktplatz** kommen die Bewohner der Umgebung zusammen, darunter Pa-O, Palaung und Danu – vor allem, wenn vormittags der große Wochenmarkt stattfindet.

Vier Tempel zieren das Zentrum: der **Aung Chang Tha-Tempel** im Stadtkern, dessen spiegelverzierter Stupa vor allem im Morgenlicht silbern funkelt. An der gegenüberliegenden Straßenseite steht der zweistöckige **Dama Yon-Tempel**. Unweit davon befindet sich die **Hsu Taung Pye-Pagode**, auf deren Gelände viele weiß getünchte Stupas stehen.

Auf einem Hügel im Norden erhebt sich die **Thane Taung-Pagode**. Eine lange Treppe führt gegenüber dem Pineland Inn zum alten Kloster hinauf. Hier steigt im Mondmonat Tazaungmon ein großes Fest mit Feuerwerk und brennenden Riesenfackeln. Es sind vor allem Shan, die hier feiern, und sie lassen westliche Besucher gern daran teilhaben. Vorsichtige Naturen sollten sich jedoch nicht unbedingt ins Zentrum des Treibens begeben.

Hindus haben in der Innenstadt mehrere kleine **Tempel** errichtet, die Sikh-Gemeinde trifft sich im **Gurdwara** östlich vom Markt, und die Christen feiern ihre Gottesdienste in der **Kayin Baptist Church** und der katholischen **Christ The King Church** mit einem angeschlossenen christlichen Internat.

Westlich vom Zentrum

Jenseits der Circular Road wird die Stadt von einem weitläufigen **Golfplatz** umrahmt, der noch aus britischer Zeit stammt. Er liegt auf dem nur begrenzt zugänglichen Militärgelände. Etwa 25 Min. südwestlich des Zentrums befindet sich innerhalb des öffentlich zugänglichen Militärgeländeteils die **Shwe U Min-Pagode**. Die Höhlen hinter einem Pagodenfeld sind mit Hunderten Buddhastatuen ausgestattet. Viele sind mit bunten Lichterketten geschmückt. Während die untere Pagode immer geöffnet ist, bleibt die obere Höhle manchmal geschlossen. ⏲ 6–18 Uhr.

Etwas weiter nördlich zweigt von der Circular Road hinter der Schranke linker Hand die Hnee Pagoda Road ab. Nach etwa einer 1/4 Std. steht man vor dem Pagodenaufgang und hat die Wahl zwischen etwa 200 Stufen oder dem sich hinaufwindenden Weg. Die **Hnee-Pagode** beherbergt einen seltenen Lack-Buddha. Sein geflochtener Bambuskern wurde mit unzähligen Lackschichten überzogen und anschließend vergoldet. Die Figur ist überlebensgroß und doch so leicht, dass vier Mönche sie tragen können, wie auf einem Foto neben dem Buddha zu sehen ist. Hier rasten viele Trekkingteilnehmer und bekommen einen schmackhaften Le Pet kredenzt.

ÜBERNACHTUNG

Kalaw bietet einfache bis luxuriöse Unterkünfte, wobei das Preis-Leistungs-Verhältnis vor allem bei jenen um die US$30 sehr schwankt. Klimaanlagen sind bei den herrschenden Temperaturen nicht nötig, ein paar handverlesene Anlagen verfügen jedoch über Klimaanlagen mit Heizung. Alle Unterkünfte bieten offiziell heißes Wasser, doch in Low-Budget-Hotels dreht man oft vergebens am roten Hahn. Dicke Decken gibt es auf Anfrage; bei Kälte gehören sie zum Service. Da die meisten Busse nachts ankommen, bieten fast alle Hotels einen Early Check-in. Dieser sollte zur Sicherheit aber vorher angemeldet sein. Bei einem Early Check-in zahlt man meist die Hälfte des normalen Zimmerpreises.

Im Zentrum

Dream Villa, Zatila Lan, ✆ 081-50144, ✉ dreamvilla@myanmar.com.mm, [9831]. Gutes, gepflegtes Mittelklassehotel im Stadtkern. Ordentlich ausgestattete Zimmer mit großen Fenstern, TV, Bad (Warmwasser) und Kühlschrank. Einige Zimmer mit Veranda. Weitere Terrassen sind allen zugänglich. WLAN. ❹

€ **Golden Kalaw Inn**, 5/92 Natsin Lan, ✆ 081-50311, 🖥 www.goldenkalawinn.com, [9832]. Die seit Jahren beliebte Budget-Unterkunft hat ein neues Haus gebaut und bietet nun einfache, saubere Zimmer mit Bad. Betten im gemischten 5-Bett-Dorm (US$10 p. P.). Tolle Aussicht. ❷

Golden Lily, 5/88 Natsin Lan, ✆ 081-50108, ✉ goldenlily@mandalay.net.mm, [5323]. Günstig, aber abgewohnt und nicht super sauber. Budget-Zimmer mit Bad an einer großen Terrasse und die wohl preiswertesten DZ der Region (mit Gemeinschaftsbad) im alten Haupthaus. Nur für Hartgesottene, die sparen müssen. ❶

Hillock Villa, Damasatkyar St., ✆ 081-50282, 097-8853 8741, ✉ hillock.villa@gmail.com, 🖥 auf Facebook, [9836]. In einem

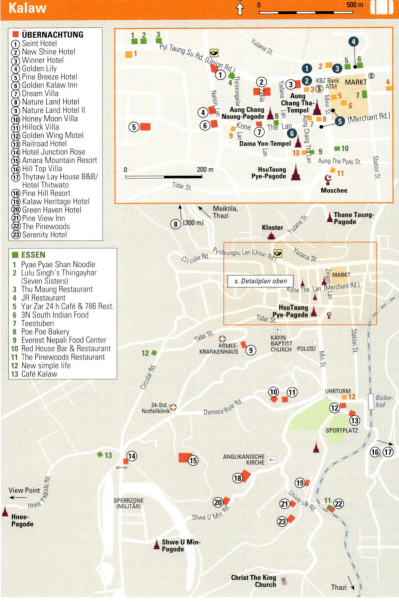

■ TRANSPORT
① Abfahrt Busse Richtung Bagan, Mandalay, Yangon
② Ankunft Busse aus Yangon und Mandalay, Abfahrt Richtung Inle
③ Shwe Nan San
④ Shwe Danu-Ticketschalter
⑤ Minibusse nach Nyaungshwe, Taunggyi
⑥ Pick-ups

■ SONSTIGES
1 Massage Soe Thein
2 Ever Smile Trekking
3 Jungle King
4 H'Tin Shuu Yeik Art Gallery
5 R. D. S.
6 Shan Traditional Knife Store
7 Eagle Trekking
8 Phoe La Pyay
9 Green Discovery
10 Sam's Family Trekking
11 Naing Naing Biking & Trekking
12 a Little @ Kalaw Day Spa & Wellness

netten kleinen Haus vermietet Mrs. Ohn Mar Cho 5 DZ (extra Betten teils möglich). Viel Holz, viel Licht, z. T. sehr groß und mit wunderschönem Ausblick. Geplant ist ein Gartencafé. ❸–❹

Nature Land Hotel, Tharyarkone St., ✆ 081-50243, 50711, 🖳 www.naturelandhotel.com, [9833]. Etwa 500 m außerhalb des Zentrums auf einem Hügel Richtung Thazi gelegene kleine ruhige Anlage inmitten einer Wohngegend. Einfache Standardzimmer mit Linoleumboden und ansprechende Deluxe-Bungalows mit viel Holz. Zudem gibt es 2-stöckige Häuschen mit Wohnzimmer, großem Bad, Küche und einem Dreibettzimmer mit Balkon (US$70). Alle Zimmer mit TV und Kühlschrank. Restaurant mit traditioneller Küche. ❸–❹

New Shine Hotel, 21 Union Rd., ✆ 081-50028, 🖳 www.newshinehotel.com, [8477]. Hotel mit 2 Häusern (rechts und links, Ecke Zatila Rd.) mit insgesamt 36 gepflegten, hellen Zimmern mit Holzfußboden, einige mit Balkon und Kühlschrank, inkl. American Breakfast. Große Dreibettzimmer. ❷–❸

Pine Breeze Hotel, 174 Thittaw St., ✆ 081-50459, 50166, ✉ pinebreezehotel@gmail.com, [9834]. Ruhig gelegenes Haus nahe dem Stadtkern mit toller Aussicht, auch aus dem Restaurant im 2. Stock. Superior-Zimmer mit Balkon und Badewanne, Standard-Zimmer ohne. Gute Ausstattung, recht groß, Kühlschrank und das besondere Plus für alle, die im Winter kommen: Die AC funktioniert auch als Heizung. Einziges Hotel mit Aufzug in Kalaw. ❸–❹

Seint Hotel, 11/5 Pyi Taung Su Rd./Main Rd., ✆ 081-50696, 095-186 003, ✉ seinmotel@gmail.com, [8476]. Großes Haus an der Hauptstraße, Ecke Natsin Lan (dort befindet sich auch Eingang) mit hellen Zimmern (Deluxe große Fenster zu zwei Seiten und Balkon); große Betten mit guten Matratzen, Bad mit Wanne. Dreibettzimmer (Family Room). Inkl. Frühstück. ❷–❸

Winner Hotel, Pyi Taung Su Rd./Main Rd., ✆ 081-50025, 50279, ✉ winnerhotel.kalaw@gmail.com, 🖳 auf Facebook, [8480]. Von außen etwas heruntergekommen, innen besser in Schuss. Die günstigen Zimmer sind in Ordnung; um einige Bäder müsste sich mal jemand kümmern. Die Superior-Zimmer sind besser gepflegt und gehören eher der mittleren Preisklasse an. Die AC soll heizen können, aber das scheint nicht immer zu funktionieren. ❶–❸

Abseits des Zentrums
Amara Mountain Resort, 10/182 Thida Rd., ✆ 081-50470, Yangon ✆ 09-147 313, 🖳 www.amara-myanmar.travel, [5324]. Ein 1912 erbautes und 2002 renoviertes Kolonial-Fachwerkhaus sowie ein zweites, originalgetreu nachgebautes Haus mit insgesamt 12 Zimmern. Holzmöbel und -böden, gute Matratzen, Kamin und Marmorbäder. Im Restaurant birmanische und europäische Köstlichkeiten. Gute Mountainbikes. Birmanisch-bayerische Besitzer. ❺–❼

Golden Wing Motel, East Circular Rd. (nahe Bahnhof), ✆ 094-4234 3948, [10420]. Im Herbst 2016 eröffnetes schönes hell möbliertes Hotel mit 12 Zimmern. Alle mit kleinem TV und Balkon. Frühstück gibt es oben auf der Dachterrasse. ❸

Green Haven Hotel, Shwe U Min Rd., ✆ 081-50187, 50639, 🖳 auf Facebook, [9835]. 2 sehr ruhig gelegene 2-stöckige

Gebäude mit Sprossenfenstern, die an britische Landhäuser erinnern, und 4 geräumige Bungalows. Die Standard-Zimmer sind recht klein, aber alle Räume sind ansprechend möbliert und sauber (einigen Bädern würde zwecks besserer Optik eine Generalüberholung nicht schaden). ❸–❹

Hill Top Villa, Ward 3, Bogon, ✆ 081-50346, 🖥 www.hilltopvillakalaw.com, [5326]. Verspricht gehobene Wohnqualität in einem geometrisch angelegten Bungalowkomplex an einem Berghang südöstlich von Kalaw. Zum Sonnenuntergang schöner Blick ins Tal. Beherbergt vornehmlich Reisegruppen. Ins Dorf läuft man fast eine halbe Stunde. ❹–❺

Honey Moon Villa, Damasatkyar St., ✆ 081-50468, Yangon ✆ 01-512 797, 🖥 www.honeymoonvillakalaw.com, [9837]. Ansprechende Zimmer in Reihenhausbungalows mit TV, Kühlschrank und viel Holz. Im neuen 2-stöckigen Fachwerkhaus Zimmer mit Kamin, in denen es im Winter herrlich warm wird. ❹–❺

Junction Rose Hotel, Bamboo Pagoda Rd., Ecke Shwe Oo Min Pagoda Rd., ✆ 081-50572, 🖥 www.junctionrosehotelssskalaw.com, [9838]. Sehr ansprechende moderne Anlage im Boutique-Chic. TV, Kühlschrank und viele kleine nette Details. Schöne Badezimmer. Gutes Preis-Leistungs-Verhältnis. ❹

Kalaw Heritage Hotel, University Rd., ✆ 081-50039, 🖥 www.kalawheritagehotel.com, [9839]. Das ehemalige staatliche Kalaw Hotel erstrahlt in neuem Glanz. Unter deutschem Management wohnt man hier in großen stattlichen Zimmern in Häusern von 1903 bzw. 1906. Nur die Standard-Zimmer sind im Nachbau vom Ende der 1990er-Jahre untergebracht. Tenniscourt (US$5 pro Std.), ein Pool ist in Planung. ❻

Nature Land Hotel II, ✆ 081-50545, 094-2815 2149, [9840]. Die großen, ansprechenden Bungalows liegen etwas im Wohngebiet am Berg. Alle Zimmer mit eigenem TV-Zimmer und Kühlschrank. Zudem 2-geschossige Suiten. Leider bieten die Zimmer trotz ihrer Hanglage keine Sicht in die Natur. Das Restaurant allerdings punktet mit tollem Ausblick. ❸–❹

Pine Hill Resort, 151 U Min Rd., ✆ 081-50079, Yangon ✆ 01-240 853, 🖥 www.myanmarpinehill.com, [5328]. Zimmer in Bungalows und in 2 Häusern, alle mit TV und viel Komfort inmitten einer gepflegten Gartenanlage. Gute Küche. Das ganz Besondere an diesem Haus: Es gibt einen Pool und ein Fitnesscenter. ❹–❺

Pine View Inn, University Rd., ✆ 081-50185, [9841]. Nicht so richtig einladend, aber eine gute zweite Wahl. Ein paar wenige Zimmer im Steinreihenhaus, mal mit einem großen, mal mit 3 kleinen Betten. ❷

€ **Railroad Hotel**, nahe dem Bahnhof, ✆ 081-50858, ✉ Emailsales@railroadhotel.com, [10422]. Das einfache Hotel (am Haus selbst steht Motel) bietet einfache geräumige Ein-, Zwei-, Drei- und Vierbettzimmer. Die Bäder könnten mal eine Auffrischung vertragen. Frühstück mit Obst, Ei und Pancake. Nach Absprache wird man vom Busbahnhof abgeholt. ❷

Serenity Hotel, Taw Win Yeik Thar Rd., ✆ 081-50853, 🖥 www.serenityhotelkalaw.com, [10423]. Die 20 geräumigen Deluxe-Zimmer in Doppelbungalows haben TV, Kühlschrank und AC, die auch als Heizung dient. Die Mehrausgabe für eine der 5 Suiten lohnt nicht. ❺

The Pinewoods, nahe der Gleise unweit der University Rd., ✆ in Yangon 01-657 630, 🖥 www.pinewoodskalaw.com, [9842]. Schöne Holzzimmer in niedlichen Häuschen. Ansprechende moderne Ausstattung. Auch Dreibettzimmer auf zwei Ebenen. Mit Balkon. Einladendes Restaurant (s. Essen), wo auch das Frühstück serviert wird. ❹

Thytaw Lay House B&B, Forest Rd., ✆ 094-2027 4273, 🖥 www.thitawlayhouse.com, [9843]. Die 3 Zimmer, 2 in Holzbungalows und ein großer Raum für drei Personen im Haus, liegen in den Bergen. Zudem gibt es günstigere Zimmer im angrenzenden **Thitwatwo**, 🖥 www.thitawtwo.com, einem Backsteinbau mit 5 Zimmern (2 Betten), Gemeinschaftsküche, aber eigenen Bädern. Es herrscht absolute Ruhe. Moskitonetze und je nach Wetter Ventilator oder kleine Heizung. Inkl. Frühstück. ❷–❹

Kalaw am Westrand der Shan-Berge bietet frische, klare Bergluft.

ESSEN

3N South Indian Food, 786 Union Rd., gegenüber vom Markt, **[10433]**. Sehr gutes südindisches Essen. Auch das Ambiente ist authentisch: einfach, rustikal und etwas schmuddelig. Die muslimischen Inder, die diesen Laden seit Jahrzehnten betreiben, kochen diverse Currys. Sehr gut ist das Menü für Vegetarier (super Tofu-Salat) und das Chicken-Curry. 10.30–21.30 Uhr.

Café Kalaw, Hnee Pagoda Rd. Kleines Café, in dem in den Shan-Bergen angebauter Bio-Kaffee angeboten wird. Es gibt Cappuccino, Espresso und Milchkaffee. Kaffeepulver auch zum Mitnehmen (200 g 6000 Kyat). Zudem Kuchen und Sandwiches. 10 Uhr bis zum frühen Abend.

Everest Nepali Food Center, Aung Chang Tha Lan, **[9845]**. Serviert im großen, hellen Raum mit schweren Holzmöbeln gutes indisch-nepalesisches Essen; Currys, Salate, würzigen Masala-Tee, Lassi und Myanmar-Wein. Die Portionen sind sehr übersichtlich. 9.30–22 Uhr.

JR Restaurant, Union Rd. nahe dem Seint Hotel. Modernes Restaurant mit Pizza, Hamburger und Pommes. Dazu Milchkaffee und Espresso. 10–21 Uhr.

Lulu Singh's Thirigayhar (Seven Sisters), etwas außerhalb an der Hauptstraße Richtung Thazi, 081-50216, auf Facebook. Das Restaurant befindet sich in einem schönen Wohnhaus. Geboten werden chinesische, indische und Shan-Küche in gediegener Atmosphäre zu gehobenen Preisen. 9–23 Uhr.

New simple life, Myet Ye Inn, Circular Rd. West, 095-540 3449, ksaw sandarkyi@gmail.com, **[10434]**. In ihrem kleinen Restaurant bietet Mrs. Sandar Shakes, Eis, Waffeln, Pizza und Pasta – alles aus eigener Herstellung. Auch guter Kaffee und Sandwiches fehlen nicht. Ein Umzug in ein größeres Haus nahe des Pine Hill Resorts ist geplant, doch vorher muss erst noch eine Straße gebaut werden. tgl. außer Di 9–20 Uhr.

Poe Poe Bakery, Kone The Lan, 081-50159. Leckeres frisches Gebäck zu günstigen Preisen. 8–18 Uhr.

Pyae Pyae Shan Noodle, direkt an der Hauptstraße Richtung Thazi, **[5321]**. Das einfache Restaurant serviert leckere (und mit

600 Kyat wirklich sehr günstige) Shan-Nudeln in guter Qualität. Milchshakes und einige andere Gerichte. Beliebt bei Einheimischen und Travellern. ⊙ 7–20.30 Uhr.

Red House Bar & Restaurant, 4/111 Minn Rd., ✆ 097-7135 7407. Zentral nahe dem Markt gelegenes Restaurant mit ein paar asiatischen Snacks – das Augenmerk liegt aber auf italienischer Küche: Wen der Reisfrust plagt, der kann hier Lasagne oder Spaghetti schlemmen. Der Pizzaofen wurde zur Zeit der Recherche noch erprobt. ⊙ 11–spät, letzte Essensbestellung 21.30 Uhr.

The Pinewoods Restaurant, nahe der University Rd. Ein Platz, um gut zu Abend zu essen bzw. einen Kaffee zu trinken. Thai-Currys gibt es hier ebenso wie Pommes und Fischstäbchen. ⊙ 8–21 Uhr.

Thu Maung Restaurant, Union Rd., ✆ 081-50309. Großes Restaurant auf zwei Etagen (oben an runden Tischen für größere Gesellschaften. Die Vorhänge vor den Türen sind ebenso überdimensioniert wie das Gebäude selbst, doch das Essen ist reichhaltig und gut. Myanmar-Küche und chinesische Gerichte. ⊙ 10–21 Uhr.

Yar Zar Café & 786 Restaurant, nördlich des Marktes. In der Regel rund um die Uhr geöffnet – wer morgens um 4 Uhr mit dem Bus ankommt und noch kein Hotel arrangiert hat, kann sich hier mit einer Tasse Tee wärmen, ehe um 6 Uhr die ersten Hotels aufmachen. Und auch wer spät noch was trinken gehen möchte, findet hier oft Gleichgesinnte. ⊙ 24 Std.

Teestuben finden sich am Markt. Günstige Shan-Nudeln und andere Kleinigkeiten. Wer einheimischen Kaffee trinken möchte, muss dies deutlich sagen, ansonsten gibt es Coffeemix-Instantkaffee. Auf dem **Markt** bekommt man bis nachmittags günstiges Essen.

EINKAUFEN

In Kalaw gibt es ein paar klitzekleine **Galerien**. Die **H'Tin Shuu Yeik Art Gallery** östlich des Marktes, ✆ 094-2831 9521, zeigt und verkauft z. B. Gemälde ganz unterschiedlicher Stilrichtungen. Lohnt einen Blick. ⊙ 10–19 Uhr.

Auf dem **Markt** werden Obst, Gemüse, Haushaltswaren, verschiedenes Kunsthandwerk, Souvenirs und Shan-Messer angeboten.
Ein **Shan Traditional Knife Store**, der in der Region produzierte, handgeschmiedete Messer in verschiedenen Größen (ab 5000 Kyat) und anderes Kunsthandwerk verkauft, liegt im Mittelgang hinter der Kreuzung in östlicher Richtung. Zahlreiche kleine Stände bieten Kleidung und Taschen an. Einige Hosen und Hemden sind jedoch nicht traditionell aus Myanmar, sondern kommen aus Thailand.

Phoe La Pyay, am Aung Chang Tha-Tempel. Schöne kleine Mitbringsel aus Bambus und Papier: niedliche Sonnenschirmchen, Laternen, Briefpapier und einiges mehr.

Die **R.D.S. (Rural Development Society)**, ✆ 081-50747, ✉ audreysan12@gmail.com, unter Leitung von Tommy Aung Ezdani kümmert sich seit 1993 um Hilfsprojekte für die umliegenden Bergdörfer und hat u. a. in Schulen, Bibliotheken, Wasserversorgung und Brückenbau investiert. In dem kleinen Geschäft am Markt werden für diese guten Zwecke Handwerksarbeiten verkauft.

AKTIVITÄTEN

Fahrradverleih und Fahrradtouren

Man kann Kalaw mit dem Rad erkunden, weitaus schöner aber sind die Touren mit Mountainbikes in die Umgebung. Auf Wunsch und je nach Zielort lässt sich auch eine Kombination aus Fahrradfahren und Trekken organisieren. Es geht z. B. zu Fuß und dem Rad von Kalaw zum Inle-See.

Einige **Gästehäuser** bieten Fahrräder zur Ausleihe. Wer nur innerhalb des Dorfes damit herumfährt, nimmt einen einfachen Drahtesel. Will man hingegen durch die Wälder kurven, sollte man ein Mountainbike wählen (leider oft verliehen, daher frühzeitig nachfragen). Ein paar Räder verleiht Naing Naing (Kontakt s. u.). Mountainbike 1000 Kyat/Std. bzw. 6000 Kyat/Tag, einfaches Stadtrad 500 Kyat/Std. bzw. 3000 Kyat/Tag.

Green Discovery, Khone The Lan, ✆ 094-2831 8216, 🖥 www.greendiscoverymyanmar.com.

Hier geht es mit Jack und Joe auf Tour. Die Mountainbikes machen einen guten Eindruck.
Naing Naing Biking & Trekking, direkt vor der Moschee, ✆ 094-2831 2265, 🖥 http://kalaw-to-inle-biking-trekking.blogspot.de. Touren zu Fuß, mit dem Rad oder zu Pferde. Wer das Reiten bevorzugt, kann diese Tour auch auf Teilstrecken hoch zu Ross unternehmen.

Massage und Wellness
a Little @ Kalaw Day Spa & Wellness, nahe dem Bahnhof, ✆ 081-50863. Massage für die Muskeln, Entspannung für die Seele. Und wer nun noch nicht genug hat vom Schönheitsprogramm, kann sich dank Maniküre und Pediküre wieder komplett instand setzen lassen. ⏲ 9–20 Uhr.

Soe Thein, Main Rd., nahe dem Restaurant Seven Sisters, ✆ 094-2837 0502, [9844]. Soe Thein ist ein Meister der traditionellen Pa-O-Massage. Wer sich nach der strapaziösen Anfahrt oder einer anstrengenden Trekkingtour den ramponierten Rücken wieder einrenken lassen will, dem sei eine Massage bei ihm oder seinem Mitarbeiter empfohlen. Soe Thein praktiziert in einem kleinen, blau gestrichenen Holzhaus. Wenn er nicht anwesend sein sollte, kann man ihn auch telefonisch erreichen. Es handelt sich nicht um eine reine Wohlfühlmassage, vielmehr wird man ordentlich durchgeknetet und physiotherapeutisch behandelt. Ein tolles Erlebnis für Körper und Geist. Eine etwas über einstündige Behandlung kostet 10000 Kyat.

Trekking
Zahlreiche Agenturen bieten ihre Dienste an. Tagestouren kosten je nach Teilnehmerzahl unterschiedlich viel: Alleinreisende zahlen 15 000 Kyat, 2 Pers. jeweils 10 000 Kyat und ab 3 Pers. je 9000 Kyat und weniger, mindestens jedoch 6000 Kyat. Sobald eine Übernachtung enthalten ist (sowie Essen und Wasser), kostet eine Tour etwa 13 000 Kyat p. P., zzgl. anfallende Taxikosten bzw. Bootstickets (z. B. die Tour zum Inle-See, S. 407, siehe auch oben: Fahrradtouren).
Weitere Tipps im Netz (auch eure Tipps sind willkommen): **eXTra [8482]**.

Eagle Trekking, am Aung Chang Tha-Tempel, ✆ 094-2831 2678, 🖥 www.eagletrekking.blogspot.com. Kleine Agentur in zentraler Lage, zufriedene deutsche Gäste, freundliche Leute.

Ever Smile Trekking, Yuzana Rd., ✆ 097-7598 0403, 🖥 https://eversmiletrekking.wordpress.com, [9847]. Die Agentur wird von Toe Toe geleitet, die das Geschäft von ihrem verstorbenen Mann übernommen hat und es erfolgreich fortführt. Hier arbeiten nicht nur männliche Trekkingguides, sondern auch viele Frauen. Gute Tages- und Mehrtagestouren, freundliche Leute, gute Englischkenntnisse.

Jungle King, am Aung Chang Tha-Tempel, ✆ 094-2833 8036, ✉ junglekingkalaw@gmail.com. Von den Kollegen des Rough Guide als Holiday Trekking empfohlen und auch bei uns ein Tipp. Nette Leute, zufriedene Kunden.

Mr. Montay, am Viewpoint, ✆ 097-322 1878, ✉ viewpointrestingplace@gmail.com. Der Inhaber des Viewpoint-Restaurants am Aussichtspunkt (s. Umgebung von Kalalw S. 406) bietet seine Kenntnis der Umgebung nicht nur als Gastgeber für Ausflügler, sondern auch als Guide an. Sehr persönlich, Mr. Montay spricht gut Englisch. Meist starten Touren mit Übernachtung bei ihm zu Hause am Viewpoint und führen dann weiter in die Umgebung.

Sam's Family Trekking, Aung Chang Tha Rd., ✆ 081-50377. Kleines, familiäres Trekkingunternehmen. Da es ein hauseigenes Restaurant gibt, werden die Teilnehmer immer aufs Beste versorgt. Während der Recherche war das Restaurant für den Publikumsverkehr geschlossen.

SONSTIGES

Internet
Die WLAN-Verbindungen, die von allen Hotels und immer mehr Restaurants angeboten werden, sind meist recht gut. Facebook und Mails lassen sich gut lesen, und auch Skype ist nutzbar. Der Seitenaufbau anderer Webseiten dauert meist etwas, ist aber möglich.

Medizinische Hilfe

Es gibt eine **24-Std.-Notfall-Klinik**, Tidar St., nahe der Zufahrt zum Amara Mountain, ℡ 09-4555 37252. Der anwesende Arzt spricht in der Regel etwas Englisch. Wen ein Hund beißt (wie uns bei der letzten Recherche), der wird hier ganz gut versorgt (es gab importierte Medizin gegen Tollwut). Auch bei anderen Notfällen wird schnell geholfen.

TRANSPORT

Auto, Taxi und Pick-ups

Ein **Taxi** oder **Mietwagen** bietet sich für die beliebte, knapp über 1 Std. dauernde Fahrt nach PINDAYA an, vor allem, wenn es noch am selben Tag zurück nach Kalaw gehen soll. Ein Taxi kostet 35 000 Kyat, egal ob einfache Fahrt oder hin und zurück.

📖 Während der Fahrt sollte man sich nicht scheuen und den Taxifahrer um Stopps bitten, lohnt doch allein die Fahrt wegen der schönen Landschaft.

Pick-ups übernehmen die Strecken in die nahen Orte. Sie starten, wenn der Wagen voll ist.
AUNGBAN, tagsüber regelmäßig von der Merchant Rd. für 1000 Kyat in 30 Min.
HEHO, für 25 000 Kyat in knapp 1 Std.
NYAUNGSHWE, 60 km, für 40 000 Kyat in 1 1/2 Std.

Busse

Bustickets verkaufen Reisebüros oberhalb des Marktes an der Hauptstraße. Hier fahren auch die Busse Richtung Zentral-Myanmar ab. Mittlerweile gibt es verschiedene Busunternehmen, meist führen die Agenturen alle im Angebot. Je teurer das Ticket, desto hochwertiger der Bus.

Bustickets zu nahezu allen Zielen und für die beliebten, weil komfortablen J. J.-Busse, gibt es bei **Shwe Danu**, ℡ 09-428 342 268. Auch **Shwe Nan San**, ℡ 081-50354, hat zahlreiche Busunternehmen unter Vertrag und arrangiert Tickets zu fast allen Zielen in Myanmar (ggf. mit Umsteigen).

BAGAN, um 7.30 Uhr mit Nyang Oo Mann für 11 500 Kyat und um 21.30 Uhr mit J. J.-Bussen für 18 500 Kyat in 7–9 Std.
BAGO, um 18.30 Uhr für 13 000 Kyat in 10 Std.
HSIPAW, um 15.30 und 16.30 Uhr (Check-in 1 Std. vorher) für 15 500 Kyat in etwa 12 Std.
LASHIO, mit denselben Bussen wie nach Hsipaw für denselben Preis in 14 Std.
MANDALAY, um 20.30 Uhr mit J. J.-Bussen für 15 000 Kyat in 7 Std.
NYAUNGSHWE, am Inle-See, mit den Minibussen Richtung Taunggyi bis Shwenyaung (2500 bzw. 3000 Kyat – wie nach Taunggyi –, 1 1/2–2 Std.), von da mit dem Pick-up weitere 20 Min. für ca. 1500 Kyat p. P. (Taxi 6000 Kyat).
PYIN U LWIN, um 22 Uhr (Check-in 1 Std. vorher) mit dem VIP-Bus für 17 500 Kyat in 8 1/2 Std.
TAUNGGYI, um 6.30, 7.30, 8 und 8.30 Uhr für 2500 Kyat, beide späteren Busse für 3000 Kyat in 3 Std. Tickets für diese Minibusse sind am Markt (s. Karte S. 398) und an der Haltestelle gegenüber erhältlich. Auch einige Hotels helfen (dann wird man für 1000 Kyat extra von den 8 und 8.30 Uhr-Bussen auch am Hotel abgeholt). Tickets am besten einen Tag vorher besorgen.
THAZI und MEIKTILA, den ganzen Vormittag über zwischen 7.30 und 12 Uhr, um die 6000 Kyat in 4 1/2 Std.; das Ticket bekommt man spontan am Abfahrtstag.
TOUNGOO, um 15 und 19.30 Uhr für 14 000 bzw. 15 000 Kyat in 8 Std.
YANGON, einige Busse um 18 Uhr, J. J. fährt um 20 Uhr, kostet 24 000 Kyat und erreicht Yangon gegen 6 Uhr morgens. Es gibt auch einige Unternehmen, bei denen die Fahrt nur 12 000 Kyat kostet, sie sind aber auch entsprechend wenig empfehlenswert.

Eisenbahn

SHWENYAUNG, mit dem 143up um 11.40 Uhr (Ankunft 14.50 Uhr) oder mit dem 141up um 13.30 Uhr (Ankunft 17 Uhr) für 1150 Kyat.
THAZI, mit dem 144dn um 13.24 Uhr (Ankunft 20.45 Uhr) oder dem 142dn um 11.30 Uhr (Ankunft 19 Uhr) für 1850 Kyat.
YANGON, mit dem 144dn und dem 142dn können Zugfans und Sparfüchse mit Sitzfleisch in 26 Std. bis Yangon durchfahren, Kosten: 8500 Kyat. Einen Tag vor Abfahrt noch mal checken, welche Züge geplant sind! Tickets gibt es kurz vor Abfahrt direkt am Bahnhof.

9 HIGHLIGHT

Die Umgebung von Kalaw

Die Umgebung von Kalaw lädt zu Wanderungen ein. In den Shan-Bergen leben Pa-O, Danu und Taungyo. Auch etwa 60 000 Palaung, ein Volk der Mon-Khmer-Sprachgruppe, siedeln hier. Die Frauen sind an ihren blauen und grünen Jacken mit rotem Kragen zu erkennen. Ihre Longyis sind rot gestreift und mit Bambus verstärkt. Die Palaung genießen besonders wegen ihrer sachkundigen Teekultur hohes Ansehen. Viele leben vom Anbau und Verkauf der Cheroot-Blätter, daneben bauen sie Ingwer und Gemüse an.

Wanderungen und Trekkingtouren

Tageswanderungen auf eigene Faust sind möglich, sofern es einem nichts ausmacht, sich zu verirren. Kalaw ist weitläufig, und außerhalb der Stadt verlaufen viele schmale, unbefestigte Wege und Fußpfade, auf denen man leicht die Orientierung verliert. Längere Touren sollte man nicht alleine unternehmen. In den Dörfern spricht fast niemand Englisch, es gibt dort nur sehr begrenzt Lebensmittel zu kaufen, keine

Elefanten ganz nah

Das Green Hill Valley Elephant Camp, 09-7310 7278, www.ghvelephant.com, [10435], außerhalb Kalaws am Dorf Ahlone in den Bergen gelegen, ist ein ehrgeiziges Hilfsprojekt für Elefanten, das sich seit seiner Gründung 2011 um ehemalige Arbeitselefanten kümmert. Es geht Maw (die mit Elefanten aufwuchs), ihrem Onkel Ba (der über 30 Jahre im Holzgeschäft mit Elefanten arbeitete) und ihrem Mann Htun (der lange als Tourguide tätig war) vor allem um eines: den domestizierten Elefanten ein möglichst naturnahes Leben zu ermöglichen. Zugleich erklären die gut ausgebildeten Guides Besuchern alles Wissenswerte rund um die Dickhäuter und lassen sich viel Zeit dafür. Das Betrachten des Skelettes einer 2015 verstorbenen Elefantendame vertieft noch einmal das neu erworbene Wissen. Auch die Idee, dass Gäste Freundschaft mit den Dickhäutern schließen, indem sie sie füttern, scheint zu funktionieren – dabei steht immer das Wohl der Elefanten, nicht das der Besucher im Vordergrund! Angst muss man dabei aber keineswegs haben, denn die Mahouts sind natürlich die ganze Zeit dabei. Den Höhepunkt der Begegnung zwischen Elefant und Mensch bietet anschließend das gemeinsame Bad im Fluss.

Nach dem Bad wird ein Baum gepflanzt! Denn das Konzept sieht nicht nur vor, den Reisenden einen Einblick in das Leben der Elefanten zu bieten, sondern zugleich mit Taten die lokale Bevölkerung auf das Problem der Abholzung hinzuweisen. Bislang wurden 20 000 Bäume gepflanzt.

Auch ein leckeres Essen (indische Küche) ist Teil des Programms. Erst danach gilt es, die neuste Idee der engagierten Familie zu bestaunen: die Herstellung von Elephant-Poo-Paper, zu Deutsch „Elefanten-Kacka-Papier". Keine Sorge: Hier stinkt es nicht, wie zu erwarten wäre. Allein die im Dung verbliebenen Fasern bekommt der Gast zu sehen, und da diese zuvor 24 Std. lang abgekocht wurden, ist hier nichts mehr *bäh*. Nachdem jeder, der mag, selbst einmal Papier hergestellt hat, kann man die Elefanten noch einmal füttern (da diese mind. 180 kg am Tag fressen, ist Hilfe hier immer gerne gesehen) oder sich verabschieden.

Fazit: Näher kann man in so kurzer Zeit diesen faszinierenden Tieren kaum kommen. Der Besuch eignet sich auch für Kinder. Für diese Tour sollte man sich mindestens 3–4 Std. Zeit nehmen. Das Camp öffnet um 9 Uhr, spätestens um 15.30 Uhr werden die Elefanten in den Wald entlassen (wo sie im Übrigen bis zum nächsten Morgen frei herumlaufen). In der Hauptsaison raten wir, sich vorher anzumelden, da dann nur in Kleingruppen „gearbeitet" wird und es bisweilen voll werden kann. In der Nebensaison kann man auch einfach so vorbeikommen. Anreise ab Kalaw 30–45 Min. mit dem Taxi für 35 000 Kyat, ab Nyaungshwe in etwa 3 Std. für 70 000 Kyat (Hin- und Rückfahrt). Ein Tag mit den Elefanten kostet knapp US$100 pro Gast, eine Summe, die dem Wohle der Tiere zugute kommt.

Unterkünfte, und im Notfall ist niemand zur Stelle, der helfen könnte. Besser ist es dann, sich einem Guide anzuvertrauen.

Zahlreiche **Trekking-Agenturen** bieten Touren ab etwa 8000 Kyat pro Tag (bei mehreren Teilnehmern). Sind Übernachtungen in Dörfern und Essen inklusive, kostet eine Tour etwa 15 000 Kyat am Tag. Auch viele Gästehäuser und Hotels vermitteln Guides. Bei der Auswahl des Führers empfiehlt es sich, auf dessen Englischkenntnisse zu achten. Das Pensum für Tageswanderungen liegt bei etwa 6 Std. Wer nicht sehr fit ist und daher wenige Hügel hinauf und hinunter will, sollte dies bei der Wahl seiner Route mit dem Führer besprechen. Insgesamt gibt es etwa hundert **Guides** im Ort, von denen aber bisher nur wenige eine staatliche Lizenz besitzen. Trotz des großen Angebotes ist es aufgrund des Touristenbooms in der Saison nicht einfach, einen Englisch sprechenden Führer zu finden. Manche Gruppen sind in der Hauptreisezeit daher so groß, dass sie an einen Schulwandertag erinnern. Vor allem in und nach der Regenzeit sind nicht nur die Gruppen kleiner, auch die Landschaft ist schöner. Angeboten werden Tageswanderungen rund um die Stadt, die unterschiedlich gestaltet werden. Ziele sind Dörfer der Danu und Palaung, Teeplantagen, der Viewpoint und/oder ein Stausee. Neben dreitägigen Treks zum Inle-See auf verschiedenen Routen (S. 407) sind auch längere Touren in andere Gebiete möglich. Kontaktadressen siehe Kalaw.

Viewpoint

Ein schönes Ziel für eine Wanderung auf eigene Faust ist der Viewpoint etwa 2 Std. westlich der Stadt. Anfangs folgt man der Ausschilderung zur Hnee-Pagode (S. 397). Statt durch das Tor zu den Stufen zu gehen, hält man sich rechts auf der Straße. Liegt die Pagode linker Hand hinter einem, rechts halten. Am Stromverteiler zeigt ein Schild nach links zum Viewpoint. Die Straße ist mit Steinen recht gut befestigt und relativ breit, sodass auch Mopeds und manchmal Trucks diesen Weg nutzen. Die Straße windet sich mit leichten Steigungen an den Nordhängen der Berge entlang immer weiter nach Westen. Rechts bieten sich nach einer guten Stunde tolle Ausblicke über die Berglandschaft. Kurz vor Erreichen des Ziels geht es etwas bergab. Etwa 1 1/2 Std. hinter dem Kloster befindet sich links das Nok Café, welches sich als Viewpoint bezeichnet, der richtige Viewpoint ist allerdings noch etwa 10 Min. entfernt. Der Weg endet in einem T-Stück: Rechts geht es hinab in das Palaung-Dorf Taryaw und links dem Schild entsprechend nach 7 Min. zum Viewpoint und dem gleichnamigen Restaurant. Hinter ihrer Orangenplantage betreibt die Nepali-Familie Montay ein kleines rustikales Restaurant. Unter Schatten spendenden Sitzrondellen kann man bei leckerem Masala-Tee und einfachen, preiswerten Gemüsecurrys (die meisten Zutaten stammen aus dem eigenen Garten) mit Chapati die fantastische Aussicht genießen. Von hier aus ist es möglich, den Weg zu einem Stausee fortzusetzen und auf einem anderen Weg nach Kalaw zurückzukehren. Ohne Guide ist der Weg über die Straße allerdings sicherer (einige Leser haben sich bereits verlaufen). Mr. Montay bietet sein Wissen über die Gegend auch als Guide an (Kontaktdaten siehe Kalaw).

Myin-ma-hti-Höhle

Die **Myin-ma-hti-Höhle**, die südöstlich von Kalaw an der Straße nach Loikaw liegt, ist ebenfalls einen Ausflug wert. Kurz hinter der östlichen Ortsausfahrt Kalaws gabelt sich die Straße: Links geht es Richtung Aungban, rechts nach Loikaw. Die Höhle kann auch auf der dreitägigen Tour zum Inle-See oder als Tageswanderung ab Kalaw besucht werden. In diesem Fall läuft man um die Bergkette herum, die durch den hohen Sendemast gut markiert ist.

Bis Anfang der 1990er-Jahre war dieses Heiligtum selbst den Zentralbirmanen unbekannt. *Myin-ma-hti* bedeutet „Pferd hat's nicht berührt". Die Legende erzählt, ein Reiter sei über den Berg gegenüber dem Höhleneingang gesprungen, ohne ihn mit seinem Pferd zu berühren, und an der Stelle der Höhle gelandet.

Die Höhle wurde vor langer Zeit zumindest teilweise von Hand in den Fels geschlagen. Eine Besonderheit ist, dass sie durch den Berg hindurch zu einem zweiten Eingang weiter westlich führt. Der Weg windet sich durch den

Zu Fuß von Kalaw zum Inle-See

- **Länge:** ca. 50–70 km
- **Dauer:** 2 oder 3 Tage
- **Anspruch:** Mittlere Kondition und Trittsicherheit sind auf den unbefestigten Wegen von Vorteil.
- **Buchung:** über fast alle Trekkingagenturen in Kalaw und Nyaungshwe
- **Kosten:** ab 15 000 Kyat pro Tag und Person bei Gruppen ab 2–3 Pers., zzgl. Gepäcktransport (3000 Kyat), Anteil an der Bootsfahrt (17 000 Kyat pro Boot) und Eintritt Inle-Zone (US$5)

Wer durch Myanmar reist, fährt mit Bus, Bahn, Taxi, Pferdekutsche oder Trishaw; manche fliegen und einige – laufen! Ein Stück der Reiseroute zu Fuß zurückzulegen, dabei zu entschleunigen, Land und Leuten näherzukommen: Diese Gelegenheit bietet sich zwischen Kalaw und dem Inle-See. Die Wanderung dauert drei Tage, ist aber auch in zwei Tagen zu bewältigen. Obwohl sie seit 1996 schon von Tausenden Travellern begangen wurde, ist sie für viele auch heute noch ein einzigartiges Erlebnis, denn trotz der Touristen führen die Menschen ihr tägliches Leben fort wie eh und je. So ergeben sich interessante Einblicke in den Alltag der verschiedenen Volksgruppen, durch deren Dörfer man wandert.

Erster Tag

Los geht's morgens am vereinbarten Treffpunkt mit leichtem Gepäck – Rucksäcke und Koffer werden vom Veranstalter zum Zielort transportiert. Die Wanderung beginnt wie eine Tagestour um Kalaw herum: Erstes Ziel ist der **Viewpoint**, an dem das Mittagessen zubereitet wird. Anschließend führt

der Pfad weiter nach Süden. Die Palaung-Siedlung **Hin Kar Gone** wird von fast allen Gruppen durchquert. Wenn sich der Weg nach Osten wendet, Richtung Inle-See, gehen die Guides getrennte Wege und besuchen unterwegs unterschiedliche Dörfer, z. B. **Kan Bar Mi** oder **Pan Tin Gone**, wo Taung-Yo wohnen. Meist besteht die Möglichkeit, in einem der Häuser einzukehren und eine Tasse Tee zu trinken oder einen kleinen Snack zu probieren. Wer Glück hat und in Pan Tin Gone den ortsansässigen Schamanen trifft, kann womöglich eine selbst gemachte Kräutermedizin gegen Magengrimmen erwerben: ein in Myanmar generell nützlicher Reisebegleiter.

Viele Guides führen ihre Gruppe nun entlang der Bahngleise nach Osten – wenn der Zug kommt, heißt es Deckung suchen. Am kleinen Bahnhof von **Hin Tike** kann Wasser oder ein anderes Getränk nachgekauft werden, ehe es auf schmalen Pfaden durch die Felder weitergeht, bis am späten Nachmittag der erste Ort für die Nacht erreicht wird – meist das Danu-Dorf **Ywa Pu**, wo eine der Familien Unterkunft gewährt. Nach dem gemeinsamen Abendessen laden dünne, harte Matratzen und dicke, bunte Decken zur Ruh. Einige lassen bei Kerzenschein den Tag Revue passieren, andere schreiben Tagebuch im Schein der Taschenlampe, und wieder andere sind froh, dass der Tourguide Pflaster dabeihat: Wer das Laufen nicht gewöhnt ist, hat vielleicht schon die ersten Blasen.

Zweiter Tag

Am nächsten Morgen geht es zeitig weiter. Nach dem Überqueren eines Bergrückens und dem Kreuzen der N54, die nach Loikaw führt, wird die Strecke etwas belebter: Denn hier bei **La Haing** stoßen die Gruppen dazu, die die Strecke nur als zweitägige Tour gebucht haben. Der Weg führt nun durch eine recht ebene Landschaft, in der die Landwirtschaft das Bild bestimmt. In kleinen Dörfern kann man den Alltag der Menschen beobachten oder ein paar handgewebte Taschen erstehen. Tagesziel für fast alle Gruppen ist das **Kloster von Hti Tein**, wo die Nacht in der großen Andachtshalle verbracht wird. Die Matratzenlager für die einzelnen Gruppen sind mit Vorhängen voneinander abgetrennt. Es ist ein unvergleichliches Erlebnis, am nächsten Morgen (um

Begegnung in den Bergen

5 Uhr!) vom Gesang der Novizen geweckt zu werden, die der leitende Mönch Patanta Kumara, der hier seit Ende der 1980er-Jahre lebt, in die Lehren des Buddhismus einführt. Auch für interessierte Besucher hat Kumara ein offenes Ohr (Übersetzung durch den Guide). Obwohl die gebuchte Tour „alles inklusive" ist, sollte niemand versäumen, eine Spende zu hinterlassen.

Dritter Tag

Die letzte Etappe der Reise beginnt mit der Überquerung des Gebirgszugs, der den Inle-See nach Westen begrenzt. Dann ist die blinkende Wasserfläche schon zu sehen! Doch es sind noch einige Kilometer zu laufen, ehe in **Indein** das vorläufige Ende der Reise erreicht ist. Über den Markt strömen Touristen, die alle so aussehen, als hätten sie *nicht* drei Tage auf Schusters Rappen verbracht … ein gewisser Stolz stellt sich ein, und die abschließende Bootsfahrt über den Inle-See nach Nyaungshwe wird zum reinen Genuss.

Felsen, vorbei an kleinen Stupas und Buddhafiguren, die sich im Laufe der vergangenen Jahrhunderte angesammelt haben. Ein großer goldener Stupa kurz hinter dem Eingang ist angeblich 2300 Jahre alt. Einige Felsformationen werden von den Birmanen als heilig – glückverheißend und helfend – angesehen, so der „Frosch", ein knubbeliger Stein, auf den zahlreiche Pilger ihre Hand legen.

Aungban

Aungban ist das größte Handelszentrum der Region. Getreide, Obst und Gemüse, die in dieser Gegend angebaut werden, finden von hier ihren Weg zu den Konsumenten. Für Touristen ist der geschäftige Ort nicht mehr als ein Pausenstopp.

Es gibt einige Restaurants und Teestuben. Auch Hotels und Gästehäuser sind vorhanden, doch nur wenige Touristen wohnen hier. **Royal Zawgyi Garden Resort**, 44 Mingalar Rd., ✆ 09-4935 7317, 081-60884, ✉ royalzawgyi@gmail.com, ❷–❹. Alternativ: **Yadanar Aung Ban**, 64 Union Rd., ✆ 094 4004 6117, 🖥 www.hotelyadanaraungban.com. 32 saubere Zimmer ohne viel Schnickschnack. Ausstattungsvarianten mit zwei großen Betten, nur einem Doppelbett oder auch drei kleinen Betten. ❸–❹

TRANSPORT

Busse und **Pick-ups**, die von Taunggyi kommen, halten in Aungban an der Kreuzung vor dem Mikhine Restaurant und nehmen dort Weiterreisende auf.
MANDALAY, gegen 14 Uhr für 11 000 Kyat in ca. 9 Std.
NYAUNG U (Bagan), am frühen Abend gegen 19 Uhr für 12 000 Kyat in ca. 9 Std.
YANGON, am bequemsten mit den VIP-Bussen aus Nyaung Shwe gegen 20 Uhr für 24 000 Kyat in etwa 14 Std.
Nach KALAW (10 km) kann man auch ein **Motorradtaxi** für ca. 3000 Kyat nehmen. Pick-ups kosten 1000 Kyat.
Nach LOIKAW starten westlich des Ortskerns an der N54 vormittags mehrere kleine Lokalbusse für wenige 1000 Kyat in etwa 5 Std.

Pindaya

Die kleine Stadt Pindaya ist eines der früheren Fürstentümer des Shan-Staates und hat heute etwa 50 000 Einwohner. Sie liegt auf einer Höhe von 1200 m an einem fast rechteckigen, künstlich angelegten See, den man in etwa einer Stunde gemütlich zu Fuß umrunden kann. In einer Parkanlage am See laden große alte **Banyan-Bäume** zur schattigen Rast. An Tagen, an denen Händler der Volksgruppen auf den Fünf-Tage-Markt kommen, ist besonders viel los. Ansonsten macht die Stadt einen verschlafenen Eindruck. Am Ortseingang sind von Ausländern US$5 an die Danu Self Administration Zone zu zahlen.

Zahlreiche Birmanen pilgern nach Pindaya, um die berühmten **Kalksteinhöhlen** zu besuchen. Westliche Besucher sind vor allem von der dort verehrten Vielzahl an Buddhastatuen beeindruckt. Das Unterkunftsangebot für Low-Budget-Traveller ist bescheiden, viele ziehen daher einen Tagesausflug vor, z. B. vom Inle-See oder von Kalaw aus. Die beste Zeit für den Besuch ist Oktober/November, wenn viele Felder herrlich gelb blühen. Vieles erinnert an das Voralpenland: Nicht umsonst wurde die Gegend von den Engländern „Birmanische Schweiz" genannt.

Was in Kalaw schon ein großes Geschäft ist, beginnt in Pindaya gerade erst: Trekkingtouren in die Umgebung. Die Hoteliers helfen beim Auffinden eines Guides, der zu den Dörfern der Shan, Danu, Pa-O und Palaung führen kann.

Pindaya-Höhlen

Wie riesige versteinerte Schlangen winden sich die überdachten Aufgänge den steilen Berg empor. Wer sich zu Fuß aufmacht, hat Hunderte von Stufen vor sich! Wer es bequemer mag, fährt fast bis zum Eingang hinauf und nimmt dort den Aufzug.

Spätestens in der Eingangshalle heißt es: Schuhe ausziehen. In der ersten großen Höhlenkammer befinden sich die vergoldete Shwe U Min-Pagode und einige große Buddhastatuen. Danach verzweigt sich die Höhle in ein Labyrinth aus Höhlen und Gängen, die immer weiter in den Berg hineinführen. Über 8000 Figuren,

> ### Von Spinnen und Prinzessinnen
>
> Eine Riesenspinne und ein Prinz mit Pfeil und Bogen vor dem Höhleneingang verweisen auf die Legende der Höhlen. Einst sollen sieben im See badende Prinzessinnen von einer Riesenspinne in einer der Höhlen gefangen genommen worden sein. Ihr Retter war Prinz Kummabhaya. Mit Pfeil und Bogen tötete er die Spinne, befreite die Frauen und wählte die schönste von ihnen zur Gemahlin. Eine andere Geschichte erzählt, dass ein geheimer Gang in der Pindaya-Höhle abzweige, der erst in der Nähe von Bagan wieder an die Erdoberfläche trete! Der Gang soll früher von Bagan-Königen als Fluchtweg benutzt worden sein.

die aus Materialien wie Gips, Bronze, Holz, Stein oder Zement in den unterschiedlichsten Größen hergestellt sind, stellen Buddha in verschiedenen Posen dar. Wann die ersten Buddhafiguren aufgestellt wurden, ist nicht genau belegt. Wissenschaftler nehmen an, dass die meisten Figuren aus dem 18. Jh. stammen; die älteste erhaltene Inschrift wird auf das Jahr 1783 datiert. ⓒ 6–18 Uhr, Eintritt 3000 Kyat, Foto-/Filmgebühr 300 Kyat.

Hsin Khaung-Kloster

Am äußersten Rand des Dorfes, unterhalb der Höhlen, steht das Elefantenkopf-Kloster Hsin Khaung. Seinen Namen verdankt das vor über 250 Jahren erbaute Teakholzkloster einem nahe gelegenen Stein, dessen Form an einen Dickhäuter erinnert.

Das Kloster besitzt viele alte buddhistische Schriften in Birmanisch, Englisch und Pali, darunter 500 Jahre alte Palmblattschriften des Tipitaka, die achtlos in Schränken verstauben. Das Kloster beherbergt auch eine Galerie mit Buddhastatuen verschiedener Stilrichtungen.

ÜBERNACHTUNG

In der Nebensaison (Mai–Sep) können Rabatte ausgehandelt werden. Oft ist abends die Stromversorgung unterbrochen, nur die teuren Hotels haben einen eigenen Generator. Eine Taschenlampe neben dem Bett kann nicht schaden.

Conqueror Resort, unterhalb der Höhle, ℡ 081-66106, Yangon ℡ 01-256 623, 🖳 www.conquerorresorthotel.com, [5337]. Geräumige Bungalows mit TV, Minibar, teilweise Kamin, großem Bad und Veranda. Highlight sind die kleinen Häuser im traditionellen Danu-Stil mit 2 Zimmern. Spa, Pool und großes Restaurant. Fahrradverleih. ❺–❻

Global Grace, 25 Shwe Oo Min Pagoda Rd., ℡ 09-862 2447, 🖳 www.globalgracehotel pindaya.com, [9825]. Das 2-geschossige Haus hat schöne, wenngleich meist etwas kleine Zimmer. Die Deluxe-Zimmer mit Balkon. Alle Fenster zeigen Richtung See, und so hat jeder eine schöne Aussicht. ❸–❹

Golden Cave Hotel, nahe der Höhle, ℡ 081-66166, 🖳 www.goldencavehotel.com, [5338]. Einfache, große 4er-Bungalows mit wenig Charme, aber sauber. Im eigenen Badezimmer gibt es heißes Wasser. Nur ein wenig teurere Zimmer mit Balkon, TV und Minibar im Haupthaus. Restaurant und Fahrradverleih. ❸

€ **Myit Phyar Zaw Gyi Hotel**, direkt an der Ringstraße am See, ℡ 081-66403, [9824]. Die Zimmer sind einfach ausgestattet, mit Kühlschrank und Bad, die nach vorn ausgerichteten bieten einen wirklich tollen Blick aufs Wasser. Chinesisches Restaurant. Günstigste Option der Stadt. Sehr begehrt, daher am besten einen Tag vorher anrufen. ❷

Pindaya Inle Inn, an der Straße zum Dorf, ℡ 081-66280, 🖳 www.pindayainleinnmyanmar.com, [5339]. Schöne Anlage; Stein- und Bambus-Bungalows mit allem Komfort. Einige

> ### Wie Papier gemacht wird
>
> Familienbetriebe haben sich am Fuße der Pindaya-Höhlen auf die Produktion von **Schirmen** und **Webarbeiten** spezialisiert und gewähren gern Einblick in ihre Arbeit, von der Herstellung des Papiers bis zum fertigen Schirm. Jedes Familienmitglied hat seine Aufgabe und meistert sie in erstaunlicher Geschwindigkeit und Perfektion. Die Schirme können direkt vor Ort erworben werden.

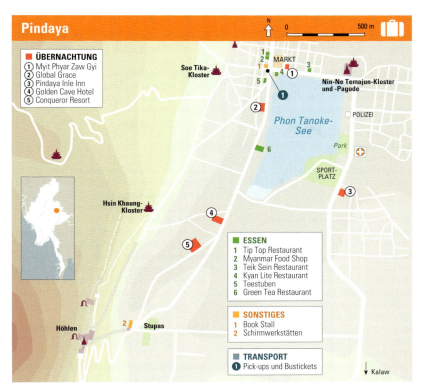

Zimmer mit Kamin. Im Restaurant gibt es internationale, chinesische, Shan- und Danu-Küche. Spa, Fitnessraum und Bücherei. ❺–❻

ESSEN

Es gibt ein paar Restaurants in Pindaya, die birmanische Küche ist in der Regel einfach und preiswert. Meist öffnen die Lokale am frühen Morgen und schließen je nach Gästeanzahl am frühen Abend.

Green Tea Restaurant, Shwe Oo Min Cave Rd., ✆ 081-66344. Großes traditionelles Teakhaus, liebevoll dekoriert, mit birmanischer und europäischer Küche. Seeblick von der Terrasse. Hier ist man auf Touristen eingestellt. ⏱ ab 10 Uhr, je nach Gästezahl bis ca. 21 Uhr.

Kyan Lite Restaurant, gegenüber dem Markt, ✆ 081-66154. Das günstige Restaurant bietet eine große Auswahl chinesischer Gerichte und verkauft auch fermentierte Teeblätter für den beliebten Shan-Salat. Englische Speisekarte.

Myanmar Food Shop, am Markt. Das einfache Restaurant offeriert thailändisch inspirierte Speisen und Currys. ⏱ 7–19 Uhr.

Teik Sein Restaurant, wenige Meter neben dem Klostergelände am See. Günstige und gute Shan- und chinesische Küche. Shan-Nudeln gibt es als Suppe oder Salat. Der Teeblattsalat *le-pet thouq* ist im Angebot, frisch zubereitet oder luftdicht verpackt. Leckere Plätzchen.

Tip Top Restaurant, direkt gegenüber dem Markt. Serviert birmanische Küche. Das gebratene Gemüse, auf Wunsch mit Hühner- oder Schweinefleisch, ist günstig.

EINKAUFEN

Neben dem Angebot im Teik Sein Restaurant gibt es auch auf dem **Markt** günstigen und qualitativ hochwertigen Tee und Kaffee aus der Region zu kaufen. Hier findet man auch ein paar wenige Souvenirstände mit z. T. sehr interessanten und alt aussehenden Stücken.
Das **Book Stall** verkauft gebrauchte deutsche und englische Bücher sowie Souvenirs. Herr U Myint Thoung hat gute Infos zu Trekkingtouren und zur Umgebung (s. Aktivitäten).

AKTIVITÄTEN

Noch sind Trekkingtouren ab Pindaya ein kleiner Geheimtipp. Bisher werden sie vor allem von den Hotels vermittelt. Eine schöne **Wanderung** führt von Pindaya zum Dorf Yasa Gyi, in dessen Kloster übernachtet wird, s. **eXTra [5543]**. Mehr Informationen zu Treks und die Möglichkeit, diese vorab zu buchen, unter: 🖥 www.danutrails.com. Danu Trails arbeitet mit lokalen lizenzierten Guides zusammen und bietet Halbtagestouren, Tagestouren oder Touren mit einer Übernachtung.

Private Touren mit einer Übernachtung führt auch **U Myint Thoung** vom Book Stall durch, ✆ 094-2822 3719, 081-66104, ✉ umyintthong@gmail.com. Für US$20 p. P. am Tag geht es zu einem Dorf der Palaung, in dem U Myint Familie und Freunde hat. Hier wird einheimische Kost gegessen und übernachtet, abseits des Massentrekkings in anderen Regionen.

TRANSPORT

Pick-ups und Taxis
Pick-ups nach AUNGBAN fahren tagsüber, wenn genügend Passagiere zusammenkommen. Sicher fährt ein Pick-up um 8.30 Uhr für 1000 Kyat in 1 1/2 Std.
Ein Pick-up von Pindaya nach SHWENYAUNG kostet ca. 1000 Kyat, von dort geht ein Pick-up für 2000 Kyat bis nach NYAUNGSHWE zum Inle-See. Mit einem eigens gecharterten Taxi kostet die Fahrt bis zu US$50.

Busse
Von Pindaya fährt nur ein einziger Bus nach TAUNGGYI, um 5.30 Uhr für 5000 Kyat in 2 1/2–3 Std.
Busse nach BAGAN, KALAW, MANDALAY und YANGON müssen in Aungban bestiegen werden (S. 409). Genaue Abfahrtzeiten in den Gästehäusern erfragen.

Heho

Diesen Ort erleben Touristen vor allem auf der Durchreise – auf dem Weg vom oder zum außerhalb der Stadt gelegenen Flughafen. Es gibt in Heho keine Unterkünfte mit einer Lizenz für Ausländer. Interessant wird die Stadt jedoch alle fünf Tage, wenn der **Markt** stattfindet. Der staubige Marktbereich in der Stadt quillt dann über von Menschen und Waren. In der Nähe des Marktes versorgen Teestuben und kleine Restaurants die hungrige und durstige Kundschaft. Wer Bargeld braucht, findet diverse Geldautomaten am Flughafen.

TRANSPORT

Pick-ups und Taxis
Nach Heho fahren **Pick-ups** von den umliegenden Ortschaften KALAW, SHWENYAUNG und TAUNGGYI. Auf dieser Strecke verkehrende Busse halten ebenfalls hier. Am einfachsten (und pünktlich zum Abflug) ist die Anfahrt jedoch mit dem **Taxi** – von Kalaw 12 000 Kyat, von Nyaungshwe 15 000 Kyat, von Taunggyi 25 000 Kyat. Vom Flughafen zahlt man nach KALAW etwa 20 000 Kyat, nach Nyaungshwe 25 000 Kyat und nach Taunggyi 40 000 Kyat. Manchmal ist es günstiger, sich von seinem Hotel abholen zu lassen. Unten an der Hauptstraße werden zudem Tickets für Überlandbusse verkauft. Ob allerdings am gleichen Tag ein Ticket zu bekommen ist, ist Glückssache.

Flüge
Der südliche Shan-Staat ist über den Flughafen Heho sehr gut an den Rest des Landes angebunden. Man sollte etwa eine Stunde vor Abflug am Flughafen sein. Aktuelle Zielflughäfen,

Daten und Zeiten finden sich auf den Webseiten der Gesellschaften.

Air Bagan, 🖳 www.airbagan.com, fliegt nach YANGON. Nicht tgl. werden MANDALAY, TACHILEIK und KENGTUNG angeflogen.

Air Mandalay, 🖳 www.airmandalay.com, fliegt nach YANGON, NYAUNG U, MANDALAY und THANDWE (Ngapali-Beach).

Asian Wings, 🖳 www.asianwingsair.com, fliegt nach MANDALAY, YANGON, KENGTUNG und LASHIO. Von Tachileik kommt man nach Heho, aber es gibt keinen Direktflug in umgekehrter Richtung.

KBZ Air, 🖳 www.airkbz.com, fliegt nach YANGON, MANDALAY, LASHIO und TACHILEIK. In der Saison zudem mehrmals tgl. nach THANDWE (aber nicht von dort nach Heho). Flüge von NYAUNG U gehen nach Heho, aber nicht die umgekehrte Richtung.

Yangon Airways, 🖳 www.yangonair.com, fliegt tgl. (meist mehrmals) nach YANGON, MANDALAY und KENGTUNG. Flüge von TACHILEIK und NYAUNG U nach Heho, aber nicht in umgekehrter Richtung.

Shwenyaung

Shwenyaung ist eine Haltestelle für Langstreckenbusse sowie Umsteigeplatz für Pick-ups von und zum Inle-See, ansonsten hat der Ort wenig zu bieten.

TRANSPORT

Pick-ups und Taxis
Pick-ups nach Shwenyaung kommen z. B. aus HEHO, TAUNGGYI, KALAW oder PINDAYA und verlangen im Schnitt etwa 1500 Kyat, dazu manchmal einen Aufschlag für das Gepäck. Gleiches gilt für die kurze Fahrt nach NYAUNGSHWE. Auch **Taxis** verkehren nach Nyaungshwe (6000 Kyat pro Wagen).

Busse
Busse von und nach Taunggyi und Loikaw bzw. in die Gegenrichtung nach Kalaw, Toungoo, Bago, Mandalay, Hsipaw, Yangon und Bagan halten an der Kreuzung in Shwenyaung. Die meisten **Nachtbusse** von Taunggyi nach MANDALAY und YANGON halten hier zwischen 17 und 19 Uhr. Der Bus nach HSIPAW passiert den Busbahnhof gegen 16 Uhr. **Tickets** besorgt man sich am besten einen Tag vorher in Nyaungshwe über eine der Reiseagenturen, die im günstigsten Fall auch den Transport zur Bushaltestelle übernehmen – ansonsten muss man sich selbst einen Pick-up oder ein Tuk Tuk suchen (ca. 1500 Kyat p. P., bei wenigen Mitfahrern mehr).

Eisenbahn
Die langsame Fahrt durch die bergige Landschaft hat ihren Reiz, ist jedoch nur für Leute geeignet, die viel Zeit mitbringen. Erfrischungen gibt es an jedem größeren Bahnhof – eine gute Gelegenheit, die lokalen Spezialitäten zu probieren.
KALAW, mit dem 144dn um 9.40 Uhr (Ankunft 13.10 Uhr) für 4000 Kyat *(upper class)*. Der gleiche Zug fährt weiter nach THAZI (Ankunft 20.45 Uhr) für 7000 Kyat *(upper class)*. Tickets gibt es eine Stunde vorher am Bahnhof.

Nyaungshwe

Die alte Fürstenstadt Nyaungshwe ist ein beliebtes Traveller-Ziel, denn der Ort ist nur etwa 5 km vom Inle-See entfernt und bietet vor allem günstigere Unterkünfte als direkt am See. Von Nyaungshwe erreicht man mit Ausflugsbooten über einen Kanal den Inle-See; Kanutouren durch die Kanäle laden zum Fotografieren ein, während Treks in die umliegenden Bergdörfer oder zu den Ruinen von Kakku die Sportlichen herausfordern.

Nyaungshwe gilt als das älteste der Intha-Dörfer des Sees (S. 424), und die ganze Region Inle-See wird von hier verwaltet. Am **Kassenhaus** am Ortseingang von Nyaungshwe zahlen anreisende Touristen 12 000 Kyat für den Besuch der Inle-Zone (5 Tage gültig).

Mitten in der Stadt liegt die **Yadana Man Aung-Pagode**, deren filigrane Mosaike im Shan-Stil sehr beeindruckend sind. In der Pagode sind zahlreiche Relikte aus vergangener Zeit ausgestellt, die wohl einmal als Geschenke ih-

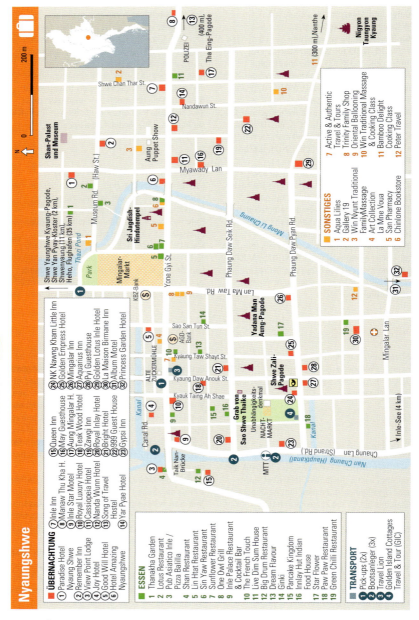

ren Weg nach Nyaungshwe fanden. Etwas außerhalb (und daher als Ziel für einen Spaziergang geeignet) liegt das Shan-Kloster **Nigyon Taungyon Kyaung**, das als Meditationskloster genutzt wird.

Der **Palast des Shan-Sawbwa** wurde in ein **Museum** verwandelt. Er liegt in der Haw St. unweit des Marktes. Der alte Palast aus Teakholz und Ziegeln war ehemals der Sitz des Shan-Fürsten, der von dort über seine Provinz herrschte. Die feudalen Zeiten waren vorbei, als das Militär 1962 die Macht ergriff. Der letzte Shan-Fürst Sao Shwe Thaike starb im Oktober 1962 unter ungeklärten Umständen im Yangoner Insein-Gefängnis. Wie kein anderer der 34 Shan-Fürsten beeinflusste er die politischen Entwicklungen Birmas in den ersten Jahren der Unabhängigkeit (mehr dazu im **eXTra [8484]**). Sein wenig beachtetes **Fürstengrab** befindet sich unweit des Unabhängigkeitsdenkmals. Das Museum bietet einen kleinen Einblick in das Leben der Shan-Fürsten und zeigt z. B. ein gut 1,50 m langes Schwert in einer reich verzierten Scheide, einst Symbol fürstlicher Macht. Die relativ wenigen Ausstellungsstücke werden ergänzt durch Buddhastatuen verschiedener Stilepochen, u. a. einem sitzenden Buddha aus der Pyu-Zeit (4. Jh.). Innen darf nicht fotografiert werden. ⊕ Mi–So außer feiertags 10–16 Uhr, Eintritt 2000 Kyat.

ÜBERNACHTUNG

Alle Unterkünfte servieren Frühstück inkl. – oft Ei mit Toast, auf Nachfrage meist auch traditionelle Shan-Nudeln. Die meisten Zimmer haben ein eigenes Bad mit Warmwasser.

Untere Preisklasse

999 Guest House, Phaung Daw Seik Rd., ✆ 081-209 741, **[10424]**. Günstiger und einfacher geht kaum: US$12 für ein DZ, US$7 für Einzelreisende, shared bathroom, in ganz einfachen alten Holzhaus. Oft voll, aber ohne offizielle Lizenz zur Unterbringung von Ausländern. ❶
Album Motel, nahe dem Krankenhaus, ✆ 081-209 373, [10421]. Geräumige gefliesste Zimmer in Reihenhäusern und Bungalows. Recht neu und daher sauber. ❸

Aquarius Inn, 2 Phaung Daw Pyan Rd., ✆ 081-209 352, ✉ aquarius352@gmail.com, **[3997]**. Beliebtes Haus mit 16 Zimmern, einige sehr schön und hochpreisig, andere ganz einfach mit Gemeinschaftsbad. Rundum-Service mit Geldwechsel, Ticketverkauf, Massage und Touren. Veranden und Innenhof zum Relaxen. Gute Atmosphäre. ❷–❹
Bright Hotel, 53 Phaung Daw Seik Rd., ✆ 081-209 137, **[10425]**. 10 Betten in einem Dorm mit AC (je Bett US$10) und einfache DZ mit Ventilator. Ein großes Dreibettzimmer mit AC. ❷

Good Will Hotel, Sao San Htun Rd., ✆ 081-209 729, ✉ goodwillhotel@gmail.com, **[8486]**. Einfaches Hotel im Stadtzentrum mit gefliesten Zimmern, teils Ventilator, teils AC und TV. Nicht gerade pfiffige Ausstattung, aber die Lage am Markt und der günstige Preis machen das wett. Buchungsmaschinen bieten oft nur die teuren Superior-Zimmer mit AC. Zimmer mit Ventilator also am besten Walk-In oder vorher anrufen und sich anmelden. ❶–❷

Gypsi Inn, an der Strand Rd. (82 Kan Nar Rd.), ✆ 081-209 084, **[4004]**. Beliebte Traveller-Unterkunft mit einfachen großen, teils verwohnten Zimmern mit Gemeinschaftsbad und neueren, etwas teureren Zimmern mit eigenem Bad. Leckeres Frühstück, u. a. mit Shan-Nudeln. ❶–❷

Inle Inn, Yone Gyi St., ✆ 081-209 016, 🖥 www.inle-inn.com, **[4012]**. 14 einfache, teils kleine, teils geräumigere Zimmer mit Holz und viel Bambus. Alle mit Ventilator und eigenem Bad mit Warmwasser. Schöne Sitzgelegenheiten im überdachten Innenhof. Oft ausgebucht. ❷–❸
Joy Hotel, Jetty Rd., ✆ 081-209 083, 09-4311 0067, ✉ joyhotelinle@gmail.com, **[5361]**. An einem kleinen Seitenkanal gelegen; einfache Zimmer, mit und ohne Bad. Es gibt ein großes Familienzimmer mit 3 Betten und Bad mit Wanne. Das Frühstück wird auf der Veranda serviert. Die angenehme Traveller-Atmosphäre entschädigt für den höheren Lärmpegel direkt am Kanal und den recht hohen Zimmerpreis. ❷
May Gh., 85 Myawady Rd., ✆ 081-209 734, ✉ mayguesthouse@gmail.com, **[4015]**. Holzhaus mit 10 einfachen, sauberen, beliebten

Zimmern mit Bad, davon 2 mit 3 Betten. Sitzgelegenheiten auf der Veranda und im Hof. ❷–❸

NK Nawng Kham Little Inn, Phaung Daw Pyan Rd., ☎ 081-209 195, [3998]. 7 einfache Zimmer mit viel Bambus und Holz in Reihe mit kleiner Terrasse. Daneben 8 geräumige Stein-Reihenhauszimmer mit AC. Die einfachsten Zimmer liegen im Haupthaus. ❷–❸

Queen Inn, Win Qr., ☎ 081-209 544, 09-4315 5510, ✉ queen.inle@gmail.com, [4006]. Ansprechende Zimmer in 2 Häusern direkt am Fluss – von dort tolle Aussicht vom Balkon –, aber auch etwas laut wegen des Geknatters der Bootsmotoren. AC und Kühlschrank, einfache Bäder. Sehr nette Betreiber. ❷

Remember Inn, 1 Haw St., ggü. Shan-Palast, ☎ 081-209 257, 🖥 www.rememberinn.jimdo.com, [4009]. Von außen nicht gerade einladend, doch die Zimmer sind ansprechend. Günstige Zimmer mit Ventilator sind bei jungen Travellern beliebt. Auch die Bungalows mit AC-Zimmern haben ein gutes Preis-Leistungs-Verhältnis. Frühstück im Restaurant auf dem Dach. ❷–❸

Song of Travel Hostel, 5 Aung Chang Tha Rd., ☎ 081-209 731, 🖥 www.songoftravel.com, [10426]. Moderner Dorm, ansprechend gestaltet mit 2-geschossigen Schlafkojen – jeder hat seinen eigenen klugen Spruch eines Musiktitels als Einschlafmotto. Je 16 Betten in einem der 4 Räume. Angesagt und oft ausgebucht. Pro Bett US$15, bei Buchungsmaschinen oft andere Preise.

Junge Mönche im antiken Kloster

Etwa 2 km nördlich von Nyaungshwe steht die Pagode des **Shwe Yan Pyay-Klosters**. Sie wurde einst von einem Shan-Fürsten erbaut. In der Pagode befinden sich in kleinen Nischen in der Wand zahlreiche Buddhafiguren. Das Heiligtum ist aus Ziegeln, das angrenzende Kloster im Shan-Stil aus Teakholz erbaut. Ein klassisches Fotomotiv sind die Novizen hinter den ovalen Fenstern des Klosters, die sich allerdings oft gar nicht mehr zeigen, wenn zu viele Touristen – bewaffnet mit ihren schussbereiten Kameras – das Kloster belagern.

Yar Pyae Hotel, Yone Gyi St., Ecke Nandawun St., ☎ 081-201 941, [9773]. Hotel in ruhiger Lage mit ansprechenden Zimmern. Keine Chance auf einen Designerpreis, aber gutes Preis-Leistungs-Verhältnis (vor allem die Standardzimmer). Geräumig, teils Badewanne. Alle AC, TV und Minibar. ❷–❸

Zawgi Inn, 122 Nandawun St., ☎ 081-209 929, 09-502 4610, ✉ zawgiinn@gmail.com und auf Facebook, [9774]. 7 einfache geräumige Zimmer mit 2 Betten, außerdem 2 Zimmer für 3 Pers. Ventilator, Bad, kleine Veranden. Auf Wunsch gibt es im Winter einen kleinen Heizofen. Nachteil: etwas übertreuert und nicht immer gut geputzt. ❸

Mittlere Preisklasse

Aung Mingalar Hotel, Nandawun Qr., ☎ 081-209 339, ✉ aungmingalarhotelinle@gmail.com, [4014]. Nach dem Durchqueren eines imposanten Eingangstors erwarten den Gast in einem ruhigen Garten gut ausgestattete Bungalows. Die drei schönsten Zimmer befinden sich in einem Haus, das wie ein kleiner Tempel von Bagan gebaut wurde. Schließfächer in der Lobby. ❹

Cassiopeia Hotel, 15 Yone Gyi St., ☎ 081-209 902, 🖥 www.cassiopeiahotel.com, [9775]. Ende 2014 eröffnetes Hotel mit Zimmern im Haus und in Reihenbungalows. Geräumig und sauber. Safe, AC, TV und Minibar. ❹–❺

Golden Empress Hotel, 19 Phaung Daw Pyan Rd., ☎ 081-209 037, 🖥 www.goldenempresshotel.com, [8485]. 13 schöne, geräumige Zimmer mit viel Holz. Teils mit einem großen und einem kleinen Bett. Kein TV oder Kühlschrank. 3 Zimmer haben einen kleinen Balkon, alle anderen Gäste treffen sich auf der Dachterrasse. Freundliche Atmosphäre. ❹

Inle Star Motel, 49 Canal Rd. ☎ 081-209 745, ✉ info@inlestar.com, [9777]. Das kleine Hotel liegt direkt am Kanal und bietet recht kleine, gut ausgestattete Zimmer. Mit TV und Minibar. Wenn AC, dann auch mit DVD-Spieler. Etwas übertreuert, aber in guter Lage. Schöne Frühstücksterrasse mit Blick auf den Fluss. ❹

Manaw Thu Kha Hotel, Yone Gyi St., ☎ 081-209 230, 🖥 www.manawthukhahotel.com, [4013]. Komfortable AC-Zimmer im Bungalow-Stil,

Auf den Straßen von Nyaungshwe

gemütlich mit Holzvertäfelung und einem aus Backstein gemauerten unechten Kamin im Bagan-Stil. Bäder mit Badewanne. Zudem etwas günstigere kleinere Zimmer im Haupthaus. Dormbetten für US$12 p. P. im 3-, 4-, 5- und 10-Bettendorm. Fahrräder inkl. ❸–❹

Mingalar Inn, Phaung Daw Pyan Rd., ✆ 081-209 198, 🖥 www.mingalarinn. blogspot.com, [3989]. Große, helle und komfortable Zimmer mit weichen Betten im Neubau. Einfache spartanische Zimmer im Altbau. Alles gut in Schuss. Reichhaltiges Frühstück am Pool. ❸–❺

Nanda Wunn Hotel, 80 Yone Gyi St., ✆ 081-209 211, 🖥 www.nandawunnhotelnyaungshwe. com, [4010]. 2-stöckiges Haupthaus mit 30 Zimmern. Zudem 24 Zimmer in Reihenbungalows, jedes davon mit kleiner Veranda. Standardzimmer mit Ventilator, Superior teils AC. Die Zimmer sind sehr unterschiedlich gut instand gehalten. ❷–❹

Paradise Hotel Nyaung Shwe, 40 Museum Rd., ✆ 081-209 321, Yangon ✆ 01-293 425, 🖥 www. inleparadise.com, [4008]. Neben ordentlichen, gefliesten Zimmern im Haupthaus sind besonders die großen, gut ausgestatteten Zimmer in den neuen Bungalows ein Tipp. AC, TV, gepflegte Bäder und große Veranden. ❹–❺

Princess Garden Hotel, Mine Li St., ✆ 081-209 214, ✉ princessgarden hotel@gmail.com, [5363]. Ruhige Oase direkt an einem Kanal. Holzbungalows im traditionellen Stil mit Veranda stehen in einem tropischen Garten. Zudem gibt es 7 einfache Zimmer in einem Reihenhaus. Die Bungalows sind einfach, aber geschmackvoll ausgestattet. Von der 1. Etage im Haupthaus, wo morgens ein üppiges Frühstück serviert wird, bietet sich ein wunderschöner Blick auf die umliegenden Felder und Berghänge. Das Highlight ist der Pool mit Liegen (nur für Gäste). Die freundlichen Besitzer sprechen gut Englisch und schaffen eine familiäre Atmosphäre, in der doch jeder seine Privatsphäre genießt. Reservierung per E-Mail möglich. Walk-In ist gewagt (da meist ausgebucht), ggf. über Buchungsmaschinen, siehe eXTra. ❸–❹

Royal Luxury Hotel, Kyaung Taing Ah Shae, Ecke Yone Gyi St., ✆ 081-209 302, ✉ hotel royalluxury@gmail.com, [9778]. Recht großes, 2014 eröffnetes Hotel mit ansprechenden

Zimmern, einige mit Balkon und tollem Ausblick dank großer Fenster – leider ggf. durchs Nachbarhaus eingeschränkt. Teils mit Badewanne. Weitaus günstiger ist die Unterkunft, wenn man sie über das Web bucht, und für Reisegruppen. ❸–❹

Teak Wood Hotel, Kyaung Daw Anouk St., ✆ 081-209 250, 09-521 0195, 🖥 www.teakwoodhotelnyaungshwe.com, [3996]. Geschmackvoll eingerichtete große Zimmer und schöne Bäder in mittlerweile 4 Häusern, einige Zimmer im Bungalow-Stil, andere im alten Holzhaus, die meisten in 2 roten Steinhäusern. Gemütliche Sitzecken, Terrassen und ein Garten. In der Nebensaison eine gute Option, da die Preise dann viel niedriger sind. ❷–❺

Obere Preisklasse

Golden Lotus Inle Hotel, Phaung Daw Pyan Rd., ✆ 081-209 930, 🖥 www.goldenlotushotel.net, [9779]. Große Mittelklassehotelzimmer. Holzfußboden, TV, AC und Safe. ❺

Hotel Amazing Nyaungshwe, Yone Gyi St., ✆ 081-209 079, 🖥 www.amazing-hotel.com, [5362]. Einladendes, gut geführtes 2-geschossiges 3-Sterne-Hotel. 16 Zimmer mit Blick aufs Wasser, alle mit TV (DW und viele englische Programme), Safe, Minibar und AC. Geschmackvoll und luxuriös eingerichtet. Hauseigenes Restaurant mit Intha-, Shan-, europäischer, chinesischer und birmanischer Küche. ❺–❻

La Maison Birmane Inn, Sai Yone Rd., ✆ 081-209 901, 🖥 www.lamaisonbirmane.com, [9780]. Eine Oase der Ruhe und des guten Geschmacks. Geführt vom freundlichen Mr. Htun. Geschmackvolle Chalets und Bungalows. Zudem ein Familienbungalow mit 2 Zimmern. Gutes Restaurant. Wer in der Nacht oder frühmorgens ankommt, kann sich in der Lobby auf 2 angenehmen Sofas ausruhen. ❺

Pyi Guesthouse, 35 Phaung Daw Pyan Rd., ✆ 081-209 076, ✉ pyi.nsmm@gmail.com, [3995]. 9 geräumige Bungalows in offener Bauweise; Trennwände lassen die Bäder nach oben offen. Moderne AC, Safe, Minibar und TV. Zudem 5 etwas günstigere Zimmer im Haupthaus. Geräumig, mit Balkon, aber ohne Safe. ❹–❺

Royal Inlay Hotel, 62 Phaung Daw Seik Rd., ✆ 081-209 932, 🖥 www.royalinlay.com, [9781]. Geräumige Zimmer, TV und Minibar. Prototypische Hotelzimmer. Die Standardzimmer sind eine gute Wahl. Aufzug. ❹–❻

View Point Lodge, an der Taik Nan-Brücke, ✆ 081-209 062, 🖥 www.inleviewpoint.com, [4005]. Bungalows auf Stelzen über dem Kanal. Im Design stilvoll und modern. Morgens kann es etwas lauter werden, wenn die Ausflugsboote knatternd in den Tag starten. ❻–❼

ESSEN

In Nyaungshwe finden Freunde von Pancakes und Pasta zahlreiche Restaurants, die neben westlicher Küche meist auch ein paar lokale Gerichte auf der Speisekarte haben.
Auf dem Gelände des Unabhängigkeitsdenkmals gibt es einen **Nachtmarkt** mit verschiedenen Grill- und Cocktailständen. Viele **Teestuben** bieten leckere Kleinigkeiten an.

Asiatische Küche

€ **Bamboo Hut** (s. Karte S. 426), War Taw Village, nahe dem Weingut Red Mountain, ✆ 093-616 8330. Perfekter Stopp bei einer Fahrradtour. Birmanische Küche in authentischer Atmosphäre. Wer kann, kommt zum Sonnenuntergang. In der Drachenfruchtsaison eine besonders gute Wahl, denn dann gibt es die leckeren Früchte aus dem heimischen Anbau. Auch Vegetarier werden hier satt.

Big Drum Restaurant, am Kanal, ✆ 081-209 146. Einfaches Restaurant mit schönem Blick aufs Wasser und chinesischer und Shan-Küche.

Dream Flavour, 34 Kyaung Taw Shayt St., w 092-6120 4590. Kleines Restaurant mit viel Bambus und Orchideen dekoriert auf 2 Etagen. Leckere Thai-Küche und auch typisch Myanmarisches und das, was man allgemein für westliche Küche hält (also Sandwiches). Dazu gutes selbst gemachtes Eis (Vanille, Kokos, Mango). ⏱ 9–22 Uhr.

Green Chilli Restaurant, Hospital Rd., ✆ 09-521 4101, [3991]. Authentische thailändische Küche mit Klassikern wie Tom-Yam und Currys. Im stilvollen Ambiente erfreuen Weinfans sich an einer Flasche aus einheimischer Produktion. Zum Mittag- und Abendessen Tourgruppen. ⏱ 10–22 Uhr.

Innlay Hut Indian Food House, Phaung Daw Seik Rd., ✆ 092-5235 2879. Authentische nordindische Küche in einem kleinen einfachen Holzrestaurant. Günstig und gut. Das Beste ist aber für viele Gäste der Betreiber, der mit so viel Begeisterung dabei ist, dass ihn alle in ihr Herz schließen. Wem es schmeckt, der kann einen Kochkurs belegen. ⏱ 11–22 Uhr.

Lin Htat Restaurant, Yone Gyi St., am Markt, ✆ 094-2832 6575. Restaurant mit typisch birmanischer Küche. Sehr lecker und authentisch und sehr beliebt bei Einheimischen und Reisenden aller Nationen. Freundliche Leute, große Portionen. Kochkurse bei Köchin Myo Myo. ⏱ ab 7 Uhr Kaffee und Tee, ab 10.30 Uhr–ca. 21 Uhr warme Küche.

Live Dim Sum House, Yone Gyi St., ✆ 094-2813 6964. Kleines Restaurant mit Dim Sum und anderen chinesischen Köstlichkeiten. Pekingente sollte man vorbestellen. ⏱ 10–21 Uhr.

Lotus Restaurant, Museum Rd., ✆ 094-2835 8775. In dem familiären kleinen Restaurant, geführt von Ma Naing, macht bereits die Speiskarte Eindruck: Auf handgeschöpftem Papier in Schönschrift geschrieben finden sich hier Fruchtshakes, Avocado-Salat und andere Köstlichkeiten aus der einheimischen Küche. Freundliche Leute, günstige Preise. Lecker. ⏱ 9.30–21.30 Uhr.

Paw Paw Restaurant, Phaung Daw Pyan Rd. In einem schon recht verfallen wirkenden Haus mit Charme gibt es Spaghetti mit geriebenem Käse oder Gerichte im Shan-Style. Auch Currys und Shakes. Die freundliche Köchin Zizi gibt Kochkurse (Dauer 2–3 Std., 20 000 Kyat). Zum Kochen wird nur Trinkwasser verwendet. ⏱ **9–22 Uhr.**

Shan Restaurant, ✆ 081-209 062, 🖳 http://inleviewpoint.com/burma-restaurant, [5364]. Im arabisch-mediterran angehauchten Rundbau gibt es Crossover-Küche aus einheimischen Shan-Gerichten und europäischen Einflüssen. Verwendet werden nur saisonale, frische Zutaten der Region. Die gekonnten Kreationen im Bananenblatt sind ein Genuss für alle Sinne.

Menüs 8000–14 000 Kyat. Französische und einheimische Weine. ⏱ 11–14 und 18–22 Uhr.

Sin Yaw Restaurant, am Markt, ✆ 094-2018 7311. Traveller-Restaurant mit einer großen Auswahl traditioneller Speisen und typischer Reis/Nudel-Gemüse-Fleisch-Gerichte. Pancakes, Shakes und Bier fehlen ebenfalls nicht. Nebenan das Sunflower Restaurant, ✆ 094-2831 7343, hat eine ähnliche Speisekarte, ist aber öfter mal zu. ⏱ 9–22 Uhr.

Thanakha Garden, 43 Thazin Qr., ✆ 093-210 6915. Schön ruhig und etwas abseits gelegenes Restaurant mit einladender Speisekarte. Birmanische und westliche Küche. Sauber. Gekocht wird mit Mineralwasser. ⏱ 11–22 Uhr.

Westliche Küche

Inle Palace Restaurant & Cocktail Bar, Yone Gyi St., ✆ 094-2834 4972. Schön gestaltetes Restaurant, vieles aus Bambus und bunt angemalt. Ansprechende Dachterrasse. Große Speisekarte mit Pizza, Pasta und Asiatischem. ⏱ 9.30–22 Uhr.

Pancake Kingdom, 27 Win Qr., ✆ 081-209 288, 🖳 www.inlepancakekingdom.com, im Wohngebiet wenige hundert Meter südöstlich der verspiegelten Pagode. Abseits der ausgebauten Straßen hat sich dieses kleine „Königreich" einen Namen gemacht. Hier gibt es fantastisch dünne Crêpes, sowohl süß als auch herzhaft belegt. Zudem getoastete Sandwiches, Omelettes, gute Shakes und Säfte. ⏱ 9–21 Uhr.

Pizza Balilla, Museum Rd., ✆ 094-5209 6741. Pub (s. S. 420) und Restaurant. Toller Platz nicht nur für Fans von frisch gezapftem Bier, auch die Pizza ist es wert, hier vorbeizuschauen. Wem das Essen allzu westlich ist, der nimmt sich die Version Shan-Fire vor: Diese Pizza ist Le Pet belegt (inkl. Nüssen, Tomaten und Chilli) – sehr lecker anders und sehr sättigend. ⏱ 16–23 Uhr.

Star Flower, Phaung Daw Pyan Rd., [3992]. Steinofenpizza ab 5000 Kyat, selbst gemachte Pasta, Gnocchi und frische Lassis. Lecker ist auch der Tomatensalat, meist mit frischen Tomaten von den schwimmenden Feldern. ⏱ 7–21 Uhr.

The French Touch, 32 Kyaung Taw Shayt St., 095-251 365, [9782]. Ansprechend gestaltetes Restaurant. Innen- und Außenbereich. Es gibt Kaffee, Cocktails und Essen aus der Region, u. a. einige Gerichte aus der Shan- und Intha-Küche. Etwas gehobene Preise, aber gerechtfertigt wegen des schönen Ambientes. Gute WLAN-Verbindung. Jeden Abend um 19.30 Uhr wird ein etwa einstündiger Film über das Mönchsleben gezeigt, den der Betreiber, der selbst einmal im Kloster gelebt hat, realisiert hat. ⏰ 7–22.30 Uhr.

Bars und Kneipen

Langsam entwickelt sich so etwas wie eine Nachtszene – zwar ist um 23 Uhr schon Schluss, aber bis dahin kann man in ein paar wenigen Bars den Abend genießen.
Ginki, 19 Sao San Tun St., Ecke Myolal 6th St., 09-30666, 🖥 auf Facebook. Schönes neues Holzhaus mit 2 Etagen. Bietet neben einigen westlich angehauchten Gerichten vor allem Bier und abends ab 20 Uhr Livemusik. Als wir dort waren, war Country angesagt und man schunkelte zu „Country Road". ⏰ 11–23 Uhr.

One Owl Grill, Yone Gyi St., ggü. Hotel Amazing Nyaungshwe. Ansprechende Kneipe mit einem etwas anderen Snackangebot als anderswo. Es gibt Bier und Wein und natürlich Cocktails – diese sind besonders zur Happy Hour von 14–18 Uhr mit 1500 Kyat ansprechend günstig. Dazu serviert man Hummus mit Dips, Salate, Burger und Sandwiches. ⏰ 9–23 Uhr.

📙 **Pub Asiatico Inle**, Adresse siehe Pizza Ballila. Hier trifft sich das reisende Volk zum Billardspielen und Musikhören. Tolle Dachterrasse bei gutem Wetter. Bier und Cocktails. ⏰ 16–23 Uhr.

AKTIVITÄTEN UND TOUREN

Ausflüge

Von Nyaungshwe aus lassen sich schöne kleine Touren mit dem Fahrrad oder zu Fuß unternehmen. Etwa 1 km südlich immer die Straße am Kanal entlang, befindet sich bei Nanthe in ruhiger Umgebung die **Kyauk Pyu Gyi-Pagode** und östlich des Ortes auf einem Hügel das **Lwe Ngan-Kloster**, das auch auf einigen Trekkingtouren besucht wird.

Touren auf dem See führen durch Gärten, kleine Dörfer und vorbei an zahlreichen Pagoden.

Etwa eine Stunde Fußweg nach Osten ist es zur **Tha Eing-Pagode**, einem stimmungsvollen Höhlentempel. Mit Kerzen kann man die Meditationsräume besuchen.

Ballonfahrten
Jedes Jahr von Anfang November bis Mitte März gehen am Inle-See allmorgendlich Heißluftballons mit Touristen in die Luft. Ein schönes, aber auch teures Vergnügen. **Oriental Ballooning**, 10 Lan Ma Taw Rd., ✆ 092-5008 9443, 🖥 www.orientalballooning.com. Abfahrt gegen 6 Uhr morgens in den Sonnenaufgang hinein. US$390 p. P. Etwas teurer ist **Ballon over Bagan**, 🖥 www.balloonsoverbagan.com.

Bootsfahrten
Am Ufer des Hauptkanals bieten Bootsführer **Touren auf dem Inle-See** an. Eine Standardtour kostet ab 18 000 Kyat bis 35 000 Kyat (je nach Saison und Verhandlungsgeschick) für etwa 5–7 Std., ein Abstecher nach Indein etwa 4000 Kyat extra. Die Touren beginnen meist in aller Frühe, es lassen sich aber auch Vereinbarungen treffen (S. 427, Touren auf dem Inle-See).

Mit einem **Paddelboot** (ohne knatternden Motor) können gemütliche Fahrten durch die schwimmenden Gärten und zu einigen Dörfern und Handwerkern unternommen werden. Ein Boot mit Bootsmann (oder -frau) kostet etwa 3000 Kyat/Std. Diese Fahrt ist sehr beschaulich, vor allem gegen Abend, wenn die Sonne im See versinkt.

Bootstouren nach Samkar (S. 430) ins Pa-O-Gebiet südlich des Inle-Sees kann man sich auf eigene Faust organisieren, ein Permit ist nicht nötig. Ein Boot kostet etwa 55 000 Kyat. Wer mag, kann sich dies aber auch bei **Golden Island Cottages Travel & Tour (GIC)**, 89 Paung Daw Pyan, ✆ 081-209 551, ✉ gictravel@myanmar.com.mm, organisieren lassen.

Fahrräder
Einfache Fahrräder zum Erkunden der Umgebung kosten 1500 Kyat/Tag. Sie werden überall in Nyaungshwe vermietet, u. a. nahe der Post und am Markt; z. T. auch von den Gästehäusern. Mountainbikes gibt es für US$7 für den halben Tag bzw. US$14 für den ganzen Tag bei **Active & Authentic Travel & Tours (AAT Tours)**, Kyaun Taw Shayt St., ✆ 094-2102 8796, ✉ aat.tours myanmar@gmail.com. Hier werden auch Tagestouren bzw. sogar Mehrtagestouren mit dem Fahrrad organisiert. Man kann natürlich einen Fahrradtrip auch mit Trekkingstrecken verbinden.

Fahrradtouren
Eine schöne Rundtour mit dem Fahrrad führt etwa 15 km (1 Std. Fahrt) am Westufer bis nach Khaung Daing. Dort kann man in etwa 30 Min. die steilen Stufen zu einem Waldkloster besteigen, anschließend eine Kokosnuss schlürfen und sich ggf. in den heißen Quellen entspannen. Weiter geht es über den See nach Maing Thaung. Ein Boot kostet 10 000 Kyat bzw. 5000 Kyat p. P. Nach einem kurzen Stopp in Maing Thaung, z. B. in einem Restaurant und dem Waldkloster, sind es noch etwa 5 km Richtung Nyaungshwe (etwa 30 Min. Fahrzeit). Wer noch Power hat, macht noch einen Abstecher zwecks Weinverkostung im Red Mountain Estate (s. Kasten S. 423). Die Qualität der Straße wechselt stetig. Mal bereits gut ausgebaut, mal noch in recht erbärmlichem Zustand. Das wird sich mit Sicherheit in den nächsten Jahren ändern – das Baumaterial liegt an vielen Stellen schon bereit.

Kochkurse
Viele Restaurants (und auch „Massage"-Familien) bieten zusätzlich Kochkurse an – soweit wir das in Erfahrung bringen konnten, steht es dort vermerkt. Allein der Geschmack entscheidet: Haute Cuisine, ganz familiär Inthar oder lieber doch Indisch?

Im **View Point & Shan Restaurant** erlernt man die Shan-Küche im gehobenen Stil. Zur Auswahl stehen z. B. Shan-Nudeln, Fleisch-Currys oder Fisch im Bananenblättern. Auch die Deko aus Bananenblatt fehlt natürlich nicht. Verwendet werden traditionelle Gewürze, und es gibt viele Gesundheitstipps. Rezeptbuch. Aktuelle Preise und Anmeldung im Restaurant.

 Weitaus günstiger sind die Kochkurse der „Massage"-Familien, z. B. in der **Win Cooking Class.** Nach Absprache werden 3

Gerichte gemeinsam gekocht und gegessen. Preislich liegen diese Kochkurse wie auch die der Restaurants bei 20 000 Kyat p. P., z. B. bei **Lizi** im Kaw Kaw, bei **Myo Myo** vom Linn Htet Restaurant.

Bamboo Delight Cooking class, 6/261 Aung Chan Thar Quarter, ✆ 094-2834 5261. Wer hier mitmacht, wird vom Hotel abgeholt, dann geht es zum Markt. Gemeinsames Essen nach dem Kochen ist hier natürlich mit Programm. Das Ganze dauert etwa 3 Std. und kostet 20 000 Kyat. 5000 Kyat werden an Förderprogramme der örtlichen Schulen weitergeleitet.

Trekking

Zahlreiche Agenturen, Gästehäuser und einzelne Führer, die in der ganzen Stadt ihre Dienste anbieten, veranstalten Trekkingtouren in die angrenzenden Berge und Dörfer. **Halbtagestouren** für ca. 10 000 Kyat führen in einige Dörfer und Pagoden der Umgebung und beinhalten manchmal auch einen Besuch auf einem Weingut (S. 423). Auf **Tagestouren** für um die 25 000 Kyat sieht man etwas mehr und erhält zusätzlich unterwegs eine einfache Mahlzeit (8–16 Uhr). Einige Guides bieten **2- bis 3-tägige Touren** nach **Kalaw** oder **Taunggyi** an, bei denen z. T. in Klöstern übernachtet wird. Für diese Touren berechnen die Veranstalter etwa 45 000 Kyat (1 Übernachtung) bzw. 80 000 Kyat (2 Übernachtungen) p. P. bei Gruppen. Wer alleine reist, zahlt mehr. Enthalten sind Unterkunft und Verpflegung. Getränke können in den Dörfern gekauft werden. Die Strecke nach Kalaw (über 50 km) kann auch mit nur einer Übernachtung bewältigt werden, dann wird die letzte Strecke per Pick-up zurückgelegt. Ausflüge Richtung **Kakku** (ins Gebiet der Pa-O) sind nur mit besonders lizenzierten Führern der Pa-O möglich. Von Nyaungshwe sind etwa 50 000 Kyat für ein Taxi zu kalkulieren. Eintritt US$3. Der Führer kostet bei 5 Teilnehmer US$5, bis 10 Teilnehmern US$10. (S. 434, Kakku). Viele Agenturen liegen direkt am Markt, so z. B. **Thu Thu**, Yone Gyi St., ✆ 081-209 258. Neben Trekkingtouren auch Bustickets und Fahrradverleih.

Gute Infos und freundlichen Service bietet **Peter Travel**, Hospital Rd., ✆ 092-5973 0569. Trekkingtouren und Touren auf den See.

Massage mit Familientradition

In Nyaungshwe werden die Angebote für traditionelle Massage der Intha immer zahlreicher. Eine Stunde kostet etwa 5000 Kyat. Die Masseure arbeiten vornehmlich mit Druckpunkten. Das kann schmerzhaft sein, doch anschließend stellt sich eine wohltuende Entspannung ein. Eine gute Adresse ist **Win Nyunt Traditional Family Massage**, ✆ 042-833 8045. Die Technik wird von der ganzen Familie nun schon in der achten Generation ausgeübt. Überzeugt hat uns auch **Win Traditional Massage**, ✆ 094-2837 1395, ebenfalls ein Familienbetrieb, in dem die Mutter das Wissen an ihre Kinder weitergibt. Bei der Massage, die den ganzen Körper (außer Bauch, Scham und Brust) einschließt, kommt Kokosnussöl zum Einsatz, sodass man nach der Massage angenehm duftet. Man kann wählen zwischen hart, medium oder soft. Es gibt Tee und Kekse, und wer will, kann auch noch kochen lernen (S. 421).

SONSTIGES

Einkaufen

Geschäfte in der Stadt, Händler auf dem **Mingalar-Markt** (an Voll- und Neumond geschl.) und zahlreiche Straßenverkäufer bieten Souvenirs an. Dazu gehören neben den Shan-Umhängetaschen auch Opiumgewichte und Silberschmuck. Im **Trinity Family Shop** nahe dem Markt gibt es Fächer, Lampenschirme, Bilderrahmen und vieles mehr aus handgefertigtem Papier, das die Familie in Pindaya herstellt. ⏰ 10.30–22 Uhr.

Eine recht große Bücherauswahl – auch in deutscher Sprache – hat der **Chinlone Bookstore**, Yone Gyi St. ⏰ etwa 10–22 Uhr, je nach Laune der Besitzerin.

Galerien

Art Collection La Mne Voua, 135 Yone Gyi St., ✆ 092-5321 2067. Obwohl nur ein kleiner Raum zur Verfügung steht, fühlt sich der Gast wie in

Weinprobe bei Nyaungshwe

Etwa 4 km außerhalb von Nyaungshwe (s. Karte S. 426) liegt das **Red Mountain Estate Vineyards & Winery** [5357], ✆ 081-209 366, 🖥 www.redmountain-estate.com, auf einem Hügel mit Blick auf die Berghänge. Seit 2002 werden unter Pa-O-Management in den umliegenden Hängen verschiedene Rebsorten angebaut und in einer hochmodernen Kelterei zu Wein verarbeitet. Traubenlese ist zwischen Februar und März. Interessierte Besucher können die Reifetanks und Abfüllanlage besichtigen. Vier Weine können für 5000 Kyat verkostet werden. Auch für den hungrigen Magen ist gesorgt; auf der kleinen Speisekarte stehen Reisgerichte mit Fleisch oder Fisch und Salat. Das Restaurant mit einem tollen Ausblick über die von Bergen umgrenzte Ebene und das nördliche Seeufer ist ein fantastischer Platz für ein Glas Wein zum Sonnenuntergang. Gelobt und für Weinfans einen Besuch wert, ist das etwas weiter entfernte, nahe Taunggyi liegende **Vineland in Aythaya**, ✆ 081-208 548, 🖥 www.myanmar-vineyard.com.

einem kleinen Museum. Schöne Auswahl namhafter zeitgenössischer Künstler, deren Werke zu angemessenen und bezahlbaren Preisen verkauft werden. Zudem gibt es Kataloge, in denen man sich schlau lesen kann. Der Inhaber Nyi Nge ist selbst Künstler und verkauft auch eigene Bilder. ⏱ tgl. außer Mo 9–20 Uhr. Schöne Fotos sind in der **Gallery 19** in der Shwe Chan Thar St. ausgestellt. Zudem gibt es hier 3 Videos über Myanmar, die gezeigt werden. Alles kostenlos. ⏱ 7–18 Uhr.

Informationen und Bustickets

Nahezu alle Hotels und Gästehäuser bieten die üblichen Touren und auch die Organisation von Bustickets an. Zudem gibt es zahlreiche Trekking- und Informationsbüros überall in der Stadt. Meist haben die Reisebüros aber nur die gängigen Busse nach Bagan und Mandalay im Programm. Viele weitere Busse, auch zu weniger touristischen Zielen, vermittelt **Travel Lion (2)**, Yone Gyi St., ✆ 09-3610 3603.

Internet

Viele Hotels und Guesthouses bieten mittlerweile WLAN, die Verbindungen werden von Jahr zu Jahr besser. Je mehr Traveller an einem Ort wohnen, desto besser scheint das Netz.

Medizinische Hilfe

Das **Krankenhaus** liegt im südlichen Teil der Stadt nahe dem Mong Li-Kanal. Meist spricht einer der Ärzte Englisch. Das Telefon war bei unserer letzten Recherche kaputt. Unter den Apotheken tut sich die **San Pharmacy** in der Yone Gyi St. durch Sortiment und Beratung hervor, ✆ 081-209 459, ⏱ tgl. 7.30–21.30 Uhr.

Puppentheater

Aufführungen, die aber nicht mit jenen in Mandalay vergleichbar sind, bietet die **Aung Puppet Show** in der Yone Gyi St. Die Darbietungen beginnen tgl. um 19 und 20.30 Uhr, dauern 20–30 Min. und kosten 5000 Kyat. Der Raum bietet Platz für 20 Zuschauer. Wem die Puppen gefallen, der kann sich hier auch Exemplare für Zuhause kaufen.

Spa

Aqua Lilies, Day Spa & Beauty Center, Museum Rd., ✆ 094-2836 3584, ✉ aqualilies.spa@gmail.com. Schön am Kanal gelegenes großes

Balloon-Festival in Taunggyi

Wenn in Taunggyi die in der ganzen Region für diesen Tag extra handgefertigten Riesenballons in den Himmel steigen, bieten einige Reisebüros und Gästehäuser die ganze Woche über Sammeltaxis an. Eine Fahrt hin und zurück zum Spektakel kostet dann ca. 10 000 Kyat. Wer sich aber eine kleine Gruppe selbst zusammensucht, kommt günstiger in die Nachbarstadt. Wohnen muss man also nicht im weitaus weniger attraktiven Taunggyi, wenn man sich dieses Schauspiel nicht entgehen lassen möchte. Mehr dazu auf S. 431.

Holzhaus mit ansprechender Ausstattung und zahlreichen bezahlbaren Beauty-Angeboten. Freundliche Leute, aufmerksamer Service, eine Oase der Ruhe. ⊙ 9–21 Uhr.

TRANSPORT

Taxis

Nach BAGAN kostet ein Taxi etwa 100 000 Kyat, wer etwa 2 Tage vorher ein „shared taxi" anfragt, kommt oft schon für 40 000 Kyat nach Bagan. Nachteil: Hinten sitzt man ziemlich beengt zu dritt. Daher hat sich die Option des Minibusses durchgesetzt. Zum Flughafen nach HEHO kostet eine Fahrt 15 000 Kyat (45 Min.). Die Strecke nach und von SHWENYAUNG kostet 6000–8000 Kyat; nach PINDAYA zahlt man etwa 42 000 Kyat und nach MANDALAY 90 000 Kyat, als „shared taxi" 30 000 Kyat (1–2 Tage vorher anmelden, 7 Std.).Taxis nach TAUNGGYI kosten US$25 für Hin- und Rückweg.

Pick-ups

Pick-ups Richtung SHWENYAUNG und TAUNGGYI fahren zwischen 6 und ca. 16 Uhr, ab 1000 Kyat. Wartezeit muss einkalkuliert werden: Wenn die erforderlichen 20 Passagiere nicht zusammenkommen, wird der Preis auf die fehlenden Personen umgelegt und die Fahrt entsprechend teurer. Die Pick-ups starten vor 9 Uhr am Halteplatz an der alten Zuckermühle, nach 9 Uhr um die Ecke am Kanal. S. auch S. 413.

Minibusse

Der Vorteil dieser Reisevariante liegt in der Kürze und im Komfort, denn man wird nicht nur am Hotel/Guesthouse abgeholt, sondern am Zielort auch an der gewünschten Unterkunft wieder abgesetzt.
BAGAN, Abfahrt ab 8 Uhr, in Bagan weiter mit dem Pick-up zum Hotel, für 13 000 Kyat in etwa 8 Std.
MANDALAY, Abfahrt 9 Uhr, für 15 000 Kyat in etwa 7 Std.

Busse

Alle **Busse** Richtung Mandalay, Yangon, Bagan, Hsipaw, Kalaw und Pindaya passieren das 11 km entfernte SHWENYAUNG. In Nyaungshwe können die Tickets in den Hotels und in Reisebüros besorgt werden. Etwa eine halbe Stunde bis zu einer Stunde vor Abfahrt wird der Gast dann am Hotel abgeholt. Zur Sicherheit sollte man die Busse mindestens einen Tag vorher reservieren. Nahe gelegene Ziele wie KALAW und TAUNGGYI werden den ganzen Tag über mit Pick-ups ab Shwenyaung angefahren, die Anfahrt geschieht auf eigene Faust. Die Busse sind in der Regel VIP-Busse, d.h. man kann sich relativ gut ausstrecken, eine Reihe besteht aus 3 Sitzen. Bitte auf jeden Fall beim Buchen nochmal nachfragen. Nicht alle Reisebüros führen immer alle Busse, wenn es also heißt: „Gibt es nicht!", muss das nicht unbedingt stimmen.
BAGAN, um 7 und 19 Uhr mit dem VIP-Bus für 19 000 Kyat in 11 Std. J. J. Company fährt um 20 Uhr nahe dem Markt für 20 000 Kyat.
BAGO, um 17 Uhr für 18 000 Kyat in 12 Std.
HPA-AN, um 16.30 Uhr für 24 000 Kyat in 15 Std.
HSIPAW, um 16 Uhr für 16 000 Kyat in 13 Std.
LOIKAW, den ganzen Morgen ab Shwenyaung für 12 000 Kyat in 5 Std.
MANDALAY, um 7 und 19 Uhr für 13 000– 15 000 Kyat in knapp 10 Std.
TOUNGOO, ab Shwenyaung um 15 Uhr für 12 500 Kyat in 9 Std.
YANGON, um 7.30 und 17.30 Uhr für 24 000 Kyat in 12–13 Std.

Eisenbahn und Flüge

Der nächste **Bahnhof** befindet sich in Shwenyaung (S. 413), der täglich angeflogenen **Flughafen** in Heho (S. 412).

10 HIGHLIGHT

Inle-See

Der Inle-See ist eines der größten Highlights Myanmars. Der zweitgrößte See des Landes liegt mit einer Länge von 22 km und einer Breite von 11 km auf einer Höhe von 900 m. Breite Schilfgürtel säumen den See, dessen Schwimmende Gärten weltweit bekannt sind. Um den

Das Phaung Daw U-Fest

Das **Phaung Daw U-Fest** [5693] beginnt drei Wochen vor dem Vollmond Thadingyut und endet wenige Tage danach. Vier der fünf kugeligen Buddhastatuen aus der Phaung Daw U-Pagode werden täglich mit der goldenen Barke, die die Form eines Karaweik-Vogels hat, von einem Ort am See zum anderen gerudert, um dort eine Nacht zu rasten. Gezogen wird die Barke von bis zu 40 Langbooten, auf denen Einbeinruderer lautstark lachend und singend ihr Bestes geben. Am letzten Tag findet vor der Phaung Daw U-Pagode ein Bootsrennen der Einbeinruderer statt.

See herum erheben sich die bis zu 2000 m hohen Shan-Berge. Seit 1985 ist das Areal als Vogelschutzgebiet ausgezeichnet und gehört seit 2015 zum Unesco World Network of Biosphere Reserves. Reisende berichten von Silberreihern, die ungefähr eine Stunde vor der Dämmerung in Formationen über den See hinwegfliegen.

Die Menschen, die rund um den See leben, nennen sich *Intha* – „die Menschen vom See". Insgesamt gehören etwa 100 000 Bewohner zu dieser Ethnie. Daneben leben hier auch Shan, Danu, Pa-O, Kayah und einige Birmanen. Die Intha stammen vermutlich aus der Gegend von Dawei im Tanintharyi, die sie vor mehreren hundert Jahren aufgrund von kriegerischen Auseinandersetzungen verließen. Sie leben heute als Fischer, Bauern oder Handwerker und sind vor allem für ihre spezielle Rudertechnik berühmt: Auf den schmalen Booten balancierend, schlingen sie einen Fuß um das Ruder und bewegen es im Stehen. So bleibt die andere Hand zum Fischen frei. Außerdem lässt sich mit dieser Rudertechnik in den schmalen Kanälen gut zwischen den schwimmenden Gärten manövrieren. Schwimmende Beete werden im seichten Wasser, das meist nur etwa 3 m tief ist, festgemacht und tragen reichlich Früchte, die mehrmals jährlich geerntet werden können. Das milde Klima trägt zur reichen (und wohlschmeckenden) Ernte bei.

Die Intha werden auch als geschickte Handwerker gerühmt. Zum breiten Angebot an Kunsthandwerk gehören Keramik-, Messing-, Silber- und Lackarbeiten. Besonders der handgewebte Stoff erfreut sich in ganz Myanmar großer Beliebtheit.

Sehenswürdigkeiten

Die **Phaung Daw U-Pagode** liegt nahe der Stadt Ywa-ma am Westufer des Sees. Sie zählt zu den heiligsten Stätten des südlichen Shan-Lan-

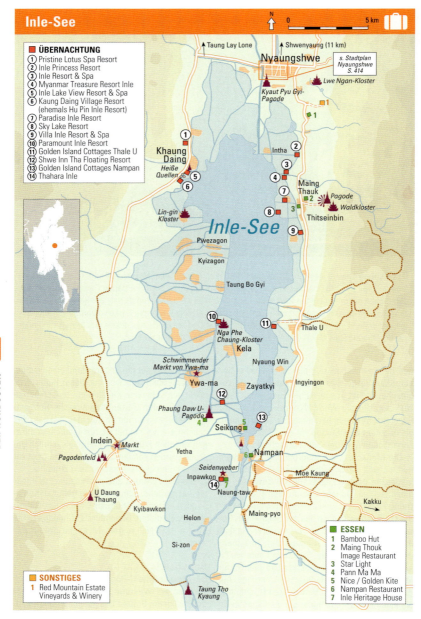

des und beherbergt fünf kleine Buddhafiguren. Diese haben aufgrund der von den Pilgern seit Jahrhunderten angebrachten Goldblättchen ihre ursprüngliche Gestalt längst verloren, was den ihnen gezollten Respekt noch verstärkt. Alljährlich begeben sich vier der fünf Figuren auf große Fahrt und wandern auf einer langen Prozession durch die Dörfer des Inle-Sees (s. Kasten S. 425). Die Geschichte der Buddhastatuen reicht der Legende nach bis ins 12. Jh. zurück.

Das aus dem 19. Jh. stammende, aus Teakholz erbaute und viel besuchte **Nga Phe Chaung-Kloster** ist auch unter dem Namen „Kloster der springenden Katzen" bekannt und liegt mitten auf dem See. Berühmt war das Kloster lange Zeit für seine (z. B. durch Ringe) springenden Katzen, heute rekeln sich die Tiere lieber faul in der Sonne. Treffender wäre daher der Name: Monastry of the lazy cats. Sehenswert sind die zahlreichen wertvollen Buddhastatuen im Shan-Stil zwar schon, aber andere Tempel und Pagoden haben auch schöne Statuen …

Touren auf dem Inle-See

Eine Fahrt auf dem See verspricht neben der Besichtigung der Pagoden und Tempel auch einen Einblick in die fremde Welt der Intha, die in ihren auf Stelzen gebauten Häusern am Rande oder mitten auf dem See wohnen. Ein Seebesuch dauert den ganzen Tag und beginnt in aller Frühe. Nur Boote mit Außenbordmotor dürfen Ausflügler auf den See bringen, und sie fahren so schnell durch die abgekühlte Luft, dass morgens unbedingt ein dicker Pullover notwendig ist.

Touren auf den See starten am großen Kanal in Nyaungshwe. Eine **Standard-Bootstour** kostet in der Hochsaison um die 35 000 Kyat, in der Nebensaison ab 15 000 Kyat. Wer den See abseits der Touristenpfade erkunden will, zahlt mehr. Direkt bei den Bootsfahrern sind die Preise günstiger, da Agenturen und Hotels oft eine Provision einbehalten. Ein Besuch des Sees kostet staatlich verordnete 12 500 Kyat p. P., das Geld wird an der Straße vor Ankunft in Nyaungshwe einkassiert.

Zu Beginn steuern die Touren den jeweils gerade stattfindenden **Markt** an. Die Marktorte wechseln im Fünf-Tage-Rhythmus (s. Kasten).

Fünf-Tage-Märkte

1. Tag: Heho, Kyone (zwischen Aungban und Pindaya), Taung Tho (Inle-See), Narbaung (zwischen Taunggyi und Kakku).

2. Tag: Taunggyi, Aungban, Schwimmender Markt von Ywa-ma, Kyauktalone (zwischen Inle-See und Kakku).

3. Tag: Pwe Hla (zwischen Aungban und Pindaya), Maing Thauk (Inle-See), Phaung Daw U (Inle-See), Khaung Daing (Inle-See).

4. Tag: Shwenyaung, Kalaw, Khaung Daing (Inle-See), Indein (Inle-See), Hmawbe (südlich des Inle-Sees).

5. Tag: Nyaungshwe, Pindaya, Nampan (Inle-See), Hamsee (zwischen Taunggyi und Kakku).

Meist wird zudem das Schwimmende Dorf **Ywama** angesteuert, dessen Bewohner hauptsächlich von der Weberei leben. Besonders berühmt sind die hier hergestellten Seiden-Longyis. Auch in **Inpawkon** sind die Weber für ihre guten Stoffe, die Zinme-Longyis, berühmt. Die Webtechnik stammt ursprünglich aus dem nordthailändischen Chiang Mai, das auf Birmanisch Zinme heißt. Angeblich wird die verwendete Seide aus China importiert, da die buddhistischen Intha die Seidenraupen nicht selbst töten wollen. Weitere Besuche von Werkstätten und Souvenirshops stehen bei den meisten Touren auf dem Programm.

Der **Markt von Indein** wird oft empfohlen, ist aber nicht bei allen Standardtouren mit eingeplant (Aufpreis etwa 5000 Kyat). Er ist durch den Andrang ausländischer Besucher ziemlich touristisch geworden. Hier kann man außerdem noch ein großes **Pagodenfeld** besuchen, das etwa 20 Min. zu Fuß entfernt liegt. Die zahlreichen Stupas sind auch außerhalb des Markttags ein lohnendes Ziel. Sie stammen wahrscheinlich aus dem 17. Jh., als Indein noch Sitz eines Shan-Fürsten war. Der Ort, der am Fuß der westlichen Bergkette, etwa 8 km westlich vom See liegt, ist über einen Zufluss landeinwärts zu erreichen.

Ebenfalls nicht obligatorisch bei den Touren der Bootsveranstalter ist ein Ausflug zu den **heißen Quellen**, den sogenannten Hot Spas, etwas nördlich bei Khaung Daing. Hier kann man im Spa für US$10 Eintritt in kleinen Bassins planschen. Badet man in getrennten Frauen- und Männerbecken zusammen mit Birmanen, zahlt man US$5. ⏱ 7–17 Uhr. Zu erreichen ist dieser Ort entweder über die Straße von Nyaungshwe in Richtung Heho oder mit dem Boot über den See.

ÜBERNACHTUNG

Am und auf dem See gibt es sehr schöne, ruhige Plätze für die Nacht – alle recht teuer, manche luxuriös. Fast überall stehen TV, Kühlschrank und Telefon in den Bungalows, von deren Veranden sich eine herrliche Sicht auf den Sonnenaufgang (vom Westufer) oder den Sonnenuntergang (vom Ostufer) bietet.

Ostufer
Golden Island Cottages Nampan, Nampan, ☏ 081-209 390, Yangon ☏ 01-549 019, 💻 www.gichotelgroup.com, [5350]. Gepflegte Anlage mit 40 auf Pfählen stehenden Bungalows am See. Ein Teil des Sees ist als Schwimmbad eingezäunt. Das GIC gehört den Pa-O, hier gibt es die besten Informationen zu Wanderungen nach Kakku und Fahrten zum Sagar-See. Gute Küche; organisiert Bootsrennen. ❹–❺

Golden Island Cottages Thale U, ☏ 081-209 389, weitere Kontaktnummern s. Golden Island Cottages Nampan. Zur Begrüßung spielt ein kleines Orchester. Ähnelt seiner Schwesteranlage. 20 Bungalows in Reihe direkt am Vogelschutzgebiet, wo abends aus den Bergen heimkehrende Seevögel den Himmel schwarz färben. Von der Anlage führt ein Steg ins Dorf Thale U. ❹

Inle Princess Resort, ☏ 081-209 055, 💻 www.inle-princess.com, [5348]. Traumhaft schöne Anlage mit Luxus-Bungalows am See. Haupthaus direkt am Wasser – aus Teak gebaut, wirkt es wie die Palasthalle eines Shan-Prinzen. Frühstück auf der großen Veranda. ❻

Inle Resort & Spa, ☏ 095-154 444, 💻 www.inleresort.com, [5352]. Die AC-Bungalows und das Haupthaus erinnern an eine Tempelanlage. Die großzügigen Suiten mit Seeblick sind teuer, die kleineren zur Landseite günstiger. ❻

Myanmar Treasure Resort Inle, ☏ Kontakt über Yangon 01-399 334-7, 💻 www.myanmartreasureresorts.com, [5349]. Eine Suite und 59 Bungalows mit See- oder Landblick, großzügig und stilvoll eingerichtet, TV und Sitzecken. Bar mit Blick auf den Sonnenuntergang. ❻

Paradise Inle Resort, Maing Thauk, ☏ 081-333 4009, 💻 www.kmahotels.com, [5354]. 53 Bungalows, die in langen Reihen durch Stege miteinander verbunden sind. Die Bungalows mit Größen zwischen 32 und 65 m² sind stilvoll eingerichtet. ❹–❺

Sky Lake Resort, Maing Thauk, ☏ 081-209 128, 💻 skylakeinleresort.com, [5351]. 44 Bungalows mit Balkon im traditionellen Intha-Stil. Arrangiert Bootsrennen. ❹

Villa Inle Resort & Spa, ☏ 09-7316 3372, 💻 www.hotelininle.com, [10427]. Stillvolle Anlage mit 27 Holz-Bungalows weitläufig am Ufer und im Garten verteilt. Weiche Betten mit Moskitonetz. Teils mit direkter Sicht von Balkon oder Bett auf den Sonnenuntergang über dem See. Das besondere Plus ist der über 20 m lange Pool. ❽

Westufer (Khaung Daing)
Kaung Daing Village Resort (ehemals Hu Pin Inle Resort), ☏ 081-209 291, 💻 www.hupinhotelmyanmar.com, [10430]. Schwesteranlage des Hotels in Nyaungshwe mit 84 Zimmern in geräumigen Bungalows am See auf Stelzen (eigener Anleger) und in Häusern aus Stein und Teak. In der Nähe liegen die vom Hotel verwalteten heißen Quellen. ❹–❺

Inle Lake View Resort & Spa, ☏ 097-8764 4701, 💻 www.inlelakeview.com, [10429]. Luxuriöses Resort mit 38 großen (45–100 m²), bequem ausgestatteten Räumen. Von einigen Zimmern schöner Blick aufs Wasser. Spa mit traditioneller Massage. ❼

Pristine Lotus Spa Resort, ☏ 081-209 317, 💻 www.pristinelotussparesort.com, [10428]. Auf den Hügeln stehen 52 Bungalows und eine Suite, alle luxuriös und großzügig eingerichtet. Seeblick, Pool, Fitnesscenter und Spa-Bereich. Restaurant mit internationaler und traditioneller Küche. Kochkurse, Musik- und Tanzdarbietungen. ❼–❽

Ökoanlage mit Vorbildcharakter

Das **Inle Heritage House**, Inpawkon-Village ✆ 09-4931 2970, 🖥 www.inleheritage.org, [10432], vereinigt gleich mehrere Projektansätze: Hier kann man nicht nur hervorragend essen und in authentischen Unterkünften ohne TV und Luxus logieren, das Haus fördert neben der ökologischen Landwirtschaft auch die Ausbildung benachteiligter Jugendlicher, bietet einen Souvenirshop mit fair gehandelten Produkten – und züchtet Katzen!

Das **Restaurant** lockt seit seiner Eröffnung 2009 viele Ausflügler in sein gutes Restaurant. Gekocht wird Inthar-Küche (5000–6500 Kyat) mit Gemüse und Obst aus dem eigenen ökologischen Anbau. ⏱ 11–13, 18–21 Uhr, von 8–11 und 15–18 Uhr gibt es nur Kaffee und Tee.

Wer mag, kann überdies in sehr guten **Kochkursen** die Geheimnisse der Intha-Küche kennenlernen. Gekocht wird auch hier mit dem hauseigenen Gemüse, das es zuerst auch selbst zu ernten gilt.

Wer das nötige Kleingeld hat, kann einen der sechs Bungalows im **Thahara Inle**, 🖥 www.thahara.com, mieten. Die Bungalows stehen etwas abseits des Restaurants, vom Balkon aus blickt man entspannt auf den See. Das Wasser wird mit Solarenergie geheizt, TV und Kühlschrank gibt es nicht. Die Einrichtung ist dem Inthar-Stil nachempfunden, ❽.

Ein weiteres Projekt des Inle Heritage Houses ist die Zucht von Katzen. Es heißt, die Burmese Cat wäre fast ausgestorben. Hier erzählt man uns: 2008 kamen sieben Katzen, die als letzte ihrer Art als reinrassig galten, hierher. Mittlerweile leben 38 dieser Spezies hier im **Katzendorf**. Immer halbstündig von 10.30–11, 11.30–12 Uhr usw. bis 14.30–15 Uhr ist das Katzendorf für Touristen geöffnet. Die Tiere sind extrem zutraulich und lassen sich gerne streicheln.

Viele der Angestellten sind Lehrlinge, denn die Non-Profit-Organisation bietet hier jährlich fast 50 jungen Birmanen aus allen Teilen des Landes die Chance auf eine fundierte Ausbildung im Tourismusbereich. 100 % der hier Ausgebildeten bekommen später einen Job. Das Konzept nachhaltiger Tourismus zu fairen Bedingungen für alle Beteiligten geht auf.

Auf dem See

Paramount Inle Resort, Nga Phe Chaung Village, ✆ 09-4936 0855, 🖥 www.paramountinleresort.com, [5355]. 16 Zimmer und 12 Bungalows mit AC, auf Gruppen eingestellt. Nett ist der kleine turmartige Pavillon, auf dem sich ein Drink mit Aussicht genießen lässt, etwas laut ist die Lage an einer viel befahrenen Hauptverkehrsader des Sees. Die ersten Boote knattern bereits ab 6 Uhr vorbei. ❺–❻

Shwe Inn Tha Floating Resort, ✆ 09-4935 1315, 🖥 www.inlefloatingresort.com, [5353]. Die AC-Bungalows auf dem Wasser sind durch Stege verbunden, die Zimmer nach traditionellem Vorbild ausgestattet. Das Restaurant bietet neben europäischer auch Pa-O-, Intha- und birmanische Küche. In den Bungalows weist ein mehrsprachiges Schild darauf hin, dass die Intha im nahe gelegenen Dorf morgens um 4 Uhr lautstark ihre Gebete verrichten. Das Hotel liegt an dem von Touristenbooten frequentierten Wasserweg. Kleiner Pool. ❻

ESSEN

Bei den Ausflügen auf den See steuern die Bootsleute mittags meist ein auf Touristen ausgerichtetes Restaurant mit chinesisch-europäischer Küche an: Etwa das **Nice** bei Seikong oder das **Nampan** beim gleichnamigen Dörfchen. In der Nähe befindet sich auch eine Niederlassung des **Golden Kite Restaurants**.

Ein paar kleine Restaurants hinter der Phaung Daw U-Pagode bieten preisgünstige lokale Gerichte an: Im **Pann Ma Ma** gibt es z. B. *nga tha me*, ein einfaches, aber leckeres Fisch-Reis-Gericht.

Wer am Ostufer wohnt und einmal nicht in seinem Hotel essen möchte (oder einen Blick auf das lokale Leben in einem Dorf werfen möchte), der kann je nach Lage seines Hotels in 10–30 Min. nach Maing Thaung laufen. Hier gibt es z. B. einfache Myanmar-Küche (frisch zubereitet) im **Star Light**, einem ansprechenden

Restaurant in einem Holzhaus direkt am Marktplatz, ✆ 09-4936 0006, und im **Maing Thouk Image Restaurant** an der Straße vom Anleger Richtung Nyaung Shwe. Im Haupthaus und draußen an zahlreichen Tischen treffen sich hier viele Fahrradtourler, es gibt leckere Shakes, guten Kaffee (mit echter Milch), zahlreiche Gerichte aus der Traveller-Myanmar-Küche und sogar Eiscreme. ⏰ ab morgens bis etwa 20 Uhr.

TRANSPORT

Am großen Kanal in Nyaungshwe können Boote für Fahrten auf dem See gemietet werden. Es gibt keine ausgebaute Ringstraße um den See. Einige Hotels sind mit dem Auto, andere nur auf dem Wasserweg zu erreichen. Das ist auch weitaus stilvoller, als über die zum Teil noch sehr ruckelige Straße anzureisen. Wer ein Hotel reserviert hat, wird meist vom Flughafen in Heho oder aus Nyaungshwe abgeholt. Wer sich selbst ein Boot chartert, zahlt um die 10 000 Kyat, je weiter weg, desto teurer wird's.

Samkar und Umgebung

Eine interessante Bootstour führt ins Gebiet der Pa-O südlich des Inle-Sees. Nach etwa zwei Fahrstunden (von Nampan aus gerechnet) entlang eines pittoresken Flusses, vorbei an traditionellen Stelzenhäusern und ehrwürdigen Klöstern, erreicht man den Marktflecken **Samkar** [5691].

Am Ufer gegenüber, in **Tharkaung**, findet sich ähnlich wie in Indein und Kakku ein Wald aus etwa 1000 Pagoden, von denen man allerdings nur wenige zu sehen bekommt. Es gibt jedoch Reste schöner Wandmalereien und Stuckverzierungen zu bewundern.

Unterwegs können in den noch sehr ursprünglichen Dörfern **Phaya Taung** und **Lont Kant** am Südende des Sees Märkte und in **Chaing Kham** Lotoswebereien besucht werden. Noch weiter südlich wurde ein Staudamm errichtet, bei dem es sich um den größten des ganzen Landes handeln soll: Er hat bereits einige Pagoden und viel landwirtschaftliche Nutzfläche überflutet.

Da das Gebiet um Samkar von der Pa-O National Organisation (PNO) kontrolliert wird, besucht man es am besten im Rahmen einer Tour; buchbar über Golden Island Cottages bzw. in Nyaungshwe im Golden Island Cottages Travel & Tour. Ein Boot kostet etwa 55 000 Kyat. Organisierte Touren sind teurer. Unterkunft bietet die **Little Samkar Lodge**, ✆ 09-681 0445, ✉ littlesamkarlodge@gmail.com, ❺.

Aye Tha Yar (Aythaya)

Nur wenige Reisende stoppen an diesem kleinen Verkehrsknotenpunkt auf dem Weg nach Taunggyi. Hier befindet sich der offizielle Busbahnhof von Taunggyi, die meisten Busse fahren allerdings von hier bis ins Zentrum weiter. Wer hier strandet, den kostet die Weiterfahrt per Taxi auf der steilen Straße nach Taunggyi etwa 4000 Kyat.

Es hält hier außerdem ein Pick-up (der zwischen Taunggyi und Nyaungshwe pendelt), der an einem Schild zu erkennen ist, das einen Einbeinruderer auf hellem Grund darstellt. Die Fahrt kostet etwa 200 Kyat, manchmal zuzüglich 100 Kyat „für das Gepäck". Mit dem Taxi dauert die Fahrt bis nach Nyaungshwe etwa 30 Min., mit dem Pick-up natürlich länger.

ÜBERNACHTUNG UND ESSEN

Im luxuriösen **Aye Thar Yar Golf Resort**, ✆ 081-24245, treffen Golffreunde aus aller Welt und Generäle in Grün zusammen. Gut ausgestattete Zimmer in Reihenhäusern und luxuriöse Suiten in achteckigen Bungalows. Auch Nicht-Gäste können spielen, für insgesamt etwa US$50 inkl. Ausrüstung und Caddy. Internationale Küche. ❹–❺

Aythaya Vineyard, Htone Bo, Aythaya, Taunggyi, ✆ 081-24536, 🖥 www.myanmar-vineyard.com. Das Weingut kann besichtigt und der Wein probiert werden. Es gibt ein Restaurant, die **Monte De Vino Lodge** ❻ für alle, die übernachten wollen, und auch einen Swimming Pool. Viele Agenturen in Nyaungshwe bieten Touren hierher.

Taunggyi

Taunggyi ("großer Berg") liegt 1430 m hoch in den Shan-Bergen. Die Stadt, etwa 50 km vom Inle-See entfernt, ist Provinzhauptstadt und hat etwa 200 000 Einwohner. Das kühle Klima war wohl der Hauptgrund, warum die britischen Kolonialherren ab Mitte September 1894 von hier aus erfrischt den Shan-Staat verwalteten. In Taunggyi traf sich auch der Shan-Rat, in dem die Saophas auf Initiative der Kolonialherren zusammengeschlossen waren. Von der kolonialen Epoche ist nur ganz wenig erhalten: Lediglich einige Holzhäuser am Stadtrand und die Kathedrale zeugen noch von der britischen Zeit. Die Stadt zog im Laufe ihres Bestehens zahlreiche Einwanderer an: So wohnen hier noch heute die Nachfahren nepalesischer Gurkhas, muslimischer Bengalis und indischer Sikhs und Hindus friedlich zusammen. Am sichtbarsten jedoch sind die Nachfahren chinesischer Händler, deren Lebensstil die Stadt am weitesten prägen: Heute ist Taunggyi vor allem ein geschäftiges Handelszentrum. Und wer sich einmal typisch birmanisch einkleiden will, findet hier unzählbar viele Fashion Stores.

Sehenswürdigkeiten

Im Stadtzentrum bietet die geräumige **Myoe Le Dhamma Yon-Pagode** vor allem Ruhe vor dem Treiben auf der Straße. Die Türen der katholischen **St. Josephs-Kathedrale** öffnen sich denen, die am benachbarten Pfarrhaus klopfen. Auf dem Vorplatz befinden sich die Gräber der beiden italienischen Missionare, die einst die Gemeinde aufbauten. Es gibt auch einige Moscheen und einen **Sikh-Tempel**.

Das **Shan-Staat-Kulturmuseum**, Bogyoke Aung San Rd., stellt in vier Räumen Sehenswertes dieser Kultur aus. Im ersten und zweiten Raum im Erdgeschoss werden die verschiedenen ethnischen Gruppen des Shan-Staates als lebensgroße Figuren in ihrer traditionellen Kleidung vorgestellt. Zudem finden sich hier Haushaltsgegenstände und Modelle, die das Dorfleben illustrieren. Außerdem sind Lackwaren und Musikinstrumente der Shan, darunter eine Bronzetrommel, sowie weitere traditionelle Kleidungsstücke ausgestellt. Im dritten Raum (1. Stock) wird der Unabhängigkeit der Shan gedacht. Zu sehen ist u. a. das Schriftstück des Panglong-Abkommens (s. Geschichte S. 113). ⊙ Di–So außer feiertags 10–16 Uhr, Eintritt 5000 Kyat.

Etwas außerhalb des Stadtzentrums auf einer kleinen Anhöhe liegt die **Yat Taw Me-Pagode** ("Wunscherfüllungspagode"), in der ein 10 m hoher stehender Buddha nach Osten blickt. Um ihn herum sind in einem Spiegelgang große Schutzgeister *(devas)* gruppiert. Die Spiegel, einige Fenster und die blau gestrichene Decke sorgen für ein seltsam klares Licht.

Ballons und Feuerwerk

Einmal im Jahr, zum Mondmonat Tazaungmon (13.–15. Tag des Mondmonats, Okt/Nov), feiern die Shan in Taunggyi das große **Heißluftballon-Fest**, [5735], dessen Feierlichkeiten sich über mehrere Tage hinziehen. Aus allen Teilen des Shan-Staates kommen die Bewohner zusammen und stellen sich dem Wettbewerb um den schönsten und aufwendigsten Heißluftballon. Tagsüber sind es Tiermotive, die in den Himmel steigen, nachts mit Feuerwerk ausgestattete Unikate. Schon bei der Anfahrt aus den Bergen wird gefeiert und getanzt. Auf der Hauptstraße in Taunggyi angekommen, reihen sich die Fahrzeuge auf. Jeder Wagenlenker wartet, bis er an der Reihe ist. Vorbei an zahlreichen Händlern und Essensständen zieht die Karawane zu einem Platz unterhalb der Sula Muni-Pagode. Tausende Besucher strömen zu der Stelle, an der die Ballons, einer nach dem anderen, in die Lüfte aufsteigen. Das Spektakel ist in jedem Falle sehenswert, doch ist Vorsicht geboten: Immer wieder kommt es zu Unfällen, da nicht jeder der selbst gebastelten Ballons problemlos aufsteigt. Manch ein Ballon ist noch auf Kopfhöhe der Besucher, wenn das Feuerwerk beginnt. Es ist daher ratsam, sich etwas abseits der Menge aufzuhalten, um nicht zu Schaden zu kommen. Ausländer werden oft gebeten, sich auf der V.I.P.-Tribüne niederzulassen, von wo sich ein toller Blick auf das Geschehen und die Menschenmenge bietet.

Etwa 3 km vom Markt entfernt am südlichen Stadtrand liegt die große **Sula Muni Lawka Chan Thar-Pagode**, die 1994 eingeweiht wurde. Der 30 m hohe Stupa des weiß und golden leuchtenden Heiligtums ist weithin sichtbar.

Taunggyi ist die letzte Stadt im Osten des Shan-Staates, die auf dem Landweg von Zentral-Myanmar aus besucht werden kann. Dahinter beginnt eine gesperrte Zone, die angeblich noch immer von Drogenhändlern und Schmugglern regiert wird. Wer in der Gegend wandern will, muss sich um ein Permit bemühen und sollte einen Guide nehmen.

ÜBERNACHTUNG

Die Hotels sind hauptsächlich auf chinesische Geschäftsleute und einheimische Reisende eingestellt. Während des Ballonfestivals sind alle Zimmer bereits Wochen vorher ausgebucht.

KBZ FC Hotel, 157 Khwar Nyo St., ✆ 081-22009, [10436]. Dreistöckiges Haus in einer Wohnsiedlung. Die Bäder sind etwa angejahrt, ansonsten gut in Schuss. Fußballfans wird's freuen: Spiele der Champions League werden in der Lobby auf riesigen Fernsehern gezeigt. ❸

Muse Hotel, 6 Bogyoke Aung San Rd., ✆ 081-22567, ✉ musehotel.taunggyi@gmail.com, [10437]. Kleine einfache Zimmer. Mit Glück bekommt man ein etwas größeres Zimmer mit einem kleinen Balkon; freundliches Personal. Hat auch teurere Zimmer für Familien. ❷–❸

Taunggyi Golden Win Motel, 3 Than Lwin Rd., ✆ 081-200 503, ✉ goldenwin.motel@gmail.com, [10439]. Die einfachen Zimmer im Erdgeschoss sind wenig einladend. Weiter oben wird es teurer und wohnlicher mit Blick auf die Stadt oder die Berge. Fast alle Zimmer bieten 3 Betten (bzw. ein großes und ein kleines). Der Preis variiert je nach Personenzahl. ❸–❹

UCT Taunggyi Hotel, 4 Bogyoke Aung San Rd., ✆ 081-212 5476, ✉ uct.taunggyihotel@gmail.com, ⌨ auf Facebook, [10438]. Imposante Lobby mit einladendem Restaurant (gar nicht mal so teuer). Auch die Zimmer sind ihren Preis wert: sauber, gut ausgestattet, TV mit englischen Sendern, Kühlschrank. Saubere Bäder. Familienzimmer. ❹

Vision Hotel, 120 Bogyoke Aung San Rd., ✆ 081-212 4119, ✉ visionhotel.tgi@gmail.com, ⌨ auf Facebook, [10440]. Kleines Hotel an der Hauptstraße neben dem kleinen Park. Freundliches Personal, sehr große saubere Zimmer. AC, wahlweise mit Heizfunktion. TV mit englischen Sendern. Aufzug. Mit US$55 fast noch eine ❹

ESSEN

Lyan You Restaurant, etwas südlich des Markts. Alteingesessen und bekannt für seine guten Nudeln und sehr beliebt. Zu chinesischen Gerichten gibt es eine klare Brühe. Fassbier erhältlich. Wer will, kann sich in kleine Separees zurückziehen und privat speisen. ⏲ 10–22 Uhr.

my house, 47 Bogyoke Aung San Rd., ✆ 081-200 088, ⌨ auf Facebook. Leckere thailändische und chinesische Küche. Bebilderte Speisekarte mit großer Auswahl. Guter Kaffee. ⏲ 10–22 Uhr.

Sein Myanmar Restaurant, Bogyoke Aung San Rd., ✆ 081-212 4255. Traditionelles Restaurant mit guten Currys und gewohnt vielen Beilagen, viel davon scharf und würzig – auch ein Le Pet zum Nachtisch gehört zum Menü. Nicht so billig, wie es aussieht, aber dafür ziemlich gut. ⏲ 9–21 Uhr.

Thaung Chune Restaurant, Yae Hwet Oo St., ✆ 095-038 317, ⌨ www.inletaungchune.com. Betreiberin Ma Myo legt bei ihrer guten Shan-Küche Wert auf frische Zutaten. Das Essen schmeckt, und das Restaurant ist schön gestaltet: Innen sitzt man auf Sofas und draußen in einem umgebauten Boot oder unter einem begrünten Dach. ⏲ 7–21 Uhr.

Günstig und gut lässt es sich tagsüber an den Essensständen im **Alten Markt** essen. Ob chinesisch oder Shan, die kleinen Snacks sind sehr lecker, und es macht Spaß, hier per Fingerzeig zu bestellen. Abends bietet der Nachtmarkt am **Neuen Markt** (der während der Recherche noch immer im Bau war) ein ähnliches Angebot.

In den **Teestuben** gibt es leckere Kleinigkeiten, nicht selten auch Shan-Nudeln. Die meisten Teestuben liegen nahe dem Markt. Leckeres Gebäck verkaufen einige Marktstände und benachbarte kleine Läden. Zudem gibt es immer mehr Bäckereien. Überzeugt hat uns: **T Donuts**, Merchant St., nahe dem Markt, ✆ 081-23813. Neben den typischen weichen Gebäckteilchen gibt es leckere Schokoladen-Donuts. Auch weitere Versionen sind im Angebot: Allein beim Ansehen kleben einem da jedoch die Zähne zusammen. Auch die Pizzaversionen schmecken nicht jedem – manchen aber eben doch, und daher seien sie hier erwähnt. ⏰ tagsüber.

SONSTIGES

In dem großen, zentralen **Marktbereich** (Alter und Neuer Markt) mischen sich Angehörige der Bergvölker unter die Händler und tragen dabei manchmal ihre farbenfrohen Trachten.

Noch größer ist der alle fünf Tage stattfindende **Wochenmarkt**. Hier gibt es u. a. Kunsthandwerk zu kaufen. Besonders erwähnenswert sind die Korbflechtarbeiten.

Auffällig sind die vielen **Fashion-Shops** in der ganzen Stadt. Trifft selten westlichen Stil, aber für Leute, die Ausgefallenes mögen, sicherlich eine Fundgrube.

TRANSPORT

Pick-ups und Taxis

Nach NYAUNGSHWE verkehren tagsüber **Pick-ups** für 1000 Kyat. Sie fahren erst los, wenn sich mind. 20 Personen hineingezwängt haben. Bis dahin kann einige Zeit verstreichen. Ein **Taxi** für die gesamte Strecke nach Nyaungshwe oder zum Flughafen in HEHO kostet etwa 20 000 Kyat (beide Ziele erreicht man nach etwa 1 Std. Fahrt).

Busse

Die Überland-Busse starten am etwa 11 km westlich der Stadt liegenden **Ayetthayar-Busbahnhof**. Taxis dorthin kosten 4000 Kyat.
HSIPAW, um 13 Uhr, Ankunft in Hsipaw 3 Uhr morgens, für 18 500 Kyat.
MANDALAY, um 19 und 20 Uhr, diverse Busse privater Gesellschaften, für rund 15 000 Kyat in 8–9 Std.
NAY PYI TAW, um 20 Uhr mit J. J. Express für 8000 Kyat in etwa 7 1/2 Std.
NYAUNG U (Bagan), um 19 Uhr mit J. J. VIP für ca. 18 500 Kyat in etwa 8 1/2 Std.
YANGON, diverse Busse zwischen 17 und 18 Uhr für 14 000–20 000 Kyat, je nach Bus 12–13 Std.

Eisenbahn

Taunggyi ist seit 1996 mittels einer Bahnstrecke nach Osten mit Namsang verbunden (wo Touristen nicht hinfahren dürfen). Der Anschluss an das Netz in Shwenyaung erfolgte Weihnachten 1997. Dennoch findet keine Personenbeförderung nach Shwenyaung statt, da die Fahrt über die Bergstrecke gegenüber dem Bus wohl nicht konkurrenzfähig ist.

Flüge

Taunggyi liegt etwa 35 km von Heho entfernt. Flugverbindungen s. S. 413. Ein Taxi von und zum Flughafen kostet US$15–20. Tickets für alle Airlines bietet **Sunflower Travels & Tours**, 115 Bogyoke Aung San Rd., ✆ 081-22834, 🖥 www.sunfartravels.com. ⏰ Mo–Fr 9–17, Sa, So und an Feiertagen nur bis 12 Uhr.

Kakku

Kakku (auch Kekku) ist ein antikes **Pagodenfeld** in malerischer Umgebung, das lange nicht zugänglich war. Bis ins Jahr 2000 haben nur sehr wenige Ausländer dieses fantastische Baudenkmal zu sehen bekommen, das für das hier lebende Volk der Pa-O das zentrale Heiligtum darstellt. Die Anlage liegt etwa 40 km südlich von Taunggyi, östlich des Inle-Sees. Sie grenzt im Westen an den Khe-La-Berg, der 1300 m über den Meeresspiegel aufragt.

Zwei große Treppenaufgänge führen von Norden und von Südosten aus dem Tal zu den Pagoden hinauf. 2500 Tempel und Stupas stehen dicht gedrängt auf einem Quadratkilometer. Die meisten Stupas sind aus Backstein und Laterit gebaut, zwischen 3 und 10 m hoch und mit mythischen und glücksbringenden Symbolen geschmückt. Einige Skulpturen und Reliefs sind zerstört, manches wurde auch gestohlen. In einige der mit der Zeit spröde und rissig gewordenen Bauten haben Bäume und Büsche ihre Wurzeln geschlagen. Pilger spenden viel Geld für die Restaurierung der Baudenkmäler. Im Süden der Anlage erstreckt sich eine große Schlucht, dahinter erhebt sich ein **Plateau**. Wer auf die Anhöhe wandert, wird mit einem fantastischen Blick auf Kakku belohnt. Oben auf dem Plateau erkennt man zwei gut erhaltene, fast lebensgroße Pferdestatuen und zwei Stupas.

An der vom Eingang aus linken Seite des Pagodenfeldes steht ein **Glasschrein**, in dem ein goldenes Wildschwein verehrt wird. An den Seiten befinden sich runde Öffnungen, in die Geldscheine geworfen werden, um das Schwein zu „füttern". Die Legende erzählt, dass eines Tages mehrere Stupas im Boden versanken. Die Menschen suchten und gruben den Boden um, doch die Pagoden blieben verschwunden. Da kam ein Wildschwein aus dem Wald und wühlte im Boden. Als die Menschen an der Stelle gruben, stießen sie auf die Stupas. Das Pagodenfeld wird mit diesen Spendengeldern renoviert. Auf Tafeln an den Stupas ist zu lesen, wer wie viel für die Wiederherstellung gespendet hat.

Die Geschichte der Anlage liegt im Dunkeln. Eine lokale Legende erzählt, dass schon die ersten buddhistischen Missionare aus Indien die Anlage im 3. Jh. v. Chr. gründeten – eine Geschichte, mit der sich allerdings viele lokale Heiligtümer in Myanmar schmücken. Eine andere These lautet, die Tempelstadt sei im 12. Jh. von dem Bagan-König Alaungsithu (reg. 1112–67) gegründet worden.

Das Alter vieler Stupas ist schwer zu bestimmen, da sie aus mehreren Schichten Backstein und Stuck bestehen. Einige konnten ins 16. Jh. datiert werden, als unter Bayinnaung (reg. 1551–81) das Zweite Birmanische Reich den Shan-Staat und Nordthailand einschloss. Sicher scheint zumindest, dass der Tempelkomplex zuletzt im 19. Jh. während der Konbaung-Dynastie erneuert wurde.

Die meisten **Pa-O** leben von der Landwirtschaft: Reis, Knoblauch, Kartoffeln, Mais und Obst. Sie führen ein Leben im Rhythmus der Jahreszeiten. Einmal im Jahr, im Frühjahr, treffen sie sich in Kakku zu einem großen Fest. Zum Vollmond des Tabaung (Feb/März) kommen Tausende mit ihren Ochsenkarren aus den Bergen herbei und bauen eine ganze Stadt aus Zelten und Ständen auf. Das Fest dauert drei Tage. Der Markt, die Tanzveranstaltungen und seltene Delikatessen für Gaumen und Kehle ziehen auch fremde Besucher in ihren Bann.

Individualreisende dürfen nur mit einem Führer nach Kakku kommen. Übernachtungsmöglichkeiten gibt es hier nicht. Auf der Westseite des Pagodenkomplexes bietet das große Hlaing Konn Restaurant chinesische, birmanische und lokale Spezialitäten und wirbt mit großen Portionen und *oversized drinks*. Der Ausblick von hier macht einen Besuch des Restaurants empfehlenswert, auch wenn die Küche selbst nicht berauschend ist. ⏰ 11–21 Uhr.

TRANSPORT

Viele private Agenturen in NYAUNGSHWE berechnen etwa 70 000 für Auto und Fahrer. Dazu kommen US$3 für *zone fee* und US$5 für einen Führer. Man sollte den Trip mindestens einen Tag vorher organisieren.

Von TAUNGGYI aus sind für ein Auto mit Fahrer ca. US$50 einzuplanen. Die Fahrt nach Kakku dauert ca. 1 1/2 Std.

Kayah-Staat

Der Kayah-Staat war früher auch als Karenni-Staat (Staat der Roten Karen) bekannt. Diese bilden die Hauptbevölkerung in dem Landstrich, der im Norden und Westen an den Shan-Staat, im Süden an den Kayin-Staat und im Osten an die thailändische Provinz Mae Hong Son grenzt. Er war lange Zeit für westliche Besucher wegen bewaffneter Auseinandersetzungen nicht zugänglich. Erst seit März 2013 können die Hauptstadt Loikaw und ihre nähere Umgebung ohne Permit besucht werden. Der Rest des Staates ist, wenn überhaupt, nur mit Genehmigung bereisbar. Aufgrund der Unwägbarkeiten der Situation sollte man sich vor Antritt einer Reise nach der aktuellen Lage erkundigen.

11 HIGHLIGHT

Loikaw und Umgebung

Loikaw [8876] erstreckt sich in einem weiten, fruchtbaren Tal entlang dem **Pilu-Fluss** und ist als Hauptstadt des Kayah-Staates ein wichtiges Verwaltungszentrum. Hauptsehenswürdigkeit ist die hoch verehrte **Taung Kwe-Pagode** *(split mountain pagoda)*; sie krönt zwei mit einer Brücke verbundene Karsthügel nahe dem Stadtzentrum. Unweit entfernt liegt der 1914 erbaute **Thiri Mingalar Haw**. Das schöne Haus war einst Sitz der Kayah-Fürsten; die Enkel des letzten Fürsten übereigneten es 1994 der buddhistischen Gemeinde. Nach einer umfassenden Restaurierung dient der Bau nun als buddhistisches Kloster und kann besichtigt werden. Einen Besuch wert ist auch Loikaws großer **Thiri Mingalar-Markt**, auf dem sich die Volksgruppen der Regionen ein Stelldichein geben (Einkaufstipp: der hier oft verwendete Szechuan-Pfeffer; *makatih*). ⏲ 7–17 Uhr.

Im 1996 eröffneten **Cultural Museum** informiert eine Ausstellung über die ethnischen Minderheiten der Region. ⏲ tgl. Di–So außer feiertags, 9.30–16 Uhr, Eintritt 5000 Kyat.

Einen Blick lohnt auch die moderne **katholische Kathedrale** (Christ the King) aus dem Jahr 2000. Hinter ihr versteckt sich die alte Kirche von 1939. Der katholische Glaube hat in dieser Region eine lange Tradition: Die ersten Missionare kamen im Jahre 1511.

Das knapp 900 m hoch gelegene Loikaw ist umgeben von einer schönen Bergwelt, in der viele indigene Völker siedeln, darunter die **Kayan** (von den Shan werden sie Padaung genannt, was die Kayan jedoch nicht gern hören), die berühmt sind für ihre Frauen, deren Hälse durch das Anbringen von Metallringen künstlich verlängert wirken („Langhalsfrauen" – tatsächlich werden aber die Schultern nach unten gedrückt). Möglich ist ein Besuch in ihrem Dorf **Panpat (Pah Pae)**. Eintritt wird nicht verlangt; es sollte jedoch selbstverständlich sein, sich durch den Kauf einer angebotenen Handwerksarbeit für die Gastfreundschaft erkenntlich zeigen. Ein erfreutes Lächeln erntet, wer sich dann auch noch auf Kayan bedankt: *tarih ba na*.

Erweiterbar ist der Besuch manchmal durch eine Wanderung durch die Berglandschaft bis zur Intha-Siedlung **Paya Phyu** (mit anschließender Bootstour zurück nach Loikaw) oder durch Besuche in anderen Dörfern oder auf Märkten in der Umgebung. Auf dem Hin- oder Rückweg kann man noch einen Blick auf die **animistischen Schreine** in Dor Sor Bee nahe Loikaw werfen; hier werden in manchen Jahren jeweils im April die Feierlichkeiten zum Kayah-Neujahr begangen (in anderen Jahren finden sie an anderen Orten statt). Bei jedem Fest wird ein neuer geschmückter Holzpfahl errichtet.

Interessant ist auch ein Ausflug zur **Kyet-Höhle** (auch Yarsu Ku, „Schießpulverhöhle", genannt), etwa 15 km nordöstlich von Loikaw in Richtung Shadaw: In der 2,1 km langen Tropfsteinhöhle, die noch nicht richtig erforscht ist, liegen eigenartige, z. T. sehr große ausgehöhlte Baumstämme, die möglicherweise einer längst verschwundenen Menschengruppe als Särge dienten: So sagt es jedenfalls U Ua Ya Ma, ein alter buddhistischer Mönch, der seit Jahren in und vor dieser Höhle als Einsiedler lebt. Einsam ist er jedoch nicht, denn die geheimnisvolle Höhle (Taschenlampe mitbringen!) zieht viele einheimische Besucher an.

Bei allen Touren dieser Art ist die Unterstützung eines lokalen Guides unerlässlich (s. Informationen).

ÜBERNACHTUNG

Da Loikaw erst seit 2012 wieder für ausländische Besucher geöffnet ist, gab es im Ort lange nur schlichte bis schlichteste Unterkünfte. Das hat sich inzwischen geändert.

Hotel Loikaw, 9 St., Naung Yar (A) Qr., ☏ 083-22946, 22947, 🖥 www.hotelloikaw.com, [9877]. 25 holzvertäfelte Zimmer in Bungalows am kleinen Htee Ngar Yar-See; weitere in einem Neubau. Das bevorzugte Hotel für Tourgruppen. ❺

Kayah Resort, U Khun Li Str., Naung Yah Qr., ☏ 083-21374, 🖥 www.kayahresort.com. Etwas außerhalb der Stadt liegt dieses komfortable

Der ehemalige Palast der Kayah-Fürsten dient heute als buddhistisches Kloster.

Resort mit 24 Wohneinheiten in Mehrzimmer-Bungalows (hellhörig). Wer eine Unterkunft mit Pool und einen Golfplatz gegenüber sucht, ist hier genau richtig. ❻–❼

Loikaw Lodge by the Lake, 377 U Ni St., ✆ 083-240 161 💻 www.loikawlodge.com. In diesem Ende 2016 eröffneten Boutiquehotel mit nur 12 schicken, mit viel Holz eingerichteten Zimmern bietet das deutsch-myanmarische Betreiberpaar den wohl höchsten Wohlfühlfaktor in dieser Region. Das Restaurant punktet u. a. mit traditioneller Kayah-Küche. ❻–❼

Min Ma Haw Hotel, 120 Gangaw St., Mingalar Qr., ✆ 083-21451, 09-4280 06997, ✉ minmahaw96@gmail.com, [9879]. Empfehlenswertes kleines Haus mit etwas zu teuren, schlichten AC-Zimmern, aber auch einigen komfortablen Räumen, in denen das Preis-Leistungs-Verhältnis stimmt. ❸–❹

Moon Joy Inn, 4 U Thiri Rd., Daw Oo Khu Ward., ✆ 083-21681, 21021, [9880]. In die Jahre gekommenes Guesthouse mit einfachen Räumen von der Einzelzelle bis zum Mehrbettzimmer; die meisten mit Gemeinschaftsbad. Die teureren Zimmer mit Bad sind hauptsächlich wegen der besseren Matratzen zu empfehlen. Ein Restaurant ist angegliedert, Frühstück inkl. Relativ zentral gelegen: Kayah-Palast, Bergpagode und Markt sind zu Fuß gut zu erreichen. Kommt man unangemeldet, manchmal erstmal nach Englisch sprechendem Personal suchen (lassen). ❶–❷

Myat Nan Daw Hotel, 54 (Ka) Gannayawady St., Minelone Qr., ✆ 083-240 034, 240 035, 💻 www.hotelmyatnantawloikaw.com, [9878]. Das 2014 eröffnete Haus bietet 33 gepflegte Superior-Zimmer und 4 weitere Zimmer in kleinen Bungalows am Parkplatz. Die 2 erheblich teureren Deluxe-Zimmer lohnen den Aufpreis nur bedingt. Auf der Dachterrasse mit Blick auf die Taung Kwe-Pagode sollen zum Sonnenuntergang Cocktails gereicht werden. WLAN und Frühstück inkl. ❺–❻

ESSEN

Wer sich für die regionale Küche interessiert, findet Spannendes und Leckeres in Hülle und Fülle. Dabei sind nicht nur die unten genannten Restaurants empfehlenswert; auch auf dem Markt bietet sich einiges – Fleischesser sollten

z. B. unbedingt *htauk papreh*, frische Würstchen mit Chili und Szechuan-Pfeffer, probieren. Dazu gehört traditionell ein Schluck *kaung yoe*, ein (mehr oder weniger) leicht alkoholisches Getränk aus Hirse und Reis.

Master Restaurant, am See. Schöne Lage und gute einheimische Küche. Empfehlenswert z. B. das *Kayah Traditional Style Chicken* mit Reis. WLAN.

Pwe Kushar Lay Restaurant, am Nam Pilu-Fluss nahe dem Moon Joy Inn. Solide chinesische Küche und *Myanmar*-Bier vom Fass.

Royal Restaurant, am Nam Pilu-Fluss nahe dem Uhrturm. Lockt abends mit leckeren Grillspießchen. Angeschlossen ist ein zuverlässiger Taxi-Service.

Shwe Nagar Lay Restaurant, am Nam Pilu-Fluss gegenüber von Downtown. Beliebtes Lokal mit netter Aussicht von der Terrasse, guter lokaler Küche (ein Tipp sind die Salate) und *Double Strong Beer* vom Fass.

SONSTIGES

Feste

Neben dem Kayah-Neujahrsfest im April, das nur alle paar Jahre in Loikaw stattfindet, wird jedes Jahr regelmäßig am 15. Januar der **Kayah State Day** begangen. Schon 5 Tage vorher beginnt das große Spektakel, bei dem u. a. etwa 400 kleine Stände mit *local wine and food* aufgebaut werden.

Informationen und Touren

Die lokalen Guides wissen über die aktuellen Möglichkeiten für Ausflüge in die Umgebung Bescheid. Aber auch ein Streifzug durch die Stadt macht mit einem Führer mehr Spaß – und Restaurantbesuche sowieso, denn englische Speisekarten sind hier noch Mangelware. Erfahrene Führer sind **Kyaw Thu Latt** („Ko Latt"), 09-3251 2314, 09-4280 02006, kolatloikaw@gmail.com, und **Win Naing**, 09-4280 01621, 09-4927 8443, loikawtravel infos@gmail.com. Sie arrangieren ggf. Permits und können auch bei der Anreise ab Nyaungshwe behilflich sein. Die Honorare betragen je nach Tour etwa US$30–40 pro Tag, zzgl. Transport.

TRANSPORT

Taxis

Die **Anreise** auf dem Landweg dauert von KALAW aus etwa 5 Std. (Wagen mit Fahrer ca. 180 000 Kyat). Von NYAUNGSHWE kostet ein Taxi etwa 150 000 Kyat.

Busse

Wer mit dem **Bus** anreisen möchte, kann, von Kalaw oder Taunggyi kommend, vormittags am Abzweig nach Loikaw in AUNGBAN in einen der lokalen Rumpelbusse umsteigen. Zudem verkehrt tgl. ein Direktbus von NAY PYI TAW (S. 225).
Loikaws **Busbahnhof Shwe Yarzar** liegt etwa 1,5 km nördlich des Zentrums. Taxis/Tuk Tuks vom und zum Zentrum verlangen um 2000 Kyat.
KALAW, mit dem Taunggyi-Bus bis Aungban und dort umsteigen.
NAY PYI TAW (schöne Strecke durch die Berge), um 7 und 15 Uhr für 10 000 Kyat in ca. 8 Std.
TAUNGGYI, mit der Eastern Sun Company um ca. 6.30 Uhr für 8000 Kyat in 7 Std.
YANGON, um 5 und 12 Uhr für 13 000 Kyat in ca. 15 Std.
Manchmal ist auch ein Direktbus nach SHWENYAUNG verfügbar. In jedem Fall sollte man sich am Tag vorher nach den aktuellen Verbindungen erkundigen.

Boote

Eine 7-stündige Bootstour von NYAUNGSHWE führt über den Inle- und Sakar-See nach PEKHON. Das Boot kostet etwa 130 000 Kyat. Von Pekhon dann mit dem Taxi für etwa 20 000 Kyat bis Loikaw. Organisation am besten mit örtlichen Guides oder Reiseagenturen.

Flüge

Von Loikaws **Flughafen** startet und landet (laut Flugplan) tgl. ein Flieger von **Myanmar National Airlines**, ✆ 083-21500, 21014, 🖳 www.flymna.com, und verbindet die Stadt so mit Yangon. Es ist aber nicht auszuschließen, dass bei wenig Betrieb auch mal ein Flug gestrichen wird.

Nördlicher Shan-Staat

Während der südliche Shan-Staat mit dem Inle-See von fast jedem Myanmar-Reisenden besucht wird, sieht der nördliche Teil weniger Besucher und ist daher ein Tipp für alle, die es etwas ruhiger mögen. Einzig das kleine Örtchen Hsipaw hat es bisher auf die touristische Landkarte geschafft.

Kyaukme

36 km westlich des Traveller-Städtchens Hsipaw, an der Straße, die von Mandalay über Pyin U Lwin nach Lashio und weiter nach China führt, liegt die Bezirkshauptstadt Kyaukme [5568]. Sie ist Heimat eines Militärpostens, eines Marktes und einiger übrig gebliebener Kolonialbauten. Bisher verirren sich nur wenige Reisende hierher – sie suchen nach Zielen *off the beaten track*.

Bei einem Spaziergang durch die Stadt sollte man dem lebendigen **Markt** einen Besuch abstatten. Vielleicht findet sich hier das ein oder andere ungewöhnliche Souvenir. Südwestlich des Marktes krönt die **Pyi Lone Chan Tha-Pagode** einen kleinen Hügel; der Aufstieg lohnt allein schon wegen des Ausblicks von der Plattform. Anbei liegt das 1958 gegründete **Thiho Paryatti Sarthin Taik-Kloster**. In der mit einem siebenstufigen Dach geschmückten Andachtshalle befindet sich eine große Buddhafigur. Ein bunter **chinesischer Tempel** erhebt sich direkt neben dem Treppenaufgang zur Pyi Lone Chan Tha-Pagode.

Wanderungen in die Umgebung von Kyaukme mit Übernachtung in einem Bergdorf lassen sich mit Guides unternehmen. Empfehlenswert sind unter anderem **Naing Naing**, ✆ 09-4730 7622, ✉ naingninenine@gmail.com, und **Thura**, ✆ 09-4730 8497, 🖳 www.thuratrips.page.tl. Eine Leserin empfiehlt außerdem Moe Set, ✆ 094-0372 5869, ✉ moeset.northernshan state@gmail.com.

Wer in der Umgebung unterwegs ist, wird sicherlich den **Lonely Tree** *(ghala daung)* besuchen: Der markante, einsame Baum steht auf

Luftige Fahrt im Schneckentempo

Der **Gokteik-Viadukt** liegt auf der Strecke zwischen Pyin U Lwin und Kyaukme und ist die berühmteste Eisenbahnbrücke Myanmars. Sie wurde 1899 von den Briten in Auftrag gegeben. Die amerikanische *Pennsylvania and Maryland Bridge Construction Company* übernahm den Bau. Die Stahlkomponenten wurden eigens aus den USA herbeigeschafft. Der Viadukt erregte bei seiner Fertigstellung im Jahr 1900 wegen seiner technischen Perfektion weltweit Aufsehen. Seinerzeit war er der zweitgrößte der Welt. Die Strecke von Naung Hkio nach Hsipaw wurde Mitte 1901 eröffnet, der Rest bis Lashio folgte zwei Jahre später. Der Viadukt ist fast 800 m lang und knapp 111 m hoch. Die inzwischen einmal renovierte Brücke wird äußerst vorsichtig im Schritttempo befahren – ein Erlebnis für Eisenbahnfans. Eine Komplettsanierung ist geplant, war aber bei der letzten Recherche noch nicht in Angriff genommen worden.

---

einem Hügel, auf dem sich auch ein aus Steinen zusammengetragener Stupa befindet (aufgrund der Bauweise „Nepalese mountain" genannt). Außerdem sieht man am Fuß des Berges die Gebeine eines hochgeschätzten Dorfbewohners; aufgebahrt in einem Sarg aus Plexiglas und umgeben von einer schlichten Wellblechhütte. Mehr Eindrücke aus der Umgebung s. **eXTra [5572]**.

Achtung: 2016 kam es in den Bergen der Umgebung zu bewaffneten Auseinandersetzungen zwischen zwei verfeindeten Rebellengruppen (der Shan State Army South und der Ta'ang National Liberation Army). Ausflüge in die Umgebung könnten bei Anhalten dieses Konfliktes unmöglich sein.

ÜBERNACHTUNG UND ESSEN

A Yone Oo Hotel, Shwe Pi Oo Rd., eine Querstraße nördlich des Marktes, ☎ 082-40183, 09-523 2210, **[5570]**. Einfache Zimmer, je nach Preis auch mit Frühstück. Ventilator oder AC, mit eigenem Bad oder Gemeinschaftsdusche. Die einfacheren Zimmer befinden sich im Haupthaus, die besser ausgestatteten – aber leider ebenso wenig gepflegten – Zimmer in einem weiteren Haus und in „Bungalows" im rückwärtigen Bereich. ❶–❸

Hotel Kaw Li, etwa 1,5 km vom Zentrum entferntes Motel. Die wohl beste Wohnoption der Stadt. Zwar auch nicht wirklich schön eingerichtet, aber geräumig. Alle Zimmer mit

Bad, und da recht neu, noch gut in Schuss. Im Innenhof Parkplätze und mitten drin ein Pool. ❹

One Love Hotel, Pin Lon Rd., ☏ 082-40943. Neben den recht gut in Schuss gehaltenen Doppelzimmern mit eigenem Bad ist auch ein größeres Familienzimmer vorhanden. ❸

The Northern Rock Lodge, Shwe Pi Oo Rd., gegenüber dem A Yone Oo, ☏ 082-40660. Kleiner, freundlicher Familienbetrieb, in dem eine angenehme, gastfreundliche Atmosphäre herrscht. Einfache Zimmer, teils mit Gemeinschaftsbad. ❶–❷

Gutes **chinesisches Essen** und eine englische Speisekarte bieten das **Sein Restaurant**, **Yunan Restaurant** und **Joy Restaurant**, alle in der Querstraße südlich des Marktes. Im Joy Restaurant gibt es zudem eine kleine Auswahl an Eisbechern.

Preiswerte **indische Küche** (Chapati) in der Aung San Rd. – vom A Yone Oo kommend links die Straße hinunter, die nächste (Aung San Rd.) wieder links, dann auf der linken Seite. Wem es nach etwas Westlicherem gelüstet: Gegenüber dem Bahnhof gibt es im **Banyan Coffee & Tea**, 418 Aung San Rd., ☏ 099-6061 5962, leckere Donuts und guten starken Kaffee. ⏰ 6.30–19.30 Uhr. Der **Bread and Cake Shop** gegenüber vom Markt hat Brot und eine große Auswahl an Kuchen im Angebot.

TRANSPORT

Minibusse
MANDALAY, über Pyin U Lwin, um 8, 15 und 16 Uhr für 7500 Kyat in 5 Std., Abholung am Guesthouse, Tür-zu-Tür-Service.

Busse
LASHIO, ab Busbahnhof um 5.30 und 7 Uhr für 2000 Kyat in 3 Std.
MANDALAY, ab Busbahnhof um 5.30 Uhr für 3500 Kyat in 6 Std.
PYIN U LWIN, ab Busbahnhof um 5.30 Uhr für 2000 Kyat in 2 1/2 Std.
Die Tickets sollte man einen Tag vorher am Busbahnhof kaufen (der Aung San Rd. nach Norden folgend kurz hinter den Bahngleisen auf der rechten Seite).

Außerdem nach HSIPAW und LASHIO um 7 und 12 Uhr ab Markt, Aung San Rd., für 1000 Kyat in 1 Std. nach Hsipaw, für 2000 Kyat in 2 Std. nach Lashio; Tickets im Bus, keine Platzreservierung, daher besser frühzeitig da sein.

Eisenbahn
Mit dem Zug um 11 Uhr Richtung PYIN U LWIN und MANDALAY, um 13.30 Uhr nach HSIPAW (US$2–4, Tickets jeweils 30 Min. vorher am Bahnhof ein paar Minuten nördlich des Zentrums).

12 HIGHLIGHT

Hsipaw

Hsipaw ist ein kleiner Ort in der zweiten touristisch zugänglichen Schneise, die von der Zentralebene ins Shan-Land führt. Aus dem heißen Mandalay kommend, fühlen sich die meisten Besucher hier schnell wohl und viele bleiben länger als geplant. Das liegt wohl auch an der reizvollen Umgebung: an den Palaung- und Shan-Dörfern, die man erwandern kann, sowie einigen interessanten Ortschaften im Umkreis – der Business-Metropole Lashio, dem abgelegenen Bergdorf Namshan und Kyaukme als touristischem Neuland. Wer hier ins Leben eintaucht, wird die Menschen des Shan-Staates noch fester ins Herz schließen.

Hsipaw war einst Sitz eines Shan-Fürsten, der Anfang der 1950er-Jahre in Amerika seine Traumfrau kennenlernte und sie nach Birma brachte. Sie stammte aus Österreich und setzte der Stadt Hsipaw und ihrem Mann ein literarisches Denkmal. In *Dämmerung über Birma – Mein Leben als Shan-Prinzessin* erzählt Inge Sargent aus der Zeit, in der sie als verehrte *Mahadevi* im Palast lebte, und davon, wie das Militär ihren Mann Sao verschleppte (und wahrscheinlich tötete) und sie nach Europa und später in die USA zurückging, wo sie heute noch lebt und sich mit der Organisation Burma Life Line für die Shan engagiert.

Sehenswürdigkeiten

Im Norden jenseits der Bahnlinie liegt in der Gasse gegenüber dem hohen Tamarindenbaum der **Schrein des Schutzgeistes von Hsipaw**, Tong-Sunt Po Po Gyi, der von einer Pagode, Tigerstatuen und kleineren Schreinen umgeben ist. Hinter der Pagode ist an einem Gedenkstein die Legende des Geistes auch auf Englisch verewigt. Folgt man dem weiteren Weg in südwestlicher Richtung, kommt man an Mrs. Popcorn's Garden (S. 445) vorbei zum **Maha Nanda Kantha-Kloster**. Es ist von halb verfallenen **Pagodenfeldern** umgeben, die Klein-Bagan genannt werden und zum Nachdenken über die Vergänglichkeit einladen. Ein altes Klostergebäude aus Holz beherbergt in seiner Gebetshalle eine berühmte Buddhastatue, die 1848 ganz aus Bambus gefertigt und anschließend vergoldet wurde.

Seit Anfang der 1990er-Jahre der Fürstenpalast in Kengtung abgerissen wurde, gehört der im britischen Kolonialstil errichtete **Shan-Palast** *(haw)*, in dem die österreichische Prinzessin bis in die 1960er-Jahre hinein lebte, zu den wenigen erhaltenen und noch bewohnten Residenzen der Shan-Fürsten. Mr. Donald, der Neffe des letzten Fürsten, lebt inzwischen in Taunggyi, während seine Frau Farn Besuchern in der zweistöckigen Villa gegen eine kleine Spende anschaulich das abenteuerliche Familienleben präsentiert. Die Villa liegt im Norden der Stadt hinter den hohen Sendemasten und dem kleinen Kloster.

Die **Mahamyatmuni-Pagode** befindet sich im Süden der Stadt und beherbergt eine große Buddhastatue, die jener in Mandalay nachempfunden ist. An der Straße Richtung Mandalay markieren der Nachbau des Goldenen Felsens und ein stehender Buddha den Eingang zu einem weiteren Kloster.

ÜBERNACHTUNG

In Hsipaw gibt es ein breites Spektrum an Unterkünften für jeden Geldbeutel. Wer unterwegs hört: „Die Stadt ist total überlaufen, die Leute schlafen schon auf dem Balkon", sollte das nicht zu ernst nehmen – manche Traveller schlafen offenbar lieber beim allseits empfohlenen Mr. Charles auf der Veranda, anstatt sich nach einer anderen Unterkunft umzusehen. Wer kurz vorher anruft, bekommt fast immer ein Zimmer in einer der genannten Unterkünfte. Alle Hotels bieten WLAN, welches mal mehr, mal weniger stabil ist.

Untere Preisklasse

Ever Green Gh., Thein Ni St., abgehend von der Bogyoke Rd., 082-80670, 09-527 8274, [9872]. 2-stöckiges Gästehaus mit einfachen, seit Langem bewohnten Zimmern. Im Erdgeschoss recht große Räume mit gefliesten Böden, im 1. Stock schöne Holzböden. Die günstigen mit Gemeinschaftsbädern, teurere Zimmer mit AC und Du/WC sowie TV. ❶

La Residence, 27 Aung Tha Pyay St., 092-5602 8188, laresidencehsipaw@gmail.com, [10441]. 4 schöne Zimmer in Bungalows mit AC, Moskitonetzen und eigenem Bad. Zudem schöne Zimmer im 1. Stock eines alten Holzhauses mit Gemeinschaftsbad. Die 2 Zimmer im Erdgeschoss sind nicht empfehlenswert, sie haben zwar ein eigenes Bad, aber es riecht und es gibt keine Fenster. ❷

Mr. Charles Guesthouse – Backpackers Hostel, 105 Auba Rd., 082-80105, www.mrcharleshotel.com, [5564]. Bei Travellern seit Jahrzehnten die bekannteste Adresse der Stadt. Die einfachen zellenartigen Zimmer von einst wurden renoviert, heute sind hier 4er-Dorms das Zuhause von jungen Travellern. Bett im Zimmer mit Ventilator US$7, im AC-Zimmer US$10 und mit AC und Badezimmer US$12. Zudem gibt es noch immer ein paar einfache preiswerte DZ mit Gemeinschaftsbad. ❶

Nam Khae Mao Guesthouse („Clock Tower"), 134 Bogyoke Rd., 082-80088, namkhaemaoguesthouse@gmail.com, [5563]. Einfache, günstige, abgewohnte Zimmer in diversen Größen mit und ohne Fenster. Ein AC-Zimmer mit Bad. Die Lage an der lauten Hauptstraße ist nicht optimal, doch wer sparen mag, findet hier ein günstiges Bett. WLAN. ❶

Red Dragon Hotel, Mahaw Gani St., 092-5832 5553, reddragonhotel.hsipaw@gmail.com, [9873]. Hohes Haus mit Standard- und Superior-Zimmern (diese haben Kühlschrank) einfachster Art ohne Atmosphäre (außer man spricht

Vollverfliesung Charme zu). Frühstück auf der Dachterrasse mit Flussblick. Zimmer können mit und ohne AC genutzt werden, AC dann US$4 teurer. Wer sparen will, nimmt ein Zimmer ohne Bad und Ventilator. ❶–❷

Yee Shin Guesthouse, Mine Pone St., ✆ 082-80711, 09-527 8501, [9875]. Einfaches Guesthouse unter chinesischer Leitung mit 22 kleinen, einfachen Zimmern mit Gemeinschaftsbad. Teils Matratzen auf dem Boden, teils als Bett – ansonsten kaum Einrichtung. Die AC-Zimmer sind mit US$18 zu teuer, die Zimmer mit Ventilator eine Option für alle, die günstig wohnen möchten. ❶

Mittlere und obere Preisklasse

Golden Guest Hotel, 58 Aung Tha Pyay St., Ecke Theinni St., ✆ 082-80073, [10442]. Ende 2016 eröffnetes Hotel mit Zimmern im Haus und in darum herum gruppierten Reihenbungalows. Alle mit hellen Möbeln ausgestattet, TV und eigenem Bad. Die Bungalows sind wesentlich teurer als die Zimmer im Haus, aber nicht wesentlich besser. Pluspunkt sind die Größe und der eigene Balkon. ❷–❹

 Lily – The Home, 108 Aung Tha Pyay St., ✆ 082-80318, 80408, 🖥 www.lilythehome.com, [7890]. Saubere komfortable Zimmer, teils mit Balkon, alle mit TV und AC im hohen Haus, geleitet von der sehr freundlichen und hilfsbereiten Lily und ihrem Mann. Aufzug. ❷–❹

Mr. Charles Hotel, neben Mr. Charles Guesthouse, Adresse s. S. 442, [10444]. Komfortable AC-Zimmer, Holzfußboden, Wasserkocher, TV mit englischem Programm, eigenes Bad mit Wanne, z. T. Balkon. Inkl. Frühstück. ❸–❹

Mr. Charles Lodge, Naung Gad Village, ✆ 082-80105, 🖥 www.mrcharlesriverviewlodge.com, [10445]. Das schöne Resort liegt abgeschieden bei einem Shan-Dorf etwa 15 Taxi-Minuten südlich von Hsipaw. Eine gute Option für alle, die einsamer in der Natur wohnen möchten. Ansprechende Bungalows, gewohnt gut gemanaged. ❺

Riverside @ Hsipaw Resort, 29/30 Myohaung Village, ✆ 082-80721, Yangon ✆ 01-665 126, 🖥 www.hsipawresort.com, [9874]. Das zur Amata Hotel Group (Ngapali Beach) gehörende Resort markiert das obere Ende des in Hsipaw möglichen Wohnkomforts. Die 10 schön ausgestatteten Doppelbungalows liegen auf der anderen Flussseite, sind jedoch mit einem kostenlosen Shuttleboot an die Stadt angebunden. ❺

 Tai House Resort, 38 Sabai St., ✆ 09-9527 8275, 🖥 www.taihouseresort.com, [9881]. Die hübschen Reihenbungalows aus Naturmaterialien und das gute Restaurant liegen in einem üppigen begrünten Gartenbereich. Ansprechende Einrichtung, gut gepflegt. Die Deluxe-Zimmer verfügen über TV, Superior-Zimmer bieten kein TV und sind etwas kleiner. Beide eine gute Wahl. ❹–❺

The Northern Land, Mine Pon St., ✆ 082-80713, 🖥 www.northernlandhotel.com, [10443]. Zentrale Lage und einfache ansprechende hell möblierte Zimmer. Alle (bis auf Zimmer 402, dieses hat aber einen Balkon) haben einen kleinen Safe. Gutes Preis-Leistungs-Verhältnis bieten die Standardzimmer, Deluxe bietet wenig mehr als zwei Stühle. ❷–❸

ESSEN

A Kaung Kyite Myanmar Food, Bogyoke, Ecke Namtu Rd. Wie der Name schon sagt: Hier werden traditionelle birmanische Gerichte aufgetischt, vor allem Currys, die mit vielen Beilagen serviert werden. ⏰ vormittags bis früher Abend.

 Black House, Holzhaus mit asphaltierten Innenhof am Fluss nahe dem Markt. Morgens und tagsüber Kaffee, Tee, Limonensaft, dazu Bananenkuchen, Shan-Nudel-Suppe oder Omelette. Gegen frühen Abend sitzt man hier mit einem kalten Bier, ein paar Chips und Blick auf den Fluss besonders schön. ⏰ 7 Uhr–Sonnenuntergang bzw. bis der letzte Gast gegangen ist.

Duhtawady Café, am Markt. Teashop und Busstop in einem: Hier fahren Busse nach Lashio, Kyaukme und Mandalay (s. Transport) ab. Wer morgens auf den Bus wartet, kann knusprige, in Fett gebackene Pfannkuchen mit einer Art kalter Bohnensuppe frühstücken. Dazu gibt es starken, süßen Tee. ⏰ früher Morgen bis abends.

Die grünen Berge in der Umgebung von Hsipaw locken zu immer neuen Entdeckungstouren.

Law Chun (Mr. Food), Namtu Rd. Das große Restaurant mit Traveller-Food (Fried Rice, Fried Noodles und *Chicken with …*) ist seit Jahren bei Reisenden beliebt und daher oft voll. Die Küche ist allerdings nicht so gut, wie man hoffen könnte. Doch hier ist es gesellig, denn die großen, runden Tische bieten Platz für 8 Personen, sodass Reisende hier schnell Kontakte knüpfen. Touristenfreundliche Speisekarte mit Reis und Nudelgerichten. Wer mag, isst Pommes und trinkt dazu ein Bier vom Fass. ⏲ 8–21 Uhr.

Mrs. Popcorn's Garden, das schöne Gartenrestaurant liegt auf dem Weg nach Klein-Bagan und dem Bambusbuddha. Die pensionierte Lehrerin Kim Min Te, die Englisch spricht, hat ihren Garten für Besucher mit bequemen Bambusstühlen ausgestattet. Tolle Fruchtshakes, teils aus eigenem biologischem Anbau. Empfehlenswert sind der frische Limetten-Mint-Shake sowie der Shan-Kaffee. Ein paar wenige Gerichte, darunter Shan-Nudeln, aber auch Schnitzel und Kartoffelpüree. Das Gemüse stammt von Freunden, die ebenfalls „organic" wirtschaften. ⏲ 9.30–21.30 Uhr.

Now! (bei der letzten Recherche ohne englisches Namenschild), Namtu, Ecke Auba Rd. Im traditionellen Shan-Haus werden in den Abendstunden allerlei Leckereien auf dem Grill gebrutzelt. Die Gäste sitzen im überdachten Innenhof und lassen es sich schmecken. ⏲ 18–21.30 Uhr.

San Restaurant, Namtu Rd. Einfaches Restaurant. Je nach Wetterlage kann man drinnen oder draußen Platz nehmen. Umfangreiche bebilderte englische Speisekarte u. a. mit Shan-Gerichten, außerdem Fleischspieße auf dem Grill. ⏲ 8–23 Uhr.

The Best Shan Food, an der Straße zum Bahnhof. Kleiner Verschlag mit wenigen Tischen und noch weniger Gerichten, doch die angebotenen Shan-Nudeln (500 Kyat) sind sehr gut. Dazu gesäuertes Gemüse, eine kräftige Brühe und grüner Tee – lecker. Nur Vegetarier gehen leer aus. ⏲ tagsüber.

The Club Terrace Food Lounge, 35 Shwe Nyaung Pin St., ✆ 094-0275 2971. Auf einer Holzterrasse am Fluss mit kleineren und größeren Tischen (auch Reisegruppen kommen hier gerne mal vorbei) gibt es neben guter einheimischer Küche auch Gerichte aus Thailand (gute Currys, Lab Moo) und im Westen Beliebtes wie Steak und Pommes. Vegetarier freuen sich über fleischlose Springrolls. Dazu ein Glas Wein oder einen Cocktail (auch alkoholfrei). ⏲ 10–22 Uhr.

Valentines, Zabel St., Ecke Aung Tha Pyay St., ✆ 082-80657. Ob verliebt oder nur mit der Freundin oder der Familie: Hier trifft man sich, um Shakes zu trinken oder eine der leckeren Eiskreationen zu genießen. Wer es deftiger mag, nimmt einen Hamburger. ⏲ 10– 21 Uhr.

€ **Yuan Yuan (Mr. Shake),** Namtu Rd., ✆ 094-0373 1865. In dem kleinen Holzschuppen mit nur wenigen Tischen gibt es von einer freundlichen Familie günstige frisch gemixte, sehr leckere Shakes, z. B. Avocado mit Bananen oder zahlreiche Variationen mit Ananas oder/und Banane. Hier wird richtig lange geshaked, sodass keine Fruchtstücke oder Eisbrocken den Genuss schmälern. Wahlweise mit Joghurt – oder auch Rum, dann wird aus einem Pinapple-Shake eine leckere Pinacolada. Beliebt sind auch die Mojitos und der Caipirinha (mit Mandalay-Rum). Zudem ein paar wenige Gerichte: empfehlenswert ist das *Malaysia chicken with rice* und die Guacamole (Essen etwa ab 10 Uhr vormittags). ⏲ 7–22 Uhr.

SONSTIGES

Einkaufen

Artikel des täglichen Bedarfs gibt es auf dem **Markt**, den man am besten morgens aufsucht. Einige kleine Läden haben Wasser, Cola und Kekse. Wer eine Tagestour plant, kann sich hier morgens mit Proviant eindecken. Kleidungsgeschäfte am Markt verkaufen Shan-Hosen und Taschen. Wer Lesestoff sucht, findet bei **Mr. Book** in der Hauptstraße gegenüber dem neuen Kloster einige Bücher in englischer Sprache.

Fahrrad- und Mopedverleih

Räder und Mopeds werden von verschiedenen Gästehäusern vermietet bzw. vermittelt. Einfache Fahrräder um 3000 Kyat/Tag, Moped 10 000 Kyat/Tag.

Touren und Reisebüros

Trekkingtouren unterschiedlicher Dauer werden von den meisten Unterkünften und einigen Restaurants vermittelt, u. a. erfolgreich von Mr. Charles, Lily the Home und Tai House.

Sehr erfahren ist auch **Ko Pee Tour Service**, bei Mr. Charles und an der Hauptstraße, ✆ 09-201 9072, ✉ skminyu@gmail.com, ⏲ tgl. 7–9 und 16–18 Uhr.

Meist lernen die Teilnehmer „ihren" Guide am Tag vorher kennen und besprechen die Route. Ein empfehlenswerter freischaffender Guide ist **Kham Lu**, ✆ 092-5069 3985, ✉ kyawmoonoo@gmail.com, 🖥 auf Facebook. Zwei Personen zahlen zusammen für einen Tagestrip US$40.

Bustickets für Langstreckenbusse werden in den Unterkünften und den meisten Tour-Services vermittelt. Busse nach Mandalay mit der Ye Shin-Company auch direkt am Office. Der Busticketverkauf ist nur von 7.30–17 Uhr möglich.

Bootstouren, wer diese nicht in seiner Unterkunft buchen möchte, kann direkt zu Moe Ma Khaa an den Fluss gehen. Einen Tag vorher buchen. Abfahrt 8 Uhr, Dauer 3 Std., 25 000 pro Boot.

TRANSPORT

Taxis

Ab Hsipaw werden oft Sammeltaxis organisiert (Aushänge dann an der Lobby, z. B. bei Mr. Charles). Die Preise gelten p. P. sofern 4 Personen mitfahren. Shared Taxis fahren gegen 9 und 15 Uhr. Auf Wunsch kann man die Zeiten aber auch den eigenen Reiseplänen etwas anpassen (wenn man beispielsweise auf einem Trek ist).

HSIPAW, für 2400 Kyat in 1 Std.
INLE-See, für 21 000 Kyat in 7 Std.
KALAW, mit Taxis zum Inle-See für 21 000 Kyat in 6 Std.
MANDALAY, für 16 000 Kyat in 5 Std.

Busse

Bustickets sollten unbedingt am Vortag vor 17 Uhr gekauft werden, um einen Platz sicher zu haben.

BAGAN, Direktbusse werden von den wenigsten Agenturen verkauft, da die Busse alt sind und die Touristen daher immer unzufrieden. Wer unbedingt durchfahren will, kann versuchen, ein Ticket für den 19.30 Uhr-Bus zu bekommen (18 000 Kyat, ab RC-Bushaltestelle,11 Std.). Ab Hsipaw werden die Fahrten nur noch über Mandalay organisiert (Start der Busse in Mandalay um 9.30 Uhr morgens, 10 000 Kyat bis Bagan).
INLE-SEE, um 15.30, 16.30 Uhr (Pick-up am Hotel) für rund 16 000 Kyat in 14 Std.
KALAW, mit den Bussen zum Inle-See, für rund 16 000 Kyat in 10 Std.
KYAUKME, mit den Mandalay-Bussen, Fahrtdauer etwa 1 Std.
LASHIO, um 5.30 und 7.30 Uhr am Duhtawady-Café, für 2000 Kyat in knapp 2 Std. oder um 14 und 15.30 Uhr an der RC-Haltestelle für 15 300 Kyat (voller Preis für einen aus Mandalay kommenden Bus; Reservierung erforderlich).
MANDALAY, gute Busse um 5.30 Uhr (Ankunft 11.30 Uhr) für 5000 Kyat (z. B. mit der Ye Shin-Company) und 7.30 Uhr (Ankunft 13.30 Uhr) für 7300 Kyat. Um 10 und 11 Uhr fährt ein Minibus für 10 000 Kyat.
Gegen 9 Uhr ist bei Vorbuchung auch das Zusteigen in den aus Lashio kommenden Minivan nach MANDALAY möglich, 16 000 bzw. 14 000 Kyat (max. 4 Pers.), 5 Std.
PYIN U LWIN, mit den Mandalay-Bussen zum Mandalay-Preis, 3 Std.
TAUNGGYI, um 16.30 Uhr für 16 300 Kyat in ca. 14 Std.
YANGON, um 15.30, 16.30 und 18.30 Uhr für 16 500–21 300 Kyat in 13 Std.

Eisenbahn

Wer viel Zeit hat, kann auch Bahn fahren. Die gemütliche Fahrt führt über den Gokteik-Viadukt (S. 440, Kyaukme) und bietet unterwegs schöne Ausblicke auf die Landschaft. Tickets gibt's jeweils eine Stunde vor Abfahrt am **Bahnhof**.
Richtung MANDALAY fährt der Zug um 9.40 Uhr. Die Stadt ist nach ca. 13 Std. erreicht. Eine gute Idee ist es, nur bis PYIN U LWIN zu fahren (dabei überquert man den Viadukt) und von dort die Reise auf der Straße abzukürzen. Tickets nach Pyin U Lwin kosten 1200/2750 Kyat *(ordinary / upper class)*; Fahrdauer ca. 8 Std. Nach LASHIO um 15.15 Uhr, Ankunft 19.35 Uhr, für wenige tausend Kyat.

Die Umgebung von Hsipaw

Ausflüge in die nahe Umgebung (vgl. **eXTra [5563]**) können mit und ohne Guide unternommen werden. Kartenmaterial für Trips auf eigene Faust hat Mr. Charles, der auch von guten Guides geführte Wanderungen und Motorradtouren anbietet. Die meisten dauern etwa 4 Std. Hartgesottene Trekkingfans können aber auch mehrtägige Touren aushandeln, bis hin zu siebentägigen Wanderungen, die im 85 km entfernten Palaung-Städtchen Namshan enden. Sie sind allerdings aufgrund der unruhigen Lage in einigen Gebieten nicht immer möglich.

Sunset Point

Zum Sonnenuntergang lohnt ein Spaziergang zur auf dem 9 Pagodas Hill gelegenen Pagode, die als **Sunset Point** bekannt ist. Auf der Straße nach Lashio geht es zuerst über die große Brücke, dann zweigt ein Weg nach rechts zur Pagode auf dem Hügel ab.

Wasserfall Namtok

Der Wasserfall liegt etwa 6 km südwestlich der Stadt und ist ein beliebtes Ziel für halbtägige Wanderungen auf eigene Faust. Den schönsten Einstieg bietet die Tour, die bei Mr. Charles beginnt. Direkt hinter den Bahngleisen links halten. Durch Reisfelder geht es bis zur großen Straße nach Mandalay (aus der Stadt kommend ist die erste Strecke auf dieser viel befahrenen Straße nicht so schön). Direkt hinter der Brücke rechts halten, den Waschplatz rechts liegen lassen und durch den buddhistischen Friedhof gehen (nicht das rechte Tor, hier geht es zu den heißen Quellen). Vor dem Eingang zum Kloster (rechts liegt ein goldener Stupa) links halten und und über den chinesischen Friedhof rechter Hand auf den Hügel hinaufgehen. Hier befindet sich die örtliche Müllkippe, eine nicht sehr schöne Etappe. Von hier oben sieht man rechter Hand bereits den Wasserfall.

Bootstouren

Eindrucksvoll und beschaulich sind Bootstouren mit Besuchen in den umliegenden Dörfern. Eine dreistündige Tour kostet etwa 25 000 Kyat pro Boot. Wer kürzer fahren will, kann sich ein Boot für etwa 8000 Kyat pro Stunde direkt am Anleger mieten.

Bald ist das Bachbett erreicht, dem man vorbei an mehreren einfachen Gehöften folgt. Der Pfad wird schmaler und führt auf Dämmen am Rand der Reisfelder entlang. Mehrere kleine Wasserläufe sind zu überqueren. Am Ende geht es noch einmal recht steil einen schmalen Pfad hinauf: Es lohnt, denn hier lockt ein Badepool unter dem Wasserfall. Schwimmsachen nicht vergessen.

Da viele Besucher ihren Müll einfach in die Gegend werfen, werden der Wasserfall und der Weg dorthin immer vermüllter. Viele Guides raten ihren Kunden, Müll einfach ins Gelände zu werfen. Und leider folgen viele diesem Rat, obwohl sie es besser wissen müssten. Bitte helft mit, den Menschen Vorbild zu sein. Schnell ist erklärt und vorgemacht, dass man den Müll doch prima auf der Müllkippe entsorgen kann.

Bawgyo-Pagode

Diese Pagode, die 1995 renoviert wurde, liegt etwa 8 km außerhalb von Hsipaw Richtung Mandalay. Sie gilt als eine der heiligsten Stätten des nördlichen Shan-Staates und wird vor allem am alljährlichen Pagodenfest (zum Tabaung-Vollmond, Feb/März) von zahlreichen Pilgern besucht.

Heiße Quellen von Nam Onn

Einige Kilometer westlich der Stadt Richtung Kyaukme gibt es bei einem Shan-Dorf heiße Quellen namens Nam Onn. Wer keine hohen Ansprüche hat, kann sich hier für einen geringen Eintritt wärmen. Wer mit einem Führer unterwegs ist, sieht unterwegs die **Gewinnung von Salz** aus salzhaltigem Grundwasser, die vor etwa 100 Jahren von deutschen Ingenieuren initiiert wurde. Zu Fuß dauert eine Wanderung etwa 2–3 Std. Ein Rundweg startet wie die Wanderung zum Wasserfall. Nach der Brücke geht es rechter Hand weiter, man folgt der rechten Straße durch das Tor und durchquert den muslimischen Friedhof. Es folgt ein Dorf. Nach etwa 30 Min. ist Nam Onn erreicht. Nun den Weg weiter fortsetzen, die Straße mündet in die Straße am Mamorbuddha.

Namshan

Das Palaung-Städtchen Namshan [5557] liegt etwa 85 km nördlich von Hsipaw auf fast 2000 m Höhe. Es ist eine Ansiedlung von Teebauern, die hier hervorragenden grünen Tee (zum Trinken und als Salat *le-pet thouq*) produzieren. Abseits der Haupt-Handelsrouten in den Tälern scheint die Zeit auf diesem Bergkamm langsamer zu fließen: Die Hauptstraße ist gesäumt von gut gepflegten Holzhäusern, wenig Verkehr stört die Ruhe, die Anwohner sind beschäftigt mit der Verarbeitung ihrer Ernte und schauen Besucher fast ein wenig verwundert an.

Zu Fuß lassen sich der Ortskern und die nahe gelegene **Sayan Gyi-Pagode** erkunden. Man erreicht sie, wenn man die Hauptstraße am Guesthouse vorbei etwa 1 km bergauf weiterfährt; dann geht man den überdachten Treppenaufgang hoch. Von der Plattform, auf der Dutzende von Stupas stehen, hat man einen schönen Ausblick. Unterwegs können einige weitere Klöster und Pagoden besucht werden. Englisch wird dort allerdings kaum gesprochen.

Die **Tee verarbeitenden Betriebe** erlauben höflichen Besuchern sehr gern einen Einblick in ihre Tätigkeiten. Besonders interessant ist die kleine **Le-pet-Fabrik** ein paar hundert Meter vom Guesthouse die Straße hinauf (auf der linken Seite).

Wer mit einem Moped unterwegs ist und sich eine schwierige Fahrt über sehr grob gepflasterte Wege zutraut, kann der Hauptstraße durch das Dorf weiter geradeaus folgen: Nach dem Passieren einiger Dörfer erreicht man nach etwa 30–40 Min. Fahrzeit die in der Region sehr berühmte **Daung Yo-Pagode**, von der aus man eine fantastische Aussicht hat.

Mehrtägige **Treks in die Umgebung** oder zurück nach Hsipaw können im Guesthouse organisiert werden. Es gibt allerdings nur drei Guides im ganzen Ort, und wenn die unterwegs sind, muss man sich eventuell gedulden.

Übernachten können Gäste im **Shwephe Taung Tan Cooperative Guesthouse**, NO-B/126 Myole Qr., ✆ 33-33200, 09-4731 4180, [5559], in kleinen, einfachsten Zimmern mit sehr harten Matratzen für wenige 1000 Kyat p. P. Manager U Htun Hling ist Ansprechpartner in Sachen Trekking. ❶

Die **Anreise** erfolgt entweder mit dem Pickup-Taxi aus Hsipaw oder mit dem Moped über eine Straße, die schöne Ausblicke in die Bergregion erlaubt, vgl. **eXTra [5561]**. Die **Abreise** kann auch zu Fuß als mehrtägiger Treck nach Hsipaw erfolgen. Die Benutzung der Straße nach Kyaukme ist nicht erlaubt.

Achtung: Namshan war zum Zeitpunkt der Recherchen erneut „verbotene Zone", wer hierhin möchte, muss in Yangon beim MTT ein *special permit* beantragen.

Lashio

Lashio [5553] liegt 854 m über dem Meeresspiegel und wirkt, obwohl noch einige Kilometer von der Grenze zu China entfernt, wie eine Grenzstadt. Die chinesisch-birmanische Handelsstadt hat ein ganz besonderes Flair: Zahlreiche Händler aller Couleur mischen sich hier, vom chinesischen Schmuggler mit Sonnenbrille und Bomberjacke bis zur traditionell gekleideten Marktfrau aus den Bergen. Die Stadt eignet sich hervorragend für Reisende, die Ziele abseits der Touristenroute suchen. Englisch spricht in Lashio kaum jemand, doch einige Angestellte in den Hotels können als Übersetzer weiterhelfen. Und auf der Straße wird zur Not so lange herumgefragt, bis jemand helfen kann. Kontakte zu Marktfrauen, Tuk Tuk-Fahrern und Geldautomaten-Bewachern sind hier rasch geknüpft.

Die Stadt unterteilt sich in **Lashio Lay** und **Lashio Gyi** (Klein-Lashio und Groß-Lashio), wobei Letzteres der neuere Teil ist. Die Theinni Road verbindet die beiden Stadtteile.

Lashio bietet sich als Tagesausflug von Hsipaw an, wenn man nach Treks durch die Dörfer des Shan-Landes mal etwas Stadtluft schnuppern möchte. Es ist zudem ein Zwischenstopp für Reisende auf dem Weg nach Muse zur chinesischen Grenze (S. 453).

Sehenswürdigkeiten

Auf die **Mansu-Pagode** in Lashio Gyi führt ein kurzer Treppenaufgang. Das Innere der Pagode ist mit zahlreichen Spiegelmosaiken geschmückt. Auf der anderen Straßenseite befindet sich ein Shan-Kloster, in dessen großer Versammlungshalle ein Buddha mit ernstem Gesichtsausdruck auf die Gläubigen herabblickt. Ebenfalls auf einem Hügel steht die **2500-Jahre-Pagode (Thatana 2500 Year Phaya)**. Über eine Serpentinenstraße im Südwesten können Autos bis auf das Gelände fahren. Zu Fuß ist die Pagode, die 1957 erbaut wurde, über einen parallel verlaufenden, überdachten Treppenaufgang zu erreichen. Von oben bietet sich ein Rundblick über Lashio Gyi. In einem Seitenschrein neben der Pagode stehen Bo Bo Aung und Bo Min Gaung (der strenge Herr mit Stab) und eine lebensgroße Figur des Sai Gayatri (auch: Sai Baba), eines indischen Gurus, der z. B. auch im Sri Shiva Krishna-Tempel in Yangon sehr verehrt wird. Neben diesem indischen Einfluss zeugen chinesische Figuren von der gegenseitigen Beeinflussung der Religionen. Dem Kloster ist ein internationales Vipassana-Meditationszentrum angeschlossen.

In der im Jahr 1995 erbauten **Mahamyatmuni-Pagode** nördlich vom Markt wird eine goldene Buddhastatue verehrt. Die angeschlossene Versammlungshalle wird an buddhistischen Festtagen für Vorträge genutzt.

Von Mandalay kommend fahren die Busse am Ortseingang an der 2006 erbauten **Myo U Zedi-Pagode** vorbei. Auf dem weitläufigen, schön angelegten Gelände fallen die 45 m hohe goldene Pagode und ein sitzender Buddha unter einer ihn beschützenden Schlange auf. Nahe des Lashio Motels lockt ein etwas verwahrloster Park Klein und Groß zu Karussellfahrten, Rollerskating oder Picknick.

Viele Chinesen leben bereits seit Generationen in Lashio und den Dörfern der Umgebung. Ein Ort des friedlichen Austauschs und der Besinnlichkeit ist das eindrucksvolle chinesische Kloster **Kuan Yin San** auf einem Hügel südlich von Lashio Lay. Bei dunstigem Wetter mit schwer am Himmel hängenden Wolken wähnt man sich im Film *Der Name der Rose* – wären da nicht die Buddhafiguren und Nonnen, die hier leben. Das Kloster, erbaut 1950, beherbergt 50 Frauen, besonders die jungen Nonnen sind sehr freundlich. Wer mit Dolmetscher kommt, kann viel Wissenswertes über das Leben im Kloster erfahren.

ÜBERNACHTUNG

Die meisten Hotels bieten mittlerweile WLAN, die Qualität ist einigermaßen gut. Bisweilen kann das Internet aber auch komplett zusammenbrechen. Ein Fernseher, oft ein moderner Flatscreen, steht nahezu in jedem Zimmer: Zu sehen bekamen wir allerdings keine sehenswerten englischen Sender.

Golden Hill Hotel, 23 Bagan St., Ecke Hnnin Si Rd., ☏ 082-25656, 🖥 www.lashiogolden hillhotel.com, [7875]. 50 sehr schöne, teils große Zimmer der gehobenen Kategorie mit hellem Fliesenboden und Bädern mit Granitablage. Die teureren Zimmer mit dunklen Sitzmöbeln und Badewanne, die günstigeren mit winzigen Bädern. Alle Zimmer mit TV, AC, Kühlschrank und Trinkwasserbehälter. Inkl. Frühstücksbuffet. ❹–❻

Hotel Lashio CS, Hnnin Si Rd., Ecke San Kaung St., ☏ 082-26076 ⓞ [10446]. Saubere, einfache, recht kleine Zimmer. Wasserkocher, Kühlschrank, gute AC. Zentrale Lage und gutes Preis-Leistungs-Verhältnis. ❸

Lashio Motel, Station Rd., ☏ 082-220 2762, [7873]. Recht große, bieder möblierte Zimmer und eher Ziel für Reisegruppen. Doch in dem 2-stöckigen Kolonialbau neben dem Neubau schnuppert man historische Atmosphäre – was durchaus seinen Reiz haben kann. ❸–❹

€ **Lashio Power Hotel**, San Kaung St., ☏ 082-22387, [10447]. Einfaches, vor allem bei Einheimischen und Chinesen beliebtes Haus. Günstige Zimmer für den gebotenen Standard. EZ, DZ und 3-Bett-Zimmer. Freundliche Leute. Frühstück nicht inkl. ❷

Royal Ground Hotel, 34 Theinni Rd., ☏ 082-30835, [5556]. Kleines, freundliches Guesthouse mit sauberen, unspektakulären AC-Zimmern (teils Teppichboden). Etwas ruhiger liegen die Zimmer im hinteren Anbau zu einem Innenhof. ❸

Two Elephants Hotel, 36 Bogyoke Rd., ☏ 082-220 4112, [10448]. Ruhig gelegen (es sei denn in der Monastry nebenan ist etwas los), nahe dem Zentrum in entspannter Wohngegend. Das große Haus ist auf Geschäftskunden eingestellt, doch die Zimmer haben auch uns überzeugt. Wer mit Familie reist und das nötige Kleingeld hat, kann in der riesigen Family-Suite für US$65 einziehen. Aus riesigen Fenstern bietet sich hier eine fantastische Sicht auf Stadt und Berge. Auch die Deluxe-Räume haben alle ein großes Fenster. Alle mit Regendusche. Aufzug. ❹

ESSEN

Die Restaurants schließen zeitig. Auch wenn der ein oder andere Laden mal etwas länger geöffnet hat, man sollte versuchen, vor 21 Uhr gegessen zu haben. Auf dem **Nachtmarkt** in der Gasse von der Sankaung St. zur Moschee gibt es hervorragende, sehr günstige Wantan- und Nudelgerichte sowie Suppen. Hier geht es gegen 15 Uhr mit dem Aufbau los, die Ersten packen gegen 20.30 Uhr schon wieder ein. Tagsüber bieten **Essensstände** an der Mahamyatmuni-Pagode neben Fleischspießen vom Grill auch Samosas und anderes Fettgebackenes an.

Dim Sum, Bogyoke Rd., Ecke San Kaung St., ☏ 099-7400 8688. Überdachtes offenes Dim Sum-Lokal. Hierher kommen viele chinesische Gäste, denen es sichtlich schmeckt. Für Dim Sum-Fans also eine gute Adresse. ⏱ 11–21 Uhr.

Lashio Restaurant, Theinni Rd., Ecke San Kaung St. Das altertümliche, offene Restaurant bietet chinesische Küche und gilt bei Einheimischen als für Touristen geeignet. Das Essen ist gut, aber nicht ganz billig; zu den Hauptgerichten gibt es leckere Beilagen. ⏱ 9–21 Uhr.

Ngwe Hnin Phyu Restaurant, San Kaung St., ☏ 082-22639. Das Buffet wie die frisch zubereiteten Gerichte in dem einfachen, gut besuchten Restaurant schmecken toll und sind preiswert. Keine englische Karte, aber

In den einfachen lokalen Restaurants schmeckt es oft am besten.

hilfsbereite, Englisch sprechende Familienmitglieder. Gegenüber liegt ein nur in Birmanisch beschriftetes Restaurant mit chinesischer Küche und ähnlich einfach familiärem Ambiente. ⏲ 10–20 Uhr, der Nachbar hat oft noch länger als 21 Uhr auf.

New Sun Moon Bakery, Theinni Rd., Höhe Bogyoke St. Café und Bäckerei mit gutem Kaffee, Shakes und Fruchtsäften. Zudem Eiskreationen und viel süßes Gebäck. Tagsüber kann man durch eine Glasscheibe den Bäckern beim Verzieren von Torten zusehen. Zudem erstaunlich leckeres Essen: Reisgerichte (einige richtig scharf), Nudeln und Suppen. Wer mag, bekommt auch einen Chicken-Burger mit Pommes, über dessen Qualität wir jedoch nichts sagen können. ⏲ 7–21 Uhr.

SONSTIGES

Reisebüro
Sun Far Travel & Tours, A2 Theinni Rd., ✆ 082-25183, 🖳 www.sunfartravels.com. Das Büro bietet Reisehilfen aller Art, u. a. kann man hier auch Flüge buchen. Einige Airlines haben aber auch eigene Büros in der Stadt (s. S. 453).

Trekking
Einige Gebiete der Umgebung sind noch *off limits*, also niemals alleine losziehen! Doch wer sich einem Guide anschließt, wird viel Neuland entdecken können, denn auch hier regt sich erster Trekkingtourismus.

Myanmar Adventure Outfitters, 2 Kwa Nyo Rd., ✆ 09-7953 66426, 🖳 http://myanmaradventureoutfitters.com. Byron Hartzler legt Wert auf einen nachhaltigen Tourismus, es geht nicht nur um den Spaß der Gäste, sondern vor allem um den Respekt und die Hilfe für die lokale Bevölkerung. Byron erkundet die Region, und dies oft auf dem Fahrrad. Immer neue Touren kommen ins Programm, es gilt eine ganze Region neu zu erschließen. Da es nicht sinnvoll ist (und in der Regel auch nicht erlaubt), auf eigene Faust loszufahren, ist sein Engagement besonders begrüßenswert. Wer nicht Fahrradfahren mag, findet auch andere Angebote, beispielsweise Stand Up Paddling in unberührter Natur, Baden unter einem Wasserfall und Trekkingtouren mit Übernachtungen.

NAHVERKEHR

Ein **Taxi** vom Flughafen in die Stadt kostet um die 10 000 Kyat, aus der Stadt zum Flughafen ist es manchmal etwas günstiger. Kurzstrecken mit Taxi und Tuk Tuk kosten etwa 2000 Kyat (z. B. zum Busbahnhof).

TRANSPORT

Auto und Taxis
Wer sich in HSIPAW ein Taxi mietet oder mit einem Mietwagen unterwegs ist, kann einen Tagesausflug nach Lashio unternehmen. Die Fahrt dauert auf der gut ausgebauten zweispurigen Straße rund 1 1/2 Std. Die Weiterreise nach MUSE an die chinesische Grenze (5 Std.) ist nur mit Special Permit gestattet.

Busse und Minivans
Busse
HSIPAW, mit den Bussen nach Mandalay (dann zahlt man aber den vollen Fahrpreis). Oder mit einem lokalen Busse um 10.30 und 14.30 Uhr für 2000 Kyat in knapp 2 Std. Tickets am besten einen Tag vorher am südlichen Busbahnhof besorgen.
MANDALAY, um 17.30 und 18.30 Uhr über Hsipaw und Pyin U Lwin für 6000 Kyat in 7 Std. Tickets für weitere Langstreckenbusse gibt es an einem Ticketschalter in der Stadt nahe des Kinos, ☏ 082-23528, Abfahrt nach Mandalay dann um 18 Uhr (Ankunft frühmorgens) und YANGON (12 Uhr, Ankunft nächster Tag 10 Uhr); Tickets je nach Ziel und Gesellschaft etwa 10 000–20 000 Kyat.
Ein **Minivan** fährt tagsüber bis MANDALAY, Abfahrt um 6 Uhr, Abholung im Hotel um 5.30 Uhr, 8000 Kyat, 7 Std.

Sammeltaxis
MANDALAY, morgens ab 8 Uhr für 15 000 Kyat (Vordersitz) und 13 000 Kyat (Platz auf der Rückbank) in 6–7 Std. Wer nur bis Hsipaw mitfährt, zahlt den vollen Preis.

Eisenbahn
Ein Zug startet morgens um 5 Uhr Richtung MANDALAY (Ankunft 22.40 Uhr) über HSIPAW (Ankunft 9.25 Uhr) und PYIN U LWIN (Ankunft 16.05 Uhr). Auf dieser Fahrt überquert man den berühmten Gokteik-Viadukt.

Flüge
Asian Wings Airways, B-2-65 Theinni Rd., ☏ 082-25604, www.asianwingsair.com, fliegt 3x wöchentl. nach Yangon (1x über Heho) und jeweils 1x nach Heho und Tachileik.
Myanmar National Airlines, 🖥 www.flymna.com, fliegt 1x in der Woche nach Mandalay und 4x wöchentl. über Tachileik und Heho nach Yangon.Tickets über Sun Far Travel.
Yangon Airways, 5 Theinni Rd., ☏ 094-2116 6744, 🖥 www.yangonair.com, fliegt tgl. von Tachileik über Lashio nach Mandalay.

Muse

Am Eingangstor nach China endet die Straße durch den nördlichen Shan-Staat. Im Stadtgebiet darf man sich ohne Genehmigung aufhalten, schwieriger wird es in der Gegend um die Stadt herum. Doch wer sich rechtzeitig in Yangon eine Genehmigung besorgt hat, kann auf der von zahlreichen Lastwagen befahrenen, ständig in Reparatur befindlichen Straße über mehrere Hügelketten bis hinauf nach China fahren. Die Busse legen auf der Strecke in Kutkai eine Essenspause ein (gutes Shan-Buffet). Nach mehreren Kontrollstellen und vielen Unterschriften ist schließlich der lebhafte Grenzort erreicht. Auf dem **Markt** nahe dem Uhrturm und in den Geschäften werden vor allem Billigimporte aus China verkauft, aber auch einheimische Leckereien und Nudelsuppen.

Ruili auf der chinesischen Seite ist eine boomende Stadt mit vielen modernen Einkaufszentren, Geschäften und Hotels, die vor allem mit einheimischen Gruppen belegt sind, die in den Grenzort kommen, um Jade zu kaufen und sich vor dem Grenzstein fotografieren zu lassen.

ÜBERNACHTUNG

Sollte es beim Grenzübertritt zu Verspätungen kommen, kann man in Muse übernachten. Mehrere Hotels liegen rings um den Markt.

Twin Star Hotel, Muse-Jeigao Gate, gegenüber dem Grenzübergang neben dem Shan-Tempel, ☎ 082-50434, 52162, ✉ twinstarmuse@gmail.com. Dreistöckiges chinesisches Hotel, eines der drei besten, aber dennoch leider nicht wirklich tollen, Hotels der Stadt. Einfaches chinesisches Frühstücksbuffet inkl. ❷–❸

SONSTIGES

Geld
Kyat und chinesische Yuan (RMB) werden von zahlreichen Frauen auf und um den Markt gewechselt. US$ werden nicht getauscht.

Grenzübertritt
Der Grenzübergang liegt etwa 1 km westlich des Zentrums, ⏲ 6.30–22 Uhr. Für Ausländer ist er nur nach langwierigen Vorbereitungen passierbar und manchmal geschlossen. Das erforderliche **Permit** muss von einem Reisebüro in der Hauptstadt Nay Pyi Taw beantragt werden. Die Bearbeitungszeit beträgt 4 Wochen (Express 2 Wochen). Da es nur für einen bestimmten Tag ausgestellt wird, kann man sich keine Verspätung erlauben. Jeder Ausländer muss von einem Fahrer und Guide bis an die Grenze begleitet bzw. von dort abgeholt werden. Der Grenzübertritt selbst ist langwierig.

Von **China** kommend muss das Ausreiseformular mit schwarzem Stift ausgefüllt sein. Erst wenn Myanmar bestätigt hat, dass der Guide mit dem erforderlichen Permit eingetroffen ist, gibt es den Ausreisestempel. Am Posten, der für die Einreise nach Myanmar zuständig ist, sollte man sich auf längere Wartezeiten einstellen, auch wenn niemand sonst zu sehen ist. (Derzeit passieren etwa 30 Ausländer im Monat diesen Grenzübergang.) Nun müssen weitere Formulare ausgefüllt und getippt, bestätigt und kopiert werden. Sind schließlich alle Unterschriften komplett, kann es weitergehen.

Zeitzone
In China muss die Uhr um 1 1/2 Std. vorgestellt werden.

TRANSPORT

Ausländer dürfen nur mit Sondergenehmigung, einem eigenen Fahrzeug und Guide in das Grenzgebiet nördlich von Lashio reisen. Jenseits der Grenze in Ruili kann man sich frei bewegen. Vom Busbahnhof in Ruili, etwa 3 km von der Grenze entfernt, fahren große Busse in alle größeren Städte der Umgebung. Schalter ⏲ bis 19 Uhr.

Östlicher Shan-Staat

Der östliche Shan-Staat ist auf dem Landweg nur über Thailand erreichbar – wer aus Myanmar anreisen möchte, muss ein Flugzeug nehmen. Grund sind die unruhigen Verhältnisse in der Region, deren östlichster Zipfel Teil des berühmt-berüchtigten „Goldenen Dreiecks" zwischen Myanmar, Thailand und Laos ist. Nur die Hauptstadt des Shan-Staates, **Kengtung** (birm.: Kyaing Tong), sowie die Grenzstadt **Tachileik** stehen unter voller Kontrolle der Regierung. Im Rest des Landes herrschen Milizen, und eine Region, Mong La an der chinesischen Grenze, hat sogar offiziell einen teilautonomen Status.

Ein Besuch in diesem abgelegenen Teil Myanmars lohnt dennoch: Kengtung ist mit seinen alten Häusern und unzähligen Tempeln und Klöstern für manche eine der schönsten Städte des Landes. Und in der Umgebung können Berge und Täler erwandert werden, die vielen noch ursprünglich lebenden ethnischen Minderheiten ein Zuhause bieten. Aus Sicherheitsgründen sind jedoch bisher nur Tagesausflüge möglich.

Kengtung (Kyaing Tong)

Die einstige Fürstenstadt Kengtung [5686] im Grenzgebiet zu Thailand, Laos und China liegt am Naung Tong-See und blickt auf eine lange Geschichte zurück. Die Einflüsse der angrenzenden Länder sind noch heute spürbar – sie haben die Menschen stärker geprägt als die birmanische Kultur. Grund ist die geografische La-

ge: Kengtung liegt zwischen den Flusstälern des Thanlwin und des Mekong auf 787 m Höhe und wird im Westen von den 2000 m in die Höhe ragenden Bergrücken des Shan-Plateaus von Zentral-Birma abgetrennt. Der Legende nach war das Gebiet einst von Wasser überspült. Mit einem Zauberstab gelang es dem Einsiedler Tungkalasi, den riesigen See trockenzulegen, indem er zwei Kanäle zog. Ein kleiner See blieb, die Kanäle wurden zu den Flüssen Nam Lap und Nam Khon.

In der näheren und weiteren Umgebung der Stadt befinden sich Dörfer von 13 verschiedenen Volksgruppen, darunter den Wa, Shan, En, Akha, Palaung und Lahu. Ein Teil der Berge wird von verschiedenen Armeen dieser Völker kontrolliert – ein Besuch ist Ausländern hier noch untersagt. Andere Gegenden sind auf Trekkingtouren zugänglich. Seit Langem ist die Grenzregion als „Goldenes Dreieck" bekannt, und als dessen heimliche Hauptstadt galt Kengtung. Bis 1993 durfte kein Ausländer hierher reisen, doch inzwischen haben die Regierungstruppen das Gebiet im Griff und es kommt in der näheren Umgebung kaum noch zu Auseinandersetzungen mit den umliegenden Volksgruppen und Drogenproduzenten. Die Bergvölker pflegen weitgehend ihren traditionellen Lebensstil, und so sieht man sie in ihren bunten Trachten auch auf dem Markt von Kengtung. Leider wurden die Wälder rund um Kengtung abgeholzt und damit die wunderschöne Natur nachhaltig zerstört.

In Kengtung erwartet Reisende ein angenehmes Klima. Die Nächte sind kühl und die Tage warm. In der kalten Jahreszeit kann es schon mal 5 °C kalt werden. Dem Wetter entsprechend gehörte auch dieser Ort zu den Lieblingszielen der britischen Besatzer. Noch heute zeugen zahlreiche Kolonialbauten von ihrer einstigen Präsenz, während die engen Verbindungen zu Thailand sich wiederum in der Klosterarchitektur zeigen. Über 30 Pagoden glänzen golden, sodass ein kurzer Spaziergang durch die gemischte Architektur abwechslungsreich ist und malerische Anblicke bietet – aber wahrscheinlich nicht mehr lange: Investoren aus China drängen vermehrt nach Kengtung, sodass alte Häuser zunehmend hässlichen Neubauten weichen müssen. Die Reste der Stadtmauer und Tore aus der Zeit der Shan-Fürsten bleiben hoffentlich erhalten.

Sehenswürdigkeiten

Bei den Einheimischen besonders beliebt ist die **Mahamyatmuni-Pagode**, auch Wat Pha Jao Lung genannt. Die bronzene Buddhafigur, die in den 1920er-Jahren in Mandalay gegossen wurde, steht im Inneren des Tempels und ist eine Replik der dortigen berühmten Mahamuni-Buddhas. Goldene Malereien in Schablonentechnik an den rot gehaltenen Wänden illustrieren die Buddha-Legende und Jataka-Geschichten.

Für ausländische Besucher weitaus beeindruckender ist **Wat Jong Kham** (auch als Zom Kham bekannt), das sechs Haarsträhnen des Gautama-Buddhas beherbergen soll. Es heißt, dieser sei selbst hier gewesen. Der goldene *hti* des Tempels wird von Rubinen, Diamanten und Saphiren geschmückt. Auch Jade und Silber wurden hier verarbeitet. Zudem fand bei der Herstellung von Fußleisten und Giebeln Zinn Verwendung. Das Klimpern der kleinen goldenen Glocken auf dem *hti* macht den Eindruck einer reichen buddhistischen Stätte perfekt. Auch im Innenbereich glänzt dieser Tempel: Blattgoldbilder auf Lack zeigen Buddhas Lebensgeschichte, goldene Stoffe schmücken die zahlreichen Buddhafiguren, und die verspiegelten Säulen verstärken den imposanten Eindruck.

Schöne Wandmalereien hat auch die im 13. Jh. auf dem Zom Tom-Hügel errichtete **Sunn Taung-Pagode**. Der Stupa ist 66 m hoch und daher auch von der Ferne gut zu sehen.

Einen schönen Blick auf die Stadt eröffnet ein Ausflug zum **Wat Pha That Jom Mon**, von wo ein Weg weiter bergauf zu zwei weißen Stupas führt – und zum etwa 70 m hohen, weithin sichtbaren Baum **Kanyin Phyu**, der im Jahr 1115 von König Alaungphaya gepflanzt worden sein soll. In der Umgebung des hochverehrten Baumes treffen sich gerne die jungen Leute, und verliebte Pärchen finden einsame Ecken. Etwas weiter entfernt befindet sich das Waldkloster **Wat Mahabodhi Vipassana**, in dem Mönche Meditation praktizieren.

Südwestlich des Sees thront ein etwa 15 m hoher **stehender Buddha** auf einem Hügel, ei-

---

Im Schatten der Großreiche

Die meisten der 80 000 Bewohner stammen von den Khün ab, einem Volksstamm, der vermutlich im 13. Jh. die fruchtbare Ebene besiedelte, als der nordthailändische König Mengrai sein neu gegründetes Lanna-Reich gen Norden ausweitete. Bis ins 16. Jh. galt die „Stadt des Tung" (Shan: Kengtung, Thai: Chiang Tung), benannt nach dem legendären Einsiedler, als die kleinere Schwester von Chiang Mai. In den folgenden Jahrhunderten war Kengtung mal Zentrum eines unabhängigen Shan-Fürstentums, mal militärischer Vorposten birmanischer Könige. Erst unter den Briten genoss der Saopha von Kengtung wie seine 33 Kollegen im Verbund der Shan-Staaten weitgehende Privilegien. Nach Abgabe des Herrschertitels 1959 wurden infolge des Militärputsches drei Jahre später die meisten Angehörigen des Saopha vertrieben.

Für viele Kinder und Jugendliche im östlichen Shan-Staat sind die Klöster Zuflucht und Ausbildungsstätte.

nem geschichtsträchtigen Ort, denn hier wurde wahrscheinlich vor 1000 Jahren die Stadt gegründet. Daneben liegt das **Cultural Museum**, das einen guten Überblick über die Ethnien der Region bietet. ⏰ tgl. außer Mo und Feiertag, Eintritt 2000 Kyat. In der Nähe befindet sich die **Immaculate Heart Cathedral**. 1913 entstand hier eine römisch-katholische Mission. Heute ist dem Bischofssitz ein Waisenhaus angeschlossen.

Die wohl wichtigste Sehenswürdigkeit, der **Haw Saopha** („Palast des Shan-Fürsten"), wurde der Bevölkerung 1991 genommen, als Arbeiter auf Anweisung der birmanischen Zentralregierung das 1905 im indisch-europäischen Stil errichtete Gebäude niederrissen, um einem hässlichen Hotelklotz (dem New Kainge Tong Hotel) Platz zu schaffen. Damit nahm das Militär dem einstigen Shan-Fürstentum das letzte Zeugnis seiner Herrschaft.

ÜBERNACHTUNG

Neben ein paar günstigen Häusern gibt es auch einige bequemere Unterkünfte im Ort.
Golden Star Hotel, 164 Airport Rd., ☎ 084-22411, ✉ goldenstarhotelktg@gmail.com, [9864]. Der wuchtige Bau entpuppt sich innen als das wohl beste Haus der Stadt: 52 recht große, gepflegte, gefliese Zimmer mit Holzmöbeln und bequemen Betten in insgesamt 3 Kategorien. Ein besonderer Tipp ist das unwesentlich teurere VIP-Zimmer Nr. 417: Mit schwerer Wohnzimmergarnitur und Platz genug für eine Familie. Beim Buchen einer Tour über das Haus gibt es einen Rabatt auf den Zimmerpreis. ❺

Golden World Hotel, 26 Zay Dan Kalay Rd., ☎ 084-21545, 22733, ✉ goldenworldhotel@gmail.com, [9871]. Wer die Standard- und Superior-Zimmer im Haupthaus trotz hoher Decken als etwas beengend empfindet, sollte als Alternative eines der Zimmer mit Gemeinschaftsbalkon im dazugehörigen Nachbarhaus (hinten über den Hof) wählen. Mäßiges Frühstück inkl. Freundliche Angestellte. In der Lobby viele Bilder des alten Shan-Palastes. ❸

Harry's Trekking House, 132 Mai Yang Rd., ☎ 084-21418, 09-525 1274, [9865]. Außerhalb des Zentrums am Nordende der Stadt. Passable Zimmer und eine der beliebtesten Budget-Optionen der Stadt; die meisten mit Warmwasser, AC und Kühlschrank.

Fahrradverleih. Vermittelt gute Guides für Wanderungen. ❶–❷

Law Yee Chain, 9 Kyaing Ngan Rd., ✆ 084-21114, 23242, [9866]. 19 nüchterne, aber saubere Zimmer mit Warmwasser-Bad, TV und AC. Der Strom fällt allerdings leider oft aus. Das beliebte Restaurant im Erdgeschoss tischt solide Gerichte aus dem Reich der Mitte auf. ❷–❸

New Sam Ywet Gh., Airport Rd., ✆ 084-21643, 21621, [9867]. Die 15 Zimmer in den Bungalows mit Bad haben kein Warmwasser und sind Einheimischen vorbehalten; die 22 Zimmer im Hauptbau mit Warmwasser-Bad und Ventilator können auch von Ausländern bezogen werden. Alles recht einfach und nicht mehr ganz neu, aber sauber und für Sparsame jedoch annehmbar. Es wird so gut wie kein Englisch gesprochen. ❷

Noi Yee Motel, 5 Mai Yang Rd., ✆ 084-21144, [9850]. In diesem fast 100 Jahre alten Gebäude residierten einst die Shan-Prinzessinnen. Doch fürstlich ist die Budgetunterkunft leider nicht mehr. Die Gemeinschaftsbad-Zimmer im Haupthaus sind nur für Einheimische, Ausländer schlafen in den recht heruntergekommenen Zimmern mit Bad im 2-stöckigen Reihenhaus im Garten. ❶

Princess Hotel, 21 Zay Dan Kalay Rd., ✆ 084-21319, 22159, ✉ kengtung@mail4u.com.mm, [9868]. Das Haus ist von außen wenig ansprechend, doch neben der Lage nahe dem Stadtkern machen die Zimmer und der Service es zu einer der besten Unterkünfte von Kengtung. Die 21 Zimmer bieten AC, TV und Kühlschrank (sofern der Generator läuft). Kein eigenes Restaurant. ❹–❺

Private Hotel, 5 Airport Rd., ✆ 084-21438, 🖥 www.privatehotelmyanmar.com, [9869]. 26 Zimmer in Bungalows mit Veranda, die sich um einen Innenhof gruppieren. Das Essen im kleinen Restaurant ist in Ordnung. Das Private und das Princess Hotel werden auch von Reisegruppen frequentiert; es empfiehlt sich daher eine Reservierung. Beide vermitteln zudem Wanderführer und Mietwagen mit Chauffeur. ❸–❹

Sam Ywet Hotel, 21 1st Keng Larn Rd., ✆ 084-21235, ✉ samywethotel@gmail.com, [9870].

Das relativ neue Hotel in guter Lage nahe dem Markt bietet 27 karg ausgestattete, gefliese Zimmer mit Warmwasser, AC und TV. ❸

ESSEN

In Kengtung servieren die Restaurants neben birmanischer auch viel chinesische Küche. Zudem gibt es viele kleine Shops mit Shan-Spezialitäten und ein gutes Thai-Restaurant. Entlang der vordersten Marktgasse buhlt eine Reihe guter und preisgünstiger **Suppen- und Reisküchen** bis 12 Uhr mittags um Kundschaft.

Aung Naing, direkt außerhalb des Marktes. Gilt als das beste birmanische Lokal der Stadt. Jeden Vormittag wird eine Auswahl von frisch zubereiteten Currys in Töpfen aufgereiht. Im Preis sind Suppe, Reis, Salate, Saucen, Kräuter und Tee inbegriffen.

Golden Banyan, Myaing Yang St., ✆ 084-21421. Nahe dem Pa Laeng-Tor. Beliebtes Restaurant mit chinesischer Küche. Von den Tischen auf der erhöhten Terrasse unter dem Banyan-Baum hat man einen schönen Blick auf die Straße.

Happy Café, unweit des Marktes. Nette Tee- und Kaffeestube, wo es zum Heißgetränk auch ein paar Snacks gibt.

Lok Htin Lu, 2nd Keng Larn Rd. Die Yunnan-Gerichte zählen unter Einheimischen zu den Favoriten. Die Speisekarte zeigt zwar keine Preise an, die großen Portionen sind jedoch preiswert und ideal, wenn man ausgehungert vom Trekking zurückkehrt.

Pann Ka Par – ST Restaurant, Airport Rd., ✆ 084-51181. Das üppige Angebot des beliebten Restaurants an der Flughafenstraße reicht von chinesischen Gerichten bis zu Shan- und Thai-Spezialitäten. ⏰ tgl. 8–22 Uhr.

Soonli Restaurant, Mong Yang Rd. Chinesisches Restaurant mit wenig Atmosphäre, aber guter Küche. Hier werden auch Hochzeiten ausgerichtet.

SONSTIGES

Fahrrad- und Mopedverleih

Harry's (s. Übernachtung) vermietet Fahrräder für US$1. Die Ausleihe von Mopeds ist in Kengtung nicht gestattet.

Guides

Für alle Tagesausflüge muss ein örtlicher Führer engagiert werden. Hotels und Gästehäuser sind bei der Vermittlung gern behilflich. Oft wird man auch auf der Straße angesprochen; fast jeder, der ein paar Brocken Englisch kann, scheint sich als Führer anbieten zu wollen. Folgende erfahrene Shan-Guides sind zu empfehlen:
Sai Htun, 095-251 736, saitunmn@gmail.com.
Sai Win (Wilson), 084-22447, 09-525 2091, shantrekguide@gmail.com.
Sai Ywet Kham (Freddie), 09-4903 1934, email.yotkham@gmail.com.
Sai Sai, 094-2821 1328, saisaiktg08@gmail.com. Tipp einer Leserin: Sai Sai stammt aus Loi Mwe und kann über einen Freund auch einen 4WD-Jeep für längere Trips besorgen.
Der junge **Ah Beay** („Ä-Bi"), wanna1288@gmail.com, ist ebenso engagiert wie freundlich und vor allem für jüngere Traveller interessant, die einen kleinen Einblick in das Leben der Jugend in Kengtung bekommen wollen.
Kyaw Sein (Mr. Eric), 094-2812 0403, kyawsein98@gmail.com, gehört zur Ethnie der Akha und ist daher ein besonders guter Führer in Dörfer dieser Gruppe.
Die Kosten betragen am Tag etwa US$30–40 pro Guide, zzgl. nötiger Transportkosten.

Visa

Bei der **Immigration**, etwas nordöstlich des Pa Laeng-Tors, ist das Visum zum Preis von US$36 um 14 Tage verlängerbar (bis zu einem Aufenthalt von längstens 2 Monaten). Zur Einreise über Thailand s. S. 34 und S. 461.

TRANSPORT

Die 452 km lange Straße zwischen Kengtung und Taunggyi ist zwar in einem annehmbaren Zustand, doch ist es Ausländern strengstens untersagt, die Fahrt zu unternehmen. Hier sind Besucher auf den Luftweg angewiesen.

Taxis und Pick-ups

Ein **Taxi** nach TACHILEIK kostet um die 75 000 Kyat. Man kann über das Hotel auch nach Mitfahrern fragen.

Nordwestlich des Pa Laeng-Tors starten Sammeltaxis und **Pick-ups** in Richtung MONG LA (92 km, 3–4 Std.). Pick-ups fahren vormittags zwischen 7 und 11 Uhr los (10 000 Kyat p. P. für Einheimische; Touristen zahlen mindestens das Doppelte). Manche Fahrer haben allerdings keine Lust, westliche Besucher mitzunehmen, da sie sich die Melde-Prozedur an der Immigration sparen wollen. Zügiger geht es mit einem **Sammeltaxi** der Marke Toyota Superroof (bis zu 4 Pers., ca. 30 000 Kyat p. P.). Ein erfahrener Fahrer schafft die Strecke inkl. Essenspause in 3 Std.

Busse

Zwischen Kengtung und TACHILEIK verkehren tgl. um 8 und 12 Uhr Busse mehrerer Gesellschaften, die für die 167 km etwa 4 1/2 Std. brauchen und 10 000 Kyat kosten. Empfehlenswert ist u. a. der **Shwe Myo Daw Express** nahe dem Sam Ywet Hotel, 084-23004, 23145. Abfahrt jeweils von den Büros (s. Karte S. 455). Tickets einen Tag vorher besorgen.

Flüge

Von Kengtung aus weiterfliegen dürfen nur Reisende mit 4-Wochen-Visum. Mehrere Gesellschaften fliegen von und nach HEHO, MANDALAY und YANGON sowie nach TACHILEIK, u. a. **Air Bagan**, www.airbagan.com, **Air Mandalay**, www.airmandalay.com, **Asian Wings**, www.asianwingsair.com, und **Air KBZ**, www.airkbz.com.
Tickets über **Sun Far Travel & Tours**, Kyaing Ngan Rd., 084-21833.

Die Umgebung von Kengtung

Von Kengtung aus lassen sich wunderschöne Tagesausflüge in die Umgebung unternehmen. Leider hat der Kahlschlag vielerorts die Idylle getrübt. Die durchweg interessanten Wanderungen sind nur mit einem lizenzierten Führer erlaubt. Es ist derzeit nicht gestattet, in den Dörfern der Bergvölker zu übernachten, daher sind nur Tagestouren möglich. Sicher ist, dass die weitere Umgebung von Kengtung ein gewaltiges Potenzial für den Trekkingtourismus birgt.

Zu den beliebtesten Wanderzielen zählen diverse Dörfer der Minderheiten in den Bergen ein paar Kilometer nördlich der Stadt: **Wan Pin** (Akha), **Wan Mai** (En) und **Pin Tauk** (Lahu Na). Das urige Shan-Dorf **Yang Kong** liegt nördlich von Kengtung an der Straße nach Mong La und ist bekannt für seine Töpferwerkstätten, in denen Dachziegel und anderes Tonhandwerk hergestellt werden. Eine Autostunde südlich entlang der Straße nach Tachileik lassen sich in den **Ho Kyin-Bergen** sehr ursprüngliche Dörfer der Akha erwandern. Gut zu Fuß sollten auch jene sein, die im Rahmen einer sechs- bis siebenstündigen Trekkingtour das Lahu-Dorf **Pang Pack** besuchen möchten. Ausgangspunkt ist die Wa-Siedlung **Kong Ma**, etwa 45 Fahrminuten westlich von Kengtung.

Lohnend ist außerdem ein Abstecher zur knapp 10 km entfernten, auf einem Hügel östlich der Stadt thronenden Pagode **That Zom Doi**, die nach dem Vorbild der Kaba Aye-Pagode in Yangon errichtet wurde.

Etwa 7 km westlich von Kengtung gibt es ein öffentliches Bad mit **heißen Quellen** – sehr entspannend nach anstrengendem Trekking. Eintritt 500 Kyat p. P. Vor dem Bad laden in parkähnlicher Natur Stände mit Getränken und Snacks zur Erfrischung ein. Nicht weit entfernt liegt das von Silber-Palaung bewohnte Dorf **Wan Pauk**.

Die Tagesmiete für den Wagen beträgt je nach Entfernung US$40–70, s. auch **eXTra [5687]**.

Loi Mwe

Der von den Briten „Nebelberg" getaufte Ort liegt 33 km südöstlich von Kengtung. Auf über 1600 m Höhe etablierten die Kolonialherren in den 1910er-Jahren den östlichsten Vorposten ihres riesigen „British Raj". 1916 gründeten italienische Nonnen ein **Kloster**, dem heute ein Waisenhaus mit etwa 80 Mädchen angeschlossen ist. Auf dem Hügel verteilen sich einige koloniale Villen, darunter die schöne, 1918 erbaute **Residence of Colonel Rubel**. Die Anfahrt führt durch eine malerische Gegend mit Wäldern und Reisterrassen und endet an einem künstlich aufgestauten **See**. Auf dem Berg liegen verschiedene Siedlungen der Minderheiten, darunter das Wa-Dorf **Nong Kyo**, das Akha-Dorf **Ho Lup** und das Lahu-Dorf **Pang Wai**.

Man kann diesen Ort nur mit dem Mietwagen besuchen (ca. US$45–50), s. auch **eXTra [5688]**.

Wan Nyat und Wan Seng

Einer der schönsten Wanderausflüge führt zu Siedlungen der Loi Wa in den Bergen östlich von Kengtung. Dabei fährt man zunächst entlang der Straße in Richtung Mong La und biegt nach etwa 65 km links in eine unbefestigte Bergstraße ab. Unterwegs passiert man einen Checkpoint am Nam Lwe-Fluss, ⊙ 6–18 Uhr. Das Auto bleibt wegen der Steigung an der Abzweigung zurück. Nach etwa einer Stunde Fußmarsch (Wasser, Nahrung und Sonnenschutz mitnehmen!) ist das Dorf **Wan Nyat** erreicht, das mit einem an laotische Sakralbauten erinnernden Kloster aus dem 16. Jh. aufwartet. Außer dem gekrönten Buddha wurden die filigranen Holzschnitzereien und Mosaike an den Wänden von kunstbegabten Dorfbewohnern und Mönchen geschaffen.

Eine weitere Gehstunde später taucht auf einem bewaldeten Bergrücken das „Dorf der Hunderttausend", **Wan Seng**, auf. Auch hier lohnt der Besuch des 700 Jahre alten Klosters aufgrund der kunstvollen Holzschnitzereien und schönen Buddhadarstellungen. Der Wat steht auf einem Gelände oberhalb des Dorfes, in dem die Loi Wa-Familien in mehreren Langhäusern leben. Die Frauen tragen auch noch in ihrem Alltag indigoblaue Wickelröcke und Blusen.

Für die Automiete muss mit etwa US$70–80 gerechnet werden (s. **eXTra [5689]**).

Mong La

An der chinesischen Grenze, beschwerliche 85 km entfernt, und nur nach einer Registrierung bei der Immigrationsbehörde in Kengtung zu besuchen, liegt Mong La (auch „Mengla"). Möglich ist die Reise in die „Special Region Nr. 4" erst, seit 1989 ein Waffenstillstandsabkommen zwischen der birmanischen Regierung und der United Wa State Army (UWSA) geschlossen wurde. Bis dahin war der Ort nicht mehr als eine Rebellenhochburg an einer Drogenhandelsroute. Doch als vornehmlich chinesische Investoren ihre Gelder in die nun weitgehend autonome Zone sprudeln ließen, um ihre Landsleute über die Grenze in Spielkasinos und Karaokebars zu locken, avancierte Mong La zum „Las Vegas im Dschungel". 2005, als die chinesischen Behörden dem lukrativen Grenzverkehr einen Riegel vorschoben, war damit erst einmal Schluss. Das hat sich seit 2009 wieder gelockert; die Kasinos liegen nun etwas in der Umgebung (und werden mit Shuttlebussen angefahren). Mong La kann (meistens) ohne Guide besucht werden, doch ein Chinesisch sprechender Begleiter ist ratsam. Als Währung wird der Yuan benutzt; wechseln sollte man im Vorfeld auf dem Markt in Kengtung. Weitere Reiseinfos s. **eXTra [5696]**, Hintergründe zur Drogenthematik s. **XTra [8488]**.

Achtung: Zum Zeitpunkt der Recherchen Anfang 2017 war Mong La für ausländische Besucher gesperrt! Wer hinfahren will, sollte kurz vorher vor Ort die aktuelle Situation erfragen.

Tachileik

Die kleine Grenzstadt Tachileik [5690] bietet wenig Sehenswertes. So kommt es, dass Touristen von hier aus meist direkt nach Kengtung weiterfahren oder -fliegen. Einige Reisende nutzen die Grenzstadt für ihren Visa-Run, um ein neues Thai-Visum zu bekommen.

Ein Tagesausflug von Mae Sai in Thailand aus bietet sich als Schnupperkurs für zukünftige Myanmar-Reisende an. In Tachileik gibt es einige Kunsthandwerksgegenstände der Shan zu kaufen. Diese sind auf der thailändischen Seite für das gleiche Geld zu haben. Obwohl in Tachileik vornehmlich mit Baht bezahlt wird, ist das birmanische Lebensgefühl spürbar.

Wer es nicht nach Yangon schafft, kann sich die Replik der **Shwedagon-Pagode** ansehen, von der man einen guten Blick über die Stadt und die umliegenden Berge hat. Nördlich des Städtchens liegt ein sehr touristisches **Akha-Dorf**.

ÜBERNACHTUNG

Tachileik ist nicht gerade berühmt für seine Hotels. Das Preis-Leistungs-Verhältnis der Unterkünfte ist auf der thailändischen Seite wesentlich besser.

Grenzübergang von/nach Thailand

Täglich strömen viele Thais über die Grenzbrücke nach Tachileik, um dort billige chinesische Waren einzukaufen. Zu Grenzschließungen infolge bilateraler Zerwürfnisse kommt es derzeit selten. Das Thai-Visum wird direkt an der Brücke gestempelt. 6–18 Uhr, am Wochenende bis 21 Uhr. Das Büro der thailändischen Immigration liegt in Mae Sai, rund 1,4 km von der Brücke entfernt, +66-(0)53-731 008/9.

Einreise: Die Einreise nach Myanmar mit dem normalen Touristenvisum ist kein Problem. Die Weiterreise ins Landesinnere muss allerdings von Tachileik oder Kengtung aus mit dem Flugzeug erfolgen. Alternativ erhält man für US$10 ein 14 Tage gültiges **Entry Permit**, das aber nur zu einem Aufenthalt in Tachileik und Kengtung berechtigt. Eine Weiterreise zu anderen birmanischen Zielen ist nicht möglich. Der Reisepass bleibt in diesem Fall bis zur Rückkehr im Immigration Office von Tachileik. Individualreisende mit Entry Permit müssen für den Besuch von Kengtung bereits an der Grenze einen „Tour Guide" anheuern, der mit etwa 1000 Baht bzw. US$30 am Tag plus Kost und Logis zu Buche schlägt. Wer von Kengtung aus Trekkingtouren plant, sollte vorab einen Guide aus Kengtung anheuern und ihn bitten, nach Tachileik zu fahren, denn die Führer aus Tachileik sind für diese Ausflüge nicht geeignet.

Ausreise: Wer mit dem Entry Permit über Tachileik nach Myanmar eingereist ist, kann hier wieder problemlos ausreisen. Auch wer über Yangon (oder einen anderen Grenzübergang) ins Land kam, kann ohne Probleme nach Thailand ausreisen.

In Thailand erwartet Touristen eine kostenlose, vier Wochen gültige Aufenthaltserlaubnis. Von der thailändischen Grenze fahren Sammeltaxis zum Busbahnhof, wo tagsüber stündlich Busse nach Chiang Rai [2723] und Chiang Mai [2685] abfahren.

Allure Resort, Baydar Rd., Thailand
0066-(0)1-530 1113, www.allureresort.com. Exklusivste Herberge Tachileiks. Hier

Tachileik

verzocken vornehmlich thailändische Touristen ihre Baht am Spieltisch. Großzügig ausgestattete Zimmer und Suiten lassen kaum Wünsche offen. ❹–❻

Golden Cherry Hotel, Arcasar Yone St., ✆ 084-52517. Gutes Mittelklassehotel in zentraler Lage. Sauber und relativ große Zimmer, nur die EZ sind sehr klein. ❹

Maekhong River Hotel, Bogyoke Rd., ✆ 084-51900. Tophotel mit westlichem Standard, Kasino, Sauna und großzügiger Lobby mit viel Marmor. Vom Biergarten auf dem Dach Ausblicke über ganz Tachileik und zur thailändischen Seite. ❸–❻

Riverside Hotel, am Fluss, ✆ 084-51161, ✆ Yangon 01-960 0710. Dem Haus würde eine Renovierung guttun. Die direkte Lage am Grenzfluss ermöglicht sehnsüchtige Blicke in die deutlich komfortablere Welt des benachbarten Thailand. ❶–❷

ESSEN

Zahlreiche **Restaurants** und fahrbare **Essensstände** finden sich direkt an der Grenzbrücke und der **Hauptstraße** (Bogyoke Aung San Rd.). Auch hier ist ein deutlicher Qualitätsabfall gegenüber Thailand festzustellen.
In unmittelbarer Nähe des Erawan Hotels bieten nachmittags südasiatische Muslime äußerst leckere, frisch frittierte vegetarische **Frühlingsrollen**, **Samosa** und **Pakori** an.
Ein kleines, namenloses Restaurant mit wenigen Tischen serviert schmackhafte **Thai-Küche** und ist besonders abends gut besucht. Falls man kein Thai spricht, einfach mit den Fingern auf die verschiedenen ausliegenden Zutaten deuten.
Das **Maekhong River Hotel** verfügt über einen schönen Biergarten auf dem Dach mit Restaurantbetrieb.

SONSTIGES

Einkaufen
Viele Tagestouristen decken sich mit Zigaretten, Alkohol und CDs/DVDs zu günstigen Preisen ein. Kleidungsstücke sind meist in Thailand produziert und kaum billiger. Des Weiteren finden sich Schnitzereien, Kräuter, getrocknete Pilze, Tee und Elektrogeräte aus China im Angebot.

Geld
Im gesamten Stadtgebiet werden thailändische Baht als Zahlungsmittel akzeptiert. Direkt westlich an der Grenzbrücke bieten kleine Läden die Möglichkeit zum Geldwechsel. Wer nach Kengtung weiterreist, kann jedoch auch dort tauschen.

Informationen
Das Personal des **Myanmar Travel & Tour Office (MTT)**, ✆ 084-21023, auf der Grenzbrücke ist freundlich und hilft mit Informationen zur weiteren Reisegestaltung. Auf Wunsch wird ein Taxi nach Kengtung organisiert.

NAHVERKEHR

Schon an der Brücke warten kontaktfreudige und geschäftstüchtige **Rikschafahrer** auf Kunden (unbedingt vorab Preis und Route festlegen!). Die einfache Fahrt zum Taxistand kostet etwa 30 Baht, der Transport zum 12 km entfernten Flughafen etwa 100 Baht, 2000 Kyat oder US$2. **Songthaew / Pick-ups** fahren entlang der Hauptstraße und kosten je nach Strecke 5–10 Baht.

TRANSPORT

Taxis
Die angenehmste Art, die kurvenreichen 167 km nach KENGTUNG zu bewältigen, ist per Sammeltaxi (bis zu 5 Plätze, 3 1/2–4 Std. inkl. Essensstopp; ab 15 000 Kyat je nach Anzahl der Personen). Die gute Straße windet sich entlang enger Flusstäler mit Reisterrassen und Bambuswäldern. Das MTT hilft gern bei der Vermittlung eines Taxis. Etwas günstiger sind die Sammeltaxis an der Hauptstraße.

Busse
Tgl. starten um 8 und 12 Uhr Busse vom 7 km östlich der Stadt gelegenen **Busbahnhof** nach KENGTUNG (167 km) für 10 000 Kyat in 4 1/2 Std.

Flüge
Air Bagan, 🖥 www.airbagan.com, bedient in den Wintermonaten fast tgl. die Strecke Tachileik–HEHO–MANDALAY–YANGON sowie Mo, Mi und Sa die Strecke nach KENGTUNG. Informationen und Buchungen im Stadtbüro, Bogyoke Aung San Rd., ✆ 084-51024, 51929. Je nach Kapazität steuert auch **Air Mandalay**, 🖥 www.airmandalay.com, tgl. Tachileik an. Weitere Flüge u. a. mit **Asian Wings**, 🖥 www.asianwingsair.com, und **Air KBZ**, 🖥 www.airkbz.com.

BAMBUSBRÜCKE, BHAMO; © MARK MARKAND

Der Norden

Der Norden Myanmars gehört zu den eher selten bereisten Regionen des Landes. Die Zahl der für Touristen erreichbaren Ziele hält sich in Grenzen und militärische Auseinandersetzungen destabilisieren die Lage. Dennoch hat diese Region ihre ganz eigenen Reize. Ein Besuch empfiehlt sich besonders für jene, die die großen touristischen Hotspots schon gesehen haben – oder meiden wollen.

Stefan Loose Traveltipps

Myitson Der Zusammenfluss von Mekha und Malika markiert den Ursprung des mächtigen Ayeyarwady – und ist von einem Staudammprojekt bedroht. S. 472

Bhamo Das freundliche Städtchen Bhamo ist von Mandalay aus mit einer Bootstour zu erreichen. S. 474

Katha Das Örtchen, das die Kulisse von George Orwells *Burmese Days* bildet, ist ein schöner Zwischenstopp auf einer Flussreise im Norden. S. 476

Tedim Ein Abstecher in den nördlichen Chin-Staat garantiert größtmögliche Ferne zum Touristenstrom. S. 481

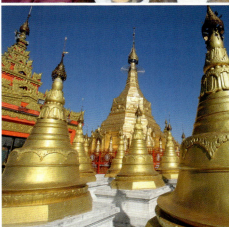

Wann fahren? Beste Reisezeit für die Region ist zwischen November und März. In den trockenen Sommermonaten wird eine Flussfahrt auf dem Ayeyarwady beschwerlich.

Wie lange? Die meisten Reisenden bleiben etwa 3 bis 5 Tage.

Beste Feste Wer einmal das Manao-Fest in Myitkyina oder das Tempelfest auf dem Indawgyi-See erlebt hat, wird es sein Leben lang nicht vergessen.

Unbedingt probieren Die Kachin-Küche ist ein echtes Highlight für kulinarische Entdecker.

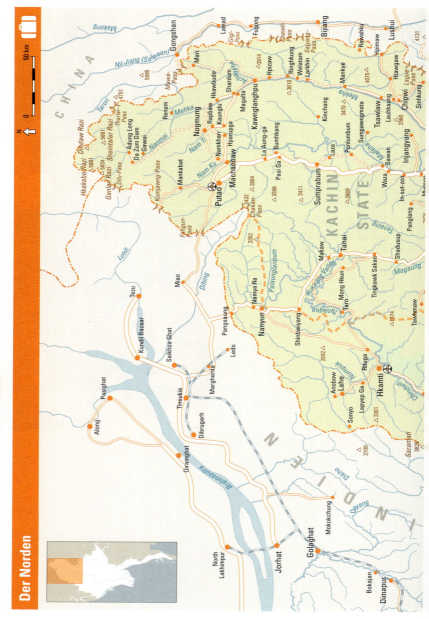

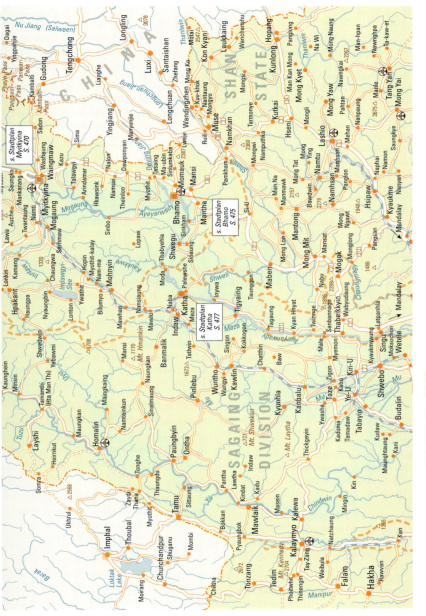

Kachin-Staat

Nur wenige Orte des zweitgrößten Staates Myanmars können von Touristen besucht werden. Die meisten liegen im südlichen Teil des Kachin-Gebietes. Große Teile des Nordens sind *off limits* und gehören zu den unbekanntesten Gegenden Myanmars. Seit im Juni 2011 nach einem 17-jährigen Waffenstillstand neue Kämpfe zwischen der birmanischen Armee und der Kachin Independence Organisation (KIO) aufflackerten, sind anhaltende Unruhen immer wieder Grund für Reisebeschränkungen.

Der Kachin-Staat grenzt an Indien und China, die Sagaing Division und den Shan-Staat. Die Natur ist überwältigend: Fruchtbare Hochtäler an den Flüssen Malikha, Mekha, Tanainghka und Ayeyarwady, in denen die meisten der etwa 1,2 Mio. Bewohner siedeln, und die schneebedeckten Gipfel des östlichen Himalaya machen die Natur zur Hauptattraktion dieses Gebietes.

„Kachin" ist die birmanische Bezeichnung für eine ganze Reihe von Völkern tibeto-birmanischen Ursprungs. Die größte Gruppe sind die Jinghpaw. Sie besaßen keine eigene Schrift, bis Ende des 19. Jhs. Missionare die Sprache in ein Schriftsystem übertrugen, das heute bei allen Volksgruppen der Jinghpaw Verwendung findet.

Der Kachin-Staat ist kein buddhistischer Staat. Hier leben viele Animisten. Tieropfer und dazugehörige Zeremonien sind keine Seltenheit. Viele Bewohner sind allerdings christianisiert – was hauptsächlich auf Bemühungen amerikanischer Baptisten zurückgeht. Die traditionelle Erbfolge, in der der jüngste Sohn des Dorfoberhaupts die Verantwortung des Vaters übernimmt, soll noch praktiziert werden.

Wer in den Kachin-Staat reist, befindet sich abseits der touristischen Pfade. Das Reisen ist hier oft beschwerlich. Auf dem Wasserweg kann man mit einem lokalen Boot oder einem Luxusliner von Mandalay bis nach Bhamo fahren. Die Fahrt durch Schluchten und vorbei an Bambuswäldern verspricht einmalige Naturerlebnisse.

Berühmt ist der Kachin-Staat für seine zahlreichen Jademinen, die allerdings nicht besucht werden dürfen. Doch nicht nur die Erde birgt Wertvolles, auch die Flüsse aus dem Himalaya tragen Gold in die Täler.

In den unzugänglichen Tälern des Kachin-Staates leben noch etwa 50 Tiger, für die eine riesige Schutzzone eingerichtet wurde: das Hukawng-Valley Tiger Reserve mit einer Fläche von mehr als 20 000 km². Die Ausbildung von Wildhütern soll den lukrativen Handel mit Körperteilen des Tigers eindämmen. Das Reservat soll auch Heimat für viele andere bedrohte Tierarten werden, darunter Elefanten und Schwarzbären.

Myitkyina

Der Name der Hauptstadt des Kachin-Staates heißt übersetzt „in der Nähe des großen Flusses". Es ist der Ayeyarwady, der hier in der Gegend seinen Anfang nimmt. Er entsteht aus der Vereinigung der zwei Flüsse Mekha und Malikha knapp 50 km nördlich von Myitkyina (S. 472, Myitson). Beide entspringen im östlichen Himalaya. Der Ayeyarwady ist der wichtigste Fluss Myanmars, er windet sich südlich von Myitkyina durch steile Schluchten und dann an Mandalay und Bagan vorbei durch die Zentralebene, bis er sich nahe Yangon in einem weiten Delta ins Meer ergießt. Seit 1898 die Bahnstrecke zwischen Yangon, Mandalay und Myitkyina fertiggestellt wurde, ist Myitkyina das wirtschaftliche Zentrum des Nordens. Die Stadt ist ein wichti-

---

Das Manao-Fest

Am 10. Januar veranstalten die Kachin in Myitkyina anlässlich des Nationalfeiertags ein großes Fest *(manao)*. Jeder Kachin-Stamm feiert über das Jahr verteilt diverse *manao*, bei denen er Schlachten gedenkt oder um gutes Wetter für die Ernte bittet. Am Nationalfeiertag feiern alle gemeinsam. Einst wurden die Nat-Geister mit Tieropfern geehrt. Traditionell mussten dabei 29 Kühe oder Wasserbüffel ihr Leben lassen, entsprechend der Zahl der hier verehrten Geister: ein Tier für jeden der 28 Nats und eines für alle zusammen. Es wird viel getanzt und getrunken. Zu sehen sind außerdem viele schöne Trachten.

Der Markt von Myitkyina ist der größte der Region; hier herrscht reges Treiben.

ges Handelszentrum zwischen Myanmar und dem benachbarten China.

Myitkyina liegt in einem flachen Tal und ist die Heimat von Kachin, Shan, Indern, Karen, Chinesen und Gurkhas. Buddhistische Pagoden stehen neben chinesischen Tempeln, und auch Moscheen und Kirchen prägen das Stadtbild. Neben einigen römisch-katholischen Gläubigen gibt es viele Baptisten. Auch Anglikaner und Methodisten sind im Konfessionsgemisch vertreten.

Sehenswürdigkeiten

Wirkliche Sehenswürdigkeiten bietet Myitkyina kaum. Wer etwas Zeit in der Stadt verbringen möchte, kann – neben dem obligatorischen Streifzug über den Markt – einige religiöse Gebäude besuchen.

Die **Sutaung Pyae-Pagode** ist auch als Wunscherfüllungspagode bekannt. Sie wurde 1113 in idyllischer Lage am Flussufer erbaut. Bunt bemalte Löwen bewachen die Eingänge der Anlage. Gegenüber liegt ein großer, sehr schöner Buddha. Er wurde erst in jüngster Zeit errichtet und von einem japanischen Ex-Soldaten gestiftet, der im Zweiten Weltkrieg hier Dienst tat. Auf der anderen Straßenseite befindet sich eine weitere Pagode mit einem großen stehenden Buddha.

Die gläubigen Gurkhas und Hindus der Stadt treffen sich im **Sheeri Shara Swathi-Tempel**. Muslime versammeln sich in der 1956 erbauten **Jaame Masjid**, und Anhänger der taoistisch-buddhistischen Lehre finden sich im **chinesischen Tempel** ein. 15 verschiedene Kirchen bieten Platz für die zahlreichen Christen unterschiedlicher Konfessionen. Nahe am Zentrum liegt die katholische **St. Columban's-Kathedrale** – auf dem Gelände befindet sich auch der Bischofssitz. Die **Anglikanische Kirche** an der Ausfallstraße nach Norden ist jedes Jahr im Dezember Treffpunkt für mehrere Tausend Anglikaner, die aus ganz Myanmar anreisen. Etwas Besonderes ist die **Shatapru Baptist Church**, die ganz mit runden Flusssteinen verkleidet ist.

Das **Kachin State Museum** nördlich des Zentrums zeigt Trachten, Musikinstrumente und Handwerksgegenstände wie Fischernetze und Webstühle. Die zweite Etage ist dem ehemaligen Fürsten von Putao (dem *Sawbwa* von Hkamti Long) gewidmet. Ausgestellt sind alte Truhen, Kanonen und Muscheln, die der Herrscher wohl als Geschenk von Besuchern erhalten hat.

⊙ tgl. außer Mo 10–15 Uhr, Eintritt 2000 Kyat, Fotogebühr 1000 Kyat.

Noch weiter nördlich befindet sich der **Wunpawng Ninggawn Manau Wang**, der große Platz, auf dem alljährlich das Manao-Fest begangen wird.

ÜBERNACHTUNG

Die meisten Zimmer in Myitkyina kosten im Januar zum Manao-Fest bis zu doppelt so viel wie unten angegeben. Zu dieser Zeit sollte man frühzeitig buchen.

Hotel Madira, 510 Pyayhtaungsu Rd., ✆ 074-21119, 29455, ✉ madira.hotel.mka@gmail.com, [9848]. Nicht zu Unrecht eines der beliebtesten Häuser der Stadt. Die gepflegten Zimmer sind z. T. sogar recht geräumig. Einzig die Lage etwas abseits vom Zentrum ist ein Nachteil. ❹–❺

Hotel Nan Thida Myitkyina, Zau Jun, Ecke Strand Rd., ✆ 074-22362, 09-515 5455, ✉ nanthida@myanmar.com.mm, [5539]. Nördlich des Zentrums nahe am Fluss. Erstrahlt nach Besitzerwechsel und Renovierung in neuem Glanz. Die Bungalows und die großen Zimmer im Haupthaus sind gepflegt und mit Kachin-Motiven dekoriert. ❺–❻

Hotel United, 38 Thit Sa St., ✆ 074-22085, 23300, [5537]. Saubere, gefliese AC-Zimmer; viele davon mit Balkon. ❸–❹

New Light Hotel, 70 Zay Gyi Rd., ✆ 074-23576, 22970, ✉ newlightelec@yangon.net.mm, [5540]. Einfaches, zentral gelegenes Hotel unter indischer Leitung. Die billigeren Zimmer sind recht klein, aber sauber. AC, TV, Kühlschrank. ❷–❸

Pantsun Hotel, 36/37 Thit Sa St., ✆ 074-22748, 20655, ✉ pantsun.hotel@gmail.com, [5538]. Zimmer mit AC, TV und etwas angejahrtem Teppichboden, nichts Besonderes, aber okay. ❸–❹

€ **YMCA**, N.E.12, Myothit Qr., ✆ 074-23010, 22937, ✉ mka-ymca@myanmar.com.mm, [5541]. Einfachste Zimmer in zentraler Lage. Mit TV und Warmwasser im eigenen Bad oder mit Gemeinschaftsbad. Auch Dreibettzimmer. Kein Hort der klinischen Sauberkeit, aber dafür freundliche Leute – und außerdem ein Klassiker. ❷–❸

ESSEN

Wer nicht unbedingt nach Pancakes und Burgern sucht, kann in Myitkyina recht gut essen gehen.

Bamboo Field, 313 Pyi Htaung Su Rd., ✆ 074-23227. Hier trifft sich abends die einheimische Oberschicht bei chinesischem Essen, Fassbier und Whisky. Gelegentlich Livemusik.

Jing Hpaw Thu 2, etwas außerhalb am Fluss nördlich des Manau-Platzes, ✆ 09-240 0518, 🖥 www.jinghpawhtu.com. Hervorragende traditionelle Kachin-Küche; eines der besten Restaurants in der Umgebung. Das Lokal hat noch einen zentraler gelegenen Ableger: **Jing Hpaw Thu 1** in der Nähe vom Stadion, ✆ 09-240 1622, der jedoch in Sachen Atmosphäre und Umgebung nicht ganz mithalten kann.

Kashmir, Zay Gyi Rd., ✆ 074-22117, 09-240 1804. Leckere indische Küche. Um die Ecke, gegenüber der katholischen Kathedrale, liegt ein weiteres indisches Restaurant mit sehr gutem Ruf: das **Sha Mie 786** (muslimische Küche).

Kiss Me, am Fluss nahe dem liegenden Buddha. Gutes Essen, aber vor allem bei der lokalen Jugend beliebt wegen der großen Auswahl an Shakes. Ein Lichtblick auch für den Kaffee aus der importierten Kaffeemaschine.

Orient Restaurant, neben dem YMCA. Nudelsuppe, French Toast, Hamburger und Spaghetti Bolognese. Nicht nur bei Travellern aus dem benachbarten YMCA beliebt – auch Einheimische nehmen hier gerne einen Snack. ⊙ ab 7 Uhr.

River View Restaurant, am Fluss. Toller Blick. Gute chinesische Küche, viele Fischgerichte und Vegetarisches. Bier vom Fass. Abends häufig voll.

Weitere lokale Lokale und Teestuben in der Zay Gyi Rd. westlich des Bahnübergangs, darunter das beliebte und empfehlenswerte **Smile World** mit birmanischer und chinesischer Küche.

SONSTIGES

Einkaufen

Bei einem Bummel über den **Markt** mischt sich der Reisende unter die Angehörigen der verschiedenen Volksgruppen, die hier Handel treiben. Das Angebot an Obst und Gemüse auf dem Markt ist reichlich. Der in der Umgebung angebaute Reis *khat cho* gilt als Delikatesse. Außerhalb der Region wird er fast nie verkauft.

Informationen
Sun Far Travel & Tours, Thamadi St., ✆ 074-23392, 21326. Auch wenn einige Fluggesellschaften Büros in der Pyayhtaungsu Rd. nahe dem Bamboo Field Restaurant eröffnet haben, ist man bei Sun Far T&T besser aufgehoben: Alle Gesellschaften sind im Angebot und die Verständigung klappt gut. ⏲ 8–18 Uhr.

Touren
Für Touren in die nähere Umgebung empfiehlt sich ein Motorrad mit Fahrer.
Snowland Travel, 79 Shansu (North), ✆ 074-23499, 🖳 www.snowlandmyanmar.com, ist auf Trekking im hohen Norden spezialisiert. Eine **Autovermietung** gibt es im Restaurant Kashmir (s. Essen).

TRANSPORT

Busse
Ein Bus nach BHAMO startet morgens gegen 8 Uhr (um 7 Uhr da sein) am Busbahnhof. Das Ticket kostet für Ausländer 15 000 Kyat und sollte einen Tag vorher besorgt werden, um einen Sitzplatz sicher zu haben (Tickets am Busbahnhof). Es werden 5 Kopien von Pass und Visum benötigt, die der Busfahrer unterwegs an den Streckenkontrollen vorzeigt bzw. abgibt. Die Fahrt durch eine landschaftlich z. T. sehr reizvolle Strecke dauert etwas über 6 Std.
Achtung: Anfang 2017 war westlichen Besuchern die Benutzung dieses Busses aufgrund der Sicherheitslage nicht erlaubt.

Eisenbahn
Die Fahrt zwischen Mandalay und Myitkyina (bis zu 26 Std.) ist an sich schon ein Abenteuer (andere sagen: eine Tortur). Für Verpflegung sorgen die vielen Händler, die an jedem Bahnhof ihre Leckereien und Spezialitäten durchs Fenster reichen.
Richtung MANDALAY (via HOPIN, für Weiterfahrt zum Indawgyi-See; und NABA, für Weiterfahrt nach Katha) fahren tgl. 4 Züge: um 4.30, 7.45, 13.15 und 15 Uhr. Die beiden späteren haben auch Schlafwagen. Die Tickets kosten zwischen 1750 Kyat *(Hopin Upper Class)* und 22 500 Kyat *(Mandalay Sleeper)*.

Boote
Ein Expressboot fährt tgl. um ca. 9 Uhr (um 8 Uhr da sein) für 8000 Kyat von Myitkyina in Richtung BHAMO, das am nächsten Tag erreicht wird. Ein Tuk Tuk aus der Innenstadt zum Anleger kostet 2000–3000 Kyat. Bootstickets gibt's am Anleger morgens vor der Abfahrt. Übernachtet wird in **Sinbo**. Dort bietet das kleine **Shwe Nedy Guesthouse** einfache Zimmer für 4000 Kyat. Abendessen (*fried rice*, Nudeln) gibt es um 18 Uhr im Guesthouse, um 20 Uhr ist Nachtruhe: Dann wird der Strom abgestellt. Am nächsten Morgen geht es um 10 Uhr für weitere 7000 Kyat bis Bhamo. Ankunft dort zwischen 15 und 16 Uhr.
Achtung: Anfang 2017 war westlichen Besuchern die Benutzung dieser Bootsverbindung aufgrund der Sicherheitslage nicht erlaubt.

Flüge
Air Bagan, ✆ 074-23392, 🖳 www.airbagan.com, fliegt mehrmals wöchentl. nach MANDALAY und weiter nach YANGON; ebenso **Air KBZ**, 🖳 www.airkbz.com, und **Myanmar National Airlines**, 🖳 www.flymna.com. **Asian Wings**, 🖳 www.asianwingsair.com, verbindet Myitkyina flugplanmäßig 2x wöchentl. mit BHAMO.

Myitson

Einen schönen Ausflug verspricht die Fahrt nach Myitson, einem kleinen Ort am Zusammenfluss (engl. *confluence*) von Mekha und Malikha. Hier hat der Ayeyarwady seinen Ursprung. Einige kleine Restaurants bieten gute lokale Küche. Bei einem Spaziergang am Flussufer kann man Goldwäschern zusehen.

Vor wenigen Jahren schien es, als seien die Tage dieses Ortes gezählt: Ein wenig flussabwärts wurde mit chinesischer Hilfe ein großes Staudammprojekt begonnen. Die Energie sollte wohl hauptsächlich in das große Nachbarland exportiert werden. Über 15 000 Menschen aus 60 Dörfern müssten dafür umgesiedelt werden. Im September 2011 wurde der Bau aus politischen Gründen gestoppt. Seitdem hängt das Projekt in der Schwebe; aufgegeben ist die Idee aber noch nicht. Es mehren sich die Zeichen, dass mit dem Bau weitergemacht wird, sobald die politisch-militärische Situation in der Region dies wieder erlaubt.

Die Anreise erfolgt am besten mit einem lokalen (Moped-)Fahrer. Theoretisch ist sie auch alleine möglich (eine Wegbeschreibung gibt es im YMCA), doch die Verhandlungen mit den bewaffneten Militärposten, die zu manchen Zeiten den Weg zum Zusammenfluss kontrollieren, überlässt man besser einem Einheimischen, will man nicht allzu tief in die (Dollar-)Tasche greifen.

Unterwegs bietet sich ein Zwischenstopp am jedes Jahr baufälliger werdenden **Jaw Bum-Turm** an, einem Aussichtsturm, der ein paar hundert Meter abseits der Hauptstraße auf einem Hügel steht.

Indawgyi-See

Der idyllische Indawgyi-See („Großer königlicher See"), westlich von Myitkyina, ist einer der größten natürlichen Seen Südostasiens und erstreckt sich auf über 50 km². Im See steht rund 200 m vom Ufer entfernt eine große weiße Pagode mit goldenem Stupa, die sich wunderschön im Wasser spiegelt: die **Shwe Myae Zu-Pagode**. Sie wurde vor etwa 250 Jahren erbaut, im Laufe der Zeit dreimal restauriert und damit zur größten Pagode des Kachin-Staates, an der alljährlich in der zweiten Woche des Mondmonats Tabaung (Feb/März) ein großes, zehntägiges Fest gefeiert wird. Die Einheimischen berichten, dass früher jedes Jahr vor dem Fest zwei parallele Sandbänke aus dem See hervortraten. Eine davon war den Menschen vorbehalten, damit sie trockenen Fußes zur Pagode gelangten. Die andere, stellenweise von Wasser überflutet, war für die Geister. Sobald das Fest vorüber war, verschwanden die Sandbänke im See, um im Jahr darauf erneut einen Weg zur Pagode zu schaffen. Heute wird der Geisterpfad zum Fest mit Fahnen markiert, während der Dammweg für die Menschen befestigt ist.

Per Taxi-Boot fahren Besucher zur Shwe Myae Zu-Pagode.

Während des **Festes** wohnen die einheimischen Besucher meist mit der ganzen Familie in einem der großen Pavillons, die auf dem Festland gegenüber der Pagode stehen. Die „Zimmer" sind mit 1 m hohen Bambuswänden abgetrennt. Wer fragt, kann vielleicht für 5000 Kyat eine solche Schlafstelle erhalten, sollte sich aber mit einem Schlafsack ausrüsten (Decken sind auf dem Markt erhältlich) und Ohrstöpsel mitnehmen – die Musik auf der Bühne spielt bis 6 Uhr morgens.

Den Rest des Jahres ist es am See sehr ruhig. Allerdings haben in den vergangenen Jahren auch hier die Auseinandersetzungen zwischen der KIA und der Armee Myanmars zugenommen, sodass man vor einem Besuch unbedingt die aktuelle Sicherheitslage checken sollte.

ÜBERNACHTUNG UND SONSTIGES

In der kleinen Ortschaft **Lonton** am Westufer des Sees gibt es ein sehr einfaches Guesthouse, das **In Daw Ma Har**. Geführt wird es von Herrn U Tin Myain, ☏ 09-3615 2269, der ein Ansprechpartner in allen Fragen ist, vom Restauranttipp bis zum Mopedverleih. ❶

Auch **Kajaks** für Touren über den See können über ihn organisiert werden.

TRANSPORT

Anreise
Mit einem Mietauto ist der See theoretisch ab MYITKYINA in rund 5 Std. erreichbar, Kosten etwa 70 000 Kyat. Zur Zeit der Recherche war dies allerdings nicht erlaubt.

Langwieriger (und günstiger) ist die Anreise im Zug via HOPIN (sinnvolle Abfahrt in Myitkyina um 7.45 Uhr, 1750 Kyat, ca. 5 Std.), von dort mittags weiter nach Lonton mit einem der letzten voll beladenen Pick-ups zum See (4000 Kyat, ca. 3–5 Std., Kletterkünste erforderlich, um einen der Plätze auf dem Dach zu erreichen; nichts für ängstliche Naturen). In Hopin machen die lokalen Autoritäten vor der Abfahrt eine Passkopie – ganz unkompliziert mit dem Smartphone.

Abreise
Morgens um 7 Uhr mit dem Pick-up von Lonton nach HOPIN, von dort 4x tgl. mit dem Zug nach MANDALAY, planmäßig um 8, 12, 14.30 und 17.20 Uhr. Letzterer hat auch Schlafwagen. Die Tickets kosten 15 000 Kyat *(upper class)*, Schlafwagen 17 900 Kyat, Fahrtdauer 16–22 Std. Nach MYITKYINA um 6, 9.30 und 19.30 Uhr.

Bhamo

Bhamo (birm.: Banmaw) ist eine kleine Stadt, deren Haupteinnahmequelle lange Zeit der Handel mit Rubinen war. Die Stadt am Ayeyarwady wurde im 17. Jh. gegründet. Von hier führte eine Karawanenstraße nach China, was die Stadt zu einem Handelszentrum für diese Region machte. Nachdem im Zweiten Weltkrieg die Ledo-Burma Road gebaut wurde, die über Lashio nach Kunming führt, hat sich der Handel mit den Chinesen nach Lashio verlagert. Heute trifft man auf dem Markt oft Angehörige verschiedener Volksgruppen in ihrer traditionellen Tracht.

Der verschlafene Charme der Stadt fesselt die bislang nicht allzu zahlreichen Besucher, die vor allem von den schönen Wanderungen in der Umgebung schwärmen. Auf noch nicht ausgetretenen Pfaden können die angrenzenden Orte der Lisu, Kachin und Shan besucht werden. Auch eine Fahrradtour ermöglicht Besuche in vom Tourismus noch unberührten Gegenden. Außerhalb einer Zwei-Meilen-Grenze dürfen Ausländer die Umgebung jedoch nur in Begleitung eines Guides besuchen.

Sehenswürdigkeiten

Die **Thein Daw Gyi-Pagode** liegt im Stadtzentrum an einem kleinen Teich und beherbergt eine Zahnreliquie Buddhas. Acht kleine Stupas, die die acht Wochentage symbolisieren, gruppieren sich um den Hauptstupa. Weitere Nebengebäude und Gebetshallen schließen sich an.

Auffällig ist die runde (und runderneuerte) **Kyauk Taw Ya Kan Daw U-Pagode** beim Kyauk Taw U-Kloster, um die herum der Verkehr fließt. Innen sitzen vier große, sehr verehrte Buddhafiguren, außen erheitern allerlei lustige Statu-

en den Betrachter. Die Pagode stammt von 1882 und wurde 2009 renoviert.

Die **Taung Laylon Datpaungzu-Pagode** beherbergt eine große sitzende Buddhafigur. Auch zwei Buddhafiguren aus Marmor thronen in der Ordinationshalle. Die bronzene Glocke der Pagode stammt aus dem 11. Jh. Angegliedert ist ein Kloster, dessen freundliche Mönche Besucher gern durch die Pagode führen.

Etwa 6 km nördlich der heutigen Stadt Bhamo stehen die Ruinen von **Alt-Bhamo** (Bhamo Myohaung). Hier befinden sich die Überreste eines alten Shan-Palastes, dessen Herrscher einst das Fürstentum Sampanago regierte. Das ehemalige Königreich entstand schon vor der Zeit Bagans und war ebenfalls ein bedeutendes Handelszentrum, das im 15. Jh. sogar in Europa bekannt war. Am Schönsten lässt sich die Anfahrt mit einer Pferdekutsche zurücklegen. Wer es mit dem Fahrrad auf eigene Faust probiert, sollte der Hauptstraße nach Norden folgen, am Fluss entlangfahren, am Gefängnis vorbei und den Hinweisschildern zur **Shwe Kyina-Pagode**, einem kleinen Pagodenkomplex inmitten von Reisfeldern, folgen.

Nahe Alt-Bhamo fließt der Tampein, über den eine 490 m lange **Bambusbrücke** führt, die jedes Jahr im Juni von der Bevölkerung demontiert und ein paar Monate später nach der Regenzeit, wenn der Wasserstand es zulässt, wieder zusammengesetzt wird. Sie führt zum **Thein Pa-Hügel**, wo sich ein Kloster befindet.

ÜBERNACHTUNG

Nur wenige Unterkünfte im Ort haben eine Lizenz zur Beherbergung von Ausländern.
Friendship Hotel, 28 Bawde St., ✆ 074-50095. Saubere und große Zimmer, die meisten mit AC, eigenem Bad (Warmwasser) und TV. Im Altbau günstigere Zimmer mit Gemeinschaftsbad. Inkl. Frühstück – ein Buffet, das in dieser Region seinesgleichen sucht! ❷–❹
Grand Hotel, 27 Post Office Rd., ✆ 074-50317. Gute AC-Zimmer mit TV und Bad. ❸–❹
Paradise Hotel, Shwe Kyaung Kone St., ✆ 074-50136, ✉ hotelparadisebanmaw@gmail.com. Recht gute AC-Zimmer mit Kühlschrank und bequemen Betten. Freundliche Leute, gutes Englisch. Frühstück im gleichnamigen Restaurant nebenan. ❸

ESSEN

Maw Kaungkin (Sky Beer Bar), 66 Tiyet Rd. Gute birmanisch-chinesische Küche. Großes, verlockendes Angebot an Gegrilltem, das allerdings nicht immer ganz billig ist. Dazu Bier vom Fass und TV.
Shamie, Tiyet Rd., ✆ 074-50108. Serviert leckere indische Currys (vegetarisch).
U Law Tin Bakery, Strand Rd. Eher ein Teashop als eine Bäckerei; kleine Snacks und süßer Kaffee, Blick auf die belebte Uferstraße.
Wer länger in der Stadt ist, kann zudem im **Sein Sein Restaurant** nördlich des Anlegers an der Uferstraße chinesische Küche probieren, vom **Blue Sea Restaurant** aus dem geschäftigen Treiben in Marktnähe zusehen oder in einer der vielen **Teestuben** verweilen.

INFORMATIONEN

Das kleine **MTT-Büro** in einer der Altstadtgassen ist mehr für die Belange anreisender Chinesen zuständig als für westliche Besucher.

TRANSPORT

Auto und Busse
Zurzeit ist Bhamo nur auf dem Wasserweg ab Mandalay und Katha zu erreichen, auf dem Landweg jedoch nicht.

Boote
Nach SINBO fährt ein **Expressboot** tgl. um 8.30 Uhr (7000 Kyat, ca. 6 Std.); die Benutzung ist westlichen Besuchern jedoch aufgrund der Sicherheitslage untersagt. Nach KATHA tgl. um 9 Uhr (15 000 Kyat, 4–5 Std.).
Mit der **IWT-Fähre** über Katha nach MANDALAY 3x wöchentl., fahrplanmäßig Mo, Mi und Fr, Abfahrt ca. 7 Uhr (6 Uhr da sein), Ankunft ca. 18 Uhr am nächsten Tag – wenn der Ayeyarwady genug Wasser führt, was meist nur im Okt/Nov direkt nach der Regenzeit der Fall ist. Tickets US$12 für einen Platz an Deck (d. h. eine mit einer Nummer markierte Stelle am Boden; für eine Unterlage – auch zum Schlafen – ist selbst zu sorgen) und US$60 für einen Platz in einer Kabine. Es gibt Toiletten und ein „Restaurant" an Bord: Letzteres setzt einen stabilen Magen voraus. Die Fahrt ist landschaftlich interessant und hat ihre ganz eigenen Reize, s. **eXTra [5532]**.

Flüge
Myanmar National Airlines, 🖥 www.flymna.com, und **Asian Wings**, 🖥 www.asianwingsair.com, verbinden Bhamo laut Flugplan 2x wöchentl. mit MANDALAY.

Katha

Katha ist ein angenehmer kleiner Ort am Ufer des Ayeyarwady. Er liegt, von Bhamo aus über den Fluss kommend, kurz hinter der Grenze des Kachin-Staates und gehört bereits zum Verwaltungsbezirk der Sagaing Division. Auf dem Weg flussabwärts nach Mandalay ist es ein interessanter Zwischenstopp, zumindest für eine Nacht. Bekannt ist die Stadt dem westlichen Literaturinteressierten als *Kyauktada*, denn so heißt die Stadt bei **George Orwell**, dem sie als Kulisse für sein Buch *Burmese Days* (dt. *Tage* *in Burma*) diente. Als Kolonialbeamter lebte Orwell hier ein halbes Jahr von Ende 1926 an. Heute noch stehen einige Häuser, die Orwell beschreibt: u. a. das, in dem er gelebt hat. Aber bitte nicht einfach hineinmarschieren – heute wohnt hier der Polizeichef! Der **Britische Club** ist in eine Landwirtschaftskooperative umgewandelt worden. Der alte **Tennisplatz** wurde renoviert und wird wieder bespielt. In der **St. Pauls-Kirche** treffen sich immer noch die Anglikaner (ebenfalls dem heiligen Paulus gewidmet ist eine katholische Kirche im Süden des Ortes), und im **Gefängnis** schmachten bis heute die Schufte.

Ansonsten ist Katha ein beschaulicher Ort, in dem nicht viel passiert. Manche Reisende sind fasziniert vom Blick in den Alltag abseits der Touristenströme. In der Umgebung liegen Lisu-, Kachin- und Shan-Dörfer, die mit dem Fahrrad erreichbar sind. Aber Vorsicht: Es kann sein, dass Touren in die Umgebung vorübergehend untersagt werden.

ÜBERNACHTUNG

Ayeyarwadi Hotel, Strand Rd., etwas nördlich des Schiffsanlegers, ℡ 074-25140. „Hotel" ist etwas übertrieben. Hier gibt es relativ saubere, z. T. sehr kleine Zimmer mit Gemeinschaftsbad, zudem ein AC-Zimmer mit eigenem Bad. Der Manager Mr. Ko Te ist ein guter Ansprechpartner für alle, die länger bleiben wollen und sich für die Umgebung interessieren. Fahrradvermietung. ❶
Eden Guesthouse, Shwe Phone Shein St., ℡ 074-25428. Die recht komfortablen Zimmer sind eine gute Alternative zum Ayeyarwadi Hotel – allerdings muss man auch doppelt so tief in die Tasche greifen. Kühlschrank und teilweise großer Flachbildschirm. WLAN. Einige Zimmer könnten einen neuen Anstrich vertragen. Im Erdgeschoss liegt das beliebte **Eden Café**. ❷
Hotel Katha, Lanmadaw St., ℡ 075-25390, 25460, 🖥 www.hotelkatha.com. Sieht zwar aus wie ein Kolonialbau, ist aber seit 2015 *der* Neuzugang in Kathas Hotelszene. Recht nüchterne, aber komfortable AC-Zimmer in 3 Kategorien. Ein Restaurant ist angegliedert

An vielen Stellen sieht Katha noch genau so aus wie zu George Orwells Zeiten.

(für alle, denen die Läden an der Strand Rd. suspekt sind). ❸–❹
New Diamond Star Hotel, Tatmataw St., ✆ 075-25343, 25821. Gepflegte, aber gesichtslose Hotelzimmer mit Kühlschrank und kleinem Flachbildschirm. ❸

ESSEN

Chinesisches Essen, lokale Küche und frisch gezapftes Bier serviert das schlichte, laute **Shwee See Sar Restaurant** in der Strand Rd. Toller Blick von der Terrasse auf den Fluss. Im unweit entfernten **U Sein** an der Strand Rd. gibt's gute chinesische Küche. Das **Eden Café** im Erdgeschoss des Eden Guesthouse ist sehr beliebt, vor allem bei der Jugend. Etwas ruhiger geht's zu im **Kyite Café** nahe dem alten Tennisplatz.

TRANSPORT

Busse
Nach NABA mehrmals tgl. für 2000 Kyat in 1 Std., Abfahrt in der Nähe der Baptistenkirche. Wer mit dem Boot von Bhamo kommt, erwischt meist noch einen der beiden letzten Busse – nur Sitzplätze können dann schon Mangelware sein. Wer nicht in Katha verweilen will, sollte für maximal 1000 Kyat ein Tuk Tuk vom Anleger zum Busbahnhof nehmen.

Eisenbahn
Katha hat keine Direktverbindung nach Mandalay, aber mit dem Tuk Tuk (um 20 000 Kyat) oder dem Bus ist das Dorf NABA zu erreichen, wo abends zu einigermaßen unvorhersehbaren Zeiten (fahrplanmäßig um 17, 20.30 und 1 Uhr) die Züge Richtung MANDALAY halten: Je früher man hier am Bahnhof wartet, desto besser. Die bequemeren Plätze in den Zügen *(upper class)* sind allerdings oft ausgebucht. Wer nicht bereits in Myitkyina ein Ticket gekauft hat, dem bleibt sogar nur die *ordinary class, no seat* – die harte Tour. Ankunft in Mandalay ist am nächsten Morgen. Die Tickets kosten je nach Klasse 3000–16 000 Kyat.

Boote
Mit der IWT-Fähre nach MANDALAY Mo, Mi und Fr, Abfahrt zwischen 16.30 und

19.30 Uhr, Deck US$7, Kabine US$42, ca. 24 Std. Nach BHAMO 3x wöchentl., Abfahrt mittags, Deck US$4, Kabine US$24, ca. 8 Std. (S. 476).
Expressboot nach BHAMO tgl. 9.30 Uhr, 15 000 Kyat, 5 Std.

Sagaing Division

Die Sagaing Division gehört zu den am wenigsten bereisten Gegenden in Myanmar. Nur der äußerste Südzipfel mit der namensgebenden Stadt Sagaing (S. 365; Umgebung von Mandalay) und den Orten Monywa (S. 383; Umgebung von Mandalay) und vielleicht noch Shwebo (S. 387; Umgebung von Mandalay) hat es bisher auf die touristische Landkarte geschafft. Nördlich davon erstreckt sich eine Region, die im Osten an den Kachin-Staat und im Westen an Indien grenzt. Lebensader der Region ist der Chindwin-Fluss.

Auf dem Chindwin nach Norden

Von **Monywa** aus fahren Expressboote und die behäbigen Fähren der IWT den Chindwin hinauf (weitere Infos s. S. 388, Monywa Transport) bis nach Homalin. Je nach Wasserstand ist mit ungefähr fünf Tagen Fahrzeit zu rechnen. Ein erster relevanter Stopp lohnt in **Kalewa**, einem beschaulichen Ort am Flussufer, der nach etwa 14 Std. erreicht ist. Von hier sind es noch 25 km über die Straße weiter nach **Kalaymyo**, dem Zugang zum nördlichen Chin-Staat (S. 480, Loose Aktiv, Ausflug in den nördlichen Chin-Staat).

Kalaymyo

Die Stadt Kalaymyo (früher nur: **Kalay**) ist die boomende Mini-Metropole in dieser Region. Der Grund: Sie ist der Hauptumschlagplatz für Waren im Handel mit Indien, das eine rumpelige Tagesreise auf unfertigen Straßen westwärts in den Bergen beginnt. Wer auf seinem Weg in die Chin-Berge hier übernachtet, findet das beste Preis-Leistungs-Verhältnis im **Hotel Moe**, Bogyoke St., 100 m westl. vom Eingang zum Flughafen, ✆ 073-21826, ✉ hotelmoe@gmail.com. Erst Ende 2016 eröffnet, bietet es bequeme Betten und Frühstück mit Aussicht auf der Dachterrasse, ❸. Günstiger, aber auch verwohnter, ist das **Taung Za Lat Hotel**, Bogyoke St., gegenüber vom Flughafeneingang, ✆ 094-0049 3628, ❷. Gut essen (Thai-Küche) kann man im **Flow**, Bogyoke St., etwa 1,5 km westl. vom Flughafeneingang. Weitere Informationen s. **eXTra [10526]**.

Homalin

Von Kalewa aus windet sich der Chindwin vorbei an **Mawlaik** mit seinen Spuren der kolonialen Vergangenheit weiter nach Norden bis **Homalin**. Viele der knapp 2000 Einwohner sind Chin und Naga. Im Umland wird Kautschuk angebaut. Der Blick fällt im Westen auf bis zu 2700 m ansteigende Berge – bis Indien ist es nicht weit. Im Nordosten, etwa auf halbem Weg nach Hkamti, befindet sich das 1974 ausgewiesene Thamanti Wildlife Reserve, ein geschütztes Gebiet, in dem noch Tiger, Leoparden, Bären und Elefanten herumstreifen sollen. Für Übernachtungen in Homalin empfiehlt sich das relativ neue **Yadi Guesthouse**, ✆ 010-4338253, ✉ yadiguesthouse@gmail.com. Passable Zimmer mit und ohne eigenes Bad; empfehlenswert sind die teureren mit Balkon, ❷–❸. Homalin verfügt über einen Flugplatz – denkbar ist es also auch, zuerst dorthin zu fliegen (ab Mandalay) und die Reise dann flussabwärts zu unternehmen.

Hkamti

Nur noch kleinere Boote fahren von Homalin weiter in Richtung **Hkamti**, der nördlichsten größeren auf dem Chindwin zu erreichenden Stadt. Von der Fahrt zwischen Homalin und Hkamti raten Einheimische allerdings ab, wenn nicht genug Wasser im Fluss ist: Viele flache Stellen und ein hohes Verkehrsaufkommen lassen die Reise dann zu einem gefährlichen Abenteuer werden. Die Reise erlebt einen Zwischenstopp am kleinen Ort **Tamanthi** (auch: Hta Man Thi), wo eine Straße in die Naga-Berge abzweigt (Ziel: Layshi).

Ausflug in den nördlichen Chin-Staat

- **Anfahrt:** Startpunkt für einen Besuch in den nördlichen Chin-Bergen ist **Kalaymyo** (S. 479). Von hier führt eine Straße 30 km nach Westen (Fahrzeit über 1 Std.) und trennt sich nach Erreichen der Berge in eine Nord- und eine Süd-Strecke. Der Abzweig links (nach Süden) führt über **Falam** nach **Hakha**, der Abzweig rechts (nach Norden) nach **Tedim**. Abfahrt der Busse 7 Uhr; verschiedene Anbieter.
- **Dauer:** mind. 3–4 Tage für eine der beiden Routen
- **Kosten:** Unterkünfte ab 10 000 Kyat/Nacht, Bustransfers 7000–12 000 Kyat/Strecke, Essen und Trinken günstig in Teestuben und kleinen Restaurants
- **Beste Reisezeit:** Dez–März. In der Regenzeit (Mai–Okt) sind viele Straßen unpassierbar. Nachts kann es von Dez-Feb mit Temperaturen um dem Gefrierpunkt aber sehr kalt werden.

Die Südroute: nach Falam und Hakha

Von Kalaymyo aus windet sich die Straße nach der Abzweigung Richtung Hakha die Berge hinauf und begeistert mit einigen dramatisch schönen Abschnitten. Glücklich, wer hier im Mietwagen unterwegs ist und unterwegs einfach Halt machen kann. Doch auch die meisten lokale Busse stoppen an der **Wuthering Heights** genannten Stelle, die fantastische Ausblicke über die Landschaft erlaubt.

Falam

Nach ca. 7 Std. Fahrzeit ist dann Falam erreicht. Die Stadt liegt auf einer luftigen Höhe von 1774 m und wurde von den Briten in den 1890er-Jahren zum Verwaltungszentrum ausgebaut. Diesen Status hatte sie bis 1974 – dann wurde Hakha zur Hauptstadt des Chin-Staates gekürt. Danach scheint ein bisschen die Zeit stehen geblieben zu sein: Heute ist es ein ruhiger, gepflegter Ort, an dem zahlreiche Holzhäuser eine angenehme Atmosphäre schaffen. Mittelpunkt ist die große, weithin sichtbare **Baptistenkirche**: Fast alle der ca. 15 000 Einwohner gehören der ein oder anderen christlichen Kirche an. Darüber kann auch die neue **buddhistische Pagode** nicht hinwegtäuschen, die am Hang über dem Ort thront. Für die Übernachtung empfiehlt sich das schlichte, aber gut geführte **Holy Guesthouse**, 215 Bogyoke Rd., ✆ 070-40083, einfache Zimmer mit Gemeinschaftsbädern, ❶. Die Weiterfahrt nach Hakha geschieht entweder früh morgens mit dem großen lokalen Bus (8 Uhr, 3000 Kyat) oder mit dem Kalaymyo–Hakha-Minibus (mittags, 7000 Kyat).

Hakha

Die Provinzhauptstadt Hakha liegt sogar auf 1890 m Höhe (im Winter können die Temperaturen nachts unter null fallen!) und erstreckt sich U-förmig an einem Berghang entlang der Hauptstraße. Ihre Geschichte geht bis mindestens ins Jahr 1400 zurück, als hier die Lai-Chin eine bedeutende Siedlung errichteten. Heute leben hier 20 000 Menschen, und trotz des Provinzhauptstadt-Status geht es ruhig zu. Einen tollen Überblick über die Stadt hat man vom **Aussichtspunkt** oberhalb der Straße. Übernachtungsmöglichkeiten bieten das **Grace Guesthouse**, ✆ 070-22098, und das **Cherry Guesthouse**, ✆ 070-22307, beide an der Hauptstraße (Bogyoke Rd.), sehr schlicht, ❶–❷. Der Bau eines „richtigen" Hotels für NGO-Mitarbeiter und erhoffte Touristen ist angedacht. Eine äußerst unbequeme Busroute führt (über Nacht) von Hakha via Gangaw bis nach Mandalay.

Die Nordroute: nach Tedim und zum Rih-See

Eigentlich sind es von Kalaymyo bis nach Tedim nur etwas mehr als 70 km – trotzdem braucht der Minibus etwa 7–8 Std. Die je nach Wetterlage super staubige oder extrem schlammige Straße ist an vielen Stellen *under construction*, und jedes Jahr im Sommer sorgen neue Erdrutsche für neue

Baustellen. Dennoch: Im zähen Kampf mit den Naturgewalten verbessern die Straßenbauer die Strecke immer weiter. Und wen stören schon die vielen Stopps, die zurzeit noch nötig sind? Wer hier reist, hat es sowieso nicht eilig.

Tedim

Auch in Tedim selbst ist Ruhe angesagt. Einen Tee trinken (oder einen Kaffee aus den hier angebauten Bohnen) und dem Treiben zuschauen: Besser „runterkommen" geht kaum. Außer ein paar Spaziergängen in die Umgebung kann man nicht viel unternehmen. Und selbst die sind beschränkt:

Denn die Stadt zieht sich entlang eines Bergrückens. Einzig das 300-Einwohner-Dorf **Siangsawn** etwa 1 Std. Fußweg nordöstlich von Tedim ist einen Besuch wert: Es ist die Heimat der *original chin religion*, die vom Propheten Pau Cin Hau (1859–1948) im Jahr 1938 ins Leben gerufen wurde (und nicht nur das: Er hat auch eine eigene Schrift für die hiesige Chin-Sprache entwickelt). In dem monotheistischen Glauben wird der Gott Pasian verehrt. Ein kleiner Park mit Aussichtsturm, der schon von Tedim aus zu sehen ist, bildet das Zentrum dieser Religion. Der neue, zweite Prophet Kam Suang Mang, der den schwindenden Kult

2004 wieder reaktiviert hatte, lebt in dem großen Haus mitten im Dorf. Sein Mausoleum im Park ist schon in Arbeit.

Übernachtung in Tedim im **Ciinmnuai Guesthouse**, am Uhrturm, ✆ 070-50037; eine Handvoll saubere Zimmer mit harten Matratzen und Gemeinschaftsbad. Das bei unserem Besuch noch im Bau befindliche **Tedim Guesthouse** müsste bei Erscheinen des Buches bereits eröffnet haben und etwas „frischere" Zimmer bieten. Ein paar kleine Restaurants und Teestuben liegen entlang der Hauptstraße. Empfehlenswert ist das (nur auf Birmanisch beschilderte) **Power Restaurant** schräg gegenüber der Baptistenkirche.

Rih-See

Noch ein paar dramatische Stunden auf der Straße weiter liegt – direkt an der indischen Grenze – der herzförmige Rih-See. „One of the prettiest spots in Myanmar", begeistert sich eine Broschüre des MTT, und zweifellos ist der See von großer kultureller und spiritueller Bedeutung für die Chin. Jedes Jahr kommen Tausende Besucher aus Indien herüber und picknicken an seinen Ufern. Und gewiss ist ein Süßwassersee hier in den Bergen etwas Besonderes. Aber ganz ehrlich: Die Anreise lohnt kaum.

Tiau

Der Rih-See liegt ein paar Moped-Minuten entfernt von der kleinen Grenzstadt, die von den Chin Tiau genannt wird (ein Name, der so auf keiner Karte verzeichnet ist). Der größere Teil des Ortes liegt auf der indischen Seite; ein Fluss trennt die beiden Ortsteile. In Tiau gibt es eine einzige Unterkunft: das **Rhi Shwe Pyi Guesthouse**, ✆ 096-472 400 oder +918 131 988 440 (indische Nummer), relativ komfortabel und von freundlichen Leuten geführt (übrigens: Es ist oft doch noch ein anderes Zimmer frei als das zuerst angebotene teure Familienzimmer), ❷–❸. Die **Naing Bar** direkt an der Grenzbrücke bietet eine ganz passable Küche, nur mit dem Geschirrspülen nimmt man es nicht so genau. Hier kann man abends bei einer Dose indischen Bieres beobachten, wie um 18 Uhr die Grenze schließt.. Minibusse zurück nach Tedim oder Kalaymyo starten morgens ab 7 Uhr – besser schon tags zuvor ein Ticket besorgen. Englisch spricht hier allerdings so gut wie niemand.

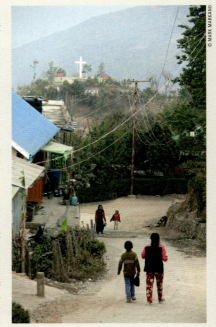

In den Straßen von Tedim

Praktische Informationen

Auf eigene Faust?

Die Umgebung der genannten Orte kann man auf eigene Faust erwandern. Wer weiter weg will, sollte sich vor Ort einen einheimischen Führer suchen – was dauern kann.

Banken

Geldautomaten gibt es in Tedim und Hakha – aber sie funktionieren nur, wenn genug Strom da ist, was längst nicht immer der Fall ist. Deshalb besser Bargeld mitnehmen!

Sonntags Ruhetag

Achtung! Dies ist wohl die christlichste Region des Landes, und die Regeln werden ernst genommen. Der Tag des Herrn ist Ruhetag; sonntags sind so gut wie alle Lokale zu und es fahren weniger oder auch gar keine Busse. Also samstags Kekse und Obst kaufen nicht vergessen!

In Hkamti freut sich der Gast über eine angenehme Atmosphäre. Schnell ist der Ort zu Fuß erkundet. Unterkunft bietet das von einer freundlichen Familie geführte **Oasis Guesthouse**, ✆ 094-0270 5608, 092-5936 6698 (die Kinder sprechen passables Englisch). Das zweistöckige Gebäude hat sehr einfache Zimmer mit Gemeinschaftsduschen und -toiletten, ❷. Ein gutes Restaurant liegt gleich nebenan. Auch Hkamti hat einen Flugplatz, der aber nicht ganzjährig angeflogen wird.

Abstecher ins Nagaland

Das Nagaland war eine bis vor Kurzem noch völlig unzugängliche Region, die nur für organisierte Tourgruppen zum Neujahrsfest der Naga am 15. Januar besuchbar war. Inzwischen sind auch Reisen zu anderen Zeiten und ohne Permit möglich. Ein möglicher Abstecher führt von Hkamti aus nach **Lahe**. Für den Transport über die dramatischen Pisten benötigt man ein 4x4-Fahrzeug (ab US$100/ Tag). Offiziell ist es jedoch weiterhin nicht möglich, von diesem kleinen Provinznest aus die Dörfer der Naga in den umliegenden Bergen zu besuchen. Vermutlich ist das auch wenig sinnvoll, denn die traditionell lebenden Naga sind den Umgang mit westlichen Besuchern nicht gewohnt und wollen, soviel wir wissen, hauptsächlich eines: in Ruhe gelassen werden.

Der hohe Norden

In Myanmars hohem Norden locken am Horizont die schneebedeckten Gipfel des Himalaya. An touristischer Infrastruktur mangelt es fast völlig; erreichbar (per Flugzeug) ist nur Putao, und ein Aufenthalt mit Trekkingtouren in der Region geht richtig ins Geld. Wenn er überhaupt erlaubt ist – zur Zeit der letzten Recherche Anfang 2017 war die Region *off limits*. Das kam für viele überraschend (noch ein halbes Jahr zuvor gab es den ein oder anderen Hinweis darauf, dass die Region bald ganz ohne Permit bereisbar sein könnte) und kann sich genauso schnell wieder ändern.

Putao

Immergrüner tropischer Regenwald und die in der Ferne glänzenden schneebedeckten Berge des Himalaya umgeben die kleine Ortschaft Putao. Etwa 10 000 Menschen, überwiegend den Volksgruppen der Rawang, Kachin und Lisu zugehörig, leben hier auf etwa 400 m Höhe. Auch ein paar Birmanen und Shan haben sich angesiedelt. Um den Ort herum im Hochland leben Bergvölker, die ihre Trachten allerdings meist nur an Festtagen tragen. Eine Traumgegend für Wanderer, die aber nur mit Special Permit und teuren gebuchten Touren zu erreichen ist. Während unserer Recherche war Putao wegen der anhaltenden Unruhen zwischen den Kachin und der birmanischen Armee sogar ganz gesperrt: Wer sich für einen Trip in diese Gegend interessiert, sollte mit den Vorbereitungen weit im Vorfeld beginnen und die aktuelle Situation im Auge behalten.

Landwirtschaft und Jagd sind die einzigen Einkommensquellen in dieser Region, und so geht es hier beschaulich zu. Fast scheint Putao aus einer anderen Epoche zu stammen: keine Umweltverschmutzung, keine Industrie – nur Wald, Berge und unberührte Natur. Man kann mit einem Ochsenkarren herumfahren, in die nahe Umgebung wandern oder sich einfach nur entspannen. Es wird empfohlen, keine allzu weiten Ausflüge ohne Führer zu unternehmen, weil man sich schnell verläuft und kaum jemand Englisch spricht. Aber da diese Enklave sowieso nur in Begleitung eines lizenzierten Führers besucht werden darf, stellt sich das Problem kaum. Ohnehin sollte man beim MTT in Yangon rechtzeitig Informationen zu den aktuell benötigten Papieren einholen oder lieber gleich die Hilfe einer erfahrenen Reiseagentur in Anspruch nehmen.

In Putao gibt es zwei Märkte, auf denen Angehörige der Bergvölker ihre Waren verkaufen. Der bekannteste ist der **Myoma-Markt**, wo neben Kunsthandwerk aus Bambus und Holz auch Medizin aus Heilkräutern gehandelt wird.

In der **Mahamuni-Pagode** befindet sich eine Glocke, die aus einem Flugzeugpropeller hergestellt wurde. Im Zweiten Weltkrieg war die Maschine in den Bergen abgestürzt und die Materi-

Verlockernd, aber so gut wie unzugänglich: „The Snow-Capped Mountains" des Himalaya.

alien fanden schnell Wiederverwendung. In der **Taungdan Thathana Pyu-Pagode** können Besucher sich beim leisen Glockenspiel herrlich entspannen.

In Putao gibt es mehrere Kirchen, denn viele Einwohner sind Christen verschiedener Glaubensrichtungen; Katholiken (Kirche nahe dem Putao Trekking House), Baptisten und andere. Einen Besuch wert ist das mit westlicher Hilfe gegründete **Kachin Environmental Education Center**, vom Markt 5 Min. zu Fuß bergab. Es dokumentiert die gefährdeten Tierarten der Umgebung und die Pläne der Regierung, sie zu schützen.

ÜBERNACHTUNG

Malikha Lodge, im Dorf Mulashedi, rund 20 Autominuten von Putao, ✆ 09-860 0659, 🖥 www.malikhalodge.net. Sehr teure, aber schöne Anlage in reizvoller Umgebung. Die Bungalows sind luxuriös ausgestattet und liegen in einer weitläufigen Gartenanlage mit Blick auf den Nam Lang-Fluss und die Berge. Paketangebote ab US$2500 p. P. (für 2 Nächte).

Putao Trekking House, 424-425 Htwe San Ln., 5 Min. vom Flughafen entfernt, ✆ 09-840 0138, 840 0209, 🖥 www.putaotrekkinghouse.com. Vier 2-geschossige Holzhäuser mit jeweils 4 komfortabel ausgestatteten Zimmern, die oberen mit Balkon, die unteren mit Terrasse. Wird von Gruppenreisenden im Rahmen organisierter Touren genutzt und ist die zentrale Anlaufstelle für alle, die sich für Trekking in der Region interessieren. ❻

TRANSPORT

Eine Anreise nach Putao ist (wenn überhaupt) nur mit dem Flugzeug möglich, wofür allerdings entsprechende Wetterbedingungen herrschen müssen. **Air Bagan**, 🖥 www.airbagan.com, bietet saisonal Flüge nach Putao an, die über MANDALAY und MYITKYINA erfolgen. Laut Flugplan 1x wöchentl. fliegt **Myanmar National Airlines**, 🖥 www.flymna.com, von YANGON über Mandalay und Myitkyina nach Putao. Die Abflugzeiten ändern sich gelegentlich: Rückflüge sollten daher einen Tag vor Abflug im MA-Büro an der Hauptstraße (vom Markt bergab links) bestätigt werden, ebenso die Abflugzeit.

Der Hkakabo Razi

Mit 5881 m Höhe gilt der Hkakabo Razi als höchster Berg Südostasiens. 1956 scheiterte der erste Versuch einer Besteigung. Der erfolgreiche Gipfelsturm erfolgte am 15. September 1996, als dem Japaner Takeshi Ozaki gemeinsam mit seinem birmanischen Führer Nama Johnson der erste und bisher einzige Aufstieg auf den schneebedeckten Riesen gelang.

Eine Exkursion in dieses Gebiet ist nur durchtrainierten, erfahrenen Wanderern zu empfehlen. Es werden Sondergenehmigungen benötigt, deren Beschaffung schon vor Reiseantritt vom Heimatland aus organisiert werden sollte.

Der Hkakabo Razi ist schwer zu erreichen, und allein der Anmarsch bis zum Basislager dauert ab Putao um die zwei Wochen: Auf schaukeligen Hängebrücken, die manchmal Hunderte von Metern über den steinigen Flussbetten schwingen, müssen etliche Flüsse überquert werden. Die Wege bestehen meist aus schmalen, an Berghängen entlang oder durch dichten Dschungel führenden Pfaden.

In dieser Region leben ungefähr 1000 Menschen, verteilt auf ein Dutzend Dörfer. Neben Rawan, Lisu und Angehörigen anderer Ethnien finden sich die letzten Tarong – ein vom Aussterben bedrohtes Volk, dessen Angehörige nicht größer als 1,10 m werden. Die Völker betreiben Wanderfeldbau und ernten Reis, Weizen, Bohnen, Mais, Senf und Yams. Überschüsse werden zusammen mit Heilkräutern, die im Dschungel gesammelt werden, in Putao angeboten. Der Handel mit Fellen, Hörnern, Knochen und anderen Teilen wilder Tiere blüht an der chinesisch-birmanischen Grenze, daher kommen viele Jäger mit ihrer Beute zu den Märkten und bieten ihre Trophäen an. Gejagt wird traditionell mit vergifteten Pfeilen, was die exotische Fauna mancherorts schon erheblich dezimiert hat.

Der Unzugänglichkeit der Gegend ist es zu verdanken, dass sich rund um den Hkakabo Razi ein einzigartiges Ökosystem erhalten hat. In den Bergen wachsen wilde Orchideen und über hundert verschiedene Arten von Rhododendron. Auch viele seltene und bedrohte Tierarten haben hier eine letzte Zuflucht gefunden.

FISCHERHAFEN, NGAPALI ; © A. MARKAND

Der Westen

Im Westen Myanmars locken der Ngapali-Strand und bisher kaum besuchte Küstenabschnitte all jene an, die neben Tempeln und Kultur Meer erleben wollen. Fährt man die Küste am Golf von Bengalen hinauf in den Norden, so sind es wiederum Tempelanlagen, die die Besucher in ihren Bann ziehen. Mrauk U symbolisiert den Glanz des einst mächtigen Königreichs, das hier mehr als 400 Jahre lang existierte.

Stefan Loose Traveltipps

Kanthaya Beach Die Einsamkeit am Strand genießen. S. 492

13 Ngapali Kilometerlanger Traumstrand und leckere Meeresfrüchte. S. 494

Golf von Bengalen Eine Bootsfahrt entlang der Küste von Rakhine zwischen Inseln und Festland. S. 505

Sittwe Auf dem Fischmarkt Trockenfisch probieren, die Fischer mit ihrem Fang begrüßen und sich im Marktgewühl treiben lassen. S. 506

14 Mrauk U Ein Spaziergang zwischen geheimnisvollen Tempeln in der alten Stadt der Rakhine-Könige. S. 512

BUDDHAFIGUR, MRAUK U: © MARK MARKAND

STRAND BEI NGAPALI: © SHUTTERSTOCK.COM/VADIM_IVANOV

Wann fahren? Schön ist ein Strandbesuch im Herbst. Viel Sonne gibt es in der Regel in den Wintermonaten.

Wie lange? Wer Strand und Tempel besuchen will, sollte mindestens eine Woche Zeit haben.

Bekannt für Monumente einer alten Hochkultur

Besonderheiten der Region Außer in Ngapali sieht man hier kaum Touristen. Das liegt vor allem an der relativ schlechten Infrastruktur.

Für Entdecker Unberührte Strände erstrecken sich an der Küste zwischen Ngapali und Gwa.

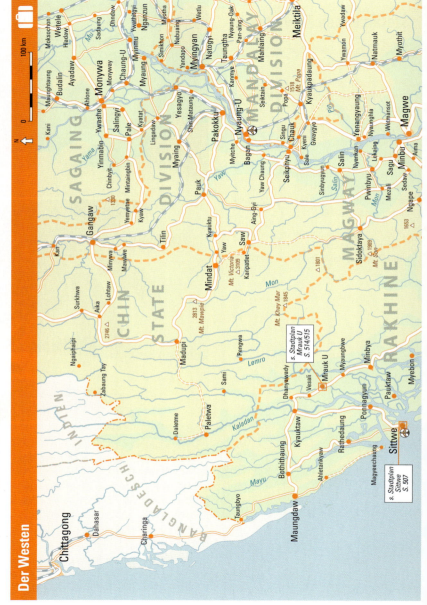

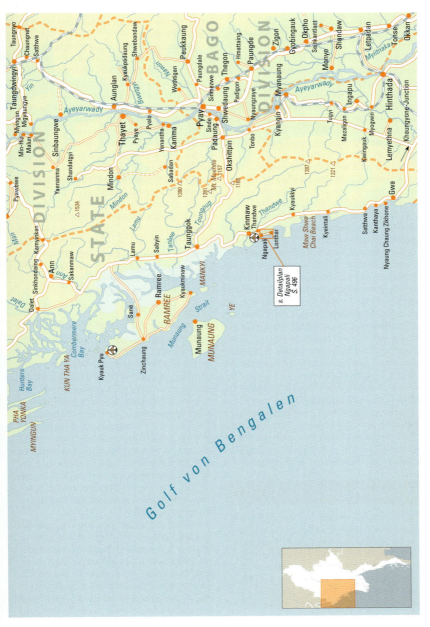

Rakhine-Staat

Der Rakhine-Staat (auch Rakhaing-Staat) im Westen Myanmars ist vom Rest des Landes durch das gleichnamige Gebirge getrennt. Der schmale Küstenstreifen erstreckt sich von Gwa im Süden über die Strände **Kanthaya** und **Ngapali** bis zur alten Hafenstadt **Sittwe** und von dort zu den Tempeln von **Mrauk U – dem** einstigen Sitz der Herrscher der Rakhine-Königreiche – und bis nach Bangladesch.

Es sind vor allem Kulturinteressierte, die es nach **Mrauk U** zieht. Die nahezu unerforschten Zeugnisse einer glanzvollen Vergangenheit sind zwar leider stellenweise sehr unsensibel restauriert worden, dafür genießt man die Relikte des einstigen Königreichs ohne die sonst üblichen großen Touristenmassen.

Die Landschaft ist z. T. hügelig und von Flussläufen durchzogen. Saftige Reisfelder strahlen in einem besonders frischen Grün, vor allem nach der Regenzeit. Entlang der Küste erstrecken sich undurchdringliche Mangrovenwälder und dazwischen immer wieder lange, nahezu unberührte Sandstrände. Schon der Schriftsteller Rudyard Kipling ließ sich von den Menschen, der Landschaft und den Tieren inspirieren. Im *Dschungelbuch* werden sie lebendig: Ist das nicht das lieblich singende Mädchen mit dem gekonnt auf dem Kopf balancierten Wasserbehälter, dem Mogli einst ins Menschendorf folgte?

Leider gibt es keine Küstenstraße, lediglich zwischen Gwa und Kanthaya führt die Straße direkt am Meer entlang (und auch wer weiter Richtung Süden nach Pathein im Mekong-Delta fahren möchte, muss auf den Küstenblick verzichten: Direkt hinter Gwa geht es erstmal 80 km über die Berge).

Abenteurer kommen in dieser Region noch voll auf ihre Kosten. Sieht man einmal von dem Hauptstrand Ngapali ab, sind die anderen Strände nahezu ohne Touristen. Auch die zahlreichen kleinen Inseln vor der Küste sind unbewirtschaftet, und wer mag, kann mit einem Fischerboot einen Ausflug dorthin unternehmen.

Die Saison beginnt im November und endet mit dem Beginn der Regenzeit. Stürmisch wird es besonders Ende Mai und Anfang Oktober zum Wechsel der Jahreszeiten.

Mrauk U (Flughafen in Sittwe) und Ngapali Beach (Flughafen in Thandwe) sind relativ bequem von Yangon aus mit dem Flugzeug zu erreichen. Weiter geht es mit dem Boot. Auch Busse verbinden die Strände zuverlässig mit Yangon; sie fahren über Gwa oder über Pyay (guter Transit nach Bagan). Von Mrauk U aus gibt es ebenfalls eine bisher noch beschwerlichere Busverbindung nach Bagan.

Gwa

Die Provinzstadt Gwa [10409] an der Westküste präsentiert sich als beschaulicher und übersichtlicher Marktflecken, der Besuchern einen Einblick in das ganz alltägliche Leben am Meer ermöglicht. Einfache niedrige Häuser, viele noch unbefestigte Straßen, ein recht großer Markt, einige Restaurants und einfache Gästehäuser (eines sogar mit Bungalows am Strand): Dass dies der größte Ort an der südlichen Rakhine-Küste ist, mag man kaum glauben. Aber wer die Küste weiter hinauf nach Kanthaya und Ngapali fährt, dem kommt Gwa alsbald wirklich groß vor, denn den ganzen Weg über sieht man nur winzige Häuseransammlungen, strohgedeckt inmitten von Reisfeldern.

Aus Yangon kommend, erreicht man bei Gwa die Küste, ab hier bis Kanthaya geht die Fahrt am Meer entlang. Neben dem weitläufigen Stadtstrand gibt es südlich der Stadt weitere schöne, bisher unerschlossene Strände (sie wurden an einen Investor verkauft, was hier in Zukunft passieren wird, ist unklar). Vom Hafen aus setzen Fähren hinüber zu den Stränden, ei-

Sinnvolle Flugroute wählen

Wer plant, zu fliegen und neben Ngapali auch den Inle-See oder Bagan zu besuchen, sollte Ngapali am Ende seiner Reise einplanen und die Route Bagan–Mandalay–Heho–Thandwe (Ngapali) fliegen. Andersherum führt die Flugroute immer über Yangon. Direktflüge Thandwe–Bagan, Thandwe–Mandalay oder Thandwe–Heho gibt es derzeit noch nicht.

ne Straße dorthin gibt es bisher nicht. Wer des Motorradfahrens kundig ist, wird hier sicherlich ein paar glückliche Stunden verbringen. Viel Verkehr existiert nicht, doch Vorsicht: In der Nacht kommt es häufig zu Unfällen. Am Hafen dümpeln Boote, die man samt Bootsmann chartern kann und die die „Robinsons" auf die vorgelagerte Insel Gwa übersetzen.

In Gwa spricht so gut wie niemand Englisch. Man verständigt sich aber gekonnt mit Händen und Füßen, und in den Restaurants darf man einfach in der Küche oder auf ander Leuts Tellern gucken, ob man das, was dort kredenzt wird, wohl mag.

ÜBERNACHTUNG

Es gab zur Zeit der Recherche kein lizenziertes Hotel in der Stadt, nur einfache Zimmer in Guesthouses.

Royal Rose Gh., ✆ 092-5480 4095 (Manager U Aye Gyi), Main Rd., [10412], kurz hinter dem T-Stück Richtung Yangon. Weitere Zimmer am Strand Richtung Hafen. Ein Holzhaus bietet Platz für 4–5 Pers., zudem eine Handvoll spartanischer Zimmer, meist mit recht schlechten Badezimmern. Am Strand 10 recht neue Zimmer in sich gegenüberliegenden Reihenhäusern. Zudem ein Holz-Doppelbungalow. ❶–❸

€ **Myint Tar Yeik Gh.**, Bogyoke Rd., ✆ 094-2173 2407, [10413]. Im kleinen Holzhaus an der Straße zum Hafen bietet eine freundliche Familie 12 kleine Zimmer mit je 2 Betten und minidünner Matratze (zur Not bekommt der westliche „Reisende auf der Erbse" einfach ein paar davon). Saubere Gemeinschaftsbäder, die bei unserem letzten Besuch regelrecht strahlten. Geduscht wird mit der Schöpfkelle. Pro Bett 8000 Kyat. ❷

ESSEN

Gwa hat ein paar nette Teestuben und auch einige recht gute Restaurants mit traditioneller Küche. Vor dem Royal Rose Gh. gibt es den ganzen Tag über Suppe und Currys in einer kleinen Teestube. Und auch auf dem Markt lässt es sich gut frühstücken. Empfehlenswert ist auf jeden Fall das große We Yaw Daw (kein englisches Schild) gegenüber vom Royal Rose Gh. und neben dem Markt gelegen. Dank einer sauberen Küche und guten Köchin bekommt man hier sehr schmackhafte und bekömmliche Currys. ⏰ 8–22.30 Uhr. Direkt nebenan gibt es frisch gezapftes Bier in der Dorfkneipe des Dorfes. Der englische Name lautet Sea Horse, doch unter den Einheimischen ist es eher als Yenagar bekannt. Die Küche hier ist mäßig und definitiv nicht der Grund, warum man hierher kommt.

SONSTIGES

Geld
Es gibt weder einen Geldautomaten noch eine Bank, der nächste Geldautomat befindet sich im 3 Std. entfernten Thandwe.

Medizinische Hilfe
Gwa hat ein recht ordentliches **Krankenhaus**, das an der Straße zum Hafen auf der rechten Seite liegt. Wer sich also hier oder in Kanthaya verletzt, findet Erste Hilfe.

Mopeds und Boote
Das Royal Rose Gh. vermittelt von 8–18 Uhr **Mopeds** für 13 000 Kyat. Im Myint Tar Yeik Gh. empfiehlt man, ein Moped mit Fahrer zu nehmen (Kurzstrecke 1000 Kyat, ein längerer Ausflug kostet etwa 5000 Kyat).
Die **Fähre** ans andere Ufer kostet um die 500 Kyat.
Preis für ein **Boot** für einen Ausflug zur Insel Gwa je nach Personenzahl; bei 2–4 Pers. etwa 20 000 Kyat.

TRANSPORT

Taxis
Die 3 1/2-stündige Taxifahrt nach NGAPALI kostet etwa 150 000 Kyat, nach YANGON braucht ein Taxi 7 Std. und kostet um die 170 000 (einfacher Wagen) oder 250 000 Kyat (AC-Taxi).

Busse
KANTHAYA, mit dem Bus Richtung Thandwe für 2000 Kyat in 1 Std.

NGAPALI, gegen Mitternacht oder um 14 Uhr für 6000 Kyat in 6 Std.
PATHEIN, am besten mit dem Yangon-Bus gegen 11.30 Uhr, s. Weiterfahrt bei Transport Thandwe.
THANDWE, mit den Bussen, die nach Ngapali weiterfahren. Von dort gibt es u. a. Verbindungen nach Pyay oder Richtung Sittwe und Mrauk U.
YANGON, um 11.30 und 17 Uhr (manchmal kommen die Busse aber auch später) für 13 000 Kyat in etwa 8–9 Std. Auf der Strecke gibt es Immigration-Offices, daher werden meist einige Kopien vom Pass gemacht – dank ihrer muss der Tourist an den Checkpoints nicht aussteigen.

Kanthaya

Kan heißt Strand und *thaya* bedeutet schön. Der Name ist Programm: Palmen wiegen sich im Wind, Kasuarinen spenden Schatten, der schöne Strand ist weit und hell. Das Besondere aber: Hier gibt es nichts! Kein Resort am Strand, kein Restaurant. Nichts. Nur weiter hinten an der Straße befindet sich eine einfache Traveller-Herberge. Das einst direkt am Strand vor sich hin verfallende staatliche Hotel wurde mittlerweile abgerissen, nur noch das Schild an der Straße, ein paar Gehwege, einige Steine (und ein verwaistes Klo) zeugen von seiner einstigen Existenz.

Dank eines neuen, wunderschön gelegenen und gekonnt gebauten Ökoresorts wird sich die Region aber hoffentlich bald etwas entwickeln. Nur etwa 8 km weiter südlich am Dorfstrand von **Nyaung Chaung Zikhone** gelegen, wird diese kleine Oase für Reisende im Herbst 2017 eröffnet werden und den Strand hier in der Folge auf nachhaltige Weise erschließen. Schnorchler entdecken an den Felsen im Norden der Bucht Fische und Korallen.

Wichtig: Auch hier gibt es, wie in Gwa, noch keinen Geldautomaten, also Geld mitbringen! In der ganzen Region werden allerdings zurzeit Überland-Stromleitungen verlegt: Es kann daher sein, dass dieser Service bald existieren wird.

ÜBERNACHTUNG UND ESSEN

Arakan Eco Lodge, 094-314 3271, im Dorf Nyaung Chaung Zikhone, etwa 8 km ab Kanthaya auf dem Weg nach Gwa, www.arakannaturelodge.com, [10418]. Direkt am schönen palmengesäumten Strand liegt das kleine feine Resort des Schweizers Ueli. Mit viel Gespür für das Wesentliche und Schöne hat er hier im letzten Jahr ein Resort mit Strandbungalows aus Hartholz und etwas einfachere Bungalows aus Bambus und Kokosnussholz bauen lassen. Luftige traditionelle Bauweise, schöne Möbel, große Veranden, offene Bäder. Strom liefert die Solaranlage, der Müll wird getrennt. Wer mag, bekommt WLAN, wer nicht, kann sich auch komplett ausklinken. Die Strand-Bungalows sind nicht gerade billig, doch weil Ueli auch Traveller zu seinen Gästen zählen möchte, gibt es preisgünstigere Optionen. Einfach nachfragen. Restaurant am Meer. Aktuelle Infos bitte der Webseite entnehmen, da das Konzept zur Zeit der Recherche noch nicht 100 % stand. ❷–❻

Sankawa Guesthouse, 094-2175 5039, [10416], direkt gegenüber dem ehemaligen Beach Resort. Im 2-stöckigen Reihenhaus an der Straße gibt es 10 einfache Zimmer, nur mit Doppelbett und extrem dünnen Matratzen. Moskitonetze. Ventilator, bisher Strom aber nur zwischen 18 und etwa 21 Uhr. Das wird sich ändern, wenn Kanthaya ans öffentliche Stromnetz angeschlossen ist. Htway (gesprochen Tweh) spricht gut Englisch und kann in den meisten Fällen weiterhelfen. Inklusive Frühstück. Super Bleibe für Backpacker, denn sie haben den Strand komplett für sich allein. ❷

Yaewaddy Motel, direkt am Strand noch vor der Brücke, 097-9762 0439, [10417]. Eher dritte Wahl – obwohl es direkt am Strand liegt. Die Zimmer sind ohne Geschmack eingerichtet, und alles wirkt sehr lieblos. Das Plus: dicke Matratzen und AC (die aber derzeit auch nur ein paar Stunden am Abend läuft). Dass hier kein Englisch gesprochen wird, kann als Plus- oder als Minuspunkt gesehen werden: ganz nach persönlichen Vorlieben. Inklusive Frühstück und dennoch definitiv für das Gebotene zu teuer. ❸–❹

Im Dorf gibt es zwei **Restaurants**. Empfehlenswert ist das Restaurant gegenüber der kleinen Pagode hinter der Brücke, bei dem auch die Busse auf ihrem Weg zwischen Gwa und Thandwe halten.

TRANSPORT

Taxis
Die 2 1/2-stündige Taxifahrt nach NGAPALI kostet 120 000 Kyat, nach YANGON braucht ein Taxi 8 Std. und kostet 200 000 (einfacher Wagen) oder 300 000 Kyat (AC-Taxi).

Busse
GWA, um 10.30 und 16 Uhr mit dem Bus Richtung Yangon für 3000 Kyat in 1 Std.
NGAPALI, um 1 Uhr nachts oder besser um 15 Uhr für 8000 Kyat in etwa 5 Std.
PATHEIN, am besten mit dem Yangon-Bus um 10.30 Uhr, s. Weiterfahrt bei Transport Thandwe.
YANGON, um 10.30 und 16 Uhr für 13 000 Kyat in etwa 9–11 Std.

Thandwe

Der beschauliche Verwaltungssitz Thandwe wurde von den Engländern Sandoway genannt. Heute benutzen nur noch wenige alte Menschen diesen Namen. Dass der Landstrich von den Zentral-Birmanen beherrscht wird, gefällt hier nicht jedem: kein Wunder bei der langen eigenständigen Geschichte, auf die die Küstenregion zurückblickt. Noch heute singen junge Rakhiner stolz Lieder über „ihr Rakhine-Königreich".

Thandwe lag jahrhundertelang im Einzugsbereich der Königreiche von Vesali und Mrauk U und bildete wahrscheinlich eine Zeit lang ein eigenes Fürstentum mit Namen Dvaravati. Davon ist nicht viel geblieben. Im Zentrum der Stadt befinden sich ein paar Teestuben, ein Gästehaus (nur für Einheimische) und einige Moscheen; etwa ein Viertel der Bevölkerung bekennt sich zum Islam.

Am Stadtrand liegen drei **Stupas**, die alle im 8. Jh. erbaut worden sein sollen. Architektonisch sind sie nicht von herausragendem Interesse. Ein besonderes Erlebnis ist der Sonnenaufgang über den Rakhine-Bergen, der sich am besten vom höchsten der Hügel aus beobachten lässt. In der Zeit von November bis Februar schieben sich Nebelbänke zwischen die Bergspitzen und die in der Ebene liegende Stadt Thandwe – ein Bild wie auf einer chinesischen Tuschezeichnung. Man sollte nach Möglichkeit schon morgens um 5 Uhr oben sein. In der dortigen **Nandaw-Pagode** befindet sich die aus dem 6. Jh. datierte Statue eines Rakhine-Königs, der 525–75 regiert haben soll.

In Thandwe werden auch die traditionellen Longyis für Männer hergestellt. In der **Straße der Weber** kann den Frauen bei der Arbeit an den Webstühlen zugeschaut werden. Ebenso wird hier Bambus zu schönen Matten, Tischsets oder Untersetzern verarbeitet. Kaufen kann man die guten Stücke dann auf dem **Markt**. Drumherum finden sich kleine Geschäfte, in denen Alltagsgegenstände verkauft werden: Metallgießkannen, Tanaka-Reibesteine, Korbwaren etc. Wer ein typisches Mitbringsel sucht, kann hier herrlich stöbern und alles zu ortsüblichen Preisen erstehen.

Hungrig sollte man allerdings nicht sein, lediglich ein paar Teestuben bieten Samosas und anderes Fettgebackenes. Wer am Busbahnhof warten muss, findet meist frisch Zubereitetes im nahe gelegenen Teashop, zur Mittagszeit gibt es auch gute Currys – einfach in die Töpfe schauen und darauf zeigen, denn Englisch spricht hier fast niemand.

TRANSPORT

Busse und Pick-ups
GWA, mit den Bussen nach Yangon für 8000 Kyat in 5 Std.
KANTHAYA, mit den Bussen nach Yangon über Gwa für 8000 Kyat in 4 Std.
Mrauk U, 12 Uhr, Ankunft etwa 20–22 Std. später (je nachdem wie lange man auf die Fähre warten muss) für 20 000 Kyat. Viele fliegen nach Sittwe und nehmen von dort ein Boot nach Mrauk U.
PATHEIN, mit dem Yangon-Bus über Gwa um 7.30 Uhr (ab Thandwe) bis zur Khaungyone-Junction. Ankunft dort um 16 Uhr. Kurze Rast im Teashop und mit dem nächsten Bus weiter nach

Pathein für 5000 Kyat in 1 Std. Wahlweise kann man sich hier auch für die kurze Fahrt ein Taxi nehmen. Das gilt vor allem für den späteren Bus, der mitten in der Nacht hier ankommt und der keinen Anschlussbus nach Pathein bietet.
PYAY, mit den Bussen nach Yangon für etwa 15 000 Kyat in rund 9–10 Std.
SITTWE, mit dem Bus nach Mrauk U, Ankunft etwa 22–24 Std. später für 20 000 Kyat; ansonsten mit dem Bus bis Taunggok und von dort mit dem Boot weiter.
TAUNGGOK, Pick-ups mehrfach tgl. zwischen 8.30 und 6.30 Uhr für 2500 Kyat in 4–5 Std. Komfortabler mit dem AC-Bus (mit Ziel Yangon über Pyay) für 8000 Kyat in 3 Std. Die Boote nach Sittwe fahren allerdings sehr früh: Entweder man schläft in Taunggok oder man nimmt ein Taxi (Letzteres ist die bessere Option, siehe auch Taxi ab Ngapali).
YANGON, tgl. über Pyay um 8.30 und 15 Uhr für 15 000 Kyat in 12–14 Std. oder tgl. über Gwa um 7.30 und 14.30 Uhr für 15 000 Kyat in etwa 14 Std. Pick-up am Strand jeweils 1 1/2 Std. vorher.

Flüge

Die Strecke YANGON–THANDWE wird je nach Saison von allen Fluggesellschaften z. T. mehrmals tgl. bedient; häufig in Verbindung mit SITTWE. In der Saison gibt es auch Flüge ab HEHO. Die aktuellen Flugpläne finden sich auf den Webseiten der Gesellschaften.
Air Bagan, 🖥 www.airbagan.com, **Air KBZ**, 🖥 www.airkbz.com (fliegt z. B. ab Heho), **Air Mandalay**, 🖥 www.airmandalay.com, **Asian Wings Airways**, 🖥 www.asianwingsair.com, **Myanmar National Airlines**, 🖥 www.flymna.com, und **Yangon Airways**, 🖥 www.yangonair.com.
Thandwes Flugpiste liegt am Meer; aufgesetzt wird direkt hinter dem Strand. Seit die Landebahn 2010 verlängert wurde, ist relativ sicheres Landen nun auch in der Regenzeit möglich. Nur bei Sicht unter 6 km (was selten der Fall ist) wird nach Sittwe ausgewichen.
Außerhalb des Flughafens findet man einige günstige kleine **Restaurants**, im Flughafen-Garten ein teures **Bistro**. Es gibt eine Wechselstube der KBZ-Bank, aber keinen Geldautomaten direkt am Flughafen.

13 HIGHLIGHT

Ngapali

Ein Sandstrand erstreckt sich kilometerlang bis zum Horizont, ein Ochsenkarren zuckelt vorbei, und die Sonne versinkt in einem farbenprächtigen Schauspiel im Meer: Am **Ngapali Beach** [5576] werden Strandträume wahr. Der weit ausladende Sandstrand gilt als der schönste des Landes. Der feine Sand verbirgt nur selten piksende Muscheln, und glasklares Wasser lädt zum Baden ein. Lange sanfte Wellen plätschern im Winter still vor sich hin – und im Sommer, wenn die Wogen höherschlagen, herrschen ideale Surfbedingungen (ab Mitte Feb, besonders im April und Mai/Juni). Wer mit kleinen Kindern reist, die noch nicht schwimmen können, Vorsicht: Auch wenn das Wasser im Winter in der Regel flach ist, kann es doch immer wieder zu unerwartet hohen Wellen kommen. Man sollte Kinder daher nie aus den Augen lassen. Es gibt keine gefährlichen Tiere im Meer. Ende März treten jedoch manchmal kleine Quallen auf, deren Nesseln Schwellungen auf der Haut verursachen können, die mit einem Handtuch voll Essig behandelt werden sollten.

Die beste Reisezeit für Ngapali

Die beste Reisezeit ist Mitte Oktober bis Ende November: Das Wetter ist meist gut, und es regnet nur noch sehr selten. Alles ist grün, die Sicht klar und frisch. In der Hauptreisezeit zwischen November und März ist es oft recht voll, was die sonst so relaxte Stimmung etwas trübt. Das Wetter ist bis Anfang März hinein meist gut. Dann allerdings wird die Sicht oft schlecht und Nebel liegt über dem Wasser. Wer an die Schulferien gebunden sind, sollte wissen: Auch in den Sommerferien kann ein Besuch durchaus lohnenswert sein. Während die Monate Juni und Juli noch sehr verregnet sind, beginnt im August das Wetter aufzuklaren und Ngapali erwacht zu neuem Leben. Kaum jemand ist hier, und die Preise sind niedrig.

Entspannen am Strand von Ngapali

Am Strand werden frische Kokosnüsse, Papaya und andere Leckereien angeboten, und auch zahlreiche Stände mit Schmuck sind hier zu finden. Leider ist nichts davon lokal gefertigt. Aber wer versäumt hat, in anderen Teilen des Landes einzukaufen, kann das hier nachholen.

Am Südende des Strands liegt ein recht großes **Fischerdorf**. Hier bedeckt Stroh den Sand, darüber befinden sich Plastikplanen, auf denen kleine Fische getrocknet werden. Morgens und abends herrscht hier reger Betrieb, wenn die Fischerboote anlanden und der Fang an Land gebracht wird. Oft tummeln sich dann hier Touristen in Badekleidung. Die Dorfbewohner scheinen sich an den Anblick gewöhnt zu haben (oder schauen mit buddhistischem Gleichmut darüber hinweg), doch natürlich gebietet es der Respekt, sich angemessen zu kleiden.

Die schönen Muscheln, die manchmal von Kindern am Strand und vermehrt auch in Souvenirshops angeboten werden, sollten keinesfalls gekauft werden, trägt ein gesteigerter Absatz dieser Meerestiere doch zu ihrer Ausrottung bei. Umrundet man das Kap, sieht man in der Ferne einen großen stehenden Buddha auf einem Hügel, der den Ozean überblickt.

ÜBERNACHTUNG

Am Ngapali Beach gibt es viele Unterkünfte, wobei die meisten sehr hochpreisig sind. Während der zentrale Abschnitt unbebaut bzw. seit vielen Jahren mit alten verfallenen Hotels bestückt ist, stehen vor allem im Norden und Süden einladende Zimmer zur Verfügung. Auch in Richtung Flughafen wird der Strand stetig weiter erschlossen; doch er ist mit dem Hauptstrand nicht direkt verbunden und etwas abgelegen. Die neu gebauten Unterkünfte direkt am Strand sind allesamt hochpreisig. In den letzten Jahren haben ein paar einfache Guesthouses im Dorf eröffnet – ob sie Bestand haben, bleibt abzuwarten, illegal sind sie – soweit wir wissen – bisher alle. Das heißt, eigentlich darf ein Ausländer hier nicht wohnen (siehe auch Infos zu Unterkünften A–Z). Gehörten die meisten Besucher lange Zeit zu der Altersklasse 50+, finden vermehrt jüngere Traveller den Weg nach Ngapali. Vor allem in der Nebensaison sind die Preise niedrig, und das Publikum verjüngt sich zusehends. Adressen weiterer Hotels und Buchungslinks finden sich im Club unter **eXTra [6641]**.

Untere Preisklasse

Htein Linthar Gh., ✆ 094-2173 0675, ✉ ksawsoethu10@gmail.com, [9830]. An der Straße gelegenes Haus direkt neben der gleichnamigen Galerie. 13 Zimmer, 5 in einem weniger einladenden Steinhaus. Schöner sind die Zimmer im dahinter gelegenen Reihenhaus auf 2 Etagen mit Veranda und Balkon. Ebenfalls einladend die 2 Zimmer in einem Doppelholzbungalow. Alle AC. Kein Frühstück. Auf Wunsch Moskitonetz. Keine Lizenz für Ausländer, nimmt aber dennoch auf eigene Gefahr Gäste auf. ❷
Power Guesthouse, Main Rd., Linthar Village, ✆ 043-42056, [10406]. Einfaches Guesthouse mit 14 Zimmern, geführt von einer Familie. Das Haus liegt direkt im Dorf. Die Zimmer sind einfach, haben teils AC, teils nur Ventilator. Alle mit Gemeinschaftsbad. Unbedingt Zimmer ansehen, im Erdgeschoss sehr wenig Licht, im 1. Stock besser. Keine Lizenz, nimmt aber Ausländer auf. ❷

Mittlere Preisklasse

Diamond Ngapali Hotel, am Südende hinter dem Fluss, ✆ 043-42089, 093-128 4339, 🖳 www.diamondngapali.com, [8007]. Versetzt stehende Bungalows mit großer Terrasse und Meerblick. Großer einladender Pool. Freundliches Management. ❺–❻

Kippling's Bay Guesthouse, 311 Aye Pyar Ye Lan, Linthar Village, ✆ 094-5132 4097, ✉ paivi.lehtiranta@gmail.com, [10407]. Schönes Guesthouse in einem alten Haus und einem Neubau im alten Stil, betrieben von der freundlichen Finnin Paivi. Kleine Zimmer, alles liebevoll hergerichtet mit schönen Bädern und viel Holz. Schöner kleiner Garten. Alle Zimmer mit kleiner Veranda bzw. Balkon. Einige zwar ohne Fenster, aber dank der großen Tür, die sich zum Garten hin öffnen lässt, trotz alledem sehr beliebt. Zum Frühstück gibt es lokale Spezialitäten. ❹

Laguna Lodge Ngapali, ✆ 043-42312, in Yangon ✆ 01-501 123, 🖳 www.lagunalodge-myanmar.com, [6642]. Tolle Atmosphäre und unsere Nummer eins für Ngapali. In 2 rustikalen Holzhäusern gibt es individuelle und ausgefallen gestaltete Zimmer, mal mit Meer-, mal mit Garten- oder auch ganz ohne Blick, aber dafür mit Palmenstamm im Zimmer. Familien und alle Erwachsenen, die zu dritt reisen: Ein Extrabett wird kostenlos gestellt. Im Zimmer hat jeder Gast einen eigenen Wasserspender mit Trinkwasser. Wenn etwas nicht funktioniert, einfach Tag und Nacht die Notfallnummer der Inhaberin Mrs. Khet Khet anrufen, ✆ 095-138 411. Wie in ganz Myanmar gilt aber auch hier: wunderschön trotz oder gerade wegen ein paar Macken. Also ab in die Hängematte und entspannen. Manager Oliver engagiert sich für Land und Leute und mit vielen Projekten für den Schutz der Umwelt. ❹–❺

Linn Thar Oo Lodge, ✆ 043-42426, in Yangon ✆ 01-861 0279, 🖳 www.lintharoo-ngapali.com, [8008]. Beliebte Anlage mit 2 Zimmertypen: große Räume in Bungalows für 2–4 Pers. mit Meerblick und Standardzimmer im doppelstöckigen Reihenhaus dahinter. Alle mit AC, TV und Minibar. Frühstücksbuffet. WLAN. Vor der Lodge Felsen im Meer. Ganzjährig geöffnet. ❺

Memento Resort, ✆ 043-42441, 092-5088 0852, ✉ ngapalimementoresort@gmail.com, [8009]. Meerblick-Zimmer in Reihenbungalows unterschiedlicher Größe und Ausstattung; alle mit Du/WC, TV und Kühlschrank. Die günstigen mit

Rund um den Flughafen

Wer mit dem Flugzeug in Thandwe landet, fährt anschließend direkt an einigen Nobelresorts vorbei. Zwar hat hier die touristische Entwicklung eingesetzt, viel los ist aber noch nicht. Das gilt auch für den Strand, der sich hinter dem Flughafen erstreckt und ein nettes Ziel für einen Fahrradausflug darstellt. Baden sollte man hier allerdings mit Vorsicht, denn die Strömung ist mitunter an dieser Stelle unerwartet stark.

Wer eine solche Abgeschiedenheit sucht, kann im **Amara Ocean Resort**, 6 Tayza Rd., ✆ 01-663 347, 🖳 www.amara-myanmar.travel, [8002], absteigen, ❼–❽, oder im **Amazing Ngapali Resort**, ✆ 043-42011, Yangon ✆ 01-502 901, 🖳 www.amazing-hotel.com, [8004], ❼, dem **Hotel at the Rocks**, 🖳 www.hotelattherocks.com, und im **Merciel Retreat Resort**, 🖳 www.mercielresort.com, ❻.

Ventilator, die teureren mit AC. Hinten in einem Haus zudem ein paar günstige Zimmer mit Ventilator für den schmaleren Geldbeutel. Die meisten Zimmer haben Holzfußboden und sind geräumig. Schönes Strandrestaurant auf einer Veranda. Ganzjährig geöffnet. ❸–❺

River Top Lodge, Main Rd., ✆ 043-42060, 🖳 www.rivertoplodge.com, [10408]. Reihenhauszimmer an der Straße. Superior recht geräumig, die Standard-Zimmer sind zu klein, vor allem das Badezimmer. Alle Zimmer mit Safe, Kühlschrank und TV. Gute Promotion über Buchungsportale. Ab ❹, Walk-In viel zu teuer. ❻

Yoma Cherry Lodge, ✆ 043-42339, 🖳 www.yomacherrylodge.com, [8016]. Ansprechende Anlage im Linthar Village. 2-stöckige Bungalows mit Gartenblick bzw. aus den oberen Stockwerken Meerblick, ganz vorne mit Strandblick. Die Zimmer sind mit hübschen Korbmöbeln ausgestattet, haben große Fensterflächen und im Bad eine begehbare Dusche. Der Strand ist sauber, wird aber von Fischern und ihren Booten genutzt. In der Nebensaison purzeln die Preise. Gute Mountainbikes. Rechts in der Bucht befindet sich ein kleiner Schnorchel-Spot. ❺–❼

Obere Preisklasse

Zahlreiche Luxusanlagen stehen direkt am Strand. Darunter das **Amata Resort & Spa**, ✆ 043-42177, 🖳 www.amataresort.com, [8003], das **Sandoway Resort**, ✆ 043-42233, 🖳 www.sandowayresort.com, [8013], und das **Aureum Palace Hotel & Resort**, ✆ 043-42360, 🖳 www.aureumpalacehotel.com, [8005]. Letzteres lockt abends zum Sonnenuntergang Wohlhabendere in ein kleines, eigens erbautes Boot am Strand mit Cocktails und Bier. Alle ❼–❽

Bayview – the beach resort, ✆ 043-42249, Yangon ✆ 01-504 471, 🖳 www.bayview-myanmar.com, [8006]. Unter deutscher Leitung. Schöner langer, sauberer Pool. Bar direkt am Strand mit bezahlbaren Cocktails. Überzeugend schöne Bungalows mit Meer- oder Gartenblick und Zimmer im 2-geschossigen Haus dahinter. Katamaran-Verleih und Bootstouren. Zur Zeit der Recherche das beste WLAN am Ngapali. Ganzjährig geöffnet. Gute Promotion in der Nachsaison. ❻–❼

Thande Beach Hotel, ✆ 043-42278, [8015]. Hotelanlage mit 62 Zimmern, alle mit gleicher Ausstattung: Kingsize- und Single-Bett, AC, TV, Minibar und Badewanne. Balkone mit bequemen Sonnenliegen. Bungalows mit Meerblick, in der 2. Reihe mit großen Fensterfronten, die vollständig geöffnet werden können, Standardzimmer im hinteren Bereich. Pool, Spa und Bar mit Meerblick. WLAN im Lobbybereich. Ganzjährig geöffnet (zumindest 10 Zimmer). ❼–❽

ESSEN

Entlang der Straße hinter dem Strand und den Hotels bieten zahlreiche kleine Restaurants **Seafood** in allen Variationen. Ein Fisch kostet selten mehr als 3000–6000 Kyat, eine große Portion Riesengarnelen etwa 6000 Kyat. Die meisten servieren als Nachtisch kostenlos ein paar Früchte. Die meisten Lokale öffnen gegen 9 Uhr und schließen, wenn der letzte Gast gegangen ist, etwa gegen 21.30 Uhr. Direkt am Strand waren zum Zeitpunkt der Recherche nur die Hotel-Restaurants geöffnet. Plätze wie das **Green Umbrella**, die sich mit Fischgerichten und dem tollen Blick auf den Sonnenuntergang einen Namen gemacht haben, bangen Jahr für Jahr um die erforderliche Lizenz. Denn jedes Jahr zur Regenzeit werden die einfachen Bambushäuschen abgerissen und ab Oktober neu aufgebaut – oder eben auch nicht, denn dafür braucht es jedes Jahr eine neue Genehmigung.

Hotel-Restaurants

Lilli's Bar, vor der Laguna Lodge, und wie die Lodge auch, ohne Namensschild und eigentlich ein Restaurant und keine Bar. Erkennbar an den Tischen im Sand und Hängematten zwischen den Palmen. Das Restaurant, auch der Frühstücksplatz der Lodge-Gäste, hat keine Karte – es wird gekocht, was es frisch auf dem morgendlichen Markt gab. Also einfach nachfragen, manchmal steht das Angebot auch auf großen Tafeln angeschrieben. Wer hier abends essen möchte, sollte dies anmelden.

Es gibt manchmal Bier, manchmal nicht. Wenn es keines zu kaufen gibt, darf man eigenes mitbringen (an der Straße erhältlich, 2 Min. entfernt). Sehr schönes Ambiente, vor allem bei Sonnenuntergang.

Lin Thar Oo Restaurant, im gleichnamigen Resort. Einfache Traveller-Küche auf einer unbedachten Terrasse zum Meer hin. Standardpreise, gute Option für alle mit weniger Geld und weniger Anspruch, die trotzdem am Meer sitzen wollen.

Lobster Restaurant, auf Pearl Island. Wird oft von Bootsausflüglern angesteuert: Auf dem weißen Sandstrand stehen Tische unter Sonnenschirmen. Auswahl an frischem Seafood in paradiesischem Ambiente.

Memento Restaurant, bei der gleichnamigen Anlage. Überdachte Terrasse am Wasser. Einfache Traveller-Kost, relativ günstig und mit ausreichend großen Portionen. Toller Platz für ein Bier zum Sonnenuntergang.

Pleasant View Islet-PVI BBQ, am südlichen Ende der Bucht auf einer kleinen vorgelagerten Insel, ✆ 043-42251. Das Restaurant bietet einen schönen Blick auf Pearl Island und allabendlich ein BBQ. Gehobene Preise; bei unserem letzten Besuch nur so mittelgut. Bei Ebbe kann man das Restaurant zu Fuß erreichen, bei Flut mit einer kleinen Fähre. ⊕ Okt–April 9–23 Uhr.

Royal Rakhine Traditional Food, Restaurant des **Royal Beach Motel**, ✆ 043-42411, 🖥 www.royalbeachngapali.com, **[8012]**, ❺–❻. Mit Blick aufs Meer traditionelle Rakhine-Küche, viel Fisch, Huhn und Fleisch genießen.

The Bayview Restaurant, im gleichnamigen Resort. Gute bezahlbare Küche: birmanisch und westlich. Zur Zeit der Recherche *der* Platz für alle, die mal wieder in einen Hamburger beißen wollen. Einige Gerichte aus Deutschland und eine große Auswahl an Weinen.

Restaurants an der Straße

An der Straße hinter den Hotels befinden sich zahlreiche kleine Restaurants. Mal mehr, mal weniger gut besucht, bieten sie fast alle mehr oder weniger die gleiche Küche. Oft sind Menüs für um die 15 000 Kyat im Angebot. Currys kosten um die 4000–5000 Kyat, Cocktails ab 1500 Kyat. Frische Früchte bekommt fast jeder kostenlos als Dessert gereicht. Meist gehen die Bewohner des jeweils davorliegenden Hotels hier abends essen.

Unter den zahlreichen Restaurants sind z. B. das **Ambrosia Restaurant** hinter dem Amata Resort, das **Golden Sea Seafood** hinter dem Aureum Palace und das **Mingalarba Restaurant** auf Höhe des Sandoway empfehlenswert. Am nördlichen Ende locken das **Best Friend** und das **Shwe Hnin Si** (Golden Rose) nahe dem Dorf Linthar.

enjoy!, auf Höhe Amata und Sandoway Resort, ✆ 094-2176 9838. Neben Seafood (Set Menü ab 5500 Kyat) gibt es Papaya-Salat (Thai oder Rakhine-Style, beide nicht sehr scharf) und Frühlingsrollen. Generell ist das enjoy! etwas für alle, die es nicht so stark gewürzt mögen. Sauber, modern und beliebt. Leckere Cocktails am Abend. Neben Bier auch Wein aus Myanmar.

Excellence Seafood, am nördlichen Ende. Großes, beliebtes Restaurant mit reichhaltiger Auswahl und großen Portionen. Die Preise sind ein wenig höher als in den benachbarten Restaurants. Gute Menüs mit Fisch, Reis, Gemüse und Nachtisch. Neben Rotwein aus Frankreich auch birmanischer Wein aus Ananas.

Htay Htay's Myanmar Restaurant, nahe dem Kanal, ✆ 043-42081. In diesem angenehmen sauberen alteingesessenen Restaurant gibt es erwähnenswert gut zubereiteten Fisch. Man kann sich die Exemplare vorher zeigen lassen und die Größe wählen. Die Köchin, die dieses Restaurant einst bekannt gemacht hat, ist nicht mehr hier, aber das Essen gewohnt gut.

Jone's Pizza, Höhe Laguna Lodge, ✆ 094-2177 0128. Das kleine Restaurant hat essbare Pizza – der Boden besteht aus Fertigteig und ist daher etwas trocken, aber wer Reis nicht mehr sehen kann, freut sich trotzdem. Reichhaltig belegt und nicht geizig mit Käse. Liefern auch in die Hotels nach telefonischer Bestellung.

Min Thu, hinter dem ehemaligen Ngapali Beach Hotel. Das Restaurant ist seit vielen Jahren bekannt für gute Muscheln zu günstigen Preisen.

Smile Restaurant, nahe Min Thu, lange etabliert, gute Küche. Offeriert als Tagesmenü öfter mal Spaghetti mit Meeresfrüchten. Große Auswahl und gutes Preis-Leistungs-Verhältnis. Im Angebot sind auch birmanische Rotweine aus der Inle-Region.

Treasure Restaurant, hinter dem Amata Resort, ℡ 094-2176 9719. In dem einfachen Restaurant von Tin Min und Yin Yin gibt es einen kleinen Begrüßungscocktail und Saft für Kinder. Danach schmackhafte gut gewürzte Gerichte aus der Rakhine-Küche. Lecker waren die Linsensuppe, der echt scharfe Papaya-Salat und auch das Hühnercurry. Tolle Tempura. Lustige, freundliche, zuvorkommende Familie.

Two Brothers Restaurant, hinter dem Amata Resort. Leckerer Lobster steht hier ebenso auf der Speisekarte wie das für diese Region typische, etwas tomatendominante Fischcurry. Empfehlenswert sind die Spicy Prawns – Süßwassergarnelen, die besser schmecken als Lobster und sehr viel günstiger sind. Cocktails ab 1500 Kyat. Ein besonderer Tipp ist das Seafood-Coconut-Curry mit Coconut-Rice (Letzteren am besten ein paar Stunden vorher bestellen, denn er ist nicht immer vorrätig).

EINKAUFEN

In der kleinen **Ngapali Art Gallery**, 🖵 www.ngapaliartgallery.com, stellt der Künstler San Naing Bilder aus, man kann ihm bei der Arbeit zuschauen. Kleine Bilder ab US$100, größere ab US$300. ⏱ in der Saison 9–18 Uhr. Direkt daneben in einem schönen Holzhaus weitere Werke ortsansässiger Künstler in der **Htein Linthar Art Gallery**. Auch hier kann man oft dem Inhaber bei der Arbeit an einem Kunstwerk zusehen. Meist ganzjährig geöffnet. Ebenfalls Bilder von Künstlern des Rakhine-Staates zeigt die **Ayeyarwaddy River Gallery**, ℡ 095-138 411. Wer mag, bekommt hier im Schatten der Bäume oft auch noch einen Tee ausgeschenkt, ein schöner Platz für Kunst und Entspannung.

Wai Bar La Sculptural Store, ℡ 042-176 2851. Schöne Holzarbeiten, kleine Buddhas aus Sandelholz (ab US$7) oder größere Skulpturen für Garten und Wohnzimmer (um die US$50). Man kann dem Holzschnitzer Kyaw Myint Thu hier auch bei seiner Arbeit zusehen und staunen, wie aus einem einfachen Stück Holz ein Gesicht hervortritt.

In der Strandstraße hinter den Hotels befinden sich zudem kleine Läden, die Obst, Getränke, Dinge des täglichen Gebrauchs oder Kleidung verkaufen.

AKTIVITÄTEN

Angeln

Einige Hotel- und Restaurantbetreiber vermitteln Fischerboote für **Angeltouren**. Meist wird mit der Longline geangelt. Wer seinen geangelten Fisch grillen und auf einer einsamen Insel (z. B. auf der Pirateninsel, hinter Pearl Island) verspeisen möchte, kann dies ebenfalls organisieren.

Bootsausflüge

Touren auf einem zum Ausflugsboot umgebauten Fischerboot sind eine besonders beliebte Abwechslung. Ein Boot (2 Pers.), das zu den vorgelagerten Inseln fährt, kostet etwa 15 000–25 000 Kyat pro Tag. Auch hier unterstützt man direkt kleine einheimische Familien. Entweder direkt am Strand oder bei U Maugi, ℡ 094-2175 6738, oder U Chomie, ℡ 092-5347 3380. Bootsausflüge, die von Hotels oder Reiseagenturen organisiert werden, sind teurer: Ein 3-stündiger Hotelausflug kostet ab US$50.

Ein schönes Ziel für eine Bootstour ist die im Süden vorgelagerte kleine Insel **White Sand Island**. Auf der Insel gibt es Sonnenschirme, Stühle zum Faulenzen und eine kleine Bar. Wer seinen selbst geangelten Fisch grillen lassen möchte, zahlt dafür etwa 2000 Kyat. Ein paar Bootsminuten weiter erreicht man ein Fischerdorf, wo allerdings tagsüber kaum etwas los ist.

Touren mit **Asia Whale**, Kontakt siehe Tauchen: Flusstouren entlang von Mangroven und Fischerdörfern für US$80 p. P. und Fahrten auf dem Thandwe River mit einem Besuch in einem Mon-Dorf; zudem Besuch einer Bamboo-Werkstatt und Essen in einem einfachen Restaurant für US$70. Sunset-Touren mit dem großen Boot starten um 15.30 Uhr (Pick-up am Hotel), enden gegen 19 Uhr und kosten US$40.

Fahrradtouren

Natürlich ist die Hauptattraktion der Strand selbst. Das Wasser ist zum **Schwimmen** gut geeignet, und Spaziergänge am Meer oder **Fahrradtouren** in die angrenzenden Dörfer bieten Gelegenheiten zu körperlicher Betätigung. In den meisten Hotels kann man Fahrräder leihen, und für etwas weniger sportlich veranlagte Naturen gibt es E-Bikes. Eine Alternative ist es, sich mit einem Trishaw (Fahrradtaxi) herumfahren zu lassen – und damit einem ortsansässigen Familienvater eine zusätzliche Einnahme zu verschaffen. Touren mit den Mountainbikes führen wahlweise 25 km, 33 km oder bis zu 72 km durch die Berge und teils am Strand entlang.

Golfen

Passionierte Golfer schütteln hier nur den Kopf, aber alle, die noch nie einen Schläger in der Hand hatten, haben dafür umso mehr Spaß. Kein Profi lacht sich über sie kaputt, und teuer ist es auch nicht. Der Golfplatz befindet sich auf dem Weg zum Flughafen kurz hinter dem Linthar-Village. Der Platz bietet 9 bespielbare Löcher, das Equipment kostet US$10 und eine Runde spielen US$20.

Kajaks und Katamarane

Derzeit stehen z. B. bei der Laguna Lodge 2 Kajaks zur Ausleihe, 7000 Kyat/Std., US$25 für den ganzen Tag. Im Bayview (s. S. 498 Übernachtung) gab es zur Zeit der Recherche Kajaks für US$5 pro Std., auch für Nichtgäste zur Ausleihe. Das ändert sich aber immer wieder schnell, also einfach mal anfragen. Geführte Kajaktouren starten gegen 8 Uhr und enden meist gegen 14 Uhr. Auf der Tour werden zwei Schnorchelstopps eingelegt und es gibt ein Lunch auf der Insel. Kontakt Ngapali Concierge (s. Kasten S. 502). Katamarane verleiht das Bayview für US$20 pro Std. (zzgl. einer Service Charge für einen fachkundigen Begleiter).

Rafting

Auf einer Tagestour geht es ins benachbarte Thandwe und von dort gemächlich den Thande River hinab. Ein Lunch in schöner Atmosphäre rundet den Tag ab. Rafting bedeutet hier allerdings beschauliches Fahren und keine Wildwassertour. Man kann wunderbar fotografieren, und dank der Stopps in einzelnen Dörfer kommt man in Kontakt zur örtlichen Bevölkerung. US$59 p. P., Kinder deutlich weniger, je nach Alter. Mindestens 4 Pers. Ein Boot hat Ngapali Concierge (s. Kasten S. 502).

Surfen und Stand Up Paddling

Vereinzelt haben wir bei der letzten Recherche Stand Up-Paddler gesehen. Sie trauen sich aber nur aufs Wasser, wenn das Meer komplett ruhig ist. Keine Chance haben sie von Juni bis August, denn dann sind die Wellen hoch. Nur einzelne Surfer wagen sich dann aufs Wasser. Da es jedoch bisher noch keine Bretter zur Ausleihe gibt, hat sich dieser Sport hier noch nicht etabliert. Ein Spot ist das Riff am Flughafen. Vermehrt bieten Hotels mittlerweile Bretter zumindest zum Wellenreiten, doch oft ist das Equipment nicht für Profis geeignet – für alle anderen aber ist Spaß garantiert.

Tauchen und Schnorcheln

Die Küste bietet auch Möglichkeiten zum Tauchen und **Schnorcheln**. Zwar ist die Unterwasserwelt hier nicht spektakulär, aber mit etwas Glück begegnet einem auch mal ein größerer Fisch oder sogar eine Meeresschildkröte. Meist ist die Ausrüstung im Preis eines Schnorchelausflugs inbegriffen, bei Hotelausflügen müssen jedoch die Schnorchel oft extra bezahlt werden (etwa US$3 pro Set). Man sollte die Ausrüstung immer in Augenschein nehmen und anprobieren, bevor man sich damit ins Wasser stürzt. Die meisten Schnorcheltrips gehen nach **Pearl Island**, der südwestlich vorgelagerten Insel. Bis Mitte der 1990er-Jahre wurde hier noch nach Perlen getaucht. Im Nordosten der Insel gibt es einige Fische zu sehen. Aber Vorsicht, hier kann es wegen der Strömungen gefährlich werden. Auch der **Tauchsport** hat mittlerweile Einzug gehalten, doch legal ist das alles noch nicht.

> ### Ein Mann für alle Fälle
>
> Gunter, ein quirliger Mann aus Costa Rica (seinen Namen bekam er von einem deutschen Freund, die Ü-Punkte sind verloren gegangen), ist der Organisator für Aktivitäten. Seien es Mountainbike oder Trekkingtouren, Ausflüge mit dem Kajak oder ein Raftingtrip durch ruhige Gewässer. Nicht ganz billig. Wer kein Geld mehr hat, der kann mit Visa-Karte bezahlen. **Ngapali Concierge**, oft in der Laguna Lodge, ✆ 094-2173 1079, 🖥 www.ngapaliconcierge.com.

Bislang gibt es nur selten gute Divemaster vor Ort (Ende 2016 war einer hier, aber ob er noch anwesend sein wird, wenn das Buch erscheint, ist ungewiss). Lediglich guten und erfahrenen Tauchern (im Team) sei das Tauchen hier zu empfehlen – und auch diese sollten sich unbedingt vorher das Equipment ansehen und den Divemaster kennenlernen. Immer bedenken: Es gibt keine medizinische Hilfe vor Ort.
Asia Whale Ngapali Water Sport Center, 123 Airport Rd., zwischen Flughafen und Amazing Hotel. ✆ 09-4957 7070, Yangon ✆ 01-226 069, 🖥 www.ngapaliwatersport.com, [8036]. Das große Boot nimmt Schnorchler und Taucher (max. 20 Pers.) mit. Halbtägige Tauchausflüge mit zwei Tauchgängen, je nach Riffentfernung US$110–150 p. P., zzgl. Tauchausrüstung (US$25). Bei unserem letzten Besuch sahen Inflator und Jacken gut und neuwertig aus, Wetsuites und Masken konnten wir leider nicht in Augenschein nehmen. Auf jeden Fall einen Tag vorher das Equipment auswählen. Schnorchelausflüge nach Maw Shwe Chai inkl. Fischerdorf kosten US$70 p. P.
Third Adventure, 325 Myan Pyin Rd., ✆ 092-6490 5522. Tauch-, aber vor allem Schnorchelangebote. Taucher zahlen US$60 für einen und US$110 für zwei Dives. Eine Schnorchelausrüstung kostet US$5 für das Equipment, und wer sich nicht selbst ein Boot besorgt, zahlt hier für den halben Tag US$30 für den Transport und einen kleinen Imbiss. Bootstouren (ab 4 Pers.) inkl. BBQ in den Sonnenuntergang von 16.30–19 Uhr für US$25 p. P.

Trekking
Sonnenaufgangs- und **Sonnenuntergangstouren**, bei denen sich schöne Fotomotive bieten. Mal vom Berg, mal von einer Pagode aus. Aufbruch Sunrise 5.30 Uhr, nach Sonnenaufgang ist man gegen 7 Uhr wieder zurück. Abends geht es um 17 Uhr los, Rückkehr gegen 19 Uhr, US$15.
Empfehlenswert für alle, die genug Strandleben genossen haben, ist der **Naturtrek** durch die angrenzenden Wälder zu einem Viewpoint etwa 170 m über dem Meeresspiegel. Unterwegs bekommt man vor allem Blumen und Insekten zu sehen. Los geht es am besten bereits morgens um 8 Uhr, bevor es zu heiß wird. Dauer der Tour etwa 3 Std., bei Ngapali Concierge (s. Kasten).

SONSTIGES

Fahrrad- und Mopedverleih
Die meisten Hotels vermieten Fahrräder, meist aus chinesischer Produktion, die in der Regel nicht für längere Touren geeignet sind. Das **Sandoway Resort** bietet seinen Gästen Mountainbikes, und auch die Yoma Cherry Lodge hat gute Räder. Einfache Räder gibt es ab 500 Kyat/Std. bzw. 5000 Kyat/Tag.
E-Bikes bietet **Ngapali A-1** im Ambrosia Restaurant, ✆ 094-2176 9910. Pro Std. werden 2000 Kyat berechnet. Mountainbikes und ein langsamer E-Roller für 2 Pers. 3000 Kyat pro Std. Rabatte, wenn man länger mietet.

Gesundheit / Medizinische Hilfe
Noch immer wird für diesen Strand eine **Malariawarnung** ausgesprochen (Nov–März gilt als malariafrei). Mückenschutz sollte man einpacken und anwenden. Sandfliegen gibt es nicht.
In den Wintermonaten, besonders von Mitte Dezember bis Anfang Januar, kann es nachts kalt werden. Um einer Erkältung vorzubeugen, empfiehlt sich ein warmer Pullover.
Auf Höhe des Sandoway Resorts befindet sich an der Straße eine gleichnamige **Klinik**. Hier behandeln ein birmanischer Arzt und oft auch verschiedene ausländische Ärzte die Einheimischen unentgeltlich; Ausländer sollten

nach der Donationbox fragen. Keine Hotelbesuche. ⏲ 9–12 und 13–16 Uhr. Seit Anfang 2015 steht der Englisch sprechende **Dr. Khun Zaw Naing** in der Solar Workshop und Community Clinic (Organisation von Oliver Soe Thet, Laguna Lodge) für Gäste und Einheimische zur Verfügung, ✆ 09-528 3115, oder Kontakt über ✆ 043-42312 (Laguna Lodge). 9–12 und 14–18 Uhr. Im Notfall 24 Std., ggf. auch Hotelbesuche.

Internet

Viele Unterkünfte bieten WLAN, zumindest in der Lobby. Immer mehr Restaurants ziehen nach. Die Verbindung ist jedoch meist eher schlecht bis nicht vorhanden. Wer surfen will, muss Geduld mitbringen. Das beste Netz vor Ort hatte zur Zeit der Recherche das Bayview; das Restaurant ist zwar etwas teurer als jene an der Straße, aber immer noch bezahlbar.

Massagen

Entspannend sind die vielerorts (meist über die Hotels) angebotenen Massagen. Eine 45-minütige Massage kostet US$10–16. Die an der Laguna Lodge angebotenen Massagen sind besonders beliebt. Sei es eine traditionelle Rakhine- oder eine Kopfmassage. Hier unter den Schatten spendenden Palmen massiert zu werden, ist etwas Besonderes (8–18 Uhr, US$10). Gemanagt werden die 4 Masseure von Pun Sue Aug (spricht gutes Englisch und ist meist an der Rezeption der Lodge zu finden).

Reisebüros

Angel Travel & Tours, Laguna Lodge, ✆ 043-42312, 01-501 123, ✉ angel@myanmar.com.mm. Arrangiert Bustickets, Flüge und Touren, tolle Ausflüge auf die Inseln vor der Küste etwa. Am besten über E-Mail kontaktieren. Sofern Manager Oliver nicht vor Ort ist, wird man für Flugbuchungen meist an Caravan Travel & Tour verwiesen bzw. für Touren an den Mann für alle Fälle (s. Kasten S. 502).
Caravan Travels & Tours, 14 Min Tae St., Kreuzung nach Thandwe, ✆ 043-42404, 094-2175 3980. Vermittelt zuverlässig Flüge aller Gesellschaften. ⏲ 9–18 Uhr.

Telefon

Die Vorwahl von Ngapali ist ✆ 043. Obwohl alle Unterkünfte über einen lokalen Anschluss verfügen, empfiehlt sich für eine Reservierung der Kontakt zu den Yangoner Büros bzw. über E-Mail.
Internationale Gespräche kann man im Ngapali Beach Resort führen. Auch andere große Hotels vermitteln Gespräche. Ab 2000 Kyat/Min. bis zu US$6 pro angefangener Gesprächsminute.

TRANSPORT

Taxis

Ein Taxi zum Airport kostet 7000 Kyat, nach THANDWE 8000 Kyat. Günstiger sind die Tuk Tuks, die Passagiere auf dem Weg einsammeln – eine Fahrt kostet 500 Kyat.
Ab Thandwe zurück geht es den ganzen Tag. Wer mit dem Taxi bis nach TAUNGGOK fahren will, zahlt etwa 80 000 Kyat. Um das Boot nach Sittwe zu erreichen, muss man etwa gegen 4 Uhr morgens aufbrechen. Bis nach PYAY kostet ein Taxi etwa 250 000 Kyat. Nach Kanthaya muss man mit etwa 120 000 Kyat rechnen.

Busse

Die Busse starten alle ab Thandwe. Wer am Ngapali bucht, wird etwa 1 1/2 Std. vorher am Hotel abgeholt. Abfahrtszeiten und Preise siehe Thandwe. Es ist sinnvoll, die Tickets mind. 1 Tag vorher zu besorgen. Alle Gästehäuser und Hotels sind hier behilflich.

Flüge

Knapp 10 km von Ngapali-Strand entfernt liegt der **Flughafen von Thandwe** (S. 494). Viele Hotels bringen ihre Gäste kostenlos bzw. holen sie ab. Wer auf eigene Faust ein Taxi nimmt, zahlt 7000 Kyat pro Strecke. Nationale Flüge werden normalerweise vom Hotel fristgerecht (1–2 Tage vor Abflug) rückbestätigt. Man sollte auf jeden Fall darauf achten, nach der genauen aktuellen Abflugzeit zu fragen. Vor allem in den Monaten Dezember bis Februar kommt es in Yangon oft zu Bodennebel, die Flüge verschieben sich.

Passkontrollen und Ausweiskopien

An der Grenze zwischen Nieder-Myanmar und dem Rakhine-Staat, etwa 1 1/2 Std. hinter Pyay, müssen sich alle Reisenden ausweisen – auch Birmanen. Es gibt mehrere Checkpoints, an denen Ausländer weniger intensiv kontrolliert werden als Einheimische. Ausländer, die mit dem Bus über Pyay anreisen, benötigen an diesen Checkpoints jedoch Kopien ihres Passes und des Visums. Diese werden in der Regel von den Angestellten der Busgesellschaft vor Fahrtantritt besorgt (Kopierkosten etwa 200 Kyat).

Die Flugpreise variieren stark: von US$50–180 kann alles vorkommen. Wann genau günstige Flüge gebucht werden können, ist leider nicht voraussagbar. Eine klar erkennbare Preisstruktur konnten wir bisher nicht erkennen. Also am besten einfach vergleichen und ggf. nicht sauer sein, wenn andere günstiger fliegen als man selbst.

Taunggok

Diese Stadt (auch Taungup oder Taungoke) ist Reisenden als Busbahnhof oder als Schiffsanlegestelle bekannt. Wer von Pyay kommt und nicht nach Ngapali weiterfährt, nimmt hier ein Boot die Westküste hinauf nach Sittwe und Mrauk U. Reisende, die in Taunggok übernachten müssen, sollten sich den weitläufigen Markt ansehen. Wenn möglich, sollte man eine Übernachtung jedoch vermeiden, denn die Stadt ist nicht gerade einladend und nicht auf westliche Besucher eingestellt.

Der stellenweise Reichtum der Bewohner verdankt sich dem Umstand, dass Taunggok ein erfolgreicher Schmugglerort ist, an dem Waren nach Bangladesch umgeschlagen werden: Holz, Rinder, aber auch Gemüse werden hier illegal gehandelt.

Am Busbahnhof von Taunggok kam es Mitte 2012 zu tödlichen Angriffen auf Muslime, die sich bis heute hier nicht sicher fühlen können und deshalb in Taunggok besser nicht übernachten sollten.

ÜBERNACHTUNG UND ESSEN

Nan Taw Oo Gh., ✆ 043-60172, 09-853 0217. Einfache Zimmer, harte Betten, mit AC, TV, Minibar, kein Frühstück. Für Ausländer derzeit die wohl beste Option.
Ausweichmöglichkeiten sind das **Kant Thit Win Gh.** ✆ 043-60217, und das **Royal Gh.**, ✆ 043-60108, mit Restaurant und Biergarten, alle ❷.
In der indischen **Teestube** am Busterminal gibt es guten *htamin djo*, Reis mit Bohnen. Auch Reis mit Curry wird angeboten (etwa 2000 Kyat). An der Hauptstraße liegen einige **chinesische Restaurants** und weitere Teestuben.

TRANSPORT

Busse

Der **Busbahnhof** gehört zu den schlimmsten Orten Myanmars, es ist schmutzig und etwas unheimlich. Dass sich hinter dem Busbahnhof auch direkt das Rotlichtviertel befindet, in dem vornehmlich die Busfahrer verkehren, macht die Situation noch etwas befremdlicher. NGAPALI, wer mit dem Minibus von Pyay aus hier ankommt, kann im Bus sitzen bleiben und weiter schlafen. Wer jedoch hier aussteigen muss, weil er in einem lokalen (Kurzstrecken-)Bus sitzt, kann auf den Yangon–Thandwe-Bus warten, der zwischen 6 und 8 Uhr in Taunggok eine kurze Pause einlegt: Zusteigen ist für ein paar tausend Kyat möglich. Die Fahrt bis THANDWE dauert mit dem Yangon–Thandwe-Bus 2 1/2 Std., mit dem Pick-up-Trucks 4 Std. Von Thandwe aus findet sich leicht ein Taxi zum Strand, oder man nimmt den „Linienbus" (Truck), der vom Markt aus verkehrt.
PYAY, tgl. Minibus gegen 16 Uhr für 8000 Kyat in ca. 6–7 Std. Der Thandwe–Yangon-Bus kommt gegen 11.30 und 18 Uhr hier durch. Auf der ersten Hälfte der Strecke ist die Straße in einem annehmbaren Zustand, danach wird sie zur Staubpiste.
SITTWE, mit dem Minibus von Pyay kommend, erreicht man Taunggok etwa um 3 Uhr nachts. Bis der Ticketschalter gegen 5 Uhr öffnet, kann man ein wenig im Office des Minibusbetreibers ausharren.

Boote

Das AC-Schnellboot von **Malika Express** bedient die Strecke Taunggok–SITTWE 2x wöchentl.: Mi und Sa über Ramree und Kyaukpyu jeweils um 6.30 Uhr (Check-in 5.30 Uhr). Tickets für US$30 gibt es im Malika-Office, U Ottama St., nahe dem Busbahnhof, ✆ 043-61277. Die Fahrt von etwa 8–11 Std. ist an einigen Stellen recht interessant, wenn es an Mangrovenwäldern vorbei durch das Labyrinth der Lagunen an der Küste geht. Fliegende Fische sind regelmäßig zu sehen, manchmal auch Delphine. Wenn das Boot voll besetzt ist, wird auch der Mittelgang mit Stühlen vollgestellt. Man ist gut beraten, das Ticket einen Tag im Voraus zu kaufen. Das Schnellboot der **Shwe Pyi Tan**-Gesellschaft, ✆ 043-60156, 094-9668 6659, startet Di, Fr und So meist morgens um 6.30 Uhr (Check-in 5.30 Uhr, kann sich ändern, je nach Wasserstand) und fährt über Ramree und Kyaukpyu nach SITTWE, für 35 000 Kyat.

Die langsameren Boote der **IWT** starten Do und So nach SITTWE (fahrplanmäßig um 5 Uhr) und kosten US$10 für einen Platz auf Deck. Liegestühle können auf dem Boot für einen geringen Betrag gemietet werden; begrenzte Anzahl! Einfache und oft unsaubere Kabinen mit Bett gibt es für US$36 und US$53 in der 2. bzw. 1. Klasse. Die Fahrt dauert 2–3 Tage. Für alle Boote gilt: Die Abfahrtszeiten/-tage ändern sich hin und wieder und sollten daher im Vorfeld noch einmal verifiziert werden.

Die Ramree-Inseln

Von diesen Inseln im Golf von Bengalen nahe der Rakhine-Küste starteten die Briten nach dem Zweiten Weltkrieg die Rückeroberung Birmas. Es heißt, zuvor seien viele der hier stationierten japanischen Soldaten von Krokodilen gefressen worden. Selten macht ein Tourist länger Halt, und so sind die wenigen weißen Besucher, die hier stranden, viel bestaunte Attraktionen.

Die Ostküste ist mit dichtem Mangrovenwald bewachsen. Überall führen kleine Kanäle, die nur bei Flut mit flachen Booten befahrbar sind, ins Inselinnere. Im Norden und an der Westküste (Sperrgebiet) befinden sich einige lange Strände. Ganz im Norden der Hauptinsel liegt die Stadt **Kyauk Pyu**, wo in der Vergangenheit Übernachtungen geduldet wurden. Im Jahr 2012 kam es hier zu schweren anti-muslimischen Ausschreitungen, bei denen fast der halbe Ort niedergebrannt wurde.

In diesem Städtchen machen sowohl die Speedboote als auch die IWT-Fähre fest – meist, um der Mannschaft und den Passagieren Gelegenheit zum Mittagessen zu geben. Der **Markt** von Kyauk Pyu liegt östlich des Hafens direkt am Meer. Morgens wird hier der frische Fisch angelandet – in erstaunlicher Artenvielfalt. Im Markt gibt es günstige Rakhine-Longyis. Sie gelten wegen ihrer ausgefallenen Webtechnik im ganzen Land als besonders schick und werden gern zu besonderen Anlässen getragen.

ÜBERNACHTUNG UND ESSEN

Einfache Zimmer bietet das **Ramawady Motel**, wenige hundert Meter westlich des Hafens, rechts die Hauptstraße herunter, ❷. Bungalows mit AC hat das **Serie Hotel**, am Strand nahe dem Flughafen, ✆ 043-46512. ❸–❹

Wer nicht im Motel essen will, dem stehen in der Nähe des Hafens einige **Restaurants** zur Auswahl.

Neben der lokalen Fischspezialität *nga thau tu* kann man hier die beliebte 12-Geschmäcker-Suppe *s'h-e-hnâmjo-hin-djo* probieren, die neben Reisnudeln und verschiedenen Gemüsesorten auch Fisch, Krabbenbällchen und Taubeneier enthält.

Wenn das Schiff erwartet wird, das meist zwischen 13 und 15 Uhr andockt, gibt es **Currys** und **Meeresfrüchte** am Pier – alles sehr frisch, scharf und empfehlenswert.

TRANSPORT

Boote

Sowohl **Malika-Express** als auch das **IWT**-Boot und die Schnellboote der **Shwe Pyi Tan**-Gesellschaft halten hier. Während Malika nur eine kurze Essensrast einlegt, müssen bei der

IWT-Fähre eine Menge Waren ein- und ausgeladen werden, sodass die Pause sich leicht auf 2–3 Std. ausdehnt. Manchmal bleibt das Boot auch über Nacht. 10 000 Kyat kostet die Strecke zwischen Insel und TAUNGGOK. Von und nach SITTWE 7000 Kyat, Kabinen etwas mehr als das Doppelte. Da die Boote unregelmäßig (manchmal gar nicht) fahren, empfiehlt es sich, Plätze telefonisch in Sittwe oder Taunggok reservieren zu lassen. Fahrpläne und Telefonnummern auf S. 510 und S. 505.

Flüge
In Kyauk Pyu gibt es einen **Flughafen**, der von **Myanmar National Airways** angeflogen wird. Theoretisch gibt es drei Flüge in der Woche für rund US$50 von und nach THANDWE oder SITTWE. Hauptnutzer des Flughafens sind die Angehörigen der Marinebasis.

Sittwe

Sittwe [8882], von den Briten Akyab genannt, ist schon seit mindestens 2000 Jahren ein wichtiger Hafen am Golf von Bengalen. Die Stadt liegt an der Mündung des Kaladan-Flusses, der bis weit ins Land hinein schiffbar ist, und wird seeseitig von den vorgelagerten Baronga-Inseln geschützt. Der heutige Ort Sittwe wurde ab 1826 vom britischen General Morrison zum Verwaltungszentrum aufgebaut. Auf diese Zeit gehen wohl auch die alten Hafenanlagen zurück, an die heute der Markt angrenzt: Wer hier morgens das Anlanden des frischen Fisches beobachtet, wird sich einige Generationen in die Vergangenheit zurückversetzt wähnen. Sittwes geografische Nähe zu Bangladesch schlägt sich in einem hohen Anteil an Moslems in der Stadt nieder. Im Jahr 2012 kam es zwischen der buddhistischen und der moslemischen Bevölkerung zu schweren Ausschreitungen, was dazu führte, dass die Stadt für westliche Besucher zeitweise *off limits* war. Vor einem Besuch sollte man sich daher vorsichtshalber nach der aktuellen Lage erkundigen.

Die Sehenswürdigkeiten der Stadt sind nicht besonders spektakulär. Dafür hat sie gleich zwei **Uhrtürme** zu bieten: Der erste, aus Stahl, wurde 1887 von holländischen Händlern errichtet und steht nahe dem Markt. Den zweiten, ein paar hundert Meter weiter südlich Richtung Flughafen, ließ die Regierung 1991 erbauen. Am Nordende der Stadt, an den Hafenanlagen am Sayokya-Kanal, gibt es große **Lagerhallen** für Reis. Je nach Saison werden hier täglich viele Tonnen umgeschlagen – transportiert von Frauen, die wie vor hundert oder tausend Jahren ihre Lasten in geflochtenen Bastbehältern auf dem Kopf tragen.

Sittwe ist ein beliebter Aufenthaltsort für eine Kolonie **Flughunde**. Manchmal sieht man sie in Scharen auf den Bäumen nahe dem neuen Uhrturm. Wenn sie nicht gerade wie große dunkle Früchte im Baum hängen und schlafen, kann man ihre Luftkämpfe mit den dort ebenfalls residierenden schwarzen Krähen beobachten. Bei Sonnenuntergang fliegen sie in Massen über die Uferpromenade am City Point Restaurant vorbei Richtung Meer und vorgelagerte Inseln.

Sehenswürdigkeiten
Die **Atulamarazei Pyeloun Chantha Payagyi-Pagode** ist das wichtigste Heiligtum der Stadt. Die große Halle beeindruckt durch zahlreiche Spiegelmosaiken. Auf jeder Säule sind Figuren dargestellt, von denen viele eine Muschel in den Händen halten. Der große sitzende Buddha, gesichert hinter einem eisernen Verschlag, wurde im Jahr 1900 aus Bronze gegossen. Nur das Gesicht glänzt golden, was der Figur einen seltsam unfertigen Anblick verleiht. Anders als andere Buddhafiguren des Rakhine-Stils ist diese über 8,5 t schwere Statue nicht mit Krone oder Juwelenschmuck ausgestattet, sondern sehr schlicht.

Das **Kulturmuseum des Rakhine-Staates**, ☏ 043-23465, beherbergt einige Exponate aus der Vesali- und Mrauk U-Epoche. Anschaulich zeigen Miniaturmodelle die antiken Städte. Ein großes Wandgemälde stellt das Leben in Mrauk U im 17. Jh. dar und stammt angeblich von einem belgischen Reisenden. In der 2. Etage sind lebensgroße Figuren in der traditionellen Kleidung ethnischer Gruppen der Region zu sehen. Besonders sexy kleiden sich demnach die Mro: die Damen im Miniröckchen, die Herren im Muskelshirt. Im selben Raum sind auch ein

paar jener 64 Haartrachten als Perücke zu bestaunen, die einst die Köpfe der Rakhine-Frauen schmückten. ⏰ Di–So außer feiertags 9.30–16.30 Uhr, Eintritt 2000 Kyat.

Das **Buddhistische Museum** liegt an der Hauptstraße und ist im 2. Stock eines alten Kolonialgebäudes untergebracht, an dessen Front das Schild **Mahakuthala Kyaungdawgyi** („Großes Kloster der Großartigen Verdienste") prangt. Hier finden sich viele alte Buddhafiguren aus der Vesali-Periode (327–818) und aus der Blütezeit Mrauk Us (1433–1785). Eine kleine antike Figur von Shin Thi U Lin, dem Mönch mit Wanderstab und Fächer, steht rechts neben dem großen Buddha. Sie soll über 2000 Jahre alt sein. Das Museum ist jeden Tag von morgens bis nachmittags geöffnet. Es wird kein Eintritt verlangt, eine Geldspende in die dafür vorgesehene Sammelkiste gegenüber dem größten Buddha ist jedoch sehr willkommen. Besonders interessierten Gästen weisen die Mönche den Weg in das zweite buddhistische Museum am Rande der Stadt, Eintritt US$2, was nicht unbedingt lohnt.

Im Süden der Stadt steht vor der City Hall eine große **Rakhine-Freiheitsstatue**. Das Motiv der stolzen Dame mit der Flammenschale in den Händen geht auf die Vesali-Periode zurück. Nur wenige Meter entfernt befindet sich die wahrscheinlich älteste baptistische Kirche Myanmars, die **St. Mark's Cathedral**. Sie wurde 1845 erbaut. Es gibt nur wenige Baptisten in der Region – es sind vor allem Chin aus der Umgebung von Paletwa, die hier Unterstützung finden. Der Pastor betreibt eine kleine Krankenstation und gibt jungen, mittellosen Chin Unterkunft und Verpflegung, damit sie an der nahen Universität studieren können.

Einen Ausflug kann man auch zu **The Point** unternehmen. Von hier bietet sich ein schöner Blick auf die Baronga-Inseln. Der in der Ferne stehende Leuchtturm ist ein beliebtes Fotomotiv. Die Gebühr für einen Besuch scheint nicht festzustehen. Besuchern wurden mal 50 Kyat, mal 250 Kyat für Fotos und manchmal sogar 3000 Kyat für die Videokamera abgenommen; einige mussten für ein Foto 500 Kyat bezahlen, andere nicht. Wer dem entgehen will, lässt die Kamera eingepackt.

Erschreckende Mahnmale, die an die Ausschreitungen erinnern, bei denen 2012/2013 Buddhisten Muslime angegriffen hatten, sind die vielen freien Grundstücke entlang der Hauptstraße. Nahezu an all diesen Orten standen Häuser moslemischer Bewohner oder Moscheen, die niedergebrannt wurden. Während der Ausschreitungen kamen 220 Muslime ums Leben, über 150 000 sind seither heimatlos und hausen in Flüchtlingscamps oder wagten die Flucht Richtung Thailand mit Ziel Malaysia. Ende 2016 wurde mit der Rückführung begonnen, und es kam erneut zu Konflikten – ethnische Probleme, die nicht so schnell gelöst werden können (mehr zum Thema S. 98, Rohingya, Land und Leute).

ÜBERNACHTUNG

Hotel Memory, 19, Akauk Yone St., 043-21794, www.hotelmemorysittwe.com. Gutes, recht neues Hotel mit gelobtem Restaurant. Gute zentrale Lage. Ansprechend möbliert. Derzeit die beste Option in Sittwe. Es lohnt, ein Superior-Zimmer zu buchen, denn hier sind die Räume größer, und die Preisdifferenz zum Standardzimmer ist überschaubar. ❹–❺

Kiss Gh., 451 Main Rd., 043-21251. Kleines Guesthouse mit einfachen Zimmern. Es gibt kein Frühstück und auch nur kaltes Wasser. Superior-Zimmer haben eine AC, was vor allem in den Monaten von Nov–Feb sinnvoll ist. ❷–❸

Mya Gh., 51/6 Bowdhi St., 043-23315, 23358. Die 31 geräumigen, einfachen Zimmer im sauberen Neubau sind eine gute Budget-Option. Familienzimmer für US$45. Man sollte ein Zimmer nach hinten wählen, denn vorne an der Straße kann es recht laut werden. Inkl. gutem traditionellem Frühstück (Mohinga, Reis mit Bohnen), wahlweise auch Toast mit Ei. ❸

Noble Hotel, 45 Main Rd., 043-23558, anw.noble@gmail.com. 20 saubere Zimmer mit AC, TV, Kühlschrank, Bad und Wasserkocher. Zum Frühstück gibt es Eier mit Toast, auf Anfrage auch Rakhine-Suppe. An der Bar Whisky und Wein. WLAN. Gutes AC-Restaurant im 1. Stock. ❹

Royal Sittwe Resort, ✆ 043-23478, 💻 www.royalsittweresort.asia. Sittwe-Strand, etwa 10 Min. abseits des Zentrums nahe dem Flughafen. 40 ansprechende Zimmer mit dem für diese Stadt höchsten Standard und dem besten Sicherheitssystem. Daher wohnen hier viele NGO-Mitarbeiter und andere Offizielle. WLAN. Gutes Rakhine-Buffet. ④–⑥

Shwe Myint Mho Motel, 56 Main Rd., ✆ 09-4966 0533. Bereits die Standardzimmer haben AC. Superior punktet auch mit TV und Warmwasser. Die Räume mitsamt Fenstern sind eher klein. Kein Frühstück. Nicht erste Wahl, aber recht günstig. Flughafentransfer möglich. ②–④

The Strand Hotel Sittwe, 9 (Kanar Rd.) Strand Rd., ✆ 043-22881. Zentral gelegenes Kolonialhaus mit 8 Zimmern im Haus und 13 ansprechenden Bungalows. Angenehm große Zimmer, wenngleich in den 4 einfachsten (Superior-) Zimmern auch viel vollgestellt wurde (großer Schrank aus Teakholz). Wer ein extra Bett braucht, kann im Deluxe-Bungalow Platz finden. Die 4 Suiten im Haus haben 3 Betten und einen kleinen Balkon. Manager U Win Myint hat lange Jahre Erfahrung im Hotelgewerbe, und auch das Personal ist gut geschult und spricht Englisch. ④–⑤

View Point Gh., 3 Strand Rd., ✆ 043-23689. 28 einfache Zimmer für wenig Geld in zentraler Lage. Kein Frühstück, kein Warmwasser, kein WLAN. ①

ESSEN

City Point Restaurant an der Strand Rd. Hier gehen reichere Einheimische hin, wenn sie feiern. In dem Holzhaus am Meer werden neben chinesischer und Rakhine-Küche auch Meeresfrüchte angeboten.

May Yu Restaurant, Strand Rd. Innen- und Außenbereich. Chinesische Küche und Fisch. Gezapftes *Myanmar*-Bier. Ein Leser fand das Essen nicht besonders gut, dafür aber die Livemusik „ganz interessant". ⏲ 18–22.30 Uhr.

River Valley at Strand Road, ✆ 043-23234. Beliebt für seinen guten Muschelsalat und anderes schmackhaftes Seafood. Es gibt aber auch Pommes und Schwein süß-sauer. Hier kann man sich einen Transport nach Ngapali, in ein Chin-Dorf oder Mrauk U organisieren lassen.

River Valley Restaurant, 68 Main Rd. Gute Rakhine-Küche im Innen- und Außenbereich. Mit Preisen von 4000–7000 Kyat nicht ganz billig, aber es lohnt sich. Ein Tipp sind die Fischgerichte. ⏲ 7–22.30 Uhr.

Shwe Pyi Taw Restaurant & Dagon Beer Station, 15 Main Rd., ✆ 043-22217. Auch in Sittwe gibt es gezapftes Bier und dazu leckere Snacks. Gemundet hat uns der Crisp Pork Salad. Aber auch andere chinesische Gerichte sind durchaus köstlich.

Sittwe verfügt über eine große Anzahl an **Teestuben**, die auch kleine Leckereien anbieten. Die meisten liegen entlang der Hauptstraße und zwischen Rakhine-Museum und Markt.

Wer am Flughafen auf seinen Flieger warten muss, kann sich in einem der ca. 300 m entfernten Restaurants niederlassen. Beispielsweise lockt das **Ko Aung Mins Restaurant** mit leckerer Tagessuppe für 1500 Kyat. Wer bereits eingecheckt hat, wird vom Flughafenpersonal informiert, wenn das Flugzeug kommt.

EINKAUFEN

Sittwes großer **Markt** am Fähranleger ist einen Besuch wert – auch für jene, die nichts erstehen wollen. In engen Gassen reihen sich Gewürzhändler, Stoffverkäufer und Lebensmittelhändler aneinander. Berühmt sind die an Brokatstoff erinnernden Longyis, deren Webtechnik für Rakhine typisch ist. Auf dem überdachten Fischmarkt ist vor allem morgens viel los, jedoch sollte zurückhaltend sein, wer eine empfindliche Nase besitzt oder wem sich schnell der Magen herumdreht. Frisch aus dem Meer gefangen, werden die Fische auf dem Markt verteilt und anschließend von den vielen Verkäufern geputzt und zerhackt. Erfrischend ist das anschließende Obst- und Gemüsemarkt, dessen farbenfrohe Ware schöne Fotomotive bietet. Hinter dem Markt verkaufen zahlreiche **Goldhändler** Schmuck.

Auf dem **Bengali Cloth-Markt** finden sich viele sehr preisgünstige Waren von Markenherstellern, die aus Bangladesch eingeschmuggelt wurden.

INFORMATIONEN

Im **River Valley Restaurant** gibt es Tickets und logistische Unterstützung bei der Planung von Touren; Ausflüge ins Chin-Land werden ebenfalls angeboten.
Ein Englisch sprechender, privater Guide ist **Mr. Zaw Oo**, ✆ 09-4966 6381. Er organisiert Homestays in Chin-Dörfern und ist in den Hotels bekannt. Bei Buchungen von Flügen hilft **May Flower Travels & Tours**, 179 Main Rd., ✆ 043-23452, ✉ mayflowertravels@gmail.com, oder der hilfsbereite und zuverlässige Herr U Zaw Myint von **Oake Kaung Travels & Tours**, 25 Thar Zan Lar St., ✆ 094-964 0867, 098-500 640, 🖥 www.okmyanmartravels.com.

NAHVERKEHR

Mit dem **Tuk Tuk**, in dem bequem 6 Leute Platz finden, kostet die Strecke vom Flughafen zum Hotel bzw. zum Hafen übertriebene 5000 Kyat. Mit der **Trishaw** etwas günstiger. Fahrtzeit 10 Min.

TRANSPORT

Busse
Der Highway nach Mrauk U wird gerade komplett saniert. Zur Zeit der Recherche hatte dies leider noch keine Verkürzung, sondern eine Verlängerung der Fahrzeit zur Folge. Wann die Arbeiten abgeschlossen sein werden, ist unklar.
BAGAN (Nyaung U), über MAGWE, mit **Acadamy Bus**, um 6 Uhr kann man über Mrauk U weiter bis nach Magwe fahren (25 000 Kyat), Ankunft Mrauk U 9–10 Uhr, Magwe Ankunft kurz vor Mitternacht; dann eine Nacht schlafen und weitere 4 Std. bis Nyaung U.
Mrauk U, um 6.30, 12 und 13 Uhr für 9000 Kyat in etwa 4 1/2 Std. mit dem Bus der **Shwe Pye Htit Company**, ✆ 043-22166.

THANDWE (nahe Ngapali), Mi und Sa 12 Uhr für 45 000 Kyat in 18 Std., mit dem Minibus von **Yadana Company Air Con Express**, ✆ 09-853 2202. Der Bus fährt über Mrauk U (Abfahrt dort zwischen 15 und 16 Uhr), auch dort kann man zusteigen.
YANGON, tgl. über Kyauktan, Minbya, Mrauk U, Ann, Pyay, Abfahrt 6 Uhr (Check-in 5 Uhr) für 22 300 Kyat in 27 Std. Mit der **Kis Sappa Company**, Main Rd., ✆ 094-2171 0941. Wer nach etwa 5 Std. in Mrauk U aussteigen will, muss den vollen Preis bis Yangon zahlen. Nötig sind für die Fahrt einige Passkopien inkl. des Visums.

Eisenbahn
Noch kann man nicht mit dem Zug nach Sittwe fahren. Es ist jedoch eine Bahnstrecke im Bau, die von Bagan über Nyaung U in die Rakhine-Berge führen wird; bereits fertiggestellt ist die Strecke bis Ann. Von dort wird es weitergehen an Mrauk U vorbei bis nach Sittwe. Die Strecke begleitet eine neue Gaspipeline, die vom Golf von Bengalen bis nach Kunming in Südchina führen soll.
Wegen der Nähe der Trasse zu Mrauk U gab es im Jahr 2010 einigen Wirbel – die Zerstörung wertvollen Kulturerbes wurde befürchtet. Nach einem Treffen von Vertretern der lokalen Rakhine-Partei und Regierungsvertretern aus dem Industrie- und Kulturministerium wurde der Plan geändert; bis heute ist keine Bahnlinie fertiggestellt.

Boote
Sittwe–Bothitaung
Nach Bothitaung jeden Mo und Mi um 7 Uhr (Check-in 6 Uhr) für US$20. Zurück nach Sittwe jeden Do und Fr um 7.30 Uhr (Check-in 6.30 Uhr) für US$20.

Sittwe–Taunggok
Das **Schnellboot Malikha-Express** fährt Mo und Do um 6 Uhr (Check-in 5 Uhr) für US$30 über KYAUK PYU und RAMREE (Kyar Nyi Maw) nach TAUNGGOK in 9–11 Std. Die Tickets ab Sittwe sollten 1–2 Tage im Voraus gekauft werden: Office: 358 Main Rd., ✆ 043-23441, 24037. Die Fahrt im AC-gekühlten Schnellboot ist relativ bequem, doch durch die rasante

Geschwindigkeit rauscht auch die Landschaft an einem vorbei. Auf dem Dach sitzend, lässt sich die Umgebung ein wenig besser beobachten.

Das Schnellboot der Shwe Pyi Tan-Gesellschaft, ✆ 043-22719, 09-4959 2709, startet am So, Mi und Fr um 6 Uhr am frühen Morgen (Check-in etwa 5 Uhr) und fährt über KYAUK PYU (Fahrtdauer etwa 3–4 Std.) und über RAMREE (erreicht Kyauk Ni Maw nach etwa 6 Std.) nach TAUNGGOK (Ankunft etwa 15.30 Uhr), 35 000 Kyat.

Die Abfahrtszeiten der Schnellboote können sich mit den Gezeiten verändern.

Sittwe–Mrauk U

Die Fahrt Sittwe–Mrauk U ist landschaftlich sehr reizvoll. Wildenten und Delphine können mögliche Begleiter dieser Bootstour sein.

Schnellboote der Shwe Pyi Tan-Gesellschaft, ✆ 043-22719, 09-4959 2709, fahren So und Mi um 7.30 Uhr (Check-in 6.30 Uhr) in etwa 2 1/2 Std. für US$20. Von Mrauk U zurück geht es Mo und Do um 7.30 Uhr (Check-in 6 Uhr). Die Boote haben eine Geschwindigkeit von etwa 20 Meilen pro Std. Den schönsten Blick hat man vorne an Deck (nicht stellen, denn dann versperrt man dem Captain die Sicht).

Die **IWT-Fähre** fährt regulär Di und Fr um 7 Uhr für US$6 in etwa 5–8 Std. nach Mrauk U. Die Durchschnittsgeschwindigkeit beträgt etwa 5 Meilen pro Std.

Private Boote, die von eifrigen Vermittlern schon am Flughafen angeboten werden, kosten etwa US$150 (wer nicht gut handeln kann, zahlt US$200) für die Hin- und Rückfahrt (die Fahrer warten dort aber max. 3 Tage, und auch das meist nicht ohne Murren). Alternativ kann man mit dem Boot nach Mrauk U fahren und mit dem Bus zurück (s. auch Mrauk U, Transport). Man sollte spätestens um 12 Uhr losfahren, sonst ist es am Ankunftsort bereits dunkel. Nachts dürfen keine Boote auf dem Wasser sein. Zudem: Vor der Anreise sollte man den Transport zum Hotel organisiert haben (s. dazu Tipps bei Mrauk U, Nahverkehr). Leser berichten, dass sie bei 5 Pers. für jeweils 10 000 Kyat ein privates Boot chartern konnten. Zurück sind die Boote jedoch wesentlich teurer. Wer aber mit dem Bus weiter nach Bagan oder Mandalay fährt, braucht das Boot zurück nicht.

Am Anleger von Sittwe warten Birmanen auf das Boot nach Mrauk U.

Old School Travelling mit der IWT

Die **langsamen Schiffe** der **IWT** fahren mehrmals wöchentlich entlang dem Golf von Bengalen. Wer sich für diese Reisevariante entscheidet, muss eine harte und lange Reise einkalkulieren und sollte sich so früh wie möglich einen Schlafplatz sichern. Die Tickets von Sittwe nach Taunggok sind mit US$10 wesentlich günstiger als jene des Schnellbootes, doch gelten sie nur für das Deck und beinhalten keinerlei Service oder Annehmlichkeiten. Geschlafen wird auf dem harten Stahlboden. Die einfachen Kabinen für US$36 und etwas bessere für US$53 sind meist von reichen Birmanen belegt. Ein paar Kyat extra haben es einigen Reisenden möglich gemacht, die Offizierskabine zu mieten: eine einfache Pritsche, die jedoch die Möglichkeit des Rückzuges bietet. Wer auf Deck schläft, sollte eine warme Decke mitnehmen und versuchen, einen leeren Reissack zum Unterlegen zu ergattern. Nachts wird es an Bord nicht nur kalt, sondern meist auch feucht. Etwas angenehmer ist es, einen Liegestuhl zu mieten. Die Fahrt dauert 2–3 Tage, d. h. ebenso viele Nächte werden auf dem Schiff geschlafen. Je nach Wasserstand verbringt das Boot die erste Nacht noch bis etwa 2 Uhr morgens im Hafen. Alle anderen Nächte fährt es nicht, sondern macht Halt in winzigen Häfen, was den Reiz dieser Fahrt ausmacht. Enger Kontakt zu den Einheimischen ist bei dieser Reiseform garantiert. Viele Mitreisende staunen über die weißen Ausländer und beobachten neugierig jede ihrer Gesten und Verhaltensweisen.

Flüge

Die Verbindung Sittwe–YANGON wird von **Air Mandalay**, ✆ 043-21638, und **Air Bagan**, ✆ 09-852 2256, **KBZ**, ✆ 09-4312 0157, **Yangon Airways**, ✆ 043-24102, und **Myanmar National Airways**, ✆ 098-515 737, bedient. Tickets nach Yangon ca. US$100–140, nach Thandwe etwa US$100. Alle Airlines außer Yangon Airways fliegen auch die Strecke Sittwe–Thandwe. Yangon Airways fliegt die Runde Yangon–Thandwe–Sittwe–Yangon. Alle anderen fliegen Yangon–Sittwe–Thandwe–Yangon.

14 HIGHLIGHT

Mrauk U

Mrauk U [3984], die untergegangene Hauptstadt des letzten Rakhine-Reichs, ist heute eine kleine, verschlafene Stadt, die sich rund um die Ruinen des alten Königspalastes entwickelt hat. Der Ort ist nicht nur wegen seiner ruhigen Atmosphäre weitab der Haupt-Touristenströme einen Besuch wert, sondern auch wegen der malerischen Kulisse: Da erstreckt sich das Dorf, gebaut aus niedrigen Holzhäusern, direkt neben Dutzenden von Tempeln und Pagoden, die in unterschiedlichen Stadien des Verfalls zwischen den umgebenden Hügeln und Feldern verstreut sind. Berge von Reis in der Nähe des Hafens vermitteln einen Eindruck vom einstigen Reichtum dieses Landstrichs. Dem großen Aufkommen an Reis und dessen Export verdankte die Stadt damals den Namen Dhanyawaddy, was so viel wie „Das Land mit viel Reis" bedeutet. Westliche Besucher nannten die Stadt auch „die goldene Stadt". Golden glänzen die Reisberge noch heute in der Sonne. Der Besuch von Mrauk U kann Höhepunkt einer Myanmar-Reise sein.

Mrauk U wurde von **König Min Saw Mon** (Narakmeikhla) im Jahr 1430 gegründet und war für über 350 Jahre ein Zentrum für Kunst, Kultur und Handel. Bis nach Arabien und Europa reichten die Beziehungen. Portugiesen und Holländer hatten damals sogar ein eigenes europäisches Viertel in der Metropole. Der König ließ sich von japanischen Samurai-Leibwächtern beschützen, und aufgrund der strategischen Lage zwischen Bergen, Flüssen und Kanälen konnte keine feindliche Macht dieses mächtige Reich zerstören. Erst im Jahre 1785 gelang es einem birmanischen König, Mrauk U zu unterwerfen – durch Verrat. 1826 kamen die Briten und verlegten den Verwaltungssitz nach Sittwe. Mrauk U wurde innerhalb weniger Jahre bedeutungslos und war nur noch als Myohaung („Alte Stadt") bekannt. Erst 1979 wurde der alte Name wieder eingeführt.

Noch kommen nicht allzu viele Touristen hierher und man kann oft stundenlang zwischen den Feldern, Hügeln, Tempeln und Pagoden spazieren gehen, ohne einem einzigen westlichen Besucher zu begegnen. Nach Getränke- und Souvenirverkäufern sucht man vergebens – stattdessen leben die Einheimischen zwischen den Tempeln, bestellen ihre Felder und winken den Fremden freundlich zu. Man kann nur hoffen, dass das auch so bleibt, und nicht eines Tages die Einwohner dem staatlich verordneten Tourismus weichen müssen, wie es Anfang der 1990er-Jahre in Bagan geschah. Voll wird es nur zum **buddhistischen Neujahr** Mitte April. Dann strömen die Menschen aus der Umgebung herbei und wecken Erinnerungen an die Zeiten, als Mrauk U noch eine Metropole war: Garküchen dampfen, Musik wird gespielt, Ringkämpfe werden veranstaltet. Nicht nur die Buddhastatuen, auch die alten Leute werden gewaschen und ihre Lippen rot geschminkt, und junge Männer und Frauen verlieben sich ineinander. Im nächsten Jahr kommen sie wieder, ein Baby im Arm.

Die Anwesenheit in der Stadt will bezahlt sein: Das **Eintrittsgeld** von 5000 Kyat wird in der Shitthaung-Pagode eingesammelt, in der der zuständige Angestellte mit einem dicken Buch sitzt, in das sich jeder einzutragen hat. Das Ticket gilt auch als Eintrittskarte für das Museum im Palastkomplex. Ob man den Eintritt bezahlt hat, wird bei der Abreise erneut kontrolliert – also Ticket aufbewahren! Nicht immer ist jedoch jemand hier, und de facto wird bei der Abreise das Ticket fast nie kontrolliert.

Eine Tour durch die Tempel ist zu Fuß gut zu meistern, mit einem **Pferdekarren** aber weitaus bequemer. Einige Wege können auch mit dem Fahrrad gefahren werden. Oft sind die Strecken jedoch so sandig, dass man mit dem Drahtesel nur beschwerlich vorankommt.

Wer kann, sollte sich zwei oder mehr Tage für die Erkundung des weitläufigen Geländes Zeit nehmen. Neben den bekannten und beschriebenen Bauwerken können Neugierige sich auch auf die Suche nach vereinzelten Tempeln machen, durch fast menschenleere Gegenden streifen und inmitten der zahlreichen Hügel und Seen abenteuerliche Wanderungen unternehmen. Da es in vielen Tempeln recht dunkel ist, empfiehlt sich die Mitnahme einer **Taschenlampe**, um die Reliefs gut zu erkennen. Bei längeren Ausflügen ist ein Kompass praktisch. Gutes Schuhwerk und reichlich **Trinkwasser** sind bei den Exkursionen besonders wichtig.

Nur unterhalb des Shitthaung befindet sich derzeit ein **Restaurant**, das auch Getränke anbietet. Auf allen anderen Wegen zwischen Reisfeldern und winzigen Bauerndörfern gibt es lediglich warmen Palmwein – der aber auch nicht zu verachten ist. Er wird morgens gezapft und gärt dann in offenen Flaschen. Am Nachmittag hat er etwa den Alkoholgehalt eines Biers erreicht. Mittags, wenn der Wein noch frischer ist, kann er durchaus ein guter Energielieferant sein.

Königspalast

Mitten in der Stadt befinden sich die Ruinen des alten Königspalastes. Heute stehen nur noch die Grundmauern. Erkennbar sind noch die äußeren Befestigungen mit Wällen, Mauern und Wassergräben. Der innere Bezirk war in drei Terrassen angelegt und bot Raum für Brunnen, künstliche Seen und Gärten. So haben die Rakhine-Könige die Landschaft, in der sie lebten, in ihrem Palast in idealisierter (und bequemer) Form nachgebaut. Der Palast selbst war aus Teakholz errichtet, mit duftenden Hölzern verkleidet und vergoldet.

Mittelalterliche Reisende berichten von verschwenderischer Pracht. Kletterpflanzen aus Gold und Edelsteinen sollen sich an den hohen Teakpfeilern emporgerankt haben, die das mit Kupfer beschlagene Dach trugen. Im Innenhof saßen sieben lebensgroße Buddhafiguren, die über und über mit Edelsteinen geschmückt waren und tausend bunte Lichtstrahlen aussandten.

Auf dem Palastgelände befindet sich das **Museum**. Es enthält eine Sammlung von Fundstücken aus dem ganzen Rakhine-Staat, quer durch die einzelnen Perioden. Bildnisse von Buddha, Steinmetzarbeiten, Inschriften in verschiedenen Sprachen, sehr alte Münzen, Musikinstrumen-

te, Waffen, Votivtafeln – wer sich für die Kultur des Rakhine interessiert, sollte sich einen Besuch nicht entgehen lassen. ⏱ Di–So, außer feiertags, 10–16 Uhr, Eintritt 5000 Kyat.

Nördlich vom Palast führt eine Treppe den Hügel empor zur **Theindaung-Pagode** des **Haridaung-Tempels**. Die Schuhe sollten bereits beim Betreten des Tempelgeländes ausgezogen werden. Von oben bietet sich ein toller Blick auf die Stadt und die Umgebung.

Die Tempel von Mrauk U

Die wichtigste Sehenswürdigkeit ist der **Shitthaung-Tempel**, der erst vor wenigen Jahren generalüberholt wurde. Dies geschah leider nicht zu seinem Besten: Heute hat der Tempel außen einen militärisch tristen grauen Anstrich. In der inneren Gebetshalle ist jedoch der Glanz atemberaubend, wenngleich auch hier die moderne Lichtanlage mit bunten Lampen auf westliche Reisende eher seltsam wirken mag.

Der Shitthaung wurde von König Min Bin (Mong Ba Gree) 1536 zu Beginn seiner Herrschaft erbaut, kurz nachdem er eine portugiesische Attacke abwehren konnte. Daher wird er auch Ran Aung Zeya („Tempel des Sieges") genannt. 1000 Künstler sollen den Tempel innerhalb eines Jahres errichtet haben. Man sagt, im Shitthaung gäbe es 80 000 Bildnisse von Buddha – tatsächlich sind die Galerien des Tempels von ungezählten Abbildern des Erleuchteten gesäumt. Außerdem finden sich im Inneren Hunderte weitere Skulpturen: religiöse Darstellungen, aber auch Bilder aus dem höfischen Alltag, Tanz- und Kampfszenen.

Das zentrale Heiligtum ist durch die Gebetshalle zu erreichen. Die dort befindliche Steinfigur ist 3 m hoch und sitzt in der Bhumisparsa-Haltung – die rechte Hand berührt die Erde. Der Hauptstupa, innerhalb dessen sich das Heiligtum befindet, ist umgeben von 26 kleineren Stupas. Weitere Stupas stehen an der nördlichen und südlichen Mauer auf der ersten Plattform. Hier befinden sich auch die Sonnenauf- und die Sonnenuntergang-Pagode: Es heißt, sie sollen die Macht des Erbauers ehren, in dessen Reich die Sonne nie untergeht.

Links vom Eingang des Shitthaung befindet sich ein gleichnamiger 3 m hoher Pfeiler, der auf drei Seiten Inschriften trägt. Sie verzeichnen die Namen und Regierungszeiten früher Könige der Region. Die ältesten Texte auf der östlichen Seite werden etwa auf das Jahr 500 datiert. Der Pfeiler wurde aus der nahe gelegenen alten Königsstadt Vesali nach Mrauk U gebracht und kann als das älteste Geschichtsbuch Myanmars verstanden werden.

Wer den Shitthaung durch den Haupteingang verlässt, blickt auf den gegenüberliegenden **Htukkant Thein-Tempel**. Er wurde 1571 von König Min Phalaung erbaut. Von außen wirkt die Anlage wegen der an Schießscharten erinnernden Fenster wie eine Festung. Birmanische Gelehrte sind sich jedoch sicher, dass das Gebäude ausschließlich religiösen Zwecken diente. Über eine Treppe erreicht man den Eingang, der linker Hand in den Tempel hineinführt. Der Wandelgang ist gesäumt von zahlreichen Buddhafiguren. Links zweigt ein kleiner Durchgang in eine Ordinationshalle ab. Der Weg, der im Uhrzeigersinn weiter spiralförmig durch den Tempel führt, endet schließlich in einer kleinen erhöhten Halle, in der eine Buddhastatue verehrt wird, die dort seit 1970 steht.

Viele der Skulpturen entlang dem Wandelgang zeigen adelige Damen und Herren aus der mittleren Mrauk U-Periode. Anhand von deren Kleidung, Schmuck usw. kann man sich ein ziemlich klares Bild von der Mode dieser Zeit machen. So gab es z. B. sieben unterschiedliche Fußringe und acht verschiedene Haarnadeln, 40 verschiedene Herrenhüte und 64 verschiedene Damenfrisuren.

Der nordwestlich dahinter liegende **Laymyethna-Tempel** („Vier Eingänge") stammt aus dem Jahr 1430 und wurde von König Min Saw Mon erbaut. Der Innenraum ist nur schwach von wenigen Kerzen beleuchtet und beherbergt 28 große steinerne Buddhafiguren.

Die **Andaw-Pagode** schließt sich 30 m nördlich an den Shitthaung-Tempel an. Sie soll einmal eine Zahnreliquie Buddhas beherbergt haben, die König Min Bin aus Sri Lanka mitbrachte. 1521 entstand unter Min Hla Raza (Thazata) der erste Bau, der am Ende desselben Jahrhunderts noch einmal erneuert wurde. Die achteckige Pagode ist aus Sandstein gebaut. Nach dem Eintritt in den Tempel steht der Besucher in einer Andachtshalle mit einigen stehenden und einem liegenden Buddha. Von hier führt ein Weg ins Innere des Stupas, dessen zwei durchbrochene Rundgänge zu einer runden Säule führen, die bis zum Dach reicht. Überall sitzen Buddhafiguren, auf deren z. T. hell bemalten Gesichtern das wenige vorhandene Licht spielt. Von den Bildnissen am achteckigen Pfeiler tragen zwei eine vor der Brust verknotete Robe *(zenthaing)*, damit beim schnellen Reisen durch die Luft die Kleider nicht davonwehen. Die Figuren erinnern an die Legende von Buddhas Ankunft in Rakhine; er kam damals mit seinen Schülern angeblich auf dem Luftweg zu Besuch.

Wenige Meter nördlich befindet sich die **Ratanabon-Pagode**, von deren Plattform sich ein schöner Blick auf den Htukkant Thein bietet. Der große Hauptstupa wird von vielen weiteren kleineren Stupas umringt. Die an den Ecken der Ummauerung angebrachten kleinen *chinthes* sind kaum mehr als solche zu erkennen. Östlich steht eine kleine Ordinationshalle. Im Zweiten Weltkrieg wurde die Pagode von einer Bombe getroffen, nur der massive Sockel blieb stehen. Erst im Jahr 2000 wurde die Pagode restauriert und erhebt sich heute wieder in ihrer ursprünglichen Höhe. Gebaut wurde Ratanabon von König Min Khamaung und Königin Shin Htwe im Jahr 1612.

Der Weg rechts neben Ratanabon führt zu zwei hübschen goldglänzenden Pagoden auf einem kleinen Hügel, **Ratana Sanrway** und **Ratana Hmankeen**. Beim Aufstieg passiert man ein kleines Dorf und hat bald ein Rudel Kinder um sich herum, die unterhalten werden wollen.

Im Tal führt der Weg weiter nach Norden, wo sich auf der linken Seite die **Laung Bwann Brauk-Pagode** erhebt, die im Jahr 1525 von König Min Khaung Raza erbaut wurde. Hier sind noch alte Fliesen an der Außenmauer erhalten, die für die Rakhine-Architektur typisch sind. Der Zedi ist heute etwas in sich zusammengesackt und steht leicht geknickt in den Reisfeldern. Nördlich schließt sich die **Htuparon-Pagode** an. Sie wurde von vielen Königen zu Beginn ihrer Regierungszeit besucht, da das als Erfolg versprechend galt. Der Erbauer, König Min Ranaung, regierte 1494 allerdings nur ein halbes Jahr.

Mrauk U war über Jahrhunderte das Zentrum der Rakhine-Könige.

Ein paar Schritte weiter steht der kleine **Khraungkaik Pitakataik** – eine Bibliothek, in der Abschriften der Aufzeichnungen über Buddhas Leben und Lehren aufbewahrt wurden. Sie ist mit filigranen Steinmetzarbeiten verziert, die erstaunlich gut erhalten sind. Erbaut wurde die Bibliothek im Jahr 1591 von König Min Phalaung.

All diese Tempel und Pagoden lassen sich gemütlich an einem halben Tag erlaufen. Gegenüber vom Shitthaung gibt es Erfrischungsgetränke, und nebenan am Brunnen holen die Frauen Wasser in den typischen bengalischen Wasserkrügen.

Wer sich hier vom Zauber Mrauk Us gefangen nehmen lässt, findet in der näheren Umgebung noch eine Menge weiterer Ziele.

Weitere Tempel im Nordosten

Eine andere Runde mit etwas weiteren Wegen führt in den Nordosten Mrauk Us. Von der nordöstlichen Palastecke aus der Straße folgend, kommt nach etwa 1 km links das Gelände der **Sakyamanaung-Pagode**, das von einer hohen Steinmauer umgeben ist. Die Anlage wurde 1629 von König Thirithudhamma erbaut. Bunt bemalte Dämonen bewachen die Eingänge, betende Mädchengestalten wenden sich dem Stupa zu. Der Zentralstupa hat einen ungewöhnlichen Grundriss: Die Plattform ähnelt einer achtblättrigen Lotosblüte. Sie ist umringt von zwölf weiteren kleineren Stupas. Die Pagode ist reich verziert, und in der Ordinationshalle befindet sich ein Fußabdruck Buddhas. Nördlich davon, von der Stadt kommend an der Kreuzung rechts, steht die große **Ratanamanaung-Pagode**. Sie ist achteckig von der Basis bis zur Spitze und ungefähr 60 m hoch.

Folgt man der Straße an der Kreuzung geradeaus, gelangt man nach einem kleinen Spaziergang durch die Felder zum **Kothaung-Tempel**. Die Fassade dieses flachen, rechteckigen Tempels wurde renoviert. Innen beeindrucken fast 90 000 Buddhas die Pilger. Der Erbauer, König Min Dhikka, wollte damit 1553 seinen Vater Min Bin übertreffen, der im Shitthaung 80 000 Abbildungen des Erleuchteten untergebracht hatte. Der Tempel ist auf verschiedenen Ebenen angelegt. Vor ein paar Jahren wurden Restaurierungsarbeiten durchgeführt: Ganz wie zu Zeiten der ersten Erbauung werden die Steine Stück für Stück per Hand in Form geschlagen.

Die Straße nach Süden führt ins Dorf zurück. Links am Weg steht auf einem kleinen Hügel ein verfallener Stupa mit einem einarmigen Buddha auf seiner Spitze. Innen befinden sich vier weitere steinerne Buddhas. Die Kuppel des Stupas ist weitgehend zerstört.

Noch weiter südlich liegt die **Pizi-Pagode**. Sie stammt noch aus der Zeit vor Mrauk U und wurde 1123 von dem in Parin residierenden König Kauliya erbaut. In Sichtweite südöstlich davon (der Weg beschreibt hier einen Bogen Richtung Dorf) steht der **Pharaouk-Tempel** auf einem Hügel. An der Basis sind 29 Nischen eingelassen, in denen Buddhafiguren stehen. Innen sitzt ein über 4 m großer Buddha mit goldenem Gesicht. Der Tempel wurde vor wenigen Jahren renoviert und hat jetzt wieder ein Kuppeldach. Der Stupa südlich davon gehört zum **Mong Khong Shwegu-Tempel**.

Südlich von Mrauk U

Südlich des Palastes liegen der **Laksaykan-** und der **Anumakan-See**. In den Hügeln und Feldern der Umgebung verbergen sich viele weitere Pagoden und Tempel. Staubige Pfade führen zu den südöstlich des Palastes gelegenen **Shwedaung-** und **Kalamyo-Pagoden**, die auf einem hohen Hügel stehen. Nahe dem Anumakan-See befindet sich der **Mongkhamoung-Tempel**, dessen Eingang mit ornamentalen Reliefs verziert ist. Westlich davon erkennt man die große oktogonale **Zinamanaung-Pagode**, die König Sandathudamma im 15. Jh. erbauen ließ. Zuvor hatte der König schon zwei andere Pagoden gestiftet – angeblich waren sie seinen Untertanen nicht groß genug.

Etwas weiter, 500 m südlich des Palastes, erhebt sich der **Wuthay-Buddha**, mit über 4 m Höhe die größte Statue. Die Figur, die sehr verehrt wird, steht unter einem Dach und wurde 1515 von König Min Hla Raza anlässlich seiner Thronbesteigung gestiftet.

Am Westufer des Laksaykan-Sees befindet sich die **Konawang-Pagode** („Neun Planeten-Pagode"). In den acht kleinen Tempelchen, die die Hauptpagode umgeben, sitzen Buddhafiguren in verschiedenen Haltungen.

Westlich von Mrauk U

Bei einem Spaziergang in den westlichen Bereich kann man an der **Lokamanaung-Pagode** pausieren, wo früher die Pilger rasteten, die von hier der Straße nach Vesali und Kyauktaw (zum Mahamuni-Buddha) folgten. Die untersten vier Ebenen der Pagode sind quadratisch und mit kleinen Stupas geschmückt. Im Inneren befindet sich eine Kammer mit einer Buddhastatue.

Weiter westlich steht die **Pharabaw-Pagode**. Das große Buddhabildnis im Tempelinneren wurde 1603 von Prinzessin Panthanda, der Tochter von König Min Bin, gestiftet. Es wird erzählt, das Bildnis sei aus einem nahen Flusslauf gerettet worden. Ein zehnstöckiger Miniaturstupa, der mit 103 Buddhas geschmückt ist, symbolisiert die 103 moralischen Gesetze, denen die Rakhine-Bewohner folgten. 1786 brachte Mingyi Kyaw Htin die Pagode in ihre heutige Form. Er war der erste zentralbirmanische Herrscher in Mrauk U.

ÜBERNACHTUNG

Untere Preisklasse

Golden Star Gh., 116 Min Bar Gyi Rd. (nördlich des Marktes), ℅ 09-4967 4472, 🖥 http://goldenstar-mrauk-u.e-monsite.com, [7060]. Ein Dutzend preiswerte, z. T. superschlichte Zimmer, die meisten mit eigenem Bad (noch mit authentischer Myanmar-Dusche mit Schöpfkelle). Zimmer mit Ventilator sind hier schon die gehobene Klasse. Eine gute Wahl sind die 2 etwas größeren Räume mit schöner Aussicht. ❶–❷

Lay Myo River Gh., Min Bar Gyi Rd., ℅ 09-8522 1935. Einfache Zimmer, alle mit Moskitonetzen, Ventilator und eigenem Badezimmer. Inkl. Frühstück. Ruhige Lage. Treffpunkt lokaler Guides, und auch viele Traveller wohnen hier oder in den benachbarten Unterkünften. Es lassen sich also unproblematisch gemeinsame Fahrten organisieren. ❶

Prince Hotel, Mraung Bwe Rd., ℅ 043-50174, 092-6076 1079, 🖥 www.mraukuprince.com, [4052]. Einfache ältere und neue komfortablere Bungalows mit großer Terrasse. Die Zimmer sind groß, die Matratzen okay. Alle Zimmer haben ein Bad, Moskitonetze und AC. Warmwasser ab 18 Uhr. Frühstück im Garten unter hohen Bäumen. Die Besitzerin Mrs. Shwe Nwe ist sehr freundlich und kümmert sich um ihre Gäste. Familienzimmer; in den Suiten kommen 3 Pers. bequem unter. Vermittelt auch Touren sowie Fahrer nach Bagan. Fahrradverleih (2000 Kyat/Tag). ❷–❸

Royal City Gh., Min Bar Gyi Rd., in Hafennähe, [4055], ✆ 043-50257. Zieht viele Traveller an, die sich eine lange Fahrt mit der Trishaw ersparen wollen. Einfache, sehr kleine und größere Zimmer mit und ohne Bad im Haupthaus und geräumige Steinbungalows mit AC auf der anderen Straßenseite mit Bad und Veranda. Um 23 Uhr geht das Licht aus – was nicht immer schade ist, denn dann verstummt auch das laute TV, mit dem sich die Angestellten die Zeit vertreiben. Zum Frühstück Ei mit Toast, Kuchen und Bananen. ❷–❹

Thazin Gh., 18 Min Bar Gyi Rd., ✆ 043-50253, [9769]. Einzelreisende kommen in diesem einfachen Haus für wenige 1000 Kyat in Minizimmern unter. Etwas geräumiger sind die DZ für 15 000 Kyat. Alle mit Moskitonetz, Ventilator. Inkl. Frühstück. Bisher keine Lizenz, nimmt aber Ausländer auf. ❶

Wady Htut Gh., gegenüber der Südwestecke des Palastes, ✆ 043-24200. 2-stöckiges Haus mit einfachen Zimmern mit Gemeinschaftsbad (oft ohne warmes Wasser); zudem ein besser ausgestattetes Familienzimmer mit Balkon. Ausländer beherbergt man nicht so gerne, da man offiziell keine Lizenz hat. ❷–❸

Mittlere und obere Preisklasse

Mrauk Oo Princess Resort, Aung Tat Yat, ✆ 043-50263, 🖥 http://mraukprincess.com, [4053]. Die weitläufige Anlage erstreckt sich am Flussufer südwestlich von Mrauk U. Komfortable, große Holzhäuser auf Stelzen mit Veranda gruppieren sich um einen schönen Teich. Geschmackvolle Einrichtung und luxuriöse Bäder mit Badewanne. Frühstück und Abendessen sind im Preis enthalten. Ein hoteleigenes Boot bringt die Gäste von Sittwe zum Privat-Pier. ❻

Nawarat Hotel, Yangon-Sittwe Rd., ✆ 043-50203, in Yangon ✆ 01-201 540, ✉ mraukoonawarathotel@gmail.com, 🖥 auf Facebook, [4051]. Bietet funktionale Zimmer in Bungalows mit kleiner Veranda, nur wenige Meter vom Shitthaung-Tempel entfernt. Sauber, aber ohne Flair. Alle Zimmer mit AC, Kühlschrank, TV und Bad. Restaurant. Die Superior-Bungalows liegen vorne an der Straße. Da es dort laut ist, sind die Standardzimmer eine bessere Wahl. Nur von außen sehen sie etwas weniger einladend aus, die Einrichtung ist dieselbe. 24 Std. Strom, doch nur, wenn der Gast im Zimmer ist. Begrenzt WLAN. ❺

📖 **Shwe Thazin Hotel**, Sunshaseik Qr., ✆ 09-850 1844, 🖥 www.shwethazinhotel.com. Eine gute Wahl, da ruhig an einem kleinen Fluss in einem Garten gelegen. Alle Zimmer mit AC, Minibar, TV und Safe, einige mit Badewanne. Nicht immer spricht das Personal gut Englisch, aber man ist bemüht, es allen recht zu machen. ❺

Vesali Resort Hotel, Mraung Bwe Rd., Yangon ✆ 01-526 593, ✉ vesali@myanmar.com.mm, [4054]. Zimmer im Bungalowstil; nicht gerade komfortabel, aber zufriedenstellend. Auf dem Gelände steht ein verfallener Stupa, der Garten ist schön angelegt, und die umliegenden Reisfelder verbreiten eine angenehme Atmosphäre. Standardzimmer haben nur Ventilator, aber TV und Warmwasser. Superior mit AC. Strom von 5 Uhr bis Mitternacht. WLAN kostet extra. ❺

ESSEN

Einige von Einheimischen besuchte **Restaurants** liegen in der Hauptstraße. In den meisten gibt es chinesische Küche, daneben häufig auch Spare Ribs und Pommes, und meist frisch gezapftes Bier. Ausprobieren lohnt sich!

For YOU, Min Bar Gyi Rd. Einfaches Restaurant mit günstiger chinesischer Küche.

📖 **Moe Cherry Restaurant**, Yangon-Sittwe Rd., neben dem Palast, [4057]. Das Moe Cherry ist die bekannteste Adresse Mrauk Us. Hier kocht die Chefin Mie Mie (Mrs. Shwe Phyu) noch selbst. Auf der Dachterrasse finden größere Reisegruppen Platz, auch Einzelreisende treffen sich hier. Die Küche ist sehr gut, vor allem wer traditionelle Rakhine-Küche bestellt, speist gut. Schöne Atmosphäre und freundliche Angestellte. Wer vorbestellt, kann sich einige Gerichte auch als Takeaway in eine Lunchbox packen lassen. Organisiert werden auch Touren, s. unten.

River Valley Restaurant, an der Hauptstraße zum Fähranleger, ✆ 043-50257, 🖥 www.rivervalleyrestaurantsittwe.com. Gute Küche in schöner Lage unter Bäumen am Fluss. Wurde uns von Lesern wärmstens empfohlen. In diesem Ableger des gleichnamigen Restaurants in Sittwe kehren ebenfalls oft Reisegruppen ein.

Shwe Moe Restaurant, Yangon-Sittwe Rd. Traditionelles Restaurant mit großer Auswahl an Currys, Gemüse, Schwein und Fischgerichten. Hier halten oft die Busse nach Yangon.

SONSTIGES

Fahrradverleih
Ein Fahrradverleih befindet sich nahe der Brücke zum Markt. **Mr. Than Tun**, ✆ 043-50149, 09-4967 4291, vermietet die Räder für 2000 Kyat pro Tag.

Medizinische Hilfe
Im **Mrauk Oo Hospital** spricht Dr. Khin Maung Than gutes Englisch und kann Touristen im Notfall gut weiterhelfen.

Reisebüros
Prince Hotel, s. S. 518. Das Hotel hat sich in den letzten Jahren immer mehr zur Anlaufstelle für Reisende entwickelt, die z. B. mit dem Taxi nach Bagan wollen. Auch werden hier lesergelobte Touren in die Chin-Dörfer vermittelt.

Moe Cherry Travel & Tours, Yangon-Sittwe Rd., ✆ 09-503 0240, gehört zum gleichnamigen Restaurant. Hier können Fremdenführer und Autos mit Fahrer zu den Ruinen von Vesali und zur Mahamuni-Pagode (mit der wohl schönsten Buddhafigur Myanmars) gebucht werden. Eine Tagestour kostet etwa 70 000 Kyat. Außerdem Touren in ein Chin-Dorf, wo die letzten der tätowierten Frauen leben: Mit dem Auto geht es etwa 30 Min. und dann weitere 2 Std. mit dem Boot. Auch Bootstickets für eine Rückfahrt nach Sittwe werden organisiert (eigenes Schiff). Eine solche Tour kostet etwa US$80 für 1–4 Pers. Neu ist die Tour von Bagan über Mindat Chin nach Ann und weiter nach Mrauk U mit dem Auto (mit Stopp in einem Chin-Dorf).

NAHVERKEHR

Den Transport vom Fähranleger zum Zentrum sollte man vor Ankunft organisiert haben. Leider nehmen auch oft die Hotels hohe Kommissionen. Am Pier verlangen die Mopedfahrer bis zu 10 000 Kyat für die etwa 10 Min. lange Fahrt. Ein fairer Preis für einen Platz im Tuk Tuk liegt bei max. 1000 Kyat. Ein zuverlässiger Fahrer ist Mr. Nyi Nyi Soe, ✆ 092-5387 1546. Sein Taxi für 4 Pers. kostet 3000–4000 Kyat.

Authentische Mitbringsel

Um nachhaltig die Wirtschaft in den Dörfern zu unterstützen, sind Touristen herzlich eingeladen, die hier hergestellten Handarbeiten zu kaufen. Wer unterwegs ist, sieht in den Dörfern zahlreiche kleine Handwerksbetriebe, in denen in mühevoller Handarbeit kleine Gussbilder aus Messing von typischen antiken Rakhine-Bildern gefertigt werden. Es gibt Steinschleudern aus Teakholz, die sehr schön mit Schnitzereien verziert sind und nur 3000 Kyat kosten. Und auch Chin-Schals für 8000 Kyat sind ein wunderbares Mitbringsel und Erinnerungsstück für Zuhause. An der Chitaung-Pagode haben sich zahlreiche Geschäfte angesiedelt, die diese Waren anbieten. Hier finden sich auch Longyis aus dem Wa Bo-Village nahe Sittwe, T-Shirts mit Rakhine-Aufdrucken und aus Sandstein gefertigte Buddhafiguren.

Noch unmittelbarer ist die Unterstützung, wenn die Waren direkt in den Werkstätten gekauft werden. Beispielsweise bei den Webern, die rund um den Schiffshafen ihre Werkstätten betreiben und die typischen Chin-Schals mit schönen Mustern weben.

Bei einem **Fahrradverleih** nahe der Brücke beim Royal kostet ein Drahtesel 2000–3000 Kyat am Tag. Auch einige Gästehäuser verleihen Fahrräder zu diesem Preis. Ansonsten stehen **Trishaws** für den Transport innerhalb der Stadt zur Verfügung (ca. 1000 Kyat vom Anleger zu den Hotels). Die weiter entfernten Ruinen, die nur über Staubpisten miteinander verbunden sind, können gemütlich mit der **Pferdekutsche** oder dem **Ochsenkarren** erreicht werden. Für eine Pferdekutsche müssen etwa 10 000 Kyat pro Tag gezahlt werden. **Jeeps** kosten je nach Strecke bis zu 30 000 Kyat für einen Ausflug.

TRANSPORT

Auto

Ein privates Auto von BAGAN nach Mrauk U bzw. von Mrauk U nach Bagan kostet etwa US$400. Wer die Strecke Bagan–Mrauk U–Ngapali mit einem Auto zurücklegen möchte, muss mit etwa US$500 rechnen. Gute Konditionen bietet das Prince Hotel (s. S. 518).

Busse

BAGAN und MANDALAY, gegen 10 Uhr in 12–14 Std. bis Magwe und von dort am nächsten Morgen weitere 4 Std. bis Nyaung U bzw. ebenso lange nach Mandalay. 25 000 Kyat. Beste und aktuellste Infos dazu hat das Prince Hotel (s. S. 518).
NGAPALI, um 7 Uhr für 25 000 Kyat in 10–12 Std., eng bestuhlt und anstrengend.
SITTWE, um 6 und 7 Uhr für 9000 Kyat (manchmal zahlt man 1000 Kyat mehr für die Vermittlung des Tickets), in 4–5 Std. ab Mrauk U Highway Busstation. Mit Shwe Pye Htit, ✆ 09-4966 0085. Tuk Tuk und Motorradtaxi 1000–4000 Kyat. Wer in einem höherpreisigen Hotel wohnt, muss meist deutlich mehr bezahlen, wenn er sich den Transfer dort organisieren lässt.
THANDWE, mit Yadana im Minibus um 14 Uhr (Abfahrt kann sich auch bis 16 Uhr hinziehen) über Nacht, Ankunft Thandwe morgens um 6 Uhr. Kosten für Ausländer derzeit 45 000 Kyat (Einheimische zahlen 20 000 Kyat). Passkopien mitnehmen!

Boote

SITTWE, mit dem **Schnellboot** von Shwe Pyi Tan, ✆ 043-22719, Mo und Do um 7 Uhr (Check-in 6 Uhr) für US$20/US$25 in 2 1/2 Std. **IWT-Fähren** fahren Mi und Sa zurück nach SITTWE; Abfahrt 12 Uhr, für US$6 in etwa 6–7 Std. Unterwegs steigen Essensverkäufer aus den Dörfern zu; es gibt gebratenen Fisch, geröstete Heuschrecken und Reisfladen. Auf dem oberen Deck stehen Liegestühle (500 Kyat), die allerdings schnell ausgebucht sind – früh genug da sein!
Die Boote sind in die Jahre gekommen und haben zahlreiche Ausfälle, sodass man z. T. stundenlang auf dem Wasser dümpelt. Wer sich für diese Reisevariante entscheidet, sollte genug Zeit mitbringen.
Tgl. um 8 Uhr fährt auch ein privates Sammelboot von Aung K Moe (Sammel-Taxi-Boot, Größe wie die privaten Booten), US$10 p. P.
Ein „eigenes" **gechartertes Boot** kostet etwa US$150–200 hin und zurück. Man lässt sich hinbringen und nach 2–3 Tagen wieder abholen. Die Vermittler dieser Boote locken gern mit freier Zeiteinteilung für die Hin- und Rückfahrt. Der Kapitän des Schiffes wird aber morgens fahren wollen und sich nicht den Zusagen des Vermittlers beugen – den Verweisen auf Gezeiten und gefährliche Strömungen lässt sich ohnehin wenig entgegensetzen.
Wichtig: Aufgrund einiger Unfälle ist das Fahren auf dem Wasser nur am Tag erlaubt. Alle Reisenden sind daher gut beraten, spätestens um 13 Uhr aufzubrechen. Wer noch am selben Tag einen Flieger erreichen muss, sollte losfahren, wenn die Sonne aufgeht.
Warnung: Es ist vorgekommen, dass Gäste (womöglich absichtlich) nicht pünktlich zum Pier gebracht wurden. Dann mussten die unter Zeitdruck stehenden Reisenden ein teureres Boot chartern, um rechtzeitig in Sittwe einzutreffen und den Weiterflug zu erwischen. Die Trishaw-Fahrer fragen nämlich schon bei der Ankunft in Mrauk U, wann der Flug von Sittwe zurückgeht, und wissen somit um die Dringlichkeit, an diesem Tag ein Boot zu erwischen. Also genug Zeit einplanen!

Die Umgebung von Mrauk U

Vesali

Etwa 10 km nördlich von Mrauk U liegt Vesali, das zwischen dem 4. und 8. Jh. ein bedeutendes Königreich war. Hier entwickelte sich die Rakhine-Kultur, die später Mrauk U hervorbrachte. Vesali unterhielt ausgedehnte Handelsbeziehungen, wovon heute nur noch ein paar aus dem Ufer herausragende Ziegelsteine der Hafenanlagen zeugen. Nach Angaben des Grabungsleiters wird deren Freilegung erwogen. 327 wurde Vesali von König Dven Candra gegründet. Der Inschriftenstein, der von hier in den Shitthaung gebracht wurde, beschreibt es als eine Stadt, „die lacht über die Schönheit der Häuser der Himmlischen Wesen" – weil ihre eigenen noch schöner sind.

Aus dieser Zeit stammt eine mächtige, 5 m hohe Buddhastatue, die aus einem einzigen Stück Sandstein geschnitten ist. Sie wird noch heute von Pilgern mit Blattgold geschmückt. In der Bhumisparsha-Haltung (S. 130, Kunst) sitzend, strahlt sie die Ruhe der Jahrhunderte aus. Zehn Jahre nach Gründung des Königreichs trafen sich hier tausend Mönche aus Rakhine mit ebenso vielen Mönchen aus Sri Lanka zu einer Synode auf einem Hügel östlich der Statue.

Der König lebte in einem **Palast**, dessen Grundfläche 300 x 500 m maß. Heute stehen davon nur noch Mauerreste. Bei Regen dienen Teile als Wasserreservoir. Der Palast lag mitten in der Stadt, die von einer ovalen Mauer eingefasst war. Anfang der 1980er-Jahre ließ die birmanische Regierung einige Ausgrabungen durchführen. Der Palast selbst kann nicht ausgegraben werden, da auf ihm das Dorf erbaut wurde. Reste der Stadtmauer und Gebäude wurden freigelegt, darunter Teile einer Ordinationshalle, die die älteste des Rakhine-Staates sein könnte.

Die Straße von Mrauk U führt mitten durch die Reste der Stadtmauer. Im Norden werden links und rechts der Straße Ausgrabungen durchgeführt. Wer der Stadtmauer von hier Richtung Westen folgt, erreicht eine Viertelstunde später das Fundament des Stadttores. Die Reste sind wenig spektakulär, und man muss mehrere Kilometer zurücklegen, um zur Ausgrabungsstelle zu gelangen. Interessant jedoch für alle Archäologie-Interessierten: Die Umgebung ist übersät mit Stupas, die z. T. so überwachsen sind, dass sie als Hügel wieder in die Natur eingehen.

Dhanyawady

Wenn man Vesali als die Mutter von Mrauk U sieht, dann ist Dhanyawady die Großmutter. Ihre Geschichte geht weit in vorchristliche Zeiten zurück. Heute sind nur noch wenige Reste der Palastmauern und Stücke der Stadtmauern zu sehen. Dennoch pilgern noch immer Menschen hierher, um den berühmten Mahamuni-Schrein zu besuchen.

Im **Mahamuni-Schrein** befand sich das wichtigste Heiligtum des Rakhine-Reichs: der Mahamuni-Buddha, für den der Erleuchtete persönlich Modell gestanden haben soll. Es hieß, solange der Mahamuni an seinem Platz stehe, bleibe das Rakhine-Königreich bestehen. Rakhine war durch die Jahrhunderte bekannt als „Das Land des Großen Bildnisses". Tatsächlich verlosch das Imperium, nachdem die Birmanen die wertvolle Figur 1785 nach Mandalay entführt hatten, wo sie bis heute als eines der wichtigsten buddhistischen Heiligtümer Pilger aus der ganzen Welt anzieht (S. 322, Mandalay). Der Schrein wurde im Laufe der Jahrhunderte viele Male umgebaut und renoviert. Er geht in seiner heutigen Form auf das Jahr 1900 zurück. An der Stelle des originalen Mahamuni steht heute eine Replik. Zwei kleinere Figuren flankieren sie. Die Überlieferung sagt, sie seien die Modelle gewesen, nach denen der große Mahamuni gefertigt wurde.

Lange Zeit wurde hier eine magische Glocke aufbewahrt. Sie war über und über mit Zauberformeln in Pali, Rakhine und Sanskrit beschriftet, einschließlich einer Gebrauchsanweisung, um mit der Glocke Feinde abzuwehren. 1950 ist sie verschwunden und nie wieder aufgetaucht.

Auf dem **Salagiri-Hügel**, 8 km westlich des Schreins, soll Buddha vor 2500 Jahren mit seinen Schülern Rast gemacht haben. Darauf weist eine antike Inschrift hin, die in der Nähe gefunden wurde. Die **Kyauktaw-Pagode**, die den Hügel krönt, stammt in ihrer heutigen Form aus dem 13. Jh.

Von Mrauk U aus werden **Tagestouren** angeboten (Tuk Tuk etwa US$15–20, Privatwagen teurer). Morgens fahren zudem am Markt **Pick-ups** nach Vesali (1/2 Std.) und weiter nach Kyauktaw (3 Std.) ab, von wo es zur Mahamuni-Pagode weitergeht. Es ist sinnvoll, erst die weiter entfernte Mahamuni-Pagode zu besuchen und dann zurück nach Vesali zu fahren, denn dort lesen am späten Nachmittag die letzten Fahrzeuge Mitfahrer an der Hauptstraße auf. Die Fahrten kosten ein paar hundert Kyat. Eine andere Variante ist, morgens am Anleger in Mrauk U nach einem **Boot** mit Ziel Kyauktaw Ausschau zu halten und dann mit dem Pick-up zurückzufahren. Die Bootsfahrt dauert ungefähr 4 Std.

Chin-Staat

Der Chin-Staat liegt im Nordwesten von Myanmar und ist sehr unzugänglich. Im Osten grenzt er an die Sagaing- und Magwe-Division, im Westen an Chittagong in Bangladesch und weiter nördlich an Mizoram in Indien sowie im Süden an den Rakhine-Staat. Weniger als eine halbe Million Menschen leben in der von Gebirgen, tiefen Tälern und reißenden Strömen zerschnittenen Gegend. Der Staat ist für Touristen nur schwer zugänglich, doch sind Ausflüge zu den Chin möglich: von Mrauk U aus in einige kleine Dörfer im Grenzgebiet Rakhine/Chin, von Bagan aus zum Mt. Victoria im südlichen Chin-Staat sowie weitere Abstecher in die raue Bergwelt des nördlichen Chin-Staates.

Die Chin sind tibeto-birmanischen Ursprungs. Sie bilden keine homogene Volksgruppe, sondern unterteilen sich in einige Dutzend unterschiedliche Ethnien. Es werden etwa 40 verschiedene Sprachen gesprochen, die sich zum großen Teil so stark voneinander unterscheiden, dass der eine Chin-Stamm den anderen nicht versteht. Einige Chin sind gute Jäger und betreiben Wanderfeldbau. Andere bauen auf Terrassen neben Reis, Mais, Kartoffeln, Bohnen und Senf auch Obst wie Mandarinen, Äpfel und Maulbeeren an. Da das Gelände so unwegsam ist, haben sich nie größerer Märkte entwickelt. Schon für kurze Strecken sind lange Wanderungen nötig. So kam es, dass die einzelnen Ethnien bis heute unter sich blieben. Es konnten sich viele animistische Riten erhalten. Christliche Missionare waren (und sind) in dieser Region besonders aktiv, doch noch gibt es besonders im südlichen Chin-Staat einige Schamanen, die das Wissen der Vorfahren weitergeben.

Ebenso wie die Langhalsfrauen der Padaung im Kayah-Staat (S. 435, Kap. Der Nordosten) sind die Frauen einiger Chin-Stämme zum Fotomodell avanciert: Ihre Gesichtstätowierungen sind als ethno-authentisches Fotomotiv beliebt. Ein Ausflug von Mrauk U führt zu Dörfern, in dem Frauen zu sehen sind, die ein spinnennetzartiges Muster im Gesicht tragen. In der Gegend des Mt. Victoria lebt die Untergruppe der Munn, deren Frauen eine Reihe kleiner Kreise am Nacken und halbmondförmige Linien auf den Wangen tragen. Die Frauen der Dine tätowieren sich viele Punkte ins Gesicht.

Von Mrauk U ins Chin-Dorf

Von Mrauk U ist ein Abstecher an die westlichen Ausläufer der Rakhine Yoma möglich. Dort liegen einige Chin-Dörfer (auch wenn das Gebiet noch nicht im Chin-, sondern noch im Rakhine-Staat liegt). Trips dorthin lassen sich in Mrauk U über die Hotels und Gästehäuser organisieren (US$ 15–30, je nach Größe der Gruppe).

Nach einer etwa zweistündigen Bootsfahrt entlang dem Leymyo geht es zu Fuß weiter in Dörfer in Ufernähe, wo dann die Kameras gezückt werden dürfen.

Einige Reisende äußerten sich enttäuscht über die Tour, denn nicht jeder bekommt die fotogenen Gesichter der Frauen tatsächlich vor die Linse und auch die Farben der Natur leuchten mal mehr, mal weniger strahlend. Dafür können die Chin aber sicher nichts und auch die Reiseleiter täuschen die Besucher nicht willentlich. Wer sich für den Chin-Staat interessiert, hat hier zumindest Gelegenheit, einen Blick ins Grenzgebiet zu werfen.

Eindrücke von einer Tagestour zu verschiedenen Chin-Dörfern vgl. **eXTra [5713]**.

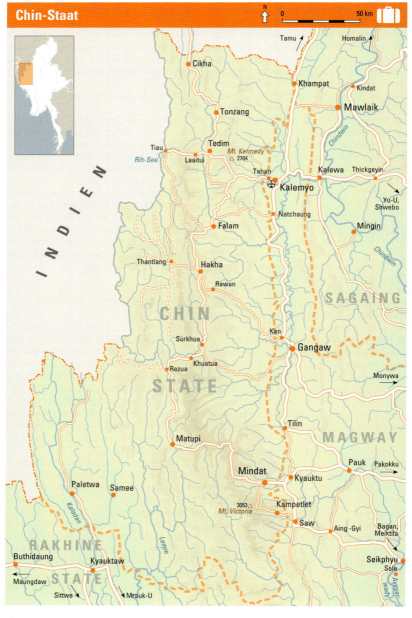

Südlicher Chin-Staat: von Bagan zum Mt. Victoria

Der von den Briten Mt. Victoria genannte Berg heißt auf Chin *Khonuamthung* und auf Birmanisch *Natmataung* (beides bedeutet: „Mutter der Geister"). Er ist der höchste Punkt des Chin-Staates und überragt mit seinen 3053 m die zerklüftete Landschaft – bei sehr gutem Wetter reicht die Sicht bis nach Indien. Die Umgebung wurde zum Nationalpark erklärt (Eintritt US$10). Der Gipfel, der dritthöchste des gesamten Landes, ist relativ leicht zu erreichen: Er liegt nur wenige Stunden Fußmarsch von der letzten Straße entfernt.

Ein Ausflug hier hin führt von Bagan aus über Chauk (Ayeyarwady-Überquerung) und Saw nach **Kanpetlet** – eine Anreise, die sich auf eigene Faust etwas umständlich gestaltet. In Kanpetlet gibt es einige **Unterkünfte** (u.a. Floral Breeze Hotel (Khaw Nu Soum), ✆ 099-6451 4900, ❸–❹; Mt. Oasis Resort, ✆ 094-717 0219, 092-5014 7208, ❹–❺; **Pine Wood Villa**, ✆ 09-656 5584, 094-721 4148, ❹–❺). Von Kanpetlet führt die Straße noch etwa 45 Min. weiter Richtung Gipfel (Mopedtaxi US$15–20, Auto entsprechend mehr). Dann wird geparkt; die letzten 2–3 Std. zum Gipfel werden zu Fuß zurückgelegt. Das Panorama ist überwältigend. Aber auch Spaziergänge rund um Kanpetlet sind empfehlenswert. In so gut wie unberührter Natur finden sich hier schöne Bäche und Wasserfälle.

Ein anderes Ziel am Mt. Victoria ist die etwas größere Ortschaft **Mindat**. Hier führt die Anreise ab Bagan über Pakokku und ist insgesamt leichter zu bewältigen. Mindat lässt sich auch von Kanpetlet aus erreichen; die Busse fahren jedoch sehr unregelmäßig, sodass man meist auf ein Mopedtaxi ausweichen muss (ca. US$15). Von Mindat ist es zwar ein bisschen weiter zum Gipfel, aber dafür lassen sich in der Umgebung mehrere schöne Wanderungen unternehmen. Mehr Infos zu Mindat s. S. 54.

Sowohl in Mindat aus auch in Kanpetlet ist man auf Generatorstrom angewiesen; d.h. spätestens um 22 Uhr gehen die Lichter aus. Auch Geldautomaten gibt es hier nicht; also genug Bares mitbringen!

Nördlicher Chin-Staat: von Kalaymyo aus in die Berge

Der nördliche Chin-Staat ist die ärmste Region des Landes und gleichzeitig die mit der schlechtesten Infrastruktur. Das Gebiet bis an die indische Grenze mit seinen steil aufragenden Gebirgsketten, zwischen deren steilen Hängen sich tiefe Schluchten erstrecken, in denen wilde Flüsse tosen, ist für die Verkehrsentwicklung äußerst schwieriges Gelände. Es gibt nur wenige Straßen, die diesen Namen im Ansatz verdienen, und die vereinzelt liegenden Dörfer sind oft nur durch lange Fußmärsche zu erreichen. So blieben die einzelnen Gruppen der Chin über Jahrhunderte weitgehend für sich und entwickelten ihre eigenen Sprachen, Trachten und Gebräuche. Erst in den letzten Jahren wird der Straßenbau seitens der Zentralregierung ernsthaft vorangetrieben, und so bieten sich nun auf zwei Korridoren erste Möglichkeiten, in diese abgelegene Region vorzustoßen.

Doch Vorsicht: Der Transport ist immer noch abenteuerlich und zeitraubend, und auf westliche Touristen ist hier niemand eingestellt. „Are you a missionary?", lautet oft eine der ersten Fragen, und tatsächlich: Trifft man unterwegs einen anderen westlichen Reisenden, so handelt es sich fast immer entweder um einen christlichen Missionar oder den Vertreter einer Hilfsorganisation.

Ausgangspunkt für einen Besuch dieser Region ist die Stadt **Kalaymyo** (S. 479). Sie ist noch Teil der Sagaing-Division, aber die Grenze zum Chin-Staat ist nicht weit. Von hier führt eine Straße nach Westen Richtung Berge: Und das Abenteuer kann beginnen. Mehr dazu s. S. 480.

KYUN PHI LAT, MYEIK-ARCHIPEL; © VOLKER KLINKMÜLLER

Der Süden

Einst gehörte Myanmars Süden zum legendären Suvannabhumi – dem „Goldenen Land". Heute zählt er zu den ursprünglichsten und reizvollsten Regionen Südostasiens, mit einer Fülle von ungeahnten Sehenswürdigkeiten, endlosen Sandstränden und unzähligen Inseln. Dank der facettenreich neuen Reisemöglichkeiten entschließen sich immer mehr Besucher zur Erkundung des lang gestreckten, geheimnisvollen Küstenstreifens.

Stefan Loose Travelinfos

15 **Kyaikhtiyo** Der Goldene Felsen lockt als bedeutendstes Pilgerziel von Myanmar. S. 533

16 **Umgebung von Hpa-an** Aus neongrün schimmernden Reisfeldern erheben sich bizarre Kalksteinfelsen mit geheimnisvollen Höhlenlabyrinthen und Heiligtümern. S. 544

17 **Mawlamyaing** Malerisch umrahmt vom Thanlwin-Fluss und den Bergen, wartet die größte Stadt des Südens mit viel Nostalgie und Charme auf. S. 548

Mudon Hier schlummern – parallel zueinander platziert – die beiden größten liegenden Buddha-Konstruktionen der Welt. S. 559

Dawei Verträumte, hölzerne Kolonialvillen und lange, einsame Strände konkurrieren mit spektakulären Großprojekten. S. 565

18 **Myeik** Endlich über den Landweg erreichbar, fungiert die unbekannte Küstenstadt nun auch als Sprungbrett in die paradiesische Inselwelt des gleichnamigen Archipels. S. 575

Tanintharyi Eine alte Handelsstadt fasziniert als historisches Ensemble. S. 583

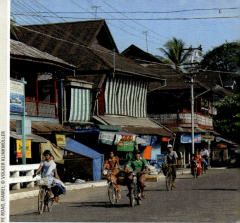
YE ROAD, DAWEI; © VOLKER KLINKMÜLLER

FISCHMARKT, MYEIK; © VOLKER KLINKMÜLLER

- Kyaikhtiyo
- Hpa-an
- Mawlamyaing
- Mudon
- Dawei
- Myeik
- Tanintharyi

Wann fahren? Zur Monsunzeit präsentiert sich der Süden mit besonderem Reiz, am meisten Regen fällt im Oktober.

Wie lange? Für Yangon bis Thanbyuzayat mindestens 5 Tage, danach alles offen

Keinesfalls versäumen Baden an den Endlos-Stränden von Dawei

Unbedingt ausprobieren Die neue Traveller-Route über Ye und Dawei bis nach Myeik

Abenteuertrip Den Geheimnissen der Insel Lampi Kyun (Sullivan Island) nachspüren

Gut für Traveller Die noch jungen Grenzübergänge nach Thailand

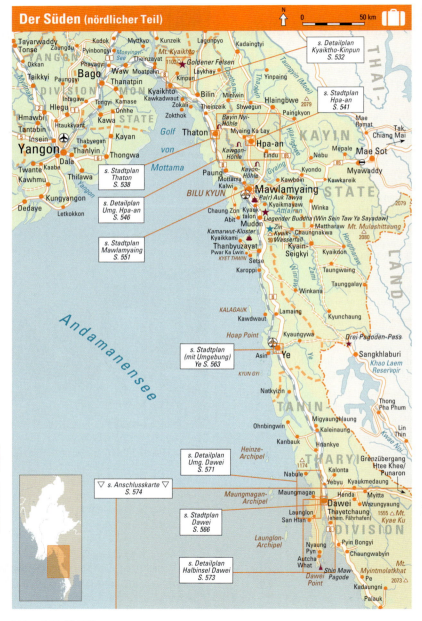

Lange galt dieses Heiligtum als wichtigste bzw. einzige Attraktion auf der touristischen Landkarte von Myanmars Süden: der Goldene Felsen in Kyaikhtiyo, der einer Legende zufolge von einem einzigen Haar Buddhas im Gleichgewicht gehalten wird und unvergessliche Eindrücke buddhistischen Pilgerlebens vermittelt. Heute indes lässt sich der gesamte Süden mit all seinen neu zu entdeckenden Attraktionen in einen jeden Reiseverlauf integrieren – entweder am Beginn oder am Ende eines Urlaubs, ob von Norden nach Süden oder eben auch in Gegenrichtung.

Noch viel authentisches Myanmar lässt sich in dem Städtchen Thaton erleben. Auf jeden Fall zum Reiseverlauf gehören sollte Hpa-an, dessen Umgebung mit einer Vielzahl faszinierender Naturwunder bzw. filmreifer Berg- und Höhlen-Heiligtümer aufwarten kann sowie dem Kloster U Na (r) Auk, das kaum bekannt, aber zweifellos zu den schönsten Heiligtümern Myanmars zu zählen ist. Als ebenso unvergesslich dürfte sich eine Bezwingung des Zwe Kapin-Felsens erweisen.

Von hier ist es nur ein Katzensprung zum schönen Mawlamyaing, wo noch etliche Kolonialbauten an die Vergangenheit erinnern. Wer es bis hierher geschafft hat, unternimmt auch gern einen erlebnisreichen Abstecher ins 65 km südlich liegende Thanbyuzayat, dem einstigen Endpunkt der im Zweiten Weltkrieg von den Japanern erbauten „Todeseisenbahn". Auf dem Rückweg nach Mawlamyaing lassen sich noch der Meerestempel von Kyaikkami oder ein Badestopp am Set Se Beach einbauen sowie unbedingt eine Visite in Mudon: Hier verbirgt sich mit dem 180 m langen Zinathukha Yan Aung Chanta der größte liegende Buddha der Welt, der nun sogar noch Gesellschaft bekommen hat.

Bis Mitte 2013 war es lediglich diese obere Schleife, die als „Süden von Myanmar" begriffen und dennoch selten bereist wurde. Nur vereinzelt drangen westliche Besucher tiefer in den Süden vor – zumal wichtige Strecken aus Sicherheitsgründen nur per Flugzeug oder Schnellboot bereist werden durften. Die Öffnung der Landrouten, Sperrgebiete und Grenze zu Thailand hat die Reize und Reisemöglichkeiten vervielfacht, weshalb für den Südzipfel Myanmars ausreichend Zeit und Abenteuerlust mitgebracht werden sollten (Tipps zur Reiseplanung s. S. 21).

Die noch junge Traveller-Route führt über Ye zur Küstenstadt Dawei, der aufgrund ihres kolonialen Erbes und endlos langer Strände eine große touristische Zukunft vorausgesagt wird. Das weiter südlich liegende Myeik indes fungiert als landesweit größtes Zentrum der Fischerei-Industrie und inzwischen auch – eine neu erwachsene Konkurrenz für die bisherige Besucherschleuse Kawthoung – als Tor in die einzigartige Meereslandschaft des gleichnamigen Archipels, der mit über 800 unbekannten Inseln lockt. Im Hinterland der Küstenstadt verbirgt sich das bisher kaum besuchte Tanintharyi, das mit seinen Holzhäusern zweifellos zu den besterhaltenen Orten Südostasiens zählt.

Mon-Staat

Bevor ihr Reich 1057 von Bagan-König Anawrahta zerschlagen wurde, zählten die Mon zu den bedeutendsten Volksgruppen Südostasiens. Sie beherrschten einst den ganzen Süden Birmas und weite Teile Thailands. Schon vor mehr als 2000 Jahren siedelten sie an den Mündungen der großen Flüsse Chao Phraya, Sittaung und Thanlwin, um von dort den Handel zwischen Indien und Südostasien zu dominieren. Münzfunde konnten sogar Kontakte mit Rom belegen. Die Sitten und Bräuche der Mon haben – vor allem in der Musik, bei Gesängen und Tänzen – großen Einfluss auf die Kunst und Kultur Birmas ausgeübt. Ihre aus Südindien stammende Schrift, die Architektur und Handwerkskünste prägten einst die Kultur des Ersten Birmanischen Reichs. Letztendlich waren es auch sie, die den Theravada-Buddhismus nach Südostasien brachten.

Heute leben die meisten der rund 1 Mio. Menschen zählenden Volksgruppe, die ethnisch mit den Khmer in Kambodscha und Thailand verwandt ist, vorwiegend zwischen Bago und Mawlamyaing. Sie haben sich kulturell weitgehend angepasst und mit den Birmanen vermischt, die ihre Städte immer wieder dem Erdboden gleichgemacht haben. Ihren bewaffneten Kampf um einen eigenen Staat, den sie 1949 begannen, haben die Mon durch die Unterzeichnung eines Waffenstillstandsabkommens mit der

Im Süden viel Neues – Reiseziele, Reize und Risiken

Davon haben Südostasienfans lange geträumt: Der Süden hat endlich „aufgemacht"! Seit die unkomplizierte Ein- und Ausreise über Land von/nach Thailand und das Bereisen fast aller Landrouten möglich geworden ist, trifft die Abenteuerlust der Traveller-Gemeinde auf die Goldgräberstimmung von Einheimischen und Langnasen, die in diesen Breitengraden erste Bungalows aus dem Sand stampfen.

Informationen
Im Südzipfel sprechen die Einheimischen nur wenig Englisch. Um an die aktuellsten Infos zu gelangen, empfehlen sich neben Mundpropaganda und Internetforen die Stefan-Loose-Updates auf 🖥 www.stefan-loose.de oder das Portal 🖥 www.go-myanmar.com. Für Insider-Infos zum Myeik-Archipel s. Kontakte in den Tourenkästen für Myeik (S. 581) und Kawthoung (S. 589) sowie *Liveaboard-Cruises* (S. 584).

Transportmittel
Bis vor wenigen Jahren dienten spartanische Oldtimer-Busse, Jeeps, Thounbeins (burmesische Dreiräder) und Trishaws als Transportmittel, jetzt sind es relativ moderne AC-Busse (einige sogar mit 32 oder gar nur 24 VIP-Plätzen), Minivans (mit Tür-zu-Tür-Service), Hi-Jet-Cars (halb offene Mini-Pick-ups) oder Pro(Box)-Cars (spartanische Limousinen), nun reichlich verfügbare Moped-Taxis sowie mancherorts noch Tuk Tuks. Selbst fahren mit Mietmopeds gilt offiziell als illegal, wird aber gemeinhin toleriert. Die Abfahrten und Preise ändern sich ständig, hilfreiche Hinweise auf 🖥 www.oway.com.mm. Die 630 km lange Strecke von Yangon nach Dawei z. B. benötigt 12–13 Std., sogar zwischen Myeik und Kawthoung gibt es nun Busverbindungen, was die Einstellung sämtlichen Fährverkehrs zur Folge hatte. Die von Yangon bis nach Dawei möglichen Eisenbahnfahrten sind zeitraubend (besonders zwischen Mawlamyaing und Ye: 14–15 Std.), aber billig, beliebt und beschauliche Schaukeleien – aktuelle Details unter 🖥 https://www.seat61.com/Burma.htm. Das Flugnetz wird endlich von mehreren Airlines bedient, ist aber ziemlich teuer und birgt allerlei Unwägbarkeiten (s. Kasten S. 570).

Strecken
Vielerorts wurde Nationalstraße 8 als Hauptverkehrsader in die Südspitze mit enormem Aufwand ausgebaut, zuweilen verläuft sie aber nach wie vor 1,5-spurig bzw. mit angesetzten Rändern.

Regierung 1995 aufgegeben. Bis dahin hatten die New Mon State Party (NMSP) und ihr militärischer Arm – die Mon National Liberation Front (MNLF) – abgelegene Gebiete an der Grenze zu Thailand kontrolliert und sich außer mit den Regierungstruppen auch immer wieder Scharmützel mit den Kayin (S. 98) geliefert.

Kyaikhto

Einige Kilometer hinter Bago wird es deutlich einsamer. Ein nur zweispuriges, streckenweise von Bäumen beschattetes und zum Ende der Regenzeit von mannshohen, weiß blühenden Gräsern umrahmtes Asphaltband führt immer tiefer in den Süden. Über weite Strecken dominieren Plantagen für Kautschuk, Cashewnüsse oder Pamelo das Landschaftsbild. In der Umgebung von Waw flankiert ein Kanal mit spärlichem Bootsverkehr die Hauptverkehrsader.

Später überquert die Straße den Setthaung, dann zerschneidet sie – aus Richtung Yangon der einzige Zubringer zum Goldenen Felsen von Kyaikhtiyo – den verschlafenen Provinzort Kyaikhto (180 km bzw. gut drei Autostunden von Yangon und 90 km bzw. 1 1/2 Std. von Bago). Obwohl die etwa 50 000 Einwohner zählende Stadt in Reiseführern kaum Erwähnung findet, kann sich ein kurzer Zwischenstopp lohnen. Denn in dem recht beschaulichen Ort finden sich nicht nur schöne Holzhäuser und üppiges Grün, sondern auch ein größeres, rund 2300 Jahre altes Heiligtum.

Wer nur den oberen Süden bereisen will, kehrt meist aus Mawlamyaing oder spätestens Thanbyuzayat zurück, wobei diese Rundreise eine Flusspassage über den Thanwlin (Region Hpa-an) enthalten sollte. Zwischen Mawlamyaing und Ye gibt es nicht besonders viel zu sehen, die Weiterreise nach Dawei führt immerhin durch ein Gebirge. Die Strecke nach Myeik ist landschaftlich am schönsten und empfiehlt sich für private Transfers. Von dort nach Kawthoung ist es weit und nicht besonders spannend. Zu den Stränden der Dawei-Halbinsel geht es oft nur per Moped über Pisten und Pfade.

Inseln
Die Möglichkeiten zur Erkundung des Myeik-Archipels sind bisher noch vergleichsweise rar, restringiert und durchweg nicht besonders preiswert. Von Myeik gibt es vor allem pauschale Tagestrips mit Speedboats, aber auch erste individuell arrangierbare Charter-Abenteuer (s. Kasten S. 581). Als Hauptschleuse fungiert Kawthoung, wo vorgelagert die (angeblich) schöneren bzw. auch schneller erreichbaren Inseln liegen – mithilfe von Tagestrips, Chartertouren oder mehrtägigen, zweifellos faszinierenden Meereskreuzfahrten zum Schnorcheln und Tauchen, Kayaking und Trekking.

Grenzübergänge
Die für Ausländer bei Myawaddy/Mae Sot (s. Kasten S. 549), Htee Khee/Phunaron (s. Kasten. S. 567) und Kawthoung/Ranong (s. Kasten S. 587) durchlässig gewordene Grenze zu Thailand hat das Reisen erheblich erleichtert – wie auch das E-Visum, das bisher allerdings noch nicht für Htee Khee/Phunaron gilt. By the way: Über diesen Grenzpunkt sollen es Traveller schon geschafft haben, von Bangkok mithilfe privater Transfers in nur 8 Std. nach Dawei zu gelangen.

Regenzeit
In den Monaten des **Monsun** kann sich der Badespaß an den Stränden naturgemäß in Grenzen halten, der Süden andererseits aber auch einen besonderen Reiz entfalten. Der Goldene Felsen von Kyaikhtiyo z. B. ist nicht so überlaufen, die faszinierende Umgebung von Hpa-an steht gut im Saft und die Nationalroute 8 führt inkl. ihrer Nebenstrecken (wie zwischen Hpa-an und Mawlamyaing oder nach Zokthok/Zokali) durch herrlich grünende, amphibische Landschaften.

Die **Kyaik Paw Law-Pagode** besteht aus einer weitläufigen Anlage mit verspiegelten Säulengalerien, vergoldeten Wänden, bunten Gemälden und beherbergt eine von vier Buddhastatuen, die einst von Sri Lanka aus auf Flößen über das Meer gekommen waren. Der Legende nach ist diese Begebenheit auf einen singhalesischen König zurückzuführen, der 1418 eine gute Tat verrichten wollte: Aus Mörtel und originalen Stücken des Bodhi-Baums ließ er vier Buddhabildnisse erschaffen, die auf dem Ozean ausgesetzt wurden, um am jeweiligen Ort ihrer Landung (außer Kyaikhto in Kjaikkami, Pathein und Dawei) den Buddhismus zu verankern.

Am Rand des Tempelareals liegt mit der **Mahamuni Thon-Pagode** ein weiteres Heiligtum. Hier wird eine rund 110 Jahre alte Kopie der berühmten, gleichnamigen Statue in Mandalay verehrt. Das bedeutendste Kloster von Kyaikhto ist das rund 180 Jahre alte **Shwe Kyaung**.

Kinpun

Das rund 10 km von Kyaikhto entfernte Basislager Kinpun (Kinpun Camp) ist Ausgangspunkt für einen Besuch des Goldenen Felsens auf dem Berg Kyaikhtiyo. Teilweise von den Kronen mächtiger, leider immer weniger werdender Baumriesen beschattet, hat es sich mit Unterkünften, Restaurants und Waschgelegenheiten für Pilger, Bus-Parkplätzen und sogar einem Riesenrad immer weiter ausgebreitet – bzw. seit 2013 einen derartigen Sprung gemacht, dass

man sich abends nicht mehr so sehr langweilen muss. Entlang der Hauptstraße laden einfache Boutiquen, Kräuterläden und Souvenirläden zur Schnäppchenjagd ein, bevor sie enger wird und schließlich in den Pilgerpfad übergeht. Auch die einst einsame Zufahrt zum Shwe Hin Thar Hotel ist mittlerweile zugebaut.

Mit Kleinlastern zum Heiligtum

Mehr als 200 leistungsstarke, nach einem ausgeklügelten System eingesetzte **Kleinlaster** übernehmen zwischen 6 und 18 Uhr den Transport auf den Berg. Prinzipiell zu spät, am Heiligtum den Aufgang der Sonne zu genießen, bzw. je nach Jahreszeit vielleicht zu früh, um ihren Untergang bestaunen zu können (s. Kasten S. 533).

Die „Verladung" der Besucher erfolgt rustikal über Rampen. Selbst alte, gebrechliche Pilger lassen den etwas strapaziösen Einstieg wie auch den Transport geduldig über sich ergehen. Ausländer mögen es vielleicht als etwas entwürdigend empfinden, dass sich pro „Fuhre" 42 Passagiere auf die schmalen, niedrigen Holzbänke der Ladepritsche pressen müssen. Doch vor wenigen Jahren noch waren die Trucks wesentlich kleiner, während sich auf ihnen sogar bis zu 60 Pilger zwängten, es weder die heutige Minimal-Polsterung gab noch ein Klappdach zum Sonnen- oder Regenschutz!

Bei einem Zwischenstopp sind pro Person und Tour 2500 Kyat zu entrichten. Wer es etwas individueller braucht, kann versuchen, einen der fünf Plätze in der Fahrerkabine zu ergattern, für die 20 % Aufpreis zu berappen sind. Gestartet wird aber erst, wenn alle Plätze besetzt sind, was in der Saison meist nicht länger als 20–40 Min. dauert. In rasanter, insgesamt rund 40-minütiger Fahrt geht es eine steile **Serpentinenstraße** hinauf. Erst seit ihrer Fertigstellung 2015 dürfen auch Ausländer bis nach ganz oben auf den Berg fahren. Von der neuen **Endstation** sind es nur etwa 15 Min. Fußweg bis zum Heiligtum – flankiert von etlichen einfachen Restaurants, Obst- und Souvenirständen.

Man kann aber auch schon an der ehemaligen End- und heutigen **Mittelstation Yet Thet** aussteigen, um zum **Golden Rock Hotel** zu gelangen oder über den alten **Pilgerpfad** bis hinauf zum Gipfel mit dem Heiligtum. Der Aufstieg ist in knapp einer Stunde zu bewältigen – zumal nicht zu unterschätzende 300 Höhenmeter zu überwinden sind. Dieser kann auch bequem in einer stabilen **Bambussänfte** (Palankin) mit vier Trägern zurückgelegt werden, die sich im rhythmischen Gleichschritt den Berg hinaufkämpfen.

Trotz etwaiger Skrupel kann es zu einem unvergesslichen Erlebnis geraten, zumindest einen Abschnitt des Weges in diesem urtypischen birmanischen Transportmittel zurückzulegen. Ab 2018 indes wird sich ein Teil der Bergstrecke sogar mit einer 10-minütigen Seilbahn-Passage (43 Gondeln für je 8 Passagiere, Ausländer US$5) bewältigen lassen.

Auf Schusters Rappen zum Heiligtum

Natürlich lässt sich auch der gesamte Weg auf Schusters Rappen (bzw. Badeschlappen) zurücklegen, denn Pilger können sich durch den schweißtreibenden Aufstieg religiöse Verdienste erwerben. Selbst wer eine gute Kondition hat, sollte für die fast 12 km lange Wanderung vom Basislager Kinpun bis zum Gipfel mindestens 4 Std. (je nach Kondition sogar bis zu 8 Std.) einplanen. Schließlich sind fast 1100 Höhenmeter zu überwinden, wobei der Weg durch Schatten spendende Vegetation und über 33 Hügel führt. Eine detaillierte Karte lässt sich über 🖥 www.dpsmap.com/kyaiktiyo/index.shtml abrufen.

Unterwegs laden einige **Schreine**, aber vor allem einfache **Verkaufsstände** mit kühlendem Schatten, Getränken, Snacks oder Obst zum Ausruhen ein. Vereinzelt wird noch immer Medizin aus Bestandteilen und Extrakten wilder Tiere feilgeboten – aus Affenschädeln, Büffelhörnern, Bärentatzen etwa oder Schlangenhäuten, obwohl seit 1998 rund um den Goldenen Felsen ein 110 km² großes **Schutzgebiet** gilt. Keinesfalls unterschätzt werden sollte der mehrstündige Abstieg, weil es immer „nur bergab" geht: Gerade das garantiert mehrtägigen Muskelkater.

15 HIGHLIGHT

Kyaikhtiyo-Pagode (Goldener Felsen)

Mit Yangons Shwedagon-Pagode und der Mahamuni-Statue in Mandalay gehört der Goldene Felsen von Kyaikhtiyo (gesprochen: *Tschai-ti-ju*) zu den heiligsten buddhistischen Stätten Myanmars. Der Legende (s. Kasten S. 536) nach entstand die Wallfahrtsstätte schon zu Lebzeiten Buddhas und wurde später lediglich „wiederentdeckt". Bedeckt von einem rund 6 m hohen Stupa scheint der vergoldete Findlingsblock geradezu über dem 1100 m tiefen Abgrund zu schweben. Sein Name leitet sich aus

Tipps zu Terminen und Tageszeiten

Der Besuch des Heiligtums lässt sich heute durchaus als Tagestour vom etwa 3 Std. entfernten Mawlamyaing oder Hpa-an bewältigen und sogar auch aus Yangon. Doch die Übernachtungsmöglichkeiten im Kinpun Camp haben sich deutlich verbessert – wie auch oben auf dem Berg, wo allerdings mit deutlich überhöhten Preisen zu rechnen ist. Wer sich das leisten mag, kann die Wallfahrtsstätte immerhin mit mehr Besinnlichkeit erfassen und die faszinierenden **Lichtverhältnisse** zum Sonnenauf- und Sonnenuntergang mit Muße genießen. Im Winter kann man zumindest den **Sonnenuntergang** schaffen, weil die letzten Laster um 18 Uhr zurückfahren – doch dürfte sich das mit etwas unschöner Hetze verbinden. Beim morgendlichen Verlassen des Berges indes ist bis ca. 10 Uhr mit starkem Andrang an der Verladestation zu rechnen.

Die bis März dauernde **Hochsaison** für einheimische Pilger startet alljährlich mit der Vollmondnacht im Oktober. Dann kommen im Durchschnitt täglich um die 10 000 Birmanen zum Heiligtum. An den Spitzentagen – meist freitags, sonnabends oder an Feiertagen – können es sogar Zigtausende sein! Sie können kostenlos in **Massenunterkünften** *(zayat)* oder auch in den Räumlichkeiten der Restaurants übernachten, wenn sie dort das Abendessen einnehmen.

Wer die Pilgerstätte in der tiefsten **Nebensaison** besucht, könnte das bunte Treiben und somit auch spirituellen Charme vermissen. Zudem kann es bis zu 2 Std. dauern, bis sich die Trucks füllen, von denen zwischen April und Oktober meist nur ein Drittel im Einsatz ist. Das Kleben von Blattgold an den Felsen ist in der Regenzeit nur von 6–19 Uhr möglich.

der Sprache der Mon ab und bedeutet „die Pagode, die vom Kopf eines Einsiedlers getragen wird". Ringsherum bietet sich bei klarem Wetter ein herrlicher Fernblick auf die Bergketten bis nach Thailand, die Pagode von Bago oder sogar den Golf von Martaban.

Als Liebespaare, Freundescliquen, Großfamilien, farbenfroh gekleidete Schulklassen oder Fabrikgemeinschaften posieren die Pilger heiter für Fotos. Andernorts werden Kerzen und Räucherstäbchen entzündet, haben sich in dunkelrote Roben gewandete Mönche oder skurril wirkende Einsiedler im Schneidersitz niedergelassen, um weltentrückt zu meditieren. Ohne Unterlass kleben Gläubige ihr Blattgold an den Fels, was allerdings nur Männern vorbehalten ist. Auch Bargeld spielt eine große Rolle – wird in gerollten oder gefalteten Banknoten an kleine Ständer gehängt oder einfach in die zahlreichen Spendenboxen gesteckt. Zuweilen drängen einige Wächter auch ausländische Besucher zum Hinterlassen von „donations".

Wer schon mal in früheren Jahren hier gewesen ist, dürfte das Areal kaum wiedererkennen (s. Kasten S. 535), während der Müll von jährlich etwa zwei Millionen Besuchern mancherorts als bunte Lawine in die Tiefe stürzt. Nach dem Ausbau der Zufahrt und der Elektrifizierung des Berges hat sich die traditionelle Wallfahrtsstätte zu einer Art Kleinstadt entwickelt. Eine umlaufende Terrasse ermöglicht nun sogar die Betrachtung des Felsens von unten. Komplett neu bebaut wurde die belebte Pilgerpromenade **Moat Soe Paya**, die vom Heiligtum des Goldenen Felsens durch ein Hochtal zum benachbarten, von Höhlen durchzogenen **Moat Soe Taung** („Berg des Jägers") führt. Die zweistöckigen Häuserreihen beherbergen vor allem Restaurants mit Schlafgelegenheiten. Nicht weit entfernt führt ein Pfad nach rund 80-minütiger Wanderung zu einer beliebten Badestelle.

Am **Kontrollposten** auf dem Gipfel sind 6000 Kyat Eintritt für ein zwei Tage gültiges Ticket der „Kyaikhtiyo Archaeological Zone" zu entrichten. Natürlich ist an dieser Pilgerstätte auf angemessene, nicht allzu freizügige Kleidung zu achten. Da es auf dem Gipfel in den Wintermonaten empfindlich kühl werden kann, sollte zumindest ein Pullover eingepackt werden. Warme Schuhe hingegen helfen nicht weiter: Die müssen nämlich – auch wenn die Fliesen enorm kalt werden können – beim Besuch

Das Heiligtum des Goldene Felsens wird gern in Familien- oder Freundesgruppen besucht.

des Heiligtums ausgezogen und (theoretisch) mitgenommen werden. Deshalb empfiehlt sich eine Plastiktüte, um sie besser tragen oder im Rucksack verstauen zu können.

ÜBERNACHTUNG

Für die Übernachtung im Basislager und auf dem Berg stehen nur wenige Unterkünfte zur Verfügung – zumal die vielen Gratis-Rasthäuser *(zayat)* für Pilger keinerlei Ausländer aufnehmen dürfen.

Auf dem Weg nach Kinpun

Golden Sunrise Hotel, rund 1 km vor Kinpun, ✆ 09-2507 58189, 🖥 www.goldensunrisehotel.com. Die sicherlich beste Option der Region – eine stilvolle Unterkunft mit Wohlfühlfaktor. 16 Zimmer zu US$50 mit AC, Holzböden, schönen Bädern und Terrassen. Einladendes, 2-stöckiges Restaurant aus Naturmaterialien. ❹

Mountain View Resort (Thuwunna Bumi), rund 8 km vor Kinpun an der Hauptstraße aus Richtung Yangon, ✆ 09-862 0722, 🖥 www.starbutterfly.net. Familiär geführt und mit Erholungswert mitten in einer Obstplantage am Seikphu Taung-Hügel. 34 saubere, geräumige Bungalowzimmer mit AC, Warmwasser-Bädern und Balkonen sowie Frühstück im schönen Restaurant. ❹

Sane Let Tin Resort, rund 24 km vor Kinpun an der Hauptstraße aus Richtung Yangon, ✆ 09-872 3123-4, 🖥 www.sanelettinresort.com. 60 komfortable Zimmer in 5 Kategorien, Pool und Spa. Großes, luftiges Restaurant mit überteuerter Speisekarte (Ausländer zahlen meist mehr). Es gibt chemiefreies Gemüse, Fassbier und Automaten-Kaffee, ⏲ 6–24 Uhr. Das 150 ha große Areal umfasst einen 12 m hohen Aussichtsturm mit Panoramablick und sogar einen Zoo – zu erkunden über einen hohen Brückenpfad. Tatsächlich finden sich hier alle Tiere vom Hotelprospekt (inkl. Orang Utan) – und das sogar in überraschend gepflegter Haltung. ❹–❺

Shwe Hin Thar Hotel (Sarabha), ca. 1 km von Kinpun an der Zufahrt zum Berg, ✆ 09-4578 72625. Abseits von jeglichem Trubel und optisch ansprechend aus gelb-orangefarbenen Bungalows mit Schilfdächern, viel grünendem Rasen mit Restaurant-Spots, doch gibt es Mängel im Management, und von den 22 AC-Zimmern empfiehlt sich eigentlich nur die teurere Deluxe-Kategorie. ❷–❹

Im Basislager Kinpun

Bawga Theiddhi (Kyeik Htee Yoe), ✆ 09-4921 6464, 🖥 www.bawgatheiddhihotel.com. Seit 2012 als modernstes und markantestes Haus am Ort. Der 3-stöckige Eckbau umfasst 15 saubere, komfortable Zimmer, die billigsten mit Gemeinschaftsbad, sowie 6 Bungalows in 5 Min. Entfernung. Das Management spricht passables Englisch, das Restaurant bietet den höchsten Standard am Ort. ❸–❹

Pann Myo Thu Gh., in Kinpun, ✆ 09-4981 8038, 09-4492 49498 (Mr. Yoe). Die beliebteste Traveller-Herberge am Ort. Der freundliche, englischsprachige Manager

---

Fortschreitende Entzauberung

Immer mehr Traveller sparen das Heiligtum bei ihrer Entdeckungstour durch den Süden inzwischen bewusst aus: Gewiss sind Landschaft, Klimawechsel und Pilgertreiben hier nach wie vor spannend, doch das einst hochgradig spirituelle Pilgerziel wirkt heute so entzaubert bzw. kommerzialisiert und zugebaut, dass es nicht leichtfällt, sich darauf zu besinnen. Manch Besucher mag den einst markanten Felsen gar nur schwerlich finden. Ein unschöner Höhepunkt wurde mit dem Ende 2015 eröffneten **Yoe Yoe Lay-Hotel** erreicht: Unglaublich, dass ein mehrflügeliger Betonklotz dieser Größenordnung dem Heiligtum so dicht auf die Pelle bzw. Goldschichten rücken durfte, doch der Investor soll die Hälfte der neuen Straße auf den Berg gesponsert haben.

Immerhin gibt es an den Außenwänden des Hotels eine ungeahnte Rarität zu bewundern: Zwischen Oktober und Januar schlummern hier tagsüber massenhaft **Elefanten-Schmetterlinge** – als handgroßer, illustrer Mix aus Motten und Fledermäusen.

Wie der Fels auf den Gipfel kam

Angeblich soll schon eine Kinderhand den Fels ins Wanken bringen können … Nach der Legende verdankt der Goldfelsen von Kyaikhtiyo sein Gleichgewicht nur einem einzigen Haar von Buddha, das präzise im Inneren des Stupa platziert sein soll. **König Tissa**, der Sohn eines **Alchemisten** (Zawgyi) und einer **Naga-Prinzessin**, soll es im 11. Jh. von einem alten Einsiedler erhalten haben, der es in seinem Haarknoten versteckt hatte. Dieser war auf der Suche nach einem Felsen in Form seines Kopfes, um darauf eine kleine Pagode zur Unterbringung der Reliquie zu errichten. Wegen seiner übernatürlichen Kräfte gelang es dem König, auf dem Meeresgrund einen entsprechenden Steinblock ausfindig zu machen und diesen mit einem Boot auf den Kyaikhtiyo-Berg zu transportieren. Nach der wundersamen Ankunft auf dem Gipfel wurde das Boot zu Stein und ist deshalb noch heute – wenige hundert Meter vom Felsenheiligtum entfernt – als **Kyaukthanban** („Steinboot-Stupa") zu sehen.

Soe bietet 30 Zimmer, davon 10 als AC (am besten sind H1 und H2 mit 2 Fenstern und Terrassen, die zweitbeste Option H3 und H4), mit Ventilator und Gemeinschaftsbad bereits für US$20. ❷–j
Sea Sar (Golden Land) Gh., nahe der „Verladestation" für Pilger in Kinpun, ✆ 09-4981 8854. 1985 als erste Ausländer-Unterkunft um einen großen Parkplatz herum erbaut, aber nicht unbedingt heimelig und etwas nachlässig gemanagt. 46 Zimmer mit AC und meist auch Warmwasser-Bädern in 4 Kategorien, einige schön groß oder mit kleinen Terrassen. ❶–❸

Direkt auf dem Berg

Golden Rock Hotel, 10 Min. zu Fuß bergauf von der ehemaligen Endstation der Pilger-Lkw und ca. 45 Min. unterhalb des Goldenen Felsens, ✆ 09-871 8391, 01-502 479 (Yangon-Büro), 🖥 www.goldenrock-hotel.com. Gehobenes Hotel mit Panoramablick und 56 Deluxe-Zimmern zu US$110 in diversen Bauten. Der ökologische Gemüsegarten und ein kleiner Staudamm zur Stromerzeugung wurden mit einem regionalen Umweltpreis bedacht. ❺–❻

Kyaik Hto Hotel, am Eingang zum Heiligtum, ✆ 09-4981 9196, ✉ sales@kyaikhto.com. Nur wenige Minuten vom Goldenen Felsen. Nach Privatisierung und der Renovierung von 2015 deutlich passabler. Toll am Hang platziert, besteht die älteste Unterkunft am Ort aus vielen Terrassen und einer architektonisch stillosen Ansammlung langer Holzbaracken und einfacher Beton-Bungalows sowie Flügelbauten an der gegenüberliegenden Seite des Zugangs zum Heiligtum. Von den 155 leider ziemlich teuren Zimmern verfügen 81 über AC oder Aircooler und 20 der Deluxe-Kategorie über einen Balkon mit herrlichem Ausblick. Das Restaurant bietet (hier oben eher seltenes) Bier – als Dose 2000 Kyat, in Flaschen 3000 Kyat. ❺–❻

Mountain Top Hotel, ✆ 09-871 8392, 01-502 479 (Yangon-Büro), 🖥 www.mountaintop-hotel.com. Ideal platziert und in die Felsen gebaut bzw. am Zugang zum Heiligtum nahe dem Ticketbüro. In der sicherlich besten und entsprechend oft ausgebuchten Unterkunft lässt sich der Sonnenaufgang teilweise sogar vom Bett aus genießen. 36 Zimmer als Deluxe und 3 als Super Deluxe mit AC. Gutes Restaurant und Terrasse mit Panoramablick. Freundliches Management aus Sri Lanka – wie auch beim dazugehörigen, weiter unten liegenden Golden Rock Hotel. ❻

Tagestouren in die Umgebung

Als Besitzer des Sea Sar Gh. und Bürgermeister von Kinpun organisiert **Mr. Ko Kyaw Thu Ya**, ✆ 09-872 3288, der passabel Englisch spricht, für US$25 p. P. 4-stündige Ausflugstouren per Auto oder Schusters Rappen. Neu im Angebot ist ein ganztägiger Rundtrip, der durch Kyaihtiyo führt sowie nach Thaton und Zokthok. Kostenpunkt um die US$120 pro Fahrzeug. ❻

Yoe Yoe Lay Hotel, ✆ 09-872 3082, 01-544 916 (Yangon-Büro), 🖥 www.yoeyoelayhotel.com. Neu als klotziges Konglomerat und ganz am Ende der Plattform bzw. nur einen Steinwurf vom Heiligtum entfernt. 135 Zimmer zu US$105 mit AC und bis zur Decke gefliest in insgesamt 7 Blöcken mit weitläufigen Dachterrassen.
❺–❻

ESSEN

Die zahlreichen Restaurants an der **Hauptstraße** des Basislagers bieten meist gute chinesische und birmanische Küche – und für Einheimische Schlafgelegenheiten. Englischsprachige Schilder, Speisekarten und Servicekräfte sind bisher die Ausnahme. Oben auf dem Berg empfiehlt sich vor allem ein Besuch der stimmungsvollen Topf-Buffet-Restaurants an der Pilgerpromenade **Moat Soe Paya**, weil es sich dort herrlich vor der Kulisse des bunt vorbeiziehenden Lebens speisen lässt.

Kaung Htet, ✆ 09-4532 38275, liegt als lange etablierte Alternative und mit ähnlicher Atmosphäre gleich neben dem populär-professionellen Sea Sar-Restaurant – u. a. mit Currys zu 1500 Kyat. ⏲ 4–22 Uhr, Fr, Sa und So rund um die Uhr.

Sea Sar, gehört zum gleichnamigen Guesthouse und fungiert mit reichhaltiger Speisekarte als abendlicher Treffpunkt von Travellern. Gute Currys vom Topf-Buffet kosten inkl. Reis lediglich 1800 Kyat, eine Flasche *Myanmar*-Bier 2000 Kyat. ⏲ 4–23 Uhr.

Yin Yin Pyone, zählt zu den Restaurants, die sich etwas von der Masse abheben. Gut beleuchtet mit schönem Holzmobiliar und günstiger Speisekarte. ⏲ 1–21 Uhr.

TRANSPORT

Taxis

Nach BAGO für ca. US$60 in rund 2 1/2 Std. Das Sea Sar Gh. in Kinpun nimmt für Transfers mit Komfort-Fahrzeugen und etwaigen Zwischenstopps um US$100 sowie nach Yangon, Hpa-an und Mawlamyaing jeweils US$120.

Busse, Minivans und Sammel-Taxis

In der Nebensaison muss man für überregionale Busse meist vom Basislager Kinpun erst nach Kyaikhto fahren: mit Sammel-Pick-ups 1000 Kyat (Fahrtzeit 1/2 Std.), Moped-Taxis 2000 Kyat.
BAGO, mehrmals tgl. meist mit Minivans für 5000 Kyat in 2 Std. (90 km).
HPA-AN, mehrmals tgl. mit Sammel-Taxis (halb offene Hi-Jet) für 5000 Kyat (als Kabinenplatz 7000 Kyat) in 3 Std. (130 km).
MAWLAMYAING, mehrmals tgl. mit Sammel-Taxis (halb offene Hi-Jet) für 5000 Kyat (als Kabinenplatz 7000 Kyat) in 4 Std. (150 km).
YANGON, von 4–14 Uhr fast stdl. mit AC-Bussen für 7000 Kyat in 4 1/2 Std. (180 km). Als führender der 3 Anbieter fungiert Win Express, ✆ 09-9633 34441.

Eisenbahn

BAGO, mit den meisten Zügen nach Yangon für 1500 Kyat *(upper class)* in 2–3 Std.
MAWLAMYAING, um 6, 11 und 12 Uhr für 2500 Kyat *(upper class)* in 2–3 Std.
YANGON, um 10, 13.20 und 15.40 Uhr für 2500 Kyat *(upper class)* in ca. 4–5 Std.

Von Kyaikhto nach Thaton

Zokthok

Schöne Impressionen, vor allem in der Regenzeit, verspricht ein Abstecher nach Zokthok. In Bilin geht es von der Hauptstraße für 9 km nach Westen durch eine üppig sprießende Land(wirt)schaft. In dem unscheinbaren, rund 5000 Einwohner zählenden Dorf erhebt sich die quadratische **Kyaik Tizaung-Pagode**, die mit fantasievollen Steinreliefs und Skulpturen – darunter sogar eine Sphinx, Gongs oder Glocken – beeindruckt. Dafür fand vor allem rötlicher, poröser Laterit Verwendung, der aus eisenhaltigem, von der Sonne getrocknetem Lehm besteht. Obwohl zum Stupa an jeder Seite Treppen hinaufführen, dürfen diese nicht begangen werden. Auch das Fotografieren wird zuweilen nicht gern gesehen.

In einem Pavillon findet sich ein 18 m^2 großes **Landschaftsrelief** mit dem Goldenen Felsen von Kyaikhtiyo, beleuchtbaren Pagoden und Wasserflächen, auf denen sogar Modellschiffe düm-

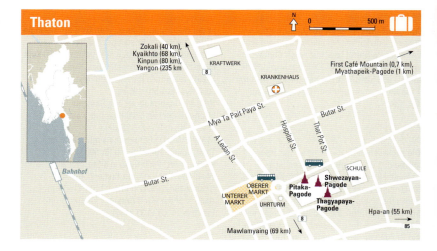

peln. Andernorts verbergen sich Überreste einer **Festung** aus dem 12. Jh.: eine tiefe Erdkuhle und eine lange Laterit-Mauer, auf deren Reliefs sich Prozessionen oder Aufmärsche mit Elefanten und Pferden erkennen lassen. Hieraus leitet sich wohl auch der Name des Forts ab, das von den Einheimischen als Sin Tat (Elefanten)- oder Myin Tat-(Pferde)Fort bezeichnet wird.

Auch das **Sin Nit Kaung Kyaung** („Kloster der beiden Elefanten") lohnt einen Besuch. Das dekorative Gebäude von 1920 versteckt sich in einem Palmenhain und ist im Kolonialstil mit angedeuteten Säulen, Torbogen und Stuckornamenten erbaut worden. Im Inneren findet sich u. a. ein morscher Holzschrank mit noch sehr viel älteren Palmblatt-Inschriften.

Von Zokthok führt eine rund 6 km lange, je nach Jahreszeit Schlamm- oder Staubpiste durch Felder mit Kanälen und Wasserbüffeln zum Küstendorf **Zokali**. Es besteht aus rund 300 Hütten, alten Baumriesen und drei Klöstern auf einem Pagodenberg mit Panoramablick. Wer die Treppenanlage auf der anderen Seite des Berges wieder hinuntersteigt, landet direkt am **Meer**, was sich besonders zum Gezeitenwechsel lohnt: Dann strömen schäumende Wellen in die (zuweilen ziemlich vermüllte) Bucht und lassen die auf ihnen schwimmenden Fischerboote gewaltig schaukeln.

Thaton

Etwa vier Autostunden von Yangon bzw. 70 km vom Goldenen Felsen und 48 km von Hpa-an entfernt lockt das reizvolle Thaton (ohne „n" gesprochen), um authentischen Provinzalltag zu erleben. Das üppig begrünte Städtchen wird geprägt von hübschen Kolonialvillen, dem geschäftigen Handel und Handwerk am Markt und etlichen Trishaws. Aus der Mitte der Stadt erhebt sich die weitläufige **Shwezayan-Pagode**, die ihren Ursprung bereits zu Lebzeiten des ersten Buddhas haben soll und deren Stupa, Turmbauten und Pavillons teilweise von dichten Taubenschwärmen umlagert werden. Spätestens zum Sonnenuntergang empfiehlt sich der über 904 schweißtreibende Stufen führende Aufstieg zur **Myathapeik-Pagode**, die auf einer Bergkuppe über der Stadt thront. Von hier kann man sogar die in 40–50 km Entfernung liegenden Berge von Hpa-an erspähen wie auch das glitzernde Meer, an dem Thaton früher einmal lag.

Keinesfalls versäumt werden sollte ein Besuch des ideal am Fuß des Hügels bzw. im Schatten eines 150 Jahre alten Regenbaum-Riesens liegenden **First Mountain Café**, ✆ 057-41178, 09-7735 37011. Es ist aus Naturmaterialien im Boutique-Stil errichtet und bietet ein reichhaltiges, erfreulich günstiges Menü – z. B. mit Kaffee-Spezialitäten aus stilvollen Sektgläsern, aber keinerlei Alkoholika. 7–22 Uhr. Mehr zu Thaton s. **eXTra [9902]**.

Kayin-Staat

Die Kayin oder auch Karen gelten mit rund 2,5 Mio. Angehörigen als drittgrößte Volksgruppe Myanmars. Teilweise leben sie auch im Kayah- und Mon-Staat, dem angrenzenden Thailand sowie im Ayeyarwady-Delta.

Die einzelnen Volksgruppen lassen sich an ihren Trachten unterscheiden – z. B. als weiße, schwarze oder rote Karen. Bekannt sind die Kayin auch für ihren hohen Bildungsstandard. So brachten sie mit dem *Morning Star* bereits 1841 die erste Zeitung Birmas in einer einheimischen Sprache heraus. Während der Kolonialzeit arbeiteten sie in der Armee und Verwaltung, im Bildungs- und Gesundheitswesen eng mit den Briten zusammen und wurden zu kulturell dominierenden Christen (Baptisten), die sogar nach anderen Bergvölker missionierten.

Einige Regionen des an der Grenze zu Thailand liegenden Kayin-Staats sind noch für Ausländer gesperrt. Zwar haben die langwierigen Verhandlungen von 2011 im Zwekabin Hotel bei Hpa-an den lange ersehnten **Waffenstillstand** gebracht. Doch kann es hier noch immer zu Scharmützeln mit der **Karen National Liberation Army (KNLA)** kommen – dem militärischen Arm der Rebellenorganisation Karen National Union (KNU). Schon seit der Unabhängigkeit 1948 hatten die Kayin für einen eigenen Staat gekämpft, was zu vielen überfüllten **Flüchtlingslagern** auf der thailändischen Seite führte. Durch die Eroberung ihres Hauptquartiers Manerplaw Anfang 1995 war ihre Widerstandskraft jedoch entscheidend geschwächt worden.

Hpa-an

Rund 300 km bzw. fünf Autostunden von Yangon und 145 km vom Grenzübergang Myawaddy/Mae Sot nach Thailand (s. Kasten S. 549) entfernt liegt die für Ausländer lange unzugängliche Hauptstadt des Kayin-Staats, die sich eines wirtschaftlichen wie auch touristischen Booms erfreut. Das vom Thanlwin und einer spektakulären Natur umrahmte Hpa-an (gesprochen: Pfah An) lässt reichlich Reminiszenzen an das laotische Vang Vieng und Indiana Jones-Streifen aufkeimen: In bis zu 40 km Entfernung erheben sich mit Höhlen durchsetzte Felsformationen fotogen aus Reisfeldern und Seen (Touren s. Kasten S. 547). Angesichts der amphibischen und somit besonders froschreichen Region sollte es nicht weiter verwundern, dass sich Hpa mit „Frosch" übersetzen lässt.

Dank einer 700 m langen Brücke über den **Thanlwin** ist Hpa-an aus dem 50 km entfernten Mawlamyaing wesentlich leichter erreichbar geworden – und wer individuell unterwegs ist, kann auf der Strecke bereits die ersten Sehenswürdigkeiten erkunden. Als Alternative zu dieser An- oder Abreise lockt der Wasserweg, was je nach Fahrtrichtung rund 2 1/2–5 Std. dauert – und besonders stimmungsvolle Impressionen beschert (s. Kasten S. 544). Die Breite des fast 3000 km langen, von den Thais als *Salween* bezeichneten Flusses dürfte allerdings darüber hinwegtäuschen, dass sein ökologisches Gleichgewicht extrem bedroht ist. Denn am Thanlwin sind mithilfe von China und Thailand über 15 Staudämme zur Stromgewinnung geplant (mehr darüber s. **eXTra [5806]**).

Die Bevölkerung des geschäftigen Handelszentrums setzt sich aus Mon und Birmanen zusammen. Wichtigster Arbeitgeber der Region sind die Zementfabriken von Myaing Ka La, die mit ihren dicken Rauchschwaden und landschaftlichen Wunden – angeknabberte und z. T. fast verschwundene Berge – unübersehbar an der Strecke nach Thaton liegen (s. Kasten S. 542).

Sehenswürdigkeiten

Das Zentrum wird vor der in wechselnden Farben, bzw. zuletzt moosgrün, dunkelrot und lila getünchten **Moschee** geprägt. Weitere markante Punkte sind die auf einem hohen, weißen Sockel thronende **Thit Hata Man Aung-Pagode** und vor allem die **Shwe Yin Myaw-Pagode** am Flussufer, von der sich stimmungsvolle Sonnenuntergänge erleben lassen (s. Kasten S. 540). Bereits am späten Nachmittag belebt sich das dortige Flussufer mit vielen Einheimischen, die sich auf ein Schwätzchen treffen, baden oder ihre Sachen waschen – allerdings nicht von Juli bis September, wenn der Fluss weite Teile der Stadt überflutet. Nach Einbruch der Dunkelheit jedoch wirkt Hpa-an ob spärlicher Beleuchtung extrem düster. Das in einem weißen Profanbau oberhalb des Kantharyar-Sees untergebrachte **Museum** kann mit allerlei kulturhistorischen, durchaus sehenswerten Exponaten aufwarten, doch spannender können die Wechselausstellungen zeitgenössischer Künstler im Erdgeschoss sein. ⏱ 9–16 Uhr, Eintritt frei.

Keinesfalls versäumt werden sollte ein morgendlicher Streifzug durch die geschäftigen Straßen rund um den **Central Market** der prosperierenden Handelsstadt. Nicht weit entfernt ist 2015 der weitläufige **Myoe Ma Zay-Markt** (New Market) aus dem Boden gestampft worden, ⏱ 2–22 Uhr. Ebenso neu ist die klimatisierte **Phoe La Min Shopping Mall** in der Bogyoke Rd.: ein 4-stöckiges, gut sortiertes Kaufhaus mit moderner Fassade, Foodcourt und dem Beinamen „Junction of your Needs & Wants". ⏱ 8–21 Uhr.

Toller Trubel herrscht zum **Kayin State Festival** im November – mit vier Tagen Budenzauber aus Verkaufs- und Essensständen, Fahrgeschäften (wie farbenfroh beleuchteten Schiffschaukeln), Konzerten und Tänzen. Permanente Abwechslung indes bietet der Ende 2016 eröffnete Chit Thu Myaing Amusement Park.

ÜBERNACHTUNG

Dank etlicher Neueröffnungen 2013 hat sich das Angebot an Unterkünften deutlich verbessert. Den einzigen Pool am Ort bietet das 2016 eröffnete, aber sonst wenig attraktive **Thiri Hpa-an Hotel**, 🖥 www.thirihpaanhotel.com. Unterkünfte mit eigenem, bewährten Tourenangebot s. Kasten S. 547.

Untere Preisklasse

Galaxy Motel, Thisar Rd., Ecke Thida Rd., ☎ 058-21347, 09-566 1863 (Tim), 🖥 auf Facebook. Stadtweit beste (Budget-)Option in perfekter Lage: Hinter einer modernen Fassade verbergen sich 30 preiswerte, gepflegte Zimmer für US$22 mit AC, Fenstern und rot-schwarz gemustertem Teppichboden (schön, weil fensterreich, sind Eckzimmer wie 205, 208, 304 oder 306) – gekrönt von einer Dachterrasse mit Panoramablick. Besitzerin Tim ist enorm hilfsbereit. ❷

Golden Sky Gh., 108 Thida Rd., am Flussufer nahe der Shwe Yin Myaw-Pagode, ☎ 058-21510. Lange etabliert und neuerdings rot verkleidet, macht aber – bis auf die gute Frühstücksterrasse – nichts aus der perfekten Lage. Die zuweilen etwas muffelig wirkende Inhaber-Familie bietet 25 unterschiedliche Zimmer mit AC oder Ventilator. Der Sohn betreut das neue, schräg gegenüber liegende Golden Sky II, dessen spartanische 10 Zimmer mit Ventilator und Gemeinschaftsbad für US$12 aber eher Schlafkabinen gleichen. Allerlei Ausflugstouren im Angebot. ❶–❷

Kantharyar Gh. (Royal Lake Inn), Thiri Rd., ☎ 058-21600. Am gleichnamigen See – mit 54 akzeptablen Zimmern, davon 27 mit AC und 24 im Neubauflügel mit umlaufendem Außenflur und Balkons, die einen Blick ins Grüne oder gar zum See bieten. Das beste Zimmer im Altbau ist die Jasmine-Suite, die

---

Stimmungsvolle Sonnenuntergänge

Die mit Abstand beste Option ist natürlich der **Zwe Kabin-Felsen**, doch sie bedingt eine Übernachtung auf dem Gipfel. Als attraktive Alternative lockt der **Hpa(r) Pu** bzw. Hausberg von Hpa-an (Überquerung des Flusses mit kleinem Fährboot, 6–18.30 Uhr für 1000 Kyat p. P. oder als Charter, sowie 20–30 Min. Aufstieg) oder auch eine romantische Bootsfahrt auf dem **Thanlwin** (8000 Kyat pro Std.) – wie sie sich sogar mit einem Besuch der Fledermaushöhle **Lin Noe Guu** verbinden lässt. Stets schnell zu erreichen sind die Ufer-Plattformen der **Shwe Yin Myaw-Pagode** oder die Dachterrasse des **Galaxy Motels**. Im Restaurant des **Than Lwin Paradise Hotels** indes kann man auch vor oder nach dem Sonnenuntergang schön hocken – vielleicht gar am Tag der Abreise, wenn es noch reichlich Wartezeit zu überbrücken gilt bis zur Abfahrt des Busses.

für 40 000 Kyat über Holzboden und vier Betten verfügt. ① – ②

Soe Brothers Gh., 2/146 Thitsa St., ☎ 058-21372, 09-4977 1823, ✉ soebrother@gmail.com. Gegründet 1990 mitten im geschäftigen Straßenleben von den betagten Brüdern Ngwe Soe und Aung Soe, mutet diese populäre Traveller-Herberge quasi schon als eigene Attraktion an. 25 einfache und kleine, aber saubere Fliesenboden-Zimmer zu US$12, 16, 18 und 25 (nur Nr. 25), davon 8 mit AC und 3 mit eigenem Warmwasser-Bad. Empfehlenswert sind z. B. das helle Eckzimmer Nr. 1 im 3. Stock, Nr. 6 oder Nr. 17, mit Bett am Fenster. Die winzige Rezeption im 2. Stock behält trotz stetiger Belagerung den Überblick und geht in einen Foyer-Raum über (gratis Kaffee und Tee), der zu einem der beiden beliebten Gemeinschaftsbalkons führt. ① – ②

Soe Brothers Gh. 02, 4/620 Inngyin St., ☎ 058-22748, 0979-249 8664. Seit Mitte 2016 als 4-stöckiger Neubau, 1,6 km bzw.

> **Die Tribute von Hpa-an**
>
> Manchmal sind sie sogar bis ins Stadtzentrum zu spüren, und in der Kawt Gon-Höhle haben sie sogar schon Buddhastatuen zu Fall gebracht – die Sprengungen, mit denen allmählich die Naturwunder der Umgebung vernichtet werden. Der Abbau von Kalkstein in der Gegend speist den Straßenbau, aber vor allem die beiden Zementfabriken von Hpa-an: die von den Franzosen bereits vor 27 Jahren gebaute (Produktion von 900 t pro Tag) und die vor zwölf Jahren mithilfe von Japan errichtete, landesweit größte (4000 t). Die beiden größten Arbeitgeber der Region haben bereits einige Berge vertilgt. Ein ebenso trauriger Tribut an die schmutzige Industrie sind die zahlreichen Tuberkulose-Fälle in umliegenden Dörfern. Im Frühjahr 2016 kam es zu Protesten gegen eine weitere Zementfabrik, die mithilfe von China am Berg Kawt Phyan entstehen und sogar 5000 t am Tag produzieren soll. Das Projekt wurde ausgesetzt, ist aber leider nicht endgültig vom Tisch.

20 Min. vom Stammhaus und 1 Min. vom Fluss und einem kleinen Markt. Die tüchtige Mrs. Phu Phu und ihr Mann Kyaw Thu Soe bieten 30 saubere, ruhige, helle (bzw. wohltuend dunkel verglaste) Fliesen-Zimmer, davon 26 mit AC (es empfehlen sich die 10 mit Balkons sowie die 4 Eckzimmer mit 2 Fenstern). Frühstück gibt es auf der halb offenen Dachterrasse. ❷

Mittlere Preisklasse

Angels Land Hotel, 4/600 Padauk Rd., ☏ 058-21256, 🖥 www.angelslandhotel.com.mm. Etwas abgelegen, aber keine schlechte Option. 22 wohnliche Zimmer mit Fliesenböden, AC und originell gefliesten Bädern, die über schöne, verglaste Eck-Rund-Duschen verfügen. Twin-Bett US$5 teurer als Kingsize. Frühstück gibt es im Rooftop-Restaurant. ❸–❹

Grand Hill Hotel, Sin Phyu Shin St., ☏ 058-22286, 🖥 www.grandhillmyanmarhotel.com. Etwas abgelegen (Taxi zum Zentrum 2000 Kyat), aber in Sichtweite der fotogenen Lawka Adipati-Pagode. 35 Komfortzimmer in diversen blau geziegelten Bauten, von denen sich besonders die 20 Zimmer in den 5 Bungalows empfehlen. Engagiertes, freundliches Personal. ❸–❹

Than Lwin Paradise Hotel, 8 Ward Shwe King (4) St., ☏ 09-2508 01589, ✉ reservation@hotelthanlwinparadise.com, 🖥 auf Facebook. Rund 6 km vom Zentrum an einem Seitenarm des Thanlwin-Flusses mit origineller Architektur, jeder Menge Piazza, Uhrturm und schönem Restaurant direkt am Ufer. 47 Zimmer in 3 Kategorien – davon 21 in Bungalows (als VIP-Kategorie mit schön viel Holz). ❸–❹

United Hotel, 9/18 (A) Adipati Rd., ☏ 09-2534 52738-9, 🖥 www.hotelunited-hpaan.com. Noch jung und ca. 2 km vom Zentrum in moderner Architektur – erbaut von einem Onkel des Soe Brother-Clans. 31 wohnliche, teils geräumige, komfortable Zimmer in 3 Kategorien (aber erstaunlicherweise nur Nr. 204, 205, 315 und 316 mit Balkon). Gutes Frühstücks-Buffet. ❸

Obere Preisklasse

Gabanna Hotel, B.E.H.S. Rd., ☏ 058-22425, 🖥 www.anhotelgabbana.com. Neu seit Mitte 2015 als größtes und bestes Hotel der Stadt – mit ansprechendem Foyer und angegliederter, gepflegter Gastronomie. 61 Zimmer mit Holzböden und Blick ins Grüne (am schönsten sind die Eckzimmer wie 1501, 1502, 1601 oder 1602) sowie 5 Junior-Suiten zu US$90 mit Kochmöglichkeiten und schönen Wannen-Bädern. ❹–❺

Hpa-an Lodge, am Fuß des Zwe Kabin-Felsens, ca. 9 km südl. der Stadt, ☏ 09-2533 07774-6, 🖥 www.hpa-an-lodge.com. Exklusives Boutique-Resort mit 19 Veranda-Cottages im Karen-Stil – die meisten mit 45m² für US$240. Böden, Wände und Möbel aus Edelholz und entsprechend wohnlich. Schöner Pool, das französisch-schweizerische Management von Leila und Paul garantiert gewiss gute Küche. ❼

Zwekabin Hotel, nahe der Thanlwin-Brücke, etwa 5 Min. von Hpa-an, ☏ 058-22556, ✉ hotelzwekabin.zkb@gmail.com. Schöne Lage zwischen einem Karsthügel und Reisfeldern, aber an der zuweilen lauten Hauptstraße. Die etwas kahle Anlage bietet

24 behagliche Holzboden-Zimmer, aber Kingsize nur in Premium-Kategorie. Einladendes Restaurant mit Außen- und AC-Bereich. ❺

ESSEN

In der Gastronomieszene von Hpa-an tut sich endlich was, aber für die Kaffee-Spezialitäten in den neuen Cafés z. B. ist Geduld erforderlich. Traditionelle Teestuben finden sich vor allem im Bereich des Marktes. Man sollte sich mal an den regional-typischen Aal-Gerichten (z.B. knusperig als *formentura*) versuchen, die leckeren Flussgarnelen aus Wildfang indes sind in der Monsunzeit günstiger.

Famous Coffee Bakery, Bogyoke Rd., ✆ 058-22425. Seit Mitte 2016, sauber, ansprechend möbliert und auch ohne AC angenehm. Kaffee aus Automaten und Kuchen aus Tresen, aber vor allem westliche Kost für 4000–5000 Kyat – wie Spaghetti Carbonara, Fish 'n' Chips oder auch Knobi-Brot. ⏲ 6.30–21.30 Uhr.

Gabanna, im gleichnamigen Hotel als gediegenstes Restaurant von Hpa-an. Tischdecken-Ambiente mit AC, verlockend bebilderte Speisekarte mit Hauptgerichten zu 4000–6000 Kyat und Cocktails zu 3000 Kyat (9–23 Uhr). Professionell auch der ebenfalls hoteleigene Coffee-Shop. ⏲ 6.30–21 Uhr.

Khit Thit (New Age), 2/247 Zay Tan Rd., ✆ 058-21344. Das Original – gegründet bereits vor 50 Jahren und damit das älteste Restaurant der Stadt. Etwas spartanisch, aber neuerdings besser beleuchtet und auch unter Ausländern populär. Wer an den Rundtischen Platz nimmt, sollte sich mal am *crispy eel* oder den *fried prawns* versuchen, jeweils 4000–5000 Kyat. ⏲ 8–22 Uhr.

Linn Thiri (II), 4/20 Kannar Rd., ✆ 058-22023, 09-7918 55195. Neu als 2-stöckiges AC-Restaurant und stadtweit beste Option – mit guten Speisen zu günstigen Preisen und hohem Hygiene-Standard. Chinesische, thailändische und westliche Küche in großzügigen Portionen auf schönem Geschirr für 2500–4000 Kyat, gute Kaffeespezialitäten ab 1000 Kyat sowie allerlei Kuchen und Kekse aus mehreren Glastresen. ⏲ 7–21 Uhr.

Lucky 1, gegenüber dem Khit Thit, ✆ 058-22112. Zählt nicht zuletzt ob seiner Sportübertragungen zu den beliebtesten Spots der Stadt – und ist nett zum Hocken, besonders vorn an der Straße. Das junge Betreiber-Paar U Aung Sae Win und Ma Ju Lie bietet chinesische Küche sowie frisch gezapftes *Myanmar-* oder *Black Field Stout BC-*Bier zu 750 bzw. 950 Kyat, an dem man sich unbedingt mal als Mischung versuchen sollte. ⏲ 8–23 Uhr.

San Ma Tau (World Gate), 1/290 Bogyoke Rd., ✆ 058-21802, 09-873 0626 (Mi Mie). Die stets freundliche, gut Englisch sprechende Mrs. Mi Mie und ihre Eltern bieten ein Topf-Buffet, dessen Gerichte inkl. massenhaft Gratis-Beilagen (sogar diverse Süßigkeiten und tgl. wechselnde Suppe) je nur 2500 Kyat kosten – sogar das leckere *mutton* oder die *river prawns* (für 4000 Kyat auch groß und geschält erhältlich). Es gibt es auch Salate, im Okt/Nov sogar saisonale Pilze. ⏲ 10–21 Uhr.

Than Lwin Paradise, im gleichnamigen Hotel als herrliche Option zum Sonnenuntergang. Direkt am Ufer mit bestechendem Blick auf Fluss, Brücke und Berge, aber natürlich nicht gerade billig. Hauptgerichte mit Schwein, Ente oder Mutton 6000–8000 Kyat, serviert an großen Rundtischen in üppigen Portionen. Dose Bier 2000 Kyat, in Flaschen 3000 Kyat. ⏲ 6.30–22 Uhr.

Shwe Htone Maung, Ohn Daw Rd. (School Rd.), ✆ 09-566 1075. Bebilderte Speisekarte mit reichhaltiger Auswahl, westlichem Frühstück und Grillstand am Eingang – zu konsumieren auf Alu-Mobiliar. Unter dem gleichen Namen findet sich ein kleiner Ableger im Zentrum. ⏲ 5.30–22 Uhr.

Veranda Youth Community Café, Zwegabin St. bzw. südl. des Kantaryar-Sees, ✆ 09-2559 53135, 🖥 http://verandacafe.weebly.com. Garantiert ein originelles, rustikales Ambiente und absolute Ruhe. Es gibt leichte Küche, Kaffee, Säfte, Shakes und Joghurt. ⏲ Mo–Sa 9–21 Uhr.

NAHVERKEHR

Zu den außerhalb liegenden Unterkünften kosten Moped-Taxis 2000–3000 Kyat, Tuk Tuks oder Taxis 3000–6000 Kyat (Touren s. Kasten S. 547).

TRANSPORT

Abfahrt vom **Busbahnhof** (ca. 5 km außerhalb!), meist aber auch vom Uhrturm oder der Moschee möglich – in Richtung Norden ggf. sogar nahe dem neuen Soe Brothers Gh.

Busse und Minivans
BAGO, mit Yangon-Bus (s. u.) für ca. 6000 Kyat in ca. 5 1/2 Std. (210 km).
KYAIKHTO, mit Yangon-Bus (s. u.) für ca. 6000 Kyat in ca. 3 1/2 Std.
MANDALAY, um 21 Uhr mit perfektem VIP-Bus für 15 500 Kyat in 12 Std. (740 km).
MAWLAMYAING, tagsüber alle 30 Min. per Minivan für 1000 Kyat, in 1 1/2 Std. (60 km).
MYAWADDY/MAE SOT, 7.30 und 9 Uhr mit Minivans (bis zu 9 Pers.) oder Pro Cars (4 Pers.) für 10 000 Kyat in ca. 2 1/2 Std. (145 km), Informationen zum Grenzübergang s. Kasten S. 549.
THATON, alle 30 Min. mit Minivans für 1500 Kyat in ca. 1 1/2 Std. (50 km).
YANGON, tgl. ca. 30x für ca. 6000 Kyat, mit VIP-Bussen 15 000 Kyat, in 7 Std. (290 km).

Beschaulich nach Mawlamyaing

Die drei Baumriesen in der Nähe des Jetty deuten es an: Die Fahrt von Hpa-an über den Thanlwin nach Mawlamyaing ist beschaulich und landschaftlich reizvoll – vor allem im ersten Abschnitt. Die beliebte, staatliche Nostalgie-Fähre gibt es seit 2011 nicht mehr, aber immer mehr privat betriebene **Linien- und Charter-Boote**. Die beschatteten, unterschiedlich komfortabeln und mit bis zu 16 Passagieren besetzten Longtails starten morgens oder mittags. Tickets kosten 8000–10 000 Kyat und sind über die Unterkünfte buchbar, als Charter ab 70 000 Kyat möglich.
Die **Thanlwin Princess**, 09-3156 7303, 095-548 310-7, www.elegantmyanmartours.com, startet z. B. tgl. um 13 Uhr und erreicht Mawlamyaing gegen 17 Uhr (US$10), in Gegenrichtung geht es ab 8.30 Uhr mit Ankunft um 12.30 Uhr (US$12). Es ist auch Charter mit bis zu 16 Pers. möglich (US$100 bzw. US$110).
Ähnliches bieten das **Hte-La-Y Pleasure Boat** und das **Hte-La-Y Mini Boat**, 09-7915 90517, www.htelay.com.
Achtung: Einige Anbieter ermöglichen einen **Zwischenstopp am Kloster U Na(r) Auk** – von der Anlegestelle zu erreichen mit 20 Min. Tuk Tuk-Transfer, Aufenthaltszeit rund 30 Min.

16 HIGHLIGHT

Die Umgebung von Hpa-an

Rund um Hpa-an laden nicht nur bizarre **Berge**, **Felspagoden** und **Klöster** zur Erkundung ein, sondern auch faszinierende **Karsthöhlen** (birmanisch: *gu*) sowie mit glasklarem Quellwasser lockende Badeziele (zwei mit kaltem, eins mit warmem Wasser). Das Angebot an Touren ist gewaltig gewachsen und umfasst neuerdings auch Mountainbike-Abenteuer. Einige Sehenswürdigkeiten lassen sich gut auf der Strecke von/nach Thaton einbauen, andere wiederum auf der von/nach Mawlamyaing. Mindestens fünf sollten erkundet werden (s. Kasten S. 547), wobei die Schreibweisen sehr variieren und sich Zufahrten als reichlich holprig erweisen können. Zudem ist zu bedenken, dass es sich stets um buddhistische Heiligtümer handelt, die nur barfuß zu betreten sind. Das kann jenseits typischen „Höhlendufts" auch zur Tortur werden. Denn im Schummerlicht von Taschenlampen kann es nicht nur durch Matsch, Fledermauskot und den zurückgelassenen Müll anderer Höhlenbesucher gehen, sondern auch über scharfkantige Felsen und spitze Steinchen.

Bayin Nyi-Höhle

Beim Dorf **Sandangu**, gelegen an der Hauptstraße zwischen Thaton (rund 20 km) und Hpa-an (fast 30 km), führt eine 500 m lange Abzweigung zu einem aus flacher Landschaft aufragenden Felsen. Am Fuß des Berges liegen ein Kloster und mehrere Stupas – erreichbar über einen Betonpfad, der durch einen aufgestauten See führt. Das glasklare, nach Glauben der Einheimischen Heilkräfte besitzende Wasser stammt aus heißen Quellen und lädt zum kostenlosen **Thermalbad** ein!

Eine steile Treppe führt zur 200 m langen Bayin Nyi-Höhle, in der sich zahlreiche Buddhafiguren verbergen. In der Regenzeit kann sich der Felskomplex in ein Wasserschloss verwandeln, das nur mit Ruderbooten erreichbar ist.

Eindu

In diesem Dorf mit Webereien für Kayin-Textilien zweigt die Zufahrt zur **Saddan-Höhle** ab. Durchquert man es und folgt der Straße nach Myawaddy, wird nach rund 3 km der **Lun Nya Blue Pool** erreicht, der aber trotz seines verheißungsvollen Namens nicht gerade zum Baden einlädt. 10 km weiter östlich liegt das bedeutende **Thamanya-Kloster** (Thammanyat Kyaun). s. **eXTra [9907]**.

Kaw Ka Thaung-Höhle

Gleich drei Höhlen laden in diesem riesigen, rund 12 km südöstlich von Hpa-an in der Nähe von **Eindu** liegenden Felskomplex zur Erkundung ein. Eine bunte Prozession aus Buddhastatuen begrüßt die Besucher am Eingang, während sich im gefliesten Inneren lange Reihen gleichgroßer Buddhafiguren befinden. An Felsen entlang führt eine unbefestigte Straße zu einem weiteren, rund 100 m langen Höhlenheiligtum mit einigen Andachtsstellen. Es heißt **Pada Myar**, ist aber weniger einladend. Nur 10 Min. entfernt öffnet sich mit der **Patta Myu Gu (Ruby Cave)** ein weiterer Höhlenschlund. Auch hier verbergen sich Buddhastatuen, die aber jüngeren Datums sind.

Kawgon-Höhle (Kawt Gon)

Mit nur 52 m das kürzeste Labyrinth der Region, aber eines der schönsten Höhlenheiligtümer Südostasiens: Rund 26 km von Hpa-an entfernt (und 46 km von Thaton) besteht die Kawgon-Höhle aus einer großen Felsenhalle, die in ihrer Mitte gefliest ist. An den Rändern laden zwei große liegende und zahlreiche sitzende Buddhafiguren zur Andacht ein. Einen faszinierenden Eindruck hinterlassen nicht zuletzt auch die über 10 000 Relief-Buddhas, die als Votivtafeln an Decke und Wänden des Felsentempels kleben. Es gibt sogar Stalaktiten mit eingemeißelten Buddha-Figuren. Zu erreichen ist die Höhle über eine enorm holprige Zufahrt vorbei am Protzbau des Institutes

Spannender als jede Höhle: das als Nadelfelsen im Wasser liegende Heiligtum Kyauk Ka Lat

Umgebung Hpa-an

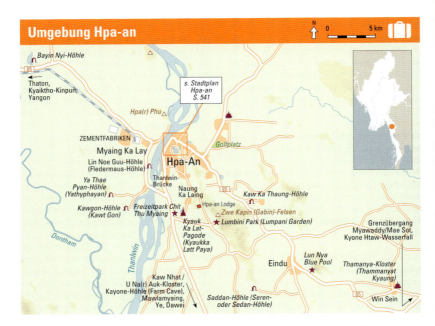

of Computer Science. Imposante Regenbäume markieren den Eingang, wo 3000 Kyat Eintritt zu entrichten sind.

Kyauk Ka Lat-Pagode (Kyaukka Latt Paya)

Das rund 10 km südwestlich von Hpa-an liegende Heiligtum erinnert an den James-Bond-Felsen in Thailand – und wirkt faszinierender als jede Höhle! Typisch birmanisch ist die goldene Pagode auf dem spitzen Nadelfelsen, der sich aus der Mitte eines kreisrunden Sees erhebt und bis zur Hälfte über Treppen begehbar ist. Erstaunlich, wie sich der Bewuchs dort oben monatelang ohne Wasser hält. Auf den Reisfeldern und Bäumen ringsherum tummeln sich etliche Vogelarten – manchmal sogar Störche und Reiher. Wegen der Meditation der Mönche ist die Pagode von 12–13 Uhr geschlossen.

Kayone-Höhle (Farm Cave)

Die Höhle liegt zwischen Hpa-an und Mawlamyaing bzw. kündigt sich durch eine schier endlose Reihe goldfarbener Buddastatuen an, die sich von der Hauptstraße bis zum (sonst aber nicht besonders lohnenden) Labyrinth in den Bergen zieht.

Kyone Htaw-Wasserfall

Wahrlich paradiesisch bzw. der wohl schönste Wasserfall Myanmars. Doch das 1 1/2–2 Std. von Hpa-an entfernte Naturwunder wird von der Kayin-Armee kontrolliert (im Herbst 2016 gab es hier neuerliche Kämpfe, später starben drei Soldaten den Minentod) und ist bis auf Weiteres nur für Einheimische bzw. allenfalls mit Sondergenehmigung zugänglich. Das große, herrliche Naturbecken wird etwa zur Hälfte von Fels- bzw. Wasserwänden umrahmt.

Lin Noe Guu-Höhle (Bat Cave)

Diese Höhle kann nicht betreten, sondern lediglich ihr Eingang beobachtet werden (mit Charter-Tuk Tuk 10 000 Kyat oder als 30-minütige Bootsfahrt): Während der Dämmerung (je nach Jahreszeit 16.30–18.30 Uhr, aber besser nur bei trockener Witterung) schwärmen Hunderttausende Fledermäuse aus dem Labyrinth, um ein unvergessliches Naturschauspiel zu bieten. Leider machen Einheimische zuweilen Lärm auf Trommeln, um die Bewegungen der Schwärme zu beeinflussen.

Saddan-Höhle (Saddar, Sedan oder Seren)

Rund 20 km bzw. ca. 50 Min. (zeitraubende Zufahrt ab der Hauptstraße) von Hpa-an verbirgt sich die wohl eindrucksvollste Höhle Myanmars (⏱ 8–18 Uhr, Eintritt 1000 Kyat). Eine von zwei weißen Elefanten flankierte Treppe führt in das mit etwa 500 m längste Labyrinth der Region. Es beginnt mit einem riesigen **Felsschlund** – umrahmt von imposanten **Tropfsteinformationen** und **Buddhadarstellungen**. Als Statuen oder als Halbreliefs aus Ton und an die Wände geklebt, dekorieren sie mehrere Andachtsstellen, darunter sogar einen Felsvorsprung direkt unter der Decke.

Die Durchquerung des nur spärlich beleuchteten Erdschlunds dauert rund 30 Min. Unterwegs geht es durch **Fledermauskolonien** und eine **Schlucht**, die sich in der Regenzeit – wie auch die Umgebung des Naturwunders – mit Wasser füllt. Deshalb ist die Erkundung nur von Oktober bis etwa Juni möglich. Empfehlenswert: Vom Ausgang kann man für 5000 Kyat ein kleines **Fischerboot** chartern, um sich über einen See bzw. durch einen **Felstunnel** (bei hohem Wasserstand geht es nur im Boot liegend) und einen schmalen Kanal zwischen Reisfeldern – plus etwa 10 Min. als Fußweg – zum Eingang der Höhle zurückrudern zu lassen.

Ya Thae Pyan-Höhle (Yathyphayan)

Dieser Erdschlund öffnet sich etwa 2 km nördlich der Kawgon-Höhle. Die Lage auf einem 150 m hohen Hügel ermöglicht – von der Treppe oder dem Eingang – einen schönen Ausblick auf die Umgebung bzw. einen See. Achtung, beim Besuch muss mit Affen gerechnet werden.

Zwe Kapin (Gabin)-Felsen

Der fast 800 m hohe Berg erhebt sich rund 11 km südlich von Hpa-an (ca. 30 Min., 2000 Kyat pro Pers. im Tuk Tuk-Taxi). Am Fuß werden die Ankömmlinge von den 1121 überlebensgroßen Buddhastatuen des **Lumbini Parks** begrüßt. Wer das Naturwunder besteigen will, braucht viel Energie, Ausdauer und Wasser. Dieses ist unbedingt mitzubringen, weil es unterwegs ebenso an Verkaufsstellen mangelt wie leider auch an Mülltonnen – mit den entsprechend hässlichen, eigentlich völlig unnötigen Folgen für die Szenerie und Umwelt. Besonders zum Tabaung-Festival, wenn der Berg täglich von bis zu 100 000 Menschen gestürmt wird!

Die meisten Trekker starten gegen 7/8 Uhr, wenn die morgendliche Frische den schweißtreibenden, je nach Kondition etwa 1 1/2–3 Std. dau-

---

Verlockende Tagestouren

Die Unterkünfte **Galaxy**, **Soe Brothers** und **Golden Sky** bieten erfreulich preiswerte Touren an, die meist von ca. 8–18.30 Uhr dauern, bis zu acht Spots bzw. mehrere Höhlen, zuweilen ein Picknick mit Bademöglichkeit oder auch eine Visite in idyllischen Dörfern umfassen. Als Transportmittel dienen meist mit sechs bis neun Personen gefüllte Tuk Tuks (5000 Kyat p. P.,), bei Bedarf lassen sich auch Mopeds (ca. 20 000 Kyat) oder Autos (um 40 000 Kyat) arrangieren, wobei die Fahrer aber ebenso nicht unbedingt als professionelle Reiseführer agieren.
Auf professionell geführte Touren mit Mountainbikes hat sich **Than Lwin Adventures**, ☎ 09-7948 22706, 🖥 www.thanlwinadventures.com, spezialisiert – beworben mit Routen durch 89 % Flachland und mit so viel Nebenstrecke wie möglich! Halbe Tage (mit 26 km) kosten US$30 p. P., ganze Tage (55 km) US$55, fünf Tage mit Mawlamyaing und Goldenem Felsen US$565.
Wer lieber **auf eigene Faust** unterwegs ist, kann sich z. B. im Galaxy oder Soe Brothers ein Moped (8000 Kyat pro Tag) oder Fahrrad (2000 Kyat) mieten, um sein Glück mit den handskizzierten Landkarten zu versuchen – wie sie gern mit auf den Weg gegeben werden. Charter-Tuk Tuks für 2 Pers. liegen bei 20 000–25 000 Kyat.
Für Bootstouren s. Kasten S. 544, die wichtigsten Spots für Sonnenuntergänge s. Kasten S. 540.

Die faszinierenden Fünf

Herausforderung und Höhepunkt zugleich verspricht eine Besteigung des Zwe Kapin-Felsens. Wer nur wenig Zeit hat – es werden sogar Tagestouren von Mawlamyaing trendy (S. 556) –, sollte sich beschränken auf den Besuch der Höhlen Saddan, Kawgon und Bayin Nyi sowie der Pagode Kyauk Ka Lat und keinesfalls das **Kloster U Na(r) Auk**, 🖳 auf Facebook, versäumen: Es versteckt sich im Dorf Kaw Nhat (Kor Nat) zwischen Hpa-an und Mawlamyaing – zu erreichen über eine 8 km lange, holprige Stichstraße. Benannt wurde das Ensemble aus Heiligtümern nach dem legendären, einst vom Kuhhirten zum Fährbetreiber aufgestiegenen Geschäftsmann U Na(r) Auk. Die Vielfalt der Bauwerke, Buddhafiguren, Mosaike und Reliefs zeugt von unglaublicher Handwerkskunst, besticht durch den Reichtum an Formen und Farben, Stilen und Stimmungen.

---

ernden Aufstieg erleichtert. Die Spitze ist überraschend massiv bebaut – inkl. kleinem Restaurant, ⏰ 9–17 Uhr, und Souvenirverkauf sowie allerlei Affen, vor denen man sich und seine Sachen aber besser hüten sollte. Für eine Spende von 5000 Kyat pro Schlafplatz kann man im Dormitory des Tempels übernachten – und jenseits des sagenhaften Panoramablicks unvergessliche Eindrücke gewinnen, besonders natürlich zum Sonnenauf- und -untergang! Für den Abstieg bietet sich ein alternativer Weg an, der mit ca. 3000 Stufen wesentlich steiler, schneller und besser beschattet ist, aber nicht so viele Ausblicke bietet.

Mawlamyaing (Mawlamyine, Moulmein)

Wer die Anreise statt über Thaton bzw. die Nationalstraße 8 auf der Nebenstrecke von Hpa-an aus bewältigt, durchquert – besonders in den Monaten der Regenzeit – eine herrliche Landschaft. Die Strecke führt über Alleen aus stattlichen Palmen und Regenbäumen, durch überflutete Reisfelder und über zwei imposante Brücken. Dann kommt Mawlamyaing [3973] in Sicht – malerisch eingebettet in sanft geschwungene, grüne Hügel, aus denen weiße und goldfarbene Pagoden glitzern. Es verwundert nicht, dass sich Rudyard Kipling hier einst zur Ballade *Road to Mandalay* inspiriert gefühlt haben soll und George Orwell zu seinem Werk *Burmese Days*.

Die viertgrößte Stadt Myanmars liegt – gut 300 km (rund sechs Autostunden) südöstlich von Yangon und 160 km nördlich von Ye – an der Mündung der Flüsse Thanlwin (Salween) und Gyaing am Golf von Mottama. Zwischen der kleinen **Shampoo-Insel** und der sehr viel größeren Insel **Bilu Kyun** kreuzen Passagierschiffe, Dschunken und Barken. Die nostalgisch anmutende Kulisse der Innenstadt wird geprägt von kolonialen Fassaden und den hölzernen Pfahlbauten der Mon, vielstöckigen Klostertürmen, Kirchenbauten, Moscheen im Zuckerbäckerstil sowie etlichen Palmen und Baumriesen, während die bis 2012 ortstypischen Oldtimer-Busse mit Teakholz-Aufbau gänzlich aus dem Straßenbild verschwunden sind – wie nun leider auch die verbotenen Trishaws.

Die über den **Thanlwin** an das Hinterland angebundene, rund 400 000 Einwohner zählende Stadt blickt auf eine turbulente Geschichte zurück. Bereits im frühen 1. Jts. war Mawlamyaing ein bedeutendes Zentrum der Mon und wurde erst mit der Eroberung durch König Anawrahta um 1050 dem Bagan-Reich eingegliedert. Ab Mitte des 14. Jhs. begannen die Siamesen die Stadt zu kontrollieren, um am Handel zwischen China und Südasien teilzuhaben. Von 1826 bis 1852 war das damalige Moulmein sogar Zentrum der britischen Kolonialverwaltung – und entwickelte sich zum wichtigsten Umschlagplatz für Teakholz, Reis und Meeresfrüchte. Bis heute ist Mawlamyaing mit dem „Vorort" **Mottama** (Martaban) am nördlichen Flussufer der landesweit drittgrößte Hafen.

Seit 2005 führt die rund 3,5 km lange und 19 m breite bzw. **landesweit größte Brücke** über den Thanlwin nach Mawlamyaing (an ihrer Ostflanke lässt sie sich übrigens als schöner Spaziergang zu Fuß überqueren), um eine einst empfindliche Lücke im Nord-Süd-Verkehr zu schließen. Mit dem Ausbau der Verkehrsverbindungen dürfte die – nach Sonnenuntergang nur spärlich beleuchtete – Stadt sich immer mehr als neues Tor in den tiefen Süden etablieren. Als Zeichen des Aufbruchs fungiert seit 2016 das stets gut heruntergekühlte, schillernde **Ocean Supercenter**, das den Bewohnern eine Oase der Moderne bzw. ein neues Lebensgefühl beschert hat.

Orientierung

Drei Lebensadern durchziehen Mawlamyaing in Nord-Süd-Richtung bzw. parallel zum Thanlwin. Die **Upper Main Road** (North Bogyoke Lan) führt aus Ye kommend am neuen Bahn- und Busbahnhof vorbei zur Brücke nach Mottama, während die **Lower Main Road** (South Bogyoke Lan) als Hauptgeschäftsstraße fungiert. Direkt am Flussufer entlang und am Zegyo-Markt vorbei verläuft die **Strand Road** mit ihren Jettys für den Passagier- und Frachtverkehr. Sie hat sich – besonders am Wochenende – zum abendlichen Treffpunkt von Teenagern entwickelt. Ebenso populär ist der noch junge **Harbour Night Bazar** am Flussufer. Die **Dawei Jetty Road** indes führt als wichtigste West-Ost-Verbindung in die Hügel, wo sich etliche Heiligtümer verteilen. Mitten im Stadtkern erstreckt sich ein imposanter **Gefängniskomplex** von 1908, der zu den bauhistorisch besterhaltenen Haftanstalten Asiens zählen dürfte. Der von den Japanern im Zweiten Weltkrieg gebaute und ebenfalls im Original zu bewundernde **Flughafen** wird kaum genutzt.

Religiöse Monumente

Für die Besteigung der heiligen Hügel sollte man sich Zeit nehmen und den überdachten Gang des **Seindon Mibaya-Klosters** (Queen Mindons Monastery) wählen. Auf 203 Stufen führt er durch ein einzigartiges Freilichtmuseum: Zwischen mächtigen Palmwipfeln ragen die vielstöckig gestaffelten Türme zahlreicher alter Heiligtümer hervor. Meist ist der Abt bereit, seine knarrenden Holztüren zu öffnen, um Zutritt zu dieser ungeahnten, kulturhistorischen Schatzkammer zu gewähren. Früher ermöglichte das eine kleine Spende, heute wird zuweilen mithilfe eines Spendenbuch-Eintrags Druck erzeugt. Barockes Mauerwerk, dicke Teakholzbalken, bunte Mosaikfenster oder die Glasfliesen mit Blumenornamenten und filigranen Holzschnitzereien verleihen dieser Anlage, die vor fast 140 Jahren von einer Gemahlin König Mindons gestiftet worden war, ein besonderes Flair.

In der ganz oben erreichten **Kyaik Thanlan-Pagode**, die auch über zwei Lifte zugänglich ist, lässt sich vortrefflich darüber sinnieren, ob es vielleicht der zu diesem Heiligtum gehörende, auffälligste Stupa der Stadt gewesen sein mag, wo Rudyard Kipling einst sein „birmanisches Mädchen" getroffen haben könnte ... Fakt ist, dass der um 875 erbaute, goldfarbene Zedi eine Höhe von 45 m erreicht, während es die mächtige Glocke am Westeingang des Tempels auf fast 1 t bringt – und dass sich von hier ein faszinierender Ausblick auf die Stadt eröffnet. Die Entstehung verbindet sich mit der Legende um eine Pagode aus Bambus, s. **eXTra [4071]**.

Grenzübergang Myawaddy / Mae Sot

Die Überquerung der birmanisch-thailändischen Grenze bei Myawaddy (Myawadi)/ Mae Sot – 145 km bzw. ca. 2 1/2 Std. südöstlich von **Hpa-an** und 175 km bzw. 3 Std. östlich von **Mawlamyaing** – erfolgt über die 1997 eingeweihte, 420 m lange **Thailand-Myanmar-Freundschaftsbrücke** sowie eine erst 2017 vollendete Straße. Die Grenze ist von 6 bis 18 Uhr geöffnet (Achtung: in Thailand ist es stets 30 Min. später), die Einreise mit einem E-Visum möglich.

Gegen eine Gebühr von US$10 (nur schöne Scheine, oder 500 Baht) sowie die Hinterlegung des Reisepasses kann man auch nur einen *Border Pass (Entry Permit)* erhalten, mit dem man als Tourist für neuerdings sieben Tage nach Myawaddy darf. Thailand indes erteilt bei der Einreise aus Myanmar kostenlos ein 30-tägiges Visa on Arrival. Der Übergang ist nicht zu verwechseln mit dem für Ausländer noch geschlossenen Drei-Pagoden-Pass (S. 561), für die beiden anderen internationalen Grenzübergänge nach/von Thailand s. S. 567 und 587.

Als größter Tempelkomplex von Mawlamyaing gilt die **Mahamuni-Pagode** am nördlichen Ende der heiligen Hügelkette. Sie ist im typischen Mon-Stil errichtet, in dem überdachte Wandelgänge aus Backstein mehrere Schreinbauten miteinander verbinden. Im Mittelpunkt der **U Khanti-Pagode** indes steht eine große Buddhastatue, während von der Decke mehrere Glocken und Gongs an Seilen herabhängen.

Am südlichen Ende der Hügelkette liegt die **U Zina-Pagode**, die mit vier lebensgroßen Figuren an eine legendäre Schlüsselszene in Buddhas Leben erinnert. Zu den moslemischen Bauwerken, die in der Stadtkulisse Mawlamyaings ins Auge fallen, gehören die von ansehnlichen Fassaden gezierten Moscheen **Kaladan** und **Surtee Sunni Jamae**.

Museum der Mon-Kultur

Das nur wenig besuchte Gebäude mit der Eisenkanone im Vorgarten ist der Regionalgeschichte der Mon gewidmet. Zur Sammlung gehören Stelen mit Inschriften, über 100 Jahre alte Holzskulpturen, Palmblattmanuskripte, Keramiken, Lackwaren, silberne Betelschachteln, Graburnen und Musikinstrumente. ⏲ Di–So 9.30–16.30 Uhr, Eintritt 5000 Kyat.

Märkte

Der an der Lower Main Road liegende Hauptmarkt **Zeigyo** belebt sich besonders von 7 bis 9 Uhr. Einst aus Holz errichtet und 2007 abgebrannt – wie fast alle großen Markthallen im Land –, wurde er als moderne Konstruktion aus Beton, Stahl und Glas neu erbaut. Hier gibt es Textilien als preiswerte Ballenware, alltägliche Haushaltswaren oder Schmuggelgut aus Singapore. Frische Früchte, Gemüse, Nüsse, Fleisch und Fisch werden im nahe gelegenen **Neuen Markt** verkauft, der als „Volksmarkt Nr. 2" noch aus sozialistischen Zeiten stammt.

Inseln

Die kleine, grüne **Flussinsel Shampoo (Gaungse Kyun)** erhielt ihren Namen von den Briten. Grund waren die Haarwasch-Zeremonien für die Könige zum Neujahrsfest mit heiligem Quellwasser. Davon zeugt noch der Brunnen, der mit der silbernen Sandawshin-Pagode und einem Meditationszentrum die einzigen Sehenswürdigkeiten des Eilands darstellen. Der nur bedingt lohnende Rundtrip mit kleinen Booten kostet 4000 Kyat.

Empfehlenswert indes ist ein Ausflug zur „Insel der Menschenfresser" **Bilu Kyun (Ogre Island)** – mit 16 x 32 km bzw. der Größe von Singapore und 78 Dörfern (jedes mit eigenem Pagoden-Festival!) das größte Eiland der Region (Touren s. S. 556). Die 170 000 Mon-Bewohner leben von Reisanbau und Fischfang, doch fast 20 % arbeiten im Ausland. In **Ywalut** kann man die altertümliche Herstellung von bunten Gummibändern bestaunen. Einst waren es sieben Betriebe, heute sind es nur noch zwei – und mit dem Kauf einer Packung (500 Kyat) zu unterstützen.

Nicht weit entfernt werden hölzerne Kugelschreiber, Schatullen und Pfeifen hergestellt, andernorts archaische Schreibtafeln aus schwarzem Schiefer oder grünliche Cheroots. Keinesfalls versäumt werden sollte der Besuch jener riesigen, illustren Halle, in der eine 90 Jahre alte **Dampf-Reismühle** aus Birmingham rattert, stöhnt und dampft. Mit dem **Hnin Mout** gibt es sogar eine Möglichkeit zum Abkühlen: ein kleiner Wasserfall mit einem bis zu 2 m tiefen, seminatürlichen Schwimmbecken (Eintritt 700 Kyat).

Bisher war die Insel nur mit einer 1,2 km langen Fährfahrt erreichbar, seit Mitte 2017 geht es auch über die 1,586 m lange **Bilu Kyun-Thanwlin-Brücke** – errichtet von einem japanisch-birmanischen Konsortium für US$60 Mio. Auch die bereits 2016 erfolgte Elektrifizierung

> ### Mal was anderes: Kirchen
>
> Manche der sieben Kirchen von Mawlamyaing wirken wie eine Kulisse für Spuk-Geschichten – besonders die 1887 erbaute **St. Matthews Church**. Den Schlüssel für die sehenswerte **Holy Family Cathedral** von 1957 gibt es im angrenzenden Pfarrhaus. Als bedeutendstes christliches Monument gilt die um 1827 errichtete **First Baptist Church**. Sie ist auf den amerikanischen Missionar Adoniram Judson zurückzuführen, der die Bibel ins Birmanische übersetzt hat. Hilfreich zur Erkundung der Gotteshäuser ist der christliche Chauffeur-Guide Gerry (S. 556).

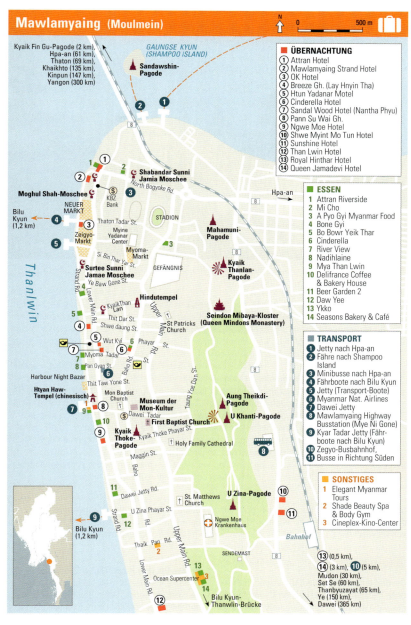

Sonnenuntergang mit Panoramablick

Kyaik Thanlan-Pagode

Je nach Jahreszeit sollten man sich spätestens gegen 17–18 Uhr hinauf zur **Kyaik Thanlan-Pagode** (gesprochen *Tschai-tan-lan*) begeben, um den Panoramablick und Sonnenuntergang am Horizont des Thanlwin zu genießen. Als eine von fünf größeren Pagoden und mehreren Schreinen liegt sie auf einer Hügelkette, die sich in Nord-Süd-Richtung durch die Stadt zieht. Besonders von hier erschließt sich der exotische Charme Mawlamyaings – auch wenn sich die Besucherscharen oft wie im Kino aufreihen und der Rauch frühabendlicher Feuer die Sicht vernebelt.
Etwas weniger spektakulär ist der Ausblick von der **U Zina-Pagode**. Unterhalb der **Khauti-Pagode** lockt ein terrassenartiger **Viewpoint** mit Sitzbänken und naheliegenden Erfrischungsständen.
Ein atemberaubender und mit mehr Einsamkeit lockender Blick eröffnet sich von der **Kyaik Fin Gu-Pagode** in Mottama (Mopedtaxi ca. 5000 Kyat). Das Heiligtum mit seinem goldenen Stupa liegt am nördlichen Ende der Mawlamyaing-Brücke bzw. auf einem üppig grünen Hügel, zu dem sich – vorbei an einem eisernen Aussichtsturm und (leider) Hotel-Neubau – eine schmale Straße hinaufschlängelt. Von hier lassen sich eine herrliche Landschaft aus Wäldern, Flussarmen und Inseln erspähen, etlichen Pagoden und Brücken oder sogar die Berge von Hpa-an.
Wer den Blick zum Sonnenuntergang gern über das Wasser schweifen und dazu Fassbier strömen lassen möchte, sollte die Restaurants **River View** oder das **Attran Riverview** ansteuern.

trägt zur Entwicklung der Insel bei bzw. dazu, dass sie sich immer mehr wie das Hinterland von Mawlamyaing anfühlt.

ÜBERNACHTUNG

Die drei teuersten Unterkünfte liegen am Fluss, doch bieten inzwischen diverse Neueröffnungen – die meisten entstanden am südöstlichen Stadtrand – einen guten Standard zu bezahlbaren Preisen. Die beiden ersten Hotelpools am Ort stehen auch externen Gästen zur Verfügung.

Untere Preisklasse
Breeze Gh. (Lay Hnyin Tha), 6 Strand Rd., 057-21450, 09-870 1180, breeze.guesthouse@gmail.com, [4065]. Seit 1985 und bereits ab 1996 mit Ausländer-Lizenz in einem blauen

Kolonialbau aus den 1920er-Jahren als eine Institution bzw. wichtigste Traveller-Absteige – familiär geführt von einer etwas trägen, liebenswürdigen Altherrenriege. Zu der zählt auch der Besitzer, der die innen verwinkelte Herberge von seinem Vater übernommen hat. 36 Zimmer für US$12–25, aber die meisten gleichen – eng, fensterlos und hellhörig – eher Schlafkammern. Immerhin hat die Renovierung von 2016 etwas Abhilfe geschaffen, u. a. mehr Zimmer und auch den Fluren AC beschert. Im Obergeschoss gibt es einen Balkon bzw. überraschend große Räumlichkeiten im Originalzustand. Die Manager Mr. Anthony und Mr. Khaing sprechen gut Englisch. ❶–❷

Htun Yadanar Motel, 212 Lower Main Rd., Zugang aus der Seitenstraße, ☏ 057-25575. Seit 2015 als Neubau mit 26 Zimmern und gute Option in zentraler Lage, sauber und angenehm. ❷

OK Hotel, Toe Chet Kam Nar St., Ecke Thathon Bridge St., ☏ 057-24677, 🖳 www.okhotel-mlm.com. Mit Dachterrasse in szenischer Lage am Markt und Flussufer, aber deshalb natürlich auch etwas laut. Laubengänge führen zu den 36 Zimmern – davon 29 mit AC und 13 mit Flussblick, von denen sich besonders die in der obersten Etage empfehlen. Sogar die Flure sind bis unter die Decke gefliest und auch sonst ist alles pieksauber, wofür Mr. Grace als eloquente Managerin sorgt. ❸

Pann Su Wai Gh., 333/A Lower Main Rd., ☏ 057-22921, [10369]. Neue und beliebte Traveller-Option – wohl nicht zuletzt durch das freundlich-hilfsbereite Management der Herren Khin Kyaw und Khin Soe. 10 einfache, etwas dunkle Zimmer. ❶–❷

Sandal Wood Hotel (Nantha Phyu), 278 Myoma Tadar St., ☏ 057-27253, [4063]. Der indische Besitzer bietet 33 gepflegte Zimmer, die fast alle mit AC bestückt, bis unter die Decke gefliest und auch sonst – trotz des verlockenden Namens – nicht so romantisch sind, aber günstig und populär. ❷–❸

Than Lwin Hotel, 564 Lower Main Rd., ☏ 057-21518, 09-870 3113, ✉ thanlwin@gmail.com, [4066]. Das stil- und stimmungsvollste Hotel der Stadt fasziniert als alter Kolonialbau mit Lichthof, viel Schnitzwerk und Schmiedeeisen sowie umlaufenden Veranden mit Arkaden. Obwohl die Einheimischen erzählen, dass es hier spuken soll, gibt es viele Kaufangebote. 21 Zimmer, teilweise noch mit Ventilator und Gemeinschaftsbad sowie eine skurrile Junior-Suite für US$45. Die fensterlosen Zimmer im Altbau verfügen über 5 m hohe Decken und die schönsten (Nr. 203, 204 und 205) sogar über originale Stuckornamente. Zudem kann die charmante Nostalgie-Herberge mit einer Art Pub, dem halb offenen Café Patio, ⏲ beide 7–22 Uhr, und sogar Fassbier aufwarten, sowie mit traditionellen Massagen zum Stundenpreis von 6000 Kyat. ❷–❸

Mittlere Preisklasse

Cinderella Hotel, 21 Baho Rd., ☏ 057-24860, 🖳 www.cinderellahotel.com, [8318]. Das originellste und wohl auch beliebteste Hotel am Ort ist komplett mit Teppichboden ausgelegt. Die Flure bersten vor Dekoration, während die 23 gut ausgestatteten Zimmer sogar mit den größten und bestbestückten Minibars Südostasiens aufwarten, die sich zu Supermarkt-Preisen entleeren lassen! Die Superior- und Deluxe-Kategorie kosten US$50–65, wobei sich vor allem die 10 geräumigen Eckzimmer mit Balkon (wie Nr. 202, 203, 205 oder 302) empfehlen, auch wenn sie nicht alle mit Kingsize-Betten aufwarten können. Seit der großen Renovierung von 2016 grassieren leider gedeckte Farbtöne wie Blau, Grau und Braun, ebenfalls nicht ist der Dormitory mit 8 Betten zu US$15. ❹–❺

Ngwe Moe Hotel, Strand Rd., Ecke Kjaikthoke Pagoda Rd., ☏ 057-24703-4, 🖳 www.ngwemoehotel.com, [4064]. Liegt direkt am Fluss, zählt zu den ältesten und professionellsten Hotels der gesamten Region – und hat sich von einst 24 auf 78 Zimmer sowie um ein verglastes AC-Restaurant erweitert, während der 4-stöckige Altbau umfassend renoviert wurde. Die 25 Zimmer der Deluxe-Riverview-Kategorie bieten Holzböden und eine großzügige Verglasung. ❹–❺

Queen Jamadevi Hotel, 127-132 Yarzadiriz Rd. bzw. 6 km südöstlich vom Zentrum (Tuk Tuk ca. 3000 Kyat, Moped-Taxi 1500 Kyat), ☏ 057-30526, 09-2557 20868, hotelqueenjamadevi@gmail.com. Neu seit 2016 – mit angestrebtem Boutique- und erhöhtem Wohlfühlcharakter. 24 geräumige Zimmer mit angenehmen Bädern und bunten Glasfenster-Schiebetüren im Hauptbau so wie 6 Bungalows. Als Tochter des Besitzers möchte die engagierte Managerin Mrs. Khaing Khaing möglichst viel von der Mon-Kultur vermitteln. Erweiterung um eine Etage mit 12 Zimmern, 5 Bungalows und einen Pool geplant. ❹

Shwe Myint Mo Tun Hotel, ca. 4 km südöstlich vom Zentrum (Tuk Tuk ca. 3000 Kyat), aber quasi in Laufnähe von Busstation und Bahnhof, ✆ 057-27347. Gepflegte Anlage einer neuen Generation – mit 32 schönen, günstigen, komfortablen Zimmern, davon 24 als Junior-Suites mit Badewannen-Bad. Hier lockt der bis Ende 2016 erste und einzige Hotelpool der Region, die freundliche Rezeption lässt externe Gäste für 2000 Kyat 2 Std. baden. ❸–❹

Sunshine Hotel, gleich neben dem Shwe Myint Mo Tun Hotel, ✆ 057-27183, 🖥 www.sunshinehotelmawlamyine.com. Absolut ruhig gelegener Profanbau neueren Datums – mit 48 recht schönen, bestens gepflegten und geräumigen Superior-Zimmern und hohen Decken. ❹

Obere Preisklasse

Attran Hotel, Mandalay Ward, ✆ 057-25764, ✉ attranhotelrsvn@gmail.com, [4061]. Nach einem Zufluss des Thanlwin benannt, erstreckt sich die angenehme Anlage schön am Fluss – und galt lange als bestes Hotel am Ort. 30 wohnliche Zimmer in gelben Bungalows mit Veranda. Die Riverview Suites zu US$90 bieten ein kleines, angenehmes Wohnzimmer. Imposanter 2-stöckiger Neubau geplant – mit größerer Rezeption, Dachterrasse und 10 exklusiven Balkon-Zimmern. ❺

Mawlamyaing Strand Hotel, Strand Rd., ✆ 057-25624, 🖥 www.mawlamyaingstrandhotel.com, [10367]. Obwohl es bis zur Fertigstellung Ende 2011 sagenhafte 9 Jahre gebraucht hat und der 5-stöckige Bau mit seiner eleganten L-Form besticht, gibt es Mankos – wie zu kleine Bäder oder den Laubengang auf der „falschen Seite". So verfügen die 63 Zimmer zwar über schöne Holzböden und viel Marmor, aber keinen Flussblick. ❻

Royal Hinthar Hotel, 3 Myo Shaung Rd., ✆ 09-4555 59810–15, 🖥 www.royalhinthar.com.mm. Seit Mitte 2016 als Hotel neuester Generation. Ob Fliesen, Marmor oder Teppichboden – alles ist geschmackvoll gemustert, sogar die Flure sind mit Original-Gemälden und Mosaiken dekoriert. Von den 80 Zimmern ab US$65 empfiehlt sich vor allem die 30 m² große Deluxe-Kategorie für US$85. Zudem locken eine Sky View Bar und ein 25 x 10 m-Pool (externe Gäste 5000 Kyat) sowie Gym (5000 Kyat) und Spa. Erschaffen wurde das Hotel von der Mon-Familie des erfolgreichen Konzerns Talamon. ❺–❻

ESSEN

Zwischen den alteingesessenen Restaurants siedelt sich immer mehr moderne Gastronomie an – wie nicht zuletzt auch die modernen Fastfood-Filialen im **Ocean Supercenter**. Als einfache, preiswerte Alternative lockt der stets wachsende **Nachtmarkt** an der Strand Rd. (s. Kasten S. 555).

A Pyo Gyi Myanmar Food, 6 A Shay Tat Myay Rd., ✆ 09-4980 0554. Gegenüber der Feuerwehr als populäres, preiswertes Mittags-Restaurant, sauber und effizient. Bestellt wird per Fingerzeig aus dem Glastresen. ⏱ 8–19 Uhr.

Attran Riverside, im gleichnamigen Hotel. Etwas teures und stets spärlich besuchtes, aber recht gutes Restaurant mit Bar auf hölzerner Freiluftterrasse, von wo sich ein romantischer Flussblick eröffnet – ggf. einfach nur mit frisch gezapftem *Myanmar*-Bier für 800 Kyat. ⏱ 7–22.30 Uhr.

Beer Garden 2, 58 Strand Rd., ✆ 057-22552. Seit Gründung des Nachtmarkts unter Druck geraten: Im großen Hof bzw. in Sichtweite zum Fluss gibt es eine Speisekarte und ein Grill-Buffet, bei dem sich die Gäste ihr Brutzelgut selbst aus Kühlschränken nehmen und zubereiten lassen können. Tuborg und Carlsberg vom Fass für 900 bzw. 1000 Kyat. ⏱ 16–22 Uhr.

Bo Bowr Yeik Thar, Strand Rd., ✆ 057-21366. Ist ziemlich schmuddelig und katzenreich, liegt aber mit Veranda und Teestuben-Kost direkt am Fluss. Ganz nach dem Namen „Hilfe für Großvater und Großmutter" gehen 40 % des Erlöses an betagte Einheimische. ⏲ 7–22 Uhr.

Bone Gyi, Strand Rd., ✆ 057-26528. Etabliert seit 40 Jahren und heute ein einladendes, gepflegtes bzw. nicht gerade billiges Tischdecken-Restaurant, das ohne AC auszukommen scheint. Die attraktive Speisekarte bietet allerlei Hausmannskost in großen Portionen. ⏲ 9–21 Uhr.

Cinderella, hinter dem gleichnamigen Hotel – als kleines, feines AC-Restaurant mit 7 Tischen sowie 13 Bambus-Garnituren (auch als Salas) im neuen, lauschigen Außenbereich. Hauptgerichte inkl. westlicher Küche 5000–8000 Kyat, *Myanmar*-Bier 2000 Kyat, Flasche Wein 14 000 Kyat. Die Bedienung ist wohltuend freundlich und engagiert. ⏲ 6.30–21 Uhr.

Daw Yee, 25 U Zina Phayar St., ✆ 057-21745. Einfaches, halb offenes Restaurant mit szenisch dampfenden Kochkesseln und Topf-Buffet im Tresen. Lecker sind das *mutton* für 2500 Kyat oder die *river shrimps* zu 4000 Kyat. ⏲ 9–22 Uhr.

Delifrance Coffee & Bakery House, 366 Strand Rd., ✆ 09-4253 11122. Deli-Restaurant mit Fastfood wie Pizza, Burger, Pommes oder Hühnchen sowie Eis, Kuchen, Keksen und natürlich Automaten-Kaffee. Im Obergeschoss gibt es AC, bunte Hocker und Wandmalereien. Neu sind die Sitzplätze mit Flussblick im Außenbereich. ⏲ 8–21 Uhr.

Mi Cho, North Bogyoke Rd., ✆ 09-2557 75385. Einfaches, aber sehr populäres moslemisches Restaurant-Fossil mit Topf-Buffet zu 2000 Kyat und unwiderstehlichen Currys mit Lamm, Rind oder Flussgarnelen für 3000 Kyat sowie allerlei Gemüse für 500 Kyat. ⏲ 9–21 Uhr.

Mya Than Lwin am Dawei-Pier, Strand Rd., ✆ 09-7922 22328. Gewinnt in moderneren Zeiten an Urigkeit: ehemaliges Lagerhaus mit Jetty-Blick aus einem verglasten Teilbereich. Es empfehlen sich z. B. Pommes oder Wasserkresse, alle Gerichte mit Schwein, leckere Krabbenkreationen oder die mariniert gegrillten Tintenfisch-Spieße. Dazu mundet Fassbier der Sorten *Myanmar* (Glas 750 Kyat), *ABC* (800 Kyat) oder *Black Shield Stout* (950 Kyat). ⏲ 10–23 Uhr.

Nadihlaine, Strand Rd., ✆ 057-21111. Populär als größter Karaoke-Schuppen der Stadt und Holzboden-Restaurant alten Stils, neuerdings sogar mit Spot am Fluss. Ab 20 Uhr kann man sich von lautstarkem Sound (zuweilen auch als Livemusik) erwärmen sowie natürlich auch von Fass- oder Flaschenbier kühlen lassen. ⏲ 8–23 Uhr.

River View, Strand Rd., ✆ 09-7935 51755. Neu anstelle des alten Myoma-Jetty – mit Flussblick und Terrasse zur Beach Rd. Traditionelle Birma-, Mon- oder Thai-Küche sowie chinesische und westliche Gerichte. Zudem gibt es Fassbier, Sa und Do ab 19.30 Uhr oft Livemusik. ⏲ 11–22 Uhr.

Seasons Bakery & Café, am Haupteingang des Ocean Supercenter als denkbar angenehme Oase zum Regenerieren. Das Personal ist adrett uniformiert, das Angebot bestens bestückt – z. B. mit Torten und *Cheese Cakes*, günstigen *Golden Chicken Floss* oder *Mutton Curry Puff*. ⏲ 9–22 Uhr.

Ykko, im Ocean Supercenter, 🖥 www.ykko.com.mm. Durchgestylte Filiale moderner System-Gastronomie. Üppige, aber nicht billige Speisekarte mit internationaler Kost, guten

Nachtmarkt am Flussufer

Als szenische Alternative zur etablierten oder neuen Gastronomie empfiehlt sich der erst 2013 gegründete Nachtmarkt an der Strand Rd. Bestehend ausschließlich aus **Garküchen** und **BBQ-Grills**, kann er bereits ab 16 Uhr umlagert werden. Ein Besuch lohnt allein schon ob des fotogen präsentierten Grillguts oder der live zu beobachtenden Kochkünste, doch auch die Preise sind unschlagbar günstig (z. B. ganze Fische 3000 Kyat, Hähnchenschenkel 1000 Kyat, Flasche Bier 2000 Kyat). Sitzen kann man mehr oder weniger direkt am Flussufer – natürlich auf buntem Plastikmobiliar – illuminiert u. a. von einem riesigen Digital-Display.

Kaffeespezialitäten und verlockenden Eisbechern wie „You & Me Icecream". 10–22 Uhr.

SONSTIGES

Einkaufen
Das einst führende **Myine Yadanar Center (MYC)** ist verwaist nach der Eröffnung des **Ocean Supercenter**, das mit viel Flair bzw. einem riesigen Supermarkt im Obergeschoss lockt, sowie allerlei Restaurants, Boutiquen oder einem Cineplex-Kinocenter. 9–21 Uhr.

Informationen
Das Internetportal www.mawlamyine.com bietet diverse Infos zu Stadt, Sehenswürdigkeiten und Infrastruktur. Einen genialen Stadtplan gibt es im Cinderella Hotel.

Massagen
In einem Neubau betreibt Mrs. Ti Da Pyone das überraschend stylische **Shade Beauty Spa & Body Gym**, 20 B Theik Pan Rd., 09-2558 41713. Die Masseurinnen betreuen bisher nur weibliche Kundschaft (1 Std. 7000 Kyat), 9–21 Uhr.

Reiseagenturen
Professionell agiert Elegant Myanmar Tours, Strand Rd., 09-7924 05422, www.elegant myanmartours.com, vertreten durch den gut Englisch sprechenden Peter Htun, 8–20 Uhr. Das Unternehmen betreibt mehrere Boote nach Hpa-an sowie von Okt–April im Myeik-Archipel.

NAHVERKEHR

Taxis
Finden sich in Form von Mopeds, Tuk Tuks oder Saloons (Limousinen). Ein Mopedtaxi für eine halbtägige Stadttour kostet 8000–12 000 Kyat, für eine Tour in den Süden um 20 000–25 000 Kyat. Ein Tuk Tuk zwecks Stadtrundfahrt liegt bei 20 000 Kyat, ganzer Tag bei 40 000 Kyat.

Busse und (Sammel-)Taxis
Für jeweils 1500–2000 Kyat lassen sich die meisten Sehenswürdigkeiten südlich von Mawlamyaing auch mit Bussen (s. u.) oder Sammeltaxis abfahren, was aber anstrengend und zeitraubend sein kann. Charter-Taxis finden sich meist schnell in der Nähe des Markts.

Boote
Da die neue Brücke nach Bilu Kyun rund 15 Min. vom Zentrum entfernt und mautpflichtig ist, sind die kleinen Fährboote nach wie vor beliebt. Sie starten (inkl. professioneller Moped-Verladung) alle paar Minuten vor allem vom Kyar Tadar-Jetty, kosten 500 Kyat p. P. und benötigen etwa 10 Min.

Tagestouren und Transfers

Als alter Hase im örtlichen Tourismus gilt der lizenzierte Tourguide **Ko Thant Zin**, 09-7951 25092, thantzintourism@gmail.com, auf Facebook. Er spricht gut Englisch, weiß alles und kann alles arrangieren – ggf. sogar mit dem eigenen Moped. Geht er selbst mit auf Tour, beträgt das Tagessalär US$25–30. Zum Chartern eines Tuk Tuk empfiehlt sich zuallererst der sympathische **Maung Maung**, 09-7772 75574 – zumal er sich bestens auskennt in der Stadt. Ein ganzer Tag liegt meist um 20 000 Kyat. Tagesausflüge nach Bilu Kyun kann man in den Unterkünften buchen, doch besonders gut kennt sich dort drüben **Jo Jo (Zaw Zaw Aung)** aus, 09-4253 45158, 09-7181 6044, jonay zamkl@gmail.com. Der 30-jährige Insulaner ist indischer Abstammung, lizenzierter Guide, gesprächig und engagiert. Vierstündige Touren liegen bei US$20–25 plus Transport.

Tagesausflüge nach Hpa-an liegen per Tuk Tuk bei 30 000 Kyat, mit Taxis 60 000 Kyat. Als Taxi-Guide empfiehlt sich **(Lin Naing) Gerry**, 09-2557 39235, 09-4015 76748, mit seinem Pro-Box-Car. Er fährt sicher, ist kompetent, freundlich, hilfsbereit und spricht gut Englisch. Für ganztägige, gehaltvolle Tagestouren durch Mawlamyaing (inkl. Kirchen) nimmt er 30 000 Kyat, nach Hpa-an oder Thanbyuzayat (inkl. Mudon und Set Se) um 60 000 Kyat. Transfer-Touren nach Kyaikthiyo oder Ye liegen bei 80 000 Kyat, Yangon 140 000 Kyat und Dawei 180 000 Kyat.

TRANSPORT

Taxis
Ein Höchstmaß an Individualität für abgelegene Attraktionen oder Fotostopps entlang der Route ermöglichen Charter-Taxis (s. Kasten S. 556), die aber ob häufig (restriktiv) geänderter Vorschriften immer wieder mal mit Lizenz-Problemen zu kämpfen haben.

Busse und Minivans
Die **Highway Busstation** (Mye Ni Gone), von wo fast alle Busse in Richtung Norden starten, liegt etwa 3 km südöstlich vom Zentrum bzw. 1 km vom Bahnhof. Tickets gibt es in den zahlreichen Stützpunkten der Anbieter, meist aber auch in den Verkaufsbüros am Hauptmarkt.

Alle Busse in Richtung Süden fahren vom **Zegyo-Busbahnhof**, rund 8 km südlich des Zentrums. Nach Osten bzw. Myawaddy (s. Kasten S. 556) geht es meist mit Sammeltaxis per Pro-Box-Car oder Minivan vom Bereich des Hauptmarkts.

DAWEI, meist ab 18 Uhr für 12 000 Kyat in 7 Std. (315 km).

HPA-AN, tagsüber alle 30 Min. für 1000 Kyat in 1 1/2 Std. (60 km).

KAWTHOUNG, neuerdings möglich für 40 0000 Kyat in 22–24 Std.

MANDALAY, tgl. abends für 15 500 Kyat in 12 Std. (755 km).

MYAWADDY/MAE SOT, 7.30 und 9 Uhr mit Minivans (bis zu 9 Pers.) für 10 000 Kyat in ca. 3 Std. (175 km), Infos zum Grenzübergang s. Kasten S. 549.

MYEIK, meist abends über Ye und Dawei für 19 000 Kyat in ca.12–13 Std. (575 km).

TAUNGGYI, tgl. 19 Uhr für 19 000 Kyat in 20 Std. (580 km).

THANBYUZAYAT, mehrmals tgl. mit einfachen Bussen oder Minivans für 3000 Kyat in 1 1/2–2 Std. (65 km). Von dort gelangt man per Sammeltaxi oder Charter-Tuk Tuk in etwa 30 Min. zum 14 km entfernten Strand von SET SE oder in 45 Min. zum 24 km entfernten KYAIKKAMI.

THATON und KYAIKTHIYO, als Zwischenstopp nach Yangon oder z. B. mit Direktbussen von Win Express, ✆ 09-4981 8999, für 4000 bzw. 7000 Kyat in 2 bzw. 4 Std.

YANGON, ca. 12x tgl. mit je nach Anbieter 45 bis 53 Sitzplätzen für 6000 Kyat in 6–7 Std. (310 km).

Beste Option sind die Luxusbusse von **Mandalar Minn Express**, Büro am Busbahnhof, ✆ 09-7300 8996. Die schicken Dreiachser aus Schweizer Produktion bieten 35 Flugzeugsitze mit Maximal-Komfort wie z. B. individuelle Displays. Die Tickets kosten 10 000 Kyat, Abfahrt ist tgl. um 8.30, 14.30 und 20.30 Uhr.

YE, meist mit den Bussen nach Dawei für 5000–6000 Kyat in 4–5 Std (160 km).

Eisenbahn
Der ansehnliche wie angenehme **Bahnhof**, ✆ 057-22850, liegt ca. 4 km südöstlich vom Zentrum.

DAWEI, um 4.30 Uhr für 2950 Kyat *(ordinary class)* und 5900 Kyat *(upper class)* in 15 Std.

YANGON, beste Option sind der um 8 Uhr startende **Express Train 90 down** für 2500 Kyat *(ordinary class)* oder 5500 Kyat *(upper class)* in 9 1/2 Std. sowie der um 19.30 Uhr abfahrende **Express Train 36 down** für 2800 Kyat *(ordinary class)* oder 5500 Kyat *(upper class)* in 10 Std. Er hält in

THATON, KYAIKHTIYO und BAGO. Wer in Fahrtrichtung rechts sitzt, hat den besten Ausblick.

YE, um 4.30 Uhr mit **Train 175 up** für 1100 Kyat *(ordinary class)* oder 2200 Kyat *(upper class)* in 7 Std.

Boote
Die meisten Fährverbindungen sind durch Brücken überflüssig geworden, die privaten Linien- oder Charterboote nach Hpa-an fungieren vor allem als Touristenattraktion (s. Kasten S. 544).

Flüge
Auf dem Landweg sind es zwischen YANGON und Mawlamyaing rund 280 km, in der Luft nur 160 km, was Flüge sinnlos erscheinen lässt.

Myanmar National Airlines, Forest Office St., ☏ 09-871 8220, 057-21500, ⏲ 8–21 Uhr, bedient die Route allenfalls 1–2 x pro Woche, meist Mo und/oder Fr, mit einer ATR-42 oder ATR-72. Tickets nach Yangon kosten US$99 (40 Min.), zuweilen geht es auch nach KAWTHOUNG für US$121 (110 Min.). Weitere Fluginfos zum Süden auf S. 570.

Die Umgebung von Mawlamyaing

Mottama

Das gegenüber von Mawlamyaing am Nordufer des Thanlwin liegende Mottama (Martaban) gab dem Golf seinen Namen und war bis zum Bau der Mawlamyaing-Brücke vor allem als Fährhafen ein Begriff. Doch verbirgt sich rund 14 km nördlich der Stadt eine kaum besuchte Sehenswürdigkeit: Bei der **Nwa La Bo Paya (Drei-Felsen-Pagode)** handelt es sich um drei von der Natur aufgeschichtete und von Menschenhand vergoldete Felsen, die älter als der Goldfelsen von Kyaikhtiyo sein sollen.

Kyaikmayaw

Parallel zur Eisenbahnlinie, die näher an der Küste verläuft, führt eine Asphaltstraße mit zahlreichen Mautstellen als Hauptverkehrsader durch Kautschukplantagen und Dörfer von Mawlamyaing in Richtung Süden nach Thanbyuzayat. Nach etwa 20 km ist Kyaikmayaw an den Ufern des in den Thanlwin fließenden Attaran erreicht. Die um 1455 errichtete **Kyaikmaya-Pagode** überrascht mit schönen, mehrfarbigen Glasfenstern und bemalten Reliefs, einem mit Spiegelmosaiken verzierten Säulengang und den schönen Böden aus Marmorfliesen. Überdachte Wandelgänge aus Ziegelsteinen führen zum und rund um das Zentrum der Anlage.

Mudon

Rund 20 km von Mawlamyaing führt die Hauptstraße durch Mudon, das u. a. von seinen Baumwollwebereien und einem spektakulären Buddha-Ensemble lebt (s. Kasten). Am südlichen Ortsrand bzw. am Ufer des **Kandawgyi-Sees** erstreckt sich die malerische **Kan Gyi-Pagode** mit einem achtstöckigen Aussichtsturm. Falls der Zugang verschlossen ist, sollte man sich nicht scheuen, mal fix nach dem Schlüssel zu fragen, um hinaufsteigen zu können.

Zin Kyaik-Wasserfall

Rauscht nicht weit von der Hauptstraße bzw. in der Nähe des gleichnamigen Dorfs als beliebter Picknick-Spot und bietet im oberen Bereich einen Felsenpool zur Abkühlung, aber nur während oder unmittelbar nach der Regenzeit. Achtung auf feuchten Felsen – hier sind schon mehrere Einheimische in den Tod gerutscht!

Kamarwut-Kloster

Es verbirgt sich etwa 10 km südlich von Mudon auf der Strecke nach Kyaikmayaw, hat bisher noch Geheimtipp-Charakter und ist über eine rechts abzweigende, ca. 1 km lange Zufahrt zu erreichen. Das Kloster erstreckt sich über mehrere Räume mit Schreinen, die mithilfe etlicher Knöpfe, Schalter und Schieber farbenfroh (blinkend) illuminiert werden können, was jeden Disco-Besitzer vor Neid erblassen lassen dürfte. Zum Schauspiel gehören blinkende Lichterketten, diverse Lotoslampen im Boutique-Stil oder in Grün und Blau erstrahlende, künstliche Bäume, sodass sich die gläsernen Urnen mit den Überresten verbrannter Mönche erst auf den zweiten Blick wahrnehmen lassen. Andernorts faszinieren große Holzglocken, die uralt sein müssen.

> **Mekka für Meditation**
>
> Vom spirituellen Charakter der Region zeugt nicht zuletzt das bedeutende, bereits 1925 gegründete **Waldkloster Pa(r) Auk Tawya**, ☏ 057-22853, 🖳 www.paaukforestmonastery.org. Seit 1998 unterhält es Niederlassungen in Yangon, Mandalay, Hpa-an und Dawei, doch nur hier am Stammsitz, der sich etwa 15 km südlich von Mawlamyaing über 500 ha erstreckt, werden Ausländer in Meditation unterrichtet – zeitweise sind es bis zu 100 aus über 20 Ländern.

Der größte liegende Buddha der Welt

Kurz vor Mudon tauchen beidseits der Hauptstraße die Bergheiligtümer **Kyauktalon Taung** und **Yadana Taung** auf, aber auch alle Erhebungen der Umgebung sind mit Stupas überzogen. Später zweigt links – flankiert von einer schier endlosen Reihe aus 500 überlebensgroßen, bemalten Betonstatuen von Buddhas Schülern – eine Zufahrt zu einem einzigartigen Buddha-Ensemble ab.
Win Sein Taw Ya Sayadaw heißt dieses Heiligtum und zählt zweifellos zu den landesweit eindrucksvollsten. Bereits 1991 war mit dem Bau der ersten Statue begonnen worden, die mit einer Länge von 180 m und einer Breite von 30 m bzw. acht Stockwerken zum größten ruhenden Buddha der Welt geriet (jenseits einer 416 m langen Skulptur im chinesischen Jiangxi, die aber nur mit einigen Konturen in einen Felsen gemeißelt wurde). Sie war noch nicht einmal fertig bzw. bereits reparaturbedürftig, als 2012 auf dem Hügel gegenüber mit einer weiteren Monumentalstatue begonnen wurde. Sie erhält die gleichen Formen und Dimensionen, aber die entgegengesetzte Liegerichtung. Eine Brücke führt über ein Staubecken mit Wasserrutschen in das Innere, wo 182 Räume mit lebensgroßen Statuen, Reliefs oder Gemälden den Buddhismus erläutern und etliche Kammern zur Meditation einladen.
Angeregt worden war der erste Riesen-Buddha durch eine Vision des inbrünstig verehrten, 2015 mit 95 Jahren verstorbenen **Mönchs Badanda U Kay Tara**, dessen Leichnam in einem aus Thailand stammenden, US$11 000 teuren Glassarg zu sehen ist. Angeblich sollen die Erbauer der imposanten Konstruktion ohne Konsultation professioneller Architekten ausgekommen sein, was natürlich auch für allerlei Gerüchte sorgt.

Kyaikkami (Amherst)

Der rund 24 km nordwestlich von Thanbyuzayat (Zufahrt über die Uhrturm-Kreuzung im Zentrum, über die man dann später auch wieder zurück muss) liegende Küstenort Kyaikkami war in der britischen Kolonialzeit als das Badeziel und Missionszentrum Amherst bekannt – benannt nach William Pitt Amherst, von 1823–28 britischer Generalgouverneur in Indien.

Seine Bedeutung erhielt dieses Fleckchen Erde u. a. durch den amerikanischen Missionar und Linguisten Adoniram Judson (1788–1850). Auf dem Weg aus Indien war er in Seenot geraten und in Kyaikkami gelandet, wo er eine erste Mission gründete. 1849 gab er das erste birmanisch-englische Wörterbuch heraus, später übersetzte er die Bibel ins Birmanische.

Wichtigste Sehenswürdigkeit ist der **Meerestempel Yele Paya**. Wie eine Fata Morgana liegt er im Wasser. Zu erreichen ist das Heiligtum über einen Stelzendamm, dessen untere Ebene bei Flut überschwemmt wird. Neben elf Haaren Buddhas enthält der Schrein ein Buddhabildnis, das vor vielen Jahrhunderten auf einem Floß aus Sri Lanka angeschwemmt worden sein soll (S. 533). Die für Frauen nicht zugängliche Pagode wird von 21 Buddhastatuen im Mandalay-Stil geziert.

Set Se Beach

Auf der Strecke von Thanbyuzayat nach Kyaikkami führt ein nur wenige Kilometer langer Abzweiger zum rund 6000 Einwohner zählenden Dorf Set Se. Es ist lediglich für seinen langen, breiten und besonders flach ins Meer führenden Strand bekannt, der in ähnlich dunklen Farbtönen daherkommt wie die hier meist von Sedimenten durchsetzten Meeresfluten.

Der 16 km von Thanbyuzayat und 24 km von Kyaikkami entfernte, teilweise von Pinien beschattete Strand war lange nur mit Verkaufsständen und einfachen Restaurants erschlossen, doch ist nun ein erstes, komfortables Resort entstanden. Übernachten sollte hier aber nur, wer scharf auf authentische Stranderlebnisse ist. Die Einsamkeit des Strands zieht vor allem einheimische Liebespärchen an. Als Schwimmreifen werden pralle, schwarze Lkw-Schläuche vermietet, aber auch Fahrräder und Mopeds, zudem gibt es die Möglichkeit zum Reiten.

· Rund 2 km nördlich liegt an einer Lagune das Dorf **Pwar Ka Lwin**. Wenn gegen Mittag die Fischerboote zurückkehren, werden sie von etlichen Käufern erwartet. Ganz in der Nähe ist das vorgelagerte Inselchen mit der **Wet Ma-Pagode** zu erspähen, weiter draußen schimmern die hügeligen Umrisse von **Kyet Thwin** („Insel der Zwiebeln"). Sie ist mit einem Leuchtturm bebaut und lässt sich mit gecharterten Fischerbooten erreichen.

ÜBERNACHTUNG

Die einfachen Unterkünfte verfügen meist über keine Ausländer-Lizenz.

21 Paradise Hotel, ✆ 09-4921 3056, 09-2557 01160. Seit 2013 mit insgesamt 72 Zimmern in 7 Kategorien und teilweise mit AC. Die billigsten 8 liegen – über eine lange Bambusbrücke zu erreichen – im sumpfigen Hinterland, als einfache, aber stilvolle und romantische Bungalows mit Terrassen für US$30. Schön und komfortabel sind die US$40 teuren Zimmer direkt am Strand (wie Nr. 105, 106, 110 und 111), für US$55 gibt es geräumige Holzboden-Zimmer. ❸–❺

Shwe Moe Motel, ✆ 09-2559 27455. Schade um die schöne Strandlage und nur etwas für den Notfall. 9 einfache, muffige Fan-Zimmer und Restaurant im Schatten von Pinien. Am ehesten nutzbar sind die Zimmer in den beiden Pfahlbauten A1 und A2. ❷–❸

ESSEN

Die meisten Beschriftungen und Speisekarten gibt es nur in Birmanisch. Als Zwischenmahlzeit bieten sich Kokosnüsse für 700 Kyat an oder appetitlich präsentierte Seafood-Snacks, die für ca. 2000 Kyat von Blechtabletts verkauft werden. Ein großes, eisgekühltes Bier liegt bei 2000 Kyat.

Chan Myai Kabar, an der Zufahrt, ✆ 09-4980 5246. Günstige Topfgerichte, auch mit Tintenfisch und Garnelen. ⊕ 6–21 Uhr.

Mya Ana War, ✆ 09-9498 20855. Der Name des größten, besten und teuersten Restaurants am Strand lässt sich mit „Smaragdmeer" übersetzen. Seafood-Gerichte ab 3000 Kyat, überraschenderweise gibt es zuweilen auch Fassbier für 700 Kyat. ⊕ 5–21 Uhr.

Thanbyuzayat

Mit dem rund 65 km südlich von Mawlamyaing liegenden Thanbyuzayat („Zinn-Pavillon") war bis 2013 für auf dem Landweg reisende Ausländer die Demarkationslinie erreicht – und das westliche Ende der berüchtigten **Death Railway**. Im Zweiten Weltkrieg ließen die Japaner die strategische und nur 1 m breite, aber 415 km lange Eisenbahnstrecke vom thailändischen Kanchanaburi durch schroffe Berge und tiefsten Dschungel nach Birma bauen, s. **eXTra [9894]**. Dabei sollen um 16 000 Kriegsgefangene umgekommen sein – plus 100 000 asiatische Zwangsarbeiter (Todesquote rund ein Drittel)! Pierre Boulles hat den Opfern mit *Die Brücke am Kwai* ein literarisches Denkmal gesetzt, berühmt wurde das Buch aber erst durch die auf Sri Lanka gedrehte Verfilmung mit Alec Guinnes.

Der Bau dauerte nur von September 1942 bis Dezember 1943, 20 Monate später zerbombten die Alliierten den Nachschubweg. Nachdem Schienen und Schwellen anderweitig verwendet wurden, wucherte er wieder zu. Den einstigen Start- und Endpunkt der **Todeseisenbahn** in Thanbyuzayat markiert die dekorativ platzierte **Kriegslokomotive C 5031**. Anfang 2016 hat die lange vernachlässigte und verwahrloste Gedenkstätte würdigen Auftrieb erfahren – durch das zweistöckige, vom Talamon-Konzern (s. Royal Hinthar Hotel) gesponserte **The Death Railway Museum**. Die davor mit Betonfiguren arrangierte Szenerie soll von der Brutalität der Vergangenheit zeugen, im Inneren sind es Fotos, Gemälde und 3D-Darstellungen. Nach dem Krieg wurden 111 Bewacher aus Japan und Korea wegen Kriegsverbrechen verurteilt, 32 davon zum Tode.

Andernorts erinnert die unscheinbare, aber historische **Japanische Pagode** an die in Birma zu Tode gekommenen Invasoren. Gleich daneben haben die Japaner 1998 eine weitere, moderne und erheblich größere Pagode errichtet. Nur 1 km westlich des Uhrturms indes verbirgt sich die zweitgrößte **Kriegsgräber-Gedenkstätte** des Landes: Die bereits im Jahr 1946 von Aung San eingeweihte Anlage mit 3771 Gräbern alliierter Kriegsgefangener, die beim Eisenbahnbau ums Leben kamen, wird von der Commonwealth War Graves Commission gepflegt und erinnert an den Heldenfriedhof von Htaukkyant bei Yangon. Die meisten Opfer waren Briten, doch auf den Grabsteinen finden sich auch amerikanische, niederländische und australische Namen. Mehr darüber s. **eXTra [5807]**.

Tanintharyi (Tenasserim)

Dieser Landesteil zählt zu den schönsten Küstengebieten Südostasiens. Hier locken endlos lange Sandstrände mit vorgelagerten Inseln und bunt-belebten Korallengärten, dschungelbedeckte Berge und mächtige Flussmündungen, lebhafte Hafenstädte und beschauliche Fischersiedlungen sowie reichlich unbekannte Heiligtümer.

Beim südlichsten, bis 1989 im Ausland meist nur unter dem britischen Namen Tenasserim bekannten Zipfel von Myanmar handelt es sich um einen extrem schmalen Landstreifen, der die Andamanensee vom Golf von Thailand trennt und daher von wichtigen Handelsrouten nach Siam und zu seinen östlichen Nachbarn durchzogen wurde. Dafür steht vor allem der nostalgische, aber bisher kaum von Touristen besuchte Ort Tanintharyi.

Mehrere Jahrzehnte war die Region für Ausländer gesperrt, doch seit 2013 darf der tiefe Süden ab Thanbyuzayat auf dem Landweg bereist werden, während die Grenze zwischen Myanmar und Thailand wesentlich durchlässiger geworden ist. Vielleicht können Traveller ja auch schon bald über den 300 m hohen Drei-Pagoden-Pass einreisen, der vom thailändischen Kanchanaburi nach Payathonzu führt, aber bisher nur bilateral genutzt werden darf. Ein historischer Handelsweg und umkämpfter Durchlass militärischer Invasionen – genutzt z. B. von den birmanischen Königen oder den Japanern. Auch die Erweiterung des Grenzübergangs Maw Daung/Singkhorn für den internationalen Tourismus ist angedacht.

In gewissen Grenzregionen jedoch gibt es behördliche Einschränkungen, weil dort zuweilen Splittergruppen der Karen National United (KNU) operieren. Vor wenigen Jahren noch kam es z. B. auf der Hauptstraße von Ye nach Kawthoung immer wieder zu Überfällen. Traveller, die versucht hatten, auf dem Landweg zu reisen, wurden meist schon am erstbesten Checkpoint aus dem Bus geholt – auch wenn sie sich mit landestypischen Longyis verkleidet hatten.

Ye

Mit jeweils 160 km Entfernung exakt in der Mitte zwischen Mawlamyaing und Dawei liegend bzw. nur 90 km südlich von Thanbyuzayat, etabliert sich Ye zunehmend als idealer Zwischenstopp auf der Traveller-Landkarte. Die erst seit 2013 bereisbare Stadt bietet noch ein Höchstmaß an Ursprünglichkeit und Authentizität. Ihre 35 000 Bewohner sind stolz auf die herrliche **Shwe San Daw-Pagode**, die als spirituelles Herz auf einem Hügel im Zentrum schlägt – mit fotogenen, goldfarbenen Buddhas, die in alle Himmelsrichtungen blicken. Und besonders auf den friedlich-idyllischen See **Mia Ghan da Gjone** – mit massenhaft großen Fischen, die aber ob einer Insel-Pagode im Wasser nicht gefangen werden dürfen.

Der durch die Stadt fließende **Ye-Fluss** gibt zwar ein herrliches, landschaftliches Panorama ab, gleicht jedoch über weite Strecken einer Müllkippe. An seinem Ufer liegt die **Seikantha-Markthalle** mit fast 100 Goldshop-Einheiten, mancherorts kann man den Schmieden über die Schulter schauen. Nicht weit entfernt floriert der **Hauptmarkt** – nicht zuletzt mithilfe allerlei origineller Verkehrsmittel.

Zu den größten regionalen, mit Umzügen und Jahrmärkten einhergehenden Volksfesten zählen das **Ye-Festival** vom 7.–14. Februar sowie das zum Vollmond im März zelebrierte **Lamai-Festival**. Wer nur einen Tag hat, sollte zuerst eine Bootstour auf dem Ye unternehmen, dann die Heiligtümer am Banana Mountain erkunden und spätestens zum Sonnenuntergang ans Meer fahren.

ÜBERNACHTUNG

Als älteste Unterkunft am Ort kämpft das originäre **Seikantha Gh.** um seine Ausländer-Lizenz, doch gibt es neue Alternativen:

Mya Myint Mo Hotel, 26-28 Duya St., ☏ 057-50326, 09-4016 53763, ✉ myamyintmo.ye@gmail.com. Seit 2015 mit 4 Etagen, 20 AC-Zimmern und Rooftop-Spot. ❷

Shwe Taung Gyar (Golden Valley) Hotel, Bogyoke Rd., ☏ 057-50674. Neu seit 2017 als bester Hort für Komfort – von einem burmesisch-peruanischen Ehepaar. Zentrale Lage, professionelle Rezeption und 23 komfortable Zimmer mit Flatscreen-TV und guten Bädern. 2 Restaurants, Bar und Dachterrasse. ❷–❸

Starlight Gh., 13 Yan Gyi Augn Rd. 4, ☏ 09-2557 13253 (David), 09-2500 88616 (Winny), 🖥 www.starlight-guesthouse.com, [10377]. Seit 2014 als erste und lange einzige westliche Unterkunft. Der Amerikaner David Herrick und seine einheimische Frau bieten 6 saubere Zimmer, davon 4 wahlweise mit AC (gut sind Nr. 205 und 206 im Obergeschoss, Nr. 101 liegt im Erdgeschoss mit eigenem Eingang und 2 Fenstern). Herrliche Terrasse mit Blick auf See, Pagode und Baum, Massagen 6000 Kyat pro Std. Ab Mitte 2018 ca. 4 km nördlich neues Resort – mit rund 20 Zimmern, etwas Boutique-Flair und dem ersten Pool von Ye. ❷

ESSEN

Die Gastronomie wächst und gedeiht – besonders mit Thai-Küche, wie sie am besten zu genießen ist im Restaurant **Rot Sar Thai** sowie vielleicht auch im **KT Thai Food** oder **Kaung Khant Kaung Thai Food & Drink**. Ein für die Region typisches Gericht ist *nadala*, wofür Fisch bis zu 4 Std. mit Zuckerrohr gekocht wird, sodass man sogar die Gräten mitessen kann. Rund um den See gibt's keinen Alkohol.

Dream, ☏ 09-9796 78376. Besitzer Ko Aung Ko und sein Team bieten leckere Kost (unbedingt die gebratenen Fische *nga jor* versuchen!), kühles Fassbier und möglichst gut geschüttelte Cocktails zu 2000 Kyat. ⏰ 10–2 Uhr.

KT Cold Drink & Food Center, ☏ 057-50380. Beliebt für frische Backwaren – besonders der *cheese cake* für 1200 Kyat oder das *pudding bread* für 500 Kyat. ⏰ 6–21 Uhr.

Shwe Taung Gyar (Golden Valley), s.o. Lockt als gediegenstes und einziges AC-Restaurant von Ye im Erdgeschoss des gleichnamigen Hotels.

Ye

Zu den Favoriten der englischen Speisekarte zählen die Shan-Nudeln, das scharf gebrutzelte Schweinefleisch Wet Chao Set, der gebratene Reis oder die Smoothies. Ein weiteres Restaurant mit Bar lockt im 4. Stock als Rooftop-Spot. ⏱ 6–2 Uhr.

SONSTIGES

Gesundheit

Noble Fitness & Sport Centre, nördlich des Sees. Mr. Sam spricht gut Englisch und offeriert diverse Fitnessgeräte und Bikram-Yoga für 2000 Kyat. ⏱ 6–21 Uhr. Nördlich der Stadt bzw. im Bereich der **500-Mönchs-Statuen** gibt es sogar ein **Meditations-Center** mit Kursen in Englisch.

Touren

Das **Starlight Gh.** bietet Insider-Infos und selbst skizzierte Ortspläne, vermittelt Transfers und Touren (Moped-Guides mit Sozius für 15 000–25 000 Kyat) sowie Honda Miet-Mopeds (7000 oder 8000 Kyat pro Tag).

TRANSPORT

Taxis
Individuelle Transporte nach Mawlamyaing oder Dawei 80 000–100 000 Kyat.

Busse und Minivans
Die **Andawa Bus Station** liegt außerhalb am Highway, die meisten Busse fahren auch von den Stadtbüros ab.
DAWEI, um 7 und 21 Uhr für 7000 Kyat in 3–4 Std., per Minivan ab 9 Uhr für 9000 Kyat in 3 1/2 Std. (160 km).
MAWLAMYAING, 8x tgl. für 3000–6000 Kyat in 4–5 Std., per Minivan ab 7 Uhr für 4000 Kyat in 3 1/2–4 Std. (160 km).
YANGON, um 7.15, 7.30, 16 und 18 Uhr, mit guten Bussen für 12 000 Kyat in 9–10 Std. (470 km).

Eisenbahn
DAWEI, um 10.30 Uhr für 1850 Kyat *(ordinary)* bzw. 3450 Kyat *(upper)* in 8–9 Std.
MAWLAMYAING, um 14.30 Uhr für 1650 Kyat *(ordinary)* bzw. 3400 Kyat in 6 Std.
YANGON, um 14.30 Uhr für 5000–7000 Kyat in 15–17 Std.

Umgebung von Ye

Nördlich der Stadt erstreckt sich ein von den Japanern erbauter Flugplatz, dessen Konturen teilweise noch erkennbar sind. Nach rund 10 km vom Zentrum ist – zwei weiße Elefanten-Statuen markieren die Zufahrt – der **Banana Mountain** erreicht. Der Name wurzelt in der einstigen Form des hier liegenden, inzwischen reichlich umplanierten Hügels. Die hier lockenden Heiligtümer tragen den Namen des visionären Abts Ko Yin Lay und dürften zu den unbekanntesten, aber faszinierendsten Myanmars zählen. Wie die quadratische, neunstöckige **Turm-Pagode**, die an allen vier Seiten mit imposanten Buddhastatuen bestückt und zu besteigen ist (⏱ 7–16.30 Uhr, kostenloser Longyi-Verleih), um einen Panoramablick auf die umliegenden Wälder und Berge zu ermöglichen sowie auf eine märchenhafte, turmreiche **Tempelanlage**. Noch im Bau ist ein großer, **liegender Buddha**.

Ebenso verlockend sind Flussabenteuer – und zwar dort, wo der **Ye** noch mit herrlich klaren Fluten strömt, wie z. B. 20 km bzw. rund 30 Moped-Minuten östlich der Stadt: Die Bootstouren (Longtail-Charter 10 000 Kyat) beginnen im **Dorf Jaung Yua** (Kyaung Ywar oder auf Englisch: School Village) und führen zu einem flussaufwärts liegenden Tempel mit Aussichtsturm im Wasser. Unterwegs kann man herrlich auf Sandbänken relaxen und baden – jedenfalls von Oktober bis Mai.

Vom Zentrum an die Küste, wo der Fluss Ye ins Meer mündet, sind es rund 14 km. Südwestlich des Dorfes **Asin** erstreckt sich der 2 km lange **Bin Le Wa Beach**. Ob der üppigen Schwebstoff-Einträge bzw. grau-schwarzer Fluten mag kaum Lust zum Baden aufkeimen. Doch darüber kann man sich in romantischen Bambus-Salas mit Hot-Pot-Gerichten oder eisgekühltem Bier hinwegtrösten und vor allem durch malerische Impressionen – besonders zum Sonnenuntergang. Dafür sorgen die Bergkulisse am Horizont, allerlei vorgelagerte Inseln (Charter-Longtails nach **Bamboo Island** kosten 10 000 Kyat) oder auch ein ansehnliches Felsensemble mit Schrein. Achtung: Für diesen Trip empfiehlt sich das Chartern eines Hi-Jet- oder zumindest Moped-Taxis – erst recht für den Rückweg im Dunkeln, der riskant und auch ziemlich schwierig zu finden ist. Das gilt natürlich auch für den noch schöneren, rund 1 Std. von Ye entfernten **Ka Bia Wa Beach**.

Von Ye nach Dawei

Auf der Strecke von Ye nach Dawei wird zunächst der Ye-Fluss überquert. Doch spätestens an der nächsten großen Brücke – erreicht nach ca. 30 Min. – sollte man anhalten und am herrlich angeschwemmten Sandufer ein Bad in den glasklaren Fluten des aus den Bergen herbeiströmenden Flusses nehmen (nur in der Regenzeit). Etwa eine halbe Stunde später schraubt sich die Straße mit allerlei Steinbrüchen über 30 km die Berge hinauf bis zur Passhöhe bzw. Grenze zwischen dem Mon-Staat und der Region Tanintharyi. Hier werden alle Passagiere aus den Bussen geholt bzw. per Hand die Daten der Reisepässe kopiert.

Anschließend sind es noch etwa 130 km bis nach Dawei. Die Strecke ist wesentlich dichter bevölkert als die von Thanbyuzayat nach Ye. Etwa 80 km vor Dawei sind die Abzweigung der vom Mineralölkonzern Total erbauten Straße nach Thailand erreicht und wenig später zwei imposante Brücken-Neubauten. Von der zweiten – gelegen bei Kaleynaune (Kaleinaung) – eröffnet sich ein herrlicher Blick in Richtung Osten bzw. auf einen großen Fluss mit Bergen.

Dawei (Tavoy)

Die 160 km weite Anreise aus Ye oder die fast ebenso lange über den Grenzübergang Htee Khee/Phunaron (s. Kasten S. 567) führt durch tropenbewaldete Berge. Doch wer mit dem Flugzeug einschwebt, wird schon früh die lang gestreckten Strände von Dawei [10373] sichten: Als gelbe Sandstreifen ziehen sie sich über zig Kilometer an der Küste entlang, mancherorts aber auch nur in Grautönen.

Denn die umliegenden Flussmündungen schwemmen massenhaft Sedimente ins Meer, die den Sand vielerorts mit einer Schlickschicht überlagern und die Wellen in (be)trüblichen Tönen färben. Dawei (früher Tavoy) selbst ist keine Küstenstadt und wer schön baden will, muss etliche Kilometer fahren – wie z. B. auf die sich südlich anschließende, gleichnamige Halbinsel, die dann auch tatsächlich mit paradiesischen Badezielen aufwarten kann – etliche davon noch völlig einsam und unberührt. An die 40 Strände dürfte es in der Region Dawei geben, immerhin 17 davon bereits per Moped zu erreichen. Zudem lassen sich vielerorts fotogene Felsformationen und Fischersiedlungen erkunden sowie das Areal der nördlich der Stadt geplanten **Dawei Special Economic Zone (DSEZ).**

Im 320 km von Mawlamyaing und 230 km von Myeik entfernten, um 150 000 Einwohner zählenden Dawei ist mancher Straßenzug noch überwiegend gesäumt von zweistöckigen Häusern, die aus der Kolonialzeit und vorwiegend aus Holz sind. Viele erinnern durch ihre Walmdächer und reich verzierten Schnitzereien an Tempel, während auf den Balkonen bunte Topfpflanzen sprießen. Dazwischen immer mal wieder eine stattliche Kolonialvilla aus Backstein und Stuck.

Dicke Laster und moderne Reisebusse sind etwas Neues auf den Routen im tiefen Süden.

Leider ist in letzter Zeit schon manches Schmuckstück dem Wandel der Zeiten zum Opfer gefallen – wie für das **Ah Hlathit Shopping Center**, das sich nun als avantgardistischer Eckbau bzw. erster, klimatisierter Supermarkt (⏲ 8–21 Uhr) im Herzen der Stadt erhebt, oder für manchen Hotel-Neubau. In jeder Beziehung hohe Maßstäbe erfüllen kann das **Hotel Dawei**: Es hat immerhin das 100 Jahre alte **Governor's House** integriert, eine Menge Stil und Luxus sowie den ersten Pool am Ort zu bieten. Aber auch das ebenfalls erst Ende 2016 eröffnete, an der Peripherie liegende **DDPC Shopping Center** (⏲ 9–22 Uhr) oder das neue, zeitgemäße Krankenhaus **Mediland**. Zudem zeigt das Stadtbild im Vergleich zu früher wesentlich mehr Farbe – durch neu getünchte Fassaden, mehr (Leucht-)Reklame oder das deutlich gewachsene und gern gezeigte Warenangebot.

Massenhaft Palmen, Bananenstauden und Mangobäume machen Dawei zu einer tropisch grünen Stadt, zumal hier auch besonders viel Regen fällt. Die selbst am Ende der Trockenzeit saftigen Felder der Umgebung werden von Wasserläufen aus den nahen Bergen gespeist. Der 300 m hohe **Taung Moe Taung** („Berg über den Bergen") z. B. lässt sich in einer schweißtreibenden Stunde besteigen – für einen tollen Ausblick auf die Stadt, den Fluss und das Meer, .

Religiöse Monumente
Die stehende Buddhafigur **Yat Taw Mu-Pagode** ist imposante 13 m hoch und ein interessanter Blickfang in der Innenstadt. Die **Kyat Min-Pagode** beherbergt in mehreren Pavillons Statuen ganz unterschiedlicher Stilrichtungen, darunter die einzige Figur mit sechs Fingern an der linken Hand – zu erkennen nur über einen installierten, kleinen Spiegel. Die **Shwe Taung Zar-Pagode** als wichtigstes Heiligtum der Stadt wird meist nur „Payagyi" („Große Pagode") genannt. Der religiöse Komplex umfasst mehrere Pavillons in Form von glitzernden, würfelförmigen Gebäuden aus spiegelverglasten Mosaiken, in denen sich zahlreiche goldene Buddhastatuen befinden. Die Einheimischen, die sich hier besonders gern zum Sonnenuntergang einfinden, berühren mit Vorliebe die Schultern, Brüste und Schenkel einer Skulptur der Erdgöttin Dharani, was Glück bringen soll.

Märkte
Als Hauptmarkt besteht der **Sibinthaya Zei** aus einem weitläufigen, zweigliedrigen Komplex mit einem großen Außenbereich, in dem Frischwaren verkauft werden. In den Markthallen mit teilweise noch kolonialer Bausubstanz werden Textilien, Kosmetika und andere Artikel des täglichen Bedarfs verkauft. Ähnliches gilt für den **Nachtmarkt** (auch Blumenmarkt genannt) an der Ecke Nyaung Bin Road/Bogyoke Road, der bisher allerdings kaum Essensstände bietet, ⏲ 15.30–18.30 Uhr.

ÜBERNACHTUNG

Neue Hotels haben das Angebot an komfortablen Zimmern erfreulich vermehrt.
Dawei Hotel, 7 A Arzami Rd., ☎ 059-23923, 🖥 www.hoteldawei.com. Neues, stilvolles 4-Sterne-Hotel und architektonisch ansprechend, mit Abata-Baum im Garten und großem Pool im Innenhof (externe Gäste US$15). 122 Holzboden-Zimmer in 4 Kategorien ab US$120, die Suiten liegen im integrierten Governor's House. Im Foyer lockt das Restaurant Pola Pola. ❺–❻
Garden Hotel, 88 Ye Rd., ☎ 059-22116, ✉ gardenhotel1942@gmail.com.1942 als Kolonialvilla der Dawei Trading Company errichtet, seit 1999 älteste Unterkunft am Ort und mit rund 60 Zimmern auch die zweitgrößte. Günstig sind die 20 mit Ventilator und Gemeinschaftsbad, AC gibt es in 6 Kategorien ab US$38. ❶ und ❸–❹
Golden Guest Hotel, 59 Myotedwin Rd., ☎ 059-21351, 🖥 www.goldenguesthoteldawei.com, [10383]. Seit 2014 als feudaler Neubau und trotz des winzigen Lifts die vielleicht beste Option am Ort. Pieksaubere, wohnliche Zimmer, davon 11 als Standard, 14 Superior und 8 Deluxe (besonders angenehm sind die Eckzimmer, wie z. B. das fensterreiche Nr. 403 oder Nr. 406). Das Restaurant in der 6. Etage hat Stil und Ausblick auf die Stadt. ❸–❹

Grenzübergang Htee Khee / Phunaron (Phu Nam Ron)

Die Überquerung der birmanisch-thailändischen Grenze bei Htee Kee/Phunaron – 150 km (bzw. ca. 5 Std.) östlich von **Dawei** – erfolgt durch 4 km Niemandsland. Der entlegenste der landesweit vier Übergänge nach/von Thailand wurde als Tor zum Tiefseehafen-Projekt etabliert und ist von 6 bis 18 Uhr geöffnet (Achtung: in Thailand ist es stets 30 Min. später), doch muss das Visum für Myanmar vorab besorgt werden! Von Bangkok oder dem Suvarnabhumi Airport nach Dawei muss mit einer Reisedauer um 11 Std. gerechnet werden, mit privaten Transfers sind 8–9 Std. möglich.
Thailand indes erteilt bei der Einreise aus Myanmar ein 30-tägiges Visa on Arrival. Dort erreicht man per Minivan (50 Baht p. P., letzte Abfahrt 16.30 Uhr) oder Taxi (um 1500 Baht) in rund 1 Std. das klassische Touristenziel **Kanchanaburi**, von wo man unkompliziert nach Bangkok gelangen kann. Für die beiden anderen internationalen Übergänge nach/von Thailand s. S. 549 und 587.

New Light Hotel, 29 Rzarni Rd., ☎ 059-23951, 09-2510 00500. Rund 2 km vom Zentrum bzw. nur einen Steinwurf von einem fotogenen Hindu-Tempel entfernt. 25 passable, gepflegte Zimmer mit AC und blitzenden Fliesenböden zu US$23 und 25. ❷

Sein Shwe Moe Gh., 557 Ye Yeiktha Rd., ☎ 059-24073, 09-4100 5717. Seit 2014 mit 2 Aufgängen und 16 Fliesenboden-Zimmern, davon 7 als AC. Die EZ sind klein und mit Gemeinschaftsbad, aber mit Holzboden und wohnlich. Die Besitzerin wirkt zuweilen etwas wechselmütig, Ausländer-Lizenz in der Schwebe. ❶–❷

Shwe Moung Than Hotel, 665 Pakaukkuk Yaung Rd., ☎ 059-23763-4, ✉ shwemaungthan22@gmail.com, [10384]. Sauber und angenehm, beliebt und preiswert: Moderner, rosafarbener Bau mit verglaster Fassade, angenehmem Foyer und 36 Zimmern in 3 Kategorien. Frühstück gibt es im Rooftop-Restaurant, Abendkarte bis 21 Uhr. ❷–❸

Zayar Htet San Hotel, 566 Ye Yeiktha Rd., ☎ 059-23902, ✉ hotelzayarhtetsan@gmail.com. Professionell gemanagt und beliebt: Hinter der avantgardistischen, bunten Fassade verbergen sich 37 saubere, komfortable Zimmer mit Laminatböden und Badewannen in 4 Kategorien. ❸–❹

ESSEN

Die meisten Restaurants sind einfach, aber gut – und schließen relativ früh. Zu den lokalen Spezialitäten gehören – mit oder ohne Hühnchen – die gebratene Nudeln *khauk swe kyaw*.

Daw San, 506 Niban Rd., ☎ 09-4987 2584. Versteht sich als *Family Rice & Curry Shop* bzw. wird seit rund 50 Jahren als Familiengeschäft und heute von den Schwestern Mrs. San und Mrs. Sui Sui geführt. Gute, sehr günstige birmanische Buffet-Küche. Als Nachtisch gibt es gratis Palmzucker mit Kokosraspeln – vom Volksmund „Armee-Schokolade" genannt. ⏰ 10.30–21 Uhr.

Dream Journey Café, 661 Pakhoteku Kyaung Rd., ☎ 09-500 7091. Angesagtes Café. Mr. Kyaw Zin Wai spricht gut Englisch, hat Frühstück, Backwaren, Joghurt, Eiscreme und hausgemachte Burger zu bieten. Zum sensationellen *cheese cake* munden einheimische Kaffeesorten für 500–800 Kyat aus einem zeitgemäßen Automaten oder auch *green tea latte* zu 1200 Kyat. ⏰ 7–22 Uhr.

Joy House, Arzarni Rd., Ecke Bogyoke Rd., ☎ 09-2620 59165. Spartanisch-schummriges, preiswertes Restaurant – wie sie seltener werden. Küchenchefin Ma Khin Chon San hat lange in Thailand gelebt – versteht sich z. B. auf *tom yam talae* als würzige Suppe mit Meeresfrüchten, *larb gai* oder *pad kapao mou*. Dazu mundet *Myanmar*-Fassbier zu 750 Kyat. ⏰ 10.30–23 Uhr.

Meik Shwe Tea Snack, Niban Rd., ☎ 059-21507. Effizient und günstig – mit schönem Holzmobiliar, frischen Nudel- und Hühnchengerichten. Frühstück bis 8 Uhr z. B. mit *naan roti green peas* zu 500 Kyat, Abendessen ab 16 Uhr. Sonntags *chicken biryani* für 2000 Kyat. ⏰ 5–21 Uhr.

Padonmar Ice Creams & Cold Drinks, Niban Rd., ☎ 09-7820 10477. In einem etwas maroden, halb offenen Eckbau, aber angesagt – z. B. für vegetarische Kost wie den Teeblatt- oder Avocado-Salat. Große Kugeln leckerer Eiscreme aus Thailand zu 500 Kyat. ⏰ 9.30–20.30 Uhr.

Pale Eikari (Pearl Princess), 572 Ye Yeikhta Rd., ☎ 059-21780. Halb offen im Garten des gleichnamigen Hotels – einer weißen Holzvilla aus der Kolonialzeit und eklatantem Renovierungsstau, die von einer 9-stöckigen Bauruine mit geplanten 96 Zimmern überragt wird. Lange das einzige Restaurant mit erstem westlichem Flair – natürlich zu entsprechenden Preisen und verblüffend detailliertem Rechnungsausdruck (vermutlich für die Zechen von NGOs). Hier gibt es für 1500 Kyat die besten Pommes/Mayo des Südens, empfehlens_ werten *deep fried spicy squid* für 5000 Kyat oder eisgekühltes *Myanmar*- und *Black Shield Stout*-Bier vom Fass für 800 bzw.1000 Kyat. Wer Glück hat, wird vom freundlichen Chef-Kellner Mr. Kyaw Zin bedient. ⏰ 7.30–22 Uhr.

Tavoy Kitchen, 234 Ye Rd./Phayar Rd., ☎ 09-4551 92525, 🖥 auf Facebook. Neu und nett mit Holztischen, Innen- und Außenbereich an einer Gabelung. Thailändische und

Spannende Tagestouren

Eine Rundtour zu Daweis Hausstrand Maungmagan Beach kostet mit **Moped-Taxis** je nach Verweildauer 8000–15 000 Kyat, mit einem **Tuk Tuk** bis zu 25 000 Kyat.

Die Tages-Charter für ein Auto beginnt bei 50 000 Kyat – z. B. von **Dawei Panorama Travels & Tours** (s. u.) oder von und mit „Sam the Man": Der junge, agile **Ko Thein Htaik (Samuel)**, 09-7817 71167, 09-4100 4167, www.traveldawei.com, kutschiert seine Passagiere mit einem lieblichen Chevrolet Mini Car (für 3–4 Passagiere) und umfassendem Insiderwissen durch die Gegend. Ein ganzer Tag als Chauffeur-Guide liegt je nach Thematik (z. B. „Heritage Buildings" oder „Peoples Life") und/oder Entfernung bei US$50–120. Nebenbei fungiert er als Chef der neuen **Dawei Tour Guide Association**, die 60 Reiseführer zählt, von denen zehn Englisch sprechen.

Bo Bo (Nyan Win), 09-2540 98223, 09-7773 78487, nyanwin8059@gmail.com, indes nimmt als reines Reiseführer-Salär US$30–50 pro Tag, ermöglicht aber auch abenteuerliche Tagestouren mit Trekking und Rafting für US$40 p. P. (bei Gruppen aus 4 Pers.), oder auch mal einen rustikalen Longtail-Trip auf dem Dawei-Fluss. Der **Mountain Bike Club** (s. u., Mountain King Bike Rental) veranstaltet jeden Sonntag frühmorgendliche Radtouren, denen sich meist auch Ausländer anschließen können. Längere Touren organisiert kompetent wie zuverlässig **Life Seeing Tours Southern Myanmar**, 09-2542 07077, www.lifeseeingtours.com, bzw. der zwischen Dawei und Myeik pendelnde Deutsche **André Schneegaß** – inkl. treffsicheren Infos, Transfers oder Hotels sowie der eigenen Myanmar Paradise Beach Bungalows (S. 575). Diese lassen sich aus Dawei sogar mit organisierten Moped-Touren erreichen!

Mietfahrzeuge für Selbstfahrer s. unten.

---

chinesische Speisen. Kein Alkohol im Angebot, kann aber mitgebracht werden. ⏲ 10–24 Uhr.

Thahara Tea Shop, 9 Bogyoke Rd., 059-21633. Etabliert seit 1952 – direkt am alten, mit neuem Interieur und AC renovierten Kino. Gepflegte Teestube mit leichter China-Küche. ⏲ 6–21 Uhr.

Zayar Htet San, s. S. 568. Seit 2016 als Ergänzung zum gleichnamigen Hotel bzw. schickes Restaurant mit AC im Obergeschoss. Gute thailändische und westliche Kost zu angemessenen Preisen. ⏲ 10–21.30 Uhr.

SONSTIGES

Mietfahrzeuge

Focus Rental Service Motorbike, 688 Pakoku Kyaung Rd., 09-4221 90130. Mr. Zaw Zaw Myo und Mrs. Zin Zin vermieten 25 Mopeds für 6000 Kyat, mit Voll-Automatik 8000 Kyat. ⏲ 8–20 Uhr.

Mountain King Bike Rental, Azarni Rd., 059-22254, 09-4100 4256, aung_naing.bike@gmail.com. Mr. Ko Naing (Mr. 9) bietet bis zu 30 Fahrräder mit 3, 16 oder 27 Gängen für 5000–12 000 Kyat. ⏲ 7–18 Uhr.

Reisebüros

Dawei Panorama Travel & Tours, 15 Niban Rd., 097-7800 90262, 095-4500 09860, daweipanorama@gmail.com. Neu, aber erfreulich kompetent und nett: Bei Mrs. Aye Thidar Win und Mr. Ko Phyo kann man alles buchen, auch Mopeds leihen (8–20 Uhr).

Sun Far Travel & Tours, 298 Padauk Shwe Wah St., 059-21110, 09-4101 1036, www.sunfartravels.com. Wie überall englischsprachig und professionell – besonders in der Flugticket-Abwicklung. ⏲ 9–18, Sa, So nur bis 12 Uhr.

NAHVERKEHR

Transfers zur Busstation bzw. zum Bahnhof oder Flughafen kosten per Moped-Taxi um 2000 Kyat (frühmorgens teurer), mit Tuk Tuk 3000–5000 Kyat. Für die Dawei-Halbinsel s. S. 573.

TRANSPORT

Busse und Minivans

Der **Busbahnhof** liegt rund 5 km nordöstlich vom Zentrum und hat enorm an Bedeutung

Der Süden auf dem Luftweg

Das Flugnetz im Süden von Myanmar birgt Unwägbarkeiten: Die Namen der Airlines wechseln verblüffend häufig, und in der Nebensaison werden Verbindungen gern eingespart bzw. finden sich die Routen zuweilen im Angebot, aber nicht in der Realisierung. Die Preise können erheblich variieren – ja nach Flugzeugtyp, Saison und Zwischenstopps (wie in Dawei oder Myeik). Achtung: Tickets über Agenturen sind zuweilen billiger als direkt von der Airline!

Die kurze, von Travellern kaum genutzte Strecke zwischen Mawlamyaing (MNU) und Yangon wird nur von Myanmar National Airlines bedient – und das nur sporadisch, wie auch die Anbindung nach/von Kawthoung. Deshalb kehrt meist erst nach Yangon zurück, wer von Mawlamyaing auf dem Luftweg nach Dawei (TVY), Myeik (MGZ) oder Kawthoung (KAW) gelangen möchte.

Regelmäßig bedient wurde die Südschlaufe zuletzt von Air KBZ (oft am billigsten), der grün-weißen ATR 72-600 von Apex Airlines und nur spärlich von Myanmar National Airlines sowie lediglich in der Nebensaison von Mann Yadanarpon Airlines und Golden Myanmar Airways. Neu sind die Direktflüge von FMI Air (ND) zwischen Yangon und Kawthoung!

Dawei – Yangon:	70 Min.	US$70–130
Dawei – Myeik:	50 Min.	US$60–80
Dawei – Kawthoung:	70 Min.	US$80–120
Myeik – Yangon:	90 Min.	US$90–140
Myeik – Dawei:	50 Min.	US$60–80
Myeik – Kawthoung:	50 Min.	US$60–90
Kawthoung – Yangon:	90 Min.	US$120–200
Kawthoung – Myeik:	50 Min.	US$60–90
Kawthoung – Dawei:	60 Min.	US$80–120

*Die Angaben der Flugzeit beziehen sich meist auf Direktverbindungen.

gewonnen – seit die Schnellboote nach Myeik und Kawthoung eingestellt sind bzw. der leidig-lästige Transfer zum 35 km südlich liegenden Fährhafen **Thayetchaung** entfällt.

HTEE KHEE/PHUNARON, vor allem mit oft überladenen Pro-Box-Cars für 20 000 Kyat in 4 1/2–5 Std. (150 km). Tipp: Es ist effizient, sich für 3000 Kyat Aufpreis gleich bis nach Phunaron bringen zu lassen. Infos zum Grenzübergang s. Kasten S. 567.
MAWLAMYAING, für 12 000 Kyat in 6–7 Std., auch mit Minivans 12 000 Kyat (320 km).
MYEIK, von 6–12 und 18 Uhr für 10 000 Kyat in 6–7 Std., Minivans bis 12 000 Kyat (260 km).
YANGON, meist von 13–17 Uhr für 15 000 Kyat, als VIP bis zu 25 000 Kyat in 12–13 Std. (630 km).
YE, meist als Zwischenstopp nach Mawlamyaing und Yangon für 7000 Kyat in 3 1/2 Std. (160 km).

Eisenbahn

Der **Bahnhof** liegt rund 2,5 km östlich vom Zentrum.
MAWLAMYAING, um 6 Uhr für 5250 Kyat *(upper class)* in 14–15 Std.
YE, um 6 Uhr für 3450 Kyat *(upper class)* in 8–9 Std.

Flüge

Der **Flughafen** liegt rund 3 km nordöstlich des Zentrum. Der Ticketkauf erfordert Preisvergleiche (s. Kasten), von/nach Kawthoung gibt es meist eine Zwischenlandung in Myeik.
Air KBZ, 14 Niban Rd., ☏ 059-23833, 09-4100 4430. ⊕ 9–17 Uhr, Sa und So nur bis 13.30 Uhr.
Apex Airlines, 13 Arzarni Rd., ☏ 059-21266.
Mann Yadanarpon Airlines, 298 Paduak Shwe Wah St., ☏ 059-21110.
Myanmar National Airlines, Kannar St., Ecke Seike Kanthar St., ☏ 059-21070. ⊕ meist 9–10.30 und 17–18 Uhr.

Die Umgebung von Dawei

Religiöse Monumente

Die Wunscherfüllungs-Pagode **Hsutaungpyi** liegt rund 10 km von der Stadt entfernt auf einem Hügel. Sie hat einen silbernen und einen weißen, zur Hälfte jedoch goldfarbenen Stupa.

Gleich mehrere sehenswerte Tempelanlagen befinden sich an der Straße nach Myeik: Nach etwa 5 km ist der 1931 erschaffene **Shwethalyaung Daw Mu** erreicht. Mit einer Länge von rund 75 m und einer Höhe von 21 m handelt es sich um einen der landesweit größten liegenden Buddhas (Dawei Panorama, s. S. 569, organisiert für 20000 Kyat rund 4-stündige Erkundungstrips mit Pferdekutschen).

Rund 3 km weiter in Richtung Süden erhebt sich die 1438 von König Sawthila erbaute **Shinmokhti-Pagode**. Sie enthält u. a. eine Buddhafigur, die auf einem Floß aus Sri Lanka über das Meer nach Birma gelangt sein und Stücke des originalen Bodhi-Baums enthalten soll. Diese gehört zu einer Serie von Figuren, die auch in Pathein, Kyaikhto und Kjaikami verehrt werden (S. 531 und 560). Ganz in der Nähe findet sich die **Pa Shu Kyauk-Pagode** (Ayu Pjauk Paya).

Maungmagan Beach (Maung Ma Kann)

Der größte und bisher bekannteste, aber im Vergleich zu anderen Stränden verzichtbar erscheinende Maungmagan Beach liegt 18 km bzw. 30 Min. Fahrt nordwestlich von Dawei und ist über eine kurvenreiche Straße zu erreichen. Durch mehrere Siedlungen und ausgedehnte Kautschukplantagen geht es zum Dorf **Maungmagan** („Wo des Königs Konkubinen baden").

Hier erstreckt sich der fast 10 km lange, eher gräuliche **Maungmagan Beach**. Er führt sehr flach ins Meer und kann in Richtung Norden und in aller Einsamkeit bis zu einer größeren Flussmündung erwandert werden. Im Schatten von Kasuarinen und Palmen bieten auf rund 300 m einfache, familiär geführte Strandrestaurants aus Naturmaterialien einheimische Kost mit frischen Meeresfrüchten.

Umgebung Dawei

ÜBERNACHTUNG UND ESSEN

Seit 2013 gibt es hier ersten Komfort mit: **Coconut Gh.**, 09-4237 13681, https://coconutguesthouse.com. Etwa 700 m vom Strand und bevorzugt von Ausländern. Der Franzose Julien gibt gern fischen, seine Frau Zin Mar Aye managt das Resort: 12 Bungalow-Zimmer mit guten Bädern und wahlweise AC. Im Mittelpunkt der Anlage lockt ein Restaurant mit Strohdach, Holzboden und Bodenkissen, Massagen 5000 Kyat. ❷–❸

Maungmagan Beach Resort, 09-4222 01819, tddpcdawei@gmail.com. Direkt am Strand und beliebt bei Einheimischen: Barackenartig mit 53 angenehmen komfortablen Zimmern als „Seaview" und „Mountainview". Großes

Restaurant mit Karaoke-Lounges, Massagen für 6000 Kyat. ❸–❹
Von all den strohgedeckten Bambus-Plattformen am Meer empfiehlt sich z. B.: **Crown**, ✆ 09-4986 7172. Bewährt und beliebt für BBQ-Fische, Meeresfrüchte-Suppen oder Tintenfisch-Gerichte. Eigene Hummerfarm im Hinterland, Flasche Bier 2000 Kyat. ⏱ 7–21 Uhr.

Nabule Beach (Mayingyi Beach)

Wer in Maungmagan Richtung Norden abzweigt, erreicht nach rund 2 km zunächst die heißen Quellen von **Ye Putwin**, die mit rund 70 °C heißem Wasser zum prickelnden Schöpf- oder Vollbad einladen. Für 100 Kyat kann man ein größeres Gemeinschaftsbecken in der Mitte nutzen, abgeschirmte Kammern mit Betonbecken kosten 1000 Kyat, ⏱ 6–18 Uhr.

Als nächste Etappe lässt sich – nach etwa 16 weiteren Kilometern in Richtung Norden bzw. 35 km von Dawei (alternativ am schnellsten über die N8) das Areal der **Dawei Special Economic Zone (DSEZ)** einbauen. Die Zufahrt führt durch einsame Sumpflandschaften, die teilweise schon durch Umsiedlungen entvölkert sind. Denn hier soll(te) das US$50 Mrd. teure Mammutprojekt **Dawei Deep Sea Port & Industrial Estate** den langen Seeweg von Vietnam über Singapore ersetzen. Statt des einst stattlichen Infozentrums findet sich hier heute aber nur noch eine profane Schautafel – und es stellt sich die Frage, in welcher Intensität das großspurige, ins Straucheln geratene Vorhaben (mehr s. **eXTra [5808]**) noch verwirklicht werden könnte. So immerhin darf sich der hier liegende Mega-Sandstrand noch erfreulich jungfräulich von Horizont zu Horizont erstrecken!

Nach insgesamt rund 25 km vom Maungmagan Beach gelangt man zum **Nabule Beach** (Mayingyi Beach), dem sicher schönsten Strand der Region. Nachdem die örtliche, von Erfrischungsständen umrahmte Pagode erreicht ist, gelangt man mit einem etwa zehnminütigen Fußmarsch hinunter zum Meer. Hier faszinieren drei Buchten mit goldgelbem Sand – unterbrochen von fotogenen Granitfelsen (der größte mit einem Stupa) und umspült von herrlichen, sauberen Meeresfluten.

Boa Say (Baw Sei) Beach

Wer in Maungmagan die Abzweigung nach Süden nimmt, gelangt nach rund 5 km (auch über den Strand zugänglich) zur Küstensiedlung **Boa Say**, wo bei Ebbe jede Menge großer Fischerboote auf dem Sand liegen. Hier beginnt der gleichnamige Strand, der durch seine Felsformationen nicht unbedingt zum Baden einlädt, aber landschaftlich reizvoll ist. Nach etwa 8 km geschwungener Bucht endet er an einer Felsinsel. Diese ist durch eine kleine Betonbrücke mit dem Festland verbunden und mit der **Myaw Yit-Pagode** bebaut. Per Moped oder Auto lässt sich dieses Heiligtum über eine asphaltierte Straße durch das Hinterland erreichen, die an Fischerhütten (allmorgendlich szenischer Fischverkauf von 6–7 Uhr), Mangrovenwäldern und einer Lagune vorbeiführt.

San Maria (Myaw Yit) Beach

Südwestlich des Heiligtums am Boa Say Beach schließt sich der durchweg schattenlosen **San Maria Beach (Myaw Yit Beach)** an – benannt nach einer österreichischen Krankenschwester, einladend zum Badevergnügen und nun sogar über eine Straße aus dem Hinterland erreichbar.

Südlich von Dawei

Die **Dawei-Halbinsel (Dawei Peninsula)** ist an ihrer Westküste mit paradiesischen Stränden gesegnet, an denen nun erste Strandresorts entstehen. Die Erkundung erfolgt mit einer Überquerung des Dawei-Flusses bzw. mithilfe der dann südlich abzweigenden, 1,5-spurigen Hauptstraße (alternativ kann man auch erst den nördlichen Bogen über Maungmagan fahren) und führt vorbei am fotogenen **To Jae-Wasserfall** (Badespaß nur bis Ende November). Nach rund 80 km ist der Horse Shoe Beach erreicht, wenig später der südlichste Zipfel bzw. der Dawei Point, den die auf einem Felsen thronende **Shin Maw-Pagode** markiert. Zum Meer geht es stets nur über abzweigende, staubige Schotterpisten oder steile Dschungelpfade, was per Miet-Moped eine gewisse Fahrpraxis erfordert. Insgesamt wollen in nächster Zeit rund zehn private Strandresorts eröffnen, etwa die Hälfte als Joint Ventures. Restaurants für Ausländer, wie das einfache, aber einladende **Yway** kurz vor **Autcha What** sind bisher noch eine Ausnahme.

San Hlan Beach

Rund 35 km südlich als malerische Sandsichel zwischen dem Festland und einer Insel – bebaut mit dem gleichnamigen Fischerdorf, und somit auch keine Option zum Baden. Doch von den beiden flankierenden Hügeln eröffnet sich ein sagenhafter Blick, besonders aber von der auf 600 m Höhe liegenden **Lek Khant-Pagode**.

Teyzit (Tizit) Beach

Lockt mit seinem weißen Sand als erstes paradiesisches Badeziel südlich von Dawei und ist nach rund 30 km erreicht. Wer sein Moped am Friedhof des Fischerdorfs **Paw La Mor** stehen lässt, kann den 3 km langen Strand zu Fuß durch eine Lagune erreichen (Gezeiten beachten!). Die vorgelagerten Inselchen lassen sich ggf. mit gecharterten Longtails erreichen.

Po Po Kyauk

Der sich rund 60 km von Dawei erstreckende, über das freundliche Dorf Nyaung Pyin erreichbare und herrlich von einer Lagune flankierte „Großvater Strand" könnte sich zum Hauptstrand der Halbinsel entwickeln. Bestechend ist der Blick vom Berg mit der Golden Rock-Pagode.

Zat Sar Aw Beach (Paradise Beach)

Rund 65 km bzw. 2 Std. von Dawei hat der deutsche Tourismus-Pionier André Schneegaß (S. 569 und S. 581) sich – und der Traveller-Gemeinde – einen ultimativen Traum erfüllt: Die Mitte 2016 zusammen mit seinem Freund und Landbesitzer Zaw Min Oo eröffneten **Myanmar Paradise Beach Bungalows** verbergen sich an einem herrlichen, rund 900 m langen Sandstrand und locken von Mitte September bis Mitte Juni als erstes, aber auch chronisch überbuchtes Strandresort der Südküste. Die Anlage bietet den bewährt-beliebten Thai-Standard und wurde bereits mit einem britischen Umwelt-Award bedacht – ob ihrer behutsamen Einbettung in die Natur und der Verwendung von birmanischen Mini-Solaranlagen.

Die Anreise zum Strand und Resort kann per Minivan (2500 Kyat), Moped-Taxi (30 000 Kyat) oder Charter-Taxi (50 000 Kyat) erfolgen, doch die letzte, ca. 1,5 km lange Etappe vom Dorf **Autcha What** ist nur per pedes oder Moped-Taxi

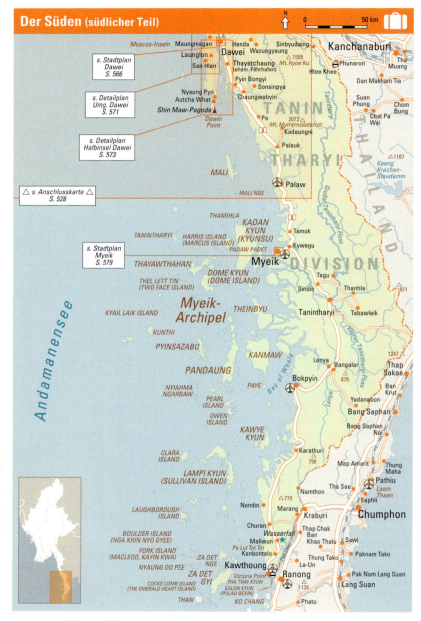

(3000 Kyat) bzw. durch bergigen Dschungel zu bewältigen – zumal Transfers und Touren mit Fischerbooten in diesem Winkel bisher leider noch untersagt sind.

Inseln

Der Dawei-Halbinsel vorgelagert ist eine etwa 70 km lange Inselgruppe, deren Besuch Ausländern noch verboten ist. Das dürfte in militärischen Sperrgebieten, den lukrativen Salanganen-Nester-Kolonien oder auch der offiziellen Ausweisung als Naturschutzgebiet wurzeln. Bereits 1927 hatten die Briten die **Moscos-Inseln** – die bekanntesten davon sind Maungmagan, Heinze (Haynze), Launglon Bok und Bok Yegan – zum Schutzgebiet erklärt. Auf den etwa 15 km vom Festland entfernten, teilweise stark bewaldeten und bis zu 360 m hohen Inseln sollen u. a. Wildschweine, Muntjak- und Sambar-Hirsche leben sowie noch viele Meeresschildkröten ihre Eier ablegen.

ÜBERNACHTUNG

Bisher bekam nur ein einziges Resort die dringend erforderliche Lizenz, obwohl andere bereits fertiggestellt sind – wie das rund 40 km von Dawei entfernte, ebenfalls unter deutscher Beteiligung mit 10 Zimmern erschaffene, herrliche **Sinhtauk Beach Bungalows**, 09-4960 3902
www.sinhtauk-beachbungalows.com.
Myanmar Paradise Beach Bungalows, Sa Sar Aw Beach, 094-9851256, 094-5937 2221, www.myanmarparadise beach.com. 10 einfache, aber angenehme und geräumige Holz-Bungalows zu 42 000 Kyat – mit eigenen Bädern, Terrassen und Hängematten. Wasser sparen und Müll sammeln am Strand willkommen. Fast alle Gerichte 2500 Kyat, ganze Fische 7000 Kyat und Bier als Dose 1500 Kyat, in Flaschen 3000 Kyat. Früchte nur saisonal und keinerlei Glutamat, aber montags geselliges „Family Dinner". Achtung: Ins Internet gelangt man (glücklicherweise) nur mit 15 Min. Fußmarsch. Wer nach Thailand will, muss gegen 5.30 Uhr starten – oder für 160 000 Kyat ein Taxi zur Grenze chartern, bis nach Kanchanaburi 250 000 Kyat.

Von Dawei nach Myeik

Die 260 km lange Strecke (als Privat-Transfer ca. US$120) führt über etliche Wasserläufe, vorbei an ursprünglichen Dörfern, durch bewaldete Berge und bereits nach ca. 75 km über einen kleinen Pass, von dem man sogar kurz das Meer sehen kann. Nach ca. 2 1/2 Std. ist **Palauk** erreicht, eine Stunde später **Palaw** – als unterwegs größter Ort und ob herrlicher Umgebung ein spannendes Ziel für Neulandsucher. Zuletzt geht es über den breiten **Tanintharyi-Fluss**, in dessen Mündungsgebiet die Stadt liegt. Nach einer Öffnung des Grenzübergangs **Maw Daung/ Singkhorn (Prachuap Khiri Khan)** für Ausländer könnte sich Myeik direkt über den Landweg aus Thailand erreichen lassen. Zudem liegt eine Flugverbindung aus Bangkok in der Luft.

18 HIGHLIGHT

Myeik (Mergui)

Von den Kolonialherren einst Mergui, Meringue, Merguim, Mergen, Merguay oder Mergee und von den benachbarten Thailändern als Malik bezeichnet, wird der heutige Name im lokalen Dialekt als „Beik" ausgesprochen. Mit ihrer Silhouette und allerlei verborgenen Sehenswürdigkeiten gespickt, zählt die 350 000 Einwohner große Stadt [10374] zu den eindrucksvollsten Küsten-Metropolen Südostasiens – auch wenn sie vielerorts und besonders im Bereich des Ufers bzw. des Hafens extrem schmuddelig erscheint.

An brauchbaren Unterkünften für Besucher indes mangelt es Myeik heute nicht mehr: Zwar fehlt es noch deutlich an Budget-Optionen, doch mit den 2015 eröffneten, völlig unterschiedlich konzipierten **Grand Jade Hotel** und **Pearl Laguna Resort** verfügt die Küstenmetropole gleich über zwei attraktive Flaggschiffe – plus zwei zeitgemäßen **Einkaufszentren** als Meilensteine der Moderne. Denn Myeik hat große Visionen, will sich auf der touristischen Landkarte als Tor zum gleichnamigen Archipel etablieren, das als letzte unberührte Meereslandschaft Südostasiens fasziniert. Doch sollte niemand der Versuchung erliegen, die Stadt selbst als Badeziel zu begreifen, und Ausländer können die vorgelagerten Inseln bisher auch nur mit Sondergenehmigung oder im Rahmen geführter Touren besuchen (s. Kasten S. 581) – einmal abgesehen davon, dass die schönsten Eilande viel näher an Kawthoung liegen.

Ab dem 17. Jh. diente Myeik lange als Hafen des siamesischen Königreichs von Ayutthaya. Wer auf dem Landweg eintraf, wurde mit kleinen Booten auf dem **Tanintharyi** ins Hinterland befördert, um von dort bis nach Ayutthaya zu gelangen. Als sich Myeik zum wichtigen Handelshafen entwickelte, ließen sich immer mehr Europäer als Gesandte oder Geschäftsleute nieder.

Zu berüchtigter Berühmtheit gelangte **Samuel White** als Admiral der thailändischen Marine sowie Shabandar (Gouverneur) und Hafenmeister von Mergui, weil er eintreffende Schiffe willkürlich auszurauben pflegte und auch den Einheimischen viel Geld abgepresst haben soll. Als er es gar zu bunt trieb, schickte die **British East India Group** 1687 die Kriegsschiffe HMS *Curtainer* und HMS *James*, von denen Letzteres im Hafen versenkt wurde. Denn die Einheimischen fühlten sich bedroht und verwiesen alle Briten aus Myeik – inkl. White, dem es jedoch gelang, nach England zu entkommen und den Rest seines Lebens als wohlhabender „Gentleman" zu genießen. 1826 kehrten die Briten mit mehr Schlagkraft zurück und beherrschten die Region bis 1948 – unterbrochen nur durch ein vierjähriges Intermezzo der Japaner im Zweiten Weltkrieg.

Theindawgyi-Pagode
Erhebt sich als wichtigstes Heiligtum auf einem Berg über der Stadt – und sollte allein schon wegen des herrlichen Ausblick einmal bestiegen werden. Im Mon-Stil aus Holz, Backstein und Stuck erbaut, kann die Andachtshalle mit einer eindrucksvoll geschnitzten, bemalten Holzdecke aufwarten. Am vorderen Eingang thront ein Buddha in „europäischer Pose", während 28 kleinere Bildnisse die Seiten säumen. Im Zentrum sitzt ein großer Buddha in Meditationshaltung, weiter hinten ruht ein liegender. Von den unteren Innenwänden und den Säulen glitzern Spiegelmosaike.

Die Werft von Myeik bietet Impressionen aus schon längst vergangen geglaubten Zeiten.

Architektonisches Erbe

Welche der beiden Städte mehr architektonisches Erbe zu bieten hat, ist schwerlich zu ermessen. Doch wird Dawei vorwiegend von hölzernen und Myeik eher von steinernen Kolonialbauten geprägt! Obwohl die Großbrände von 1971, 1989 und 2001 viel historische Bausubstanz zerstört haben, findet sie sich sogar noch in faszinierenden Ensembles. Danach Ausschau halten sollte man z. B. in **Palae Road** (z. B. in Nachbarschaft des Restaurants A1) und der **Amoyedwin Road**, wo sich sogar ein noch heute benutzter **Badebrunnen-Pavillon** findet. Eindrucksvoll auch die schneeweiße, schmucke Doppel-Villa des ehemaligen **Hotels Mergui** (heute: Mergui de Kitchen) die sich im Bereich der Basic Education Highschool findet. Noch älter sind das Haus der **Royal Pearl Trading** (s. Kasten S. 580) und die umliegenden Bauten in der **School Road**.

Traditionelle Werft(en)

Captain Sparrow lässt grüßen: Keinesfalls versäumt werden sollte ein Besuch der örtlichen, rund 2,5 km vom Zentrum entfernten, als **Port-Dockyard** bezeichneten Werft für Holzboote (Schiffe aus Stahl werden rund 15 km östlich der Stadt an einem Fluss gewartet). Hier wird noch alles per Hand erledigt – wie sogar die Bewegung von tonnenschweren Kielen mithilfe von dicken Tauen und 60 synchronisierten Arbeitern. In den Trockendocks faszinieren u. a. konfiszierte, imposante Fischkutter aus Thailand oder bis zu US$70 000 teure Neubauten komplett aus Holz. Zuweilen wird der Zugang etwas restriktiv gehandhabt, doch vielleicht klappt es ja bei einer der anderen drei Werften.

Pataw Padet

Diese Insel zählt gewiss zu den am einfachsten zu besuchenden des Myeik-Archipels – und ist vom **Seiknge-Jetty** mit Longtail-Booten innerhalb weniger Minuten zu erreichen (je nach Passagierzahl und Wartezeit für 5000–10 000 Kyat). Zunächst gelangt man zum 1956 erschaffenen **Atula Shwethalyaung** – mit 65 m Länge und einer Höhe von 16 m der fünftgrößte, liegende Buddha des Landes. Dahinter führt ein schweißtreibender Aufstieg – neuerdings auch per Moped-Taxi zu bewältigen – zum Berg Padet bzw. einer Pagode hinauf. Von hier eröffnet sich ein toller Ausblick auf Myeik – besonders, wenn es in nachmittäglichem Sonnenlicht erstrahlt. An der westlichen Bergseite kann man durch einen Wald hinabsteigen und herrliche Impressionen von der Inselwelt gewinnen.

Märkte

Obwohl der Warenumschlag vorwiegend an der großen Flussbrücke im Norden von Myeik abgewickelt wird, beeindruckt das Treiben an der Strand (Kannar) Road, die als Hafenmeile und Hauptschlagader pulsiert. Hier liegt auch der Hauptmarkt **Sibinthaya Zei**, ⊕ Mo–Sa 6–16.30 Uhr. Für Märkte zum Schlemmen s. Kasten S. 580.

Seafood als Exportschlager

Bisher lebt Myeik vom Handel mit Zinn, Wolfram, Kautschuk, Kokosnüssen, Rattan, Vogelnestern und der Perlenzucht sowie vor allem vom Fischfang. Die hier fermentierte Fisch- und Garnelenpaste *ngapi* ist landesweit begehrt. Weil draußen im Ozean ergiebige Fischgründe liegen, soll der im Südosten der Stadt liegende Fischmarkt **Nga Lay Lan Se** zum **Myanmar International Fish Auction Market (MIFAM)** avancieren – u. a. mit imposantem Piers, bis zu 30 Kränen sowie 4500 m² Lager- und Verkaufsfläche, um tgl. bis zu 2000 t Meeresfrüchte umzuschlagen.

Denn bei einer Küstenlänge von 2238 km fängt Myanmar jedes Jahr insgesamt über 1 Mio. t Fisch aus dem Meer, wovon über ein Drittel exportiert wird. Die wichtigsten Abnehmer sind Thailand, Singapore, China und Japan. Andererseits gibt es immer mehr Schwierigkeiten mit Schutzzonen und -zeiten, um die Plünderung der Ressourcen in küstennahen Gebieten einzudämmen.

ÜBERNACHTUNG

Etliche Neueröffnungen seit 2014 haben Myeik etwa ein Dutzend Unterkünfte mit insgesamt 550 Zimmern beschert, doch Lizenzen für kleine Guesthouses werden zuweilen blockiert.

Untere und mittlere Preisklasse

🧳 **Golden Sky Hotel**, Myint Mo St., ☎ 059-41991, 09-876 0616. Als neuer Nachbar nur 200 m vom Mergui Hotel: moderner L-Bau mit auffallend roter, üppig verglaster Fassade. 36 passable, saubere Zimmer zu realen Preisen – und ein feiner, schmaler Pool. ❷–❸

Kyal Pyan Hotel, 58 Gon Yone Rd., ☎ 059-42135, 09-4222 22447. Der freundliche Besitzer eines Goldladens und seine englischsprachige Tochter Su Myat Oo bieten 40 Zimmer, davon 30 mit AC (die Eckzimmer im 4. und 5. Stock bieten sogar etwas Ausblick). Der Renovierungsstau wurzelt vermutlich in den Plänen, ein 13-stöckiges Hotel mit 150 Zimmern zu errichten. ❷–❸

Mergui Hotel, 216 Kachin Rd., ☎ 059-42425, ✉ hotelmergui.myeik@gmail.com. 2 km vom Zentrum, aber schön ruhig – mit 3 Etagen in origineller Architektur, Säulen und schönem Foyer. 22 wohnliche Zimmer mit Fliesenböden und AC plus 3 passable Suiten mit Blick ins Grüne. ❸–❹

Mya See Sein Hotel, Strand Rd., ☎ 059-4 1272, ✉ myaseeseinhotel@gmail.com. Mit schicker Fassade in bester Lage. Die 35 Zimmer aber wirken nicht gerade heimelig, wurden 2016 immerhin mal durchrenoviert und bieten teilweise Fenster mit szenischem Hafenblick. ❸

Royal Myeik Gh., Strand Rd., ☎ 09-3166 6532. Über einem Farbengeschäft mit Rezeption am Hintereingang und sonst etwas verbaut. Der 75-jährige U Hla Sein und seine Familie bieten 15 günstige, aber meist fensterlose Zimmer, davon 5 mit Ventilator und Gemeinschaftsbad zu US$25. Veranda mit Hafenblick, aber auch Lizenzprobleme. ❷–❸

€ **White Pearl Gh.**, Middle Rd., ☎ 09-2528 88812, ✉ whitepearlhotelmyeik @gmail.com, [10388]. Beim freundlichen Mr. Han gibt es 22 bezahlbare Zimmer, die günstigsten mit Ventilator und Gemeinschaftsbad (am besten sind die Eckzimmer). Das Frühstück wird auf einer Dachterrasse konsumiert, die auch tagsüber als Treffpunkt dient. Verleih von Mopeds. ❶–❸

Obere Preisklasse

Eain Taw Phyu Hotel, 42 Kan Phyar Rd. (Baho Rd.), ☎ 059-42055-6, ✉ eaintawphyu.hotel@gmail.com. Seit 1983 bzw. 2014 als 2-stöckiger Neubau und schönstes Hotel am Ort. 28 wohnliche Zimmer mit viel Holz ab US$65, als Deluxe größer, mit Badewannen und den landesweit längsten Waschbecken von: 1,50 m! Pool mit Jacuzzi-Düsen und Spa, Skybar und Café Mali – alles professionell gemanagt von Nay Linn Aung, Sohn des Besitzers. ❺

🧳 **Grand Jade Hotel**, 28-30 Kan Phyar Rd. (Baho Rd.), ☎ 059-41906, 09-9624 41999, 🖥 www.hotelgrandjademyeik.com, [10387]. Empfiehlt sich schon wegen des fantastischen Ausblicks: Höchstes und größtes Hotel mit 70 Angestellten. 152 angenehme Zimmer zu US$50, 60 und 70, mit verglasten Balkonen und Badewannen, als Deluxe größer und mit 2 Fenstern. Kein Pool, aber ein Gym. Der 8. Stock fasziniert als halb offene Sky Lounge mit Bar und Restaurant, der 1. bis 4. Stock birgt ein Einkaufszentrum. ❹–❺

Pearl Laguna Resort, Yabone Rd., ☎ 059-42126, ✉ info@pearllaguna.com. Am nördlichen Stadtrand mitten in die Mangroven bzw. an das dortige Stelzendorf gesetzt – mit thailändischem Besitzer und Management. Professionellstes und bestes Hotel von Myeik, mit künftig 160 Zimmern auch das größte. Rund 40 sind fertig sowie 9 von 15 Bungalows, das schöne Foyer, eine imposante Casino-Halle und der schöne Pool – als insgesamt dritter der Stadt. ❺–❻

ESSEN

Meereskost wird leider längst nicht so perfekt präsentiert und zubereitet wie etwa in Thailand. Zu den örtlichen Spezialitäten gehört *kat gyi kai* – in kleine Stücke geschnittene, mit Krustentieren und Gewürzen vermengte Nudeln. Zu jeder Mahlzeit gehört *balchaung* – jene knusprige, scharf-sauer-salzige Kombination aus getrockneten, zerstampften Garnelen, Knoblauch, Zwiebeln und Essig.

🧳 **Costal One**, Naukte Rd., ☎ 09-4100 5113. Etwas entlegen als uriger Einheimischen-Treff mit Hausmannskost wie leckeren Garnelen mit Cashew-Nüssen sowie Fassbier der Sorten

Myanmar (750 Kyat), *Black Shield Stout* (950 Kyat) und *Kirin Ichibar* (1500 Kyat). ⏱ 9–23 Uhr.

€ **Karaweik Noodle Shop**, Baho Rd., ☎ 059-41212. Nahe der Bogyoke-Statue bzw. im Außenbereich eines schönen, gepflegten Kolonialbaus – als Insider-Tipp für Nudelsuppen und einfache Gerichte. Kleine Portion 1000 Kyat, große zu 1500 Kyat. ⏱ 9–21 Uhr.

Mergui de Kitchen, BEHS-1 Rd. (High School St.), ☎ 059-41527. Seit 2016 als erstes Restaurant seiner Art im 100-jährigen Kolonialbau des einstigen Hotels Mergui – inkl. original Fliesenboden und Fenstern.

Mr. Kyi Htwe hat bereits in New York und Los Angeles gekocht. Von den Hauptspeisen zu 2500–4000 Kyat sind z. B. die *grilled pork ribs* zu empfehlen sowie diverse Thai-Speisen. ⏲ 11–22 Uhr.

Restaurant No. 1, 18 Pale Rd., ☏ 09-4987 2102. Bietet einen gewissen Kontrast – mit indischen Gerichten, darunter etliche mit Lamm, oder leckerem *chicken masala*. ⏲ 4–23 Uhr.

€ **Shwe Yar Su (Golden Century)**, Strand Rd., ☏ 059-41986. Gilt als bestes, aber verblüffend billiges Restaurant: Groß und einfach mit einheimischer Küche bzw. viel Seafood. ⏲ 15–23 Uhr.

Sky Dining Lounge, Rooftop-Restaurant des Hotels Grand Jade. Empfiehlt sich u. a. zum Sonnenuntergang mit Cocktails ab 2500 Kyat und guter Küche mit viel Thai-Kost in großen Portionen, zu genießen z. B. an großen Rundtischen unter freiem Himmel. ⏲ 9–22.30 Uhr.

YYA Café & Bakery House, Gon Yone Rd., ☏ 059-42662. Modern, sauber, populär, mit gutem WLAN, Sound und illustren Lovebird-Separees oben (2000 Kyat pro Std.). Leckerer *baked cheese cake* für 1000 Kyat, Eisbecher, Shakes und Säfte sowie allerlei Kaffee-Spezialitäten zu 600–2000 Kyat. ⏲ 7.30–22 Uhr.

SONSTIGES

Einkaufen

Die neue, im Herzen der Stadt liegende **Grand Jade Shopping Mall** erstreckt sich über 4 Etagen, ⏲ 8–21 Uhr, und bietet sich, wie auch

Runde Sachen

Seit rund 30 Jahren als einziges, reines Perlen-Geschäft in Myeik: Das in einem Kolonialbau untergebrachte **Royal Pearl**, BEHS-2 Rd. (School St.), ☏ 059-41682, fungiert selbst als Perle. In ihrer bescheidenen, schummrigen Wohnstube hortet und hütet die Besitzerin massenhaft Schätze – von 20 000 bis 1,5 Mio. Kyat pro Prachtstück, bewertet nach Gewicht und Qualitätsprüfung mit Licht. Die faszinierenden, goldenen Perlen soll es gar nur in Myanmar geben. ⏲ 7.30–21 Uhr.

Schlemmer-Streifzüge

Nicht zuletzt weil die meisten Restaurants zeitig schließen, empfiehlt sich der **Nachtmarkt** an der Uferpromenade. Hier lässt es sich herrlich schlemmen mit Blick auf den Hafen und die auf dem Berg leuchtende Theindawgyi-Pagode. Es locken üppige, mit viel Seafood bestückte Topf-Buffets, dazu mundet z. B. thailändisches *Singha*-Bier in Dosen. ⏲ 17–23 Uhr. Lust auf Süßes kann der Snack-Markt **Dawei Su** (Myint Nge) in der Gon Yone Rd. befriedigen. Hier werden, wenn die morgendliche/mittägliche Funktion als Fisch- und Frischmarkt endet, u. a. leckere Kokos-Pfannkuchen, Frühlingsrollen und Crêpes gebrutzelt, ⏲ 14.30–16.30 Uhr. Zudem zu empfehlen ist der gut sortierte **Früchtemarkt** im Zentrum, ⏲ 6.30–21 Uhr.

das am nördlichen Stadtrand platzierte **Myeik Shopping Center**, ⏲ 9–21 Uhr, in idealer Weise an, um Hitze oder Regen zu entfliehen – mit einem jeweils bestens sortierten, gut heruntergekühlten Supermarkt sowie allerlei Boutiquen, Beauty-Salons und Restaurants mit WLAN. Kleinere Bedürfnisse kann der Myeik Minimarkt befriedigen.

Informationen

Aktuelle Infos bieten diverse Veranstalter (s. Kasten S. 580), zudem gibt es eine enorm hilfreiche Gratis-Karte von Myeik. Gute Infos zum Archipel auf 🖥 http://www.mergui.info.

Reisebüros

Sun Far Travels & Tours, Pyi Tawtar St., ☏ 059-41160, 🖥 www.sunfartravels.com. Professionell – vor allem für Flugbuchungen aller Art. ⏲ 7–17 Uhr.

NAHVERKEHR

Funktioniert fast nur mit **Moped-Taxis**, Tagesmiete 15 000–20 000 Kyat. Statt **Tuk Tuks** gibt es Hi-Jet-Cars, aber meist nur an Flughafen oder Hafenmeile. Für Transporte aller Art hat sich Mr. Tam (s. Kasten S. 580) bewährt. Limousinen ca. US$70 pro Tag.

TRANSPORT

Busse

Der **Busbahnhof** liegt – wie auch das sich noch im Bau befindliche, neue Terminal – rund 3 km östl. vom Zentrum (Moped-Taxi 2000 Kyat, Hi-Jet 4000 Kyat), Informationen beim Ticketkauf. Es gibt bereits an die 10 Minivan-Anbieter.
DAWEI, mehrmals tgl. für 10 000 Kyat, Minivans bis 12 000 Kyat, in 6–7 Std. (260 km).
KAWTHOUNG, morgens und nachmittags für 25 000 Kyat, Minivans bis zu 30 000 Kyat in 12–13 Std. (485 km).
MAWLAMYAING, meist abends für 15 000–18 000 Kyat in 14–15 Std. (575 km).
YANGON, meist abends für 21 000–25 000 Kyat in ca. 22 Std. (885 km).

Boote

Die früher vom **Seik Nge-Jetty** startenden Fähren nach Myeik und Kawthoung sind nun verstärkt in der Inselwelt unterwegs – bis auf Weiteres leider nur für Einheimische.

Flüge

Der Flughafen liegt nur ca. 3 km vom Zentrum (Moped-Taxi 1000 Kyat, Hi-Jet 3000 Kyat). Nach

Touren für Neulandsucher

Auch wenn es Travellern schon vereinzelt gelungen sein mag, zu diversen Inseln vorzudringen und dort auf dem Boot oder mit Zelten und Lagerfeuer-Romantik zu übernachten: Das Bereisen des Archipels auf eigene Faust ist bisher nicht möglich, sondern nur mit einer Sondererlaubnis und Begleitung durch einen lizenzierten Reiseführer.

Tagestrips ins Myeik-Archipel

Insgesamt gibt es bereits ca. ein Dutzend Veranstalter. Wie, wann und welche Inseltouren möglich sind, hängt aber von Faktoren ab wie Jahreszeit, Wetterlage, Verfügbarkeit, Lizenz und Preis der Boote sowie Mindestzahl der Teilnehmer und natürlich vor allem davon, ob die zuständigen Behörden das dafür notwendige **Permit** erteilen wollen, können oder dürfen. Die Richtlinien ändern sich ständig, bleiben aber ziemlich restriktiv – besonders für **Slowboats**. **Speedboats** für 8–20 Pers. lassen sich meist für US$500–600 pro Tag chartern und können bis zu 20 Passagiere aufnehmen. Die schönsten, populärsten und am besten erreichbaren Inseln vor Myeik s. S. 584.

Streifzüge durchs Hinterland

Individuelle Transfers und (Boots-)Touren in und um Myeik organisiert und führt der sympathische wie aufgeweckte Reiseführer **Aung Ko Htwe (Mr. Tam)**, ✆ 09-4548 48451, 🖥 auf Facebook, von **Green Neco Travels & Tours**, 🖥 www.greenneco.asia. Für einen halben Tag nimmt der 30-jährige, ultimative Myeik-Insider inkl. Transport mit seinem halb offenen Daihatsu **Hi-Jet-Car** (max. 8 Pers.) 25 000 Kyat, ein ganzer Tag liegt bei 40 000 Kyat. Besonders beliebt sind seine **Kajak-Touren** durch Mangrovenhaine inkl. Mittagessen in einem Fischerdorf und Baden an einem einsamen Sandstrand (7.30–17.30 Uhr, US$60 p. P., ab 4 Teilnehmern US$45).
Auf Inseltrips und erlebnisreiche Tagestouren wie nach Tanintharyi (S. 583, 7.30–18 Uhr, US$100 p. P. ab 4 Teilnehmern US$60) spezialisiert hat sich die im Foyer des Grand Jade Hotels ansässige Agentur **Life Seeing Tours Southern Myanmar**, ✆ 09-7809 80607, 🖥 www.lifeseeingtours.com, ⏱ 8–20 Uhr. Gründer **André Schneegaß** – ein 33 Jahre junger, agiler Eventmanager und Weltenbummler aus Thüringen – ist im tiefen Süden von Myanmar hängengeblieben und ermöglicht Neulandsuchern Stadt- oder Strandtouren sowie Buchungen von Hotels, Transfers und Tickets aller Art. Zudem fungiert er als ideale Infobörse – inkl. denkbar heißem Draht zum **Myanmar Paradise Beach Resort** auf der Dawei-Halbinsel.

Yangon wird gern ein Zwischenstopp in Dawei eingelegt. Mehr zu Flügen auf S. 570.
Air KBZ, 53 Baho Rd., ✆ 059-42224.
Apex Airlines, 28 Myay Ni Rd., ✆ 09-4221 95856.
Mann Yadanarpon Airlines, Kann Phyar Rd., ✆ 09-2541 86884.
Myanmar National Airlines, Kannar St., Ecke Seike Kanthar St., ✆ 059-21070, 059-21160.

Umgebung von Myeik

Im Hinterland von Myeik lockt mit dem rund 90 km südöstlich liegenden **Tanintharyi** einer der besterhaltenen Orte Südostasiens. Er hat lange als Umschlagplatz für die Königreiche von Siam fungiert und fiel 1826 unter die Herrschaft der Briten, die hier Teakholz, Kautschuk, Zinn, Trockenfrüchte und Cashew-Nüsse verschifften.

Der Namensgeber der gesamten Region kann erst seit August 2015 besucht werden, könnte aber schon bald in den touristischen Fokus rücken – durch einen weiteren internationalen Grenzübergang nach Thailand (Prachuap Khiri Khan) und sein architektonisches Erbe: Jenseits der drei Avatar-Riesen im Zentrum sind ganze Straßenzüge als Ensemble mit betagten Holzhäusern erhalten, obwohl der historische Charme etwas unter der jüngst durch den Ort betonierten Straße gelitten hat.

Zu erreichen ist Tanintharyi über die neu ausgebaute Nationalstraße 8, die hier teilweise reizvoll am Fluss entlangführt, oder mit dem Linienboot (tgl. ab 9 Uhr von einem kleinen, aber betriebsamen Hafen in Myeik, Tickets 3000 Kyat), das gern von fliegenden Händlern geentert wird und unterwegs rund ein Dutzend Zwischenstopps einlegt. Neuerdings kann man hier sogar übernachten – für 50 000 Kyat in den 20 AC-Zimmern des **Royal Blossom Hotels**, ✆ 09-4222 25693.

Vom Myeik-Archipel lassen sich lediglich die beiden stadtnahen Inseln **Pataw Padet** (S. 577) und **Kadan Kyun (Kyunsu)** (S. 584) ohne Permit besuchen, bieten aber auch kein paradiesisches Flair. Ansonsten gilt die Faustformel: Je weiter weg die Inseln von der Stadt Myeik im Meer liegen, desto schöner sind sie, wobei sich die reizvollsten im mittleren und südlichen Abschnitt verbergen und eigentlich entsprechend leichter bzw. sogar als Tagestouren von Kawthoung aus zu erreichen sind.

Der Myeik-Archipel

Seit dem Zweiten Weltkrieg ist diese bisher kaum besiedelte, über rund 500 km von Myeik bis nach Kawthoung an der Südspitze Myanmars reichende Inselgruppe fast völlig von der Außenwelt isoliert gewesen. Obwohl eine alte britische Erhebung nur rund 800 Inseln auflistet, könnten es insgesamt sogar über 4000 sein. Auf jeden Fall sollen etwa 200 davon etwas oder viel Sandstrand bieten und 70 inzwischen verpachtet sein! Die meisten Erkundungstouren –

Ein Paradies wird geplündert

Die mit der Öffnung des Landes begonnene **Erschließung** des Myeik-Archipels für den Tourismus dürfte gravierende Veränderungen für die Natur mit sich bringen. Das gilt natürlich auch für die hier als Ureinwohner und Seenomaden lebenden **Moken**, die bereits erste Erfahrungen als begehrte Beute von Touristen-Kameras und TV-Teams aus aller Welt machen mussten.

Der Zauber des Archipels ist ohnehin enorm bedroht: Obwohl auf den Weiten des Meeres an manchen Tagen keinerlei Boot zu erspähen ist, werden die **Fischgründe** gnadenlos überfischt, während es auf den tropisch bewaldeten Inseln immer wieder zu (il)legalem **Holzeinschlag** kommt oder Sandnester mit Schildkröteneiern geplündert werden. Zwar genießt die Inselwelt einen gesetzlich ausgewiesenen Naturschutz, doch den Behörden mangelt es an Schiffen und Flugzeugen (wie sicherlich auch Motivation), um die riesige Region zu überwachen. Immerhin scheint sich der exzessive **Sand-Export** reduziert zu haben, mit dem riesige Landgewinnungsprojekte in Singapore gespeist werden.
Mehr über den Raubbau am Paradies s. **eXTra [5809]**.

Die Inseln des Myeik-Archipels verzaubern mit herrlichen Stränden und glasklaren Fluten.

ob einfach buchbare Tagestrips, individuelle Chartertouren oder längere Meereskreuzfahrten – starten bisher von Kawthoung, doch etabliert sich dafür zunehmend auch Myeik. Der faszinierendste Blick auf den Archipel eröffnet sich natürlich aus dem Flieger – zwischen Myeik und Kawthoung.

Mit seinen unberührten Stränden, ausgedehnten Korallengärten, einer faszinierenden Vielfalt an tropischen Fischen, Schildkröten oder riesigen Schwärmen Hornbills verfügt der Myeik-Archipel über enormes touristisches Potenzial und wird sich (leider) zu einem beliebten Urlaubsziel mit mehr Schiffsverkehr entwickeln. Diese und weitere Gefahren (s. Kasten S. 582) ließen sich allenfalls eindämmen, wenn die Unesco die Inselwelt tatsächlich als Biosphären-Reservat bzw. Weltnaturerbe anerkennen würde.

Natürlich birgt die Region allerlei Mythen, Legenden und Geheimnisse: Von dem britischen Dampfer *Sir Harvey Adamson* z. B., der 1947 auf dem Weg nach Myeik mitsamt Besatzung und 269 Passagieren in den Weiten des Archipels verschollen ist, fehlt bis heute jede Spur. Auf der Insel Lampi soll es einst einen Flugplatz der Japaner gegeben haben, der bislang gänzlich unerforscht ist. Auch die unzähligen Felsbuchten der Inseln dürften noch etliche Geheimnisse bergen, dienten sie doch einst Piraten als Unterschlupf beim Plündern. Auch Funde von Ming-Porzellan in Fischernetzen lassen historische Schätze auf dem Meeresgrund vermuten.

Die meisten Eilande des 36 000 km² großen Archipels sind unbewohnt, auf einigen leben Seenomaden. Möglicherweise handelt es sich bei den Moken (von Maw Ken – „im Meer ertränkt") um die erste ethnische Gruppe, die im heutigen Myanmar siedelte. Von den Briten einst „Saleeter" genannt, von den Birmanen als „Salon", den Thais „Chao Naam" oder „Chao Leh" und den Malaien „Orang Laut" oder „Orang Basin" bezeichnet, lebten sie bis vor Kurzem ausschließlich vom Fischfang und Perlentauchen. Durch einen Schlauch mit Atemluft versorgt und mit um die Hüfte gebundenen Ballast-Steinen sollen sie sogar bis zu 60 m tief tauchen und unter Wasser hervorragend sehen können. Was sie von dort so heraufholen, hat sich u. a. im April 2001 gezeigt, als vor der Küste der Insel St. Matthews die mit 169 g (845 Karat) größte Naturperle der Welt geborgen wurde.

Liveaboard-Cruises – Schwimmende Meereshotels

Dass selbst kleinere Eilande oft mehrere Namen haben, macht die **Orientierung** im Myeik-Archipel nicht gerade leichter. Da das Reisen auf eigene Faust bzw. ohne lizenzierten Reiseführer ohnehin verboten ist, sind Ausländer bisher vor allem auf professionelle und nicht gerade billige, aber lohnende Pauschaltouren angewiesen. Diese sind seit Ende 1996 möglich und starten meist als *Liveaboard-Cruises* mit Vollverpflegung von Ranong/Kawthoung, einige neuerdings auch ab Myeik. Es gibt an die 15 Veranstalter, aber nicht alle fahren regelmäßig (Auswahl s. S. 586).

Die komfortablen **Jachten** sind in der Regel fünf bis zehn Tage unterwegs und buchbar ab rund US$900 p. P. Es gibt Early-Bird-Angebote, doch Last-Minute-Schnäppchen sind schwieriger geworden – seit die Behörden eine frühe Anmeldung fordern. Komplett-Charter ab US$1800 pro Tag. Dazu addieren sich stets US$30 für das Visum und US$100 als *Port & Park Fee* für vier Tage, plus US$20 pro weiteren Tag und US$50, wenn der 11. Breitengrad bzw. der Black Rock überschritten werden.

Die Touren richten sich an Taucher, Schnorchler oder Paddler, aber zunehmend auch an **Naturfreunde** und **Abenteuerlustige**, die die herrlichen Strände und das Innere von Inseln erkunden wollen. Trotz aller Enge an Bord ist – z. B. durch Komfort-Kabinen, Sonnendecks oder Bodenmatratzen – für reichlich Behaglichkeit gesorgt, sodass man sich schnell näherkommen kann. Die **Crews** verstehen sich meist auf perfekten Bordservice, zaubern tgl. bis zu vier Mahlzeiten aus der Kombüse.

Passionierte Taucher empfehlen **Unterwasserziele** (in Nord-Süd-Richtung) wie: die Great Western Torres, Northern Little Torres (228 km nordwestl. von Kawthoung: Tauchtiefe 10–40 m), Black Rock (190 km: Tauchtiefe 3–40 m; Haie, Adlerrochen, Mantas), North Twin and South Twin, Nar Nat Three Island (99 km: 27 m Tauchtiefe), Western Rocky (80 km: unter der Insel hindurchführender Tunnel; Haigründe), Shark Cave, Roe Banks oder die etwas abseits der Myeik-Inseln gelegenen Burma Banks (170 km nordwestl. der thailändischen Similan-Inseln: Meerestiefen bis zu 300 m), die sich eigentlich schon in internationalen Gewässern, aber immer noch innerhalb der 200-Meilen-Zone befinden.

Ein weiteres Geschäft ist die Ernte von **Salanganen-Nestern**, die für einen Kilopreis von mehreren tausend Dollar verkauft und daher „weißes Gold" genannt werden. Die Nester bestehen aus dem Speichel der Seeschwalben und kleben an den Felswänden unwegsamer Höhlen, wo sie mithilfe schwindelerregend hoher Leitern und wackeliger Bambusgerüste eingesammelt werden. In Hühnersuppe gekocht, weichen sie zu fadenförmigen Nudeln – eine Delikatesse mit angeblich positiver gesundheitlicher Wirkung.

Inseln vor Myeik

Kadan Kyun (Kyunsu)

Neben Pataw Padet handelt es sich um die einzige vorgelagerte Insel, die ohne Permit besucht werden darf bzw. um die mit 440 km² größte Insel des Archipels. Die „Königsinsel" wird seit 1981 bebaut und beherbergt eine Marinebasis. Per Moped-Taxi (5000 Kyat) lassen sich die erlaubten Regionen inkl. einem Wasserfall erkunden, doch eine Suche nach Sandstrand bleibt erfolglos.

Dome Kyun (Dome Island)

Hier finden sich ein herrlicher Standstrand und zwei kleine Fischerdörfer, in denen noch viele Seenomaden beheimatet sind. Die Insel wird gern mit dem Besuch von Thel Lett Tin kombiniert.

Thel Lett Tin (Two Face Island)

Nur ein 50 m breiter Grünstreifen trennt die beiden halbmondförmigen Sandbuchten dieser Insel, die an das thailändische Koh Phi Phi längst vergangener Zeiten erinnern muss. Es gibt ein vorgelagertes Korallenriff sowie eine Perlenfarm, die aber nicht scharf auf Neugierige ist.

Harris Island (Marcus Island)

Zählt zu den schönsten Inseln im nördlichen Archipel und lässt sich per Speadboat binnen einer Stunde erreichen. Die Besucher werden von einem paradiesischen weißen, 500 m langen Sandstrand empfangen. Ein kleines Restaurant versorgt Tagesausflügler.

Kyail Laik Island
Rund 2 1/2 Std. von Myeik kann diese an die Malediven erinnernde, verlockende Insel mit bunt- belebten Korallengärten aufwarten – erst recht, wenn effektiv gegen die illegale Dynamit- und Schleppnetzfischerei vorgegangen werden würde.

Inseln vor Kawthoung
Thathay Kyun (Pulau Ru)
Die nicht weit von Kawthoung entfernte, 1800 ha große „Insel des reichen Mannes" beherbergt seit 1995 das erste und lange einzige Hotel im Archipel: Das von Thais betriebene **Grand Andaman Resort** bietet u. a. über 200 Zimmer mit Meerblick, einen 18-Loch-Golfplatz von Jack Nicklaus und ein schillerndes Spielkasino (s. rechts). Zielgruppe ist die Oberschicht aus Thailand und Singapore. Westliche Urlauber landen eher selten an, obwohl es einen kleinen, netten Sandstrand gibt und Touren zu allerlei Nachbarinseln.

Cooks Comb Island (The Emerald Heart Island)
Erst seit 2015 zu besuchen, fungiert diese Insel mit ihrer fotogenen Lagune im Inneren quasi als Symbol der kleinen Paradiese im südlichen Teil des Myeik-Archipels und wird, wie auch die Eilande **Horseshoe**, **Tafook**, **Dunkin** oder **Zedetkyi**, entsprechend gern mit Tagestrips angelaufen.

Salon Kyun (Pulau Besin)
Nur eine Stunde von Kawthoung bietet die dicht bewaldete „Insel der Seenomaden" mehrere Sandstrände und eine schöne Lagune. Hier zelebrieren die Moken Ende April ein größeres Fest. Ursprünglich sollte diese Insel bevorzugt für den Tourismus erschlossen werden.

Lampi Kyun (Sullivan Island)
Nicht nur wegen der bis zu 2 km langen Sandstrände das sicherlich faszinierendste Eiland des Archipels: Die 90 km lange und 8 km breite Insel (etwa die Größe Singapores) zählt zu den unberührtesten Winkeln Südostasiens und wurde schon früh zum Nationalpark erklärt. Im Inneren erheben sich tropisch bewaldete Berge, während an der Westküste ganzjährig zwei Wasserläufe ins Meer strömen. Neben Nashornvögeln, Affen, Zibetkatzen, Seeottern, Pythons und seltenen Schildkrötenarten soll es sogar Krokodile geben und Elefanten – einst ausgewildert von Holzfällern. In der Nachbarschaft verbergen sich mit **Kyun Pilar** und **115 Island** zwei weitere herrliche Inseln.

ÜBERNACHTUNG

Die Paradiese im Paradies lassen sich meist nur mit *Border Pass* bereisen, haben sonst aber natürlich ihren Preis. **Grand Andaman Travel**, (s. Kasten S. 589) kann auf einigen Inseln neuerdings mit Luxuszelten aufwarten!

Boulder Bay Eco Resort, auf Boulder Island (Nga Khin Nyo Gyee), ☎ 01-380 382, 🖥 www.boulderasia.com. Als Traum eines Norwegers bzw. Stützpunkt des *Liveaboard*-Veranstalters Moby Dick Tours (s. S. 586), mit stilgerecht-romantischen Bungalows und allerlei naturnahen Aktivitäten. Transfers per Holzboot. ❻

Grand Andaman Hotel, auf Thatay Kyun, ☎ +66-77801 0659-61 (Resort), +66-7787 1081-3 (Ranong), 01-225 287 (Yangon), 🖥 www.grandamanisland.com. Rund 20 Shuttleboot-Minuten von Ranong/Kawthoung (nur 100 Baht) als exklusives 5-Sterne-Resort im Boutique-Stil – mit 6 Restaurants und Bars, Kasino und Karaoke-Lounges. 205 Wohlfühlzimmer und Suiten in 4 Kategorien sowie Poollandschaft, Spa, 12 km-Fitnesspfad und Golfplatz. ❻–❽

Myanmar Andaman Resort, auf Fork Island oder Macleod, ☎ 09-7976 27627 (Yangon), 🖥 www.myanmarandamanresort.com. Rund 72 km bzw. 2 Speedboat-Std. von Kawthoung und seit 2005 erstes und lange einziges birmanisches Strand-Resort im Archipel: Das traumhafte Hideaway lockt mit 22 stilvoll-luxuriösen Cottages und Chalets aus Naturmaterialien, 26 bzw. 40 m² groß und klimatisiert – buchbar als Arrangement mit Transfers und Halbpension. Trekkingtouren und Tauchkurse, Verleih von Schnorchelausrüstung und Kajaks. ❻

Victoria Cliff Resort/Nyaung Oo Phee, auf Nyaung Oo Phee, ☎ +66-94-224 2473 (Thailand), 🖥 www.nyaungoopheeresort.com. Erreichbar mit 105 Speedboat-Min. ab Kawthoung und neu seit 2016 auf einer herrlichen Nachbarinsel von Kayin Kwa – als Ableger des Victoria Cliff Resorts auf dem Festland (s. S. 585). Exklusiv und luxuriös, Angebote zum Schnorcheln und Tauchen. ❺–❻

TOUREN

Auf *Liveaboard-Cruises* haben sich z. B. folgende, vorwiegend von Ranong/Kawthoung startende Anbieter spezialisiert – in Deutschland teilweise buchbar über **Myanmar Discover/Sommer Fernreisen GmbH**, ✆ +49-8533-919 161, 🖥 www.myanmar-discover.de: **Aladdin Dive Safari**, ✆ +66-8727 47601 (Thailand), 🖥 www.aladdindivesafari.com. Benannt nach einer Inselgruppe und professionell – zumal bereits seit 2006 im Archipel unterwegs. Das sympathische deutsch-holländische Paar Frank und Sophie(tje) bietet familiäres Bordleben und faszinierende Taucherlebnisse. Die hölzern-wohnliche, 24 x 6 m große *My Merit* besitzt 7 Kabinen für 14 Passagiere. 4, 6 oder auch 8 Tage inkl. Verpflegung ab 890 € p. P., in der Doppelkabine.
Burma Boating, ✆ +66-2-107 0445 (Bangkok), 🖥 www.burmaboating.com. Internationales Profi-Team (darunter etliche Deutschsprachige) mit dem Gespür für paradiesische Kreuzfahrten – als 6-Tages-Touren zu US$2600 oder Voll-Charter ab US$1900. 11 faszinierende Schiffe wie die Super-Segel-Yacht *SY Clan VI* oder die im Retrostil entworfene, 40 m lange *MY Drenec*.
Mergui Princess Cruise/Elegant Myanmar Tours, Mya Yeik Nyo Hotel, Yangon, ✆ 01-401 261, 09-4211 07472, 🖥 www.merguiprincess.com, 🖥 www.elegantmyanmartours.com. Die 24 m lange *MV Mergui Princess* z. B. bietet 5 Kabinen für bis zu 16 Passagiere und eine 5-köpfige Crew – für bis zu 7-tägige Touren, neuerdings sogar auch ab/nach Myeik!
Moby Dick Tours, 89-91, 32nd Rd., Yangon, ✆ 01-380 382, 09-509 1672 (Kawthoung), 🖥 http://islandsafarimergui.com. Zählt seit 2003 zu den Pionieren im Archipel – als einziger Anbieter von faszinierenden, reinen Insel-Safaris inkl. eigenem Resort auf Boulder Island (s. S. 585). 5 Tage mit der *MV Sea Gipsy* kosten in der Doppelkabine inkl. Vollpension US$ 1110 p. P., 7 Tage US$1530.

Kawthoung (Kawthaung, Victoria Point)

Nur die breite Mündung des Flusses Pak Chan trennt Kawthoung im südlichsten Zipfel Myanmars von Thailand. Die kleine, sich über sanfte Hügel erstreckende Hafenstadt ist 2000 km von Putao als nördlichster Spitze des Landes entfernt, 1350 km von Yangon und etwa 360 km von Myeik. Die Briten nannten sie **Victoria Point**, die Thais bezeichnen sie als **Ko Song** („Zwei Inseln"), wie der Name eben auch auszusprechen ist.

Der 55 000 Einwohner zählende Küstenort lebt vom bilateralen Handel und Fischfang, hat aber touristisch enorm an Bedeutung gewonnen – seit es reibungslos möglich geworden ist, eine Myanmar-Reise hier zu beginnen oder zu beenden. Was könnte den Wandel der Zeiten besser symbolisieren als das 2015 eröffnete, herrlich platzierte 4-Sterne-Hotel Victoria Cliff Resort?

Der beste Ausblick über Kawthoung eröffnet sich von der golden schimmernden **Pyi Taw Aye-Pagode**. 1949 auf einem Hügel errichtet, wurde sie später auf eine Höhe von 21 m gebracht. An der Hafenmeile gibt es kleine Restaurants und Geschäfte, die sich auf Baumaterialien aus Thailand spezialisiert haben. Der Myoma-**Markt** lockt mit ansprechender Architektur und zollfreiem Einkauf. Nicht weit vom Hafen liegt ein nach König Bayinnaung benannter Landvorsprung bzw. schön angelegter **Park**: Eine **Bronzestatue** zeigt den Monarchen in voller Kriegsrüstung und mit einem gegen Thailand gestreckten Schwert. Die einreisenden Thais empfinden das nicht gerade als Willkommensgruß – war der birmanische König im 16. Jh. doch mehrmals bei ihnen einmarschiert.

ÜBERNACHTUNG

Die touristischen Spots finden sich überwiegend an der Hafenmeile, die meisten Hotels

Grenzübergang Kawthoung / Ranong

Bei der Aus- und Einreise ist jeder selbst verantwortlich, die erforderlichen **Stempel** einzuholen! Mitgeführte **Reisepass-Kopien** können hilfreich sein, zudem sollte stets die **Zeitdifferenz** (Thailand plus 30 Min.) bedacht werden. Für den bilateralen Grenzverkehr benötigen die **Longtail-Boote** (als Sammeltaxi 50 Baht p. P., Charter ab 300 Baht) in beide Richtungen 30–40 Min.

Ausreise
Vom frühen Morgen bis ca. 16.30 Uhr knattern die Longtails nach Thailand. Mit dem Ausreise-Stempel des birmanischen Grenzpostens am **Myoma-Jetty** – leicht erkennbar an der blauen Eisenträger-Konstruktion – kann man einfach die Boote besteigen, um nach Ranong zu gelangen. Bei zwei Zwischenstopps an Stelzenbau-Checkpoints werden die Pässe noch einmal überprüft, dann führt am Ufer eine Treppe quasi automatisch zur Thai Immigration am **Saphan Pla-Pier**, wo das Königreich kostenlos ein 30-tägiges Visa on Arrival erteilt, ⏲ 8–17.30 Uhr. Bis zum Zentrum von Ranong sind es 4,5 km bzw. per Sammel-Taxi 15 Baht p. P. und Moped-Taxi 70 Baht.

Einreise
Sobald der Ausreise-Stempel von Thailand im Pass ist, kann es vom **Sapan Pla-Pier** per Longtail zum birmanischen Grenzposten am **Myoma-Jetty** in Kawthoung gehen, ⏲ 7.30–17 Uhr. Hier ist seit September 2016 die Einreise per E-Visum bzw. die freie Weiterreise möglich. Die Visa für *Liveaboard*-Touren müssen vom Veranstalter neuerdings zwei Wochen im Voraus angemeldet werden und kosten je nach Dauer und Ziel der Kreuzfahrt bis zu US$300.
Wer lediglich einen *Border Pass (Entry Permit) möchte, muss* US$10 (nur passable Banknoten) oder 500 Baht entrichten und seinen Reisepass hinterlegen. Doch kann man sich damit lediglich bis zu zwei Wochen bzw. auch nur in einer **24-Meilen-Zone** rund um Kawthoung aufhalten.

Übernachtung
Es empfiehlt sich, nicht länger als nötig in Kawthoung zu bleiben bzw. möglichst im thailändischen Ranong zu übernachten, wo sich wesentlich reizvollere und preiswertere Unterkünfte anbieten: z. B. das charmante **Le Sarin Chalet Resort**, ✆ +66-77-825 725, 🖥 www.lesarinchalet.com, das schöne **Pathu Resort**, ✆ + 66-77-825 336, 🖥 www.pathuresort.com, das flippig-hippe und u. a. mit einer illustren Oldtimer-Sammlung aufwartende **The b Ranong Trend Hotel**, ✆ + 66-77-823 111, 🖥 www.thebranong.com, oder die relaxte und mit exzellenter Hausmannskost sowie einer professionellen Tauchbasis geführte **Happinez Lodge**, ✆ +66-87-274 7601, 🖥 www.happinez.asia.
20- bis 30-minütige Minivan-Transfers zwischen der Grenze bzw. Stadt und dem rund 25 km entfernten Flughafen kosten 200 Baht p. P., als älteste und professionellste Reiseagentur am Ort fungiert **Pon's Place**, ✆ 086-478 6577, 🖥 www.ponplace-ranong.com.
Der Flughafen wird von **Nok Air**, 🖥 www.nokair.com, mit täglichen Flügen vom/zum Don Mueang-Airport in Bangkok (90–100 Min., Tickets zuweilen unter 1000 Baht) bedient. Als Alternative starten um 20–21 Uhr 24-, 32- oder 36-sitzige VIP-Busse für 700 Baht (ca. 9 Std.).
Für die beiden anderen **internationalen Grenzübergänge** nach/von Thailand s. S. 549 und 567.

---

wirken nicht besonders einladend und übertreuert – im Gegensatz zu denen von Ranong (s. Kasten).
Garden Hotel, 17 Bo Yar Nyunt Rd., ✆ 059-51731, 🖥 www.gardenhotelmm.com. Rund 1,5 km nördlich vom Pier als stattlicher Neubau mit sauberen Zimmern, die DZ liegen im Obergeschoss. ❸–❹
Honey Bear Hotel, am Hafen, ✆ 059-51352-3, 094-5692 3772. Liegt als 3-stöckiger Profanbau dort, wo die meisten Boote von/nach Ranong verkehren. 37 spartanische, nicht gerade billige

Teppichboden-Zimmer mit kleinen Bädern, die teureren mit Hafenblick. Restaurant im Erdgeschoss. ❷–❸

Kawthoung Motel, Bogyoke Rd., Ecke Bosonpat Rd., rund 500 m vom Pier auf einem Hügel, ✆ 059-51139, ✆ 059-51249. 5-stöckige Notlösung mit ziemlich lieblosen Zimmern, von denen einige immerhin einen schönem Blick über die Bucht bieten. ❷–❹

Penguin Hotel, 339 Sabal Rd., ✆ 09-2605 66762, 🖥 www.penguinhotelkt.com. Rund 5 Min. vom Pier bzw. an einem Hügel als gute Option im Ort. 20 saubere Fliesen-Zimmer, wahlweise mit AC und gutem Preis-Leistungs-Verhältnis. Freundliches, hilfsbereites Management. ❷

Victoria Cliff Hotel & Resort, ca. 6 km nördlich bzw. nicht weit vom Flughafen, ✆ 092-5386 9977, 🖥 www.victoriacliff.com. Neu als schönste und beste Unterkunft der Region. An einem Hügel mit bestechendem Blick auf Meer und Inselwelt, wo es sogar einen exklusiven Ableger gibt s. S. 585). 40 Villen als „Ocean View", „Lake View" und „Hillside". Pool, Gym und Maliwan Spa. ❺–❻

ESSEN

Die Speisekarten enthalten meist keine Preisangaben.

Mark, Strand Rd. Lange etabliert als Hafenkneipen-Restaurant, in dem es sich gut aushalten lässt, das spottbilligem Fassbier zu 25 Baht/800 Kyat und günstiger Thai-Kost sowie mit Blick auf den Jetty und Park. ⏱ 7–22 Uhr.

Mingalar Bar Café, am Fuß des „5-5-5 Mountain". Ideal zum Sonnenuntergang und erstes Restaurant, das vor allem auf westliche Besucher zielt – z. B. mit Burgern und Spaghetti ⏱ 9–21 Uhr.

Smile, Bogyoke Rd., nahe Kawthoung Motel. Englischsprachige Speisekarte für chinesische Küche und Seafood-Gerichte. Ab 19 Uhr erschallt meist Karaoke. ⏱ 9–22 Uhr.

Tin Tin, gleich neben dem Mark. Gut und günstig, beliebt für birmanische Küche oder Gerichte mit Ente und Ziege. ⏱ beide ca. 9–21 Uhr.

SONSTIGES

Sun Far Travels & Tours, Myomatadar St., ✆ 059-51244, 09-4987 2694, 🖥 www.sunfartravels.com. ⏱ 8–17, Sa, So bis 13 Uhr. Empfiehlt sich auch hier besonders für Flug-Infos und Tickets.

TRANSPORT

Busse

Die Strecke nach Myeik ist Ausländern erst seit 2015 erlaubt und erspart die einst bis zu US$40 teuren Fähren, ist landschaftlich aber nur im letzten Abschnitt reizvoll.
MYEIK, um 16.30, 17.30 und 18 Uhr mit AC-Bussen oder Minivans für 25 000 Kyat in 12–13 Std. (360 km).

Boote

Fast sämtlicher Touristenverkehr wird über den Myoma-Jetty abgewickelt, für Longtails nach Thailand s. Kasten S. 587, Speedboat-Shuttles zum Andaman Club Resort s. S. 589.

Flüge

Der **Flughafen** liegt rund 13 km nördlich vom Zentrum und ist in etwa 25 Min. erreichbar. Moped-Taxis kosten 3000 Kyat, Tuk Tuks um 9000 Kyat. Nach Yangon geht es meist mit Zwischenstopps in Myeik und Dawei. Mehr Infos s. Kasten S. 570.
Apex Airlines, ✆ 09-4222 12483.
Air KBZ, 92 Kannar Rd., ✆ 09-4308 9018.
FMI Air, ✆ 01-373537 (Yangon-Büro).
Mann Yadanarpon Airlines, 51 Myoma Tadar Rd., ✆ 09-2543 43353, 09-4921 5545.
Myanmar National Airlines, ✆ 059-51116.

Umgebung von Kawthoung

Nur 5 km nördlich von Kawthoung erstreckt sich das Fischerdorf **Thirimyaing Lan** mit der **Third Mile Pagoda**. Diese liegt auf einem Hügel und ermöglicht einen bestechenden Ausblick auf das Meer mit den vorgelagerten Inseln. Im Umfeld offerieren einige Bambus-Restaurants

Touren über Land und Wasser

Die Erkundung des Hinterlands von Kawthoung ist im Umkreis bis 40 km erlaubt, darüber hinaus benötigt man einen lizenzierten Reiseführer. Diese verlangen bis zu 1000 Baht pro Tag und lassen sich über das **MTT-Büro** im Zentrum arrangieren, ✆ 059-51578, das einen spartanischen Stützpunkt am Myoma-Jetty unterhält, ✆ 091-563 9195 (Mr. Tom). ⏲ 9.30–16.30 Uhr.

Miet-Mopeds gibt es für ca. 200 Baht, Moped-Taxis lassen sich ab 500 Baht pro Tag chartern, Tuk Tuks kosten 700 Baht und Taxis um 1500–1700 Baht.

Etwaige Touren in das Myeik-Archipel – ob auf eigene Faust oder organisiert – dürfen nur in Begleitung eines offiziellen Reiseführers erfolgen! Jenseits der *Liveaboard-Cruises* und auf den Inseln liegenden Resorts spezialisieren sich immer mehr Unternehmen auf attraktive Tagestouren mit Speedboats (US$100–120 p. P.) – wie sie meist von Thais für Thais bzw. oft nur auf schnelle Bade- und Schnorchelfreuden ausgerichtet sind. Viel Verlockendes bietet der in Ranong ansässige Veranstalter **Grand Andaman Travel**, ✆ +66-9-0710 555, 🖥 www.grandetravel.com, aus Myanmar indes operieren z. B. **Elegant Myanmar Tours** (S. 586) oder **Life Seeing Tours Southern Myanmar** (s. Kasten S. 581).

Für die schönsten, beliebtesten und am besten erreichbaren Inseln vor Kawthoung s. S. 584.

---

fangfrischen Fisch und Meeresfrüchte. In der Nähe führt eine 400 m lange, fotogene Holzbrücken-Konstruktion zur Insel Pa Lut Tot Tot bzw. zu einem Strand, der mit einem netten Biergarten aufwarten kann.

Als bester Strand der Region gilt der rund 10 km von Kawthoung entfernte **Parker bzw. Ten Miles Beach** (mit Tuk Tuk inkl. Wartezeit US$25–40). Ebenfalls über die Nationalroute 8 erreicht man fast 40 km nördlich der Stadt bzw. am Limit der 24-Meilen-Zone für Borderpass-Inhaber das Dorf **Maliwun** (Jasmin) bzw. den dortigen, gleichnamigen Wasserfall, der mit zwei Stufen und Felsbecken zur Abkühlung einlädt. Nicht weit entfernt kann man sich von heißen Quellen erwärmen lassen.

Erste Eindrücke vom Archipel lassen sich unkompliziert mit einer Visite des **Andaman Club Resorts** (s. S. 585) auf **Thatay Kyun** gewinnen – zu erreichen 6x tgl. mit Shuttle-Speedboats für 100 Baht p. P. Wie es tiefer in die vorgelagerte Inselwelt gehen kann, s. Kasten S. 584.

Anhang

Sprachführer	590
Glossar	597
Reisemedizin zum Nachschlagen	600
Bücher	605
Index	609
Danksagung	630
Mitarbeiterin dieser Auflage	631
Bildnachweis	632
Impressum	633
Kartenverzeichnis	634

Sprachführer

Tausende von Touristen sind bereits durch Myanmar gereist, ohne ein einziges Wort Birmanisch zu sprechen. Das funktioniert einigermaßen: Hotelangestellte, Reiseleiter, Taxifahrer, Souvenirverkäufer – sie alle sprechen mehr oder weniger gut Englisch. Und ältere Menschen beherrschen diese Sprache noch aus der Kolonialzeit.

Wer jedoch abseits der großen Touristenströme unterwegs ist, auf lokalen Märkten einkauft und mit öffentlichen Verkehrsmitteln reist, ist gut beraten, sich mit ein paar Brocken der Landessprache auszustatten. Ein Schwätzchen mit der Fischverkäuferin, ein Small Talk auf dem Dach eines Pick-ups – das können Reiseerlebnisse sein, die mit dazu beitragen, den Myanmar-Aufenthalt unvergesslich zu machen. Der radebrechende Gast sollte sich nicht entmutigen lassen, wenn der Kellner im Restaurant ihn beim ersten Versuch mit gerunzelter Stirn anblickt. Wahrscheinlich wundert er sich nur über das „komische Englisch" des Touristen. Ist ihm erst einmal klar, dass das, was da fabriziert wird, Birmanisch sein soll, wird er sicher gern behilflich sein, die Aussprache zu korrigieren. Und bei den Mönchen, die sich westlichen Besuchern nähern, um ihr Englisch zu verbessern, kann man den Spieß umdrehen – Völkerverständigung zum gegenseitigen Nutzen. Irgendwann wird jeder Mutige zu hören bekommen: „Das war die perfekte Aussprache."

Die Beschäftigung mit der birmanischen Sprache mag auf den ersten Blick mühsam erscheinen. Die Schrift aus Kringeln und Kreissegmenten mutet sehr fremd an, ebenso der Tonfall, denn es handelt sich um eine **Tonsprache**. Die Vokale kommen in unterschiedlichen Tönen vor, die für westliche Ohren nicht immer leicht zu unterscheiden sind. Tatsächlich ist es jedoch gar nicht so schwer, ein paar Wörter zu lernen. Wer dann noch ein paar Zahlen kennt, dem ist nicht nur der Beifall der Birmanen gewiss: Auch das Handeln auf dem Markt klappt besser, und plötzlich erschließen sich sogar die Geheimnisse des Yangoner Nahverkehrs, denn die meisten Busse sind nur mit birmanischen Ziffern versehen.

Das Birmanische gehört zum tibeto-birmanischen Zweig der **sino-tibetischen Sprachfamilie** und ist Muttersprache der Birmanen, die etwa zwei Drittel der Landesbevölkerung ausmachen. Der mit geringen Abweichungen in Yangon und Mandalay gesprochene Zentraldialekt gilt als „Hoch-Birmanisch" und ist Amts- und Verkehrssprache. In entlegenen Berggebieten allerdings hat sich das Hoch-Birmanisch noch nicht durchgesetzt. Dort dient meist die Sprache der jeweils vorherrschenden ethnischen Gruppe als Lingua franca.

Geschrieben wird von links nach rechts. Die Konsonanten enthalten automatisch ein kurzes „a"; die anderen Vokale werden durch Zusatzzeichen vor, nach, über und unter den Konsonanten dargestellt. Es gibt keine Interpunktion, zwei kurze senkrechte Striche kennzeichnen das Satzende. Die Schrift geht auf südindische Buchstabensysteme zurück, die vermutlich über die Mon vermittelt wurden. Der älteste eindeutig datierte Beleg ist die Rajakumar-Inschrift aus dem Jahre 1113 in Bagan: Ein inhaltlich gleicher Text wurde in den damals gebräuchlichen Sprachen Pali, Mon, Pyu und Birmanisch auf die vier Seiten einer Stele gemeißelt.

Im Laufe seiner Entwicklung hat das Birmanische viele Wörter aus anderen Sprachen übernommen, besonders aus dem Pali, des Weiteren aus dem Sanskrit, dem Mon, dem Chinesischen und zunehmend aus dem Englischen.

Birmanische Schrift

Das birmanische Alphabet besteht aus **33 Grundzeichen**. 32 sind Konsonanten plus jeweils ein kurzes „a" wie beim indischen Vorbild. Allen gemeinsam ist, dass sie Träger zusätzlicher Zeichen sind, mit denen die anderen Vokale sowie weitere Laute dargestellt werden.

Kha ist die behauchte Version von *ka* usw. Der Konsonant *ng* am Silbenanfang ist für uns ungewohnt; er wird ausgesprochen wie z. B. in „si-ng-en", ohne „si" und „en".

Umschrift und Aussprache

Die birmanischen Zeichen in eine für Ausländer lesbare **Lautschrift** umzusetzen ist nicht ganz einfach. So ziemlich jedes Lehrbuch und jeder Sprachführer benutzt sein eigenes System. Gängige Lautschriften orientieren sich an der englischen Aussprache. Dem schließen wir uns an,

um dem Leser die „Entschlüsselung" von Wörtern leichter zu machen. In einigen typischen Sonderfällen fügen wir in Klammern eine „eingedeutschte" Version bei, die den deutschen Ausspracheregeln entspricht. Des Weiteren ist die Benutzung von Hilfs- und Sonderzeichen vonnöten, um die verschiedenen Tonhöhen kenntlich zu machen.

Da das Birmanische eine Tonsprache ist, kommen die **Vokale** in vier verschiedenen Varianten vor, die eigene Laute darstellen. Das ist eine der größten Hürden, da das westliche Ohr nicht gewohnt ist, diese sinntragenden Unterschiede wahrzunehmen. Ein falscher Ton kann fatale Folgen haben. Ein (etwas hinkender) Vergleich aus dem Deutschen: „Schiff" und „schief". Allerdings ist es hier nur die Länge des Vokals, die den Unterschied macht. Im Birmanischen kommen noch Stimmansatz und Intensität dazu.

Darüber hinaus gibt es noch einen **abgeschwächten Vokal** (der ungefähr dem zweiten „e" im umgangssprachlich ausgesprochenen Wort „nehmen" entspricht): Wir stellen ihn mit einem „å" dar. Er ist immer unbetont.

Birmanisches Alphabet

k က	kha ə	ga ဂ	ga ဃ	nga င
sa စ	sha ဆ	za ဇ	za ဈ	nya (nja) ည
ta ဋ	tha ဌ	da ဍ	da ဎ	na ဏ
ta တ	tha ထ	da ဒ	da ဓ	na န
pa ပ	pha ဖ	ba ဗ	ba ဘ	ma မ
ya ယ	ya/ra ရ	la လ	wa ဝ	tha သ
ha ဟ	la ဠ	a အ		

Die Zeichen in der dritten Zeile entsprechen lautlich denen in der vierten, sie finden vor allem bei Pali-Wörtern Verwendung.

- **Erster Ton**: hoch einsetzend, kurz, am Ende leicht fallend, wie abgequetscht, „ká"
- **Zweiter Ton**: tief einsetzend, eben, isoliert leicht steigend, sanft, lang, „ka"
- **Dritter Ton**: hoch einsetzend, stark fallend, lang, intensiv, „kà"
- **Vierter Ton**: hoch einsetzend, eben, sehr kurz, Stimmritzenverschluss, „ka'"
- **Abgeschwächter Vokal**: Schwa-Laut, Vokal im Tonschatten, „kå"

Zu allem Überfluss sind die Tonhöhen nicht absolut, sondern werden beim Sprechen angeglichen. Aber keine Sorge: Die Einheimischen werden sich bemühen, das Gesagte zu verstehen!

Die **Aussprache** des Birmanischen lernt man am besten durch Zuhören.

Einige Konventionen der im Folgenden benutzten Umschrift sind:

- *ky* und *gy* spricht man wie „tj" und „dj";
- *th* etwa wie ein englisches „th", *dh* ist die stimmhafte Variante davon;

- *aw* wird ebenfalls englisch ausgesprochen und klingt wie ein deutsches offenes „o";
- *sh* klingt wie „(i)ch";
- *hs*, *hp* oder *hk* bedeutet, dass diese Laute stark aspiriert sind, d. h. ein „h" nachgehaucht wird;
- *z* ist ein stimmhaftes „s" wie in „Nase".

Ein „h" vor einem Konsonant muss deutlich hörbar sein. Die **Betonung** regelt sich nach der Intensität der Töne; die letzte Silbe ist nie unbetont.

Gewiss findet sich hin und wieder jemand, der lernwilligen Fremden einzelne Wörter oder Sätze vorlesen kann. So lässt sich der Klang erlernen und der Wortschatz erweitern.

Wichtig: Fragesätze werden durch Satzmarker kenntlich gemacht und nicht, wie im Deutschen, durch Wortumstellung und Anheben der Stimme am Satzende! Und: Die zusammenhängenden Sprachbeispiele sollten möglichst ohne Pausen gesprochen werden. Bei Bedarf sind Bindestriche eingefügt, um das Ende von Silben kenntlich zu machen. Luft geholt werden sollte nur, wo Pausen (Leerstellen) angezeigt sind. Wer das beachtet, kann sich viele Missverständnisse ersparen.

Grammatik

Das Birmanische besitzt allerlei grammatische Eigenheiten, die es vom Deutschen und anderen europäischen Sprachen unterscheiden. Für den Reisenden reichen ein paar rudimentäre Grundkenntnisse – schließlich geht es vorrangig darum, überhaupt verstanden zu werden.

Das Wichtigste: Die **Satzstellung** unterscheidet sich vom Deutschen insofern, als das Prädikat grundsätzlich am Satzende steht (Ich Markt auf Obst kaufe). Weitere Unterschiede: **Substantive** haben **keinen Artikel**, sondern stehen für sich. Um den **Plural** zu kennzeichnen, reicht es, *-t(w)e* anzuhängen (das „w" kann verschluckt werden). Die **weibliche Form** kann durch ein angehängtes *-má* gekennzeichnet sein. **Personalpronomen** sind statusbezogen; die – außer gegenüber Kindern – zunehmend allgemein anwendbaren Pronomina für die erste und zweite Person haben unterschiedliche Formen für männliche und weibliche Sprecher. „Ich" heißt für Männer *kyånaw* und für Frauen *kyåmá*, „Sie" analog *khåmyá* bzw. *shin*. Kinder kann man mit *thåmì* = Mädchen und *thà* = Junge anreden, sich selbst dann als *ùlèj* (Onkel) oder *åko* (großer Bruder) bzw. *dawdaw* (Tante) oder *mámá* (große Schwester).

Verben haben **keine Flexion** – zusätzliche Partikel kennzeichnen Zeiten, Mehrzahl und viele Modalitäten.

Das Allerwichtigste

Guten Tag / Guten Abend	mìngålaba	မင်္ဂလာပါ
Auf Wiedersehen („Ich gehe jetzt")	thwàlai'ba-oùn-mae	သွားပါဦးမယ်
Auf Wiedersehen (Kurzfassung)	thwà-mae-naw	သွားမယ်နော်
Eine andere geläufige Begrüßung:		
Wie geht's?	nej kàun-yaélà	နေကောင်းရဲ့လား
Mir geht's gut!	[nej] kàun-ba-dae	[နေ]ကောင်းပါတယ်
Danke!	kyèj-zù-bàe	ကျေးဇူးပါဲ
Ich danke Ihnen.	kyèj-zù-tin-ba-dae	ကျေးဇူးတင်ပါတယ်
Die zweite Form ist förmlicher und sehr höflich.		
Ja	houÿ-ké	ဟုတ်ကဲ့
Nein	måhou'hpù	မဟုတ်ပါဘူး
Verstehen Sie?	nà le dhåla	နားလည်သလား
Ich verstehe.	nàlaebadae	နားလည်ပါတယ်
Ich verstehe nicht.	nàmålaebabù	နားမလည်ပါဘူး
Entschuldigung!	hkwín-hlu'pa	ခွင့်လွှတ်ပါ
Nichts für ungut.	sej'måshì-banáe	စိတ်မရှိပါနဲ့
Macht nichts.	kej'sá måshí-babù	ကိစ္စ မရှိပါဘူး

Zahlen

Die birmanischen Ziffern beruhen ebenso wie die arabischen auf dem Dezimalsystem. Auch die Zahlenbildung erfolgt wie im Deutschen gebräuchlich von links nach rechts, von der höchsten zur niedrigsten Ziffer.

1	ti' / tå (in Zusammensetzungen)	၁
2	hni' / hnå (in Zusammensetzungen)	၂
3	thòun	၃
4	lèj	၄
5	ngà	၅
6	chau'	၆
7	khunni' / khunnå	၇
8	shi'	၈
9	kò	၉
10	tåhsae	၁၀
11	hsáe-ti'	၁၁
12 (usw.)	hsáe-hni'	၁၂
20	hnå-hsae	၂၀
30	thòunzae	၃၀
40 (usw.)	lèjzae	၄၀
100	tåya	၁၀၀
110	tåyá tåh-se	၁၁၀
120 (usw.)	tåyá hnå-hs ae	၁၂၀
200	hnå-ya	၂၀၀
300	thòun-ya	၃၀၀
400 (usw.)	lèj-ya	၄၀၀
1000	(tå)htaun	၁၀၀၀
5000	ngà-daun	၅၀၀၀
10 000	(tå)thàun	တစ်သောင်း
100 000	(tå)thèin	တစ်သိန်း
1 000 000	(tå)thàn	တစ်သန်း
15 369	tåthàun ngàdaun thòun ya chau'hsáekò	၁၅,၃၆၉ တစ်သောင်း၊ငါး၊ေ ထာင်သုံးရာ ခြောက်ဆယ့်ကို;

Ein großer Unterschied zum Deutschen ist die Benutzung von **Zähleinheiten**. Das heißt, man kauft nicht „3 Äpfel", sondern „Äpfel 3 Rundes". Es gibt Dutzende davon für diverse Gegenstände und Lebewesen. Bei Dingen kann man sich jedoch mit dem allgemeinen *khú* behelfen. Nicht benutzen sollte man dieses Wort allerdings bei Pagoden, Tempeln und Buddhastatuen *(hsu)*; bei Tieren gilt *kaun*, bei Menschen *yau'*, bei Mönchen aber *pà*; Flaschen sind *bå-lin*, zwei Flaschen: *hnå-bålin*, bei Plastikflaschen, z. B. Trinkwasser, wird *bù* vorgezogen – *ye-dhán hnåbù*.

Die Wortreihenfolge ist Objekt – Zahl – Zählwort: *ngà-hnåkaun* – zwei Fische.

Fragen

Ein paar Fragen in der Landessprache formulieren zu können, kann gerade in touristisch nicht sehr erschlossenen Gegenden nützlich sein. Es sei noch einmal daran erinnert, am Wortende keinesfalls wie im Deutschen die Stimme zu heben. Für Fragen stehen spezielle Partikel am Satzende zur Verfügung – bei Entscheidungsfragen (Ja/Nein-Fragen) *là*, bei Ergänzungsfragen *làe*. Sehr praktisch z. B. kann *ejn-dha bae-hma-làe* (Wo ist die Toilette?) sein.

Wo ist ... ?	... bae hma làe	...ဘယ်မှာလဲ
Wie weit ist es?	bå-lau' wèj dhå làe	ဘယ်လောက် ဝေးသလဲ
Was für eine Straße ist das?	da ba làn-làe	ဒါ ဘာ လမ်းလဲ
Was?	balàe	ဘာလဲ
Wann? (Zukunft)	baedáw-làe	ဘယ်တော့လဲ
Warum?	baphyi'lólàe	ဘာဖြစ်လို့လဲ

Auf diese Frage darf nicht unbedingt eine befriedigende Antwort erwartet werden.

Was ist das?	da ba-làe	ဒါ ဘာလဲ
Wie heißt das (hier) auf Birmanisch?	da båbae-lo khaw-dhålàe	ဒါ မဘာလို့ ဘယ် လို ခေါ်သလဲ
Wie viel (kostet ...)?	... bae-lau'-làe	...ဘယ်လောက်လဲ
Was macht das alles zusammen?	àloùn bae-lau' kyá-dhålàe	အားလုံး ဘယ် လောက် ကျသလဲ
Was ist Ihr letzter Preis?	nau'hsoùn-zèi pyaw-ba	နောက်ဆုံးဈေး ပြောပါ
Wo kann ich ... kaufen?	... bae-hma waehnain-dhålàe	...ဘယ်မှာ ဝယ် နိုင်သလဲ
Darf ich Sie fotografieren?	da'poun yai'ló-yá-là	ဓာတ်ပုံ ရိုက် လို့ရလား;

Small Talk

Deutsch	Umschrift	Burmesisch
Wie ist Ihr Name?	khåmyá / sín nanmae baelo khawdhålàe	ခင်ဗျား/ရှင့်နာမည် ဘယ်လို ခေါ်သလဲ
Mein Name ist ...	kyånáw / kyåmá nanmae ... ló khawbadae	ကျွန်တော့်/ကျွန် မနာမည် ... လို့ ခေါ်ပါတယ်
Wie alt sind Sie?	khåmyá / shin åthae' baelau' shíbilàe	ခင်ဗျား/ရှင့် အသက် ဘယ် လောက် ရှိပြီလဲ
Ich bin ... Jahre alt.	kyånaw / kyåmá åthe' ... hni' shí-bi / hni'pa	ကျွန်တော့်/ကျွန် မအသက် ... နှစ် ရှိပြီ/နှစ်ပါ
Was ist Ihre Nationalität?	khåmyá / shin ba lumyòlàe	ခင်ဗျား/ရှင် ဘာ လူမျိုးလဲ
Ich bin ...	... lumyòba	...လူမျိုးပါ
Deutscher	gyaman	ဂျာမန်
Österreicher	àw-såtårìya	သြစတြီးယား
Schweizer	zwi'	ဇွစ်
Was ist Ihr Beruf?	ba ålou'[åkain] lou' dhålàe	ဘာ အလုပ် [အကိုင်] လုပ် သလဲ
Ich bin ...	... ba	...ပါ
Arbeiter	ålou' thåmà	အလုပ်သမား
Arzt	hsåyawun	ဆရာဝန်
Bauer	laedhåmà	လယ်သမား
Geschäftsmann	sìbwàyèjdhåmà	စီးပွားရေးသမား
Ingenieur	ingyin-niya	အင်ဂျင်နီယာ
Krankenschwester	thuna-byú-shåyamá	သူနာပြုဆရာမ
Lehrer	kyàun-hsåya	ကျောင်းဆရာ
Musiker	gitá-pyinnya-shin	ဂီတပညာရှင်
Schauspieler	[thåyou'h-saun] mìndhà	[သရုပ်ဆောင်] မင်းသား
Sozialarbeiter	lu-hmúwundàn-lou' thà	လူမှုဝန်ထမ်းလုပ် သား
Student	[te'kåtho] kyàundhà	[တက္ကသိုလ်] ကျောင်းသား
Wissenschaftler	thei'pan-pyin-nya-shin	သိပ္ပံပညာရှင်

Folgende Berufe sollten nicht allzu laut herausposaunt werden:

Autor	sa-yèj-hsåya	စာရေးဆရာ
Fotograf	da'poun-hsåya	ဓာတ်ပုံဆရာ
Journalist	dhådìnza-hsåya	သတင်းစာ ဆရာ

Die weibliche Form der Berufe wird häufig durch ein angefügtes *-má* gekennzeichnet.

Unterwegs

Wo ist ...?	... bae-hmalàe	...ဘယ်မှာလဲ
Bahnhof	buda-youn	ဘူတာရုံ
Bank	bandai'	ဘဏ်တိုက်
Bootshafen	thìnbàwzej'	သင်္ဘောဆိပ်
Buchladen	sa-ou'hsain	စာအုပ်ဆိုင်
Busstation	ba'såkà-gej'	ဘတ်စကားဂိတ်
Flughafen	lejzej'	လေဆိပ်
Gasthaus	tàekhogàn	တည်းခိုခန်း
Hotel	hotae	ဟိုတယ်
Markt	zèj	ဈေး
Museum	pyádai'	ပြတိုက်
Post	sadai'	စာတိုက်
Wann wird ... losfahren?	htwe'målàe bae-åchejn	ထွက်မလဲ ...ဘယ် အချိန်
Boot, Schiff	thìnbàw	သင်္ဘော
Bus	ba'såkà	ဘတ်စကား
Flugzeug	lej-yin-byan	လေယာဉ်[ပျံ]
Jeep	dji'kà	ဂျစ်ကား
Taxi	tae'kåsi, å-hngàgà	တက္ကစီ, အငှား– ကား
Ich hätte gern ...	... kyånaw / kyåmá... lo-gyin badae	ကျွန်တော်/ကျွန်မ ... လိုချင်ပါတယ်
ein Ticket	le'hma'tåzaun	လက်မှတ်တစ်စောင်
zwei Tickets	le' hma' hnå-zaun	လက်မှတ်နှစ်စောင်

Übernachtung

Gibt es hier ein Hotel (Gasthaus)?	dinà-hma hotae (tàe-hko-gàn) shídhålà	ဒီနားမှာ ဟိုတယ် (တည်းခိုခန်း) ရှိသလား
Haben Sie ein freies Zimmer?	åkhànlu' shíla	အခန်းလွတ် ရှိလား
Kann ich das Zimmer sehen?	åkhàn kyí-ba-yázej	အခန်း ကြည့် ပါရစေ

Deutsch	Transkription	Birmanisch
Zeigen Sie mir ein anderes Zimmer!	tåchà åkhàn pyába-oùn	တခြားအခန်း ပြပါဦး
Das Zimmer ist gut.	di åkhàn kàundae	ဒီအခန်း ကောင်းတယ်
Ist das Frühstück inklusive?	åkhàngádàe-hma måne'sa padhålà	အခန်းခထဲမှာ မနက်စာ ပါသလား
Wie viel kostet eine Übernachtung?	tåye' baelau'làe	တစ်ရက် ဘယ်လောက်လဲ
Ich bleibe eine Nacht.	tåyae'påe tàemae	တစ်ရက်ပဲတည်းမယ်
... zwei Nächte	... hnåyae'	... နှစ်ရက်

Essen

Wo ist ein ... ?	... bae-hmalàe	... ဘယ်မှာလဲ
Restaurant	såthau'hsain	စားသောက်ဆိုင်
chinesisches Restaurant	tåyou'såt-hau'hsain	တရုတ်စားသောက်ဆိုင်
Shan-Nudel-Laden	shàn kau'hs-wàezain	ရှမ်းခေါက်ဆွဲဆိုင်
Ich möchte ... essen.	... sàgyindae	... စားချင်တယ်
birmanisches Essen	myanma-åsà-åza	မြန်မာအစားအစာ
chinesisches Essen	tåyou'åsà-åsa	တရုတ်အစားအစာ
europäisches Essen	úyòpá åsà-åsa	ဥရောပအစားအစာ
Shan-Essen	shàn-åsà-åsa	ရှမ်းအစားအစာ
Thai-Essen	yòdåyà åsà-åsa (htàin)	ယိုးဒယားအစားအစာ (ထိုင်း)
Bitte bringen Sie mir ...	... [yu]pèjba	... [ယူ]ပေးပါ
Ess-Stäbchen	tu	တူ
Gabel	hkåyin	ခက်ရင်း
Glas	hpan-gwae'	ဖန်ခွက်
Löffel	zùn	ဇွန်း
Messer	dà	ဓား
Tasse	hkwae'	ခွက်
Teller	båganbyà	ပန်းကန်ပြား
Reis (gekocht)	htåmìn	ထမင်း
gebratener Reis	htåmìn gyaw	ထမင်းကြော်
Nudeln	kau'hswàe	ခေါက်ဆွဲ
gebratene Nudeln	khau'hs-wàe-gyaw	ခေါက်ဆွဲကြော်
... Curry	... hìn	... ဟင်း
Huhn	kyae'	ကြက်
Rind	åmàe-dhà	အမဲသား
Schwein	wae'thà	ဝက်သား
Fisch	ngà	ငါး
Garnelen	båzun	ပုဇွန်

Aus diesen Begriffen lassen sich die Namen vieler einfacher, überall erhältlicher Gerichte zusammenstellen, z. B.:

Deutsch	Transkription	Birmanisch
gebratener Reis mit Huhn	htåmin-gyaw-gyae	ထမင်းကြော်ကြက်
Fisch-Curry	ngàhìn	ငါးဟင်း

Weitere Speisen und Getränke S. 42, Essen und Trinken.

Deutsch	Transkription	Birmanisch
Bitte bringen Sie eine Flasche Bier.	bi-ya tåpålìn [yu]pèjba	ဘီယာတစ်ပုလင်း ယူပေးပါ
Bitte bringen Sie zwei Flaschen Trinkwasser.	thau'yej-dhán-hnåbù pèjba	သောက်ရေသန့်နှစ်ဘူး ပေးပါ
Haben Sie eine englische Speisekarte?	hìn åmyi-såyìn in-gålej'lo shílà	ဟင်းအမည်စာရင်း အင်္ဂလိပ်လို ရှိလား
Das ist sehr lecker.	da åyádha thej' kàundae	ဒါ အရသာ သိပ် ကောင်းတယ်
Das habe ich nicht bestellt.	dagou måhma-babù	ဒါကို မမှာပါဘူး
Ich mag kein scharfes Essen.	sa'táe åsà-åsamåkyai' pa-hpù	စပ်တဲ့အစားအစာ မကြိုက်ပါဘူး
Ich kann kein Fleisch essen.	åthà måsà-hnain-bu	အသား မစားနိုင်ဘူး

Eine andere Möglichkeit für Vegetarier: Man probiert es mit *thae'tha'lu'* (သက်သတ်လွတ်) („frei von Leben nehmen").

Die Rechnung, bitte. (Wie viel kostet das?)

Deutsch	Transkription	Birmanisch
gewöhnlich	pai'hsan shìn-mae bae-lau' [kyá-dhå]làe	ပိုက်ဆံ ရှင်းမယ် ဘယ်လောက် [ကျသ]လဲ
oder feiner:	bill yugåeba (von engl. „bill please")	ဘီလ် ယူခဲ့ပါ

Obst

Ananas	nana'dhì	နာနတ်သီး
Avocado	htàwba'dhì	ထောပတ်သီး
Banane	ngàpyàwdhì	ငှက်ပျောသီး
Durian	dù-yindhì	ဒူးရင်းသီး
Kokosnuss	oùndhì	အုန်းသီး
Limone	shau'dhì	လျှော်ကသီး
Lychee	lain-hkyidhì	လိုင်ချီသီး
Mango	thåyae'dhì	သရက်သီး
Orange	leinmawdhì	လိမ္မော်သီး
Papaya	thìnbàwdhì	သင်္ဘောသီး
Pomelo	kywàegàwdhì	ကျွဲကောသီး
Rambutan	kyae'mau'dhì	ကြက်မောက်သီး
Tamarinde	måjidhì	မန်ကျည်းသီး
Wassermelone	hpåyàedhì	ဖရဲသီး

Gesundheit

Bitte rufen Sie einen Arzt.	hsåyawun kawpèjba	ဆရာဝန် ခေါ်ပေးပါ
Wo ist das Krankenhaus?	hsèj-youn bae-hma-làe	ဆေးရုံ ဘယ်မှာလဲ
Wo ist eine Apotheke?	hsèj-zain bae-hma-làe	ဆေးဆိုင် ဘယ်မှာလဲ
Ich möchte keine Spritze.	hsèj måhtò-zej-gyin-ba-bu	ဆေး မထိုးစေချင်ပါဘူး
Hier tut es weh.	di-hma na-dae	ဒီမှာ နာတယ်
Ich muss mich oft übergeben.	hkåná-hkåná an-yádae	ခဏခဏ အန်ရတယ်
(Ich habe) ...		
Bauchschmerzen	bai'nadae	ဗိုက်နာတယ်
Durchfall	wùn-shàwdae	ဝမ်းလျှောတယ်
Erkältung	åèj míbi	အအေး မိပြီ
Fieber	hpyànejdae	ဖျားနေတယ်
Husten	chàun hsòne-jdae	ချောင်းဆိုးနေတယ်
Kopfschmerzen	gàun kai'nejdae	ခေါင်း ကိုက်နေတယ်
Zahnschmerzen	thwà kai'tae	သွားကိုက်တယ်
Diabetes	hsì-gyo-yàwga	ဆီးချိုရောဂါ
Pflaster	påla'såta	ပလာစတာ
Aspirin	ae'såpårin	အက်စပရင်

Zeitangaben

gestern	månéjgá	မနေ့က
heute	dinéj	ဒီနေ့
morgen	månae'hpyan	မနက်ဖြန်
morgen früh	måne'hpyan månae'	မနက်ဖြန်မနက်
übermorgen	dhåbae'hka	သန်ဘက်ခါ
vielleicht übermorgen	dhåbe'hka hpyi'hkyin-hpyi'[léin]mae	သန်ဘက်ခါ ဖြစ်ချင်ဖြစ်[လိမ့်]မယ်

Glossar

Anda (skt.), Ei; glocken- oder halbkugelförmiger Hauptkörper des Stupa
Asana Körperposition einer Abbildung Buddhas
Avatar Erscheinungsform oder Inkarnation einer hinduistischen Gottheit

Bamar ethnische Gruppe der Birmanen
Baung yit gewickelter Turban
Betel Nuss der Arecapalme, die zusammen mit Betelpfeffer und gelöschtem Kalk gekaut wird
Bilu Dämon
Biryani Curryreis. Muslimisches Reisgericht, garantiert ohne Schweinefleisch zubereitet, wird manchmal auch mit einem gebratenen Hühnerschenkel serviert.
Bodhi-Baum lat. *Ficus religiosa*, unter dem Buddha seine Erleuchtung fand. Gehört zu den über 1000 Feigenbaumarten (Ficus).
Bodhisattva (skt.), Pali *bodhisatta*; Erleuchtungswesen, das aus Mitgefühl zu den leidenden Wesen auf das vollkommene Erlöschen verzichtet
Bo gyi Hauptmann
Bu Dose (als Maßeinheit auf dem Markt)

Chakravartin (skt.), Pali *chakkavatti*, „Dreher des Rades"; Ideal des guten und gerechten Weltenherrschers
Chaung, Gyaung Kanal oder Strom, auch saisonale Wasserläufe
Cheroot Tamil *curuttu*, „rollen"; birm. Zigarre, die neben Tabak auch andere Geschmacksträger wie Wurzeln und Kräuter enthält
Chetawya symbolischer Fußabdruck Buddhas, der mit 108 Merkmalen versehen ist. Fußabdrücke Buddhas finden sich überall dort, wo Buddha der Legende nach persönlich gewesen sein soll.
Chinlon birmanisches Ballspiel
Chinthe mythologischer Löwe, häufig als Tempelwächter an Eingängen der Pagoden platziert

Dacoit Hindi *dakait*, „Straßenräuber"
Dagon Bezeichnung des Ortes, an dem später die Shwedagon-Pagode entstand. Noch heute Name eines Stadtteils westlich der Shwedagon.
Daw Anrede für ältere Frauen
Deva (m), Devi (w), Devata (skt.) „strahlend"; Bezeichnung für göttliche Wesen, die in einer der Himmelswelten leben, aber noch dem Geburtenkreislauf unterliegen
Dhamma (Pali), skt. *dharma*, „Gerechtigkeit, Gesetz"; Bezeichnung für die buddhistische Lehre
Dvarapala (skt.) Wächterfigur

Furlong veraltetes britisches Längenmaß: 201,17 m

Galon birmanische Bezeichnung des mythologischen Vogels Garuda, der als Gegenpart von Naga und als Reittier Vishnus gilt. Galon ist eine der Figuren der Acht-Tage-Woche: das Tier-Symbol der Sonntagsgeborenen.
Gu „Höhle"; gelegentlich Namensteil von Tempeln in Bagan
Gyi „groß"; taucht häufig als Namensteil auf.

Haw Begriff aus der Shan-Sprache für „Saal, Halle"; wird auch auf den gesamten Palastkomplex bezogen
Hintha skt. *hamsa*, Rostgans (*Casarca ferruginea*, engl. Brahminy Duck); als mythologischer Vogel Sinnbild für Treue und Reittier des Hindugottes Brahma
Hngat pyaw bou stilisierte Bananenblüte und Teil im oberen Stupa-Bereich
Hsin byu weißer Elefant
Htan ye Palmwein, auch Toddy genannt, alkoholisches Getränk, das aus der Palmyrapalme gewonnen wird
Hti verzierter Schirm, der den Abschluss eines Stupas bildet

In birmanisch für „See"

Jataka (skt.), „Geburtsgeschichte"; Bezeichnung der 547 Geschichten über die Vorexistenzen des Buddha, Teil des Palikanons
Jingpaw Volksgruppe im Kachin-Staat

Kala Bezeichnung für „Inder"; wird häufig als Schimpfwort benutzt

Kalaga „indischer Wandbehang"; schwerer Stoff mit prächtigen Stickereien

Kamma (Pali), skt. *karma*, „machen, tun"; bezeichnet das Gesetz von Ursache und Wirkung

Karaweik Kurzflügelkuckuck *(Cuculus micropterus)*; als mythologischer Vogel gern in Form einer Barke oder als Opiumgewicht dargestellt, in Yangon auch ein bekanntes Restaurant

Khaung laung Glocke

Keinnaya (m), Keinnayi (m) skt. *kinnara, kinnari*; im Himmel lebende, halb menschliche, halb vogelartige Musikanten und Sänger. Es ranken sich viele Geschichten um diese liebenswürdigen Wesen. Sie symbolisieren auch die wahre Liebe.

Kirtimukha (skt.) „Ruhmesgesicht"; beliebte Darstellung des körperlosen Dämonens Kala, zuweilen in Bagan über Tempeleingängen

Kyaik Bezeichnung aus der Mon-Sprache für „Pagode"

Kyalan symbolische Darstellung einer Lotosblüte auf einem Stupa

Kyaung buddhistisches Kloster

Kyun Insel

Le-pet Teeblattsalat

Lokanat „Beschützer der Welt"; Name für Bodhisattva des Mitgefühls. Wird in Birma auch als Friedensstifter verehrt, der mit Zimbelspiel das kosmische Chaos durch gegeneinander kämpfende Löwen und Elefanten symbolisch wieder ins Lot bringt.

Longyi Wickelrock für Männer und Frauen. Männer knoten den Rock vor dem Bauch, Frauen falten ihn. Für das tropische Klima ist dieses Kleidungsstück ideal.

Maedaw „königliche Mutter"; Bezeichnung für weibliche Nats

Magan skt. *makara*, krokodilartiges Dämonenwesen, das als Schutzgeist häufig Eingänge und Treppenaufgänge flankiert

Manothiha mythisches Wesen mit menschlichem Oberkörper und zwei Löwen-Unterkörpern

Mahadevi (skt.) „großes göttliches Wesen"; offizieller Titel einer Shan-Fürstin

Mahout Hindi *mahaut*, skt. *mahamatra*, „großes Maß"; Elefantenführer (birm. *oozie*)

Maitreya (skt.), Pali: *metteya*, „der All-Liebende"; Bodhisattva, der im Tushita-Himmel darauf wartet, zum Ende dieses Zeitalters als zukünftiger Buddha geboren zu werden

Manao Fest der Jingpaw im Kachin-Staat

Mara (skt.) „Mörder, Zerstörer"; Prinzip des Todes und Unheilsamen. Als mythologische Gestalt fordert er Buddha heraus.

Mishee Reisnudeln mit Schweinegehacktem

Mohinga Reisnudelsuppe mit Fischpaste; beliebtes birmanisches Frühstück

Mucalinda (Pali) mehrköpfiger Naga-König, der sich über Buddha wölbt und ihn so vor einem Gewitterregen schützt

Mudra Handhaltung Buddhas

Myo „Stadt", *myohaung*: „alte Stadt", *myothit*: „neue Stadt"

Myosa Statthalter in einer größeren Stadt

Naga (skt.) mythologisches Schlangenwesen, das in Flüssen, Seen und Meeren lebt. Hüter der Lebensenergie, oft mehrköpfig dargestellt

Nat skt. *natha*, „Herr, Beschützer"; Nats sind im Glauben der Birmanen fest verwurzelt und können Menschen beschützen oder bestrafen. Ein erzürnter Nat kann viel Unheil bringen.

Ngapi fermentierter Fisch oder Garnelen, dient in Form von Paste als Gewürz

Ok-Kyaung Ziegelstein-Kloster

Oozi Elefantenführer

Pahto innen zugängliches Tempelgebäude, wie etwa der Ananda-Tempel in Bagan

Pali mit dem Sanskrit verwandte Sprache, in welcher die Originaltexte des Theravada-Buddhismus niedergeschrieben wurden (Palikanon). Pali dient als Quelle zahlreicher birmanischer Wörter aus den Bereichen Religion, Kunst und Verwaltung.

Parabaik faltbares Palmblattbuch, dessen Inhalt buddhistisches Wissen vermittelt.

Paun Gewichtseinheit (von engl. *pound*)

Paya skt. *brah*, „heilig"; Bezeichnung für alle Arten von heiligen Stätten oder auch Statuen

Pongyi Mönch

Pyatthat skt: *prasada*, Bezeichnung für die mehrstöckigen Dächer auf Tempeln, Klöstern und Palästen

Pyinsa rupa fünf Tierarten vereinendes mythologisches Wesen: Elefant, Ochse, Pferd, Karpfen und Hintha

Pwe alle Arten von Feierlichkeiten oder kulturelle Aufführungen

Samosa Snack in indischen Teestuben aus Gemüse, z. B. Kartoffeln, in frittierten Teigtaschen

Sangha (Pali) Mönchsorden

Sanskrit altindische Sprache, aus der sich viele Pali-Begriffe ableiten

Saopha (Shan) „Himmelskönig"; Shan-Herrscher nach traditioneller Erbfolge (birm. *sawbwa*)

Saya Lehrer

Sayadaw Titel eines hochrangigen buddhistischen Mönches

Seinbu symbolische Darstellung einer Diamantenknospe auf einem Stupa

Shikhara (skt.) turmförmiger Abschluss eines Tempels, oft in Form eines vierseitigen gerippten Maiskolbens; häufig bei Tempeln in Bagan anzutreffen

Shin pyu Zeremonie bei der Einführung eines Jungen unter 20 Jahren ins Kloster

Shwe golden

Soapya Häuptling der Kayah

Stupa (skt.), Pali *thupa*, „aufrichten, erhöhen". Monument zur Aufbewahrung der Reliquien Buddhas und Symbol der Erleuchtung; wird synonym zum Begriff zedi verwendet

Suvannabhumi (skt.) „Goldenes Land"; wird in Chroniken der Mon und Birmanen mit dem Mon-Reich in Verbindung gebracht

Tatmadaw birmanisches Militär

Taung Berg

Taungya Wanderfeldbau

Tavatimsa (Pali) „Himmel der 33 Götter". Dort legte Buddha nach seiner Erleuchtung eine Regenzeit lang seiner Mutter Maya die Lehre dar.

Tayok birmanische Bezeichnung für Chinesen

Tazaung Nebenschrein auf Tempelgelände

Thabeik Almosenschale

Thagyamin König der Nats. Er verkörpert den auf dem Berg Meru herrschenden obersten Hindu-Gott Indra, der gleichzeitig unter dem Namen Sakka als Schutzherr des Buddhismus verehrt wird.

Thanaphet im Shan-Staat wachsender Baum *(Cordia dichotoma)*, dessen Blätter zum Drehen der Cheroots verwendet werden

Thanaka birm. Make-up aus der geriebenen Rinde des Thanakabaums *(Limonia acidissima)*, der vorwiegend in Oberbirma wächst

Thein Ordinationshalle

Thilashin Nonnen, die den acht bzw. zehn buddhistischen Sittenregeln folgen, aber nicht ordiniert sind

Thingyan skt. *sankranta*, „Übergang". Neujahrsfest, das Mitte April stattfindet, wenn die Sonne aus dem Sternzeichen des Fisches in jenes des Widders übertritt

Tical Gewichtsmaß: 16,96 g

Tipitaka (Pali) „Dreikorb" oder Palikanon, die älteste zusammenhängende Sammlung von Schriften, in denen die Lehrreden Buddhas überliefert sind.

Trishaw Nahverkehrsmittel auf drei Rädern

U Anrede für ältere Herren, oft Teil des Namens

Umin oft künstlich geschaffener Höhlentempel

Ushnisha Erhebung am Scheitel von Buddha-Darstellungen: ein Haarknoten, in späteren Darstellungen auch ein Schädelhöcker, als Symbol für die Weisheit und Erleuchtung Buddhas

Vipassana Meditationsform, die darauf abzielt, Geist und Körper im gegenwärtigen Zeitpunkt klar zu erkennen

Vishnu (skt.) Hindugott; Erhalter des Universums, der sich immer wieder in irdischer Gestalt manifestiert

Viss Gewichtseinheit: 1,696 kg

Weizzar Magier; spirituelle Persönlichkeit, der übernatürliche Kräfte zugesprochen werden

Wun Minister

Yoma Bergrücken

Ywa „Dorf"; wird häufig als Teil eines Dorfnamens verwendet

Zawgyi Alchimist und Zauberer

Zayat Pavillon in einem Kloster

Zedi skt. *caitya*, „Heiligtum"; birmanischer Begriff für Stupa

Zeigyo Zentralmarkt einer Stadt

Reisemedizin zum Nachschlagen

Die im Folgenden genannten Krankheiten klingen dramatisch, doch die wenigsten Reisenden erkranken ernsthaft. Dennoch sollte man diese Hinweise aufmerksam lesen – so sind zum Beispiel einige Impfungen anzuraten. Außerdem kann es lebensrettend sein, bestimmte Symptome rechtzeitig zu erkennen und schnell zu handeln.

Aids

Aids ist auch in Myanmar zu einem enormen Gesundheitsproblem geworden. Unaids schätzt die Zahl der HIV-Positiven auf etwa 220 000 Menschen (200 000–260 000/Stand 2015). Am stärksten betroffen sind Menschen im Norden und Nordosten Myanmars entlang der Grenze zu China und Thailand. Dort ist die Zahl der Hauptrisikogruppen – Drogenabhängige und Prostituierte – am höchsten. Kondome sind hier nicht erhältlich, sondern nur in den größeren Städten. Übrigens: Eine sterile Spritze im Gepäck für einen Notfall hat schon vielen gute Dienste geleistet."

Cholera

Die Cholera wird vom Bakterium *Vibrio cholerae* verursacht und durch direkten Kontakt mit infizierten Personen, deren Ausscheidungen oder durch verunreinigte Nahrungsmittel übertragen und tritt vor allem in überbevölkerten Gebieten unter unhygienischen Bedingungen auf. Die Symptome – weißliche wässrige Durchfälle und Erbrechen – treten nach ein bis fünf Tagen auf. Wer erkrankt, muss sofort zum Arzt und die verlorene Flüssigkeit ersetzen.

Der Impfschutz durch handelsüblichen Impfstoff ist umstritten. Geimpft wird aus diesem Grund nur dann, wenn eine entsprechende Einreisebestimmung besteht, was für Myanmar nicht der Fall ist.

Denguefieber

Denguefieber ist eine Viruskrankheit, die epidemieartig auftreten kann, am ehesten während der Regenzeit an der Küste. Sie wird durch die den ganzen Tag zustechende *Aedes aegypti*-Mücke übertragen, die an ihren schwarz-weiß gebänderten Beinen sehr gut zu erkennen ist. Nach der Inkubationszeit von bis zu einer Woche kommt es zu plötzlichen Fieberanfällen, Kopf- und Muskelschmerzen. Nach drei bis fünf Tagen kann sich ein Hautausschlag über den ganzen Körper verbreiten. Oft haben die Betroffenen nur leichtes Fieber. Man fühlt sich allerdings so schwach, dass jede Bewegung anstrengt – manchmal sogar der Gang zur Toilette um Stunden verschoben wird.

Ein einfacher Test kann Denguefieber bestätigen: 5 Min. den Oberarm abbinden, öffnen und in der Armbeuge nachsehen – falls rote Flecken erscheinen, ist es zu 90 % Denguefieber. Doch auch wenn keine Flecken entstehen, ist eine Infektion nicht auszuschließen. Ist das Virus mit dem beim Arzt oft verwendeten Schnelltest nicht nachweisbar, heißt das leider ebenfalls nichts. Klingen die Symptome nicht ab, muss man zur Not immer wieder im Krankenhaus vorsprechen. Bei Selbstmedikation sollte man mehrere Liter Wasser (6–8 l) am Tag trinken und sehr leidensfähig sein. Ist Dengue attestiert, bringt die dann folgende Infusion sofort Linderung. Da manche Menschen stark reagieren und es zu Todesfällen wegen innerer Blutungen kommen kann, sollte man unbedingt einen Arzt aufsuchen, wenn man die Symptome bemerkt.

Wie bei der Malaria sind ein Moskitonetz und der Schutz vor Mückenstichen die beste Vorsorge. Es gibt keine Impfung. Keinesfalls sollten ASS, Aspirin oder ein anderes acetylsalicylsäurehaltiges Medikament eingenommen werden, da diese einen lebensgefährlichen hämorrhagischen Verlauf begünstigen können.

Durchfall

Verdorbene Lebensmittel, nicht kontinuierlich gekühlter Fisch, zu kurz gegartes Fleisch, ungeschältes, schon länger liegendes, aufgeschnittenes Obst (Wassermelonen), Salate, kalte Getränke oder schlecht gekühlte Eiscreme sind häufig die Verursacher von Durchfällen.

Eine Elektrolyt-Lösung, die die verlorene Flüssigkeit und Salze ersetzt, reicht meist völlig aus. Abgepackte Elektrolyt-Lösungen gibt es in jeder Apotheke, etwa das Pulver *da'hsà*. Wer selbst eine Lösung herstellen möchte, nimmt 4 Teelöffel Zucker oder Honig, 1/2 Teelöffel Salz und 1 l Orangensaft oder abgekochtes Wasser. Vor langen Fahrten, sollte man sich und seinen Mitreisenden zuliebe ein Medikament gegen Durchfall (Wirkstoff: Loperamid) gönnen. Bei längeren Erkrankungen raten wir einen Arzt aufzusuchen – es könnte sich auch um Ruhr oder Cholera handeln.

Hauterkrankungen

Schon nach starkem Schwitzen können unangenehm juckende Hautpilze auftreten. Bei starker Sonneneinstrahlung reagieren manche Menschen mit sogenannten Hitzepickeln. Die Haut beginnt zu jucken und es bilden sich kleine Pusteln. Am besten ist es, sofort die Sonne zu meiden und die betroffenen Körperteile vor Licht zu schützen. Wohltuend kühlend wirkt ein nasses Tuch oder Thanaka-Paste (S. 40).

Hepatitis

Hepatitis ist eine Infektion der Leber, die von verschiedenen Virus-Typen verursacht wird (inzwischen sind die Typen A–G bekannt). Während in Myanmar die meisten Menschen nach einer harmlosen Hepatitis-A-Infektion im Kindesalter gegen diese Krankheit immun sind, trifft dies nur auf ein Drittel der Europäer zu. Ob die Impfung notwendig ist, zeigt ein Antikörpertest.

Hepatitis A, auch Reisegelbsucht genannt, wird oral durch infiziertes Wasser und Lebensmittel übertragen. Die Symptome ähneln am Anfang denen einer Grippe: Übelkeit, Erbrechen, gelegentliche Durchfälle und allgemeine Abgeschlagenheit. Später kommt es zu einer Gelbfärbung der Haut, der Stuhl wird heller und der Urin dunkler. Einen guten Schutz bieten die Impfstoffe Havrix und Vaqta.

Hepatitis B wird genau wie HIV vor allem durch Intimkontakte oder Blut übertragen (unsaubere Injektionsnadeln, Bluttransfusionen, Tätowierung, Piercing, Akupunktur, Erste-Hilfe-Leistung). Die Symptome ähneln denen einer Hepatitis A, jedoch kann eine Hepatitis B chronisch werden. Im schlimmsten Fall führt sie nach einigen Jahren zu einer schweren Leberzirrhose und zum Tod. Eine vorbeugende Impfung, etwa mit Gen H-B-Vax, Engerix oder Twinrix (Kombi-Impfung gegen Hepatitis A und B), ist zu erwägen.

Hepatitis C und D werden auf demselben Weg übertragen wie Hepatitis B und können zu gefährlichen Langzeitschäden führen. Es gibt leider noch keinen Impfschutz gegen diese Varianten.

Japanische Encephalitis

Diese Virusinfektion, die zu einer schweren Hirnentzündung führt, wird durch nachtaktive Moskitos übertragen und kann in ländlichen Regionen, vor allem während der Regenzeit, vorkommen. Die Symptome entwickeln sich nach vier bis zehn Tagen und umfassen Fieber, Kopfschmerzen, Nackensteife und Erbrechen. Die Vermeidung von Mückenstichen ist die beste Vorbeugung. Eine Impfung ist für Reisende zu erwägen, die einen langen Aufenthalt in gefährdeten Regionen oder Endemie-Gebieten planen.

Lepra

In Myanmar gibt es diese Krankheit noch! Sie ist für Reisende nicht bedrohlich, da sie mit Antibiotika therapiert werden kann. Wichtig zu wissen: Lepra kann noch viele Jahre nach der Ansteckung ausbrechen.

Malaria

Malaria zählt zu den gefährlichsten parasitären Erkrankungen, die den Menschen befallen können. Übertragen wird die Krankheit von der weiblichen Anopheles-Mücke, die vorwiegend in den Dämmerungs- und Nachtstunden unterwegs ist. Die Malariaerreger gelangen über die Blutbahn in die Leber, vermehren sich dort und vernichten die roten Blutkörperchen.

In Myanmar gilt laut WHO ein ganzjährig hohes Malariarisiko, vor allem während und kurz nach der Regenzeit. Besonders hoch ist das Risiko in den Bergen und in abgelegenen Regionen. Auch am Ngapali Beach und in Ngwe Saung sind Fälle aufgetreten. In den Städten scheint Malaria jedoch mittlerweile keine Gefahr mehr zu sein. Zu 70–80 % ist die Malaria tropica *(Plasmodium falciparum)* verbreitet, es gibt aber auch Fälle von Malaria tertiana *(P. vivax)* und an der Grenze zu China von *Plasmodium knowlesi*.

Die meisten Tropeninstitute empfehlen eine **Malariaprophylaxe**. Diskussionen entbrennen immer über die beste medikamentöse Vorbeugung. Eines haben die Medikamente gemeinsam: Sie können unangenehme Nebenwirkungen zeitigen, viele Reisende berichten von depressionsähnlichen Zuständen. Die meisten Touristen reisen daher ohne Prophylaxe. Es gilt abzuwägen zwischen dem tatsächlichen Risiko, das je nach Gegend und Jahreszeit sehr unterschiedlich ist, und den möglichen Nebenwirkungen der Medikamente, die außerdem Resistenzen hervorrufen und keinen 100-prozentigen Schutz bieten können.

Wer aus Myanmar zurückkehrt und an einer nicht geklärten fieberhaften Erkrankung leidet, auch wenn es sich nur um leichtes Fieber und Kopfschmerzen handelt und erst Monate nach der Rückkehr auftritt, sollte dem Arzt über den Tropenaufenthalt berichten. Die ersten Symptome einer Malaria können denen eines banalen grippalen Infektes ähneln und werden häufig verkannt. Bereits eine Woche nach einer Infektion und bis zu mehreren Monate danach können Schüttelfrost, Gelenkschmerzen, Erbrechen, Durchfall oder Krämpfe auf Malaria hinweisen.

Die **beste Vorbeugung** gegen Malaria ist natürlich: sich nicht stechen zu lassen. Am Abend schützen lange Hosen, langärmlige Hemden, engmaschige lange Socken und ein Mücken abweisendes Mittel. Sanfte Mittel basieren auf Zitronella- oder Nelkenöl. In Yangons Apotheken und Supermärkten wird u. a. die wirksame Odomos-Creme aus indischer Produktion verkauft, die sich auch für Kinder eignet. Bewährt hat sich auch das mit grüner Banderole beschriftete Ma-Kite-Ya-Spray.

Einige Hotelzimmer in Myanmar haben Mückengitter an Fenstern und Türen oder ein Moskitonetz über dem Bett. Wer sichergehen will, sollte mit eigenem Netz reisen. Bei niedrigen Temperaturen sind die Mücken zwar weniger aktiv, aber keineswegs ungefährlich.

Pilzinfektionen

Unter Pilzinfektionen leiden vor allem Frauen. Dies liegt zum großen Teil an der Hitze und den hygienischen Umständen, die in Birma nicht immer optimal sind. Mit einer entsprechenden Salbe ist das Problem schnell in den Griff zu bekommen.

Polio (Kinderlähmung)

Der Name Kinderlähmung ist irreführend, denn auch Erwachsene können diese Krankheit bekommen. Die Ansteckung mit dem Virus geschieht oral über infiziertes Essen und Wasser. Die Krankheit kann bleibende Lähmungen verursachen. Die Grundimmunisierung gehört in Deutschland zu den Standard-Impfempfehlungen für Kinder und sollte regelmäßig alle zehn Jahre aufgefrischt werden.

Sonnenbrand und Hitzschlag

Sonnenbrand und Hitzschlag können selbst bei bedecktem Himmel auftreten, denn auch dann ist die Sonneneinstrahlung sehr intensiv. Viele Reisende treffen nur am Strand Vorkehrungen gegen zu viel Sonne, doch sind diese auch bei Touren durchs Hinterland unbedingt notwendig.

Als wichtigste Schutzmaßnahmen empfiehlt es sich, regelmäßig Mittel mit hohem Sonnenschutzfaktor zu verwenden, Hut und Sonnenbrille zu tragen und tagsüber viel zu trinken.

Erschöpfungszustände bei Hitze äußern sich durch Kopfschmerzen, Übelkeit, Benommenheit und erhöhte Temperatur. Um die Symptome zu lindern, sollte man unbedingt schattige Bereiche aufsuchen und genügend Flüssigkeit zu sich nehmen. Erbrechen und Orientierungslosigkeit können auf einen Hitzschlag hinweisen, der potenziell lebensbedrohlich ist, deshalb muss man sich sofort in medizinische Behandlung begeben.

Stiche und Bisse

Kleinere und größere Biester aus dem Reich der Natur können ärgerliche Stiche und Verletzungen herbeiführen. Dazu gehören z. B. Sandfliegen, mit denen hin und wieder zu rechnen ist, oder Flöhe und Wanzen, die sich in dem einen oder anderen Bett eingenistet haben.

Bienen- und andere Insektenstiche sollte man sofort mit Eis kühlen und anschließend eine spezielle Salbe auftragen; ggf. müssen Antihistamin-Tabletten genommen werden.

Zecken gibt es auch in Asien. Man zieht sie am besten vorsichtig heraus, ohne zu drehen. Nicht mit Öl oder Ähnlichem ersticken (dadurch könnten Krankheitserreger in die Wunde gelangen).

Schlangen treiben sich gern an heißen Tagen unter schattigen Steinen herum. Wenn sie einen Menschen sehen, ziehen sich die Tiere – wenn man sie überhaupt trifft – statt anzugreifen lieber zurück. Im Falle einer unglücklichen hautnahen Begegnung heißt es als Erstes: Ruhe bewahren. Ein Blick auf die Biss-Stelle zeigt, ob es sich um eine giftige Schlange handelt. Nur wenn zwei einzelne Zahn-Einstichstellen vorhanden sind, wurde Gift injiziert. Dann gilt: zum Arzt – und weiter Ruhe bewahren! Der größte Teil solcher Begegnungen verläuft nicht tödlich. Viele Opfer sterben aus Angst an Herzversagen.

Keine Giftschlange war es, wenn viele kleinere Zahnabdrücke zu sehen sind. Eine solche Wunde sollte jedoch gut desinfiziert werden. Es besteht die Gefahr einer Blutvergiftung, ebenso bei Bissen durch **Katzen** und **Hunde**. Auch das Tetanus- und Tollwutrisiko nach einem Biss von Hunden, Katzen oder Affen sollte unbedingt ernst genommen werden, s. unten, Tollwut.

Spinnen und **Skorpione** können schmerzhafte Stiche zufügen, die jedoch selten gefährlich sind und bei ausreichender Ruhe von selbst abklingen. Allergische Reaktionen bis hin zu Schockzuständen sind möglich und sollten behandelt werden.

Ähnliches gilt für **giftige Meerestiere** wie Stachelrochen, Steinfische oder Feuerkorallen, deren Begegnungen zu schlimmen Ausschlägen und/oder starken Schmerzen führen können: Im Zweifel sofort einen Arzt aufsuchen! Seeigelstacheln können vorsichtig entfernt werden. Bei Vernesselungen durch **Quallen** hilft Essig.

Thrombose

Thrombose kann bei Bewegungsmangel auftreten, was vor allem bei längeren Flugreisen zum Problem werden kann. Der verringerte Blutfluss, vor allem in den Beinen, kann zur Bildung von Blutgerinnseln führen, die, wenn sie sich von der Gefäßwand lösen und durch den Körper wandern, eine akute Gefahr darstellen (z. B. Lungenembolie). Gefährdet sind vor allem Personen mit Venenerkrankungen oder Übergewicht, aber auch Schwangere, Raucher und Frauen, die die Pille nehmen. Das Risiko verhindern Bewegung, viel Flüssigkeit (kein Alkohol) und Kompressionsstrümpfe. Letztere helfen zudem bei dicken Beinen nach dem Flug, sind also eine gar nicht so schlechte Idee für alle, die unter solchen Problemen leiden.

Tollwut

Tollwut tritt dort auf, wo streunende oder verendete Hunde zu sehen sind. Hier ist Vorsicht geboten. Wer von Hund, Katze oder Affe gekratzt oder gebissen wird, muss sich sofort (innerhalb weniger Stunden) einen passiven und einen aktiven Impfstoff spritzen lassen. Leider sind diese aber in Myanmar außerhalb Yangons selten erhältlich. Darum ist eine Impfung für alle, die trekken, Fahrradfahren und sich auf eigenen Pfaden bewegen wollen, anzuraten.

Tollwut ist eine der wenigen Virus-Infektionen, die noch heute, wenn man sie nicht behandelt, tödlich endet. Oft treten die Symptome erst Jahre nach einer Infektion auf, und dann ist es für eine Behandlung zu spät. Die meisten Fälle gibt es in Indien, aber auch Myanmar hat Todesfälle durch Tollwut zu verzeichnen. Besonders oft sind Hundewelpen unter sechs Monaten infiziert. Die Erreger werden nicht nur durch Bisse, sondern z. B. auch durch Lecken auf verletzter Haut übertragen. Es macht also Sinn, sich nicht von süßen Hundeaugen verzaubern zu lassen – so hart das sein mag. Von Tierkadavern sollte man sich generell fernhalten, denn das Virus ist auch durch Inhalation übertragbar.

Wer sich etwas schützen will, lässt sich mit drei Spritzen vor der Reise grundimmunisieren, dann wird das Zeitfenster größer: Es bleiben dann im Falle einer Infizierung statt 24 etwa 72 Std. Zeit, um ein Krankenhaus aufzusuchen und die Therapie zu beginnen. Die aus fünf Spritzen bestehende komplette Impfung erstreckt sich über 28 Tage und hält zwei bis fünf Jahre. Doch auch wer geimpft ist, muss sich erneut spritzen lassen, wenn er gebissen wird. Einige Kassen übernehmen die Kosten für die Tollwutimpfungen bzw. zumindest die eine Spritze zur Vorbeugung. Nach einem Biss unbedingt die Wunde auswaschen und desinfizieren.

Tuberkulose

Diese Infektionskrankheit der Bronchien zählt neben Malaria und Aids zu den drei häufigsten Krankheiten in Myanmar. Bei fachgerechter medikamentöser Behandlung endet die Krankheit nur selten tödlich. Über die Bronchien gelangen Tuberkulose-Erreger in die Lungenbläschen und können von dort z. B. weiter in die Lymphwege wandern. Manchmal ist auch der Darm zuerst befallen. In leichten Fällen heilt die Krankheit ohne Medikamente aus. In schweren Fällen können die Erreger die Lunge infizieren. Dann leidet der Erkrankte an Fieber, Husten und manchmal Atemnot. Die Tuberkulose ist in diesem Stadium hochgradig ansteckend. Besonders gefährlich ist Tuberkulose für Säuglinge, weshalb für sie eine Schutzimpfung anzuraten ist.

Typhus / Paratyphus

Typhus ist nach Hepatitis A die häufigste Tropenkrankheit. Es wird vom Bakterium *Salmonella typhi* verursacht und oral übertragen. Typische Symptome sind Erbrechen und über sieben Tage hohes Fieber einhergehend mit einem eher langsamen Puls und Benommenheit. Später folgen eventuell Hautausschlag, Verstopfung oder Durchfall und Bauchschmerzen. Empfehlenswert für Reisende ist die gut verträgliche Schluckimpfung mit Typhoral L. Drei Jahre lang schützt eine Injektion der neuen Typhus-Impfstoffe Typhim VI oder Typherix.

Wundinfektionen

Wundinfektionen treten vor allem unter unhygienischen Bedingungen auf. Bereits aufgekratzte Moskitostiche können sich dann zu starken Infektionen auswachsen, wenn sie unbehandelt bleiben. Wichtig ist es, dass jede noch so kleine Wunde sauber gehalten, desinfiziert und evtl. mit einem Pflaster geschützt wird. Es ist sinnvoll, für den Notfall eine Antibiotika-Salbe mitzunehmen.

Wurmerkrankungen

Winzige oder größere Exemplare von Würmern können überall lauern und sich manchmal an verschiedenen Körperstellen bzw. -organen festsetzen. Häufig ist dies erst Wochen später festzustellen. Nach einer Reise in abgelegene Gebiete kann es empfehlenswert sein, den Stuhl auf Würmer untersuchen zu lassen, wenn man über längere Zeit auch nur leichte Durchfälle hat.

Die meisten Würmer sind harmlos und durch eine Wurmkur zu vernichten. Andere sind gefährlich und können schwere Erkrankungen hervorrufen, z. B. die **Bilharziose** – eine Wurmerkrankung, die man sich im Uferbereich von stehendem oder langsam fließendem Süßwasser zuziehen kann. Der erste Wirt des Parasiten ist eine Wasserschnecke. In ihr entwickeln sich die Eier zu Larven, den sogenannten Zerkarien, die anschließend ins Wasser abgegeben werden. Dort machen sie sich auf die Suche nach ihrem zweiten Wirt. Zerkarien gelangen in den menschlichen Organismus, indem sie sich durch die Haut, bevorzugt an den Fußsohlen, bohren. Von dort bahnen sie sich den Weg in den Darm oder die Blase, wo sie wachsen und Eier produzieren. Manchmal tritt um die Stelle, an der die Larven in den Körper eingedrungen sind, eine leichte Rötung auf. Deutlichere Symptome machen sich jedoch in der Regel erst nach sechs bis zehn Wochen bemerkbar. Dann kann es zu Fieber, Durchfall und einem allgemeinen Krankheitsgefühl kommen. Im schlimmsten Fall treten nach einigen Monaten Unterleibsschmerzen und Blut im Stuhl oder Urin auf.

Wundstarrkrampf / Tetanus

Wundstarrkrampf-Erreger findet man überall auf der Welt und Verletzungen kann man nie ausschließen. Wer noch keine Tetanusimpfung hatte, sollte sich unbedingt zwei Impfungen im Vier-Wochen-Abstand geben lassen, die nach einem Jahr aufgefrischt werden müssen. Danach genügt eine Impfung alle zehn Jahre. Am besten ist die Kombiimpfung mit dem Polio-Tetanus-Diphtherie-(Td)-Impfstoff für Personen über fünf Jahre, um gleichzeitig einen Schutz vor Diphtherie und Polio zu erhalten.

Zika

Seit wenigen Jahren macht eine weitere Mücke den Menschen das Leben schwer: Sie überträgt das Zika-Virus, eine Infektion, deren Folgen noch nicht abschließend erforscht sind. Auch Sex gilt als möglicher Übertragungsweg. 2016 wurde der erste Zika-Fall in Myanmar bekannt; auffällig ausgebreitet hatte sich die Krankheit bis zum Ende der Recherche noch nicht. Sicher ist sich die Medizin bisher lediglich in ihrer Prognose, dass Schwangere, die an Zika erkranken, behinderte Kinder zur Welt bringen können. Welche Folgen das Virus auf alle hat, die allein in ihrem Körper leben, ist noch unklar. Wir raten Schwangeren und jenen, die es werden wollen, daher von einer Reise ab.

Bücher

Belletristik

Amitav Ghosh, *Der Glaspalast* (München 2006). Ghosh beginnt seine Familiensaga im Jahr 1885 mit dem Abdanken König Thibaws. Es folgen die Jahre des Krieges und der anschließenden britischen Besatzung. Die Geschichte endet in der Neuzeit, in der das Militärregime regiert. Ghosh hat einen Roman geschrieben, doch die angegebenen Daten und Erlebnisse basieren so oft auf der Realität, dass dieses Buch fast als Geschichtsbuch gelesen werden kann.

Daniel Mason, *Der Klavierstimmer Ihrer Majestät* (München 2003). Diese Novelle erzählt von Klavierstimmer Edgar Drake, der 1887 den Auftrag erhält, ein seltenes Piano in einem abgelegenen britischen Militärposten zu stimmen. Seine mehrmonatige Reise durch den Dschungel wird zu einem spannenden Abenteuer.

Di Morrissey, *Das Land der goldenen Tempel* (München 2014). Der Fund eines historischen Schriftstücks auf ihrem Dachboden führt die junge australische Mutter Natalie nach Myanmar, denn nur hier kann sie das Geheimnis dieser Antiquität lüften.

Christiane Neudecker, *Nirgendwo sonst* (München 2008). Die Geschichte einer Liebe zweier Myanmar-Reisender. Auf der Suche nach seiner Liebe reist der Mann durch das Land, zeigt dem Leser das geheimnisvolle, unterdrückte, aber auch die strahlende Seite dieses Landes.

George Orwell, *Tage in Burma* (Zürich 2003). Orwell, der einst als Polizist in Birma Dienst tat, beschreibt in diesem Buch das Leben im Empire. Ein Klassiker der Kolonialliteratur.

Klaus R. Schröder und Georg Noack (Hg.), *Myanmar/Burma erzählt: 25 zeitgenössische Kurzgeschichten* (Bielefeld 2009). Durch unterhaltsame Kurzgeschichten geben 24 Autoren Einblick in das schwierige, aber spannende Leben in Myanmar.

Jan-Philipp Sendker, *Das Herzenhören* (München 2004) und *Herzenstimmen* (München 2012). Eine New Yorker Anwältin Julia folgt anhand eines 40 Jahre alten Liebesbriefes den Spuren ihres verschollenen Vaters und

Stöbern lohnt – Buchschätze an Yangons Straßenständen

Bücherfans aufgepasst! Einige gute Bücher gibt es nur noch antiquarisch. Die Straßenstände Yangons entpuppen sich bisweilen als wahre Fundgrube. Es lohnt sich also, hier zu stöbern (mehr Infos siehe Yangon, S. 177).

A History of Myanmar since Ancient Times, Michael und Maitrii Aung-Thwin (London 2013). Grundlegendes Werk über die Geschichte Myanmars.

A Wonderland of Pagoda Legends, Khin Myo Chit (Yangon 1996). Eine interessante Sammlung von humorvollen und fantasiereichen Pagodenlegenden.

Ancient Pagan. Buddhist Plain of Merit, Donald M. Stadtner (Bangkok 2013). Ausführliche Beschreibung der Tempel Bagans. Schöne Bebilderung.

Burmese Painting, Andrew Randard (Chiang Mai 2009). Das gut bebilderte Buch gibt einen umfassenden Einblick in die erstaunlich kreative Kunstszene Myanmars.

Burmese Puppetry, Axel Bruns (Bangkok 2006). Standardwerk über das birmanische Marionettentheater. Basiert auf der Doktorarbeit des deutschen Autors.

Colourful Myanmar, Khin Myo Chit (Yangon 1995). In lockerem Stil bringt die renommierte Autorin dem Leser viele Facetten des Landes näher.

 Cook and Entertain the burmese way, Mi Mi Khaing, Myawaddy Press. Das knallig gelbe Buch (in Englisch, im Softcover) zeigt, wie man zahlreiche sehr leckere Gerichte auch zu Hause nachkochen kann.

Land of Jade. A Journey through Insurgent Burma, Bertil Lintner (Edinburgh 1990). Seine Abenteuerlust hat den in Thailand lebenden Journalisten immer wieder in Sperrgebiete geführt.

Outrage, Burma's Struggle for Democracy, Bertil Lintner (London, Bangkok 1990). Ein Buch über die dramatischen Ereignisse der Jahre 1988–90.

The Burman, His Life and Notions, Shway Yoe und Sir J. G. Scott (London 1882). Bis heute ein Standardwerk mit wertvollen Informationen über die Kultur des Landes.

The Gentleman in the Parlour. A Record of a Journey From Yangon to Haiphong, Somerset W. Maugham (Garden City, NY, 1930; Reprint bei White Orchid Press, Bangkok 1995). Eine wunderbare Reiseerzählung des legendären britischen Autors.

The Moon Princess. Memories of the Shan-States, Sao Sanda (Bangkok 2008). Geschichte der Tochter des Shan-Fürsten Sao Shwe Thaike, die am Hof von Nyaungshwe aufwuchs.

The Shan. Culture, Arts and Crafts, Susan Conway (Bangkok 2006). Schöne Bilder und viel historisches Material über die Kultur der Shan.

The White Umbrella, Patricia Elliott (Bangkok 1999). Gelungene politische Biografie von Sao Hearn Hkam, der Frau des ersten Präsidenten Birmas.

Yangon Echoes, Virginia Henderson und Tim Webster (Bangkok 2015). Das Autorenpaar blickt hinter die Fassaden der morbiden Kolonialbauten Yangons.

---

taucht in eine ihr fremde und faszinierende Welt ein. Toller Liebesroman. Im zweiten Teil wird die Geschichte dramatischer und politischer. Julia fährt erneut nach Myanmar. Sie reist in diese mystische Welt, in der sich Abgründe öffnen und einen Blick in die Seele dieses Landes erlauben. Sendker schafft es in Perfektion, seine Leser nachdenklich, gerührt, gut unterhalten und mit vielen Erkenntnissen bereichert, aus der Lektüre zu entlassen.

Jan-Philipp Sendker, *Das Geheimnis des alten Mönches*. Märchen und Fabeln aus Burma (München 2017). Bei seinen Recherchen in Myanmar lernte der Erfolgsautor den reichen Märchenschatz kennen und vereinte die schönsten Geschichten in diesem Werk. Auch als Hörbuch erhältlich.

Amy Tan, *Der Geist der Madame Chen* (München 2006). Eine witzige, skurrile Geschichte, die von San Francisco nach Myanmar führt. Selbst ihr Tod kann nicht verhindern, dass die Chinesin Bibi Chen sich mit ihren Freunden auf eine geplante Reise macht – als rebellischer Geist. Doch die Fahrt wird zu einer abenteuerlichen Odyssee, als die Gruppe plötzlich im Dschungel verschwindet. Unterhaltsamer 544-Seiten-Schinken – nicht nur für faule Strandtage.

Reiseberichte und Reportagen

Auf verbotenen Pfaden. Durch den hohen Norden Myanmars, Alan Rabinowitz (München 2007). Spannende Chronik von Expeditionen, die der US-amerikanische Forscher im Auftrag der Wildlife Conservation Society (WCS) seit 1993 in den hohen Norden des Landes unternahm. Öffnet die Augen für eine unbekannte Region.
Basar auf Schienen: Eine Reise um die halbe Welt, Paul Theroux (Berlin 2015). Amüsant zu lesender Reisebericht des Weltenbummlers, der hier seine Reiseerlebnisse 1973 auf den Schienen Birmas (und anderer Länder Asiens) schildert. Endlich wieder in deutscher Sprache erhältlich.
Dämmerung über Birma. Mein Leben als Shan-Prinzessin, Inge Sargent (Zürich 2015). 1932 in Kärnten geboren, lebte Inge Sargent ab 1953 als Frau des Shan-Fürsten Sao Kya Seng in Hsipaw, bis die Machtergreifung General Ne Wins und der folgende Putsch (bei dem der Prinz 1962 spurlos verschwindet) sie zur Flucht in die USA zwangen. 2015 wurde das Buch verfilmt.
Gebrauchsanweisung für Myanmar, Martin Schacht (München/Berlin 2017). Die Neuauflage der beliebten Gebrauchsanweisung beschäftigt sich mit einer Vielzahl von Themen und ermöglicht damit einen guten Einblick ins Leben der Menschen in Myanmar und ihrer Geschichte. Wir stimmen zwar nicht mit allen Ansichten und Einschätzungen des Autors überein, finden das Werk aber dennoch auf jeden Fall lesenswert.
Gute Geister im Land der goldenen Pagoden. Zeitreisen in Myanmar/Burma, Bernd Schiller (Wien 2011). Der Hamburger Asienkenner beschreibt in seinen Reportagen das Land mit offenen Augen, sieht das Verzaubernde, ebenso wie die Schattenseiten. Ein schöner, informativer Reisebegleiter.
Myanmar fürs Handgepäck. Geschichten und Berichte, Hrsg. Alice Grünfelder und Lucien Leitess (Zürich 2009). In der schönen Kulturkompass-Reihe erschienene Sammlung informativer Lesehäppchen aus der Feder renommierter Autoren von Pierre Loti bis George Orwell.
Pilgerreise in Myanmar, Ma Thanegi (Zürich 2004; engl. Original: *The Native Tourist. In Search of Turtle Eggs*; Yangon 2000). Lustig geschrieben, entführt das Buch auf eine typisch birmanische Pilgerfahrt. Thanegi schließt sich einer organisierten Reisegruppe an und berichtet von all den kleinen und großen Dingen dieser etwas anderen Reise.

Geschichte und Zeitgeschehen

Aung San Suu Kyi: Ein Leben für die Freiheit, Andreas Lorenz (München 2015). Eine gut geschriebene Biografie der Friedensnobelpreisträgerin aus der Feder des langjährigen Asien-Korrespondenten für den *Spiegel*.
Burma – Der Fluss der verlorenen Fußspuren, Myint-U Thant (München 2009). Kundig und gut lesbar beschreibt der Enkel des ehemaligen UN-Generalsekretärs U Thant die ältere und jüngere Geschichte Birmas auf der Suche nach den Gründen für die gegenwärtigen Zustände. Seine Antworten sind vielfältig und differenziert.
Die Tochter. Aung San Suu Kyi - Eine politische Biographie, Hans-Bernd Zöllner, Rodion Ebbighausen (Berlin 2015). Eine differenzierte Betrachtung der Demokratie-Ikone mit viel Material aus 30 Jahren Recherche vor Ort.
Handbuch Myanmar: Gesellschaft, Politik, Wirtschaft, Kultur, Entwicklung, Hrsg. Ute Köster, Phuong Le Trong, Christina Grein (Berlin 2014). Auf fast 500 Seiten beleuchten ausgewiesene Myanmar-Experten die unterschiedlichsten Facetten des Landes. Kein deutschsprachiges Werk gibt derzeit einen besseren Einblick in die sich schnell verändernde birmanische Gesellschaft.
Von Birma nach Myanmar: ein Zeit-Reise-Führer 1984–2013, Dr. Hans-Bernd Zöllner (Hamburg 2014). Dieses Werk basiert auf drei Jahrzehnten an Erfahrungen, die der Autor auf seinen Reisen

durch das Land der Pagoden gesammelt hat. Perfekt, um sich über Hintergründe zu informieren und seine eigenen Erlebnisse und Erkenntnisse mit denen des renommierten Theo- und Soziologen zu vergleichen.

Kunst, Kultur und Kochbücher

Asia Street Food, Heike und Stefan Leistner (München 2015). Toll gemachtes Kochbuch mit vielen Klassikern: Hühner-Curry, Shan-Salat und Mohinga. Die Gerichte lassen sich prima nachkochen und Hintergrundtexte vertiefen den Einblick ins Land. Viele Gerichte auch aus der vietnamesischen, der thailändischen, der laotischen und der kambodschanischen Küche.
Burmese Crafts, Past and Present, Sylvia Fraser-Lu (London 1994). Einführung in das birmanische Kunsthandwerk. Von derselben Autorin stammt auch ein Buch über die Lackkunst: *Burmese-Laquerware* (Bangkok 2000).
Culture Shock! Myanmar, Saw Myat Yin (Singapur 2011). Dieser Band bietet einen lesenswerten Einblick in die Sitten und Gebräuche des Landes.
The Burma Cookbook, Robert Carmack und Morrison Polkinghorne (London und Bangkok 2015). Allein schon das wunderschön kreierte, nostalgisch angehauchte Cover macht Appetit auf den Inhalt dieses Werks, das mit vielen Abbildungen und leicht zu folgenden Rezepten durch die Küche und Kochgeschichte von Myanmar führt – und schon diverse internationale Preise abgesahnt hat.

Bildbände

Burma – Abenteuer in Buddhas Paradies, Emanuel Ammon und Sandra Ziegler (Luzern 2012). Fantastischer Bildband über eine Myanmar-Reise mit dem Heißluftballon. Atemberaubende Bilder, die das Land aus einer bisher ungesehenen Perspektive zeigen.
Burma – Abseits ausgetretener Pfade, Ingrid Horstmann und Manfred Schramm (Gnas 2007). Dieser Band (ent-)führt mit einfühlsamen Bildern in abgelegene und teilweise schwer zugängliche Regionen wie den Kachin- und den Chin-Staat.
Myanmar Burma, Mario Weigt, Walter M. Weiss (Verona 2015). Impressionen in Wort und Bild des auf Südostasien spezialisierten Teams aus Fotograf Weigt und Autor Weiss. Das schwere große Buch im Schuber bietet einen anschaulichen Eindruck vom Land.
Myanmar im Spiegel der historischen Fotografie, Hrsg. Roland Platz (Berlin 2014). Hinter dem trockenen Titel verbirgt sich eine tolle Sammlung historischer Aufnahmen aus Myanmar. Ein Schatz für geschichtsinteressierte Myanmar-Fans.

Sprachführer

Burmese Phrasebook, Vicki Bowman und San San Hnin Tun (Lonely Planet 2008). Praktisches Büchlein mit vielen nützlichen Redewendungen.
Burmese Self-Taught, R. F. St. A. St. John (London 1930). Selbstlernkurs aus der britischen Kolonialzeit. Besticht mit so originellen Beispielsätzen wie „Bring my horse" oder „You cannot hunt tigers without elephants." Als kopierter Nachdruck in Yangon erhältlich.
Burmesisch (Myanmar) Wort für Wort, Phone Myint Maung (Bielefeld 2005). Band 63 aus der „Kauderwelsch-Reihe" von Reise Know-How. Alles Wichtige rund um die Sprache mit den nützlichsten Formulierungen.

Karten

Nelles, *Myanmar (Burma)*. München. 1:1 500 000. Die Übersichtskarte des Landes wird ergänzt von einem kleinen Yangon-Stadtplan sowie Übersichtsplänen von Bagan und Mandalay.
Periplus, *Myanmar (Burma)*. Singapore. 1:2 000 000. Auf der Vorderseite das Land im Überblick, auf der Rückseite eine gute und ausführliche Yangon-Karte nebst Plänen von Bagan und Mandalay. Kann über den Buchhandel bezogen werden.
Reise Know-How, *Myanmar (Burma)*. Bielefeld. 1:1 500 000. Stabile, reiß- und wasserfeste Karte; GPS-tauglich durch Längen- und Breitengrade, farbige Höhenschichten.

Index

A

Achtfacher Pfad 125
Acht-Tage-Woche 86
AFPFL 113
Aids 600
Akha 460
Aktivitäten 67
Alaungpaya, König 106, 190, 201, 387
Alaungsithu, König 104, 255
Alt-Bhamo 475
Amarapura 134, 358
　Bagaya-Kloster 362
　Chinese Joss House 361
　Guan Yin-Tempel 361
　Kyauktawgyi-Pagode 360
　Mahagandhayon-Kloster 361
　Mahavizayaranthi-Pagode 361
　Pahtodawgyi-Pagode 361
　Palastruinen 358
　Shwe Kyet-Pagoden 362
　U Bein-Brücke 359
Amherst 559
Anawrahta, König 123, 243
Anglo-Birmanischer Krieg 107, 108
Anisakan-Wasserfälle 382
Anreise 33
Antiquitäten 37
Arecapalme 91
Asanas 129
Astrologie 86
Aung Mingalar Island 201
Aung Mye Hsu Taung 387
Aung San 111, 112, 157, 161
Aung San Suu Kyi 116, 117
Ausreise 87
Ausrüstung 56
　Trekkingtouren 56
Außenhandel 121
Autovermietung 76
Ava 362
Ava-Brücke 367
Aye Tha Yar 430
Ayeyarwady 25, 89, 189, 468, 472
　Bootsfahrten 73
　Flussfahrten 348
Ayeyarwady-Delta 25, 101, 110
Aythaya 430

B

Bagan 238, 242
　Abeyadana 263
　Alt-Bagan 252
　Ananda 252
　Ananda Ok-Kyaung 253
　Anauk Petleik 265
　Archäologisches Museum 257
　Architektur 133, 244
　Ashe 265
　Bauphasen 243
　Bupaya 259
　Dhammayangyi 260
　Dhammayazika 267
　Die Könige von Bagan 242
　Einkaufen 275

Privatreisen nach Myanmar Seit mehr als 25 Jahren sind wir Ihr Spezialist für privat geführte und individuell für Sie zusammengestellte Fernreiseerlebnisse nach Myanmar und in weitere Länder in Asien, Arabien, Afrika, Lateinamerika, Ozeanien und in die Karibik.

Jetzt Kataloge anfordern und von Spezialisten beraten lassen. ✆ **(030) 34 64 98 10 · www.geoplan-reisen.de**

Geoplan Touristik GmbH · Geisbergstr. 39 · 10777 Berlin
Fax (030) 34 64 98 111 · team@geoplan.net

Essen 273
Gawdawpalin 257
Geschichte 242
Gubyaukgyi 248, 262
Hsinbyushin 260
Htilominlo 249
Informationen 276
Kondawgyi 249
Kyanzittha Umin 248
Kyaukgu Umin 249
Lawkananda 265
Lemyethna 268
Lokahteikpan 260
Mahabodhi 258
Manuha 263
Mingalazedi 261
Minnanthu 267
Myaybontha Paya Hla 259
Nagayon 264
Nandamannya 267
Nanpaya 263
Nathlaung Kyaung 254
Neu-Bagan 264
Ngakywenadaung 254
Pahtothamya 255
Payathonzu 267
Pitaka Taik 257
Sapada 248
Sedanagyi 265
Seinnyet Ama 264
Seinnyet Nyima 264
Shwegugyi 255
Shwesandaw 259
Shwezigon 246
Somingyi Ok-Kyaung 264
Sulamani 260
Thambula 267
Tharaba-Tor 258
Thatbyinnyu 254
Thetkyamuni 249
Übernachtung 268
Upali Thein 251
Wandmalereien 244
Bagan-Reich 103
Bago 213
Bago Yoma 225
Bagyidaw 107
Ballonfahrten 67, 279, 314, 421
Ballon-Festival, Taunggyi 423, 431
Bamar 97, 103
Bassein *siehe* Pathein 195

Baustile, buddhistische 132
Amarapura 134
Bagan 133
Inwa 134
Mandalay 134
Mon 133
Pagodenarchitektur, zeitgenössische 134
Pyu 132
Rakhine 133
Shan 134
Bayinnaung, König 106, 192
Bayin Nyi-Höhle 544
Begrüßung 83
Behinderungen 65
Beikthano 305
Berge 89
Betelnuss 221
Betrügereien 39, 65
Bevölkerung 97
Bhamo 474
Bier 48
Bildung 101
Bilharziose 604
Bilu Kyun 548, 550
Bird Island 205
Birmanisch 590
Blagden, Charles Otto 257
Blattgold 326
Boa Say (Baw Sei) Beach 572
Bodawpaya, König 371
Bodhi Tataung-Pagode 388
Bogale 194
Bo Min Gaung 287
Bootsfahrten 25, 73
Ayeyarwady-Delta 191, 192
Golf von Bengalen 512
Inle-See 421, 427
Mawlamyaing 550
Ngapali 500
Sittwe 511
Botschaften 35
Bronzegießereien 326
Brot 44
Bücher 39, 605
Buddha 141, 254, 302
Buddhafiguren 38
Buddhas von Kyaikpun 214
Buddhismus 102, 123
Architektur 131
Frauen 125
Internet 125

Buddhistische Synode 114
Büffelgeist 217
Busse 75
Byat-ta 286

C

Cape Negrais 200
Chaungtha Beach 201
Chin 54, 97, 523
China 449, 453
Chin-Dorf 523
Chindwin 25, 479
Chinesen 100
Chinlon 67
Chin-Staat 480, 523
Cholera 600
Christentum 128

D

Dala 162, 191
Dat Taw Gyaint-Wasserfall 381
Dawei 565
de Brito y Nicote, Philip 190
Demokratie 114
Denguefieber 600
Deutsche Botschaft 36
Dhammazedi 213
Dhanyawady 522
Diebstahl 65
Dobama Asiayone 111
Dome Kyun 584
Drogen 66
Durchfall 59, 600

E

East India Company 200
Edelsteine 39, 226
Eindu 545
Einkaufen 36
Öffnungszeiten 65
Eiscreme 48
Eisenbahn 72
Elefanten 225
Elefantencamp 405
Elektrizität 63, 64
E-Mail 62
Entfernungen 76
Erkältungen 60
Ermäßigungen 31
Essen 42

F

Fahrrad 77
Fahrrad fahren *siehe* Radfahren
Fahrrad-Rikschas 344
Faltbücher 39
Fauna 90
Feiertage 50
Feste 50
Filmen 54
Fisch 43
Fleisch 43
Flora 90
Flüge 33, 71
   Süden 570
Flughafentransfer 34
Flugstrecken 71
Flüsse 25, 73, 89
Flusskreuzfahrten 348, 350
Fotografieren 54
Frauen 54
Fruchtsäfte 48
Fünf-Tage-Märkte 427

G

Galon 597
Gaw Yan Gyi 209
Gebäck 44
Geld 55
Geldwechsel 55
Gemüse 43, 44
Geografie 89
Gepäck 56
Gepäckliste 57
Geschenke 82
Geschichte 102
Gesundheit 58, 600
Getränke, alkoholfreie 47
Getränke, alkoholische 48
Gewalt 66
Gewürze 44
Glaspalastchronik 102
Glossar 596
Gokteik-Viadukt 440
Gold 40
Goldener Felsen 533
Goldschläger 325
Golf von Bengalen 512
Grenzübergänge
   China 35, 454
   Indien 35
   Thailand 34
   Drei-Pagoden-Pass 561
   Htee Kee / Phunaron 35, 567
   Kawthoung / Ranong 35, 587
   Myawaddy / Mae Sot 35, 549
   Tachileik/Mae Sai 34, 461

H

Handhaltungen Buddhas 130
Handwerksdörfer 294, 520
Handy 70
Hanlin 387
Harris Island 584
Hauterkrankungen 601
Heho 412
Hepatitis 601
Hilfsorganisationen 60
Hkakabo Razi 485
Hkamti 479
Hnee-Pagode 397
Höhlen von Hpa-an 544
Höhlen von Hpo Win Daung 391
Höhlen von Shweba Daung 391
Ho Kyin-Berge 460
Ho Lup 460
Holzschnitzer 327
Holzschnitzereien 40
Holzschnitzkunst 129
Homalin 479
Hopin 474
Hpa-an 539
Hpokkala Kyun 201
Hsipaw 441
Hsutaungpyi 570
Hta-mane-Fest 53
Htaukkyant 164
Hukawng-Valley Tiger Reserve 468

I

Ikonografie, Buddhistische 129
Impfungen 58
Indawgyi-See 473
Indein 427
Inder 100
Inflation 30, 120
Informationen 61
Inland Water Transport (IWT) 73
Inle-See 69, 424
   Wanderung ab Kalaw 407
Inpawkon 427
Insektenstiche 603
Insel der Menschenfresser 550
Internet 62
Intha 425
Inwa 134, 362
Inwa-Brücke 367
Irrawady-Delphin 94
Islam 105, 128
IWT 512

**Rundreisen • Hotels
River Cruises
Natur- & Kulturreisen
Festivalreisen
Adventure-Bausteine**

*Ihre individuelle Reiseroute
planen wir gerne mit
unserem kompetenten
burmesischen Team!*

AMARA MYANMAR
Experience

*Ihr Spezialist für
anspruchsvolle Privatreisen nach Myanmar*

**AMARA MYANMAR REISE GmbH
Kolpingstr. 8, D-83646 Bad Tölz
Tel: +49 (0)8041 9424
info@amara-myanmar.de • www.amara-myanmar.de
*Gerne schicken wir Ihnen unseren Katalog***

J

Jadeverarbeitung 327
Japaner 111, 561
Japanische Encephalitis 601
Jataka 133
Jinghpaw 53, 468
Judson, Adoniram 559

K

Kachin 98
Kachin Independence Organisation (KIO) 468
Kachin-Staat 468
Kadan Kyun 584
Kadonkani 194
Kaffee 48
Kakku 434
Kaladan 25
Kalaw 396
Kalaymyo 479, 525
Kalewa 479
Kamarwut-Kloster 558
Kampfsport 67
Kanpetlet 525
Kason 51
Katha 476
Kawgon-Höhle 545
Kaw Ka Taung-Höhle 545
Kawthoung 586, 588
Kayah 51, 98
Kayah-Staat 435
Kayin 53, 98
Kayin-Staat 539
Kengtung 454
Kinder 62, 177, 276, 328
Kinpun 531
Kipling, Rudyard 313
Kleiderordnung 82
Kleidung 40
Klier, Peter 160
Klima 28
Klimawandel 34
Klöster 21, 101
   Athokayone Kyaung 290
   Hsin Khaung-Kloster 410
   Kha Khat Wain Kyaung 217
   Kyazwa-Kloster 368
   Lernen im Kloster 101
   Mahawithutayama Kyaung 289
   Thein Pa-Hügel 476

Kochkurse
   Bagan 275
   Mandalay 343
   Nyaungshwe 421
Ko Gyi Kyaw 295
Kokospalme 91
Kolonialzeit, britische 108
Konbaung-Dynastie 106
Kong Ma 460
Königreiche 104
Konsulate 35
Korruption 121
Krankenversicherung 62
Krokodile 194
Kuan Yin San 449
Kublai Khan 104
Küchen
   Birmanische 44
   Chinesische 46
   Indische 46
   Mon-Küche 45
   Muslimische 46
   Rakhine-Küche 45
   Shan-Küche 45
   Thailändische 46
   Westliche 46
Kuhtobo-Fest 51
Kultur 129
Kuni 295
Kunst 129, 134
   Yangon 178
Kunsthandwerk 36
   Yangon 179
Kupferschmiedekunst 40
Kyaikhtiyo-Pagode 533
Kyaikhto 530
Kyaikkami 559
Kyaikmayaw 558
Kyaik Tizaung-Pagode 537
Kyail Laik Island 585
Kyaing Tong *siehe* Kengtung
Kyanzittha 104, 243
Kyanzittha, König 252
Kyat 55
Kyauk Ka Lat 546
Kyaukkar 391
Kyaukme 53, 439
Kyauk Myaung 387
Kyaukpadaung 285
Kyauktalon Taung 559
Kyauktan 190
Kyaung 132

Kyaw, Ko Gyi 295
Kyunsu 584

L

Lackarbeiten 41
Lampi Kyun 585
Laos 34
Lashio 449
Latania 91
Lebenshaltungskosten 121
Legaing 300
Leitungswasser 60
Le-pet thouk 45
Lepra 601
Literatur 605
Liveaboard-Cruises 584
Loikaw 436
Loi Mwe 460
Loi Wa 460
Lokanat 598
Longyi 40, 505
Lonton 474
Luce, Gordon H. 245

M

Mae Wanna 286
Magazine 64
Magway 303
Magwe 303
Mahagiri-Nats 257
Mahant Htoo Kanthar-Pagode 383
Malaria , 502
Maliwun 589
Manao 53
Manao-Fest 468
Mandalay 107, 306
   Architektur 134
   Atumashi-Kloster 322
   Befestigungsanlagen 317
   Eindawya-Pagode 324
   Einkaufen 339
   Eintrittspreise 312
   Essen 334
   Flughafen-Transfers 353
   Geschichte 313
   Glaspalast 315
   Informationen 343
   Kirchen 324
   Königspalast 315
   Kunsthandwerk 326, 340

Kuthodaw-Pagode 320
Kyauktawgyi-Pagode 320
Mahamuni-Pagode 322
Mandalay Hill 318
Mandalay Marionettes Theatre 327
Märkte 340
Massagen 341
Mintha-Theater 328
Nahverkehr 345
Orientierung 315
Radtouren 342
Sandamani-Pagode 321
Setkyathiha-Pagode 324
Shwe In Bin-Kloster 324
Shwekyimyint-Pagode 324
Shwenandaw-Kloster 322
Shweyataw-Buddha 319
Sunset Point 314
Traditionelle Shows 327
Transport 346
Übernachtung 329
Unterhaltung 339
Yadanabon Zoological Gardens 324
Mangrovenwälder 90
Marionetten 42
Marionettentheater 81, 135, 327
Massagen 180, 276, 341, 402, 403, 422, 503, 556
Maße 63
Maw Daw Myin Tha-Pagode 387
Mawdin Sun 200
Mawlaik 479
Mawlamyaing 548
Mayingyi Beach 572
Maymyo 373

Medien 64
Meditation 68, 181
   Internet 125
Medizinische Versorgung 60
Meeresfrüchte 43
Meeresschildkröten 194
Meiktila 295
Meinmahla Kyun Wildlife Sanctuary 194
Mergui 575, 582
Messingschmiedekunst 40
Middle Moscos Islands 575
Mietwagen 76
Milchshakes 48
Minbu 301
Mindat 525
Mindon 107, 313, 316, 322
Mingun 370
   Hsinbyume-Pagode 372
   Mingun-Glocke 371
   Mingun-Pagode 370
Min Saw Mon 512
Min Wae Aung 178
Minzu 391
Mittlerer Weg 126
Mobiltelefon 70
Mogok 390
Mohinga 45
Moken 582, 583
Mon 99, 103, 213, 550
   Architektur 133
Mönche 81
Mondkalender 85
Mong La 460
Mongolen 104, 243
Mon-Staat 529
Monsun 28
Monsunregenwälder 90

Monywa 383
Moscos-Inseln 575
Moskitoschutz 56
Motorrad 78
Mottama 558
Moulmein 548
Moustache Brothers 328
Mrauk U 105, 512
   Königspalast 513
   Shitthaung-Tempel 515
   Tempel 515
Mt. Popa 51, 286
MTT (Myanmar Tours & Travel) 61
Mt. Victoria 525
Mudon 558
Mudras 129
Muse 453
Musik 136
Myaw Yit-Pagode 572
Myeik 575, 582
Myeik-Archipel 582
Myinkaba 261
Myitche 294
Myitkyina 468
Myitson 472
Myitta Kan 390

N

Nabule Beach 572
Nadaungmya 249
Nadaw 53
Naga 53
Nahverkehr 78
Namensänderungen 92
Namshan 448
Narathihapate 244

www.myanmar-discover.de

Ihr Spezialist für Myanmar
seit 20 Jahren

„Natur –
  Kultur –
    Erlebnis"

- Maßgeschneiderte Privatreisen
- Kleingruppen: 2 bis 12 Teilnehmer
- Reisebausteine, Badehotels
- Fluss- und Bahnreisen
- Reisen zu buddhistischen Festlichkeiten
- Vogelbeobachtungen, Fotoreisen
- Wandern, Trekking, Biking
- Deutsch- oder englischsprachige Reiseleitung, alternativ nur Fahrer
- nationale und internationale Flüge

NEU

Innovative neue Programme:
- Mergui-Archipel: Kreuzfahrten, Schnorcheln, Tauchen, Naturbeobachtungen, Begegnungen
- Überlandreisen per Auto, statt fliegen
- Unbekannter Norden (Myitkyina + Putao)
- Länderverbindende Reisen (überland)

fachmännische Beratung und Buchung:
Myanmar Discover – Sommer Fernreisen GmbH
Nelkenstrasse 10 · 94094 Rotthalmünster
Tel: 08533 - 919161
info@myanmar-discover.de
www.myanmar-discover.de

Nat Htaung Kyaung 259
Nationalparks 95
Nat-Kult 122, 217, 286, 295
Nat Pwe 123
Natshinnaung 190
Naturschutz 93
Nayon 51
Nay Pyi Taw 225
Nebelwälder 90
Neujahrsfest 51
Ne Win 115
Ngapali 494
Ngapali Beach 69, 494
Nga Phe Chaung-Kloster 427
Ngaputaw 197
Ngwe Saung Beach 204
Niem 262
Nipapalme 91
Noetling, Fritz 245
Nong Kyo 460
Nyaungshwe 413
Nyaung U 246

O

Obst 43
Öffnungszeiten 65
Opiumgewichte und
 -waagen 38
Orwell, George 476

P

Pakhan-gyi 294
Pakhan-nge 294
Pakokku 289
Palaung 405
Paleik 364
Pali 598
Palikanon 127, 321
Palmblattbücher 39
Palmen 91
Palmyrapalme 91
Panglong-Abkommen 113
Pang Pack 460
Pang Wai 460
Pa-O 435
Parabaik 39
Pa Shu Kyauk-Pagode 571
Pataw Padet 577
Pathein 195
Payangazu 252
Pearl Island 501
Peik Chin Myaung 383
Perlen 42
Pesa 39
Pflanzen 90
Phaung Daw U-Fest 425
Phaung Daw U-Pagode 425
Pick-ups 76
Pindaya 409
Pindaya-Höhlen 409
Politik 119
Pondaung-Menschen 391
Ponnya, Salay U 284
Popa Maedaw 286
Popa Taung Kalat 286
Po Po Kyauk 573
Porto 64
Portugiesen 105
Post 64
Preise 30
 Unterkünfte 80
Provinzen 119
Pulau Besin 585
Pulau Ru 585
Puppentheater 177
Putao 483
Pwe Kauk-Wasserfall 383
Pwes 53
Pwo 99

Hochwertige Erlebnisreisen zu fairen Preisen!
Die Erfahrung unserer Asien-Experten ist Ihre Garantie für eine unvergessliche Reise.

Burma Goldenes Land Asiens
Unsere große Rundreise quer durchs Goldene Land (max. 12 Teilnehmer)
18 Tage ab/bis Frankfurt ab € 3.495,– p.P.

Burma mit Sternen
Klassische private Rundreise mit allen Highlights zu Ihrem Wunschtermin
13 Tage ab/bis Yangon ab € 2.050,– p.P.

Wir bieten:
Gruppen- und maßgeschneiderte Privatreisen

TAKE OFF REISEN GmbH
Dorotheenstr. 65 · D-22301 Hamburg
Tel: +49 (0) 40 - 422 22 88
www.takeoffreisen.de

Pyapon 192
Pyatho 53
Pyay 228
Pyidawtha-Plan 120
Pyin U Lwin 373
Pyu 103, 233

R

Rabatte 31
Radfahren 23, 67
Radtouren
  Bagan 278
  Mandalay 342
  Nyaungshwe 421
Rajakumar 262
Rakhine 26, 100, 105
Ramree-Inseln 505
Rangoon 140
Regenwälder 90
Regenzeit 28
Reiseapotheke 59
Reisekosten 30
Reisekrankenversicherung 83
Reisemedizin 600
Reiseplanung 21
Reiserouten 24
Reisezeit 28, 531
Reiseziele 21
Religionen 122
Rockmusik 137
Rohingya 98
Rotangpalme 91
Ruili 453
Rum 49

S

Saddan-Höhle 547
Sagaing 365
Sagaing Division 479
Sagu 300
Salakpalme 91
Salanganen-Nester 584
Salay 281
Sale 281
Salin 300
Salon Kyun 585
Salzgewinnung 448
Sambuddha Kat Kyaw-Pagode 388
Samkar 430
San Hlan Beach 573
San Maria Beach 572
Saopha 456
Sapada 249
Sargent, Inge , 441
Sayan Gyi-Pagode 448
Schirme 42, 197, 410
Schlafsack 56
Schlangen 603
Schmuck 39
Schnorcheln 69, 501
Schulsystem 101
Schutzgebiete 95
Seafood 577
Seren-Höhle 547
Set Se Beach 560
Sgaw 99
Shampoo-Insel 548, 550
Shan 100, 396
Shan-Fürsten 109
Shan-Küche 336
Shan-Staat 26, 53, 431
  nördlicher 439
  östlicher 454
  südlicher 396

Shin Bin Ngar Man Aung 284
Shin Bin Sar Kyo 284
Shinmokhti-Pagode 571
Shin Pyu-Zeremonie 127
Shwebo 387
Shwedaung 229
Shwe Gu Ni-Pagode 390
Shwe Myae Zu-Pagode 473
Shwenyaung 413
Shwesandaw-Pagode 192
Shwesettaw 302
Shwesettaw Wildlife
  Sanctuary 302
Shwethalyaung Daw Mu 571
Shwe U Min-Pagode 397
Shwe Yan Pyay-Kloster 416
Sicherheit 24, 65
Siddharta, Gautama 124
Silber 40
Silberschmiedekunst 40, 327
Sinbo 472
Sinma 208
Sin Nit Kaung Kyaung 538
Sittwe 506
Snacks 46
Softdrinks 47
Sonnenbrand 602
Sperrgebiete 26
Sport 67
Sprachen 97
Sprachführer 590, 608
Sri Ksetra 228, 233
Staaten 119
Steckdosen 64
Steinmetzbetriebe 327
Stoffe 40
Strände 22
  Boa Say Beach 572
  Chaungtha Beach 201
  Gaw Yan Gyi 209
  Maungmagan-Beach 571
  Ngapali 494
  Ngwe Saung Beach 204
  Parker Beach 589
  Sar Chit Beach 208
Stromversorgung 64
Stupa 131
Sullivan Island 585
Syriam 189

T

Tabaung 54
Tabodwe 53
Tachileik 461
Tag der Bauern 54
Tagu 51
Tai 90
Talipotpalme 91
Tamanthi 479
Tanintharyi 561
Tanzvorstellungen 81
Tauchen 69, 501
Taungbyone 358
Taunggok 504
Taunggyi 423, 431
Tavoy 565
Tawthalin 52
Tay Za 376
Tazaungmon 52
Tee 48
Teestuben 48, 335
Telefon 70
Tempel
  Verhaltensregeln 81
  Tempelfeste 81
Tenasserim 561
Teppichknüpfer 327
Tetanus 605
Textilwebereien 327
Teyzit Beach 573
Thabyedan Fort 367
Thadingyut 52
Tha Eing-Pagode 421
Thagyamin 123, 599
Thaike, Sao Shwe 415
Thailand 34, 461
Thakin Nu siehe U Nu 111
Thamanti Wildlife Reserve 479
Thamihla Kyun 200, 201
Thanaka 40, 339
Thanboddhay-Pagode 388
Thanbyuzayat 560
Thanlwin (Salween) 25, 89,
  396, 539
Thanlyin (Syriam) 189
Tharkaung 430
Thathay Kyun 585
Thaton 538
That Zom Doi 460
Thayekhittaya 233
Thazi 297
Tha Zin 294
Thel Lett Tin 584
The Point 508
Thibaw 108, 314, 322
Thihathu, König 260
Thingyan 51
Third Mile Pagoda 588
Thirimyaing Lan 588
Thomann, Affäre Dr. 258
Thrombose 603
Tiere 92
Tiger 468

Tihoshin 289
Tipitaka 127
Tissa 536
Todeseisenbahn 561
Toiletten 83
Tollwut 603
Toungoo 221
Toungoo-Dynastie 106
Touren 347
Transport 70
   Kosten 31
Travel Permits 26
Trekking *siehe* Wandern
Trinken 42
Trinkgelder 82
Tropenmedizinische Institute 59
Tuberkulose 604
Twante (Twantay) 191
   Shwesandaw-Pagode 192
Twinn Daung 390
Typhus 604

U

Übernachtung 79
   Kosten 31
   Preiskategorien 80
Umhängetaschen 42
Umwelt 93
Unabhängigkeit 110, 112
Unabhängigkeitstag 53
United Wa State Army (UWSA) 460
Universitäten 102
University of Rangoon 101
Unterhaltung 81
Unterkünfte *siehe* Übernachtung
U Nu 111, 114
U Par Par Lay 328
U Sein Lwin 117

V

Vegetarier 44
Verhaltenstipps 81
Versicherungen 83
Verwaltung 119
Vesali 522
Victoria Point 586, 588
Vielvölkerstaat 97
Vier Edle Wahrheiten 124, 125
Visa 84, 461
Visumsverlängerung 85

Vögel 93
Vogelbeobachtung 252
Vorwahlen 70

W

Wagaung 52
Währung 55
Wandbehänge 42
Wandern 22, 70
   Chaungtha 208
   Kalaw–Inle-See 407
   Kengtung 460
   Nyaungshwe 420
   um Kalaw 405
Wandmalereien 37
Wan Mai 460
Wan Nyat 460
Wan Pauk 460
Wan Pin 460
Wan Seng 460
Waso 51
Wassersport 23, 69
Wechselkurse 55
Weihnachten 53
Wein 423
Wellness 180, 402
Wethtigan-See 300
Whisky 49
White, Samuel 576
White Sand Island 201, 500
Wiedergeburt 126
Win Sein Taw Ya Sayadaw 559
Wirtschaft 120
Würmer 604

Y

Yadanabon-Brücke 367
Yadana Taung 559
Yang Kong 460
Yangon 138
   Aktivitäten 180
   Bogyoke Aung San-Mausoleum 161
   Bogyoke Aung San-Museum 161
   Botataung-Pagode 157
   Chauk Htat Gyi-Pagode 158
   Chinatown 157
   Chinesischer Tempel 158
   Edelsteinmuseum 162
   Einkaufen 177

   Essen 170
   Hindutempel 157
   Informationen 182
   Inya-See 162
   Kaba Aye-Pagode 162
   Kandawgyi-See 163
   Kolonialarchitektur 159
   Kyauk Taw Gyi-Pagode 163
   Little India 157
   Mae-lá-mú-Pagode 162
   Mahabandoola Garden 147
   Maha Pasana Guha 162
   Maha Wizaya-Pagode 161
   Märkte 180
   Moscheen 147
   Nahverkehr 182
   Nationalmuseum 158
   National Race Village 163
   Parks 161
   Prime Minister's Office 157
   Seen 161
   Shwedagon-Pagode 140
   St. Mary's-Kathedrale 157
   Sule-Pagode 147
   Swe Daw Myat-Pagode 162
   Transport 183
   Übernachtung 164
   Unterhaltung 176
   Zoo 161
Ye 562, 564
Yele Paya 560
Yenangyaung 298
Ye Putwin 572
Ywa-ma 427

Z

Zat Sar Aw Beach 573
Zeitverschiebung 62, 85
Zementfabriken 542
Zin Kyaik-Wasserfall 558
Zokali 538
Zokthok 537
Zoll 87
Zugstrecken 72
Zwangsumsiedlungen 317
Zweiter Weltkrieg 112, 120, 164, 320, 561
Zweites Birmanisches Reich 105
Zwe Kapin 547
Zyklon Nargis 118

Access, Success & Happiness
...in Mandalay you mostly can get with:

- Reservierung von Hotels in ganz Myanmar
  ...von gut & günstig bis gediegen & geschmackvoll...

- Permits & Packagetouren nach Moguk
  ...3-tägige Abenteuer-Trips zu den Edelstein-Minen...

- Tickets für Flüge & Flusstouren
  ...wie von Mandalay auf dem Ayeyarwady & Chindwin...

ONE EXPRESS

zoneexpresstours@gmail.com
zone.mandalay@gmail.com

- Transfers mit Chauffeur
  ...z.B. von Mandalay nach Bagan, Inle-See oder Nay Pyi Taw...

- Geldwechsel zu Mandalay's Best Rate
  ...unbürokratischer Tausch von Euros & Dollars...

Beratung & Buchung bei Mrs. Jasmine & Team:

ZONE EXPRESS TRAVEL
Mandalay, 68th Street (zwischen 26 & 27)
Fon & Fax + 95 2 284 4651-2, Mobile + 95 9-200 73 37
www.zonetravelmyanmar.com

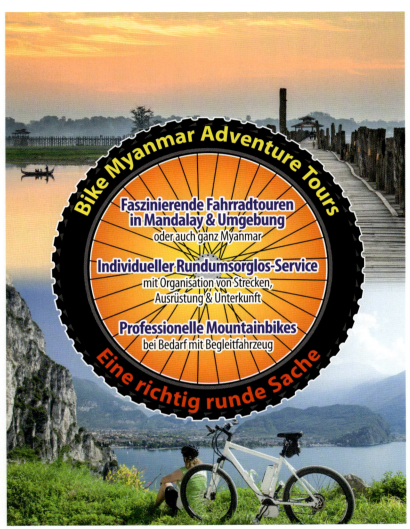

Notizen

Notizen

Notizen

Danksagung

Volker Klinkmüller
Mein Dank gebührt vor allem Aung Zaw (Bike Myanmar Adventure Tours), der noch in brisanten Zeiten schon die Erstausgabe dieses Handbuchs mit auf den Weg gebracht hatte – und mit endlosem Engagement und asiatischer Gelassenheit nun auch zum bestmöglichen Ergebnis der siebten Auflage beigetragen hat. Abermals hervorragende Dienste, die gewiss über eine Aufgabe als Chauffeur-Guide hinausgehen, hat der ebenfalls in Mandalay beheimatete Win Nying geleistet (ehemals mit Trishaw, heute mit Minivan).

In besonderer Weise verdient gemacht hat sich Tourismus-Pionier Andrè Schneegaß (Life Seeing Tours Southern Myanmar), der sein Herz an den Süden des Landes verloren hat, wie es auch manchem Leser ergehen dürfte … Als ebenfalls unverzichtbar für diese neu zu entdeckende Region bzw. westliche Vorhut in Ye hat sich David Herrick (Starlight Guesthouse und Resort) erwiesen. Stets ansteckend gute Laune und reichlich Geheimtipp-Wissen haben die Zusammenarbeit mit dem sympathischen Jungunternehmer Mr. Tam (Green Neco Travels & Tours) zu einem besonderen Vergnügen werden lassen. Nicht vergessen werden sollen Mrs. Phu Phu (Soe Brothers Guesthouse) und Mrs. Tim (Galaxy Motel), die als Insider in Hpa-an für eine Optimierung der Recherche gesorgt haben.

Als Mitarbeiterin einmal mehr unverzichtbar war Nipaporn Yanklang, nach wie vor besonderer Dank gebührt Andrea Markand, die das Autorenteam in seiner idealen Mischung einst für dieses exotische Buchprojekt zusammengeschmiedet hatte.

Andrea Markand
Ich danke all den Einwohner Myanmars, denen ich auf meiner Reise begegnet bin und die mein Leben bereichert haben. Eure Energie zu helfen scheint unerschöpflich, und Euer Lebensmut steckt an. Ein großer Dank geht auch an Ueli, denn Deine Kenntnisse in der birmanischen Sprache haben wirklich sehr vieles vereinfacht und die Fahrt in Deinem luftigen „Jeep" war einfach großartig. Auch Oli sei gedankt: Die Abende am Meer mit all den tollen Gesprächen möchte ich nicht missen. Und ich danke allen Lesern, im Voraus und rückblickend, die den Menschen und der Natur Myanmars mit Respekt begegnen.

Mark Markand
Dank an Jochen Meissner für einen schönen Tag in der Umgebung von Yangon, sowie an Jochen, Andrea und Myo für einen unvergesslichen Abend an unserem Stammplatz in der 19. Straße. Ebenfalls in Yangon geht mein an das Team von ICS (vor allem Frauke Wendler und David Sui Ngun Bik) für die Unterstützung der Reisevorbereitungen in unbekanntes Terrain sowie an Klaus-Dieter Müller für Infos und Eindrücke aus dem Nagaland. In Sachen Nagaland geht mein Dank zudem an Mr. Slim in Mandalay und U Sun Tun in Kalaymyo. Für Last-Minute-Informationen zu einigen Transportwegen Dank an Kyaw Thu Latt in Loikaw, Ah Beay in Kengtung und Thura in Kyaukme. Ich hoffe, ich werde Euch alle bald gesund und munter wiedersehen!

Martin H. Petrich
Für viele interessante Gespräche, Informationen und tatkräftige Unterstützung bedanke ich mich bei: meiner Frau Nicole Häusler und Christine Bitzinger aus Wien für ihre Unterstützung bei den Recherchen; Jessica Ehlebracht für ihren Beitrag zur Kunst; den lokalen Reiseleiterkollegen Ei Thu Htut, Khai Wai, Khin Myat Maw, Maung Maung Than, Thiri Sam und Zaw Htwe; Saw Hnin Nwe aus Taunggyi; Tun Lin Htaik (Tom Tom) und Michael Kyaw aus Ngwe Saung; Arrjun Singh und Soe Moe Aung aus Pathein; Win Thida Khine aus Sale; Thit Thit Zin von Terra Verde sowie U Saw Hla Chit und Nyein Chan von S.S.T.; Aye Aye Win, Minh Thu und U Than Htay aus Bagan sowie Ko Moe von ICS in Bagan. Viele sind zu guten Freunden geworden.

Gemeinsam danken wir dem Team der Bintang-Redaktion in Berlin, dessen Passion und Professionalität die Erarbeitung dieses Reiseführers zu einem angenehmen Unterfangen werden ließen.

Ein herzliches Dankeschön geht außerdem an alle Leserinnen und Leser, die uns ein Feedback zur 6. Auflage gegeben haben: Elke Albert, Hilde Böhm, Jiri Bores, Susanne Bruckbacher, Fabian Brune, Tobias Cremer, Marcus Fey, Barbara Furrer, Lukas Groß, Christiane Hahn, Florian Haselbeck, Eva Maria Hens, Ursula Kauss, Jens Kulbe, Jasmin Leimbrock & Christian Gogic, Sabine von Loeffelholz, Ina Reihl, Heinrich Ritter , Rainer Schmid, Dr. Birgit Schmölzer, Andrea Seiler, Tom Strube & Annabelle Mai, Marcel Vuillemin, Patrick Wader, Rolf Wanka, Caro Wein & Andi, Nina Wolff, David Zöpfl, Verena, Tim und Jenny.

Mitarbeiterin dieser Auflage

Nipaporn Yanklang aus der thailändischen Provinz Korat hat bereits an den Loose-Reiseführern *Thailand* und *Sri Lanka* mitgewirkt und recherchiert ausgesprochen gern in Myanmar, wo der Buddhismus so authentisch praktiziert wird und sie von den Einheimischen stets herzliche Aufnahme gefunden hat, obwohl sich die kriegerische Vergangenheit wie ein roter Faden durch die Historie der Nachbarländer zieht, s. **eXTra [2885]**

Bildnachweis

Umschlag
Titelfoto Lookphotos/Spaces Images; Opfergaben für die Novizen
Umschlagklappe vorn Lookphotos/Hemis; Bagan
Umschlagklappe hinten laif/Tomas Munita; Am Straßenrand, Yangon

Highlights
S. 6 iStock.com/Nikada
S. 7 huber-images.de/Gräfenhain (oben)
 Martin H. Petrich (unten)
S. 8 Getty Images/Eitan Simanor
S. 9 Lookphotos/Superstock (oben)
 huber-images.de/Gräfenhain (unten)
S. 10/11 Getty Images/hemis.fr/Stephane Lemaire
S. 12 Nipaporn Yanklang (oben)
 Volker Klinkmüller (unten)
S. 13 Nipaporn Yanklang
S. 14 M. Markand (oben)
 Mario Weigt (unten)
S. 15 M. Markand (2)
S. 16 M. Markand
S. 17 mauritius images/imagebroker/Otto Stadler (oben)
 Martin H. Petrich (unten)
S. 18 Nicole Häusler
S. 19 Renate Loose (oben)
 Volker Klinkmüller (unten)
S. 20 Volker Klinkmüller (2)

Regionalteil
Fotolia/Georgios Kollidas S. 111
iStock.com/epixx S. 511
Volker Klinkmüller S. 38, 69, 74, 91, 143, 187 (oben), 255, 274, 287, 306, 307 (unten), 313, 321, 326, 333, 338, 351, 355 (2), 360, 378, 389, 526, 527 (2), 545, 552, 565, 576, 583
Robin Kuhnhenne S. 22
Renate Loose S. 247, 265
A. Markand S. 103, 139, 163, 178, 210, 211 (2), 232, 393 (oben), 417, 420, 452, 486, 495, 88
Mark Markand S. 31, 32, 47, 58, 77, 100, 139 (unten), 160, 173, 185, 215, 218, 239 (unten), 392, 393 (unten), 401, 408, 437, 444, 457, 464, 465 (2), 469, 473, 482, 487 (oben)
Martin H. Petrich S. 104, 126, 186, 187 (unten), 238, 239 (oben), 253, 261, 299, 301, 425, 440, 517
Shutterstock.com thaagoon S. 278; Udompeter S. 484; Vadim_Ivanov S. 487 (unten)
Mario Weigt S. 237
Nipaporn Yanklang S. 138, 307 (oben), 318, 354, 371, 534, 559

Impressum

Myanmar
Stefan Loose Travel Handbücher
7., vollständig überarbeitete Auflage **2018**
© DuMont Reiseverlag, Ostfildern

Alle Rechte vorbehalten – insbesondere die der Vervielfältigung und Verbreitung in gedruckter Form sowie die zur elektronischen Speicherung in Datenbanken und zum Verfügbarmachen für die Öffentlichkeit zum individuellen Abruf, zur Wiedergabe auf dem Bildschirm und zum Ausdruck beim Nutzer (Online-Nutzung), auch vorab und auszugsweise.

Die in diesem Buch enthaltenen Angaben wurden von den Autoren nach bestem Wissen erstellt und vom Lektorat im Verlag mit großer Sorgfalt auf ihre Richtigkeit überprüft. Trotzdem sind, wie der Verlag nach dem Produkthaftungsrecht betonen muss, inhaltliche und sachliche Fehler nicht vollständig auszuschließen.
Deshalb erfolgen alle Angaben ohne Garantie des Verlags oder der Autoren. Der Verlag und die Autoren übernehmen keinerlei Verantwortung und Haftung für inhaltliche und sachliche Fehler. Alle Landkarten und Stadtpläne in diesem Buch sind von den Autoren erstellt worden und werden ständig überarbeitet.

Gesamtredaktion und -herstellung
Bintang Buchservice GmbH
Zossener Str. 55/2, 10961 Berlin
www.bintang-berlin.de
Redaktion: Jan Düker, Gudrun Raether-Klünker
Bildredaktion: Anja Linda Dicke
Satz: Stefan Müssigbrodt
Karten: Anja Krapat, Klaus Schindler
Reiseatlas: DuMont Reisekartografie, Fürstenfeldbruck

Printed in Poland

www.stefan-loose.de/myanmar

Kartenverzeichnis

Allgemeiner Teil
Bio-Zonen, Nationalparks und Schutzgebiete 96
Eisenbahnnetz 72
Ethnien 99
Flugrouten 71
Staaten und autonome Regionen 120

Reiserouten
Myanmar kompakt 24
Myanmar klassisch 26
Myanmar intensiv 27

Touren
Ausflug in den nördlichen Chin-Staat 481
Mit dem Fahrrad durch Bagan 278
Radtouren um Mandalay 342
Spaziergang durch Yangons Geschichte 159
Von Kalaw zum Inle-See 407
Wanderung bei Mindat 293

Regionalteil
Amarapura 359
Ayeyarwady-Delta 188/189
Bagan 240/241
   Alt-Bagan (Bagan Myohaung) 256
   Nyaung U 250
   Neu-Bagan (Bagan Myothit) 266
   Shwezigon-Pagode 248
   Umgebung 282/283
Bago 216
Bhamo 475
Chaungtha Beach 202
Chin-Staat 524
Dawei 566
   Halbinsel 573
   Umgebung 571
Hpa-an 541
   Umgebung 546
Hsipaw 443
Inle-See 426
Inwa (Ava) 363
Kalaw 398
Katha 477
Kengtung (Kyaing Tong) 455
Kyaikht(iy)o-Kinpun 532
Lashio 451
Loikaw 438
Magwe 304
Mandalay 308/309
   Umgebung 356
   Zentrum 310/311
Mawlamyaing (Moulmein) 551
Meiktila 296
Mingun 372
Monywa 384
Mount Popa 288
Mrauk U 514/515
Myeik (Mergui) 579
Myitkyina 470
Nay Pyi Taw 227
Ngapali 496
Ngwe Saung Beach 207
Norden 466/467
Nördlich von Yangon 212
Nordosten 394/395
Nyaungshwe 414
Pakokku 291
Pathein 196
   Zentrum 199
Pindaya 411
Pyapon 193
Pyay 231
Pyin U Lwin (Maymyo) 375
Sagaing 366
Sale (Salay) 285
Sittwe 507
Sri Ksetra 235
Süden, nördlicher Teil 526
Süden, südlicher Teil 574
Tachileik 462
Taunggyi 432
Thaton 538
Toungoo 222
Westen 488/489
Yangon 148/149
   Rund um den Inya-See 156
   Rund ums Zentrum 152/153
   Rund um die Shwedagon und
     den Kandawgyi-See 154/155
   Shwedagon-Pagode 144
   Zentrum 150/151
Ye 563
Yenangyaung 298

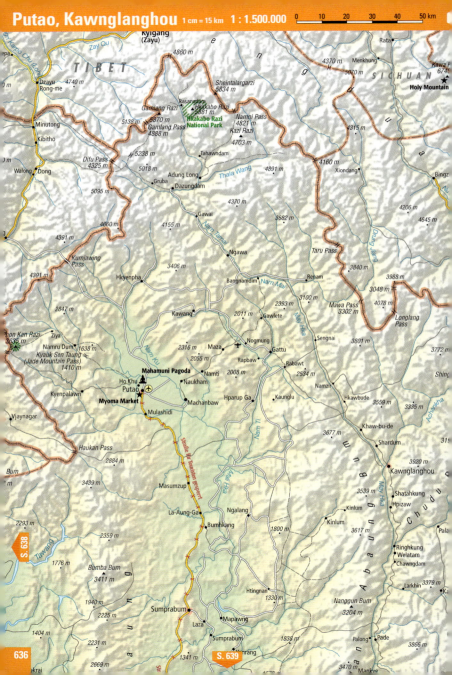

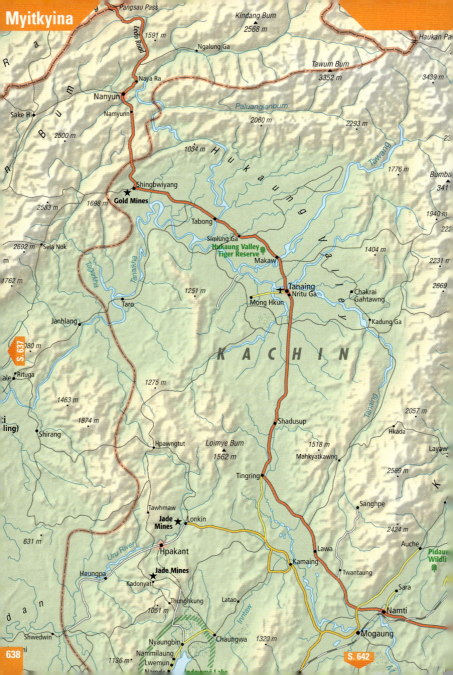

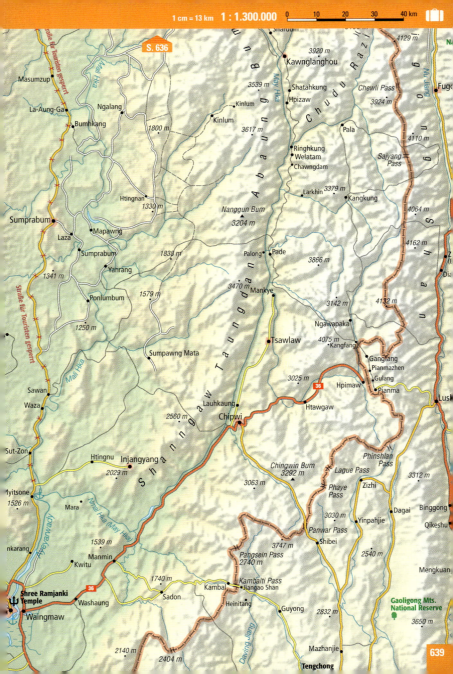

Maching
Senapati
2260 m
2633 m
Tamma
Ukhurul
Kayan Bung
2836 m
Kangpoki
Ukhrul
2568 m
Tamenglong
Sengma
Kangchup
Imphal Int'l. Airport
Sokpap
Phaiyeng
2053 m
2259 m
Imphal
MANIPUR
Kamjong
Terapur
Andra
Nungba
Lilong
1104 m
Oinam
Bishnupur
Mayang Imphal
1403 m
1066 m
1854 m
Lake
Logtak
Thanga
Thoubal
Thana
Zaydi
Chindwin
Shwelebo
Tonheik
Myothit
2108 m
Moirang
Kakching
1096 m
INDIA
Keibul Lam Jao National Park
Thaungdu
Kakching Khunou
Churachandpur
1296 m
Thayaun
2012 m
Shuganu
Sibong
1112 m
Chandel
Chalong
Paun
Namphanglong
Moreh
Tamu
1924 m
1933 m
Hellaw
Lanlegwa
Manipur
Sittaung
Singnghat
1798 m
Alo (Ahlaw)
Youpi
Lallin
Auk Taung
2030 m
Witok
Kabaw Valley
Chindwin
Kong
Haicin
2373 m
Khampat
Ta-Nga
1567 m
Chikha
Yuwa
648 m
Bokkan
Dathwekyauk
Pantha
Khampat
Tatkon
Singgel
388 m
Kindat
Lawth
2478 m
974 m
Pyaungbok
Nankade (Maytaw)
Seksih
Mawlaik
Tunzam (Ton Zang)
Taung Inn
446 m
1538 m
Kadu
733 m
Tiddim
2052 m
Kangyi
Kelndai Kennedy Pk. 2703 m
Masein
2606 m
Matu
Nayint

S. 644

1136 m
Lwemun
Namde
Shwe Mitzu Pagoda
Indawgyi Lake Wildlife Sanctuary
Indawgyi Lake
Lonton
Hepu
Mamonkaing
Hepa
Maingnaung
Ywathit
Hopin
Sarahmaw
S. 638
Hokat
Talawgyi
Arindamar
1315 m
Loimaw 1551 m
Kumhrat
Watu
Lungjahkyet
Nam-Ma
Bilumyo
Mohnyin
1046 m
Kadu
Kaukkwe
Hka-u
Hkawsi
Simbo
Maka
Mang Pang
Kado
Mawhan
Lachang
Lopaw
Theinlon
Dumsu yang
1030 m
Dawpo
Manton
First Defile
Nansiaung
Myphwe
Mawlu
Oamchi
Thamanggyi
Nantan
928 m
Myothi
Taping (Daying Jiang)
Thabyelha
Old Bhamo
1233 m
Kaka
Moda
Mine
Sampanago
Bhamo
S. 641
Indaw
Naba
Langwa
Tazi
36
Katha
Shwegu
Ayeyarwady (Irrawaddy)
Palweshwe
Sima
Second Defile
Sinkan
Mansi
Meza
Kuga
Sithaung
799 m
Ngawo
804 m
Mad
Kundaung
Mantha
Shweli
Kwehaungdon
Kundo
1254 m
Kong Kong
Nampu
Meza
Inywa
Chaungwa
710 m
Kjawttagang
Sani
Datwin
261 m
Kode
Kunchawn
Si-Ko
Ywathitkon
Tonbon
Tawna
Molon
Tigyaing
Paukhet
Myadaung
Si-Ta
1332 m
Si-U
Ba Hpang
Taunggon
Tonkwa
795 m
Yingwin
665 m
Tagaung
Kyauko
Koka
Mabein
807 m
Kyaukaing
Man Na
Manmawk
Inlo
2125 m
Bahe
Mong Lon
926 m
Letpangon
Pinlon
S. 646
Shweli

Kalay, Monywa, Chaung U, Myaing, Gangaw

MIZORAM

Serchhip
1169 m
Thuampui
1120 m
Lunglei
Mualthuam
Lungian
Lungoher
2157 m
1155 m
Saiha
Kaladon
1465 m

North Vanlaiphai
1926 m
Khawbung
1854 m
Tibual
Tyao River
Lon He
Thangzang
2259 m
Munal
Kaladan
Boinu

1685 m

Kelndai Kennedy Pk. 2703 m
2606 m S. 640
Phoitwhitfe Thinengin — Tay Zang
Htotla
2409 m
1807 m
Klao
2400 m
2400 m
Weibul
Manpur
Falam
1958 m
Ramthlo
1998 m
Htan Tlang
Hakha
1626 m
Lawklung
2498 m
Rawan
Zou khwa
Lam Tok

C h i n

1993 m
Tit
1941 m
1405 m
Ngaiphaipi
Sabawngte
1919 m
Darling
Zabaung Tay
Lawngmasu
2042 m
2704 m Surkhwa
Naring
Alka
1101 m
Siatlai Lohtaw
Nabung
2632 m
1312 m
Lungka
Hungle

1235 m

Kaletwa
Samaung
1000 m
Daletme
Paihang
1456 m
Mandupi
Shiyalaung
2742 m
Mt. Mawpie
2815 m
Khreum
Natmataung

CHIN

S. 650

Baw
S. 641
Ngayingbyo
926 m
Letpangon
Ayeyarwady (Irraw
Kyan Hnyat
Sadwingyi
Kanbalu
Gada
Paukatabin
Twinnge
Inlegyi
Tangon
Chaungshe
Male
Pinkan
Sanbannago
1891 m
Myemon
Zigon
Kabo
Ngamyaung
Kyaukkyi
Thabeikkyin
Tantabin
Seinggaung
Kin-U
Kongyi
Kabwet
Yatha
Third Defile
510 m
Chaunggyi
Letkhokpin
Alaungpaya's Palace
Maw Daw Myin Tha Pagoda
Kyauk Myaung
Iwatit
Mabe
Shwebo
Pottery
Singu
Tebin
Seikkun
Sudat
Ancient Pyu City
Moksochon
Halin
(Halingyi)
Myinte
S. 645
Thitseingyi
Thamantha
Wetlet
Mu
Hladaw
Ayadaw
Sheinmaga
Minywa
Sadaung
Maleta
Padattaing
Ohndaw
Saye
Myinmu
Ywathitgyi
Allagappa
Ngaizun
Letpantabin
Sagaing
Ancient Royal City
(Ava)
Thagyin
Satpyagyin
Tada U
Myinti
Simikhon
Mandalay Int'l. Airport
Myotha
Nabuaing
Chaunggwa
Tetpan
Pya
Ywagyi
Wetlu
Pegyet
Kanwa
Bahe
Pinlon
Shweli
Myitson
Mong N
Pago
Mong Mit
Padan
Nabu
Mansat
Shwe-u-daung
2299 m
2136 m
Mogok
Phaung Daw U Pagoda
Shwenyaungbin
Kyatpyin
Wabyudaung
1504 m
Daw Nan Kyi Pagoda
Ruby Mines
Mong Long
Wengkau
Tav
Pangsan
387 m
1486 m
Chaungmagyi
Hnonae
Kalagye
Si Ku
Zegôn
1146 m
1081 m
Nawnghkio
Yenatha
Sagyin
Sedaw
Tonse
Golden Triangle Express
On-ma-thi
Shwe-Mot
Mattaya
(Madaya)
Kyabin
Mayabin
Lamaing
Wetwun
Alebon
Mingun Bell
Mingun
Mingun Pagoda
Pyin U Lwin
(Maymyo)
Patheingyi
1126 m
Ancient Royal City
(Mandalay)
Mandalay
Sagyin Hill
Anisakan
Botanical Garden
Purcell Tower
Zegôn
Mandalay Palace
Pwe Kauk Falls
Amarapura
Ancient Royal City
(Amarapura)
Zibingyi
AH14
Inwa
(Ava)
Tonbo
Pyinsa
Myitnge
3
18
Paleik
Shwesayan
Lema
Myitnge
Konthe
Singaing
1461 m
Belin
Kado
Yeywa
Kyaukse
Chaungzon
Samar
Maingban
Zawgyi
Sabeda
S. 652
Minsu
Han Myint Moe
Thanywa
Myittha
Mezali
Myogyi
71
18
2

S. 643
S. 647
S. 654
an Plateau
Man Kan Mong
2159 m
2305 m
ong Long
Panglong
Banhong
Mengsheng
Anher
Nangun R. Nat'l. Park
Cangyuan
2425 m
Man Namlet
Mong Kyet
1795 m
Na Wi
767 m
1840 m
Pang Waun
Motlong
Kawngmeim
Mong Mao
Kathi-no
Mong Naung
2485 m
Man Kalu
Kungsan
Yawngo
2117 m
2267 m
Loimaw
Nawngkai
Man Hpan
Ximeng Vazu Zizhixian
Moeng Ma
Ma
Pangna
Ximeng Town
Ximeng
Hpangpai
Nawnghpa
Moeng Keng
1707 m
Naphan
1806 m
Ta-Kaw-Et
Loikin
Tangyan
Wan Pangho-long
Peng
2249 m
Ximeng (Menglian Daizu Lahuzu Vazu Zizhixian)
1978 m
anghung
2054 m
Man Hwe-wai
Man Maw
1874 m
Man Panghpek
Man Na-su
1981 m
Salween
Tarkwut
Banjia
Mengma
Man Panghpek
Mongkaung
Man Nawkwa
Pang
Pansam
Pang Yang
Tarmabum
2602 m
1558 m
Namt
Loi-pwe
Mong Awt
Mong Pawk
Wan Munsai
Wanton
Wan Mongr
Thanlwin (Salween)
2174 m
2156 m
Mong Hsu
1721 m
Wan Hsi-bsaw
Kyat Ou Taung
Wang Pang
Mong Koun
Wan Kang
Mong
1567 m
Haipna
1735 m
Wan Singpyin
Hka
Wan Na-hseng
Mong Hnyin
2321 m
2234 m
2089 m
2244
Nawng
Mong San
1247 m
Wan Pangsung
Matman
1825 m
Namhka
Nampan
2324 m
Wan K
Mong Ping

Sittwe, Magwe, Mrauk U, Minbu, Buthidaung, Kyauktaw

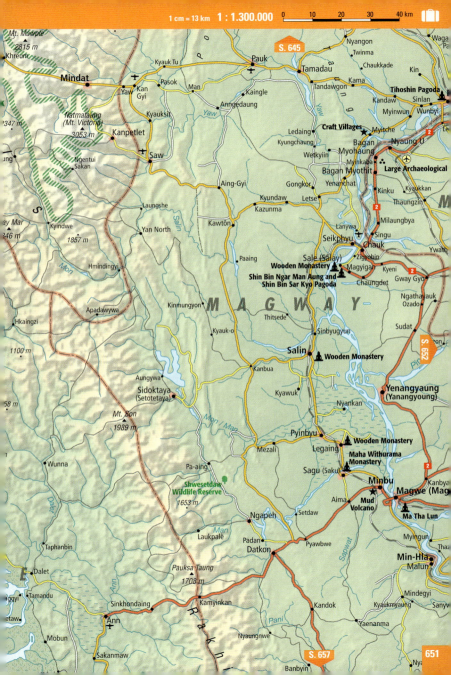

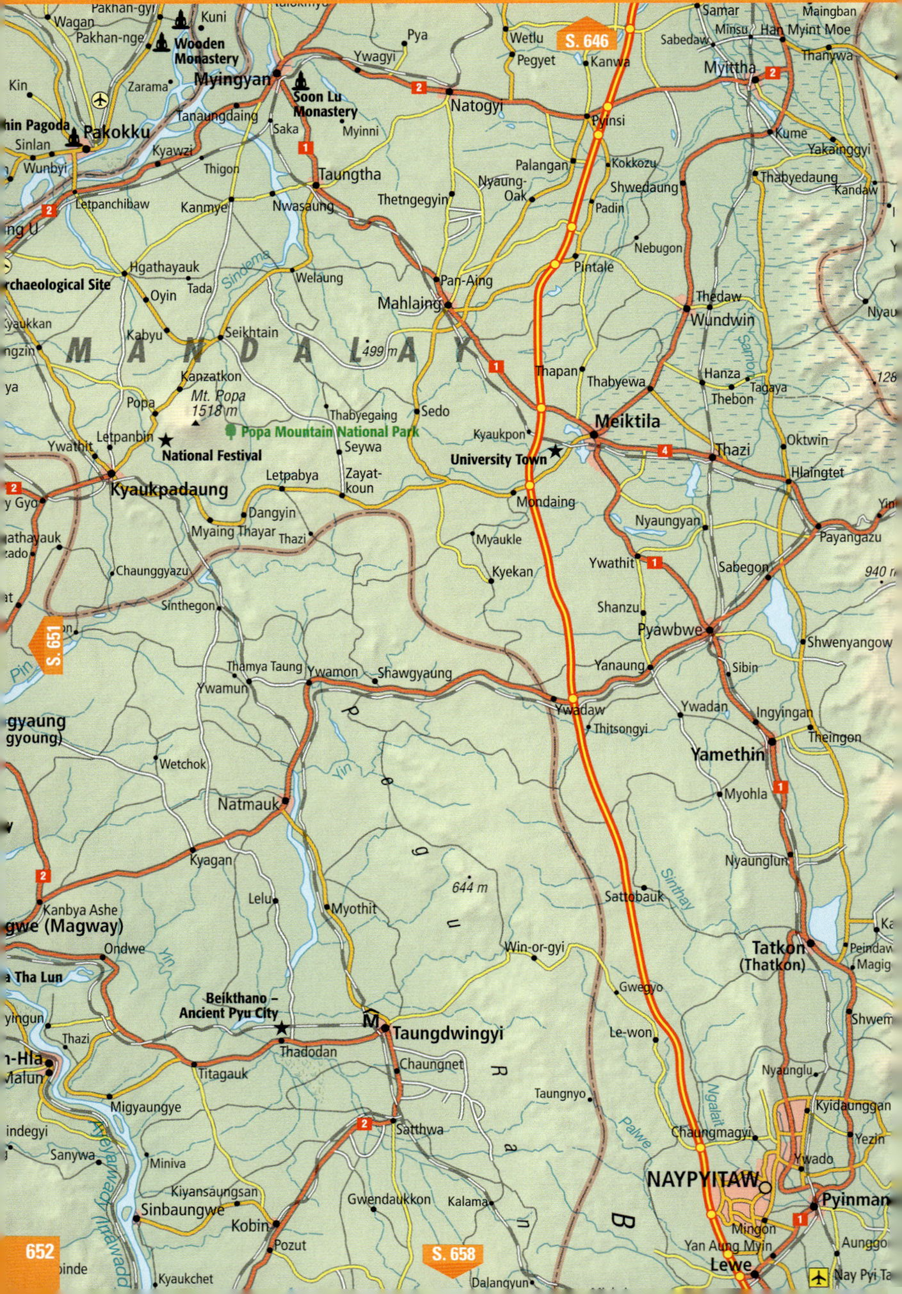
Pakhan-gyi
Wagan
Kuni
Pakhan-nge
Wooden Monastery
Myingyan
Soon Lu Monastery
Pya
Ywagyi
Wetlu
S. 646
Pegyet
Kanwa
Samar
Minsu
Maingban
Han Myint Moe
Sabedaw
Myittha
Thanywa
Kin
Zarama
Tanaungdaing
Natogyi
Pyinsi
Kume
Yakainggyi
Pakokku
Sinlan
Wunbyi
Saka
Myinni
Kyawzi
Thigon
Taungtha
Palangan
Kokkozu
Shwedaung
Thabyedaung
Kandaw
Letpanchibaw
Kanmye
Nwasaung
Thetngegyin
Nyaung-Oak
Padin
Nebugon
Hgathayauk
Sindema
Welaung
Pan-Aing
Pintale
Oyin
Tada
Mahlaing
Thedaw
Wundwin
Nyau
Kabyu
Seikhtain
MANDALAY
499 m
Thapan
Thabyewa
Hanza
Tagaya
Thebon
Kanzatkon
Mt. Popa 1518 m
Popa
Thabyegaing
Sedo
Popa Mountain National Park
Kyaukpon
Meiktila
Oktwin
Ywathit
Letpanbin
National Festival
Seywa
University Town
Thazi
Hlaingtet
Letpabya
Zayat-koun
Kyaukpadaung
Mondaing
Dangyin
Myaing Thayar
Thazi
Nyaungyan
Payangazu
Myaukle
Ywathit
Sabegon
Chaunggyazu
Kyekan
940 m
Sinthegon
Shanzu
Pyawbwe
S. 651
Shwenyangow
Pin
Thamya Taung
Ywamon
Shawgyaung
Yanaung
Sibin
Ywamun
Ywadaw
Ywadan
Ingyingan
Thitsongyi
Theingon
Wetchok
Yin
Yamethin
Myohla
Natmauk
Pegu
Nyaunglun
Kyagan
Sinthay
Sattobauk
644 m
Lelu
Myothit
Kanbya Ashe
Magwe (Magway)
Ondwe
Win-or-gyi
Tatkon (Thatkon)
Peindaw
Magig
Yin
Tha Lun
Gwegyo
Beikthano – Ancient Pyu City
Shwem
Thazi
Taungdwingyi
Le-won
Thadodan
Chaungnet
Malun
Titagauk
Nyaunglu
Taungnyo
Kyidaunggan
Migyaungye
Ngalait
Palwe
Satthwa
Chaungmagyi
Yezin
Sanywa
Ywado
Miniva
NAYPYITAW
Pyinman
Kiyansaungsan
Sinbaungwe
Gwendaukkon
Kalama
Mingon
Kobin
Yan Aung Myin
Aunggo
Pozut
S. 658
Lewe
Nay Pyi Ta
Kyaukchet
Dalangyun
Ayeyarwady (Irrawaddy)

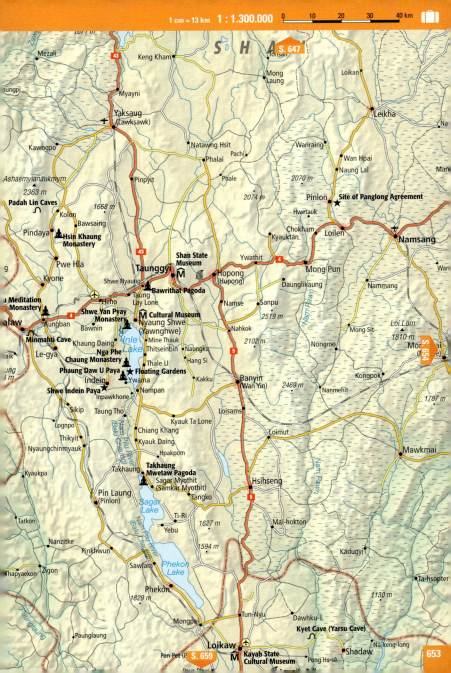

Nampan
S. 648
Mong Ping
Nawngho
1570 m
2031 m
Wansing
Ho-pang
4
Kunhing
Saimon
Ta-Kaw
Nawng-awn
Naung Kok
Kyusauk
1618 m
1838 m
Mong
Pu Awn
Ho-hkai
Kenglon
Wunlaw
Man Nawngmawn
S h a n
Kyo Hkan
Khoawt
Wan
Maklang
Mong Pu
1739 m
Keng Hkam
1513 m
1775 m
Wannaung
Keng Tawng
Tanhong
Nam Sin
Hsim
Wan
Kongh
Kam
P l a t e a u
1183 m
Loisai
Kang Nai
1698 m
1245 m
1579 m
Mong Nai
(Moene)
Ban Nampat
S. 653
Nam Teng
Ban Namkat
Wansala
1787 m
1251 m
Hsuppawng
Ta-Htit
1855 m
Lang Kho
Mong Pan
Mong Tong
1839 m
Ta-Sam
1722 m
Wan Hat
Wingpi
Kongmao
Naunglwan
Namtong
Mae Kin
Thanlwin (Salween)
1890 m
Wan Pawmöng
Konglong
Mong Han
1980 m
1801 m
Doi Angkhang
1935 m
Wan Kiuwai
Mong Kyawt
1889 m
1462 m
Pungpakyem
Mong Ta
1754 m
Ta-hsopteng
1824 m
Ponpakyin
Parop
1570 m
Muang Na Tai
Mong Mao
Piang Luang
Kae Noi
Pang Kham
Doi That
1802 m
Ban Nam Ru
Tham Lot
Huai
Phueng
Doi Khu
Huai
Wiang Haeng

Pyay, Ramree Island, Manaung Island, Thandwe

S. 652
Lewe
Nay Pyi Taw Int'l Airport
Kyaukchet
Lema
Minbyin
Kantha
Ala (Ela)
Pinthaung
1209 m
Egayit
Magyigan
Thigon
Thawatthi
Yeni
Mauktin
Daunglangya
Amayadau
Mogaung
Kyaukmasin
Magyigon
1232
Kayinlegyin
Myohla (Mychla)
Aunglan (Myayde)
Yebumyaung
Thanbula
Hagara
Sittaung (Sittoung, Sittang)
Yebaw
Kyaukpaung
Zibyubin
Siwa
Bwetgyi
Lonyan
Shwebandaw
Swedon
Baungdok
Baungdok
Swa
Mayogon
Seinywa
Yedashe
Tonbo
Si-ywa
Pannyo
Thebyu
Naungbo
Shwe Taung Ngwe Taung
Kyungon
Khabaung
Wethtigan
Taungoo
Pauk Kaung
Ywabu
Paungdale
Okedwin (Oktwin)
Hmwaza
Sri Ksetra (Ancient Pyu City)
Working Elephants
Gonminyo
Sinmezwe
Zayatgyi
Taungbokolon
Pyangyidet
S. 657
Shwemyetman Pagoda
Kywebwe
Inbinnla
B A G O
Phyu
Shwedaung
Thegon
Bogyisakka
Nabelon
Nyaungchedauk
Padigon
Hmattaing
Maudaing
Y
Zayawaddy
Ynma
Letkwette
Phyu
Nyaungzaye
Paungde
Sadi Te
Tayoathmaw (Tarokmaw)
Kanzu
Zayitcho Te
Nyaung
Nattalin
Kun
Kwema
Sinnamaung
o
Kyalo
Zigon
821 m
Gautama Hill
Talun
Tongyaung
Kanyutkwin
Myanaung
Myitmakha
Yenwe
Thitkyi
Pyuzu
Nagyibaukon
Gyobingauk
Tanbayagon
Penw
Kanaung
Nga-eindan
Chaunggwa
Egyigon
m
Kshitkon
Okpho
Inbin
Shwegyin
Kyunyo
Seingantan
Myochaung
Kanyinngu
Othegon
Haingyu
Theme
Seinkantlant
Tugyi
Monyo
Minhla
Shandaw
Thabyekon
Zayat
Shwelaung
a
Bago
Mezaligon
Sitkwin
Mayang
Sitkyungyi
Mt. Kantbalu
803 m
Ingapu
S. 661
Hmyagyaung
Letpadan

Tainggye
Satthwa
Rakhine Yoma Elephant Reserve
S. 657
664 m
Beach Resort
Zigon
Kanthaya
Gwa
Gwa Bay
Kwingauk
Ingap
Myogwin
Dhambi
Taloktaw
Chondaung
Lemyethna
Aithabyu
Ngawun
Khamaukz
Gwa
Kyaukchun
Mt. Zizaung
569 m
Dalekhon
Thaungdan
Kalayawn
Ngathaing
Yegy
Bawmi
Kyonpyaw
Nyaungmaw
Ngawun
Athok
Danson Bay
Mata
Naungbo
Satthwa
Thongwa
Wet-the
Ondawzu
Kyaunggon
Magyi
Togye
Thabaung
Inye Lake
Chaungtha Beach
Byaikkyi
Inye Lake
Kyaukpahto Pagoda
Thongwa
Daunt Gyi
Beach Resort
Chaungtha
Kunthigyan
Shawpya
Kangyi Daunt
Tazin Point
Tagarat
Tazin
Beach Resort
Thanlyetsun
Shwemyindin
Einme
Ngwe Saung
Ngwe Saung Beach
Shwemokhtaw Pagoda
Thayekon
Bugwegyi
Umbrella Industry
Pathein (Bassein)
Ywathit
Kamantaungzu
Sinma
Shakywa
AYEYARWADY
Kanni
Hinogyaung
Lugaung-Gyun
Kuntido
Ta La Khwa
Myaungmya
Wakema
Mt. Waphyu
404 m
Shangon
Nga Yoke Kaung
Ngapudaw
Pyinywa
Thayettaw
Taungkalay
Kyonmangay
Sabagyi
Taunggale
Ywathitgale
Mawlamyineygun (Moulmeingyun)
Thu Myaung
Ywe
Kwinbet
Kyeinni
Kangyaung
Kyigyaung Peikta
Ywathit
Kyagan
Kyahon
Thama
Hteindan
Hlaingbon
Kyaukphyu
Ywadegon
Pyamalot
Pyinzalu
Ayeyarwady (Irrawaddy)
Yatopa
Thetkechaung
Thongwa
Payala
Labutta
Nyaungyaung
Pathein (Bassein)
Zijar
Kyauk Chaung (Kha Mauk Hmaw)
Taungkongyi
Meinmahla Kyun Wildlife Sanctuary
Thetkethaung
Mawdin Sun (Cape Negrais)
Haigy Island
Kayaingt
Zibyugon
Aingqo
Sitkon
Meinmahla Island
Mawdin Sun Pagoda
Hpondawbye
Kongyi
Thitpyoat
Kyauksa
Ywe
Diamond Island
Thamihla Island
Saluzeik
Kangyaing
Kadonkani
Pyamaia
Cape Puriyan
Tangon
Eya
Pyingalu Island
Adama Thitpôk
Kaing Thang Island
Ayeyarwady (Irrawaddy) Delta

S. 659
S. 661
Pado
Tawi
Zayat
Nyaunglebin
Madauk
Shwegyin
Mawaing
Kuseik
Ma-uzu
Mayangyaung
Mgabyema
Pyontaza
Peingyaung
1802 m
Peinnegyaung
Pa-o-Hta
Daik U
Kawlia
Dabeinzu
Shawdon
Bawni
Ywathit
Phaungdawthi
Kya-in
Auchin
Kyagyaung
1044 m
Mekata
Lagunpyo
Kadok
Kunzeik
Pagaing
Gwedauksho
Moyingyi Wetland Wildlife Reserve
Hmaington
Myitkyo
Wingan
Zaungdu
Pyinbongyi
Moeyingyi Lake
Mokkamaw
Bilin
Ingauk
Kyatchaung
Payagale
Kyaikhtiyo Mt. 1102 m
Pyin
Payagyi
Waw
Abya
Laykhay
Auyawpa
Pabezu
Nyaungkhashe
Theinzayat
Yathetaung
Kyaikhtiyo (Golden Rock)
Posabe
Moatpalin
Kinpun
Kawwin
Melan-auk
Mokkamu
Shwemawdaw Pagoda
Bago (Pegu)
Reclining Buddha Statue of Shwethalyaung Pagoda
Kyaikpun Buddhas
Kanbawzathadi Palace
Kyaikhto
Kyakpi
Ayetthema
Kaylartha Taung
Tagundaing
Wapange
Chanthakwin
Thanatpin
Kamase
Sittaung (Sittoung, Sittang)
Winka
Taungxun
Hninpale
Bilin (Bilo)
Kyaikhtisaung Pagoda
Naungka
Tawa
Intagaw
Kalagan
Kawkadwaut
Ninpale
Donwun
Kauk-in-anauk
Zokthok
Tongyi
Kapin
Zokali
Kali
Hlegu
Intaing
Ohne
Theinzeik
Dabein
Kawa
Naungbo
Thekkala
Myinthechaung
Htaukkyant War Cemetery
Mayangon
Kanni
Aungtha
Taikkala Fort (Ruins)
342 m
Yangon Int'l. Airport
Ledaunggan
Phagu
Thapyegan
Teinbin
Thaton
Dagon University
Bago
Tewaningyi
Kayan
Y A N G O N
Thabyegan
Tongyi
Yegyaw
Kyagyiseik
Thingangyun
Shwedagon Pagoda
Nyaungni
Yinnyein
Thanlyin
Thahtaykwin
Alangon
Katun
Payagyi
Kyaik Khauk Pagoda
Thongiya
Thegon
Seikkyi
Pyawbwe
Pyinmagan
Kadatpana
Oktada
Minywa-athin
Kyauktan
Tadaywa
Tabingyaung
Kamaby
Yele Pagoda
Shangyaung
Kawka
Khindan
Yangon
Mouth of Thanlwin (Salween)
Thekondan
Elephant Point
Ngetkyidaung
Letkhokkon
Letkhokkon Beach
Beach Resort
Letkhokkon
Bilu Islan
Gulf of Martaban
Cotton

Kyaikkami, Ye, Kalagauk Island

Danwei, Middle Moscos Islands, Mali Island

Myeik, Myeik Archipel

Lampi Island, Zadetkale Island, Zadetkyi Island

Indian

Ocean

Clara Island · 534 m

Lamp(Sulliva

Wa-

Great Swinton Island

Lord Loughborough Island · 439 m

McCarthy Island

Investigtor

Cockburn Island

Khayingkwa (Macleod Island)

Z(St. M

Burma Banks

Than Island (Davis Island)

Christie Island

337 m Ko Surin N

Myanmar

Reiseatlas - Legende

Legende

1 : 1.300.000
1 cm = 13 km
0 10 20 30 40 50 km

1 : 1.500.000
1 cm = 15 km
0 10 20 30 40 50 km

- Yangon–Mandalay Expressway (Mautpflichtig)
- Fernstraße mit Nummer
- Hauptstraße
- Nebenstraße
- Straße, unbefestigt
- Piste (schlecht befahrbar)
- Straße in Bau; Straße in Planung
- Straße für Kfz gesperrt
- Tunnel
- Eisenbahn
- Fähre, Schiffsverbindung
- Staatsgrenze mit Grenzübergang
- Provinzgrenze
- Nationalpark, Naturpark
- Sumpf
- Schwemmgebiet

- Internationaler Flughafen
- Regionaler Flughafen
- Flugplatz, Landepiste
- Kirche; Kloster
- Buddha-Tempel
- Synagoge
- Moschee
- Berggipfel; Pass, Joch
- Höhle
- Wasserfall
- Sehenswürdigkeit
- Museum
- Leuchtturm
- Badestrand
- Aussichtspunkt